Georg Rothe

Berufliche Bildung in Deutschland

Band 14

der Reihe Materialien zur Berufs- und Arbeitspädagogik
der Projektgruppe Vergleichende Berufspädagogik
Universität Karlsruhe (TH)

Georg Rothe

Berufliche Bildung in Deutschland

Das EU-Reformprogramm „Lissabon 2000" als Herausforderung
für den Ausbau neuer Wege beruflicher Qualifizierung
im lebenslangen Lernen

Mit vertiefenden und ergänzenden Beiträgen von:

Hugo Barmettler, Silke Bönisch, Michael Brater, Andreas Bronner
Rolf Dietrich, Rolf Dörflinger, Jürgen Ehnert, Ludwig Paul Häußner
Willi Maslankowski, Ulrike Maus, Dorothee Neidhardt, Peter Schlögl
Rolf Sitzmann, Friedemann Stooß, Dietmar Waterkamp, Werner Zettelmeier

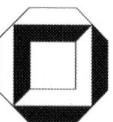

universitätsverlag karlsruhe

Herausgeber:

Projektgruppe Vergleichende Berufspädagogik der Universität Karlsruhe (TH)
    Leitung: em. Prof. Georg Rothe Ord.
  Mitwirkende: Rolf Dörflinger
                Ulrike Maus
                Friedemann Stooß

Die Untersuchung wurde in Verbindung mit folgenden Institutionen durchgeführt:

Interfakultatives Institut für Entrepreneurship der Universität Karlsruhe (TH)
    Leitung: Prof. Götz W. Werner

Gesellschaft für Ausbildungsforschung und Berufsentwicklung (GAB) München
    Leitung: Prof. Dr. Michael Brater

Impressum

Universitätsverlag Karlsruhe
c/o Universitätsbibliothek
Straße am Forum 2
D-76131 Karlsruhe
http://www.uvka.de

Dieses Werk ist unter folgender Creative Commons-Lizenz
lizenziert: http://creativecommons.org/licenses/by-nc-nd/2.0/de/

Universitätsverlag Karlsruhe 2008
Print on Demand

ISSN: 0177-4018
ISBN: 978-3-86644-258-0

Geleitwort

Die Ratsbeschlüsse Lissabon 2000 zielen darauf, die Union zu einem wettbewerbsstarken Wirtschaftsraum zu entwickeln. Als Elemente zur Steigerung der wirtschaftlichen Prosperität sind dabei Bildung und Berufsbildung einbezogen. Dem Ausbau des Reformansatzes lebenslanges Lernen in den EU-Mitgliedsstaaten kommt eine besondere Bedeutung zu.

Folgen der Globalisierung sowie der Übergang zur Wissensgesellschaft stellen alle Mitgliedsstaaten vor Herausforderungen und verlangen von ihnen die kritische und vorbehaltlose Hinterfragung der bestehenden Strukturen in Bildung und Berufsbildung.

In den Folgebesprechungen nach dem Gipfel von Lissabon wurden Beschlüsse gefasst, die die Leitlinien des Reformprozesses vorgeben, spezielle Instrumente zur Verwirklichung des EU-weiten Bildungsraumes wie den Europäischen Qualifikationsrahmen verankern und die Mitgliedsstaaten zu einer engen berufsbildungspolitischen Kooperation anregen.

Georg Rothe hat die Beschlüsse von Lissabon und die anlässlich der EU-Folgetreffen verabschiedeten Entschließungen zu einem – wie er sagt – Reformpaket zusammengefasst und dem deutschen Berufsbildungssystem gegenübergestellt. So kann er im Sinne einer Zwischenbilanz zeigen, inwieweit nach dem derzeitigen Stand bereits Teile der EU-Reformvorhaben realisiert sind oder noch ausstehen.

Dabei geht er vergleichend vor und schließt die Situation in Österreich, der Schweiz, Frankreich und dem Vereinigten Königreich ein, wobei die Vielfalt von Wegen beruflicher Qualifizierung in den europäischen Staaten anschaulich dargestellt wird. Länder, die in ihrem Reformprozess auch Beispiele von best pratice im Ausland mit berücksichtigen, sind zweifellos im Vorteil.

Es werden Alternativkonzepte für die berufliche Bildung in Deutschland zur Diskussion gestellt, die den Aspekt der Kompatibilität zu europäischen Zielvorstellungen mit dem Bestreben verbinden, das deutsche System zu reformieren und zukunftssicher zu machen.

Aus der Sicht der EU sind derartige Untersuchungen zu begrüßen, um über eine rasche Umsetzung der Reformziele den von der Gemeinschaft angestrebten Erfolg sicherzustellen.

Jan Figel', Europäischer Kommissar für allgemeine und berufliche Bildung, Kultur und Jugend

Geleitwort

Das „Duale System" ist in aller Munde. Es gilt als Eckpfeiler deutscher Berufsbildungspolitik, als eine Art Wunderwaffe gegen abgehobenes Theoretisieren und gegen die Jugendarbeitslosigkeit. Bis in die jüngste Zeit hinein wird das duale System in Deutschland, aber auch in vielen anderen Ländern hoch gepriesen. Es erscheint als vorbildliche Lösung dessen, was anderswo noch ein Problem ist: die Integration von Bildungs-, Berufs- und Arbeitswelt.

Aber ist das duale System wirklich dual? Integriert es wirklich Bildung und Beruf? Gewiss, die Schulen lieben die Berufsbildungsstätten, die Sachwalter der Theorie sehen nicht selten mit bewundernden Blicken auf die Orte der Praxis. Aber gilt das auch umgekehrt? Sind nicht die Schulen in den Augen vieler Praktiker der beruflichen Bildung oft genug nur ein notwendiges Übel? Wirken hier tatsächlich zwei gleichberechtigte Partner zusammen? Oder herrscht in Wahrheit zwischen beiden eine hierarchische Ordnung, mit deutlicher Vorherrschaft der Praxis? Ist nicht die Berufsschule auch heute noch für viele nur ein „Partner im zweiten Glied"?

Die von Georg Rothe vorgelegte Schrift „Das EU-Reformprogramm „Lissabon 2000" als Herausforderung für den Ausbau neuer Wege beruflicher Qualifizierung im lebenslangen Lernen" legt hier den Finger in eine offene Wunde. Noch immer wird in Deutschland zwischen Bildung auf der einen, Ausbildung auf der anderen Seite unterschieden. Dabei nahm Bildung lange Zeit eine ausgeprägte, kaum je kritisch befragte Vorrangstellung ein. Sie galt als etwas Besonderes, Einzigartiges, sie hatte das Aroma des Geistigen, während Ausbildung als bloß technisches Zubehör, als mechanische Einübung erschien. „Wir mögen lieber einen gebildeten Menschen als einen ausgebildeten" – so habe ich noch in meiner Studentenzeit einen berühmten Professor, Hermann Heimpel, im Brustton der Überzeugung sagen hören. Der Beifall war groß – konnte sich dieser Mann doch auf eine lange Tradition berufen, nämlich auf die von Wilhelm von Humboldt begründete Idee einer zweckfreien „allgemeinen Menschenbildung", die sich deutlich abhob von der Welt der Arbeit, der Berufe und Geschäfte.

In keinem Land Europas wurde die neuhumanistische Bildungsidee so erratisch der bürgerlichen Nützlichkeit, den sehr viel älteren Realschulen, der beruflichen Bildung, ja der Wirtschafts- und Arbeitswelt im ganzen entgegengesetzt. (Frankreich ging mit seinen „Grandes Ecoles" bekanntlich andere Wege!) Humboldt war der Meinung, die Bildung werde „unrein", wenn man allgemeine und berufliche Bildung vermische – man erhalte dann „weder vollständige Menschen noch vollständige Bürger einzelner Klassen" (Litauischer Schulplan 1809). „Aus dieser geschichtlichen Lage ist es zu erklären, warum im 19. Jahrhundert die Kämpfe zwischen Schule und Leben so erbittert geworden sind - mochten es nun die Fragen des Religionsunterrichts oder des Gymnasialmonopols, der Spezialschulen oder der Lehrpläne sein" (Franz Schnabel).

Gewiss, die folgende Zeit ist Humboldt nicht in allen Punkten gefolgt. Die Standes- und Spezialschulen verschwanden nicht gänzlich, eine „Schule für alle" – die heutige Grundschule – entstand erst nach der Revolution von 1919. Schon im Kaiserreich wurden die humanistischen Bildungsgänge durch realistische ergänzt und teilweise ersetzt. Doch das deutsche Gymnasium und die deutsche Universität wurden von Humboldts Reformen aufs stärkste geprägt und sind es noch. Und auch in der Zweiteilung der Zuständigkeiten und Verantwortlichkeiten im Bereich der beruflichen Bildung – dem Staat die Schule, der Wirtschaft die Praxis – spiegelt sich das humboldtsche Erbe bis zum heutigen Tag.

Wie lange kann dieser deutsche Sonderweg – hier ist das viel gequälte Wort einmal wirklich am Platz! – noch fortgesetzt werden? Wir wissen seit Kerschensteiner, dass Bildung nicht nur aus der Schule, sondern ebenso aus dem Beruf, aus der täglichen Erfahrung erwächst, dass sie sich immer wieder im Kontakt mit der Praxis bewähren und erneuern muss – im Zeitalter des lebenslangen Lernens eine unausweichliche Einsicht. Wir wissen auch, dass die berufliche Bildung längst zum integrierenden Bestandteil des Bildungssystems geworden ist und dass sie nicht eine eigene, für sich stehende alternative Nebenwelt bildet. Die organisatorischen Konsequenzen aus dieser Einsicht sind freilich erst noch zu ziehen. Die im Jahre 2000 in Lissabon für die Europäische Union formulierten Reformziele zeigen die Richtung an, die in den nächsten Jahren verfolgt werden sollte: eine bessere Einbindung der beruflichen Bildung ins Gesamtbildungssystem; die Zusammenführung von Dualsystem und Vollzeitschulen; der Ausbau regionaler und überregional zuständiger Berufsbildungszentren und anderes mehr.

In diesem Sinn wünsche ich der vorliegenden Schrift eine ähnliche Beachtung und Wirkung, wie sie den vorausgegangenen Büchern des Autors mit gutem Grund zuteil geworden ist. Aus den hier entwickelten Analysen und Therapievorschlägen können Politiker und Praktiker und politisch interessierte Bürger insgesamt nur lernen!

München, im Juni 2008

Prof. Dr. phil. Hans Maier
Universität München (LMU)
Staatsminister a. D.

Vorwort

Der jüngste Bericht der OECD macht deutlich, dass der wirtschaftliche und gesellschaftliche Wandel in Deutschland weiter zu gestalten ist.

Deutschland fühlt sich als eine der größten Industrienationen der Welt. Doch schon 1973 wies der amerikanische Soziologe Daniel Bell auf den Übergang zur nachindustriellen Gesellschaft hin. Auch Deutschland ist in diesen Prozess einbezogen. Die Wiedervereinigung 1990 hat zudem noch zu einer geradezu schockartigen Entindustrialisierung im Osten geführt.

Die Regeneration einer Gesellschaft geschieht immateriell, und zwar fast ausschließlich durch die Kultur. Für Außenstehende ist Deutschland nicht nur Wirtschaftsnation, sondern gleichgewichtig auch Kulturnation. Wissenschaft, Kunst und Bildung sind die Quellen für gesellschaftliche Erneuerung! Schon Goethe sagte sinngemäß: „So lasst uns umschaffen das Geschaffene, damit es sich nicht zum Starren waffne".

In Sachen Bildungswesen steht Deutschland seit der ersten PISA-Studie in der internationalen Kritik. Daran zeigt sich, wie wertvoll vergleichende Studien sind; sie eröffnen die Chance zum voneinander Lernen – gerade in der beruflichen Bildung. Dafür ist die wissenschaftliche Reflexion des Gewordenen unverzichtbar. Denn ohne das Wissen um das *Woher* gibt es kaum ein sinnvolles *Wohin* – die horizontale Dimension. Und nur aus dieser Polarität kann sich die andere, die vertikale Dimension des *Was* und *Wie* begründen lassen. Dieses sich daraus ergebende „Fragenkreuz" ermöglicht Orientierung. Eine vergleichende Forschung wie die von Prof. Rothe leistet hierfür unschätzbare Dienste.

Da es in Bildung und Ausbildung um den Menschen geht und damit auch um die Entwicklungsfähigkeit des Einzelnen wie auch der Gesellschaft in ihrer Gesamtheit, hängt die Zukunft wesentlich davon ab, wie der Einzelne und die Gesellschaft das Bildungs- und Ausbildungswesen gestalten. Für eine Einrichtung des Wirtschaftslebens, wie die OECD, stehen natürlich Qualifikation und Nützlichkeit im Vordergrund. Doch der Mensch ist nicht für die Wirtschaft da, sondern umgekehrt! Der jugendliche Mensch befindet sich entwicklungspsychologisch in der Phase des Ausbildens seiner in ihm schlummernden Potenziale. Deshalb wäre es zu wenig, ihn nur zum Berufsmenschen hin ausbilden und damit letztlich in seinem Mensch werden einschränken zu wollen.

Der Unternehmer wie die in Unternehmen für die Personalentwicklung Zuständigen müssen sich dessen genauso bewusst sein wie die für Bildung und Ausbildung Verantwortlichen in Politik und Kultusverwaltung.

Wie schrieb doch einst der Dichter Max Frisch? „Man rief Arbeiter und es kamen Menschen". So konstatiert die OECD, dass Kinder und Jugendliche mit Migrationshintergrund im deutschen (Berufs-)Bildungssystem geringere Chancen haben als Kinder aus der Mittelschicht. Welche Entwicklungsmöglichkeiten bieten Unternehmen ihren Mitarbeitern? Mit Sicherheit ist keine Unternehmensentwicklung ohne die Personalentwicklung der Mitarbeiter möglich. Ist Wachstum nur ein größer werden, so ist Entwicklung dagegen ein anders werden.

Durch Vergleiche können wir uns unserer Stärken und Schwächen bewusst werden – als Einzelner wie auch gesellschaftlich hinsichtlich unserer Institutionen. Sozialorganisch betrachtet nützt es uns dabei wenig, wenn die Gymnasiasten im PISA-Vergleich relativ gut dastehen, die Schwächen unseres Schulsystems aber im Bereich der Hauptschulen oder der beruflichen Bildung und Qualifikation nur allzu deutlich sichtbar werden. Gerade die Schwächen, die Prof. Rothe und die anderen Autoren in diesem Band aufdecken, begründen dringenden Handlungsbedarf. Wenn wir die Missstände wirklich beheben wollen, dann müssen wir etwas unternehmen im Hinblick auf das *Wohin* und *Wozu*. Dies bedeutet nicht nur das gewordene (Berufs-)Bildungswesen durch Vergleiche mit anderen Ländern zu hinterfragen, sondern auch – soweit notwendig – zu einem Umdenken zu gelangen, damit Neues kreiert werden kann und in das Bestehende so integriert wird, dass Schwächen im Gesellschaftsorganismus ausgeglichen werden können.

Die Unternehmer selbst können zweifelsfrei das Lernen in realen Arbeitsbezügen beeinflussen; sie sollten sich ihrer Aufgaben in der beruflichen Bildung noch stärker bewusst sein. Da dieser Aufgabebereich für mich ein besonderes Anliegen darstellt, war es unserem Interfakultativen Institut und mir eine Freude, mit der Projektgruppe Vergleichende Berufsbildungsforschung zusammenzuarbeiten. Auf Seiten des Instituts gebührt Ludwig Paul Häußner für seine Mitwirkung besonderer Dank.

Aufgabe von Forschern wie von Social-Entrepreneurs ist es, sich mit Engagement innovativ, pragmatisch und langfristig für einen Paradigmenwechsel einzusetzen. Sie erkennen eher die Ursachen von Problemen und gesellschaftlichen Engpässen und erarbeiten mögliche Lösungen, um Durchbrüche zu schaffen. Sie ändern das System, verbreiten neue Ansätze und spornen die Gesellschaft an, neue Wege zu gehen.

Da wir bei einer angenommenen durchschnittlichen Lebenserwartung von achtzig Jahren in der Lebensmitte vierzig Jahre mit ihrem Schwerpunkt in der Erwerbsarbeit haben, ist es wichtig, dass der „Berufsmensch" sinnvoll tätig sein kann, um am Ende seines Lebens von einem wirklich geglückten Leben sprechen zu können. Ist das nicht letztlich das, wozu wir arbeitend lernen und lernend arbeiten?

Wir müssen den Jugendlichen die Möglichkeit geben, nach Schulabschluss möglichst reibungslos über geeignete Wege beruflicher Qualifizierung den Einstieg ins Erwerbsleben zu finden. Dazu sind rasche und durchgreifende Reformen nötig, wie sie in dieser Studie begründet und zur Diskussion gestellt werden. Daher ist diesem Band eine große Resonanz zu wünschen.

Prof. Götz W. Werner
Leiter des Interfakultativen Instituts für Entrepreneurship
Universität Karlsruhe (TH)

Zusammenfassung
Auf die Beschlüsse von Bologna zum Europäischen Hochschulraum und die ebenfalls im Jahre 1999 in Budapest verabschiedete Erklärung zur neuen Partnerschaft von Bildung und Wirtschaft folgte im Jahre 2000 der EU-Ratsbeschluss Lissabon mit der Zielsetzung, die Union zum leistungsstarken, wissensbasierten Wirtschaftsraum zu entwickeln. Dort und in den Folgetreffen beschlossen die Mitgliedsstaaten, bis zum Jahre 2010 Reformen im Bereich der beruflichen Bildung durchzuführen, wie z. B. Realisierung des Grundsatzes lebenslanges Lernen und Einführung eines Europäischen Qualifikationsrahmens.
Die vorliegende Untersuchung versucht darzustellen, in welchen Bereichen das deutsche Bildungssystem den mit den EU-Beschlüssen gestellten Ansprüchen bereits entspricht und welche Defizite noch zu bewältigen sind.
Eingeleitet wird die Studie durch einen Vergleich, der die berufliche Bildung in Deutschland der Situation in Österreich, der Schweiz, Frankreich und England gegenüberstellt. Es folgen die im Arbeitsprogramm der EU festgelegten Zielvorstellungen sowie die Konzentration auf die Grundsätze des lebenslangen Lernens.
Die Wechselwirkungen zwischen Bildungssystem und wirtschaftlicher Entwicklung bilden den Hintergrund für eine detaillierte Bestandsaufnahme der beruflichen Qualifizierung auf Sekundarstufe II sowie der beruflichen Weiterbildung in Deutschland und deren Gegenüberstellung zu den Zielvorgaben der EU.
Darauf aufbauend wird auf erkannte Defizite eingegangen wie beispielsweise das Fehlen einer Instanz mit Gesamtverantwortung für allgemeine und berufliche Bildung, das Problem des Fachkräftemangels als zunehmende Wachstumsbremse, die nicht vorhandene Gewährleistung eines Rechts auf Bildung im umfassenden Sinne sowie die bildungsökonomischen Folgen kostenträchtiger Auffangmaßnahmen für Jugendliche ohne Ausbildungsplatz. Mit Überlegungen zur Überwindung der Schwächen des deutschen Systems schließt diese Studie.

Abstract
The decisions of Bologna to establish a European higher education area and the declaration of Budapest equally dating from 1999 and aiming at a new partnership between education and economy were followed in 2000 by the resolution of the European Council at the Lisbon summit. The objective is to make the EU a competitive and knowledge-based economy. At this summit and the subsequent conferences the member states decided to carry out reforms in the area of vocational education and training up to the year 2010, as for example the realization of the principle of lifelong learning and the introduction of a European Qualifications Framework.
The present study tries to point out in which areas the German training system already corresponds to the requirements set out with the EU decisions and which deficiencies still have to be coped with.
The study is introduced by comparing vocational education and training in Germany with the situation in Austria, Switzerland, France and England. This is followed by a description of the targets laid down in the European Union's working programme and the consequences of the priority given to the principle of lifelong learning.
The interaction between the educational system and economic development forms the background for a detailed stocktaking of the system of initial vocational education and training in Germany at upper secondary level as well as continuing vocational training with the aim of comparing the results with EU targets.
This is the basis for a closer look at detected deficiencies, especially the absence of an authority with global responsibility for general and vocational education, the problem of skill shortage which is increasingly curbing economic growth, the non existent comprehensive legal claim to education and training as well as the consequences, in terms of economics of education, of expensive measures of vocational preparation for young people without training places. The final chapter presents proposals for overcoming the weaknesses of the German system.

Sommaire
A la suite des décisions de Bologne en vue de l'espace européen de l'enseignement supérieur et la déclaration adoptée à Budapest également en 1999 et visant un nouveau partenariat entre le système éducatif et l'économie, le Conseil européen de Lisbonne a décidé en 2000 de faire de l'Union une économie performante basée sur la connaissance. A l'occasion de ce sommet et des réunions suivantes, les États membres ont décidé de mettre en oeuvre d'ici 2010 des réformes dans le secteur de la formation professionnelle comme par exemple la réalisation du principe de l'éducation et la formation tout au long de la vie et l'introduction d'un cadre de qualifications européen.
La présente étude a le but de démontrer dans quels secteurs le système allemand de formation correspond déjà aux exigences définies avec les décisions de l'UE et de révéler les déficits qu'il faut encore combler.
L'étude est introduite par une comparaison entre la formation professionnelle en Allemagne et la situation en Autriche, en Suisse, en France et en Angleterre. Les chapitres suivantes traitent des objectifs fixés par le programme de travail de l'UE et des conséquences du principe prioritaire de l'éducation et la formation tout au long de la vie.
Les interactions entre le système éducatif et le développement économique forment l'arrière-plan pour un bilan détaillé de la formation professionnelle du second cycle de l'enseignement secondaire ainsi que la formation professionnelle continue en Allemagne et sa confrontation aux buts de l'UE.
Sur cette base, l'étude se met à analyser les déficiences discernées comme par exemple l'absence d'une institution globalement responsable de l'enseignement générale et de la formation professionnelle, le problème du manque de personnel technique qualifié en tant que frein à la croissance économique, la garantie non existante d'un droit de formation compréhensif ainsi que les conséquences, en vue de l'économie de l'éducation, des mesures de préparation professionnelle coûteuses pour des jeunes sans place de formation. L'étude se termine avec des considérations visant à surmonter les faiblesses du système allemand.

Riepilogo
In seguito alle decisioni di Bologna relative alla comunità universitaria europea e la dichiarazione emanata nel 1999 a Budapest in merito alla nuova partnership di formazione ed economia, seguì nel 2000 la decisione del Consiglio europeo di Lisbona con l'obbiettivo di trasformare l'Europa in una comunità economica leader basata sulle conoscenze. In questa occasione e negli incontri seguenti gli Stati membri decisero di introdurre entro il 2010 delle riforme nel campo della formazione professionale quali ad es. la realizzazione del principio dell'apprendimento permanente e l'introduzione di un progetto di qualifica europeo.
La presente ricerca cerca di ritrarre i settori in cui il sistema di formazione tedesco corrisponde già ai requisiti posti dalle decisione dell'Unione europea e quali deficit siano ancora da superare.
Lo studio è introdotto da un confronto tra la formazione professionale in Germania e quella dell'Austria, della Svizzera, della Francia e dell'Inghilterra. Seguono quindi gli obbiettivi prestabiliti nel programma di lavoro dell'UE e l'approfondimento sui principi dell'apprendimento permanente.
Le interazioni tra il sistema di formazione e lo sviluppo economico costituiscono lo sfondo per una stima dettagliata della qualifica professionale a livello secondario II, nonché della specializzazione professionale in Germania ed il confronto con gli obbiettivi posti dall'UE.
Sulla base di ciò si affronteranno i deficit riconosciuti quali ad esempio l'assenza di un garante con una responsabilità globale relativa alla formazione generica e professionale, il problema della carenza di personale specializzato come freno alla crescita, l'assenza della una garanzia del diritto alla formazione in senso completo e le conseguenze economico – formative di misure economiche concrete per giovani senza un posto di formazione professionale. Questo studio si conclude con delle riflessioni su come superare le debolezze del sistema tedesco.

Inhaltsübersicht Seite
    Geleitworte   V
    Vorwort   VIII
    Zusammenfassungen   X
    Vertiefende und ergänzende Beiträge   XIV
    Gliederung   XVII
    Abbildungen, Quellenauszüge, Übersichten, Tabellen   XXI
    Vorbemerkungen   XXIII
Einführung   1
1. Das deutsche Berufsbildungssystem im europäischen Vergleich   3
    1.1 Zu beantwortende Fragen   29
    1.2 Unterschiede und Gemeinsamkeiten in Gegenüberstellung   33
    1.3 Auf den EU-Reformprozess bezogene Vergleichsergebnisse   56
2. Die EU auf dem Weg zum wettbewerbsstarken Wirtschaftsraum   63
    2.1 Zielvorgaben gemäß Ratsbeschluss Lissabon 2000   70
    2.2 Präzisierung notwendiger Schritte anlässlich der EU-Folgetreffen   74
    2.3 Zielsetzung der EU-Reformvorschläge im Überblick   86
3. Lebenslanges Lernen als bahnbrechender Reformansatz   89
    3.1 Modularisierung und Zertifizierung zur Förderung des Erfahrungslernens   96
    3.2 Formales und informelles Lernen im Verbund   104
    3.3 Derzeitiger Stand des lebenslangen Lernens   110
4. Wechselwirkungen zwischen Bildungssystem und Wirtschaftsentwicklung   119
    4.1 Der Wirtschaftsstandort Deutschland im Spiegel der Statistik   125
    4.2 Deckung des Fachkräftebedarfs als Aufgabe von Staat und Wirtschaft   132
    4.3 Umsetzung des Rechts auf Bildung in Deutschland   138
    4.4 Ausbau des Bildungssystems zur Steigerung des Wirtschaftswachstums   150
5. Die deutsche Berufsausbildung gegenüber den Zielvorgaben der EU   155
    5.1 Vorbereitung auf die Berufs- und Arbeitswelt in der Schule   160
        5.1.1 Grundlegung in der Zeit der Aufklärung   165
        5.1.2 Fächer, Fächerverbindungen und Projekte in der Pflichtschule   172
        5.1.3 Berufsvorbereitung nach der Schulentlassung   189
        5.1.4 EU-Empfehlungen zum Übergang in die Berufsausbildung   207
    5.2 Das System beruflicher Erstausbildung in Deutschland   211
        5.2.1 Betriebsgebundene Ausbildung als dominierender Ausbildungsweg   221
        5.2.2 Ausbildung in berufsqualifizierenden Vollzeitschulen   232
        5.2.3 Dualsystem und berufsqualifizierende Vollzeitschulen im Bildungsgesamtsystem   243
        5.2.4 Duale Berufsausbildung gemäß Zielvorgaben der EU   265
    5.3 Ausbau der beruflichen Qualifikation durch permanente Weiterbildung   267
        5.3.1 Angebote von Staat, Wirtschaft und freien Trägern   273
        5.3.2 Weiterbildung aus individuellem Antrieb   285
        5.3.3 Zugang zum lebenslangen Lernen gemäß EU-Zielvorgabe   290
6. Defizite des deutschen Bildungssystems im Spiegel der EU-Vorschläge   293
    6.1 Verschiedenartige Teilzuständigkeiten ohne Gesamtverantwortung   306
    6.2 Fachkräftemangel als Hemmnis für die wirtschaftliche Prosperität   333
    6.3 Missachtung des Rechts auf Bildung durch Ausgrenzung beruflicher Bildung   343
    6.4 Verstöße gegen elementare Grundsätze der Bildungsökonomie   352
7. Vorschläge zum Ausbau des deutschen Berufsbildungssystems   361
    7.1 Einbindung der beruflichen Bildung ins staatliche Bildungssystem   378
    7.2 Aufgabenfelder für eine enge Kooperation von Staat und Wirtschaft   386
    7.3 Die EU-Ratsbeschlüsse 1979 zur dual/alternierenden Ausbildung als Modell   393
    7.4 Ausbau leistungsfähiger Berufsschulzentren   397
Vertiefende und ergänzende Beiträge   403
Anhang   514

Vertiefende und ergänzende Beiträge   Seite

Zu 1   *Dietmar Waterkamp:*
       Zur Methodik des internationalen Vergleichs   406
   Es wird die Methodik eines auf Verbesserung eines Praxisbereiches bzw. Politikbereiches gerichteten Vergleichs behandelt. Wie kann ein solcher Vergleich das notwendige Maß an wissenschaftlicher Objektivität erreichen? Der Beitrag plädiert für einen systematischen Vergleichsansatz, der mit Fragenkomplexen arbeitet an Stelle von Länderstudien. Da die EU politisch wirksame Ziele gesetzt hat, können die ermittelten Leistungsprofile jedes Landes an den Normen der EU gemessen werden. Die Vergleichsergebnisse sind zu bewerten in Hinsicht auf den Handlungsbedarf, aus dessen Feststellung Handlungsvorschläge hervorgehen können.

Zu 1   *Werner Zettelmeier:*
       Die Bedeutung und Organisation der beruflichen Weiterbildung in Frankreich 411
   Die berufliche Weiterbildung in der privaten Wirtschaft ist in Frankreich 1971 erstmals umfassend geregelt worden. Zu den Neuerungen gehört vor allem die obligatorische Finanzierungsbeteiligung aller Unternehmen durch eine Weiterbildungsabgabe. Die gleichen berufsbildenden Abschlüsse können sowohl in der Erstausbildung als auch in der Weiterbildung erworben werden. Trotz des umfassenden gesetzlichen Regelwerks sind strukturelle Schwächen nicht zu verkennen. Der Verwaltungsaufwand ist hoch, das System kommt nur unzureichend den gering qualifizierten Arbeitskräften zugute und die Auswirkung auf die Produktivität insbesondere der kleinen Unternehmen wird wenig evaluiert.

Zu 1   *Rolf Dietrich*:
       Die Berufsentwicklung in der Grundbildung der Schweiz aus Sicht der Kantone 416
   Der Prozess zur Entwicklung neuer und der Revision bestehender Berufe wurde mit der Einführung des neuen Berufsbildungsgesetzes grundlegend neu gestaltet. Im Vordergrund steht dabei die verbundpartnerschaftliche Zusammenarbeit zwischen den Organisationen der Arbeitswelt, dem Bund und den Kantonen. Die Kommission Berufsentwicklung der Schweizerischen Berufsbildungsämterkonferenz SBBK vertritt dabei alle Kanton und wahrt deren Interessen.

Zu 1   *Ulrike Maus:*
       Lehrlingsausbildung in England – ein Modell zur Revitalisierung der betrieblichen Ausbildung 418
   In England zeichnete sich um 1990 ein nahezu völliges Erliegens der Lehrlingsausbildung ab. Nach der Festlegung der grundlegenden Ziele für die Reform der beruflichen Bildung und Initiativen zu einer einheitlicheren Strukturierung des Qualifikationsangebotes brachte die Regierung eine Wiederbelebung der Lehrlingsausbildung auf den Weg, deren Schritte, Erfolge und Perspektiven behandelt werden.

Zu 3   *Michael Brater:*
       Was ist informelles Lernen und wie geht es vor sich?   425
   Lernen als aktiver und selbstbestimmter Vorgang geht weit über bloße Wissensaufnahme hinaus. Dies ist für die berufliche Bildung in besonderer Weise relevant. Informelles Lernen ist ein primärer, ursprünglicher Prozess; sind die Lerninhalte komplex, kann formales Lernen in institutionalisierter Form erforderlich sein. Nach dem Grundverständnis des informellen Lernens steht jedoch die eigene Auseinandersetzung mit Aufgaben und Herausforderungen im Vordergrund. Die Lehrenden fungieren dabei als Lernbegleiter.

Zu 3.1 *Friedemann Stooß:*
       Das deutsche Berufsprinzip – was es meint, ein Rückblick   431
   Die Grundidee des Berufsprinzips besteht darin, dem Nachwuchs ein Arbeitsgebiet der Erwachsenen in voller Breite zur Ausbildung seiner Arbeitsfähigkeiten zu erschließen, ihm den Status einer gelernten Fachkraft zuzuschreiben und so die Basis für den Erhalt der Erwerbsfähigkeit und die berufliche Entwicklung zu bieten.

Zu 4.0 *Michael Brater:*
       Von der Industriegesellschaft zur Wissensgesellschaft   437
   Der Sektor der Produktion und Reproduktion von Wissen bzw. Information hat eine Leitfunktion im Wirtschaftsprozess übernommen, von dem Güterproduktion und Innovation abhängen. Es zeigt sich eine Tendenz zur Verwissenschaftlichung aller Arbeitsbereiche. Der Beitrag geht auf die Anforderungen an die „Wissensarbeiter" in der postindustriellen Gesellschaft ein. Kooperations- und Kommunikationsprozesse bilden die Grundlage für ihre Tätigkeit, die gekennzeichnet ist von der Kurzlebigkeit des Wissens und daher Mechanismen der Hervorbringung und Aneignung von Wissen als Basiswerkzeuge verlangt.

Zu 4.4   *Ludwig Paul Häußner:*
Ausbildung und Mitarbeiterentwicklung als unternehmerische Kernaufgaben   441

> Aus der Perspektive eines Educational Entrepreneurship fragt der Beitrag nach den Gesetzmäßigkeiten einer lernenden Organisation. Lernen im Unternehmen steht immer im Zusammenhang des Unternehmenszweckes als einem organisierten Miteinander-Füreinander-Leisten. Dabei ist Lernen sowohl berufsorientiert als auch auf die Entwicklung der eigenen Persönlichkeit gerichtet. Lernen gehört nach Werner, der Unternehmen als lebendigen Organismus sieht, zu den sieben Vitalprozessen eines Unternehmens – Zielen, Leisten, Lernen, Formgeben, Haushalten, Hören, Koordinieren. Entlang dieser Prozesse betrachtet der Beitrag den Vitalprozess des Lernens und stellt kritisch die Frage nach den erforderlichen gesellschaftlichen Rahmenbedingen in Form eines leistungsfähigen Bildungssystems, die ein erfolgreiches Lernen erst ermöglichen.

Zu 5.1.2   *Andreas Bronner:*
Die Berufswegeplanung in den Hauptschulen Baden-Württembergs
als Beitrag zur Erreichung der Ausbildungsfähigkeit   448

> Einen wichtigen Platz im Bildungsplan 2004 der Hauptschulen Baden-Württembergs nimmt die Berufswegeplanung ein. Sie ist auf drei Säulen aufgebaut: beginnend bereits in Klasse 5, viele verschiedenartige Praktika und die Entwicklung lokaler Konzepte. Die Schulen sind gefordert, „ihre" Berufswegeplanung zu entwickeln und so zur Erreichung der Ausbildungsfähigkeit ihrer Schülerinnen und Schüler beizutragen.

Zu 5.1.2   *Silke Bönisch/Dorothee Neidhardt*
Freie Werkschule Meißen
Vom Werken zur Berufs- und Arbeitswelterfahrung im Verlauf der Schulzeit   452

> Dieses Profilkonzept der Freien Werkschule Meißen ermöglicht den Schülern, handwerkliche und wirtschaftliche Prozesse über die Grund- und Mittelschulzeit bis hin zum Abitur altersgerecht zu erfahren. Die engen Verknüpfungen der Schule mit Unternehmen der Region und die damit verbundenen praktischen Erfahrungen tragen wesentlich dazu bei.

Zu 5.1.3   *Peter Schlögl:*
Teilqualifizierung und Lehrzeitverlängerung als Innovation im österreichischen Berufsbildungsrecht – die integrative Berufsausbildung   457

> Die Situation von Jugendlichen mit persönlichen Vermittlungshindernissen, die im Anschluss an die Pflichtschule eine Qualifizierung anstreben, war in Österreich für lange Zeit unbefriedigend gelöst. Die 2003 eingeführte „Integrative Berufsausbildung" (IBA) war demnach eine vernünftige und gleichzeitig erforderliche Folge der Bedürfnisse einer Gruppe von Jugendlichen und deren Eltern, von Betrieben sowie demokratiepolitischen Anforderungen. Nun liegen erste Befunde zu Erfahrungen der Implementierung vor.

Zu 5.2.1   *Jürgen Ehnert/Willi Maslankowski:*
Qualität von Fachbüchern der Berufsausbildung   463

> Fachbücher stehen in der Berufsausbildung noch immer sehr hoch in der Gunst der Nutzer. Diesen Nutzern eine Orientierung zu geben, welches Fachbuch für die Ausbildung in dem jeweiligen Beruf geeignet ist und welches Fachbuch auch objektive Qualitätsanforderungen erfüllt, wird aus unterschiedlichen Sichtweisen dargestellt. Während einerseits eine fachlich geordnete und transparente Gesamtübersicht der Fachbücher im Fokus der Betrachtung steht, wird andererseits eine Zertifizierung von Fachbüchern vorgeschlagen, die von einer unabhängigen Einrichtung getragen wird. Die Verlage haben damit selbst die Möglichkeit, die Qualität ihrer Produkte nach objektiven Kriterien bewerten zu lassen und diese Qualität gegenüber den Kunden zu dokumentieren.

Zu 5.2.3   *Friedemann Stooß:*
Unzulänglichkeiten der Berufsbildungsstatistik in Deutschland   468

> Die Statistikreihen zur Berufsbildung in Betrieben, Vollzeitschulen, Kliniken und Akademien sind nicht nach einem einheitlichen Set von Merkmalen gegliedert, nicht überschneidungsfrei und partiell unvollständig. Daraus ist kein klares Bild zu gewinnen, in welchem Alter und mit welcher Schulbildung die Ausbildung begonnen bzw. in welchem Umfang nach Abschlussebenen pro anno Nachwuchs ausgebildet wird.

Zu 5.2.3   *Rolf Sitzmann:*
Modellversuch zur Erprobung einer neuen Ausbildungsform „Contrôle continu"
in den Ländern Baden-Württemberg, Rheinland-Pfalz, Saarland – 1975 bis 1980   473

> Der deutsch-französische Modellversuch „Contrôle continu" befasste sich in den Jahren 1974 bis 1980 mit der Erprobung fortlaufender Lernkontrollen als Ersatz für die punktuelle

Abschlussprüfung in ausgewählten gewerblich-technischen Ausbildungsberufen. Die Ausbildung sollte auch inhaltlich, methodisch und pädagogisch verbessert werden. Eine Übertragung des Systems „Contrôle continu" in das duale System erfolgte zwar nicht, doch ergaben sich auch für die herkömmliche Ausbildung nutzbare Anregungen und Erfahrungen.

Zu 5.2.3 *Werner Zettelmeier:*
Wie entsteht eine Ausbildungsordnung bzw. ein beruflicher Abschluss in Frankreich? 478

Da sich das französische Berufsbildungssystem grundlegend vom deutschen System unterscheidet, werden zunächst wesentliche Funktionsprinzipien der beruflichen Erstausbildung skizziert. Anschließend wird die Beteiligung der Sozialpartner an der Entstehung einer Ausbildungsordnung geschildert. Die Ausarbeitung von beruflichen Abschlüssen setzt ein Zusammenwirken von teilweise sehr unterschiedlichen Interessen voraus, wobei der Staat mehr als in Deutschland als neutraler Garant des Allgemeininteresses gesehen wird. Die staatliche Einflussnahme ist aber auch von sich stark wandelnden Sichtweisen des Berufsbildungssystems sowie dessen Verhältnis zum Arbeitsmarkt geprägt.

Zu 5.3.1 *Michael Brater:*
Wirkungen und Vorteile einer arbeitsintegrierten Weiterbildung
Das Weiterbildungskonzept einer Handelskette als Gewinner des
Weiterbildungs-Innovationspreises 2003 484

Bei der Handelskette dm-drogerie markt wurden Arbeits-, Kommunikations- und Informationsprozesse unter dem Gesichtspunkt ihrer Lernfreundlichkeit weiterentwickelt. Gemäß dem Konzept der „Lernenden Filiale" geht es um die Erschließung von Lernmöglichkeiten im Arbeitsprozess für alle Mitarbeiter. Derartige arbeitsintegrierte Lernprozesse werden auch offiziell dokumentiert. Unternehmensweit agierende Berater für Aus- und Weiterbildung unterstützen die verschiedenartigen Instrumente der Mitarbeiterentwicklung.

Zu 5.3.2 *Michael Brater:*
Wie kann man nachweisen, was jemand informell gelernt hat?
– das Kompetenzportfolio 488

Die Ergebnisse des informellen Lernens können nur durch spezielle Verfahren sichtbar gemacht werden. Dabei geht es um eine prüfungsfreie Kompetenzfeststellung auf der Grundlage von Kompetenzportfolios. Die verschiedenartigen Ansätze lassen ein durchgehendes Prinzip erkennen, beim dem die Phasen Tätigkeitsbeschreibung, Feststellen des Tätigkeitserfolgs und Ableitung der zugrunde liegenden persönlichen Kompetenzen unterschieden werden. Das komplexe Kompetenzportfolio kann für Bewerbungen zur Erstellung eines speziellen Dossiers genutzt werden.

Zu 6.2 *Michael Brater:*
Bemühungen um die Flexibilisierung der Berufsordnungen 496

Bei der Strukturierung der Berufsordnungen ergeben sich in Deutschland Ansätze einer größeren Flexibilisierung, die allerdings noch nicht breitenwirksam sind. Der Beitrag zeichnet die mit der Neuordnung der Metall- und Elektroberufe im Jahre 1984 beginnende Entwicklung nach. Heute steht der Kompetenzbegriff im Vordergrund und erfordert eine entsprechende Gestaltung der beruflichen Bildung.

Zu 7.1 *Hugo Barmettler:*
Verbundpartnerschaft und Integration als Grundzüge
der schweizerischen Berufsbildungsreform 504

In der Schweiz trat 2004 ein neues Berufsbildungsgesetz in Kraft, das sämtliche Berufsbildungsbereiche außerhalb der Hochschulstufe integriert (Sekundarstufe II und Tertiär B). Die erzielte Systematik und Transparenz, verbunden mit einer auf Kostenklarheit beruhenden Finanzierung, führten zu erhöhter Durchlässigkeit und zu einer besseren Steuerbarkeit des Systems. Die Steuerung beruht wesentlich auf der „Verbundpartnerschaft" von Bund, Kantonen und „Organisationen der Arbeitswelt" (Verbände).

Zu 7.4 *Rolf Dörflinger:*
Unterricht in der Berufsschule unter strukturellem und regionalem Aspekt 509

Beim Volumen des Unterrichts in der Teilzeitberufsschule wird in Deutschland weder nach der Vorbildung der Schüler noch nach den theoretischen Anforderungen der Ausbildungsberufe differenziert. Es gibt noch keine überzeugenden Wege, der heterogenen Zusammensetzung der Schülerschaft zu entsprechen. Hinzu kommen die Herausforderungen, die mit der Vermittlung von Handlungskompetenz gemäß Lernfeldkonzept verbunden sind.

Gliederung	Seite
Geleitworte	V
Vorwort	VIII
Zusammenfassungen	X
Inhaltsübersicht	XIII
Vertiefende und ergänzende Beiträge	XIV
Gliederung	XVII
Abbildungen, Quellenauszüge, Übersichten, Tabellen	XXI
Vorbemerkungen	XXIII

Einführung   1

1. Das deutsche Berufsbildungssystem im europäischen Vergleich   3
    a) Eckdaten zur Entwicklung des deutschen Sonderwegs der Berufsbildung   3
    b) Unsichere Einschätzung durch Fehlen von Ergebnissen aus Vergleichen   11
    c) Nach 1969 nicht zustande gekommene Reformen der beruflichen Bildung   16
    d) Komparative Eingrenzung   22
  1.1 Zu beantwortende Fragen   29
  1.1.1 Übergang von der Schule in die Ausbildung   29
  1.1.2 Angebote beruflicher Erstausbildung im Sekundarbereich II   30
  1.1.3 Ausbaustand der Weiterbildung   31
  1.2 Unterschiede und Gemeinsamkeiten in Gegenüberstellung   33
  1.2.1 Übergang von der Schule in die Ausbildung   33
    a) Übertritte in ein Lehrverhältnis   33
    b) Eintritte in berufsqualifizierende Vollzeitschulen   35
    c) Übergänge in berufsvorbereitende Maßnahmen   36
  1.2.2 Angebote beruflicher Erstausbildung im Sekundarbereich II   39
    a) Ausbildungsgänge unterhalb der Ebene Facharbeiter   39
    b) Betriebsgebundene Ausbildungsgänge auf der Stufe Facharbeiter   40
    c) Abschlüsse an berufsqualifizierenden Vollzeitschulen   44
  1.2.3 Ausbaustand der Weiterbildung   47
    a) Regelung des Komplexes Weiterbildung   47
    b) Weiterbildungsangebote staatlicher Stellen/Schulen   49
    c) Weiterbildungsmöglichkeiten der Organisationen der Wirtschaft   52
    d) Weiterbildungsinitiativen von Betrieben und privaten Stellen   53
  1.3 Auf den EU-Reformprozess bezogene Vergleichsergebnisse   56
  1.3.1 Unterschiede beim Übergang von der Schule in der Berufs- und Arbeitswelt   56
  1.3.2 Abweichender Ausbildungsbeginn im dualen System   58
  1.3.3 Nebeneinander von berufsqualifizierenden Vollzeitschulen und Dualsystem   60
  1.3.4 Ähnlichkeiten und Unterschiede im Übergang zum Tertiärbereich   62

2. Die EU auf dem Weg zum wettbewerbsstarken Wirtschaftsraum   63
    a) Zuständigkeiten der EU für Bildung und Berufsbildung   63
    b) Bildung und Wirtschaft als neue Partnerschaft   67
    c) Globalisierung und Erweiterung als Herausforderungen der Gemeinschaft   69
  2.1 Zielvorgaben gemäß Ratsbeschluss Lissabon 2000   70
    a) Schwerpunkte des verabschiedeten Reformpakets   71
    b) Umsetzung im Zusammenwirken mit den Mitgliedsstaaten   73
  2.2 Präzisierung notwendiger Schritte anlässlich der EU-Folgetreffen   74
    a) Bildung und Berufsbildung als Schwerpunkt   75
    b) Gestufter Europäischer Qualifikationsrahmen   79

		c) Erreichter Stand laut EU-Zwischenbericht 2004	82
	2.3	Zielsetzung der EU-Reformvorschläge im Überblick	86

3. Lebenslanges Lernen als bahnbrechender Reformansatz — 89
    a) Entwicklungsstufen — 89
    b) Initiativen der EU — 92
    c) Verändertes Bildungsverständnis — 94
  3.1 Modularisierung und Zertifizierung zur Förderung des Erfahrungslernens — 96
    a) Strukturierung von Ausbildungsgängen nach Teilbereichen — 98
    b) Prüfungen und Zertifizierungen in modularer Struktur — 99
    c) Erfahrungslernen in geplanter Form oder en passant absolviert — 101
  3.2 Formales und informelles Lernen im Verbund — 104
    a) Berufliche Bildung im offenen Gesamtsystem — 105
    b) Förderung von Eigeninitiativen zum Ausbau der beruflichen Qualifizierung — 105
    c) Gesellschaftliche Relevanz — 106
  3.3 Derzeitiger Stand des lebenslangen Lernens — 110
    a) Beispiele aus Nachbarstaaten — 110
    b) Positive Grundstimmung seitens der zuständigen Stellen in Deutschland — 113
    c) Sich hinausziehende Realisierung — 117

4. Wechselwirkungen zwischen Bildungssystem und Wirtschaftsentwicklung — 119
    a) Gewerbeförderung als frühes Beispiel in Südwestdeutschland — 120
    b) Übergang zur Informations- oder Wissensgesellschaft als Rahmenbedingung — 122
  4.1 Der Wirtschaftsstandort Deutschland im Spiegel der Statistik — 125
    a) Phase der Wachstumsschwäche — 126
    b) Wirtschaftlicher Aufschwung in den letzten Jahren — 129
  4.2 Deckung des Fachkräftebedarfs als Aufgabe von Staat und Wirtschaft — 132
    a) Strukturwandel und Fachkräftebedarf — 134
    b) Orientierung am aktuellen und künftigen Qualifikationsbedarf — 136
  4.3 Umsetzung des Rechts auf Bildung in Deutschland — 138
    a) Supranationale Konventionen — 139
    b) Nationale Verfassungsbestimmungen — 146
  4.4 Ausbau des Bildungssystems zur Steigerung des Wirtschaftswachstums — 150
    a) Flexibilisierung durch Modularisierung der Ausbildungsordnungen — 151
    b) Konsequente Zuordnung von Berufsabschlüssen nach Qualifikationsebenen — 152
    c) Berufsbildungsangebote samt Abschlussmöglichkeit für Leistungsschwächere — 153

5. Die deutsche Berufsausbildung gegenüber den Zielvorgaben der EU — 155
    a) Ausgrenzung der Berufsbildung aus dem Bildungssystem — 156
    b) Nachwirkungen der neuhumanistischen Einflussnahme — 158
  5.1 Vorbereitung auf die Berufs- und Arbeitswelt in der Schule — 160
    a) Ausbildungsreife bezogen auf den gewählten Beruf — 161
    b) Angebot verschiedenartiger Berufsbildungsmöglichkeiten — 163
    c) Entwicklung und Stand der Berufsvorbereitung — 164
  5.1.1 Grundlegung in der Zeit der Aufklärung — 165
    a) Frühe Modelle aus dem 18. und 19. Jahrhundert — 165
    b) Verankerung des Handarbeitsunterrichts in den Volksschulen — 170
  5.1.2 Fächer, Fächerverbindungen und Projekte in der Pflichtschule — 172
    a) Diskussion um die Unterrichtsfächer Werken und Arbeitslehre — 173
    b) Derzeitiger Stand der Berufsvorbereitung im staatlichen Schulsystem — 181

c) Berufsvorbereitung an Schulen in freier Trägerschaft	183
d) Offene Fragen zur Gestaltung der Berufsvorbereitung	188
5.1.3 Berufsvorbereitung nach der Schulentlassung	189
a) Warteschleifen infolge fehlender Ausbildungsplätze	192
b) Individuelle Auswirkungen des verzögerten Ausbildungsbeginns	197
c) Gründe für den Rückgang an Lehreintritten im Jugendalter	197
d) Konsequenzen aus deutlich reduziertem Nachwachsen von Fachkräften	202
e) Eingangsqualifizierung statt Berufsvorbereitung	206
5.1.4 EU-Empfehlungen zum Übergang in die Berufsausbildung	207
a) Rascher Übergang in die Arbeitswelt angestrebt	207
b) Ausbau kurzer Bildungsgänge in Koppelung mit Betriebspraktika	209

5.2 Das System beruflicher Erstausbildung in Deutschland — 211

a) Zusammenwirken von Schule und Betrieb in der historischen Entwicklung	212
b) Zuordnung erworbener Qualifikationsprüfungen zu Bildungsstufen	218
c) Sicherung beruflicher Mobilität durch ausbaufähige Ausbildungsgänge	219
5.2.1 Betriebsgebundene Ausbildung als dominierender Ausbildungsweg	221
a) Derzeitiger Ausbaustand der Berufsausbildung im dualen System	222
b) Unzureichende Kooperation mit dem Partner Schule	226
c) Schwierigkeiten bei der Berufsschneidung	229
5.2.2 Ausbildung in berufsqualifizierenden Vollzeitschulen	232
a) Schulberufssystem in der Entwicklung	232
b) Derzeitiger Ausbau berufsqualifizierender Vollzeitschulen	235
c) Gliederung nach Qualifikationsebenen	239
5.2.3 Dualsystem und berufsqualifizierende Vollzeitschulen im Bildungsgesamtsystem	243
a) Zuordnung von Bildungsgängen und Abschlüssen nach Stufensystemen	244
b) Struktur der Berufsbildungsgänge	249
c) Erarbeitung von Ordnungsmitteln	254
d) Absolventenaufkommen nach Ebenen	258
5.2.4 Duale Berufsausbildung gemäß Zielvorgaben der EU	265

5.3 Ausbau der beruflichen Qualifikation durch permanente Weiterbildung — 267

a) Geringer staatlicher Einfluss im Bereich Weiterbildung	269
b) Vorschläge zum Ausbau eines Weiterbildungssystems	271
5.3.1 Angebote von Staat, Wirtschaft und freien Trägern	273
a) Regelungen der Länder	275
b) Angebote der Kammern und der Bundesagentur für Arbeit	277
c) Volkshochschulen und Institute für Fernunterricht als Anbieter	281
d) Weiterbildungsangebote am freien Markt	282
5.3.2 Weiterbildung aus individuellem Antrieb	285
a) Zertifizierung erworbener Teilqualifikationen	285
b) Prüfungsorganisationen	289
5.3.3 Zugang zum lebenslangen Lernen gemäß EU-Zielvorgabe	290

6. Defizite des deutschen Bildungssystems im Spiegel der EU-Vorschläge — 293

a) Wachsender Reformdruck in Deutschland	296
b) Berichterstattung an die EU im Sinne von Fortschrittskontrollen	300
c) Differenzen zwischen Ist-Zustand in Deutschland und den EU-Beschlüssen	304

6.1	Verschiedenartige Teilzuständigkeiten ohne Gesamtverantwortung	306
	a) Nicht ausgeschöpfte Zuständigkeit der Länder für die berufliche Bildung	308
	b) Verantwortungsbereiche im dual/alternierenden System	313
	c) Getrennte Zuständigkeiten in der deutschen betriebsgebundenen Ausbildung	320
	d) Zuständigkeit des Bundes ohne Übernahme von Verantwortung	328
6.2	Fachkräftemangel als Hemmnis für die wirtschaftliche Prosperität	333
	a) Unzureichende Nachwuchsquoten	335
	b) Fehlende Fachkräfte im Bereich der mittleren Qualifikationen	337
	c) Eng geschnittene Ordnungsmittel als Mobilitätshemmnis	340
	d) Fehlende Weiterbildungsinitiativen im lebenslangen Lernen	342
6.3	Missachtung des Rechts auf Bildung durch Ausgrenzung beruflicher Bildung	343
	a) Zusicherung des Rechts auf Bildung durch Verfassungen und Konventionen	344
	b) Auswirkungen der Trennung von Bildung und Berufsbildung in Deutschland	347
	c) Verletzung des Grundrechts auf Bildung	349
6.4	Verstöße gegen elementare Grundsätze der Bildungsökonomie	352
	a) Schwierigkeiten beim Überwechseln in Ausbildung und Beruf	353
	b) Unzureichend ausgebaute Weiterbildung	356
	c) Fehlende Differenzierung des Berufsschulanteils im dualen System	358
	d) Fehlende Verknüpfung des Schul- und Berufsbildungssystems	359

7. Vorschläge zum Ausbau des deutschen Berufsbildungssystems — 361

	a) Erweiterter Reformbedarf in Deutschland	363
	b) Von deutscher Seite zur Diskussion gestellte Vorschläge	364
	c) Zuständige Stellen für die Einleitung von Veränderungen	373
	d) Schwerpunkte für anstehende Reformen	376
7.1	Einbindung der beruflichen Bildung ins staatliche Bildungssystem	378
	a) Errichtung einer speziellen staatlichen Instanz für die berufliche Bildung	381
	b) Koppelung der Ausbildung in Dualsystem und in Vollzeitschulen	382
	c) Ausbau von Qualifikationsmöglichkeiten über das lebenslange Lernen	383
7.2	Aufgabenfelder für eine enge Kooperation von Staat und Wirtschaft	386
	a) Zusammenwirken von Schule und Betrieb in der Berufsvorbereitung	387
	b) Einflussnahme auf die Erstellung von Ordnungsmitteln	388
	c) Durchführung von Qualifikationsprüfungen in Aus- und Weiterbildung	391
7.3	Die EU-Ratsbeschlüsse 1979 zur dual/alternierenden Ausbildung als Modell	393
	a) Ausbildungsdauer und Zuordnung zu Qualifikationsstufen	394
	b) Festlegung der Anteile Erfahrungslernen und Ausbildung in systematischer Form	394
	c) Zusammenwirken von Betrieb und Schule über vertragliche Vereinbarungen	396
7.4	Ausbau leistungsfähiger Berufsschulzentren	397
	a) Regelung des Schulbesuchs	398
	b) Sicherstellung der Fachausbildung im dualen System	399
	c) Wachsende Bedeutung der allgemein bildenden Fächergruppe	400
	d) Modular strukturierte Angebote	401
	e) Übergang in den tertiären Bereich	402

Vertiefende und ergänzende Beiträge — 403

Anhang — 514
- Autoren — 515
- Abkürzungen — 517
- Literaturverzeichnis — 520
- Stichwortverzeichnis — 528

Abbildungen, Quellenauszüge, Tabellen und Übersichten

Abbildungen

		Seite
1	Eintritte in die Zweige des Übergangssystems in Deutschland im Jahre 2005	58
2	Lehreintritte in Deutschland, Österreich und der Schweiz	59
3	Eintritte in die Lehre und in vollzeitschulische Bildungsgänge in Deutschland und Österreich	61
4	Jahresdurchschnittliche reale Veränderung des Bruttoinlandsprodukts (BIP) in Prozent von 1995 bis 2005	127
5	Erarbeitung und Abstimmung von Ausbildungsordnungen und Rahmenlehrplänen	256
6	Prüfungszeugnis gemäß Reichsgewerbeordnung 1897/1900 in der für Württemberg von 1902 bis 1909 geltenden Fassung	315
7	Prüfungs-Zeugnis für Gesellen- und Schulprüfung in den 1920er Jahren	321
8	Mittleres Eintrittsalter in die betriebliche Lehre inklusive darauf aufbauende dreijährige Ausbildung	326
9	Entwicklung im Sekundarbereich II. Gymnasium, Berufliches Gymnasium, berufsqualifizierende Vollzeitschulen, Lehre und Jungarbeiter	332
10	Ausbildung nach dem Berufsprinzip	337
11	Berufliche Bildung in Stufen	339
12	Eintritte in das Schulberufssystem, die Lehre und das Übergangssystem im Jahre 2005	355
13	Flexibilisierungskonzepte der Bundesvereinigung der Deutschen Arbeitgeberverbände	367
14	Auswirkungen der Trennung von Bildung und Berufsbildung in Deutschland projiziert auf den von der EU angestrebten Europäischen Qualifikationsrahmen	380
15	Zeitanteile Betrieb und Ausbildungszentrum/Schule in der Alternanz	395

Quellenauszüge

1	Kernaussagen aus dem Entwurf des Berufsbildungsgesetzes 1975	19
2	Strategische Ziele und Teilziele im detaillierten EU-Arbeitsprogramm 2002	75
3	Verankerung des Rechts auf Bildung in supranationalen Konventionen	141
4	Das Verhältnis von allgemeiner und beruflicher Bildung nach W. v. Humboldt	157

Tabellen

1	Zwischenstand der Erreichung der Lissabon-Ziele im Jahre 2004	84
2	Stand der Indikatoren zum Reformprozess Lissabon gemäß Zwischenbericht 2006	85
3	Erwerbstätige in Deutschland in den Jahren 2000 und 2006 nach Wirtschaftsbereichen – in tausend (1.000) und in Prozent (%)	123

4	Der Beitrag einzelner Wirtschaftsbereiche zur Bruttowertschöpfung der deutschen Wirtschaft in den Jahren 2000 und 2006	124
5	Wirtschaftswachstum und –leistung im Ländervergleich – ausgewählte OECD-Länder	128
6	Die 20–35-jährigen Erwerbspersonen nach Qualifikationsstufen in Gegenüberstellung zu allen Erwerbspersonen des Jahres 2005 in %	134
7	Ausbildungs-Berufsbilder nach ihrer Aktualität – dargestellt anhand der Aufnahmekapazität im Jahre 2006 nach Kammerbereichen	223
8	Die Lehranfänger des Jahres 2006 nach länger bestehenden, modernisierten Ausbildungsordnungen, neuen Berufen und Kammerzugehörigkeit	224
9	Neu geschaffene Ausbildungsberufe im Zeitraum 2003 – 2006 nach Berufsbereichen/Fachgebieten und Neueintritten 2006	227
10	Beispiele für Lehrberufe mit weniger als 100 Lehrlingen im gesamten Bundesgebiet (31.12.2002)	230
11	Struktur der neu geordneten Ausbildungsbildungsberufe	250
12 a	Absolventenaufkommen im Jahre 2005 nach Berufsbildungsebenen und Fachbereichen	260
12 b	Absolventenaufkommen im Jahre 2005 nach Berufsbildungsebenen und Fachbereichen in Prozent	260
13	Abgänger aus beruflichen Schulen auf dem Realschulniveau und mit Fachhochschulreife/Abitur 1992/93 und 2002/03	262
14	Ausgebaute Wege zur Hochschulzugangsberechtigung bezogen auf die Einwohnerzahlen nach Ländern im Jahre 2003	263
15	Veranstaltungsangebot in der beruflichen Weiterbildung nach Bildungsbereich	270
16	Fortbildungsregelungen nach Länder- und Bundesrecht im Überblick	274
17	Bestandene Abschlussprüfungen an Fachschulen im Jahre 2005	276
18	Zur Struktur der Vielzahl an Regelungen zur beruflichen Fortbildung und Umschulung, die Kammern nach § 54 BBiG/§ 42 HwO erlassen haben	278
19	Eintritte in Maßnahmen der beruflichen Weiterbildung der BA 1997–2006	281

Übersichten

1	Die Stufen des Europäischen Qualifikationsrahmens (EQR) nach Lernergebnissen	80
2	Arbeitskreise SCHULE-WIRTSCHAFT in Baden-Württemberg	177
3	Erziehungsziele in den Verfassungen der Länder der Bundesrepublik Deutschland	191
4	Gegenüberstellung der Berufsbilder ‚Chemotechniker' von 1933./.Chemischtechnischer Assistent von 1998	240
5	Das berufliche Schulwesen in Deutschland – Schulformen nach der ISCED von 1997 geordnet	246
6	Vorschläge zur Reform der beruflichen Bildung in Deutschland im Überblick	374

Vorbemerkungen

Die Effizienz der beruflichen Bildung sowie die Deckung des Fachkräftebedarfs auf dem Arbeitsmarkt zählen zu den wichtigsten Zielsetzungen des EU-Reformpakets gemäß Ratsbeschlüssen Lissabon 2000 mit angestrebter Realisierung im darauf folgenden Jahrzehnt, um damit in der Europäischen Gemeinschaft vor allem ein stärkeres Wirtschaftswachstum zu erreichen.

Das in Deutschland zwischenzeitlich angewachsene Ausbildungsplatzdefizit und der sich parallel dazu abzeichnende verstärkte Fachkräftemangel lassen erkennen, dass bis zum Jahre 2008 anstatt der angestrebten Steigerung der Effizienz ein Rückschritt festzustellen ist. In Zahlen ausgedrückt sind das etwa die Hälfte der Schulentlassenen ohne Aussicht auf eine Ausbildung sowie der Rückstau aus vergangenen Jahren von 380.000 Altbewerbern, also derzeit etwa eine halbe Million Jugendliche, die zum überwiegenden Anteil in so genannten Warteschleifen aufgefangen wurden. Das zu geringe Ausbildungsplatzangebot zeichnete sich bereits seit zwei bis drei Jahrzehnten ab.

Schon bald nach meinem Dienstantritt an der Karlsruher Universität hatte ich mehrere einjährige Projekte für Schulentlassene zum Zwecke einer besseren Vorbereitung auf die Berufs- und Arbeitswelt zu begleiten. Seit dieser Zeit sind mir die Probleme vertraut, die von den Trägerorganisation zu bewältigen sind, und insbesondere die Schwierigkeiten der Jugendlichen selbst. Mir ist also gegenwärtig, wie sich junge Menschen ohne Zukunftsperspektiven als Außenseiter der Gesellschaft fühlen und wie schwer es ist, diesem Personenkreis zu einer konstruktiven Lebenseinstellung zu verhelfen.

Derartige Fragen werden in der Öffentlichkeit bisher kaum diskutiert. Die Jahr für Jahr veröffentlichten amtlichen Zahlen zu den Eintritten in eine betriebliche Ausbildung überdecken die Brisanz dieser Problematik. De facto tritt nämlich ein immer größer werdender Anteil Erwachsener in Lehrverhältnisse ein, während die geringe Zahl an Lehreintritten im Jugendalter – nur ein Drittel davon – unbeachtet bleibt. Beinahe prinzipiell bleiben in diesem Zusammenhang immer noch die unversorgten Jugendlichen in Warteschleifen unerwähnt.

Der Blick über die Grenzen der Bundesrepublik lässt erkennen, dass sich auch in anderen Ländern beim Übergang von der Schule in Ausbildung und Beruf Engpässe ergeben. Die Anteile an Betroffenen liegen dort allerdings weit unter den Größenordnungen der Bundesrepublik Deutschland, die hier also eine Spitzenstellung einnimmt.

Angesichts der Problematik des Übergangs in eine Ausbildung erinnere ich mich an die Anfangsjahre meiner beruflichen Laufbahn als Lehrkraft in einem Berufsschulzentrum des Großraums Stuttgart, und zwar speziell an die ersten Tage des Schuljahrs, an denen die Jugendlichen in die Berufsschule eintraten. Im Rückblick sehe ich diese Jungen und Mädchen, die nach zuvor abgeschlossenem Lehrvertrag mit Zuversicht und hohen Erwartung die ersten Schritte ins Berufsleben vollzogen.

Im Vergleich zu damals ging in diesen Klassen die Anzahl der Lehranfänger auf etwa die Hälfte zurück. Die andere Hälfte wird zwischenzeitlich in Warteschleifen aufgefangen; für sie bestehen geringe Ausbildungsmöglichkeiten.

Traditionell bemühen sich die Betriebe um Lehrlinge in ausreichender Zahl und ebenso ihre Übernahme nach Ausbildungsabschluss. Früher vertrauten die Jugendlichen der gesellschaftlichen Verantwortung der Lehrbetriebe. Heute wird in Deutschland bereits von Fachkräftemangel gesprochen bei gleichzeitig hohem Stand an Arbeitslosen.

So bin ich der Frage nachgegangen, wie es in Deutschland zu dieser Situation kommen konnte und durch welche Maßnahmen dieser Missstand beseitigt werden könnte.

Im Verlauf der Untersuchung wurde eine Reihe von Defiziten im deutschen System der Berufsausbildung erkennbar – und auch, dass Weichenstellungen aus früherer Zeit für diese unbefriedigende Situation verantwortlich sind. Nicht beeinflusst wurde dieser Missstand durch die derzeitig im Berufsbildungssystem tätigen Fachkräfte, z. B. als Ausbilder und Lehrer.

Mein Dank gilt allen Mitwirkenden: Der großen Zahl von Autoren der ins Manuskript einbezogenen Beiträge, dem Interfakultativen Institut für Entrepreneurship der Universität Karlsruhe (TH), Leiter Prof. Götz W. Werner, und der Gesellschaft für Ausbildungsforschung und Berufsentwicklung (GAB) München unter Leitung von Prof. Dr. Michael Brater sowie den Mitgliedern der Projektgruppe selbst in besonderer Weise wie auch den vielen mit der Untersuchung angesprochenen Personen und Dienststellen, die hier konsultiert wurden.

Karlsruhe/Schömberg, im Juli 2008
Georg Rothe

Einführung

Die vorliegende Studie baut auf einer Reihe von Vergleichsuntersuchungen auf.[1] Sie stellt das deutsche Berufsbildungssystem den aktuellen Herausforderungen des EU-Reformpakets Lissabon 2000 gegenüber, um

- das Ausmaß der bestehenden Differenzen zu erkennen,
- Möglichkeiten aufzuzeigen, wie das Bildungssystem über die Einbeziehung von Erfahrungen aus dem Ausland zu verbessern und weiterzuentwickeln ist, sowie
- die von der EU erarbeiteten Empfehlungen und Beschlüssen realisieren zu können.

Aufbau auf Vergleichsuntersuchungen

Einen Schwerpunkt bildet der Komplex lebenslanges Lernen samt der Frage, inwieweit sich informelles Lernen ins Gesamtsystem integrieren lässt, um auf diesem Wege die laufende Anpassung der Qualifikation der Erwerbstätigen mit Blick auf die Sicherung der beruflichen Leistungsfähigkeit zu fördern.

Schwerpunkt lebenslanges Lernen

Die bildungspolitische Bedeutung der Anerkennung und Zertifizierung von über das Erfahrungslernen erworbenen Qualifikationen liegt in der Erschließung bisher brachliegender Kompetenzpotenziale zur Überwindung der sozialen Kluft, woraus seine ökonomische wie gesamtgesellschaftliche Relevanz resultiert.[2]

Die Studie konzentriert sich auf das deutsche Bildungs- und Berufsbildungssystem der ISCED-Stufen 3 und 4, also die Sekundarstufe sowie postsekundäre Bildungsgänge. Ins Zentrum rücken damit drei Wege:

ISCED-Stufen 3 und 4

- Ausbildungsgänge nach dem Berufsbildungsgesetz samt dem länderseitig geregelten, begleitenden Berufsschulbesuch,
- berufsqualifizierende Vollzeitschulen der Sekundarstufe II,
- Weiterbildungsformen, die auf der Erstausbildung aufbauen, sowie Angebote des formellen und informellen Lernens nach Abschluss der Berufsbildung.

---

[1] Vgl. Rothe, G.: Die Systeme beruflicher Qualifizierung Deutschlands, Österreichs und der Schweiz im Vergleich. Kompendium zur Aus- und Weiterbildung unter Einschluß der Problematik Lebensbegleitendes Lernen. Villingen-Schwenningen 2001
Rothe, G.: Alternanz – die EU-Konzeption für die Berufsausbildung. Erfahrungslernen Hand in Hand mit Abschnitten systematischer Ausbildung. Dargestellt unter Einbeziehung von Ergebnissen aus Ländervergleichen. Karlsruhe 2004
Rothe, G.: Lehrerbildung für gewerblich-technische Berufe im europäischen Vergleich. Vorschläge für eine Umstrukturierung der Studiengänge samt Konsequenzen für das nationale Berufsbildungssystem. Karlsruhe 2006

[2] Vgl. Dohmen, Günther: Das informelle Lernen. Die internationale Erschließung einer bisher vernachlässigten Grundform menschlichen Lernens für das lebenslange Lernen aller. Hrsg.: BMBF. Bonn 2001, S. 126

Formen betrieblicher Weiterbildung Neben der formal angebotenen Weiterbildung sind insbesondere betriebliche Formen der Mitarbeiterqualifizierung einbezogen. Ebenso wird der Erwerb von Zusatzqualifikationen aus eigener Initiative jenseits der Steuerung durch die betriebliche Personalpolitik berücksichtigt. Dabei ist der Blick auch darauf gerichtet, in welcher Weise sich innerhalb der Betriebe die Umorientierung auf neue Arbeitsanforderungen oder andersartige Vorgehensweisen vollzieht.

Vorangestellter Vergleich Wie sich schon bald nach Untersuchungsbeginn zeigte, ist es in Deutschland offensichtlich schwierig, die eigene Berufsausbildung zutreffend einzuschätzen. Dies führte dazu, in knapper Form Vergleiche durchzuführen und der Studie voranzustellen:

– **Das deutsche Berufsbildungssystem im europäischen Vergleich (Teil 1)**
Zur Absicherung der Informationsbasis werden ausgewählte Sachverhalte der Situation in den Staaten Österreich, Schweiz, Frankreich sowie England gegenübergestellt. Der Vergleich konzentriert sich auf den Übergang von der Schule in die Ausbildung, das Erstausbildungsangebot und dessen Inanspruchnahme sowie die berufliche Weiterbildung.

Gliederung Im Anschluss daran gliedert die Untersuchung wie folgt:

– **Die EU auf dem Weg zum wettbewerbsstarken Wirtschaftsraum (Teil 2)**
Im Jahre 2000 setzte sich die EU das Ziel, sich zum leistungsstärksten Wirtschaftsraum der Welt zu entwickeln. Aufgezeigt werden die EU-Zielvorgaben im Detail, die Realisierungsschritte sowie zentrale Elemente der Reformbestrebungen.

– **Lebenslanges Lernen als bahnbrechender Reformansatz (Teil 3)**
Nach einem knappen Rückblick auf die Entwicklung des lebenslangen Lernens werden dessen Kernelemente herausgestellt. Dem schließt sich die Darstellung des Ausbaustandes lebenslangen Lernens in Deutschland an.

– **Wechselwirkungen zwischen Bildungssystem und Wirtschaftsentwicklung (Teil 4)**
Im Zentrum stehen hier der Beitrag des Berufsbildungssystems zur Steigerung der wirtschaftlichen Prosperität sowie die Deckung des Fachkräftebedarfs als Aufgabe von Staat und Wirtschaft.

– **Die deutsche Berufsausbildung gegenüber den Zielvorgaben der EU (Teil 5)**
Die Bereiche schulische Berufsvorbereitung, berufliche Erstausbildung und Weiterbildung werden in gesonderten Teilabschnitten untersucht und jeweils den entsprechenden Empfehlungen und Vorgaben der EU gegenübergestellt.

– **Defizite des deutschen Bildungssystems im Spiegel der EU-Vorschläge (Teil 6)**
Fragen der Gesamtverantwortung für die berufliche Bildung, Fachkräftemangel, Ausgrenzung beruflicher Bildung sowie Verstöße gegen Grundsätze der Bildungsökonomie werden als zentrale Schwachstellen des deutschen Systems behandelt.

– **Vorschläge zum Ausbau des deutschen Berufsbildungssystems (Teil 7)**
Die Einbindung aller Teilbereiche der beruflichen Qualifizierung in ein effizientes Bildungsgesamtsystem bildet den Schwerpunkt der Reformvorschläge. Weitere Aspekte betreffen die Stufung des Systems, Ordnungsmittel und Prüfungswesen sowie die Aufgabendifferenzierung von Berufsschulzentren.

Teil 1
Das deutsche Berufsbildungssystem im europäischen Vergleich

Das Reformprogramm gemäß EU-Ratsbeschlüssen Lissabon 2000 samt Folgetreffen zur Entwicklung Europas zum wettbewerbsfähigsten und wirtschaftlich prosperierenden Raum ist gekoppelt mit der Weiterentwicklung der Systeme beruflicher und allgemeiner Bildung in den Mitgliedsstaaten. Für die Beurteilung der Funktion der Berufsbildung in Deutschland und ihren aus dem europäischen Kontext erwachsenden Herausforderungen empfiehlt sich ein Vergleich mit den Strukturen anderer EU-Staaten. Er dient der Sicherung einer breiten Informationsbasis für Untersuchungen zu den Wechselbeziehungen zwischen den Bildungssystemen und der wirtschaftlichen Prosperität. Einbezogen sind die Staaten Deutschland, Österreich, die Schweiz sowie Frankreich und das Vereinigte Königreich. Der Vergleich beschränkt sich auf Daten und Fakten, die mit Blick auf die Beschlüsse und Empfehlungen der EU und insbesondere auf das Reformpaket Lissabon 2000 zeigen sollen, inwieweit die betreffenden Systeme diesen Zielvorgaben entsprechen.

Einbezogene Staaten

In der Gegenüberstellung zu anderen Berufsbildungssystemen tritt immer die Sonderstellung des sogenannten deutschen *dualen Systems* hervor. Dieses wird einerseits mit dem Prädikat *Vorbild* versehen, andererseits aber als *Auslaufmodell* bezeichnet. Daher erscheint es unumgänglich, auf Besonderheiten in der Entwicklung der deutschen Berufsausbildung einzugehen und als Problemaufriss die folgenden Abschnitte voranzustellen: Eckdaten zur Entwicklung des deutschen Sonderwegs der Berufsbildung (a), Fehlen von Vergleichsuntersuchungen (b) sowie Nichtzustandekommen von Reformen der beruflichen Bildung nach 1969 (c).

Problemaufriss

Der letzte Abschnitt (d) leitet zu den Vergleichskapiteln 1.1 bis 1.3 über und befasst sich mit der Auswahl der in den Vergleich einbezogenen Staaten sowie mit Grundmerkmalen ihrer Berufsbildungssysteme.

a) Eckdaten zur Entwicklung des deutschen Sonderwegs der Berufsbildung

In den meisten europäischen Staaten geht die frühe Entwicklung der beruflichen Bildung auf die Zunftzeit zurück. Entscheidende Veränderungen erfolgten erst parallel zum Ausbau von Manufakturen im 18. Jahrhundert. Mit Beginn der Industrialisierung entwickelte sich die Berufsbildung in den europäischen Ländern recht unterschiedlich. Beim hier einbezogenen Rückblick auf die deutsche Entwicklung sollen auch Ergebnisse von zwei markanten, von ausländischen Experten zur deutschen Berufsausbildung durchgeführten Untersuchungen berücksichtigt werden. Es sind dies

Modell der Zünfte als Vorbild

- das Gutachten „Berufserziehung und Lehrlingsausbildung in Deutschland", erstellt im Auftrag des amerikanischen Hohen Kommissars für Deutschland (1952), und
- die Untersuchung „Berufliche Bildung in der Bundesrepublik Deutschland", durchgeführt vom französischen Forschungs- und Dokumentationszentrum für Deutschland CIRAC, Paris (1993)

Dominanz der Lehrlingsausbildung

Der Autor des Gutachtens für den Hohen Kommissar der USA, G. W. Ware, charakterisierte die deutsche Berufsausbildung wie folgt:

„Deutschland wird als das klassische Land der Lehrlingsausbildung angesehen, die auf das 11. und 12. Jahrhundert mit den Städtegründungen und der darauffolgenden gewerblichen Spezialisierung zurückgeht."[1]

Regelung der Ausbildung über Gewerbeordnungen

In der Spätzeit der Zünfte wie auch nach ihrer Auflösung regelten die deutschen Länder die Lehrlingsausbildung über die Gewerbeordnungen. Den Anstoß dazu gab der Reichsabschied des *Heiligen Römischen Reiches deutscher Nation*, Regensburg 1731.[2] Seine Vorschläge zur Verbesserung der Ausbildung in den Zünften und insbesondere den Ausbildungsabschlüssen wurden allerdings in den deutschen Ländern nur zögernd bzw. teilweise überhaupt nicht umgesetzt. Zu entscheidenden Veränderungen kam es erst mit der Französischen Revolution und der Forderung nach Gewerbefreiheit.

Im Jahre 1828 verlangten die württembergische Gewerbeordnung samt Durchführungsbestimmungen des Jahres 1830, dass anlässlich des Lehrabschlusses Prüfungen durchzuführen sind. Damit gehört Württemberg zu den ersten Ländern, die eine Lehrabschlussprüfung einführten. In den Prüfungsprotokollen waren jeweils die Art des Gesellenstücks sowie die dem Probanden gestellten Fragen festzuhalten.

Die erste Reichsgewerbeordnung 1871 – ihrem Wortlaut nach identisch mit der Gewerbeordnung des Norddeutschen Bundes 1869 – bezog die Lehrlingsausbildung ebenfalls ein. Die Durchführung der Ausbildung auf regionaler Ebene lag in der Regel bei den sich nach und nach konstituierenden Innungen des Handwerks, in Süddeutschland zu einem hohen Anteil bei den Gewerbevereinen.

Handwerkskammern als zuständige Stellen

Die Novelle zur Reichsgewerbeordnung von 1897, das so genannte Handwerkerschutzgesetz, übertrug die Verantwortung für die gewerblich-technische Ausbildung der Lehrlinge den 1900 neu errichteten Handwerkskammern. Die

---

[1] Ware, George W.: Berufserziehung und Lehrlingsausbildung in Deutschland. Frankfurt am Main 1952, S. 34

[2] Dieses „Gutachten des Reichs-Tags wegen der Handwercker-Mißbräuche" gilt als Gewerbeordnung des alten Deutschen Reiches und enthielt Verbote bestimmter Handwerkspraktiken sowie neue Bestimmungen, u. a., dass am Ende der Lehrzeit ein Lehrbrief auszustellen war. Abdruck bei Proesler, Hans: Das gesamtdeutsche Handwerk im Spiegel der Reichsgesetzgebung von 1530 bis 1806. Berlin 1954, S. 54ff.

Verlagerung der Verantwortung auf diese Standesorganisationen kommentiert die oben genannte französische Untersuchung von 1993 wie folgt:

„Der ihnen gewährte Status einer Körperschaft des öffentlichen Rechts begründet die seither ungebrochene Trägerschaft der betrieblichen Berufsausbildung durch Organisationen der Wirtschaft in Selbstverwaltung." Und ferner: „Diese Institutionalisierung der betrieblichen Berufsbildung steht zwar am Ursprung des dualen Systems, verdeutlicht aber auch, daß es sein Entstehen einer paradoxen Ausgangslage verdankt, nämlich der Privilegierung der handwerklichen Tradition in einer Situation, in der die industrielle Entwicklung des Landes voll in Schwung kam."[3]

Das Gutachten von G. W. Ware aus dem Jahre 1952 geht auf die historische Entwicklung der deutschen Berufsausbildung wie folgt ein: **Historische Einflüsse**

„Um das deutsche Erziehungswesen und im Besonderen die beruflichen Teile kennenzulernen, muss der Leser einiges über die Geschichte und überkommene Traditionen, die es bestimmen, wissen."[4]

Dazu hebt er hervor, dass die von ihm angesprochene Tradition auf einer Erziehungsphilosophie beruhe, die zu einem beträchtlichen Maße auf die jahrhundertealte Kultur der Griechen zurückgehe, die glaubten, dass nur die Oberschicht einer Erziehung bedürfe. Diese Eingrenzung steht im Zusammenhang mit dem in Deutschland forcierten Ausbau der Gymnasien und des Hochschulbereichs. Dazu merkt G. W. Ware kritisch an:

„Eine solche Grundphilosophie ist weit entfernt von dem beruflichen Gedanken der Ausbildung eines Menschen, die versucht, Geist und Hände in wirtschaftlichem Schaffen zu vereinigen."[5]

Die von ihm erwähnten bestimmenden Einflüsse, die zur Ausklammerung der beruflichen Bildung führten, sind auch im Text der im Jahre 1919 in Weimar verabschiedeten Verfassung des Deutschen Reiches erkennbar. Dort heißt es im Abschnitt „Bildung und Schule" (Artikel 145): **Berufliche Bildung kein Verfassungsauftrag**

„Es besteht allgemeine Schulpflicht. Ihrer Erfüllung dient grundsätzlich die Volksschule mit mindestens acht Schuljahren und die anschließende Fortbildungsschule bis zum vollendeten 18. Lebensjahr. Der Unterricht und die Lernmittel in den Volksschulen und Fortbildungsschulen sind unentgeltlich."[6]

Auch in den parallel zur Reichsverfassung verabschiedeten Verfassungen der deutschen Länder nach 1918 werden Beruf und berufliche Bildung nicht ange-

---

[3] Lasserre; René; Lattard, Alain: Berufliche Bildung in der Bundesrepublik Deutschland. Spezifika und Dynamik des dualen Systems aus französischer Sicht. Hrsg.: G. Rothe (Materialien zur Berufs- und Arbeitspädagogik Bd. 11), Villingen-Schwenningen 1994, S. 4
[4] Ware, George W., a.a.O., S. 8
[5] Ebd.
[6] Die genannten Fortbildungsschulen verstanden sich als allein auf allgemein bildende Fächer ausgerichtet.

sprochen, so dass in diesen – im Gegensatz zu den Verfassungen der Nachbarstaaten – Berufsbildung ganz offensichtlich nicht als staatliche Aufgabe gesehen wird, was letztendlich auf die abwertende Einschätzung der beruflichen Bildung gemäß neuhumanistischer Sichtweise und damit auf ihre Ausgrenzung aus dem Bildungssystem zurückgeht.[7]

Von Lehrlingen zu besuchende Teilzeitschulen

Vorschriften, nach denen die Lehrlinge auf regionaler Ebene bestimmte Lehrgänge oder Teilzeitschulen zu absolvieren hatten, wie für das technische Zeichnen, gehen bis auf das 18. Jahrhundert zurück. In Durlach (Baden) wurde beispielsweise im Jahre 1768 eine Zeichenschule eröffnet. In den Folgejahren durften Lehrlinge bestimmter Gewerbszweige nach landesherrlicher Verfügung nur nach erfolgreichem Besuch dieser Schule freigesprochen werden.

Länderübergreifend waren in Deutschland die Sonntags- und späteren Fortbildungsschulen von allen Schulentlassenen über drei Jahre hinweg zu besuchen. Diese konzentrierten sich schon bald auf die beruflichen Belange der in Ausbildung stehenden Jugendlichen und wurden daraufhin in *Gewerbliche Sonntagsschulen* oder *Gewerbliche Fortbildungsschulen* umbenannt.

Entwicklung in Baden

Eine Sonderentwicklung gab es in Baden, wo im Jahre 1834 *Gewerbeschulen* in Zuordnung zur Sekundarstufe II entstanden. Diese richteten sich inhaltlich nach dem Beispiel der in der Französischen Revolution gegründeten berufsqualifizierenden Vollzeitschulen und schulorganisatorisch als Teilzeitschulen nach dem Modell der englischen *Mechanics' Institutes* aus. Das Curriculum setzte den Schwerpunkt in den beruflich-fachlichen Belangen der in Ausbildung stehenden Jugendlichen. Schulentlassene mit Schwächen im Lesen, Rechnen und Schreiben hatten die in Baden bestehenden Sonntagsschulen zu besuchen.

Gemäß Gründungserlass lag die Fachaufsicht über die Gewerbeschulen bei Professoren der Polytechnischen Schule in Karlsruhe. Die von ihnen schon bald forcierte Lehrplangestaltung setzte Schwerpunkte in den Unterrichtsfächern Technologie und technisches Zeichnen/Modellieren. In den Jahren vor 1900 stand der Ausbau von Schulwerkstätten für eine in systematischer Form durchgeführte berufspraktische Ausbildung im Vordergrund.

Lehrgangsmäßige Ausbildung der Industrie

Die Industrie ging ab Ende des 19. Jahrhunderts in ihrer Ausbildung eigene Wege, wie mit der Einrichtung von Werkschulen und Lehrwerkstätten. In diesen wurde die lehrgangsmäßige Ausbildung entworfen und weiterentwickelt. Das Zusammenwirken der dort absolvierten systematischen Ausbildung mit dem Erfahrungslernen bei Mitarbeit in den Fertigungsabteilungen im Sinne einer

---

[7] Im Litauischen Schulplan von 1809 hob Wilhelm vom Humboldt hervor, wenn man allgemeine und berufliche Bildung vermische, „wird die Bildung unrein, und man erhält weder vollständige Menschen, noch vollständige Bürger einzelner Klassen". Wilhelm von Humboldt: Schriften zur Politik und zum Bildungswesen. Hrsg.: A. Flitner und K. Giel. Darmstadt 2002, S. 188

Lernortkooperation wurde in den Großbetrieben also schon früh realisiert. Nach dem Stand des Jahres 1911 gab es in 75 deutschen Großbetrieben eigene Berufsschulen.[8]
Insgesamt deckten jedoch die Ausbildungsaktivitäten der Industrie ihren Eigenbedarf nicht ab, so dass zu einem erheblichen Anteil im Handwerk ausgebildete Fachkräfte eingestellt werden mussten. Mit Ausbildungsaufgaben, wie im Jahre 1900 den Handwerkskammern übertragen, wurden die Industrie- und Handelskammern erst parallel zum Ausbau der Rüstungsindustrie in den Jahren 1934/36 betraut.

Im Jahre 1936 erfolgte für das Handwerk auf gesetzlicher Ebene die Einführung des *Großen Befähigungsnachweises*, so dass – ebenso wie zur Zunftzeit und vom Handwerk immer wieder gefordert – nur geprüfte Meister Handwerksbetriebe führen dürfen.[9] Die Übertragung der Verantwortung für die berufliche Erstausbildung an die Wirtschaft nach dem Modell der handwerklichen Ausbildung als Kennzeichen der deutschen Berufsausbildung findet in anderen Industriestaaten allerdings keine Parallele.

Befähigungsnachweis 1936

Nach Ende des Zweiten Weltkriegs griffen die Besatzungsmächte, vor allem die Vereinigten Staaten, in der von ihnen besetzten Zone in die geltenden gesetzlichen Grundlagen ein und setzten das 1936 verabschiedete Gesetz zur Einführung des Großen Befähigungsnachweises im Handwerk außer Kraft. Die damit verbundene Rechtsunsicherheit führte dazu, dass bald nach Gründung der Bundesrepublik Deutschland ein neues Handwerksgesetz erlassen wurde. Die Handwerksordnung vom Jahre 1953 führte den Befähigungsnachweis erneut ein.

Entwicklung nach dem Zweiten Weltkrieg

Die Verfassungskonformität dieser neuen Handwerksordnung wurde jedoch angezweifelt. So hatte das Bundesverfassungsgericht (BVerG) aufgrund einer Vorlage des Landesverwaltungsgerichts Hannover vom Juni 1955 zu prüfen, ob die neue Handwerksgesetzgebung mit dem Grundgesetz vereinbar ist, da dort in Art. 12 Abs. 1 die freie Wahl von Beruf, Arbeitsplatz und Ausbildungsstätte zugesichert wird.[10] Im Juli 1961 entschied das BVerG: Der Befähigungsnach-

Befähigungsnachweis verfassungskonform

---

[8] Vgl. Fenger, Herbert: Betriebsberufsschulen in der Bundesrepublik Deutschland. In: Jahrbuch für Wirtschafts- und Sozialpädagogik 1969. Hrsg.: Dr.-Kurt-Herberts-Stiftung zur Förderung von Forschung und Lehre der Wirtschafts- und Sozialpädagogik e.V. Köln. S. 69–168

[9] Diese Regelung gilt noch heute; die neue Handwerksordnung vom Jahre 2004 lässt allerdings Ausnahmeregelungen zu. Vgl. die zum 1. Januar 2004 in Kraft getretene Handwerksrechtsnovelle (Drittes Gesetz zur Änderung der Handwerksordnung und anderer handwerksrechtlicher Vorschriften). Es werden zulassungspflichtige (dem Meisterzwang unterliegende) und zulassungsfreie Handwerkszweige unterschieden. Nach dem heutigen Stand sind 57 Handwerke zulassungsfrei und 41 zulassungspflichtig. Berufserfahrene Gesellen können sich bis auf wenige Ausnahmen in zulassungspflichtigen Handwerken selbstständig machen.

[10] Diese Vorlage beruhte auf einem Verfahren, in dem einem Kläger, der im Jahre 1934 die Gesellenprüfung im Uhrmacherhandwerk abgelegt hatte, die Erteilung einer Ausnahme-

weis im Handwerk ist mit dem Grundgesetz vereinbar. Die Begründung lautet wie folgt:

> „Die hier zu prüfende Regelung der Handwerksordnung beruht auf der Grundanschauung, an der Erhaltung des Leistungsstandes und der Leistungsfähigkeit des Handwerks und an der Sicherung des Nachwuchses für die gesamte gewerbliche Wirtschaft bestünden so wichtige Interessen der Gemeinschaft, daß der Zugang zur selbständigen Ausübung eines handwerklichen Berufs nicht jedem freistehen könne. Dieser Ausgangspunkt der Handwerksordnung ist verfassungsrechtlich nicht zu beanstanden."[11]

In der Begründung zum Urteil bringt das BVerG ferner zum Ausdruck, dass das Handwerk ein volkswirtschaftlich unentbehrlicher Zweig der gewerblichen Wirtschaft ist und als besonders wichtiger Teil des Mittelstandes angesehen wird. Diese Auffassung begründe sich auch darin, dass in den Handwerksbetrieben rund zwei Drittel des Nachwuchses der gesamten gewerblichen Wirtschaft ausgebildet werden und ihm somit eine über seinen unmittelbaren Bereich weit hinauswirkende Funktion von großer gesamtwirtschaftlicher Bedeutung zukommt.[12] Dass dies auch einen erheblichen finanziellen Aufwand der Betriebe für die Ausbildung einschließt und den Staat entlastet, dürfte ebenfalls berücksichtigt worden sein.

Handwerksorientierung in der Diskussion

Die seit 1900 durch die Gewerbegesetzgebung bevorzugte Stellung des Handwerks führte dazu, dass die berufliche Ausbildung durch die Ausrichtung auf die überkommene handwerkliche Ausbildungsform im Vergleich mit anderen Ländern eine Sonderstellung einnimmt. So stieß sich G. W. Ware an der nahezu einheitlichen Dauer der Ausbildung von drei Jahren, die er als zu lang erachtete, sowie an der Ausrichtung der Ausbildungsordnungen auf den hohen Qualifikationsstand der speziellen Gewerbezweige. So stellte er heraus, dass „in Übereinstimmung mit der in Deutschland vorherrschenden Neigung zur beruflichen Spezialisierung ... jede Funktion als ein unabhängiges Spezialgebiet" anerkannt werde.[13] Damit wandte er sich gegen die eng eingegrenzten und weitgehend nach dem Modell der überkommenen Handwerkszweige erarbeiteten Ausbildungsordnungen. Diese Art der Abgrenzung von Berufen wurde später mit „Berufsprinzip" bezeichnet und versteht sich auch heute noch als das Leitbild der berufsqualifizierenden Bildungsgänge als *anerkannte Ausbildungsberufe*.

Grundgesetz

Das Grundgesetz der Bundesrepublik Deutschland vom Jahre 1949 stellt gemäß Art. 7 das gesamte Schulwesen unter die Aufsicht des Staates; geht dabei aber

---

bewilligung zur Führung eines einschlägigen Handwerksbetriebs ohne Meisterprüfung verweigert worden war. Vgl. Beschluß des Ersten Senats vom 17. Juli 1961, Aktenzeichen 1 BvL 44/55.

[11] Ebd., Abschnitt IV
[12] Ebd.
[13] Ware, G. W., a.a.O., S. 22

nicht auf die Durchführung von Bildung und Berufsbildung ein. Danach sind in Deutschland die Länder für Bildung und Erziehung allein zuständig. Im Rahmen der *konkurrierenden Gesetzgebung* weist das Grundgesetz allerdings gemäß Art. 74/11 das Recht der Wirtschaft dem Bund zu. Daraus wird abgeleitet, dass die betriebliche Berufsausbildung in die Kompetenz des Bundes fällt.

In den Verfassungen der Länder ist die Berücksichtigung des Sektors Bildung und Berufsbildung unterschiedlich verankert: Gänzlich fehlt dieser Sektor in den Verfassungen Berlins, Hamburgs, Niedersachsens und Schleswig-Holsteins. Nur in den Verfassungen von Baden-Württemberg, Bayern und Sachsen-Anhalt sind Bildung und Berufsbildung ausführlich behandelt, und zwar in folgender Formulierung:

Baden-Württemberg: Jeder junge Mensch hat ohne Rücksicht auf Herkunft oder wirtschaftliche Lage das Recht auf eine seiner Begabung entsprechende Erziehung und Ausbildung. (Art. 11) Die Jugend ist in der Ehrfurcht vor Gott ... zu beruflicher und sozialer Bewährung und zu freiheitlich demokratischer Gesinnung zu erziehen. (Art. 12)

Bayern: Jeder Bewohner Bayerns hat Anspruch darauf, eine seinen erkennbaren Fähigkeiten und seiner inneren Berufung entsprechende Ausbildung zu erhalten. (Art. 128/1) Begabten ist der Besuch von Schulen und Hochschulen nötigenfalls aus öffentlichen Mitteln zu ermöglichen. (Art. 128/2)

Sachsen-Anhalt: Jeder junge Mensch hat ohne Rücksicht auf seine Herkunft und wirtschaftliche Lage das Recht auf eine seine Begabung und seine Fähigkeiten fördernde Erziehung und Ausbildung. (Art. 25, Ziff. 1) ... Träger von Einrichtungen der Berufsausbildung und der Erwachsenenbildung sind neben dem Land und den Kommunen auch freie Träger. (1) Das Land sorgt dafür, daß jeder einen Beruf erlernen kann. Die Erwachsenenbildung ist vom Land zu fördern. (2) (Art. 30)

Der im Jahre 1953 eingesetzte Deutsche Ausschuss für das Erziehungs- und Bildungswesen, unter der von Leitung Prof. Hahn, widmete sich im Gutachten des Jahres 1964 der Berufsausbildung. Dafür wurde als neues Ausschussmitglied Prof. Heinrich Abel einbezogen. Das Gutachten sprach sich für die Fortführung des betriebsgebundenen Bildungswesens im engen Zusammenwirken von Betrieb und Berufsschule aus. Nach dem Vorschlag Abels bezeichnet das Gutachten dieses Zusammenwirken als *duales System*. Verlangt wurde danach allerdings, dass die Kooperation der beiden Ausbildungspartner als gleichberechtigt zu sehen ist und ein gemeinsames Vorgehen sichergestellt wird. Als Beispiel für ein solches Zusammenwirken führte das Gutachten die Ausbildung in Berliner Großbetrieben an, in denen Werksschulen mit Lehrwerkstätten einerseits und Fachabteilungen andererseits kooperierten. Dabei bezog sich dieses Modell auf das Zusammenwirken von systematischer Erarbeitung des Lehrstoffs und des Erfahrungslernens durch Mitarbeit in den Fertigungsabteilungen.

Gutachten des Deutschen Ausschusses

Den Begriff „Dualsystem" aus dem Gutachten des Deutschen Ausschusses nahm die Wirtschaft als Gütekriterium für sich in Anspruch; seit jenen Jahren

Begriff: duales System

wird er als Markenzeichen verwendet. Das wesentliche Merkmal einer effizienten Ausbildung in diesem System, nämlich das Zusammenwirken gleichberechtigter Partner, wird dagegen bis heute vernachlässigt.

Verabschiedung des Berufsbildungsgesetzes

Das im Jahre 1969 verabschiedete erste Berufsbildungsgesetz (BBiG) für die Bundesrepublik regelt die betriebliche Ausbildung; die fünf Jahre zuvor verabschiedeten Empfehlungen des Deutschen Ausschusses werden jedoch nicht beachtet. Für die Kooperation mit der Berufsschule verwendet das BBiG ganz im Sinne der früheren Gewerbeordnungen die Formulierung, dass der Lehrling für den Berufsschulbesuch freizustellen sei. Eine Regelung für die Kooperation der beiden Partner sowie das gleichberechtigte Zusammenwirken anlässlich der Abschlussprüfung blieb offen.[14]

Allein die Abschlüsse der betriebsgebundenen Ausbildung verstehen sich als anerkannte Ausbildungsberufe. Kritische deutsche Stimmen zum dualen System stellen insbesondere den Systemcharakter aufgrund mangelnder Verknüpfung von betrieblicher und schulischer Ausbildung in Frage. So betonte beispielsweise G. Grüner:

„Zum einen ist dazu festzustellen, daß das duale System zum Teil gar kein System ist. Zum Wesen eines Systems gehört es nämlich, daß die Beziehungen zwischen den Teilen des Systems klar definiert sind; Berufsschule und Ausbildungsbetrieb arbeiten oft aber nur in geringem Maße zusammen, häufig stehen sie beziehungslos nebeneinander ... Zum anderen hat der Dualpartner Betrieb sowohl rechtlich als auch faktisch ein ungleich größeres Gewicht als die Berufsschule ... Die Berufsschule ist der Dualpartner im zweiten Glied. Viele, die das duale System preisen, meinen im Grunde auch nicht das System aus Berufschule und Betrieb, sondern die betriebliche Berufsausbildung allein."[15]

Auch in der Folgezeit blieb es bei der Orientierung der deutschen Berufsausbildung an den überkommenen Grundsätzen und ohne ausreichende Kontakte zu den Systemen der übrigen EU-Staaten. Parallel dazu gelang es in Deutschland bisher nicht, ein System von berufsqualifizierenden Vollzeitschulen auszubauen.

Erstarrtes System

Anlässlich der Schlussveranstaltung nach Durchführung eines von der Bertelsmann Stiftung durchgeführten Fünf-Länder-Vergleichs äußerte sich als Festredner Lothar Späth zum deutschen System wie folgt[16]:

---

[14] Auch die Neufassung des BBiG vom Jahre 2005 brachte keine Gleichstellung der beiden Ausbildungspartner im Prüfungsgeschehen. Es wurde nur bestimmt, der Prüfungsausschuss könne zur Bewertung einzelner Prüfungsleistungen gutachterliche Stellungnahmen Dritter, insbesondere berufsbildender Schulen, einholen (§ 39 Abs. 2) und dass auf Antrag der Auszubildenden das Ergebnis berufsschulischer Leistungsfeststellungen auf dem Kammerzeugnis ausgewiesen werden kann (§ 37 Abs. 3).

[15] Grüner, Gustav: Die Berufsschule im ausgehenden 20. Jahrhundert. Ein Beitrag zur Berufsbildungspolitik. Bielefeld 1984, S. 45

[16] Berufliche Bildung der Zukunft, Carl Bertelsmann Preis 1999. Band 2: Dokumentation zu Symposium und Festakt. Hrsg.: Bertelsmann Stiftung, Gütersloh 1999, S. 36

„Wir verharren in verkrusteten Strukturen. Und ich meine fast, die berufliche Bildung in Deutschland ist typisch für diese Situation. Wir wissen, die Welt ändert sich, versuchen aber ununterbrochen mit den Spielregeln von gestern die Welt von morgen zu gestalten."

Die oben erwähnten historischen Weichenstellungen begründen die Sonderstellung der deutschen Berufsausbildung im europäischen Kontext. Ebenso stehen sie zu einem großen Anteil in Beziehung mit derzeit in der deutschen Öffentlichkeit immer wieder diskutierten Defiziten: fehlende Ausbildungsplätze[17], Facharbeitermangel[18] sowie Anwerbung qualifizierter Kräfte aus dem Ausland[19]. *Rückblick*

b) Unsichere Einschätzung durch Fehlen von Ergebnissen aus Vergleichen
Die berufliche Bildung mit dem Kern Dualsystem wird derzeit in Deutschland unterschiedlich bewertet: Einmal gilt das deutsche System aus der Sicht amtlicher Stellen als zeitgerecht und bewährt, andererseits wird es in schroffem Gegensatz dazu negativ eingeschätzt.[20] *Fehlen von Ausbildungsplätzen*

Das seit Jahren unzureichende Angebot betrieblicher Ausbildungsplätze für Schulentlassene weist zweifelsfrei auf erhebliche Mängel im deutschen System hin. So berichtet die Presse regelmäßig über das Fehlen von Ausbildungsmöglichkeiten für Hauptschul- und Realschulabsolventen. Auch offizielle Stellungnahmen, wie z. B. der im Auftrag von Bundesministerium für Bildung und Forschung und Kultusministerkonferenz erstellte Bildungsbericht 2006, befassen sich mit dem mangelnden Angebot an Ausbildungsmöglichkeiten in Deutschland. Andere Berichte bestätigen, dass die Zielsetzung eines auswahlfähigen Lehrstellenangebots keineswegs erreicht wird und der derzeit beklagte Fachkräftemangel bereits auf fehlende Ausbildungskapazitäten zurückgeht.

Als zuständige Stellen veröffentlichen die Kammern für ihre Bereiche regelmäßig die aktuellen Lehrlingszahlen einschließlich der Neueintritte pro anno. Nach *Eintrittsalter der Lehrlinge als Problem*

---

[17] Das Ausbildungsplatzdefizit spiegelt sich in der hohen Zahl Jugendlicher wider, die auf berufsvorbereitende Bildungsangebote und Maßnahmen ausweichen müssen. Laut amtlicher Bezeichnung befinden sie sich im *Übergangssystem*. Dieses umfasst ca. eine halbe Million Jugendliche. Vgl. Bildung in Deutschland. Ein indikatorengestützter Bericht mit einer Analyse zu Bildung und Migration. Hrsg.: Konsortium Bildungsberichterstattung im Auftrag der KMK und des BMBF. Bielefeld 2006, S. 80. Im Juni 2008 erschien die zweite Ausgabe dieses Berichts.

[18] Insbesondere die Wirtschaft und zahlreiche Wirtschaftsforschungsinstitute – in jüngster Zeit jedoch auch Stimmen aus dem Bundesministerium für Wirtschaft und Technologie – konstatieren einen Mangel an Ingenieuren und Facharbeitern, der das Wachstums hemmt und Wertschöpfungsverluste verursacht. Vgl. „Der Mangel an Fachkräften bremst den Aufschwung". Artikel von Tim Höfinghoff in der FAZ vom 29.10.2007 (www.faz.net).

[19] Mit der Greencard-Initiative der Bundesregierung vom Jahre 2000 sollten in großer Zahl ausländische IT-Fachkräfte gewonnen werden.

[20] Vgl. Schelten, Andreas u. Zedler, Reinhard: „Aktuelle Tendenzen der dualen Berufsausbildung". In: Berufsbildung in Wissenschaft und Praxis Heft 4/2001, S. 46–49

diesen Statistiken wird im Gegensatz zu den gemeldeten Defiziten im Großen und Ganzen der Stand rückliegender Zeitabschnitte, wie z. B. in den 1990er Jahren, gehalten. Die Kammern berichten sogar von einem leichten Zuwachs der Neueintritte. Sie erwähnen allerdings nicht das kontinuierliche Ansteigen des Lebensalters der Lehranfänger, so dass diese Informationen die Situation am Lehrstellenmarkt nicht zutreffend und in einem allzu positiven Licht erscheinen lassen. De facto tritt heute bereits die überwiegende Mehrheit die Lehre im Erwachsenenalter an.

So stoßen in diesem Kontext verschiedenartige Einschätzungen hart aufeinander. Auf gravierende Unterschiede gehen die folgenden Beispiele ein.

Positive Stellungnahmen Der vom neu konstituierten Konsortium Bildungsberichterstattung vorgelegte Bericht „Bildung in Deutschland" beurteilt das deutsche Berufsbildungssystem als äußerst positiv und leitet das Kapitel berufliche Bildung (Teil E) wie folgt ein:

„Die deutsche Berufsausbildung unterhalb der Hochschulebene gilt bis heute in der internationalen Diskussion als vorbildlich. Ihren Ruf verdankt sie insbesondere dem dualen System aus betrieblicher und schulischer Ausbildung. Die duale Berufsausbildung schuf und schafft nicht nur ein großes Reservoir gut ausgebildeter Fachkräfte, das als wichtige Voraussetzung für den wirtschaftlichen Erfolg und als komparativer Vorteil der deutschen Wirtschaft im internationalen Wettbewerb angesehen wird. Sie vermittelt auch bis heute der Mehrheit der Jugendlichen wie kaum ein anderes Berufsausbildungssystem einen qualifizierten Berufsabschluss und ermöglicht bisher relativ bruchlose Übergänge von der Schule in den Arbeitsmarkt. Beide Qualitäten des Berufsausbildungssystems – große Streubreite qualifizierter Ausbildung und Vermeidung von Jugendarbeitslosigkeit – sind gerade in einer Zeit von Massenarbeitslosigkeit und erhöhter Unsicherheit auf dem Arbeitsmarkt von fundamentaler gesellschaftlicher Bedeutung."[21]

Negative Stellungnahmen Im Gegensatz dazu steht der in Deutschland bestehende Fachkräftemangel. So zielte die Greencard-Initiative des Jahres 2000 darauf, den Fehlbedarf an IT-Fachkräften als einem der bedeutendsten Qualifikationsfelder über im Ausland angeworbene Spezialisten abzudecken. Sie führte zum Zuzug einiger Tausend IT-Fachkräfte, zum größeren Teil Hochschulabsolventen, zum kleineren mit mittleren Qualifikationen, zeigte allerdings längerfristig kaum Wirkung. Der Arbeitsmarkt im IT-Bereich gilt noch heute als nicht ausgeglichen, so dass Presseinformationen wiederholt auf den bestehenden Fehlbedarf verweisen.[22]

Die Zahl der Ausbildungsplätze in den neu eingerichteten IT-Berufen gemäß Berufsbildungsgesetz geht in jüngerer Zeit deutlich zurück, was daraus zu erklä-

---

[21] Konsortium Bildungsberichterstattung, a.a.O., S. 79
[22] So warnt der Bundesverband Informationswirtschaft, Telekommunikation und neue Medien (BITKOM) in jüngster Zeit eindringlich vor einer Gefährdung des Wirtschaftsaufschwungs infolge des Fachkräftemangels. Der Verband verweist auf rund 43.000 offene Stellen bundesweit, wovon 18.000 direkt auf die IT-Branche entfallen und 25.000 indirekt durch die Nachfrage anderer Wirtschaftszweige nach IT-Technik. Vgl. Meldung unter http://www.talkteria.de/forum/topic-10313.html vom 06.12.07

ren ist, dass sich das System der nach *Berufsprinzip* gestalteten Ausbildungsgänge als nicht geeignet erweist, den Fachkräftemangel in diesem Sektor abzudecken.

Bezogen auf den Bedarf Baden-Württembergs wird beispielsweise betont, dass hier nach dem neuesten Stand insgesamt 60.000 Fachkräfte fehlen, und festgestellt:

"Durch den Mangel an Fachkräften wird sich das Wachstum in Baden-Württemberg im nächsten Jahr abschwächen. Wirtschaftsminister Pfister fordert eine Erleichterung beim Zuzug ausländischer Experten."[23]

Die Frage des Zuzugs von Fachkräften aus dem Ausland ist jedoch in der Bundespolitik umstritten. Einzelne Stellungnahmen treten dafür ein, dass in Deutschland selbst stärker ausgebildet werden sollte, während überwiegend immer noch der Zuzug ausländischer Fachkräfte vorgeschlagen wird.

Bei der Einschätzung des deutschen Berufsbildungssystems besteht also eine Diskrepanz zwischen positiven Voten auch von amtlichen Stellen und objektiv erkennbaren Defiziten. Unterschiedliche Einschätzungen trifft man auch in anderen Staaten an. Dort wird ebenfalls oft das eigene System besonders positiv eingeschätzt; aber auch, wie zum Beispiel im Vereinigten Königreich, eher negativ und äußerst selbstkritisch beurteilt. Die in Deutschland herausgestellten gegensätzlichen Bewertungen des eigenen Systems bleiben ohne spezielle Begründung unverständlich. Dazu die folgende Gegenüberstellung:

Gegensätzliche Selbsteinschätzung

– Die Stellungnahme des BMBF im Fortschrittsbericht an die EU vom Jahre 2005, wonach die Bundesrepublik in die Entwicklung der Europäischen Union "ein wirksames und bewährtes, weil an der beruflichen Praxis orientiertes Berufsbildungssystem" einbringt.[24] Und andererseits:

– Die Aussagen aus dem deutschen Bildungsbericht 2006, wonach pro anno eine hohe Zahl Jugendlicher in verschiedenartige Vorbereitungsmaßnahmen ohne Anrechnung auf eine spätere Ausbildung eintritt. Der neue Terminus hierfür lautet "Übergangssystem" mit im Jahre 2004 insgesamt 488.073 Neueintritten gegenüber 535.322 Eintritten ins duale System[25], wovon allerdings – wie bereits erwähnt – weniger als die Hälfte im Alter von unter 18 Jahren die Ausbildung begann.

Diese Situation wird im Bildungsbericht wie folgt kommentiert: "Der starke Bedeutungsanstieg des Übergangssystems ... stellt eine ernsthafte bildungspolitische Herausforderung dar. Für zwei Fünftel der Ausbildungsanfänger beginnt ihr Start ins Berufsleben mit Unsicherheit und ohne konkrete Berufsbildungsperspektive."[26]

---

[23] Stuttgarter Zeitung Nr. 292 vom 18.12.2007, S. 11
[24] Europäische Kommission (Hrsg.): Umsetzung des Arbeitsprogramms "Allgemeine und berufliche Bildung 2010". Fortschrittsbericht 2005 Deutschland. Brüssel 2005, S. 21
[25] Konsortium Bildungsberichterstattung, a.a.O., S. 80
[26] Ebd. S. 82

Überkommene Defizite	Wenig beachtet wird immer noch, dass die Verzögerung des Eintritts in die Berufsausbildung erhebliche Auswirkungen auf den Arbeitsmarkt haben muss und einer sozialen Ausgrenzung der Betroffenen Vorschub leistet.

Ebenso nachteilig erweist sich das Festhalten an Lebensberufen gemäß *Berufsprinzip* ohne Berücksichtigung der Notwendigkeit, andersartige und vor allem kürzere Bildungsmaßnahmen zur Anpassung an den aktuellen Qualifikationsbedarf anzubieten.

Fehlen von Vergleichs-untersuchungen	Die unterschiedliche Einschätzung des deutschen Berufsbildungssystems erklärt sich weitgehend aus dem Fehlen von in systematischer Form erarbeiteten Vergleichsergebnissen zur Orientierung an der Situation in anderen Staaten sowie zum Zweck des Erkennens von *best practice* jenseits der deutschen Grenzen.

Schon im Jahre 1966 hob H.-J. Rosenthal, Berufspädagoge der Universität Hannover und erster Generalsekretär des neu gegründeten Bundesinstituts für Berufsbildungsforschung (BBF), hervor:

> „Die Entwicklung in der BRD und in Westeuropa fordert den internationalen Vergleich heraus. Die Entwicklung in den einzelnen Ländern der BRD macht den Vergleich geradezu erforderlich." Er unterstrich ferner: „Mit dem internationalen Vergleich – insbesondere im Hinblick auf den EWG-Vertrag – wird der Blick über die Grenzen der BRD gezwungen."[28]

Nach 2000 geforderte Vergleiche	Auch in der Zeit nach Lissabon 2000 wird auf die Notwendigkeit verwiesen, Vergleiche durchzuführen und Ergebnisse vorzulegen. So regte der Staatssekretär des deutschen Bildungsministeriums (BMBF), Wolf-Michael Catenhusen, an, zwischen den Bildungssystemen Vergleiche durchzuführen und führte anlässlich des EU-Folgegipfels Maastricht 2004 aus:

> „Für mich liegt auch in Zukunft die Zuständigkeit für die nationalen Bildungssysteme bei den EU-Mitgliedsstaaten. ... Gerade die Unterschiedlichkeit der Bildungssysteme erlaubt den offenen Wettbewerb um die besten Lösungen für gemeinsame Herausforderungen. Deshalb müssen wir, auch in der beruflichen Bildung, den Vergleich der Systeme und Reformvorhaben verstärken, um gegenseitig von best practice zu lernen. Die Pisa-Studie der OECD für den allgemeinen Bildungsbereich war hier für Deutschland ein Lehrstück."

Keine nationalen Abschottungen	Ferner bezeichnete Catenhusen bestehende nationale Abschottungen als überholt: „Die weitere Verbesserung der Qualifikationen unserer Bürgerinnen und Bürger ist damit eine gemeinsame Aufgabe und Verpflichtung im Wirtschaftsraum Europa; nationale Scheuklappen gegenüber den gemeinsamen Anforderungen aus und an Europa können wir uns nicht mehr leisten. Die Schaffung eines europäischen Bildungsraums ... ist schlichte Notwendigkeit zur Sicherung der Zukunft Europas."

---

[27] Berufliche Bildung der Zukunft, Carl Bertelsmann Preis, a.a.O., S. 35
[28] Berufliche Bildung in Europa. Viertes bildungspolitisches Gespräch Dortmund, 18. und 19. November 1966. Hrsg.: Arbeitskreis für Europakunde. Bonn 1967, S. 3

Indirekt bestätigte der Staatssekretär allerdings, dass in Deutschland Vergleichen im Sektor der beruflichen Bildung bisher nur eine untergeordnete Bedeutung zukam und vorliegende Vergleichsergebnisse nicht zur Kenntnis genommen wurden.

Die Unterbewertung von Vergleichen im Bildungssystem ist auch für die heutige Zeit kennzeichnend, was z. B. das „Handbuch Berufsbildungsforschung" vom Jahre 2006 in anschaulicher Weise bestätigt. Dieses setzte sich zum Ziel, den Stand der Berufsbildungsforschung in Deutschland zu umreißen und dabei auch auf bestehende *Forschungsdesiderate* zu verweisen.

Unterbewertung von Vergleichen

Der Abschnitt Vergleichsforschung in diesem Handbuch bestätigt, dass Vergleiche in der deutschen Berufsbildungsforschung über viele Jahrzehnte nur Randthemen waren und sich dies erst in jüngerer Zeit geändert hat. Vergleichsstudien sind also als „Medium der Legitimation von Reformentscheidungen" zu betrachten.[29] Der Autor dieses Beitrags, Walter Georg, sieht dies jedoch mit großer Skepsis. Vor allem hebt er auf die Kontextgebundenheit der jeweiligen nationalen Strukturen beruflicher Bildung ab und zieht den Schluss, dass Vergleichen nur ein sehr begrenzter Stellenwert beizumessen sei. So betont er:

Begrenzter Stellenwert

> „Der Verweis auf die historischen und kulturellen Besonderheiten gesellschaftlicher Arrangements von Berufsbildung und Arbeitsorganisation bedeutet ..., dass sich vom internationalen Vergleich keine Aufschlüsse über Vor- und Nachteile des einen gegenüber dem anderen System erwarten lassen und auch keine unmittelbar verwertbaren Erkenntnisse für die Berufsbildungspraxis und -politik. Statt praktischer und bildungspolitischer Handlungsanleitungen kann die vergleichende Berufsbildungsforschung jedoch Einsichten in die Dynamik und Steuerungsmechanismen vielfach miteinander verwobener Bedingungsstrukturen gesellschaftlichen, betrieblichen und individuellen Handelns liefern."[30]

Andere Abschnitte des Beitrags im oben genannten Handbuch befassen sich mit der Typisierung von Berufsbildungssystemen und wissenschaftstheoretisch mit der Vergleichsmethodik. Auf Defizite in der Vergleichsforschung insgesamt und diesbezügliche Forschungsdesiderate wird nicht eingegangen.

Die Durchführung von Vergleichen erfordert in der Regel einen erheblichen Arbeitsaufwand. Ihre Vernachlässigung in Deutschland lässt sich auch anhand der geringen Zahl von amtlichen Stellen diesbezüglich vergebener Forschungsvorhaben nachweisen. Das novellierte Berufsbildungsgesetz nennt als Ziel der Berufsbildungsforschung u. a., europäische und internationale Entwicklungen in der

Kaum Aufträge für Vergleiche

---

[29] Georg, Walter: „Vergleichende Berufsbildungsforschung" in: Rauner, Felix (Hrsg.): Handbuch Berufsbildungsforschung. Bielefeld 2006, S. 186–193, hier S. 186
[30] Ebenda, S. 193

Berufsbildung zu beobachten (§ 84 Abs. 2); der Vergleichsaspekt wird nicht angesprochen.

Berufsbildungs-PISA gefordert

Erst in jüngster Zeit zeichnet sich auf Seiten des BMBF ein größeres Interesse an Vergleichsuntersuchungen ab. Bundesbildungsministerin A. Schavan forderte anlässlich einer europäischen Berufsbildungskonferenz im Juni 2007 in München die Durchführung internationaler Leistungsvergleiche in der beruflichen Bildung. Ein solches „Berufsbildungs-PISA" soll u. a. zu einer Neueinstufung deutscher Berufsbildungsabschlüsse im internationalen Ranking beitragen.[31]

Ausgangssituation

Nach der in Deutschland offenbar bestehenden Unterschiedlichkeit in der Einschätzung und Bewertung des eigenen Berufsbildungssystems und dem Fehlen von Vergleichsergebnissen erscheint es dringend erforderlich, in konzentrierter Form relevante Sachverhalte des deutschen Berufsbildungssystems im Vergleich mit anderen EU-Staaten darzustellen.

Vorab soll auf einen für die Weiterentwicklung des deutschen Berufsbildungswesens wichtigen Zeitabschnitt in der zweiten Hälfte des vorigen Jahrhunderts eingegangen werden, in dem es nicht gelang, überfällige und richtungsweisende Veränderungen einzuleiten.

c) Nach 1969 nicht zustande gekommene Reformen der beruflichen Bildung

Initiativen zur Neuordnung

Die sozialliberale Koalition (1969–1982) sah das Berufsbildungsgesetz (BBiG) 1969 nur als einen ersten Schritt einer notwendigen Neuordnung an. So wurde schon bald nach dessen Verabschiedung darauf gedrängt, festgestellte Schwachstellen zu korrigieren. In seiner Regierungserklärung vom 18.01.1973 erhob der damalige Bundeskanzler Willy Brandt die berufliche Bildung explizit zu einem *Reformvorhaben*:

„Die Chancengleichheit verlangt für die berufliche Bildung den gleichen Rang, wie ihn andere Bildungsbereiche haben" und forderte deshalb: „Das Berufsbildungsgesetz muß neu gefaßt werden."[32]

Als Grundlage dafür legte die Bundesregierung im November 1973 die so genannten Markierungspunkte vor. Darüber hinaus erhielt diese Diskussion bedeutende Impulse durch die im Jahre 1974 von einer Sachverständigenkommission verabschiedete Studie zu Kosten und Finanzierung der außerschulischen beruflichen Bildung.[33]

---

[31] Sie bezog sich dabei auf Berufe des Gesundheitswesens, die in Deutschland im Gegensatz zu anderen Staaten nichtakademisch ausbebildet werden. Bei den Untersuchungen sollen die Lernergebnisse nach Abschluss der Berufsausbildung gemessen werden. Vgl. Bundesministerium für Bildung und Forschung: Pressemitteilung 119/2007 vom 04.06.2007

[32] Zitiert nach Greinert, Wolf-Dietrich: Realistische Bildung in Deutschland. Ihre Geschichte und aktuelle Bedeutung. Hohengehren 2003, S. 126

[33] Der Deutsche Bundestag hatte eine Sachverständigenkommission „Kosten und Finanzierung der außerschulischen beruflichen Bildung" eingesetzt. Sie legte im März 1974 den Abschlussbericht vor.

In der Einleitung zu diesen Markierungspunkten wird betont, dass bisher die weiterführenden allgemein bildenden Schulen und Hochschulen im Vordergrund des gesellschaftlichen Interesses wie auch der finanziellen Unterstützung durch die öffentliche Hand gestanden hätten, während die berufliche Bildung strukturell, personell und finanziell ein Schattendasein führte.[34] Als wichtigste Voraussetzung für die Verbesserung der Qualität der beruflichen Bildung und insbesondere der betriebsgebundenen Ausbildung hoben die Markierungspunkte hervor:

Markierungspunkte 1973

- „Verstärkung und Ausbau der staatlichen Verantwortung und Aufsicht für den Gesamtbereich der beruflichen Bildung;
- nahtlose Abstimmung der schulischen und außerschulischen Berufsausbildung zu einem einheitlich konzipierten Bildungsgang, insbesondere durch eine Verbesserung der curricularen Grundlagen;
- Abstimmung der materiellen Inhalte der Berufsausbildung und der Weiterbildung;
- weitere Qualifizierung der Ausbilder;
- befriedigende Regelung der Finanzierung der betrieblichen und überbetrieblichen Berufsausbildung zur Sicherung eines strukturell ausgewogenen und regional ausgeglichenen Angebots."[35]

Besonders hervorgehoben wird, dass die Berufsbildungsreform ein „hohes Maß an Kooperationsbereitschaft und Kooperationsfähigkeit zwischen Bund und Ländern sowie Staat und Wirtschaft" erfordert.[36]

Der Abschlussbericht der Kommission „Kosten und Finanzierung der außerschulischen beruflichen Bildung" enthielt die Feststellung, dass bei der betrieblichen Ausbildung „große Unterschiede der Qualität und zum Teil auch erhebliche Mängel" bestehen.[37] Daher sei das Prinzip der Chancengleichheit für einen großen Teil der Jugendlichen nicht gewahrt; hinzu käme das Problem des Einflusses der jeweiligen konjunkturellen Lage.[38] Die Kommission empfahl die Einrichtung eines zentralen Berufsbildungsfonds, an den öffentliche und private Arbeitgeber etwa 1 % der jährlichen Bruttolohn- und Gehaltssumme abführen.[39]

Vorschläge zu Finanzierung und Qualitätssicherung

Die mit den Markierungspunkten präsentierten Reformabsichten stießen insbesondere bei den Kammern auf heftigen Widerstand. So drohte der DIHT anlässlich der Vollversammlung vom 25.10.1973 an, die „Fehlplanung" der Regierung

Widerstände gegen das Reformvorhaben

---

[34] Vgl. Der Bundesminister für Bildung und Wissenschaft: Grundsätze zur Neuordnung der Berufsbildung (Markierungspunkte). Vom Bundeskabinett am 15. November 1973 beschlossen. S. 1
[35] Ebenda, S. 2
[36] Ebenda, S. 5
[37] Vgl. Sachverständigenkommission Kosten und Finanzierung der beruflichen Bildung: Kosten und Finanzierung der außerschulischen beruflichen Bildung (Abschlußbericht). Hrsg.: Der Bundesminister für Bildung und Wissenschaft. Bonn 1974, S. 355
[38] Vgl. ebenda, S. 438
[39] Ebenda, S. 441

werde die Industrie- und Handelskammern zwingen, von sich aus auf ihre Kompetenzen zu verzichten.[40] Auch als im Februar 1974 ein Referentenentwurf zur Novellierung des BBiG erschien, setzten sich die Proteste der Wirtschaft fort:

> „Die Reaktionen reichten von entschiedenen Stellungnahmen über offene Androhung von Rechtsbruch, bis hin zu verklausulierten Drohungen, keine Lehrstellen mehr zur Verfügung zu stellen."[41]

Widerstände dieser Art bewirkten eine gewisse Dämpfung des Reformelans seitens der Regierung. Dies spiegelte sich bereits im Referentenentwurf für ein neues Berufsbildungsgesetz vom Februar 1974 wider. Er enthielt zwar u. a. noch den Gedanken der staatlichen Überwachung und der Akkreditierung der Ausbildungsbetriebe, wurde aber – ebenso wie die Markierungspunkte – nicht mehr ausdrücklich als verbindlich erklärt. So zogen sich Initiativen zur Neufassung des BBiG bis zum Herbst 1974 hinaus.

Nach dem Regierungswechsel von Willy Brandt zu Helmut Schmidt kam in einer Zeit abflauender Konjunktur die Problematik steigender Arbeitslosenzahlen hinzu, insbesondere bei Jugendlichen.[42]

Gesetzentwurf 1975 Im Bestreben, die Reforminitiative zum Abschluss zu bringen, legte die Bundesregierung den Gesetzentwurf[43] vom April 1975 vor, der die öffentliche Verantwortung und Mitbestimmung der an der beruflichen Bildung Beteiligten sowie die Sicherung eines qualitativ und quantitativ ausreichenden Angebots an Ausbildungsplätzen durch neue Wege der Berufsbildungsfinanzierung (Berufsbildungsabgabe nach § 87 des Entwurfs) unterstrich. Grundzüge der Reform waren ferner:

- Klärung der Stellung der Berufsausbildung hinsichtlich der Gleichwertigkeit im Bildungssystem;
- Festlegung des Verhältnisses von Berufsausbildung und beruflicher Weiterbildung;
- Förderung der Durchlässigkeit im Bildungswesen, insbesondere Anrechnung von Bildungsleistungen in Schule und Betrieb;
- Abstimmung der beruflichen Bildung mit der allgemeinen und beruflichen Bildung in Schulen, Hochschulen und sonstigen öffentlich-rechtlichen Bildungseinrichtungen.[44]

Im Quellenauszug 1 sind Kernsätze aus dem Entwurf des Berufsbildungsgesetzes 1975 aufgenommen.

---

[40] Vgl. Offe, Claus: Berufsbildungsreform. Eine Fallstudie über Reformpolitik. Frankfurt a. M. 1975, S. 220
[41] Greinert, a.a.O., S. 126
[42] Vgl. Greinert, a.a.O., S. 127
[43] Entwurf des Berufsbildungsgesetzes (BBiG). Bundestagsdrucksache 160/75. Bonn, 18.04.1975
[44] Ebd., S 46

Quellenauszug 1:
Kernaussagen aus dem Entwurf des Berufsbildungsgesetzes 1975

§ 3 Begriff und Stellung der beruflichen Bildung: (2) Die Berufsausbildung ist der Abschnitt der beruflichen Bildung, der in der Regel zu einem ersten Berufsausbildungsabschluß führt. Sie kann auch zu einem weiteren Berufsausbildungsabschluß oder zu einem Ausbildungsteilabschluß führen.

§ 5 Grundsätze der Berufsausbildung: (1) Die Berufsausbildung ist planmäßig sowie sachlich und zeitlich gegliedert durchzuführen. Dabei ist der Teil der Berufsausbildung, der in Schulen oder Hochschulen durchgeführt wird, soweit möglich, zu berücksichtigen.

§ 6 Gliederung der Berufsausbildung: (1) Die Berufsausbildung soll so geordnet werden, daß sie in eine berufliche Grundbildung und eine berufliche Fachbildung gegliedert ist. (2) Die berufliche Grundbildung soll so geordnet werden, daß sie ... Grundlage für die berufliche Fachbildung ist. Durch sie soll die Durchlässigkeit im Bildungswesen sowie die berufliche Beweglichkeit gefördert werden.

§ 8 Anerkennung der Ausbildungsberufe, Ausbildungsordnungen: (2) Die Ausbildungsordnungen sollen den Ausbildungsinhalt in Ausbildungsabschnitte gliedern. Sie können regeln, daß Zwischenprüfungen durchzuführen sind, Ausbildungsabschnitte durch Teilprüfungen abgeschlossen werden, Teile von Abschluß- oder Teilprüfungen während der Berufsausbildung durchgeführt werden und daß Prüfungen ... ganz oder teilweise durch ausbildungsbegleitende Leistungsnachweise ersetzt werden oder ersetzt werden können. ... (4) Im Interesse einer zweckmäßigen Verteilung der Bildungsaufgaben und als Grundlage für eine wirksame Zusammenarbeit sollen die Ausbildungsordnungen mit den ... schulischen Rahmenlehrplänen abgestimmt werden.

§ 9 Inhalt der Ausbildungsordnungen: (2) ... Ausbildungsabschnitte der beruflichen Grundbildung und der beruflichen Fachbildung sowie Ausbildungsabschnitte, die durch Teilprüfungen abgeschlossen werden können, sind besonders auszuweisen. Soweit erforderlich sind weitere Ausbildungsabschnitte vorzusehen.

(§ 26/2) Bei der Bewertung der Prüfungsleistungen sind die in der Berufsschule nachgewiesenen Leistungen soweit möglich einzubeziehen.

§ 30 Berufsausbildungsabschluß, Ausbildungsteilabschluß: (1) Der Berufsausbildungsabschluß ist ein Abschluß der Oberstufe des Bildungswesens. Mit dem Berufsausbildungsabschluß wird nachgewiesen, daß ... das Ausbildungsziel erreicht worden ist. (2) Mit dem Ausbildungsteilabschluß wird nachgewiesen, daß ... das Ziel des Ausbildungsabschnitts erreicht ist und die Befähigung erworben worden ist, die Berufsausbildung fortzusetzen und eine Berufstätigkeit aufzunehmen. ... (4) Der zuständige Bundesminister kann durch Rechtsverordnung ... bestimmen, zu welchen weiterführenden Bildungsgängen im Sinne dieses Gesetzes der Berufsausbildungsabschluß oder Ausbildungsteilabschluß ... befähigt.

§ 31 Gleichstellung von Abschlüssen: (1) Der zuständige Bundesminister kann ... andere Abschlüsse im Bildungswesen dem Berufsausbildungsabschluß oder Ausbildungsteilabschlüssen ganz oder teilweise gleichstellen ...

§ 117 Errichtung von Prüfungsausschüssen: (1) Für die in diesem Gesetz vorgesehenen Prüfungen werden .. von der nach Landesrecht zuständigen Behörde staatliche Prüfungsausschüsse errichtet. (2) Die Prüfungsausschüsse für Abschlußprüfungen, Teilprüfungen und Zwischenprüfungen ... sollen am Sitz der zuständigen Stelle nach deren Anhörung errichtet werden. Auch wenn ein Prüfungsausschuß ... nicht am Sitz dieser Stelle errichtet wird, soll ihr die Geschäftsführung übertragen werden. ...

Die Spitzenorganisationen der Wirtschaft legten zusammen mit Verbänden der Landwirtschaft und der freien Berufe eine Stellungnahme vor, in der sie den Gesetzentwurf von 1975 als „im Interesse der Jugendlichen und der ausbildenden Wirtschaft für unannehmbar" ablehnten.[45] Sie kritisierten im Einzelnen folgende aus ihrer Sicht schwerwiegende Mängel: **Protest der Wirtschaft**

– Der Entwurf bringe Rechtsunsicherheit und Perfektionismus.
– Die Ausbildung im Betrieb würde erschwert.

---

[45] Bundesverband der Deutschen Industrie, Bundesvereinigung der Deutschen Arbeitgeberverbände, Deutscher Industrie- und Handelstag u. a.: Argumente gegen eine Scheinreform. Stellungnahme zum Regierungsentwurf eines neuen Berufsbildungsgesetzes. Mai 1975, S. 5

- Ein Zusammenbruch des Prüfungswesens sei nicht auszuschließen..
- Der Normierungsanspruch würde die berufliche Weiterbildung beeinträchtigen.
- Die Berufsbildungsplanung bliebe ohne Effekt.
- Es ergäbe sich kein ausreichendes Instrumentarium für die Bund-Länder-Abstimmung.
- Die neue Organisation sei zu aufwendig.
- Sie stelle einen systemwidrigen Eingriff in die Selbstverwaltung dar.

Insgesamt hielt die Wirtschaft den Gesetzentwurf für völlig untauglich, seinen eigentlichen Zweck im Sinne der Sicherung, des Ausbaus und der Weiterentwicklung der betrieblichen Ausbildung zu erfüllen. Im Gegenteil werde „die Gefahr heraufbeschworen, daß die für die Zukunft notwendige Zahl an Ausbildungsplätzen nicht zur Verfügung steht".[46]

Notoperationen Der Entwurf zur Novellierung des BBiG wurde im April 1976 im Bundestag verabschiedet; wenig später scheiterte er jedoch im Bundesrat. Daraufhin verabschiedete die Regierung im Juni 1976 als Notoperation das vermeintlich nicht zustimmungspflichtige *Ausbildungsplatzförderungsgesetz* (APlFG). Dieses Gesetz beschränkte sich im Wesentlichen auf Bestimmungen zu „Planung und Statistik", den Bereich „Berufsbildungsverwaltung" sowie die Errichtung eines Bundesinstituts für Berufsbildung in Ablösung des gemäß BBiG 1969 gegründeten Bundesinstituts für Berufsbildungsforschung.

Wegen der nicht eingeholten Zustimmung des Bundesrates anlässlich der Verabschiedung dieses Gesetz wurde es aufgrund einer Klage des Landes Bayern im Dezember 1980 vom Bundesverfassungsgericht als nicht mit der Verfassung vereinbar erklärt. Das Urteil des BVerG hob die historisch verwurzelte spezifische Verantwortung der Arbeitgeber für ein ausreichendes Angebot an betrieblichen Ausbildungsplätzen hervor.[47]

Daraufhin verabschiedete der Bundestag im Dezember 1981 als zweite Notoperation das *Berufsbildungsförderungsgesetz* (BerBiFG). Dieses enthielt lediglich Regelungen für das Bundesinstitut für Berufsbildung sowie Berufsbildungsplanung und -statistik.

Fehlende Ausbildungsplätze Nach einer längeren Zeit ausgeglichener Berufsbildungsbilanzen stand – beeinflusst durch die geburtenstarken Jahrgänge (1958 bis 1967) – im Jahre 1976 das Problem fehlender Ausbildungsplätze erneut im Vordergrund. Unter Berücksichtigung der starken Schulentlassjahrgänge ging das IAB von einem Defizit im Zeitraum von 1977 bis 1987 von 1,5 Mio. Ausbildungsplätzen in Betrieben und beruflichen Vollzeitschulen aus. Nach einer Modellrechnung der BLK wäre „die Ausbildungslücke geschlossen, wenn die Ausbildungskapazität im dualen Sys-

---

[46] Ebd. S. 9
[47] Vgl. IG Metall Schriftenreihe 94; Michael Kittner, Berufliche Qualifikation in der Rechtsordnung, Frankfurt am Main 1982, S. 66f.

tem um 790.000 und im vollzeitschulischen Bereich um 270.000 Ausbildungsplätze erhöht würde"[48]

Die breite Ablehnung der von Regierungsseite vorgelegten Reformvorschläge fiel in die frühe Zeit wachsender Jugendarbeitslosigkeit in vielen europäischen Staaten. Hier schnitt Deutschland mit seinem hohen Anteil Dualsystem im statistischen EU-Vergleich besser ab als Länder mit vollschulischer Ausbildung. **Hohe Quoten jugendlicher Arbeitsloser**

Es handelt sich dabei allerdings um einen Scheineffekt, der daraus resultiert, dass in der statistischen Erfassung die Auszubildenden als Beschäftigte zählen, die Schüler an beruflichen Vollzeitschulen aber nicht. Nach international geltenden Regeln wird die Arbeitslosenquote dadurch gebildet, dass die Arbeitslosen insgesamt bzw. die einzelner Altersgruppen den (zivilen) Erwerbspersonen insgesamt bzw. der jeweiligen Altersgruppe nach folgender Formel gegenübergestellt werden:

$a : E \times 100 = Qa$

Arbeitslose : Erwerbspersonen x 100 = Arbeitslosenquote

Dies führt in Deutschland wie auch anderen Staaten mit Dualsystem zu niedrigen Arbeitslosenquoten gegenüber Staaten mit schulischer Ausbildung, und zwar insbesondere bei den Altersgruppen 15 bis 19 Jahre und 20 bis 24 Jahre, denen ja in der Regel die Auszubildenden angehören. **Statistische Verzerrung**

Zu Vergleichszwecken müssten Arbeitslosenquoten für Jugendliche nach der folgenden revidierten Formel berechnet werden: $a : [E - L] \times 100 = Qa$; Arbeitslose : [Erwerbspersonen – Lehrlinge] x 100 = Arbeitslosenquote.[49]

Ganz in diesem Sinne stellen M. Baethge, H. Solga und M. Wieck im Jahre 2007 die sich ergebende Situation wie folgt dar:

„Beim internationalen Vergleich der Jugendarbeitslosigkeitsquote muss man die statistische Verzerrung zugunsten Deutschlands im Auge behalten. Da in Deutschland die Auszubildenden zu den Beschäftigten zählen, tauchen sie – anders als die Schüler in Ländern mit schulbasierten Berufsbildungssystemen – auch im Nenner auf, was diesen vergrößert und die Quote senkt."[50]

Mit den eingeleiteten Schritten zur Behebung der Ausbildungskrise, insbesondere dem Ausbau von im Wesentlichen von der Bundesanstalt für Arbeit finanzierten Maßnahmen einjähriger Art für Jugendliche ohne Ausbildungsplatz und ohne Beschäftigung, kam die Diskussion um eine grundlegende Neuorientierung der beruflichen Bildung schließlich zum Erliegen. **Maßnahmen der Bundesanstalt**

---

[48] Möglichkeiten zur Deckung der Ausbildungslücke in den kommenden Jahren. Mitteilungen aus der Arbeitsmarkt- und Berufsforschung 1/1977, S. 125

[49] Vgl. Rothe, G.: Die Systeme beruflicher Qualifizierung Deutschlands, Österreichs und der Schweiz im Vergleich. Villingen-Schwenningen 2001, S. 14

[50] Baethge, Martin; Solga, Heike; Wieck, Markus: Berufsbildung im Umbruch. Signale eines überfälligen Aufbruchs. Studie im Auftrag der Friedrich-Ebert-Stiftung. Berlin 2007, S. 61

Unbereinigte Fehleinschätzung

Von den zuständigen Stellen wurde in Deutschland bislang nie darauf hingewiesen, dass die regulär errechneten Quoten an jugendlichen Arbeitslosen gegenüber den Staaten mit schulischer Berufsausbildung zu niedrig sind; die OECD ihrerseits übernimmt die von den Statistischen Ämtern der einzelnen Staaten ermittelten offiziellen Quoten. In den regelmäßig erscheinenden Berichten „Bildung auf einen Blick", die eine Reihe von Indikatoren enthalten, sind die Arbeitslosen der Altersgruppen 15 bis 19 Jahre, 20 bis 24 Jahre und 25 bis 29 allerdings auch auf die gleichaltrige Wohnbevölkerung bezogen, so dass die Werte vergleichbar sind und die unrichtige Darstellung der auf die Arbeitsmarktlage bezogenen Quoten bereinigt ist. Dieser Berechnungsmodus ist in der deutschen Diskussion um das Dualsystem bislang nicht präsent; so blieb der Mythos der geringen deutschen Quoten unkritisch über die Jahre erhalten.

Gescheiterte Reformvorschläge

Obwohl heute die Ausbildung im dualen System zur Diskussion steht, bleiben die in den 1970er Jahren vorgebrachten Vorschläge und Reforminitiativen außer Acht. Im Rückblick ist festzustellen, dass sich bei einem Vollzug der damaligen Reform die derzeitige Situation im Hinblick auf die EU-Vorschläge Lissabon 2000 wesentlich günstiger darstellen würde, vor allem weil für die Forderung nach Ausbau des lebenslangen Lernens ein geschlossenes Berufsbildungssystem geschaffen werden muss, das alle Ebenen und Ausbildungszweige einschließt. Als Besonderheit ist in diesem Zusammenhang noch zu vermerken, dass beginnend mit den 1970er Jahren das mittlere Alter der in die Lehre Eintretenden von wenig über 16 auf heute ca. 19 Jahre anstieg (vgl. Abbildung 8 in Teil 6).

Verzerrung durch Warteschleifen

Seither gab es in der beruflichen Bildung eine Reihe von Veränderungen und Neuerungen; die Kernprobleme blieben aber unberücksichtigt. Kennzeichnend für die letzten Jahrzehnte der deutschen Berufsbildungsgeschichte waren nicht die Korrektur und Anpassung der Ausbildungsgänge an veränderte Anforderungen; vielmehr wird immer wieder die fälschlicherweise angenommene günstige Quote jugendlicher Arbeitsloser im deutschen System herausgestellt. Der Anteil der Jugendlichen, die ohne Lehrstelle mit 40 % des Altersjahrgangs ins Übergangssystem wechseln, ist insofern hier zu nennen, weil diese Quote ohne die Bereitstellung von Milliardenbeträgen ebenfalls als arbeitslos gezählt werden müsste.

d) Komparative Eingrenzung

Ausgewählte Systeme

Für den hier durchzuführenden Vergleich waren europäische Staaten auszuwählen, die bezogen auf besonders festzulegende Vergleichsgegenstände wie Strukturelemente oder spezielle Ausprägungen und Schwerpunkte in den Berufsbildungssystemen in der Gegenüberstellung zu den Zielsetzungen der Untersuchung Unterschiede wie auch Übereinstimmungen oder Ähnlichkeiten erkennen lassen.

Die Fragenreihen bilden das Gerüst des Vergleichs. Unabhängig davon wurden parallel zur Untersuchung wo nötig noch weitere Recherchen durchgeführt. Aufbauend darauf wird aufgezeigt, welchen Einfluss die Strukturmerkmale der Systeme auf die Erfüllung der in der Untersuchung gestellten Aufgaben haben und wie sich diese Details positiv oder negativ auswirken. Ferner ist anzumerken, inwieweit sie mit Blick auf erkannte *best practice* für den deutschen Standort und speziell für die Anpassung an das Reformpaket Lissabon 2000 von Bedeutung sein können.

Der Beitrag von Dietmar Waterkamp „Zur Methodik des internationalen Vergleichs" geht auf die verschiedenartigen Vorgehensweisen im Ländervergleich ein und beschreibt, wie sich über ein Raster von Fragestellungen, die für jeden der einbezogenen Staaten beantwortet werden, eine abgesicherte Informationsbasis erarbeiten lässt (vgl. S. 406).

In den hier neben Deutschland einbezogenen Staaten – A, CH, F, VK – verstehen sich die berufsqualifizierenden Vollzeitschulen als ins nationale Bildungssystem einbezogen, wie es generell in den EU-Staaten gilt. Hinsichtlich der Einbindung des Dualsystems bestehen Unterschiede. Dies zeigt sich deutlich bei der Frage, wie der Absolvent des Dualsystems beruflich aufsteigen und auch beispielsweise nach der Erfüllung bestimmter Voraussetzungen in den Hochschulbereich eintreten kann. Ein solcher Schritt ist allerdings nur in den Staaten zu vollziehen, in denen das Dualsystem voll ins staatliche Bildungssystem integriert ist. **Zuständigkeiten**

Mit dem Ausbau der *Modern Apprenticeship* im Vereinigten Königreich wurde in den Jahren nach 1994 ein neu entwickeltes Bildungsmodell mit staatlich anerkannten Bildungsabschlüssen eingeführt. Das überkommene Modell der Lehre im Vereinigten Königreich war Ende des 20. Jahrhunderts fast gänzlich ausgelaufen. Das neue Modell ist voll ins staatliche Bildungssystem einbezogen. Damit stehen sich in dieser Untersuchung verschiedenartige duale Systeme gegenüber, wobei das deutsche noch weitgehend nach dem Modell der Zünfte gestaltet ist und außerhalb des staatlichen Bildungssystems bleibt. **Traditionelle und neue Dualsysteme**

Mit Frankreich ist in den Kreis der untersuchten Staaten die Form der betrieblichen Berufsausbildung einbezogen, die in ihrer Ausprägung von der EU im Dezember 1979 empfohlen worden war. Identisch ist auch die von der EU gewählte Bezeichnung *Alternanz* zum in Frankreich eingeführten Terminus; schon bald wurden innerhalb der EU beide Begriffe nebeneinander verwendet. Der Begriff *Dualsystem* betont, dass von zwei Lernorten auszugehen ist; *Alternanz* versteht sich als der regelmäßige Wechsel von Ausbildungsabschnitten an beiden Lernorten. **Dualsystem nach den EU-Empfehlunen**

Übereinstimmung besteht auch darin, dass in Frankreich schon bald Ausbildungsgänge auf verschiedenen Ebenen der beruflichen Bildung einschließlich des Zugangs zum Hochschulbereich, wie z. B. Baccalauréat Professionnel, in alternierender Form angeboten werden und daneben Modelle der unteren Ebene, die in kurzer Zeit den Übertritt in die Arbeitswelt vorbereiten. Eine weitere Besonderheit besteht darin, dass ein erheblicher Anteil von Teilzeitschulen, den Centres de Formation d'Apprentis (CFA), in privater Trägerschaft unter Aufsicht des Erziehungs- bzw. des Landwirtschaftsministeriums liegt.

Dualsysteme für Jugendliche und Erwachsene
In den Systemen der fünf Staaten sind verschiedenartige betriebsgebundene Ausbildungssysteme vertreten, die beispielsweise Ausbildungsgänge sowohl im Jugendalter als auch von Erwachsenen umfassen. Ausgeprägt ist das im neuen englischen System enthalten, wo auf die Besonderheiten dieser Zweige hinsichtlich ihrer Struktur und Finanzierung verwiesen wird.

Grundmerkmale der Systeme
Die in den folgenden Kapiteln zu erschließenden Daten und Fakten sind auf dem methodischen Weg der Fragestellung auf ganz bestimmte Sachverhalte konzentriert, ohne dass übergreifende Zusammenhänge in ausführlicher Form dargestellt werden können. So erscheint es erforderlich, vorab auf Besonderheiten der einbezogenen fünf Berufsbildungssysteme einzugehen, und zwar nach folgenden Zielsetzungen:
- Verantwortlichkeit für berufsqualifzierende Vollzeitschulen und Dualsystem
- Berufsbildungsstruktur nach Ebenen und erreichten Abschlüssen, die im System der Vollzeitschulen wie im Dualsystem übereinstimmen
- Zusammenwirken der beiden Teilsysteme im Gesamtsystem

Einführung in die Strukturen
Der hier durchgeführte Vergleich bezieht sich auf die Grundstruktur der Ausbildungssysteme der einbezogenen Staaten. Die nachfolgenden Abschnitte sollen darüber hinaus einen Überblick über die Bildungssysteme geben, damit die Möglichkeit besteht, weitergehende Zusammenhänge erkennen zu können.

Deutschland

Zuständigkeiten auf Ebene Gesamtstaat
Die Ausbildung im Betrieb wird nach dem in Deutschland vorherrschenden Bildungsverständnis der Wirtschaft und ihren Organisationen zugeordnet; diesen Rechtsbereich regelt nach Art. 74 Ziffer 11 GG der Bund im Rahmen der konkurrierenden Gesetzgebung. Die entsprechenden Vorschriften sind im Berufsbildungsgesetz verankert. Der Bund verabschiedet über die zuständigen Fachministerien die Ausbildungsordnungen. Die Aufsicht über die betriebliche Ausbildung einschließlich des Prüfungswesens ist den *zuständigen Stellen* der Wirtschaft, den Kammern, übertragen.

Zuständigkeiten auf Ebene Teilstaat/Region
Bildung und Erziehung liegen im Rahmen der Kulturhoheit in der Kompetenz der Länder. Sie sind damit auch für das berufliche Schulwesen einschließlich der Teilzeitberufsschulen im Rahmen des dualen Systems zuständig; die Dualausbildung ist also durch eine Kompetenzaufteilung gekennzeichnet.

In Deutschland versteht sich die betriebsgebundene Ausbildung als der dominierende Weg beruflicher Qualifizierung unterhalb der Hochschulebene. Dualsystem und vollzeitschulische Ausbildung bestehen unverbunden nebeneinander. Die betriebsgebundene Ausbildung ist nicht nach Ebenen differenziert und richtet sich prinzipiell auf den Hauptschulabschluss aus. Dessen ungeachtet wird die überwiegende Zahl der Lehrverhältnisse heute im Erwachsenenalter begonnen. Aufgrund des unzureichenden Ausbildungsplatzangebots erfolgt die Ausbildung derzeit auch in vollzeitschulischer Form in so genannten anerkannten Ausbildungsberufen nach dem Berufsbildungsgesetz.

Grundstruktur der beruflichen Erstausbildung

Österreich

In Österreich liegt die Verantwortung für die berufliche Bildung traditionell beim Bund. Zuständig für die berufsqualifizierenden Vollzeitschulen und ebenso die Berufsschulen ist das Bundesministerium für Bildung, Wissenschaft und Kultur. In die Kompetenz des Ministeriums für Wirtschaft und Arbeit fällt die betriebliche Berufsausbildung; weitere Verantwortlichkeiten liegen bei den Ressorts Landwirtschaft und Gesundheit.

Zuständigkeiten auf Ebene Gesamtstaat

Für die Errichtung und Erhaltung der Berufsschulen und ihre Organisation sind in Österreich die Länder zuständig. Die Überwachung der Ausbildung im Betrieb und die Durchführung von Lehrabschlussprüfungen liegt in der Zuständigkeit der in die Landeswirtschaftskammern integrierten staatlichen *Lehrlingsstellen*.

Zuständigkeiten auf Ebene Teilstaat/Region

Als alternative Qualifizierungsmöglichkeiten auf gleicher Ebene bestehen in Österreich das duale System und die berufsbildenden mittleren Schulen; letztere allerdings mit breiteren Ausbildungsgängen von zwei- bis vierjähriger Dauer. Kaiserin Maria Theresia regte zunächst die Gründung von Staatsgewerbeschulen als berufsbildende höhere Schulen neben der betrieblichen Lehre an; die erste Schule dieser Art wurde bereits im Jahre 1758 eingerichtet. Parallel dazu entstanden wenig später die Vorläufereinrichtungen der heutigen berufsbildenden mittleren Schulen.

Grundstruktur der beruflichen Erstausbildung

Schweiz

In der Schweiz wurde mit der Novellierung der Bundesverfassung vom April 1999 der Bund für die volle Breite der beruflichen Bildung zuständig. Das am 01.01.2004 in Kraft getretene Bundesgesetz über die Berufsbildung (BBG) vom 13.12.2002 regelt die Realisierung. Es erstreckt sich auf sämtliche Berufsbildungsbereiche außerhalb der Hochschulen. Der wichtigste Vollzugserlass auf Bundesebene ist die Verordnung über die Berufsbildung vom 19.11.2003 (BBV), die zusammen mit dem BBG in Kraft trat.[51]

Verantwortung für Vollzeitschulen und Dualsystem

Das Eidgenössische Volkswirtschaftsdepartement erlässt die Ausbildungsreglemente (nach neuer Schweizer Terminologie *Verordnung über die berufli-*

---

[51] Vgl. Dommann, Franz: Rechtsgrundlagen für die Praxis der Berufsbildung. Hrsg.: DBK. Luzern 2006, S. 30

che Grundbildung) und setzt sie in Kraft. Die berufsqualifizierenden Vollzeitschulen werden als Lehrwerkstätten bezeichnet. Sie bilden nach den gleichen Reglementen aus, wie sie auch für das Lehrlingswesen gelten.

Berufsbildungsebenen und Abschlüsse

Lehrverhältnisse in der Schweiz differenzieren nach zwei- bis vierjähriger Dauer. Sie gehören dem Bereich der *beruflichen Grundbildung* an. Zweijährige Lehrverhältnisse, früher *Anlehre* genannt, schließen seit der neuen Berufsbildungsgesetzgebung als zweijährige Grundbildung mit *eidgenössischem Berufsattest* ab. Über drei- und vierjährige Lehrverhältnisse werden *eidgenössische Fähigkeitszeugnisse* erreicht.

Als weitere Differenzierung kommt die parallel zur beruflichen Grundbildung mit eidgenössischem Fähigkeitszeugnis über den Besuch der Berufsmaturitätsschule (zweiter Berufsschultag) zu erwerbende *Berufsmaturität* als Fachhochschulzugangsberechtigung hinzu; diese kann auch nach absolvierter Ausbildung erworben werden.

Zusammenwirken der Teilsysteme im Gesamtsystem

Das Lehrlingswesen ist die überwiegende Form der beruflichen Qualifizierung. Die vollzeitschulische Ausbildung in Lehrwerkstätten hat in den verschiedenen Schweizer Sprachregionen unterschiedliches Gewicht und ist in der Westschweiz wesentlich stärker vertreten. Von Bedeutung sind Lehrwerkstätten als Vollzeitschulen vor allem für Ausbildungsberufe, in denen die Betriebe nicht genügend Ausbildungsplätze anbieten.

Frankreich

Zuständigkeiten auf Ebene Gesamtstaat

Laut Präambel der Verfassung der IV. Republik vom Jahre 1946, die auch für die Verfassung der 1958 entstandenen V. Republik gilt, wird berufliche Bildung als öffentliche Aufgabe verstanden. Der Staat ist also verpflichtet, entsprechende Berufsbildungsangebote in öffentlicher Trägerschaft bereitzustellen, die jedermann frei zugänglich sind. Dies erfolgt in Form der berufsbildenden Schulen, die überwiegend im Kompetenzbereich des Erziehungsministeriums und zu einem geringen Teil in der Verantwortung des Landwirtschaftsministeriums liegen. Diese Einrichtungen tragen seit Mitte der 1980er Jahre die Bezeichnung *lycées professionnels* und haben ein landesweites und fachlich differenziertes Angebot an berufsbildenden Qualifikationsmöglichkeiten bzw. Abschlüssen (*diplômes*) für Abgänger aus der Pflichtschule bereitzuhalten.[52] Die Lehrpläne und Ausbildungsordnungen für die Abschlüsse der Vollzeitschulen werden zentral vom nationalen Erziehungsministerium unter Mitwirkung von Vertretern der Wirtschaft erarbeitet.

Zuständigkeiten auf Ebene Teilstaat/Region

Träger der berufsqualifizierenden Vollzeitschulen ist wie für die allgemeinbildenden Schulen der Sekundarstufe II die jeweilige Region. Ziel der Dezentralisierungsgesetze der 1980er Jahre war, die Position der 22 französischen Regio-

---

[52] Neben den öffentlichen Schulen gibt es *lycées professionnels* in privater, meist kirchlicher Trägerschaft, die, sofern sie staatlich anerkannt sind und unterstützt werden, nach den gleichen Ausbildungsordnungen und für die gleichen staatlichen Abschlüsse ausbilden.

nen in der Gestaltung eines an die spezifischen regionalen Qualifikationsbedürfnisse angepassten Angebots beruflicher Bildung zu stärken. Dieses Ziel ist jedoch bislang nur teilweise erreicht worden.

Die Lehrlingsausbildung differenziert in Frankreich nach der Stufung CAP als Facharbeiter und BEP als Facharbeiter mit breiterer Perspektive und leicht höherem Niveau. Das Baccalauréat Professionnel als Ausbildung mit Hochschulzugangsberechtigung gehört der Technikerstufe an. Die alternierende Ausbildung hat in jüngerer Zeit quantitativ erheblich an Bedeutung gewonnen. Im Schuljahr 2005/06 gab es unter Einschluss aller Qualifikationsstufen insgesamt 381.000 Lehrlinge, davon ca. 230.000 auf Stufe V (Facharbeiterausbildung). *(Grundstruktur der beruflichen Erstausbildung)*

Die berufliche Erstausbildung in Frankreich ist traditionell vollschulisch organisiert. Die verschiedenen beruflichen Ausbildungsgänge können nach dem derzeitigen Stand vollzeitschulisch oder in der alternierenden Ausbildung, also betriebsgebunden, absolviert werden. Beide Systeme sind gleichgestellt; auch die Ordnungsmittel gelten für beide Wege. Im Landesdurchschnitt werden beispielsweise rund 27 % der Berufsbildungsabschlüsse der Qualifikationsstufe V über die Lehrlingsausbildung erworben, der Rest vollzeitschulisch.

Vereinigtes Königreich

Bildung und Berufsbildung gehören im Vereinigten Königreich zum Aufgabenbereich des Staates. Die speziellen Modalitäten und auch die Bildungssysteme selbst unterscheiden sich zwischen den Teilstaaten England, Wales, Schottland und Nordirland. *(Zuständigkeiten auf Ebene Gesamtstaat)*

In England, auf das sich die Untersuchungen im Rahmen dieser Studie konzentrieren, wurde das Erziehungsministerium unlängst unterteilt nach a) Ministerium für Kinder, Schulen und Familien (Department for Children, Schools and Families) und b) für Hochschulen, einschließlich berufliche Bildung (Department for Innovations, Universities and Skills). *(Zuständigkeiten auf Ebene Teilstaat/Region)*

Um die Einheitlichkeit des Qualifikationsangebots zu gewährleisten, bestehen auf nationaler Ebene zentrale Prüfungsorganisationen, die sowohl die Inhalte der berufsbezogenen Ausbildung wie die Anforderungen der Abschlüsse festlegen. Sie bedürfen jedoch der Genehmigung und Anerkennung durch die staatliche Behörde, und zwar die Qualifications and Curriculum Authority (QCA).

Der gesamte Bereich der postobligatorischen allgemeinen und beruflichen Bildung mit Ausnahme des Hochschulsektors wird unter der Bezeichnung *further education* zusammengefasst. Normiert sind generell nicht die Wege beruflicher Bildung, sondern die erwerbbaren Qualifikationen, die in den Qualifikationsrahmen der Teilstaaten verankert sind. Der Erwerb beruflicher Qualifikationen im Lauf der Erwerbslebens, vor allem parallel zur Berufstätigkeit, spielt im Vereinigten Königreich eine erhebliche Rolle. *(Grundstruktur der beruflichen Erstausbildung)*

Vollzeitschulische Ausbildung erfolgt vor allem nach abgeschlossener Schulpflicht an den Further Education Colleges. Die zu erwerbenden Befähigungsnachweise entsprechen denen des Lehrlingssystems.

Die Lehrlingsausbildung geriet in den späten 1970er Jahren in eine Krise, vor allem aufgrund der wirtschaftlichen Probleme in den traditionellen Zweigen des produzierenden Gewerbes, in denen bis dahin die überwiegende Zahl der Lehrlinge ausgebildet wurde. Die Regierung entschied sich für eine gezielte Wiederbelebung der Lehre. So wurde im Jahre 1994 die *Modern Apprenticeship* (Moderne Lehrlingsausbildung) eingeführt. Heute können Lehrverhältnisse auf zwei Ebenen absolviert werden, einmal als Jugendliche, zum anderen als Erwachsene. Der Bestand an Lehrverhältnissen beträgt derzeit insgesamt ca. 250.000[53]; eine weitere Steigerung wird angestrebt.

Mitwirkung der Wirtschaft

Eine Besonderheit der beruflichen Bildung im Vereinigten Königreich ist das breite Spektrum von erwerbbaren Abschlüssen, die sich zum großen Teil an den konkreten Anforderungen in der Arbeitswelt ausrichten. Die Wirtschaft hat bei der Festlegung und Novellierung der entsprechenden Qualifikationsnachweise ein erhebliches Gewicht. Die Anerkennung der erworbenen Qualifikationen im Sinne der nationalen Befähigungsnachweise obliegt dem Staat.

Untersuchungsfelder

Der Untersuchung beruflicher Bildungsgänge in den dargestellten Ländern zur komparativen Erschließung vorgeschaltet sind Fragen zum unmittelbaren Übergang in die Berufs- und Arbeitswelt; darauf folgen die Komplexe berufliche Erstausbildung und Weiterbildung. So ergibt sich die folgende Gliederung:

– *Übergang von der Schule in Ausbildung und Erwerbstätigkeit (1.1.1)*

In ersten Kapitel wird im Ländervergleich auf das Überwechseln von der Pflichtschule in eine berufliche Erstausbildung oder in ein Arbeitsverhältnis eingegangen. Es folgen Angebote für Jugendliche, denen es nach der Schulentlassung nicht unmittelbar gelingt, in eine Berufsausbildung einzutreten.

– *Angebote beruflicher Erstausbildung im Sekundarbereich II (1.1.2)*

Mit den Möglichkeiten der Absolvierung einer beruflichen Erstausbildung beschäftigt sich das zweite Kapitel, und zwar sowohl im betriebsgebundenen System als auch in berufsqualifizierenden Vollzeitschulen. Untersucht wird dabei auch, inwieweit die Hochschulzugangsberechtigung im Aufbau auf die Erstausbildung erworben werden kann.

– *Ausbaustand der Weiterbildung (1.1.3)*

Hier wird die Struktur der Systeme beruflicher Weiterbildung in den einbezogenen Staaten untersucht, und zwar unter spezieller Berücksichtigung des Weiterbildungsangebots staatlicher Einrichtungen, der Wirtschaftsorganisationen, Berufsverbände und Betriebe sowie anderer Träger.

---

[53] Es ist bildungspolitische Absicht, die Lehrlingsausbildung quantitativ noch weit stärker auszubauen, und zwar auf 500.000 Ausbildungsverhältnisse im Jahre 2020.

1.1 Zu beantwortende Fragen
1.1.1 Übergang von der Schule in die Ausbildung

In Diskussionen zum Stand des deutschen Berufsbildungssystems steht derzeit der Lehrstellenmangel im Vordergrund; nicht selten wird das schwache Angebot an Lehrstellen als Folge der jeweiligen wirtschaftlichen Situation gesehen. Der eingetretene wirtschaftliche Aufschwung wirkte sich auf das Lehrstellenangebot allerdings nur begrenzt aus; es liegt also nahe, dass das Angebot im Wesentlichen von konjunkturunabhängigen Gründen beeinflusst wird. *Lehrstellenmangel*

Nach dem von Seiten der Wirtschaft genannten Grund ist das unzureichende Angebot an Lehrstellen vornehmlich auf die fehlende Ausbildungsreife der Schulabgänger zurückzuführen. Damit ist die Art der Vorbereitung auf die Berufs- und Arbeitswelt in der Haupt- und Realschule angesprochen. Unabhängig davon werden derzeit in der Öffentlichkeit darüber hinaus Schwächen der Hauptschule insgesamt diskutiert und damit auch das für Deutschland traditionell bestehende dreigliedrige Schulsystem in Frage gestellt. *Fehlende Ausbildungsreife der Schulabgänger*

Traditionell bauen die Ausbildungsberufe gemäß BBiG anforderungsmäßig auf dem Abschluss der Hauptschule auf. In der Zwischenzeit verschob sich aber der Zugang zur Ausbildung in Berufen gemäß BBiG weitgehend auf den zuvor erworbenen *mittleren Bildungsabschluss* und teilweise auch auf das *Abitur*. Darin spiegelt sich einerseits wider, dass sich die Anforderungen in den Ausbildungsberufen erhöht haben und zum anderen die anerkannten Ausbildungsberufe nach dem Grundsatz *Berufsprinzip* als zu starr und unflexibel gelten und alle einer Berufsbildungsebene zugeordnet sind. Bezogen auf die Vorbildung der Jugendlichen ist die Zusammensetzung der Berufsschulklassen demzufolge heterogen, was den Zusammenhalt innerhalb der Klasse sowie die Aufgabe der Lehrkräfte schwieriger macht. *Traditionell Basis Hauptschule*

Die Art des Zusammenwirkens von Betrieb und Schule ist in Deutschland nach dem derzeitigen Stand nicht exakt festgelegt. Es fehlen Regelungen für eine strukturell verflochtene Zusammenarbeit und damit auch die Realisierung einer konstruktiven Aufgabenteilung. So zeigt sich, dass die derzeitige Festlegung, wonach der Betrieb allein für die Gesamtausbildung verantwortlich ist, die Ausbildung in erheblichem Maße erschwert, kann er doch ohne die Übernahme bestimmter Ausbildungsaufgaben seitens der Berufsschule den Ausbildungserfolg in anspruchsvollen Berufen kaum mehr allein bewältigen. *Zusammenwirken von Betrieb und Schule*

Zum Themenkreis „Übergang von der Schule in die Ausbildung" sind im durchzuführenden Vergleich folgende Fragen zu beantworten: *Fragestellungen*

a) Welche Anteile Jugendlicher wechseln nach der Pflichtschule in ein Lehrverhältnis über?
   – Lehrantritte in Prozent des Altersjahrgangs
   – Eintrittsalter

b) Welche Anteile Jugendlicher wechseln nach dem Besuch der Sekundarstufe I in eine berufsqualifizierende Vollzeitschule über?
– Art der Angebote
– Antritte in Prozent des Altersjahrgangs
– Entwicklung in den letzten Jahren
c) Welche Wege der Berufsvorbereitung werden Schulentlassenen angeboten, denen es nicht gelang, in eine Berufsausbildung überzuwechseln?
– Art der Angebote
– In Anspruch genommene Angebote nach Altersjahrgängen

1.1.2 Angebote beruflicher Erstausbildung im Sekundarbereich II

Zwei Systeme In den meisten Ländern der Europäischen Union sind die folgenden zwei Wege beruflicher Qualifizierung ausgebaut:
– betriebliche Lehre mit teilzeitig zu besuchender Berufsschule und
– berufsqualifizierende Vollzeitschulen

Nach der Empfehlung der EU gemäß Ratsbeschluss vom Dezember 1979 zum Ausbau der betriebsgebundenen Ausbildung ergibt sich die Möglichkeit, beide Wege zu verknüpfen und nur nach Zeitanteilen Betrieb und Besuch der Teilzeitschule zu unterscheiden.

EU-Empfehlung zur Alternanz Dieses Zusammenwirken bezeichnet die EU nach dem in Frankreich gebrauchten Terminus mit *Alternanz*. Folgerichtig schlägt der Rat der EU vor, auch in den Bildungsgängen an berufsqualifizierenden Vollzeitschulen Praktika als curricular eingebundene Ausbildungsabschnitte einzubeziehen.

Zeitanteile für Betrieb und Schule Hinsichtlich des Zeitanteils für das Zusammenwirken Betrieb – Schule werden von der EU 20 bis 80 % als betriebliche Ausbildungszeit empfohlen.[1] Damit sind also beide Ausbildungswege ins Gesamtsystem eingebunden: Die traditionellen Lehrberufe z. B. mit Zeitanteil 80 % Betrieb bei parallel dazu besuchten Teilzeitschulen mit 20 % und die berufsqualifizierenden Vollzeitschulen, bezogen auf die anderen Extremwerte, mit 80 % Schule und curricular damit verbunden 20 % betriebliche Praxis.

Inhaltlich ergibt sich nach dem EU-Vorschlag vom Jahre 1979 als Aufgabenstellung für die beiden Partner in der dualen Ausbildung die folgende Arbeitsteilung:
– Erfahrungslernen im Betrieb,
– Lernen in systematischer Form in einem Ausbildungszentrum oder einer Teilzeitschule.

Für die Gestaltung der Ausbildungsgänge und die dabei erforderlichen Zeiten unter Berücksichtigung der entstehenden Kosten gilt sinngemäß der Grundsatz:
– Erfahrungslernen so lange wie möglich,
– Lernen in systematisch aufgebauten Lehrgängen so lange wie nötig.

---

[1] Vgl. Kommission der Europäischen Gemeinschaften: Alternierende Ausbildung für Jugendliche (Mitteilung der Kommission an den Rat). KOM(79) 578 vom 29.10.1979, III/8

Der wesentliche Unterschied im Nebeneinander der beiden Ausbildungswege liegt in den Mitgliedsstaaten darin, ob für die Ausbildung im Dualsystem und die Vollzeitschulen getrennte Ordnungsmittel erarbeitet werden. Der Trend geht im Ländervergleich allerdings dahin, dass die Ausbildungsordnungen sowohl für das duale System als auch für die Vollzeitschulen gelten. *Ordnungsmittel*

In Frankreich werden die Ordnungsmittel für die betriebliche Ausbildung und die Vollzeitschulen schon heute gemeinsam erarbeitet.

In Deutschland werden derzeit pro anno ca. 50.000 Jugendliche nach den Ordnungsmitteln für die betriebliche Ausbildung in Schulen ausgebildet.

Zum Angebot beruflicher Erstausbildung werden folgende Fragen gestellt: *Fragestellungen*

a) Welche Ausbildungsgänge führen zu Abschlüssen unterhalb der traditionellen Ebene Facharbeiter?
   – Bezeichnung, Anteil und Dauer
   – Zeitanteil für die Berufsschule
   – Durchführung der Prüfungen

b) Welche betriebsgebundenen Ausbildungsgänge bestehen auf der Stufe Facharbeiter?
   – Bezeichnung, Anteil und Dauer
   – Zeitanteil für die Berufsschule
   – Durchführung der Prüfungen
   – Möglichkeiten des Aufbaus
   – Möglichkeiten des Hochschulzugangs

c) Zu welchen Abschlüssen führen berufsqualifizierende Vollzeitschulen?
   – Bezeichnung, Anteil und Dauer
   – Einbezogene Praktika
   – Durchführung der Prüfungen
   – Möglichkeiten des Aufbaus
   – Möglichkeiten des Hochschulzugangs

1.1.3 Ausbaustand der Weiterbildung

Nach dem Modell der Zünfte schloss sich an die absolvierte Lehre die generell vorgeschriebene Zeit der Wanderschaft an. Erst danach konnten sich Gesellen zur Meisterprüfung melden. Nach Einführung der Gewerbefreiheit boten in einigen Ländern die beruflichen Teilzeitschulen Weiterbildungsmöglichkeiten an, und zwar in den so genannten *offenen Zeichensälen*, die zunächst auch von Gesellen und jungen Meistern besucht wurden. In diesen Zeichensälen standen ausgebildete Lehrkräfte zur Verfügung. *Modell der Zünfte*

In Deutschland erlassen die Kammern als *zuständige Stellen* Fortbildungsregelungen nach dem BBiG und bieten Weiterbildungsprogramme an, die regional für den betreffenden Kammerbezirk zu verabschieden sind. Überregionale Wei- *Weiterbildung in Deutschland* terbildungsregelungen auf Bundesebene gibt es bisher für die Meisterebene sowie den Aufstieg zum Fachwirt etc.

Frankreichs Weiterbildungsinstitutionen — Eine institutionell-gesetzliche Verankerung bzw. Formalisierung der beruflichen Weiterbildung erfolgte in vielen europäischen Ländern erst in jüngerer Zeit, wie z. B. in Frankreich. Seit den Jahren um 1970 bestehen dort in Regie der Arbeitsverwaltung die Organisation AFPA (Association Nationale pour la Formation Professionnelle des Adultes) und in Regie der Schulverwaltung die Organisation GRETA (Groupement d'Etablissements). Der Beitrag von Werner Zettelmeier geht auf die Organisation der beruflichen Weiterbildung in Frankreich ein (vgl. S. 411).

Berufliche Umorientierung — Die Unterschiede in der Organisation der Weiterbildung treten dann in Erscheinung, wenn sich Fachkräfte beruflich umorientieren müssen, was heute nahezu die Regel ist. In Deutschland wurde bisher der Weg der Umschulung gewählt, um in kürzerer Zeit einen neuen Ausbildungsberuf zu erlernen, meist vollschulisch oder in besonderen Zentren.

In Frankreich stellen in solchen Fällen die oben genannten Zentren zunächst fest, welche Vorbildungsbausteine auf den künftigen Beruf anzurechnen und welche neu zu erwerben sind.

Fragestellungen — Zum Angebot beruflicher Weiterbildung werden folgende Fragen gestellt:
a) Wie ist der Komplex Weiterbildung geregelt?
 – Gesetzliche Verankerung
 – Spezielle Weiterbildungsinstitutionen
 – Einbeziehung von Modulen
b) Welche Weiterbildungsangebote werden von staatlichen Stellen/Schulen bereitgestellt?
 – Fachschulen usf.
 – Sonstige Einrichtungen
 – Einbeziehung von Modulen
c) Welche Weiterbildungsmöglichkeiten bieten die Kammern und sonstigen Organisationen der Wirtschaft?
 – Angebote
 – Teilnehmer
 – Einbeziehung von Modulen
d) Welche Weiterbildungsinitiativen gehen von den Betrieben und privaten Stellen aus?
 – Angebote
 – Teilnehmer
 – Einbeziehung von Modulen

Einzelelemente der Fragestellungen konnten aufgrund der spezifischen nationalen Gegebenheiten in den einbezogenen Staaten nicht beantwortet werden. Dessen ungeachtet blieb auch nach der Bearbeitung der Fragen der Kontakt zu den in den fünf Staaten gewonnenen Experten bestehen.

1.2 Unterschiede und Gemeinsamkeiten in Gegenüberstellung
1.2.1 Übergang von der Schule in die Ausbildung

a) Fragestellung:
Welche Anteile Jugendlicher wechseln nach SEK I in ein Lehrverhältnis über?

DEUTSCHLAND
Lehrantritte in Prozent des Altersjahrgangs
Die betriebsgebundene Ausbildung ist der vorherrschende Weg beruflicher Qualifizierung unterhalb der Hochschulebene. Nach dem novellierten BBiG vom Jahre 2005 hat die Berufsbildungsplanung „insbesondere dazu beizutragen, dass die Ausbildungsstätten nach Art, Zahl, Größe und Standort ein qualitativ und quantitativ ausreichendes Angebot an beruflichen Ausbildungsplätzen gewährleisten" (§ 85 Abs. 2).
In ein Ausbildungsbildungsverhältnis gemäß BBiG traten bezogen auf 939.279 Schulabgänger (= 100 %) im Jahre 2005 ein[1]:
– Ausbildung im Betrieb
  einer Verwaltung etc.   505.089   53,8 %
– in außerbetrieblicher
  Einrichtung   45.091   4,8 %
  Summe   550.180   58,6 %

Eintrittsalter
Nur ein geringer Teil der Lehranfänger kommt direkt aus der Sekundarstufe I, also aus Haupt- und Realschulen, denn ein beträchtlicher Teil der Anfänger sind *Altbewerber* oder Abiturienten. Von den Lehranfängern im Jahre 2005 waren:
– unter 18 Jahre   201.200   36,0 %
– 18 – 23 Jahre   326.500   58,4 %
– 24 Jahre und älter   31.400   5,6 %
  Summe   559.100   100 %

Das Durchschnittsalter der Lehranfänger lag 2005 bei 18,9 Jahren.

ÖSTERREICH
Lehrantritte in Prozent des Altersjahrgangs
Der Altersjahrgang der 16-Jährigen im Jahre 2006 lag bei 98.228 (= 100 %). Darauf bezogen traten im Jahre 2006/07 eine betriebliche Ausbildung an:
  Insgesamt   39.746   40,5 %

Der Lehreintritt erfolgt im ersten postobligatorischen Jahr (10. Schulstufe). Im 9. Schuljahr besuchen Jugendliche, die ein Lehrverhältnis anstreben, die Polytechnische Schule. Eine Besonderheit des österreichischen Systems ergibt sich dadurch, dass bis zu 30 % der Schüler berufsbildender mittlerer oder höherer Schulen nach dem ersten Ausbildungsjahr an diesen Vollzeitschulen ins Lehrlingssystem überwechseln.

Eintrittsalter
Von den Lehranfängern im Jahre 2006/07 waren[2]:
– unter 18 Jahre   35.123   88,4 %
– 18 – 22 Jahre   4.191   10,5 %
– 23 Jahre und älter   432   1,1 %
  Summe   39.746   100 %

SCHWEIZ
Lehrantritte in Prozent des Altersjahrgangs
Lehrverhältnisse stellen in allen Sprachregionen der Schweiz die dominierende Form der beruflichen Erstausbildung auf Facharbeiterniveau dar. Bezogen auf den Durchschnittsjahrgang der unter 19-Jährigen von 88.772 (= 100 %) traten im Jahre 2005 eine betriebliche Ausbildung an:
  Insgesamt   62.984   71 %

Eintrittsalter
Von den Lehranfängern im Jahre 2005 waren:
– unter 18 Jahre   46.362   73,6 %
– 18 – 22 Jahre   14.742   23,4 %
– 23 Jahre und älter   1.880   3 %
  Summe   62.984   100 %

Das Durchschnittsalter der Lehranfänger liegt bei 17 Jahren und 2 Monaten.[3]

FRANKREICH
Mit dem zehnten Schuljahr endet in Frankreich das Collège und gleichzeitig die Pflichtschulzeit mit dem *Diplôme national du brevet (DNB)*. Die Jugendlichen haben danach drei Möglichkeiten:
1. Fortsetzung in der allgemein bildenden oder technologischen vollschulischen SEK II.
2. Eintritt ins berufliche Schulwesen in Vollzeitform in der berufsbildenden SEK II. Unterschieden wird nach angestrebten Abschlüssen CAP, BEP oder Vorbereitung auf ein Berufsabitur (Bac pro).
3. Eintritt in eine Lehre. Auch hier ist die Entscheidung zu fällen, welcher Abschluss vorbereitet wird.

Lehrantritte in Prozent des Altersjahrgangs
In Frankreich werden bis hin zum Master-Grad in den Hochschulen Lehrverhältnisse eingegangen. Die meisten Lehrlinge bereiten allerdings einen

Abschluss der unteren Qualifikationsstufen vor (meist CAP, aber auch BEP oder Bac pro).
Nach den oben beschriebenen Bildungs- und Ausbildungsmöglichkeiten verteilten sich die Übergänge in Prozent des Altersjahrgangs der Pflichtschulabsolventen im Schuljahr 2005/06 wie folgt:

	1. vollschulisch allgemein bild./technisch	2. vollschulisch berufsbildend	3. Lehre
16 +	525.000 = 58,3%	260.000 = 28,8 %	115.000 = 12,7 %

Vollzeitschulen und Lehrverhältnisse bereiten auf die gleichen staatlichen Abschlüsse vor, lediglich der Weg ist anders.

So ist es auch möglich, eine mehrjährige Ausbildung, z. B. eine zweijährige Vorbereitung auf ein CAP, aufzuteilen, indem ein Jahr als Lehre und das andere vollschulisch absolviert wird.

Eintrittsalter
Von den Lehrlingen im Jahre 2005 waren[4]:
- unter 18 Jahre   148.729   38,5 %
- 18 – 23 Jahre   220.682   57,2 %
- 24 Jahre und älter   16.448   4,3 %
- Summe   385.859   100 %

Als echte Lehreintritte (ins erste Ausbildungsjahr) können lediglich die unter 18-Jährigen betrachtet werden.

ENGLAND
Lehrantritte in Prozent des Altersjahrgangs
Bei der englischen Lehrlingsausbildung (*apprenticeship*) werden zwei Stufen unterschieden:
- Lehrverhältnisse der Ebene 2 des Stufensystems sowie
- *Advanced Apprenticeship* (Fortgeschrittene Lehre) auf der Stufe 3.

Im Jahre 2005/06 erfolgten 122.800 Eintritte in Lehrverhältnisse der Stufe 2, bei Stufe 3 waren es 52.000, zusammen also 174.800.[5] Bezogen auf den Durchschnittsjahrgang der 16-18-jährigen Bevölkerung in England von 664.700 im Jahre 2005[6] stellen die Neueintritte in Lehrverhältnisse 26,3 % dar.

Eintrittsalter
Die Neueintritte verteilten sich im Jahre 2003 altersmäßig wie folgt[7]:

Verteilung der Neueintritte	Alter der Lehranfänger			
	16 J.	17 J.	18 J.	19-24 J.
Lehre Stufe 2	25 %	22,1 %	15,6 %	37 %
Lehre Stufe 3	18,3 %	15,7 %	16 %	49,9%

Demnach wurden 62,7 % der Lehrverhältnisse der Stufe 2 und auf der höheren Stufe rund die Hälfte im Alter von unter 19 Jahren begonnen.

---

[1] Quelle: Berufsbildungsbericht 2007, S. 111. Anmerkung: Im Berufsbildungsbericht 2007 weicht die auf S. 101 angegebene Summe von der auf S. 111 ab!

[2] Altersgliederung in der ersten Klasse der Berufsschulen lt. Österreichischer Schulstatistik (Alter zum Stichtag 31.12.06), verringert um Schüler, die im Schuljahr davor bereits die Berufsschule besuchten.

[3] Quelle: Bundesamt für Statistik, Neuchâtel: Statistik der Schüler und Studierenden 2005, Tabelle „Eintretende in die Sekundarstufe II, 2005 (Berufsbildung und Allgemeinbildung)"

[4] Quelle: Repères et références statistiques sur les enseignements, la formation et la recherche édition 2007. Ministère de l'Education nationale, Paris 2007, S. 157

[5] Quelle: Learning and Skills Council: National Statistics. First Release. Further education, work based learning, train to gain and adult and community learning – learner numbers in England: 2006/07. Ref: ILR/SFR14, Tabelle 8 *(http://readingroom.lsc.gov.uk/lsc/National/natilrsfr14-dec07.pdf)*

[6] Errechnet nach Department for Education and Skills: National Statistics. First Release. Participation in education, training and employment by 16-18 year olds in England 2005 and 2006 and participation in education and training by 16 and 17 year olds in each local area in England: 2004 and 2005. SFR 22/2007 *(http://www.dfes.gov.uk/rsgateway/ DB/SFR/s000734/sfr22_2007.pdf)*

[7] Die Angaben beziehen sich auf die 10 (Lehre Stufe 2) bzw. 12 (Lehre Stufe 3) Sektoren mit den höchsten Lehrlingszahlen. Quelle: Nuffield Review of 14-19 Education and Training Working Paper 10 (based on Discussion Paper given at Working Day II, 23 Feb 2004). Expecting too much? Modern Apprenticeship: Purposes, Participation and Attainment. Alison Fuller, Centre for Labour Market Studies, University of Leicester. *(http://www.nuffield14-19review.org.uk/files/ documents17-1.pdf)*

b) Fragestellung:
Welche Anteile Jugendlicher wechseln nach dem Besuch der Sekundarstufe I in eine berufsqualifizierende Vollzeitschule über?

DEUTSCHLAND
Art der Angebote
Bei den berufsqualifizierenden Vollzeitschulen sind zu unterscheiden:
- Berufsfachschulen (BFSch) nach KMK-Regelungen
- Schulen des Gesundheitswesens
- Berufsfachschulen mit Ausbildung nach BBiG

Antritte in Prozent des Altersjahrgangs
Die Anteilswerte beziehen sich auf 939.279 Schulabgänger aus allgemein bildenden Schulen.[1]
In berufsqualifizierende Vollzeitschulen traten im Jahre 2005 insges. 19,6 % ein; und zwar in:

– BFSch (KMK-Regelung)	120.246	12,8 %
– Schul. d. Gesundheitsw.	47.495	5,1 %
– BFSch nach BBiG	16.194	1,7 %
insgesamt	183.935	19,6 %

ÖSTERREICH
Art der Angebote
Bei den berufsqualifizierenden Vollzeitschulen werden unterschieden:
- Berufsbildende mittlere Schulen (BMS)
- Berufsbildende höhere Schulen (BHS)
- Mittlere Anstalten der Lehrer- und Erzieherbildung
- Höhere Anstalten der Lehrer- und Erzieherbildung
- Akademien der Lehrer- und Erzieherbildung

Antritte in Prozent des Altersjahrgangs
Bezogen auf den Altersjahrgang der 16-Jährigen im Jahre 2006 von 98.228 (= 100 %) besuchten:

– BMS	13.653	13,9 %
– BHS	25.839	26,3 %
– Mittlere Anstalten d. Lehrer- u. Erzieherbild.	3.435	3,5 %
– Höhere Anstalten d. Lehrer- u. Erzieherbild.	1.747	1,7 %
– Akademien d. Lehrer- u. Erzieherbild.	178	0,2 %
insgesamt	44.852	45,6 %

Berufsbildende mittlere Schulen stagnieren, berufsbildende höhere Schulen steigen stetig an. Seit Mitte der 1990er Jahre werden mehr Reifeprüfungen an BHS als an allgemein bildenden höheren Schulen abgelegt.

SCHWEIZ
Art der Angebote
Das Angebot berufsqualifizierender Vollzeitschulen umfasst:
- Lehrwerkstätten,
- Handels- und Informatikmittelschulen

Antritte in Prozent des Altersjahrgangs
Im Jahre 2005 haben nach Schweiz. Bundesamt für Statistik auf der SEK II insgesamt 13.892 Personen eine Ausbildung an beruflichen Vollzeitschulen mit Besuch in Voll- und Teilzeitform begonnen. Bezogen auf den Durchschnittsjahrgang der unter 19-Jährigen mit 88.772 ergeben sich folgende Quoten[2]:

– Vollzeit	10.283	11,6 %
– Teilzeit	3.609	4,1 %
Summe	13.892	15,7 %

In den Jahren 1995 bis 2002 ist die Zahl der Anfänger einer vollschulischen Ausbildung von 12.009 auf 15.905 gestiegen, also um rund 1/3 (+32,44 %). Seit dem Jahre 2002 geht die Zahl der Eintritte wieder zurück, bis zum Schuljahr 2005/2006 auf 13.892, also um rund 1/8 (– 12,66 %).[3]

FRANKREICH
Art der Angebote
Bei den berufsqualifizierenden Vollzeitschulen werden unterschieden:
- Berufsbildende Schulen des Erziehungsministeriums (*lycées professionnels*)
- Berufsbildende Schulen des Landwirtschaftsministeriums (*lycées professionnels agricoles*)

In beiden Fällen kann es sich um Einrichtungen in öffentlicher oder privater Trägerschaft handeln.
In diesen Schulen können in der Regel in zwei Jahren Abschlüsse der Stufe V des französischen Qualifikationssystems vorbereitet werden (CAP und BEP) oder nach erfolgreichem Abschluss eines BEP in zwei weiteren Jahren ein Berufsabitur (Stufe IV). Letzterer Abschluss wurde 1985 geschaffen. Ab dem Schuljahr 2008/09 sollen die Schüler ein Berufsabitur in nurmehr drei Jahren nach Eintritt in die berufsbildende Schule vorbereiten können, der erfolgreiche Abschluss eines BEP als Zugangsvoraussetzung für das Berufsabitur fällt weg. Das Berufsabitur soll grundsätzlich auf den unmittelbaren Einstieg ins Berufsleben vorbereiten, es beinhaltet allerdings auch die Hochschulzugangsberechtigung.

Antritte in Prozent des Altersjahrgangs
Ca. 30 % eines Altersjahrgangs wechseln derzeit nach Abschluss der Pflichtschule in eine vollschulische Berufsausbildung über. Dieser Anteil

ist seit den 90er Jahren relativ konstant. Im Jahre 2006 ergaben sich folgende Schülerzahlen im ersten Ausbildungsjahr[4]:

CAP Kompetenzber. Erziehungsmin.	50.456
BEP Kompetenzber. "	214.199
CAP Kompetenzber. Landwirtschaftsmin.	4.435
BEP Kompetenzber. "	31.004

Ein Berufsabitur legten insgesamt 100.562 Schüler erfolgreich ab.

ENGLAND
Art der Angebote
Die gängigsten berufsbildenden Qualifikationen, die auf dem Wege einer Vollzeitausbildung in Schulen und weiterführenden Bildungseinrichtungen erworben werden, sind[5]:
– *Vocational Certificate of Education (VCE)*
   Das VCE ist ein Abschluss der Abiturstufe mit Ausrichtung auf ein breit gefasstes Berufsfeld. Wählbare Fachrichtungen sind u. a. Maschinenbau, Gesundheitsversorgung und Sozialarbeit, IT-Bereich und Tourismus.
– *National Vocational Qualifications (NVQs)*
   Die Nationalen Beruflichen Befähigungsnachweise sind Abschlüsse für spezifische Berufstätigkeiten und vorwiegend den Stufen 1, 2 und 3 des englischen Qualifikationssystems zugeordnet (d. h. von Anlerntätigkeiten bis hin zu qualifizierten Ausbildungsabschlüssen mit Hochschulzugangsberechtigung).
– *Eingangsqualifikationen*, *Erstqualifikationen* und *nationale Qualifikationen des BTEC*
   Die Ausbildungsgänge des BTEC (Business and Technical Education Council) verbinden theoretische und praktische Ausbildungsinhalte und können auf den Qualifikationsstufen 1, 2 und 3 absolviert werden.
– *Zertifikate des City & Guilds of London Institute*
   Diese Einrichtung bietet Ausbildungsgänge verschiedener Stufen und Branchen an, insbesondere General Vocational Qualifications (GVQs, Allgemeine Berufliche Befähigungsnachweise) und International Vocational Qualifications (IVQs).

Antritte in Prozent des Altersjahrgangs
Die Statistik zur Teilnahme der 17-Jährigen an Bildung und Berufsbildung weist für England im Jahre 2004 die Quoten der sich auf die Zertifikate VCE und NVQ Vorbereitenden – und damit die quantitativ bedeutsamste vollschulische Qualifizierung nach der Pflichtschulzeit – wie folgt aus[6]:

VCE	7,1 %
NVQ Stufe 3 (u. gleichwertige Abschlüsse)	8,9 %
NVQ Stufe 2 (u. gleichwertige Abschlüsse)	4,7 %

Demnach traten rund 21 % der Jugendlichen nach absolvierter Pflichtschulzeit in derartige vollzeitschulische Ausbildungsgänge ein.

---

[1] Quelle: BMBF: Berufsbildungsbericht 2007. Bonn; Berlin 2007, S. 101
[2] http://www.bfs.admin.ch/bfs/portal/de/index/themen/15/04/ind4.indicator.40202.402html?open=1#1
[3] Quelle: Bundesamt für Berufsbildung und Technologie BBT: Berufsbildung in der Schweiz 2006. Fakten und Zahlen. Bern 2006, S. 10
[4] Quelle: Ministère de l'Education nationale: Repères et références statistiques sur les enseignements, la formation et la recherche. Edition 2007, Paris 2007
[5] Vgl. Cuddy, Natalia/Leney, Tom: Berufsbildung im Vereinigten Königreich. Kurzbeschreibung. Hrsg.: Europäisches Zentrum für die Förderung der Berufsbildung. (CEDEFOP Panaroma series 112). Luxemburg: Amt für amtliche Veröffentlichungen der Europäischen Gemeinschaften, 2005, S. 36ff.
[6] Quelle: Department for Education and Skills: National Statistics. First Release. Participation in education, training and employment by 16-18 year olds in England 2003 and 2004. SFR 27/2007

c) Fragestellung:
Welche Wege der Berufsvorbereitung werden Schulentlassenen angeboten, denen es nicht gelang, in eine Berufsausbildung überzuwechseln?

DEUTSCHLAND
Art der Angebote
Die Schulpflicht dauert im Allgemeinen neun Jahre, in den Ländern Berlin, Brandenburg, Bremen und Nordrhein-Westfalen zehn Jahre.
Für erfolglos einen Ausbildungsplatz suchende Jugendliche gibt es verschiedenartige Angebote. Berufliche Schulen bieten an:

– Berufsvorbereitungsjahr (BVJ) einjährig mit Einführung in Berufsfelder.
– Berufsgrundbildungsjahr (BGJ) einjährig mit Grundausbildung in einem Berufsfeld. Es kann als erstes Lehrjahr angerechnet werden.
– Berufsfachschulen (BFSch) zweijährig mit Zielsetzung mittlerer Bildungsabschluss und berufliche Grundbildung. Es besteht die

Möglichkeit, dass ein halbes Jahr auf eine anschließende Lehrzeit angerechnet wird.
Die Bundesagentur für Arbeit bietet an:
– Berufsvorbereitende Maßnahmen (BvM) einj. als Arbeitsförderung im Verbund mit gewährter Ausbildungsbeihilfe.[1]

Inanspruchnahme
Bezogen auf den Durchschnittsjahrgang von 939.279 (= 100 %) wechselten in Deutschland im Jahre 2005 Schulabgänger aus allgemein bildenden Schulen in

– BVJ	77.867	8,3 %
– BGJ	50.137	5,3 %
– BFSch	202.90	21,6 %
Zwischensumme	330.904	35,2 %
– BvM	114.839	12,2 %
Summe[2]	445.743	47,4 %

ÖSTERREICH
Art der Angebote
Die Schulpflicht dauert neun Jahre. Die Sekundarstufe I endet mit dem achten Schuljahr.
Darauf folgt der Übertritt in die gymnasiale Oberstufe sowie die berufsbildenden höheren und mittleren Schulen (BHS und BMS).
Als neuntes Schuljahr besuchen alle übrigen Jugendlichen die Polytechnische Schule mit dem Charakter der Berufsvorbereitung. Im Anschluss daran erfolgt der Übertritt in Lehrverhältnisse.
Folgende Formen der Berufsvorbereitung für erfolglos suchende Jugendliche werden angeboten:
Von den Schulen:
– Freiwillig besuchtes 10. und zum Teil 11. Schuljahr der Polytechnischen Schule (PTS)
Vom Arbeitsmarktservice:
– Berufslehrgänge (BLG) gemäß Jugendausbildungssicherungsgesetz (JASG), 10-monatig, mit Verlängerungsmöglichkeit
– Kurzzeitige Schulungen beim Arbeitsmarktservice (Berufsvorbereitung, Aktivierung, Berufsorientierung)
– Integrative Berufsausbildung (IBA) (Lehrzeitverlängerung oder Teilqualifizierung)

Inanspruchnahme
Bezogen auf den Altersjahrgang der 16-Jährigen im Jahre 2006 von 98.228 (= 100 %) besuchten:

– Freiwilliges Jahr PTS	2.942	3,0 %
– BLG nach JASG	11.342	11,5 %
– Kurzzeitige Schulungen	6.696	6,8 %
– IBA (alle, Hochrechnung)	3.024	3,1 %
Summe	24.004	24,4 %

SCHWEIZ
Art der Angebote
Die Schulpflicht dauert neun Jahre.
Die Übergangsangebote für erfolglos einen Ausbildungsplatz suchende Jugendliche umfassen drei Ausbildungstypen:
– das 10. Schuljahr
– bestimmte allgemein bildende Schulen
– die Vorlehre
Finanziert durch die Arbeitslosenversicherung kommen hinzu:
– Motivationssemester nach AVIG (Arbeitslosenversicherungsgesetz)

Inanspruchnahme
Bezogen auf den Durchschnittsjahrgang der unter 19-Jährigen von 88.772 (= 100 %) besuchten im Jahre 2005 derartige Maßnahmen:

– Allgemeinbildung	13.164	14,8 %
– Allgemeinbild. u. Berufsvorbereitung	1.691	1,9 %
Zwischensumme	14.855	16,7 %
– Motivationssemester (AVIG)[3]	5.943	6,7 %
Summe	20.798	23,4 %

Die 16.558 Teilnehmer an schulischen und berufsbildenden Übergangslösungen auf der SEK II des Jahres 2005 verteilten sich nach Altersjahrgängen folgendermaßen[4]:

Altersjahrgang	schulisch	%	berufsbildend	%
<16 – 17 J.	12.488	84,7	1.499	83,0
18 – 19 J.	1.053	7,1	255	14,1
20 – 30 J.	1.211	8,2	52	2,9
Summe	14.752	100,0	1.806	100,0

FRANKREICH
Art der Angebote
Im Jahre 2005 haben rund 160.000 Jugendliche die Sekundarschulen ohne Abschluss verlassen. Dies entspricht knapp 20 % eines Altersjahrgangs. Dabei unterscheidet die französische Statistik nicht zwischen Abbrechern der Pflichtschule (SEK I) bzw. Abbrechern, die nach Scheitern in den Prüfungen zu den untersten berufsbildenden Abschlüssen der SEK II (CAP/BEP) bzw. zum allgemein bildenden oder technologischen Abitur vorzeitig ausscheiden. Die Mehrheit der betroffenen Jugendlichen ist zwischen 16 und 20 Jahren alt. Für diese Abbrecher gibt es folgende Angebote:
– Maßnahmen des Erziehungsministeriums zur Wiederaufnahme bzw. Fortsetzung der Ausbildung. Nach individuellen Beratungsgesprächen werden in Modulen organisierte Förder-

maßnahmen in ausgewählten Sekundarschulen absolviert.
- Gezielte, einjährige Vorbereitung auf die Prüfungen zu den Abschlüssen der berufsbildenden bzw. allgemein bildenden Sekundarschule.
- Maßnahmen insbesondere für Jugendliche aus Förderschulen, die eine Betreuung zur Eingliederung in ein Beschäftigungsverhältnis erhalten.
- Langfristige Orientierungspraktika, die von den Regionalbehörden finanziert werden.

Hinzu kommen Instrumente zur Förderung der beruflichen Eingliederung im Rahmen der staatlichen Arbeitsmarktpolitik. Sie richten sich nicht nur an Jugendliche, die ohne Abschluss aus dem Bildungssystem ausscheiden, sondern auch an Ältere (bis 25 Jahre), die trotz Bildungs- oder Berufsbildungsabschluss arbeitslos oder in prekären Beschäftigungsverhältnissen bleiben.

Inanspruchnahme
Für das Schuljahr 2005/06 wurden insgesamt 58.000 Jugendliche in Beratungsgesprächen des Erziehungsministeriums gezählt. Im Anschluss daran haben

- 23 % eine reguläre Ausbildung in vollschulischer Form absolviert,
- 35 % weitere Maßnahmen in Anspruch genommen,
- 7 % eine betriebsgestützte Ausbildung aufgenommen und
- 7 % (im Landesdurchschnitt) ein von den Regionalbehörden organisiertes langfristiges Praktikum als Teil einer Qualifizierungsmaßnahme begonnen.

Insgesamt haben somit mehr als 70 % eine Ausbildung (wieder)aufgenommen und 4 % wurden in ein Beschäftigungsverhältnis übernommen. Für die restlichen 24 % ließ sich der Verbleib nicht ermitteln bzw. war zum Zeitpunkt der Erhebung noch keine Lösung gefunden worden.

Bezüglich der Inanspruchnahme der Maßnahmen der staatlichen Arbeitsmarktpolitik lässt sich anhand einer Langzeituntersuchung des Abgangsjahrgangs 1998 (116.000 Abgänger ohne Abschluss) ersehen, dass sich nur ca. ein Drittel der Jugendlichen drei Jahre später in einem dauerhaften Arbeitsverhältnis befand.[5]

ENGLAND
Art der Angebote
Jugendliche von 16 bis 18 Jahren, die noch nicht in der Lage sind, eine berufliche Tätigkeit, eine Lehrlingsausbildung oder eine geregelte Ausbildung der Stufe 2 des nationalen Qualifikationsrahmens anzutreten, können im Rahmen des Programms *Entry to Employment* (Eintritt in die Beschäftigung, kurz E2E) eine Berufsvorbereitung erhalten. E2E soll individuellen Lernbedürfnissen entsprechen, deshalb ist keine feste Dauer vorgegeben.[6] Bei ansonsten flexibler inhaltlicher Gestaltung sind drei Kernfächer vorgeschrieben: Grund- bzw. Schlüsselqualifikationen, berufliche Kompetenzen und berufliche/persönliche Entwicklung. Die Kurse führen zwar nicht zu einem beruflichen Befähigungsnachweis, müssen aber so gestaltet werden, dass sich die Teilnehmer auf externe Prüfungen (oder einzelne Prüfungsmodule) und Abschlüsse vorbereiten können.[7]

Inanspruchnahme
Im Jahre 2005/06 traten in England 50.800 Jugendliche in das Programm *Entry to Employment* ein.[8] Bei einem Durchschnittsjahrgang der 16-18-jährigen Bevölkerung von 664.700[9] betrug der Anteil der Neueintritte 7,8 %.

---

[1] nach SGB III §§ 59ff.
[2] Zahlenangaben für 2005 aus dem Berufsbildungsbericht 2007, S. 101
[3] Von den Teilnehmern an den 60 Motivationssemestern nach AVIG waren 18 % unter 18 Jahre alt und ca. 70 % zwischen 17 und 19 Jahren. Vgl. Dokumentation BERUFSBILDUNG des SDBB (Schweizerisches Dienstleistungszentrum Berufsbildung, Berufs-, Studien- und Laufbahnberatung).
[4] Quelle: Bundesamt für Statistik, Neuchâtel: Statistik der Schüler und Studierenden, 2005 – SEK II, Tabelle „Eintretende in die Sekundarstufe II, 2005 (Berufsbildung und Allgemeinbildung)"
[5] Für den gesamten Untersuchungszeitraum haben 41 % der Abbrecher im Laufe der sieben folgenden Jahre eine Fördermaßnahme der staatlichen Arbeitsmarktpolitik in Anspruch genommen, die allerdings nicht notwendigerweise unmittelbar nach ihrem Schulabbruch. Diese Maßnahmen sind somit nicht mehr an einen bestimmten Zeitpunkt gebunden, sondern wurden Bestandteil des längerfristigen beruflichen Werdegangs der Jugendlichen. Vgl. Céline Gasquet/Valérie Roux: Les sept premières années de vie active des jeunes non diplômés, la place des mesures publiques pour l'emploi, in: Economie et Statistique, n°400- 2006, S. 17–43
[6] Vgl. Cuddy, Natalia/Leney, Tom: Berufsbildung im Vereinigten Königreich. Kurzbeschreibung. Hrsg.: Europäisches Zentrum für die Förderung der Berufsbildung. (CEDEFOP Panorama series 112). Luxemburg: Amt für amtliche Veröffentlichungen der Europäischen Gemeinschaften, 2005, S. 41
[7] Vgl. Learning and Skills Council: A Brief Guide for Personal Advisers on E2E. Issue 2 – August 2006 *(www.lsc.gov.uk)*
[8] Quelle: Learning and Skills Council (Hrsg.): National Statistics. First Release. Further education, work based learning, train to gain and adult and community learning – learner numbers in England: 2006/07. Ref: ILR/SFR14, Tabelle 8

[9] (http://readingroom.lsc.gov.uk/lsc/National/nat-ilrsfr14-dec07.pdf)
Quelle: Department for Education and Skills (Hrsg.): National Statistics. First Release. Participation in education, training and employment by 16-18 year olds in England 2005 and 2006 and participation in education and training by 16 and 17 year olds in each local area in England: 2004 and 2005. SFR 22/2007
(http://www.dfes.gov.uk/rsgateway/DB/SFR/s000734/sfr22_2007.pdf)

1.2.2 Angebote beruflicher Erstausbildung im Sekundarbereich II

a) Fragestellung:
Welche Ausbildungsgänge führen zu Abschlüssen unterhalb der traditionellen Ebene Facharbeiter?

DEUTSCHLAND
Bezeichnung, Anteil und Dauer
Es gibt 197 Regelungen für die Fachwerker-/Fachhelfer-/Werkerausbildung im Rahmen der Behindertenausbildung nach BBiG §§ 64ff./HwO § 42 k–m, mit überwiegend zweijähriger Dauer.[1] Im Jahre 2006 erfolgten 11.453 Neueintritte; bezogen auf den Durchschnittsjahrgang der unter 19-Jährigen von 939.279 entspricht dies 1,2 %.
Zeitanteil für die Berufsschule
Die in einer Fachwerker-/Fachhelfer-/Werkerausbildung Stehenden sind berufsschulpflichtig. Der Berufsschulanteil beträgt 12 Stunden pro Woche.
Durchführung der Prüfungen
Die Prüfungen werden von durch die zuständigen Stellen errichteten Prüfungsausschüssen abgenommen (BBiG 2005 § 39). Verantwortlich sind also die Kammern der Wirtschaft.

ÖSTERREICH
Bezeichnung, Anteil und Dauer
Unterhalb der traditionellen Facharbeiterstufe bestehenden folgende Ausbildungsmöglichkeiten:
– Ein- und zweijährige berufsbildende Schulen der Fachrichtungen sozialberuflich, wirtschaftlich sowie land- und forstwirtschaftlich. Zu den Eintritten in derartige Schulen liegen keine Angaben vor.
– Integrative Berufsausbildung (IBA) von dreijähriger Dauer als Teilqualifizierung gemäß BAG § 8 Abs. 2. Rund ein Prozent der Lehrlinge absolviert eine Ausbildung dieser Art.
– Sanitätshilfsdienste und verwandte Berufe (Ordinationshilfe, Rettungssanitäter, Heilmasseure usf.) sowie Pflegehilfsberufe. In diesem Bereich schwankt die Ausbildungsdauer zwischen einigen Wochen bis zu zwei Jahren. Zur Quantität der Eintritte liegen keine Angaben vor.

Zeitanteil für die Berufsschule
Bei den ein- und zweijährigen berufsbildenden Schulen handelt es sich im vollschulische Ausbildungsgänge, die zum Teil berufsbegleitend organisiert sind.
Bei der Integrativen Berufsausbildung ist der Zeitanteil der Berufsschule individuell geregelt, beträgt aber mindestens 20 % der Ausbildungszeit.
Für die Sanitätshilfsdienste und verwandten Berufe sowie die Pflegehilfsberufe ist ein kursförmiger Unterricht festgelegt.
Durchführung der Prüfungen
Bei den ein- und zweijährigen berufsbildenden Schulen werden schulische Zeugnisse ausgestellt, eine Abschlussprüfung erfolgt nicht.
Die Absolventen der Integrativen Berufsausbildung absolvieren eine eigene kommissionelle Prüfung, organisiert von der Wirtschaftskammer.
Die Prüfungstätigkeit bei den Ausbildungsgängen im Sanitätshilfsdienst- und Pflegebereich nehmen von der Gesundheitsbehörde akkreditierte Prüfungskommission wahr.

SCHWEIZ
Bezeichnung, Anteil und Dauer
Als Bildungsgang unterhalb des Facharbeiterniveaus wird die berufliche Grundbildung mit Eidgenössischem Berufsattest (EBA)[2] angeboten. Es gibt rund 20 Berufe mit EBA. Bis zum Jahr 2012 kommen jährlich neue EBA-Berufe hinzu, welche an die Stelle der bisherigen Anlehren treten.
In der Regel dauert die Ausbildung zwei Jahre. Bei Bedarf kann sie um ein Jahr verlängert werden. Nach Abschluss ist der Übergang in die berufliche Grundbildung mit Eidgenössischem Fähigkeitszeugnis möglich.
Die EBA-Ausbildung richtet sich primär an Schulschwache und bereitet auf einfache, praktisch orientierte Tätigkeiten vor. Diese Form

wurde mit dem BBG 2004 eingeführt; sie löst die Anlehre ab.³

Im Jahre 2006 erfolgten 2.229 Neueintritte⁴; bezogen auf den Durchschnittsjahrgang der unter 19-Jährigen von 88.772 sind dies 2,5 %.

Zeitanteil für die Berufsschule
Der Teilzeit-Berufsfachschulanteil liegt bei 1 bis 1½ Tagen pro Woche. Hinzu kommen überbetriebliche Kurse der Berufsverbände mit variablen Anteilen.

Durchführung der Prüfungen
Die Prüfungsdurchführung liegt bei den Kantonen.

FRANKREICH

Unterhalb der Stufe Facharbeiter (CAP/BEP) gibt es keine staatlich anerkannten berufsbildenden Abschlüsse. Es gibt Module bzw. Modulprüfungen, die eine bestimmte Qualifikation im engeren Sinne beschreiben und die meist im Rahmen der beruflichen Weiterbildung für Erwerbstätige bzw. der Nachqualifizierung von Arbeitslosen erworben werden können. Die Weiterbildungsorganisationen AFPA und GRETA können hierauf vorbereiten. Für Kandidaten der beruflichen Weiterbildung besteht aber auch die Möglichkeit der Vorbereitung eines Zertifikats, das von den Sozialpartnern einer Branche definiert wurde. Auch die Kammern halten Weiterbildungsangebote vor, die mit einem kammereigenen Zertifikat bescheinigt werden.

Grundsätzlich gilt, dass praktisch alle Abschlüsse der beruflichen Erstausbildung, wie auch alle praxisorientierten Hochschulabschlüsse, im Rahmen der beruflichen Weiterbildung nachträglich erworben werden können.

Von dieser Möglichkeit wird verstärkt Gebrauch gemacht, seitdem der französische Gesetzgeber 2002 die Anerkennung von informellem Lernen bzw. beruflichem Erfahrungswissen für den Erwerb von staatlichen Abschlüssen erleichtert hat. Zum einen sind die Prüfungen zu den Abschlüssen von der Art und Weise ihrer Vorbereitung getrennt worden. Zum anderen ist es jetzt möglich, im Rahmen der beruflichen Weiterbildung einzelne Prüfungsteile eines Abschlusses als Module über mehrere Jahre hinweg nach und nach zu erwerben bzw. über den Nachweis von beruflichem Erfahrungswissen teilweise oder vollständig anerkannt zu bekommen.⁵

ENGLAND

In England gibt es keine Stufe der Lehrlingsausbildung unterhalb der Facharbeiterebene. Zwar können 14-16-jährige Schüler bestimmter Schulzweige im Rahmen einer Art Schnupperlehre (*Young Apprenticeship*) ein bis zwei Tage pro Woche in Betrieben praktizieren, doch zählt dieses Angebot noch zum Pflichtschulbereich. Es soll den Übergang in eine Lehre nach der Schulentlassung erleichtern.

---

1 Berufsbildungsbericht 2007, S. 287–294
2 Vgl. BBT, Bern (Hrsg.): Zweijährige Berufe mit eidgenössischem Berufsattest. Leitfaden. Bern 2005, S. 7
3 Im Gegensatz zur Anlehre, bei der nach einem individuell gestalteten Programm ausgebildet wird, durchlaufen die Absolventen der EBA-Ausbildung eine standardisierte Bildung. In einem Berufsfeld werden noch so lange Anlehren angeboten, bis eine Verordnung für eine zweijährige berufliche Grundbildung in Kraft ist. Danach wird in diesem Berufsfeld keine Anlehre mehr bewilligt. Vgl. Dokumentation BERUFSBILDUNG des SDBB sowie Informationsblätter zu verschiedenen EBA-Berufen.
4 Quelle: Eidgenössisches Departement des Innern/Bundesamt für Statistik (BFS): Statistik der beruflichen Grundbildung 2006 (BFS Aktuell, 15 Bildung und Wissenschaft), Neuchâtel, April 2007, S. 4
5 Im Jahre 2006 haben insgesamt 19.565 Kandidaten einen berufsbildenden Abschluss der Stufen V bis III (CAP, BEP, Bac pro, BTS) teilweise oder vollständig über die Anerkennung von informellem Lernen bzw. beruflichem Erfahrungswissen (Validation des acquis de l'expérience) erworben gegenüber 1.526 Kandidaten im Jahre 1996.

---

b) Fragestellung:
Welche betriebsgebundenen Ausbildungsgänge bestehen auf der Stufe Facharbeiter?

DEUTSCHLAND

Bezeichnung, Anteil und Dauer
Die betriebsgebundene Ausbildung führt zum Facharbeiter- oder Fachangestelltenabschluss.
Das duale System ist die dominierende Form der beruflichen Erstausbildung. Aktuell bestehen 33 zweijährige Ausbildungsberufe, in denen im Jahre 2006 46.525 Jugendliche eine Ausbildung begonnen haben¹; darunter waren 4.625 Neueintritte in die erste Stufe der Stufenausbildung Bau. Mit meist dreijähriger, im Facharbeiterbereich Metall/Elektro meist 3½-jähriger Dauer werden

310 Ausbildungsberufe angeboten, mit 518.175 Neueintritten (ohne Behindertenberufe und ohne zweijährige Berufe) im Jahre 2006. Die deutsche Statistik unterscheidet nicht nach Berufen mit drei- und dreieinhalbjähriger Ausbildungsdauer. Lt. Handauszählung aus dem amtlichen Verzeichnis (Stand 14.06.2004) gab es – beschränkt auf den gewerblichen Bereich – 94 Ausbildungsberufe mit 3½-jähriger Lehrzeit; d. h. im kaufmännischen Bereich und in den Dienstleistungsberufen ist die Lehrzeit in der Regel dreijährig.

Zeitanteil für die Berufsschule
In der Regel entfallen 12 Stunden pro Woche auf den Berufsschulunterricht.

Durchführung der Prüfungen
Die Prüfungen werden von durch die zuständigen Stellen errichteten Prüfungsausschüssen abgenommen (BBiG 2005 § 39). Verantwortlich sind also die Kammern der Wirtschaft.

Möglichkeiten des Aufbaus
Aufbaumöglichkeiten bestehen über die Fachschulen zur Stufe Meister oder Techniker. Diese Schulen können in Voll- oder Teilzeitform besucht werden.

Möglichkeiten des Hochschulzugangs
Die dualen Ausbildungsberufe sehen eine derartige Kombination nicht vor.
Ein noch in geringem Umfang ausgebauter neuer Weg im Bereich der Zusatzqualifikationen führt ausbildungsbegleitend oder im Anschluss an die Lehre zur Fachhochschulreife.

ÖSTERREICH
Bezeichnung, Anteil und Dauer
Es handelt sich um die gewerbliche sowie die land- und forstwirtschaftliche Lehre.
Diese Ausbildungsgänge machen zusammen knapp 38 % der beruflichen Erstausbildung aus. Gewerbliche Lehrverhältnisse haben eine Dauer von zwei bis vier Jahren, in der Land- und Forstwirtschaft beträgt die Lehrzeit drei Jahre.

Zeitanteil für die Berufsschule
Auf die Teilzeitberufsschule entfallen 20 % der Ausbildungszeit. Dies gilt für gewerbliche wie auch land- und forstwirtschaftliche Lehrverhältnisse. Der Schulbesuch kann auch geblockt erfolgen. Im ersten Jahr wird die Schule in der Regel 1½ Tage, in den folgenden Jahren an einem Tag pro Woche besucht. Bei Block- oder lehrgangsmäßigem Unterricht ist die Unterrichtsdauer entsprechend geregelt.

Durchführung der Prüfungen
Bei den gewerblichen Lehrverhältnissen führen die Lehrlingsstellen der Wirtschaftskammern die Prüfungen durch, bei land- und forstwirtschaftlichen Ausbildungsverhältnissen die Landwirtschaftskammer.

Möglichkeiten des Aufbaus
Als Aufbaumöglichkeiten bestehen die Meisterprüfung, die Werkmeisterschule sowie die Berufsreifeprüfung (BRP).

Möglichkeiten des Hochschulzugangs
Es besteht die Möglichkeit des facheinschlägigen Zugangs zu Fachhochschulen. Der allgemeine Hochschulzugang erfolgt über die Berufsreifeprüfung.

SCHWEIZ
Bezeichnung, Anteil und Dauer
Die Bezeichnung lautet: „Berufliche Grundbildung mit eidgenössischem Fähigkeitszeugnis (EFZ)".
Betriebliche Ausbildung oberhalb der Facharbeiterstufe kennt die Schweiz nicht.
Im Jahre 2005 erfolgten 61.748 Neueintritte[2]; bezogen auf den Durchschnittsjahrgang der unter 19-Jährigen von 88.772 sind dies 70 %.
Die Ausbildung dauert je nach Beruf drei oder vier Jahre.
Das BBG der Schweiz von 2004 ermöglicht die Modularisierung. Aber noch sind die Inhalte i. d. R. als ein Block anzusehen. Realisiert ist die Modularisierung bisher nur bei einem Beruf, dem 4-jährigen Lehrberuf „Informatiker/in". Für dessen Grund- und Weiterbildung hat der Berufsverband einen Modulbaukasten entwickelt, der nach Niveaus und Kompetenzfeldern gegliedert ist. Er umfasst[3]:
– Die berufliche Grundbildung (Lehrzeit): Module der Niveaus 1 bis 4
– Die berufliche Weiterbildung: Module der Niveaus 5 bis 8
Die Kompetenznachweise für die einzelnen Module werden von den Anbietern nach Qualitätsstandards des Berufsverbands entwickelt, durchgeführt und bewertet. Die kantonale Behörde validiert sie und gibt sie zur Anwendung frei.

Zeitanteil für die Berufsschule
Die Teilzeit-Berufsfachschule wird an ein bis zwei Tagen pro Woche besucht. Hinzu kommen überbetriebliche Kurse in geblockter Form.

Durchführung der Prüfungen
Die Prüfungsdurchführung liegt bei den Kantonen.

Möglichkeiten des Aufbaus
Aufbaumöglichkeiten bieten sich über die Berufsprüfung, die Höhere Fachprüfung und die Höheren Fachschulen.

Möglichkeiten des Hochschulzugangs
- Die eidg. Berufsmaturität kann parallel zur beruflichen Grundbildung (Lehrzeit) durch Besuch einer Berufsmaturitätsschule erworben werden,
- oder aber nach der Lehre in einem Vollzeitlehrgang bzw. berufsbegleitend.[4]

Angeboten werden für die Berufsmaturität sechs Richtungen, und zwar: technisch, kaufmännisch, gestalterisch, gewerblich, naturwissenschaftlich, gesundheitlich und sozial.

Die Verknüpfung von Berufslehre und parallel erworbener Berufsmaturität wird der ISCED-Stufe 3A zugeordnet. Die nachträglich erworbene Maturität/Berufsmaturität zählt zur ISCED-Stufe 4a.

FRANKREICH
Bezeichnung, Anteil und Dauer
Dem Facharbeiterniveau entsprechen (formal) Abschlüsse der Stufe V: Certificat d'Aptitude Professionnelle und Brevet d'Etudes Professionnelles. Aus deutscher Sicht entspricht auch das französische Berufsabitur einem deutschen Facharbeiterabschluss, wobei die Zuordnung je nach Branche schwierig ist.

Über den dualen Weg und vollzeitschulisch werden die gleichen staatlichen Abschlüsse erworben. Die Dauer der einzelnen Ausbildungsgänge liegt heute grundsätzlich bei zwei Jahren. Die früher mögliche Vorbereitung eines CAP in drei Jahren läuft aus (2006 nur noch 440 Jugendliche gegenüber 117.000 im Jahre 1990). Eine kleine Minderheit von 6.000 Jugendlichen absolviert ein CAP in einem Jahr, und 4.300 Jugendliche ein BEP ebenfalls in einjähriger Ausbildung.

Die praxisorientierten Abschlüsse bzw. Diplome des Hochschulbereichs (Ebenen III, II und I des französischen Qualifikationsstufensystems) können über die Lehrlingsausbildung erreicht werden. Studenten mit Lehrlingsstatus stellen jedoch insgesamt noch eine Minderheit (13 %) unter allen Lehrlingen und noch mehr unter den insgesamt 2,2 Millionen Studierenden des Hochschulsektors dar. Die Zahl der mit Lehrvertrag im Hochschulbereich immatrikulierten Studenten betrug
1995/96: 20.050   2000/01: 51.186
2005/06: 70.637

Von allen 2005 gezählten 380.000 Lehrverträgen haben 20 % eine Dauer von einem Jahr oder weniger, 22 % eine Dauer zwischen 13 und 23 Monaten und 51 % eine Dauer von 24 Monaten. Nur 7 % aller Lehrverträge haben eine Dauer von mehr als 24 Monaten, wobei die Höchstdauer drei Jahre beträgt.

Zeitanteil für die Berufsschule
Die Lehrlinge besuchen im Wechsel mit den Arbeitsphasen im Unternehmen das *Centre de formation d'apprentis/CFA* (Ausbildungszentrum für Lehrlinge). Die CFA, der zweite Lernort, befinden sich, von wenigen in den öffentlichen Sekundarschulen eingerichteten Zentren abgesehen, meist in privater Trägerschaft (z. B. Kammern). Sie unterstehen der pädagogischen Aufsicht des Bildungsministeriums und der Finanzaufsicht der Regionalbehörden. Sie vermitteln die für jeden Abschluss in der Ausbildungsordnung vorgesehenen fachtheoretischen und allgemein bildenden Kenntnisse.

Die Ausbildungszeit im CFA variiert nach den Stufen der angestrebten Abschlüsse. Die Auszubildenden erhalten beim CAP ca. 430 Stunden Unterricht pro Jahr, beim BEP rund 500 Stunden (gesetzlich vorgeschrieben sind mindestens 400 Stunden pro Jahr). Beim Baccalauréat Professionnel und beim BTS umfasst die Ausbildung im CFA mindestens 675 Stunden pro Jahr.[5]

Durchführung der Prüfungen
Die Prüfungen liegen in staatlicher Kompetenz.

Möglichkeiten des Aufbaus
Es besteht die Möglichkeit, mehrere Lehrverträge hintereinander für unterschiedliche Qualifikationsniveaus abzuschließen.

Grundsätzlich erlauben alle berufsbildenden Abschlüsse die Weiterqualifizierung für den nächsthöheren Abschluss.

Möglichkeiten des Hochschulzugangs
Beim Erwerb eines Berufsabiturs im Rahmen der Lehre ist die Hochschulzugangsberechtigung eingeschlossen.

ENGLAND
Bezeichnung, Anteil und Dauer
Es werden die zwei Stufen *Apprenticeship* und *Advanced Apprenticeship* unterschieden. Die Lehrverhältnisse des Niveaus Apprenticeship sind der Stufe 2 des englischen Qualifikationsrahmens zugeordnet, Advanced Apprenticeships der Stufe 3.

Ausbildungen der Stufe 2 dauern mindestens 12 Monate, die der Stufe 3 in der Regel mindestens 24 Monate.[6]

Im Jahre 2005/06 erfolgten insgesamt 174.800 Lehreintritte; bezogen auf den Durchschnittsjahrgang der 16-18-jährigen Bevölkerung von 664.700 entspricht dies 26,3 %.

Die *Sector Skills Councils* (SSCs) als branchenbezogene Institutionen erarbeiten die Rahmenpläne (*frameworks*) und legen die Inhalte für die

jeweilige Branche fest. Die Rahmenpläne gliedern sich in drei obligatorische Bereiche:
- Nationaler beruflicher Befähigungsnachweis (*National Vocational Qualification* – NVQ)
- Schlüsselqualifikationen (*Key Skills*) wie Kommunikations- und Teamfähigkeit, Selbstlernfähigkeit, Anwendung mathematischer Kenntnisse und Umgang mit Informations- und Kommunikationstechnologie.
- Technisches Zertifikat (*Technical Certificate*) zum Nachweis technischen oder kaufmännischen Hintergrundwissens auf relevanten Gebieten (Beispiel: Schweißen im Maschinenbau). Durch derartige ergänzenden Elemente sollen Fundierung und Transferierbarkeit der Kompetenzen sichergestellt werden.

Fakultativ können zusätzliche Inhalte hinzukommen, z. B. Arbeitsschutz oder Erste Hilfe.
Die Gliederung der Rahmenpläne ist bei beiden Stufen der Lehre gleich; der Unterschied besteht lediglich im Niveau der zu erwerbenden nationalen beruflichen Befähigungsnachweise und der Schlüsselqualifikationen. Bei *Apprenticeships* sind es NVQs des Levels 2, bei *Advanced Apprenticeships* des Levels 3. Bezüglich der *Key Skills* gilt meist das Gleiche.

Zeitanteil für die Berufsschule
In der Regel verbringt der Lehrling einen Tag pro Woche im Ausbildungszentrum (*Further Education College* oder Einrichtung eines privaten Bildungsträgers). Es gibt keine festen Regeln für die Aufteilung. Block- und Abendunterricht ist möglich. Der Zeitaufwand schwankt – je nach Beruf – zwischen 100 und 1.000 Stunden.

Durchführung der Prüfungen
Technische Zertifikate und Schlüsselqualifikationen müssen in anerkannten Prüfungszentren getestet werden. Die Bildungseinrichtungen für den Teilzeitunterricht wie auch die Betriebe selbst können sich als Prüfungszentren anerkennen lassen, um intern zu prüfen.
Bei den nationalen beruflichen Befähigungsnachweisen ist ein relativ komplexes Prüfungsverfahren mit folgenden Schritten festgelegt:
1. Betriebliche Fachkräfte bestätigen, dass der Lehrling den geforderten Leistungsstand unter realistischen Arbeitsbedingungen erbringen kann.
2. Assessoren bestätigen, dass der erbrachte Kompetenznachweis adäquat und ausreichend ist. Assessoren sind Mitarbeiter des Bildungsträgers oder des Betriebs mit spezieller Ausbildung.
3. *Interne Verifiers* überprüfen die Korrektheit der von den Assessoren geleisteten Arbeit. Sie sind üblicherweise Angestellte eines Bildungsträgers, aber es gibt auch einige große Unternehmen, die solche Experten beschäftigen.
4. *Externe Verifiers* überprüfen, ob das ganze Verfahren vom Bildungsträger bzw. vom Betrieb korrekt durchgeführt worden ist. Sie sind Mitarbeiter der *awarding bodies*, d. h. der zeugnisvergebenden Gremien. Letztere sind kommerzielle Einrichtungen, die auf der Basis ermittelter Qualifikationsanforderungen Ausbildungsangebote wie u. a. die NVQs erarbeiten, vom Staat akkreditieren lassen, in eigenen Bildungszentren oder Further Education Colleges anbieten und zertifizieren.
5. Die Sector Skills Councils überprüfen schließlich, ob alle Qualifikationen und die erforderliche Erfahrung erworben wurden und vergeben das Lehrabschlusszertifikat.

Möglichkeiten des Aufbaus
Es besteht die Möglichkeit der Absolvierung einer Lehre der Stufe 3 im Aufbau auf Stufe 2.

Möglichkeiten des Hochschulzugangs
Der Lehrabschluss auf Stufe 3 beinhaltet die Hochschulzugangsberechtigung für praxisbezogene Bildungsgänge.[7] Es handelt sich um die so genannten *Foundation Degrees*, die im Jahre 2001 eingeführt wurden. Sie können in Voll- oder Teilzeitform absolviert werden. Als Vollzeitstudium sind zwei Jahre für den Erwerb dieser Abschlüsse, die unterhalb der Ebene Bachelor liegen, erforderlich. Meist werden die Abschlüsse jedoch berufsbegleitend erworben, und zwar an *Further Education Colleges*, die zu diesem Zweck mit Universitäten kooperieren.

---

[1] Berufsbildungsbericht 2007, S. 287–294
[2] Lt. Bundesamt für Berufsbildung und Technologie (BBT): Berufsbildung in der Schweiz 2007. Fakten und Zahlen. Bern 2007, S. 10
[3] Vgl. Eidgenössisches Hochschulinstitut für Berufsbildung: Handbuch für Expertinnen und Experten in Qualifikationsverfahren der beruflichen Grundbildung. Hinweise und Instrumente für die Praxis. Zollikofen 2006, S. 54
[4] Vgl. Deutschschweizerische Berufsbildungsämterkonferenz: Lexikon der Berufsbildung. Luzern 2005, S. 67
[5] Vgl. http://eduscol.education.fr/D0052/cfa.htm
[6] Vgl. Cuddy/Leney, a.a.O., S. 39
[7] Er entspricht zwei guten *A-Levels*. A-Levels sind die Zugangsvoraussetzung zum Hochschulbereich, die zu Abschluss der SEK II über fachbezogene Prüfungen erworben werden können.

c) Fragestellung:
Zu welchen Abschlüssen führen berufsqualifizierende Vollzeitschulen?

DEUTSCHLAND
Bezeichnung, Anteil und Dauer
Der Regelzugang für berufsqualifizierende Vollzeitschulen ist heute der mittlere Bildungsabschluss; eine Ausnahme bildenden die eine Lehre ersetzenden Berufsfachschulen, die nach BBiG-Regelungen ausbilden.
An Berufsfachschulen wird nach KMK-Regelungen in überwiegend zweijährigen Ausbildungsgängen mit Zugang mittlerer Bildungsabschluss ausgebildet (gewisse Abweichungen bestehen nach Ländern sowohl bei der Dauer als auch beim Zugangsniveau). Im Detail sind es:
- kaufmännische und informationstechnische Assistenten nach KMK-Rahmenvereinbarung vom 01.10.1999 in vier Berufen mit 23.180 Neueintritten im Jahre 2006
- naturwissenschaftlich-technische Assistenten nach KMK-Rahmenvereinbarung vom 12.06.1992 in 35 Berufen mit 12.041 Neueintritten im Jahre 2006

Dreijährige Ausbildungsgänge in den Vollzeitschulen konzentrieren auf die 17 durch *Bundesgesetze* geregelten Gesundheitsberufe.
Bis zu dreijährige Ausbildung erfolgt nach *Landesrecht* in Erzieher-/Sozialberufen sowie in Berufen im Umfeld von Kunst/Design nach Länder-/KMK-Regelungen.
Bei den nach Bundes-/Landesrecht geregelten Berufen erfolgten im Jahre 2006 insgesamt rund 95.000 Neueintritte.
In der Regel führt die Vollzeitausbildung an den berufsqualifizierenden Schulen zu einem staatlich anerkannten Berufsabschluss (Prüfungsinstanz ist zumeist das Kultusministerium, das die staatlichen Prüfungsordnungen erlässt).

Einbezogene Praktika
Die Ausbildungs- und Prüfungsverordnungen für die Gesundheitsberufe legen den Stundenumfang der praktischen Ausbildung in Krankenhäusern oder anderen geeigneten medizinischen Einrichtungen präzise fest. Bei den Physiotherapeuten beispielsweise sind 2.700 Stunden theoretischer und praktischer Unterricht sowie praktische Ausbildung in Kliniken etc. im Umfang von 1.600 Stunden vorgeschrieben.
Bei den Assistentenberufe sind in unterschiedlichem Umfang Praktika einbezogen, so z. B. für die Ausbildung zum Medizinisch-technischen Assistenten für Funktionsdiagnostik ein sechswöchiges Krankenhauspraktikum zum Einüben der Diagnostikverfahren.

Durchführung der Prüfungen
Generell sind die Länder für die Regelung der schulischen Berufsausbildung zuständig; sie haben für die Berufe nach KMK-Regelungen die Ausbildungsgänge und die Prüfungsordnungen erlassen.
Aufgrund der ihm in Art. 74, Ziffer 19 GG übertragenen Zuständigkeit für die Regelungen im Gesundheits- und Apothekenwesen etc. regelt der Bund die Ausbildung in Gesundheitsberufen und legt den Rahmen für die Prüfung fest. Die Schulen des Gesundheitswesens stehen unter der Aufsicht der Länder, sie nehmen auch die Prüfungen ab.

Möglichkeiten des Aufbaus
Mit Abitur bzw. Fachhochschulreife besteht Zugang zum Hochschulstudium. Vollzeitschulische Berufsbildung nach Länder-/Bundesrecht wird nach Richtlinie 92/51/EWG, Anhang D der mittleren Qualifikationsebene zugerechnet.

Möglichkeiten des Hochschulzugangs
- Die vom Bund geregelten Gesundheitsberufe schließen diese Möglichkeit nicht ein.
- Die Assistentenberufe nach KMK-Rahmenvereinbarung vermitteln *lediglich fakultativ über ein freiwillig zu absolvierendes Zusatzcurriculum* den Fachhochschulzugang.
- Daneben gibt es – vgl. Modell des Berufskollegs in Nordrhein-Westfalen – Sonderwege der Länder.
- Lt. BMBF, Grund- und Strukturdaten 2005, haben von den 76.155 Schulabgängern des Jahres 2003 aus Berufsfachschulen (aller Art) 30.270 die Fachhochschulreife und 3.963 die allgemeine Hochschulreife besessen oder im Ausbildungsgang additiv erworben.

ÖSTERREICH
Bezeichnung, Anteil und Dauer
Es bestehend folgende Angebote:
- Berufsbildende mittlere Schulen (BMS)
- Berufsbildende höhere Schule (BHS),
- Höhere Anstalten der Lehrer- und Erzieherbildung

Die Ausbildungsdauer an den BMS beträgt drei bis vier Jahre.
Die Ausbildung an BHS und an Höheren Anstalten der Lehrer- und Erzieherbildung dauert jeweils fünf Jahre.
In BMS befinden sich 12,8 % der Schüler der 10. Schulstufe. Auf BHS und Höhere Anstalten der Lehrer- und Erzieherbildung zusammen entfallen 29,1 % der Schüler der 10. Schulstufe.

Einbezogene Praktika
Bei den Ausbildungsgängen der BMS sind Ferialpraktika möglich, jedoch nicht obligatorisch. Bei den BHS sind in einzelnen Fachrichtungen Pflichtpraktika in den Ferien vorgesehen, die ca. 5 % der Ausbildungszeit insgesamt beanspruchen. Höhere Anstalten der Lehrer- und Erzieherbildung beziehen Praktika und Übungskindergärten etc. ein, worauf ca. 10 % der Ausbildungszeit entfällt.

Durchführung der Prüfungen
An den BMS werden schulische Abschlussprüfungen durchgeführt.
Die BHS wie auch die Höheren Anstalten der Lehrer- und Erzieherbildung schließen mit der Reife- und Diplomprüfung ab.

Möglichkeiten des Aufbaus
Für Absolventen der BMS bestehen Aufbaulehrgänge zu BHS und zur Berufsreifeprüfung.

Möglichkeiten des Hochschulzugangs
Bei den BMS besteht die Möglichkeit des facheinschlägigen Zugangs zu Fachhochschulen. BHS und Höhere Anstalten der Lehrer- und Erzieherbildung vermitteln die allgemeine Hochschulzugangsberechtigung.

SCHWEIZ
Bezeichnung, Anteil und Dauer
Spezifische Bezeichnungen bestehen de facto nicht.
Das durch Besuch einer Handelsmittelschule erworbene Diplom ist dem eidg. Fähigkeitszeugnis (EFZ) gleichwertig.
Über die Informatikmittelschule wird der gleiche Informatikerabschluss erworben wie in der entsprechenden Betriebslehre.
Das EFZ kann zudem in Berufsfachschulen mit angegliederten Lehrwerkstätten erworben werden. Es gibt keine Unterschiede zur Lehre in einem Betrieb.
Bezogen auf den Durchschnittsjahrgang der unter 19-Jährigen von 88.772 (= 100 %) traten im Jahre 2005 eine vollzeitschulische Ausbildung ein[1]:
Insgesamt 13.892 15,6 %
Nach Sprachregionen verteilen sich die Eintritte in eine Betriebslehre und in Vollzeitschulen recht unterschiedlich. Im Jahr 2004 ergab sich folgende sprachregionale Verteilung[2]:

	Deutschschweiz	Französ. Schweiz	Italienische Schweiz
Lehre	86,1 %	70,6 %	72,4 %
Vollzeitsch.	13,9 %	29,4 %	27,6 %

Die berufliche Grundbildung an den Vollzeitschulen dauert je nach Beruf drei oder vier Jahre. Die Handelsmittelschule dauert drei, die Informatikmittelschule vier Jahre.

Einbezogene Praktika
Die berufliche Grundbildung an Vollzeitschulen umfasst die berufspraktische und -theoretische Ausbildung.
Der Besuch der Handelsmittelschule schließt ein Praktikum in einem Betrieb ein. Bei der Informatikmittelschule besteht die Besonderheit, dass sich der Ausbildungsgang in drei Jahre Vollzeitschule und ein anschließendes Praktikumsjahr gliedert.[3]

Durchführung der Prüfungen
Die Durchführung der Prüfungen liegt in Zuständigkeit der Kantone.

Möglichkeiten des Aufbaus
Aufbaumöglichkeiten bieten sich über die Berufsprüfung, die Höhere Fachprüfung und die Höheren Fachschulen.

Möglichkeiten des Hochschulzugangs
Bei den Vollzeitschulen mit Lehrwerkstätten kann die integrierte Berufsmaturitätsausbildung absolviert werden.
Bei der Handelsmittelschule kann nach Absolvierung des an den dreijährigen Schulbesuch anschließenden Praxisjahres in einem zusätzlichen Jahr die kaufmännische Berufsmaturität erworben werden, die Zugang zur Fachhochschule bietet.
Die Informatikmittelschule verbindet den Erwerb der Berufsmaturität kaufmännischer Ausrichtung mit dem Ausbildungsabschluss „Informatiker/in, Richtung Applikationsentwicklung".

FRANKREICH
Bezeichnung, Anteil und Dauer
Auf der Facharbeiterstufe handelt es sich um die die Abschlüsse *Brevet d'études professionelles/BEP, Certificat d'aptitude professionnelle/CAP* und Berufsabitur *(baccauréat professionnel)*. Diese sind identisch mit den Abschlüssen in der Lehrlingsausbildung.
Während das CAP der älteste berufsbildende Abschluss des *enseignement professionnel* ist, wurde das BEP erst Mitte der 1960er Jahre geschaffen. Die heute knapp 200 existierenden CAP sind relativ eng auf einzelne Spezialisierungen profiliert, während die 35 BEP wesentlich breiter geschnitten sind und Berufsfelder umfassen.
Die Zahl der Schüler, die im Rahmen einer vollschulischen Ausbildung ein CAP absolvieren, ist seit 20 Jahren stark zurückgegangen, da dieser Abschluss heute mehrheitlich im Rahmen einer betrieblichen Lehre vorbereitet wird.
Von der quantitativen Bedeutung her überwiegt in Frankreich die vollschulische Berufsausbildung gegenüber dem Lehrlingswesen deutlich. Auf Stufe V z. B. werden landesweit ca. 70 % der Ausbildungsgänge schulisch absolviert.

Einbezogene Praktika
Es gibt für jeden Abschluss einen nationalen Lehrplan, der auch genau festlegt, welche Praktika zu absolvieren sind. Die längsten Praktika gibt es für das Berufsabitur. Es handelt sich um mindestens 16 Wochen, die über zwei Jahre verteilt werden, meist in Blöcken von acht Wochen.

Durchführung der Prüfungen
Die Durchführung der Prüfungen unterliegt staatlicher Aufsicht.

Möglichkeiten des Aufbaus
Grundsätzlich erlauben alle berufsbildenden Abschlüsse die Weiterqualifizierung für den nächsthöheren Abschluss. Die Hochschulzugangsberechtigung kann im Anschluss an Berufsbildungsgänge der Stufe V erworben werden.
Mehr als 50 % der Absolventen eines BEP streben nach diesem Abschluss eine Weiterqualifikation in Form einer zweijährigen Vorbereitung auf ein *baccalauréat professionnel* an. Diese neue Form des Abiturs wurde 1985 auf Drängen bestimmter Industriebranchen geschaffen. 2006 absolvierten etwas mehr als 100.000 Schüler ein Berufsabitur, von denen es mittlerweile 73 gibt, sowohl in gewerblich-technischen wie in Dienstleistungsberufen.

Möglichkeiten des Hochschulzugangs
Beim Berufsabitur ist der Erwerb der Hochschulzugangsberechtigung eingeschlossen. Die Aussichten, nach einem Berufsabitur ein Hochschulstudium erfolgreich abzuschließen, sind allerdings wesentlich geringer als für die beiden anderen Abiturarten.

ENGLAND
Bezeichnung, Anteil und Dauer
Die vollzeitschulische Ausbildung erfolgt überwiegend an den *Further Education Colleges (FE-Colleges)*, von denen in England knapp 370 bestehen. Es handelt sich teils um Einrichtungen, deren Angebot ein breites Spektrum von Fachrichtungen abdeckt, teils um spezialisierte Schulen für Technik, Kunst und Gestaltung, Landwirtschaft oder den kaufmännischen Bereich.
Die Ausbildungsdauer variiert je nach angestrebtem Abschluss; meist handelt es sich um zweijährige Ausbildungsgänge.
Die berufliche Erstausbildung in Vollzeitform ist quantitativ bedeutsamer als das Lehrlingswesen. Eine exakte Quantifizierung ist allerdings dadurch erschwert, dass die Kurse der *FE-Colleges* auch parallel zu einem Beschäftigungsverhältnis in Teilzeitform, z. B. in Abendkursen, besucht werden können, was auch Jugendliche nutzten, die nach Schulabschluss ohne berufliche Erstausbildung ins Erwerbsleben überwechselten. Darüber hinaus stehen Angebote der Colleges Personen aller Altersgruppen offen. Angesichts der (Lern-)Ergebnisorientierung des englischen Systems zählen auch in der statistischen Erfassung primär die Abschlüsse und nicht der Weg des Qualifikationserwerbs.

Einbezogene Praktika
Die FE-Colleges verfügen über Schulwerkstätten zur praktischen Unterweisung.

Durchführung der Prüfungen
Die Prüfungsmodalitäten sind Bestandteil des jeweiligen Befähigungsnachweises oder Zertifikates. Sie werden mit den fachlich-inhaltlichen Anforderungen zusammen festgelegt, und zwar durch die so genannten *awarding bodies* (zeugnisvergebende Gremien). Dabei werden die von der Wirtschaft ermittelten Qualifikationsanforderungen zugrunde gelegt.
Gültigkeit erlangen diese Bestimmungen erst über die Akkreditierung durch eine staatliche Stelle, die *Qualifications and Curriculum Authority* (QAC). Damit liegen die Prüfungsanforderungen letztlich in staatlicher Verantwortung.
FE-Colleges führen die akkreditierten Bildungsprogramme durch, die in Zusammenarbeit mit den *awarding bodies* dann zu Zertifikaten führen.

Möglichkeiten des Aufbaus
Die verschiedenartigen Ausbildungsabschlüsse sind dem englischen Qualifikationsrahmen, der insgesamt acht Ebenen umfasst, zugeordnet. Damit ergibt sich eine exakt definierte Ausgangsbasis für aufbauende Qualifizierungsschritte, z. B. zum Aufstieg von Qualifikationsstufe 2 zu anspruchsvollen Facharbeitertätigkeiten der Stufe 3 oder von Stufe 3 zum höheren Techniker.

Möglichkeiten des Hochschulzugangs
Abschlüsse der Qualifikationsstufe 3, wie beispielsweise die entsprechenden Nationalen beruflichen Befähigungsnachweise (NVQ), schließen die Hochschulzugangsberechtigung im Sinne einer anwendungsorientierten Eingangsstufe in den Tertiärbereich ein.

---

[1] Quelle: Bundesamt für Berufsbildung und Technologie (BBT): Berufsbildung in der Schweiz 2007. Fakten und Zahlen. Bern 2007, S. 10
[2] Ebd., S. 11
[3] Die Ausbildung zum Informatiker wird auch im Lehrlingswesen durchgeführt. Ordnungsgrundlagen und Prüfungen sind für beide Ausbildungsformen identisch. Eine Evaluation zeigte, das die Informatikmittelschule gegenüber der betriebsgebundenen Ausbildung als theoretisch anspruchsvoller eingeschätzt wird. Beim betrieblichen Praxisjahr als viertem Jahr der vollschulischen Ausbildungsform wird

meist auf Praktikumsstellen in solchen Betrieben zurückgegriffen, die nicht zugleich auch Lehrstellen anboten. Insofern werden Ausbildungskapazitäten erschlossen, die im Rahmen der Berufslehre nicht verfügbar sind. Vgl. Euler, Dieter; Severing, Eckart; Flexible Ausbildungswege in der Berufsbildung. Ziele, Modelle, Maßnahmen. Bielefeld 2007, S. 112f.

1.2.3 Ausbaustand der Weiterbildung

a) Fragestellung:
Wie ist der Komplex Weiterbildung geregelt?

DEUTSCHLAND
Gesetzliche Verankerung
Ein umfassendes Weiterbildungsgesetz fehlt. Die Zuständigkeit ist vierfach aufgespalten nach:
1. *Kompetenzbereich der Länder* für die Einrichtung von Fachschulen und Weiterbildung im Gesundheits-, Erziehungs- und Bildungsbereich.
2. *Kompetenzbereich Bund*, der ins Berufsbildungsgesetz (BBiG)/die Handwerksordnung (HwO) jeweils eigene Kapitel zum Erlass von Regelungen zur „beruflichen Fortbildung" und (auch in der Novelle des Jahres 2005) zur „beruflichen Umschulung" aufgenommen hat, und
3. Ebene BBiG (§§ 54 und 95)/der HwO (§ 42 a und § 42 f), nach der die *Kammern als zuständige Stellen* ermächtigt sind, ihrerseits Fortbildungsregelungen für Fortbildungsabschlüsse zu erlassen.
4. Kann nach dem SGB II/III die *Bundesagentur für Arbeit* zur Re-Integration von Arbeitslosen spezielle Maßnahmen der beruflichen Fortbildung strukturieren und im Ausschreibungsverfahren an Anbieter (Träger) vergeben.

Einbeziehung von Modulen
Die Regelungen der Kammern beziehen teilweise Module/Bausteine ein bzw. bauen aufeinander auf.

ÖSTERREICH
Gesetzliche Verankerung
Österreich ist ein föderaler Bundesstaat, in dem das Prinzip der Subsidiarität stark ausgeprägt ist. Die kompetenzrechtliche Einordnung der Erwachsenenbildung (EB) liegt bei den Bundesländern mit Ausnahme des 1973 geschaffenen EB-Förderungsgesetzes. Es enthält eine Verpflichtung zur Förderung, legt jedoch keine Förderhöhen fest und hat an der grundsätzlichen Kompetenzstruktur nichts geändert.
Ausnahmen bilden die Meisterprüfungen (Meisterprüfungsordnungen im Verordnungsbereich der Wirtschaftskammern) und die Schulen für Berufstätige sowie die hochschulischen Ausbildungen (Unterrichtsministerium, autonome Hochschulen). Auch gibt es spezielle Segmente: Betriebsräteschulungen, gewisse Umweltprüfungen oder Arbeitnehmerschutzbestimmungen, die eigengesetzliche Regelungen haben.
Sofern steuerliche Aspekte (Absetzbeträge von Unternehmen oder BürgerInnen) betroffen sind ist das Bundesministerium für Finanzen zuständig.

SCHWEIZ
Gesetzliche Verankerung
In der Schweiz wird unterschieden zwischen höherer Berufsbildung, die auf vorangehender Ausbildung aufbaut, und beruflicher Weiterbildung.
Allgemeine Vorgaben zur höheren Berufsbildung und berufsorientierten Weiterbildung sind bislang im Schweizer Berufsbildungsgesetz (BBG), in Art. 2 und im Detail im dortigen Kapitel 4 „Berufsorientierte Weiterbildung" (BBG, Art. 30ff.) enthalten.
Der Schweizer Bundesrat hat am 30.01.2008 das Eidg. Volkswirtschaftsdepartement und das Eidg. Departement des Innern beauftragt, ein Rahmengesetz zur Weiterbildung zu erarbeiten.[1] Es soll den Vorgaben Rechnung tragen, die in der revidierten Schweizer Bundesverfassung vom 21.05.2006 verankert sind. Mit ihr erhielt der Bund den Auftrag, Grundsätze der Weiterbildung festzulegen und die Weiterbildung zu fördern (Art. 64a der Bundesverfassung).
Nach Art. 31 BBG haben die Kantone für ein bedarfsgerechtes Angebot beruflicher Weiterbildung zu sorgen. Nach Art. 53 und 55 BBG können sie vom Bund für die berufsorientierte Weiterbildung Finanzmittel erhalten.
Der Bund hat nach Art. 32 BBG berufsorientierte Weiterbildung zu fördern und insbesondere Angebote für Personen zu unterstützen,
– die von Strukturveränderungen der Berufswelt direkt betroffen sind,

- die nach Unterbrechung ihrer Berufstätigkeit wieder einzugliedern sind,
- die die Koordination, Transparenz und Qualität des Angebots fördern.

Die vom Bund geförderten Maßnahmen und die arbeitsmarktlichen Maßnahmen nach dem AVIG von 1982 sind zu koordinieren.

Nach Art. 21 Abs. 4 BBG können Berufsfachschulen berufsorientierte Weiterbildung und höhere Berufsbildung anbieten. Als Konkurrenten von privaten, nicht subventionierten Anbietern haben sie nach Art. 11 Abs. 2 BBG Marktpreise zu verlangen.

FRANKREICH

Gesetzliche Verankerung

Über unterschiedliche Gesetze sind folgende Bereiche geregelt:
- Weiterbildung in der Privatwirtschaft
- Weiterbildung im öffentlichen Dienst
- Weiterbildung für Arbeitslose über 26 Jahre

Die berufliche Weiterbildung in der Privatwirtschaft wurde per Gesetz aus dem Jahre 1971 nach vorausgegangener Einigung der Tarifparteien neu geregelt. Das Gesetz enthält als wichtigste Bestimmungen u. a.:
- Steuerung des Systems der beruflichen Weiterbildung durch die Sozialpartner und den Staat (paritätische Verwaltung),
- Pflichtabgabe aller Unternehmen zur Mitfinanzierung der beruflichen Weiterbildung,
- Anspruch auf Bildungsurlaub,
- Regelung der Finanzierung der Teilnahme an Weiterbildungsmaßnahmen für die Beschäftigten.

Entscheidend für die letztgenannte Regelung war die erwähnte Einführung einer Weiterbildungsabgabe (seit 2005 1,6 % der Lohnsumme für Unternehmen mit mehr als 20 Beschäftigten, ein ermäßigter Satz gilt für die Unternehmen mit weniger Beschäftigten).[2]

Für die Weiterbildung der ca. 6,8 Mio. Beschäftigten des öffentlichen Dienstes (davon 5,1 Mio. Beamte) gelten spezielle gesetzliche Vorschriften. Im Jahre 2005 wurden für die Weiterbildung der Beamten ca. 5,3 Mrd. € ausgegeben.

Für die Arbeitslosen als dritte große Zielgruppe von Weiterbildungsmaßnahmen sind der Staat, die Region und die UNEDIC (Arbeitslosenversicherung) zuständig. Insgesamt beliefen sich im Jahre 2004 die öffentlichen Ausgaben für Weiterbildungsmaßnahmen für Arbeitslose auf 1,8 Mrd. €.

Spezielle Weiterbildungsinstitutionen

Spezielle (öffentliche) Institutionen der Weiterbildung sind:
- AFPA (Association nationale pour la formation professionnelle des adultes),
- GRETA (Groupements d'établissements de l'éducation nationale pour la formation professionnelle continue),
- CNAM (Conservatoire National des Arts et Métiers) sowie
- Universitäten.

Einbeziehung von Modulen

Die genannten Institutionen arbeiten alle nach Modulen und sind auch für die Prüfungen verantwortlich, soweit es sich um staatliche Abschlüsse handelt (mit den Kommissionen der Regionen, die für die Erstausbildung zuständig sind).

Denn französische Weiterbildungsabschlüsse sind mittlerweile identisch mit Abschlüssen der beruflichen Erstausbildung. Früher wichtige, spezielle Weiterbildungsabschlüsse haben, soweit sie noch existieren, an Bedeutung verloren.

ENGLAND

Für England ist zunächst eine begriffliche Abklärung erforderlich. Für das Lernen im postobligatorischen Bereich wird der Terminus „further education" verwendet. Er umfasst das berufsbezogene und sonstige Lernen außerhalb von Sekundar- und Hochschulen. Berufliche Weiterbildung im engeren Sinne wird als „continuing vocational education and training" bezeichnet und beinhaltet sämtliche organisierten und institutionalisierten Lernprozesse nach Abschluss der beruflichen Erstausbildung.

Gesetzliche Verankerung

Der Weiterbildungsbereich ist nicht umfassend gesetzlich geregelt; vielmehr beziehen sich die einschlägigen Vorschriften im Wesentlichen auf die staatliche Finanzierung der *further education* und allgemeine Planungsvorgaben.

So wurde im Jahre 2000 in England und Wales mit dem *Learning and Skills Act* (Gesetz über Bildung und Qualifikationen) die Finanzierung und Planung des gesamten Bereichs der allgemeinen und beruflichen Bildung im Anschluss an die Schulpflicht reformiert. Zu diesem Zweck wurden neue Institutionen eingerichtet wie u. a. der *National Learning and Skills Council*, dem die Finanzierung von weiterführenden Bildungseinrichtungen mit den vom Erziehungsministerium bereitgestellten Mitteln obliegt.

Eine Weiterbildungsverpflichtung für die Betriebe existiert nicht, mit Ausnahme von bestimmten Bereichen des Gesundheitsschutzes und der Arbeitssicherheit. Sie haben auch keine Weiterbildungsabgabe zu entrichten.

Im Jahre 2002 wurde ein Gesetz verabschiedet, wonach in den Betrieben gewerkschaftliche Vertreter für Lernangelegenheiten (*Union Learning Representatives*) gewählt werden, die u. a. speziell gering qualifizierte Mitarbeiter zur Teilnahme an Weiterbildungsmaßnahmen motivieren und mit den Arbeitgebern auch über die berufliche Weiterentwicklung aller Beschäftigten verhandeln.[3]

Spezielle Weiterbildungsinstitutionen
Für die Vergabe der Abschlüsse sind spezielle Einrichtungen zuständig. Als größtes Zertifizierungszentrum wirkt seit vielen Jahrzehnten das *City and Guilds of London Institute,* das pro anno rund 600.000 Zertifikate unterschiedlicher Ebenen vergibt. Weitere bedeutende Einrichtungen dieser Art sind *Business and Technician Education Council* sowie *Royal Society of Arts Examinations Board.*

Einbeziehung von Modulen
Modularisierung ist eines der Grundprinzipien des englischen Berufsbildungswesens insgesamt und insbesondere des Weiterbildungsbereichs. Sie wurde auch vor dem Hintergrund ausgebaut, dass den Erwerbspersonen eine Aufstockung ihrer beruflichen Qualifikation im flexiblen zeitlichen Rahmen möglich ist. So erklärt es sich auch, dass rund 70 % derjenigen, die das Bildungssystem ohne Abschluss verlassen, im Zuge der Weiterbildung eine Qualifikation erwerben.[4]

---

[1] *http://www.news.admin.ch/message/index.html?lang =de&msg-id=17075&print_style... 05.02.2008*

[2] Die Verwaltung der auf diese Weise gesammelten Gelder erfolgt über die derzeit 98 bestehenden *Organismes paritaires collecteurs agréés/OPCA.* Hierbei handelt es sich um branchenübergreifende oder branchenspezifische Fonds, die entweder regional oder landesweit organisiert sind und die paritätisch von den Sozialpartnern verwaltet werden.

[3] Vgl. Cuddy, Natalia/Leney, Tom: Berufsbildung im Vereinigten Königreich. Kurzbeschreibung. Hrsg.: Europäisches Zentrum für die Förderung der Berufsbildung. (CEDEFOP Panaroma series 112). Luxemburg: Amt für amtliche Veröffentlichungen der Europäischen Gemeinschaften, 2005, S. 25

[4] Vgl. EURYDICE/CEDEFOP/ETF: Structures of Education, Vocational Training and Adult Education Systems in Europe. United Kingdom 2003. Brussels 2003, S. 43

b) Fragestellung:
Welche Weiterbildungsangebote werden von staatlichen Stellen/Schulen bereitgestellt?

DEUTSCHLAND
Fachschulen usf.
- 1. Auf der Ebene der Länder
  wird an staatlich anerkannten Fachschulen eine Aufstiegsfortbildung mit staatlicher Abschlussprüfung als Techniker, Betriebswirt oder Gestalter in 94 Fachrichtungen angeboten und
  ebenso die Fortbildung im Gesundheits-, Erziehungs- und Sozialwesen auf Länderebene, für insgesamt 137 Fortbildungsberufe/-ziele geregelt.
- 2. Auf der Ebene Bund sind durch Rechtsverordnung erlassen worden:

Regelungen für die Meisterprüfung im Handwerk und anderen Bereichen	149
Regelungen zur beruflichen Fortbildung (außerhalb Meisterstufe)	36
Rechtsverordnungen zur beruflichen Umschulung	2
Rechtsverordnungen zur Eignung als Ausbilder	1

Im Jahre 2005 wurden in Deutschland 100.280 bestandene Fortbildungsprüfungen verzeichnet; bezogen auf eine Mio. Einwohner entspricht dies 1.216.[1]

Sonstige Einrichtungen
Die Länder haben teils eigene Institute für die Fortbildung bestimmter Berufsgruppen, u. a. Lehrer, etabliert. Eine bundesweit tätige Einrichtung zum berufsbegleitenden Erwerb von Hochschuldiplomen ist die Fernuniversität Hagen (Nordrhein-Westfalen).

ÖSTERREICH
An Schulen für Berufstätige können die Abschlüsse der berufsbildenden höheren Schulen (BHS) sowie der berufsbildenden mittleren Schulen (BMS) nachgeholt werden, wobei es sich hautsächlich um Sonderformen der BHS, seltener der BMS handelt.
Es werden folgende BHS-Sonderformen unterschieden:
- BHS für Berufstätige mit Pflichtschulabschluss. Sie führen in vier bis fünf Jahren zur Reife- und Diplomprüfung.
- Kollegs für Absolventen allgemein bildender höherer Schulen. Sie führen in zweijähriger

Tages- bzw. meist dreijähriger Abendform zur Diplomprüfung.
– Aufbaulehrgänge meist dreijähriger Dauer für Absolventen der BMS zur Erlangung der Reife- und Diplomprüfung.

BMS-Sonderformen gibt es im kaufmännischen, wirtschaftlichen und insbesondere gewerblich-technischen Bereich. Unterschieden werden:
– Werkmeisterschulen für Absolventen einer Lehre oder BMS. Sie gehören dem gewerblich-technischen Bereich an und führen in zwei Jahren zu einer kommissionellen Abschlussprüfung. Die Absolventen sind zum Ausbilden von Lehrlingen berechtigt und können sich nach vierjähriger Berufstätigkeit in einem einschlägigen Handwerk selbstständig machen.
– Bauhandwerkerschulen richten sich speziell an Personen mit abgeschlossener Berufsausbildung im Baubereich; sie sind Werkmeisterschulen ähnlich.
– Meisterschulen zur fachlichen Weiterbildung setzen ebenfalls eine abgeschlossene Berufsbildung bzw. Berufspraxis voraus. Sie dauern ein bis zwei Jahre.

Sonstige Einrichtungen

Die Universitäten bieten Weiterbildungslehrgänge für Postgraduierte wie auch Nichtakademiker an. An den Fachhochschulen gibt es spezielle Studiengänge für Berufstätige und so genannte Lehrgänge zur Weiterbildung.[2]

Zu nennen ist ferner die Möglichkeit der öffentlichen bzw. kommunalen Beteiligung an Volkshochschulen, die allerdings selten genutzt wird.

SCHWEIZ

Weiterbildungsangebote, die der Bund oder die Kantone strukturieren und in staatlichen Schulen anbieten, kennt die Schweiz nicht. Kreiert werden die Angebote i. d. R. von den Berufsverbänden, genehmigt werden sie vom BBT, Bern.

Einschlägige Regularien, die mit BBT-Zustimmung auf Bundesebene anzuwenden sind, bestehen für drei Formen der höheren Berufsbildung, die in der Schweiz dem tertiären Bildungsbereich der ISCED-Stufe 5B zugerechnet werden. Dies sind – abgestuft nach Status bzw. Anspruchsniveau:
– Die *Bildungsgänge der Höheren Fachschulen*, die zu einem eidgenössisch anerkannten Diplom führen und Kompetenzen vermitteln, die zur Übernahme von Fach- und Führungsverantwortung befähigen. Ausgebildet wird nach den Vorgaben zu Rahmenlehrplänen und zum Anerkennungsverfahren, die das BBT aus den staatlichen Mindestvorschriften abgeleitet hat. Inklusive Praktika dauert die Ausbildungszeit zwei Jahre, berufsbegleitend mindestens drei Jahre. Angeboten werden die Bildungsgänge in sieben Fachrichtungen, und zwar: Land- und Forstwirtschaft, Technik, Gastgewerbe/Tourismus und Hauswirtschaft, Wirtschaft, Gesundheit, Soziales und Erwachsenenbildung, Kunst und Gestaltung. Träger der Höheren Fachschulen sind Berufsverbände, öffentliche Stellen und Privatunternehmen.
– Die *eidgenössische höhere Fachprüfung* (im industriell-gewerblichen Bereich als Meisterprüfung verstanden), die mit einem eidg. Diplom abschließt und Personen mit Berufserfahrung Gelegenheit bietet, ihre Fachkenntnisse zu vertiefen. Erarbeitet werden die Lerninhalte, Qualifikationsverfahren, Ausweise und Titel von den Berufsverbänden. Das BBT, Bern, hat die Vorgaben zu genehmigen. Die Kurse werden zum größeren Teil berufsbegleitend absolviert; angeboten werden sie von den Berufsverbänden sowie öffentlichen und privaten Schulen. Die meisten Diplome werden in den Bereichen Wirtschaftsinformatik, Verkaufsleitung, Finanzanalyse und Landwirtschaft erteilt.
– Die *eidgenössische Berufsprüfung*, die zum anerkannten Fachausweis führt, auf der erworbenen Berufserfahrung aufbaut und die beruflichen Fachkenntnisse vertieft. Wie bei der höheren Fachprüfung werden Lerninhalte und Verfahren der Anerkennung durch die Berufsverbände erarbeitet und vom BBT genehmigt. Die meisten Berufsprüfungen werden in den Sparten Marketing, Personalwesen, Buchhaltung und IT-Anwenung abgelegt.

Die folgende Übersicht zeigt die Absolventenzahlen im Jahre 2006 sowie das Absolventenaufkommen pro Mio. Einwohner[3]:

Niveau der höheren Berufsbildung	
Höheres Fachschuldiplom	4.140
Eidg. Diplom (höhere Fachprüfung)	2.919
Eidg. Fachausweis (Berufsprüfung)	13.194
Abschlüsse der nicht auf Bundesebene reglementierten höheren Berufsbildung	10.032
Summe	30.285
Abschlüsse pro Mio. Einwohner*	4.059

* Abschlüsse bezogen auf 7.461.066 Einwohner (Ende 2005)

FRANKREICH

Bei den öffentlichen Anbietern lassen sich vier große Akteure unterscheiden, zwei historische wie die AFPA und das *Conservatoire national des Arts et Métiers/CNAM* und zwei, die in der Folge des Gesetzes von 1971 geschaffen worden sind, nämlich die *Groupements d'établissements de l'éducation nationale pour la formation professionnelle continue/GRETA* und die Weiterbildungszentren der Universitäten. Für alle vier Akteure ist Bildung allgemein die Haupttätigkeit.

– *AFPA*

Die APFA ist der landesweit größte Anbieter von Weiterbildungsleistungen, die sich speziell an gering qualifizierte Personen wenden. Dies gilt vor allem für die ca. 100.000 Arbeitslosen, die 2005 eine Weiterbildungsmaßnahme der AFPA in Anspruch genommen haben. Ca. die Hälfte dieser Teilnehmer konnte keinen berufsbildenden Abschluss nachweisen. Von den 47.000 Beschäftigten, die im gleichen Jahr an einer Weiterbildungsmaßnahme der AFPA teilgenommen haben, hatten knapp 70 % einen Abschluss.

– *GRETA*

Bei den GRETA handelt es sich um lokale Netzwerke von bestehenden schulischen Einrichtungen des Bildungsministeriums (Schulen der SEK I und II), die Weiterbildungsmaßnahmen für Erwachsene anbieten. Es gibt ca. 270 GRETA mit insgesamt 6.000 Standorten. Die GRETA finanzieren sich je zur Hälfte aus öffentlichen und privaten Mitteln. Von den 472.000 Teilnehmern bereiteten nur 2 % einen Abschluss des technischen oder beruflichen Schulwesens vor, die meisten einen Abschluss der Stufe V (CAP/BEP), gefolgt von den Kandidaten für ein *Brevet de technicien supérieur/BTS* (Stufe III) und denen für einen Abschluss der Stufe IV (*Baccaulauréat professionnel*).

– *CNAM*

Das 1794 gegründete CNAM ist eine öffentliche, dem Bildungsministerium unterstehende Hochschuleinrichtung mit 150 Standorten in ganz Frankreich. Es führte ursprünglich Weiterbildung im Bereich Technik durch und heute auch in anderen Bereichen. Seine Bildungsangebote richten sich an Erwachsene mit Abitur, die entweder ein staatliches Hochschuldiplom (Bachelor, Master oder Promotion) oder einen CNAM-spezifischen Abschluss vorbereiten möchten. Das CNAM zählt jährlich ca. 80.000 eingeschriebene Studenten. Im Jahre 2004 haben insgesamt 8.600 einen Abschluss erworben, darunter stellen die staatlichen Diplome allerdings nur 13 % dar.

– *Universitäten*

Die französischen Universitäten engagieren sich seit 30 Jahren zunehmend in der beruflichen Weiterbildung. Die staatlichen Hochschuldiplome können im Rahmen der für die Privatwirtschaft geltenden Weiterbildungsformen (einjähriger Bildungsurlaub, Weiterbildungsplan) erworben werden. Die Universitäten haben insgesamt 207 Millionen € für Weiterbildungsleistungen eingenommen, die in ihrem Etat als eingeworbene Eigenmittel ausgewiesen werden, über die sie frei verfügen können. Dies entspricht einem Anteil am gesamten Weiterbildungsmarkt von ca. 4,1 %.

Insgesamt sind in Frankreich 94 % der Weiterbildungseinrichtungen privatwirtschaftlich organisiert. Sie erwirtschafteten im Jahre 2005 einen Anteil von 79 % des Gesamtumsatzes, während auf die 6 % öffentliche Anbieter ein Marktanteil von 21 % entfiel.

ENGLAND

Die bedeutendsten öffentlichen Weiterbildungsanbieter sind die *Further Education Colleges* (FE Colleges), wovon in England knapp 400 bestehen. Rund 70 % ihres Etats werden vom Staat finanziert.

Unter den FE Colleges gibt es Einrichtungen, die auf bestimmte Bereiche spezialisiert sind, z. B. Design oder Landwirtschaft. An der überwiegenden Zahl der FE Colleges ist das Kursangebot jedoch breit gefächert und kann in Teilzeit- oder Vollzeitform wahrgenommen werden. Auf diese beziehen sich die nachfolgenden Angaben.

Nach dem Stand Ende des Jahres 2004 waren rund 70 % der Teilnehmer Erwachsene, die einen Teilzeitkurs belegten. Dies entsprach 2.152.000 Personen bei insgesamt 3.023.000 eingeschriebenen Kursbesuchern.[4]

Der quantitativ bedeutsamste Bildungsverband im Status einer gemeinnützingen Einrichtung ist die *Workers' Educational Association* (WEA). Dieser Arbeiterbildungsverband finanziert sich überwiegend durch staatliche Unterstützung. Sein Kursangebot richtete sich vornehmlich an Geringqualifizierte. Im Jahre 2005/06 verzeichneten die Bildungszentren der WEA in England rund 13.150 Kurse mit knapp 160.000 Teilnehmern.[5]

---

[1] Lt. Bundesministerium für Bildung und Forschung: Berufsbildungsbericht 2007, S. 227, bezogen auf rd. 82,5 Mio. Einwohner

[2] Vgl. Schlögl, Peter; Schneeberger, Arthur: Erwachsenenbildung in Österreich. Länderhintergrundbericht zur Länderprüfung der OECD über Erwachsenenbildung. Hrsg.: öibf/ibw. Wien 2003, S. 42f.

[3] Quelle: Bundesamt für Berufsbildung und Technologie (BBT): Berufsbildung in der Schweiz 2007, Fakten und Zahlen. Bern 2007, S. 13

[4] Vgl. Realising the potential. A review of the future role of further education colleges. Sir Andrew

Foster. November 2005. Darin: FE College-Slide Compendium. Learning & Skills Division, S. 11

[5] Vgl. WEA National Association: Report of the Trustees and Financial Statements for the Year Ended 31st July 2006. London, 2006, S. 8

c) Fragestellung:
Welche Weiterbildungsmöglichkeiten bieten die Kammern und sonstigen Organisationen der Wirtschaft?

DEUTSCHLAND
Angebote
- Auf der Ebene der Kammern bestehen Fortbildungsregelungen nach einzelnen Berufen/Fortbildungszielen 535
  Regelungen für die berufl. Umschulung 20
- Fortbildungsregelungen jenseits der Regelung nach BBiG gelten als nicht anerkannte Abschlüsse, deren Marktwert je nach Art und Anbieter höchst unterschiedlich ist. Generell besteht in Deutschland ein Trend dahin, die Fortbildung auf der Kammerebene nach den Vorgaben des BBiG zu strukturieren und zu zertifizieren.
- Laut Berufsbildungsbericht 2006, S. 258, wurden insgesamt 422.640 Weiterbildungsveranstaltungen angeboten, darunter von:
  Einrichtungen der Kammern 9,5 % (ca. 40.150)
  Einrichtungen der Wirtschafts-/Fachverbände 6,7 % (ca. 28.320)

ÖSTERREICH
Angebote
Die beiden Sozialpartnergruppen haben ihre eigenen Weiterbildungseinrichtungen:
- Wirtschaftskammern: Wirtschaftsförderungsinstitute (als Abteilung der Wirtschaftskammer geführt oder seltener als GmbH),
- Arbeiterkammern und Gewerkschaftsbund: Berufsförderungsinstitute (Vereine).

Diese Einrichtungen sind stark in der beruflichen Weiterbildung aktiv, und zwar im Bereich der Anpassungsqualifizierung, aber auch der formalen Höherqualifizierung. Zum Teil sind sie auch in hohem Maße in der aktiven Arbeitsmarktpolitik involviert.

Teilnehmer
Die Wirtschaftsförderungsinstitute führten im Schulungsjahr 2001/2002 rund 24.500 Veranstaltungen mit ca. 306.500 Teilnehmern durch. Die Berufsförderungsinstitute verzeichneten ca. 14.200 Veranstaltungen und 160.440 Teilnehmer.[1]

SCHWEIZ
Angebote
Kammern als durch Gesetze oder Verordnungen bedingte Zusammenschlüsse von Unternehmungen bzw. Handwerksbetrieben als Selbstverwaltungsorganisationen der Wirtschaft, die staatliche Aufgaben wahrnehmen, gibt es in der Schweiz nicht.

Die nach Sparten/Branchen bestehenden Berufsverbände sind Zusammenschlüsse von Arbeitgebern und Arbeitnehmern bzw. von den Sozialpartnern gemeinsam gebildete privatrechtliche Organisationen. Nach dem Schweizer Berufsbildungsgesetz (BBG) übernehmen sie im beruflichen Bildungswesen wesentliche Aufgaben, u. a. bei der Erarbeitung der Ausbildungsreglemente, der Durchführung obligatorischer Einführungskurse und bei der Strukturierung und Durchführung der Bildungsgänge an höheren Fachschulen, ebenso in der berufsorientierten Weiterbildung. Sie arbeiten dabei eng mit dem Schweizer Bundesamt für Berufsbildung und Technologie (BBT), Bern, zusammen.

In diesem Rahmen entwickeln sie Vorgaben für die Höhere Berufsbildung und sind an der Strukturierung des Angebots der berufsorientierten Weiterbildung beteiligt.

Gemäß Art. 60 BBG können Organisationen der Arbeitswelt (Berufsverbände) eigene Berufsbildungsfonds einrichten, die die Betriebe ihrer Branche insbesondere in der berufsspezifischen Weiterbildung unterstützen. Auf Antrag der jeweiligen Organisationen kann der Schweizer Bundesrat die Berufsbildungsfonds für alle Betriebe einer Branche für verbindlich erklären und diese zur Entrichtung von Bildungsbeiträgen verpflichten.

Einbeziehung von Modulen
Initiativen zur beruflichen Weiterbildung im Baukastensystem begannen im Jahre 1995 mit einem Politversuch im Auftrag des BBT. Seitdem ist die Modularisierung der beruflichen Weiterbildung zügig vorangeschritten, insbesondere bei den Weiterbildungsangeboten der Berufsverbände.

Die Module beziehen sich auf wesentliche Teilqualifikationen einer bestimmten beruflichen Funktion und schließen jeweils mit einer Prüfung ab. Die Kombination mehrerer Module kann zu einem beruflichen Abschluss bzw. Diplom führen.

FRANKREICH
Angebote
Alle Kammern haben Weiterbildungsangebote. Dafür werden von ihnen Zertifikate ausgestellt. Wirtschaftsverbände oder Unternehmen haben eigene Zentren oder gründen diese selbst für den eigenen Bedarf bzw. für den Branchenbedarf. Hierin werden u. a. Qualifizierungsmaßnahmen für den Erwerb der auf Branchenebene von den Tarifparteien definierten berufspraktischen Qualifikationen (certificats de qualification professionnelle/CQP) angeboten, die von den Arbeitnehmern im Rahmen einer mit der Unternehmensleitung abgestimmten Weiterbildungsmaßnahme wahrgenommen werden können. Diese Qualifikationen werden durch brancheneigene Zertifikate attestiert.

Teilnehmer
Im Jahre 2005 zählten die Kammern ca. 500.000 Teilnehmer an von ihnen organisierten Weiterbildungsmaßnahmen.

ENGLAND
Angebote
Ein Weiterbildungsteilnehmer mit umfangreichem Kursangebot ist die im Jahre 1881 gegründete London Chamber of Commerce & Industry (LCCI). Diese IHK bietet Weiterbildung im kaufmännischen und betriebswirtschaftlichen Sektor sowie im IT-Bereich. Sie bietet darüber hinaus speziell erarbeitete Weiterbildungslösungen für einzelne Unternehmen an.

Die LCCI ist auch international als Anbieter tätig, wobei den Sprachkursen in Wirtschaftsenglisch besondere Bedeutung zukommt.

Der Dachverband der Gewerkschaften (*Trades Union Congress*, TUC) verfügt über einen speziellen Fonds (*Union Learning Fund*), um gewerkschaftliche Weiterbildungsangebote auszubauen. Dieser Fonds wird vom Staat bezuschusst.[2]

---

[1] Vgl. Schlögl, Peter; Schneeberger, Arthur: Erwachsenenbildung in Österreich. Länderhintergrundbericht zur Länderprüfung der OECD über Erwachsenenbildung. Hrsg.: öibf/ibw. Wien 2003, S. 15 u. 17

[2] Vgl. Cuddy, Natalia/Leney, Tom: Berufsbildung im Vereinigten Königreich. Kurzbeschreibung. (CEDEFOP Panaroma series 112). Luxemburg: Amt für amtliche Veröffentlichungen der Europäischen Gemeinschaften, 2005, S. 48

---

d) Fragestellung:
Welche Weiterbildungsinitiativen gehen von den Betrieben und privaten Stellen aus?

DEUTSCHLAND
Angebote
- Die Betriebe sind rechtlich völlig frei in der Ausgestaltung ihrer Weiterbildungsangebote. Die Berufsbildungsberichte[1] listen zwar die Programme auf, nach denen „Innovationsfähigkeit in einer modernen Arbeitswelt" gestärkt werden soll, aber nicht, wie sie eingesetzt und in den Betrieben konkret genutzt werden.
- Neben den hauseigenen Programmen kaufen Betriebe de facto Weiterbildung am freien Markt ein, teils durch den Einsatz neuer Technologien (u. a. im IT-Bereich) bei den Hardware-Lieferanten, teils gezielt zum Training spezifischer Mitarbeitergruppen (z. B. im Management, im Vertrieb) bei Spezialanbietern, die als Unternehmen am Markt gewinnorientiert agieren. Einen Überblick zu derartigen Veranstaltungen bietet die Datenbank KURS der BA Nürnberg, die fortlaufend aktualisiert wird.
- Anhaltspunkte zum Angebot privater Stellen bietet (wie erwähnt) die Datenbank KURS der BA. Laut BBiB-Analyse entfielen nach dem Stand von 2005 von den 422.640 Angeboten insgesamt 65,3 %, das entspricht ca. 276.000 einzelnen Angeboten, auf „privatwirtschaftliche" Bildungseinrichtungen, die am freien Markt operieren.[2]
- Anbieter von besonderem Gewicht sind die kommunalen *Volkshochschulen*, die jeweils pro Trimester oder Halbjahr ausführliche Programme auflegen, darunter auch zur beruflichen Weiterbildung, sei es mit Abschlussprüfung nach den Regelungen der Kammern bzw. des Bundes, sei es nach selbst gewählten, regional bedeutsamen Themen. Im Jahre 2003 haben die 4.074 Einrichtungen über alle Themenbereiche hinweg 559.154 Kurse angeboten, die 2.329.500 Besucher aufwiesen.[3]
- Eine Form der am freien Markt angebotenen Weiterbildung bilden die *Fernlehrgänge* der privaten Träger, aber auch von quasi staatli-

chen Stellen, beispielsweise der Fernuniversität Hagen in Nordrhein-Westfalen. Im Jahre 2004 hatten rund 205.000 Personen derartige Fernlehrgänge belegt.[4]

ÖSTERREICH
Angebote
Stärker ausgebaut als die innerbetriebliche Weiterbildung sind die Aktivitäten der Fachverbände, die Weiterbildung anbieten.
Von der Anzahl der Anbieter ist der private Sektor der größte. Es dürften in Österreich zwischen 1.800 und 2.000 Einrichtungen sein mit zahlreichen Regionalstellen und Niederlassungen, Unternehmensberatungen und Wirtschaftstrainer nicht berücksichtigt.
Rechtsformen von Erwachsenenbildungs-Organisationen nach Anteilen in Prozent zeigt die folgende Aufstellung:

Rechtsform	%
Aktiengesellschaft	0,9
Religionsgemeinschaft	3,9
Andere	4,0
OHG, KG, OEG, KEG	4,3
Körperschaft öffentlichen Rechts	7,9
Einzelunternehmen	8,2
öffentliche Einrichtung	12,1
GmbH	23,8
Verein	35,0
Gesamt (n = 306)	100,0

Quelle: öibf

Das Angebot umfasst das gesamte Spektrum vom Hobbykurs (etwa Volkshochschule) bis zum Abschluss an einer privaten Universität.

Einbeziehung von Modulen
Die kursförmigen Weiterbildungsangebote können wahrscheinlich als kompetenzorientierte Modulangebote bezeichnet werden (Sprachkurse, EDV usf.). Bei den formalen Bildungsgängen an Schulen etc. kommt modularen Konzepten eine geringe Bedeutung zu.

SCHWEIZ
Angebote
Die Betriebe bieten berufliche Weiterbildung in Kursform zu einer Reihe von Themen an. Das Schwergewicht lag jüngst beim Erwerb von Kenntnissen in der Informatik, in Sprachen und der Qualifizierung für Führungsaufgaben (Kaderkurse). Im einzelnen ist festzuhalten:
– Rund die Hälfte der Weitergebildeten haben betriebsinterne Kurse besucht, für die der Betrieb die Kosten übernommen hat und die ganz oder teilweise während der Arbeitszeit stattfanden.
– Ca. 30 % der Kursbesucher wurden vom Betrieb sowohl finanziell unterstützt als auch teilweise oder ganz von der Arbeit freigestellt.
– Die übrigen Teilnehmer wurden vom Betrieb finanziell gefördert oder freigestellt.

Auch in der Schweiz gibt es in der betrieblichen Weiterbildung Disparitäten, und zwar derart,
– dass qualifizierte Mitarbeiter und Führungskräfte häufiger daran teilnehmen, ebenso Mitarbeiter mit höherer Berufsbildung oder Hochschulabschluss;
– dass Branchen mit hohem Qualifikationsniveau und hoher Affinität zur „Wissensgesellschaft" ihre Mitarbeiter intensiver weiterbilden als die übrigen;
– dass nur jede vierte Frau, aber jeder dritte Mann an der betrieblichen Weiterbildung beteiligt ist;
– dass nur jeder zehnte Beschäftigte ohne nachobligatorische Ausbildung (Ungelernte) im Betrieb weitergebildet wird,
– und dass die Intensität betrieblicher Weiterbildung mit der Betriebsgröße zunimmt; u. a. fördern Großbetriebe auch eher den Erwerb allgemeiner Kompetenzen, während sich Kleinbetrieb primär auf betriebsnahe Weiterbildung konzentrieren.[5]

Teilnehmer
Nach den vom Bundesamt für Statistik publizierten Zahlen für das Jahr 2003[6]
– wurden rund eine Million Beschäftigte von Betrieben in ihrer Weiterbildung bei 1,4 Mio. Kursbesuchen mit einem Volumen von rund 62 Mio. Stunden unterstützt;
– entsprachen die von den Betrieben geförderten Weiterbildungsstunden 0,9 % der in jenem Jahr geleisteten Arbeitsstunden.

Die eine Million Beschäftigte, die vom Betrieb bei der Weiterbildung unterstützt wurde, entspricht ca. 29 % aller Erwerbstätigen.

FRANKREICH
Angebote
Bei den Weiterbildungsinitiativen, die von Betrieben ausgehen, ist zu unterscheiden zwischen den Angeboten, die von meist vereinsrechtlich organisierten Weiterbildungsinstitutionen der Branchenverbände ausgehen, und denen, die direkt von den Unternehmen ausgehen. Mehr als drei Viertel der Weiterbildungseinrichtungen der Branchenverbände existierten schon vor der gesetzlichen Neuregelung im Jahre 1970. Bei den unternehmenseigenen Weiterbildungszentren han-

delt es sich vielfach um Ausgründungen aus einem großen Unternehmen heraus. Für intern erbrachte Weiterbildungsleistungen in den Betrieben können im Jahr Ausgaben in Höhe von 1 Mrd. € veranschlagt werden.[7]

Die Unternehmen kaufen auch direkt bei öffentlichen oder privaten Weiterbildungsanbietern Maßnahmen ein. Ihre Ausgaben hierfür werden für das Jahr 2005 auf 1,3 Mrd. € beziffert. Die Lohnfortzahlung der Weiterbildungsteilnehmer schlägt für die Unternehmen mit 2,2 Mrd. € zu Buche. Zusammen mit den Zahlungen an die Weiterbildungsfonds OPCA (5,2 Mrd. € im Jahre 2005) ergibt dies Gesamtausgaben der Unternehmen von mehr als 9 Mrd. € für die berufliche Weiterbildung. Die Unternehmen sind somit mit Abstand die wichtigste Finanzquelle der beruflichen Weiterbildung in Frankreich.

Die privaten Anbieter (inkl. Betriebe) dominieren auf der Angebotsseite, wobei nur ein kleiner Teil der Anbieter Weiterbildung als Hauptaktivität betreibt.

Es gibt aber reine Weiterbildungsunternehmen, die national und mittlerweile auch international agieren. Zu den Großen des europäischen Bildungs- und Beratungsmarktes zählt zweifellos die CEGOS-Gruppe, ein schon 1926 in Paris gegründetes Unternehmen. Es ist spezialisiert in Weiterbildungsangeboten im Bereich unternehmensbezogener Dienstleistungen (Marketing, Personalentwicklung, Verkauf, etc.). Nach eigenen Angaben nehmen jährlich 190.000 Personen (Weiter)bildungsangebote der CEGOS-Gruppe in der ganzen Welt wahr. Die Gruppe ist mit Filialen in 11 Ländern vertreten, darunter auch in Deutschland. In Frankreich bietet sie 800 überbetriebliche Schulungen an, 80 Langzeitschulungen, letztere teilweise in Zusammenarbeit mit anderen Bildungseinrichtungen, die für diese Maßnahmen Zertifikate und öffentliche Abschlüsse verleihen dürfen. Neben standardisierten Angeboten gibt es jährlich mehr als 2.000 Ad-hoc-Bildungsmaßnahmen, die nach den Wünschen der auftraggebenden Unternehmen gestaltet werden.

ENGLAND
Angebote
Die verbreitetste Form der Ausbildung sind innerbetriebliche Lehrgänge, gefolgt von Kursen an weiterführenden Bildungseinrichtungen und Schulungen der Lieferanten von Maschinen oder Arbeitsgeräten.

Etwa 40 % der von Arbeitgeberseite finanzierten Ausbildungsmaßnahmen schließen mit einer Qualifikation oder Teilqualifikation ab. Kurse zur Einführung in eine bestimmte Arbeitstätigkeit und generell häufigere kurze Weiterbildungsmaßnahmen nehmen dabei größeren Raum ein als die mittelfristige Weiterqualifizierung in Form ausgedehnterer Kurse.

Eine Reihe großer Unternehmen, z. B. British Telecom und British Aerospace, hat so genannte *corporate universities*, die ihren Mitarbeitern Weiterbildungsmöglichkeiten auf Hochschulebene, aber auch darunter anbieten. Teilweise werden die Kurse von einer Partnerhochschule akkreditiert und sind auf einen Hochschulabschluss anrechenbar.[8]

Die im Jahr 2002 eingeführten *Employer Training Pilots* (Pilotprojekte zur betrieblichen Freistellung zwecks Weiterbildung) bieten Arbeitgebern einen Anreiz zur Weiterbildung gering qualifizierter Beschäftigter. Die Kosten für die Freistellung dieser Beschäftigten zu den Kursen werden ihnen vom Staat erstattet. Bis zum Jahr 2005 erwarben ca. 80.000 Arbeitnehmer, die über keine Grundqualifikationen oder beruflichen Befähigungsnachweise verfügten, auf diesem Wege einen Berufsabschluss der Stufe 2.

Viele Hochschulen bieten Fernkurse an. Ein Pionier auf diesem Gebiet ist die im Jahre 1969 eröffnete *Open University*. Sie wird von ca. 200.000 Lernenden in Anspruch genommen. Zu den Fernlehrgängen kommen periodische Präsenzveranstaltungen hinzu.[9]

Teilnehmer
Nach einer Erhebung hatten im Jahre 2002 72 % der Beschäftigten in den vorausgegangenen 12 Monaten an betrieblicher Weiterbildung teilgenommen. In großen Unternehmen, bei Vollzeitbeschäftigten und bei Mitarbeitern mit höherem Qualifikationsniveau lag der Anteil noch darüber.[10]

---

1 Vgl. BMBF: Berufsbildungsbericht 2007, S. 242ff.
2 Berufsbildungsbericht 2006, S. 257ff.
3 BMBF: Grund- und Strukturdaten 2005, S. 314
4 Berufsbildungsbericht 2006, S. 266
5 Bundesamt für Statistik, Neuchâtel (Hrsg.): Weiterbildung in der Schweiz 2003. Eine Auswertung der schweizerischen Arbeitskräfteerhebungen (SAKE) 1996–2003. Neuchâtel 2004, S. 86
6 Ebd., S. 71ff.
7 Rapport d'information du Sénat sur le fonctionnement des dispositifs de formation professionnelle, n°365, Session extraordinaire 2006-2007, Teil I, S. 121
8 UK ReferNet/Qualifications and Curriculum Authority (QCA) (Hrsg.): Continuing Vocational Education and Training in the Devolved Administrations of the UK: A Report. First edition, April 2004, S. 47
9 Ebd., S. 18
10 Ebd., S. 47

1.3 Auf den EU-Reformprozess bezogene Vergleichsergebnisse

Zielsetzung Der Vergleich – Deutschland, Österreich, Schweiz, Frankreich und England – dient der Erschließung von Informationen und Erfahrungen aus den einbezogenen Staaten, um die hier durchzuführenden Untersuchungen fundieren zu können und die Projektion des deutschen Berufsbildungssystems auf die Zielvorstellung des EU-Reformprogramms zu ermöglichen.

Teilergebnisse Einzelne Vergleichsergebnisse fließen direkt in die jeweiligen Kapitel der Studie ein. Nachstehend wird exemplarisch eine Reihe von Teilergebnissen wiedergegeben. Sie beziehen sich auf aktuelle Probleme, die in den einbezogenen Staaten in unterschiedlicher Weise angesprochen sind.

1.3.1 Unterschiede beim Übergang von der Schule in der Berufs- und Arbeitswelt

Übergang in Arbeitsverhältnisse In den meisten Staaten ging in den letzten Jahrzehnten die Quote Jugendlicher, die nach der Schulentlassung direkt in ein Arbeitsverhältnis überwechseln, auf wenige Prozentpunkte zurück. Als Zielvorstellung gilt heute der Übergang in eine berufliche Ausbildung. Hinsichtlich des Übergangs in den verglichenen Staaten sind derzeit die folgenden Bildungswege zu unterscheiden:
– berufsqualifizierende Vollzeitschulen
– betriebsgebundene Ausbildung
– berufsvorbereitende ein- und zweijährige Angebote innerhalb und außerhalb des staatlichen Bildungswesens

Ausbildung in Vollzeitschulen Ein durchgehendes, differenziertes Angebot schulischer Ausbildung besteht in Frankreich, und zwar in Form der Berufsbildungsgänge CAP, BEP und Bac. Pro. Österreich bietet zwei Wege an, berufsbildende mittlere Schulen (BMS) und berufsbildende höhere Schulen (BHS). Der Übergang erfolgt aufbauend auf der achten Schulstufe. In Deutschland ist das schulische Angebot begrenzt auf Berufe des Gesundheitsdienstes nach gesetzlichen Ordnungen des Bundes; hinzu kommen Angebote der Kultusverwaltung, wie z. B. für Erziehungs- und Sozialberufe sowie Assistentenberufe in verschiedenen Fachrichtungen.

In der Schweiz ist die vollschulische Ausbildung nach Sprachregionen unterschiedlich ausgebaut, und zwar mit deutlich höheren Anteilen in den französich- und italienischsprachigen Kantonen. Besonders hervorzuheben sind die Handelsmittelschulen.

In England werden zum einen breit gefasste vollzeitschulische Ausbildungsgänge mit Einschluss der Hochschulzugangsberechtigung angeboten, wie z. B. in den Fachrichtungen Maschinenbau, Gesundheitsfürsorge und IT-Bereich. Als Vorbereitung auf spezifische Berufstätigkeiten dienen die National Vocational Qualifications (NVQs). Diese beruflichen Befähigungsnachweise verstehen sich als spezialisierte und modular strukturierte Abschlüsse. Sie werden auf unterschiedlichen Anforderungsniveaus angeboten. Die Stufe 2 entspricht dem Level Facharbeiter, die Stufe 3 dem des qualifizierten Facharbeiterns bzw. Technikers mit Zugangsberechtigung zu praxisorientierten Bildungsgängen im Tertiärbereich. Insgesamt treten nach absolvierter Pflichtschulzeit in die beiden genannten Wege vollzeitschulischer Ausbildung ca. 21 % der Jugendlichen ein.

Quantitativ am stärksten ist das Angebot betriebsgebundener Ausbildung in der Schweiz. Unterschieden wird nach zweijähriger Ausbildung mit Abschluss Eidgenössisches Berufsattest (EBA) und Lehrverhältnissen drei- oder vierjähriger Dauer mit Abschluss Eidgenössisches Fähigkeitszeugnis (EFZ). Betriebliche Ausbildungsgänge oberhalb der Facharbeiterstufe kennt die Schweiz nicht. Der Beitrag von Rolf Dietrich geht auf Details der Berufsentwicklung in der Grundbildung der Schweiz ein (vgl. S. 416). **Angebote dualer Ausbildung**

In Frankreich können die drei oben genanten Abschlüsse CAP, BEP und Bac. Pro. auch über betriebsgebundene Ausbildungsgängen erworben werden.

In England werden zwei Stufen unterschieden, *Apprenticeship* und *Advanced Apprenticeship*. Lehrverhältnisse des Niveaus *Apprenticeship* sind der Stufe 2 des englischen Qualifikationsrahmens zugeordnet, *Advanced Apprenticeships* der Stufe 3 (vgl. Beitrag von Ulrike Maus, S. 418).

Bezogen auf den Durchschnittsjahrgang der 16- bis 19-jährigen Bevölkerung wird in Deutschland im Alter unter 18 Jahren nur noch ein knappes Viertel im dualen System ausgebildet. Bezogen auf die Gesamtheit der in Lehrverhältnisse Eintretenden liegt der Anteil der unter 18-Jährigen bei 36 %. Dessen ungeachtet gilt die duale Ausbildung in Deutschland als der größere Anteil der in die Ausbildung Eintretenden und als der traditionelle Weg in den Beruf schlechthin.

In der Schweiz werden Maßnahmen mit Zielsetzung Berufsvorbereitung für einen relativ kleinen Anteil Jugendlicher als 10. Schuljahr angeboten; zuständig ist die Hauptschule. In Frankreich sind Formen der Berufsvorbereitung kaum ausgebaut; die schulischen und betriebsgebundenen Ausbildungsmöglichkeiten decken den Gesamtbedarf ab. Als Problem erweist sich hier die Unterbringung der in der Ausbildung versagenden Schüler und der Abbrecher. Sie werden in der Regel durch die speziell für die Weiterbildung eingerichteten staatlichen Institutionen wie z. B. die *Association Nationale pour la Formation Professionnelle des Adultes* (AFPA) gefördert. **Maßnahmen der Berufsvorbereitung nach der Pflichtschule**

In Deutschland werden verschiedene Arten der Berufsvorbereitung nach der Pflichtschule angeboten, wie das Berufsvorbereitungsjahr und das Berufsgrundbildungsjahr sowie teilweise auch die zweijährigen Berufsfachschulen, die eine berufliche Grundausbildung einschließen und zum mittleren Bildungsabschluss führen. Durch das Fehlen von betrieblichen Ausbildungsplätzen und oft festgestellter mangelnder Ausbildungsfähigkeit der Jugendlichen mündet etwa die Hälfte des Durchschnittsjahrgangs in Warteschleifen dieser Art ein, die unter dem Fachterminus *Übergangssystem* zusammengefasst sind. Die Abbildung 1 **Warteschleifen in Deutschland** zeigt seine Größenordnung gemessen am Durchschnittsjahrgang. Der linke Block ist auf Berufsvorbereitung und Berufsgrundbildung bezogen, der mittlere zeigt den Anteil der zweijährigen Berufsfachschulen. Es folgen die Maßnahmen der Arbeitsverwaltung sowie die Einstiegsqualifizierung für Jugendliche (EQJ). Zu berücksichtigen ist, dass in der Grafik die Eintritte aufsummiert sind; das Eintrittsalter schwankt allerdings, so dass ein wesentlicher Anteil erst im Alter von 17, 18 und 19 Jahren in eine solche Maßnahme eintritt.

Abbildung 1:
Eintritte in die Zweige des Übergangssystems in Deutschland im Jahre 2005

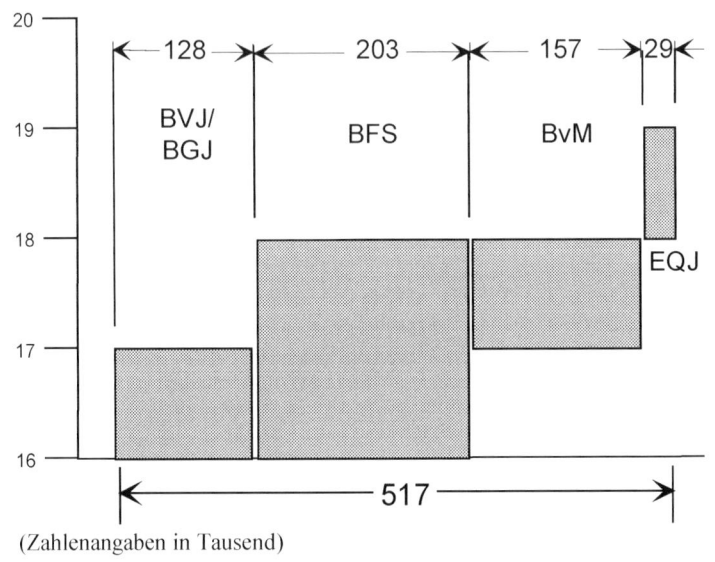

(Zahlenangaben in Tausend)
Quelle: Berufsbildungsbericht 2007, S. 99, Übersicht 12

1.3.2 Abweichender Ausbildungsbeginn im dualen System

Lehrverhältnisse für Jugendliche und Erwachsene

In den Mitgliedsstaaten der EU gibt es derzeit keine Regelung, die hinsichtlich des Lehreintritts ein bestimmtes Alters vorschreibt. Aus der Zunftzeit überkommen ist nur die Festlegung, dass die Schulpflicht erfüllt sein muss.

Es gibt Länder, in denen traditionell Lehrverhältnisse im Erwachsenenalter angetreten werden können, und zwar dann, wenn die Betroffenen – aufbauend auf der ersten Einarbeitung im Betrieb – einen zertifizierten Abschluss erreichen wollen.

Die Neuregelung in England, als *Modern Apprenticeship* eingeführt, unterscheidet generell zwei Wege, der eine im Anschluss an die Schulpflicht, der andere im Erwachsenenalter.

Im lebenslangen Lernen werden nicht mehr Initiativen der beruflichen Bildung nach Erstausbildung und Weiterbildung unterschieden. Berufsbildungsgänge – seither Erstausbildung genannt – ebenso wie modulare Zertifikate sind in jeder Altersstufe zu erwerben. Die hier anstehende Frage betrifft vornehmlich den Übergang von der Schule in die Ausbildung, um auf diese Art und Weise ausreichende Quoten von Fachkräften sicherzustellen.

Vergleicht man die drei deutschsprachigen Länder, so wird deutlich, dass in Deutschland der kleinste Anteil der Lehranfänger die Ausbildung im Jugendalter beginnt; drei Viertel der Lehranfänger haben bereits das Erwachsenenalter erreicht. Das mittlere Eintrittsalter in eine Lehre lag im Jahre 2005 bei etwa 19 Jahren. Unter den älteren Eintretenden sind auch diejenigen zu nennen, die zunächst so genannte Warteschleifen absolvierten oder längere Zeit allgemein bildende Schulen besuchten. Der geringste Anteil an älteren Lehrlingen ist in Österreich zu verzeichnen.

Deutschsprachige Länder

Die sich beim Lehreintritt ergebende Situation zeigt Abbildung 2. Zugrund liegen die am Altersjahrgang gemessenen Anteile. Zu berücksichtigen ist ferner, dass in Österreich neben dem Anteil Lehre ein quantitativ etwas größerer Anteil in die beiden Zweige berufsqualifizierender Vollzeitschulen einmündet; dies sind die berufsbildenden mittleren und berufsbildenden höheren Schulen.

Abbildung 2:
Lehreintritte in Deutschland, Österreich und der Schweiz

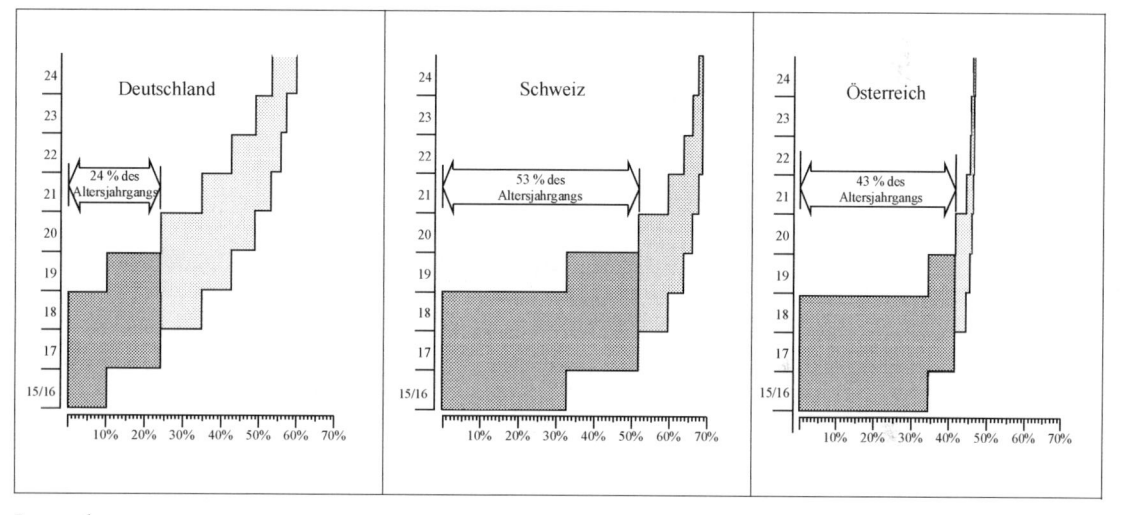

Legende:

▓ Lehrantritte im Jugendalter mit 16 u. 17 Jahren

░ Lehrantritte im Erwachsenenalter ab 18 Jahren

Ein wachsender Anteil deutscher Betriebe wendet sich, ob gewollt oder ungewollt, vom Dualsystem ab. Einmal nehmen sie insgesamt nur noch weniger als die Hälfte der schulentlassenen Haupt- und Realschüler auf; zum anderen unterliegen die erwachsenen Lehranfänger de jure nur noch zum Teil der Berufsschulpflicht; sie werden dann also im Monosystem ausgebildet.

Betriebliche Ausbildung reduziert

Bezogen auf die Gesamtzahl der in die Lehre Eintretenden liegt der Anteil der Jugendlichen unter 18 Jahren bei 36 %. Diese wechseln direkt im Anschluss an die Pflichtschule in ein Lehrverhältnis über, während die Mehrzahl die Lehre im Erwachsenenalter antritt.

In Österreich zeigt die Statistik einen weit höheren Anteil an Eintritten in ein Ausbildungsverhältnis im Jugendalter, obwohl parallel dazu ein etwas größerer Anteil berufsqualifizierende Vollzeitschulen besucht, so dass dort etwa 80 % des Altersjahrgangs nach der Pflichtschule in ein Ausbildungsverhältnis einmündet. Bei den immer wieder in der Presse genannten Quoten Jugendlicher in Deutschland, die Ausbildungsverhältnisse eingehen, bleibt die eingetretene Altersverschiebung hin zum Eintritt im Erwachsenenalter in den Pressemitteilungen verborgen. Die Öffentlichkeit ist also über diese grundlegende Veränderung bisher nicht informiert.

1.3.3 Nebeneinander von berufsqualifizierenden Vollzeitschulen und Dualsystem

Berufsqualifizierende Vollzeitschulen

Die Abbildung 3 zeigt für Deutschland und Österreich die Übergänge in die Sekundarstufe II nach den beiden unterschiedlichen Wegen – die betriebliche Lehre rechts und die Vollzeitschulen links.

In Deutschland ergibt sich die Sondersituation, dass die gymnasiale Oberstufe, über die der Hochschulzugang (Abitur) auf direktem Wege erreicht wird, nur 24 % des Durchschnittsjahrgangs aufnimmt. Berufsqualifizierende Vollzeitschulen, die einen Berufsabschluss in Kombination mit dem Hochschulzugang bieten, sind als reguläre Schulform nicht ausgebaut.[2]

Teilnehmer in Vollzeitschulen und Dualsystem

Die Eintritte in die reguläre Berufsausbildung erreichen im Dualsystem zusammen mit den in der Regel zweijährigen vollqualifizierenden Berufsfachschulen in Deutschland im Alter bis zu 18 Jahren eine Quote von 42 % des Durchschnittsjahrgangs.

Dagegen beginnen in Österreich insgesamt ca. 80 % des Durchschnittsjahrgangs eine vollqualifizierende Ausbildung. Im vollzeitschulischen Segment ist der Anteil Berufsausbildung in Kombination mit der Maturität (über BHS) doppelt so hoch, wie der für die BMS. Die AHS als Pendant zum gymnasialen Weg in Deutschland sind in Österreich deutlich schwächer besucht als die BHS, die als attraktivste Form der Berufsausbildung in Österreich gelten. Hinzu kommt, dass in Österreich– anders als in Deutschland – die Sekundarstufe II mit den allgemein bildenden und berufsbildenden Schulzweigen bereits mit 15 Jahren beginnt. Der grundlegende Unterschied zwischen Deutschland und Österreich liegt im Ausbau berufsqualifizierender höherer und mittlerer Schulen. An diesem Beispiel zeigt sich, dass die berufsbildenden höheren Schulen als Qualifikation auf gehobener Ebene im kaufmännischen als Handelsakademien und auch im gewerblich-technischen Bereich – als höherer Techniker mit integrierter Hochschulzugangsberechtigung – um fast ein Drittel höher liegen als die allgemein bildenden höheren Schulen (AHS).

---

[2] An den Berufskollegs in Baden-Württemberg und in Nordrhein-Westfalen ist zwar der Hochschulzugang zu erreichen, aber lediglich für diejenigen Schüler/innen, die von vorneherein die einschlägigen Ergänzungs- oder Zusatzkurse besuchen.

Abbildung 3:
Eintritte in die Lehre und in vollzeitschulische Bildungsgänge in Deutschland und Österreich

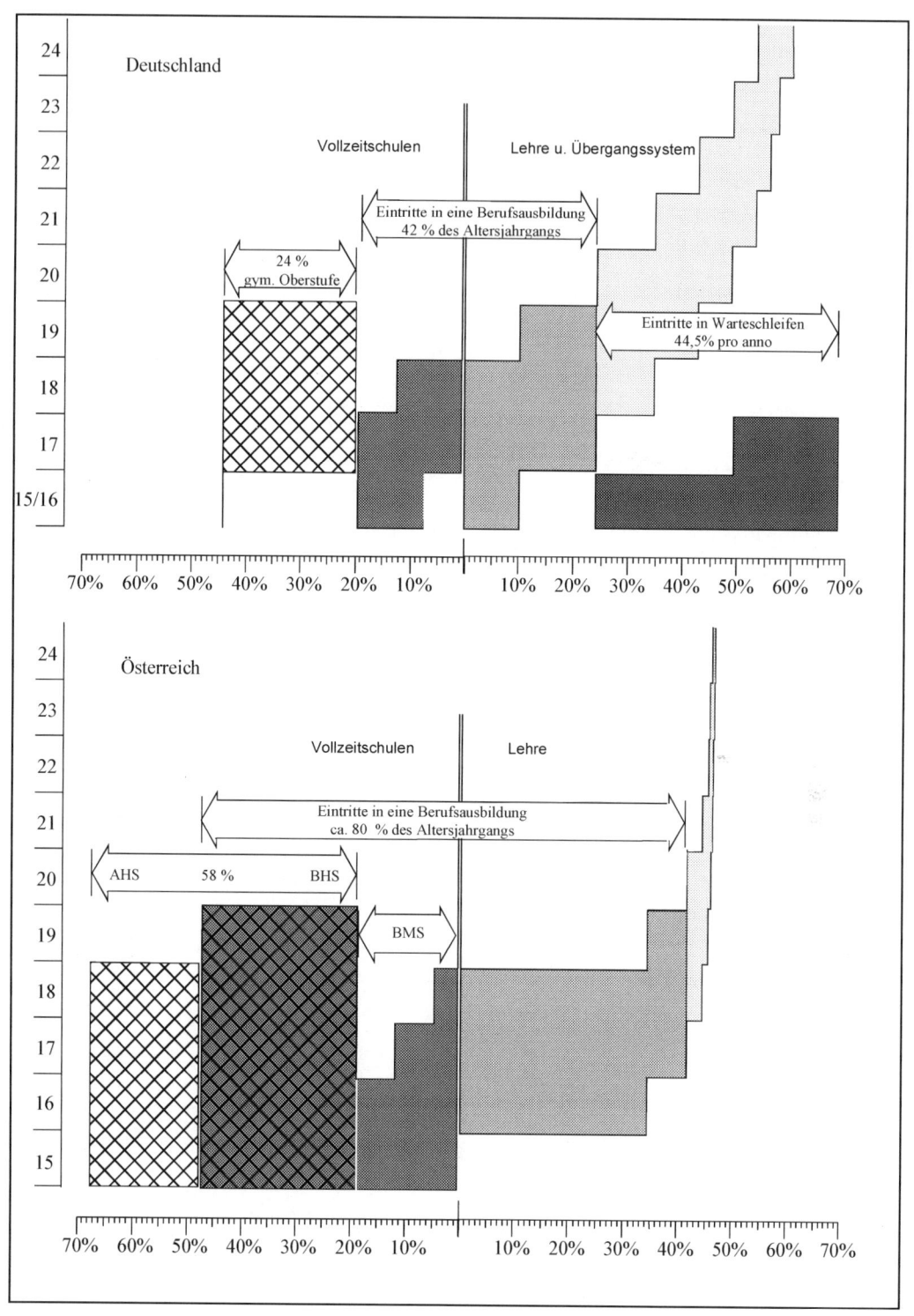

1.3.4 Ähnlichkeiten und Unterschiede im Übergang zum Tertiärbereich

Übergang in Fachhochschulen und Universitäten

In einer Reihe von EU-Staaten schließt der Abschluss einer Ausbildung an berufsqualifizierenden Vollzeitschulen schon traditionell die Hochschulzugangsberechtigung ein, so beispielsweise in Österreich und Frankreich. In jüngerer Zeit wird verstärkt gefordert, dass auch nach einer beruflichen Erstausbildung, also Lehrverhältnisse eingeschlossen, der Übergang in den Tertiärbereich möglich ist. Schwierigkeiten ergeben sich dort, wo das Dualsystem nicht als Bildungsstufe ins öffentliche Bildungssystem einbezogen ist. Beispiel dafür ist Deutschland. So ergaben sich hier bisher nur erschwerte und zeitaufwändige Zugangswege in Fachhochschule und Universität.

Schweiz

Nach dem neuen Bundesgesetz über die Berufsbildung der Schweiz vom Jahre 2004 bieten die Berufsschulen am so genannten zweiten Berufsschultag Fächer mit Zielsetzung *Berufsmaturität* als Fachhochschulreife an, so dass anlässlich des Lehrabschlusses eine Art Doppelqualifikation erreicht werden kann. Ferner wird die Möglichkeit geboten, diese Prüfung auch im Anschluss an den Berufsabschluss abzulegen. Derzeit nehmen etwa 10 % der Schweizer Lehrlinge diese Angebote wahr.

Österreich

Die Möglichkeit, die volle Hochschulreife nach Abschluss der Lehre oder der berufsbildenden mittleren Schule zu erwerben, bietet Österreich seit 1997 mit der *Berufsreifeprüfung*. Geprüft wird in vier Fächern. Die jüngste Entwicklung ermöglicht bereits parallel zur Lehre einzelne dieser Fächer als Wahlangebote zu absolvieren.

Frankreich

Im westlichen Nachbarland können mehrere Lehrverhältnisse hintereinander auf unterschiedlichen Niveaus absolviert werden. Zudem ermöglichen grundsätzlich alle berufsbildenden Abschlüsse die Weiterqualifizierung für den nächsthöheren Abschluss. Beim Erwerb eines *Berufsabiturs* im Rahmen der Lehre ist die Hochschulzugangsberechtigung eingeschlossen.

England

Als Aufbaumöglichkeit auf der Stufe *Advanced Apprenticeship*, also des gehobenen Levels, bieten sich praxisorientierte Abschlüsse des Hochschulsektors. Diese *Foundation Degrees* wurden 2001 eingeführt und sind unterhalb der Ebene Bachelor angesiedelt. Die Abschlüsse werden hauptsächlich berufsbegleitend erworben, meist an *Further Education Colleges* in Kooperation mit Universitäten.

Deutschland

In allen Ländern der Bundesrepublik Deutschland bestehen Möglichkeiten des Hochschulzugangs für beruflich qualifizierte Bewerber ohne schulische Hochschulzugangsberechtigung; in ihrer Ausgestaltung sind sie jedoch unterschiedlich. Dies hat zur Folge, dass auf die auf regionaler Ebene erworbene Hochschulzulassung oft in den anderen Ländern nicht anerkannt wird. Ein Hochschulwechsel ist bisher gemäß dem – noch nicht an die Bologna-Strukturen angepassten – Beschluss der Kultusministerkonferenz vom 06.05.1994 i. d. F. vom 28.02.1997 erst aufgrund bestandener Diplom Vor- oder Zwischenprüfung möglich.

Teil 2
Die EU auf dem Weg zum wettbewerbsstarken Wirtschaftsraum

Nach Abschluss der Römischen Verträge im Jahre 1957 stand im Prozess der europäischen Einigung die wirtschaftliche Integration im Vordergrund. Unter dem Sammelbegriff *Europäische Gemeinschaften* (EG) widmeten sich — Wirtschaftliche Integration
– die seit 1952 bestehende Europäische Gemeinschaft für Kohle und Stahl (EGKS),
– die Europäische Wirtschaftsgemeinschaft (EWG) sowie
– die ebenfalls 1957 gegründete Europäische Atomgemeinschaft (EURATOM)
der schrittweisen Realisierung eines umfassenden Binnenmarktes. Mit Unterzeichnung des Vertrages von Maastricht im Jahre 1993 wurde schließlich die Bezeichnung *Europäische Union* gewählt.

Gemäß Art. 2 des Gründungsvertrags erhielt die EWG den Auftrag, durch die Errichtung eines Gemeinsamen Marktes und die schrittweise Annäherung der Wirtschaftspolitik der Mitgliedsstaaten Wachstum, Stabilität sowie engere Beziehungen zwischen den zusammengeschlossenen Staaten zu fördern. Der freie Verkehr von Personen, Waren, Dienstleistungen und Kapital in einem Raum ohne Binnengrenzen sollte ermöglicht werden. Nach Art. 6 sind die Mitgliedsstaaten verpflichtet, in enger Zusammenarbeit mit den Organen der Gemeinschaft ihre Wirtschaftspolitik zu koordinieren, soweit dies die Zielsetzungen des EWG-Vertrags erfordern.

Liberalisierung von Handel und Verkehr

Vor dem Eingehen auf die aktuellen Reformziele der EU führen die folgenden Abschnitte in die Entwicklung vor den Ratsbeschlüssen Lissabon 2000 ein, und zwar: Zuständigkeiten der EU für Bildung und Berufsbildung (a), Bildung und Wirtschaft als neue Partnerschaft (b) sowie Globalisierung und Erweiterung als Herausforderungen der Gemeinschaft (c).

a) Zuständigkeiten der EU für Bildung und Berufsbildung

In den Römischen Verträgen zur Gründung der Europäischen Wirtschaftsgemeinschaft stellen Bildung und Berufsbildung eher marginale Bereiche dar. Der Gründungsvertrag sieht allerdings speziell zur beruflichen Bildung die Aufstellung gemeinsamer politischer Grundsätze durch den Rat vor, und zwar auf Vorschlag der Kommission und nach Anhörung des Wirtschafts- und Sozialausschusses (Art. 128).

Grundlegung

Gleichzeitig verpflichtet Artikel 118 des EWG-Vertrags die Kommission, die enge Zusammenarbeit zwischen den Mitgliedsstaaten insbesondere auf dem Gebiet der Berufsausbildung und Fortbildung zu fördern. Die Koordinierung von

Maßnahmen auf dem Gebiet der Berufsausbildung im Rahmen der gemeinsamen Agrarpolitik sieht auch Art. 41 vor. Weitere für die Berufsbildungspolitik relevante Bestimmungen des EWG-Vertrags betreffen den Freizügigkeitsgrundsatz der Wanderarbeitnehmer und ihrer Familien sowie auch den Zugang zu Bildungseinrichtungen im Aufnahmeland (Art. 48ff.).

Anerkennung von Diplomen und Zeugnissen

Für die europäische Berufsbildungspolitik bedeutsam wurde insbesondere Art. 57, Abs. 1 des EWG-Vertrags, wonach der Rat Richtlinien für die gegenseitige Anerkennung von Diplomen, Prüfungszeugnissen und sonstigen Befähigungsnachweisen erlassen kann, um die Aufnahme einer selbstständigen Tätigkeit in den Mitgliedsstaaten zu erleichtern.[1]

Ziele einer wirksam ausgestalteten Arbeit in der Berufsbildungspolitik auf Gemeinschaftsebene waren in der ersten Phase insbesondere

– die schrittweise Annäherung des Ausbildungsniveaus in der Gemeinschaft sowie

– die Intensivierung des Informationsaustauschs und der Zusammenarbeit auf Gemeinschaftsebene.[2]

Die Rechtsgrundlagen dafür waren mit Art. 128 und 118 des EWG-Vertrags gegeben; insbesondere mit letzterem konnten die Mitgliedsstaaten zu einer stärkeren Zusammenarbeit aufgefordert werden.

Erste gemeinsame Grundsätze

Die erste Initiative der EWG im Bereich der Berufsbildung datiert aus dem Jahre 1963 und betrifft allgemeine Grundsätze einer gemeinsamen Politik der Berufsausbildung.[3] Dieser Beschluss stützt sich auf Artikel 128 des EWG-Vertrags; er besagt:

„Auf Vorschlag der Kommission und nach Anhörung des Wirtschafts- und Sozialausschusses stellt der Rat in Bezug auf die Berufsbildung allgemeine Grundsätze zur Durchführung einer gemeinsamen Politik auf, die zu einer harmonischen Entwicklung sowohl der einzelnen Volkswirtschaften als auch des Gemeinsamen Marktes beitragen kann."

Der Beschluss enthält zehn „allgemeine Grundsätze"; besonders wichtig ist der zweite Grundsatz, in dem „grundlegende Ziele" der gemeinsamen Berufsbildungspolitik genannt sind. So ist u. a. anzustreben:

– Gewährleistung einer angemessenen Berufsausbildung für alle;

---

[1] Bis zum Ende der Übergangszeit am 3.12.1969 konnte er auch Richtlinien zur Koordinierung der Rechts- und Verwaltungsvorschriften über die Aufnahme und Ausübung selbstständiger Tätigkeiten erlassen.

[2] Vgl. Strohmeier, Rudolf: Die bildungs- und berufsbildungspolitischen Zielsetzungen und Zuständigkeiten der EU sowie ihre Entscheidungsprozesse. In: Rothe, G.: Die Systeme beruflicher Qualifizierung Deutschlands, Österreichs und der Schweiz im Vergleich. Villingen-Schwenningen 2001, S. 84

[3] Beschluss 63/266/EWG des Rates über die Aufstellung allgemeiner Grundsätze für die Durchführung einer gemeinsamen Politik der Berufsausbildung. ABl. 63 vom 20.4.1963

- Ausbau von Bildungseinrichtungen, damit die in den einzelnen Wirtschaftsbereichen benötigten Arbeitskräfte rechtzeitig zur Verfügung stehen;
- Vermeidung jeder nachteiligen Unterbrechung zwischen dem Abschluss der allgemeinen Schulbildung und dem Beginn der Berufsausbildung.

Der siebte Grundsatz zielt auf eine zweckentsprechende Ausbildung der Ausbilder und Lehrer. Der achte Grundsatz besagt u. a., die gemeinsame Berufsbildungspolitik müsse so beschaffen sein, dass sie eine schrittweise Angleichung der Ausbildungsniveaus ermöglicht.

Die Koordinierung und zum Teil Harmonisierung der Berufsbildung entwickelte sich im weiteren Verlauf im Sinne einer flankierenden Politik zu einem Aufgabengebiet, das einen wesentlichen Beitrag zur europäischen Integration zu leisten vermag. Von den zahlreichen einschlägigen EU-Beschlüssen und Empfehlungen lassen sich beispielsweise nennen: **Verstärkte Berufsbildungszusammenarbeit**

- Zusammenarbeit im Bereich des Bildungswesens (1974)
- Vorbereitung der Jugendlichen auf den Beruf zur Erleichterung des Übergangs von der Schule ins Berufsleben (1976)
- Alternierende Ausbildung von Jugendlichen als Zusammenwirken von Betrieben und Bildungszentren/Schulen (1979)

Initiativen zur Stärkung der berufsbildungspolitischen Kooperation zwischen den Mitgliedsstaaten und speziell zur gegenseitigen Anerkennung von Berufsabschlüssen erwiesen sich allerdings als schwierig und langwierig.

Wesentlichen Einfluss auf die gemeinschaftliche Berufsbildungspolitik hatte das Gravier-Urteil des Europäischen Gerichtshofes (EuGH) vom Jahre 1985, das aufzeigte, welch weitreichende Kompetenzen der EU im Rahmen des EWG-Vertrags zustehen. Dieses Urteil stellte fest, dass jede Form von Ausbildung, die eine Qualifikation für einen bestimmten Beruf oder eine bestimmte Beschäftigung vermittelt, zur Berufsausbildung gehört, und zwar unabhängig vom Alter und Ausbildungsniveau der Schüler oder Studenten und selbst dann, wenn der Lehrplan zum Teil auch allgemein bildenden Unterricht enthält.[4] **Einfluss des Europäischen Gerichtshofes**

Der EuGH unterscheidet zwischen Bildungsgängen, die berufsqualifizierend, berufsvorbereitend oder berufsbefähigend und damit im Sinne der EWG vertragsrelevant sind, sowie der Bildungspolitik als solcher, die nicht vertragsrelevant ist. Der erste Bereich – Zugang und Teilnahme am Unterricht – unterliegt über alle Niveaustufen und Altersgruppen hinweg der Zuständigkeit der Gemeinschaftsorgane. Der zweite Bereich, den der EuGH mit der Organisation des Bildungswesens und der Bildungspolitik umschreibt, ist dem Anwendungsbereich des Vertrags entzogen und verbleibt in der Regelungsbefugnis der Mitgliedsstaaten. Damit wies der EuGH der Gemeinschaftsebene Kompetenzen zu, die sich aus dem reinen Wortlaut des EWG-Vertrags zunächst nicht unbedingt ableiten ließen.

---

[4] Vgl. Strohmeier, R., a.a.O., S. 85

Harmonisierungs-ausschluss gemäß Maastricht 1993

Der 1993 in Kraft getretene Maastrichter Vertrag schrieb die im EWG-Vertrag (1957) zum Komplex der beruflichen Bildung verankerten Zielsetzungen fort. Er erweiterte den bislang eher peripher abgehandelten Aufgabenkatalog Bildung durch Einbeziehung des Artikels 126 „Allgemeine Bildung" neben Artikel 127 „Berufliche Bildung". Nach diesem Artikel des EG-Vertrags ist die Tätigkeit der Gemeinschaft auf folgende Ziele ausgerichtet[5]:

- Erleichterung der Anpassung an den industriellen Wandel durch berufliche Bildung und Umschulung
- Verbesserung der beruflichen Erstausbildung und Weiterbildung zur Erleichterung der Eingliederung und Wiedereingliederung ins Berufsleben
- Erleichterung der Aufnahme einer beruflichen Bildung, Förderung der Mobilität der Ausbilder und der Auszubildenden selbst
- Förderung der Zusammenarbeit zwischen Unterrichtsanstalten und Unternehmen
- Ausbau des Informations- und Erfahrungsaustauschs über Probleme der Berufsbildungssysteme der Mitgliedsstaaten

Gleichzeitig wurde jedoch festgelegt, dass die EU nicht befugt ist, im Sinne einer Harmonisierung per Gesetz in die nationalen Systeme der beruflichen Qualifizierung einzugreifen. Im europäischen Einigungsprozess stellte diese Einschränkung insofern eine Besonderheit dar, als es zu jener Zeit bereits Bereiche gab, in denen innerhalb der Gemeinschaft zunehmend oder bereits überwiegend EU-Recht galt. Ungeachtet der oben genannten Einschränkungen liefen die Bemühungen der Gemeinschaftsorgane um eine Anpassung der Berufsbildungssysteme mit nahezu gleicher Intensität weiter.

Bologna-Beschlüsse als Wendepunkt

Die Beschlüsse von Bologna zur Neuordnung des europäischen Hochschulraums im Juni 1999 markierten insofern einen Wendepunkt, als die Unterzeichnerstaaten sich laut Vertrag verpflichteten, ihre Hochschulsysteme nach gemeinsamen Grundsätzen zu gestalten. Mit der Einführung gestufter Studiengänge und -abschlüsse, in der Regel mit *Bachelor* und *Master* bezeichnet, ist die Erwartung verbunden, die Transparenz im Hochschulbereich zu erhöhen und die studentische Mobilität zu erleichtern. Beide Abschlüsse wären damit über die Ländergrenzen hinweg vergleichbar. Außerdem erhoffen sich die Unterzeichnerstaaten eine Steigerung der internationalen Attraktivität und Wettbewerbsfähigkeit der europäischen Hochschulen. Mit der gleichzeitigen Einführung des Leistungspunktesystems ECTS (European Credit Transfer System) wurde die Grundlage für die Mobilität in der akademischen Ausbildung geschaffen.

Vorausgegangen war eine Konferenz an der Sorbonne in Paris im Mai 1998, bei der die Bildungsminister Frankreichs, Italiens, Großbritanniens und Deutschlands eine zwischenstaatliche Erklärung zur „Harmonisierung" der Struktur der europäischen Hochschulbildung unterzeichneten. Begrenzt auf den Hochschul-

---

[5] Vgl. ebenda, S. 87. Im Amsterdamer Vertrag finden sie diese Bestimmungen in Art. 150.

bereich wurde damit erstmals eine „Harmonisierung" von den Bildungsministern akzeptiert.[6] Das enge Zusammenwirken im bedeutsamen Teilbereich der Hochschulen setzte zweifellos ein Signal und ermutigte die Europäische Union dazu, auch in den Systemen der allgemeinen und beruflichen Bildung in ihrer Gesamtheit eine stärkere Annäherung anzustreben.

b) Bildung und Wirtschaft als neue Partnerschaft

Im Juni 1999 fand in Budapest eine Konferenz der Bildungsminister der EU-Mitgliedstaaten, der PHARE-Staaten[7] sowie einer Reihe weiterer Staaten statt, die sich dem Thema der Partnerschaft zwischen Bildung und Wirtschaft widmete.[8] Die Europäische Stiftung für Berufsbildung, Turin, erstellte in Kooperation mit der Arbeitsstelle für vergleichende Bildungsforschung der Ruhr-Universität Bochum eine Studie zu den Beziehungen zwischen Bildung und Wirtschaft in den mittel- und osteuropäischen Staaten, die der Budapester Tagung als Hintergrundpapier diente. Als gemeinsame Herausforderung für diese Staatengruppe führt die Studie u. a. „die Entwicklung eines integrierten Erstausbildungs- und Weiterbildungssystems" an, „das vorhandene Ressourcen bestmöglich nutzt, Angebote für lebenslanges Lernen unterbreitet und die Anpassungsfähigkeit des Einzelnen auf dem Arbeitsmarkt erhöht".[9]

Verstärkte Kooperation

Die Konferenz von Budapest machte deutlich, dass es gilt, die lange bestehende Auffassung zu überwinden, wonach die Interessen von Wirtschaft und Bildungswesen zu trennen sind. Klaus von Dohnanyi zeigte dies am Bespiel der deutschen Auseinandersetzung um den Einfluss wirtschaftlicher Interessen auf die Universitäten in den 1970er Jahren auf, in der die Gegner einer Annäherung der beiden Bereiche sich in Negierung der marktwirtschaftlichen Rahmenbedingungen durchsetzen konnten und so Reformen des Bildungswesens blockiert wurden.[10]

Überwindung überkommener Trennlinien

Die Bildungsminister stimmten darin überein, dass eine engere Kooperation von Bildungswesen und Wirtschaft erforderlich ist, um dem Wandel in Arbeitswelt und Gesellschaft im 21. Jahrhundert gerecht zu werden. Sie verabschiedeten gemeinsame Schlussfolgerungen, deren Kernpunkte sich wie folgt zusammenfassen lassen[11]:

Kernpunkte des Zusammenwirkens

---

[6] Vgl. Bachelor- und Masterstudiengänge in ausgewählten Ländern Europas im Vergleich zu Deutschland. Fortschritte im Bologna-Prozess. Hrsg.: Bundesministerium für Bildung und Forschung. Bonn, Berlin 2005, S. 1

[7] PHARE ist ein EU-Programm zur Unterstützung beitrittswilliger Staaten in Mittel- und Osteuropa. Sie erhalten Hilfen bei Verwaltungsaufbau sowie Infrastruktur- und Regionalentwicklung. Vgl. *http://europa.eu/scadplus/leg/de/lvb/e50004.htm*

[8] Bundesministerium für Bildung und Forschung (Hrsg.): Das europäische Haus der Bildung: Bildung und Wirtschaft – Eine neue Partnerschaft. Konferenz der europäischen Bildungsminister, Budapest 24.–26. Juni 1999. Bonn 1999

[9] Ebd., S. 49

[10] Ebd., S. 27

[11] Vgl. a.a.O., S. 12f.

- Staat, Wirtschaft, Sozialpartner und Bürger sollten verstärkt in Aus- und Weiterbildung investieren. Dies erfordert mehr staatliche Anreize für ein Engagement von Institutionen und Unternehmen in der praxisorientierten Aus- und Weiterbildung.
- Auf lokaler und regionaler Ebene sollten Partnerschaften zwischen Schulen und Unternehmen gefördert werden.
- Die Realisierung des Konzepts des lebenslangen Lernens erfordert eine enge Verbindung zwischen Arbeiten und Lernen und damit eine engere Verknüpfung des Bildungswesens mit der Wirtschaft. In diesem Zusammenhang ist der Weiterbildung gegenüber der Erstausbildung größeres Gewicht zu geben.
- Bildungseinrichtungen und Unternehmen müssen zu lernenden Organisationen werden, die partnerschaftlich zusammenarbeiten.
- Die Mitwirkung der Wirtschaft im Bildungsbereich sollte gestärkt werden, um die Erfordernisse des Arbeitsmarktes stärker zu berücksichtigen. Dies gilt z. B. für den Dialog mit der Wirtschaft über die Lernziele des Schulwesens wie auch für die Beteiligung der Sozialpartner an der Analyse von Qualifikationsanforderungen, an der Definition von Kompetenzstandards sowie an der Zertifizierung von Berufsbildungsabschlüssen.
- Betriebe und Bildungseinrichtungen sollten sich gegenseitig stärker für eine Verbindung von theoretischem und praktischem Lernen an verschiedenen Lernorten öffnen. Dies reicht von der Bereitstellung von Ausbildungs- und Praktikumsplätzen in Betrieben über den Ausbau von dualen Studiengängen bis hin zur gemeinsamen Gestaltung von Lernprozessen einschließlich des Erwerbs von Berufserfahrung.
- Bildung und Wirtschaft sollten eng zusammenwirken, um benachteiligten Jugendlichen Bildungsmöglichkeiten anzubieten. Die Beteiligung der Wirtschaft ist dabei in besonderer Weise angesprochen, sei es bei der Konzeption arbeitsmarktrelevanter Qualifikationen, bei der Bündelung und Koordinierung der Maßnahmen von Schulen, Arbeitsverwaltungen, Sozialpartnern und Betrieben oder bei Qualifizierungsangeboten unter Einschluss von Betriebspraktika.

Stellungnahme der EU-Kommissarin

Die damalige EU-Kommissarin für Wissenschaft, Forschung und Entwicklung, Edith Cresson, betonte in Budapest, dass die Mitgliedstaaten unabhängig vom Entwicklungsstand ihrer Systeme Reforminitiativen ergreifen müssen. Schwerpunkte setzte sie bei der Diversifizierung des Erwerbs beruflicher Kompetenzen durch angepasste Validierungssysteme unter Berücksichtigung des informellen Lernens, bei der Verbreitung des Konzepts der alternierenden Ausbildung auf allen Bildungsebenen sowie generell bei allen Maßnahmen, die den Einzelnen dabei unterstützen, seine Qualifikation dem kontinuierlichen Wandel in der Arbeitswelt anzupassen und so seine Beschäftigungsfähigkeit zu erhalten.[12]

---

[12] Ebd., S. 37ff.

c) Globalisierung und Erweiterung als Herausforderungen der Gemeinschaft

Der europäische Integrationsprozess ist mit der Wirtschafts- und Währungsunion bereits weit fortgeschritten. In jüngerer Zeit steht die Union vor neuen Herausforderungen, und zwar insbesondere durch die Globalisierung und die Verbreitung der Informations- und Kommunikationstechnologien, aber auch durch ihre Erweiterung auf 27 Staaten. Waren bereits in der Frühphase der Europäischen Wirtschaftsgemeinschaft die Aufgabenbereiche Bildung und Berufsbildung angesprochen, so sind sie in den derzeitigen Reformprozessen der EU ungleich höher zu gewichten.

Reformbedarf

Am 23./24. März 2000 trat der Europäische Rat in Lissabon zu einer Sondertagung zusammen, um für die Entwicklung der Union bis 2010 Zielvorgaben für mehr Wachstum und Beschäftigung festzulegen. Der Europäische Rat ist ein intergouvernementales Gremium, das sich aus den Staats- und Regierungschefs der EU-Mitgliedsstaaten, dem Präsidenten der Europäischen Kommission, einem Kommissionsmitglied sowie den Außenministern zusammensetzt. Zu seinen Aufgaben gehört die Festlegung politischer Leitlinien und Zielsetzungen für die Weiterentwicklung der Union; er besitzt also Richtlinienkompetenz. Der Europäische Rat stellt auch Grundsätze für die gemeinsame Außen- und Sicherheitspolitik auf. Zur Beratung wichtiger Themen können zusätzlich zu den regulären Sitzungen Sondertagungen des Europäischen Rates einberufen werden.

Lissabon 2000

Mit den Beschlüssen dieses EU-Gipfels wurden Bildung und Berufsbildung explizit als Instrumente zu verstärktem Wirtschaftswachstum, höherem Beschäftigungsstand und größerem sozialen Zusammenhalt in der Gemeinschaft herausgestellt (vgl. Kapitel 2.1).

Für die europäische Berufsbildungspolitik und -zusammenarbeit ergaben sich in der Folge des Gipfels von Lissabon grundsätzliche Veränderungen. Hierzu stellt beispielsweise Klaus Fahle vom BIBB fest, es sei – von der Öffentlichkeit weitgehend unbemerkt – ein „Ruck" durch die europäische Bildungszusammenarbeit gegangen; er fährt fort:

Neue Leitlinien der Berufsbildungskooperation

> „Bildungsminister und EU-Kommission führen Begriffe im Mund, die noch vor einigen Jahren tabu waren. ... Die Bildungsminister finden sich nunmehr in einem geordneten politischen Kontext wieder. Ohne eine verstärkte Hinwendung zu Fragen von Bildung und Qualifikation ist die Zukunft EU-Europas nicht zu gestalten. ... An die Seite der Aktionsprogramme treten Elemente bildungspolitischer Koordination ... Benchmarking und ... Entwicklung von Indikatoren führen zu einem erhöhten Wettbewerbsdruck zwischen den Mitgliedsstaaten. Der Vergleich ist das Ende der Gemütlichkeit. Damit steht die nationale Bildungspolitik vor einer neuen Herausforderung ..."[13]

---

[13] Fahle, Klaus: Das „Memorandum über lebenslanges Lernen" im Kontext der europäischen Bildungszusammenarbeit, Berufsbildung in Wissenschaft und Praxis 4/2001, S. 17–21

Einbezogene Untersuchungsfelder

Die folgenden Kapitel geben einen detaillierten Einblick in das Reformprogramm der Europäischen Union, das mit den Beschlüssen von Lissabon im Jahre 2000 festgelegt sowie durch nachfolgende Initiativen erweitert und präzisiert wurde. So befassen sich die einzelnen Abschnitte mit:

– *Zielvorgaben gemäß Ratsbeschluss Lissabon 2000 (2.1)*
Im ersten Kapitel wird auf die Schwerpunkte sowie die Umsetzung des Ratsbeschlusses eingegangen, wonach sich die EU zu einem äußerst leistungsstarken und wissensbasierten Wirtschaftsraum entwickeln soll.

– *Präzisierung notwendiger Schritte anlässlich der EU-Folgetreffen (2.2)*
Anlässlich einer Reihe von Folgetreffen wurden konkrete Vorgaben zur Umsetzung der Reformziele der EU im Bereich der beruflichen Bildung festgelegt. Das Kapitel zeigt die Schwerpunkte auf und befasst sich insbesondere mit dem im Jahre 2002 verabschiedeten Arbeitsprogramm sowie dem Europäischen Qualifikationsrahmen.

– *Zielsetzung der EU-Reformvorschläge im Überblick (2.3)*
Der Realisierungsprozess der EU-Reformen ist Gegenstand regelmäßiger Fortschrittskontrollen und entsprechender Berichterstattung. Das Kapitel geht zunächst auf die Bilanz des Jahres 2006 ein und zeigt noch abzubauende Defizite auf. Den Abschluss bildet eine Zusammenfassung zentraler Elemente der Reformbestrebungen in Form von Zielvorgaben.

2.1 Zielvorgaben gemäß Ratsbeschluss Lissabon 2000

Strategische Vorgaben

In den Schlussfolgerungen des Lissabonner Gipfels sind die dort beschlossenen Zielvorgaben wie folgt zusammengefasst[14]:

„Die Union hat sich heute ein neues strategisches Ziel für das kommende Jahrzehnt gesetzt: das Ziel, die Union zum wettbewerbsfähigsten und dynamischsten wissensbasierten Wirtschaftsraum in der Welt zu machen – einem Wirtschaftsraum, der fähig ist, ein dauerhaftes Wirtschaftswachstum mit mehr und besseren Arbeitsplätzen und einem größeren sozialen Zusammenhalt zu erzielen.

Zur Erreichung dieses Ziels bedarf es einer globalen Strategie, in deren Rahmen
- der Übergang zu einer wissensbasierten Wirtschaft und Gesellschaft durch bessere Politiken für die Informationsgesellschaft und für die Bereiche Forschung und Entwicklung sowie durch die Forcierung des Prozesses der Strukturreform im Hinblick auf Wettbewerbsfähigkeit und Innovation und durch die Vollendung des Binnenmarktes vorzubereiten ist;
- das europäische Gesellschaftsmodell zu modernisieren, in die Menschen zu investieren und die soziale Ausgrenzung zu bekämpfen ist;

---

[14] Europäischer Rat Lissabon, 23. u. 24. März 2000. Schlussfolgerungen des Vorsitzes

– für anhaltende gute wirtschaftliche Perspektiven und günstige Wachstumsaussichten Sorge zu tragen ist, indem nach einem geeigneten makroökonomischen Policy-mix verfahren wird."

Insgesamt sollen die projektierten Maßnahmen die EU in die Lage versetzen, die Voraussetzungen für Vollbeschäftigung zu schaffen und den regionalen Zusammenhalt in der Union zu stärken.

a) Schwerpunkte des verabschiedeten Reformpakets

Die Zielformulierung, die Europäische Union weltweit zum wettbewerbsfähigsten und dynamischsten wissensbasierten Wirtschaftsraum zu entwickeln, scheint einerseits überaus ambitioniert, andererseits ist der ökonomische und technologische Wandel, mit dem sie sich konfrontiert sieht, entsprechend weitreichend. So wird betont: **Bewältigung des technologischen Wandels**

„Die Europäische Union ist mit einem Quantensprung konfrontiert, der aus der Globalisierung und den Herausforderungen einer neuen wissensbasierten Wirtschaft resultiert. Diese Veränderungen wirken sich auf jeden Aspekt des Alltagslebens der Menschen aus und erfordern eine tiefgreifende Umgestaltung der europäischen Wirtschaft. Die Union muß diese Veränderungen so gestalten, daß sie ihren Wertvorstellungen und ihrem Gesellschaftsmodell entsprechen und auch der bevorstehenden Erweiterung Rechnung tragen."[15]

Durch rasches Agieren will die Union möglichst auch die Chancen dieser Entwicklung nutzen können. Dafür scheint ihr die Vorgabe eines ehrgeizigen Programms für den Aufbau von Wissensinfrastrukturen, die Förderung von Innovationen und Wirtschaftsreformen, die Modernisierung der sozialen Sicherung sowie der Bildungs- und Berufsbildungssysteme unabdingbar. **Einbeziehung von Bildung und Berufsbildung**

Auf dem Gipfel von Lissabon wurden Stärken und Schwächen der Europäischen Union bilanziert. Die makroökonomischen Perspektiven gelten insgesamt als gut; im Einzelnen sind folgende Aspekte anzuführen: **Stärken der EU**
– stabilitätsorientierte Geldpolitik, niedrige Inflationsraten und Zinssätze,
– gesunde Zahlungsbilanz der EU,
– Abbau der Defizite der öffentlichen Haushalte,
– erfolgreich eingeführter Euro,
– weitgehend vollendeter Binnenmarkt,
– im Allgemeinen hochqualifizierte Erwerbsbevölkerung,
– Systeme des sozialen Schutzes, die auch für die Bewältigung des Strukturwandels hin zu einer Wissensgesellschaft einen stabilen Rahmen abgeben,
– Auftrieb für Wachstum und Arbeitsmärkte.

---

[15] Europäischer Rat Lissabon 2000, a.a.O.

Schwachpunkte Auf der anderen Seite sind auch Schwachpunkte nicht zu übersehen, und zwar:
- Mehr als 15 Mio. Menschen in der EU sind arbeitslos. Die Beschäftigungsrate in der Union ist zu niedrig. In Teilen der Union bestehen strukturelle Langzeitarbeitslosigkeit und ausgeprägte regionale Unterschiede bei der Arbeitslosigkeit fort.
- Der Dienstleistungssektor ist besonders im Telekommunikations- und im Internet-Bereich unterentwickelt.
- Qualifikationsdefizite nehmen zu, vor allem in der Informationstechnologie, wo immer mehr Stellen unbesetzt bleiben.

Beschäftigung und sozialer Zusammenhalt In den Schlussfolgerungen des Lissabonner Gipfels ist das Arbeitsfeld „Beschäftigung, Wirtschaftsreform und sozialer Zusammenhalt", das mit der Darlegung der oben ausgeführten strategischen Zielvorgabe eingeleitet wird, wie folgt gegliedert:
- Vorbereitung des Übergangs zu einer wettbewerbsfähigen, dynamischen und wissensbasierten Wirtschaft
- Modernisierung des europäischen Gesellschaftsmodells durch Investitionen in die Menschen und Aufbau eines aktiven Wohlfahrtsstaates
- Umsetzung der Beschlüsse zu einer kohärenteren und systematischeren Vorgehensweise

Teilaufgaben Die Vorbereitung auf die wissensbasierte Wirtschaft und Gesellschaft bezieht unter anderem folgende Teilaufgaben ein:
- Beteiligung aller an der Informationsgesellschaft, d. h. Zugang zu einer kostengünstigen Kommunikationsinfrastruktur und Vermittlung der Fähigkeiten zur Nutzung neuer Technologien
- Zugang aller Schulen zum Internet und zu Multimedia-Material
- Verwirklichung eines vollständig integrierten und liberalisierten Telekommunikationsmarktes
- Schaffung eines europäischen Raums der Forschung und Innovation
- Schaffung eines günstigen Umfelds für die Gründung und Entwicklung innovativer Unternehmen, insbesondere kleiner und mittlerer Firmen
- Wirtschaftsreformen für einen vollendeten und einwandfrei funktionierenden Binnenmarkt
- Koordinierung der makroökonomischen Politik: Haushaltskonsolidierung, Qualität und Nachhaltigkeit der öffentlichen Finanzen

Die Modernisierung des europäischen Gesellschaftsmodells soll sich durch Reformen in den folgenden Bereichen vollziehen:
- Bildung und Ausbildung für das Leben und Arbeiten in der Wissensgesellschaft
- Mehr und bessere Arbeitsplätze für Europa: Entwicklung einer aktiven Beschäftigungspolitik
- Modernisierung des sozialen Schutzes
- Förderung der sozialen Integration

b) Umsetzung im Zusammenwirken mit den Mitgliedsstaaten

Von besonderer Bedeutung sind die Festlegungen zur praktischen Umsetzung der Beschlüsse, die auch eine regelmäßige Fortschrittskontrolle bis 2010 mit entsprechender Berichterstattung vorsehen. Eingeführt wurde das so genannte offene Koordinierungsverfahren, das die Mitgliedsstaaten bei der schrittweisen Entwicklung ihrer nationalen Reformmaßnahmen unterstützen soll. Diese Verfahrensweise umfasst folgende Grundsätze[16]: *(Offene Koordinierungsmethode)*

- „Festlegung von Leitlinien für die Union mit einem jeweils genauen Zeitplan für die Verwirklichung der von ihnen gesetzten kurz-, mittel- und langfristigen Ziele;
- gegebenenfalls Festlegung quantitativer und qualitativer Indikatoren und Benchmarks im Vergleich zu den Besten der Welt, die auf die in den einzelnen Mitgliedsstaaten und Bereichen bestehenden Bedürfnisse zugeschnitten sind, als Mittel für den Vergleich der bewährten Praktiken;
- Umsetzung dieser europäischen Leitlinien in die nationale und regionale Politik durch Vorgabe konkreter Ziele und den Erlaß entsprechender Maßnahmen unter Berücksichtigung der nationalen und regionalen Unterschiede;
- regelmäßige Überwachung, Bewertung und gegenseitige Prüfung im Rahmen eines Prozesses, bei dem alle Seiten voneinander lernen."

Bildung und Ausbildung der Mitgliedsstaaten haben sich nach den Beschlüssen von Lissabon auf den Bedarf der Wissensgesellschaft und die Notwendigkeit von mehr und besserer Beschäftigung einzustellen. Die angebotenen Lern- und Ausbildungsmöglichkeiten sollten auf bestimmte Zielgruppen in verschiedenen Lebensphasen zugeschnitten sein, das sind junge Menschen, arbeitslose Erwachsene sowie Beschäftigte, bei denen die Gefahr besteht, dass ihre Qualifikation mit dem raschen Wandel nicht Schritt halten kann. Dieses neue Konzept sollte drei Hauptkomponenten aufweisen: *(Vorbereitung auf die Wissensgesellschaft)*
- Entwicklung lokaler Lernzentren,
- Förderung neuer Grundfertigkeiten, insbesondere im Bereich der Informationstechnologien, und
- größere Transparenz der Befähigungsnachweise.

Der Europäische Rat fordert die Mitgliedsstaaten, den Rat für Bildung und die Kommission auf, in ihren Zuständigkeitsbereichen das Notwendige zu tun, um folgende Ziele erreichen zu können: *(Zielsetzungen)*
- Die Humankapitalinvestitionen pro Kopf sollen von Jahr zu Jahr substantiell gesteigert werden.
- Die Zahl der 18- bis 24-Jährigen, die lediglich über einen Abschluss der Sekundarstufe I verfügen und keine weiterführende Schul- oder Berufsausbildung durchlaufen, soll bis 2010 halbiert werden.

---

[16] Europäischer Rat Lissabon 2000, a.a.O.

- Schulen und Ausbildungszentren sollen zu lokalen Mehrzweck-Lernzentren weiterentwickelt werden, die allen offen stehen, wobei die Methoden einzusetzen sind, die sich am besten eignen, ein möglichst breites Spektrum von Zielgruppen zu erreichen. Zwischen Schulen, Ausbildungszentren, Unternehmen und Forschungseinrichtungen sollen zum gegenseitigen Nutzen Lernpartnerschaften gegründet werden.
- Durch einen europäischen Rahmen soll festgelegt werden, welche neuen Grundfertigkeiten durch das lebenslange Lernen zu vermitteln sind: IT-Fertigkeiten, Fremdsprachen, technologische Kultur, Unternehmergeist und soziale Fähigkeiten. Es soll ein europäisches Diplom für grundlegende IT-Fertigkeiten mit dezentralen Zertifizierungsverfahren eingeführt werden.
- Die Mittel zur Förderung der Mobilität von Schülern und Studenten, Lehrern sowie Ausbildungs- und Forschungspersonal sollen sowohl durch eine optimale Nutzung der bestehenden Gemeinschaftprogramme als auch durch mehr Transparenz bei der Anerkennung von Abschlüssen sowie Studien- und Ausbildungszeiten bestimmt werden. Es sollen Maßnahmen zur Beseitigung von Hindernissen für die Mobilität der Lehrer bis 2002 getroffen und attraktive Bedingungen für hochqualifizierte Lehrer geschaffen werden.
- Es soll ein gemeinsames europäisches Muster für Lebensläufe entwickelt werden, um Bildungs- und Ausbildungseinrichtungen sowie Arbeitgebern die Beurteilung der erworbenen Kenntnisse zu erleichtern, um damit die Mobilität zu fördern.

2.2 Präzisierung notwendiger Schritte anlässlich der EU-Folgetreffen

Lissabon und Nizza 2000 Der Gipfel in Lissabon ersuchte den Rat der Bildungsminister um einen Bericht über die konkreten künftigen Ziele der Systeme der allgemeinen und beruflichen Bildung mit den Schwerpunkten Verbesserung der Qualität, Erleichterung des Zugangs für alle und Öffnung gegenüber der Welt.

Auf dem Gipfel in Nizza im Dezember 2000 wurde das Mandat für die Bildungsminister bestätigt, gemeinsame Ziele für die Systeme der allgemeinen und beruflichen Bildung zu entwickeln. Zugleich wurde die Vorlage eines gemeinsamen detaillierten Arbeitsprogramms empfohlen.

Stockholm März 2001 Anlässlich seiner Stockholmer Konferenz im Frühjahr 2001 legte der Rat der Bildungsminister die erste Fassung dieses Berichts vor und erarbeitete für die folgende Sitzung im Herbst 2001 den Entwurf eines detaillierten Arbeitsprogramms, das er anlässlich seiner Sitzung am 14. Februar 2002 in Brüssel verabschiedete. Dieses Programm stellt drei strategische Ziele mit 13 Teilzielen und 42 Kernpunkten heraus (vgl. Quellenauszug 2) und enthält jeweils Terminangaben zu den Anlaufphasen. Diese Vorgaben werden als ehrgeizige, aber realistische Ziele bezeichnet, die auch die Länder, die der EU in den nächsten Jahren beitreten werden, übernehmen sollten.

Quellenauszug 2:
Strategische Ziele und Teilziele im detaillierten Arbeitsprogramm 2002

Ziel 1: Erhöhung der Qualität und Wirksamkeit der Systeme der allgemeinen und beruflichen Bildung in der EU 1.1. Verbesserung der allgemeinen und beruflichen Bildung von Lehrkräften und Ausbildern 1.2. Entwicklung der Grundfertigkeiten für die Wissensgesellschaft 1.3. Zugang zu den Informations- und Kommunikationstechnologien (IKT) für Alle 1.4. Förderung des Interesses an wissenschaftlichen und technischen Studien 1.5. Bestmögliche Nutzung der Ressourcen
Ziel 2: Leichterer Zugang zur allgemeinen und beruflichen Bildung für alle 2.1. Ein offenes Lernumfeld 2.2. Lernen muss attraktiver werden 2.3. Förderung von aktivem Bürgersinn, Chancengleichheit und gesellschaftlichem Zusammenhalt
Ziel 3: Öffnung der Systeme der allgemeinen und beruflichen Bildung gegenüber der Welt 3.1. Engere Kontakte zur Arbeitswelt und zur Forschung sowie zur Gesellschaft im weiteren Sinne 3.2. Entwicklung des Unternehmergeistes 3.3. Förderung des Fremdsprachenerwerbs 3.4. Intensivierung von Mobilität und Austausch 3.5. Stärkung der europäischen Zusammenarbeit
Quelle: Rat der Europäischen Union: Detailliertes Arbeitsprogramm zur Umsetzung der Ziele der Systeme der allgemeinen und beruflichen Bildung in Europa. Dok. 6365/02. Amtsblatt der Europäischen Gemeinschaften C 142 vom 14.6.2002

Auf der Tagesordnung des Barcelona-Gipfels im März 2002 standen Bericht und Arbeitsprogramm der Bildungsminister zusammen mit mehreren anderen wichtigen bildungspolitischen Dokumenten. In ihren Schlussfolgerungen stellen die Regierungschefs fest, dass der Europäische Rat die Einigung über das detaillierte Arbeitsprogramm begrüßt und als Ziel festlegt, die Systeme der allgemeinen und beruflichen Bildung bis 2010 zu einer weltweiten Qualitätsreferenz zu entwickeln. Das Arbeitsprogramm geht von folgenden drei Grundprinzipien aus: *Barcelona März 2002*

– Erhöhung der Qualität und Wirksamkeit der Systeme der allgemeinen und beruflichen Bildung in der EU
– Leichterer Zugang zur allgemeinen und beruflichen Bildung für alle
– Öffnung der Systeme der allgemeinen und beruflichen Bildung gegenüber der Welt

a) Bildung und Berufsbildung als Schwerpunkt
Als Leitprinzip der bildungspolitischen Strategien im Bereich der allgemeinen und beruflichen Bildung wurde das *lebenslange Lernen* festgelegt. Es bildet auch einen Kernbereich der mit den Beschlüssen von Lissabon 2000 geforderten *Lebenslanges Lernen als Grundlage*

aktiven Beschäftigungspolitik und wird als „Grundbestandteil des europäischen Gesellschaftsmodells" herausgehoben. So setzte sich die EU folgendes Ziel:

„Erreichung höherer Priorität für ein lebenslanges Lernen als Grundbestandteil des europäischen Gesellschaftsmodells, indem unter anderem Vereinbarungen zwischen den Sozialpartnern über Innovation und lebenslanges Lernen gefördert werden, indem die Komplementarität zwischen lebenslangem Lernen und Anpassungsfähigkeit durch flexible Gestaltung der Arbeitszeiten und Wechsel zwischen Ausbildung und Beschäftigung genutzt wird ...; für die Fortschritte im Hinblick auf diese Ziele sollten Benchmarks geschaffen werden."[17]

Umsetzung der Reformen

Der Rat (Bildung) und die Kommission sollten dem Europäischen Rat auf seiner Frühjahrstagung 2004 über die effektive Umsetzung Bericht erstatten. Diesem ersten Zwischenbericht folgen alle zwei Jahre weitere Berichte über den Fortgang der Arbeiten.

Kopenhagen November 2002

Die europäischen Bildungsminister und die Europäische Kommission verabschiedeten anlässlich ihrer Versammlung in Kopenhagen im November 2002 eine Erklärung zur verstärkten Zusammenarbeit in der beruflichen Bildung. Die *Kopenhagen-Erklärung* unterstreicht die wachsende Bedeutung der europäischen Zusammenarbeit in der allgemeinen und beruflichen Bildung angesichts der Entwicklungen in Wirtschaft und Gesellschaft. Es wird betont, dass eine verstärkte Zusammenarbeit in der beruflichen Bildung auch ein wichtiger Beitrag zur erfolgreichen Erweiterung der Europäischen Union sei. Im Einzelnen setzt die Kopenhagen-Erklärung folgende Prioritäten:

Europäische Dimension:
– Stärkung der europäischen Dimension der beruflichen Bildung mit dem Ziel einer engeren Zusammenarbeit, um Mobilität und Kooperation zwischen den Institutionen, Partnerschaften und andere grenzüberschreitende Aktivitäten zu erleichtern und zu fördern. Dies alles mit dem Ziel, das Profil von Bildung und Berufsbildung in der EU im internationalen Kontext zu stärken, so dass Europa als weltweite Qualitätsreferenz für Lernende anerkannt wird.

Transparenz, Information und Beratung:
– Vermehrte Transparenz in der beruflichen Bildung durch Einsatz und Rationalisierung von Informationsmitteln und Netzwerken, einschließlich der Einbindung schon bestehender Instrumente wie des Europäischen Lebenslaufs, der Zeugniserläuterungen und Diplomzusätze, des Europäischen Referenzrahmens für Fremdsprachen und des EUROPASS Berufsbildung[18] in einen einheitlichen Rahmen.

---

[17] Europäischer Rat Lissabon 2000, a.a.O.
[18] Im Jahre 1998 eingeführtes Dokument, das die Teilnahme an transnationalen Maßnahmen der beruflichen Aus- und Weiterbildung in zwei Sprachen bescheinigte und allen Teilnehmern an Mobilitätsprojekten in EU-Bildungsprogrammen offenstand, insbesondere Leonardo da Vinci und Sokrates. Mit EU-Beschluss vom Dezember 2004 wurde der EUROPASS Berufsbildung durch den EUROPASS abgelöst, der als Portfolio die

- Stärkung von politischen Aktivitäten, Systemen und Praktiken, die Information, Orientierung und Beratung in den Mitgliedsstaaten fördern, und zwar auf allen Stufen von Bildung, Berufsbildung und Beschäftigung, insbesondere in Fragen des Zugangs zu allgemeiner und beruflicher Bildung sowie der Übertragbarkeit und Anerkennung von Kompetenzen und Qualifikationen, mit dem Ziel der Unterstützung der beruflichen und geografischen Mobilität der Bürger Europas.

Anerkennung von Kompetenzen und Qualifikationen:
- Es soll untersucht werden, wie Transparenz, Vergleichbarkeit, Übertragbarkeit und Anerkennung von Kompetenzen und/oder Qualifikationen zwischen verschiedenen Ländern und verschiedenen Ebenen gefördert werden können durch die Schaffung von Referenzebenen, gemeinsamen Zertifizierungsgrundsätzen und gemeinsamen Maßnahmen, einschließlich des Kreditpunktesystems in der beruflichen Bildung.
- Vermehrte Unterstützung der Entwicklung von Kompetenzen und Qualifikationen auf sektoraler Ebene durch Stärkung von Kooperation und Koordination, speziell unter Einbeziehung der Sozialpartner.
- Entwicklung gemeinsamer Grundsätze zur Anerkennung nicht formalen und informellen Lernens. Eine Reihe von Initiativen auf Gemeinschaftsebene, auf bilateraler und multilateraler Basis, darin eingeschlossen die schon bestehenden Maßnahmen auf verschiedenen Gebieten, die die gegenseitige Anerkennung der Qualifikationen fördern sollen, illustrieren diesen Ansatz.
- Entwicklung gemeinsamer Grundsätze zur Validierung nicht formalen und informellen Lernens mit dem Ziel der Sicherstellung einer größeren Vergleichbarkeit der Vorgehensweisen in den einzelnen Ländern und auf verschiedenen Ebenen.

Qualitätssicherung:
- Förderung der Zusammenarbeit in der Qualitätssicherung mit dem besonderen Schwerpunkt Austausch von Modellen und Methoden sowie gemeinsamen Kriterien und Grundsätzen zur Qualitätssicherung in der beruflichen Bildung.
- Berücksichtigung der Lernbedürfnisse von Lehrkräften und Ausbildern in allen Formen der beruflichen Bildung.

Die Vereinbarung von „europäischen Bezugswerten" (benchmarks), also quantifizierten Indikatoren, Berichte der Mitgliedsstaaten nach dem angegebenen Zeitplan über die nationalen Entwicklungen, Erfahrungsaustausch, Vergleich und Bewertung der Ergebnisse (peer review) sowie Verbreitung bewährter Verfahren (best practice) bedeuten gleichsam einen Paradigmenwechsel in der europäischen Bildungs- und Berufsbildungspolitik. Auch wenn gemeinsame Bezugspunkte und Grundsätze keine bindenden Verpflichtungen für die Mitgliedsstaaten darstellen, tragen sie doch zur Entstehung von gegenseitigem Vertrauen zwischen den wichtigen Akteuren und zur Förderung von Reformen bei.[19]

Indikatoren, peer review und best practice

Einzeldokumente Lebenslauf, Sprachenpass, Mobilitätsnachweis, Zeugniserläuterung und Diplomzusatz zusammenfasst.

[19] Vgl. Allgemeine und berufliche Bildung 2010. Die Dringlichkeit von Reformen für den Erfolg der Lissabon-Strategie. Gemeinsamer Zwischenbericht des Rates und der Kommission über die Maßnahmen im Rahmen des detaillierten Arbeitsprogramms zur Umset-

Jedes der dreizehn Teilziele (vgl. Quellenauszug 2) enthält eine Liste von „Kernpunkten", von „Fortschrittsindikatoren" sowie eine „indikative Liste" von „Bereichen für den Austausch von Erfahrungen und bewährten Verfahren sowie für die gegenseitige Bewertung".[20] Beispiele für Indikatoren sind der Prozentsatz der Schüler, die die Sekundarstufe II abgeschlossen haben, die Zahl der Absolventen mathematischer, naturwissenschaftlicher und technischer Studiengänge sowie die Beteiligung am lebenslangen Lernen.

Implementierung der Ziele Einen Einblick in die Bemühungen zur Erreichung der Ziele soll beispielsweise ein Teilgebiet des dritten strategischen Ziels „Öffnung der Systeme der allgemeinen und beruflichen Bildung gegenüber der Welt" geben, und zwar Teilziel 3.5 „Stärkung der europäischen Zusammenarbeit". Hierbei geht es um den Abbau von Mobilitätshindernissen und die Anerkennung der Qualifikationen. Es sollen europaweit kompatible Qualifikationssysteme mit gemeinsamen Abschlüssen und Qualifikationen entwickelt sowie europäische Anerkennungssysteme gefördert werden, um den europäischen Einrichtungen der allgemeinen und beruflichen Bildung weltweit als Kompetenzzentren Geltung zu verschaffen.

Kernpunkte Als *Kernpunkte* werden genannt:
- Verstärkt dafür Sorge zu tragen, dass die Anerkennungsprozesse für die Zwecke einer Weiterführung des Studiums, der Ausbildung und der Beschäftigung europaweit wirksam und fristgerecht erfolgen.
- Die Zusammenarbeit zwischen verantwortlichen Organisationen und Behörden fördern, damit die Kompatibilität im Bereich der Qualitätssicherung und Anrechnung erhöht wird.
- Die Transparenz der Informationen über Bildungs- und Ausbildungsmöglichkeiten und -strukturen im Hinblick auf die Schaffung eines offenen europäischen Bildungsraums verstärken.
- Die europäische Dimension des Lehrens und Lernens fördern.

Follow-up Folgearbeiten – *Follow-up* – mit Angabe von *Fortschrittsindikatoren* sind:
a) Anlaufphase: im Verlauf des Jahres 2002 (2. Stufe).
b) Fortschrittsindikatoren (indikative Liste bedarf gegebenenfalls der Überprüfung):
 - Anteil der einheimischen Studenten, Doktoranden und Wissenschaftler, die ihr Studium in einem anderen EU-Staat oder einem Drittland fortsetzen,
 - prozentualer Anteil der Hochschulabsolventen, die gemeinsame „europäische" akademische Abschlüsse erreichen,
 - prozentualer Anteil der Studenten und Auszubildenden, die am europäischen System zur Anrechnung, Übertragung und Akkumulierung von Studienleistungen (European Credit Transfer System – ECTS) und am EUROPASS Berufsbildung teilnehmen und/oder ein Zusatzdiplom/Zusatzzeugnis erwerben.
 - Leistungspunkte gemäß dem ECTS.

---

zung der Ziele der Systeme der allgemeinen und beruflichen Bildung in Europa. Amtsblatt der Europäischen Gemeinschaften C 104 vom 30.04.2004

[20] Detailliertes Arbeitsprogramm 2002, a.a.O.

c) Bereiche für den Austausch von Erfahrungen und bewährten Verfahren sowie gegebenenfalls für die gegenseitige Bewertung (indikative Liste):
- Förderung der Anerkennung im Hochschulbereich,
- Förderung gemeinsamer europäischer Lehrgänge und akademischer Abschlüsse, die international anerkannt werden,
- Einbeziehung der europäischen Dimension in die allgemeine und berufliche Bildung.

b) Gestufter Europäischer Qualifikationsrahmen

Das Kommuniqué von Maastricht zu den künftigen Prioritäten der verstärkten Europäischen Zusammenarbeit in der Berufsbildung vom Dezember 2004 schreibt die Kopenhagener Erklärung fort. Auf nationaler Ebene fordert das Kommuniqué unter anderem den Abbau von Barrieren zwischen der Berufsbildung und der allgemeinen Bildung und die Erhöhung der Durchlässigkeit zwischen Aus- und Weiterbildung sowie Hochschulbildung. Bedeutung und Qualität der Berufsbildung sollen durch frühzeitige Ermittlung nachgefragter Kompetenzen und Planung des Berufsbildungsangebotes gesteigert werden. *Kommuniqué von Maastricht 2004*

Auf europäischer Ebene soll zur Schaffung eines echten europäischen Arbeitsmarktes ein Europäischer Qualifikationsrahmen entwickelt werden. Dieser soll als gemeinsamer Bezugsrahmen für die Anerkennung und Übertragbarkeit von Qualifikationen dienen, sowohl die berufliche als auch die allgemeine Sekundar- und Hochschulbildung abdecken und hauptsächlich auf Kompetenzen und Lernergebnissen aufbauen. Er soll einen Bezugsrahmen für die Validierung informell erworbener Kompetenzen bieten. *Europäischer Qualifikationsrahmen*

Am 8. Juli 2005 legte die Europäische Kommission ihren Vorschlag „Auf dem Weg zu einem Europäischen Qualifikationsrahmen für Lebenslanges Lernen"[21] vor, der ein umfassendes Konzept eines die verschiedenen Bildungsbereiche übergreifenden Systems von acht Niveaustufen beinhaltet (vgl. Übers. 1). Das heißt, der Europäische Qualifikationsrahmen (EQR) ist insbesondere auch ein Instrument zur Verwirklichung des lebenslangen Lernens. Als Meta-Rahmen enthält er keine detaillierten Beschreibungen oder Gleichsetzungen bestimmter Qualifikationen. Dies wird Aufgabe nationaler und sektoraler Qualifikationsrahmen sein.

Länder, in denen ein nationaler Qualifikationsrahmen noch fehlt, stehen derzeit vor der Aufgabe, eine solche Struktur zu planen und einzuführen. Die EU-Mitgliedsstaaten sind also gefordert, ihre formalen Bildungs- und Berufsbildungssysteme zu reformieren, um Barrieren zwischen verschiedenen Lernformen beseitigen zu können.

---

[21] Kommission der Europäischen Gemeinschaften. Arbeitsunterlage der Kommissionsdienststellen: Auf dem Weg zu einem europäischen Qualifikationsrahmen für lebenslanges Lernen. Brüssel, 08.07.2005, SEK (2005) 957

Übersicht 1:
Die Stufen des Europäischen Qualifikationsrahmens (EQR) nach Lernergebnissen

EQR Stufe 1   Qualifikationen der Stufe 1 umfassen grundlegende allgemeine Kenntnisse und Fertigkeiten sowie die Fähigkeit, in einem strukturierten Kontext einfache Aufgaben unter direkter Anleitung auszuführen. Die Entwicklung von Lernkompetenz erfordert eine strukturierte Unterstützung. Diese Qualifikationen sind nicht berufsspezifisch und werden oft von Personen angestrebt, die noch keine Qualifikation besitzen.

EQR Stufe 2   Qualifikationen der Stufe 2 umfassen ein begrenztes Spektrum an im Wesentlichen konkreten und allgemeinen Kenntnissen, Fertigkeiten und Kompetenzen. Die Kompetenzen werden in einem angeleiteten Kontext angewandt. Lernende lernen bis zu einem gewissen Grad eigenverantwortlich. Einige dieser Qualifikationen sind berufsspezifisch, die meisten umfassen jedoch eine allgemeine Vorbereitung auf Arbeit und Lernen.

EQR Stufe 3   Qualifikationen der Stufe 3 umfassen eine breite Allgemeinbildung und fachspezifische praktische sowie grundlegende theoretische Kenntnisse; außerdem umfassen sie die Fähigkeit, Aufgaben nach Anweisung auszuführen. Lernende lernen eigenverantwortlich und verfügen über gewisse praktische Erfahrungen in einem spezifischen Arbeits- oder Lernbereich.

EQR Stufe 4   Qualifikationen der Stufe 4 umfassen signifikante fachspezifische praktische und theoretische Kenntnisse und Fertigkeiten. Darüber hinaus umfassen sie die Fähigkeit, fachspezifische Kenntnisse, Fertigkeiten und Kompetenzen anzuwenden, Probleme selbstständig zu lösen und andere zu beaufsichtigen. Lernende lernen selbstgesteuert und verfügen über praktische Arbeits- und Lernerfahrungen in üblichen oder neuen Zusammenhängen.

EQR Stufe 5   Qualifikationen der Stufe 5 umfassen breit angelegte theoretische und praktische Kenntnisse einschließlich Kenntnisse, die für einen spezifischen Arbeits- oder Lernbereich relevant sind. Darüber hinaus umfassen sie die Fähigkeit, Kenntnisse und Fertigkeiten zur Entwicklung strategischer Lösungen für genau definierte abstrakte und konkrete Probleme anzuwenden. Die Lernkompetenz auf dieser Stufe ist Grundlage für autonomes Lernen, und die Qualifikationen stützen sich auf operative Interaktionen in Arbeits- und Lernsituationen einschließlich Personenführung und Projektleitung.

EQR Stufe 6   Qualifikationen der Stufe 6 umfassen detaillierte theoretische und praktische Kenntnisse, Fertigkeiten und Kompetenzen im Zusammenhang mit einem Lern- oder Arbeitsbereich, die teilweise an die neuesten Erkenntnisse im jeweiligen Fachgebiet anknüpfen. Diese Qualifikationen umfassen außerdem die Anwendung von Kenntnissen in den Bereichen Formulieren und Vertreten von Argumenten, Problemlösung und Urteilsfindung unter Einbeziehung sozialer und ethischer Aspekte. Qualifikationen auf dieser Stufe umfassen Lernergebnisse, die für einen professionellen Ansatz bei Tätigkeiten in einem komplexen Umfeld geeignet sind.

EQR Stufe 7   Qualifikationen der Stufe 7 umfassen selbstgesteuertes theoretisches und praktisches Lernen, das teilweise an die neuesten Erkenntnisse im jeweiligen Fachgebiet anknüpft und die Grundlage für eine eigenständige Entwicklung und Anwendung von Ideen – häufig in einem Forschungszusammenhang – darstellt. Diese Qualifikationen umfassen außerdem die Fähigkeit, Wissen zu integrieren und Urteile zu formulieren, die soziale und ethische Fragestellungen und Verantwortlichkeiten berücksichtigen und Erfahrungen mit der Bewältigung des Wandels in einem komplexen Umfeld widerspiegeln.

EQR Stufe 8   Qualifikationen der Stufe 8 umfassen die systematische Beherrschung eines hoch spezialisierten Wissensgebiets und die Fähigkeit zur kritischen Analyse und Synthese neuer und komplexer Ideen. Außerdem umfassen sie die Fähigkeit, substanzielle Forschungsprozesse zu konzipieren, zu gestalten, zu implementieren und zu adaptieren. Darüber hinaus umfassen diese Qualifikationen Führungserfahrung im Bereich der Entwicklung neuer und kreativer Ansätze, die vorhandenes Wissen und die professionelle Praxis erweitern und erneuern.

Quelle: Arbeitsunterlage der Kommissionsdienststellen: Auf dem Weg zu einem europäischen Qualifikationsrahmen für lebenslanges Lernen (08.07.2005), Anhang 2, S. 51

Im September 2006 wurde der Vorschlag für eine Empfehlung des Europäischen Parlaments und des Rats der Europäischen Union den Mitgliedsstaaten zum Europäischen Qualifikationsrahmen vorgelegt.[22] Die Empfehlungen an die Mitgliedsstaaten lauteten im Einzelnen[23]: **EU-Empfehlung zum EQR**

1. den Europäischen Qualifikationsrahmen als Referenzinstrument zu verwenden, um die Qualifikationsniveaus verschiedener Qualifikationssysteme im Hinblick auf das lebenslange Lernen vergleichen zu können;
2. ihr nationales Qualifikationssystem bis 2009 an den Europäischen Qualifikationsrahmen zu koppeln, insbesondere indem sie ihre Qualifikationsniveaus auf eine transparente Art und Weise mit den im Anhang I aufgeführten Niveaus verknüpfen und gegebenenfalls in Übereinstimmung mit der nationalen Gesetzgebung und Praxis einen eigenen Qualifikationsrahmen erstellen;
3. bis 2011 dafür zu sorgen, dass alle neuen Qualifikationsnachweise und EUROPASS-Dokumente, die von den dafür zuständigen Stellen ausgestellt werden, einen klaren Verweis auf das zutreffende Niveau des Europäischen Qualifikationsrahmens enthalten;
4. bei der Beschreibung und Definition von Qualifikationen einen Ansatz zu verwenden, der auf Lernergebnissen beruht, und die Validierung nicht formalen und informellen Lernens gemäß den gemeinsamen europäischen Grundsätzen zu fördern, wie in den Schlussfolgerungen des Rates vom 28. Mai 2004 festgelegt;
5. ein nationales Zentrum zu benennen, das die Beziehung zwischen dem nationalen Qualifikationssystem und dem Europäischen Qualifikationsrahmen unterstützt und koordiniert.

In den Erläuterungen wird die Breite des Ansatzes betont: **Definition von Referenzniveaus**

„Den Kern des EQR bildet ein Satz von 8 Referenzniveaus, die für Bildungsbehörden auf nationaler und sektoraler Ebene als gemeinsamer und neutraler Bezugspunkt fungieren. Die acht Niveaus decken sämtliche Qualifikationen ab, vom allgemeinen und beruflichen Pflichtschulabschluss bis zu Qualifikationen, die auf der höchsten Stufe akademischer und beruflicher Aus- und Weiterbildung verliehen werden. Als Instrument zur Förderung des lebenslangen Lernens umfasst der EQR die Bereiche allgemeine Bildung, Erwachsenenbildung, berufliche Bildung sowie Hochschulbildung.

Niveaus 5–8 enthalten einen klaren Hinweis auf die Niveaus, die im Rahmen des Bologna-Prozesses für den Europäischen Hochschulraum definiert wurden.

Die Beschreibung der acht EQR-Referenzniveaus baut auf Lernergebnissen auf ... Aussagen darüber, was eine Lernende/ein Lernender nach Abschluss eines Lernprozesses weiß, versteht und in der Lage ist zu tun. ... Für den EQR werden

---

[22] Kommission der Europ. Gemeinschaften: Vorschlag für eine Empfehlung des Europäischen Parlaments und des Rates zur Einrichtung eines Europäischen Qualifikationsrahmens für lebenslanges Lernen. Brüssel, den 5.9.2006. (KOM(2006) 479 endgültig. 2006/0163 (COD)
[23] A.a.O., S. 16f.

Lernergebnisse als Kombination von Kenntnissen, Fertigkeiten und Kompetenzen definiert."[24]

System von Leistungspunkten

Der Europäische Qualifikationsrahmen erfordert für seine volle Funktionsfähigkeit die Entwicklung und Umsetzung des Europäischen Anrechnungssystems für die Berufsbildung (European Credit Transfer System for VET; ECVET), damit Lernende beim Wechsel zwischen Lernsystemen auf Leistungen aufbauen können, die sie im Rahmen ihrer Lernlaufbahn erreichen.

Mittels dieses Leistungspunktesystems sollen Lernergebnisse sowohl zwischen unterschiedlichen Qualifikationsebenen und Lernformen als auch zwischen verschiedenen Ländern übertragbar gemacht werden. Darüber hinaus dient es der Akkumulierung modular strukturierter Ausbildungs- und Lerneinheiten zu Teil- oder Vollqualifikationen.

Intensivierte Kooperation erforderlich

Im Dezember 2006 wurde anlässlich der Konferenz von Helsinki die Intensivierung der europäischen Zusammenarbeit in der beruflichen Bildung nochmals unterstrichen. In dem verabschiedeten Kommuniqué[25] geht es letztlich um die Schaffung eines europäischen Berufsbildungsraums und eines europäischen Arbeitsmarktes. Die Notwendigkeit der Einführung des Europäischen Qualifikationsrahmens und des Leistungspunktesystems für die berufliche Bildung wurde erneut hervorgehoben; ebenso die Bedeutung der Anerkennung informeller Lernprozesse.

Um Attraktivität und Qualität der beruflichen Bildung zu erhöhen, sollen die Mitgliedsstaaten offene Systeme der beruflichen Bildung fördern, die flexibel und individuell genutzt werden können und bessere Voraussetzungen für den Übergang ins Berufsleben und den Zugang zur Weiterbildung – einschließlich der Hochschulbildung – bieten. Weitere Punkte des Kommuniqués von Helsinki betreffen u. a. einen intensiveren Erfahrungsaustausch zwischen den EU-Staaten und verbesserte Berufsbildungsstatistiken.

c) Erreichter Stand laut EU-Zwischenbericht 2004

Appell an die Mitgliedsstaaten

Der EU-Zwischenbericht des Jahres 2004 zum Stand der Realisierung der Ziele von Lissabon bringt zum Ausdruck, dass es noch großer Anstrengungen bedarf, um die Zielvorgaben für 2010 erreichen zu können. Eine gewisse Dynamik ist zwar in Gang gekommen; es gilt jedoch, diese aufrechtzuerhalten, noch zu verstärken und das Reformtempo zu beschleunigen.

---

[24] A.a.O., S. 11f.
[25] Kommuniqué von Helsinki über die verstärkte europäische Zusammenarbeit in der Berufsbildung. Kommuniqué der für Berufsbildung zuständigen europäischen Minister, der europäischen Sozialpartner und der Europäischen Kommission – Überprüfung der Prioritäten und Strategien des Kopenhagen-Prozesses in Helsinki am 5. Dezember 2006

Den Schlüssel zum Erfolg bildet eine Konzentration auf prioritäre Arbeitsbereiche; dies sind[26]:

Vorrangige Handlungsfelder

- höhere Investitionen in die Bereiche, die für die Wissensgesellschaft von zentraler Bedeutung sind, d. h. Hochschulbildung, Erwachsenenbildung und berufliche Weiterbildung;
- stimmige und umfassende nationale Strategien, die das lebenslange Lernen Realität werden lassen, u. a. aufbauend auf der Anerkennung vorangegangener Lernerfahrungen;
- Anerkennung von Qualifikationen und Kompetenzen über einen europäischen Rahmen der allgemeinen und beruflichen Bildung sowie Beseitigung von Mobilitätshemmnissen.

Der Zwischenbericht 2004 führt eine Reihe von „Alarmsignalen" auf, die belegen, dass noch erhebliche Anstrengungen erforderlich sind, und zwar in Bereichen wie:

Nachholbedarf

- zu viele Schulabbrecher,
- zu wenig Frauen in den naturwissenschaftlich-technischen Studiengängen,
- zu niedrige Abschlussquoten auf Sekundarstufe II,
- unzureichende Schlüsselkompetenzen bei fast 20 % der Jugendlichen,
- zu geringe Teilnahme der Erwachsenen am lebenslangen Lernen,
- drohender Mangel an qualifizierten Lehrkräften und Ausbildern.

Im statistischen Anhang des Berichts sind für fünf Bereiche die für 2010 gesetzten Benchmarks dem erreichten Durchschnittwert der Europäischen Union gegenübergestellt, sowohl bezogen auf die beitretenden Länder als auch für beide Ländergruppen zusammen. Tabelle 1 führt die Werte im Überblick auf. Den Stand der Indikatoren gemäß Zwischenbericht 2006 zeigt Tabelle 2.

Benchmarks und Soll-Ist-Vergleich

Insgesamt zeichnet sich ab, dass die festgelegten Zielsetzungen der Lissabon-Strategie trotz Fortschritten in einigen Mitgliedsstaaten kaum noch erreichbar sind, da ganz offensichtlich versäumt wurde, die Reformen mit erforderlichem Nachdruck voranzutreiben. So beschloss der Europäische Rat im Rahmen der Halbzeitüberprüfung im März 2005, dem Reformprozess neue Impulse zu geben und die Prioritäten auf Wachstum und Beschäftigung auszurichten.[27]

Der Stellenwert allgemeiner und beruflicher Bildung wie auch die bildungspolitische Zusammenarbeit in der EU hat sich mit den Beschlüssen von Lissabon grundlegend gewandelt. Erstmals wurden Bildung und Berufsbildung als wichtige Instrumente zur Erreichung eines strategischen Ziels der Europäischen

Veränderte bildungspolitische Zusammenarbeit

---

[26] Vgl. Allgemeine und berufliche Bildung 2010. Die Dringlichkeit von Reformen für den Erfolg der Lissabon-Strategie. Gemeinsamer Zwischenbericht des Rates und der Kommission über die Maßnahmen im Rahmen des detaillierten Arbeitsprogramms zur Umsetzung der Ziele der Systeme der allgemeinen und beruflichen Bildung in Europa. Amtsblatt der Europäischen Gemeinschaften C 104 vom 30.04.2004, S. 8

[27] Vgl. Fischer-Weltalmanach 2007. Frankfurt a. M., 2006, S. 582

Union herausgestellt.[28] Die Union befindet sich auf dem Weg, die früher eher zersplitterten Einzelprogramme in eine gemeinsame Struktur einzubinden, und zwar unter der Prämisse des lebenslangen Lernens. Die Mitgliedsstaaten werden daher in weitaus stärkerem Maße mit der Notwendigkeit konfrontiert, konkrete und auch quantifizierte Zielsetzungen innerhalb einer bestimmten Frist zu erreichen. Sie müssen sich untereinander dem Wettbewerb der Bildungs- und Berufsbildungssysteme stellen und sich an bewährten Verfahren aus anderen Staaten orientieren.

Tabelle 1:
Zwischenstand der Erreichung der Lissabon-Ziele im Jahre 2004

	Benchmark 2010	Europäische Union	beitretende Länder	EU+ beitretende Länder
Schulabbrecher[1]	10 %	18,5 %	8,4 %	16,5 %
Hochschulabsolventen in Mathematik, Naturwiss. u. Technik (pro Jahr)	775.000	593.000	81.000	674.000
Anteil der 22-Jährigen, die mindestens die SEK II abgeschlossen haben	85 %	76 %	90,1 %	78,8 %
Schlüsselkompetenzen[2]	13,7 %	17,2 %	–	–
Teilnahme an Maßnahmen des lebenslangen Lernens	12,5 %	8,5 %	5,0 %	7,9 %
Investitionen in Humanressourcen[3]		4,9 %	4,9 %	4,9 %

[1] Anteil der 18-24-Jährigen, die lediglich über eine Abschluss der Sekundarstufe I verfügen und keine weiterführende Schul- oder Berufsausbildung absolvieren.
[2] Prozentsatz der Schüler, die höchstens die Kompetenzstufe I auf der PISA-Skala für Lesekompetenz erreichen (2000).
[3] Öffentliche Ausgaben für Bildung in Prozent des Bruttosozialprodukts. Ein Bezugswert ist hier nicht angegeben; doch geht aus den Daten im Arbeitsprogramm zur Umsetzung der Lissabon-Ziele hervor, dass die EU im Jahre 1999 mit durchschnittlich 5 % mit den USA gleichauf lag und besser als Japan (3,5 %) abschnitt, wobei die drei besten EU-Staaten eine Quote von 7,3 % aufwiesen.

Quelle: Allgemeine und berufliche Bildung 2010. Die Dringlichkeit von Reformen für den Erfolg der Lissabon-Strategie. Gemeinsamer Zwischenbericht des Rates und der Kommission über die Maßnahmen im Rahmen des detaillierten Arbeitsprogramms zur Umsetzung der Ziele der Systeme der allgemeinen und beruflichen Bildung in Europa. Amtsblatt der Europäischen Gemeinschaften C 104 vom 30.04.2004

Koordinierende Rolle der EU

So betonte der Direktor des CEDEFOP rückblickend auf die Entwicklung der berufsbildungspolitischen Zusammenarbeit in der EU, dass sich die entsprechenden Strategien grundlegend gewandelt haben. Nach dem Vertrag von Maastricht löste den ursprünglichen Top-down-Ansatz der 1980er Jahre eine Heran-

---

[28] Vgl. Fredrisson, Ulf: Changes of Education Policies within the European Union in the Light of Globalisation. In: European Educational Research Journal, Volume 2, Number 4, 2003, S. 523

gehensweise ab, die eher als Bottum-up-Verfahren konzipiert war. Dabei mangelte es allerdings noch an einer allgemeinen Koordination und übergreifenden Rahmenstruktur für die Entwicklung in den Mitgliedsstaaten. Der CEDEFOP-Direktor führt aus:

„Ich würde nicht behaupten, dass wir jetzt etwa versuchen, die Berufsbildung zu harmonisieren, keineswegs, doch es herrscht jetzt eine Ausgewogenheit zwischen der Zusammenarbeit und dem Wettbewerb, wobei der Kommission nach wie vor eine überaus wichtige koordinierende Rolle im Berufsbildungsbereich zukommt. Und beim lebenslangen Lernen können wir jetzt die Prozesse von Kopenhagen und Bologna viel besser miteinander vergleichen und sogar an gemeinsamen Zielen auf dem Gebiet der allgemeinen und beruflichen Bildung für das Jahr 2010 arbeiten."[29]

Tabelle 2:
Stand der Indikatoren zum Reformprozess Lissabon gemäß Zwischenbericht 2006

	Benchmark 2010	Stand 2005 bzw. frühere Jahre
Schulabbrecher	10 %	14,9 %
Hochschulabsolventen in Mathematik, Naturwiss. u. Technik (pro Jahr)	775.000	754.700
Anteil der 22-Jährigen, die mindestens die SEK II abgeschlossen haben	85 %	77,3 %
Schlüsselkompetenzen	15,5 %[1]	19,8 %
Teilnahme an Maßnahmen des lebenslangen Lernens	12,5 %	10,8 %
Investitionen in Humanressourcen[2]		5,22 %

[1] Im Jahre 2000 wurde in den 16 EU-Staaten, für die vergleichbare Angaben sowohl für 2000 als 2003 verfügbar waren, festgestellt, dass 19,4 % der Schüler höchstens die Kompetenzstufe I auf der PISA-Skala für Lesekompetenz erreichen. Die Zielvorgabe, die Zahl der betroffenen Jugendlichen um 20 % zu senken, führt damit zu einem neuen Zielwert von 15,5 %.
[2] Hierfür gibt es keinen exakten Richtwert; die Zielvorgabe lautet vielmehr, dass die Humankapitalinvestitionen pro Kopf von Jahr zu Jahr substanziell gesteigert werden sollen.

Quelle: Modernisierung der allgemeinen und beruflichen Bildung: Ein elementarer Beitrag zu Wohlstand und sozialem Zusammenhalt in Europa. Gemeinsamer Zwischenbericht 2006 des Rates und der Kommission über die Fortschritte im Rahmen des Arbeitsprogramms „Allgemeine und berufliche Bildung 2010". (2006/C 79/01) Amtsblatt der Europäischen Union vom 1.4.2006

Ausdrücklich wird im Bericht von 2006 auf die Doppelrolle der Systeme allgemeiner und beruflicher Bildung verwiesen; sie gelten einerseits als „Schlüsselfaktoren für das Potenzial eines Landes, herausragende Leistungen und Innovationen hervorzubringen und im Wettbewerb zu bestehen". Andererseits zählen sie zu den „Kernelementen der sozialen Dimension Europas", da Werte wie Solidarität, Chancengleichheit und gesellschaftliche Teilhabe vermittelt werden

Wirtschaftliche und soziale Dimension

---

[29] Interview mit Johan van Rens: „Es kann sieben bis acht Jahre dauern, bis sich aus einer Idee etwas Nützliches entwickelt." In: Cedefop info. Berufsbildung in Europa. Ausgabe 2/2005, S. 1

können. An die Mitgliedsstaaten wird appelliert: „Alle Bürger müssen ... kontinuierlich neue Kenntnisse, Fertigkeiten und Kompetenzen erwerben, wobei die besonderen Bedürfnisse der von Ausgrenzung bedrohten Menschen zu berücksichtigen sind. Dies leistet einen Beitrag zur Steigerung der Erwerbsquote und des Wirtschaftswachstums und sichert zugleich den sozialen Zusammenhalt."[30]

2.3 Zielsetzung der EU-Reformvorschläge im Überblick

Zielvorgaben Angesichts der Vielzahl der Empfehlungen und Beschlüsse der Europäischen Union zur Erreichung von mehr Effizienz und Transparenz in der beruflichen Bildung erscheint es angebracht, die zentralen Elemente der Reformbestrebungen zusammenzufassen. Die sich mit den Beschlüssen von Lissabon 2000 und den darauffolgenden Stellungnahmen der EU ergebenden Ansprüche an die berufliche Bildung in den Mitgliedsstaaten sind nachfolgend in Form von *Zielvorgaben* aufgeführt. Die ersten drei betreffen das EU-Reformpaket Lissabon 2000, die letzten zwei die schon zuvor empfohlenen Reformen zur beruflichen Bildung.

Europäischer Qualifikationsrahmen

Stufensystem Der Europäische Qualifikationsrahmen (EQR) bietet ein Referenzsystem für die nationalen Systeme und trägt zur Einrichtung eines echten europäischen Bildungsraums bei. Nachdem im Oktober 2007 auch das Europäische Parlament seine Zustimmung gegeben hat, ist der EQR definitiv beschlossen. Demnach sind nun nationale Qualifikationsrahmen zu erarbeiten, die alle Bereiche des Berufsbildungswesens einbeziehen. Im nächsten Arbeitsschritt ist die Zuordnung zu den acht Stufen des EQR festzulegen.

Modularisierung und Leistungspunktesystem Die Operationalität des Europäischen Qualifikationsrahmens setzt voraus, dass die einzelnen Abschlüsse und Module mit Leistungspunkten versehen werden, wie im Hochschulbereich mit dem ECTS-System schon praktiziert.

Lebenslanges Lernen

Nationale Strategie In der europäischen Berufsbildungspolitik hat sich eine Verlagerung der Schwerpunkte von der Erstausbildung zu kontinuierlichen Prozessen des lebenslangen Lernens vollzogen, die bessere Voraussetzung für eine langfristige Beschäftigungsfähigkeit und den individuellen Aufstieg schaffen. Alle EU-Bürger sollen auf allen Altersstufen Zugang zum lebenslangen Lernen haben, so fordert es das EU-Arbeitsprogramm 2002. Hierfür sind kohärente und umfassende nationale Strategien zu entwickeln.

Informelles Lernen Laut Kopenhagen-Erklärung sollen die EU-Staaten gemeinsame Grundsätze zur Validierung nicht formalen und informellen Lernens erarbeiten. Die Europäische Kommission setzte auch eine Arbeitsgruppe zur Formulierung entspre-

---

[30] Zwischenbericht 2006, a.a.O., S. 1

chender Vorschläge ein. Diese betonte, es gehe darum, das gesamte Spektrum der Qualifikationen und Kompetenzen des Einzelnen sichtbar zu machen und zu bewerten, und zwar unabhängig davon, in welchen Zusammenhängen diese erworben wurden. Die nationalen Validierungsverfahren sollen im Sinne der europäischen Kohärenz und Vergleichbarkeit gestaltet sein.[31]

Laut Kommuniqué von Maastricht sollen Barrieren zwischen der Berufsbildung und der allgemeinen Bildung abgebaut werden. Gefordert ist zudem die Erhöhung der Durchlässigkeit zwischen Aus- und Weiterbildung sowie Hochschulbildung. Das Kommuniqué von Helsinki vom Dezember 2006 unterstreicht dies erneut: Die berufliche Bildung soll flexibel und individuell genutzt werden können und bessere Voraussetzungen für den Übergang ins Berufsleben und den Zugang zur Weiterbildung, einschließlich Hochschulbildung schaffen.

Mobilität und Durchlässigkeit

Qualifikationsbedarf und Berufsbildungsangebote
Frühzeitige Ermittlung des Qualifikationsbedarfs und entsprechende Planung der Berufsbildungsangebote sind unerlässlich für die Nachwuchssicherung und einen funktionstüchtigen Arbeitsmarkt, der der Wirtschaft in Zeiten verschärften internationalen Wettbewerbs Fachkräfte entsprechend der sich rasch verändernden Qualifikationserfordernisse sichert.

Deckung des Fachkräftebedarfs

Wie es das Kommuniqué von Helsinki nochmals hervorhebt, soll die Qualität der Berufsbildung durch frühzeitige Ermittlung nachgefragter Kompetenzen und Planung der Berufsbildungsangebote gesteigert werden.

Angesichts des sich abzeichnenden bzw. schon bestehenden Fachkräftemangels in verschiedenen Schlüsselbereichen der Wirtschaft erscheint dies für die Sicherung der wirtschaftlichen Leistungsfähigkeit von besonderer Bedeutung. Eine bedarfsgerechte Planung der Berufsbildungsangebote stellt ebenfalls eine Grundvoraussetzung für den ökonomischen Einsatz der finanziellen Ressourcen dar.

Bildungsökonomie

Rascher Übergang in die Ausbildung
In ihren Grundsätzen einer gemeinsamen Politik der Berufsbildung von 1963 einigten sich die EWG-Mitgliedsstaaten u. a. darauf, dass jeder Jugendliche eine angemessene Berufsausbildung erhalten soll und dafür geeignete Ausbildungseinrichtungen zu schaffen sind. Es geht um die Gewährleistung, „die zur Ausübung einer bestimmten Berufstätigkeit notwendigen fachlichen Kenntnisse und Fertigkeiten" erwerben zu können.[32] Ziel ist eine auf der Grundlage der allgemeinen Schulbildung so umfassend gestaltete Berufsausbildung, dass sie die Persönlichkeitsentwicklung fördert und den Erfordernissen des technischen Fortschritts sowie der sozialen und wirtschaftlichen Entwicklung gerecht wird.

Vorhandensein von Ausbildungseinrichtungen

---

[31] Vgl. Europäische Kommission: Gemeinsame Grundsätze für die Validierung des formalen und des informellen Lernens. Brüssel, GD EAC B/1 JBJ 03.03.04

[32] Beschluss 63/266/EWG des Rates über die Aufstellung allgemeiner Grundsätze für die Durchführung einer gemeinsamen Politik der Berufsausbildung. ABl. 63 vom 20.4.1963

Vermeidung von Warteschleifen

Die angesprochenen Grundsätze stellen insbesondere heraus, dass jede „nachteilige Unterbrechung" zwischen dem Abschluss der allgemeinen Schulbildung und dem Beginn der Berufsausbildung zu vermeiden ist.[33] Eine solche Vorgabe steht der Etablierung von Übergangssystemen in der Phase zwischen Schulabschluss und Ausbildungseintritt entgegen.

Effizientes und integriertes Dualsystem

Erfahrungslernen und systematische Ausbildung

Mit den Empfehlungen zur Alternanz 1979 erfuhr die berufliche Ausbildung im Zusammenwirken von betrieblichem Erfahrungslernen und systematischer Unterweisung in Schulen oder Bildungszentren eine besondere Aufwertung.

Ein zentrales Kriterium der Ausbildung im alternierenden System ist die Kooperation von Betrieb und Schule bzw. Bildungszentrum nach klaren Vorgaben. Nach dem Wortlaut der Entschließung des Rates der Europäischen Gemeinschaften ist gefordert[34]:

„Die Mitgliedstaaten fördern die Entwicklung effektiver Verbindungen zwischen der Ausbildung und der am Arbeitsplatz gewonnenen Erfahrung. Diese Verbindung erfordert die Aufstellung koordinierter Programme sowie die Errichtung von Strukturen, die eine Zusammenarbeit zwischen den betreffenden Verantwortlichen ermöglichen."

Integration der Berufsbildung ins Gesamtsystem

Nach den Ratsempfehlungen sollen die zuständigen nationalen Stellen dafür Sorge tragen, „dass die verschiedenen Formen der alternierenden Ausbildung und der vollzeitschulischen Ausbildung – gegebenenfalls durch Vergabe derselben Diplome – aufeinander abgestimmt sind, um den Übergang zwischen den verschiedenen Ausbildungszweigen zu erleichtern".

Das Modell der Alternanz zielt also auf eine effiziente Verbindung der beiden genannten grundlegenden Lernformen und die volle Integration derartiger Berufsbildungsgänge in das Berufsbildungssystem in seiner Gesamtheit. Dementsprechend wies der Rat auch darauf hin, dass das Niveau der erworbenen Kenntnisse oder der Inhalt der abgeschlossenen Kurse den Zugang zu weiterer Berufsausbildung oder allgemeiner Ausbildung erleichtern sollte.

Abgleich mit dem deutschen System

Die aufgeführten Zielvorgaben des EU-Reformpakets, das auf der Grundlage des Lissabonner Gipfels aufgestellt worden ist, sowie die Anforderungen an die berufliche Bildung, die sich aus den relevanten älteren Beschlüssen und Grundsätzen der EU ergeben, erschließen in ihrer Gesamtheit zentrale Effizienzkriterien und Gestaltungsgrundsätze für die berufliche Bildung. In Teil 5 dieser Untersuchung wird im Detail darauf eingegangen, inwieweit das deutsche System diesen Anforderungen entspricht.

---

[33] Ebd.
[34] Kommission der Europäischen Gemeinschaften: Alternierende Ausbildung für Jugendliche (Mitteilung der Kommission an den Rat). KOM(79) 578 vom 29.10.1979

Teil 3
Lebenslanges Lernen als bahnbrechender Reformansatz

Bestrebungen, das Lernen außerhalb des formalen Bildungswesens in die Entwicklung des Humankapitals einzubeziehen, sind nicht neu. So trat bereits in den Jahren um 1970 das Lernen nach der obligatorischen Schulzeit in den Blickpunkt internationaler bildungspolitischer Diskussionen. Unter anderem wurde dabei darauf verwiesen, dass das formale Lernen nur einen Teil der vielschichtigen Prozesse des Erwerbs von Kenntnissen, Verhaltensweisen und Kompetenzen bildet.

Bedeutung des informellen Lernens

Die verschiedenartigen Wege und Formen des Lernens sowie des Kompetenzerwerbs verstehen sich als kontinuierlicher Prozess, der die Lebensspanne in ihrer Gesamtheit umfasst. Von besonderer Bedeutung erscheint hierbei die Komplementarität von formalem, nicht-formalem und informellem Lernen, die speziell die Entwicklung von Handlungskompetenz wie auch den dauerhaften Erhalt der Beschäftigungsfähigkeit begünstigt. Damit erfährt insbesondere das Lernen aus individuell gewonnener Erfahrung eine erhebliche Aufwertung.

Eine Kommission der UNESCO, geleitet von Edgar Faure, stellte Anfang der 1970er Jahre fest, dass menschliches Lernen nur zu etwa 30 % in Bildungseinrichtungen stattfindet und wies darauf hin, dass in der Regel jeder Einzelne permanent und gleichsam beiläufig in seinen Lebens- und Berufszusammenhängen lernt.[1] Dieses Lernen zu fördern und auch zu validieren, ist daher von grundlegender Bedeutung. Die Notwendigkeit der Anerkennung und Zertifizierung des informellen Lernens führte in einigen europäischen Staaten bereits zur Verankerung entsprechender Regelungen auf gesetzlicher Grundlage.

Lernen außerhalb von Bildungseinrichtungen

Vor der Darstellung von Kernelementen und Grundbedingungen des lebenslangen Lernens sowie dessen Ausbaustand in Deutschland stehen als Einführung die folgenden Abschnitte im Vordergrund: Entwicklungsstufen (a), Initiativen der EU (b) und Verändertes Bildungsverständnis (c).

a) Entwicklungsstufen

Der folgende Rückblick beschäftigt sich mit der frühen Entwicklung des Reformansatzes *lebenslanges Lernen*. Zu unterscheiden sind dabei einmal Vorstellungen der Reformpädagogik, die sich überwiegend auf Erfahrungen aus den Entwicklungsländern stützten, weil es dort trotz verstärkter Ausbaubemühungen

Alternativen zur formalisierten Bildung

---

[1] Vgl. Overwien, Bernd: Internationale Sichtweisen auf „informelles Lernen" am Übergang zum 21. Jahrhundert. In: Otto, Hansuwe; Coelen, Thomas (Hrsg.): Ganztagsbildung in der Wissensgesellschaft. Wiesbaden 2004, S. 51–73, hier S. 52

bisher kaum gelang, Fortschritte in Richtung auf ein effizienteres und gerechteres Erziehungswesen zu erzielen. Zum anderen widmeten sich supranationale Organisationen speziell der Untersuchung von Bildungsmöglichkeiten außerhalb des formalen Erziehungswesens in jedem Lebensalter.

Abbau von Bildungsprivilegien

Die Reformpädagogen entwickelten nach Intention und Konsequenz unterschiedliche Ansätze. Als Initiatoren sind hier beispielsweise Ivan Illich und Hartmut von Hentig zu nennen. Ivan Illich opponierte gezielt gegen die Allmacht der Schule und lehnte jegliche Art gesellschaftlicher Institutionen ab, die nach seiner Überzeugung nur Reproduktionsmechanismen einer auf Unterdrückung begründeten Ordnung sind.

Er sah die Schule als ein „geplantes Verfahren ..., das den Menschen für eine geplante Welt zurechtschleift".[2] Dabei spielte auch der Gedanke des „heimlichen Lehrplans" (hidden curriculum) eine große Rolle, wonach in allen Schulen neben den offiziellen Lerninhalten gewollt oder ungewollt Verhaltensmuster und Wertvorstellungen vermittelt werden, die auf eine Stabilisierung der bestehenden Verhältnisse und Hierarchien hinauslaufen.

Illichs Bild war geprägt durch Missstände in Lateinamerika, wo er Anfang der 1960er Jahre in der mexikanischen Stadt Cuernavaca das „Centro intercultural de documentación" (CIDOC) gründete, das ursprünglich zur Ausbildung von Entwicklungshelfern und Priestern bestimmt war und sich später zu einer Stätte der Erarbeitung alternativer pädagogischer Konzepte entwickelte.

„Entschulung" der Gesellschaft

Illich forderte die Abschaffung der Institution Schule, also die *Entschulung* der Gesellschaft, und als Alternative dazu den Ausbau des selbstbestimmten Lernens in Lernnetzwerken, wobei alle Menschen jederzeit Zugang zu Bildungsmöglichkeiten haben sollten. Schon damals forderte er die Anerkennung von Erfahrungswissen und stellte dazu fest:

„Wenn Fertigkeiten heute auf dem Bildungsmarkt knapp sind, so liegt das an dem institutionellen Erfordernis, daß dazu befähigte Leute ihre Fertigkeiten nicht vorführen dürfen, sofern ihnen nicht durch ein Diplom das staatliche Vertrauen ausgesprochen worden ist."[3]

In den USA und in Westeuropa fanden Illichs Thesen große Beachtung, unter anderem in Deutschland bei Hartmut von Hentig, der die Wirkungsmechanismen der Schule ebenfalls kritisch betrachtete, aber wesentlich gemäßigtere Schlussfolgerungen zog. Dessen ungeachtet schlug er eine grundlegende Reform des Bildungswesens sowie den Abbau von Bildungsprivilegien vor.[4]

---

[2] Illich, Ivan: Entschulung der Gesellschaft. Entwurf eines demokratischen Bildungssystems. Hamburg 1973, S. 114
[3] Ebenda, S. 95
[4] Vgl. Hentigs Schriften „Cuernavaca oder: Alternativen zur Schule?" Stuttgart 1972 sowie „Die Schule im Regelkreis." Stuttgart 1973

In jener Zeit befassten sich insbesondere UNESCO und Europarat intensiv mit der *éducation permanente*. So stellte der ehemalige französische Bildungsminister Edgar Faure die *permanente Erziehung* als Leitgedanken jeder zukunftsorientierten Bildungspolitik dar, wie es der 1970 veröffentlichte UNESCO-Bericht „Wie wir leben lernen" erläutert.[5] Darin übt Edgar Faure Kritik am bisherigen Bildungswesen und fordert, dass der Erziehungsprozess in die Erwachsenenbildung einmünden solle. Er verlangt grundsätzliche Alternativen statt partieller Reformen und nennt als eines der Ziele das „Aufweichen der Institutionen", womit gemeint ist: „Bildung muß auf vielfältige Weise erworben werden können; wichtig ist dabei nicht, welchen Weg das Individuum gewählt, sondern was es gelernt hat."[6]

Konzeptionen supranationaler Organisationen

Der 1973 erschienene Bericht der OECD „Recurrent Education" sprach sich ausdrücklich für eine Aufwertung des Lernens von Erwachsenen aus, um den Anforderungen einer sich wandelnden Arbeitswelt und Gesellschaft gerecht zu werden.[7] *Recurrent education* ist danach als wiederholter Einschub von Lernphasen im Lebenslauf zu verstehen, und zwar im Wechsel mit Phasen der Erwerbsarbeit wie auch Lernaktivitäten in der Freizeit und im Ruhestand.

Aufwertung des Lernens im Erwachsenenalter

Ein Unterschied zwischen diesem Modell und den Konzepten von UNESCO und Europarat kann darin gesehen werden, dass die beiden letztgenannten Organisationen das lebenslange Lernen in einer umfassenden Perspektive der persönlichen, sozialen und beruflichen Entwicklung sehen, während bei *recurrent education* die Lernphasen eher als Perioden formalisierten Lernens betrachtet werden.

Die oben skizzierte erziehungswissenschaftliche Diskussion, die schließlich zur Programmatik *lebenslanges Lernen* führte, zog zunächst kaum bildungspolitische Konsequenzen nach sich. Im angelsächsischen Raum allerdings spielten informelle Lernprozesse schon früh eine erhebliche Rolle. So wurde der Terminus *informelles Lernen* in den USA Anfang der 1990er Jahre als Oberbegriff definiert, der sowohl unbeabsichtigtes und unbewusstes beiläufiges Lernen wie auch bewusstes absichtliches Lernen im außerschulischen Bereich einschließt.[8]

Bildungspolitische Konsequenzen

Gleichzeitig vollzogen sich in den Wirtschafts- und Sozialsystemen der Industrienationen einschneidende Veränderungen wie demografischer Wandel und Übergang von der Industrie- zur Wissensgesellschaft. Dadurch gewann die Frage nach der Rolle des Bildungssystems bei Bewältigung dieser Entwicklungen erneut entsprechende Aktualität.

---

[5] Vgl. Faure, Edgar/Herrera, Felipe u. a.: Wie wir leben lernen. Der Unesco-Bericht über Ziele und Zukunft unserer Erziehungsprogramme. Reinbek 1973, S. 246
[6] A.a.O., S. 251
[7] Vgl. OECD (Organisation for Economic Co-Operation and Development): Recurrent Education. A Strategy for Lifelong Learning. Paris 1973
[8] Vgl. Dohmen, Günther: Das informelle Lernen. Die internationale Erschließung einer bisher vernachlässigten Grundform menschlichen Lernens für das lebenslange Lernen aller. Hrsg.: BMBF. Bonn 2001, S. 19

Anlässlich der Konferenz des Jahres 1996 befassten sich die Erziehungsminister der OECD-Staaten mit der *Realisierung eines lebenslangen Lernens für alle* als entscheidendem Ziel der Bildungspolitik. Erkannt wurde damals, dass dies für die wirtschaftliche Prosperität von Bedeutung sein müsse. So verständigte man sich auf folgende Schwerpunkte zur Umsetzung des lebenslangen Lernens[9]:
- Grundlagen in den ersten Lebensjahren stärken
- Übergänge zwischen Arbeitswelt und Lernprozessen ermöglichen
- Rollen von Sozialpartnern und Regierungen überdenken
- Anreize für Investitionen in das lebenslange Lernen schaffen

Im deutschsprachigen Raum wurden Überlegungen dieser Art insbesondere durch Publikationen des Erziehungswissenschaftlers Günther Dohmen verbreitet, der sich in einem Gutachten auch mit der diesbezüglichen internationalen Entwicklung befasste.[10]

Veränderte Aufgaben in den 90er Jahren

Anfang der 1990er Jahre hatten die europäischen Volkswirtschaften einen tief greifenden strukturellen Wandel zu bewältigen, der insbesondere durch veränderte Produktionsverfahren sowie neue Handelsströme und Investitionsmuster in Erscheinung trat. Dies führte in den EU-Staaten zu hoher struktureller Arbeitslosigkeit bei gleichzeitig wachsenden Qualifikationslücken und Diskrepanzen zwischen Arbeitskräfteangebot und Nachfrage. Zur Lösung dieser Probleme richtete sich der Blick der Europäischen Union demzufolge verstärkt auf den Bildungssektor.

b) Initiativen der EU

Neue Herausforderungen

Im Mittelpunkt der Überlegungen standen dabei Wege zur Sicherung der Beschäftigungsfähigkeit. Unter anderem befasste sich damit das Weißbuch der Europäischen Kommission „Wachstum, Wettbewerbsfähigkeit, Beschäftigung. Herausforderungen der Gegenwart und Wege ins 21. Jahrhundert" aus dem Jahre 1994. Ein Jahr später erschien das Weißbuch „Lehren und Lernen. Auf dem Weg zur kognitiven Gesellschaft", das sich mit Wettbewerbsfähigkeit, Beschäftigung und europäischer Identität auseinandersetzte.

Auf EU-Beschluss wurde das Jahr 1996 zum „Europäischen Jahr des lebensbegleitenden Lernens" erklärt und dazu kommentiert:

„Einem lebensbegleitenden Lernen kommt eine wesentliche Rolle bei der Aufgabe zu, die persönliche Entfaltung dadurch zu gewährleisten, daß Werte wie Solidarität und Toleranz vermittelt und eine Teilnahme des Einzelnen an den demokratischen Entscheidungsprozessen gefördert wird. Lebensbeglei-

---

[9] OECD (Organisation for Economic Co-Operation and Development): Lifelong Learning for All. Meeting of the Education Committee at Ministerial Level, 16./17. Januar 1996. Paris 1996

[10] Dohmen, Günther: Das lebenslange Lernen. Leitlinien einer modernen Bildungspolitik. Hrsg.: Bundesministerium für Bildung, Wissenschaft, Forschung u. Technologie, Bonn 1996

tendes Lernen ist auch entscheidend für die Verbesserung der langfristigen Beschäftigungsaussichten."[11]

Die genannten Weißbücher sowie das Jahr des lebensbegleitenden Lernens markieren den Beginn des Engagements der Europäischen Union auf diesem Gebiet. So befasste sich bereits die Präambel des Vertrags von Amsterdam (1997) mit dem umfassenden Zugang zur Bildung, um durch ständige Weiterbildung einen möglichst hohen Wissensstand der Bevölkerung zu erreichen.

Die Thematik des *informellen Lernens* trat wenige Jahre später in den Blickpunkt des Europäischen Zentrums für die Förderung der Berufsbildung (CEDEFOP). In dessen Auftrag befasste sich Jens Bjørnåvold mit vergleichenden Untersuchungen zur Anerkennung des informellen Lernens in verschiedenen europäischen Staaten. Seine Formulierung von der Notwendigkeit des „Sichtbarmachens" nicht-formaler Lernprozesse übte einen nachhaltigen Einfluss auf die weitere Diskussion aus.[12] Bjørnåvold versteht informelles Lernen als Lernen außerhalb der formalen Bildungssysteme. Er unterscheidet dabei zwischen einem geplanten und einem ungeplanten Lernen und bezieht den engeren Begriff des informellen Lernens auf das im Wesentlichen ungeplante Erfahrungslernen.[13]
 Unterschiedliche Begrifflichkeit

Da aber die Übergänge zwischen den hier angesprochenen Lernformen fließend sind und in der Praxis die Abgrenzung zwischen einem mehr oder weniger geplanten Lernen nicht sinnvoll scheint, kann man informelles Lernen vereinfacht definieren als alles Selbstlernen, „das sich in unmittelbaren Lebens- und Erfahrungszusammenhängen außerhalb des formalen Bildungswesens entwickelt".[14]

In der Europäischen Union wurde das *lebenslange Lernen* in der jüngsten Zeit Grundlage für die Gestaltung aller Bildungsprozesse. Damit bildet es auch eine wesentliche Komponente zur Erreichung des vom Europäischen Rat in Lissabon im März 2000 gesetzten Ziels, die Wettbewerbsfähigkeit der Union wirksam zu steigern. Förderung von Beschäftigungsfähigkeit, sozialer Eingliederung, Bürgersinn und persönlicher Entwicklung des Einzelnen sind weitere Aspekte des lebenslangen Lernens im Rahmen der Lissabon-Strategie.
Lissabon 2000

Nach diesen Beschlüssen sollen das lebenslange Lernen sowie die Verbesserung der Transparenz von Qualifikationen Hauptbestandteile der Bemühungen sein, die Aus- und Weiterbildungssysteme in der EU sowohl auf den Bedarf der Wissensgesellschaft als auch auf die Notwendigkeit von mehr und besserer Beschäftigung

---

[11] 95/431/EG: Beschluß Nr. 2493/95/EG des Europäischen Parlaments und des Rates vom 23. Oktober 1995 über die Veranstaltung eines Europäischen Jahres des lebensbegleitenden Lernens (1996). Amtsblatt Nr. L 256 vom 26.10.1995, S. 0045 – 0048

[12] Vgl. Bjørnåvold, Jens: Making learning visible. Identification, assessment and recognition of non-formal learning in Europe. CEDEFOP, Thessaloniki 2000

[13] Vgl. Dohmen, G., a.a.O., S. 22

[14] Dohmen, G., a.a.O., S. 25

auszurichten.[15] In der Folgezeit hat die EU die angestrebten Ziele sowie entsprechende Maßnahmen in einer Reihe von Empfehlungen und Beschlüssen konkretisiert.

c) Verändertes Bildungsverständnis

Konsequenzen für das Bildungsverständnis

Die Anerkennung informellen Lernens und dessen Verknüpfung mit formal erworbenen Abschlüssen im Sinne eines Aufstiegs auf der Stufenleiter der Qualifikationen setzt ein neues Bildungsverständnis voraus, das in Abgrenzung zu Wilhelm von Humboldt das Erfahrungslernen in der Lebens- und Berufspraxis einbezieht und ihm sogar einen hohen Stellenwert beimisst.

Es stellt sich die Frage, inwieweit das historisch gewachsene deutsche Bildungsverständnis mit der neuen Auffassung vom Lernen als konstruktivem Verarbeiten von Eindrücken, Informationen und Erfahrungen in allen Lebensbereichen vereinbar ist. Als hilfreich erweist sich in diesem Zusammenhang eine Rückbesinnung auf den etymologischen Ursprung des Begriffs *Bildung*, wie sie G. Dohmen unternommen hat.

Er kommt zu dem Ergebnis, dass der Terminus *Bildung*, erstmals im Spätmittelalter im religiösen Kontext gebraucht, stets als Ausbildung bzw. Gestaltwerdung innerer Anlagen des Menschen verstanden wurde.[16] Diese Formung bedarf eines Vor- oder Leitbildes bzw. einer Auseinandersetzung mit Objekten, die ganz verschiedenartiger Natur sein können. Galt für die Aufklärung als Leitbild der *Mensch als Vernunftwesen*, der zum nützlichen Mitglied des Gemeinwesens geformt wird, so leitet den Neuhumanismus dagegen wahre, zweckfreie Menschenbildung jenseits der Niederungen von Gewerbe und Arbeit, idealisiert nach dem Modell des griechischen Altertums.

Einbeziehung von Naturwissenschaft und Technik

Der Bildungsbegriff ist also generell offen für die verschiedensten inhaltlichen Eingrenzungen. G. Dohmen stellte bereits 1966 in seiner Abhandlung „Was heißt Bildung" heraus:

„Ein Handwerker oder Werkmeister ist z. B. „gebildet", wenn er die sachlichen, wirtschaftlichen und gesellschaftlichen Zusammenhänge begreift, in denen seine Arbeit steht, wenn er seinen Lebenskreis als Mensch und Fachmann vernünftig, sachgerecht, verantwortungsvoll und grenzbewußt bewältigt, wenn er den konkreten Aufgaben, die das Leben ihm als Staatsbürger, als Arbeiter und als Mitmensch, Ehemann und Familienvater usw. stellt, gerecht zu werden vermag, ohne dabei selbstgerecht zu werden."[17]

---

[15] Vgl. Kommission der Europäischen Gemeinschaften: Vorschlag für eine Empfehlung des Europäischen Parlaments und des Rates zur Einrichtung eines Europäischen Qualifikationsrahmens für lebenslanges Lernen. KOM(2006) 479 endgültig, 2006/0163 (COD) vom 5.9.2006, S. 2

[16] Vgl. Dohmen, Günter: Wortgeschichtliche Grundlagen einer Renaissance des Bildungsbegriffs. In: Offenheit und Integration. Beiträge für das Zusammenwirken von Erwachsenenbildung, Wissenschaft und Medien. Bad Heilbrunn 1991, S. 13ff.

[17] Dohmen, Günther: Was heißt „Bildung"? In: Pädagogische Arbeitsblätter, 18. Jg., Heft 3/März 1966, S. 33–47; hier S. 40

Für die Gegenwart ist bedeutsam, dass auch Naturwissenschaft und Technik Objekte darstellen, die Bildungswert besitzen. Eine moderne Bildung braucht, wie G. Dohmen betont, den Bezug zur wissenschaftlich-technischen Realität.[18] Dass *Bildung* im klassischen Verständnis und *Lernen* nach heutiger Auffassung in ihrer Grundstruktur durchaus übereinstimmen, belegt die Notwendigkeit des eigenen Aktivwerdens, denn Bildung und Lernen sind abhängig vom Antrieb des Einzelnen, seine Anlagen in der Auseinandersetzung mit der Objektwelt zu entwickeln.[19] Beim lebenslangen Lernen wird daher die Selbstbestimmtheit des Lernprozesses besonders hervorgehoben.

Die Europäische Kommission legte im November 2001 verbindliche Definitionen für die Begriffe *formales*, *non-formales* und *informelles Lernen* fest und beseitigte damit das jahrelange terminologische Nebeneinander, wonach einige Experten den Ausdruck non-formales Lernen für jene Lernprozesse verwandten, die allgemein als informelles Lernen charakterisiert werden.[20] So wurden die Schlüsselbegriffe des Lernens wie folgt definiert[21]: **Europäische Terminologie**

– *Formales Lernen*
 Lernen, das üblicherweise in einer Bildungs- oder Ausbildungseinrichtung stattfindet, (in Bezug auf Lernziele, Lernzeit oder Lernförderung) strukturiert ist und zur Zertifizierung führt. Formales Lernen ist aus der Sicht des Lernenden zielgerichtet.
– *Nicht-formales Lernen*
 Lernen, das nicht in Bildungs- oder Berufsbildungseinrichtung stattfindet und üblicherweise nicht zur Zertifizierung führt. Gleichwohl ist es systematisch (in Bezug auf Lernziele, Lerndauer und Lernmittel). Aus Sicht der Lernenden ist es zielgerichtet.
– *Informelles Lernen*
 Lernen, das im Alltag, am Arbeitsplatz, im Familienkreis oder in der Freizeit stattfindet. Es ist (in Bezug auf Lernziele, Lernzeit oder Lernförderung) nicht strukturiert und führt üblicherweise nicht zur Zertifizierung. Informelles Lernen kann zielgerichtet sein, ist jedoch in den meisten Fällen nichtintentional (oder „inzidentell"/beiläufig).

Eine allgemein verbindliche Definition des Begriffs *lebenslanges Lernen* existiert noch nicht; doch kann davon ausgegangen werden, dass die nachstehende Formulierung der Kommission der Europäischen Gemeinschaften aus gesamteuropäi- **Definition**

---

[18] Vgl. Dohmen, G., a.a.O., S. 31
[19] Vgl. Dohmen, G.: Lebenslang Lernen – und wo bliebt die „Bildung"? In: Nuissl, E./Schiersmann, Ch./Siebert, H. (Hrsg.): Literatur und Forschungsreport Weiterbildung Nr. 49/Juni 2002. Bielefeld 2002, S. 8–14
[20] Vgl. Overwien, a.a.O., S.56
[21] Europäische Kommission, Generaldirektion Bildung und Kultur, Generaldirektion Beschäftigung und Soziales: Mitteilung der Kommission: Einen europäischen Raum des Lebenslangen Lernens schaffen. November 2001. KOM(2001) 678 endgültig, Anhang II, Glossar

scher Perspektive die breiteste Akzeptanz findet. Lebenslanges Lernen ist danach:
„Alles Lernen während des gesamten Lebens, das der Verbesserung von Wissen, Fähigkeiten, Kompetenzen und/oder Qualifikationen dient und im Rahmen einer persönlichen, bürgergesellschaftlichen, sozialen bzw. beschäftigungsbezogenen Perspektive erfolgt."[22]

Der Beitrag von Michael Brater „Was ist informelles Lernen und wie geht es vor sich?" erläutert die verschiedenen Dimensionen von Lernprozessen und insbesondere das Lernen durch praktisches Handeln (vgl. S. 425).

Einbezogene Untersuchungsfelder

Die folgenden Kapitel befassen sich mit den Kernelementen des lebenslangen Lernens und deren Realisierung in Deutschland. Einbezogen sind auch exemplarische Hinweise auf den Stand in ausgewählten Nachbarstaaten. So ergibt sich folgende Gliederung:

– *Modularisierung und Zertifizierung zur Förderung des Erfahrungslernens (3.1)*
Die zentrale Position des Erfahrungslernens in der beruflichen Bildung steht im Mittelpunkt dieses Kapitels. Behandelt wird auch die modulare Gliederung von Ausbildungsgängen mit entsprechender Zertifizierung sowie die Bedeutung der Prüfungsinstitutionen.

– *Formales und informelles Lernen im Verbund (3.2)*
Das Kapitel geht auf die Notwendigkeit ein, berufliche Bildung als Element eines offenen Gesamtsystems zu gestalten und Eigeninitiativen zum Ausbau der beruflichen Qualifizierung anzuregen. Mit Blick auf die gesellschaftliche Relevanz des lebenslangen Lernens werden Chancengleichheit beim Bildungszugang und Ausschöpfung bisher brachliegender Kompetenzpotenziale angesprochen.

– *Derzeitiger Stand des lebenslangen Lernens (3.3)*
In Deutschland befindet sich die Ausrichtung auf das lebenslange Lernen noch weitgehend in einer experimentellen Phase mit einer Fülle vom Modellvorhaben. Dabei ist eine Einengung auf die Teilnahme an vollschulischen Maßnahmen sowie auf die betriebliche Weiterbildung erkennbar. In Gegenüberstellung dazu geht dieses Kapitel auf die Situation in Frankreich und der Schweiz ein.

3.1 Modularisierung und Zertifizierung zur Förderung des Erfahrungslernens

Zentrale Position des Erfahrungslernens

Seit den frühesten Anfängen beruflicher Bildung fördert und ermöglicht das *Erfahrungslernen* den Erwerb von Fachkenntnissen, Verhaltensweisen und Kompetenzen. Das Lernen durch Erfahrung bestimmte bereits die Ausbildung in der handwerklichen Lehre zur Zunftzeit und versteht sich auch heute noch als Kern des dualen Systems. R. und H. Wefelmeyer bezeichneten 1959 das Erfah-

---

[22] Kommission der Europäischen Gemeinschaften: Arbeitsunterlage der Kommissionsdienststellen. Auf dem Weg zu einem Europäischen Qualifikationsrahmen für lebenslanges lernen. Brüssel, 08.07.2005, SEK (2005) 957, S. 57

rungslernen als „Hauptinhalt der betrieblichen Berufserziehung".[23] Wie K. Stratmann darstellt, stand weit über die Zunftzeit hinaus bei der Betriebslehre der Erziehungsgedanke im Vordergrund.[24] Hinzu kommt, dass gegenüber der vollschulischen Berufsausbildung die frühe Integration ins Betriebsgeschehen als entscheidender Vorteil gilt. Dies wird auch in heutiger Zeit hervorgehoben und beispielsweise von Seiten der Arbeitgeber wie folgt unterstrichen: „Der Lernort Betrieb sichert die praxisgerechte Vermittlung von Qualifikationen."[25]

Die Zertifizierung von Lernen aus Erfahrung parallel zur Mitarbeit im Betrieb ist gemäß BBiG § 45 Abs. 2 über den Weg der Externenprüfung möglich. Danach ist zur Abschlussprüfung zuzulassen, wer nachweisen kann, die eineinhalbfache Zeit, die für die planmäßige Ausbildung vorgeschrieben ist, in der betreffenden Fachrichtung tätig gewesen zu sein. In Deutschland besteht also schon heute die Möglichkeit, in der Breite der anerkannten Ausbildungsberufe das Erfahrungslernen zu zertifizieren.

Externenprüfung nach Erfahrungslernen

Gemäß BBiG sind zur Prüfung auch Absolventen entsprechender schulischer Ausbildungsgänge zuzulassen, wenn ein „angemessener Anteil an fachpraktischer Ausbildung" gewährleistet ist (§ 43 Abs. 2). So führt die Statistik die Anteile beider Zugangswege auf: Im Jahre 2005 waren 82,6 % der externen Prüflinge *Berufserfahrene*, der Rest mit 17,4 % Absolventen berufsbildender Schulen.[26] Je nach Bildungsbereich verschieben sich diese Anteile. So liegt beispielsweise der schulische Weg zur Kammerprüfung im Bereich Hauswirtschaft mit 63,5 % weit vor dem Weg des Erfahrungslernens.[27]

Der Anteil der allein nach entsprechendem Erfahrungslernen abgelegten Prüfungen blieb bisher insgesamt noch auf niedrigem Niveau. Das Erfahrungslernen mit diesem Weg der Zertifizierung erfolgt vor allem in eng geschnittenen Betä-

Keine Zertifizierung von Teilbereichen

---

[23] Wefelmeyer, Robert u. Hermann: Lexikon der Berufsausbildung und Berufserziehung. Wiesbaden 1959, S. 137

[24] Vgl. Stratmann, Karlwilhelm: Geschichte der beruflichen Bildung. In: Enzyklopädie Erziehungswissenschaft Bd. 9 Teil 1: Sekundarstufe II: Jugendbildung zwischen Schule und Beruf. Hrsg.: Blankertz, H., Derbolav, J.; Kell, A. u. Kutscha, G. Stuttgart 1995, S. 194. Dort wird H. Ehlers (1954) zitiert: „Es scheint mit eines der dringlichsten Anliegen zu sein, [...] daß eine Handwerkerfamilie in der Lage bleibt, einen Lehrling auszubilden, d. h. ihn nicht nur mit den technischen Aufgaben seines Berufes vertraut zu machen, sondern ihm auch eine Lebensanschauung und Haltung zu vermitteln, die ihn die überkommenen Werte eines ehrbaren Handwerks hochhalten läßt."

[25] Bundesvereinigung der Deutschen Arbeitgeberverbände (BDA) http://www.bda-online.de/www/bdaonline.nsf/id/Ausbildung

[26] Die Ausbildungsstatistiken weisen die Teilnehmerinnen und Teilnehmer an externen Prüfungen nach, mit Ausnahme des Bereiches Handwerk. Mit 29.631 externen Prüfungsteilnahmen im Jahre 2005 betrug ihr Anteil an allen Abschlussprüfungen 7,4 %. Der Anteil Externer ist nach Berufsbereichen sehr unterschiedlich; im Hauswirtschaftsbereich stellen sie fast die Hälfte (47,8 %) aller Prüflinge, in der Landwirtschaft 9,6 %, in Industrie und Handel 7,4 %, im Öffentlichen Dienst 5,8 % und in den Freien Berufen lediglich 0,5 %. Vgl. Berufsbildungsbericht 2007, S. 132

[27] Berufsbildungsbericht 2007, S. 133 (Übersicht 41)

tigungsfeldern.

In Deutschland fehlt bisher die Gliederung der Ausbildungsgänge nach Modulen oder Bausteinen. Ebenso fehlt die Möglichkeit, Teile umfangreicher und besonders anspruchsvoller Ausbildungsgänge im Sinne von Zwischenprüfungen zu zertifizieren.

a) Strukturierung von Ausbildungsgängen nach Teilbereichen

Ausrichtung auf Lebensberufe

Die Strukturierung von Ausbildungsberufen gemäß BBiG nach Bausteinen, Modulen oder anderen Teilbereichen erscheint in Deutschland gegenüber Systemen anderer Staaten dadurch erschwert, dass in der Diskussion zur Bestimmung und Eingrenzung von Einzelberufen das so genannte *Berufsprinzip* als zwingend einzuhaltendes Erfordernis gesehen wird.

Welche Zielsetzungen im Einzelnen mit diesem Terminus verfolgt werden, ist nicht ohne Weiteres verständlich. Mit Sicherheit ist allerdings sowohl die Bedeutung als *Lebensberuf* als auch die Verwandtschaft zum Modell der *Berufsschneidung* zur Zunftzeit erkennbar. Die Ausbildung der Lehrlinge erfolgte einerseits im Sinne der fachlichen Eingrenzung des jeweiligen Gewerbes, andererseits wird den Lehrherren zur Aufgabe gemacht, die Lehrlinge „zu geschickten und in ihrem Fache tüchtigen Staatsbürgern zu erziehen".[28] Der Beitrag von Friedemann Stooß geht auf Bedeutung des Berufsprinzips näher ein (vgl. S. 431). Zu berücksichtigen ist, dass in jener Zeit die Weiterentwicklung technischer Arbeitsabläufe nur langsam verlief; die Notwendigkeit, den Beruf zu wechseln, stand noch kaum zur Diskussion. In heutiger Zeit gilt die Gliederung von Ausbildungsordnungen nach Bausteinen oder Modulen im europäischen Raum bereits im Zuge der Neukonzeption als unverzichtbar.

Modellversuch Contrôle continu

In Frankreich wurden beispielsweise die Erstausbildungsgänge schon seit den 1970er Jahren nach Bausteinen strukturiert und auch unter dem Schlagwort *Contrôle continu* erprobt (vgl. Beitrag von Rolf Sitzmann, S. 473). So kam es schon damals zu einem von der Regierungsebene initiierten, gemeinsam mit Deutschland durchgeführten Modellversuch.[29] Er bezog auf beiden Seiten Ausbildungsberufe gleichen Niveaus ein wie Elektroanlageninstallateur, Maschinenschlosser und Betriebsschlosser. Mit dem Anlaufen dieses Vorhabens war es erforderlich, sowohl Lerninhalte für den betrieblichen als auch für den schulischen Teil zu konzipieren und einzugrenzen: Sie umschrieben als Bausteine eine konkrete Leistung und damit das Vorgehen in Schule und Betrieb. Jeder Baustein war im Verlauf der Ausbildung zu prüfen und als Leistungsnachweis zu zertifizieren.

Als besondere Zielsetzung dieses Modellversuchs galt, anstatt der alleinigen Lehrabschlussprüfung Leistungsnachweise im Sinne von Zwischen- oder Teilprüfungen zu erteilen.

---

[28] Stratmann, a.a.O., S. 177
[29] Vgl. Bundesgesetzblatt Teil I, Bonn, 21.7.1975: Verordnung über die Entwicklung und Erprobung einer neuen Ausbildungsform. S. 1985ff.

Nach Abschluss dieses Modellvorhabens wurden auf deutscher Seite allerdings keine Konsequenzen gezogen; es blieb also im Großen und Ganzen bei der Orientierung an der Lehrabschlussprüfung am Ende der Ausbildung.

Gegen die entsprechende Modularisierung von Ausbildungsberufen wandten sich auf deutscher Seite vor allen die zuständigen Institutionen für die Berufsbildung. Dazu die Stellungnahme des Instituts der Deutschen Wirtschaft in Köln[30]: *Stimmen gegen eine Modularisierung*

„Die Übernahme des Modulsystems für Deutschland scheidet aus, da sich die deutsche Praxis als so erfolgreich erwiesen hat. Deutsche Bildungsexperten führen noch weitere Gründe an:

(1) *Ordnungspolitische Gründe*: Das deutsche System des Berufskonzepts ist mit dem Modulsystem nicht vereinbar. Es erfüllt sehr viel besser die Anforderungen im Berufsleben als eine noch so hohe Summe von Teilqualifikationen.

(2) *Rechtliche Gründe*: Nach dem Berufsbildungsgesetz ist in Deutschland der Antritt einer Lehre von Jugendlichen unter 18 Jahren nur in anerkannten Ausbildungsberufen möglich. Module entsprechen dieser Voraussetzung nicht, auch nicht in Form von mehreren erworbenen Levels."

b) Prüfungen und Zertifizierungen in modularer Struktur

Das Fehlen einer Strukturierung nach Bausteinen oder Modulen in den beruflichen Ordnungsmitteln, die relativ selbstständige Lehr-/Lerneinheiten darstellen, wirkt sich schon lange Zeit mit steigender Tendenz negativ auf erforderliche Umorientierungen aus, wie z. B. den Berufswechsel. Die Ausrichtung auf einen neuen Beruf erfolgt in Deutschland über die so genannte Umschulung, wie sie nach inhaltlichen Vorgaben und Prüfungsregelungen in den §§ 58 bis 63 des BBiG (2005) geregelt ist. *Berücksichtigung von Modulen*

Dabei bleibt zumeist unberücksichtigt, ob und inwieweit der neu angestrebte Beruf mit dem ursprünglichen verwandt ist. Eine solche Umorientierung ist aufwändig und benötigt pro anno finanzielle Mittel in erheblicher Größenordnung.

Sofern allerdings der Bildungsgang modular strukturiert ist und zentrale Stellen für die Realisierung effizienter Weiterbildungsmaßnahmen bestehen, gelingt es bei notwendig werdender Umorientierung, die im bisherigen Beruf erworbenen Teilqualifikationen als Grundlage anzuerkennen und darauf aufbauend nur noch zum neuen Berufsziel fehlende Module anzufügen. Der Vergleich mit Frankreich zeigt, dass dort staatliche Stellen eingerichtet sind, wie z. B. die beiden zuständigen Institutionen GRETA und AFPA. Damit reduziert sich der erforderliche Weiterbildungsaufwand auf die neu zu absolvierenden Module.

Module können nicht allein zum Zweck des Umsteigens auf andere Berufe oder für den beruflichen Aufstieg, sondern auch zur Aktualisierung der bereits er- *Module als Bestandteile des Gesamtsystems*

---

[30] „Druck auf das duale System". Quelle: „iwd" vom 29.06.1995, Nr. 26, S. 6.

worbenen Qualifikation absolviert werden. In dieser Hinsicht ist Deutschland mit Blick auf die berufliche Mobilität beim Festhalten am Berufsprinzip, verstanden als Ausrichtung auf den Lebensberuf, im Nachteil. Noch immer fehlen Initiativen, um diese Situation zu ändern.

Module und Bausteine müssen sowohl im Dualsystem als auch im System der Vollzeitschulen übergreifend geplant und anwendbar sein. Sie sind also in ihrer Gesamtheit ins Berufsbildungssystem einzubinden. Es muss dann möglich sein, dass ein Absolvent betrieblicher Ausbildung ein Modul aus einem parallel angesiedelten schulischen Bildungsgang wählt, um seine Qualifikation zu ergänzen, und umgekehrt.

Duale und schulische Ausbildung   In Frankreich gelten die staatlicherseits verabschiedeten beruflichen Ordnungsmittel grundsätzlich sowohl für die berufsqualifizierenden Vollzeitschulen als auch für die betriebsgebundene Ausbildung. In der Schweiz ist dies ebenso der Fall; allerdings sind Vollzeitschulen dort nur außerhalb der deutschsprachigen Kantone von größerer Bedeutung. In Österreich bestehen als Alternative zur Dualausbildung berufsqualifizierende Vollzeitschulen der Stufe berufsbildende mittlere Schulen (BMS). Sie gehören etwa zur gleichen Ebene wie die betriebliche Lehre, sind aber von der Konzeption her fachlich breiter angelegt. Die berufsbildenden höheren Schulen (BHS) mit eingeschlossener Hochschulzugangsberechtigung liegen auf einer höheren Stufe. Der Aufbau auf dem Lehrabschluss oder der berufsbildenden mittleren Schule mit Zielsetzung Hochschulzugangsberechtigung erfolgt über die Absolvierung ganz bestimmter teilzeitig angebotener Fächer und das Ablegen der Berufsmaturität.

Strukturiertes Gesamtsystem   In der Diskussion um die Einstufung der Lehre innerhalb der EU zeigt sich deutlich, dass sich die derzeitige Position der Lehre in Deutschland als umfassende, aber auf unterer Qualifikationsebene angesiedelte Stufe insgesamt negativ auswirkt.[31] Es gilt also, das Berufsbildungssystem in dieser Hinsicht neu zu gestalten und dabei Landes- und Bundeszuständigkeiten zu koppeln, damit ein strukturiertes Gesamtsystem für die berufliche Bildung entstehen kann.

Neue Institutionen für Prüfungen und Zertifizierung   Der Lehrabschluss in der Schweiz gilt beispielsweise als ein eidgenössisches, also staatlicherseits erteiltes Fähigkeitszeugnis. Auch in Österreich stehen die Prüfungen zu Abschluss der Lehre unter staatlicher Aufsicht. Durchgeführt werden sie von den *staatlichen Lehrlingsstellen*, integriert in die Landeswirtschaftskammern; die Gesamtaufsicht liegt beim Landeshauptmann der betreffenden Region.

Mit Blick auf den Grundsatz des lebenslangen Lernens zeigt sich deutlich die Notwendigkeit, auf ganz verschiedenen Gebieten Prüfungen und Zertifizierungsmöglichkeiten zum Zweck des Aufstiegs ebenso wie des Umsteigens neu

---

[31] Vgl. Richtlinie 92/51/EWG, nach der die abgeschlossene Lehre zum Niveau 1 (Gesamtausbildungsdauer bis zu 12½ Jahre) zählt.

einzuführen. Dafür ist es notwendig, die Abschlüsse im Dualsystem ebenso wie in Vollzeitschulen je nach Niveaustufe ins Gesamtsystem des Berufsbildungswesens einzubinden. Das lebenslange Lernen umfasst immer Erstausbildung und Weiterbildung als Ganzes, wobei die Erstausbildung bereits in differenzierter Form eingeplant ist und Wahl- und Pflichtmodule unterscheidet. Erst damit kann die Anerkennung von Berufsbildungsabschlüssen im EU-Ausland in vollem Umfang sichergestellt werden.

Die Realisierung des lebenslangen Lernens erfordert also zwingend, Prüfungen und Zertifizierungen in das Gesamtsystem einzubeziehen. Die aufgezeigten Beispiele weisen auf die Bedeutung des Erfahrungslernens im Bereich der beruflichen Bildung hin. Dabei wird deutlich, dass durch die Anwendung des Grundsatzes lebenslanges Lernen, hier mit dem Schwerpunkt Erfahrungslernen, die berufliche Bildung eine erweiterte Fundierung erhält.

c) Erfahrungslernen in geplanter Form oder en passant absolviert

Das System der dualen Berufsausbildung beinhaltet durch die Einbeziehung des erfahrungsbezogenen Lernens am Arbeitsplatz Aspekte des informellen Kompetenzerwerbs, der didaktisch aufbereitet und in der Struktur des Gesamtsystems verankert ist.[32]

Lernen am Arbeitsplatz neu bewertet

In jüngerer Zeit erfuhr das Thema Erfahrungslernen in der Fachdiskussion eine Art Renaissance. Dabei spielten verschiedene Faktoren eine Rolle, ökonomische wie auch berufspädagogische. Dazu stellt beispielsweise der Beitrag von Grundwald und Rohs fest:

> „Während das Lernen in der Arbeit von Unternehmerseite vor allem aus ökonomischen Gründen präferiert wird, sprechen aus berufspädagogischer Sicht kognitionspsychologische Erkenntnisse und die zunehmende Bedeutung von Erfahrungswissen im beruflichen Alltag für diese Lernformen."[33]

Zu unterscheiden ist einerseits das Erfahrungslernen in Ausbildungsverhältnissen des dualen Systems, in denen Fähigkeiten und Kenntnisse gemäß Ausbildungsordnung in geplanter Form erworben werden, und andererseits Erfahrungslernen im Arbeitsvollzug, ohne dass die Betriebe eine besondere Hilfestellung leisten.

Zwei Wege

Betriebliche Lehrwerkstätten, die insbesondere in Großbetrieben erhebliche Teile der Ausbildungsarbeit übernehmen, werden in jüngerer Zeit teilweise abgebaut und damit die Ausbildung so weit wie möglich an den Arbeitsplatz selbst verlagert. Man spricht in diesem Zusammenhang von einer arbeitsintegrierten Gestaltung von Ausbildungsprozessen.

---

[32] Vgl. Frank, Irmgard: „Berufliche Bildung als Chance für lebensbegleitendes Lernen." Vortrag anlässlich einer Tagung in Bad Boll, 14./16. Mai 2004

[33] Grundwald, Stefan u. Rohs, Matthias: Zertifizierung informell erworbener Kompetenzen im Rahmen des IT-Weiterbildungssystems. In Straka, Gerald A. (Hrsg.): Zertifizierung non-formell und informell erworbener beruflicher Kompetenzen. Münster 2003, S. 207–221; hier S. 210

Rückblick auf die Entwicklung Diese Entwicklung steht auch im Zusammenhang mit Kooperation und Aufgabenverteilung zwischen Ausbildungsbetrieb und Berufsschule, denn die Art des Zusammenwirkens von Schule und Betrieb ist in Deutschland bis heute ungeregelt. Die unterschiedliche Einschätzung und Bedeutung des Erfahrungslernens in der Entwicklung der letzten Jahrzehnte soll anhand der folgenden Beispiele veranschaulicht werden.

Beispiele *Beispiel 1 (1959):*
In ihrem Lexikon der Berufsausbildung und Berufserziehung aus dem Jahre 1959 beschreiben R. und H. Wefelmeyer das Zusammenwirken von Betrieb und Schule wie folgt:
– „Die Sammlung selbstgemachter oder vom Meister und von Mitarbeitern mitgeteilter, durch Auseinandersetzung mit den Dingen und Verhältnissen erworbener Erfahrungen ist Hauptinhalt der betrieblichen Berufserziehung.
– Die in der Praxis erworbene Erfahrung ist ein Betriebskapital, von dem oft Berufserfolg und Aufstieg ... abhängen.
– In heutiger Zeit kann sich auch die Berufsausbildung nicht mehr allein auf die Erfahrung stützen, sondern muß von einer wissenschaftlich fundierten Grundlagenbildung ausgehen, die in den beruflichen Schulen zu legen ist."[34]

Die erworbenen Erfahrungen sind aus solcher Sicht Hauptinhalt der betrieblichen Berufsausbildung und verstehen sich als „Betriebskapital". Dies reicht allerdings nicht aus, weshalb die Berufsschule alle nur in systematischer Form zu erarbeitenden Inhalte gemäß Ausbildungsordnung zu bestreiten hat. R. und H. Wefelmeyer zeigten also sowohl die traditionelle Form der Aufgabenteilung in der betriebsgebundenen Ausbildung als auch die in heutiger Zeit geltenden Grundsätze.[35]

Beispiel 2 (1982):
In seinem *Kleinen Berufspädagogischen Lexikon* weist G. Grüner darauf hin, dass man vom Betrieb in stärkerem Maße eine gezielte Ausbildung erwartet. Er definiert die En-passant-Lehre wie folgt:
„(Provozierende) Bezeichnung für ein Ausbildungsverhältnis, in dem der Auszubildende nicht gezielt ausgebildet wird, sondern nur ‚nebenbei' (deshalb gelegentlich auch ‚Beilehre'). Kenntnisse und Fertigkeiten erwirbt er dabei durch das ‚Stehlen mit den Augen'."[36]

Beispiel 3 (1999):
Eine andere Sichtweise bietet das *Wörterbuch Berufs- und Wirtschaftspädagogik* von Kaiser/Pätzold: „Erfahrungslernen" als Stichwort fehlt dort. Unter dem Stichwort „Aufgaben von Betrieb und Schule" formuliert im gleichen Wörter-

---

[34] Wefelmeyer, R. u. H.: Lexikon der Berufsausbildung und Berufserziehung. Wiesbaden 1959, S. 137
[35] Vgl. Entschließung der Rates vom 18.12.1979 über die alternierende Ausbildung, a.a.O.
[36] Grüner, Gustav; Walter, Georg; Kahl, Otto: Kleines Berufspädagogisches Lexikon. Bielefeld 1982, S. 76

buch R. Zedler – in weitgehender Übereinstimmung mit deutschen Berufsschulpädagogen – wie folgt:

„Die berufspraktische Ausbildung findet im Betrieb statt, die berufstheoretische Unterweisung und der allgemeinbildende Unterricht in der Berufsschule."

In diesem Zusammenhang wird zwar auf das Lernen am Arbeitsplatz verwiesen, aber zugleich erwähnt, dass das Lernen durch eigene Lehrgänge im Betrieb ergänzt wird.

Es zeichnet sich also ab, dass in jüngerer Zeit dem Lernen im Betrieb unter Einschluss eigenen Unterrichts eine größere Bedeutung zukommt. So verweist das *Handbuch Berufsbildungsforschung 2006* unter dem Stichwort Lernortkooperation auf im Ausbildungsbetrieb erforderliche (Verselbständigung der Lernorte)
– Arbeitsplätze,
– Lehrwerkstätten und
– Unterrichts- bzw. Unterweisungsräume.

Nach dem anhand obiger Beispiele aufgezeigten Trend wird die duale Ausbildung also zunehmend im Sinne zweier unverbunden nebeneinander stehender, autonomer „Lernorte" verstanden.[37]

Als Nebeneffekt dieser deutlich erkennbaren Tendenz zur Verselbstständigung der *Lernorte Betrieb* und *Schule* gilt zweifelsfrei, dass seitens der zuständigen Stellen eine engere Kooperation mit den Berufsschulen noch immer nicht als erforderlich gesehen wird, denn sonst müssten den Schulen auch Rechte zugebilligt werden, wie es beispielsweise der Deutsche Ausschuss für das Erziehungs- und Bildungswesen mit der Forderung von gemeinsam durchgeführten Abschlussprüfungen unterstrichen hatte. (Zusammenwirken von Betrieb und Berufsschule)

So blieb es bei der überkommenen Formel für das Zusammenwirken der Betriebe mit den Berufsschulen: „Ausbildende haben Auszubildende für die Teilnahme am Berufsschulunterricht ... freizustellen." (§ 15, BBiG 2005) Die Berufsschule als Partner, der innerhalb der Gesamtausbildung spezielle Aufgaben übernimmt, bleibt unerwähnt. Als Prüfungsgegenstand (§ 38, BBiG 2005) ist Berufsschulwissen nur insofern relevant, als es sich um für die Berufsausbildung wesentlichen Lehrstoff handelt.

In jüngster Zeit finden sich allerdings auch Publikationen entgegengesetzter Auffassung. Diese wenden sich vehement gegen die Funktion der betrieblichen Ausbilder mit *Schwerpunkt Unterrichten*. Zu wenig Beachtung findet, dass das erfahrungsgeleitete Lernen parallel zur Arbeit im Betrieb als roter Faden gelten muss. Damit hat der Ausbilder folgende Funktion zu erfüllen: „Er ist nicht mehr Unterweiser, sondern Begleiter von Lernprozessen, der den Lernenden angemessene Aufgaben eröffnet, um Lernprozesse in Gang zu setzen ..."[38] (Rückbesinnung auf das Erfahrungslernen)

---

[37] Vgl. Rauner, Felix (Hrsg.): Handbuch Berufsbildungsforschung. 2. Aufl., Bielefeld 2006, S. 258ff.

[38] Brater, Michael/Bauer, Hans G. u. a.: Lern(prozess)begleitung in der Ausbildung. Wie man Lernende begleiten und Lernprozesse gestalten kann. Bielefeld 2006, S. 64

3.2 Formales und informelles Lernen im Verbund

Lebenslanges Lernen als Notwendigkeit

Im Herbst 2006 brachte die Europäische Kommission die Dringlichkeit und die umfassende Bedeutung des lebenslangen Lernens erneut zum Ausdruck, und zwar in besonders prägnanter Weise:

> „In einem Europa, das von einer rasanten Entwicklung in Technik und Wirtschaft sowie Überalterung geprägt ist, ist lebenslanges Lernen zu einer Notwendigkeit geworden. Für die Wettbewerbsfähigkeit der Europäischen Union und den sozialen Zusammenhalt ist es notwendig, dass die Bürgerinnen und Bürger ihre Kenntnisse, Fertigkeiten und Kompetenzen laufend auf den neuesten Stand bringen."[39]

Ab 2007 laufen demzufolge alle Bildungsprogramme der Union unter der zentralen Strategie des lebenslangen Lernens zusammen, um diese inhaltlich und strukturell weiterzuentwickeln. Untrennbar damit verbunden ist die Frage der Zertifizierung und Anerkennung der in solchen Lernprozessen erworbenen Kompetenzen.

Dominanz formalen Lernens

Das Bildungs- und Ausbildungssystem in Deutschland ist noch primär auf das formalisierte Lernen ausgerichtet. Unterstrichen wird damit, dass Deutschland das Land der Erstausbildung geblieben ist und demzufolge Wege zu höheren Bildungsabschlüssen über die Anrechnung des im informellen, außerschulischen Lernen erworbenen Niveaus bisher unzureichend ausgebaut worden sind. Die Realisierung des Prinzips *lebenslanges Lernen* bezieht aber Schulbildung und Weiterbildung ein und umfasst die Vielfalt aller Bildungsmöglichkeiten und deren Anerkennung.

Alternative Lernwege außerhalb des formalen Systems haben – wie immer wieder betont wird – in Deutschland kaum Tradition. So wird beispielsweise ausgeführt:

> „Formale Nachweise haben für den Zugang zum Arbeitsmarkt in der Bundesrepublik traditionell einen überragenden Einfluss. Sie sind für Absolventen der einschlägigen Bildungsgänge grundsätzlich entscheidend für die Sicherung der individuellen Arbeitsmarkt- und Beschäftigungsfähigkeit. Die formalen Qualifikationen haben einen zentralen Stellenwert für die Eingruppierung in geltende Tarif- und Entlohnungssysteme."[40]

Die Ausrichtung auf das lebenslange Lernen befindet sich in Deutschland weitgehend noch in einer frühen Phase und blieb bisher ohne Realisierungsschritte.

---

[39] Kommission der Europäischen Gemeinschaften: Vorschlag für eine Empfehlung des Europäischen Parlaments und des Rates zur Einrichtung eines Europäischen Qualifikationsrahmens für lebenslanges Lernen. KOM(2006) 479 endgültig, 2006/0163 (COD) vom 5.9.2006, S. 2

[40] Frank, Irmgard: „Berufliche Bildung als Chance für lebensbegleitendes Lernen." Vortrag anlässlich einer Tagung in Bad Boll, 14./16. Mai 2004

a) Berufliche Bildung im offenen Gesamtsystem

Die absolvierte berufliche Bildung versteht sich in Deutschland schwerpunktmäßig als in sich geschlossene Erstausbildungsgänge, die insgesamt auf den Hauptschulabschluss bezogen sind. Es dominieren unterhalb der Hochschulebene die anerkannten Ausbildungsberufe gemäß BBiG. De facto bestehen für diese keine geregelten Zugangsvoraussetzungen. In der Realität werden allerdings je nach Einzelberuf bestimmte Anforderungen schulischer Art bei Lehrantritt als erforderlich gesehen, wie z. B. die Hochschulreife für eine Reihe besonders anspruchsvoller Ausbildungsberufe. Demzufolge ist es schwierig, deutsche Abschlüsse des Dualsystems in die Struktur des Acht-Stufen-Systems der EU einzuordnen.

Konzentration auf anerkannte Ausbildungsberufe

Das auf wenige Berufsfelder zentrierte Angebot berufsqualifizierender Vollzeitschulen trägt nur wenig dazu bei, das Ausbildungsangebot im deutschen Bildungsgesamtsystem zutreffender zu differenzieren.

Zu dieser Problematik kommt die innere Strukturierung der Ausbildungsordnungen hinzu, die nicht darauf angelegt sind, den Brückenschlag zur Weiterbildung zu erleichtern, sondern, wie in den letzten Jahren immer häufiger, Ausbildungsberufe im Sinne von Einzelberufen weiter aufzufächern, um spezielle Qualifikationen sicherer einzugrenzen.

Fehlende Brücke zur Weiterbildung

b) Förderung von Eigeninitiativen zum Ausbau der beruflichen Qualifizierung

Wie eingangs bei den Erläuterungen zum neuen Bildungsverständnis dargestellt, ist Kompetenzerwerb im Rahmen des lebenslangen Lernens in erheblichem Maße selbstbestimmt und erfordert Eigeninitiativen.

Selbststeuerung von Lernprozessen

So ist die Lernbereitschaft bei den Erwerbstätigen zu wecken, was gleichzeitig auch den Erhalt ihrer Beschäftigungsfähigkeit sichert. Lernen im Erwachsenenalter – inner- und außerhalb der Erwerbstätigkeit – ist in hohem Maße selbstgesteuertes Lernen, das jedoch einer effizienten Unterstützung bedarf.

Der Begriff selbstgesteuertes Lernen kann in Anlehnung an die Kultusministerkonferenz definiert werden als konstruktives Verarbeiten von Informationen, Eindrücken und Erfahrungen, über dessen Ziele, inhaltliche Schwerpunkte, Wege und äußere Umstände die Lernenden im Wesentlichen selbst entscheiden.[41]

Der Einzelne entscheidet also, welche selbst- oder fremdorganisierten Lernmöglichkeiten jeweils in seinen Lernprozess einbezogen werden.

Die Bedeutung derartiger Lernprozesse wird von der KMK wie folgt hervorgehoben:

„Im Rahmen der stärkeren Selbstverantwortung der Individuen ... wird es notwendig aber auch möglich sein, ... Lernprozesse stärker selbst zu steuern und unabhängig von Ort und Zeit zu verwirklichen. ... Die Einrichtungen der

---

[41] Vgl. „Selbstgesteuertes Lernen in der Weiterbildung." Beschluss der KMK vom 14.04.2000 (http://www.kmk.org/doc/selbstlern.htm)

Weiterbildung werden ... zu unterstützenden Agenturen für diese Lernprozesse im Sinne von Information, Beratung und Coaching."[42]

Hilfestellungen und Rahmenbedingungen

Vermehrte Eigeninitiative bedarf geeigneter gesellschaftlicher Rahmenbedingungen für das Selbstlernen, die sich u. a. schaffen lassen durch
– Förderung der Entwicklung von Einrichtungen wie Lernberatungsstudios, Lernagenturen und virtuelle Akademien im Rahmen einer neuen Lerngesellschaft und Lernkultur;
– Deregulierung starrer Studien-, Prüfungs- und Dienstrechtsvorschriften sowie
– Bereitstellung von Fördermitteln für die Übernahme umfassender Serviceaufgaben für das informelle Lernen.[43]

Von besonderer Bedeutung ist es auch, die neuen Informations- und Kommunikationstechnologien im Hinblick auf ihre Unterstützungsfunktion beim selbstgesteuerten Lernen systematisch zu erproben und zu nutzen. In diesem Zusammenhang ist z. B. zu untersuchen, welche Kompetenzen und Vorkenntnisse für ein erfolgreiches internetbasiertes Lernen erforderlich sind und wie bildungsmäßig benachteiligte Menschen verstärkt einbezogen werden können.

Angesichts der immer häufiger vorkommenden Brüche im Erwerbsleben bzw. der Notwendigkeit einer ständigen Anpassung an veränderte Erfordernisse wird heute auch von berufsbiografischer Gestaltungsfähigkeit gesprochen. Diese ist als eine Basiskompetenz zu verstehen, die es ermöglicht, die Berufsbiografie eigenständig zu lenken und erfolgreich weiterzuentwickeln.[44] Die Grundlagen für derartige Fähigkeiten sind schon während der obligatorischen Schulzeit und in der beruflichen Erstausbildung zu legen. So kann die Stärkung der Fähigkeit zu eigenverantwortlichem Lernen als eine der wesentlichen Bildungsaufgaben gelten.

c) Gesellschaftliche Relevanz

Vernachlässigte Ressource

Die gesellschaftliche Tragweite des informellen Lernens ist eng mit dessen Bedeutung für den Einzelnen verbunden. Werden individuelle Kompetenzen nicht entwickelt und anerkannt, bedeutet das immer auch ein Brachliegen von Ressourcen, das sich gesamtgesellschaftlich negativ auswirkt. Dieser Aspekt hatte bereits in den frühen Überlegungen zum lebenslangen Lernen erhebliche Bedeutung.

Bewältigung des Strukturwandels

Die Bedeutung des informellen Lernens wird insbesondere vor dem Hintergrund des Strukturwandels gesehen, so beispielsweise in einer unlängst erschienenen Untersuchung, die sich mit *Weiterbildungspässen* beschäftigte:

---

[42] Ebenda
[43] Vgl. Dohmen 1996, a.a.O., S. 138
[44] Vgl. Munz, Claudia.: Berufsbiografie selbst gestalten. Wie sich Kompetenzen für die Berufslaufbahn entwickeln lassen. Beiträge zu Arbeit – Lernen – Persönlichkeitsentwicklung Bd. 2. Hrsg.: Gesellschaft für Ausbildungsforschung und Berufsentwicklung (GAB). Bielefeld 2005, S. 99ff.

„Bildungspolitisch gewinnt die Anerkennung ... auf informellen Wegen erworbener Lernergebnisse vor dem Hintergrund der wachsenden Erkenntnis an Bedeutung, dass die im Prozess des täglichen Lebens, während der Erwerbsarbeit, der häuslichen, Familien- oder ehrenamtlichen Arbeit und der in der Freizeit erworbenen fachlichen und überfachlichen Kompetenzen sowohl gesellschaftlich als auch wirtschaftlich ein großes, für den Strukturwandel dringend benötigtes Potenzial darstellen."[45]

Die bildungspolitische Bedeutung der Förderung und Anerkennung des informellen Lernens fasste Günter Dohmen in einigen Punkten zusammen. Im Vordergrund stehen demnach[46]:

Breite des Bedeutungsspektrums

– Erschließung bisher brachliegender Kompetenzpotenziale der Menschen und damit der ganzheitlichen personalen Bildung für ein besseres und souveräneres Zurechtkommen in einer unsteten Umwelt,
– Herstellung von mehr Chancengleichheit für diejenigen, die das formale Schulsystem nicht konsequent und erfolgreich durchlaufen konnten, und damit
– Überwindung einer gesellschaftlichen Bildungskluft sowie breitere bildungsmäßige Fundierung eines friedlich-vernünftigen demokratischen Zusammenlebens.

Andere Experten betonen die erhöhte Bedeutung von Zertifikaten angesichts eines sich verengenden Arbeitsmarktes, auf dem Personen ohne nachweisbare Kompetenzen kaum noch Chancen haben. Gleichzeitig sinkt der Wert von Zertifikaten; sie sind keine Garantie mehr für einen Arbeitsplatz in höher entlohnten und attraktiven Berufsfeldern. Ohne diese droht aber immer häufiger der Verlust der Erwerbsfähigkeit bzw. das Absinken auf einfache Arbeitsplätze mit minimalem Einkommen.

Sicherung der Beschäftigungsfähigkeit

In der deutschen Diskussion gibt es Stellungnahmen, wonach informell erworbene Kompetenzen vor allem für Randbelegschaften und damit für diejenigen, die sich nicht allein auf dem Markt behaupten können, als eine Möglichkeit des Einstiegs in die Erwerbstätigkeit wichtig sind. Für die Mehrzahl der Arbeitnehmer jedoch dürften Lernnachweise ganz generell an Bedeutung gewinnen, weil kontinuierliche Berufsbiografien seltener werden. Verstärkte Beachtung finden auch so genannte weiche Kompetenzen sowie erfahrungsorientiertes Lernen.[47] Allerdings weisen die Daten für Deutschland in den letzten Jahren rückläufige Teilnahmequoten an formaler beruflicher Weiterbildung aus.

---

[45] Weiterbildungspass mit Zertifizierung informellen Lernens. Machbarkeitsstudie im Rahmen des BLK-Verbundprojektes. Hrsg.: Bundesministerium für Bildung und Forschung (BMBF). Berlin 2004, S. 42
[46] Vgl. Dohmen, Günther: Das informelle Lernen. Die internationale Erschließung einer bisher vernachlässigten Grundform menschlichen Lernens für das lebenslange Lernen aller. Hrsg.: BMBF. Bonn 2001, S. 129
[47] Vgl. Weiterbildungspass mit Zertifizierung informellen Lernens. a.a.O., S. 43

Rückgang formalisierter Weiterbildung

Die gesamtgesellschaftliche Relevanz des informellen Lernens spiegelt sich auch in den statistischen Ergebnissen zur Weiterbildungsbeteiligung, die für Deutschland über das *Berichtssystem Weiterbildung* erhoben werden. Danach liegt die Beteiligung am informellen beruflichen Lernen wesentlich höher als die an formalisierter beruflicher Weiterbildung in Form von Lehrgängen oder Kursen. Formalisierte Weiterbildung nimmt seit dem Jahre 2000 kontinuierlich ab. Die Daten des Berichtssystems Weiterbildung selbst stammen aus Repräsentativbefragungen zur Weiterbildungsbeteiligung der Bevölkerung, die im Dreijahresturnus durchgeführt werden.

In diesen Übersichten ist das „Lernen durch Beobachten und Ausprobieren am Arbeitsplatz" nach den Umfrageergebnissen von 2003 die wichtigste Art informellen beruflichen Lernens; 38 % der befragten Erwerbstätigen im Alter von 19 bis 64 Jahren gaben an, davon profitiert zu haben.[48]

Europäische Perspektive

Eine der prägnantesten Formulierungen, mit denen die Europäische Union die Breite dieses Konzeptes zum Ausdruck brachte, lautet: „lebenslanges Lernen als Grundbestandteil des europäischen Gesellschaftsmodells."[49]

In den Verlautbarungen der Europäischen Union wird das lebenslange Lernen in aller Regel mit den Themen persönliche Entwicklung wie auch gesamtgesellschaftliche Relevanz in Verbindung gebracht.

Gemäß der offiziellen Erklärung zum „Europäischen Jahr des lebensbegleitenden Lernens" (1996) liegt die individuelle Bedeutung derartiger Lernprozesse insbesondere in der

„Förderung der persönlichen Entwicklung und der Eigeninitiative der Bürger, ... ihrer Mitwirkung am demokratischen Entscheidungsprozeß sowie ihrer Fähigkeit, sich an den wirtschaftlichen, technologischen und sozialen Wandel anzupassen".[50]

In einer anderen Passage wird speziell auf den sozialen Aspekt eingegangen:

„Ziel eines Ausbaus des lebensbegleitenden Lernens sollte es insbesondere sein, vorhandene Talente besser zu nutzen, soziale Ausgrenzung zu bekämpfen, Mädchen und Frauen ein größeres Spektrum an Berufsperspektiven zu eröffnen und zu einer Verringerung regionaler Ungleichgewichte beizutragen. Darüber hinaus kann eine Berufsperspektiven eröffnende Weiterbildung zur Lösung einiger sozialer Probleme beitragen."

Einbeziehung der Sozialpartner

Die Beschlüsse von Lissabon unterstreichen die Bedeutung des lebenslangen Lernens u. a. im Zusammenhang mit einer aktiven Beschäftigungspolitik in der

---

[48] Vgl. BMBF (Hrsg.): Berichtssystem Weiterbildung IX. Ergebnisse der Repräsentativbefragung zur Weiterbildungssituation in Deutschland. Bonn, Berlin 2005, S. 53
[49] Vgl. Europäischer Rat Lissabon, 23 u. 24. März 2000. Schlussfolgerungen des Vorsitzes
[50] 95/431/EG: Beschluß Nr. 2493/95/EG des Europäischen Parlaments und des Rates vom 23. Oktober 1995 über die Veranstaltung eines Europäischen Jahres des lebensbegleitenden Lernens (1996). Amtsblatt Nr. L 256 vom 26.10.1995, S. 0045 – 0048

EU zur Sicherstellung von mehr und besseren Arbeitsplätzen. Die Zielsetzung lautet[51]:

„Erreichung höherer Priorität für ein lebenslanges Lernen als Grundbestandteil des europäischen Gesellschaftsmodells, indem unter anderem Vereinbarungen zwischen den Sozialpartnern über Innovation und lebenslanges Lernen gefördert werden, indem die Komplementarität zwischen lebenslangem Lernen und Anpassungsfähigkeit durch flexible Gestaltung der Arbeitszeiten und Wechsel zwischen Ausbildung und Beschäftigung genutzt wird und indem eine europäische Auszeichnung für besonders progressive Unternehmen eingeführt wird; für die Fortschritte im Hinblick auf diese Ziele sollten Benchmarks geschaffen werden."

Im Lebensverlauf ergibt sich eine Abfolge von Bildungsinitiativen formeller und informeller Art. Einzubeziehen sind dabei auch alle Lernphasen, die sich en passant im Betrieb oder aus individuellem Antrieb ergeben. Denn nur durch die Anerkennung aller Lernmöglichkeiten erhält der Reformansatz des lebenslangen Lernens seine umfassende Bedeutung.

Das von der Kommission der Europäischen Gemeinschaften im Oktober 2000 vorgelegte „Memorandum über lebenslanges Lernen" hebt hervor, dass die Methoden der Bewertung von Lernbeteiligung und Lernerfolg deutlich zu verbessern sind, insbesondere im Bereich des nicht-formalen und des informellen Lernens. Begründet wird dies mit der Sicherung der Wettbewerbsfähigkeit und den Freizügigkeitsrechten:

Nachfrage nach zertifiziertem Lernen

„In der Wissensgesellschaft ist die Weiterentwicklung und volle Nutzung der menschlichen Ressourcen ein die Wettbewerbsfähigkeit entscheidend beeinflussender Faktor. ... Der steigende Bedarf an qualifizierten Arbeitskräften und der immer schärfer werdende Wettbewerb um Arbeitsplätze hat zu einer bisher nicht gekannten Nachfrage nach zertifiziertem Lernen geführt. ... Es gilt sicherzustellen, dass Lernen sichtbar und angemessen zertifiziert wird ... In einem geeinten Europa erfordern sowohl ein offener Arbeitsmarkt als auch das Recht der Bürger, in allen Mitgliedstaaten zu leben, eine Ausbildung zu absolvieren und zu arbeiten, dass Wissen, Fertigkeiten und Qualifikationen innerhalb der EU transparenter und praxistauglicher werden. ... Innovative Formen des Qualifikationsnachweises für nicht-formales Lernen sind auch wichtig, um generell die Bandbreite des Zertifizierungsspektrums zu vergrößern."[52]

---

[51] Europäischer Rat Lissabon, 23 u. 24. März 2000. Schlussfolgerungen des Vorsitzes
[52] Memorandum über Lebenslanges Lernen, a.a.O., S. 18

3.3 Derzeitiger Stand des lebenslangen Lernens

Diskussionen in Deutschland

Beim lebenslangen Lernen sind verschiedenartige Formen des Lernens gleichberechtigt einzubeziehen. Dies bringt die Definition der Bund-Länder-Kommission für Bildungsplanung und Forschungsförderung wie folgt zum Ausdruck:

„Lebenslanges Lernen umfasst alles formale, nicht-formale und informelle Lernen an verschiedenen Lernorten von der frühen Kindheit bis einschließlich der Phase des Ruhestands. Dabei wird Lernen verstanden als konstruktives Verarbeiten von Informationen und Erfahrungen zu Kenntnissen, Einsichten und Kompetenzen."[53]

In jüngerer Zeit beschäftigen sich in Deutschland Vertreter der Erziehungswissenschaft intensiv mit dieser Thematik. Dabei finden auch Diskussionen und Entwicklungen im Ausland Beachtung. Dessen ungeachtet steht Deutschland hinsichtlich der Anwendung und Durchführung noch immer in einer ersten Diskussions- und Erprobungsphase.

Situation in anderen Staaten

Auf EU-Ebene reicht die Diskussion zur Realisierung des lebenslangen Lernens von der Vorschulerziehung bis hin zum tertiären Bereich, also über alle Bildungsbereiche hinweg. Dabei steht die wechselseitige Offenheit der Bildungsbereiche einschließlich des Zugangs zum tertiären Sektor im Blickpunkt. In Deutschland zeichnet sich hingegen zunächst eine Einengung auf die Teilnahme an vollschulischen Maßnahmen sowie auf die betriebliche Weiterbildung ab.

Dazu stellte das Deutsche Institut für Erwachsenenbildung zusammenfassend fest, der Diskurs zum informellen Lernen befinde sich im Übergang zwischen einer Phase, in der die wissenschaftliche Auseinandersetzung mit dem Ziel einer detaillierten Problemdefinition und der Formulierung von Gestaltungsvorschlägen für die Praxis geführt, und der Phase, in der die wissenschaftliche Diskussion zunehmend in die öffentliche Diskussion überführt wird.[54]

a) Beispiele aus Nachbarstaaten
Frankreich

Fünf Qualifikationsstufen

Das traditionell gestufte und differenzierte französische Berufsbildungssystem befindet sich in zentraler Verantwortung mit dezentralen Zuständigkeiten. Es beruht nicht auf einem Berufskonzept, sondern auf Qualifikationen bzw. Abschlüssen (Diplômes), die innerhalb eines Qualifikationsrahmens auf den bereits eingeführten fünf Niveaustufen angesiedelt sind. Qualifikationen der allgemeinen, berufsorientierten oder universitären Bildung sind in dieses Stufenschema

---

[53] Bund-Länder-Kommission für Bildungsplanung und Forschungsförderung: Strategie für Lebenslanges Lernen in der Bundesrepublik Deutschland. (Materialien zur Bildungsplanung und zur Forschungsförderung Heft. 115) Bonn 2004, S. 13

[54] Vgl. Dietsche, Barbara/Meyer, Heinz H.: Literaturauswertung Lebenslanges Lernen und Literaturnachweis zur Literaturauswertung Lebenslanges Lernen. Gefertigt vom Deutschen Institut für Erwachsenenbildung im Auftrag der BLK Ad-hoc-AG „Strategiepapier Lebenslanges Lernen". Bonn 2004, S. 32

integriert und prinzipiell auf Durchlässigkeit angelegt sowie für eine weitergehende Modularisierung offen.[55] Die Stufenstruktur lässt auch die Positionierung im angestrebten europäischen Qualifikationsrahmen mit acht Ebenen unproblematisch erscheinen.

Im Jahre 1985 wurde in Frankreich die Möglichkeit einer so genannten Kompetenzbilanz (bilan de compétence) eingeführt, damit die Erwerbspersonen ihre Kompetenzen eruieren und bestätigt erhalten können. Seit 1991 haben die Beschäftigten ein Recht auf Freistellung für dieses Bilanzierungsverfahren im Rahmen des Bildungsurlaubs. Es wird von speziellen Zentren durchgeführt und dient insbesondere der Klärung persönlicher Möglichkeiten der Qualifikationsentwicklung, der Motivationsstärkung und der Berufsberatung.[56] Die Kompetenzbilanz wird vor allem von Arbeitslosen genutzt, in jüngster Zeit aber auch vermehrt von Erwerbstätigen selbst.

Kompetenzbilanz

Seit 1992 bietet das Erfahrungslernen im französischen Berufsbildungssystem einen gegenüber dem formalen Lernen gleichwertigen Weg des Kompetenzerwerbs. Das Gesetz zur sozialen Modernisierung vom Jahre 2002 weitete die Möglichkeiten der Anerkennung beruflich erworbener Kompetenzen noch aus.[57]
Die zunächst eingeführte Anerkennung beruflich erworbener Kompetenzen (validation des acquis professionnels – VAP) im Rahmen eines Nachweisverfahrens bedeutete den Erlass von Teilprüfungen zum Erwerb eines Abschlusses der beruflichen Bildung. Fehlende Teilprüfungen, mindestens aber eine, waren allerdings noch zu absolvieren. Dieses Nachweisverfahren wurde ab 1994 praktiziert. Das als zweiter Schritt 2002 eingeführte Verfahren zur Anerkennung beruflich und außerberuflich erworbener Kompetenzen (validation des acquis de l'expérience – VAE) verankerte das Erfahrungslernen schließlich als vollständig gleichwertige Komponente im Bildungssystem. Danach haben alle Erwerbspersonen nach mindestens dreijähriger Berufserfahrung das Recht, ihre beruflich, aber auch außerberuflich erworbenen Kompetenzen anerkennen zu lassen, um einen Abschluss der beruflichen Bildung zu erlangen.

Zertifizierung des Erfahrungslernens

Zertifizierende Institutionen sind vor allem das Erziehungs- und das Arbeitsministerium. Als wichtige Akteure fungieren auch die Universitäten, denn univer-

Institutionen und Verfahren

---

[55] Vgl. Reitnauer, Jochen: Ausbildung der beruflichen Lehrer in Frankreich. In: Rothe, G.: Lehrerbildung für gewerblich-technische Berufe im europäischen Vergleich. Vorschläge für eine Umstrukturierung der Studiengänge samt Konsequenzen für das nationale Berufsbildungssystem. Karlsruhe 2006, S. 108

[56] Vgl. Dohmen, Günther: Das informelle Lernen. Die internationale Erschließung einer bisher vernachlässigten Grundform menschlichen Lernens für das lebenslange Lernen aller. Hrsg.: BMBF. Bonn 2001, S. 114

[57] Vgl. Reitnauer, Jochen: Erfahrungslernen als gleichwertige Komponente im Bildungssystem. Das französische System der qualifizierenden Anerkennung beruflich und außerberuflich erworbener Kompetenzen. In: Rothe, G.: Alternanz – die EU-Konzeption für die Berufsausbildung. Erfahrungslernen Hand in Hand mit Abschnitten systematischer Ausbildung. Karlsruhe 2004, S. 132–136

sitäre berufsbezogene Abschlüsse stehen dem Anerkennungsverfahren ebenso offen. Darüber hinaus gilt dies für alle weiteren Qualifikationsträger, etwa Wirtschaftszweige mit branchenspezifischen Zertifikaten.

Der Bewerber muss ein Dossier zur Dokumentation seiner beruflichen oder außerberuflichen Erfahrungen erstellen, das er der zertifizierenden Institution vorlegt. Das konkrete Nachweisverfahren ist je nach Institution verschieden. Das Arbeitsministerium hat für seine Qualifikationen beispielsweise Testsituationen erarbeitet; der Bewerber weist seine Kompetenzen in simulierten Arbeitssituationen nach, in denen er beobachtet wird. Das Erziehungsministerium dagegen stützt sich ausschließlich auf schriftliche Beschreibungen. Der Bewerber stellt nach einem detaillierten Fragebogen typische Tätigkeitssituationen dar.

Die Anerkennungsentscheidung wird von Prüfungskommissionen getroffen, die jeweils die zertifizierende Institution beruft. In diesen befinden sich neben Vertretern der Institution auch Berufsvertreter, Arbeitgeber und Arbeitnehmer.

Schweiz

Weiterbildung im Baukastensystem Mit Blick auf die Modularisierung der Berufsbildung sind in der Schweiz erhebliche Fortschritte erkennbar. Ausgangspunkt dieser Entwicklung war der Weiterbildungssektor.

Das Schweizerische Bundesamt für Berufsbildung und Technologie (BBT) beauftragte im Jahre 1995 die Schweizerische Gesellschaft für angewandte Berufsbildungsforschung, einen Pilotversuch zur beruflichen Weiterbildung im Baukastensystem durchzuführen, der die Möglichkeit der Einführung eines gesamtschweizerischen modularen Weiterbildungs- und Prüfungssystems erproben sollte. Im Jahre 1999 wurde als Ergebnis dieser Erprobungen die Notwendigkeit der Einführung eines modularen Weiterbildungssystems bekräftigt. Damals waren schon mehr als 100 Berufsverbände und Weiterbildungsinstitutionen dabei, ihre Angebote und Prüfungen auf Module umzustellen. Die seitdem zügig vorangehende Modularisierung der beruflichen Weiterbildung zielt auf die Anerkennung früherer Lernleistungen und das Anrechnen von Kompetenzen, auch wenn sie nicht formell nachgewiesen werden. Die Modularisierung von Weiterbildung und Prüfung schließt das informelle Lernen gleichberechtigt ein.

Modularisierung Es sind meist die Berufsverbände, die sich für eine Modularisierung der Weiterbildung in ihren Bereichen entscheiden. Darüber hinaus sind auch Regierungsstellen, Kirchen und überregionale Institute zu Trägern der Modularisierung geworden.[58]

---

[58] Vgl. Dohmen, Günther: Das informelle Lernen. Die internationale Erschließung einer bisher vernachlässigten Grundform menschlichen Lernens für das lebenslange Lernen aller. Hrsg.: BMBF. Bonn 2001, S. 124

Die Module stellen jeweils wesentliche Teilqualifikationen für die Ausübung bestimmter beruflicher Funktionen sowie die Ressourcen, die beim Erwerb und der Weiterentwicklung dieser Kompetenzen hilfreich sein können, möglichst genau dar. Zu jedem Modul gibt es eine eigene Prüfung als Kompetenznachweis. Die Kombination mehrerer Module kann zu einem beruflichen Abschluss bzw. Diplom führen.

So ist in der Schweiz inzwischen in mehr als 100 Berufsbereichen die Modularisierung der Weiterbildung und der Weiterbildungsprüfung angelaufen. Zudem zeigt sich ein Trend, auch die entsprechenden Ausbildungsgänge zu modularisieren.

Nachweise und andere Unterlagen zur individuellen Kompetenzbiografie werden in einem Portfolio gesammelt, dem „Schweizerischen Qualifikationsbuch". Es dokumentiert Leistungen aus beruflichen und außerberuflichen kompetenzbildungsrelevanten Tätigkeiten, sowohl für die eigene Bildungs- und Laufbahnplanung als auch für die Erleichterung des Zugangs zu weiterführenden Studiengängen und Berufschancen. Die Einführung dieses Portfolios geht auf eine Initiative der Schweizerischen Frauenvereinigung zurück. **Qualifikationshandbuch**

Das lebenslange Lernen erhielt in der Schweiz dank des flexiblen Systems der Kompetenzentwicklung und des Kompetenznachweises starke Impulse. Motivierend wirkt u. a. die Möglichkeit, nach individuellen Bedürfnissen die verschiedensten Modulkombinationen zusammenstellen zu können. Wie G. Dohmen betont, zeigt das Beispiel der Schweiz, dass auch in einem ausgeprägt föderalistischen Land übergreifende Bildungsreformen möglich sind, wenn sie allgemein akzeptiert und von engagierten gesellschaftlichen Gruppen getragen werden.[59]

b) Positive Grundstimmung seitens der zuständigen Stellen in Deutschland

Die Fülle der Verlautbarungen staatlicher Stellen wie auch der Sozialpartner sowie anderer Akteure belegen, dass der Grundsatz des lebenslangen Lernens inzwischen in Deutschland breite Aufmerksamkeit gefunden hat und grundsätzlich positiv beurteilt wird. Nur wenige kritische Stellungnahmen äußern die Befürchtung, es könne mit der Forderung nach ständiger Erweiterung der Kompetenzen und Qualifikationen zu sehr auf rein ökonomische Erfordernisse abgehoben werden, was letztlich zu einer „Instrumentalisierung" der Menschen zu führen drohe. **Breite Aufmerksamkeit**

Der Blick auf Aktionsprogramme und andere Initiativen zeigt jedoch deutlich, dass in Deutschland die Entwicklung in den Kernfragen des lebenslangen Lernens noch am Anfang steht. Auf einzelne Initiativen im Vorfeld, die diese Situation bestätigen, wird nachfolgend exemplarisch eingegangen.

---

[59] Vgl. Dohmen, a.a.O., S. 126

Aktionsprogramm des BMBF des Jahres 2001

Konkrete Handlungsfelder Zum Aktionsprogramm des BMBF „Lebensbegleitendes Lernen für alle" vom Januar 2001 äußert sich das Ministerium wie folgt[60]:

„Das Bundesministerium für Bildung und Forschung (BMBF) legt hiermit ein Aktionsprogramm vor, das konkrete Handlungsfelder und entsprechende Maßnahmen für den Weg in eine „lernende Gesellschaft" enthält. Mit diesen Aktionen will das BMBF – im Rahmen der Zuständigkeiten des Bundes – zu einer nachhaltigen Förderung lebensbegleitenden Lernens aller Menschen und einer zukunftsorientierten Veränderung der Bildungsstrukturen beitragen. In dem vorliegenden Aktionsprogramm sind die Forschungs-, Entwicklungs- und Erprobungsmaßnahmen des Bundes in den einzelnen Bildungsbereichen, die der Förderung lebensbegleitenden Lernens dienen, gebündelt."

Das Aktionsprogramm nennt für die „lernende Gesellschaft" eine Reihe von Handlungsfeldern, und zwar:
– Qualitätssicherung
– Zertifizierung und Vergleichbarkeit von Abschlüssen
– Verbesserung der Beratung und Motivierung
– Förderung neuer Lehr- und Lernkulturen
– Schaffung eines lernförderlichen Umfeldes für Menschen in speziellen Lebenslagen
– Intensivierung des Austauschs und der internationalen Zusammenarbeit

Strategiepapier der Bund-Länder-Kommission

Übereinstimmung zwischen Bund und Ländern Die Bund-Länder-Kommission für Bildungsplanung und Forschungsförderung (BLK) verabschiedete im Juli 2004 die „Strategie für Lebenslanges Lernen in der Bundesrepublik Deutschland". Hierin sind Vorstellungen und Ziele formuliert, bei denen innerhalb der Länder sowie zwischen Bund und Ländern weitgehend Konsens besteht.

Initiativen zum lebenslangen Lernen Die deutschen Initiativen im Bereich des lebenslangen Lernens wurden von der BLK wie folgt zusammengefasst:

„Länder und Bund unterstützen die gemeinsame Entwicklung einer Strategie für Lebenslanges Lernen. Sowohl Bund-Länder-Programme (z. B. BLK-Modellversuchsprogramm „Lebenslanges Lernen") und Verbundprojekte (z. B. „Weiterbildungspass mit Zertifizierung informellen Lernens") als auch Bundesprogramme (Lernende Regionen – Förderung von Netzwerken) stehen damit in Verbindung. Auch die Ressortforschung des Bundes in der allgemeinen Weiterbildung und in der beruflichen Aus- und Weiterbildung setzt gezielt Akzente im Hinblick auf die Förderung des Lebenslangen Lernens (z. B. „Neue Lehr- und Lernkulturen", „Kompetenzentwicklung", „Lernende Organisationen", „Selbstgesteuertes Ler-

---

[60] Bundesministerium für Bildung und Forschung (Hrsg.): Aktionsprogramm „Lebensbegleitendes Lernen für alle". Bonn 2001, S. 2

nen"). Komplementär werden auch im Bundesinstitut für Berufsbildung zentrale Handlungsfelder lebenslangen Lernens für die Perspektiven der beruflichen Aus- und Weiterbildung vertiefend behandelt. Eine herausgehobene Beachtung finden dabei bildungsbenachteiligte Zielgruppen. Andere Ressorts arbeiten ebenfalls an konzeptionellen Entwicklungen (z. B. in der Familienbildung, der politischen Bildung und der entwicklungspolitischen Bildungsarbeit) und beteiligen sich an der strategischen Debatte."[61]

Die BLK-Strategie selbst soll darstellen, wie das Lernen in allen Lebensphasen und Lebensbereichen, an verschiedenen Lernorten und in vielfältigen Lernformen angeregt und unterstützt werden kann. Die Bemühungen richten sich auf einen strukturierten, für die notwendige kontinuierliche Weiterentwicklung offenen Rahmen.[62] Die Strategie stützt sich auf folgende „Entwicklungsschwerpunkte"[63]: *Entwicklungsschwerpunkte*

– Einbeziehung informellen Lernens
– Selbststeuerung
– Kompetenzentwicklung
– Vernetzung
– Modularisierung
– Neue Lernkultur/Popularisierung des Lernens
– Chancengerechter Zugang

Aufgezeigt werden dort Handlungsoptionen für die einzelnen Bildungsbereiche, die es den zuständigen Akteuren ermöglichen sollen, den abgesteckten Rahmen je nach ihren bildungspolitischen Schwerpunktsetzungen und Zuständigkeiten auszufüllen. Der Berufsbildungsbericht 2006 führt hierzu aus: *Mehr als 200 Programme*

„Die Verabschiedung der Strategie für Lebenslanges Lernen in der Bundesrepublik Deutschland in der Bund-Länder-Kommission verdeutlicht das Bemühen, die Weiterentwicklung des Bildungswesens offensiv zu betreiben. Eine 2005 erschienene Auswertung und Aufbereitung der mehr als 200 Programme, Projekte, Maßnahmen und Aktivitäten von Bund und Ländern soll die Grundlage zukünftiger fokussierter Förderaktivitäten bilden. Damit hat Deutschland die europäische Verpflichtung zur Entwicklung einer Strategie für Lebenslanges Lernen sowohl in der Konzeption als auch hinsichtlich der Schwerpunkte beispielhaft – so die EU-Kommission – erfüllt."[64]

---

[61] Bund-Länder-Kommission für Bildungsplanung und Forschungsförderung: Strategie für Lebenslanges Lernen in der Bundesrepublik Deutschland. (Materialien zur Bildungsplanung und zur Forschungsförderung Heft. 115) Bonn 2004, S. 46
[62] Vgl. Europäische Kommission (Hrsg.): Umsetzung des Arbeitsprogramms „Allgemeine und berufliche Bildung 2010". Fortschrittsbericht 2005 Deutschland. Brüssel 2005, S. 13
[63] Vgl. BLK 2004, a.a.O., S. 14ff.
[64] Bundesministerium für Bildung und Forschung (Hrsg.): Berufsbildungsbericht 2006. Berlin 2006, S. 303

Programm Lernende Regionen des BMBF

Förderung von Netzwerken

Das Bundesministerium für Bildung und Forschung will mit dem Programm „Lernende Regionen – Förderung von Netzwerken" den Auf- und Ausbau „bildungsbereichs- und trägerübergreifender Netzwerke auf regionaler Ebene" unterstützen. Diese sollen „innovative, ganzheitliche Dienstleistungen für Lebenslanges Lernen entwickeln, erproben und umsetzen".[65] Das Programm war auf eine Gesamtlaufzeit von 2001 bis 2007 ausgelegt und wird vom Europäischen Sozialfonds mitfinanziert. Es haben sich 70 „Lernende Regionen", d. h. regionale Bildungsnetzwerke gebildet, die folgende Aufgaben erfüllen sollen[66]:

– Beratung in Aus- und Weiterbildung bezogen auf Personen (Orientierungs- und Lernberatung) sowie auf Organisationen (insbesondere kleine und mittlere Unternehmen)
– Entwicklung „Neuer Lernwelten": Innovative Lehr- und Lernformen, neue Lernorte und E-Learning
– Qualitätsentwicklung in der Bildungsarbeit
– Ermöglichung neuer Übergänge zwischen Lern- und Bildungsphasen, Anerkennung informellen Lernens
– Einbindung von und Zusammenarbeit mit kleinen und mittleren Unternehmen
– Bildungsmarketing
– Nachhaltige Struktur- und Organisationsentwicklung in regionalen Netzwerken

Das BMBF bezeichnet dieses Programm als ein Element zur Umsetzung des EU-Arbeitsprogramms „Allgemeine und berufliche Bildung 2010" und misst ihm einen hohen Stellenwert bei den Maßnahmen zur Förderung des lebenslangen Lernens bei, wie anlässlich einer Konferenz im Jahre 2004 zum Ausdruck gebracht wurde:

> „Als Teil der umfangreichen Maßnahmen der Bundesregierung zur Förderung des Lebenslangen Lernens kommt dem Programm *Lernende Regionen – Förderung von Netzwerken* große Bedeutung zu. Bürgernähe, Zielgruppen- und Bedarfsorientierung für Individuen genauso wie für KMU sind die drei wesentlichen Stärken der Lernenden Regionen."[67]

Berufliche Kompetenzen und Studienberechtigung

Die Anrechnung beruflicher Kompetenzen auf Hochschulstudiengänge ist ebenfalls noch im experimentellen Stadium. Ein Programm des BMBF beschäftigt sich mit der Umsetzung der im September 2003 verabschiedeten „Gemeinsamen Empfehlung des BMBF, der KMK und der HRK an die Hochschulen zur Vergabe von Leistungspunkten in der beruflichen Fortbildung und Anrechnung auf ein Hochschulstudium".[68]

---

[65] Berufsbildungsbericht 2006, a.a.O., S. 304
[66] Berufsbildungsbericht 2006, a.a.O., S. 305f.
[67] Vgl. Rede von Ulrich Kasparick, Parlamentarischer Staatssekretär im BMBF. In: BMBF (Hrsg.): Die Strategie für das Lebenslange Lernen verwirklichen. Dokumentation der Konferenz „Regionale Netzwerke für Lebenslanges Lernen – Strukturelle Innovationen für Bildung und Ausbildung." Berlin, 08./09.11.2004. Bonn, Berlin 2005, S. 8
[68] Vgl. Berufsbildungsbericht 2006, S. 308f.

Dabei sollen für im Rahmen der beruflichen Bildung erworbene und durch Prüfung nachgewiesene Qualifikationen Leistungspunkte nach dem European Credit Transfer System (ECTS) vergeben werden. Allerdings geht es bei dem genannten BMBF-Programm zunächst darum, praktikable Verfahren hierfür zu entwickeln.[69]

c) Sich hinausziehende Realisierung

Die gegenwärtige deutsche Situation ist als ambivalent zu bezeichnen. Auf der einen Seite zeigen die Stellungnahmen von Regierung, Verbänden und zahlreichen Institutionen im Bildungsbereich sowie das breite Spektrum der Ansätze zur Erprobung neuer Wege im Kontext des lebenslangen Lernens, dass die Bedeutung dieses Grundsatzes erkannt wurde. Auf der anderen Seite bleibt ungeklärt, auf welche Weise und in welcher Frist von breiter Akzeptanz getragene und bundesweit geltende Regelungen von amtlicher Seite realisiert werden sollen. Es reicht aber nicht aus, sich auf Strategiekonzepte zu beschränken und Modellvorhaben der oben beschriebenen Art durchzuführen.

<small>Prinzipielle Anerkennung</small>

Der Berufsbildungsbericht 2006, der sich in Kapitel 5 mit der europäischen Berufsbildungspolitik beschäftigt, spricht das lebenslange Lernen mit Blick auf die jüngste Entwicklung in der Europäischen Union an und erwähnt, dass dieser Reformansatz ab 2007 die zentrale Strategie der EU darstellt, unter der alle Einzelprogramme zusammenlaufen. Zur Vorbereitung der neuen Programmgeneration ab 2007 wird ausgeführt:

<small>Zentrale Bedeutung</small>

> „Das neue EU-Bildungsprogramm *Lebenslanges Lernen*, das ab 2007 die erfolgreichen Vorgängerprogramme SOKRATES und LEONARDO DA VINCI zusammenführen und inhaltlich sowie strukturell weiterentwickeln wird, gliedert sich in vier an den Bildungsbereichen Schule, Hochschule, berufliche Bildung und Erwachsenenbildung orientierte Unterprogramme sowie in ein bildungsbereichsübergreifendes Querschnittsprogramm und eine Förderlinie für ausgewählte europäische Bildungsinstitutionen."[70]

Das Defizit in der Anerkennung informellen Lernens wird seit einigen Jahren ebenfalls vielfach thematisiert. So stellte Klaus Fahle vom BIBB im Jahre 2001 fest, dass es in Deutschland keine entwickelte Praxis der Zertifizierung informeller Lernprozesse gäbe.[71]

<small>Immer noch „Versuchsstadium"</small>

Insgesamt betrachtet befindet sich die Zertifizierung informellen Lernens in Deutschland noch weitgehend im Versuchsstadium, wie es auch im Jahre 2004 in einer Publikation des CEDEFOP hervorgehoben worden war, die die Situation in

---

[69] Vgl. Europäische Kommission (Hrsg.): Fortschrittsbericht 2005 Deutschland, a.a.O., S. 15
[70] Berufsbildungsbericht 2006, S. 322
[71] Vgl. Fahle, Klaus: Das „Memorandum über lebenslanges Lernen" im Kontext der europäischen Bildungszusammenarbeit. In: Berufsbildung in Wissenschaft und Praxis 4/2001, S. 20

ausgewählten EU-Staaten gegenüberstellte. Danach ergibt sich hinsichtlich des nicht formalen Lernens in ausgewählten EU-Staaten der folgende Stand[72]:
- Es bestehen bereits *feste Systeme* im Vereinigten Königreich und in Finnland. Dies schließt dort allerdings die Weiterentwicklung und Ausweitung nicht aus.
- Für die *Herausbildung nationaler Systeme* werden genannt: Frankreich, die Niederlande, Norwegen, Portugal, Rumänien und Spanien.
  Diese Länder nähern sich der Einführung eines „nationalen Systems", das auf einer festen, rechtlichen und institutionellen Grundlage basiert.
- Die Staaten Deutschland, Italien, Österreich und Schweden sind gekennzeichnet durch *Versuchsstadien und Ungewissheit*.
  In unterschiedlichem Maße befinden sich diese Länder noch im Versuchsstadium; sie akzeptieren allerdings die Notwendigkeit von Initiativen auf diesem Gebiet.

Lernen am Arbeitsplatz

Die Zertifizierung und Anerkennung von Berechtigungen bis hin zum Hochschulzugang über das lebenslange Lernen ist in Deutschland noch weitgehend unklar. Vor allem fehlt die Einbeziehung des Erfahrungslernens, also des *Lernens am Arbeitsplatz*, und die Zertifizierung der auf diesen Wegen erworbenen Qualifikationen oder Teilqualifikationen.

Offizieller Fortschrittsbericht wenig ausgereift

So erscheinen denn auch die als „Maßnahmen im Bereich des Lebenslangen Lernens" bezeichneten Ansätze, wie sie im deutschen Fortschrittsbericht zur Modernisierung der Systeme der allgemeinen und beruflichen Bildung im Hinblick auf 2010 aufgeführt sind, noch wenig ausgereift. Angeführt werden dort insbesondere:
- Förderung begabter Schülerinnen und Schüler über Wettbewerbe sowie über die Möglichkeit des Frühstudiums, d. h. der Teilnahme an universitären Lehrveranstaltungen mit späterer Anrechnung im eigentlichen Studium.
- Begabtenförderung in der beruflichen Bildung mittels Stipendien, die Absolventinnen und Absolventen einer beruflichen Erstausbildung in der Weiterbildung über bis zu drei Jahre fördern.
- Das schon 2001 gestartete BMBF-Aktionsprogramm „Lebensbegleitendes Lernen für alle".
- Das Verbundprojekt „Weiterbildungspass mit Zertifizierung informellen Lernens" mit dem in der Erprobung befindlichen Profilpass, der individuell die Ergebnisse aller Arten von Kompetenzerwerb dokumentieren soll.
- Bedarfsorientierte Weiterbildungs- und Studienangebote im Hochschulbereich – auch berufsbegleitender Art – und mit Anrechnung der in der beruflichen Erstausbildung und Weiterbildung erworbenen Kenntnisse und Fähigkeiten über Leistungspunkte.

---

[72] Vgl. Tessaring, Manfred/Wannan, Jennifer: Berufsbildung – der Schlüssel zur Zukunft. Lissabon-Kopenhagen-Maastricht: Aufgebot für 2010. Synthesebericht des CEDEFOP zur Maastricht-Studie. Hrsg. CEDEFOP, Luxemburg 2004, S. 30

Teil 4

4. Wechselwirkungen zwischen Bildungssystem und Wirtschaftsentwicklung

Die Zielsetzung des EU-Reformpakets Lissabon 2000, durch Verbesserung beruflicher Qualifizierung das Wirtschaftswachstum zu fördern, ist so neu nicht. Gerade die Initiativen in den südwestdeutschen Staaten, die in den ersten Jahrzehnten des 19. Jahrhunderts exemplarische Innovationen im Bereich der Berufsbildung in Deutschland einleiteten (vgl. Kap. 1.0), hatten explizit wirtschaftliche und gesellschaftspolitische Zielsetzung; sie koppelten die damalige „Gewerbeförderung" mit dem Ausbau der beruflichen Bildung.

Überkommene und veränderte Situationen

Ging es damals darum, den Anschluss an die in England besonders weit vorangeschrittene industrielle Entwicklung zu erreichen, so befindet sich heute der mitteleuropäische Raum in einem globalen Wettbewerb mit Ländern, in denen bei dynamischem Wirtschaftswachstum die individuellen Einkommen unterhalb des deutschen Niveaus liegen. Die Sozialstandards angesichts globaler Herausforderungen dauerhaft zu sichern, erfordert den weiteren Ausbau der beruflichen Qualifizierung im Sinne der von der EU empfohlenen Wissenschaftsorientierung. Anlässlich einer Konferenz in Budapest im Jahre 1999 hoben die Bildungsminister der EU-Mitgliedstaaten hervor, dass Bildungswesen und Wirtschaft dazu eine neue Partnerschaft eingehen müssen[1] (vgl. Abschnitt 2.0 b).

Die EU unterstreicht die Bedeutung von Bildung und Berufsbildung für die Förderung von Wirtschaftswachstum und Beschäftigung; sie appelliert an die Mitgliedsstaaten, ihre Investitionen in die Humanressourcen zu steigern und zu optimieren. So betont sie beispielsweise im Jahre 2006:

Investitionen gefordert

„Investitionen in die allgemeine und berufliche Bildung haben ihren Preis, generieren jedoch auf persönlicher, wirtschaftlicher und sozialer Ebene einen hohen Ertrag, der die Kosten mittel- und langfristig kompensiert."[2]

In diesem Zusammenhang fordert die EU, in stärkerem Maße Synergien zwischen wirtschaftlichen und sozialpolitischen Zielsetzungen zu berücksichtigen. Zur Veranschaulichung von Initiativen zum Ausbau der beruflichen Bildung in historischer Perspektive sowie der heutigen Erfordernisse im Zusammenhang

---

[1] BMBF (Hrsg.): Das europäische Haus der Bildung: Bildung und Wirtschaft – Eine neue Partnerschaft. Konferenz der europäischen Bildungsminister, Budapest 24.–26.06.1999. Bonn 1999

[2] Modernisierung der allgemeinen und beruflichen Bildung: Ein elementarer Beitrag zu Wohlstand und sozialem Zusammenhalt in Europa. Gemeinsamer Zwischenbericht 2006 des Rates und der Kommission über die Fortschritte im Rahmen des Arbeitsprogramms „Allgemeine und berufliche Bildung 2010". (2006/C 79/01) Amtsblatt der Europäischen Union vom 1.4.2006, S. 1

mit dem Wandel von Wirtschaftsstruktur und Gesellschaft wird vorab auf folgende Abschnitte eingegangen: Gewerbeförderung als frühes Beispiel in Südwestdeutschland (a) und Übergang zur Informations- oder Wissensgesellschaft als Rahmenbedingung (b).

a) Gewerbeförderung als frühes Beispiel in Südwestdeutschland

Baden und Württemberg als Vorreiter

Wegen Rohstoffarmut und Energieknappheit galten das Königreich Württemberg und das Großherzogtum Baden wirtschaftlich als nicht begünstigt. Zur Überwindung der bestehenden Nachteile führten sie in der ersten Hälfte des 19. Jahrhunderts – initiiert durch Ferdinand von Steinbeis und Carl Friedrich Nebenius – Reformen durch mit dem Ziel, die Gewerbeförderung und den Ausbau von Wegen beruflicher Qualifizierung eng miteinander zu verbinden.[3]

Die anschließende Entwicklung im südwestdeutschen Raum bestätigte, dass es auf diese Weise gelang, die Basis für den wirtschaftlichen Aufschwung zu schaffen und parallel dazu neben der Landwirtschaft eine Reihe neuer Erwerbszweige zu fördern, was schließlich half, die in dieser Region hohen Auswanderungsquoten zu reduzieren. Die günstigen Auswirkungen der Bildungsinitiativen auf das Wirtschaftswachstum und darüber hinaus auf die gesellschaftliche Entwicklung zeichneten sich deutlich ab.

Ausbau des beruflichen Bildungssystems

Kennzeichnend für den frühen Ausbau der Berufsbildung in Baden und Württemberg war die Errichtung *Polytechnischer Schulen* in Karlsruhe (1825) und Stuttgart (1840) im Verbund mit der flächendeckenden Einrichtung beruflicher Teilzeitschulen, die von Schulabgängern parallel zur Ausbildung im Betrieb besucht wurden. In ähnlicher Weise gingen im mitteleuropäischen Raum auch andere Länder vor, z. B. Sachsen. Hinsichtlich der Effizienz des Zusammenwirkens von Weiterentwicklung des Bildungssystems und wirtschaftlicher Prosperität dürften allerdings Baden und Württemberg als vorbildlich gelten.

Württemberg

In Württemberg schrieb die Gewerbeordnung 1828 vor, dass sich die damals neu gegründeten gewerblichen Sonntagsschulen inhaltlich auf die Lehrlingsausbildung konzentrieren sollten. Bei den gemäß Novellierung 1830 durchzuführenden Lehrabschlussprüfungen waren in den für jeden Prüfling zu führenden Protokollen bereits die zuvor absolvierten Sonntagsgewerbeschulen und späteren gewerblichen Fortbildungsschulen einzutragen.

Als Besonderheit des Zusammenwirkens zwischen Betrieb und Schule ist die auf Initiative des Leiters der Stuttgarter Zentralstelle für Gewerbe und Handel, F. von Steinbeis, eingerichtete *Königliche Kommission für das gewerbliche Fortbildungsschulwesen* zu nennen, in der die Wirtschaft durch die Zentralstelle

---

[3] Vgl. Nebenius, Carl Friedrich: Über technische Lehranstalten in ihrem Zusammenhange mit dem gesamten Unterrichtswesen und mit besonderer Rücksicht auf die Polytechnische Schule zu Karlsruhe. Karlsruhe 1833 sowie Steinbeis, Ferdinand von: Die Elemente der Gewebeförderung, nachgewiesen an Grundlagen der belgischen Industrie. Stuttgart 1853

und die Schulen durch das zuständige Ministerium vertreten waren. In diesem engen Zusammenwirken kamen die eingeleiteten Reformschritte zügig voran.

Curricular orientierten sich die 1834 gegründeten *badischen Gewerbeschulen* nach den Planungen von C. F. Nebenius an den in der Revolutionszeit etablierten französischen berufsqualifizierenden Vollzeitschulen, schulorganisatorisch allerdings am Teilzeit-Schulmodell der englischen *Mechanics' Institutes*. Die im Anschluss an die Schulpflicht im heutigen Sekundarbereich II an Abenden oder einigen Stunden werktags zu besuchenden badischen Gewerbeschulen waren demzufolge keine Fortbildungsschulen.

Baden

Mit der Fachaufsicht über die neuen Schulen hatte die badische Regierung im Gründungserlass die Professoren der Polytechnischen Schule Karlsruhe betraut. Zu deren Aufgaben gehörten Lehrplangestaltung, Entwicklung von Lehrmitteln, Kontrollbesuche in den Schulen sowie Hilfestellungen zur Deckung des Lehrerbedarfs.[4] Allgemeine Fächer bezog der Unterricht an den badischen Gewerbeschulen nicht ein; vielmehr hatten Jugendliche mit Schwächen im Lesen, Schreiben oder Rechnen die in Baden bereits bestehenden Sonntagsschulen zu besuchen.

Das Curriculum für die Gewerbeschulen in Regie der Karlsruher Professoren stellte schon bald neben technischen Fächern das Zeichnen und Modellieren als einen eigenen Schwerpunkt heraus. Besonders gefördert wurde das Lesen von Zeichnungen. Schließlich führte diese Entwicklung zur Einrichtung und zum Ausbau von Schulwerkstätten, was gegen Ende des 19. Jahrhunderts zum Abschluss kam. Wie eine Reihe von Publikationen aus jenen Jahren bestätigt, wurde das Vorgehen in beiden südwestdeutschen Staaten in den anderen deutschen Ländern als Orientierungsmodell verstanden.

Georg Kerschensteiner als neu ernannter Münchner Stadtschulrat besuchte im Jahre 1899 eine Reihe von Teilzeitschulen in Österreich, in der Schweiz und in einzelnen deutschen Ländern, um sich über den Stand der dortigen Entwicklung in diesen Schulzweigen zu informieren. So lernte er auch Schulen in Stuttgart und Karlsruhe kennen. Das Karlsruher Modell mit den integrierten Schulwerkstätten bezeichnete er als richtungweisend und bezog diese in die von ihm zu reformierenden Münchner Fortbildungsschulen ein.

G. Kerschensteiner zur Bedeutung der Schulwerkstätten

Ferner setzte er sich in Vorträgen und Fachbeiträgen entschieden dafür ein, dass diese Ausweitung des Programms der beruflichen Teilzeitschulen allgemein und überregional erfolgen solle. Noch heute gehören in Österreich die damals auf *Kerschensteiners* Vorschlag eingerichteten Werkstätten zum festen Bestandteil der beruflichen Teilzeitschulen, was die Ausbildungsarbeit der österreichischen Betriebe auch heute noch wesentlich erleichtert.

---

[4] Gründungserlass der badischen Gewerbeschule vom 15. Mai 1834. Großherzoglich Badisches Staats- und Regierungsblatt Nr. XXVII vom 21. Juni 1834, S. 217–226

Erreichter Stand Mit der Abdeckung von Lehr-/Lernbereichen in systematischer Form durch die Schulen konnten sich die Ausbildungsbetriebe im Wesentlichen auf das *Erfahrungslernen* parallel zur Mitarbeit in der betrieblichen Produktion konzentrieren. So hatten badische und württembergische Schulen bereits damals Voraussetzungen geschaffen, die 80 Jahre später die EU im Dezember 1979 nach eingehenden Untersuchungen ihrer Kommission und des Beratenden Ausschusses zum Zusammenwirken von Betrieb und Bildungszentrum/Schule als *Alternanz*[5] den Mitgliedsstaaten zur Einführung empfahl.

b) Übergang zur Informations- oder Wissensgesellschaft als Rahmenbedingung

Neue Wege nach Lissabon 2000 Mit der anlässlich des Gipfels Lissabon 2000 beschlossenen Zielsetzung, die wirtschaftliche Prosperität über den Ausbau des Bildungs- und Berufsbildungssystems zu steigern, beschreitet die Europäische Union, ähnlich wie damals Baden und Württemberg, ebenfalls neue Wege, und zwar über die Intensivierung des *lebenslangen Lernens* als bahnbrechendem Reformansatz zu Erwerb, Anpassung und zur Fortschreibung von Qualifikationen und Kompetenzen. Die Ausrichtung der Bildungssysteme an diesem Grundsatz steht im Mittelpunkt der initiierten Reformen und hat weitreichende Konsequenzen. Dementsprechend betonte der Rat der Europäischen Union im Jahre 2002:

> Die Initiativen nach Lissabon 2000 zeigen, „dass die Entwicklung der Systeme der allgemeinen und beruflichen Bildung in einer globalen Perspektive und unter dem umfassenderen Aspekt des lebenslangen Lernens zunehmend als entscheidender Faktor für die Zukunft Europas im Wissenszeitalter angesehen wird".[6]

Trend zur postindustriellen Gesellschaft Der Strukturwandel geht im Zuge des stetigen Rückgangs der für die Produktion erforderlichen Arbeitskräfte seit Jahrzehnten in Richtung auf die postindustrielle Gesellschaft im Sinne der *Informations- oder Wissensgesellschaft*. Gemeinsame Kennzeichen der künftigen sozio-ökonomischen Wirtschafts- und Lebensformen sind:

– Ablösung der Dominanz des industriell-handwerklichen Sektors (Industriegesellschaft) durch die stetig wachsende Bedeutung der Dienstleistungssparten (Tertiärer Sektor).
– Zunehmende Bestimmung der Erwerbsstruktur durch Kommunikation bzw. Informationsgewinnung sowie Informationsverarbeitung und –austausch.
– Begrenzung des Stellenwerts von Erfahrungslernen bei wachsender „Wissensproduktion", wobei sich im globalen Wettbewerb die Ökonomien im

---

[5] Vgl. Rothe, G.: Alternanz – die EU-Konzeption für die Berufsausbildung. Erfahrungslernen Hand in Hand mit Abschnitten systematischer Ausbildung. Dargestellt unter Einbeziehung von Ergebnissen aus Ländervergleichen. Karlsruhe 2004

[6] Rat der Europäischen Union: Detailliertes Arbeitsprogramm zur Umsetzung der Ziele der Systeme der allgemeinen und beruflichen Bildung in Europa. Dok. 6365/02. Amtsblatt der Europäischen Gemeinschaften C 142 vom 14.6.2002

Vorteil befinden, die auf einer breiten Basis Wissen erwerben und es verstehen, Wissen zügig in innovative reale oder artifizielle Produkte umzusetzen.
– Steigerung des abstrakt-theoretischen Wissens, seiner Vermittlung und seiner Anwendung.

In seinem Beitrag „Von der Industriegesellschaft zur Wissensgesellschaft" stellt Michael Brater dar, welche Konsequenzen dieser Wandel für die Arbeitskräfte hat (vgl. S. 437).

Wie weit Deutschland bereits auf dem Weg zur nachindustriellen Epoche gekommen ist, veranschaulichen die Tabellen 3 und 4, die für den Zeitraum 2000 bis 2006 den wirtschaftlichen Wandel nach Wirtschaftsbereichen bei der Erwerbstätigkeit und der Bruttowertschöpfung aufzeigen.

Servicebereich nur beschränkt aufnahmefähig

Wie die Tabelle 3 zeigt, lag die Zahl der Erwerbstätigen im Jahre 2006, trotz des einsetzenden Aufschwungs, immer noch knapp unter dem Stand des Jahres 2000. Nach Wirtschaftsbereichen betrachtet kam es zu nachhaltigen Verschiebungen. Waren im Jahre 2000 noch 12,3 Mio. Erwerbstätige (31,3 %) in der Produktion von Nahrungsmitteln, Industrieerzeugnissen sowie im Bau- und Ausbau beschäftigt, nahm ihre Zahl bis zum Jahre 2006 auf 10,8 Mio. ab, was einem Verlust von rund 1,5 Mio. Arbeitsplätzen (einem Minus von fast 12 %) gleichkommt. Im Jahre 2006 arbeitete demnach nur noch ein Viertel aller Erwerbstätigen im Produktionssektor und rund zwei Drittel (absolut 28,3 Mio.) im Dienstleistungssektor.

Tabelle 3:
Erwerbstätige in Deutschland in den Jahren 2000 und 2006 nach Wirtschaftsbereichen – in tausend (1.000) und in Prozent (%)

Wirtschaftsgliederung	*2000*	*in %*	*2006*	*in %*
Land-, Forstwirtschaft, Fischerei	936	2,4	849	2,2
Produzierendes Gewerbe (ohne Baugewerbe)	8.534	21,8	7.802	19,9
Baugewerbe	2.796	7,1	2.156	5,5
Handel, Gastgewerbe, Verkehr	9.824	25,1	9.786	25,0
Finanzierung, Unternehmensdienstleister	5.802	14,8	6.613	16,9
Öffentliche und private Dienstleister	11.279	28,8	11.900	30,4
S u m m e n	39.144	100,0	39.106	100,0

Quelle: Stat. Bundesamt (Hrsg.): Stat. Jahrbuch 2007, S. 642

Ein Kennzeichen wirtschaftlicher Schwäche Deutschlands, die sich in hoher Arbeitslosigkeit niederschlägt, besteht darin, dass der Abbau von Beschäftigung im Produktionssegment nicht mehr, wie in früheren Jahrzehnten, vom zügig expandierenden Dienstleistungssektor kompensiert wird. Dies vor allem deshalb, weil die im Produktionssegment freigesetzten Arbeitskräfte nicht ohne Weiteres den qualifikatorischen Anforderungen, die im wissensorientierten Servicesegment bestehen, gerecht zu werden vermögen.

Wertschöpfung nach Wirtschaftsbereichen

Die Tabelle 4 weist aus, in welchem Umfang die einzelnen Wirtschaftsbereiche in den Jahren 2000 und 2006 zur Bruttowertschöpfung der deutschen Wirtschaft beigetragen haben. Setzt man die Bruttowertschöpfung des Jahres 2000 mit 1.856 Mrd. € gleich 100, errechnet sich bis zum Jahre 2006 und 2.079 Mrd. € ein Anstieg von 11,2 %, bei höchst unterschiedlichen Trends in den ausgewiesenen Wirtschaftsbereichen.

Tabelle 4:
Der Beitrag einzelner Wirtschaftsbereiche zur Bruttowertschöpfung der deutschen Wirtschaft in den Jahren 2000 und 2006*

Wirtschaftsgliederung	*2000*	*in %*	*2006*	*in %*
Land-, Forstwirtschaft, Fischerei	23,46	1,3	20,09	1,0
Produzierendes Gewerbe (ohne Baugewerbe)	465,34	25,1	539,71	26,0
Baugewerbe	96,21	5,2	82,32	3,9
Handel, Gastgewerbe, Verkehr	337,27	18,2	380,41	18,3
Finanzierung, Unternehmensdienstleister	510,94	27,5	601,95	28,9
Öffentliche und private Dienstleister	422,98	22,8	454,52	21,9
S u m m e n	1.856,20	100,0	2.079,00	100,0

*absolut in Mrd. Euro und in Prozent (%)
Quelle: Stat. Bundesamt (Hg.): Stat. Jahrbuch 2007, S. 640f.

Eine deutliche Abschwächung, mit einem Minus von je 14,4 %, verzeichneten die Land- und Forstwirtschaft samt Fischerei sowie das Baugewerbe, so dass – bei positiven Daten im produzierenden Gewerbe – der Beitrag des Segments Gütererzeugung und -produktion insgesamt an der Bruttowertschöpfung im Zeitraum 2000 bis 2006 von knapp 32 % auf 30,9 % gesunken ist.

Im produzierenden Gewerbe i. e. S. ergab sich – bei gleichzeitigem Abbau der Beschäftigung um fast 9 % – bei der Wirtschaftsleistung ein Plus von fast 16 %. Umgerechnet je Beschäftigtem (in Voll- und Teilzeit, inkl. Auszubildende) entspricht dies im industriell-gewerblichen Segment für das Jahr 2000 einer Bruttowertschöpfung von 54.528 €, die bis zum Jahre 2006 auf 69.176 € oder um fast 27 % angestiegen ist.

Der Dienstleistungsbereich hat durchgängig seinen Beitrag zur Wirtschaftsleistung gesteigert, und zwar im Handel, im Gastgewerbe und im Verkehr um fast 12,8 %, im Wirtschaftsbereich Finanzierung und Unternehmensdienstleister um 17,8 %, dagegen im Bereich der öffentlichen und privaten Dienstleister lediglich um 7,5 %.

Einbezogene Untersuchungsfelder

Mit der Zielsetzung aufzuzeigen, über welche Initiativen die erwünschte Steigerung der wirtschaftlichen Prosperität erreicht werden kann, werden die folgenden Schwerpunkte gebildet:

– *Der Wirtschaftsstandort Deutschland im Spiegel der Statistik (4.1)*
Die deutsche Volkswirtschaft war von einer langanhaltenden Phase der Wachstumsschwäche gekennzeichnet; erst in jüngster Zeit macht sich eine Wiederbelebung der Konjunktur bemerkbar. Das erste Kapitel zeigt die Entwicklung unter Einbeziehung von Vergleichsdaten anderer OECD-Staaten auf.
– *Deckung des Fachkräftebedarfs als Aufgabe von Staat und Wirtschaft (4.2)*
Der Strukturwandel wirkt sich in Veränderungen des Fachkräftebedarfs aus, auf den das Berufsbildungssystem reagieren sollte. Darüber hinaus sind antizipativ künftige Qualifikationsanforderungen zu berücksichtigen, was auch ein enges Zusammenwirken von Staat und Wirtschaft erfordert.
– *Umsetzung des Rechts auf Bildung in Deutschland (4.3)*
Die Konventionen der supranationalen Organisationen verpflichten die Unterzeichnerstaaten zur Bereitstellung adäquater Bildung- und Ausbildungsangebote. Aus dem deutschen Grundgesetz und den Länderverfassungen ergibt sich keine eindeutige Verantwortungsübernahme für die Sicherung ausreichender und auch auswahlfähiger Berufsbildungsmöglichkeiten.
– *Ausbau des Bildungssystems zur Steigerung des Wirtschaftswachstums (4.4)*
Im abschließenden Kapitel wird auf die Grundbedingungen eingegangen, die zu erfüllen sind, damit das Bildungswesen zu größerer wirtschaftlicher Prosperität beitragen kann. Im Zentrum stehen die Gestaltung der Ausbildungsordnungen, die Stufung nach Qualifikationsebenen sowie Berufsbildungsangebote für Leistungsschwächere.

4.1 Der Wirtschaftsstandort Deutschland im Spiegel der Statistik

Bis in die jüngere Zeit leidet die deutsche Volkswirtschaft unter einer langanhaltenden Wachstumsschwäche, die sich in verschiedenen Indikatoren der Statistiken supranationaler Organisationen und der deutschen volkswirtschaftlichen Gesamtrechnung widerspiegelt. Einen Ländervergleich bieten die regelmäßig von der OECD publizierten Daten zur wirtschaftlichen Entwicklung, wie z. B.[7]:

Indikatoren Wirtschaftsleistung

– Bruttoinlandsprodukt (BIP)
– Investitionsrate
– Inflationsrate
– Sparquote der Haushalte
– Stahlproduktion

Als Angaben zur Leistungsfähigkeit der Volkswirtschaften kommen in der deutschen wie in der OECD-Statistik noch weitere Angaben hinzu. So z. B. zur Produktivität mit den Messgrößen „Arbeitsproduktivität" und „Multifaktor-Produktivität" sowie zum Wandel der Wirtschaftsstruktur insgesamt mit dem Indikator „Wertschöpfung nach Wirtschaftszweigen".

---

[7] Vgl. OECD Factbook unter www.sourceoecd.org/factbook

Die nachfolgend zusammengestellten Daten beziehen sich zunächst auf die OECD-Kennzahlen für den Zeitraum 1995 bis 2005, im zweiten Schritt auf Eckdaten aus der deutschen Statistik und schließlich auf die derzeitigen Erwartungen zur weiteren Entwicklung.

a) Phase der Wachstumsschwäche

Entwicklung des Bruttoinlandsprodukts

Im OECD-Raum wurde im Durchschnitt der Jahre 1995 bis 2005 ein Wirtschaftswachstum von 2,6 % erreicht. Hinter diesem Durchschnittswert verbirgt sich – wie die Abbildung 4 zeigt – ein starkes Gefälle von wachstumsstarken zu wachstumsschwachen Volkswirtschaften. Dazu führt die OECD aus:

„In Irland übertraf das reale Wachstum 7 %, und in sieben anderen Ländern erreichte es über 4 %. In weiteren 18 Ländern lag das Wachstum in einer Bandbreite von 2 bis 4 %, in vier Ländern erreichte es jedoch nicht einmal 2 %. Kanada und die Vereinigten Staaten waren die einzigen G7-Volkswirtschaften, in denen die Wirtschaft um mehr als 3 % expandierte, während Deutschland, Italien und Japan mit Wachstumsraten von unter 1,5 % hinterherhinkten."[8]

Niedrige Investitionsrate

Der Anteil des BIP, der für Investitionen in Sachanlagen wie Maschinen, Gebäude und Infrastruktur aufgewendet wird, gibt Auskunft darüber, wie rasch die Modernisierung der Volkswirtschaften vorankommt und die Voraussetzungen für das künftige Wirtschaftswachstum sicherstellt. Darin spiegeln sich zugleich die Erwartungen der Unternehmen, mit der Erneuerung und Erweiterung ihrer Anlagen ihre Stellung am Markt halten bzw. weiter ausbauen zu können.

Nach den Berechnungen der OECD betrug die durchschnittliche Investitionsrate im genannten Zeitraum 21 %. Auch hier bestehen große Unterschiede zwischen den Volkswirtschaften. Korea, Spanien, die Tschechische Republik und Australien weisen wesentlich höhere Quoten auf, während im Vereinigten Königreich, Schweden, Deutschland und der Türkei die Investitionsquote weit unter 20 % blieb. Im Vergleich zum Zeitraum 1992 bis 1994 blieben die Quoten im OECD-Raum weitgehend unverändert, dagegen sind sie in der Türkei, Deutschland und Japan besonders stark abgefallen.

Geringes Produktivitätswachstum

Weitere Aufschlüsse zur wirtschaftlichen Situation eines Landes bietet der Blick auf das Wachstum der Arbeitsproduktivität, mit der gemessen wird, wie sich die Arbeitsleistung bezogen auf den Erwerbstätigen je Arbeitsstunde gegenüber dem Vorjahr verändert hat.

Für die langfristige Entwicklung seit 1992 stellt die OECD fest, dass in Deutschland, ebenso wie in Australien, Kanada, Frankreich, Japan, dem Vereinigten Königreich und den USA, der Anstieg der Produktivität je geleisteter Arbeitsstunde

---

[8] Quelle: http://puck.sourceoecd.org/vl=4686388/cl=14/nw=1/rpsv/figures/de/graph1.htm

dem OECD-Durchschnitt entsprach. Sehr niedrige Raten beim Produktivitätswachstum verzeichneten Italien, Mexiko und Spanien, während Irland, Korea und die neuen mitteleuropäischen Staaten Spitzenwerte erreichten. Nach neueren OECD-Berechungen blieb allerdings im Zeitraum 2000 bis 2005 die Stundenproduktivität in Deutschland und in Kanada unter dem OECD-Durchschnitt.[9]

Abbildung 4:
Jahresdurchschnittliche reale Veränderung des Bruttoinlandsprodukts (BIP) in Prozent von 1995 bis 2005

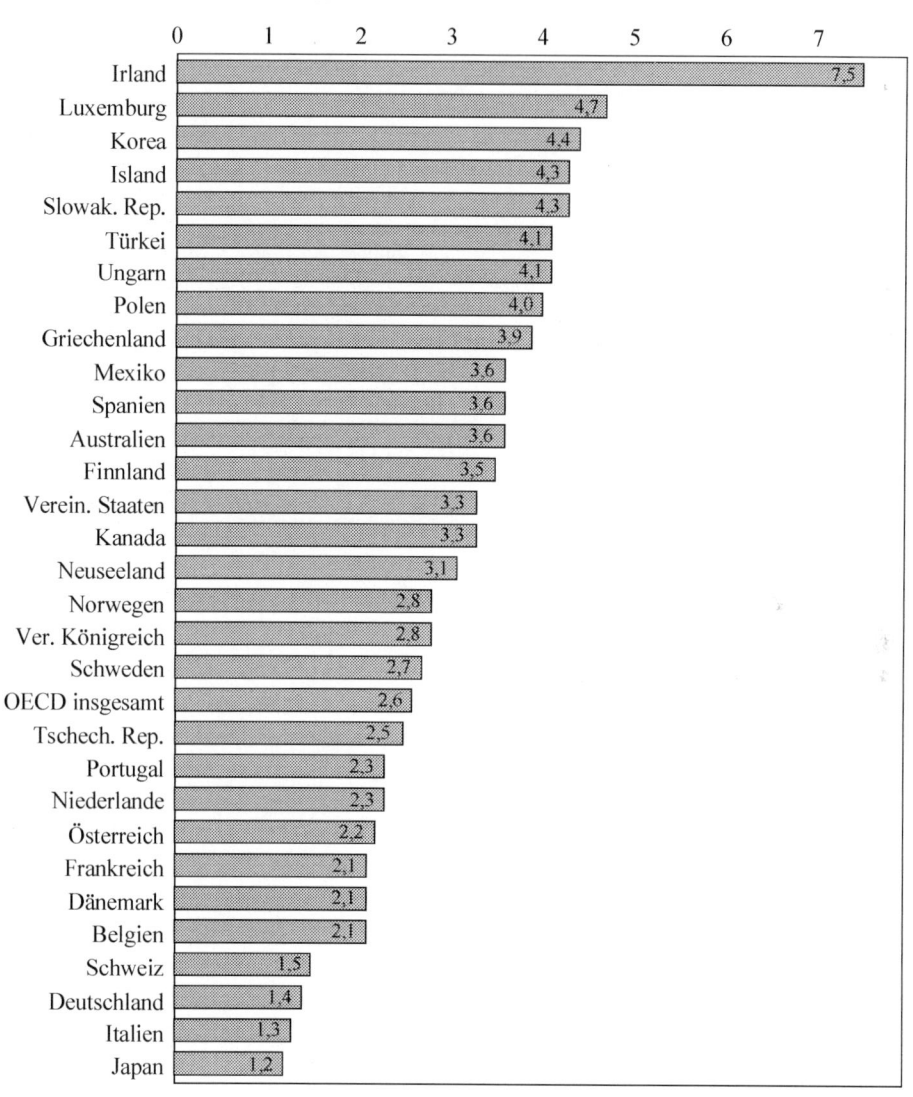

Irland	7,5
Luxemburg	4,7
Korea	4,4
Island	4,3
Slowak. Rep.	4,3
Türkei	4,1
Ungarn	4,1
Polen	4,0
Griechenland	3,9
Mexiko	3,6
Spanien	3,6
Australien	3,6
Finnland	3,5
Verein. Staaten	3,3
Kanada	3,3
Neuseeland	3,1
Norwegen	2,8
Ver. Königreich	2,8
Schweden	2,7
OECD insgesamt	2,6
Tschech. Rep.	2,5
Portugal	2,3
Niederlande	2,3
Österreich	2,2
Frankreich	2,1
Dänemark	2,1
Belgien	2,1
Schweiz	1,5
Deutschland	1,4
Italien	1,3
Japan	1,2

Quelle: OECD (www.oecd.org/de)

---

[9] Vgl. http://miranda.sourceoecd.org/vl=3486949/cl=14/nw=1/rpsv/factbook/02-03-01.htm

Wirtschaftsschwäche auf mehreren Feldern

Wie die Tabelle 5 des Weiteren zeigt, betrifft das anhaltend schwache Wirtschaftswachstum eine Reihe von Feldern. Unter den 15 EU-Staaten wirkt sich der geringe BIP-Zuwachs Deutschlands bis zum Jahre 2005 – neben Italien – auf den privaten Verbrauch, die Staatsausgaben und die Anlageinvestitionen aus, insbesondere im Wohnungsbau und in der Infrastruktur. Über den gesamten betrachteten Zeitraum hinweg überstiegen Jahr für Jahr in Deutschland die Staatsausgaben die Einnahmen der öffentlichen Hand deutlich, so dass der Schuldenstand stetig anwuchs, bis Ende 2007 auf mehr als 1.500 Mrd. €. Die an-

Tabelle 5:
Wirtschaftswachstum und –leistung im Ländervergleich – ausgewählte OECD-Länder

	BIP-Wachstum			BIP-Wachstum nach Komponenten				Handelsbilanz (Waren u. Dienstleistungen)	Nettoinlandsersparnis
	Reale Veränderung im Jahresdurchschnitt, in %			Reale Veränderung in %, 2004-2005					
				Private Endverbrauchsausgaben	Staatliche Endverbrauchsausgaben	Bruttoanlageinvestitionen		Veränderung in % des BIP zu jeweiligen Preisen, 2004-2005	Veränderung in % des BIP zu jeweiligen Preisen, 2004-2005
	1995-2005	2004-2005	2003-2004			Insgesamt	Wohnungsbau und sonstiges Baugewerbe		
Deutschland	*1,4*	*1,0*	*1,6*	*0,2*	*0,1*	*-0,2*	*-3,4*	*5,0*	*6,5*
Belgien	2,1	1,2	2,6	1,1	1,5	8,4	..	2,3	8,2
Dänemark	2,1	3,1	1,9	3,8	1,3	9,1	5,5	4,7	7,9
Finnland	3,5	2,1	3,6	3,4	1,5	1,7	4,9	3,6	7,9
Frankreich	2,1	1,2	2,3	2,0	1,1	3,6	2,4	-1,0	5,2
Griechenland	3,9	3,7	4,7	3,7	3,1	-1,4	-4,5	-7,2	6,0
Irland	7,5	5,5	4,5	4,0	1,9	7,9	8,7	15,4	13,1
Italien	1,3	0,0	1,1	0,1	1,2	-0,6	0,6	-0,1	5,2
Luxemburg	4,7	4,0	4,2	2,3	2,5	2,2	-4,6	22,3	..
Niederlande	2,3	1,1	1,7	0,3	0,5	2,2	2,5	8,2	11,8
Österreich	2,2	2,0	2,4	1,7	1,9	0,3	0,5	4,8	9,6
Portugal	2,3	0,4	1,2	2,0	1,8	-3,0	-4,7	-8,9	-3,8
Schweden	2,7	2,7	3,7	2,4	0,7	8,5	7,7	7,7	10,8
Spanien	3,6	3,4	3,1	4,4	4,5	7,2	6,0	-5,2	7,0
Ver. Königr.	2,8	1,8	3,1	1,7	2,9	3,2	2,9	-3,9	3,6
Polen	4,0	3,3	5,3	3,2	1,4	5,1	-0,5	-1,8	..
Slowak. Rep.	4,3	6,1	5,5	3,5	1,1	2,5	-9,0	-2,7	1,7
Tschech. Rep.	2,5	6,0	4,7	2,6	0,8	3,7	6,8	2,1	3,7
Ungarn	4,1	4,1	5,2	1,5	-0,2	6,6	..	-2,2	..
Schweiz	1,5	1,9	2,1	1,4	1,4	3,3	1,8	7,3	15,1
Japan	1,2	2,6	2,3	1,9	2,0	1,1	-2,1	1,9	4,2
Kanada	3,3	2,9	2,9	3,4	2,7	6,6	5,1	4,2	9,5
USA	3,3	3,2	4,2	3,9	2,5	8,3	5,7	-5,3	1,2
EU 15	2,2	1,5	2,3	2,0	1,3	2,9	..	1,4	..
Euroraum	2,0	1,3	2,0	1,6	1,0	2,3	..	2,1	..
G7	2,4	2,5	3,2	2,9	1,9	4,8	2,5	-1,6	3,5
OECD insges.	2,6	2,6	3,2	3,0	2,0	4,9	..	-0,9	..

.. = Kein Nachweis vorhanden oder nicht anwendbar
(Quelle: http://titania.sourceoecd.org/vl=2070132/cl=46/nw=1/rpsv/figures/de/page5.htm)

angespannte Haushaltslage erzwang bei Bund, Ländern und Gemeinden einschneidende Sparmaßnahmen, die wiederum negativ auf die Wirtschaftsentwicklung wirkten: Einerseits belasteten steigende Arbeitslosigkeit, Frühverrentung und Sozialhilfeausgaben die öffentlichen Haushalte zusätzlich, während andererseits mit dem Abbau der Beschäftigung Ausfälle in Milliardenhöhe bei Sozialbeiträgen und Steuern entstanden. Der Spielraum für staatliche Investitionen in Anlagen, Gebäude und Infrastruktur wurde damit immer weiter eingeengt.

Die Sorge, im internationalen Wettbewerb falle die deutsche Wirtschaft mit ihrem hohen Lohnniveau zurück, ging einher mit einer jahrelangen Lohnzurückhaltung, so dass beispielsweise der monatliche Bruttolohn je Arbeitnehmer im Zeitraum 2000 bis 2006 nur minimal anstieg; im Jahre 2000 waren es 2.096.- €, 2006 dann 2.226.- €.[10] Aus dem Plus von 6,2 % ergibt sich inflationsbereinigt ein Kaufkraftverlust, so dass vom privaten Verbrauch keine Wachstumsimpulse ausgehen konnten.

Eine wesentliche Stütze der Konjunktur in Deutschland war in all den Jahren allerdings der Export, insbesondere die Ausfuhr hochwertiger Investitions- und langlebiger Gebrauchsgüter (Maschinen/Anlagen, Kraftfahrzeuge u. a.). Nach dem Statistischen Jahrbuch 2007 (S. 663) ergibt sich für die jüngste Zeit folgendes Bild: **Pluspunkt: Hohe Exportüberschüsse**

- Warenausfuhr im Jahre 2003:   659 Mrd. €;   2006:   900 Mrd. €
- Wareneinfuhr im Jahre 2003:   529 Mrd. €;   2006:   741 Mrd. €
- Exportüberschuss   2003:   130 Mrd. €;   2006:   159 Mrd. €

Bezogen auf das Bruttoinlandsprodukt Deutschlands zu jeweiligen Preisen von 2.161,5 Mrd. € im Jahre 2003 und 2.307,2 Mrd. € im Jahre 2006, erreichte der Wert der Warenausfuhr 2003 einen Anteil von 30,5 % und 2006 von 39,0 %.

b) Wirtschaftlicher Aufschwung in den letzten Jahren

Die OECD erstellt regelmäßig Wirtschaftsberichte zu den einzelnen Ländern, so zu Deutschland zuletzt im Frühjahr 2006. Dieser Bericht bietet eine Bestandsaufnahme der deutschen Volkswirtschaft und weist auf Herausforderungen hin, die bewältigt werden müssen, um die Voraussetzung für einen dauerhaften Aufschwung zu schaffen. Zur makroökonomischen Entwicklung in Deutschland und den politischen Herausforderungen stellte die OECD im Jahre 2006 fest: **Aktuelle Wirtschaftslage in Deutschland**

„Nach Jahren gedämpften Wachstums und schwacher Nachfrage könnte Deutschland nun einen kräftigen Konjunkturaufschwung erleben. Weitere Fortschritte bei wirtschaftlichen Reformen könnten diesen zyklischen Aufschwung in eine anhaltende Expansion verwandeln mit ... höheren dauerhaften Einkommen, die zu einer lebhafteren ... Nachfrage führen. Die Herausforderung für Deutschland in diesem Zusammenhang besteht in der Verbesserung seiner Leistungen in

---

[10] Vgl. Stat. Jahrbuch 2007, S. 635

verschiedenen Bereichen – Erreichen eines höheren Beschäftigungsstandes und Produktivitätssteigerung, Sicherung der Nachhaltigkeit der Staatsfinanzen – während gleichzeitig zu bewahren ist, was eine echte Wiederbelebung über den Exportsektor hinaus sein könnte. Zu diesem Zweck ist eine umfassende Strategie erforderlich. Die Beschränkung der Staatsausgaben sollte mit einer Reform des öffentlichen Sektors einhergehen. Die Arbeitsmarktreformen müssen intensiviert und verbreitert werden, um Hürden bei Angebot und Nachfrage nach Arbeitskräften zu verringern. Die Steigerung der Effizienz des Bildungswesens ist wichtig, um Deutschlands Wachstumspotenzial zu stärken und den Lebensstandard in der Zukunft zu sichern. Darüber hinaus unterstützt eine Steigerung der Konkurrenzfähigkeit der Warenmärkte das Produktivitätswachstum und bringt eine Umverteilung der Realeinkommen zu Gunsten der Verbraucher mit sich."[11]

Selbstbewertung Für die Selbsteinschätzung Deutschlands in Bezug auf die jüngste Entwicklung kann der Jahreswirtschaftsbericht der Bundesregierung (Stand Januar 2007) herangezogen werden. Darin wird festgestellt:

„Die deutsche Wirtschaft ist wieder auf klarem Wachstumskurs ... Besonders erfreulich ist: Der Schwung für das Wachstum kommt zunehmend aus dem Inland. Es wird lebhaft investiert, die Arbeitslosigkeit sinkt, es entstehen erstmals seit langem wieder in erheblichem Umfang sozialversicherungspflichtige – und damit prinzipiell längerfristig angelegte – Beschäftigungsverhältnisse. ... So wuchs das Bruttoinlandsprodukt (BIP) im abgelaufenen Jahr mit real 2,5 % deutlich stärker als es die meisten nationalen und internationalen Experten und Institute noch Anfang des Jahres 2006 für möglich gehalten hatten."[12]

Das Bundeswirtschaftsministerium betont, dass es insbesondere darum geht, den in Gang gekommenen Aufschwung zu festigen, die Konsolidierung der Haushalte fortzuführen und weitere innere Wachstumskräfte der Wirtschaft freizusetzen.

Gedämpfte Prognosen Um die Jahreswende 2007/08 zeichnete sich allerdings u. a. durch die hohe Preissteigerung und die gedämpfte private Konsumneigung ab, dass die derzeitige Aufwärtsentwicklung gebremst werden könnte. So prognostizierte auch der Sachverständigenrat zur Begutachtung der gesamtwirtschaftlichen Entwicklung in seinem Jahresgutachten 2007/08, die Expansion werde sich verlangsamen. Das Gremium rechnet für 2008 mit einer Steigerung des Bruttoinlandsprodukts von 1,9 %.[13]

Fachkräftemangel als Wachstumshemmnis Gleichzeitig warnt die Wirtschaft, der Mangel an Fachkräften könne sich als Wachstumsbremse auswirken. Es fehlten nicht nur Ingenieure, sondern auch

---

[11] http://www.oecd.org/document/6/0,3343,en_2649_33733_36778438_1_1_1_1,00.html

[12] Bundesministerium für Wirtschaft und Technologie (Hrsg.): Jahreswirtschaftsbericht 2007 der Bundesregierung. Den Aufschwung für Reformen nutzen. Berlin 2007 (Kurzfassung unter www.bmwi.de)

[13] Vgl. Pressemitteilung, Wiesbaden, 7. November 2007

Facharbeiter. Wie das Institut der deutschen Wirtschaft (IW) mitteilte, verschlechterte sich die Verfügbarkeit technisch qualifizierter Arbeitskräfte schon seit dem Jahr 2003 deutlich. Dies betreffe auch technisch versierte Facharbeiter, die als Rückgrat der mittelständischen Wirtschaft gelten.[14] In einzelnen Stellungnahmen, so beispielsweise von Klaus Zimmermann, Präsident des Deutschen Instituts für Wirtschaftsforschung (DIW), wird sogar bereits von hohen Wertschöpfungsverlusten infolge des Fachkräftemangels gesprochen, insbesondere in der Metall- und Elektroindustrie.[15]

Beim Bildungsgipfel des Vereins der Techniker e. V. (VdT) am 27.11.2007 in Berlin erklärte Hartmut Schauerte (MdB), Parlamentarischer Staatssekretär des Bundesministers für Wirtschaft und Technologie, in seinem Grußwort, dass in Deutschland durch den Fachkräftemangel bzw. nicht besetzbare Stellen im Jahre 2007 ein Wertschöpfungsverlust in Höhe von ca. 20 Mrd. Euro entstanden sei.

Das Institut für Arbeitsmarkt- und Berufsforschung (IAB) der Bundesagentur für Arbeit schätzt den Fachkräftemangel zwar weniger dramatisch ein, spricht aber auch von partiellen Defiziten. Offensichtlich macht sich nun die über Jahre hinweg zu geringe Ausbildungsleistung im dualen System bemerkbar. Aufgrund fehlender Kompensationsmöglichkeiten durch vollzeitschulische Ausbildungsgänge kann die Lücke nicht kurzfristig geschlossen werden.

Übereinstimmung herrscht darüber, dass angesichts der Konjunkturbelebung mehr qualifizierte Fachkräfte zur Sicherung des Wirtschaftswachstums erforderlich sind. So rief die Bundesregierung zu Beginn des Jahres 2008 eine „Qualifizierungsinitiative" ins Leben, die sie wie folgt begründete:

„Deutschland hat sich in den vergangenen Jahren ... bei Bildung und Qualifizierung verbessert, aber andere Nationen weisen eine spürbar höhere Dynamik in der Entwicklung auf. Deutschland braucht eine gemeinsame Anstrengung, um schneller voran zu kommen und die Fachkräftebasis für morgen zu sichern."[16]

Die deutsche Situation unterstreicht die Notwendigkeit, die Zielvorgaben nach dem EU-Reformpaket Lissabon 2000 ernst zu nehmen.

---

[14] Vgl. „Der Mangel an Fachkräften bremst den Aufschwung". Artikel von Tim Höfinghoff in der FAZ vom 29.10.2007 (abrufbar unter *www.faz.net*).

[15] Laut Zimmermann ist der Mitarbeitermangel in den genannten Industriezweigen längst zu einer Wachstumsbremse für die gesamte Ökonomie geworden. Für das Jahr 2006 wurde für die deutsche Volkswirtschaft insgesamt ein sich aus diesem Fehlbestand ergebender Wertschöpfungsverlust von mindestens 18,5 Mrd. Euro geschätzt. Vgl. „Der Mangel an Fachkräften bremst den Aufschwung". Quelle: Höfinghoff in FAZ, a.a.O.

[16] „Aufstieg durch Bildung – Qualifizierungsinitiative der Bundesregierung". Januar 2008, S. 3

4.2 Deckung des Fachkräftebedarfs als Herausforderung von Staat und Wirtschaft

Qualifikationsniveau und Produktivität

In ihren Analysen zu den Bestimmungsfaktoren wirtschaftlichen Wachstums weist die OECD auf Zusammenhänge zwischen dem Qualifikationsniveau der Beschäftigten und ihrer Arbeitsproduktivität hin. Damit spricht sie Fragen der Humanressourcen bzw. des Humankapitals an, also des Wissens und der Kompetenzen, die es dem Einzelnen ermöglichen, eine ökonomisch verwertbare Tätigkeit auszuüben und daraus Einkommen zu erzielen. So gesehen bewirken auf nationaler Ebene Investitionen in Bildung eine Humankapitalsteigerung und schlagen sich in den Wachstumsraten des Bruttoinlandsprodukts (BIP) nieder.

Eine enge Verflechtung zwischen Erhöhung des Qualifikationsniveaus und gesteigerter Produktivität kann vor allem im Bereich der Informations- und Kommunikationstechnologien angenommen werden, da es hier insbesondere auf innovative Qualifikationspotenziale ankommt. Zudem gehen von diesem Wirtschaftsbereich erhebliche Wachstumsimpulse auf andere Branchen aus.[17]

Problematik in Deutschland

Zweifellos besteht zwischen technologischem Fortschritt und Berufsbildung ein enger Zusammenhang, insbesondere im Hinblick auf anspruchsvolle Qualifikationen. Somit leistet Bildung nicht nur über die Erhöhung der Qualität der Humanressourcen, sondern auch über die Innovationstätigkeit einen Beitrag zur wirtschaftlichen Prosperität. Damit beschäftigte sich auch die auf Beschluss des Deutschen Bundestages vom Jahre 2000 gebildete Expertenkommission *Finanzierung Lebenslangen Lernens*; sie wies auf folgende Sachverhalte hin:

– Die Arbeitsproduktivität in Deutschland entwickelt sich seit zwanzig Jahren unterdurchschnittlich.
– Das Arbeitsvolumen im Industriesektor schrumpft überdurchschnittlich.
– Die Investitionen in das Humankapital sowie in Forschung und Entwicklung stagnieren in ihrer relativen Bedeutung seit 1989.
– Die deutschen Branchen der Hochtechnologie haben eine deutlich niedrigere Wachstumsrate der Produktivität als in Vergleichsländern.
– Der Anteil der Bildungsausgaben für Schule und Erstausbildung am Bruttoinlandsprodukt liegt deutlich unter dem OECD-Durchschnitt.
– Die öffentlichen und privaten Bildungsausgaben des Jahres 2000 beliefen sich in Deutschland auf 5,3 % des BIP und lagen damit auf dem 17. Platz der OECD-Länder.[18]

Herausforderung Deutsche Einheit 1990

Bis zum Jahre 1990 lag die Bundesrepublik Deutschland (West) nach Fläche und Einwohnerzahl einschließlich der Indikatoren zur Wirtschaftslage in etwa mit den anderen großen EU-Staaten Frankreich, Großbritannien, Italien gleich-

---

[17] Vgl. OECD (Hrsg.): Die Quellen wirtschaftlichen Wachstums in den OECD-Ländern. Paris 2004, S. 43ff.

[18] Sachverständigenkommission Kosten und Finanzierung der beruflichen Bildung: Kosten und Finanzierung der außerschulischen beruflichen Bildung (Abschlußbericht). Hrsg.: Der Bundesminister für Bildung und Wissenschaft. Bonn 1974, S. 20–23

auf. In den vier genannten Staaten war beispielsweise in den Jahren 1985 bis 1990 das BIP (zu konstanten Preisen) jeweils gleichlaufend zum EU-Durchschnitt (12 Staaten) je um rund 16 % gewachsen.

Deutschland wies schon vor der deutschen Wiedervereinigung im Oktober 1990 unter den vier Staaten den niedrigsten Anteil an unter 15-Jährigen und gegenüber dem EU-Durchschnitt bereits eine höhere Quote an über 65-Jährigen auf.[19]

Mit der deutschen Einheit änderte sich das Bild binnen Jahresfrist: In den ostdeutschen Ländern brach die Wirtschaft ein, die Arbeitslosigkeit stieg rasch auf über eine Million. In den Folgejahren endete die anfängliche Euphorie, die Lasten der deutschen Einheit wären leicht zu schultern, in einer Rezession. Das deutsche BIP des Jahres 1993 unterschritt den Vorjahreswert um 0,8 %, die Arbeitslosenzahl stieg in Deutschland auf 3,4 Mio., die Arbeitslosenquote in den neuen Ländern auf 15,8 %.

In den Folgejahren zeigte sich trotz Milliarden € an Transferleistungen, die aus den Haushalten von Bund, Ländern und Kommunen Jahr für Jahr für die ostdeutschen Länder bereitgestellt wurden, dass es weit über ein Jahrzehnt dauern würde, die DDR-Wirtschaft und das dortige soziale Sicherungssystem auf Weststandards umzustellen. Daraus erwuchs die zuvor erörterte Einengung des Handlungsspielraums der deutschen Wirtschafts- und Sozialpolitik, die mit einer wachsenden Staatsverschuldung auf allen Ebenen einherging.

Deutschland seitdem größtes EU-Land

Mit der Wiedervereinigung wurde Deutschland – mit einer Fläche von nunmehr 357.000 km² – zum einwohnerreichsten und seiner Wirtschaftskraft nach zum mächtigsten EU-Land, nur die ihm zugedachte Rolle einer Art „Wachstumslokomotive der Union" konnte es vor allem wegen der Lasten aus dem Aufbau Ost nicht spielen. Selbst in den Jahren des Booms der New Economy 1999 bis 2001 wurde der Einbruch des Jahres 1993 nicht ausgeglichen. Bei steigendem Staatsdefizit war zu Beginn des 21. Jahrhunderts die von Deutschland selbst nachdrücklich geforderte Obergrenze der jährlichen Schuldenaufnahme von 3 % des BIP nicht mehr einzuhalten; seitens der EU drohte jahrelang ein Defizitverfahren.

Aktuelle Schwächen signalisieren Handlungsbedarf

Schwächen der deutschen Entwicklung verbergen sich insbesondere hinter der hohen deutschen Erwerbslosenquote, und zwar so, dass[20]
- die Arbeitslosenquote der Erwerbspersonen ohne Berufsabschluss weit über 20 %, in den neuen Ländern nahe bei 50 % liegt;
- die Zahl der Langzeitarbeitslosen im Jahre 2006 mit 1.605.000 noch immer über ein Drittel der Gesamtarbeitslosigkeit von 4,487 Mio. ausmacht und nur sehr zögerlich zurückgeht,
- die Erwerbsquote der 60-65-Jährigen in den Rezessionsjahren stetig gesunken ist, im Jahre 2006 auf gerade noch 31,6 %,

---

[19] Vgl. BMBF, Bonn/Berlin (Hrsg.): Grund- und Strukturdaten, Ausgabe 1992/93, S. 346/347
[20] Vgl. StBA, Berlin (Hrsg.): Stat. Jahrbuch 2007, S. 92ff.

– sich der Übergang ins Arbeitsleben bei den unter 25-Jährigen immer weiter hinausschiebt. Rechnet man die 1,6 Mio. Lehrlinge ab, gab es im Jahre 2006 unter den 9,89 Mio. Einwohnern dieser Altersgruppe gerade 3,33 Mio. Erwerbspersonen, das entspricht 33 %; von diesen waren 522.800 arbeitslos gemeldet, was einer Quote von 15,7 % entspricht.

Demografischer Wandel erfordert mehr Weiterbildung

Wenn inzwischen in Deutschland der Anteil der Bevölkerung im Alter unter 15 Jahren unter 15 % gefallen ist und auch die Geburtenrate von 8,6 Lebendgeborenen pro anno den Tiefstand unter den EU-Staaten erreicht hat, verweist dies auf die Notwendigkeit, die Aus- und Weiterbildung zu forcieren. Deutschland kann es sich eigentlich schon seit Jahren nicht mehr leisten, den Nachwuchs allein auf die Quoten der über das Dualsystem Ausgebildeten zu begrenzen und darüber hinaus keine Alternativen zu ergreifen, dass Jugendliche über Vollzeitschulen eine berufliche Qualifikation erwerben können, die vom Arbeitsmarkt akzeptiert wird.

Zudem stabilisiert sich in Deutschland der Anteil an Hochqualifizierten erst im Alter von über 35 Jahren. Dies belegt die Tabelle 6 zum Qualifikationsaufbau der Erwerbspersonen der Altersgruppen 20 bis 35 Jahre gegenüber allen Erwerbspersonen zwischen 15 und 65 Jahren.

Entgegen den Vorgaben der EU und den Erwartungen fällt der Anteil an Ungelernten in der jüngeren Altersgruppe nicht deutlich ab. Die geringe Quote auf dem Niveau der Fachschule ist ein Indiz dafür, dass über die Weiterbildung der berufliche Aufstieg nur noch partiell attraktiv erscheint; zu dem sind die Abschlüsse, die nach Weiterbildungsregelungen der Kammern erworben werden, bis dato in der Hierarchie der Bildungsstufen nur partiell festgeschrieben (vgl. Kapitel 5.3).

Tabelle 6:
Die 20–35-jährigen Erwerbspersonen nach Qualifikationsstufen in Gegenüberstellung zu allen Erwerbspersonen des Jahres 2005 in %

Qualifikationsstufen	*20–35-Jährige*	*15–65-Jährige*
Ohne Berufsabschluss/ohne Angabe	25 %	20 %
Mit Lehr-/Berufsfachschulabschluss	56 %	55 %
Fachschulabschluss	6 %	9 %
Fachhochschuldiplom	5 %	6 %
Universitätsdiplom	8 %	10 %
Erwerbspersonen in Mio. = 100 %	11,6 %	41,1 %

Quelle: Stat. Bundesamt (Hrsg.): Stat. Jahrbuch 2007, S. 128

a) Strukturwandel und Fachkräftebedarf

Die Wertschöpfung des produzierenden Gewerbes steigt bei rückläufiger Beschäftigung dank der gestiegenen Arbeitsproduktivität weiter an. Das verarbeitende Gewerbe erzeugt demnach mit immer weniger Arbeitskräften eine Jahr für

Jahr wachsende Gütermenge; wurden dort im Jahr 1995 noch 15,783 Mio. Arbeitsstunden gezählt; waren es im Jahre 2006 nur 10,786 Mio., also rund ein Drittel weniger.

Im Jahre 2006 arbeiteten über 70 % der Erwerbstätigen im tertiären Wirtschaftssektor, in der Gütererzeugung und -produktion wurden es immer weniger. Dies hat Konsequenzen für die betriebliche Berufsausbildung: **Basis gewerblicher Ausbildung wird schmäler**
- Der Schwerpunkt der Facharbeiterausbildung im gewerblichen Bereich konzentriert sich auf rund ein Viertel der Arbeitsverhältnisse.
- Für die Ausbildung in kaufmännischen Berufen, Büro-, Verwaltungs- und Gesundheitsberufen gibt es zwar eine immer breitere Basis an Beschäftigten; in der postindustriellen Gesellschaft ist allerdings der tertiäre Sektor zugleich der, in dem höher- und hochqualifizierte Tätigkeiten weiter ansteigen.

Daraus folgt, dass die Aufnahmefähigkeit des dualen Systems künftig davon abhängt, in welchem Umfang das gewerbliche Segment seine Anstrengungen verstärkt und im tertiären Sektor die Betriebe daran festhalten, für mittlere und gehobene Positionen auch Nachwuchs über die betriebliche Berufsausbildung zu rekrutieren.

Die hohe Exportquote Deutschlands bei technischen Anlagen/Maschinen, Kraftfahrzeugen etc. trägt zu einem beachtlichen Anteil dazu bei, dass – trotz aller Trends zur Verlagerung von Arbeitsplätzen in Drittländer – Facharbeiterplätze und damit auch Ausbildungsmöglichkeiten für den Nachwuchs gesichert werden. Dies gilt vor allem für die Investitions- und Gebrauchsgüterindustrie mit ihren hohen Exportquoten, die ja weithin den Kernbereich der gewerblichen Nachwuchsqualifizierung in anspruchsvollen Berufen darstellt. Nach dem Statistischen Jahrbuch 2007 (S. 90) waren in diesem Segment zur Jahresmitte 2006 rund 3,52 Mio. Arbeitskräfte sozialversicherungspflichtig beschäftigt, was einem Anteil von 13,4 % aller sozialversicherten Arbeiter, Angestellten und Auszubildenden als Anteil an den Sozialversicherten insgesamt entspricht. Dabei ergab sich folgende Verteilung: **Export sichert Facharbeiterplätze**

– Maschinenbau	1.001.691	3,80 %
– Bau von EDV-Anlagen; Feinmechanik, Optik	37.965	0,14 %
– Fertigung von Anlagen zur Elektrizitätserzeugung	396.567	1,50 %
– Fertigung von Rundfunk- und Nachrichtentechnik	185.616	0,70 %
– Medizin-, Mess-, Regelungstechnik, Uhrenindustrie	388.966	1,48 %
– Produktion von Kraftwagen und Kraftwagenteilen	732.646	2,78 %
– Produktion von Kraftwagen und -motoren	442.905	1,68 %
– übriger Fahrzeugbau	139.855	0,53 %
– Fertigung von Möbeln, Schmuck, Musikinstrumenten, Sportgeräten, Spielwaren	194.533	0,74 %
Summe	3.520.744	13,36 %

b) Orientierung am aktuellen und künftigen Qualifikationsbedarf

Bildung und Wirtschaftswachstum

Insgesamt stellt die bereits erwähnte Expertenkommission *Finanzierung Lebenslangen Lernens* einen eindeutigen Zusammenhang zwischen der Effizienz des Bildungs- und Berufsbildungssystems und der wirtschaftlichen Prosperität wie folgt heraus:

„Der Leistungsfähigkeit und der Qualität des Schul-, Berufsbildungs-, Hochschul- und Weiterbildungssystems kommt eine Schlüsselrolle für die langfristige und nachhaltige Entwicklung von Wettbewerbsfähigkeit, Standortattraktivität, Produktivitätswachstum und Wachstumstempo zu."[21]

Ungenutzte Lernpotenziale

Als Indikatoren für die Ausschöpfung von Lern- und Produktivitätspotenzialen einzelner Länder werden oft Kenndaten zur Bildungsbeteiligung der Bevölkerung herangezogen, denn nur Vergleichsdaten zeigen, wo Ansatzpunkte liegen, um dieses Potenzial für die Wachstumschancen der Zukunft stärker zu nutzen. In diesem Zusammenhang verweist die Expertenkommission u. a. auf folgende Fakten:

– Deutsche Unternehmen schöpfen das Lern- und Leistungspotenzial ihrer Belegschaften im europäischen Vergleich bislang noch nicht ausreichend aus; sie konzentrieren ihre betriebliche Weiterbildung vor allem auf kurzfristige Maßnahmen für einen relativ kleinen Teil ihrer Beschäftigten. Hier ist ein Umdenken erforderlich, das durch die demografische Entwicklung unabdingbar wird.

– Bildungsabbrecher und Personen, die bei niedrigem Schulabschluss keinerlei berufliche Qualifizierung erfahren haben, stellen einen Ansatzpunkt dar, um potenzielle Wachstumsverluste zu verringern.[22]

Prognosen zum Nachwuchsbedarf

Die wirtschaftliche Prosperität ist also in hohem Maße abhängig von der vollen Abdeckung des Nachwuchsbedarfs der Wirtschaft. Nach Berechnungen zum Arbeitskräftebedarf bis 2010 wird der Anteil an höher qualifizierten Tätigkeiten stetig steigen bis ca. 40 %; bei Arbeitskräften mit mittlerer Qualifikation bleibt er langfristig konstant, dagegen nimmt der Anteil an einfachen Tätigkeiten weiter deutlich ab.[23]

Nach Qualifikationsstufen lässt dies für den Zeitraum bis zum Jahre 2010 erwarten, dass die Quote der Fachkräfte mit Lehrabschluss/Berufsfachschulniveau leicht auf rund 63 % steigt; beim Fachschulniveau dürfte ein Anstieg auf 10 %, bei der Ebene Hochschule auf ca. 17 % erfolgen, wobei dann für Kräfte ohne Ausbildung nur noch rund 10 % der Arbeitsplätze verblieben.[24]

---

[21] A.a.O., S. 20
[22] Ebenda
[23] Vgl. Liesering, S.; Schober, K.; Tessaring, M. (Hrsg.): Die Zukunft der dualen Berufsausbildung. In: Beiträge zur Arbeitsmarkt- und Berufsforschung (BeitrAB) Bd. 186, Nürnberg 1994, S. 339ff.
[24] Ebd., S. 32.

Die 2002 veröffentlichte Projektion der Bund-Länder-Kommission für Bildungsplanung und Forschungsförderung (BLK) prognostiziert für 2015 – bezogen auf die alten Bundesländer – folgenden Qualifikationsbedarf[25]:
- ohne Berufsausbildung   12,5 %
- mit Berufsausbildung   69,4 %
- mit Fachhochschulabschluss   7,1 %
- mit Hochschulabschluss   11,0 %

Die Entwicklung in den neuen Ländern wurde ähnlich eingeschätzt.

Geht man von Nachwuchsquoten nach Ebenen aus, gibt es auf dem Hochschulniveau geringere, im Bereich der betrieblichen Berufsausbildung allerdings gravierende Probleme. Die heutige Nachwuchsquote von 2,7 % reicht nicht mehr aus, um den Bestand an Fachkräften auf mittlere Sicht auf dem erreichten Niveau zu halten.

Bei Gegenüberstellung der Komponenten Bildung zu Wirtschaftswachstum kann es keinen Zweifel geben, dass im Umkehrschluss schon heute die nachgewiesenen Schwächen im Bereich Wirtschaft zu einem nicht unerheblichen Maße auf Defizite im Bildungs- und Berufsbildungssystem zurückzuführen sind. Unter anderem sprechen hierfür Sachverhalte wie **Umkehrschluss**
- die von Seiten der Wirtschaft oft beanstandete unzulängliche Ausbildungsreife der Hauptschulabsolventen;
- der immer wieder in der Presse erörterte Mangel an Ausbildungsplätzen mit der Konsequenz, dass sich der Ausbildungsbeginn weiter hinausschiebt und durch die Finanzierung von Warteschleifen Ausgaben in Milliardenhöhe entstehen;
- die fehlende Strukturierung der Ausbildung nach Modulen mit entsprechender Zertifizierung;
- die gegenüber anderen Ländern mit dualer Berufsausbildung ungeregelte Kooperation von Berufsschule und Betrieb im Dualsystem ebenso wie auch das unverbundene Nebeneinander von Dualsystem und berufsqualifizierenden Vollzeitschulen;
- die gegenüber anderen Ländern in Deutschland unzureichend ausgebaute Weiterbildung mit Auswirkungen auf das frühe Ausscheiden Erwerbstätiger im Alter vor und nach 60 Jahren sowie
- die Notwendigkeit, über speziell dafür verabschiedete Gesetze den Zugang von Fachkräften aus dem Ausland zu erleichtern.

Ziel einer Neujustierung des deutschen Bildungs- und Berufsbildungsangebots müsste sein, aus dem Strukturwandel und den Vorhersagen zum veränderten Qualifikationsbedarf Konsequenzen zu ziehen. Aus den Analysen der letzten **Planung als Umsetzung von Prognosen**

---

[25] Vgl. Reinberg, Alexander; Hummel, Markus: Zur langfristigen Entwicklung des qualifikationsspezifischen Arbeitskräfteangebots und -bedarfs in Deutschland. Empirische Befunde und aktuelle Projektionsergebnisse. MittAB 4/2002, S. 580–600; hier S. 585

Jahrzehnte zeichnen sich – in Übereinstimmung mit den Prognosen – zwei Grundlinien der Weiterentwicklung ab:
- Der stetige Rückgang von Arbeitsplätzen für gering Qualifizierte bzw. für so genannte Nicht-Formal-Qualifizierte Kräfte (NFQ), die keine Ausbildung abschließen, hat bislang zu keinen konkreten Schritten geführt. Die Quoten an Schulabgängern ohne Pflichtschulabschluss oder mit unzureichender Berufsreife wären abzubauen. Jugendlichen mit schwächerem intellektuellem Potenzial sind Einstiegsqualifikationen zu bieten; ebenso ist die hohe Zahl an Abbrechern der betrieblichen Berufsausbildung aufzufangen.
- Der Ausbildungsanteil auf Fachschulebene stagniert. Wenn in der Vorausschau der BLK zum Qualifikationsbedarf im Jahre 2015 das Fachschulsegment schlichtweg unter der Stufe „mit Berufsausbildung" subsumiert wird, ist dies ein weiterer Indikator für Handlungsbedarf in diesem Feld.

Besonderer Bedarf an Hochqualifizierten

Es ist davon auszugehen, dass der Arbeitskräftebedarf, gleich über welchen Weg qualifiziert, konstant bleibt. Wenn künftig 40 % der Beschäftigten höher qualifizierte Tätigkeiten ausüben sollen, wird dies nur erreichbar sein, wenn Berufsbildungsstufen unterhalb der Hochschulebene breiter ausgebaut werden und den Zugang zum tertiären Bildungsbereich ermöglichen. Der derzeit beklagte Ingenieurmangel wird sich durch den aufbauenden Weg von der mittleren Qualifikationsstufe in den Hochschulbereich deutlich verringern lassen.

Fehleinschätzung in Deutschland

Die sich aus den oben angegebenen Quellen und vor allem den Untersuchungsergebnissen der genannten Expertenkommission ergebenden Feststellungen werden in der deutschen Öffentlichkeit bisher kaum zur Kenntnis genommen. Nach wie vor wird seitens der Wirtschaft die berufliche Bildung als durchaus den aktuellen Anforderungen entsprechend angesehen. Zuständige Stellen wie auch Experten einschlägiger Disziplinen fühlen sich bisher noch kaum über das Reformprogramm Lissabon 2000 angesprochen.

4.3 Umsetzung des Rechts auf Bildung in Deutschland

Supranationaler und nationaler Rechtsrahmen

In der Zeit nach dem Ende des Zweiten Weltkriegs befassten sich supranationale Zusammenschlüsse intensiv mit dem Recht auf Bildung und Berufsausbildung und verankerten es in von den Mitgliedsländern ratifizierten Konventionen. Eine besondere Bedeutung kommt den diesbezüglichen Festlegungen der Vereinten Nationen, des Europarats und der EU zu. Auf der Basis der relevanten Pakte und Konventionen besteht für alle Unterzeichnerstaaten die Pflicht, das Recht auf Bildung zu achten, zu schützen und umzusetzen.

Neben diesem supranationalen Rechtsrahmen sind die nationalen verfassungsmäßigen Festlegungen zum Recht auf Bildung und Berufsbildung zu berücksichtigen. Dem föderativen Staatsaufbau der Bundesrepublik entsprechend verabschiedeten die Länder eigene Verfassungen, in denen sie gemäß den ihnen durch das Grundgesetz überlassenen Kompetenzen weitere Regelungen für den Bildungsbereich verankerten. Die deutschen Länder besitzen Staatsqualität und verfügen über weit reichende Gesetzgebungskompetenzen.

Angesichts der Veränderungen in Wirtschaft und Gesellschaft und der wachsenden internationalen Konkurrenz wuchs in allen Industriestaaten das Bewusstsein, dass ohne erhebliche Anstrengungen, insbesondere im Bildungsbereich, die erreichte Position nicht gehalten bzw. ausgebaut werden kann. So forderte der frühere deutsche Bundespräsident Roman Herzog in seiner Berliner Rede vom 5.11.1997: „Bildung ... muß in unserem Lande zum Megathema werden, wenn wir uns in der Wissensgesellschaft des nächsten Jahrhunderts behaupten wollen."[26] Wenige Jahre später erhielt die öffentliche Bildungsdiskussion mit dem Erscheinen der ersten PISA-Studie neue Anstöße. Ausgelöst durch für Deutschland alarmierende Befunde dieser und weiterer Vergleichsstudien auf OECD-Ebene wurde Bildung und speziell Bildungsgerechtigkeit zu einer fundamentalen Frage.[27] Bildung wird nun auch in Deutschland als Menschenrechtsthema diskutiert. Das Recht auf Bildung versteht sich als ein eigenständiges Menschenrecht; seine besondere Tragweite ergibt sich darüber hinaus aus der Tatsache, dass es ein zentrales Instrument darstellt, um andere Menschenrechte wie das Recht auf Arbeit zu verwirklichen.[28]

Bildung als Megathema

a) Supranationale Konventionen

Grundlage des internationalen rechtlichen Rahmens bezüglich des Rechts auf Bildung ist die Allgemeine Erklärung der Menschenrechte der Vereinten Nationen von 1948. Neben diesen traten auch der Europarat sowie die Europäische Union mit Übereinkünften hervor, die das Recht auf Bildung und Berufsbildung beinhalten. Anzuführen sind insbesondere die Europäische Menschenrechtskonvention, der Internationale Pakt über wirtschaftliche, soziale und kulturelle Rechte, die Konvention über die Rechte von Kindern, die Europäische Sozialcharta, die Europäische Konvention zum Schutz der Menschenrechte sowie die Konvention über die Rechte behinderter Personen.

Bildung als Menschenrecht

Nachfolgend wird in knapper Form auf die mit Bildungsfragen befassten supranationalen Zusammenschlüsse und ihre einschlägigen Konventionen eingegan-

---

[26] R. Herzog in: M. Rutz (Hrsg.): Aufbruch in der Bildungspolitik. München 1997, S. 13–33

[27] Heimbach-Steins, Marianne; Kruip, Gerhard; Kunze, Axel Bernd (Hrsg.): Das Menschenrecht auf Bildung und seine Umsetzung in Deutschland. Diagnosen – Reflexionen – Perspektiven. Bielefeld 2007, S. 13

[28] Vgl. Motakef, Mona: Das Menschenrecht auf Bildung und der Schutz vor Diskriminierung. Exklusionsrisiken und Inklusionschancen im deutschen Bildungssystem. In: Heimbach-Steins; Kruip; Kunze, a.a.O., S. 98

gen. Dem folgen die Befunde des UN-Sonderberichterstatters für das Recht auf Bildung, Vernor Muñoz, der die Gewährleistung des Menschenrechts auf Bildung in Deutschland im Jahre 2006 zu überprüfen hatte.

Vereinte Nationen An die Stelle des nach dem Ersten Weltkrieg gegründeten Völkerbundes traten im Jahre 1945 die Vereinten Nationen (UN oder UNO) mit Sitz in New York. Die Charta der UNO wurde am 26.6.1945 von 51 Nationen unterzeichnet. Als Gründungstag gilt der 24.10.1945, an dem weitere 29 Staaten die Charta ratifizierten. Heute gehören zur UNO 192 Mitgliedsstaaten. Das System der Vereinten Nationen setzt sich aus einer Vielzahl von Sonderorganisationen zusammen, zu denen u. a. die Organisation für Erziehung, Wissenschaft und Kultur (UNESCO) zählt. Sie betonte in einem Bericht über internationale Bildungsprogramme aus dem Jahre 1973, dass eine Erziehungsstrategie global sein müsse, also Bildung in jeder Form und auf jedem Niveau einzubeziehen habe.[30]

Deutschland trat der UNO am 18.09.1973 bei, der UNESCO und der ILO gehört es seit dem Jahre 1951 an. Jeder Mitgliedsstaat hat den Beitrittsbedingungen entsprechend eine nationale UNESCO-Kommission.

Menschenrechts-Deklaration Besondere Aufmerksamkeit widmet die UNO dem Schutz der Menschenrechte und damit auch dem Recht auf Bildung innerhalb dieser Staatengemeinschaft. Auf Initiative der Vereinten Nationen wurde nach Ende des Zweiten Weltkriegs die Allgemeine Erklärung der Menschenrechte als ein „alle Mitglieder der menschlichen Familie" betreffender, also weltweit zu beachtender Katalog erarbeitet (vgl. Quellenauszug 3). Das in die „Feierliche Erklärung" des Jahres 1948 aufgenommene Ergebnis sollte die als allgemeine Rechtsüberzeugung der Völker erkannte Bedeutung unterstreichen und jeweils als Grundrecht festschreiben. Der Menschenrechtsdeklaration der Vereinten Nationen trat Deutschland im Jahre 1973 bei.

Wirtschaftliche, soziale und kulturelle Rechte Als darauf aufbauenden Schritt verabschiedete die Generalversammlung der Vereinten Nationen am 19.12.1966 den „Internationalen Pakt über wirtschaftliche, soziale und kulturelle Rechte" (ICESCR). Deutschland ratifizierte diesen Pakt, der sich auf die Stufen des allgemeinen Unterrichts ebenso wie auf verschiedene Formen beruflicher Bildung bezieht, am 17.12.1973. Art. 6 des Paktes sichert das Recht auf Arbeit zu und definiert es als Anspruch darauf, seinen Lebensunterhalt durch frei gewählte oder aufgenommene Arbeit zu verdienen. Die Unterzeichnerstaaten sind gehalten, geeignete Schritte zum Schutz dieses Rechts zu unternehmen, wozu fachliche und berufliche Beratung sowie Maßnahmen zur Sicherstellung einer stetigen wirtschaftlichen, sozialen und kulturellen Entwick-

---

[29] Die ILO dient der Verbesserung der Arbeitsbedingungen der Arbeitnehmer durch internationale Normen sowie der technischen Hilfeleistung an Entwicklungsländer.

[30] Vgl. Faure, E. u. a.: Wie wir leben lernen. Der UNESCO-Bericht über Ziele und Zukunft unserer Bildungsprogramme. Hamburg 1973, S. 235

Quellenauszug 3:
Verankerung des Rechts auf Bildung in supranationalen Konventionen

Allgemeine Erklärung der Menschenrechte, Resolution 217 (III) der Generalversammlung der Vereinten Nationen (1948):
„Jeder Mensch hat das Recht auf Bildung. Der Unterricht muß wenigstens in den Elementar- und Grundschulen unentgeltlich sein. Der Elementarunterricht ist obligatorisch, fachlicher und beruflicher Unterricht muß allgemein zugänglich sein." (Art. 26)

Internationaler Pakt über wirtschaftliche, soziale und kulturelle Rechte der Vereinten Nationen (1966):
„Die Vertragsstaaten erkennen das Recht auf Bildung an. Sie stimmen überein, daß die Bildung auf die volle Entfaltung der menschlichen Persönlichkeit ... gerichtet sein ... muß. ... (Art. 13 Abs. 1)
Die Vertragsstaaten erkennen an, daß im Hinblick auf die volle Verwirklichung dieses Rechts
a) der Grundschulunterricht für jedermann Pflicht und allen unentgeltlich zugänglich sein muß;
b) die verschiedenen Formen des höheren Schulwesens einschließlich des höheren Fach- und Berufsschulwesens auf jede geeignete Weise, insbesondere durch allmähliche Einführung der Unentgeltlichkeit, allgemein verfügbar und jedermann zugänglich gemacht werden müssen;
c) der Hochschulunterricht auf jede geeignete Weise, insbesondere durch allmähliche Einführung der Unentgeltlichkeit, jedermann gleichermaßen entsprechend seinen Fähigkeiten zugänglich gemacht werden muß;
d) eine grundlegende Bildung für Personen, die eine Grundschule nicht besucht oder nicht beendet haben, so weit wie möglich zu fördern oder zu vertiefen ist;
e) die Entwicklung des Schulsystems auf allen Stufen aktiv voranzutreiben, ein angemessenes Stipendiensystem einzurichten und die wirtschaftliche Lage der Lehrerschaft fortlaufend zu verbessern ist. (Abs. 2)
Die Vertragsparteien verpflichten sich, die Freiheit der Eltern ... zu achten, für ihre Kinder andere als öffentliche Schulen zu wählen, die den vom Staat gegebenenfalls festgesetzten oder gebilligten bildungspolitischen Mindestnormen entsprechen ... (Abs. 3)
Keine Bestimmung dieses Artikels darf dahin ausgelegt werden, daß sie die Freiheit natürlicher oder juristischer Personen beeinträchtigt, Bildungseinrichtungen zu schaffen und zu leiten, sofern sie die in Absatz 1 niedergelegten Grundsätze beachten werden und die in solchen Einrichtungen vermittelte Bildung den vom Staat gegebenenfalls festgesetzten Mindestnormen entspricht. (Abs. 4)

Zusatzprotokoll zur Konvention zum Schutz der Menschenrechte und Grundfreiheiten des Europarates (1952):
„Das Recht auf Bildung darf niemandem verwehrt werden. Der Staat hat bei Ausübung der von ihm auf dem Gebiete der Erziehung und des Unterrichts übernommenen Aufgaben das Recht der Eltern zu achten, die Erziehung und den Unterricht entsprechend ihren eigenen religiösen und weltanschaulichen Überzeugungen sicherzustellen." (Art. 2)

Sozialcharta des Europarates (1961):
(Art. 10) „Um die wirksame Ausübung des Rechtes auf Berufsausbildung zu gewährleisten, verpflichten sich die Vertragsparteien:
1. nach Anhörung der Arbeitgeber- und Arbeitnehmerorganisationen die fachliche und berufliche Ausbildung von jedermann einschließlich der Behinderten, soweit notwendig, vorzusehen und zu fördern und durch geeignete Einrichtungen den Zutritt zur höheren Fachschul- und Universitätsbildung zu gewährleisten, wobei nur die Fähigkeiten des einzelnen ausschlaggebend zu sein haben;
2. ein System der Lehrlingsausbildung und andere Systeme der Ausbildung junger Menschen beiderlei Geschlechts in ihren verschiedenen Berufstätigkeiten sicherzustellen oder zu fördern;
3. soweit erforderlich, vorzusehen oder zu fördern
   a) ausreichend und leicht zugängliche Ausbildungsmöglichkeiten für erwachsene Arbeitnehmer;
   b) besondere Erleichterungen für die Umschulung erwachsener Arbeitnehmer, wenn dies infolge des technischen Fortschrittes oder neuer Entwicklungen auf dem Arbeitsmarkt erforderlich ist;
4. die volle Ausnutzung der zur Verfügung stehenden Möglichkeiten durch geeignete Maßnahmen zu fördern, wie durch
   a) Ermäßigung oder Aufhebung von Gebühren und Kosten;
   b) Gewährung finanzieller Hilfe in entsprechenden Fällen;
   c) Anrechnung der Zeiten auf die normale Arbeitszeit, die der Arbeitnehmer auf Wunsch seines Arbeitgebers während der Beschäftigungszeit für den Besuch von Fortbildungslehrgängen aufwendet;
   d) Gewährleistung einer wirksamen Lehrlingsausbildung für jugendliche Arbeitnehmer sowie eines angemessenen Schutzes der jugendlichen Arbeitnehmer im allgemeinen, und zwar durch eine zweckentsprechende Überwachung, wobei die Arbeitgeber- und Arbeitnehmerorganisationen zu Rate gezogen werden."

Sozialcharta der Europäischen Gemeinschaft (1989):
„Jeder Arbeitnehmer in der Europäischen Gemeinschaft muß Zugang zur Berufsausbildung haben und ihn während seines gesamten Erwerbslebens behalten. ...
Die zuständigen öffentlichen Gebietskörperschaften, die Unternehmen oder die Sozialpartner müssen in ihrem jeweiligen Zuständigkeitsbereich die Voraussetzungen für eine Fort- und Weiterbildung schaffen, die es jedem ermöglicht, sich insbesondere durch einen Bildungsurlaub umzuschulen, sich weiterzubilden und vor allem im Zuge der technischen Entwicklung neue Kenntnisse zu erwerben." (Art. 15)
„Unbeschadet günstigerer Vorschriften für Jugendliche ... darf das Mindestalter für den Eintritt in das Arbeitsleben das Alter, in dem die Schulpflicht erlischt, nicht unterschreiten und in keinem Fall unter fünfzehn Jahren liegen." (Art. 20)
„Jugendliche müssen nach Ablauf der Schulpflicht die Möglichkeit haben, eine hinreichend lange berufliche Grundausbildung zu erhalten, um sich den Erfordernissen des künftigen Erwerbslebens anpassen zu können. ..." (Art. 23)
„Alle Behinderten müssen ... konkrete ergänzende Maßnahmen, die ihre berufliche und soziale Eingliederung fördern, in Anspruch nehmen können." (Art. 26)

Quelle: Simma, B., Fastenrath, U. (Hrsg.): Menschenrechte. Ihr internationaler Schutz. München 1985.

lung sowie einer produktiven Vollbeschäftigung dienen. Art. 7 befasst sich mit gerechten und günstigen Arbeitsbedingungen, Art. 13 mit dem Recht auf Bildung.

Konvention über die Rechte von Kindern

Die UN-Konvention über die Rechte von Kindern (Convention on the Rights of the Child – CRC) wurde im Jahre 1989 verabschiedet und trat am 20. September 1990 in Kraft. Sie definiert Kinder als Menschen, die das 18. Lebensjahr noch nicht abgeschlossen haben. UNICEF, die Kinderrechtsorganisation der Vereinten Nationen, fasste die 40 Artikel der Konvention in den folgenden zehn Grundrechten zusammen:

1. Gleichbehandlung und Schutz vor Diskriminierung unabhängig von Religion, Herkunft und Geschlecht
2. Recht auf einen Namen und eine Staatszugehörigkeit
3. Gesundheit
4. Bildung und Ausbildung
5. Freizeit, Spiel und Erholung
6. Recht auf Information und gesellschaftliche Teilhabe
7. Privatsphäre und eine gewaltfreie Erziehung
8. Sofortige Hilfe in Katastrophen und Notlagen sowie Schutz vor Grausamkeit, Vernachlässigung, Ausnutzung und Verfolgung
9. Recht auf Familie, elterliche Fürsorge und ein sicheres Zuhause
10. Recht auf Betreuung bei Behinderung

Deutschland hat bei der Ratifizierung der UN-Kinderrechtskonvention eine ausländerrechtliche Vorbehaltserklärung abgegeben, die den nationalen ausländer- und asylrechtlichen Bestimmungen den Vorrang vor den Bestimmungen der Kinderrechtskonvention gibt. Somit ist das Bildungsrecht von Kindern illegal im Land lebender Migranten nicht ausreichend geschützt.[31]

Konvention zu den Rechten Behinderter

Am 13.12.2006 verabschiedete die Vollversammlung der Vereinten Nationen die „UN-Konvention der Rechte von Menschen mit Behinderung" (CRPD). Sie schreibt die Rechte behinderter Menschen völkerrechtlich verbindlich fest und wurde bereits von etwa 80 der 192 UNO-Mitgliedsstaaten unterzeichnet. Deutschland hat diesen Schritt ebenfalls vollzogen; die Ratifizierung steht jedoch noch aus. Die Konvention fordert von Staat und Gesellschaft die freiheitliche und soziale Inklusion von Menschen mit Behinderung.[32] Der Komplex Bildung ist dort in Art. 24 ausführlich abgehandelt. Danach gewährleisten die Vertragsstaaten „ein integratives Bildungssystem auf allen Ebenen ... mit dem Ziel, ... Menschen mit Behinderungen ihre Persönlichkeit, ihre Begabungen und ihre Kreativität ... voll zur Entfaltung bringen zu lassen ..." Dies wird wie folgt präzisiert:

---

[31] Vgl. Koch, Ute: Konfliktfelder bei der Gewährung des Rechts auf Bildung für Kinder ohne Aufenthaltsrecht und Duldung. In: Heimbach-Steins, M.; Kruip, G.; Kunze, A. B. (Hrsg.): Das Menschenrecht auf Bildung und seine Umsetzung in Deutschland. Diagnosen – Reflexionen – Perspektiven, Bielefeld 2007, S. 168

[32] Vgl. http://www.institut-fuer-menschenrechte.de/

„Die Vertragsstaaten stellen sicher, dass Menschen mit Behinderungen ohne Diskriminierung und gleichberechtigt mit anderen Zugang zu allgemeiner Hochschulbildung, Berufsausbildung, Erwachsenenbildung und lebenslangem Lernen haben. Zu diesem Zweck stellen die Vertragsstaaten sicher, dass für Menschen mit Behinderungen angemessene Vorkehrungen getroffen werden."

In Artikel 27, der auf „Arbeit und Beschäftigung" eingeht, ist zudem verankert, dass die Vertragsstaaten die Verwirklichung des Rechts auf Arbeit durch geeignete Schritte sichern und fördern, um „Menschen mit Behinderungen wirksamen Zugang zu allgemeinen fachlichen und beruflichen Beratungsprogrammen, Stellenvermittlung sowie Berufsausbildung und Weiterbildung zu ermöglichen".

Zum Europarat schlossen sich im Jahre 1949 zehn westeuropäische Staaten zusammen; bis heute stieg die Zahl auf 30 Mitgliedsstaaten. Deutschland gehört dem Europarat seit 1951 an. Seine Aufgaben und Ziele erstrecken sich über einen breiten gesellschaftspolitischen Bereich. So wurde eine Vielzahl von Konventionen erarbeitet, die vom Umweltschutz und der Bewahrung des Kulturerbes bis zum Datenschutz reichen. Die bedeutendsten sind die Europäische Menschenrechtskonvention, die Europäische Sozialcharta und die Europäische Kulturkonvention. **Europarat**

Da gemäß Art. 3 der Satzung des Europarates das Bekenntnis zur Demokratie und die Herstellung bzw. Aufrechterhaltung demokratischer Verhältnisse Bedingungen für die Mitgliedschaft eines Staates sind, richten sich alle bildungspolitischen Bemühungen dieser Institution auf eine demokratische Erziehung in einer demokratischen Schule.

Die Europäische Konvention zum Schutz der Menschenrechte und Grundfreiheiten (EMRK) vom 4.11.1950 trat 1953 in Kraft. Sie war die erste internationale Vereinbarung des Europarates. Zu den wichtigsten Rechten gehören: das Recht auf Leben, das Verbot von Folter, Sklaverei und Zwangsarbeit; das Recht auf Freiheit und Sicherheit, Rechte des Angeklagten, Gedanken-, Gewissens- und Religionsfreiheit, freie Meinungsäußerung, Recht auf Eigentum und Bildung, Recht auf Abhaltung freier und geheimer Wahlen und auf Freizügigkeit. **Menschenrechtskonvention**

Die EMRK wurde durch Zusatzprotokolle erweitert. So legt das Zusatzprotokoll vom 20.3.1952 in Art. 2 fest:

„Das Recht auf Bildung darf niemandem verwehrt werden. Der Staat hat bei Ausübung der von ihm auf dem Gebiete der Erziehung und des Unterrichts übernommenen Aufgaben das Recht der Eltern zu achten, die Erziehung und den Unterricht entsprechend ihren eigenen religiösen und weltanschaulichen Überzeugungen sicherzustellen."

Deutschland ratifizierte die Europäische Menschenrechtskonvention im Jahre 1952 bzw. 1958. Dem (ersten) Zusatzprotokoll aus dem Jahre 1952 trat die Bundesrepublik Deutschland bei.

Sozialcharta Der Sozialcharta des Europarates trat Deutschland 1964 bei. Während völkerrechtliche Verträge in der Regel nur als Ganzes ratifiziert werden können, hatten die Signatarstaaten dieser Charta die Möglichkeit, einzelne Bestimmungen nicht zu übernehmen. So übernahm Deutschland Art. 10 Abs. 4 nicht, und zwar mit der Begründung, dass es im deutschen Recht an einer allgemeinen Regelung fehle, wonach die zur Teilnahme an Fortbildungslehrgängen aufgewendete Zeit auf die normale Arbeitszeit anzurechnen sei. Auch die postulierten Ziele zur finanziellen Förderung der Ausbildung stellten für Deutschland einen Hinderungsgrund dar.

Die Charta beinhaltet spezielle Bestimmungen zur beruflichen Bildung, so u. a. hinsichtlich der Bereitstellung von Berufsbildungsmöglichkeiten in einem „System der Lehrlingsausbildung und anderen Systemen der Ausbildung junger Menschen" (Art. 10 Abs. 2), um die wirksame Ausübung des Rechts auf Berufsausbildung zu gewährleisten.

Europäische Union Die Bundesrepublik Deutschland gehört zu den Gründungsmitgliedern der 1957 geschaffenen Europäischen Wirtschaftsgemeinschaft. Waren im Gründungsvertrag der EWG Bildung und Berufsbildung eher marginale Bereiche, so hat sich deren Stellenwert in den Initiativen der heutigen Europäischen Union sowie in der Zusammenarbeit der Mitgliedsstaaten außerordentlich erhöht (vgl. Teil 2). Nach den Vorstellungen der EU soll das Bildungswesen einen Rahmen schaffen, der das Bewusstsein junger Menschen für die europäische Identität stärkt und sie auf ihre Beteiligung an der wirtschaftlichen und sozialen Entwicklung der Gemeinschaft vorbereitet.

EG-Sozialcharta Der „Gemeinschaftscharta der sozialen Grundrechte der Arbeitnehmer" der EG trat Deutschland im Jahre 1989 bei. Damit gelten auch für Deutschland u. a. die aus Art. 15 erwachsenden Verpflichtungen, wonach jeder Arbeitnehmer in der Europäischen Gemeinschaft Zugang zur beruflichen Bildung haben und ihn während seines gesamten Erwerbslebens behalten muss. Die Bedingungen für den Zugang zur beruflichen Bildung dürfen nicht aufgrund der Staatsangehörigkeit diskriminierend sein. Ferner ist in Art. 15 festgeschrieben: „Die zuständigen öffentlichen Gebietskörperschaften, die Unternehmen oder die Sozialpartner müssen in ihrem jeweiligen Zuständigkeitsbereich die Voraussetzungen für eine Fort- und Weiterbildung schaffen, die es jedem ermöglicht, sich insbesondere durch einen Bildungsurlaub umzuschulen, sich weiterzubilden und vor allem im Zuge der technischen Entwicklung neue Kenntnisse zu erwerben."

Deutschland auf dem Prüfstand der UN Der gerechte Zugang zu Bildung kann generell als eine der bedeutsamsten sozialen Fragen der Gegenwart betrachtet werden. Die wachsende Beschäftigung mit diesem Komplex veranlasste die UN-Kommission für Menschrechte, im Jahre 1993 eine Resolution zu verabschieden, die das Mandat des Sonderberichterstatters für das Recht auf Bildung ins Leben rief.

Der beauftragte UN-Sonderberichterstatter für das Recht auf Bildung, Vernor Muñoz, unternahm im Februar 2006 auf Einladung der Bundesregierung eine Informationsreise durch die Bundesrepublik, um zu untersuchen, wie das Recht auf Bildung in Deutschland gewährleistet ist. Als Maßstab dienten dabei die von Deutschland ratifizierten völkerrechtlich bindenden Verträge mit einschlägigen Bestimmungen. Dem Mandat gemäß erfolgte die Berichterstattung unter institutioneller Perspektive. Dies bedeutet, dass das Menschenrecht auf Bildung als Individualrecht durch rechtliche Garantien geschützt und durch die Bereitstellung einer geeigneten Bildungsinfrastruktur zur Umsetzung des Rechtsanspruchs seitens des Staates verwirklicht werden muss. Dementsprechend war das Ziel eine Evaluierung der de facto bestehenden Beteiligungsmöglichkeiten und der Effektivität der Bildungspolitik als „Ermöglichungspolitik" im Sinne der tatsächlichen Wahrnehmung des Menschenrechts auf Bildung.[33]

Im Zentrum der Untersuchungen standen der Zugang zu Bildung, die Qualität der Bildungseinrichtungen sowie die spezielle Situation von Kindern mit Migrationshintergrund, mit wirtschaftlicher und sozialer Benachteiligung sowie Kindern mit Behinderung. Zum Auftrag des Sonderberichterstatters zählte außerdem die Untersuchung der Reformen nach den Ergebnissen der PISA-Studien. Ferner befasste er sich mit dem Bildungsföderalismus.

Zentrale Befunde und Reformvorschläge

Der UN-Beauftragte legte seinen Deutschlandbericht im März 2007 vor; das Echo war außerordentlich groß und gespalten. Auch wenn zu berücksichtigen ist, dass die Kriterien für seine Urteilsbildung nicht in jeder Hinsicht transparent waren, beispielsweise mit Blick auf die Auswahl der besuchten Schulen, dürfte die Stichhaltigkeit der Befunde kaum zu bezweifeln sein.

Der UN-Beauftragte stellte insbesondere mit Blick auf Migranten und behinderte Kinder fest, „dass es Deutschland bislang nicht gelungen ist, Bildung nach Menschenrechtsgesichtspunkten zu gestalten".[34]

Wie der Sonderberichterstatter betont, spielt die Qualität der Bildung bei der Sicherung der Wettbewerbsfähigkeit eine Schlüsselrolle. Nach seiner Auffassung muss es in Deutschland „zu einer Reform sowohl des Inhaltes als auch der Struktur des Bildungswesens kommen". Dabei sollten folgende Bereiche im Mittelpunkt stehen[35]:

– Abkehr vom selektiven Bildungssystem;
– größere Unabhängigkeit der Schulen bei Problemlösung und Personalauswahl;

---

[33] Vgl. Heimbach-Steins, Marianne: Hintergründe und Kontexte der aktuellen Diskussion um das Menschenrecht auf Bildung in Deutschland. In: Heimbach-Steins; Kruip; Kunze, a.a.O., S. 16
[34] Muñoz, Vernor: Das Recht auf Bildung in Deutschland. Die Umsetzung der internationalen Verpflichtungen. In: Heimbach-Steins; Kruip; Kunze, a.a.O., S. 84
[35] Ebd., S. 83f.

- Verbesserung der Bildungsinhalte und Methoden, insbesondere durch systematischen Sprachunterricht für Migranten, Verbesserung der Lesekompetenz und Einführung neuer Medien;
- Stärkung der demokratischen Schulkultur durch mehr Autonomie für die Kinder;
- Verbesserung der Möglichkeiten zur Ausschöpfung eigener Potenziale durch mehr Kindergartenplätze, Einführung von Ganztagsschulen und Aufgabe des mehrgliedrigen Schulsystems;
- Reform der Lehrerbildung durch verstärkte pädagogische Schulung;
- Erhöhung der Investitionen in die frühkindliche Erziehung.

b) Nationale Verfassungsbestimmungen

Grundgesetz und Kompetenzverteilung

Die Bundesrepublik Deutschland ist ein föderaler Staat, was insbesondere für das Bildungswesen entscheidende Bedeutung hat. Die Länder haben ausgedehnte Befugnisse, speziell im Rahmen der Schul-, Hochschul- und Erwachsenenbildung, während dem Bund nur begrenzte Kompetenzen zustehen.

Die wichtigsten Grundgesetzbestimmungen zu Bildungs-, Kultur- und Wissenschaftsfragen sind:

> Das gesamte Schulwesen untersteht staatlicher Aufsicht (Art. 7 Abs.1). Garantiert sind die Freiheit von Kunst, Wissenschaft, Forschung und Lehre (Art. 5 Abs. 3), das Recht zur Errichtung von Privatschulen (Art. 7 Abs. 4) sowie die freie Wahl von Beruf, Arbeitsplatz und Ausbildungsstätte (Art. 12 Abs. 1). Ein Recht auf Bildung ist expressis verbis nicht enthalten; ebenso fehlen Bestimmungen zur Durchführung der schulischen Bildung. Die berufliche Bildung wird im Grundgesetz nicht genannt.

Laut Art. 74 Nr. 11 untersteht das Recht der Wirtschaft dem Bund. Da der betriebliche Teil der dualen Ausbildung als Selbstverwaltungsaufgabe der Wirtschaft verstanden wird, leitet der Bund aus seiner Gesetzgebungsbefugnis für das Wirtschaftsrecht die Kompetenz für die Regelung dieses Sektors durch das Berufsbildungsgesetz ab. Zu berücksichtigen ist ferner, dass dem Bund laut Art. 74 Nr. 12 das Arbeits- und Sozialrecht untersteht und die Auszubildenden aufgrund ihres Arbeitnehmerstatus in diesen Kompetenzbereich fallen.

Verfassungen der Länder

Die deutschen Länder können in ihren Verfassungen innerhalb des mit dem Grundgesetz abgesteckten Spielraums Bestimmungen zu Bildung und Berufsbildung verankern; sie haben davon in unterschiedlicher Weise Gebrauch gemacht. Die Mehrzahl der Länder hat allgemeine Regelungen des Bildungsbereichs in der Verfassung verankert, dagegen nur wenige Bildung und Berufsbildung in ihrer Gesamtheit (vgl. Abschnitt 1.0 a) und Kapitel 5.1.3). So sichert Baden-Württemberg jedem jungen Menschen eine seiner Begabung entsprechende Erziehung und Ausbildung zu, und in Bayern hat jedermann Anspruch auf eine seinen erkennbaren Fähigkeiten und seiner inneren Berufung entsprechende Ausbildung. Sachsen-Anhalt garantiert jedem jungen Menschen das Recht auf eine seine Begabung und seine Fähigkeiten fördernde Erziehung und Ausbildung und verankerte sogar, dass jeder einen Beruf erlernen kann.

Die Untersuchung des UN-Sonderberichterstatters Muñoz ging auf die berufliche Bildung nicht ein. Er betonte jedoch, dass Bildung als Menschenrecht für alle Altersstufen anzusehen ist und präzisierte wie folgt: **Recht auf berufliche Bildung**

> „Das Recht auf Bildung kann als ein Recht auf den Genuss einer Reihe von Einrichtungen, Gütern und Diensten verstanden werden, die für die Realisierung dieses Rechtes nötig sind. Die Verpflichtung des Staates zur Verwirklichung dieses Rechtes fordert den maximalen Einsatz der verfügbaren Ressourcen."[36]

Diese Grundsätze gelten ohne Zweifel auch für die berufliche Bildung. Nachfolgend sind spezielle Stellungnahmen zur Verwirklichung des Rechts auf berufliche Bildung in Deutschland sowie Aussagen aus einem Rechtsgutachten, das den Blick auf potenzielle größere Handlungsspielräume des Bundes lenkt, zusammengetragen.

Im Zusammenhang mit der Knappheit des Lehrstellenangebots werden immer wieder Stimmen laut, die darauf verweisen, dass die Ausbildungschancen der Jugendlichen nicht dem Markt überlassen werden können und dass staatliche Verantwortung wahrgenommen werden müsse. Dabei wird überwiegend auf die allein schon aus der nationalen Problemlage erwachsende Handlungspflicht des Staates abgehoben, teilweise aber auch auf die Erfüllung der von Deutschland eingegangenen völkerrechtlichen Verpflichtungen zur Gewährleistung des Rechts auf berufliche Bildung. **Handlungspflicht des Staates**

So wies Dieter Euler auf einer Tagung des BMBF darauf hin, die politischen Initiativen zur Bewältigung des Ausbildungsplatzdefizits würden sich lediglich entlang der drei ‚A' bewegen: Appelle, Anreize und Androhungen gegenüber den Arbeitgebern.[37]

Die Gewerkschaft Erziehung und Wissenschaft legte im Jahre 2007 umfangreiches Datenmaterial zur Problematik des Übergangs von der Schule in die Berufsausbildung vor und unterstrich, dass prinzipiell der Staat die Verantwortung für die Ausbildung der Jugendlichen zu übernehmen hat. Kritik übte die GEW insbesondere daran, dass in Deutschland die Verantwortung für die Qualifizierung des Nachwuchses zwischen Staat und Wirtschaft hin und her geschoben wird und konjunkturellen Schwankungen unterworfen ist.[38] Diese Argumenta-

---

[36] Ebd., S. 72
[37] Vgl. Greinert, Wolf-Dietrich; Schur, Ilse, R. (Hrsg.): Zwischen Markt und Staat. Berufsbildungsreform in Deutschland und in der Schweiz. Berlin 2004, S. 58
[38] Neß, Harry: Generation abgeschoben. Warteschleifen und Endlosschleifen zwischen Bildung und Beschäftigung. Daten und Argumente zum Übergangssystem. Hrsg.: Hauptvorstand der Gewerkschaft Erziehung und Wissenschaft (GEW). Bielefeld 2007, S. 168f.

tion führt die GEW zu folgender Forderung: „Das, was in internationalen Deklarationen, z. B. in der Erklärung der Menschenrechte steht, muss mit Leben gefüllt werden: Jeder Mensch hat das Recht auf Bildung und Ausbildung sowie das Recht auf Arbeit!"[40]

Angebot an Ausbildungsplätzen nicht auswahlfähig

Zur Stützung der These, dass die gesellschaftlich gebotene Verankerung eines Grundrechts auf Ausbildung verfassungsrechtlich möglich sei, verweist die Initiative „Ausbildung für alle" auf das im Jahre 1980 gefällte Urteil des Bundesverfassungsgerichts zum Ausbildungsplatzförderungsgesetz von 1976. Auch wenn das Gericht dieses Gesetz aufgrund fehlender Zustimmung des Bundesrates verwarf, bestätigte es doch einige darin formulierte Grundsätze, und zwar u. a., dass ein auswahlfähiges Angebot an Ausbildungsplätzen nur gegeben sei, wenn die Zahl der verfügbaren Lehrstellen die Zahl der Nachfragenden um mindestens 12,5 % übersteige. Gemessen an diesem Kriterium gibt es seit 1995 kein auswahlfähiges Ausbildungsplatzangebot mehr, wie die genannte Initiative unterstrich[41], die von Landesschülervertretungen ins Leben gerufen worden ist und die Unterstützung verschiedener Gewerkschaftsorganisationen hat. Sie machte auch deutlich, dass nicht nur die sich im betreffenden Ausbildungsjahr erstmals Bewerbenden zu berücksichtigen sind, sondern insbesondere die „Bugwelle" der rund 300.000 Altbewerber, die sich erneut um eine Lehrstelle bemühen.

Die Initiative „Ausbildung für alle" leitet aus der Notwendigkeit der Sicherung eines auswahlfähigen Angebot an Ausbildungsplätzen einen Handlungsauftrag an den Gesetzgeber ab. Mittels einer Petition an den Bundestag soll ein Rechtsanspruch auf berufliche Ausbildung im Grundgesetz verankert werden.

Ausschöpfung staatlicher Befugnisse

Das Grundgesetz gibt dem Bund, wie ausgeführt, expressis verbis nur begrenzte Kompetenzen im Bildungsbereich. In einem Gutachten zu Rechtsproblemen der Berufsausbildung vom Jahre 2003 vertrat H. Avenarius jedoch die Auffassung, dass der Bund unbeschadet der Kulturhoheit der Länder stärker aktiv werden könnte. Dazu führte er aus:

„Obwohl der Bund nur wenige Gesetzgebungskompetenzen in kulturellen Angelegenheiten hat, kann man aus dem Umstand, dass ein bestimmter Lebenssachverhalt der – wie auch immer zu definierenden – Sphäre der Kultur zuzuordnen ist, nicht ohne weiteres schließen, dass es dem Bund ganz und gar verwehrt wäre, dort regelnd einzugreifen."[42]

---

[39] Ebd.
[40] Ebd., S. 172
[41] http://www.ausbildung-fuer-alle.de/2007/10/petition.htm/
[42] Rechtsprobleme der Berufsausbildung. Rechtsgutachten im Auftrag der Max-Traeger-Stiftung. Erstattet von Prof. Dr. Hermann Avenarius, Deutsches Institut für Internationale Pädagogische Forschung, Frankfurt am Main, und Dr. Johannes Rux, Fernuniversität in Hagen. Frankfurt am Main/Hagen, August 2003, S. 21
(http://www.gew.de/Binaries/Binary29149/Rechtsgutachten%20Avenarius.pdf)

Der Bund könnte nach Avenarius sogar ein Berufsbildungsgesetz erlassen, das duale und vollzeitschulische Berufsausbildung umfasst. Er erläutert dies wie folgt:

> „Die auf Art. 74 Abs. 1 Nr. 11 GG beruhende konkurrierende Gesetzgebungskompetenz des Bundes für das Recht der Wirtschaft umfasst das Recht, die Ausbildung für sämtliche Berufe zu regeln, die unter den Begriff der Wirtschaft im Sinne dieser Vorschrift fallen. Die Zuständigkeit erstreckt sich auch auf schulische Ausbildungsgänge, soweit es sich um die Vermittlung berufsspezifischer Inhalte handelt; das gilt für den berufsbezogenen Teil des Unterrichts in der Berufsschule ebenso wie für die berufsbezogenen Inhalte vollzeitschulischer Ausbildungsgänge. Demgemäß ist dem Bund beispielsweise die Möglichkeit eröffnet, ein grundlegend reformiertes Berufsbildungsgesetz zu erlassen, das die duale wie auch die vollzeitschulische Berufsausbildung erfasst."[43]

Avenarius spricht ferner die Möglichkeit an, die Ordnung eines pluralen Systems beruflicher Bildungsgänge über einen Staatsvertrag zwischen Bund und Ländern zu regeln.[44] **Vorschlag: Staatsvertrag von Bund und Ländern**

Die angeführten Stellungnahmen weisen übereinstimmend in die Richtung, dass für die berufliche Bildung der Jugend in Deutschland nicht genügend getan wird und der Staat zum Handeln aufgerufen ist. Jenseits interessenpolitischer Intentionen und Voreingenommenheiten dürfte kaum zu bestreiten sein, dass allein schon die Existenz eines – nicht in die Stufenfolge der Bildungsabschlüsse integrierten – so genannten Übergangssystems gravierende Defizite offenlegt. Zum einen stellt es den Übergang von der Schule in die Berufsausbildung keineswegs sicher, zum anderen sind Übergangshilfen im Grunde nur für solche Schulentlassene angebracht, die spezieller Unterstützung bedürfen, jedoch nicht für eine derart hohe Zahl von Jugendlichen, wie derzeit einbezogen. **Ausbildungsangebot nicht bedarfsgerecht**

Die Situation auf dem Lehrstellenmarkt entspricht nicht dem Grundsatz eines auswahlfähigen Angebots im Verständnis des Bundesverfassungsgerichts.
Wie Avenarius aufzeigte, hätte der Bund größere Handlungsspielräume und könnte beispielsweise duale und vollzeitschulische Berufsausbildung in einem Berufsbildungsgesetz regeln, womit ein bedeutsamer Schritt zur Akzeptanz berufsqualifizierender Vollzeitschulen als vollwertiger Weg beruflicher Qualifizierung begangen würde. **Verantwortung des Bundes angesprochen**

---

[43] Avenarius, S. 83
[44] Avenarius, S. 85

4.4 Ausbau des Bildungssystems zur Steigerung des Wirtschaftswachstums

Bildung und Berufsbildung als Ganzheit

Bei den Reformvorschlägen der EU, wie sie seit den Beschlüssen von Lissabon 2000 Gestalt angenommen haben, geht es – nach den einschlägigen Verlautbarungen – darum, den Übergang von der industriell-gewerblich zentrierten Industriedominanz hin zur Wissensgesellschaft zu vollziehen. Das setzt voraus, dass allgemeine und berufliche Bildung weiterentwickelt und miteinander verbunden werden, um die Effizienz des Bildungssystems in seiner Gesamtheit zu verbessern. Aus supranationaler Sicht ist demzufolge nicht allein die zweckhafte Berufsausbildung einbezogen. Sicherzustellen ist ein flexibles Arbeitskräftepotenzial, das im Verbund von Erstausbildung und lebenslangem Lernen, nach den betreffenden Bildungsstufen zertifiziert, über das informelle Lernen auch höhere Qualifikationsebenen erreicht, wie sie traditionell der Weg über Gymnasien erschließt.

Der Beitrag von Ludwig Paul Häußner stellt Ausbildung und Mitarbeiterentwicklung als Kernaufgaben von Unternehmen dar, die sich als lernende Organisationen verstehen, und geht auf die Schaffung entsprechender Rahmenbedingungen in Form eines leistungsfähigen Bildungssystems ein (vgl. S. 441).

Ausbau aller Bildungsebenen

Auf diese Herausforderungen zu reagieren, erfordert also eine Effizienzsteigerung auf allen Ebenen und Zweigen des Bildungssystem, von der Vorschule bis hin zu Angeboten der Sekundarstufe II samt Übergangsmöglichkeiten in den Hochschulbereich.

Einschlägige Regelungen für den tertiären Bereich der Studiengänge sind bereits in Bologna 1999 vereinbart worden; ihre Umsetzung ist in Deutschland mit Anpassung und Umstellung der Studiengänge an Fachhochschulen und Universitäten auf Bachelor-und Masterabschlüsse eingeleitet.[45] Gemessen an den Zielen der EU und den Kriterien des achtstufigen Europäischen Qualifikationsrahmen (EQR), erweist sich das deutsche Berufsbildungsangebot auf der mittleren Ebene als ausgesprochen unattraktiv, fehlt doch die Öffnung hin zur Studienberechtigung.

Unterstützung Schulschwacher

Im Zentrum steht die Ausbildung im dualen System, die in ihrer heutigen Form einem immer weiter schwindenden Anteil an Schulabgängern aus der allgemein bildenden Sekundarstufe I den direkten Einstieg in die Qualifizierung im Erwerbssystem ermöglicht. Nicht zuletzt der gehobenen Anforderungen der heutigen Ausbildungsberufe wegen wird die betriebliche Ausbildung immer mehr zu einem System der Erwachsenenbildung. Dies gilt auch für Absolventen einer zweijährigen Aufstockung ihrer Schulbildung an Berufsfachschulen und des

---

[45] Die Position der Berufsakademie blieb allerdings bisher noch weithin ungeklärt. Dass dies kein Nebenaspekt sein kann, wird hier deutlich, wenn es darum geht, berufliche Bildungsgänge den Anforderungen der Wirtschaft gemäß auszugestalten und neue Formen der Verknüpfung gehobener allgemeiner mit betriebsgebundener Berufsbildung auf gehobenen Niveau zu entwickeln. Vgl. dazu Studien- & Berufswahl 2007/2008, Kap. zu Berufsakademien mit Hinweis auf einschlägige KMK-Beschlüsse.

Berufsgrundbildungs- und Berufsvorbereitungsjahres, ebenso für die auf die Erreichung der Ausbildungsreife ausgerichteten Maßnahmen der Bundesagentur für Arbeit oder einer Ausbildung vorgeschalteten Formen der betrieblichen Einstiegsqualifizierung (EQJ).

a) Flexibilisierung durch Modularisierung der Ausbildungsordnungen

Derzeit werden die Ausbildungsordnungen nach dem Abkommen zwischen Bund und Ländern vom 30.05.1972 („Gemeinsames Ergebnisprotokoll")[46] in der Regel im Wege der Neuordnung an die veränderte Realität angepasst. Bei den derart modernisierten Berufen ist aber nicht zu erkennen, in welchen Feldern vollkommen neue Inhalte aufgenommen oder bisherige Fertigkeits- und Kenntnisgebiete erweitert worden sind. Bei noch immer unstrukturierter Gesamtausbildung ist ein solches Vorgehen zur Anpassung der Ausbildungsberufe von Zeit zu Zeit zu schwerfällig.

Strukturierung der Berufsbildungsgänge

Insbesondere aus dem Grundsatz des lebenslangen Lernens heraus wäre eine klare Strukturierung der Inhalte nach Fachgebieten, Bausteinen – bzw. wie es ansonsten in der EU heißt, nach Modulen – längst angezeigt. Dies vor allem aus zwei Gründen:

a) Fachkräften, die vor der Modernisierung nach den früheren Vorgaben ihre Ausbildung absolviert haben, könnten im Wege der Weiterbildung gezielt die Fachgebiete vermittelt werden, die ihre Qualifikation auf den aktuellen Stand bringen.

b) Wer aus welchen Gründen auch immer (Krankheit, Unfall, Betriebsschließungen) seine erworbene Qualifikation nicht mehr verwerten kann, könnte durch die Auswahl einschlägiger Bausteine in kürzester Zeit eine neue arbeitsmarktrelevante Qualifikation erwerben, wie dies seit Jahrzehnten in anderen Ländern, wie z. B. in Frankreich geschieht, wo jeder derartigen ‚Umschulung' die Erstellung einer Qualifikationsbilanz vorausgeht, mit der festzustellen ist, welche Elemente (Bausteine) vorhanden sind und welche neu hinzu kommen müssen.

Es sind insgesamt nicht ganze Ausbildungsordnungen zu verändern, sondern nur bestimmte Teile, so dass Anpassungsprobleme punktuell bewältigt werden können. Es fehlen also Stellen, die permanent für die Fortschreibung der Ausbildungsordnungen zuständig sind.

Die grundsätzlich dreijährigen Ausbildungsgänge sind für das Fortschreiben denkbar ungünstig, denn der Betrieb muss sich rasch anpassen können; dabei sollte eine enge Verbindung zwischen der betrieblichen Praxis und dem Start von Neuordnungsverfahren oder Ergänzungsinitiativen möglich sein.

---

[46] Sekretariat der Ständigen Konferenz der Kultusminister der Länder in der Bundesrepublik Deutschland: Gemeinsames Ergebnisprotokoll betreffend das Verfahren bei der Abstimmung von Ausbildungsordnungen und Rahmenlehrplänen im Bereich der beruflichen Bildung zwischen der Bundesregierung und den Kultusministern (-senatoren) der Länder

b) Konsequente Zuordnung von Berufsabschlüssen nach Qualifikationsebenen

Differenzierung nach Bildungsniveaus

Ein weiterer Schritt zur Heranführung des deutschen Berufsbildungssystems an EU-Vorgaben wäre, Ausbildungsgänge nach Niveaustufen zu differenzieren, also nach Zugangsvoraussetzungen und bei der Zertifizierung beim Abschluss, insbesondere auf Seiten der Berufsfachschulen. Ein Beispiel für die Probleme, die eine in sich undifferenzierte betriebliche Ausbildung mit sich bringt, ist der IT-Bereich. Viel zu spät hat Deutschland erkannt, dass die von Hardware-Produzenten und Weiterbildungsanbietern entwickelten Programme der Einführung in die EDV und die Fortbildung in der IT-Anwendung nicht ausreichen. Vielmehr waren eigene Ausbildungswege zu schaffen, zumal die Kapazitäten der Fachhochschulen und Universitäten bei den wissenschaftlich fundierten Informatikstudiengängen allein den Fachkräftebedarf nicht abdecken können.

Über die Greencard-Initiative des Bundes um das Jahr 2000 wurden bis zu 15.000 Fachkräfte aus anderen Ländern, einschließlich Indien und Pakistan, die an Vollzeitschulen ausgebildet worden waren, angeworben. Die Ausbildung in den 1998 in Deutschland eingeführten IT-Berufen lief zunächst gut an, vor allem dadurch, dass Abiturienten und Abiturientinnen als Auszubildende gewonnen wurden. In den letzten Jahren hat die Wirtschaft allerdings die Nachwuchsrekrutierung in den IT-Berufen wieder deutlich zurückgefahren.[47]

Dieses Beispiel zeigt, dass die Ausbildung in derart qualifikatorisch anspruchsvollen Berufen, die aber gleich allen anderen einer Einheitsstufe zugeordnet sind, auf Dauer nicht attraktiv ist. Vor allem im Software-Segment sind heute in hohem Maße abstrakt-theoretische Grundlagen zu vermitteln, die in der herkömmlichen Art der arbeitsplatznahen Einführung in die betreffenden Arbeitsgebiete auch im Verbund mit einem 12-stündigen wöchentlichen Berufsschulbesuch nicht zu bewältigen sind.

Anspruchsvolle duale Ausbildungsgänge

Aus dem Vergleich mit in anderen Ländern eingeschlagenen Wegen liegen zwei Konsequenzen nahe:

a) Eine derart anspruchsvolle Ausbildung bedarf einer soliden theoretischen Fundierung. Mit Ausbildungsberufen nach BBiG, die am Ende zu hohen Anteilen Durchgangsstation für Abiturienten werden, ist die Fachkräfteversorgung dauerhaft nicht zu decken. Es wurde versäumt, über eine höhere Stufe dualer Qualifizierung den Nachwuchs sicherzustellen.

b) Die im IT-Bereich wie in keinem anderen Berufsfeld notwendige Vielseitigkeit der Anwendung einschlägiger Fähigkeiten und Fachkenntnisse erforderte und erfordert umso mehr, dass – wie es die Schweiz gemacht hat – ein in sich gestufter Baukasten von IT-Elementen vorhanden ist, aus dem im Zuge des lebenslangen Lernens die jeweiligen Interessenten die Bausteine auswählen, die in ihrer konkreten Situation gebraucht werden, sei es in der Schule, Fach- und

---

[47] Nach den Berufsbildungsberichten 2000 bis 2007 ist die Zahl der Neueintritte pro anno in die IT-Ausbildungsberufe bis um Jahre 2001 auf rund 20.500 gewachsen, seither stetig zurückgegangen, bis zum Jahre 2006 auf nur noch 13.600 (Abnahme um rund ein Drittel).

Hochschule oder in all den Berufen, in denen heute die Arbeit am Bildschirm und mit dem Internet zu den Selbstverständlichkeiten zählt.

Dass eine derartige Differenzierung in der ganzen Breite des Berufsbildungsangebots längst überfällig ist, lehrt immer wieder aufs Neue der Blick ins Ausland auf die Nachbarländer. So hat Frankreich Wege der Berufsqualifizierung im dualen Kontext bis hinein in die Universitäten ausgebaut; sie werden dort zunehmend genutzt.

In heutiger Zeit ist es unabdinglich, Durchlässigkeit beim Übergang von der herkömmlichen Dualausbildung über Aufbaustufen im Bereich mittlerer Qualifikationen in den Hochschulbereich zu gewährleisten. Dies entspricht auch Zielsetzungen der EU für 2010. Dafür ist erforderlich, dass die Berufsschulcurricula über die Sekundarstufe I hinausführende Berechtigung sicherstellen. Inzwischen wird seitens des BMBF vorgeschlagen, den Absolventen der heutigen anspruchsvollen technischen Berufe die Fachhochschulreife zu erteilen. Dies setzt aber voraus, dass der Berufsschule die Aufgabe übertragen und die Zeit dafür eingeräumt wird, den Interessenten in einem erweiterten Programm in Grundlagenfächern das Wissen zu vermitteln, das die gymnasiale Oberstufe als Propädeutikum zum Studium anbietet. **Von der dualen Ausbildung zur Hochschule**

Derartige Wege sind – worauf schon mehrfach verwiesen worden ist – in der Schweiz im Wege von Zusatzkursen, die mit dem Lehrabschluss zur Berufsmatura und zum Fachhochschulstudium führen, längst eingeführt. Deutschland hinkt hier der Entwicklung hinterher.

c) Berufsbildungsangebote samt Abschlussmöglichkeit für Leistungsschwächere

Mit dem Ausbau des höheren Schulwesens in den Jahren nach 1964 ergaben sich – im Verbund mit der Arbeitskräfteknappheit und dem Überangebot an Lehrstellen – grundlegende Änderungen. Die als weiterführende Schule gedachte Hauptschule wurde nach und nach – wie es vielfach heißt – zur *Restschule*. Aus ihr rekrutierten die Betriebe ihren Fachkräftenachwuchs nur noch in einem stetig enger werdenden beruflichen Spektrum. Der größere Teil der in die Lehre Eintretenden kommt inzwischen aus der Realschule. Ein anderer Teil, z. B. im IT-Bereich, tritt mit zuvor absolviertem Abitur ein. **Hauptschule als Restschule**

Auf der anderen Seite führte der Lehrlingsmangel in Zeiten der Hochkonjunktur, bei der damals von der Wirtschaft gezeigten großen Offenheit, auch Volksschüler mit geringeren Schulleistungen in die Lehre aufzunehmen und im Zeitverlauf zu der Vorstellung, die betriebliche Ausbildung sei generell und pauschal der Weg ins Arbeitsleben. Das deutsche Berufsbildungssystem ist aber derzeit nicht darauf ausgelegt, auch dem Teil der Schulentlassenen eine Ausbildung zu bieten, der bis in die Jahre um 1970 als ungelernte Arbeiter und Jungangestellte direkt ins Erwerbsleben überging.

Fehlen einer berufspädagogischen Konzeption

Das heißt, heute wird schlicht unterstellt, dass nach dem Grundsatz, alle müssten eine berufliche Qualifikation nachweisen können, das duale System die nötige Kapazität bereitstelle, zumal die Wirtschaft selbst bisher den Anspruch erhob, dem auch gerecht zu werden. Einschlägie Ausbildungsberufe und die nötigen berufspädagogischen Konzepte für die dem Dualsystem zuvor nicht vertraute Klientel wurden jedoch nicht entwickelt. Als sich mit dem ersten Ölpreisschock 1973 das Lehrstellenangebot verringerte, wurden vielmehr in der Grauzone zwischen Schulabgang und Lehrantritt Wege der Berufsvorbereitung und Berufsgrundbildung ausgebaut, die bis zum Jahre 2004 als *Übergangssystem* pro anno fast so viele Jugendliche aufgenommen haben wie das duale System.

Neue Wege für Schulentlassene

Wie sich über die Jahre zeigte, kann die Wirtschaft Defizite in der Schulbildung im Bereich elementarer Kenntnisse im Verbund mit unzureichenden Sozialkompetenzen in der regulären Lehrzeit nicht mehr ausgleichen. Sie geht konsequent den Weg, leistungsfähige Jugendliche mit Realschulbildung oder Abitur auszubilden. Die Gruppe, die früher als Ungelernte direkt ins Arbeitsleben überging, in einem Übergangssystem aufzufangen, gelingt nur partiell und nur zu Lasten einer sich über Jahre ausdehnenden Phase zwischen erfüllter Schulpflicht und erster Arbeitsaufnahme.

Neue Formen für Schulabgänger, denen der Eintritt in eine Berufsausbildung nicht gelang, könnten mit Grundelementen, die in Deutschland im Rahmen der Berufsfachschulen vorhanden sind, entwickelt werden. Es geht um die Verknüpfung von schulischer Berufsvorbereitung mit der im Rahmen des Ausbildungspaktes von der Wirtschaft gebotenen Einstiegsqualifizierung und der im BBiG im Abschnitt Berufsausbildungsvorbereitung (§§ 68–70) getroffenen Regelungen, wo es in § 69 Abs. 1 heißt:

„Die Vermittlung von Grundlagen für den Erwerb beruflicher Handlungsfähigkeit (§ 1 Abs. 2) kann insbesondere durch inhaltlich und zeitlich abgegrenzte Lerneinheiten erfolgen, die aus den Inhalten anerkannter Ausbildungsberufe entwickelt werden (Qualifizierungsbausteine)."

Daraus eine Konzeption zu entwickeln, die Unterricht in beruflichen Schulen mit ihren Werkstätten und Lernen am Arbeitsplatz derart verknüpft, dass Ausschnitte aus den Ausbildungsordnungen in Bausteinform vermittelt und geprüft werden, stellt eine Herausforderung an unser Berufsbildungssystem dar.

Zumindest sollte am Ende solcher Phasen – wie zu früheren Zeiten für die Abbrecher von Studiengängen gefordert – dem Teilnehmer eine Bescheinigung darüber ausgestellt werden, welche Fertigkeiten und Kenntnisse er beherrscht. Ziel aber wäre es, den Jugendlichen den Weg zur Vollausbildung im dualen System zu erschließen, zumal die Betriebe in der praktischen Unterweisung ja genügend Gelegenheit hätten, die Entwicklungspotenziale der jungen Leute einschätzen zu können.

Teil 5
Die deutsche Berufsausbildung gegenüber den Zielvorgaben der EU

Berufliche Bildung versteht sich in Deutschland nicht als geschlossenes System. Für bestimmte Berufe fällt die Ausbildung in die Kompetenz des Bundes, für andere in die der Länder. Zu einem relativ kleinen Anteil werden in berufsqualifizierenden Vollzeitschulen insbesondere Berufe auf mittlerer Qualifikationsebene ausgebildet, wie z. B. Berufe des Gesundheitsdienstes.

Verschiedenartige Zuständigkeiten

Der größere Teil der Jugendlichen tritt traditionell nach der Schulentlassung in betriebliche Lehrverhältnisse von in der Regel dreijähriger Dauer ein; diese sind als *anerkannte Ausbildungsberufe* nach Berufsbildungsgesetz und Handwerksordnung geregelt. Die Kontrolle der Ausbildung im Betrieb und die Durchführung der Prüfungen gehören zum Aufgabenbereich der Kammern als den so genannten zuständigen Stellen. Die Ausbildung in den parallel dazu besuchten Berufsschulen liegt im Kompetenzbereich der Kultusministerien.

Das Zusammenwirken und speziell die Aufgabenteilung zwischen Betrieb und Schule ist in Deutschland nicht exakt festgeschrieben. Nach Auffassung der Kammern begleitet die Teilzeitberufsschule die Ausbildung in den Betrieben, wobei die volle Verantwortung auf der Seite der Betriebe liegt. Die Berufsschulen verstehen sich dagegen als Ausbildungspartner und sind für die in systematischer Form zu vermittelnden Inhalte zuständig.

Zusammenwirken von Betrieb und Schule ungeregelt

Als Besonderheit kommt hinzu, dass die Berufsschulen gemäß Schulpflichtgesetzen in einer Reihe von Ländern auch Jungarbeiter, Arbeitslose usf. im entsprechenden Alter aufzunehmen haben. Hinsichtlich des noch unbefriedigend geregelten Nebeneinanders von Betrieb und Schule unterscheidet sich das deutsche Dualsystem von dem anderer Länder vor allem auch dadurch, dass die Ausbildung im Betrieb nicht ins staatliche Bildungssystem einbezogen ist und keine Gesamtzuständigkeit für die duale Ausbildung besteht.

Die betriebliche Lehre baut planmäßig auf dem Niveau der Hauptschule auf; ein zuvor erreichter mittlerer Bildungsabschluss oder das Abitur als Eingangsstufe kann nicht besonders berücksichtigt werden. Derzeit erfolgt der größte Teil der Neueintritte nach erreichtem mittleren Bildungsabschluss. Ein nach Lehrabschluss angestrebter Übergang in den Hochschulbereich erweist sich bisher als äußerst schwierig, während z. B. in der Schweiz die *Berufsmaturität* parallel zum Berufsschulprogramm erreicht werden kann und auch in Österreich für Lehrabsolventen ebenso wie für Absolventen berufsbildender mittlerer Schulen die Möglichkeit besteht, die Berufsreifeprüfung abzulegen.

Erschwerter Übergang in den Hochschulsektor

Historische Zusammenhänge — Während die mitteleuropäischen Länder, Deutschland eingeschlossen, das Gedankengut der Aufklärung in ähnlicher Weise aufnahmen und damit berufsbezogene Bildungsinhalte in den Vordergrund rückten, ergab sich in Deutschland mit dem Aufkommen des Neuhumanismus die Trennung von beruflicher Bildung und Allgemeinbildung. Letztendlich überließ der Staat die Berufsausbildung dem Verantwortungsbereich der „Stände", also der Wirtschaft mit ihren Organisationen. Besonders deutlich treten diese Unterschiede in Gegenüberstellung zu Frankreich hervor, wo die Zünfte im Zuge der Revolution aufgehoben wurden und der Staat ein System beruflicher Bildung in Vollzeitform aufbaute. Das Lehrlingswesen blieb allerdings privatrechtlich bestehen. Ins staatliche Berufsbildungssystem wurde dort die betriebsgebundene Ausbildung erst im 20. Jahrhundert schrittweise integriert.

Angesichts der weit reichenden und noch heute deutlich erkennbaren Konsequenzen der neuhumanistischen Sichtweise wird in den nachfolgenden Abschnitten a) und b) auf wesentliche Merkmale dieses Bildungsverständnisses und seine Auswirkungen eingegangen.

a) Ausgrenzung der Berufsbildung aus dem Bildungssystem

Neuhumanistischer Einfluss — Die Trennung von *Bildung* und *Berufsbildung* geht auf Festlegungen zurück, die Wilhelm von Humboldt als Leiter der Erziehungsdirektion Preußens im Litauischen Schulplan von 1809 wie folgt begründete:

> „Alle Schulen aber, deren sich nicht ein einzelner Stand, sondern die ganze Nation, oder der Staat für diese annimmt, müssen nur allgemeine Menschenbildung bezwecken. Was das Bedürfnis des Lebens oder eines einzelnen seiner Gewerbe erheischt, muss abgesondert, und nach vollendetem allgemeinen Unterricht erworben werden. Wird beides vermischt, so wird die Bildung unrein, und man erhält weder vollständige Menschen, noch vollständige Bürger einzelner Klassen."[1]

In seinem Bericht an den preußischen König vom selben Jahr warnte Humboldt ganz in diesem Sinne vor einer Vermischung beider Bildungsbereiche und wies dem Staat die Verantwortung für die allgemein bildenden Unterrichtsanstalten zu. Im Quellenauszug 4 werden Ausschnitte aus diesen beiden Berichten geboten.

Zuständigkeiten der Handwerkskammern — Die Ausgrenzung der Berufsbildung wurde zunächst in Preußen und später im Deutschen Reich in obigem Sinne vollzogen. Parallel dazu galt es, den Mittelstand, insbesondere das Handwerk, zu fördern. Mit der Novelle zur Gewerbeordnung 1897 erhielten die im Jahre 1900 neu errichteten Handwerkskammern die Zuständigkeit für die Berufsausbildung im gewerblich-technischen Bereich. Den Industrie- und Handelskammern wurden entsprechende Kompetenzen definitiv erst in den Jahren 1934/1936 übertragen. Seit dieser Zeit blieb die Verantwortung für die berufliche Bildung bei den Kammern der Wirtschaft, zu denen nach dem BBiG 1969 noch die Standesorganisationen der freien Berufe, der Landwirtschaft, des öffentlichen Dienstes usf. mit gleichen Rechten hinzutraten.

---

[1] Wilhelm von Humboldt: Schriften zur Politik und zum Bildungswesen. Hrsg.: A. Flitner und K. Giel. Darmstadt 2002, S. 188

Quellenauszug 4:
Das Verhältnis von allgemeiner und beruflicher Bildung nach W. v. Humboldt

Beispiel: Der Litauische Schulplan, September 1809

„Wenn ich ... gleich auf das Wesentliche des Plans gehe, so weicht er in den Hauptgesichtspunkten weit von den bisherigen Grundsätzen der Section ab; .... Die Abweichung liegt nun in dem Begriffe der Bürgerschulen, welche in dem Plan als eine eigne, ihrem Begriff und Zweck nach abgegränzte Gattung von Schulen, und selbst wo sie das nicht sind, ... als ein besonderes Stadium des Unterrichts betrachtet werden. ... Die Frage über die Zulässigkeit abgesonderter Bürger- oder Realschulen ... hat zwei verschiedene Systeme hervorgebracht, wovon man das realistische neulich, in Bayern, so weit getrieben hat, dass man beinahe RealUniversitäten aufstellt.

Alle Schulen aber, deren sich nicht ein einzelner Stand, sondern die ganze Nation oder der Staat für diese annimmt, müssen nur allgemeine Menschenbildung bezwecken. Was das Bedürfniss des Lebens oder eines einzelnen seiner Gewerbe erheischt, muss abgesondert, und nach vollendetem allgemeinem Unterricht erworben werden. Wird beides vermischt, so wird die Bildung unrein, und man erhält weder vollständige Menschen, noch vollständige Bürger einzelner Klassen.

Denn beide Bildungen - die allgemeine und die specielle - werden durch verschiedene Grundsätze geleitet. Durch die allgemeine sollen die Kräfte, d. h. der Mensch selbst gestärkt, geläutert und geregelt werden; durch die specielle soll er nur Fertigkeiten zur Anwendung erhalten. Für jene ist also jede Kenntniss, jede Fertigkeit, die nicht durch vollständige Einsicht der streng aufgezählten Gründe, oder durch Erhebung zu einer allgemeingültigen Anschauung (wie die mathematische und ästhetische) die Denk- und Einbildungskraft, und durch beide das Gemüth erhöht, todt und unfruchtbar.
...
Die Organisation der Schulen bekümmert sich daher um keine Kaste, kein einzelnes Gewerbe, allein auch nicht um die gelehrte - ein Fehler der vorigen Zeit, wo dem Sprachunterricht der übrige geopfert, und auch dieser - mehr der Qualität, als Quantität nach - zum äussern Bedarf (in Erlangung der Fertigkeit des Exponirens und Schreibens) nicht zur wahren Bildung (in Kenntniss der Sprache und des Alterthums) getrieben wurde.

Der allgemeine Schulunterricht geht auf den Menschen überhaupt, und zwar als gymnastischer, ästhetischer, didaktischer und in dieser letzteren Hinsicht wieder als mathematischer, philosophischer, der in dem Schulunterricht nur durch die Form der Sprache rein, sonst immer historisch-philosophisch ist, und historischer auf die Hauptfunktion seines Wesens."

Beispiel: Bericht der Sektion des Kultus und Unterrichts an den König, Dez. 1809

„Die Section des öffentlichen Unterrichts ... berechnet ihren allgemeinen Schulplan auf die Masse der Nation und sucht diejenige Entwicklung der menschlichen Kräfte zu befördern, welche allen Ständen gleich nothwendig ist und an welche die zu jedem einzelnen Beruf nötigen Fertigkeiten und Kenntnisse leicht angeknüpft werden können.

Ihr Bemühen ist es daher, den stufenartig verschiedenartigen Schulen eine solche Einrichtung zu geben, dass jeder Unterthan Ew. Königl. Majestät darin zum sittlichen Menschen und guten Bürger gebildet werden könne, wie es ihm seine Verhältnisse erlauben, allein keiner den Unterricht, dem er sich widmet, auf eine Weise empfange, die ihm für sein übriges Leben unfruchtbar und unnötig werde; welches dadurch zu erreichen steht, dass man bei der Methode des Unterrichts nicht sowohl darauf sehe, dass dieses oder jenes gelernt, sondern in dem Lernen das Gedächtnis geübt, der Verstand geschärft, ... das sittliche Gefühl verfeinert werde.

Auf diese Weise ist nun die Section zu einem viel einfachern Plan gelangt, als neulich in einigen deutschen Ländern beliebt worden ist. In diesen, namentlich in Bayern und Österreich, hat man fast für jeden einzelnen Stand gesondert zu sorgen gesucht. Meiner Überzeugung nach ist dies aber durchaus unrichtig und verfehlt selbst den Endzweck, den man dabei im Auge hat.

Es giebt schlechterdings gewisse Kenntnisse, die allgemein sein müssen, und noch mehr eine gewisse Bildung der Gesinnung und des Charakters, die keinem fehlen darf. ... Giebt ihm der Schulunterricht, was hierzu erforderlich ist, so erwirbt er die besondere Fähigkeit seines Berufs nachher sehr leicht und behält immer die Freiheit, wie im Leben so oft geschieht, von einem zum anderen überzugehen.

Fängt man aber von dem besondern Beruf an, so macht man ihn einseitig, und er erlangt nie die Geschicklichkeit und Freiheit, die nothwendig ist, um auch in seinem Beruf allein nicht bloss mechanisch, was Andere vor ihm getan, nachzuahmen, sondern selbst Erweiterungen und Verbesserungen vorzunehmen. ...

Die Section des öffentlichen Unterrichts lässt daher ... die Special-Schulen für Handwerker, Kaufleute u. s. f. überall dem allgemeinen Unterricht nachfolgen und hütet sich, die Berufsbildung mit der allgemeinen zu vermischen. Die allgemeinen Schulanstalten sieht sie als allein sich anvertraut an, über die Special-Schulen tritt sie mit den sich auf sie beziehenden andern Staatsbehörden in Verbindung."

Quelle: Auszüge aus Wilhelm von Humboldt: Schriften zur Politik und zum Bildungswesen. Hrsg. von A. Flitner und K. Giel. Stuttgart 1982, S. 187 ff. und S. 217 ff.

Berufsbildung als Spezialbildung

Trotz des Wirkens von Eduard Spranger, Theodor Litt, Georg Kerschensteiner und anderer Pädagogen folgt das deutsche Bildungssystem bis heute weitgehend den von Humboldt herausgestellten Grundsätzen. Berufsbildung als Spezialbildung blieb mit dem allgemein bildenden Schulwesen weitgehend unverbunden. Den Unterschied erkennt man deutlich an den entstandenen Problemen des Übergangs von einer absolvierten Berufsausbildung in den Hochschulbereich, was den von der EU 2000 beschlossenen Reformen, insbesondere dem Ausbau des lebenslangen Lernens, entgegensteht.

Auswirkungen auf den Hochschulzugang

Der in anderen Staaten breit angelegte Hochschulzugang im Anschluss an die berufliche Erstausbildung lässt sich in Deutschland nur über den Besuch einer weiteren beruflichen Schule wie der Fachoberschule realisieren. Daraus ergeben sich Schwierigkeiten hinsichtlich der von der EU angestrebten Unterscheidung von Bildungsabschlüssen nach acht Qualifikationsebenen, über die auch der Aufstieg von Stufe zu Stufe grundsätzlich möglich werden soll. Das deutsche Bildungssystem ist heute weitgehend geprägt durch das Leitbild der Allgemeinbildung, wie es auf die neuhumanistische Denkweise zurückzuführen ist.

b) Nachwirkungen der neuhumanistischen Einflussnahme

Kluft zwischen Berufsbildung und höherer Bildung

Auch in den heutigen Curricula allgemein bildender Schulen ist der Einfluss des neuhumanistischen Bildungsverständnisses noch deutlich erkennbar. Dazu merkte M. Brater an:

> Diese stehen nur selten in einem „erkennbaren inneren Zusammenhang mit der Vorbereitung auf diejenigen Arbeitsfelder ..., zu denen sie den Zugang eröffnen, weil sie ja ursprünglich ... gerade nicht aus Überlegungen zur Berufsvorbereitung genommen sind, sondern ... aus jener traditionellen Vorstellung vom *gebildeten* Individuum, in der ... praktische oder technische Komponenten wenig Platz hatten".[2]

Anfänglich ging die Trennung von Bildung und Berufsbildung von Angehörigen der preußischen Erziehungsdirektion aus. „In den 70er Jahren des 18. Jahrhunderts reformierte K. A. Freiherr von Zedlitz und Leipe das preußische höhere Schulwesen und führte 1779 das humanistische Gymnasium sowie das Abitur ein."[3] In den folgenden Jahrzehnten erhielt die Allgemeinbildung unter W. von Humboldt eine vorrangige Stellung vor berufszentriertem Lernen. So boten Bürger-, Real- und Mittelschulen als sechsjährige Schulzweige den mittleren Bildungsabschluss im allgemein bildenden System an.

Ausbau des fachlichen Hochschulwesens

Im frühen 19. Jahrhundert bestand in Preußen im Sekundarbereich II kein Berufsbildungsgang, der parallel zum höheren Schulwesen einschlägige Abschlüsse anbot, über die der Zugang zu den Universitäten hätte erschlossen werden können. Im Mittelpunkt stand vielmehr das elementare, mittlere und höhere

---

[2] Brater, Michael; Büchele, Ute u. a: Berufsbildung und Persönlichkeitsentwicklung, Stuttgart 1988, S. 30

[3] Lt. ZEIT-Lexikon, Bd. 13, Stichwort Schule, S. 168

Schulwesen. In der Zeit danach erfolgte der Ausbau eines fachlichen Hochschulwesens und die Gründung mittlerer technischer, ökonomischer, land- und hauswirtschaftlicher Schulen.

An letzter Stelle rangierte das Ausbildungs- und Schulwesen für die werktätigen Jugendlichen, die nach dem Verlassen der Volksschule den Betrieben überantwortet waren.[4] So konnte sich angesichts der liberalen Wirtschaftspolitik im Deutschen Kaiserreich nur ansatzweise ein geschlossenes System der Berufsausbildung entfalten, u. a. deshalb, weil die Fortbildungs- und Sonntagsschulen erst spät berufliche Inhalte einbezogen und eine die Lehre begleitende und fachlich gegliederte Berufsschule im Allgemeinen erst nach 1919 eingeführt wurde. Differenzierte Berufsbildungsgänge, dem Niveau der elementaren, mittleren und höheren allgemeinen Bildung entsprechend, entwickelten sich in Deutschland bisher kaum. *Kein geschlossenes Berufsbildungssystem*

Wenn heute nach OECD-Untersuchungen der Anteil an deutschen Hochschulabsolventen in der nachwachsenden Generation weit unter dem EU-Durchschnitt bleibt, so liegt dies, wie Martin Baethge herausstellte, an dem fortbestehenden deutschen „Bildungs-Schisma". Bildlich gesprochen zielte er auf die „schier unüberbrückbare Kluft zwischen betrieblicher Lehrwerkstatt (Berufsbildung) und Hörsaal (höhere Bildung)"[5], führt sie doch zu einer hohen sozialen Selektivität des deutschen Bildungssystems. So äußerte sich ganz in diesem Sinne auch Jürgen Baumert: Deutschland sei „Weltmeister im Erzeugen sozialer Disparitäten", im Widerspruch zum Postulat der Chancengleichheit und der ökonomisch gebotenen „bestmöglichen Entfaltung der Humanressourcen".[6] *Das „Bildungs-Schisma" als Barriere*

Appelle, die über die Jahrzehnte hinweg die Gleichwertigkeit allgemeiner und beruflicher Bildung postulierten, blieben weitgehend ohne Resonanz. So liefen die mit hohem Aufwand betriebenen Aktivitäten zur Gleichwertigkeit von Bildung und Berufsbildung bisher ins Leere. Das BMBF griff beispielsweise im Jahre 1992 – unter Beteiligung namhafter Vertreter aus Wirtschaft und Wissenschaft – dieses Thema auf[7]; konkrete Forderungen an die Kultusministerien der Länder zur Neuordnung des Berechtigungswesens folgten daraus jedoch nicht. *Berufliche Bildung nicht gleichwertig*

---

[4] Vgl. dazu Abel, Heinrich: Das Berufsproblem im gewerblichen Ausbildungs- und Schulwesen Deutschlands (BRD). Braunschweig 1963, S. 31f.
[5] Baethge, Martin: Das deutsche Bildungs-Schisma: Welche Probleme ein vorindustrielles Bildungssystem in einer nachindustriellen Gesellschaft hat. In: Wirtschaft und Erziehung 1/2007, S. 3
[6] Vgl. ebenda
[7] Vgl. BMBW (Hrsg.): Gleichwertigkeit beruflicher und allgemeiner Bildung. Dokumentation der 1. BMBW-Fachtagung am 8. Juli 1992 in Bonn. Bonn 1992 (76 Seiten + Anhang mit Stellungnahmen der Verbände).

Teil 5.1
Vorbereitung auf die Berufs- und Arbeitswelt in der Schule

Erschwerter Übergang
In nahezu allen Industriestaaten erweist sich in heutiger Zeit der Übergang von der Schule in die Berufs- und Arbeitswelt als schwierig. Zu berücksichtigen ist dabei, dass der direkte Übergang nach der Schulentlassung in ein Arbeitsverhältnis als Jungarbeiter von vor wenigen Jahrzehnten zwischen 20 und 30 % auf ganz wenige Prozentpunkte zurückging, so dass in den deutschsprachigen Ländern eine Eingliederung in die Arbeitswelt ohne zuvor absolvierte Ausbildung kaum mehr möglich ist.

Der Anteil der Schulentlassenen, dem es gelingt, ohne Zeitverlust in ein Ausbildungsverhältnis überzuwechseln, fiel auf nur etwa die Hälfte des Jahrgangs. Die verbleibende andere Hälfte tritt in meist ein- oder zweijährige Warteschleifen über, wie beispielsweise in das Berufsvorbereitungsjahr, in Berufsfachschulen ohne Abschluss sowie in Maßnahmen der Arbeitsverwaltung, die gemäß deutschem Bildungsbericht 2006 unter dem Terminus *Übergangssystem*[8] zusammengefasst sind. Mit dieser Quote unversorgter Jugendlicher dürfte Deutschland unter den Industriestaaten eine Spitzenstellung einnehmen.

Fehlende Berufsreife
Der Grund für die seit Jahren gesunkenen Quoten der Schulabgänger, die direkt in ein Lehrverhältnis übertreten, liegt mit Blick auf die gestiegenen Anforderungen in den Ausbildungsberufen – vor allem nach Angaben der Wirtschaft und der Kammern – in der fehlenden Ausbildungsreife der Bewerber. Da in einzelnen Nachbarländern in diesem Zusammenhang ganz offensichtlich geringere Schwierigkeiten bestehen, bietet sich der Blick über die Landesgrenzen an.

Situation in Österreich und der Schweiz
Überschreitet man z. B. am Bodensee von Lindau aus die Grenze nach dem österreichischen Bregenz, so trifft man auch auf Jugendliche im Alter nach der Schulentlassung: Auf den ersten Blick sind sie dies- und jenseits der Grenze nicht auseinander zu halten: gleiche Sprache, gleiches Äußeres usf. Ähnliches gilt für das Überschreiten der Grenze von Konstanz nach Kreuzlingen in der Schweiz.

Hinsichtlich der Berufsausbildung ergeben sich allerdings gravierende Unterschiede. Jenseits der Grenze zu Österreich und der Schweiz finden ohne großen Verzug nahezu alle Schulentlassenen einen Ausbildungsplatz. So stellt sich die Frage, ob die deutschen Jugendlichen tatsächlich zu einem derart großen Anteil ungenügend vorgebildet und unzureichend auf Arbeit und Beruf vorbereitet sind. Die Antwort liegt vielmehr in den unterschiedlichen Berufsbildungssystemen: Im österreichischen Bildungsministerium in Wien ist z. B. die Abteilung berufli-

---

[8] Vgl. Bildung in Deutschland. Ein indikatorengestützter Bericht mit einer Analyse zu Bildung und Migration. Hrsg.: Konsortium Bildungsberichterstattung im Auftrag der KMK und des BMBF. Bielefeld 2006, S. 79

che Schulen mit erheblichem Anteil berufsqualifizierender Vollzeitschulen die größte. In der Schweiz bilden die Betriebe im europäischen wie im weltweiten Vergleich die größtmöglichen Anteile im dualen System aus. In Deutschland bleibt es – trotz aller Appelle und Beschwichtigungen – beim seit Jahren bestehenden Lehrstellenmangel in besorgniserregendem Ausmaß.

Die Unterschiede zwischen dies- und jenseits der Landesgrenzen sind für die heranwachsende Generation von entscheidender Bedeutung: *Unterschiede von entscheidender Bedeutung*
- In Österreich und der Schweiz ist die berufliche Bildung voll inhaltlich in das Bildungssystem einbezogen.
- In Deutschland grenzt das staatliche Bildungssystem seit etwa der Wende vom 19. zum 20 Jahrhundert die berufliche Bildung weitgehend aus.

In Deutschland traten – bezogen auf den Altersjahrgang – im Jahre 2005 lediglich 24 % der Lehranfänger ihre Ausbildung im Alter von unter 18 Jahren an. Die übrigen Eintritte in betriebliche Ausbildungsverhältnisse erfolgten im Erwachsenenalter.

In Österreich gibt es zwei Kategorien von Vollzeitschulen, und zwar die berufsbildende mittlere Schule von zwei- bis vierjähriger Dauer und die berufsbildende höhere Schule mit Technikerqualifikation und Hochschulzugangsberechtigung von fünfjähriger Dauer. Die berufsbildenden höheren Schulen werden von einem deutlich größeren Anteil besucht als die allgemein bildenden Gymnasien. Per Saldo ergibt sich für den Übertritt von der Schule in eine Ausbildung die folgende Situation: In Österreich wechseln ca. 80 % der Schulentlassenen in eine Ausbildung über, in Deutschland sind es etwa 40 % und daneben 44 % in so genannte Warteschleifen; sie befinden sich also im bereits angesprochenen Übergangssystem.

Die Berufsvorbereitung ist in nahezu allen Staaten Aufgabe der öffentlichen Schule. Der Begriff Ausbildungsreife erweist sich als keine auf die ganze Breite der Ausbildungsmöglichkeiten bezogene Fähigkeit. Die Ausbildungsreife des Einzelnen und der zu erlernende Beruf stehen somit in enger Wechselbeziehung. Es erscheint daher erforderlich, vorab in kurzer Form auf folgende Sachverhalte einzugehen: Ausbildungsreife bezogen auf den gewählten Beruf (a), Angebot verschiedenartiger Berufsbildungsmöglichkeiten (b). Daran schließt sich die Entwicklung und der Stand der Berufsvorbereitung an (c). *Zu klärende Fragen*

a) Ausbildungsreife bezogen auf den gewählten Beruf

Klagen über die unzureichende Ausbildungsreife eines erheblichen Teils der Lehrstellenbewerber werden von der Wirtschaft immer wieder vorgebracht. Nach Auffassung des Handwerks verlassen rund ein Viertel aller Schüler die allgemein bildenden Schulen ohne ausreichende Ausbildungsreife"[9] Insbeson- *Differenzierte Betrachtung erforderlich*

---

[9] Deutsche Handwerkszeitung vom 25.02.2005. Vgl. „Ausbildungsreife – was zählt eigentlich dazu?" https://www.expertenmonitor.de/downloads/Ergebnisse_20051027.pdf

dere auch im Zusammenhang mit den jüngsten Meldungen zum infolge des konjunkturellen Aufschwung gestiegenen Ausbildungsplatzangebots weisen die Verbände von Industrie und Handwerk auf derartige Defizite hin, so z. B. der Präsident des Zentralverbands des Deutschen Handwerks (ZDH), Otto Kentzler, der befürchtet, dass im kommenden Herbst vor allem Lehrstellen in technischen Berufen nicht besetzt werden können.[10]

Der Begriff Ausbildungsreife stellt letztlich jedoch ein Konstrukt dar. Es umfasst Leistungs- und formale Qualifikationsmerkmale sowie soziale und motivationale Merkmale des Arbeits-und Sozialverhaltens.[11] Dabei kann nicht ausgeschlossen werden, dass die Ansprüche der Ausbildungsbetriebe an die Bewerber mit der Angebots- und Nachfragesituation auf dem Lehrstellenmarkt schwanken.

Die PISA-Studien haben zweifellos den Blick auf gravierende Defizite bei den Leistungen deutscher Schüler gelenkt; allerdings zeichnen sich in jüngster Zeit in diesem Bereich Verbesserungen ab, wie die unlängst erschienene neue Ausgabe des bereits erwähnten Bildungsberichts zeigt. Danach sind die Leistungen 15-jähriger Schüler in den Bereichen Mathematik und Naturwissenschaften zwischen 2000 und 2006 angestiegen.[12]

Beurteilungs-kriterien In jüngerer Zeit wurde versucht, objektivere Kriterien für die Bewertung der Ausbildungsreife zu ermitteln. Hierzu führte das Bundesinstitut für Berufsbildung im Jahre 2005 eine Befragung von Fachleuten aus verschiedenen Bereichen der beruflichen Bildung durch. Diese erbrachte zwar weitgehende Übereinstimmung darüber, dass auf den Kenntnisstand bezogene Anforderungskriterien als ebenso wichtig erachtet werden wie Persönlichkeits- und Verhaltensmerkmale, aber keinen übergreifenden Konsens (vgl. Kapitel 5.1.2 u. 5.1.3). Es entstand ein derart vielschichtiger Katalog von Anforderungen an Lehrstellenbewerber, dass selbst bei einer angenommenen erheblichen Leistungssteigerung des deutschen Bildungswesens nicht davon auszugehen sein dürfte, sämtliche Schulabgänger könnten diesen Ansprüchen künftig entsprechen.[13] Zu berücksichtigen ist auch, dass bei einem Bewerber zwar eine allgemeine Ausbildungsreife gegeben sein kann, aber nicht die Eignung für einen bestimmten Beruf.

Problematik der Hauptschule Hinzu kommt die kritische Lage der Hauptschulen allgemein, die mit wachsendem Attraktivitätsverlust und ständig sinkenden Schülerzahlen konfrontiert sind. In den deutschen Ländern entwickeln sich verschiedenartige Ansätze, die von

---

[10] Vgl. „Unternehmen wetteifern um Auszubildende", Meldung vom 13. Mai 2008, http://www.spiegel.de/wirtschaft/0,1518,552859,00.html
[11] Vgl. BMBF: Berufsbildungsbericht 2006, Bonn, Berlin 2006, S. 165
[12] Bildung in Deutschland. Ein indikatorengestützter Bericht mit einer Analyse zu Übergängen im Anschluss an den Sekundarbereich I. Autorengruppe Bildungsberichterstattung im Auftrag der KMK und des BMBF. Bielefeld 2008, S. 8
[13] Vgl. Schanz, Heinrich: Die Problematik der Berufsreife bzw. Ausbildungsreife. In: Bonz, Bernhard; Gidion, Gerd (Hrsg.): Institutionen der beruflichen Bildung. (Diskussion Berufsbildung Bd. 7) Baltmannsweiler 2008, S. 76

einer gezielten Stärkung der Hauptschule bis hin zu Positionen reichen, diese Schulart nicht weiterzuführen und neue Wege in der Gliederung des Schulwesens einzuschlagen. Hier ist Vieles noch im Diskussions- oder experimentellen Stadium; eine einheitliche Linie werden die Länder wohl kaum finden.

Zu den Ländern, die auf eine Förderung der Hauptschule setzen, zählt beispielsweise Nordrhein-Westfalen mit einer speziellen „Qualitätsoffensive", die im Jahre 2007 vorgestellt wurde. Zur verbesserten Vorbereitung der Hauptschüler auf das Berufsleben beinhaltet dieses Konzept u. a. eine frühe Berufswahlorientierung, einen speziellen „Lernbereich Lebensplanung" und mehr Ganztagsangebote.[14] Eine Verknüpfung zwischen Lerneinheiten und dem Hineinschnuppern in Betriebe sowie Langzeitpraktika ab der siebten Klasse sollen den Praxisbezug erheblich intensivieren.

b) Angebot verschiedenartiger Berufsbildungsmöglichkeiten

Für den Übergang von der Schule in die Berufsausbildung sind neben der adäquaten Vorbereitung der Jugendlichen Breite und Struktur der angebotenen Ausbildungsgänge von entscheidender Bedeutung. Vom Volumen und der Stufung her muss ein auswahlfähiges und ausreichend differenziertes Angebot verfügbar sein, das auch den Leistungsschwächeren erfolgversprechende Qualifizierungswege bietet. In Deutschland stellt das duale System mit den anerkannten Ausbildungsberufen den dominierenden Weg beruflicher Erstausbildung unterhalb der Hochschulebene dar. In früherer Zeit nahm es – seiner ursprünglichen Intension entsprechend – überwiegend Hauptschulabsolventen auf. Heute hingegen können diese Jugendlichen kaum noch mit Lehrstellenbewerbern mit mittlerem Bildungsabschluss oder Abitur konkurrieren.

Berücksichtigung unterschiedlicher Lernbedürfnisse

Mangels geeigneter Ausbildungsmöglichkeiten wird ein großer Teil der Schulabgänger in berufsvorbereitenden Maßnahmen verschiedener Art aufgefangen, die jedoch schon insofern nicht effizient sein können, als sie keine klar umrissene, verwertbare Teilqualifizierung vermitteln, sondern lediglich die Chancen für eine nachfolgende erneute Lehrstellenbewerbung zu verbessern suchen. Der Erfolg derartiger Initiativen erscheint fragwürdig, wie es auch das BiBB in den Ergebnissen der bereits genannten Expertenbefragung zum Ausdruck brachte. Demzufolge ist

Wirksamkeit der Berufsvorbereitung nicht erwiesen

> „völlig ungeklärt, welchen Beitrag zur Steigerung der Ausbildungsreife eigentlich die vielen berufsvorbereitenden Maßnahmen und beruflichen Grundbildungsgänge liefern, in denen ein großer Teil der Jugendlichen nach Verlassen der allgemein bildenden Schule einmündet. Hierzu gibt es keine ausreichenden Forschungsergebnisse".[15]

---

[14] Vgl. Meldung zur „Qualitätsoffensive Hauptschule" unter http://www.wdr.de/ radio/ schulportal2007/ schulwelt_hautnah/archiv/ qualitaetsoffensive_hauptschule/index.phtml

[15] Ehrenthal, B.; Eberhard, V.; Ulrich, J. G.: Ausbildungsreife – auch unter den Fachleuten ein heißes Eisen – Ergebnisse des BIBB-Expertenmonitors 2005. http://www.bibb.de/de/21840.htm

Mehrgleisige Berufsbildungsangebote

In diesem Zusammenhang tritt der Nachteil eines Berufsbildungssystems deutlich in Erscheinung, das auf ein als Einheitsstufe konzipiertes System betriebsgebundener Ausbildung konzentriert ist und keine ausreichenden Alternativen – sei es über die Stufung von Ausbildungsgängen nach unterschiedlichen Anforderungsniveaus oder über vollzeitschulische Berufsbildungsgänge – bietet.

Im Gegensatz dazu können Frankreich und die Schweiz als Beispiele für Staaten angeführt werden, die die betriebliche bzw. alternierende Ausbildung niveaumäßig differenzieren und damit den Verdrängungswettbewerb zu Lasten schwächerer Lehrstellenbewerber abmildern.

c) Entwicklung und Stand der Berufsvorbereitung

Untersuchungsschwerpunkte

In jüngerer Zeit treten erhebliche Schwierigkeiten auf. Daher ist es angebracht, auf diese Problematik auch im historischen Zusammenhang einzugehen. Die nachfolgenden Kapitel befassen sich mit Untersuchungsschwerpunkten des Komplexes *Berufsvorbereitung*. Gegliedert ist wie folgt:

– *Grundlegung in der Zeit der Aufklärung (5.1.1)*

Die Vermittlung von grundlegenden Kenntnissen zur Vorbereitung auf die Erwerbsarbeit sowie von Arbeitstugenden entwickelte sich im 18. Jahrhundert zu einem Schwerpunkt des Schulwesens. Im ersten Kapitel werden die auf Erwerbstüchtigkeit gerichteten Grundgedanken der Aufklärungspädagogik und verschiedene Ansätze zu deren Realisierung erläutert.

– *Fächer, Fächerverbindungen und Projekte in der Pflichtschule (5.1.2)*

Im Anschluss an einen Rückblick auf die Diskussion zu den Fächern Werken und Arbeitslehre wird hier auf jüngste Initiativen zur verstärkten Kooperation zwischen Wirtschaft und Schule eingegangen. Dem folgen Erläuterungen zur Arbeitslehre als aktuellem Lehrgebiet samt Beispielen zu Unterrichtszielen und zur Lehrplangestaltung im staatlichen Schulwesen. Einbezogen sind auch alternative Ansätze der Berufsvorbereitung in Schulen freier Trägerschaft.

– *Berufsvorbereitung nach der Schulentlassung (5.1.3)*

Dieser Abschnitt befasst sich mit der Verantwortung von Staat und Wirtschaft für Berufsbildungsangebote nach der Entlassung aus der Pflichtschule samt den verschiedenartigen Überbrückungsangeboten für die wachsende Zahl unversorgter Lehrstellenbewerber. Hier wird insbesondere den Ursachen und Auswirkungen des Rückgangs an Ausbildungsverhältnissen im Jugendalter nachgegangen.

– *EU-Empfehlungen zum Übergang in die Berufsausbildung (5.1.4)*

Schon im Jahre 1963 wies die EU in den ersten gemeinsamen Grundsätzen zur beruflichen Bildung auf die Bedeutung eines raschen Übergangs von der Pflichtschule in die Berufsausbildung hin. Im Jahre 1979 empfahl sie den Mitgliedsstaaten ein Modell der Eingliederung Jugendlicher ins Erwerbsleben durch alternierende Ausbildung, dessen Kernpunkte erläutert werden.

5.1.1 Grundlegung in der Zeit der Aufklärung

Den Zielsetzungen der Aufklärung gemäß stand in den Jahren vor und parallel zur Einführung der allgemeinen Schulpflicht der Komplex *Vorbereitung auf das Arbeitsleben* – vor allem auch in Waisenhäusern und Armenanstalten – im Vordergrund. Prägend für die damalige Auffassung von Zweck und Aufgaben erster Initiativen zur Vorbereitung auf den Übergang in die Arbeitswelt war das Wirken einer Reihe von Pädagogen, auf die hier zu verweisen ist:

Richtungweisende frühe Entwicklung

- Johann Bernhard Basedow (1724–1790), bekannt geworden durch praktische Wertorientierung, körperliche Ertüchtigung, spielendes Lernen und Pflege der Realien.
- Ferdinand Kindermann (1740–1801), Begründer der Industrieschulen, die sich schon bald von Böhmen aus auf andere Länder ausdehnten. In diesen Schulen wurde insbesondere auch Arbeitsunterricht erteilt.
- Johann Heinrich Pestalozzi (1746–1815), u. a. mit dem Konzept der Verbindung von Lernen und praktischer Betätigung.

Das 18. Jahrhundert ist durch eine Vielfalt vorgeschlagener und praktizierter Bildungsmodelle gekennzeichnet. So entstanden Vorläufer für die Einführung von Unterrichtsfächern an der Volksschule mit der Zielsetzung, den Übergang in die Arbeitswelt zu erleichtern. So erscheint es angebracht, diesen Anfängen nachzugehen, da mit ihnen zugleich wichtige pädagogische Grundsätze erkennbar werden.

Berufsvorbereitung über Schulfächer

a) Frühe Modelle aus dem 18. und 19. Jahrhundert

In der Zeit der Aufklärung mit Zielsetzung der vernunftmäßigen Durchdringung aller Lebensbereiche ergaben sich besonders günstige Bedingungen für die Einbindung von Initiativen zur Vorbereitung auf die Arbeitswelt. Hierin spiegelte sich auch das Bestreben wider, die in Naturwissenschaft und Technik gewonnenen Erkenntnisse allen Schichten der Bevölkerung ihren Bedürfnissen entsprechend zugänglich zu machen. Auf diese Weise war man bestrebt, wissenschaftliche Erkenntnisse zu popularisieren und auf den Menschen und seine Zwecke hin auszurichten.[16] Die Aufklärungspädagogik zielte insbesondere auf Lebens- und Erwerbstüchtigkeit ab und bildete sich in der zweiten Hälfte des 18. Jahrhunderts heraus. Neben Basedow gehörten in Deutschland zu ihren bedeutendsten Vertretern Joachim Heinrich Campe, Ernst Christian Trapp und Christian Gotthilf Salzmann.

Aufklärung und realistische Bildung

Um 1770 entstand in Deutschland unter dem Einfluss J. Lockes und J.-J. Rousseaus der *Philanthropismus* als Reformbewegung, die dem vorherrschenden formalistischen Schulbetrieb der bürgerlichen Stände neue Impulse brachte. Hauptvertreter des Philanthropismus war Basedow. Er maß dem Sachunterricht,

Basedow und der Philanthropismus

---

[16] Vgl. Hamann, Bruno: Geschichte des Schulwesens. Werden und Wandel der Schule im ideen- und sozialgeschichtlichen Zusammenhang. Bad Heilbrunn 1993, S. 73

den Realien, eine wesentliche Bedeutung bei. Zum Fächerkanon zählten auch Werkunterricht und Leibesübungen. Anschauung, Lebensnähe und Selbsttätigkeit sowie Natur- und Heimatverbundenheit waren wichtige gestalterische Grundsätze. Die Philanthropen richteten eine Reihe spezieller Erziehungsanstalten in Internatsform ein (Philanthropine), die diesen Grundsätzen verpflichtet waren.

Basedows Wirkungsstätte, das Dessauer Philanthropin, bewältigte eine ganze Reihe von Aufgaben: Internatserziehung reicher oder adeliger Kinder, Ausbildung künftiger Hauslehrer und Schulmänner sowie Erziehung der Kinder armer Eltern, damit sie später geschicktere Bedienstete oder auch Landschullehrer werden konnten. Bedeutende Pädagogen und Schulreformer wurden als Lehrkräfte für diese „Schule der Menschfreundschaft" gewonnen (vgl. Exkurs 1).

Kindermanns Industrieschulen Als *Industrieschulen* bezeichnete man in jener Zeit Schulen mit angegliederten Arbeitsklassen für Kinder niedriger sozialer Stände, in denen neben den üblichen Fächern auch Unterricht in Handfertigkeit erteilt wurde. Als Vorformen der Industrieschulen sind Waisenhäuser, Kinderzuchtanstalten und auch Armenschulen zu nennen, wie sie in den Anfängen bereits im ausgehenden 17. Jahrhundert bestanden.

Österreich war auf dem Gebiet der Industrieschulen besonders aktiv. Ferdinand Kindermann gilt als Begründer der Industrieschulbewegung; er trat als Organisator des mit der Volksschule organisch verbundenen Industrieunterrichts besonders hervor (vgl. Exkurs 2).

Diese Einrichtungen zur Sicherung des Nachwuchses für die Heimindustrie, das Verlagswesen, die Manufakturen sowie die Landwirtschaft zielten nicht auf die Vorbereitung industrieller Produktionsweisen. Mit dem Terminus „Industrie" wird vielmehr auf Fleiß und Betriebsamkeit verwiesen.

Vorbereitung auf die Erwerbsarbeit Die erste Schule dieser Art gründete Kindermann im Jahre 1773 bei Budweis. Als Oberdirektor des Prager Armeninstituts rief er 1786 sämtliche Seelsorger der Stadt dazu auf, in den Armen- und Waisenanstalten Industrieschulen einzurichten. Seine seelsorgerische Aufgabe sah er aufs Engste mit erzieherischen Anliegen verbunden. Nach seiner Auffassung wurden die herkömmlichen Volksschulen den Bedürfnissen der breiten Bevölkerung nicht gerecht, da sie sich gerade mit dem, was diese zeitlebens am meisten benötigte, am wenigsten beschäftigten. Die Industrieschulen hingegen sollten die Kinder auf die spätere Erwerbsarbeit vorbereiten, zu Arbeitstugenden erziehen und vor Müßiggang bewahren. Diese pädagogischen Ziele wurden unter dem Begriff *Erziehung zur Industriösität* zusammengefasst.

Ausbreitung in den deutschen Ländern Die zunächst in Böhmen errichteten Industrieschulen breiteten sich weit über die Grenzen des österreichischen Territoriums aus, so auch in einer Reihe deutscher Länder. Hier setzte die Industrieschulbewegung im letzten Drittel des 18. Jahrhunderts ein und erreichte um 1800 ihren Höhepunkt im nord- und westdeutschen Raum, in Schlesien sowie etwas später in einigen süddeutschen Ländern.

Exkurs 1:
Die pädagogischen Grundsätze Johann Bernhard Basedows

Basedow absolvierte ein Studium der Theologie und nahm nach ihrer anfänglichen Tätigkeit als Hauslehrer eine Stellung als Professor an der Ritterakademie Sorø auf der dänischen Insel Seeland an. Seine unorthodoxen Methoden und freigeistigen Anschauungen führten jedoch 1761 zu seiner Strafversetzung an ein Gymnasium im damals dänischen Altona. Der Fürst von Anhalt-Dessau berief Basedow 1771 nach Dessau, um ihm eine Möglichkeit zur Realisierung seiner pädagogischen Reformvorstellungen zu geben. In diesem Sinne wurde 1774 das Philanthropin gegründet. Dauerhafter Erfolg war dieser Einrichtung jedoch nicht beschieden, denn Basedow besaß wenig organisatorisches Talent. Bereits 1778 trat er als Direktor zurück, und 1793 wurde das Philanthropin geschlossen. Basedow starb 1790 in Magdeburg.

Seine bedeutendste pädagogische Schrift ist das 1774 erschienene „Elementarwerk". Sein Untertitel „Ein geordneter Vorrath aller nöthigen Erkenntniß zum Unterrichte der Jugend von Anfang bis in's akademische Alter, zur Belehrung der Eltern, Schullehrer und Hofmeister, zum Nutzen eines jeden Lehrers, die Erkenntniß zu vervollkommnen" weist es bereits als eine Art Schulenzyklopädie aus. Es handelt sich um ein Realienbuch in neun Bänden, in dem sich Basedow u. a. mit Grundfragen der Erziehung, Religion und Sittenlehre, den Beschäftigungen und Ständen der Menschen sowie Geschichte und Naturkunde befasste. Dieser Fundus an Kenntnissen wird für die Lebensführung des Menschen im Sinne eines „gemeinnützigen, patriotischen und glückseligen Lebens" als nötig erachtet.

Unter den Bildungsprinzipien Basedows ist zunächst das der Anschauung zu nennen. Im Unterricht wurden Bilder als Anschauungsmittel benutzt. Sachen haben Vorrang vor Worten, das Auswendiglernen wird verworfen, Handfertigkeitsunterricht gefordert. Die Lehrinhalte sollten dem Erfahrungsbereich des Menschen entnommen sein. Auch moralische Belehrung war von großer Bedeutung, da eine Grundhaltung zur Arbeit vermittelt werden sollte, wonach jeder nach besten Kräften zum Nutzen der Gemeinschaft beizutragen hat.

Quellen: Ballauff, Theodor u. Schaller, Klaus: Pädagogik. Eine Geschichte der Bildung und Erziehung. Bd. II: Vom 16. bis zum 19. Jahrhundert. Freiburg/München 1970. S. 338–348; Scheuerl, Hans (Hrsg.): Klassiker der Pädagogik. Erster Band: Von Erasmus von Rotterdam bis Herbert Spencer. München 1979, S. 141–146

Exkurs 2:
Ferdinand Kindermann und die Industrieschulbewegung

Kindermann wurde 1740 im nordböhmischen Königswalde geboren. Er studierte Philosophie und Theologie in Prag und wirkte zeitweise als Kaplan und Katechet. Im Jahre 1771 wurde er Pfarrer in Kaplitz. Im Jahre 1774 übernahm er das Amt des Volksschul-Oberaufsehers von Böhmen und 1775 auch die Leitung der neu gegründeten Normalschule zur Volksschullehrerbildung. 1789 wurde er Oberdirektor des Armeninstituts in Prag. Im Jahre 1790 wurde er Bischof von Leitmeritz.

Innovativ an dem im ausgehenden 18. Jahrhundert entstandenen Industrieschulkonzept war die Zielsetzung, Elementarbildung und praktische Arbeit in pädagogisch sinnvoller Weise zu verknüpfen. Erwerbsfähigkeit und -tüchtigkeit sollte gefördert, Industriösität erzeugt und verinnerlicht werden. Ein wichtiges Element war auch die Umorientierung auf das Prinzip der Ökonomie von Kraft und Zeit, also einen gegenüber der herkömmlichen handwerklichen Arbeitsweise rationelleren Umfang mit den Ressourcen. Hinzu kam die Förderung der Bereitschaft, sich neue Arbeitsverfahren zu eigen zu machen, was beim traditionellen Handwerk ebenfalls wenig ausgeprägt war.

Im Unterschied zu den Arbeits- und Waisenhäusern des 17. und 18. Jahrhunderts sollte in den Industrieschulen der Unterricht eine größere Bedeutung haben. *Lernen und Arbeiten im Wechsel* war die angestrebte Organisationsform. Industrieschulen wurden vorwiegend dort eingerichtet, wo wegen des Bevölkerungswachstums die landwirtschaftliche Erzeugung um gewerbliche (Neben-)Produktion erweitert werden musste. Textilarbeiten standen an der Spitze der schulischen Arbeitstätigkeiten, gefolgt von Gartenbau und Landwirtschaft. In einigen Industrieschulen spielte die „Lokalindustrie" (zum Beispiel Strohflechten oder Holzarbeiten) die Hauptrolle.

Da die Industrieschulen sich selbst tragen sollten, rückte oftmals die produktive Arbeit in den Vordergrund. Im Zuge der Industrialisierung verlagerte sich die Kinderarbeit zudem in die neuen Großbetriebe. Um die Mitte des 19. Jahrhunderts gingen die Industrieschulen teils in Fabrikschulen, größtenteils jedoch in das Elementarschulwesen über. Wo allerdings das Verlagssystem fortbestand, wie z. B. im sächsischen Erzgebirge, gab es noch um das Jahr 1870 Industrieschulen.

Quellen: Hamann, Bruno, Geschichte des Schulwesens. Bad Heilbrunn 1993, S. 88f. Herder Lexikon der Pädagogik, Freiburg i. Br. 1913, S. 36–39. Enzyklopädie Erziehungswissenschaft. Bd. 8: Erziehung im Jugendalter – Sekundarstufe I. Teil 2: Lexikon. Hrsg.: E.-G. Skiba u. a. Stuttgart/Dresden 1995, S. 451–454.

Heinrich Phillip Sextro, der u. a. in Göttingen als Professor der Theologie und als Armenadministrator tätig war, verfasste mit seiner 1785 erschienenen Abhandlung „Über die Bildung der Jugend zur Industrie" eine programmatische Schrift zur Industrieschulkonzeption und initiierte eine Reihe weiterer Industrieschulgründungen.

Hilfe zur Selbsthilfe nach Pestalozzi

Johann Heinrich Pestalozzi war bestrebt, die Armen nach dem Prinzip *Hilfe zur Selbsthilfe* zur Existenzsicherung aus eigenen Kräften zu befähigen. Die menschlichen Anlagen sollen sich durch tätigen Gebrauch entfalten. Pestalozzi nimmt eine Teilung in physische, intellektuelle und sittliche Kräfte vor, anders ausgedrückt „Kopf, Herz und Hand" oder auch „Geist, Herz und Kunst". Nach seiner Vorstellung erfordert jede dieser Anlagen zur vollen Ausbildung den „tätigen Gebrauch" nach jeweils eigenen Gesetzmäßigkeiten.

Dem Bereich der „Hand", also der körperlich-werktätigen Entwicklung, wird Berufsvorbereitung und auch Berufsbildung zugeordnet. Die berufliche Tüchtigkeit soll in einem gestuften Prozess herangebildet werden: Erfassung und Bewusstmachung von Arbeitsvorgängen, Erprobung und Einübung, Perfektionierung, selbstständige und kreative Anwendung erworbener Fähigkeiten.

Anschauung statt Buchwissen

Für Pestalozzi bildeten konkrete Anschauung und Selbsttätigkeit des Kindes und des Heranwachsenden als Gegensatz zum reinen Buchwissen die Grundlage der Erziehung. Anschaulichkeit beschränkt sich nicht auf den Einsatz bildhafter Unterrichtsmittel; vielmehr sollen Wissensinhalte wie auch ethische Grundsätze aus konkreten Erfahrungen gewonnen werden. Die Erziehung sollte fest eingebunden sein in die religiöse Gemeinschaft, christliche Lebensweise, die Familie und das heimatliche Umfeld, also den jeweiligen Lebenskreis des Einzelnen, den er als „Individuallage" bezeichnet.

Wissen verstand Pestalozzi nicht als Selbstzweck, sondern Grundlage dafür, dass sich der Einzelne in das gesellschaftliche Ganze einfügt und durch Arbeit seinen Daseinssinn verwirklicht. In der 1790 entstandenen Skizze einer Denkschrift über die Verbindung der Erwerbsbefähigung mit den Volksschulen legt Pestalozzi dar, dass die ökonomische Absicherung der Armen nur gewährleistet werden könne durch eine Ausbildung, die die Bereiche Hauswirtschaft, Feldbau und Industrie berücksichtigt, wobei die handwerklich-industrielle Ausbildung breit angelegt sein solle, um eine Anpassung an wirtschaftliche Entwicklungen zu ermöglichen.

Handarbeit und Schulbesuch

Nach Pestalozzi entwickeln sich mit der Handarbeit auch intellektuelle Kräfte. So schreibt er in seinem „Memoire über Armenversorgung" (1807): „Der Mensch schaut auf Erden nichts so fest und ruhig an, als was er in die Hand nehmen und bearbeiten muss. Ebenso wird seine Seele durch nichts so sehr in Zusammensetzen, Trennen und Vergleichen der Gegenstände geübt als dadurch; folglich ist die Arbeit das erste und beste, das von Gott selbst dem Menschen gegebene Fundament der Begründung seiner Geistestätigkeit und richtigen Entfaltung seiner logischen Kräfte, die in seiner Natur liegen." Berufliche ebenso wie allgemeine Bildung stehen im Dienste der sittlichen Bildung, die Pestalozzi als das höchste Ziel betrachtet.

In diesem Zusammenhang ist auch der Schweizer Pädagoge Philipp Emanuel Fellenberg (1771–1844) zu nennen. Er studierte in Tübingen Recht und Philosophie. Auf Reisen wurde er mit der sozialen Not konfrontiert, die die aufkommende Maschinenarbeit in Teilen der Bevölkerung auslöste. Erziehung zur Arbeit durch Arbeit und somit Befähigung zur Selbsthilfe schienen ihm ein Weg zur Überwindung von Armut und sittlichem Verfall. Er vertrat den Grundsatz, dass sich geeignete Beschäftigungsmöglichkeiten mit Unterricht verbinden lassen. Landwirtschaftliche Arbeit betrachtete er nicht nur in der Armenerziehung als vorrangiges Erziehungsmittel, auch bei Söhnen aus vornehmen Familien setzte er darauf.[17]

Fellenberg: Erziehung zur Arbeit

Fellenberg erwarb 1799 zusammen mit seinem Vater das Gut Hofwil nahe Bern, das er nach dem Tod des Vaters 1801 vollständig übernahm. Von Pestalozzi beeinflusst, richtete er 1804 eine Armenschule ein und gestaltete Hofwil in den folgenden Jahren zu einer mit einem landwirtschaftlichen Musterbetrieb kombinierten Erziehungseinrichtung aus. Das Gut Hofwil umfasste mehrere Schularten. Die Zöglinge verrichteten Feldarbeit sowie handwerkliche Arbeiten. Hinzu kam Unterricht in den Elementarfächern, Geografie, Vaterlandskunde, Naturkunde, Singen und Zeichnen. Mit 14 Jahren traten die Zöglinge in eine Handwerkslehre ein.[18] Das Gut Hofwil diente als Vorbild für Goethes „pädagogische Provinz" in „Wilhelm Meisters Wanderjahre".

Anstalt Hofwil

Ähnlich wie Fellenberg vertrat Johann Jacob Wehrli (1790–1855) die Auffassung, der Landbau beschäftige Sinn und Verstand gleichmäßig und veredle das Gemüt. Er halte den Zögling zu gefälliger Gestaltung, Genauigkeit, Gewandtheit und Beharrlichkeit an und wecke schließlich das religiöse Pflichtgefühl.[19] Wehrli wird der Ausspruch zugeschrieben:

Wehrli: Erziehung zur Lebensbewältigung

> „Spende Brot, spende Geld an die Armen; du hast ihnen nur solange wohlgetan, als sie ihr Brot gegessen, das Geld verbraucht haben. Aber erziehe sie, lehre sie arbeiten, der menschlichen Gesellschaft nützlich werden; dann hast du sie mit bleibenden Reichtümern ausgestattet, sie sind für das ganze Leben durch deine Wohltat glücklich."[20]

---

[17] Vgl. R. u. H. Wefelmeyer: Lexikon der Berufsausbildung und Berufserziehung. Wiesbaden 1959, S. 154f.
[18] Vgl. Wefelmeyer 1959, a.a.O., S. 154
[19] Vgl. Badertscher, H./Grunder, H.-U. (Hrsg.): Geschichte der Erziehung und Schule in der Schweiz im 19. und 20. Jahrhundert. Leitlinien. Bern/Stuttgart/Wien 1997, S. 72f. u. 287ff.
[20] Vgl. W. Kahl, in: Lexikon der Pädagogik. Hg. v. E. M. Roloff, Freiburg 1917, Bd. 5, S. 755

Wehrli wirkte zunächst an Fellenbergs Gut Hofwil als Schulleiter. Ab 1833 leitete er ein von ihm gegründetes Lehrerseminar in Kreuzlingen und errichtete schließlich 1852 eine kleine landwirtschaftliche Schule in Gugenbühl. Wehrlis Wirken regte die Gründung ähnlicher Armenschulen, so genannter Wehrli-Schulen, in der Schweiz und in anderen Ländern an.

b) Verankerung des Handarbeitsunterrichts in den Volksschulen

Volksschule nach dem Modell Pestalozzi

Trotz des in Preußen vorherrschenden neuhumanistischen Bildungsverständnisses entwickelte sich zu Beginn des 19. Jahrhunderts der Volksschulsektor weitgehend nach von Pestalozzi beeinflussten Grundsätzen. Wilhelm von Humboldt als Leiter der preußischen Erziehungsdirektion nahm Pestalozzis Idee der *Armenanstalten* sowie die dort gewonnenen Erfahrungen in die Volksschulpädagogik auf. So orientierte er sich in der curricularen Ausgestaltung der Volksschule an Pestalozzis Grundsätzen der allseitigen Förderung von Kopf, Herz und Hand. Die Volksschule solle die erste Stufe der allgemeinen Menschenbildung sein und primär der Ausbildung aller dem Kinde innewohnenden Kräfte dienen, nicht allein der Wissensvermehrung. So wurden beispielsweise mehrere junge preußische Lehrer für drei Jahre zu Pestalozzi geschickt, um sich dessen Methoden anzueignen und später als deren Multiplikatoren wirken zu können. Auch in Preußen schon vorhandene Ansätze wurden im Sinne der von Pestalozzi vertretenen Grundsätze unterstützt.[21]

Gestaltung des Elementarunterrichts

An der Verbreitung von Pestalozzis Vorstellungen zum Elementarschulwesen in Preußen hatte der aus Württemberg stammende ehemalige Pestalozzi-Mitarbeiter Carl August Zeller wesentlichen Anteil. Er wurde im Jahre 1809 nach Königsberg berufen, um dort eine Lehrerbildungsanstalt, ein so genanntes „Normalinstitut", einzurichten, das seinen Betrieb noch im September dieses Jahres aufnahm.

Über den Fortgang der Schulreform erstattete Humboldt dem preußischen König laufend Bericht und kennzeichnete in diesem Zusammenhang Zellers Konzeption des Elementarunterrichts als eine Methode zur Entwicklung aller körperlichen und geistigen Kräfte. Als Unterrichtsinhalte führt er Leibesübungen in Verbindung mit „einfachen Industrieübungen", Zeichnen, Musik, Zahlen- und Größenverhältnisse, Muttersprache, Lesen, Schreiben und Religion an.[22]

Handfertigkeitsunterricht

Die schulische Vorbereitung auf berufliche Anforderungen fand in Form des Handfertigkeitsunterrichts für Knaben, auch Knabenhandarbeit genannt, und entsprechendem Unterricht für Mädchen in der zweiten Hälfte des 19. Jahrhunderts an den Volksschulen verstärkte Beachtung. Einen besonderen Auftrieb erhielten diese Initiativen durch den Einfluss der dänischen „Hausfleißbestre-

---

[21] Vgl. Hamann, Bruno: Geschichte des Schulwesens. Werden und Wandel der Schule im ideen- und sozialgeschichtlichen Zusammenhang. Bad Heilbrunn 1993, S. 114f.

[22] Vgl. Hinz, Renate: Pestalozzi und Preußen. Zur Rezeption der Pestalozzischen Pädagogik in der preußischen Reformzeit (1806/07–1812/13). Frankfurt a. M. 1991, S. 282f.

bungen", die in der Zeit um 1870 in Deutschland aufgegriffen wurden und zur Gründung des Deutschen Vereins für Knabenhandarbeit im Jahre 1886 beitrugen.[23]

Nach der damaligen Überzeugung war in den Volksschulen die Handgeschicklichkeit zu fördern, da manuelle Arbeit für den Großteil der Bevölkerung zwar im Zentrum der Erwerbstätigkeit stand, die Möglichkeiten zur Entwicklung entsprechender Fähigkeiten aber insbesondere im städtischen Umfeld zunehmend begrenzt waren. Dies sollte auch der Gefahr entgegenwirken, dass Knaben, die bis zur Entlassung aus der Volksschule nicht ernstlich mit Werkzeugen hantieren lernten, manuelle Arbeit gering schätzten.

Aus pädagogischer Perspektive maß man dem Handfertigkeitsunterricht besondere Bedeutung bei, um das Konzentrationsvermögen der Schüler durch die geforderte präzise Arbeitsweise zu fördern, wovon auch die kognitiven Schulfächer profitieren sollten.

Für die Durchführung des Handarbeitsunterrichts galten folgende Grundsätze[24]:   **Grundsätze für Schulwerkstätten**
– Einrichtung spezieller Schulwerkstätten mit an die Schüler angepassten Werkzeugen und Arbeitsplatten
– Konzentration auf wenige Techniken, wie z. B. Holz- und Metallbearbeitung
– Herstellung nützlicher Gegenstände und Vermeidung von Spielerei
– Anpassung der Lehrgänge an die lokalen Verhältnisse, z. B. bei Schulen in ländlichen Gegenden

Der Deutsche Verein für Knabenhandarbeit eröffnete bereits 1887 in Leipzig ein Lehrerseminar. Dort wurden Lehrgänge für die Werkstattarbeit erprobt und umgesetzt.[25]

Überlegungen Georg Kerschensteiners zu den Aufgaben der Volksschule zielten auf den Staat als Gemeinwesen und demzufolge auch die Erziehung zum brauchbaren Staatsbürger. Danach kommt dem Staat eine doppelte Funktion zu: Fürsorge für seine Staatsangehörigen und Hebung des Gemeinwesens im Sinne eines Kultur- und Rechtsstaates.[26] Dieser zweifachen Aufgabe des Staates entsprechend hat die allgemein bildende Pflichtschule die Doppelfunktion der sittlichen und berufsvorbereitenden Bildung zu erfüllen. Kerschensteiner versteht sie als eine *Arbeitsschule* und betont den sittlichen Wert jeder Arbeit, die im Bewusstsein der Notwendigkeit dieser Tätigkeit für die Gesellschaft insgesamt ausgeführt wird. Er bezieht sich auch auf die Gesetzmäßigkeiten der kindlichen Entwicklung und hebt hervor: **Berufsvorbereitung nach G. Kerschensteiner**

---

[23] Vgl. Beitrag Handarbeitsunterricht für Knaben im Herderlexikon 1913, Bd. 2, Spalte 591ff.
[24] Vgl. a.a.O., Spalte 597
[25] Vgl. a.a.O., Spalte 598ff.
[26] Vgl. Kerschensteiner, Georg: Begriff der Arbeitsschule. Hrsg.: Gonon, Philipp. Darmstadt 2002, S. 15f.

> „Eine öffentliche Schule, die auf geistige wie manuelle Berufe vorzubereiten hat, ist ... schlecht organisiert, wenn sie keine Einrichtung hat, die praktischen Neigungen und Fähigkeiten des Zöglings zu entwickeln. Sie ist um so schlechter organisiert, als ja auch in der ganzen Entwicklung des Kindes die körperliche und manuelle der geistigen vorangeht, als insbesondere in der Zeit vom 3. bis 14. Lebensjahre die Instinkte und Triebe für manuelle Betätigung durchaus vorherrschen."[27]

Bildungswert der Arbeit Alle Volksschulen sollen nach seinen Vorstellungen über Werkstätten, Gärten, Schulküchen, Laboratorien oder andere geeignete Einrichtungen verfügen, um systematisch die Neigung zu manueller Tätigkeit zu entwickeln und die Schüler an die sorgfältige und durchdachte Ausführung von Arbeitsprozessen zu gewöhnen. Diese Art der Berufsvorbereitung hat exemplarischen Charakter und vermittelt transferierbare Fähigkeiten. So betont Kerschensteiner:

> „Wer in irgendeiner systematischen Beschäftigung (mit Holzarbeit z. B.) diese Qualitäten erworben hat, der besitzt sie und wendet sie bei jeder manuellen Arbeit an, die der spätere Beruf bringt ..."[28]

Der Schüler muss sein Werk einer Selbstprüfung unterziehen und in jedem Schritt kontrollieren, ob es mit den sachlichen Forderungen übereinstimmt. Damit gewinnt seine Arbeit Bildungswirkung. Diesen Grundsatz formulierte Kerschensteiner wie folgt:

> „Bildungswert hat jede Arbeit, die in ihren objektiven Gestaltungen der Vollendungstendenz gehorcht und damit in stetem Selbstprüfungsvollzug immer mehr zur sachlichen Einstellung zu führen imstande ist."[29]

Seine Vorstellungen konnte er ab 1910 in begrenztem Umfang an Münchner Volksschulen erproben.[30]

5.1.2 Fächer, Fächerverbindungen und Projekte in der Pflichtschule

Förderung des Gewerbefleißes Schon in der Zeit der Aufklärung traten „wirtschaftlich-praktische Gesichtspunkte als Bildungsziel und Bildungsmittel" ins Blickfeld.[31] Kontakte zwischen Wirtschaft und Schule reichen also weit zurück. Gewerbefleiß als Grundhaltung bei Jugendlichen wie Erwachsenen hatte Verhaltensdispositionen einzubeziehen, die zum Erwerb des Lebensunterhalts gefordert waren. Dies schloss Arbeitstugenden ein, die unter dem Schlagwort *Industriösität* zusammengefasst wurden.

---

27 A.a.O., S. 20
28 A.a.O., S. 22f.
29 A.a.O., S. 40
30 Hierbei hatte der Unterricht in Holzbearbeitung wegen der Vielseitigkeit und Preisgünstigkeit dieses Materials die größte Bedeutung. In der dritten Klasse wurden z. B. ein Schlagbaum und eine Schleuse angefertigt, in der vierten Klasse u. a. ein Starenhaus und ein Maibaum.
31 Vgl. Gutman, Emil: Die Gewerbeschule Badens 1834/1930. Bühl-Baden 1930, S. 64

Dazu zählten damals insbesondere die Gewöhnung an die stärker rationalisierte Produktionsweise der Manufakturen sowie die allgemeine Aufgeschlossenheit gegenüber den neuen Techniken im aufkommenden Maschinenzeitalter.

In heutiger Zeit besteht breiter Konsens darüber, dass im Erwerbsleben grundlegende persönliche und verhaltensmäßige Voraussetzungen von entscheidender Bedeutung sind. Der Besitz von *Arbeitstugenden* ist also nach wie vor aktuell und weiterzuverfolgen. Neben Eigenschaften dieser Art, die sich z. B. durch Leistungsbereitschaft, Fleiß und Durchhaltevermögen äußern, sind vor allem Persönlichkeitsmerkmale wie Selbstständigkeit sowie soziale Kompetenzen gefordert. So stellten Spitzenverbände der deutschen Wirtschaft in Übereinstimmung mit den Wirtschaftsministern und der KMK im Jahre 2002 heraus:

Aktualität: klassische Arbeitstugenden

> „Die deutsche Gesellschaft und die deutsche Wirtschaft brauchen selbstständig denkende und eigenverantwortlich handelnde junge Menschen mit einer trag- und ausbaufähigen Allgemeinbildung."[32]

Demzufolge sollten schon vor Beginn einer beruflichen Ausbildung allgemeine Arbeits-, Leistungs- und Sozialtugenden entwickelt sein. Dies bestätigt auch eine in jüngster Zeit vom BIBB durchgeführte Expertenbefragung. Dort wurde beispielsweise die Forderung nach „Durchhaltevermögen" ebenso häufig genannt wie „Beherrschung der Grundrechenarten" und „einfaches Kopfrechnen".[33]

Vor dem Hintergrund der Ergebnisse nationaler und internationaler Vergleichsstudien von Schülerleistungen entwickelte die KMK bundesweit geltende Bildungsstandards zur Verbesserung der mathematischen und naturwissenschaftlichen Kompetenzen.[34] Auch die wirtschaftliche Bildung soll an allen allgemein bildenden Schulen verstärkt werden.[35]

a) Diskussion um die Unterrichtsfächer Werken und Arbeitslehre

Bereits um 1960 begann in Deutschland eine intensive Diskussion um die Arbeitslehre. Die Wirtschaft führte damals bereits moderne, automatisierte Produktionsverfahren ein. Berufliche Qualifikationen für derartige neue Anforderungen standen im Rahmen der überkommenen Ausbildungsstrukturen nur zum geringen Teil zur Verfügung. Um Produktivität und Wirtschaftswachstum auf Dauer nicht zu gefährden, erschien es daher notwendig, entsprechende

Neue Qualifikationserfordernisse

---

[32] „Leistungsfähigkeit des Bildungssystems verbessern". Gemeinsame Erklärung von Wirtschaftsministerkonferenz (WMK), Kultusministerkonferenz (KMK), Bundesverband der Deutschen Industrie (BDI), Bundesvereinigung der Deutschen Arbeitgeberverbände (BDA), Deutscher Industrie- und Handelskammertag (DIHK), Zentralverband des Deutschen Handwerks (ZDH). Berlin, 28.11.2002 (http://www.dihk.de)

[33] BIBB-Expertenmonitor zur Ausbildungsreife. Vgl. Bundesministerium für Bildung und Forschung: Berufsbildungsbericht 2006, Bonn/Berlin 2006, S. 170f.

[34] Vgl. „Aktivitäten der Länder zur Weiterentwicklung des mathematisch-naturwissenschaftlichen Unterrichts." Beschluss der Kultusministerkonferenz vom 18.03.2005 (vom Sekretariat der KMK fortgeschriebene Fassung; Stand 04.07.05)

[35] Vgl. Wirtschaftliche Bildung an allgemein bildenden Schulen. Bericht der KMK v. 19.10.01

Grundlagen für die berufliche Ausbildung im allgemein bildenden Schulwesen zu legen, wozu auch eine Reform der Volksschule zählte.[36]

Deutscher Ausschuss zur Volksschulreform

Der im Jahre 1953 vom Bundesminister des Innern und den Kultusministern der Länder eingerichtete *Deutsche Ausschuss für das Erziehungs- und Bildungswesen* hatte sich mit der Neuordnung und Vereinheitlichung des Schulwesens zu befassen. Sein Gutachten zur Reform der Volksschule erschien im Jahre 1964.[37] Es maß der Anpassung an die Berufs- und Arbeitswelt große Bedeutung bei. Als Aufgaben der Arbeitslehre wurden u. a. genannt: Vermittlung technologischen Verständnisses, Vorbereitung auf die Berufswahl, Erwerb von Arbeitstugenden sowie Einsicht in die Notwendigkeit der Anpassung an ökonomische und technische Strukturen. Es sollten sowohl naturwissenschaftlich-technische Kenntnisse vermittelt als auch manuell-praktische Fertigkeiten zur Vorbereitung auf handwerkliche Berufe gefördert werden.[38] Der Deutsche Ausschuss brachte dies wie folgt zum Ausdruck:

„Eine bildungswirksame Hinführung zur modernen Arbeitswelt ist nur möglich durch praktisches Tun der Schüler, das von Interpretation und Reflexion begleitet ist. Die Arbeitslehre ist deshalb elementare praktische Arbeit in verschiedenen Sachgebieten mit eng darangeknüpfter gedanklicher Vorbereitung, Zwischenbesinnung und Auswertung. Damit wird sie zu einer selbständigen Unterrichtsform ..."[39]

Zielsetzung: Kopf, Herz und Hand

Nach den Vorstellungen des Deutschen Ausschusses dient die Arbeitslehre der Bildung von Kopf, Herz und Hand:

Sie macht den Schüler „mit Grundzügen des Arbeitens in der modernen Produktion und Dienstleistung so weit vertraut, daß er danach seine Berufswahl verständiger treffen kann. Die Arbeitslehre gilt keineswegs speziellen Berufen und bevorzugt vor dem 10. Schuljahr auch kein Berufsfeld ... Doch beansprucht sie die Schüler in zwar immer noch unterrichtlichen, aber bereits produktionsähnlichen Situationen und erhält von daher den ihr eigenen 'Ernstcharakter'. ... Die Arbeitslehre wird ... auch Grundzüge der arbeitsteiligen, rational geplanten maschinellen Produktionsweise der Industrie zu vermitteln haben. Dazu ist der Umgang mit Maschinen, etwa elektrisch angetriebenen Sägen und Hobelmaschinen, auch mit der Drehbank nötig ... Nach industriellem Prinzip als Kooperation geordnet, übt solche Arbeit auch Genauigkeit, anhaltende Aufmerksamkeit, Ausdauer und Anpassung an das gemeinsame Tempo, Arbeitstugenden also, die sich hier als soziale Verpflichtung und als ökonomische Notwendigkeit eindrücklicher erfahren lassen als in der handwerklichen Arbeit oder sonst in der Schule."[40]

---

36 Vgl. Dedering, Heinz: Einführung in das Lernfeld Arbeitslehre. München/Wien 2000, S. 2f.
37 Deutscher Ausschuss für das Erziehungs- und Bildungswesen: Empfehlung und Gutachten, Folge 7/8. Stuttgart 1964
38 Vgl. Ziefuss, Horst: Arbeitslehre im Spiegel der Meinungen. Seelze 1996, S. 103
39 Zitiert nach Dedering, a.a.O., S. 4
40 Zitiert nach Dedering, a.a.O., S. 4f.

Diese Empfehlungen lösten eine intensive Diskussion aus und wurden auch als Ausdruck einer zeitgemäßen Allgemeinbildung verstanden, was gleichzeitig als Abkehr von der neuhumanistischen Bildungskonzeption gelten kann, die eine Hinführung zur Wirtschafts- und Arbeitswelt konzeptionell ausschließt. Diese bildungstheoretische Wende wird allgemein dem Wirken von Heinrich Abel im Deutschen Ausschuss zugeschrieben, durch den Elemente von Georg Kerschensteiners Arbeitsschulkonzept in die Empfehlungen einflossen.[41]

Kontroverse Ansätze

Während Berufspädagogen diesen Ansatz teilweise auch als Möglichkeit der Überwindung der Trennung von allgemeiner und beruflicher Bildung befürworteten, vertraten andere eher eine ablehnende Haltung, die sie vor allem mit dem Vorwurf einer mangelnden kritischen Reflexion von Arbeitsorganisation und Arbeitsbedingungen in der Arbeitslehrekonzeption des Deutschen Ausschusses begründeten.[42]

So folgten die Empfehlungen der Kultusministerkonferenz zur Hauptschule aus dem Jahre 1969[43] mit Blick auf die praktisch-handwerklichen Elemente den Empfehlungen des Deutschen Ausschusses nur zum Teil; sie stellten vielmehr die allgemeine Orientierung über das Wirtschafts- und Beschäftigungssystem sowie die Berufswahlvorbereitung als kognitive Lernziele heraus. Die Darstellung der Strukturen und Leistungsanforderungen der Wirtschafts- und Arbeitswelt sollte unter technischen, wirtschaftlichen und sozialen Gesichtspunkten erfolgen.[44] Diese KMK-Empfehlungen wurden in der Zeit danach zumeist für die Entwicklung der Arbeitslehre in den deutschen Ländern richtungweisend.

Perspektive der KMK 1969

Praktische Übungen in Tätigkeitsfeldern, die im Erwachsenenleben zu bewältigen sind, bieten heute viele Pflichtschulen an, allerdings weitgehend losgelöst vom Bezug zur künftigen Erwerbstätigkeit. In der DDR wurden Ansätze dieser Art in der *Allgemeinbildenden Polytechnischen Oberschule* als der allgemeinen Pflichtschule mit entsprechenden Schulfächern realisiert wie „Einführung in die sozialistische Produktion" oder „Technisches Zeichnen" sowie speziell eingeplanten Tagen produktiver Arbeit in Betrieben oder betrieblichen Lehrwerkstätten.

Bildungsziel Handfertigkeit

Das Fach Werken wird in Deutschland in unterschiedlichem Kontext angeboten, teils im Rahmen des Themenbereichs Arbeit/Wirtschaft/Technik, mit dem Ziel, Interdependenzen zwischen Arbeitsvollzügen und -organisation, betriebswirtschaftlichen Kalkülen etc. zu behandeln und dabei auch Hilfen zur Berufswahl zu bieten. Eine gezielte Einführung in Berufssparten ist allerdings nicht vorgesehen.

Werken

---

[41] Vgl. Kahsnitz, Dietmar; Ropohl, Günther, Schmid, Alfons (Hrsg.): Handbuch zur Arbeitslehre. München/Wien 1997, S. 4ff.
[42] Vgl. Handbuch zur Arbeitslehre, a.a.O., S. 7
[43] Ständige Konferenz der Kultusminister: Empfehlungen zur Hauptschule (Beschluß der KMK vom 3.7.1969). In: Handbuch der Kultusministerkonferenz 1974. Bonn 1974
[44] Vgl. Handbuch zur Arbeitslehre, a.a.O., S. 7

Hauswirtschaft Hauswirtschaft und Ernährung/Kochen verstehen sich als ins Curriculum der Hauptschule eingebunden, und zwar als Pflichtveranstaltungen für beide Geschlechter mit Blickrichtung auf Lebensbewältigung sowie vernünftige, gesunde Ernährung.

Projektarbeit Projektarbeit wird in Deutschland heute im Bereich der Arbeitslehre als fächerübergreifender Unterricht praktiziert, beispielsweise wenn es darum geht, Fragen in größerem Kontext zu klären und Brücken zu Fächern wie etwa Deutsch und Mathematik zu schlagen. Die Lehrpläne weisen allerdings einen höchst unterschiedlichen Grad an Verbindlichkeit auf. In diesem Bereich hängt es primär vom Engagement der Lehrer und Lehrerinnen sowie der Schüler und Schülerinnen selbst ab, in welchem Umfang und in welcher Themenstellung Projektarbeit betrieben wird, etwa anlässlich der Vorbereitung von Schulausstellungen oder Basaren.

Werklehrer Für Werklehrer gab es früher spezielle Ausbildungseinrichtungen. So bot das Werklehrerseminar am Pädagogischen Institut Esslingen (später Pädagogische Hochschule Esslingen) ab 1952 Lehrkräften die Möglichkeit, sich in freiwillig zu besuchenden Kursen für die Erteilung von Werkunterricht zu qualifizieren. Inzwischen wurden diese Bildungsstätten aufgelöst. Derzeit gibt es je nach Bundesland verschiedenartige Lösungen für die Ausbildung entsprechender Lehrkräfte. Die Schulen berichten in jüngerer Zeit von Fachkräftemangel für Unterrichtsbereiche dieser Art.

Arbeitskreise Schule-Wirtschaft Um die Kontakte zwischen Wirtschaft und Schule ausbauen und vertiefen zu können, bildeten die Zentralverbände der deutschen Wirtschaft im Jahre 1965 die Bundesarbeitsgemeinschaft Schule-Wirtschaft, die mit ihren zahlreichen regionalen und örtlichen Gremien vielfältige Initiativen zur Förderung der Kooperation entwickelte. Mittlerweile existieren rund 460 Arbeitskreise Schule-Wirtschaft im gesamten Bundesgebiet. Übersicht 2 geht auf Aktivitäten dieser Einrichtungen am Beispiel Baden-Württembergs ein.

Nationaler Pakt für Ausbildung und Fachkräftenachwuchs Im Jahre 2004 begründeten die Bundesregierung und die Spitzenverbände der Wirtschaft den „Nationalen Pakt für Ausbildung und Fachkräftenachwuchs in Deutschland", dessen Ziel es ist, allen ausbildungsfähigen und ausbildungswilligen Schulabgängern ein Ausbildungsangebot zu unterbreiten. Auch die Ausbildungsreife und die Berufswahlvorbereitung der Schulabgänger soll verbessert werden, vor allem durch eine intensivere präventive Arbeit.
So wurden im Zusammenwirken mit der Kultusministerkonferenz Anfang 2005 zwei Expertengruppen eingerichtet, und zwar
– die Arbeitsgruppe „Schule-Wirtschaft" und
– die Arbeitsgruppe „Ausbildungsreife".
Die erstgenannte Gruppe entwickelte einen Handlungsleitfaden für Schulen und Betriebe zur Stärkung von Ausbildungsreife und Berufsorientierung durch Kooperationen; die zweite erarbeitete einen Kriterienkatalog, der die individuellen Voraussetzungen für die Aufnahme einer Berufsausbildung beschreibt.

Übersicht 2:
Arbeitskreise SCHULE-WIRTSCHAFT in Baden-Württemberg

Derzeit bestehen in Baden-Württemberg rund 40 Arbeitskreise SCHULE-WIRTSCHAFT. Lehrkräfte aller Schularten sowie Vertreter der Wirtschaft, ihrer Verbände und der Arbeitsverwaltung nehmen auf freiwilliger Basis daran teil.

Die Landesarbeitsgemeinschaft Schule-Wirtschaft koordiniert die Arbeitskreise und fördert den Erfahrungsaustausch. Sie entwickelt vor allem Konzepte zur Berufswahlvorbereitung. Durch Veranstaltungen, Seminare und Projekte liefert sie Impulse für Schulen, Schulverwaltungen und Unternehmen. Gleichzeitig arbeitet sie in der Bundesarbeitsgemeinschaft SCHULE-WIRTSCHAFT mit.

Die Landesarbeitsgemeinschaft wird von der Landesvereinigung Baden-Württembergischer Arbeitgeberverbände e. V. getragen. Den gemeinsamen Vorsitz nehmen ein Angehöriger des baden-württembergischen Ministeriums für Kultus, Jugend und Sport sowie der Geschäftsführer des Verbandes der Metall- und Elektroindustrie Baden-Württemberg e. V. Südwestmetall wahr.

Den Lehrkräften wird damit die Möglichkeit geboten, Wirtschaftsunternehmen der Region kennen zu lernen. Den Wirtschaftsvertretern wiederum werden schulspezifische Themen näher gebracht. Bei allen Veranstaltungen wird auf regionale Aspekte und Fragestellungen eingegangen.

Von den durchgeführten Projekten sind beispielsweise zu nennen:

BiK (Berufsvorbereitung in Kooperationsklassen)
Dieser Modellversuch dient der Chancenverbesserung von Hauptschüler/innen auf dem Arbeitsmarkt durch Begleitung im Übergang Schule-Beruf.

FAR (Förderung der Ausbildungsreife)
Regionale Projekte an Hauptschulen der Klassen 8 und 9. Intensivierung der Zusammenarbeit von Schule und Betrieben mit dem Ziel der Chancensteigerung auf dem Arbeitsmarkt.

JUNIOR
Junge Unternehmer Initiieren Organisieren Realisieren – Schüler/innen gründen für die Dauer eines Schuljahres eine Firma; erarbeiten sich durch Vermarktung einer Geschäftsidee die Grundzüge unternehmerischen Denkens und Handelns. Die Betreuung erfolgt durch das Institut der deutschen Wirtschaft Köln.

Quelle: http://www.schulewirtschaft-bw.de/organisation.html

Handlungsleitfaden für Schulen und Betriebe

Die Erarbeitung des angesprochenen Handlungsleitfadens erfolgte unter Federführung der Bundesvereinigung der Deutschen Arbeitgeberverbände (BDA) und der KMK, unterstützt durch das Institut der deutschen Wirtschaft Köln. Es geht darum, Möglichkeiten der Berufsorientierung und Berufswahlvorbereitung im schulischen Alltag aufzuzeigen, und zwar in enger Kooperation mit Unternehmen und weiteren außerschulischen Partnern wie Arbeitsagenturen, Kammern, Verbänden, Jugendhilfe, Jugendsozialarbeit, Kommunen und anderen. Der im Jahre 2006 verabschiedete Handlungsleitfaden will Schulen und Betriebe zu einer intensiven, systematischen und kontinuierlichen Kooperation ermutigen.[45]

Kooperationsleitbild

Der Leitfaden stellt u. a. das folgende Beispiel für ein Kooperations-Leitbild heraus[46]:

„Alle Schülerinnen und Schüler werden bis zum Ende der Schulzeit befähigt, erfolgreich eine Berufsausbildung absolvieren zu können. Dazu gehört eine Be-

---

[45] http://www.ausbildungspakt-berufsorientierung.de/
[46] Schule und Betriebe als Partner. Ein Handlungsleitfaden zur Stärkung von Berufsorientierung und Ausbildungsreife
(http://www.bda-online.de/ausbildungspakt/pdfs/1_0_0_Zusammenfassung.pdf)

rufswahlentscheidung auf der Basis grundlegender Kenntnisse über verschiedene Berufsprofile und die Anforderungen einer Lehre in den jeweiligen Ausbildungsberufen. Hierzu leisten die Berufsberatung und die Unternehmen ... einen wichtigen Beitrag. Weiterhin bedarf es ... grundlegender fachlicher Kompetenzen, für deren Erreichen die jeweiligen Fachlehrerinnen und Fachlehrer Sorge tragen. Ziel einer erfolgreichen Berufsvorbereitung ist auch die Förderung der Persönlichkeitsentwicklung. Wichtig sind insbesondere die Fähigkeit zur Selbsteinschätzung sowie die Herausbildung einer positiven Arbeitshaltung. Berufsorientierung ist fächerübergreifendes Unterrichtsprinzip und damit eine gemeinsame Aufgabe aller Lehrkräfte."

Fehlende Ausbildungsreife Verweise auf die fehlende Ausbildungsreife, wie z. B. durch den BDA-Präsidenten Dieter Hundt, müssen ernst genommen werden. In der vorliegenden Untersuchung sind Beispiele zum derzeitigen Stand aufgenommen. In der Diskussion wird auch darauf hingewiesen, dass zwischen Ausbildungsplatzangebot und geforderter Ausbildungsreife eine Korrelation bestehe; in Zeiten knapper Ausbildungsplätze könne die Wirtschaft höhere, ja unter Umständen überzogene Ansprüche an die Jugendlichen stellen.

Eine vom Bundesinstitut für Berufsbildung im Jahre 2005 durchgeführte Befragung von Fachleuten aus verschiedenen Bereichen der beruflichen Bildung zum Thema Ausbildungsreife machte die Divergenz der Meinungen deutlich. Zwar bestand weitgehend Konsens darüber, dass steigende Anforderungen in der Arbeitswelt zwangsläufig zu höheren Ansprüchen an die Schulabgänger führen und eine heute vorhandene Ausbildungsreife keine Garantie mehr für einen Ausbildungsplatz ist. Dagegen herrschte Dissens bei der Frage, ob die Klagen über mangelnde Ausbildungsreife übertrieben sind, von der schwierigen Lehrstellensituation ablenken sollen und das Thema insgesamt interessenpolitisch funktionalisiert wird. Allerdings räumte knapp ein Drittel der Wirtschaftsvertreter ein, dass Klagen über mangelnde Ausbildungsreife vermehrt bei Lehrstellenknappheit auftreten.[47] Die Expertenbefragung erbrachte also keine abschließende Klärung dieses Problembereichs.

Arbeitslehre als umfassendes Lehrgebiet

Materialien der KMK vom Jahre 1987 Im Jahre 1984 beauftragte die KMK eine Kommission aus Vertretern aller Bundesländer, die Empfehlungen zur Arbeitslehre an der Hauptschule von 1969 zu aktualisieren und auf den gesamten Sekundarbereich I zu beziehen. In den erarbeiteten Materialien zum Lernfeld Arbeitslehre im Sekundarbereich I aus dem Jahre 1987 wurde eine Unterteilung in die Gegenstandsbereiche Technik, Wirtschaft, Haushalt und Beruf vorgeschlagen, wobei die weitere Differenzierung und Konkretisierung der Lehrplanarbeit den Ländern überlassen blieb.[48]

---

47 Vgl. https://www.expertenmonitor.de/downloads/Ergebnisse_20051027.pdf
48 Sekretariat der Ständigen Konferenz der Kultusminister der Länder in der Bundesrepublik Deutschland: Materialien zum Lernfeld Arbeitslehre im Sekundarbereich I. Beschluss-

Der Befähigung der Jugendlichen zu verantwortungsbewusstem, selbstbestimmtem und sozialem Handeln wurde in diesen Materialien eine große Bedeutung beigemessen. Im Vordergrund stand also das Verstehen von technischen, wirtschaftlichen, gesellschaftlichen und sozialen Zusammenhängen. Im Einzelnen sind mit dem Gegenstandsbereich Technik folgende Unterrichtsinhalte verbunden[49]: *(Gegenstandsbereich Technik)*

– Unterschiedliche Werkstoffe nach bewährten Regeln der Technik bearbeiten
– Elementare technische Verfahren und Problemlösungen kennen und anwenden
– Einfache Gegenstände mit Gebrauchswert planen, zeichnerisch darstellen, herstellen und beurteilen
– Technische Gebilde aus dem Erfahrungsbereich der Schülerinnen und Schüler nach ihrer Zweck-Mittel-Beziehung, ihrem Gebrauchswert sowie ihren sozialen und ökologischen Auswirkungen analysieren
– Einsehen, dass Arbeiten sachgerecht, kreativ und kooperativ nach Kriterien der Übersichtlichkeit, der Genauigkeit und der Sicherheit geplant und durchgeführt werden müssen
– Einsichten in die Notwendigkeit der Gestaltung sach- und menschengerechter Arbeitsplätze vermitteln
– Einblick in anwendungsorientierte Grundlagen und Folgewirkungen der Elektronik/Mikroelektronik, insbesondere in den Informations- und Kommunikationstechniken gewinnen

Die Inhalte des Lernfeldes Arbeitslehre sollen gemäß dieser KMK-Materialien für alle Schülerinnen und Schüler des Sekundarbereichs angeboten werden. Dies kann als eigenständiges Fach, Fächerverbund oder als Teil bestehender Fächer erfolgen.

In Deutschland sind für die Berufsorientierung auf allen Schulstufen einmal die Länder im Rahmen ihrer Kulturhoheit zuständig, zum anderen wirken gemäß Arbeitsförderungsgesetz des Bundes (AFG) vom Jahre 1969 bzw. Sozialgesetzbuch III (SGB III) vom Jahre 1998 die Berufsberatungsinstitutionen der Arbeitsagenturen mit. *(Zuständigkeiten und Schwerpunkte)*

Leitvorstellung der Berufsorientierung ist die Fundierung der Berufswahl und die Vorbereitung auf den Lehreintritt. An Hauptschulen ist die Berufsorientierung am breitesten angelegt; sie umfasst je nach Landesregelung einen eigenen Unterrichts-/Lernbereich wie z. B. Arbeit/Wirtschaft/Technik oder Arbeitslehre. An Realschulen wird dieser Themenbereich in Fächern wie Wirtschaftskunde und Sozialkunde erarbeitet. An Gymnasien sind ökonomische Themen ebenfalls in den Unterricht bestimmter Fächer integriert. Da die Regelungen in den ein-

---

fassung vom 235. Plenum am 8./9. Oktober 1987 in Berlin. In: arbeiten + lernen, 10. Jg., Heft 57, S. 3–5. Vgl. dazu auch BA, Nürnberg (Hrsg.): Handbuch zur Berufswahlvorbereitung. Ausgabe 1992, S. 17f.

[49] Zitiert nach Ziefuss, a.a.O., S. 105

zelnen Ländern unterschiedlich sind, kann hier nur beispielhaft auf Baden-Württemberg eingegangen werden:

An den Realschulen erhalten die Schüler Berufswahlinformationen, Anleitung zur eigenständigen Informationsbeschaffung und Bewerbungstraining. Zudem findet in Klasse 9 eine einwöchige Betriebs- und Arbeitsplatzerkundung statt. Partnerschaften zwischen Realschulen und örtlichen Betrieben sollen die Berufsorientierung unterstützten, u. a. in Form von Hospitation von Ausbildungsleitern im Schulunterricht oder der Gestaltung pädagogischer Tage in Betrieben.[50]

An den baden-württembergischen Gymnasien werden ökonomische Inhalte in der Mittel- und Oberstufe vermittelt, und zwar u. a. in der Lehrplaneinheit „Wirtschaft und Arbeitswelt" (Klasse 10 im Gemeinschaftskundeunterricht). Die „Berufs- und Studienorientierung" bietet Schülern in Klasse 10 oder 11 die Möglichkeit, an einer ein- bis zweiwöchigen Berufserkundung im Betrieb teilzunehmen. Parallel zur Einführung des achtjährigen Gymnasiums ab dem Schuljahr 2004/5 erfolgt die Weiterentwicklung der ökonomischen Bildung im Rahmen des Fächerverbundes Erdkunde, Politik und Wirtschaft.[51]

Unterstützung der Berufsentscheidung

Über alle Schulformen hinweg sind in Deutschland Berufserkundungen und Betriebsbesichtigungen in den Lehrplänen verankert. Betriebstage und Betriebspraktika werden – wenn auch in unterschiedlicher Organisationsform und mit verschiedenartiger Intensität der Begleitung – im Pflichtschulbereich im Rahmen der Arbeitslehre oder des Lernfelds Arbeit-Wirtschaft-Technik durchgeführt. Ziel sind Hilfestellungen, einen geeigneten Lehrberuf, eine geeignete Lehrstelle oder einen adäquaten Weg schulischer Berufsbildung zu finden.

Ein zentrales Anliegen in den Entlassjahrgängen ist der Erfolg bei der Lehrstellensuche. Damit erhalten der letzten Schuljahre im Unterricht das Bewerbungstraining wie auch Einladungen von Personalmanagern aus Betrieben einen hohen Stellenwert. Andererseits wird versucht, über Betriebsbesuche und Praktika die Schüler und Schülerinnen mit potenziellen Ausbildungsbetrieben in Kontakt zu bringen.

Betriebsbesichtigungen und Berufserkundungen

Betriebsbesuche gehören zum Pflichtprogramm der Sekundarstufe I. Die Auswahl der Arbeitsstätten und die Vorbereitung von Exkursionen samt didaktischer Auswertung sind eingebunden in die Curricula zur Berufswahlvorbereitung und in die jeweils zu behandelnde Thematik. Teils sind die Besuche in Form der Besichtigung von Produktionsstätten oder Dienstleistungsbetrieben angelegt, teils sind es Berufserkundungen, bei denen gezielt die Arbeitsweisen in einzelnen Tätigkeitsgebieten ausgebildeter Fachkräfte erkundet werden. Die Ergiebigkeit derartiger Aktivitäten wird allerdings auch durch das Engagement von Schule und Lehrern sowie durch die regionalen Gegebenheiten beeinflusst.

---

[50] Wirtschaftliche Bildung an allgemein bildenden Schulen. Bericht der Kultusministerkonferenz vom 19.10.2001, S. 14ff.

[51] Ebd., S. 17f.

Teilweise berichten Fachkräfte oder auch Auszubildende in den Klassen über ihren Beruf und ihre Erfahrungen. Ergänzt wird die Berufserkundung durch Besuche im Berufsinformationszentrum, das es in jedem Arbeitsagenturbezirk gibt und das u. a. über eine Reihe berufskundlicher Filme verfügt. Hier können Jugendliche individuell Berufe erkunden und Computerprogramme nutzen, über die sie etwa ihre Interessen und Fähigkeiten in Bezug auf geeignete Berufe überprüfen.

Individuelle Betriebspraktika sind in allen deutschen Ländern in die Arbeitslehre einbezogen. Die Dauer der Praktika schwankt von einer bis zu mehreren Wochen, ebenso die Art der Vorbereitung und Betreuung durch die Schule sowie die Nachbereitung. Soweit das Praktikum später zu einem Ausbildungsvertrag führen soll, kommt es vielfach zu weiteren regelmäßigen Kontakten mit Betrieben. Probleme bestehen weithin darin, Praktikumsplätze in ausreichender Zahl zu finden. Als Alternative werden dann mitunter Werkstätten der Berufsschulen genutzt. **Betriebspraktika**

b) Derzeitiger Stand der Berufsvorbereitung im staatlichen Schulsystem

Die Aufgabenstellungen in den einzelnen Schularten unterscheiden sich grundsätzlich. Jedes Land verfolgt bei der Realisierung sein eigenes Konzept, u. a. schon angesichts der unterschiedlichen Schulformen auf der Sekundarstufe I, die bis zur strikten Trennung von Haupt- und Realschulen reichen. Am Ende der Sekundarstufe I richten sich die Bemühungen auf den Übergang in die Berufsausbildung in Form der betrieblichen Lehre und die Vermittlung einer Lehrstelle. **Organisation des Lernbereichs**

Nachfolgend wird beispielhaft auf die Ausgestaltung des Lernbereichs Arbeitslehre an Hauptschulen in den Ländern Baden-Württemberg und Bayern eingegangen, wobei insbesondere aufzuzeigen ist, inwieweit die Entwicklung manueller Fertigkeiten Berücksichtigung findet.

Der frühere Werkunterricht und weitere berufsbezogene Lehrinhalte wurden in Baden-Württemberg mit dem Bildungsplan vom Jahre 2004 in die neuen Fächerverbünde „Wirtschaft Arbeit, Gesundheit" (WAG) sowie „Materie, Natur und Technik" (MNT) integriert. *Beispiel Baden-Württemberg*

Der Fächerverbund WAG unterteilt sich in vier inhaltliche Bereiche: „Marktgeschehen", „Arbeit – Produktion – Technik", „Wege zur Berufsfindung" und „Haushalt – Familie – Freizeit". Der Fächerverbund MNT enthält die früheren Einzelfächer Biologie, Chemie und Physik (einschließlich Materialkunde) sowie das ehemalige Fach „Hauswirtschaft – Textiles Werken". (HWT).

Alle berufsorientierten Elemente sind in den beiden Fächerverbünden AWG und MNT gebündelt. Nicht ausdrücklich enthalten ist dort die informationstechnische Grundbildung. Sie wird begleitend in alle Fächer integriert, die relevante und didaktisch geeignete Anwendungen eröffnen.

Die Leitgedanken zum Kompetenzerwerb im Fächerverbund WAG sind im baden-württembergischen Lehrplan u. a. wie folgt formuliert:

„Durch eine wirtschaftliche, technische, haushalts- und gesundheitsbezogene Bildung erwerben die Schülerinnen und Schüler die notwendigen Kenntnisse, Fähigkeiten und Fertigkeiten zur Alltagsbewältigung und zur verantwortungsbewussten Lebensgestaltung."[52]

Die Entwicklung umfassender Kompetenzen zur Orientierung in der unmittelbaren Lebenswelt wird als Grundlage angestrebt, um individuelle, berufs- und gemeinschaftsbezogene Entscheidungen treffen zu können. Die Schülerinnen und Schüler sollen beispielsweise nach den Lehrplanzielen für den Bereich Arbeit – Produktion – Technik in der 9. Klasse in die Lage versetzt werden,

- Arbeits- und Fertigungsprozesse zu planen, zu organisieren, zu gestalten und zu optimieren;
- Materialien aufgrund ihrer unterschiedlichen Eigenschaften aufgabenbezogen auszuwählen;
- in komplexen Be- und Verarbeitungsverfahren Werkzeuge, Geräte und Maschinen sach- und fachgerecht einzusetzen;
- einfache Steuerungsaufgaben auch mit dem Computer durchzuführen;
- computergesteuerte Werkzeugmaschinen in geeigneten Fertigungsaufgaben anzuwenden.[53]

Der Beitrag von Andreas Bronner beschreibt den Komplex der Berufswegeplanung in den Hauptschulen Baden-Württembergs (vgl. S. 448).

Beispiel Bayern Für die bayerischen Hauptschulen gilt seit Mitte 2007 ein neuer Lehrplan.[54] Inhalte der Arbeitslehre sind danach in einem Lernfeld „Arbeit-Wirtschaft-Technik" zusammengefasst, das wie folgt strukturiert ist:

„Das Unterrichtsfach Arbeit-Wirtschaft-Technik und die Fächer Werken/Textiles Gestalten, Gewerblich-technischer Bereich, Hauswirtschaftlich-sozialer Bereich, Kommunikationstechnischer Bereich und Buchführung bilden in der Stundentafel für die Hauptschule das Lernfeld Arbeit-Wirtschaft-Technik. Das Fach Arbeit-Wirtschaft-Technik hat darin die Funktion eines Leitfaches. Es wirkt mit theoretischen und praktischen Inhalten und Lernzielen in die Fächer der berufsbezogenen Praxis und im fächerübergreifenden Sinn auch in die übrigen Fächer hinein."[55]

---

[52] Ministerium für Kultus, Jugend und Sport Baden-Württemberg in Zusammenarbeit mit dem Landesinstitut für Erziehung und Unterricht Stuttgart: Bildungsplan 2004 Hauptschule Werkrealschule. Stuttgart 2004, S. 126
[53] Ebenda, S. 129
[54] Lehrplan für die bayerische Hauptschule. Genehmigungsnummer IV.2-5S7410.2-4.60750 Gültig seit 07.07.2004. Abrufbar unter *http://www.isb.bayern.de*
[55] Ebenda, S. 62

Zu den Zielen und inhaltlichen Schwerpunkten des Leitfaches Arbeit-Wirtschaft-Technik wird erläutert:

„Die Schüler der Hauptschule treten in der Regel früher als andere in das Berufsleben ein. Vorrangiges Bildungsziel des Faches Arbeit-Wirtschaft-Technik ist es, sie auf jene von Arbeit geprägten Bereiche vorzubereiten, in denen sie in Zukunft als Erwerbstätige, als Produzenten von Gütern und Dienstleistungen, als Verbraucher und Wirtschaftsbürger leben werden. Die Schüler sollen ein grundlegendes Verständnis in den Bereichen Wirtschaft, Technik, Beruf, Haushalt und Recht erwerben und die Arbeit als Grundphänomen menschlichen Daseins begreifen."[56]

c) Berufsvorbereitung an Schulen in freier Trägerschaft

Praktische handwerkliche Betätigungen zur Vorbereitung auf die Berufs- und Arbeitswelt finden heute insbesondere an Schulen in freier Trägerschaft Berücksichtigung, und zwar im Sinne einer ganzheitlichen Entwicklung der menschlichen Anlagen. *Praktische Betätigung*

Als vom Ansatz der Waldorfpädagogik geprägte Schule, die in besonderer Weise berufliche Qualifizierung und Allgemeinbildung miteinander verbindet, tritt die Hiberniaschule in Herne hervor (vgl. Exkurs 3). Überregional und quantitativ sind die auf der von Rudolf Steiner begründeten anthroposophischen Geisteswissenschaft beruhenden Waldorfschulen von besonderer Bedeutung (vgl. Exkurs 4). Diese Einrichtungen sind ebenso staatlich anerkannte Ersatzschulen wie die von Albrecht Leo Merz gegründete Merz-Schule in Stuttgart, auf die als regionales Beispiel eingegangen wird (vgl. Exkurs 5).

Aus der von Rudolf Steiner (1861–1925) begründeten anthroposophischen Geisteswissenschaft und den daraus gewonnenen Erkenntnissen resultieren Impulse für viele Bereiche, darunter Pädagogik (Waldorfpädagogik), Landwirtschaft (biologisch-dynamische Landwirtschaft) und Medizin. *Anthroposophische Pädagogik*

In der Waldorfpädagogik[57] spielen künstlerische und handwerklich-praktische Betätigungen eine große Rolle. Es gibt eine Parallele zu Pestalozzis Grundsatz der Schulung von „Kopf, Herz und Hand": Steiner forderte die möglichst harmonische Ausbildung der drei menschlichen Seelenkräfte Wollen, Fühlen und Denken. *Waldorfschulen*

---

[56] Ebenda, S. 62
[57] Der Begriff Waldorfpädagogik geht zurück auf die Stuttgarter Zigarettenfabrik Waldorf-Astoria. Deren Generaldirektor Emil Molt wollte eine Schule auf der Grundlage von Steiners Schrift „Die Erziehung des Kindes" einrichten. (Die Erziehung des Kindes/Die Methodik des Lehrens, Rudolf Steiner Verlag 1987). So wurde 1919 in Stuttgart die erste Waldorfschule gegründet, von Steiner auch geleitet.

An Waldorfschulen sind in der Regel die Fächer Handarbeit (Unterstufe), Gartenbau und handwerklich-künstlerischer Unterricht wie Schreinern, Plastizieren, Metalltreiben, Malerei oder Steinmetzen (Mittel- und Oberstufe) sowie Eurythmie einbezogen. Der Unterricht wird durch mehrere Praktika (Landvermessungs-, Landwirtschafts-, Sozial-, teilweise auch Betriebspraktikum) ergänzt. Der handwerkliche Unterricht soll die lebenspraktische Orientierung fördern.

Exkurs 3:
Die Hiberniaschule

Die Entstehung der Hiberniaschule ist eng verbunden mit der industriellen Entwicklung des Ruhrgebietes. Dies war zunächst geprägt durch die Kohleförderung, welche maßgeblich von dem irischen Ingenieur Mulvany organisiert wurde (daher der irische Namensbezug im Schulnamen). Aus diesem Schwerpunkt entwickelten sich rasch weitere Industriezweige, wie z. B. auch die chemische Industrie.

Im chemischen Industriewerk der Hibernia AG in Herne wurde Anfang der 1950er Jahre eine Schule für Jugendliche, die ihre Eltern im 2. Weltkrieg verloren hatten, gegründet. Es war eine Berufsbildungsschule mit angeschlossenem Wohnheim, in der in den für das Werk relevanten Berufen ausgebildet wurde.

Im Jahr 1952 setzte die Werksleitung Dr. Klaus Fintelmann als Schulleiter ein. Er war von Anfang an bestrebt, die rein berufstechnisch ausgerichtete Ausbildung durch eine möglichst umfassende Allgemeinbildung zu ergänzen.

Die Grundlage für diesen damals revolutionären Schritt in der Berufsbildung sollte die nach der Pädagogik Rudolf Steiners entstandene Waldorfpädagogik sein. So ist die Hiberniaschule von Anfang an sowohl von beruflicher Qualifikation als auch von den Bildungsstandards der allgemeinbildenden Schule sowie dem besonderen Ansatz der Waldorfschule geprägt.

Als Anfang der 1960er Jahre der Betrieb der Hiberniaschule vom Industriewerk aus ökonomischen Gründen eingestellt werden sollte, entschlossen sich die damals Beteiligten, den Betrieb unter eigener Trägerschaft aufrecht zu erhalten. Der Schulverein Hiberniaschule e. V. wurde gegründet und baute neue Schulgebäude auf ehemaligem Werksgelände. 1964 begann der eigenständige Schulbetrieb und erweiterte sich in den folgenden Jahren um die Unterstufe (Klassen 1 bis 6), sowie um ein Institut zur Erlangung der Hochschulreife (Kollegstufe). Dadurch entstand eine Schulform, welche die Bildungsziele des dreigliedrigen Schulsystems Deutschlands, sowie der beruflichen Qualifikation miteinander verband und entsprechende Abschlüsse ermöglichte. Die Kollegstufe war und ist als eine Einrichtung des zweiten Bildungsweges konzipiert und setzt für die Schüler eine berufliche Qualifikation voraus. Die Hiberniaschule war die erste „Gesamtschule" Deutschlands.

Aufgrund der hohen Akzeptanz dieser Schulform in der Region entwickelte sie sich bald von einer einzügigen zu einer zweizügigen Schule.

Zur Zeit besuchen die Hiberniaschule 867 Schülerinnen und Schüler. Gleichzeitig zum curricularen Schulprogramm einer Waldorfschule durchlaufen alle Schülerinnen und Schüler in den Jahrgangsstufen 7 bis 10 eine breit gefächerte berufliche Grundbildung. Hier werden in ungefähr 30 verschiedenen Qualifikationsfeldern, projektbezogen handwerkliche, künstlerische und naturwissenschaftliche Inhalte vermittelt. Auf dieser Grundlage entscheiden sich die Schülerinnen und Schüler am Ende der 10. Klasse für eine der angebotenen fünf Fachausbildungen. Gegenwärtig sind dies: Maßschneider, Elektroniker – Energie- und Gebäudetechnik, Feinwerkmechaniker – Maschinenbau, Tischler, Fachschule für Kinderpflege. In den Jahrgängen 11 und 12 nehmen sie dann in schuleigenen Werkstätten, betrieblichen Ausbildungsstätten und anderen Einrichtungen diese fachspezifische Ausbildung wahr. Parallel dazu wird die schulische Qualifikation bis zum mittleren Bildungsabschluss vermittelt. Die Abschlussprüfungen sind gesetzlich gleichgestellt und anerkannt.

Nach erfolgreichem Abschluss besuchen gut 70 % des Jahrgangs das Weiterbildungskolleg und schließen dies mit der Allgemeinen Hochschulreife ab.

(Reinhard Wittenfeld)

Hierbei spielt die auf Steiners Werk „Allgemeine Menschenkunde"[58] fußende Entwicklungspsychologie eine große Rolle: Danach hat das Lernen eine körperliche Grundlage; geistige Beweglichkeit gründet in körperlicher und seelischer Beweglichkeit. „In den körperlichen Handlungen hat die Entwicklungspsychologie die Grundlage der Intelligenz wahrgenommen. ... Noch die abstraktesten Leistungen unseres erwachsenen Vermögens haben irgendwann im Entwicklungsgang eine körperliche Handlung zu ihrer Bedingung gehabt."[59] Das handwerklich-praktische und das künstlerische Element sind in der Waldorfpädagogik auf besondere Weise miteinander verflochten. Nach Steiner ist das kindliche Spiel allmählich ins künstlerische und dann ins praktische Gestalten überzuführen. Steiner betonte sogar, das Hinüberlaufen in das völlig Physisch-Praktische des Lebens sei das Hauptziel des Unterrichts. Man könnte das Künstlerische als ein Tor bezeichnen, durch das hindurch die Schüler das Gebiet des Praktischen betreten.[60]

Integration von beruflicher und allgemeiner Bildung

An der Freien Waldorfschule Kassel wurde um 1970 ein Modell der Integration von allgemeiner und beruflicher Bildung eingeführt. Nach Auffassung von Erhard Fucke, dem maßgeblichen Initiator, kann die Schule nur dann zur vollen Handlungsfähigkeit erziehen, wenn zu dem überbetonten kognitiven Bereich eine Förderung praktischer Fähigkeiten hinzutritt.[61] Praktische Handlungsfähigkeit kann nach Fucke durch die herkömmliche Arbeitslehre nicht geleistet werden, da auch dieser Fachbereich der allgemeinen Theorieorientierung der Schule folgt. Erforderlich ist vielmehr die Einbeziehung von Elementen beruflicher Bildung, wie es in Kassel und auch an anderen Waldorfschulen heute in weiterentwickelter Form praktiziert wird. Dahinter steht die Erfahrung sowie Erkenntnis, dass praktische Arbeit nicht nur Konzentrationsfähigkeit, Ausdauer und Geschicklichkeit schult, sondern auch auf die intellektuellen Fähigkeiten zurückwirkt.

An der Kasseler Schule kann neben Hauptschulabschluss, Mittlerer Reife, Fachhochschulreife oder Abitur auch ein Gesellenbrief als Industriemechaniker, Konstruktionsmechaniker, Industrieelektroniker oder Tischler erworben oder eine Ausbildung zum Sozialassistenten absolviert werden. Ursprünglich erfolgte die Integration von allgemein bildendem Unterricht, künstlerischer Tätigkeit und Werkstattarbeit aus sozialen Motiven. Man wollte denjenigen Schülern, die einen praktischen Beruf anstrebten, die weitere Teilnahme an wesentlichen Ele-

---

[58] Steiner, Rudolf: Allgemeine Menschenkunde als Grundlage der Pädagogik. Rudolf Steiner Verlag 1992
[59] http://www.waldorfschule.info/index.66.4.1.html
[60] Vgl. Brater, Michael; Büchele, Ute u. a: Berufsbildung und Persönlichkeitsentwicklung. Stuttgart 1988, S. 134
[61] Vgl. Fucke, Erhard unter Mitarb. von Michael Brater: Lernziel: Handeln können. Erfahrungen und Überlegungen zu einem erweiterten Bildungskonzept. Fischer Taschenbuch Verlag, Frankfurt a. M. 1981, S. 17

Exkurs 4:
Das pädagogische Konzept der Waldorfschulen

Erzieherische Grundsätze
Die Waldorfschulen sehen sich als erste Gesamtschulen und Vorreitereinrichtungen, bei denen das mit dem gegliederten Schulsystem verbundene Prinzip der Auslese durch eine Pädagogik der Förderung ersetzt ist. Unterrichtsinhalte und Unterrichtsformen sind auf die Prozesse kindlichen Lernens ausgerichtet. Die Phase der Kindheit und Jugend gliedert sich gemäß R. Steiner in drei Hauptstufen (Jahrsiebte):
– Die 1. Stufe umfasst den Zeitraum von der Geburt bis zum beginnenden Zahnwechsel (1.–7. Lebensjahr). Auf dieser Ebene lernt das Kind vornehmlich durch Nachahmung und Vorbild (→ Wollen).
– Die 2. Stufe bezieht sich auf den Zeitraum vom Zahnwechsel bis zur Pubertät (8.–14. Lebensjahr). In dieser Phase erfolgt das Lernen durch Nachfolge und Autorität (→ Fühlen).
– Die 3. Stufe erstreckt sich von der Pubertät bis zur vollen Mündigkeit (15.–21. Lebensjahr). Urteilskraft und freier Verstand entfalten sich. Der Erzieher muss nun Wissen und Können vermitteln und den Jugendlichen zur Selbständigkeit führen (→ Denken).

Im Waldorflehrplan kommt dem künstlerischen Unterricht von Beginn an neben den mehr sachbezogenen Gebieten große Bedeutung zu. Dies dient der Förderung von schöpferischen Fähigkeiten und Erlebniskräften. Vielfältiger handwerklicher Unterricht soll in der Mittel- und Oberstufe zur differenzierten Ausbildung des Willens und zur lebenspraktischen Orientierung der Schüler beitragen.

Zur Entwicklung sozialer Kompetenzen dient das gemeinsame Lösen von Aufgaben in Gruppen mit unterschiedlichen Begabungsniveaus.

Ein wichtiges Mittel der Unterrichtsgestaltung ist der Epochenunterricht (Blockunterricht) in Fächern, in denen Sachgebiete in sich geschlossen behandelt werden können (z. B. Geschichte und Mathematik). Anstelle traditioneller Lehrbücher werden weitgehend selbst gestaltete Epochenhefte verwendet.

Zeugnisse und Abschlüsse
Die Waldorfschulen haben das übliche Zensurensystem abgeschafft. Die Zeugnisse bestehen aus möglichst detaillierten Charakterisierungen der Leistungen und Lernfortschritte. Diese Praxis wird für gewöhnlich bis zur zwölften Klasse beibehalten. An manchen Schulen wird auf Elternwunsch oder Nachfrage der Schüler bereits ab der neunten oder zehnten Klasse ein Noten ausweisendes Zeugnis ausgestellt oder der Notenstand des jeweiligen Faches in die schriftliche Beurteilung mit einbezogen.

Die Schulzeit beträgt zwölf Jahre, in denen der Hauptschulabschluss bzw. die Mittlere Reife, in einigen Ländern auch die Fachhochschulreife erworben werden kann. Dies erfolgt nicht über eine punktuelle Prüfung, sondern in Form eines modularen Prozesses, der sich über die gesamte Oberstufe von Klasse 9 bis 12 erstreckt und auch diverse Praktika (Landwirtschaftspraktikum, Betriebspraktikum, Sozialpraktikum) erfasst.

In einem angehängten 13. Schuljahr können Schüler, meistens an der Waldorfschule selbst, auch die Abiturprüfung vor einer staatlichen Prüfungskommission (unter Beteiligung der Waldorflehrer) ablegen. Diese ist bundesweit anerkannt.

Im Jahre 2002 legten in Deutschland 49 % Prozent der ca. 4.500 Waldorfschul-Abgänger das Abitur ab, 33 % die Mittlere Reife, 7 % Prozent die Fachhochschulreife und 11 % Prozent den Hauptschulabschluss.

Verwaltung und Finanzierung
Die Leitung der Waldorfschulen erfolgt in Selbstverwaltung durch Eltern und Lehrer gemeinsam. Die pädagogische Leitung wird von der wöchentlichen Lehrerkonferenz wahrgenommen, an der alle Lehrer gleichberechtigt mitwirken.

Als einheitliche Volks- und Höhere Schulen erfüllen sie eine öffentliche Aufgabe und erhalten staatliche Zuschüsse. Ergänzt wird die Finanzierung durch Elternbeiträge, die an den meisten Schulen nach Einkommen gestaffelt sind.

Quantitative Bedeutung
Nach Angaben aus dem Jahr 2007 gab es in Deutschland 206, in ganz Europa 643 und weltweit 903 Waldorfschulen. Hinzu kommt eine große Zahl von Waldorfkindergärten.

Quellen: Dedering, Heinz: Einführung in das Lernfeld Arbeitslehre. München/Wien 2000, S.232ff.
http://www.waldorfschule.info

Exkurs 5:
Das pädagogische Konzept der Merz-Schule Stuttgart

Die Merz-Schule in Stuttgart ist eine staatlich anerkannte Privatschule mit Kindergarten, Grundschule und Gymnasium mit Internat. Außerdem besteht die Merz Akademie als Fachhochschule für Gestaltung mit dem Diplomstudiengang Kommunikationsdesign.

Merz-Schule, Merz-Internat und Merz Akademie wurden von Senator Albrecht Leo Merz im Jahre 1918 als Bildungs- und Erziehungsinstitution „Werkhaus-Werkschule Merz" gegründet. Das pädagogische Programm von Merz bestand in dem Anliegen, Menschen heranzubilden, die alle ihre Fähigkeiten einsetzen, um geistiges Erkennen und schöpferisches Gestalten für Leben und Beruf zu verwenden, d. h. ganzheitliche Bildung junger Menschen im Wissenschaftlichen, Künstlerischen und Handwerklichen. Als Lehr- und Lernkonzept führte Merz die Methode „Erkennen und Gestalten" in allen Bereichen ein.

Rudolf Steiner hatte Albrecht Leo Merz eine Zusammenarbeit vorgeschlagen, die aber nicht zustande kam, da Merz seinen eigenen Weg gehen wollte.

Kindergarten
Der Merz-Kindergarten betreut drei- bis sechsjährige Kinder in drei altersgemischten Gruppen. Die Kinder können halb- oder ganztags angemeldet werden.

Grundschule
In jeder der vier Klassenstufen gibt es drei bis vier Klassen mit höchstens 25 Kindern. Über die allgemeinen Anforderungen der staatlichen Anerkennung hinaus werden zusätzliche „Erlebnismöglichkeiten" bzw. Sonderfächer angeboten:
- Projektorientierter Unterricht im Bereich Umwelt und Natur („Schule im Grünen").
- Englischunterricht ab der ersten Klasse.
- Zusätzlich zu den regulären Sportstunden Schwimmen im schuleigenen Hallenbad.
- Musik kombiniert mit Rhythmik und Tanz.
- Rezitationsunterricht mit Vorträgen und Spielen vorhandener Literatur und selbst entwickelter Szenen zur Schulung des sprachlichen Ausdrucks.
- Handwerkliches Arbeiten (siehe Abschnitt Werkstattunterricht).
- Ab Klasse 3 wird „Lernen lernen" angeboten. Hier erfahren die Kinder, welcher Lerntyp sie sind und eignen sich Strategien an, wie sie mit allen Sinnen besser lernen können.
- Hinzu kommen Arbeitsgemeinschaften wie beispielsweise Fußball, Tennis, Hockey, Judo oder Schulchor.

Gymnasium
Im Gymnasium, das ab dem Jahr 1952 aufgebaut wurde und 1960 die staatliche Anerkennung erhielt, wird neben dem Schulunterricht mit mathematisch-naturwissenschaftlichen und sprachlichen Zügen auch auf eine handwerkliche und musische Ausbildung und Wert gelegt.

Im Jahre 1997 beteiligte sich die Merz-Schule am Modellversuch Gymnasium mit achtjährigem Bildungsgang. Seit dem Schuljahr 1999/2000 kann das Abitur nur noch in einem achtjährigen Zug erlangt werden.

Das Gymnasium ist Mitglied im „Verbund Eliteschule des Sports" und offizielle Partnerschule des Olympiastützpunktes Stuttgart.

Werkstattunterricht
Ab der Grundschule wird zwei Stunden wöchentlich in einer der schuleigenen Werkstätten unterrichtet. Der Erwerb handwerklicher Fertigkeiten versteht sich im Sinne einer ganzheitlichen Ausbildung. Das Angebot ist ein Zusatz zum normalen Schulunterricht und hat keinen Einfluss auf die Zeugnisse. Die Schüler wählen für jeweils ein halbes Schuljahr eine Werkstatt aus, in der sie arbeiten möchten. Es kann gewählt werden zwischen:
- Druckerei
- Schreinerei
- Metallwerkstatt
- Weberei/Batik
- Keramikwerkstatt
- Buchbinderei

Die Arbeit in den Werkstätten wird von Meistern des jeweiligen Faches geleitet. Die Werkstätten sind mit allen erforderlichen professionellen Werkzeugen ausgestattet, wie z. B. einem Brennofen für Keramik, Goldschmiedetischen und Druckmaschinen. So werden beispielsweise Einladungen für Schulfeste von Schülern entworfen und in der hauseigenen Druckerei hergestellt.

Internat
Die Erzieher des Internates haben keinerlei Unterrichtsverpflichtung an der Merz-Schule und können sich daher exklusiv den Anforderungen des Internatsbereiches widmen.

Die Betreuung erstreckt sich über den rein persönlichen Bereich hinaus zugleich auf den schulischen Bereich und der Erfüllung diesbezüglicher Leistungsanforderungen. Dieser Zielsetzung entsprechend erfolgt während und außerhalb der festgelegten Lernzeiten eine den Schulunterricht begleitende Unterstützung durch das Kollegium der Merz-Schule.

Quellen: http://www.merz-schule.de; http://www.merz-akademie.de
http://www.uni-stuttgart.de/kg1/kunststadt/PDF/A1.pdf

menten des allgemein bildenden Unterrichts ermöglichen. Es zeigte sich allerdings, dass die Werkstattarbeit auch gerade jene Schüler fördert, die ein Hochschulstudium anstreben. Intellektuelle Fehlleistungen werden hier sehr viel schneller einsichtig als in den traditionellen schulischen Lernfächern.[62]

Freie Werkschule in Meißen

Im Jahre 2001 wurde in Meißen die *Freie Werkschule* gegründet. Sie soll eine Alternative zum staatlichen Schulsystem bieten und auch der Abwanderung vieler Jugendlicher nach Westdeutschland entgegenwirken. Die Schule kooperiert eng mit der regionalen Wirtschaft.

Im Beitrag von Silke Bönisch und Dorothee Neidhardt wird die Umsetzung des Werkkonzepts an dieser Schule dargestellt, wobei ein wöchentlicher so genannter Werkstatttag ab der siebten Klassenstufe das Kernstück bildet (vgl. S. 452).

d) Offene Fragen zur Gestaltung der Berufsvorbereitung

Kritik an der Berufsvorbereitung

In den derzeit intensiven Diskussionen um die Reform der Hauptschule einschließlich der Frage, ob in Deutschland das dreigliedrige Schulsystem noch zeitgemäß sei, bleibt zumeist der Komplex Vorbereitung auf die Berufs- und Arbeitswelt ausgeklammert, obwohl von Seiten der Wirtschaft seit Jahren festgestellt wird, dass ein großer Teil Schulentlassener den gestiegenen Anforderungen der betrieblichen Ausbildung nicht entspricht. So gelingt es derzeit nur der Hälfte der 15-16-Jährigen, in ein Ausbildungsverhältnis überzuwechseln. Die andere Hälfte wird über Warteschleifen verschiedener Art aufgefangen, was die Notwendigkeit einer Neuorientierung der Berufsvorbereitung unterstreicht.

Im Vordergrund der Kontakte Schule – Wirtschaft stehen derzeit Betriebsbesichtigungen, Betriebspraktika sowie verschiedenartige Gespräche mit Fachkräften der Wirtschaft einschließlich Informationsveranstaltungen in der Schule. Zweifelsfrei ist der Ausbau derartiger Kontakte positiv zu sehen, wie dies die guten Erfahrungen mit der *Schnupperlehre* in der Schweiz bestätigen.

Aufgaben der Schule

Welche Aufgaben die Schule in diesem Kontext innerhalb ihres Fächerkanons selbst bewältigen kann, kommt in diesen Diskussionen allerdings zu kurz. Die Lehrpläne der Länder samt fachdidaktischen Ansätzen weisen wesentliche Unterschiede auf, insbesondere bezogen auf die Intensität des Tätigwerdens in Fächern wie Werken, Arbeitslehre und anderen auf die Handfertigkeit bezogenen Programmen.

Wie zuvor beschrieben, wird diesem Komplex an Schulen in freier Trägerschaft im Allgemeinen größere Bedeutung beigemessen.

Es stellt sich also die Frage, in welcher Weise die Schule dazu beitragen kann, die Ausbildungsreife der Haupt- und Realschulabgänger zu verbessern.

Unter anderem ist zu klären, inwieweit und in welcher Kombination bestimmter Fächer die Hauptschule in der Lage ist, ihren Schülern Einstellungen und Ver-

---

[62] Vgl. http://www.waldorfschule-kassel.de/

haltensweisen zu vermitteln, die als Ausbildungsreife verstanden werden und nach Auffassung der Betriebe bei der heutigen Schülerpopulation der Hauptschule nur bedingt vorausgesetzt werden können.

In diesem Umfeld erscheint es also notwendig, durch weitergehende und länderübergreifende Untersuchungen zu klären, auf welche Weise die Schule in die Lage versetzt werden kann, die derzeit gestellten Aufgaben zu erfüllen.

5.1.3 Berufsvorbereitung nach der Schulentlassung

Der Übergang von der allgemein bildenden Schule in eine Ausbildung oder Erwerbstätigkeit versteht sich als Schnittstelle von entscheidender Bedeutung. Hinsichtlich des Überwechselns von der Schule in die Ausbildung findet derzeit etwa die Hälfte des Entlassjahrgangs keinen Ausbildungsplatz. Das Angebot berufsvorbereitender Klassen wie BVJ, BGJ und andere Zweige sowie parallel dazu die Maßnahmen der Arbeitsverwaltung wuchsen an, so dass sich ein gemäß der jüngst eingeführten Terminologie *Übergangssystem* genannter Sektor mit verschiedenartigen Angeboten etablierte. Diese Vorbereitungsmaßnahmen überbrücken im Wesentlichen die Zeit bis zum Eintritt in eine betriebliche Ausbildung oder in ein Arbeitsverhältnis; dabei sollen die Vermittlungschancen der Lehrstellenbewerber durch den nachträglichen Erwerb eines Hauptschulabschlusses sowie von Elementen einer beruflichen Grundbildung erhöht werden.

Ausweitung des Übergangssystems

Mit der kontinuierlichen Ausweitung des Übergangssystems stellt sich die Frage der Anrechnung absolvierter Maßnahmen auf eine spätere voll qualifizierende schulische oder betriebliche Ausbildung. Hier treten allerdings Zertifizierungsprobleme auf, auf die der gemeinsame Bildungsbericht von BMBF und KMK aus dem Jahre 2006 wie folgt hinweist:

> „Es ist eine der großen Aufgaben der Bildungs- und Berufsbildungspolitik, diesen Übergangssektor, in dem sich gegenwärtig etwa 40 % der Jugendlichen nach Schulabschluss bewegen, so neu zu ordnen, dass die in ihm erworbenen Kompetenzen für die Jugendlichen als Bausteine für eine weiterführende Berufsbildungskarriere dienen können."[63]

Als verantwortlich für die Berufsausbildung und damit verbunden für die Bereitstellung von Ausbildungsplätzen wird in Deutschland im Wesentlichen die Wirtschaft gesehen. Das derzeitige Angebot an Ausbildungsplätzen ist von der Ausbildungsbereitschaft der ausbildungsfähigen Betriebe abhängig; sie kann unter anderem durch konjunkturelle Schwankungen und längerfristige struktu-

Verantwortlichkeit von Staat und Wirtschaft

---

[63] Bildung in Deutschland. Ein indikatorengestützter Bericht mit einer Analyse zu Bildung und Migration. Hrsg.: Konsortium Bildungsberichterstattung im Auftrag der Ständigen Konferenz der Kultusminister der Länder in der Bundesrepublik Deutschland und des Bundesministeriums für Bildung und Forschung. Bielefeld 2006, S. 100

relle Veränderungen beeinflusst werden. Derzeit bilden nur ca. 25 % der ausbildungsfähigen Betriebe tatsächlich aus.

Das Bundesverfassungsgericht befasste sich in einem im Jahre 1980 gefällten Urteil zum Ausbildungsplatzförderungsgesetz (1976) eingehend mit den Zuständigkeiten für die berufliche Bildung. Es hob dabei die historisch verwurzelte spezifische Verantwortung der Arbeitgeber für ein ausreichendes Angebot an betrieblichen Ausbildungsplätzen hervor.[64]

Handlungspflicht des Staates Mit der Frage, ob sich aus dem genannten Urteil eine verfassungsrechtliche Ausbildungspflicht der Arbeitgeber ergibt, befasste sich F. Ossenbühl in einem Rechtsgutachten. Dabei beleuchtete er die Handlungspflicht des Staates. Nach seinen Feststellungen geht das Bundesverfassungsgericht von einer besonderen Gruppenverantwortung der Arbeitgeber aus, die allerdings als „Aufgabenerfüllungskompetenz" verstanden und nicht durch eine „rechtlich begründete Pflicht zur Aufgabenerfüllung" ergänzt wird. Man kann auch von einer sozialethischen Verpflichtung der Wirtschaft sprechen.[65]

Zur Verantwortung des Staates im Falle eines defizitären Ausbildungsplatzangebots führte Ossenbühl aus:

> „... stellen die Arbeitgeber die notwendige Anzahl von Ausbildungsplätzen nicht bereit, so ist der Staat verpflichtet, auf geeignete Weise Abhilfe zu schaffen ... Es obliegt ... dem Ermessen der zuständigen Staatsorgane, die nach ihrer Einschätzung erforderlichen Maßnahmen zu treffen. Sie besitzen eine Einschätzungs- und Abwägungsprärogative."[66]

Verfassungen zu Bildung und Berufsbildung Nach dem Grundgesetz steht in Deutschland das gesamte Schulwesen unter der Aufsicht des Staates (Art. 7 GG). Das Recht auf die freie Wahl von Beruf, Arbeitsplatz und Ausbildungsstätte sichert Art. 12/1 GG zu.

Aufgrund der Kulturhoheit der Länder gelten für deren Aufgaben im Bildungs- und Ausbildungsbereich unterschiedliche Regelungen den Landesverfassungen entsprechend. Das Recht auf Bildung und Ausbildung ist meist verankert; die Aufgaben und Pflichten des Landes sind jedoch sehr unterschiedlich formuliert. Während in Sachsen-Anhalt beispielsweise das Land dafür zu sorgen hat, dass jeder einen Beruf erlernen kann, beschränkt sich Brandenburg auf die Förderung der beruflichen Ausbildungssysteme; Sachsen führt lediglich die Förderung des Berufsschulwesens auf. In Übersicht 3 sind die Erziehungsziele in den Verfassungen der Länder der Bundesrepublik Deutschland aufgeführt.

---

[64] Vgl. IG Metall Schriftenreihe 94; Michael Kittner, Berufliche Qualifikation in der Rechtsordnung, Frankfurt am Main 1982, S. 66f.

[65] Vgl. Ossenbühl, Fritz: Zur verfassungsrechtlichen Pflicht der Arbeitgeber, betriebliche Ausbildungsplätze bereitzustellen. Rechtsgutachten erstellt im Auftrag des Bundesministers für Bildung und Wissenschaft. In: BMBW, Bonn, Studien zu Bildung u. Wissenschaft, Bd. 10, Bad Honnef 1985, S. 37f.

[66] Vgl. Ossenbühl, a.a.O., S. 46

Übersicht 3:
Erziehungsziele in den Verfassungen der Länder der Bundesrepublik Deutschland

Verabschiedung bis 1989:
Baden-Württemberg:
Jeder junge Mensch hat ohne Rücksicht auf Herkunft oder wirtschaftliche Lage das Recht auf eine seiner Begabung entsprechende Erziehung und Ausbildung. (Art. 11) Die Jugend ist in der Ehrfurcht vor Gott ... zu beruflicher und sozialer Bewährung und zu freiheitlich demokratischer Gesinnung zu erziehen. (Art. 12)
Die Erwachsenenbildung ist zu fördern. Als Träger von Einrichtungen der Erwachsenenbildung werden neben Staat, Gemeinden und Gemeindeverbänden auch andere Träger, wie die Kirchen und freien Vereinigungen, anerkannt. (Art. 17)

Bayern:
Jeder Bewohner Bayerns hat Anspruch darauf, eine seinen erkennbaren Fähigkeiten und seiner inneren Berufung entsprechende Ausbildung zu erhalten. (Art. 128/1) Begabten ist der Besuch von Schulen und Hochschulen nötigenfalls aus öffentlichen Mitteln zu ermöglichen. (Art. 128/2)
Die Erwachsenenbildung ist durch Volkshochschulen und sonstige mit öffentlichen Mitteln unterstützte Einrichtungen zu fördern. (Art. 139)

Berlin: In der Verfassung nicht verankert.

Bremen:
Jeder hat nach Maßgabe seiner Begabung das gleiche Recht auf Bildung. Dieses Recht wird durch öffentliche Einrichtungen gesichert. (Art. 27) Die Erziehung und Bildung der Jugend hat im wesentlichen folgende Aufgaben: ... Die Erziehung zu einem Arbeitswillen ... sowie die Ausrüstung mit den für den Eintritt ins Berufsleben erforderlichen Kenntnissen und Fähigkeiten. (Art. 26/2.)
Allen Erwachsenen ist durch öffentliche Einrichtungen die Möglichkeit zur Weiterbildung zu geben. (Art. 35)

Hamburg: In der Verfassung nicht verankert.

Hessen:
Ziel der Erziehung ist, den jungen Menschen zur sittlichen Persönlichkeit zu bilden, seine berufliche Tüchtigkeit und die politische Verantwortung vorzubereiten zum selbständigen und verantwortlichen Dienst am Volk und der Menschheit durch Ehrfurcht und Nächstenliebe ... Rechtlichkeit und Wahrhaftigkeit. (Art. 56)

Niedersachsen: In der Verfassung nicht verankert.

Nordrhein-Westfalen:
Ehrfurcht vor Gott, Achtung vor der Würde des Menschen und Bereitschaft zum sozialen Anspruch auf Erziehung und Bildung. Das natürliche Recht der Eltern, die Erziehung und Bildung ihrer Kinder zu bestimmen, bildet die Grundlage des Erziehungs- und Schulwesens. Die staatliche Gemeinschaft hat Sorge zu tragen, daß das Schulwesen den kulturellen und sozialen Bedürfnissen des Landes entspricht. (Art. 8, Ziff. 1) Die Erwachsenenbildung ist zu fördern. Als Träger von Einrichtungen der Erwachsenenbildung werden neben Staat, Gemeinden und Gemeindeverbänden auch andere Träger, wie die Kirchen und freien Vereinigungen, anerkannt. (Art. 17)

Rheinland-Pfalz:
Jedem jungen Menschen soll zu einer seiner Begabung entsprechenden Ausbildung verholfen werden. Begabten soll der Besuch von höheren und Hochschulen, notfalls aus öffentlichen Mitteln, ermöglicht werden. (Art. 31)
Die Schule hat die Jugend zur Gottesfurcht und Nächstenliebe, Achtung und Duldsamkeit, Rechtlichkeit und Wahrhaftigkeit ... zu sittlicher Haltung und beruflicher Tüchtigkeit und in freier, demokratischer Gesinnung im Geiste der Völkerversöhnung zu erziehen. (Art. 33)

Saarland:
Die Jugend ist in der Ehrfurcht vor Gott, im Geiste der christlichen Nächstenliebe und der Völkerversöhnung, in der Liebe zu Heimat, Volk und Vaterland zu sittlicher und politischer Verantwortlichkeit, zu beruflicher und sozialer Bewährung und zu freiheitlicher demokratischer Gesinnung zu erziehen. (Art. 30)
Die öffentlichen Grund- und Hauptschulen (Volksschulen), Sonderschulen, berufsbildenden Schulen, Realschulen und Gymnasien sind gemeinsame Schulen. In ihnen werden Schüler unabhängig von ihrer Religionszugehörigkeit bei gebührender Rücksichtnahme auf die Empfindungen andersdenkender Schüler auf der Grundlage christlicher Bildungs- und Kulturwerte erzogen (Art. 27)

Schleswig-Holstein: In der Verfassung nicht verankert.

Verabschiedung ab 1990:
Brandenburg:
Jeder hat das Recht auf Bildung. (1) Das Land ist verpflichtet, öffentliche Bildungseinrichtungen zu schaffen und berufliche Ausbildungssysteme zu fördern. (2) Jeder hat das Recht auf gleichen Zugang zu öffentlichen Bildungseinrichtungen, unabhängig von seiner wirtschaftlichen und sozialen Lage und seiner politischen Überzeugung. Begabte, sozial Benachteiligte und Menschen mit Behinderungen sind besonders zu fördern. (3) (Art. 29)
Die Weiterbildung von Erwachsenen ist durch das Land, die Gemeinden und Gemeindeverbände zu fördern. Das Recht auf Errichtung von Weiterbildungseinrichtungen in freier Trägerschaft ist gewährleistet. (1) Jeder hat das Recht auf Freistellung zur beruflichen, kulturellen oder politischen Weiterbildung. Das Nähere regelt ein Gesetz. (2) (Art. 33)

Mecklenburg-Vorpommern:
Jeder hat nach seiner Begabung das Recht auf freien Zugang zu allen öffentlichen Bildungseinrichtungen, unabhängig von seiner wirtschaftlichen und sozialen Lage sowie seiner weltanschaulichen oder politischen Überzeugung. Das Nähere regelt das Gesetz. (Art. 8).
Das Ziel der schulischen Erziehung ist die Entwicklung zur freien Persönlichkeit, die ... bereit ist, Verantwortung für die Gemeinschaft mit anderen Menschen und Völkern sowie gegenüber künftigen Generationen zu tragen. (Art. 15/4)

Sachsen:
Das natürliche Recht der Eltern, Erziehung und Bildung ihrer Kinder zu bestimmen, bildet die Grundlage des Erziehungs- und Schulwesens. (Art. 101/2)
Die Berufsbildung findet in den praktischen Ausbildungsstätten und in den beruflichen Schulen statt. Das Land fördert das Berufsschulwesen. (Art. 106)

Sachsen-Anhalt:
Jeder junge Mensch hat ohne Rücksicht auf seine Herkunft und wirtschaftliche Lage das Recht auf eine seine Begabung und seine Fähigkeiten fördernde Erziehung und Ausbildung. (Art. 25, Ziff. 1) ... Träger von Einrichtungen der Berufsausbildung und der Erwachsenenbildung sind neben dem Land und den Kommunen auch freie Träger. (1) Das Land sorgt dafür, daß jeder einen Beruf erlernen kann. Die Erwachsenenbildung ist vom Land zu fördern. (2) (Art. 30)

Thüringen:
Jeder Mensch hat das Recht auf Bildung. Der freie und gleiche Zugang zu den öffentlichen Bildungseinrichtungen wird nach Maßgabe der Gesetze gewährleistet. Begabte, Behinderte und sozial Benachteiligte sind besonders zu fördern. (Art. 20) Erziehung und Bildung haben die Aufgabe, selbständiges Denken und Handeln ... und die Verantwortung für die natürlichen Lebensgrundlagen des Menschen und der Umwelt zu fördern. (Art. 22, Ziff. 1)

Ein Kommentar zur Verfassung von Baden-Württemberg weist darauf hin, dass das Recht auf Bildung gemäß Art. 11 weit gefasst und damit der gesamte Erziehungs- und Ausbildungsbereich angesprochen ist. Es sind also die dazu geeigneten Einrichtungen zu schaffen und zu betreiben. Allerdings divergiert in der verfassungsrechtlichen Diskussion die Beurteilung der Frage, ob Art. 11 ein subjektives Grundrecht auf Bildung entnommen werden kann. Der Verwaltungsgerichtshof Baden-Württembergs neigt zur vorsichtigen, inhaltlich einschränkenden Bejahung.[67]

a) Warteschleifen infolge fehlender Ausbildungsplätze

Reaktion auf unversorgte Lehrstellenbewerber

Der deutsche Lehrstellenmarkt ist seit Jahrzehnten durch ein unzureichendes Angebot an Ausbildungsplätzen geprägt. Daher entwickelte sich eine Vielzahl von Initiativen und Maßnahmen zur Versorgung der nicht zum Zuge gekommenen Lehrstellenbewerber und zur Verbesserung ihrer Voraussetzungen für den Übergang in die Berufs- und Arbeitswelt. Über die Eingliederung in ein- und zweijährige Maßnahmen der Berufsvorbereitung gelten diese Jugendlichen nicht als arbeitslos. Nicht selten absolvieren sie mehrere derartige Maßnahmen hintereinander, ohne die angestrebte Integration erreichen zu können.[68]

Förderprogramme

Zwischen Schulentlassung und Aufnahme einer Ausbildung oder Erwerbstätigkeit gibt es in Deutschland hinsichtlich der Zuständigkeiten für die Förderprogramme Unterschiede. Teilweise liegen sie im Verantwortungsbereich der Kultusverwaltungen, teils bei der Bundesagentur für Arbeit.

Bildungsgänge, die auf eine später zu absolvierende Ausbildung vorbereiten, werden häufig als *Warteschleifen* verstanden. Das Deutsche Jugendinstitut, München, bezeichnete diese Formen als *Ergänzungsangebote* zur regulären Berufsausbildung. Nicht in Warteschleifen Eingegliederte gelten als Arbeitslose, die definitionsgemäß eine Arbeitsstelle suchen und eine solche jederzeit aufzunehmen bereit sind.

Mit der Kombination Grundausbildung und Vertiefung allgemeiner Bildung befindet sich ein großer Teil dieser Förderprogramme in einer Grauzone zwischen Bildung und Berufsbildung. Scheitert am Ende eines solchen Programms der Übergang in die Berufsausbildung oder direkt in ein Arbeitsverhältnis, können sich andere Fördermaßnahmen anschließen. So spricht man von „Maßnahmekarrieren".[69]

---

[67] Vgl. Braun, Klaus: Kommenar zur Verfassung des Landes Baden-Württemberg. Stuttgart/München/Hannover 1984, S. 54ff.

[68] Vgl. Rothe, G.: Jugendliche im Wartestand. Neckar-Verlag, Villingen-Schwenningen 1987

[69] Vgl. Hiller, Gotthilf Gerhard: Die ersten sechs Jahre nach der Schule. Welche Konsequenzen sind aus den tatsächlichen Karriereverläufen benachteiligter junger Menschen in Ausbildung und Erwerbsarbeit zu ziehen? In: Rothe, G.: Alternanz – die EU-Konzeption für die Berufsausbildung. Karlsruhe 2004, S. 171ff.

Die Zahl der Lehrstellenbewerber aus früheren Schulentlassjahrgängen – also **Altbewerber**
der Altbewerber – hat sich in den vergangenen Jahren deutlich erhöht. So befanden sich im Vermittlungsjahr 2005/2006 unter den rund 763.000 registrierten Lehrstellenbewerbern 385.248 Personen, die die Schule im Vorjahr oder noch früher verlassen hatten.[70] Der Berufsbildungsbericht 2007 führte zu dieser Problematik aus:

> „Repräsentative Studien zeigen, dass die Erfolgschancen von Altbewerbern im Vergleich zu Bewerbern aus aktuellen Schulentlassjahrgängen insgesamt eher geringer ausfallen. ... Mit zunehmendem Alter wächst offenbar ... die Gefahr geringerer Übernahmemöglichkeiten in eine Berufsausbildung."[71]

Die unter Federführung des BMBF erarbeitete und im Januar 2008 verabschiedete „Qualifizierungsinitiative" beinhaltet auch Maßnahmen zur Förderung dieser Personengruppe, speziell solcher Bewerber, die schon seit mehr als zwei Jahren im Wartestand sind oder als individuell benachteiligt gelten. Ziel ist es, ca. 100.000 zusätzliche Ausbildungsplätze für Altbewerber durch finanzielle Anreize für Betriebe zu gewinnen.[72]

Berufsvorbereitungsjahr

Das Berufsvorbereitungsjahr (BVJ) ist ein einjähriger Ausbildungsgang zur **Zielsetzung**
Vorbereitung der Jugendlichen auf die Anforderungen einer beruflichen Ausbildung. Seine Einrichtung erfolgte im Jahre 1975.

Das BVJ wird zumeist in Vollzeitform durchgeführt, in Berlin, Bremen, Hamburg, Mecklenburg-Vorpommern, Rheinland-Pfalz, Sachsen und Thüringen auch in Teilzeitform; in Brandenburg wird es nicht angeboten.

Die teilnehmenden Jugendlichen verfügen zu erheblichen Anteilen nicht über einen Hauptschulabschluss. Dieser kann jedoch – um die Chancen auf dem Ausbildungsstellenmarkt zu verbessern – während des BVJ nachgeholt werden.

Seit dem Schuljahr 1999/2000 gehören statistisch auch Berufsvorbereitungsmaßnahmen im Sinne berufsvorbereitender Lehrgänge in außerbetrieblichen Ausbildungsstätten oder Betrieben zum BVJ.[73]

Von 1992 bis 2002 nahm die Zahl der Teilnehmer am BVJ kontinuierlich zu; in **Teilnehmer**
der Folgezeit blieb sie weitgehend unverändert. Im Schuljahr 2005/2006 befanden sich rund 77.700 Jugendliche und junge Erwachsene im BVJ, davon knapp zwei Drittel männlich. 17 % der Teilnehmer waren Ausländer. Auf die alten Länder entfielen im Jahre 2005 rund 50.600 und auf die neuen Länder ca.

---

[70] Vgl. Bundesministerium für Bildung und Forschung (Hrsg.): Berufsbildungsbericht 2007. Bonn, Berlin 2007, S. 3
[71] A.a.O., S. 42f.
[72] Vgl. Bundesministerium für Bildung und Forschung: Berufsbildungsbericht 2008, Vorversion, S. 18
[73] Vgl. Berufsbildungsbericht 2007, S. 163

27.100 Teilnehmer. Bezieht man die Neueintritte auf jeweils 1.000 Schulabgänger/innen aus allgemein bildenden Schulen, so ergeben sich teilweise recht unterschiedliche Werte; für Baden-Württemberg beispielsweise eine Messziffer von 109, während der Wert für Bayern lediglich bei 47 lag und Nordrhein-Westfalen 31 erreichte. Mecklenburg-Vorpommern zählte absolut annähernd ebenso viele Teilnehmer wie Hessen und lag damit relativ bei einem Wert von 227.[74]

Ausbildungsinhalte

Die Teilnehmer am BVJ erhalten wöchentlich meist acht Stunden fachtheoretischen und 16 Stunden fachpraktischen Unterricht in zwei bis drei Berufsfeldern. Hinzu kommen allgemein bildende Fächer wie Deutsch, Sozialkunde, Wirtschaftslehre, Sport und Religion. Mit dem Besuch des BVJ ist die Berufsschulpflicht erfüllt; beim anschließenden Eintritt in ein Ausbildungsverhältnis lebt die Teilzeit-Berufsschulpflicht allerdings wieder auf.[75]

Geringe Perspektiven nach BVJ-Abschluss

Die Chancen, nach absolvierten BVJ einen Ausbildungsplatz zu finden, sind nicht sehr günstig. Es besteht auch die Gefahr, dass ausbildungsfähige Jugendliche, die aufgrund fehlender Lehrstellen in ein BVJ einmünden, zu Unrecht als lernschwach etikettiert werden. So zeigte eine Verbleibsuntersuchung, dass es etwa der Hälfte der BVJ-Absolventen nicht gelang, nachträglich einen Ausbildungsplatz zu finden.[76]

Berufsgrundbildungsjahr

Berufsgrundbildungsjahr

Eine berufliche Grundbildung kann in Form eines Vollzeitschuljahres oder in kooperativer Form im Betrieb und in der Schule als so genanntes Berufsgrundbildungsjahr (BGJ) absolviert werden. Der erfolgreiche Besuch des BGJ gilt, der Planung entsprechend, als erstes Jahr der Berufsausbildung im jeweiligen Berufsfeld, dem der angestrebte Ausbildungsberuf zugeordnet ist.

Im BGJ erhalten Schülerinnen und Schüler eine berufsfeldbezogene Grundbildung in Berufsfeldern wie z. B. Metalltechnik, Elektrotechnik oder Wirtschaft und Verwaltung.

Die Zahl der Teilnehmer am BGJ lag im Schuljahr 2005/2006 bei 50.100. Sieben von zehn teilnehmenden Jugendlichen waren männlich. Von allen Teilnehmern waren rund 11 % ausländische Jugendliche. Das BGJ hat in den neuen Ländern eine verhältnismäßig geringe Bedeutung, weil die Anrechnungsverpflichtung aus dem BBiG auf sie nicht übertragen wurde; im Schuljahr 2004/2005 stammten 12,5 % der Teilnehmer aus Ostdeutschland.[77]

---

[74] Ebd., S. 101
[75] Vgl. Stender, Jörg: Berufsbildung in der Bundesrepublik Deutschland Teil 2: Reformansätze in der beruflichen Bildung. Stuttgart 2006, S. 21
[76] Ebd., S. 23f.
[77] Berufsbildungsbericht 2007, S. 164

Berufsfachschulen

Seit einer Reihe von Jahren hat sich das Schwergewicht der dualen Berufsausbildung immer stärker auf das kaufmännische Feld und die Serviceberufe verlagert. So hatten (vgl. Teil 5.2) im Jahre 2005 nur noch 35 % der Absolventen einer Lehre eine Facharbeiterausbildung in der Industrie und im Handwerk durchlaufen, bereits 40 % entfielen auf Handels-, Büro- und Verwaltungsberufe und nochmals 19 % auf den Servicebereich; der Rest verteilt sich auf Landwirtschaft, Hauswirtschaft und Ernährung. **Umstrukturierung im Dualsystem als Signal**

Im Zuge dieser Umstrukturierung ist den Berufsfachschulen, über die in zwei Jahren das Realschulniveau erreicht wird, eine neue Bedeutung zugewachsen, galt doch beispielsweise der Besuch von Handelsschulen seit vielen Jahrzehnten bereits als eine Art Königsweg zur kaufmännischen Ausbildung. Diese Art der Berufsvorbereitung war – für die Jugendlichen und die Betriebe gleichermaßen – lange Zeit auch deshalb attraktiv, weil Absolventen der Handelsschulen nicht mehr berufsschulpflichtig waren.

Ein weiterer Impuls, der dazu beigetragen hat, dass Jahr für Jahr mehr junge Leute Berufsfachschulen als Vorbereitung auf die betriebliche Ausbildung wählen, ergibt sich daraus, dass die kaufmännischen und die Serviceberufe an die Allgemeinbildung, die Umgangsformen und die Arbeitshaltung andere Anforderungen stellen als die gewerblich-technischen. Insbesondere die so genannten zweijährigen Handelsschulen bieten der Zielgruppe, die – mangels gewerblicher Ausbildungsalternativen – neuerdings im kaufmännischen und im Servicebereich eine Lehrstelle suchen muss, eine gute berufliche Grundausstattung für die Ausbildung im Betrieb. **Anforderungen als weiterer Impuls**

Anders als BVJ und BGJ wirkt der Berufsfachschulbesuch, der zu einem mittleren Bildungsabschluss führt, im sozialen Umfeld der Betroffenen nicht diskriminierend. Hinzu kommt, dass sich vom Realschulniveau aus auch andere Alternativen erschließen, u. a. der Übergang in Schulberufe und über Fachgymnasien, soweit sie in den Ländern ausgebaut sind, direkt zum Abitur.

Bundesagentur für Arbeit

Die berufsvorbereitenden Bildungsmaßnahmen der Bundesagentur für Arbeit (BA) wurden im Jahre 2004 im Rahmen eines neuen Fachkonzepts umstrukturiert. Sie verstehen sich als Maßnahmen der Benachteiligtenförderung und richten sich an Jugendliche und junge Erwachsene ohne berufliche Erstausbildung, die ihre allgemeine Schulpflicht erfüllt und das 25. Lebensjahr noch nicht vollendet haben. Angesprochen sind insbesondere[78] **Berufsvorbereitung in Zuständigkeit der Arbeitsverwaltung**

- noch nicht berufsreife Jugendliche,
- junge Menschen mit Lernbeeinträchtigung oder Behinderung,
- Un- und Angelernte,

---

[78] Vgl.ebd., S. 194

- sozial Benachteiligte,
- junge Menschen mit Migrationshintergrund sowie
- Jugendliche, denen die Aufnahme einer Ausbildung nicht gelungen ist und deren Ausbildungs- oder Arbeitsmarktchancen durch die weitere Förderung ihrer beruflichen Handlungsfähigkeit erhöht werden sollen.

So wurden die bisherigen Maßnahmearten „Grundausbildungslehrgang", „BBE", „tip" und „Förderlehrgang" durch die Einführung des neuen Fachkonzepts abgelöst. Die Neuausrichtung soll zu einer Erhöhung der Übergangsquote in Ausbildung und Erwerbstätigkeit führen und zielt u. a. auf eine stärkere Berücksichtigung individuellen Förderbedarfs. Unterschieden werden nun nur noch allgemeine und rehaspezifische Maßnahmen.[79]

Weitere berufsvorbereitende Bildungsmaßnahmen der BA sind:
- das Programm „Arbeit und Qualifizierung für (noch) nicht ausbildungsgeeignete Jugendliche" (AQJ),
- gesonderte Maßnahmen zum Nachholen des Hauptschulabschlusses sowie
- blindentechnische und vergleichbare spezielle Grundausbildungen.

Von den 105.702 Teilnehmern und Teilnehmerinnen, die im Jahr 2005 eine berufsvorbereitende Bildungsmaßnahme nach dem neuen Fachkonzept (ohne spezielle Maßnahmen für behinderte Menschen) beendet haben, waren sechs Monate nach individuellem Austritt 44,6 % sozialversicherungspflichtig beschäftigt, davon 37,7 % in Ausbildung.[80]

Einstiegs-qualifizierung Bei der im Jahr 2004 eingeführten betrieblichen Einstiegsqualifizierung (EQJ) handelt es sich um ausbildungsvorbereitende Praktika in Betrieben von 6- bis 12-monatiger Dauer. Die Betriebe tragen die Sach-und Personalkosten, die Bundesagentur zahlt einen Zuschuss des Bundes an die Betriebe zum Unterhalt der Jugendlichen von maximal 192 € und erstattet den pauschalierten Gesamtsozialversicherungsbeitrag von 99 €.[81]

Zielgruppe des EQJ-Programms sind Ausbildungsbewerber im Alter von 15 bis 25 Jahren mit eingeschränkten Vermittlungsperspektiven und/oder ungenügender Ausbildungsbefähigung. Sie erhalten die Möglichkeit, über so genannte Qualifizierungsbausteine und berufsfeldspezifische Module Teilqualifikationen eines Ausbildungsberufs zu erlernen. Auf der Grundlage eines betrieblichen Zeugnisses wird die erfolgreich absolvierte Einstiegsqualifizierung von der zuständigen Stelle bescheinigt. Eine Anrechnung von sechs Monaten auf eine darauf folgende Ausbildung ist möglich. Zum 31. Dezember 2005 wurden 18.744 Teilnehmer in diesen Einstiegsqualifizierungen verzeichnet.[82]

---

[79] Vgl. Berufsbildungsbericht 2007, a.a.O., S. 193
[80] Vgl. Berufsbildungsbericht 2007, a.a.O., S. 196
[81] Vgl. Berufsbildungsbericht 2007, S. 74f.
[82] Ebd., S. 101

b) Individuelle Auswirkungen des verzögerten Ausbildungsbeginns

Die unmittelbare Folge des Durchlaufs durch Warteschleifen ist der verspätete Eintritt ins Arbeitsleben, der sich – für den Personenkreis, der mehrere Formen nacheinander besucht – gegenüber den Altersgenossen um Jahre hinausschieben kann. Nach der Bildungsgesamtrechnung des Instituts für Arbeitsmarkt- und Berufsforschung (IAB) betrug zuletzt das durchschnittliche Eintrittsalter in das BGJ und das BVJ fast 17 Jahre und bei den berufsvorbereitenden Maßnahmen der BA rund 18½ Jahre.[83] Unter anderem sind es die Teilnehmer derartiger Lehrgänge bzw. Maßnahmen, die erst im Erwachsenenalter eine Ausbildung aufnehmen oder in ein Arbeitsverhältnis als Ungelernte überwechseln. Dass ihnen dann Jahrzehnte später, beim Renteneintritt, gegenüber den Jahrgangskollegen, die mit 16 oder 17 Jahre die Lehre beginnen können, Versicherungsjahre fehlen, blieb bislang in der Diskussion um das so genannte Übergangssystem unerörtert.

Aufgeschobener Erwerbsbeginn

Wer nach der Hauptschul- oder – was nicht ungewöhnlich ist – auch nach der Realschulzeit keine Lehrstelle findet und fortan ins Netz sozialer Sicherung eingebunden ist, wird im sozialen Umfeld bald als Versager gelten und sich gegenüber den Jahrgangsgenossen diskriminiert fühlen. Dies ergibt sich schon allein daraus, dass der Betreffende nicht wie die anderen monatlich eine doch meist beachtliche Ausbildungsvergütung erhält, davon dann schon früh ein eigenes Kraftfahrzeug erwirbt, mit dem er zur Arbeitsstelle fahren kann und vor allem in der Freizeit voll mobil ist.

Diskriminierung im sozialen Umfeld

Schließlich resultieren aus der vergeblichen Suche nach einer Lehrstelle, die bei einer hohen Zahl an Bewerbungen immer aufs Neue mit Absagen endet, psychische Belastungen, die die Betroffenen erst verarbeiten müssen und die sie in die Berufsvorbereitung mitschleppen. Wo auf anderen Ebenen – etwa an Hochschulen bei persönlichen Problemlagen – psychologische Betreuung und Beratung geboten wird, fehlt ein einschlägiges Regelangebot für mehrfach oder vielmals gescheiterte Lehrstellenbewerber und deren Familien. Die soziale Herkunft aus unteren Schichten wirkt eher noch verstärkend, gilt doch in diesem Umfeld von jeher, auf die Schulzeit folge der Eintritt ins Berufsleben, und mit dem selbst verdienten Geld gehe die Abhängigkeit vom Elternhaus rasch zu Ende.

c) Gründe für den Rückgang an Lehreintritten im Jugendalter

Immer wieder berichtet die Presse über den Fehlbestand an betrieblichen Ausbildungsplätzen in Deutschland. Nach den Angaben der Kammern als zuständigen Stellen bleibt die Anzahl der Neueintritte in Ausbildungsverhältnisse über die Jahre hinweg relativ konstant. Zum Teil wird sogar von einem leichten Anstieg gesprochen. Zur Aufklärung dieses Widerspruchs ist die Altersverteilung der Neueintritte in Lehrverhältnisse heranzuziehen.

Zwei Drittel der Lehrantritte im Erwachsenenalter

---

[83] Nach einer Sonderauswertung von Tabellensätzen zur Bildungsgesamtrechnung des IAB, Nürnberg, für die Jahre 1990 bis 2000.

Mit steigender Tendenz treten seit den Jahren nach 2000 insbesondere Erwachsene in Lehrverhältnisse ein. Gegenüber der früheren Zeit, z. B. um 1970, begann nach der Entlassung aus Haupt- oder Realschule (SEK I) im Jahre 2005 nur noch ein Drittel eine betriebliche Berufsausbildung. Ein anderer, allerdings geringerer Anteil, nimmt eine Ausbildung an einer berufsqualifizierenden Vollzeitschule auf. Der quantitativ hohe Restanteil wird in so genannten Warteschleifen aufgefangen. Diesem Problem wird in der Öffentlichkeit leider nur wenig Beachtung geschenkt.

Klärung der Ursachen

Für die Umschichtung vom Ausbildungsbeginn nach Schulabschluss hin zum Ausbildungsbeginn im Erwachsenenalter sind verschiedene Gründe anzuführen. Von Seiten der Wirtschaft wird immer wieder darauf verwiesen, dass ein großer Teil der sich um eine Lehrstelle bewerbenden Jugendlichen nicht ausbildungsreif ist, also die für die Absolvierung einer betrieblichen Ausbildung nötigen Voraussetzungen nicht erfüllt. So stellt sich die Aufgabe, den Ursachen für den geringen Anteil der nach der Schulentlassung in ein Lehrverhältnis Eintretenden nachzugehen.

Reduzierte Ausbildungskapazität

Vor dem Hintergrund des Urteils des Bundesverfassungsgerichts vom 10.12.1980 und dem Gewicht des beklagten Defizits wird deutlich, dass den Betrieben als Gruppe der Arbeitgeber eine Aufgabenerfüllungskompetenz zukommt. Das Bundesverfassungsgericht argumentiert, sofern der Staat die praxisbezogene Berufsausbildung der Wirtschaft überlässt, „so muß er erwarten, daß die gesellschaftliche Gruppe der Arbeitgeber diese Aufgabe nach Maßgabe ihrer objektiven Möglichkeiten und damit so erfüllt, daß grundsätzlich alle ausbildungswilligen Jugendlichen die Chance erhalten, einen Ausbildungsplatz zu bekommen".[84]

Nicht eingegangen wird in diesem Kontext in der Regel auf die reduzierte Ausbildungskapazität im gewerblichen Bereich (vgl. Teil 4, Tabelle 3), sind doch allein zwischen 2000 und 2006 in Industrie, Handwerk und im Bau-/Ausbaugewerbe fast 1,5 Mio. Arbeitsplätze abgebaut worden, was die Möglichkeit der Ausbildung Jugendlicher an Erwachsenenarbeitsplätzen entsprechend schmälert.

Fehlende Ausbildungsreife

Hauptschule als Ausgangsbasis

Aus der Sicht der Wirtschaft, also der Ausbildungsbetriebe, hängt die unbefriedigende Situation vornehmlich mit der mangelnden Ausbildungsreife der Schulentlassenen zusammen.

Bei der Diskussion um die *fehlende Ausbildungsreife* wird zumeist vernachlässigt, dass sich zwischenzeitlich die Anforderungen in den anerkannten Ausbildungsberufen beträchtlich erhöht haben. De facto werden in vielen Berufen bereits Anforderungen gestellt, die einem höheren schulischen Bildungsstand entsprechen.

Als Beispiel für Probleme von Hauptschulabsolventen, die in anspruchsvolle Berufe eintreten wollen, kann die von der Arbeitsgemeinschaft Schule-Wirtschaft in

---

[84] Zitiert nach Kittner, M.: Berufliche Qualifikation in der Rechtsordnung. In: Schriftenreihe der IG Metall, Frankfurt/Main 1982, S. 67

Baden-Württemberg angesprochene Thematik *Trigonometrie* angeführt werden. Hauptschülern werden nämlich Grundlagen der Trigonometrie nicht vermittelt. Ausbildungsreife ist also – worauf bereits verwiesen wurde – immer zu beziehen auf den betreffenden Ausbildungsberuf. Hier zeigt sich der Mangel, dass in Deutschland bestimmte Ebenen beruflicher Qualifizierung unterhalb des Hochschulbereichs noch nicht festgelegt sind.

Zu berücksichtigen ist also, dass die zu fordernde Berufsreife einmal vom angestrebten Beruf und zum anderen von der entsprechenden Berufsbildungsebene abhängig ist. In der derzeitigen Diskussion in Deutschland fehlen Beiträge, die sich mit dem Gesamtkomplex Berufs- bzw. Ausbildungsreife befassen. Einerseits wird angeführt, dass Defizite in den elementaren Schulfächern wie Lesen, Rechnen und Schreiben bestehen; andererseits wird bei der Beurteilung schwerpunktmäßig auf Arbeitswilligkeit, Arbeitsverhalten und andere Persönlichkeitsmerkmale Wert gelegt.

Berufsreife als Begriff unscharf

All dies erscheint auch als ein Indiz für die Abkehr von der Vorstellung, Berufserziehung und Berufsausbildung für Schulabgänger bildeten eine Einheit und die Betriebe sähen ihre Aufgabe – über das Handwerk hinaus – darin, in der Lehrzeit den Jungen und Mädchen, die aus der Schule kommen, eben jene heute als Eingangsvoraussetzung geltenden Einstellungen und Arbeitshaltungen zu vermitteln. Unter anderem waren es namhafte Pädagogen wie Spranger und Blättner, die sich nach 1945 nachdrücklich für den umfassenden Ausbau der betrieblichen Lehre einsetzten, weil die Integration der Schulabgänger in die „unersetzbare Ernstarbeit im Betrieb" das beste Training für das Leben sei und einer „Ausbildung und Erziehung unter der Glasglocke" (Vollzeitschulen) eben diese Ernstsituation fehle.[85]

Abkehr vom Leitbild „Berufserziehung"

Ganz in diesem Sinne formuliert der Deutsche Ausschuss für das Erziehungs- und Bildungswesen in seinem Gutachten für das berufliche Ausbildungs- und Schulwesen noch im Jahre 1964: „Für die berufliche Ausbildung und Erziehung der Lehrlinge im Betrieb hat trotz ihrer wirtschaftlichen und sozialen Bedeutung die pädagogische Verantwortung den Vorrang."[86] In der neueren Diskussion scheint die Erziehungsfunktion der Betriebe weithin ausgeblendet zu sein. Dies belegen die folgenden Beispiele.

Anlässlich eines Symposiums, durchgeführt vom Bildungswerk der Wirtschaft Baden-Württemberg, Südwestmetall Baden-Württemberg und dem Berufsschullehrerverband, kam diese Problematik zur Sprache. So berichtete aus einem

Ausbildungsreife aus der Sicht der Wirtschaft

---

[85] Vgl. Stratmann, Karlwilhelm: Geschichte der beruflichen Bildung. In: Enzyklopädie Erziehungswissenschaft Bd. 9 Teil 1: Sekundarstufe II: Jugendbildung zwischen Schule und Beruf. Hrsg.: Blankertz, H., Derbolav, J.; Kell, A. u. Kutscha, G. Stuttgart 1995, S. 196

[86] Ebd., S. 197

Großbetrieb ein Vorstandsmitglied, dass von 1.200 Bewerbern – sogar unter Zurückstellung aller Bedenken – nur 100 eingestellt werden konnten. Im anderen Fall eines Heidelberger Großbetriebs berichtete der Ausbildungsleiter, dass von 3.000 Bewerbern kaum 200 ausgewählt werden konnten.

Für die Unternehmer stellt sich nach dieser Diskussion immer stärker die Frage, welche Initiativen seitens der allgemein bildenden Schule zur Förderung des sozialen Lernens und des Übergangs in eine betriebliche Ausbildung ergriffen werden sollen.

Ausbildungsreife nach Befragung des BIBB

Das Bundesinstitut für Berufsbildung befragte im Jahre 2005 im Rahmen des so genannten Expertenmonitors Fachleute aus den verschiedenen Bereichen der beruflichen Bildung zu ihrem Verständnis von Ausbildungsreife. Sie sollten sich auch dazu äußern, wie sich die Ausbildungsreife nach ihrer Einschätzung in den vergangenen 15 Jahren entwickelt hat.

Laut Ergebnis dieser Online-Befragung werden vorrangig allgemeine Arbeits-, Leistungs- und Sozialtugenden verlangt.[87] Beispielsweise halten 98 % der Befragten Zuverlässigkeit und Lernbereitschaft für notwendige Voraussetzungen für den Einstieg in eine Ausbildung. Schulische Basiskenntnisse werden weniger häufig genannt; so betrachten 56 % der Befragten die Beherrschung der deutschen Rechtschreibung als eine notwendige Voraussetzung. Grundkenntnisse im IT-Bereich nennen 47 %; Grundkenntnisse der englischen Sprache führen 13 % an.

Bezüglich der Entwicklung in den letzten 15 Jahren beklagen die Fachleute vor allem einen gesunkenen Kenntnisstand beim schulischen Grundwissen wie Rechtschreibung, schriftliche Ausdrucksfähigkeit und Rechnen. Aber auch jenseits des Schulwissens sehen die Experten negative Veränderungen. So haben ihrer Meinung nach u. a. Konzentrationsfähigkeit, Durchhaltevermögen und Sorgfalt abgenommen. Positiv entwickelt hätten sich hingegen Kenntnisse im IT-Bereich, in der englischen Sprache sowie Selbstsicherheit.

Unterschiede zu den deutschsprachigen Ländern

Jenseits der Grenzen zu Österreich und der Schweiz ist die Versorgung der Schulentlassenen mit Ausbildungsplätzen weit weniger problematisch. In beiden genannten Ländern kann der Übergang von der Schule in ein Ausbildungsverhältnis zwar auch mit Schwierigkeiten verbunden sein; quantitativ betrifft dies aber eine geringe Zahl Jugendlicher. So liegt es also nahe, dass in Deutschland zum wesentlichen Anteil andere Gründe als mangelnde Berufsreife vorliegen dürften.

Die österreichische Berufsschule schließt grundsätzlich Schulwerkstätten ein. Zweifelsfrei sind die Betriebe dadurch im Vergleich zu Deutschland, wo es keine derartige Regelung gibt, im Vorteil. Die systematisch-praktische Ausbildung

---

[87] Vgl. Berufsbildungsbericht 2006, S. 170f. sowie Ehrenthal, Bettina; Eberhard, Verena; Ulrich, Joachim Gerd: Ausbildungsreife – auch unter den Fachleuten ein heißes Eisen – Ergebnisse des BIBB-Expertenmonitors 2005. http://www.bibb.de/de/21840.htm

in Fachklassen und in der Schulwerkstatt erleichtert ihnen die Ausbildung. In der Schweiz erweist sich die Kooperation zwischen den Wirtschaftsverbänden und den Schulbehörden der Kantone als besonders eng.

Hinzu kommt die andersartige Einschätzung der beruflichen Bildung insgesamt. In der Schweiz und in Österreich ist die Berufsbildung voll ins Bildungssystem integriert, während sich in Deutschland die Trennung von Bildung und Berufsbildung bereits in der Phase der Berufswahl erschwerend auswirkt.

Lehreintritte in Abhängigkeit von der konjunkturellen Lage

Zu dieser Problematik ist in den Berufsbildungsberichten die Abhängigkeit des Lehrstellenangebots von der wirtschaftlichen Lage aufgezeigt. Nachdem die Zahl der neu abgeschlossenen Ausbildungsverträge im Jahre 2002 um rund 40.000 unter der des Vorjahres lag, wurde im Berufsbildungsbericht 2003 die schwache konjunkturelle Entwicklung als entscheidender Grund für diesen Angebotsrückgang genannt und darauf verwiesen, dass die Unternehmen in wirtschaftlich schwierigen Zeiten zurückhaltender in die Ausbildung investieren, zumal sie den zukünftigen Fachkräftebedarf kaum abschätzen können.[88] {*Geringe Auswirkungen*}

In der Zwischenzeit erwies es sich allerdings, dass der konjunkturelle Rückgang ebenso wie der derzeitige Aufschwung sich kaum in den Lehrlingszahlen widerspiegelt.

Unerörtert bleibt, dass das Angebot an Ausbildungsplätzen und das Absolventenaufkommen seit Jahrzehnten sich immer stärker hin zu kaufmännischen Berufen und dem Servicebereich verschiebt (vgl. Kap. 5.3). So hatten im Jahre 2005 von den Absolventen einer Lehre nur noch rund 37 % Facharbeiterberufe des produzierenden Gewerbes einschließlich des Bauwesens erlernt; ihnen standen 59 % Absolventen gegenüber, die in Handels-, Büro-/Verwaltungs- und Dienstleistungsberufen ausgebildet waren; die restlichen 4 % entfallen auf Land- und Forstwirtschaft, Gartenbau sowie Hauswirtschaft. {*Servicebereich bietet Gros der Ausbildungsplätze*}

In Deutschland wird erwartet, wie z. B. durch die Gewerkschaften konkretisiert, dass jeder Betrieb als Ausbildungsbetrieb fungiert und damit letztendlich dem Staat kaum Kosten für den betrieblichen Teil der Ausbildung entstehen.[89] {*Ungleiche Belastung der Betriebe*}

So besteht die Auffassung, dass die betriebliche Ausbildung Verpflichtung der Unternehmen ist, um die Jugendlichen in die Arbeitswelt zu überführen. In diesem Sinne hätte der Betrieb, der nicht ausbildet, eine Ausbildungsumlage zu zahlen. Diese Denkweise steht im Gegensatz zu den Regelungen und Diskussionen in den meisten anderen Ländern, in denen die Betriebe ohne eine derartige

---

[88] Vgl. Bundesministerium für Bildung und Forschung: Berufsbildungsbericht 2003. S. 1
[89] Es gibt derzeit allerdings eine ganze Reihe von Zuwendungen des Staates. Vgl. Berufsbildungsbericht 2007, S. 318–347: Programme der Länder zur finanziellen Förderung der Berufsausbildung – Schaffung zusätzlicher Ausbildungsplätze 2005/2006 und S. 74–82, Kap. „1.4 Aktivitäten zur Ausweitung des Ausbildungsplatzangebots".

„Last" tätig sein und demzufolge in gewissem Umfang auf dem Markt im globalen Wettbewerb günstiger anbieten können.

Fehlende Regelung für die Arbeitsteilung zwischen den Lernorten

Gering bewertete Rolle der Berufsschule
In der Öffentlichkeit wird kaum diskutiert, dass die Ausbildung im dualen System nicht allein über den Betrieb erfolgt. Nicht hervorgehoben wird ferner, dass der Beitrag der Berufsschule zwingend zum Funktionieren des dualen Systems gehört. Beim derzeitigen Lehrstellenmangel müssen Lehrkräfte, die bisher in die betriebliche Ausbildung einbezogen waren, andere Tätigkeitsfelder in den Berufsschulen übernehmen, wie z. B. Unterricht in Warteschleifen, auf den sie in ihrem Studium nicht vorbereitet wurden.

Andererseits ist zu berücksichtigen, dass die Unterstützung seitens der Schule für die betriebliche Ausbildung ein entsprechendes Maß an Erleichterung bringt, bezieht sich doch die Ausbildung in der Berufsschule direkt auf die Anforderungen in den Lehrverhältnissen.

Mangelnde Attraktivität der Ausbildungsangebote

Ausrichtung auf das Berufsprinzip
In den Stellungnahmen zum Lehrstellenmangel erscheinen immer wieder nicht zu vernachlässigende Anteile schulentlassener Jugendlicher, die keine Ausbildung anstreben. Einbezogen sind diejenigen, denen die Art der Ausbildung im Sinne der dreijährigen Lehre nicht zusagt oder deren Vorstellungen bestimmte angebotene Ausbildungsplätze nicht entsprechen. Das Gesamtangebot über die anerkannten Ausbildungsberufe ist noch immer auf das so genannte Berufsprinzip ausgelegt, also eine dreijährige Berufsausbildung, weitgehend auf das Modell der Zunftzeit ausgerichtet und in dieser Weise allein im deutschen System praktiziert. Hier zeigt sich, dass in heutiger Zeit beim Angebot an betrieblichen Ausbildungsplätzen die Anforderungen an die Ausbildung von Jugendlichen im Sinne einer Stufung und Durchlässigkeit bzw. Mobilität nicht ausreichend berücksichtigt werden. Betroffen sind Jugendliche ganz unterschiedlicher Bildungskapazität. Einmal interessieren die in deren Augen unattraktiven Handwerksberufe nicht mehr; andererseits werden Ausbildungsplätze in anspruchsvollen Berufen nach ihrer Vorstellung nicht angeboten.

d) Konsequenzen aus deutlich reduziertem Nachwachsen von Fachkräften

Beklagter Fachkräftemangel
Seit dem Jahre 2006 berichten die Medien immer wieder darüber, in Deutschland herrsche ein Mangel an qualifizierten Facharbeitern und das Defizit an Ingenieuren mit Fachhochschul- und Universitätsstudium wachse stetig weiter an. Der auch über Gesetzesinitiativen favorisierte Weg, aus dem Ausland qualifizierte Kräfte anzuwerben, stößt bei der Besetzung von Facharbeiterplätzen der gewerblichen Wirtschaft rasch an Grenzen, sind doch in den potentiellen Anwerbeländern Bildungswege, die zu einschlägigen Qualifikationen führen, nicht in vergleichbarer Weise ausgebaut. Beim Mangel an gewerblichen Fachkräften zeigen sich damit bereits sowohl Folgen des teils rigorosen Abbaus der Facharbeiterbelegschaft als auch die Auswirkungen der um zehntausende an Plätzen zurückgefahrenen

Ausbildungskapazität im gewerblichen Segment. Interessenten an Produktions- und Wartungsberufen, die in den Jahren ab 2000 ohne Ausbildungsplatz blieben, fehlen nun im ausschöpfbaren Fachkräftepotential.

Hinsichtlich des beklagten Defizits an Ingenieuren ist einerseits nach Fachrichtungen zu differenzieren andererseits darauf zu verweisen, dass die Signale, die jahrelang von Seiten der Wirtschaft zum Nachwuchsbedarf ausgingen, junge Leute keinesfalls zur Aufnahme eines Ingenieurstudiums ermutigen konnten.

Die Lücke an qualifizierten Fachkräften resultiert auch daraus, dass das deutsche Berufsbildungssystem de jure beim Zugangs- und Abschlussniveau keine Differenzierung nach Ebenen kennt. Wenn seit Jahren de facto Ausbildungsplätze in bestimmten Berufssparten überwiegend an Realschulabsolventen und Abiturienten vergeben werden, entschärft dies die Lage keinesfalls, im Gegenteil, gerade daraus entstehen deutschen Absolventen am europäischen Arbeitsmarkt Nachteile, so lange die Ausbildung im dualen System als ein Block dem unteren Qualifikationslevel zugeordnet bleibt, kennt Deutschland doch, anders als die übrigen EU-Staaten, keinen Direktzugang von der Schule zum mittleren Level im gewerblich-technischen Bereich. Der Aufstieg über die Fachschule (vgl. Kap. 5.3) zum staatlich geprüften Techniker bietet keine Alternative; die Attraktivität dieses Weges ist weithin verloren gegangen, was sich in abnehmenden Absolventenzahlen niederschlägt. Insgesamt gesehen gibt es eine Reihe von Faktoren, die in ihrer Wechselwirkung die Sicherung des Fachkräftebedarfs beeinflussen; herauszustellen sind:

Keine Differenzierung nach Ausbildungsebenen

Fehlende Marktorientierung

Mehrfach wurde bisher das deutsche betriebsgebundene Berufsbildungssystem als das Marktsystem bezeichnet und verglichen mit staatlichen Systemen anderer Länder als positiv herausgestellt. In der Tat verhält es sich in Deutschland umgekehrt. Der Markt zeigte z. B. seit Jahrzehnten einen Trend zum IT-Bereich, den das Berufsbildungssystem versäumte; es mussten Fachkräfte über die Greencard-Regelung aus dem Ausland, teilweise aus Entwicklungsländern, angeworben werden.

Dualsystem nicht marktgerecht

Ein Marktsystem müsste rechtzeitig erkennen, wo Engpässe drohen, weil in bestimmten Bereichen Ausbildungsgänge fehlen. Wie sich allerdings am Beispiel der IT-Berufe gezeigt hat, wird die deutsche Ausbildungsstruktur in ihrer Bindung an das so genannte Berufsprinzip den Gegebenheiten innovativer, spartenübergreifender Felder nicht gerecht. Dies gilt insbesondere dort, wo – abweichend vom gängigen Muster dualer Ausbildung – der Anteil an theoretischer Fundierung höher anzusetzen und demgegenüber das Zeitbudget für das Erfahrungslernen am Arbeitsplatz im Betrieb zu reduzieren wäre.

Späterer Übergang ins Beschäftigungssystem

Die erst spät in die Ausbildung einmündenden Jugendlichen stehen auch erst später als Fachkräfte zur Verfügung. Für den Einzelnen reduziert sich dementsprechend die Lebensarbeitszeit, für die Volkswirtschaft das am Arbeitsmarkt verfüg-

Hoher Anteil ausländischer Arbeitnehmer

bare Erwerbspersonenpotential ggf. um bis zu zwei Jahrgänge der Bevölkerung. Dies hat u. a. zur Folge, dass Deutschland den Ausfall an jungen leistungsstarken Kräften durch verstärkten Einsatz ausländischer Arbeitnehmer ausgleichen muss, obwohl gleichzeitig ein beachtlicher Teil an Jugendlichen, der sich im Wartestand auf eine Ausbildungsmöglichkeit befindet, vom Arbeitsmarkt ausgegrenzt bleibt. Nach der Bildungsgesamtrechnung durchlaufen diese Jugendlichen vielfach hintereinander mehrere Formen der Berufsvorbereitung[90]; daraus entstehen die mehrfach beklagten Maßnahme-Karrieren.

Besonders betroffen sind Jugendliche mit Migrationshintergrund bzw. aus unterprivilegierten Schichten. Gerade sie scheitern – am Ende mehrfach – an den Anforderungen heutiger Ausbildungsberufe und müssen sich schließlich nach Jahren mit geringwertigen Arbeitsplätzen abfinden.

Finanzieller Aspekt

Kostspielige Warteschleifen mit geringem Erfolg
Ein großer Teil von Teilnehmern in Warteschleifen besucht berufliche Schulen, hier allerdings als Vollzeitschüler. Die Lehrkräfte werden nicht einen oder eineinhalb Tage pro Woche, sondern ganztätig benötigt, so dass der Lehrerbedarf dreimal so hoch liegt wie im Teilzeitunterricht mit 12 Stunden pro Woche. Der Gesamtaufwand entspricht den Kosten, die ein Staat bestreiten muss, der alle Jugendlichen vollschulisch ausbildet.

Der Lehrstellenrückgang hat zur Folge, dass der Staat Mehrausgaben in erheblicher Höhe zu leisten hat. Geht man pro anno von der Gesamtzahl von über 200.000 Jugendlichen aus, die in beruflichen Schulen Warteschleifen durchlaufen, so erfordert dieser Anteil erhebliche Kosten, die so hoch sind wie in Ländern, die vollschulisch ausbilden. Das Besondere an dieser Situation ist, dass die Kosten für die Warteschleifen angesichts der reinen Ergänzungsfunktion der Berufsvorbereitung im Sinne eines Nutzens an anderer Stelle – sei es bei den Ausgaben der öffentlichen Hand oder beim Einzelnen – keineswegs positiv zu Buche schlagen.

Auswirkungen des verspäteten Lehrantritts
Die Entwicklung hinsichtlich des verspäteten Lehrantritts zeigt, dass im Jahre 1970 noch nahezu alle Lehrlinge die Ausbildung im Jugendalter begonnen haben; im Jahre 2004 waren es nur noch knapp ein Drittel. Projiziert man diesen Trend in die Zukunft, so verbliebe in zehn Jahren nur noch ein minimaler Restbestand von Lehreinmündungen im Jugendalter. Bei der einseitigen Ausrichtung auf das Dualsystem wäre dann also in Deutschland für die entsprechenden Altersjahrgänge der Schulentlassenen überhaupt kein nennenswertes Berufsbildungsangebot mehr vorhanden.

---

[90] Nach einer Sonderauswertung aus der Bildungsgesamtrechnung des IAB Nürnberg ist (alte Länder) das durchschnittliche Eintrittsalter ins Berufsvorbereitungs-/Berufsgrundbildungsjahr 1990 bis 2000 mit etwa 16,7 Jahren konstant geblieben, bei den Teilnehmern an berufsvorbereitenden Maßnahmen der BA aber um über ein Jahr auf 18,5 Jahre angestiegen.

In der deutschen Berufsbildungsstatistik, die nach §§ 87–88 BBiG jährlich zu erstellen ist, wird nur das Alter der Neueintritte in betriebliche Berufsausbildung erhoben. Es fehlen dagegen Angaben zum Status der Anfänger vor dem Lehrantritt, also dazu, ob sie direkt aus der allgemein bildenden Schule kommen, aus dem Übergangssystem oder aus Erwerbstätigkeit, Arbeitslosigkeit, Wehr-/Zivildienst etc. Übersichten, die in den Berufsbildungsberichten zur Vorbildung der Anfänger regelmäßig publiziert werden, verwischen die Strukturen genau an der Stelle, wo zu klären wäre, zu welchen Anteilen Schulabgänger aus Haupt-, Realschulen, Gymnasien und zu welchen Anteilen Altbewerber und andere im vorgerückten Alter ein Lehrverhältnis eingehen.

Mangelnde Transparenz

Aussagen, die immer wieder publiziert werden, wonach ein bestimmter Anteil der Lehranfänger keinen bzw. einen Hauptschulabschluss, einen Realschulabschluss oder die Studienberechtigung erworben hat, sind nicht aussagekräftig.[91]

Ein realistisches Bild, dem es – der langwierigen Aufbereitung der Statistiken wegen – an Aktualität fehlt, zeigt immerhin, dass sich in den Jahren 1975 bis 2000 (alte Länder) der Anteil der Neueintritte aus den allgemein bildenden Schulen ins duale System von 82 % auf 47 % reduziert hat, während der Zugang aus dem Übergangssystem von 13 % auf 33 % angestiegen und der Anteil derer, die aus dem Erwerbssystem heraus eine Lehre aufnehmen, von 5 % auf 20 % angewachsen ist.[92]

Übergangssystem angestiegen

Es erscheint also höchst problematisch, wenn in der Öffentlichkeit immer wieder von der Gesamtheit der Eintritte ausgegangen wird. Im europäischen Kontext ist die Lehre seit längerem differenziert nach Ausbildung für Jugendliche und Ausbildung im Erwachsenenalter. Dies ist beispielsweise in England der Fall, wo der Erwachsenenausbildung in dualer Form eine besondere Bedeutung zukommt.

Die Ausbildungsleistung eines Betriebs lässt sich aufgrund zweier Daten errechnen: Einmal diejenigen, die als Lehrlinge aufgenommen werden, und zum anderen der Anteil der Jungarbeiter. Dieser ist in den letzten Jahrzehnten ständig zurückgegangen und dürfte heute bei ca. 3 % liegen. Anderseits zeigt die Statistik der Schulabgänger, dass der Anteil an Hauptschulabsolventen ohne Abschluss gewachsen ist. Der Bedarf an Ausbildungsplätzen für diese Jugendlichen ist also gestiegen; das Ausbildungssystem hat dafür noch keine Möglichkeiten geschaffen.

Kaum noch direkter Übergang in die Arbeitswelt

---

[91] Darauf wird in den Erläuterungen zu den einschlägigen Tabellen auch verwiesen, wo es standardmäßig heißt: „Jeder Auszubildende ist nur einmal aufgeführt, wobei er/sie entweder nach dem zuletzt erreichten Schulabschluss oder nach der zuletzt besuchten Schule zugeordnet worden sind."

[92] Vgl. Reinberg, A.; Hummel, M.: Zwanzig Jahre Bildungsgesamtrechnung; in BeitrAB [Beiträge zur Arbeitsmarkt- und Berufsforschung], Bd. 306, Nürnberg 2006, S. 71

Die Jugendlichen werden bisher zum größeren Teil vom so genannten Übergangssystem aufgefangen, von dem aus sie nur zu gewissen Teilen eine berufliche Qualifizierung beginnen und abschließen können. Dies führt zu entsprechend hohen Anteilen an Erwerbspersonen (Erwerbstätige + Arbeitslose) ohne formalen Berufsabschluss in der Altersgruppe 15 bis 30 Jahre: Rechnet man die Lehrlinge heraus, waren im Jahre 2005 unter den 15–25-jährigen Erwerbspersonen 38 %, von den 25–30-jährigen Erwerbspersonen fast 20 % ungelernte Kräfte.[93]

e) Eingangsqualifizierung statt Berufsvorbereitung

Ausbilden statt vorbereiten

Zunehmend wird von verschiedenen Seiten beanstandet, dass ein großer Anteil Schulentlassener im so genannten Übergangssystem untergebracht ist und vorgeschlagen, in den Curricula der Vorbereitungsjahre bereits Ausbildungsmodule einzubeziehen, die in einer anschließenden Ausbildung angerechnet werden können.

So fordert die *Gewerkschaft Erziehung und Wissenschaft* (GEW), durch ein plurales Ausbildungssystem neue Wege der Ausbildung für alle zu eröffnen und damit die Warteschleifen in den Vorbereitungsmaßnahmen abzulösen.[94]

Ebenso verlangt das *Kuratorium der deutschen Wirtschaft für Berufsbildung* (KWB), das Ausbildungsspektrum zu differenzieren und neue, flexible Berufe zu schaffen, und zwar über praxisnah gestaltete Ausbildungsgänge mit Wahlqualifikationen im Sinne von Bausteinen.[95] Im gleichen Sinne äußert sich auch die *Bundesvereinigung der Deutschen Arbeitgeberverbände* (BDA), wenn sie betont:

„Damit Ausbildung den unterschiedlichen Anforderungen von Betrieben wie Jugendlichen gerecht werden kann, müssen zunehmend differenzierte Ausbildungsstrukturen geschaffen werden. ... Die Ausbildungsstrukturen müssen nach Dauer sowie inhaltlicher Breite und Tiefe flexibler und je nach dem Bedarf der Wirtschaftsbereiche modularisiert gestaltet werden."[96]

Qualifizierungsbausteine einbeziehen

Mit dem Berufsbildungsgesetz vom Jahre 2005 ist gemäß § 69 vorgegeben, dass Qualifizierungsbausteine zu vermitteln und zu zertifizieren sind. Beispiele für die Lösung der bestehenden Probleme finden sich ferner im Berufsbildungssys-

---

[93] Vgl. Stat. Bundesamt (Hrsg.): Stat. Jahrbuch 2007, S. 128
[94] Neß, Harry: Generation abgeschoben. Warteschleifen und Endlosschleifen zwischen Bildung und Beschäftigung. Daten und Argumente zum Übergangssystem. Hrsg.: Hauptvorstand der Gewerkschaft Erziehung und Wissenschaft (GEW). Bielefeld 2007, S. 168ff.
[95] Vgl. Kuratorium der deutschen Wirtschaft für Berufsbildung (KWB): Die Zukunft der dualen Berufsausbildung sichern. Handlungsbedarf aus der Sicht der Wirtschaft. Statement aus dem Jahre 2003, www.kwb-berufsbildung.de
[96] Vgl. Bundesvereinigung der Deutschen Arbeitgeberverbände: „Ausbildung möglich machen!" Programm zur Verbesserung der Rahmenbedingungen für mehr Ausbildung. Berlin, August 2006

tem Dänemarks, wo nach einem Jahre Grundausbildung der Übergang in den Betrieb erfolgt und diejenigen, die keinen Ausbildungsplatz gefunden haben, in der Schule verbleiben und dort einen ersten Berufsabschluss erwerben.

Ganz in diesem Sinne geht man auch in Österreich vor, wo im Rahmen der im Jahre 2003 eingeführten so genannten integrativen Berufsausbildung nach dem ersten Einführungsjahr entweder der Übergang in die betriebliche Ausbildung erfolgt oder der betreffende Jugendliche in der Schule den Abschluss erreicht (vgl. Beitrag von Peter Schlögl, S. 457).

5.1.4 EU-Empfehlungen zum Übergang in die Berufsausbildung

Das Reformpaket Lissabon 2000 befasst sich nur peripher mit Fragen des Übergangs von der Schule in die Berufs- und Arbeitswelt. Dessen ungeachtet wurde dieser Fragenkomplex bereits mit den ersten Verlautbarungen der Europäischen Union zur beruflichen Bildung des Jahres 1963 angesprochen. *Empfehlungen 1963 und 1979*

Parallel zur wachsenden Problematik der Jugendarbeitslosigkeit fand dieses Thema verstärkte Beachtung, und zwar mit der Forderung nach Ausbau von Ausbildungsgängen auch auf unterster Ebene im Rahmen der Alternanz im Jahre 1979.

In Deutschland treten Jugendliche, denen der Übergang in die Berufs- und Arbeitswelt nicht gelang, in immer stärkerem Maße als Unversorgte in Erscheinung. Demzufolge gilt es, differenzierte Ausbildungsmöglichkeiten für diesen sich als äußerst heterogen darstellenden Personenkreis zu konzipieren. Einjährige Vorbereitungsprogramme, wie sie in Deutschland bereits längere Zeit zumeist als Berufsvorbereitungsjahr oder über die Arbeitsverwaltung ebenfalls in auf jeweils ein Jahr ausgerichteten Programmen organisiert und auf den Übergang in Ausbildungsberufe oder direkt in die Arbeitswelt gerichtet sind, reichen – wie immer wieder hervorgehoben – dafür nicht aus und bleiben unbefriedigend. Auf die beiden oben genannten EU-Stellungnahmen zum Übergang in die Arbeitswelt gehen die folgenden Abschnitte ein. *Unbefriedigende Ausbildungsangebote*

a) Rascher Übergang in die Arbeitswelt angestrebt

Im Jahre 1963 einigte sich die Europäische Wirtschaftsgemeinschaft auf Grundsätze einer gemeinsamen Politik der Berufsbildung.[97] Diese erste Initiative auf dem Gebiet der beruflichen Bildung basierte auf Artikel 128 des EWG-Vertrags von 1957 und sollte zur harmonischen Entwicklung der einzelnen Volkswirtschaften wie auch des Gemeinsamen Marktes beitragen. *Grundsätzliche Festlegungen der EU*

---

[97] Beschluss 63/266/EWG des Rates über die Aufstellung allgemeiner Grundsätze für die Durchführung einer gemeinsamen Politik der Berufsausbildung. ABl. 63 vom 20.4.1963

Der Beschluss enthält zehn „allgemeine Grundsätze". Von zentraler Bedeutung sind die im zweiten Grundsatz aufgeführten und nachfolgend wiedergegebenen „grundlegenden Ziele" der gemeinsamen Berufsbildungspolitik:

A) Schaffung der Voraussetzungen, die jedem eine angemessene Berufsausbildung gewährleisten;
B) rechtzeitige Schaffung geeigneter Ausbildungseinrichtungen, damit die in den einzelnen Wirtschaftsbereichen benötigten Arbeitskräfte zur Verfügung stehen;
C) eine auf der Grundlage der allgemeinen Schulbildung so umfassend gestaltete Berufsausbildung, dass sie die harmonische Entwicklung der Persönlichkeit fördert und den Erfordernissen des technischen Fortschritts, der neuen Produktionsmethoden sowie der sozialen und wirtschaftlichen Entwicklung gerecht wird;
D) Möglichkeit für jeden, die zur Ausübung einer bestimmten Berufstätigkeit notwendigen fachlichen Kenntnisse und Fertigkeiten sowie die höchstmögliche Ausbildung zu erwerben ...;
E) Vermeidung jeder nachteiligen Unterbrechung zwischen dem Abschluss der allgemeinen Schulbildung und dem Beginn der Berufsausbildung sowie während der Berufsausbildung;
F) Förderung einer den Erfordernissen angepassten Berufsausbildung und -fortbildung sowie gegebenenfalls einer Umschulung während der verschiedenen Abschnitte des Erwerbslebens;
G) Zugang jedes einzelnen zu einer höheren Stellung im Beruf ... durch ständige Maßnahmen des beruflichen Aufstiegs;
H) Herstellung engster Beziehungen zwischen den verschiedenen Formen der Berufsausbildung und den Wirtschaftsbereichen, damit die Berufsausbildung möglichst weitgehend den Erfordernissen der Wirtschaft sowie den Interessen der in Ausbildung stehenden Personen gerecht wird und damit die Wirtschafts- und Fachkreise den Problemen der Berufsausbildung überall das nötige Interesse entgegenbringen.

Die Mitgliedsstaaten sind also gehalten dafür zu sorgen, dass geeignete Ausbildungseinrichtungen zur Verfügung stehen, wobei hervorgehoben wird, dass der Übergang in die Ausbildung nach dem Abschluss der allgemeinen Schulbildung ohne Verzögerung erfolgen soll. Wenn in den gemeinsamen Grundsätzen der Berufsbildungspolitik von der „Vermeidung jeder nachteiligen Unterbrechung" zwischen Schulentlassung und Ausbildungsantritt gesprochen wird, so ist dies gewiss unter dem Gesichtspunkt der Effizienz des Bildungsgesamtsystems wie auch der ökonomischen Verwendung der Ressourcen zu sehen.

Berufsvorbereitung im Pflichtschulbereich Zu den Voraussetzungen für den reibungslosen Übergang von der Schule in die Berufsausbildung zählt auch die entsprechende Berufsvorbereitung im Schulwesen. Mit dieser Thematik befasste sich die EU seit den 70er Jahren und hob u. a.

hervor, es seien Curricula zu entwickeln, die eine angemessene Vorbereitung auf das Berufsleben auf allen Stufen der allgemeinen Bildung gewährleisten.[98]

Die EU führte auch eine Reihe von Modellversuchsprogrammen zur Berufsvorbereitung der Jugendlichen und zur Erleichterung ihres Übergangs von der Schule in die Arbeitswelt durch und wies in diesem Zusammenhang speziell auf folgende Grundbedingungen hin:

„Für eine umfassende bildungs- und berufsbildungspolitische Strategie ist es notwendig, die Jugendlichen schon von den letzten Jahren der Pflichtschulzeit an gezielt auf die Herausforderungen vorzubereiten, denen sie in der Übergangsphase begegnen."[99]

Alle für den Übergangsprozess verantwortlichen Stellen sollen sowohl auf politischer Entscheidungsebene in den Mitgliedstaaten als auch insbesondere im regionalen und lokalen Rahmen enger zusammenarbeiten, um ein abgestimmtes Konzept für die Erleichterung des Übergangs zu entwickeln.

b) Ausbau kurzer Bildungsgänge in Koppelung mit Betriebspraktika

Mit den EU-Empfehlungen vom Jahre 1979 wird explizit auf die Möglichkeit verwiesen, die Eingliederung Jugendlicher ins Erwerbsleben durch eine Phase alternierender Ausbildung zu erleichtern und damit zur Reduzierung der Jugendarbeitslosigkeit beizutragen. Darüber hinaus sollen Ausbildungsgänge aller Stufen Praktika einbeziehen. Entscheidend ist das enge Zusammenspiel der beiden grundlegenden Qualifizierungsformen „Erfahrungslernen durch Mitarbeit im Betrieb" und „systematisches Lernen in Bildungseinrichtungen". *(Alternierende Ausbildung)*

Nach Auffassung der EU bezieht sich die alternierende Ausbildung auf „eine breite Palette von Ausbildungsverhältnissen ... einschließlich der Hochschulbildung und der Erwachsenenbildung".[100] Die Empfehlungen des Rates vom Dezember 1979 beschränken sich allerdings im Wesentlichen auf Ausbildungsinitiativen zur Förderung der heranwachsenden Generation.

Die Ausführungen des Rats der EU wie auch der Kommission gehen davon aus, dass die frühe Konfrontation der Jugendlichen mit der Ernstsituation in der Berufs- und Arbeitswelt über das alternierende Vorgehen fruchtbar ist und dieser Vorzug weit über den beruflich-fachlichen Aspekt hinausgeht. So wird hervorgehoben, dass „durch die praktische Erfahrung der Beziehungen am Arbeitsplatz *(Bedeutung der Praxiserfahrung)*

---

[98] Vgl. Entschließung des Rates und der im Rat vereinigten Minister für Bildungswesen vom 13. Dezember 1976 betreffend Maßnahmen zur besseren Vorbereitung der Jugendlichen auf den Beruf und zur Erleichterung ihres Übergangs von der Schule zum Berufsleben

[99] Schlußfolgerungen der gemeinsamen Tagung Rat (Arbeit und Sozialfragen)/Rat und im Rat vereinigte Minister für Bildungswesen vom 3. Juni 1983 betreffend den Übergang der Jugendlichen von der Schule in das Erwachsenen- und Berufsleben

[100] Kommission der Europäischen Gemeinschaften: Alternierende Ausbildung für Jugendliche (Mitteilung der Kommission an den Rat). KOM(79) 578 vom 29.10.1979, III/11

die Orientierung des Jugendlichen erleichtert werden [kann], indem sie dazu beiträgt, daß sich unter gewissen Bedingungen sein Verständnis für soziale Beziehungen oder seine Entscheidungsfähigkeit in einer Erwachsenenwelt parallel zum Erwerb von fachlichen Kenntnissen entwickeln".[101]

Das Vorgehen gemäß Alternanz wertet die betriebsgebundene Ausbildung auf und bindet sie voll ins jeweilige Bildungssystem ein. Erforderlich ist allerdings – soweit noch nicht realisiert – die Einbeziehung von Berufsbildungsgängen dieser Art auf Ebenen unterhalb und oberhalb der traditionellen Lehre sowie in die Bereiche Berufsvorbereitung und Weiterbildung.

---

[101] Ebd., III/8

Teil 5.2
Das System beruflicher Erstausbildung in Deutschland

Die berufliche Erstausbildung unterhalb der Hochschulebene umfasst die Ausbildungsberufe gemäß Berufsbildungsgesetz sowie die Schulberufe nach Regelungen des Bundes oder der Länder. Es gibt bisher nur wenige Weiterbildungsgänge, die das Um- und Aufsteigen nach absolvierter Ausbildung möglich machen. Position und Leistungsfähigkeit der Erwerbstätigen werden nahezu ausschließlich nach der in der Erstausbildung erworbenen Qualifikation beurteilt. **Zwei Bildungswege**

Nicht zu Unrecht wird daher die deutsche Berufsausbildung im Ländervergleich als System der Erstausbildung gesehen. So ist zu zeigen, wie dieses System in Deutschland strukturiert ist und welche Initiativen erforderlich sind, um die Zielsetzungen des Reformpakets Lissabon 2000 realisieren zu können. **Erstausbildung als Schwerpunkt**

Die absolvierte Erstausbildung in einem anerkannten Ausbildungsberuf, nach dem Modell des *Berufsprinzips* gestaltet, bildet die Grundlage der Ausbildung für Fachkräfte der unteren Qualifikationsebene. Daneben besteht das System der berufsqualifizierenden Vollzeitschulen, die überwiegend in Feldern ausbilden, in denen das Dualsystem nicht ausgebaut ist. Auch in den so genannten Schulberufen können Phasen der praktischen Tätigkeit einbezogen sein. Die Besonderheit dieser Berufe liegt darin, dass die praktische Ausbildung mit Schwerpunkt Erfahrungslernen eng in das schulische Curriculum einbezogen ist. **Ausbildung nach dem Berufsprinzip**

Schulberufe, die direkt in Konkurrenz zur betrieblichen Ausbildung stehen, sind derzeit äußerst selten, außer dem Anteil der Schulberufe, die offiziell nach dem Berufsbildungsgesetz vorgehen. Es handelt sich also Berufe des dualen Systems, die wie nach dem bayerischen Modell um 1900 in einer Vollzeitschule ausgebildet werden. Ihr Anteil ist in der letzten Zeit gewachsen.

In Deutschland besteht weitgehend Konsens darüber, dass die Erstausbildung im Betrieb den Standard darstellt, den möglichst alle Jugendlichen erreichen sollten. Dieses Qualifizierungsmodell beruht im Wesentlichen auf der Annahme, dass die Absolventen im erlernten Beruf verbleiben, und zwar über das gesamte Erwerbsleben hinweg. Im internationalen Vergleich versteht sich die deutsche Berufsausbildung daher als System, das weitgehend nach dem Modell der Zünfte vorgeht.

Der in heutiger Zeit angestrebte Weg der beruflichen Qualifizierung im Sinne des lebenslangen Lernens legt den Schwerpunkt nicht auf eine möglichst umfassende Erstausbildung in eng abgesteckten Tätigkeitsfeldern. Das von der EU angestrebte Bildungsmodell bezieht sich allerdings nicht auf die Auflösung des **Eingliederung in die Arbeitswelt**

Berufsbegriffs, sondern darauf, dass der erlernte Beruf durch Anfügen von Bausteinen/Modulen ohne größere Schwierigkeiten immer wieder aufs Neue an die aktuellen Anforderungen des Beschäftigungssystems angepasst werden kann.

In einigen Staaten der EU erwirbt auch heute noch ein beträchtlicher Anteil Jugendlicher als Gegenmodell zur rechtlich formalisierten Erstausbildung nach frühem Übertritt in die Erwerbstätigkeit und von dort aus über Phasen des Erfahrungslernens staatlich anerkannte Berufsabschlüsse.

Aktualisierung der Qualifikation

Stark verbreitet ist dieser Weg noch im Vereinigten Königreich. Dort stellt sich generell nicht die Frage nach bestimmten absolvierten Ausbildungsgängen; vielmehr zählen primär die erworbenen Abschlüsse mit exakt definierter Zuordnung zum Stufensystem der Befähigungsnachweise. Zertifikate, die unabhängig von Altersstufen und Art des Erwerbs die Qualifikation für bestimmte Fertigkeiten und Kenntnisse bestätigen, orientieren sich an den konkreten Erfordernissen der Arbeitswelt und können auch aufbauend darauf erneut aktualisiert werden.

Vorab soll auf folgende Abschnitte eingegangen werden: Zusammenwirken von Schule und Betrieb in der historischen Entwicklung (a), Zuordnung erworbener Qualifikationsprüfungen zu Bildungsstufen (b) sowie Sicherung beruflicher Mobilität durch ausbaufähige Ausbildungsgänge (c).

a) Zusammenwirken von Schule und Betrieb in der historischen Entwicklung

Grenzen des Imitatio-Prinzips

In der ständischen Gesellschaft dienten Lehrverhältnisse der Ausbildung und gleichzeitig der Erziehung und Integration der Jugendlichen in den betreffenden Berufsstand. In der Spätzeit der Zünfte erwies sich das Berufsbildungsmodell des *Erfahrungslernens* gekoppelt mit praktischer Mitarbeit in der Werkstätte des Meisters allerdings als nicht mehr ausreichend.

Angesichts des Niedergangs des von den Zünften tradierten *Imitatio-Prinzips* des Vormachens und Nachahmens forderte beispielsweise der Leipziger Kameralist Georg H. Zincke (1692–1768), die Ausbildungsaufgabe nach rationalen Gesichtspunkten zu analysieren und neu zu ordnen. Es erwies sich, dass wichtige Fähigkeiten, wie z. B. das Zeichnen und das Lesen von Zeichnungen, nur in systematischer Form erlernt werden können. Frühe Initiativen zur Ergänzung der Meisterlehre werden nachstehend am Beispiel des Großherzogtums Baden und des Königreichs Württemberg veranschaulicht.

Großherzogtum Baden

Geforderter Zeichenunterricht

In der Stadt Karlsruhe wurde bereits im Jahre 1763 erwogen, ob Maurergesellen, die um Befreiung der vorgeschriebenen drei Wanderjahre ersuchten, nicht zur Auflage gemacht werden könne, während des Winters bei Hofmaurer Berckmüller am Zeichenunterricht teilzunehmen. Berckmüller selbst hielt jedoch die Wanderjahre für dringend erforderlich, um den Gesichtskreis der Gesellen zu erweitern. Durch eine Verordnung vom 16. März 1765 wurden die Maurer- und

Zimmermannsgesellen allerdings angehalten, sich während der Wanderjahre Zeichenfertigkeiten anzueignen.[102] Private Zeichenkurse bestanden in Karlsruhe und Durlach bereits seit jener Zeit.

Zeichenschule Durlach

Die im Jahre 1768 in Durlach eingerichtete Zeichenschule gliederte sich in mehrere Abteilungen, eine geometrische, eine architektonische und eine für Handzeichnen. Die landesherrliche Verfügung vom 28.4.1769 legte fest, dass „keiner derer Zimmerleute, Maurer, Steinhauer, Schlosser, Hafner, Schreiner und Glaser künftighin, so viel Durlach betrifft, das Meisterrecht erlangen, auch kein Lehrjung gedachter Handwerker ledig gesprochen werden solle, er habe dann die etablierte geometrische, wie auch Handzeichnungs- und architektonische Zeichnungsschule besucht und sich desshalb zuvor legitimiert".[103] Der Unterricht fand vornehmlich in den Wintermonaten statt.[104] Die Vergütung der Lehrer erfolgte anfangs aus dem gymnasialen Titel, dann aus Kirchenmitteln, schließlich aus der Stadtkasse.[105]

Architektonische Zeichenschule Karlsruhe

Die Karlsruher Architektonische Zeichenschule kann als direkter Vorläufer der späteren Gewerbeschulen angesehen werden. Sie wurde im Jahre 1768 auf Veranlassung von Markgraf Carl Friedrich gegründet. Mit dem Aufbau dieser Schule war der Baudirektor und fürstliche Kammerjunker Albert Friedrich von Kesslau betraut. Ihr Zweck: Vermittlung „der architektonischen Wissenschaften, für die in Karlsruhe und Durlach befindlichen einheimischen Gesellen und Lehrjungen." Zur Veranschaulichung waren im Unterricht Gipsmodelle anzufertigen. Der Unterricht blieb freiwillig. In seinem Gutachten über die Gründung der Architektonischen Zeichenschule ging von Kesslau bereits von einem sehr umfangreichen und fundierten Unterricht in folgenden Fächern aus: Arithmetik, Geometrie, Materialkunde und Mechanik, Architektur sowie Kostenberechnungen.

Errichtung gewerbl.-technischer Schulen

Im Großherzogtum Baden, im Jahre 1806 infolge der Bündnispolitik mit Napoleon entstanden, bildete der Auf- und Ausbau des gewerblichen Bildungswesens einen zentralen Bestandteil staatlicher Gewerbepolitik. In den ersten Jahrzehnten des 19. Jahrhunderts ergab sich eine rege Diskussion um Fragen der Errichtung gewerblich-technischer Schulen. In den entscheidenden Jahren nach 1830 flossen Vorstellungen und Pläne des badischen Staatsrats Carl Friedrich Nebenius ein. Er hatte sich einen detaillierten Überblick über in jener Zeit in anderen Staa-

---

[102] Vgl. Kuhn, Karl Friedrich: Die Gewerbeschule der Landeshauptstadt Karlsruhe in Vergangenheit und Gegenwart. Hg. v. d. Stadt Karlsruhe. Karlsruhe 1927, S. 2

[103] Zitiert nach Gutmann, E., a.a.O., S. 38f.

[104] Diese Schule wurde bereits ab 1832 als Gewerbeschule bezeichnet und ihr Ausbildungsniveau im badischen Landtag im Jahre 1833 lobend erwähnt. Vgl. Haverkamp, F.: Staatliche Gewerbeförderung im Großherzogtum Baden. Unter besonderer Berücksichtigung der Entwicklung des gewerblichen Bildungswesens im 19. Jahrhundert. Freiburg/München 1979, S. 20f.

[105] Vgl. Gutmann, E., a.a.O., S. 39

ten schon bestehende gewerblich-technische Ausbildungsmöglichkeiten verschafft und dabei positiv erscheinende Elemente bei der Erarbeitung seiner Konzeption berücksichtigt.[106] So folgten die 1834 eingerichteten badischen Gewerbeschulen curricular dem Vorbild der französischen Staatsgewerbeschulen als Vollzeiteinrichtungen, schulorganisatorisch hingegen dem Modell des Teilzeitunterrichts in Anlehnung an die Mechanics' Institutes in England.[107]

Die sich mit der Fortentwicklung der Gewerbeschulen und ihrem Zusammenwirken mit den Lehrbetrieben ergebende Kooperation erwies sich als richtungweisend für die Entwicklung des deutschen dualen Systems. So ergab sich eine Aufgabenteilung zwischen Betrieb und Teilzeitschule, zu der schließlich auch die systematische Unterweisung in Schulwerkstätten gehörte.

Konzeption der Gewerbeschule

Für die meisten Gewerbe, insbesondere die des Bauwesens, hielt Nebenius ein gewisses Maß rationeller Kenntnisse für notwendig bzw. in hohem Maße nützlich. So sprach er sich dafür aus, Gewerbeschulunterricht für bestimmte Handwerke zur Pflicht zu machen.[108] Damit setzte er sich für ein Ausbildungssystem ein, das praktische Arbeit im Betrieb mit begleitendem Unterricht in gewerblichen Schulen verbindet. Die „Unterweisung wird am fruchtbarsten, wenn sie jungen Leuten erteilt wird, welche bereits in die Werkstätten eingetreten sind, die Arbeiten kennen, auf die sie die in der Gewerbeschule erlangten rationellen Kenntnisse anwenden sollen, und jeden Tag die Anwendung des Erlernten zu machen Gelegenheit finden".[109]

Der Unterricht sollte in zwei- oder dreijährigen Kursen die Elementargeometrie und Mechanik mit ihren Anwendungen auf die Gewerbe umfassen. Hinzu kamen die Fächer Zeichnen, Modellieren und eine angemessene Anleitung zur industriellen Geschäftstüchtigkeit. Umfang und Methode des Unterrichts sollten der Vorbildung der Zöglinge angemessen sein, also dem mit der Volksschule erreichten Bildungsstand. Diese Vorstellungen waren bestimmend für die Formulierung des großherzoglichen Gründungserlasses der badischen Gewerbeschule vom 15. Mai 1834.[110]

---

[106] Vgl. Nebenius, C. F.: Über technische Lehranstalten in ihrem Zusammenhange mit dem gesamten Unterrichtswesen und mit besonderer Rücksicht auf die Polytechnische Schule zu Karlsruhe. Erschienen in Karlsruhe, Verlag der Chr. Fr. Müller'schen Hofbuchhandlung

[107] Vgl. Grüner, Gustav: 150 Jahre badische Gewerbeschule. Erbe und Auftrag. In: Bundesverband der Lehrer an Beruflichen Schulen, Landesverband Baden-Württemberg e. V. (Hrsg.): Gewerbeschulen 150 Jahre in Baden 1834–1984, 75 Jahre in Württemberg 1909–1984. Stuttgart 1984, S. 9–15 sowie Blättner, Fritz: Die Aufgaben der Berufsschule. In: Blättner, F./Kiehn, L. u. a. (Hrsg.): Handbuch für das Berufsschulwesen, Heidelberg 1960, S. 3

[108] Vgl. Nebenius, a.a.O., S. 78

[109] Nebenius, a.a.O., S. 92

[110] Großherzoglich Badisches Staats- und Regierungsblatt Nr. XXVII vom 21. Juni 1834, S. 217–224

Die Errichtung der neuen Schulen vollzog sich verhältnismäßig rasch, auch wenn in der frühen Phase nicht allen ein kontinuierlicher Bestand gesichert war. Als Hauptproblem erwies sich der unzureichende Schulbesuch. Im Jahre 1840 wurde eine Verordnung erlassen, wonach die Lehrlinge als Bedingung zur Aufnahme als Geselle und Erhalt ihres Wanderbuchs den erfolgreichen Besuch der Gewerbeschule nachzuweisen hatten, falls sie ihre Lehre ganz oder zeitweise an einem Ort mit einer solchen Schule absolviert hatten.[111]

Problem Schulbesuch

Doch zugleich räumte diese Verordnung – die Baugewerbe ausgenommen – Möglichkeiten zur Befreiung vom Schulbesuch ein. Dies bedeutete eine Dreiteilung der Gewerbe, je nachdem, ob man den Gewerbeschulbesuch als unerlässlich, nützlich oder nicht nötig betrachtete. So wurde eine differenzierte und sicher auch pragmatischere Schulbesuchsregelung festgeschrieben, die die Regierung als leichter umsetzbar erachtete und von der man eine Verstetigung des Schulbesuchs erhoffte. Im Jahre 1852 gab es in Baden insgesamt 31 Gewerbeschulen; die Zahl der Schüler betrug 2.064, die der Lehrer 58.[112]

Bis in die 1880er Jahre lag in der Gewerbeschule Karlsruhe der Modellierunterricht mit Schwerpunkt Gips, Ton und Holz noch in der Hand eines Lehrers. In den Folgezeit konnte jedoch differenziert werden. Im Jahre 1889 trennte man z. B. den Holzmodellierraum ab und übergab ihn einem Schreinermeister. Es folgte ein spezieller Modellierraum für Metallbearbeitung und bald darauf für Bauschlosserei und Blechnerei; im Jahre 1896 kam ein Maleratelier hinzu.

Modellcharakter der Karlsruher Schulwerkstätten

Anlässlich seines Besuchs richtete Georg Kerschensteiner sein besonderes Augenmerk auf die Karlsruher Schulwerkstätten und stellte in einem Bericht die enge Verbindung zwischen dem Werkstättenunterricht und dem gesamten übrigen Unterricht heraus. Er hob hervor, dass die Gewerbeschüler hier zu ihrem Fachzeichenunterricht die nötige praktische Ergänzung finden sollen.[113]

So gilt Baden als das erste Land, das den Unterricht in Schulwerkstätten im Sinne der Ergänzung der Lehre im Betrieb allgemein eingeführt hat, und zwar nach den Lehrplänen des Jahres 1905. Der Übergang vom Typ *Modellierwerkstatt* aus den 1890er Jahren zu dieser neuen Form gestaltete sich fließend und setzte schon Jahre zuvor ein, wie es auch Kerschensteiners Ausführungen zeigen. Die Bezeichnung *Modellierwerkstatt* war zunächst beibehalten worden, weil man

Ergänzungsfunktion der Werkstattarbeit

---

[111] Vgl. § 5 der Gewerbeschulverordnung von 1840. Großherzoglich Badisches Staats- und Regierungsblatt 1840, Nr. 37, S. 296–298

[112] Vgl. Grüner, Gustav: 150 Jahre badische Gewerbeschule. Erbe und Auftrag. In: Bundesverband der Lehrer an Beruflichen Schulen, Landesverband Baden-Württemberg e. V. (Hrsg.): Gewerbeschulen 150 Jahre in Baden 1834–1984, 75 Jahre in Württemberg 1909–1984. Stuttgart 1984, S. 9–15; hier S. 11

[113] Kerschensteiner, Georg: Beobachtungen und Vergleiche über Einrichtungen für gewerbliche Erziehung außerhalb Bayern. München 1901, S. 229

auf diese Weise Konfrontationen mit Gegnern der Schulwerkstätte zu vermeiden versuchte.[114]

Mit der landesherrlichen Verordnung vom 20.07.1907 erhielten die badischen Gewerbeschulen – parallel zur Einführung des Pflichtunterrichts – offiziell die Aufgabe übertragen, Ergänzungswerkstätten einzurichten, und zwar überall dort, wo es nach den allgemeinen und örtlichen Verhältnissen erforderlich war, praktische Kenntnisse und Fertigkeiten zu vermitteln. Werkstattunterricht wurde also ordentliches Unterrichtsfach.

Königreich Württemberg

Einführung von Lehrlingsprüfungen

Die Besonderheit bei der Entwicklung des dualen Systems im Königreich Württemberg bestand in der Zusammenarbeit zwischen Betrieben und Teilzeitschulen anlässlich der Lehrabschlussprüfungen. Bereits im Jahre 1821 wurde in einer Petition der Stuttgarter Ständeversammlung die Verbesserung der Zunftgesetze angesprochen, insbesondere die Einführung von Lehrlingsprüfungen. Auf diese Initiative hin sah die neue Gewerbeordnung 1828 für Württemberg vor, für alle zünftischen Gewerbe die Lehrlingsprüfung als allgemeines Erfordernis der Freisprechung vom Lehrlingsstande gesetzlich anzuordnen. Der entsprechende Art. 26 legte schließlich fest: „Die Anordnung einer Lehrlingsprüfung sowie die Bezeichnung derjenigen Gewerbe, bei welchen sie stattfinden soll, bleibt der Regierung vorbehalten." Zwei Jahre später wurden mit der Instruktion vom 12.1.1830 die Durchführungsbestimmungen wie folgt erlassen:

Anforderungen

„Als das wirksamste Mittel, auf den Gewerbe-Unterricht fördernd einzuwirken, erscheint eine ordentliche Prüfung der Lehrlinge am Schlusse der Lehrzeit, wozu unter Beziehung auf den Art. 26 der allgemeinen Gewerbeordnung die nachstehenden Vorschriften erteilt werden: Die Prüfung geschieht unter der Leitung des Zunftobmannes durch wenigstens zwei Sachverständige, welche vom Zunftvorstand aus ihrer Mitte oder vom Bezirksamt aus anderen Gewerbekundigen zu bestellen sind (§ 12). Der zu Prüfende hat
- passende Fragen auf Stoffe, Werkzeuge und deren Anwendung schriftlich oder mündlich zu beantworten,
- eine Arbeitsprobe abzulegen,
- wo erforderlich, nach einer Zeichnung etwas anzufertigen,
- ein vollständiges Prädikat seines Gewerbes, das aber nicht mehr als zwei bis drei Tage in Anspruch nehmen darf, zu erstellen (§ 14)."

Von da an nehmen die Lehrbriefe auch den Hinweis auf die abgelegte Prüfung auf. Damit unterscheiden sie sich von den früher ausgestellten Abschlussdokumenten und gleichzeitig von denen, die in anderen Ländern üblich waren.

---

114 Vgl. Hahn, Kurt: Die Schulwerkstatt. Frankfurt a.M. 1929, S. 46

In den in Württemberg vorgeschriebenen Prüfungsprotokollen wurden die dem Prüfling gestellten Fragen festgehalten und vermerkt, inwieweit das Zeugnis der Sonntags- oder Fortbildungsschule Berücksichtigung fand.

Schon vor Einführung der Gewerbefreiheit im Königreich Württemberg 1862 traten die Gewerbevereine als einflussreiche Partner der Sonntags- und Fortbildungsschulen neben die Zünfte. Diese waren nicht einseitig fachlich und damit eigennützigen Interessen verpflichtet. Durch ihre gemischte Zusammensetzung wurden sie Bundesgenossen der örtlichen gewerblichen Schulen, stets bereit, unterstützend zu wirken. Dies spiegelt sich in den Rechenschaftsberichten der Gewerbevereine wider, so dass zum Beispiel in Ulm der Apotheker des Ortes den Chemieunterricht übernahm oder der Schlossermeister den Lehrlingen freiwilligen Zeichenunterricht erteilte.[115] So hatte schließlich die Auflösung der Zünfte keinen großen Einfluss auf die damals in Württemberg bestehenden Sonntags- und Fortbildungsschulen.

Gewerbevereine als Partner der Fortbildungsschule

Liberales Wirtschaftsdenken im Deutschen Reich

Im von liberalem Wirtschaftsdenken geprägten Deutschen Kaiserreich gab es widerstreitende Strömungen in Fragen der Berufsausbildung. Es waren eher private Vereinigungen und Initiativen Einzelner, die sich über die Jahrzehnte hinweg für eine Erneuerung der Berufsausbildung einsetzten; dazu zählen etwa die ab 1886 erschienene Zeitschrift „Die Fortbildungsschule" (ab 1892 „Die Deutsche Fortbildungsschule"), Initiativen des „Vereins für Socialpolitik" (gegr. 1872) oder der Verband der Gewerbeschulmänner (gegr. 1892).[116]

1871–1914 Berufsbildung als Sozialpolitik

Die Entwicklung in Baden und Württemberg wirkte dabei über Jahre hinweg als beispielgebend, vor allem bei den Erörterungen über die Fortbildungsschule, ihren Charakter als eine die Allgemeinbildung erweiternde oder die praktische Ausbildung im Betrieb fundierende Bildungsstätte. Den höchst unterschiedlichen Entwicklungsstand der gewerblichen Fortbildungsschulen belegten die 1877 vom „Verein für Socialpolitik" in Auftrag gegebenen Gutachten zu sieben Fragen, die das Fortbildungsschulwesen, ihr Verhältnis zur Ausbildung im Betrieb und das Fachschulwesen betrafen. Heinrich Abel konstatiert: „Die Stellungnahmen zu den Fragen des Vereins zeugen von einem Wirrwarr der Meinungen und Begriffe, der eine Verständigung fast unmöglich machte."[117]

Baden und Württemberg beispielhaft

Resümierend stellt Heinrich Abel für Jahre 1871 bis 1914 fest: „Der Ausbau des beruflich gegliederten Fortbildungsschulwesens ... verlief unterschiedlich nach den Inhalten und Schwerpunkten in Preußen, in Bayern ... und im Südwesten, ...

Fortbildungsschulen unterschiedlich

---

[115] Vgl. Azone, Walter: Die gewerblichen Berufsschulen in ihrer volkswirtschaftlichen, sozialen und kulturellen Bedeutung. 1924
[116] Vgl. bei Abel, Heinrich, a.a.O., Kap. 1.1. Grundlegung im Kaiserreich. S. 37–42
[117] Ebd., S. 37

Die gesetzlichen Grundlagen für die betriebliche Ausbildung wie auch für die begleitenden oder die Lehre ganz bzw. teilweise ersetzenden öffentlichen Lehrlingsschulen waren sehr uneinheitlich; am stärksten waren sie im Handwerk entwickelt, das aus wirtschafts- und sozialpolitischen Gründen vom Gesetzgeber eine Vorrangstellung erhalten hatte."[118] Dabei lag – zumindest in Preußen seit 1885 – die Regelungshoheit für beide Felder beim Ministerium für Handel und Gewerbe.[119]

b) Zuordnung erworbener Qualifikationsprüfungen zu Bildungsstufen

Klassifizierung beruflicher Abschlüsse

Die Anerkennung beruflicher Abschlüsse über die Ländergrenzen hinweg, um Arbeitnehmern die Aufnahme einer Erwerbstätigkeit im Ausland mit angemessener Berücksichtigung ihres Qualifikationsstandes zu ermöglichen, bildete den ersten Schwerpunkt der von der Europäischen Wirtschaftsgemeinschaft ergriffenen Initiative im Bereich der beruflichen Bildung. Erreicht werden sollte dies vor allem durch die Einordnung der nationalen Zertifikate in ein grenzüberschreitend geltendes und akzeptiertes Stufensystem.

Auch andere supranationale Organisationen entwickelten Stufensysteme zur Klassifizierung beruflicher Abschlüsse. So dient die ISCED (International Standard Classification of Education) als Standard der UNESCO für internationale Vergleiche der länderspezifischen Bildungssysteme. Diese im Jahre 1975 eingeführte Klassifizierung mit sieben Ebenen wird auch von der OECD angewandt.[120]

Stufensystem 1985

Als erstes Modell eines Stufensystems stellte die EU im Jahre 1985 ein System mit fünf Ebenen heraus. Die betriebliche Lehre ist dort der Stufe 2 zugeordnet; die Stufe 3 schloss sowohl eine darauf aufbauende zusätzliche Ausbildung als auch eine Ausbildung auf Sekundarstufe II mit Zielsetzung Hochschulzugangsberechtigung ein. Da im deutschen System die berufliche Bildung generell nur als eine umfassende Stufe gesehen wird, die die Vorbildung nicht berücksichtigt, bemühten sich die zuständigen Stellen vergeblich, die betriebsgebundene Ausbildung in ihrer Gesamtheit der Stufe 3 zuzuordnen. Mit der darauf folgenden Richtlinie 92/51 (EWG) wurde zwischenzeitlich dieses Stufensystem auf drei Ebenen reduziert, nämlich eine untere, mittlere und höhere Ebene[121] mit Zuord-

---

[118] Ebd., S. 41
[119] Ebd., S. 38 – Erst mit der Errichtung eines Reichsministeriums für Wissenschaft, Erziehung und Volksbildung im Jahre 1934 wurde das Berufs- und Fachschulwesen in das neue Ministerium überführt.
[120] Vgl. Pauli, Wolfgang: Die Ebeneneinteilung der International Standard Classification of Education. In: Rothe, G.: Die Systeme beruflicher Qualifizierung Deutschlands, Österreichs und der Schweiz im Vergleich. Villingen-Schwenningen 2001, S. 147–150
[121] Vgl. Richard Koch/Manfred Tessaring: Berufsabschlüsse im europäischen Vergleich; in: Alex, L./Stooß, F. (Hrsg.): Berufsreport. Berlin 1996, S. 97/98

nung der Lehre zum unteren Qualifikationsbereich. Um die deutschen Absolventen der mittleren Qualifikationsebene nicht zu benachteiligen, erreichte Deutschland die Anfügung eines Anhangs „D", nach dem Gesundheitsberufe, Assistentenberufe usf. der mittleren Ebene zugerechnet wurden.

Der im Jahre 2007 verabschiedete Europäische Qualifikationsrahmen (EQR) differenziert unter veränderten Prämissen die Stufung weiter. Das neue System, das nun acht Ebenen unterscheidet, orientiert sich nicht an Bildungswegen, sondern an Lernergebnissen im Sinne nachgewiesener Fähigkeiten und Kompetenzen. Der EQR soll als gemeinsamer Bezugsrahmen dienen, der die gegenseitige Anerkennung beruflicher Qualifikationen zwischen den Mitgliedsstaaten erleichtert und damit die Mobilität der Arbeitskräfte fördert. *Neuer europäischer Bezugsrahmen*

In Berufsbildungssystemen, in denen die Ausbildungsgänge modular strukturiert sind, fällt die Einordnung von Abschlüssen in Stufenmodelle generell leichter als in Systemen, die ihre Ausbildungsgänge als eine einzige Ebene verstehen. Wegen der fehlenden Differenzierung der Berufsbildungsgänge steht Deutschland im europäischen Kontext daher vor erheblichen Herausforderungen.

c) Sicherung beruflicher Mobilität durch ausbaufähige Ausbildungsgänge

Die Forderung nach einem höherem Maß an beruflicher Mobilität setzt voraus, dass schon die Erstausbildungsgänge von ihrer Anlage und Struktur her ein Weiterlernen, gleich in welcher Form, erleichtern. Sie müssen so strukturiert sein, dass sie je nach Situation am Arbeitsmarkt eine rasche Einarbeitung in andere Aufgabenfelder ermöglichen. *Erhöhung der Flexibilität*

Als ersten Schritt zur Flexibilisierung des Qualifikationsprofils und zur Ausrichtung auf spezielle Anforderungen verstehen sich bereits in die Ausbildungsordnungen integrierte Wahl- oder Pflichtbausteine. Als weiterer Schritt folgt die Anerkennung der erworbenen Teilqualifikationen, beispielsweise beim beruflichen Aufstieg bis hin zum Übergang in den Hochschulbereich. Gleiches gilt für einen aus welchen Gründen auch immer notwendigen Berufswechsel, bei dem auf den erworbenen Inhalten durch Hinzufügen von Teilqualifikationen aufgebaut werden kann. Unschwer lässt sich dann eine neue Qualifikation erreichen, um die Erwerbsfähigkeit langfristig sicherzustellen.

Eine auf Mobilität ausgerichtete Erstausbildung führt letztendlich zu neuen Regularien des Arbeitsmarktes. In einem solchen System braucht der Betrieb nicht grundsätzlich Arbeitskräfte mit Qualifikationen finden, die eine sofortige Leistungsfähigkeit gewährleisten; vielmehr ist es zweckmäßig, in die neue Arbeitskraft vorab zu investieren. Umgekehrt wird vom einzelnen Arbeitnehmer erwartet, Verständnis für die Notwendigkeit beruflicher Veränderungen aufzubringen und nicht darauf zu bestehen, im einmal erlernten Beruf kontinuierlich Beschäftigung zu finden. *Zielsetzung: Beschäftigungsfähigkeit*

Struktur der Erstausbildung

Erstausbildungsgänge werden in Deutschland – wie bereits hervorgehoben – in dualer Form oder in Vollzeitschulen angeboten. Wegen ihrer ungleichen Bedeutung ist es daher erforderlich, zunächst auf beide Teilbereiche getrennt und danach auf das Gesamtsystem sowie abschließend auf die EU-Vorschläge zur beruflichen Erstausbildung einzugehen. Es sind also zu unterscheiden:

– *Betriebsgebundene Ausbildung als dominierender Ausbildungsweg (5.2.1)*

Im ersten Kapitel wird die derzeitige Situation in Deutschland mit dem Kern der betriebsgebundenen Ausbildung als das *deutsche Berufsbildungssystem* schlechthin dargestellt, worauf sich der jährlich erscheinende Berufsbildungsbericht bezieht.

– *Ausbildung in berufsqualifizierenden Vollzeitschulen (5.2.2)*

Dieses Kapitel befasst sich mit dem Schulberufssystem[122], also den Ausbildungsgängen der Sekundarstufe II nach KMK-/Länderregelungen sowie den durch Bundesgesetze geregelten Gesundheitsberufen.[123] Hier stehen die berufsqualifizierenden Vollzeitschulen mit Abschlüssen unterhalb der Hochschulebene im Vordergrund.

– *Dualsystem und berufsqualifizierende Vollzeitschulen im Bildungsgesamtsystem (5.2.3)*

Bildung und berufliche Bildung stellen in Deutschland getrennte Bereiche dar. Daraus resultiert eine Reihe von Problemen. Sie werden sichtbar bei den deutschen Aktivitäten der Zuordnung von Bildungsgängen nach der ISCED-Klassifikation als Bildungsstufen der UNESCO sowie bei der Frage des Zugangs zum Hochschulbereich über den Weg der beruflichen Bildung.

– *Duale Berufsausbildung gemäß Zielvorgaben der EU vom Dezember 1979 (5.2.4)*

Dieses Kapitel versucht, das deutsche Berufsbildungssystem den Beschlüssen Lissabon 2000 und den EU-Vorschlägen 1979 zur alternierenden Ausbildung gegenüberzustellen, und zwar im Hinblick auf die Frage, inwieweit die betriebsgebundene Ausbildung mit den berufsqualifizierenden Vollzeitschulen zu einer Einheit zusammengeführt werden kann.

---

[122] Der Bildungsgesamtbericht 2006 unterscheidet die drei Bereiche Dualsystem, Übergangssystem und Schulberufssystem. Siehe Bildung in Deutschland. Ein indikatorengestützter Bericht mit einer Analyse zu Bildung und Migration. Hrsg.: Konsortium Bildungsberichterstattung im Auftrag der KMK und des BMBF. Bielefeld 2006, S. 79

[123] Welche Berufe im Schulberufssystem angeboten werden, listet das jährlich erscheinende, vom BiBB herausgegebene Verzeichnis „Die anerkannten Ausbildungsberufe" auf, und zwar im Teil C „Landesrechtlich geregelte Berufsabschlüsse an Berufsfachschulen" und im Teil 2. B „Bundesrechtliche und landesrechtliche Aus- und Weiterbildungsregelungen im Gesundheits- und Sozialwesen".

5.2.1 Betriebsgebundene Ausbildung als dominierender Ausbildungsweg

Der Bericht des Deutschen Ausschusses für das Erziehungs- und Bildungswesen vom Jahre 1964 bezeichnet das Zusammenwirken von Betrieb und Schule nach dem auf Heinrich Abel zurückgehenden Terminus als „duales System". Der Abschnitt Grundempfehlungen des Ausschusses beginnt wie folgt[124]:

Berufsschule als Begleitung der Lehre

> „Der Ausschuß bejaht die „duale" Ausbildung in Betrieb und Berufsschule. Er versteht darunter die ständige Begleitung der Betriebsausbildung durch die Teilzeitberufsschulen. Er empfiehlt, sowohl die Betriebs- und Meisterlehre als auch die beruflichen Schulen auszubauen. In Einzelbereichen hält er allerdings Neugestaltungen für erforderlich."

Als Kernpunkte für die Neugestaltungen schlägt der Ausschuss unter anderem vor:
- Einheitliches Zeugnis anlässlich des Lehrabschlusses, gezeichnet von Betrieb und Schule
- Elastische Abgrenzung des Curriculums der Ausbildungsberufe
- Ausbau der Weiterbildung aufgrund der permanenten Weiterentwicklung von Wirtschaft und Technik
- Ständige Kontrolle der Ausbildungspläne

Geforderte Neugestaltungen 1964

Nach Auffassung des Ausschusses war also das System der betriebsgebundenen Ausbildung in Deutschland schon damals reformbedürftig und demzufolge der Begriff *Dualsystem* nur bedingt als Bezeichnung für das überkommene System zu gebrauchen. Dessen ungeachtet wird dieser Begriff nach 1964 vor allem von der Wirtschaft als positive Bezeichnung für die betriebsgebundene Ausbildung gesehen und schließlich als Markenzeichen verstanden.

Die Jahre ab 1964 waren gekennzeichnet durch eine umfassende Neuordnung und Umstellung des allgemein bildenden Schulwesens. Die Reformen erreichten allerdings nicht die betriebliche Berufsausbildung sowie das berufliche Schulwesen; diese blieben wegen der in Deutschland getrennten Zuständigkeiten ausgeklammert. Nicht minder heftig wurden schon in den 50er Jahren Forderungen der Gewerkschaftsseite nach einer Reform des Berufsbildungsrechts laut. Auf Initiative der SPD beschloss der Bundestag bereits im Juni 1962, die Bundesregierung möge bis zum 1. Februar 1963 den Entwurf eines Berufsbildungsgesetzes vorlegen.[125] Aber erst gegen Ende der damaligen Großen Koalition wurde – als Kompromiss und Zwischenschritt – mit dem Berufsbildungsgesetz 1969 eine einheitliche Rechtsgrundlage der betrieblichen Berufsausbildung geschaffen.

1969: BBiG verfestigt die Sonderstellung

---

[124] Empfehlungen und Gutachten des Deutschen Ausschusses für das Erziehungs- und Bildungswesen 1953–1965, Gesamtausgabe 1966, S. 492

[125] Vgl. dazu Abel, Heinrich: Das Berufsproblem im gewerblichen Ausbildungs- und Schulwesen Deutschlands (BRD), Braunschweig 1963, S. 69. Dort heißt es: „Damit ist das oberste gesetzgebende Organ des Bundes vor die gleiche Frage wie der Reichstag in den Jahren 1878, 1897 und 1929 gestellt. Bernhold Martin, der Vorsitzende des Kulturpolitischen Ausschusses des IV. Bundestages, hat in einer programmatischen Erklärung ... gefordert, Beruf und Arbeit voll in die Bildung aufzunehmen."

Die nachfolgende sozialliberale Koalition ergriff erneut Initiativen zu Reformen der beruflichen Bildung, worauf bereits vorne im Abschnitt 1.0 c) eingegangen wurde. Das schließlich im Jahre 1976 verabschiedete Ausbildungsplatzförderungsgesetz (APlFG) scheiterte in Karlsruhe wegen der einbezogenen nicht verfassungskonformen Finanzierungsregelung für die berufliche Bildung. Damit endete die Zeit umfassender Reformentwürfe; die Strukturen blieben festgelegt. Selbst die Novelle des BBiG vom Jahre 2005 vermochte den Graben zwischen den Zuständigkeiten des Bundes für die betriebliche Seite und der Länder für die Berufsschulen nicht zu überbrücken.

a) Derzeitiger Ausbaustand der Berufsausbildung im dualen System

Modernisierung der Ausbildungsberufe

Seit Mitte der 90er Jahre des vergangenen Jahrhunderts wurde das Angebot an Ausbildungsberufen in Deutschland ständig modernisiert und erweitert. Dabei geht es zum einen darum, eine Reihe von Tätigkeitsfeldern neu für das Dualsystem zu erschließen und andererseits bestehende Ausbildungsordnungen an die geänderten Arbeitsvollzüge und -aufgaben anzupassen. So sind, wie die Tabelle 7 zeigt, in den Jahren 2003 bis 2006

– 96 bestehende Ausbildungsberufe modernisiert und
– 29 Ausbildungsberufe neu geschaffen worden.

Wie aus Tabelle 7 des Weiteren zu ersehen ist, nehmen die modernisierten und die neu entstandenen Ausbildungsgänge jeweils zum größeren Anteil pro anno eine beschränkte Zahl an Jugendlichen auf.

Im Detail belegt dies die Tabelle 8, die für das Jahr 2006 die Zahl der Neueintritte ausweist, und zwar waren es

– in 114 Berufen, die vor 2003 geregelt worden sind	283.913	49,3 %
– in 96 zwischen 2003 und 2006 modernisierten Berufen	252.677	43,8 %
– in 29 neu geschaffenen Berufen	12.018	2,1 %
– in allen anderen Berufen und den Behindertenberufen	27.545	4,8 %
zusammen	576.153	100,0 %

Differenzierte Ausbildungslandschaft

Insgesamt erweist sich das deutsche Dualsystem als in sich hoch differenziert mit unterschiedlichen Angeboten. Ausbildungsgänge mit großer Aufnahmekapazität pro anno sind in der Minderzahl, somit auch Berufe, die ein über die Branchen/Wirtschaftszweige hinweg breites Einsatzfeld erschließen. Das Gros der Berufe ist auf mehr oder weniger eng eingegrenzte und hoch spezialisierte Fachgebiete hin angelegt. Mit dem Dualsystem sollen neue Ausbildungsmöglichkeiten für Jugendliche erschlossen und innerhalb eines Wirtschaftszweigs, soweit möglich, die Betriebe für die Ausbildung des Nachwuchses gewonnen werden. Ohne die Dualität von Erfahrungslernen im Betrieb und systematischer Ausbildung in der Schule als dem Wesen dualer Berufsbildung sicherzustellen, ist es wegen der getrennten Zuständigkeiten für die betriebliche Ausbildung und die Berufsschule in Deutschland kaum möglich, die nötige Ausbildungsqualität zu gewährleisten.

Tabelle 7:
Ausbildungs-Berufsbilder nach ihrer Aktualität – dargestellt anhand der Aufnahmekapazität im Jahre 2006 nach Kammerbereichen

Eintritte in Berufe, die bestehen seit dem Jahre ...	Anzahl der Berufe	davon mit einer Aufnahmekapazität von ...		
		über 900	900 – 180	unter 180
2002 oder früher ...				
in Industrie und Handel	45	33	12	-
im Handwerk	29	15	12	2
bei Freien Berufen	7	5	1	1
im öffentlichen Dienst	17	5	5	7
in der Landwirtschaft	11	3	3	5
in der Hauswirtschaft	4	2	1	1
in der Seeschifffahrt	1	-	1	-
2003 – 2006 in modernisierter Form ...				
in Industrie und Handel	66	23	12	31
im Handwerk	26	12	6	8
bei Freien Berufen	2	2	-	-
im öffentlichen Dienst	1	-	-	1
in der Landwirtschaft	1	-	1	-
in der Hauswirtschaft	-	-	-	-
2003 – 2006 n e u geschaffen worden sind				
bei Industrie und Handel	19	3	5	11
im Handwerk	8	3	1	4
bei Freien Berufen	-	-	-	-
im öffentlichen Dienst	1	-	-	1
in der Landwirtschaft	1	-	-	1
in der Hauswirtschaft	-	-	-	-
Über alle Kammerbereiche hinweg ergibt dies für die Jahre ...				
* 2002 und früher	114	63	35	16
+ gering besetzte und Behindertenberufe**	104	-	-	140s
* 2003 – 2006 modernisierte Berufe	96	37	19	40
* 2003 – 2006 n e u geschaffene Berufe	29	6	6	17
= Bestand an Ausbildungsberufen im Jahre 2006**	343	106	60	177

*   Zusammengestellt aus dem Berufsbildungsbericht 2007, Seiten 287–294, Tabelle 4, in der die Neueintritte des Jahres nach Einzelberufen und deren Besetzung aufgelistet sind.
**   Behindertenberufe nach §§ 64ff. BBiG und andere schwach besetzte Berufe. Die Zahl von 104 (geschätzt) ergibt sich aus Seite 176, a.a.O., wonach 2006 „die Gesamtzahl aller staatlich anerkannten Ausbildungsberufe einschließlich der fortbestehenden Altregelungen" 343 betrug (→ vgl. Summenzeile!)

Quelle: BMBF Berlin/Bonn (Hrsg.): Berufsbildungsbericht 2007, S. 287ff.

Tabelle 8:
Die Lehranfänger des Jahres 2006 nach länger bestehenden, modernisierten Ausbildungsordnungen, neuen Berufen und Kammerzugehörigkeit

Eintritte in Berufe, deren Ausbildungsordnung ...	Anzahl an Anfängern	davon in Berufen mit Lehranfängern		
		über 900	900 – 180	unter 180
2002 oder früher erlassen worden ist ...				
in Industrie und Handel	167.365	159.807	7.558	-
im Handwerk	58.064	51.470	6.341	253
bei Freien Berufen	26.727	26.321	254	152
im Öffentlichen Dienst	13.966	11.309	2.460	197
in der Landwirtschaft	13.182	11.471	1.263	448
in der Hauswirtschaft	4.320	3.791	529	0
in der Seeschifffahrt	289	-	289	-
2003 – 2006 modernisiert worden ist ...				
in Industrie und Handel	147.900	141.614	4.335	1.951
im Handwerk	88.613	85.793	2.223	597
bei Freien Berufen	15.383	15.383	-	-
im Öffentlichen Dienst	114	-	-	114
in der Landwirtschaft	667	-	667	-
2003 – 2006 neu geschaffen worden ist ...				
in Industrie und Handel	6.285	3.782	1.481	932
im Handwerk	5.588	5.175	246	167
in Freien Berufen	-	-	-	-
im Öffentlichen Dienst	2	-	-	2
in der Landwirtschaft	143	-	-	143
Dies ergibt an Eintritten in Berufe, deren Ausbildungsordnung ...				
aus 2002 oder davor stammt	283.913	264.169	18.694	1.050
2003 – 006 modernisiert wurde	252.677	242.790	7.225	2.662
2003 – 2006 entstanden ist	12.018	9.047	1.727	1.244
+ Eintritte in Behindertenberufe	11.453	.	.	.
+ Eintritte in andere Berufe*	16.092	.	.	.
Summe der Neueintritte 2006	**576.153**	**516.006**	**27.646**	**4.956**

* Dabei muss es sich um gering besetzte Berufe handeln, denn in der herangezogenen Tabelle 4 des Berufsbildungsberichts 2007 sind unter der Kategorie „2002 oder früher erlassen" die so genannten „stark besetzten Ausbildungsberufe" bis zu einer Zahl unter 180 Neueintritten wohl vollständig aufgeführt.

Quelle: BMBF Berlin/Bonn (Hrsg.): Berufsbildungsbericht 2007, S. 287–294 – ergänzende Berechnungen.

Ein Blick auf die Liste der jüngst neu geschaffenen Berufe und ihre Aufnahmekapazität im Jahre 2006 (Tabelle 9) zeigt die Zersplitterung der Ausbildungsberufe. Dies sei an folgenden Beispielen erläutert:
- *Änderungsschneider/in:* Ein Ausschnitt aus dem Arbeitsgebiet des Maßschneider-Handwerks (früher: Damen-, Herren-, Wäscheschneider/in) und seit Langem ein handwerksähnliches Gewerbe im Sinne der Handwerksordnung. Ein Gebiet, auf dem neben einer kleinen Zahl an Selbstständigen noch Arbeitsplätze in Bekleidungshäusern angeboten werden, erhält so auf dem Niveau der zweijährigen Ausbildungsgänge ein eigenes Qualifikationsprofil.
- *Investmentfondskaufleute, Kaufleute für Dialogmarketing, Kaufleute für Tourismus und Freizeit:* Damit setzt sich die Entwicklung fort, für die einzelnen Sparten des Dienstleistungsgewerbes je eigene Ausbildungsberufe zu schaffen. Der einst – neben dem „Industriekaufmann/-kauffrau" – alle Branchen umfassende Beruf „Bürokaufmann/-kauffrau" wird damit immer mehr verdrängt.
- *Fahrzeuglackierer:* Arbeitskräfte in den einschlägigen Betrieben wurden traditionell aus dem Maler- und Lackiererhandwerk gewonnen und im Betrieb angelernt. Mit dem eigens geschaffenen zweijährigen Ausbildungsgang wird das Berufsspektrum des herkömmlichen Berufs verengt.

Mit diesen Schritten zur Aktualisierung des dualen Berufsbildungssystems wird eine Abkehr von aus den Jahren um 1970 stammenden Leitlinien sichtbar, eine breite Grundbildung zu vermitteln und Ausbildungsgänge zu schaffen, die den Absolventen – zwecks Minimierung der Arbeitsmarktrisiken – Beschäftigungsmöglichkeiten in einer Vielzahl unterschiedlicher Felder eröffnen würden. In gewisser Umkehrung dieser Prinzipien rückt immer mehr in den Vordergrund, den Betrieben – auch bei hoher Spezialisierung – die Möglichkeit zur Berufsausbildung zu verschaffen und dabei ggf. Berufe nach einer Reihe von Fachrichtungen aufzusplitten. Beim Gärtnerberuf etwa – der Ausrichtung der Gartenbaubetriebe nach Spezialgebieten – sind deren sieben geworden.

Mit den im Oktober 2006 bestehenden 343 anerkannten Ausbildungsberufen im dualen System ist offensichtlich die Grenze für die Anwendung der dualen Vorgehensweise in der betrieblichen Berufsausbildung erreicht (vgl. Tabelle 7). Weitere Berufsfelder, über die das jährliche Angebot an Lehrstellen noch nennenswert gesteigert werden könnte, sind kaum erkennbar. Die Stabilität des Systems wird künftig wesentlich davon abhängen, inwieweit die Inhalte der Ausbildungsordnungen an die Entwicklung angepasst und wiederum stärker auf den Bewerberkreis hin formuliert werden. Der „Innovationskreis berufliche Bildung" plädiert für eine entsprechende Umorientierung und Rückbesinnung, wenn er in der aufgestellten Leitlinie 4 „Berufsprinzip stärken – Flexibilisierung der beruflichen Bildung vorantreiben" fordert[126].

Grenzen des dualen Angebots erreicht

---

[126] Vgl. BMBF, Berlin/Bonn: 10 Leitlinien zur Modernisierung der beruflichen Bildung. – Ergebnisse des Innovationskreises berufliche Bildung. Bonn/Berlin 2007, S. 18–19

„... das Angebot beruflicher Ausbildung transparenter, effizienter und flexibler [auszugestalten]. ... Ziel ist es konkret, bei Ausbildungsberufen, die in verwandten Tätigkeitsbereichen geschaffen wurden, eine Strukturierung in Berufsgruppen mit gemeinsamer Kernqualifikation und darauf aufbauenden Spezialisierungsmöglichkeiten durch Wirtschaft und Gewerkschaften zu prüfen und geeignete Vorschläge zu unterbreiten."

Fortschreibung von Ausbildungsordnungen

Ausbildungsordnungen werden beim Bundesinstitut für Berufsbildung mit Sachverständigen der Sozialpartner im Auftrag des Wirtschaftsministeriums erarbeitet. Die Strukturierung der Ausbildungsberufe erfolgt im Allgemeinen im Abstimmungsverfahren unter Beteiligung der jeweiligen Sparten. Eine Besonderheit bei der Entwicklung von Berufsbildern besteht in Deutschland dadurch, dass im Zuge der „Modernisierung" die Ausbildungsberufsbilder immer wieder neu verabschiedet werden. Eine kontinuierliche Fortschreibung und Anpassung an die Bedürfnisse des Arbeitsmarktes erfolgt nicht. Dazu kommen Berufe in Sparten, in denen es zuvor keine betriebliche Ausbildung gab oder in denen im Laufe der technischen Entwicklung qualifizierte Kräfte erforderlich sind. Das Fehlen einer permanenten Abstimmung mit der Realität in der Arbeitswelt ist ein weiteres negatives Kennzeichen der deutschen Berufsschneidung.

b) Unzureichende Kooperation mit dem Partner Schule

Fachklassenbildung

Im Vordergrund des Partners Berufsschule steht die Organisation von Fachklassen und die Entwicklung von Rahmenlehrplänen für den berufsbezogenen Unterricht in Abstimmung mit den Ausbildungsordnungen. Die Fachklassenbildung im Sinne von Einzelberufsklassen, die im Tagespendelbereich besucht werden können, ist organisatorisch nur in wenigen stark besetzten Berufen möglich. Aus diesem Grunde werden Fachklassen über den Internatsbesuch ermöglicht. Hier entstehen Kosten, die auf den Staat, die Wirtschaft und die Auszubildenden selbst aufzuteilen sind.

Die Fachklassenbildung bleibt ein Problem, da immer noch einzelne Lehrer, zumal im ersten und im zweiten Ausbildungsjahr, mehrere Berufe gemeinsam unterrichten und demzufolge während dieser Unterrichtsstunden nach verschiedenartigen Lehrplänen vorgehen müssen. Innerhalb der einzelnen Länder und zwischen ihnen ist festgelegt, für welche Berufe Landes- oder Bundesfachklassen eingerichtet werden und wie deren Finanzierung geregelt ist. Je weiter entfernt der Schulort liegt, um so geringer ist die Möglichkeit einer engen Kooperation zwischen Betrieb und Berufsschullehrer.

Bestrebungen, die ersten Ausbildungsjahre auf Berufsfeldebene zusammenzufassen, werden in jüngerer Zeit diskutiert. Von der KMK wurde hierzu im Jahre 2005 ein entsprechender Vorschlag unterbreitet; daneben beschäftigte sich der Innovationskreis berufliche Bildung mit diesem Sachverhalt.

Tabelle 9:
Neu geschaffene Ausbildungsberufe im Zeitraum 2003 – 2006 nach Berufsbereichen/ Fachgebieten und Neueintritten 2006

Berufsbereich / Fachgebiet	Kammer	Jahr	Neueintritte 2006
Landwirtschaft/Tierzucht			
Fachkraft für Agrarservice	Lw	2005	143
Textil / Bekleidung / Leder			
Änderungsschneider/in	IHK, HwK	2005	226
Maschinenbau / Metalltechnik			
Fahrradmonteur/in	IHK, HwK	2004	537
Kraftfahrzeugservicemechaniker/in	IHK, HwK	2004	1.269
Maschinen- und Anlagenführer/in	IHK	2004	2.401
Hoch- / Tiefbau / Ausbauberufe			
Bauten- und Objektbeschichter/in	HwK	2003	1.574
Farbtechnik / Raumgestaltung			
Fahrzeuglackierer/in	IHK, HwK	2003	2.655
Gestaltung / Design			
Technischer Produktdesigner/in	IHK	2005	152
Körperpflege / Kosmetik			
Kosmetiker/in	IHK	2003	142
Gastronomie / Freizeit / Tourismus			
Kaufmann/-frau f. Tourismus/Freizeit	IHK	2005	515
Infrastruktur / Serviceberufe			
Elektroniker/in für Gebäude- und Infrastruktursysteme	IHK	2003	104
Fachang. f. Markt- und Sozialforschung	IHK	2006	49
Fachkraft für Möbel-, Küchen- und Umzugsservice	IHK, HwK	2006	370
Sicherheit / Reinigung / Entsorgung etc.			
Bestattungsfachkraft	IHK, öD	2003	14
Bauwerksmechaniker/in für Abbruch und Betontrenntechnik	IHK	2004	20
Schädlingsbekämpfer/in	IHK	2004	35
Logistik/ Lager / Transport			
Servicefahrer/in	IHK	2005	154
Handel / Büro/ Verwaltung /EDV			
Investmentfondskaufmann/-kauffrau	IHK	2003	62
Kaufmann/-frau für Dialogmarketing	IHK, HwK	2006	957
Servicefachkraft für Dialogmarketing	IHK, HwK	2006	453
Systeminformatiker/in	IHK	2003	186
Summe in 21 neuen Berufen		**2003–2006**	**12.018**

Quelle: BMBF, Berlin/Bonn (Hrsg.): Berufsbildungsbericht 2007, S. 287 – 294
Anmerkung: Im Zeitraum 1995 – 2006 wurden insgesamt ca. 275 Ausbildungsberufe neu geordnet oder neu geschaffen, und zwar:
1995 – 1999 = 124 Berufe; 2000 – 2002 = 43 Berufe

Lernort- Die Unterscheidung, was der Betrieb und was die Schule zu leisten haben, mit
kooperation den Schlagworten *Theorie bei der Schule* und *Praxis beim Betrieb*, ist nicht aus-
in der Diskussion sagekräftig. Die Frage der Lernortkooperation stellt ein beliebtes Diskussionsthema dar, das breit abgehandelt wurde. Die neueste Untersuchung in zwei Bänden im Auftrag des BMBF zeigt eine Vielzahl von Modellen, aber keine Aussage, wie diese Kooperation konstruktiv gelöst werden soll.[127]

Der Terminus *Lernortkooperation* erweist sich als Worthülse, denn Berufsschule und Betrieb arbeiten weitgehend unkoordiniert nebeneinander. Hierin liegt der Hauptmangel im deutschen Dualsystem. Da es bisher nicht gelungen ist, in einer Vereinbarung zwischen KMK und Bundesregierung festzuschreiben, welchen Beitrag die Berufsschule in Eigenverantwortung übernimmt, hat sich die Lernortkooperation auf das Zusammenwirken zweier selbstständiger Einrichtungen eingependelt.

Hermann Schmidt, früherer Generalsekretär des Bundesinstituts für Berufsbildung, stellt hierzu fest:

> „Beim deutschen Dualsystem handelt es sich de facto um zwei unabhängig voneinander verlaufende Lernprozesse, den betrieblichen und den berufsschulischen. Die Berufsschule ist dabei der schwächere Partner. Es gibt keine förmliche Anrechnung der schulischen Ausbildungsleistungen in der Abschlussprüfung. Die Zwischenprüfung ist eine allein vom Betrieb veranlasste Initiative; sie wird nicht im Lehrabschluss berücksichtigt und auch völlig ohne Mitwirkung der Schule durchgeführt.
>
> Kritik an der Berufsschule kann gefahrlos geübt werden; dies wird auch gern getan. Die Betriebe hingegen kritisiert man ungern, da man befürchtet, sie könnten sich dann der Ausbildung noch stärker verweigern."[128]

Gemeinsame In der Anfangsphase im 19. Jahrhundert hatten die betriebsbegleitenden Schulen
Abschluss- als Fortbildungsschulen ziemlich homogen einerseits die Volksschulfächer wei-
prüfung terzubearbeiten und sich andererseits auf den Beruf einzustellen. In den Ländern Baden und Württemberg war es gelungen, in dieser Phase bereits gemeinsame Abschlussprüfungen durchzuführen

Viele Jahre später, nämlich nach 1904/06, erwies es sich, dass die Handwerkskammern insgesamt kein Interesse an dieser Art der Prüfung zeigten. Dessen ungeachtet hat sich die Tradition in diesen beiden Ländern durch immer wieder von Seiten der Unternehmen und der Schulen getroffene Vereinbarungen so entwickelt, dass derzeit beide die schulische Abschlussprüfung voll inhaltlich als theoretischen Teil der Lehrabschlussprüfung werten.

Es ist als Besonderheit anzusehen, dass die deutsche Wirtschaft auf den Terminus *Dualsystem* großen Wert legt, aber intern diese Kooperation nur bedingt

---

[127] Euler, Dieter (Hrsg.): Handbuch der Lernortkooperation. Bd. 1: Theoretische Fundierungen; Bd. 2: Praktische Erfahrungen. Bielefeld 2003
[128] Vgl. Schmidt, Hermann: Kooperation in der Berufsbildung – ein deutsches Spezifikum? In: Euler, Bd. 1, a.a.O., S. 41–59

fördert und Aufgaben an die Schule delegiert, so dass nach wie vor zwei Institutionen nebeneinander wirken und die Betriebe oftmals die Auffassung vertreten, der zweitägige Berufsschulbesuch nehme zu viel Zeit in Anspruch und erschwere ihren Ausbildungsauftrag.

c) Schwierigkeiten bei der Berufsschneidung

In jüngerer Zeit spricht sich die Wirtschaft verstärkt für eine auf spezielle betriebliche und regionale Bedürfnisse zugeschnittene Gestaltung beruflicher Ordnungsmittel aus. Die Kultusministerkonferenz hatte hingegen bereits im Jahre 2003 ein Umdenken bei der Neuordnung von Ausbildungsberufen und die Einhaltung des Grundsatzes einer breit angelegten beruflichen Grundbildung oder von breit angelegten gemeinsamen Kern- und grundlegenden Fachqualifikationen bei inhaltlich verwandten Ausbildungsberufen gefordert.[129] *Voten gegen die Überspezialisierung*

Im Februar 2007 bekräftigte die KMK ihre Bedenken gegen eine Überspezialisierung der dualen Ausbildungsgänge und wies darauf hin, dass ca. 45 % der Arbeitnehmer vier bis fünf Jahre nach ihrer Berufsausbildung nicht mehr in ihrem ursprünglich erlernten oder einem verwandten Beruf tätig sind.[130]

Bei den über 140 Neuordnungen von Ausbildungsberufen seit dem Jahre 2000 sind nach Angaben der KMK vorwiegend Berufe gestaltet worden, in denen eine nur relativ eng angelegte berufliche Handlungsfähigkeit erreicht wird. Die Neuordnungsverfahren der letzten Jahre haben zu einer Vielzahl sogenannter Splitterberufe geführt, bei denen die Anzahl der Auszubildenden häufig bundesweit unter 100 liegt. So sind für mehr als 200 der 350 anerkannten Ausbildungsberufe länderübergreifend Fachklassen zu organisieren. *Hoher Anteil Splitterberufe*

Die KMK hebt auch hervor, dass die Forderung der Betriebe nach möglichst „passgenauen" Berufsordnungen im Grunde eher neue Ausbildungshemmnisse schafft und keineswegs mehr Ausbildungsplätze entstehen. Daher appelliert sie an die Bundesregierung und die Spitzenorganisationen der Wirtschaft,
– „die Überspezialisierung der Ausbildungsberufe zu stoppen und bei den Neuordnungsverfahren ein Berufskonzept von breit angelegten gemeinsamen Kern- und grundlegenden Fachqualifikationen zu Grunde zu legen;
– die Initiierung neuer und die Spezialisierung bestehender Ausbildungsberufe von einer realistisch zu erwartenden Mindestzahl von Auszubildenden abhängig zu machen."[131]

---

[129] Vgl. Sekretariat der Ständigen Konferenz der Kultusminister der Länder in der Bundesrepublik Deutschland: Forderungskatalog zur Sicherung der Berufsausbildung und Qualifizierung junger Menschen sowie zur effektiven Nutzung aller Ressourcen in der Berufsausbildung. Beschluss der Kultusministerkonferenz vom 04.12.2003

[130] Vgl. Erklärung der Kultusministerkonferenz gegen die Überspezialisierung in der dualen Berufsausbildung. Beschluss der Kultusministerkonferenz vom 28.02.2007, S. 1

[131] KMK-Erklärung vom 28.02.2007, a.a.O., S. 2

Tabelle 10:
Beispiele für Lehrberufe mit weniger als 100 Lehrlingen im gesamten Bundesgebiet (31.12.2002)[1]

Bautechnik		Kabeljungwerker (I)	38
Fassadenmonteur (Hw)	62	Fräser (I)	68
Backofenbauer (Hw)	0	Schleifer (I)	22
Feuerungs- und Schornsteinbauer (Hw)	9	Graveur (Hw)	86
Brunnenbauer (Hw)	59	Emailschriftenmaler (I)	4
Brunnenbauer (I)	20	Schneidwerkzeugmacher (Hw)	96
Asphaltbauer (I)	33	Werkzeugmacher – Instrumententech. (I)	100
Betonstein- und Terrazzohersteller (Hw)	60	Gerätezusammensetzer (I)	87
Fachkraft f. Wasserwirtschaft (öD, I)	27	Uhrmacher (I)	72
Schiffszimmerer (I)	0	**Textil-/ Bekleidungstechnik**	
Spezialtiefbauer – 2. Stufe (I)	72	Textilmechaniker/Spinnerei, 2. Stufe (I)	25
Stuckateur – 2. Stufe (Hw)	1	Weber (Hw)	15
Bauwerksabdichter (Hw)	41	Textilstopfer (I)	54
Bauwerksabdichter (I)	93	Textilmechaniker/Tufting, 2. Stufe	14
Estrichleger – 2. Stufe (I)	6	Textilmechaniker/Maschenind., 2. Stufe	72
Fachkraft f. Straßen u. Verkehrstechn. (öD, I)	77	Textilmechaniker/Vliesstoff, 2. Stufe	29
Holztechnik		Sticker (Hw)	30
Wagner (Hw)	2	Modist (Hw)	31
Bootsbauer (I)	23	Segelmacher (Hw)	76
Drechsler – Elfenbeinschnitzer (Hw)	55	Gerber (Hw)	7
Bürsten- und Pinselmacher (I, Hw)	51	Schuh- u. Lederwarenstepper (I)	31
Holzspielzeugmacher (I)	78	Feinsattler (I)	3
Holzspielzeugmacher (Hw)	31	Täschner (I)	26
Böttcher (Hw)	5	Pelzveredler (I)	3
Leichtflugzeugbauer (I)	49	Kürschner (I)	
Holzbildhauer (Hw. I)	34	Seiler (Hw)	13
Schirmmacher (Hw)	0	Textilmechaniker/Bandweberei, ‚2. Stufe	3
Korbmacher (Hw, I)	23	Textilmaschinenführer/Tufting, 1. Stufe	33
Metalltechnik		Stricker (Hw)	2
Drahtwarenmacher (I)	9	Textilmaschinenführer/Vliesstoff, 1. Stufe	60
Revolverdreher (I)	3	Wäscheschneider (Hw)	3
Metallschleifer (I)	29	Hut- u. Mützenmacher (Hw)	1
Vor-/Feinpolierer (I)	22	Modist (I)	4
Metallbildner - Ziseliertechnik (Hw)	66	Gerber (I)	50
Federmacher (I)	33	Sattler (I)	28
Rohrleitungsbauer - 2. Stufe (Hw)	54	Feintäschner (Hw)	27
Büchsenmacher (Hw)	54	Handschuhmacher (Hw)	0
Maschinenzusammensetzer (I)	10	Kürschner (Hw)	37

[1] Lt. BIBB, Bonn (Hrsg.): Die anerkannten Ausbildungsberufe 2004, S. 25 - 129
[2] In den mit * markierten Lehrberufen gibt es im gleichnamigen Industrie-/Handwerksberuf über 100 Lehrlinge.

Ein anschauliches Bild der derzeitigen Berufsgliederung mit hohem Anteil zahlenmäßig schwach besetzter Berufe zeigt Tabelle 10. Die hohe Zahl von Ausbildungsberufen mit auf Bundesebene weniger als je 100 Auszubildenden lässt Grundsatzprobleme des deutschen Berufsbildungssystems mit Schwerpunkt *duale Ausbildung* erkennen:

Berufe mit weniger als 100 Auszubildenden

– Die nach der Schulentlassung frühe Entscheidung für einen zwar staatlich anerkannten, aber sehr eng geschnittenen Ausbildungsberuf – verstanden als Lebensberuf – muss die 15- bis 16-jährigen Jugendlichen überfordern. Der hohe Anteil abgebrochener Lehrverhältnisse dürfte dies bestätigen.[132]
– Der Schulbesuch an einem anderen, zum Teil weit entfernten Standort der zuständigen Berufsschule bringt sowohl für den Ausbildungsbetrieb als auch für die Auszubildenden selbst Nachteile mit sich. Ein Zusammenwirken im Sinne der Konzeption *dual* ist dann kaum noch möglich.
– Die unter fachlichem Aspekt enge Eingrenzung einer großen Zahl von anerkannten Ausbildungsberufen führt insofern in eine Sackgasse, weil nach dem derzeitigen Ausmaß notwendig werdender Umorientierungen der zuerst absolvierte Ausbildungsgang im Beschäftigungssystem für den Betreffenden kaum Bestand hat und dann ein neuer Beruf erlernt werden muss. Es fehlt die Strukturierung von Ausbildungsberufen nach dem Bausteinsystem, um auf erworbenen und noch aktuellen Teilqualifikationen aufbauen zu können.
– Es fehlen kürzere Ausbildungsgänge – einjährig, eineinhalbjährig oder zweijährig – die von vornherein auf breitere Einsatzmöglichkeiten ausgerichtet sind.

Die Schneidung von Ausbildungsberufen führt auch zu Problemen bei der Verwendung von Fachbüchern zur Berufsausbildung, die bisher kaum diskutiert wurden. Vor allem sind es die so genannten Splitterberufe, die wegen ihrer geringen Anzahl von Auszubildenden den Schulbuchverlagen wenig Anreiz bieten, die für sie teuren Fachbücher anzubieten. Das vorhandene Angebot der Verlage von Fachbüchern zur Berufsausbildung macht aber auch eine grundsätzliche Betrachtung des Themas notwendig. Es gilt nämlich, „Spreu vom Weizen" zu trennen, ganz unabhängig davon, für welche Ausbildungsberufe die Fachbücher gelten; ob diese gering oder hoch besetzt sind.

Bereitstellung von Fachbüchern als Problem

Das im vergangenen Jahr von der Stiftung Warentest veröffentlichte Ergebnis „Nicht ohne Tadel"[133] bezog sich zwar auf Schulbücher zur Biologie und Geschichte, das Problem betrifft aber ebenso die Berufsausbildung. Auf die daraus notwendige und bisher fehlende Zertifizierung ist im Beitrag von Jürgen Ehnert und Willi Maslankowski eingegangen (vgl. S. 463).

---

[132] Im Schnitt wird etwa jeder fünfte neu abgeschlossene Ausbildungsvertrag vorzeitig gelöst. Vgl. BMBF (Hrsg.): Berufsbildungsbericht 2005, S. 104.
[133] Stiftung Warentest Nr. 10, Oktober 2007, S. 74–80

5.2.2 Ausbildung in berufsqualifizierenden Vollzeitschulen

Das Schulberufssystem

Das Konsortium Bildungsberichterstattung unterschied im Bildungsbericht vom Juni 2006 drei Sektoren:
- Das *duale System* betriebsgebundener Ausbildung in anerkannten Lehrberufen.
- Das *Übergangssystem* als eine in sich heterogene Stufe zwischen erfüllter Schulpflicht und dem Eintritt ins Erwerbsleben (bislang häufig als Warteschleifen bezeichnet).
- Das *Schulberufssystem*, dem die Ausbildungsgänge in Vollzeitschulen zugerechnet werden, die zu einem anerkannten Berufsabschluss nach Regelungen des Bundes (Gesundheitswesen) und der Länder führen und die in der Regel auf dem mittleren Bildungsabschluss aufbauen. Größtenteils durchlaufen junge Frauen diese Ausbildungsgänge, wobei, je nach Beruf, mehr oder weniger hohe Anteile an Abiturientinnen zu verzeichnen sind.

In den letzten Jahren ist die Zahl der Neueintritte ins Schulberufssystem angestiegen und erreichte im Jahre 2004 rund 211.500, während 535.300 Zugänge zum Dualsystem sowie 489.000 zum Übergangssystem erfolgten.[134]

a) Schulberufssystem in der Entwicklung

Historische Tradition

Schulische Formen beruflicher Qualifizierung haben in Deutschland eine lange Tradition. Anhand ausgewählter Beispiele lässt sich dies veranschaulichen:
- Im Bergbau waren mit den Bergschulen „schon seit Beginn des 19. Jahrhunderts festumschriebene Aufstiegswege gegeben"; um 1870 wurden diese, um dem Mangel an Elementarwissen abzuhelfen, durch „Bergvorschulen" erweitert.[135]
- Nach 1870 entstand eine neue technische Führungsschicht, und zwar aus Betriebsingenieuren, die an Technischen Hochschulen oder an Fachschulen (Ingenieurschulen) ausgebildet worden waren.[136] Bereits 1856 wurde der Verein Deutscher Ingenieure e. V. (VDI) gegründet, der sich bis 1900 zu einem der größten technischen Vereine entwickelte.
- Die erste Höhere Handelsschule wurde 1868 in Hildesheim gegründet. Diese Schulform breitete sich in allen deutschen Ländern aus. Die Aufnahmebedingungen, die der Erlass des Preußischen Ministeriums für Handel und Gewerbe 1916 festgelegt hatte, gelten teilweise noch heute.[137]

---

[134] Vgl. KMK/BMBF (Hrsg.): Bildung in Deutschland. Ein indikatorengestützter Bericht mit einer Analyse zu Bildung und Migration. Bielefeld 2006, S. 80 (Abb. E1–1)

[135] Vgl. Kaiser, Gerhard A.; Tenfelde, Klaus: Arbeiter im Deutschen Kaiserreich 1871–1914. Bonn 1992, S. 461

[136] Ebd., S. 461

[137] Vgl. Kaiser, Franz-Josef; Pätzold, Günter (Hrsg.): Wörterbuch der Berufs- und Wirtschaftspädagogik, Bad Heilbrunn/Hamburg 1999, S. 114

- Mit der Expansion der chemischen Industrie und der einschlägigen Untersuchungsämter wurden schon früh private Handelslaboratorien und Chemieschulen (u. a. in Stuttgart) gegründet; sie bildeten junge Frauen zu Technischen Assistentinnen aus. Dazu kam dann der berufliche Aufstieg für berufserfahrene Facharbeiter etc. aus den Chemiebetrieben. Maßgebend für die Ausgestaltung des Berufs Chemotechniker wurde der Erlass vom 28.08.1931, der die Prüfungsordnung sowie Richtlinien für die Ausbildung mit und ohne berufliche Vorerfahrung festlegte.[138]
- Schließlich entstanden im Rahmen der Gewerbeförderung in Baden, Württemberg und Bayern schon im 19. Jahrhundert Uhrmacher-, Feinmechaniker- und Maschinenbauschulen, die im Vollzeitunterricht die Ausbildung in den jeweiligen Berufen durchführten.
- Die Ingenieurschule in Weimar bildete in den Jahren um 1930 in ihrer Papiermacherabteilung Werkführer für die Papierindustrie aus. Nach einundeinhalb Jahren schloss diese mit der Ablegung des Verbandsexamens der deutschen Papierfabrikanten ab.[139]

Schulgründungen dieser Art verfolgten im 19. Jahrhundert weithin wirtschaftliche Interessen und Aktivitäten zur Gewerbeförderung. In Preußen war ab 1885 das Ministerium für Handel und Gewerbe für das gesamte Berufs- und Fachschulwesen zuständig.[140]

Aus den knappen Angaben zur Geschichte der beruflichen Schulen ist bereits deutlich geworden, dass die Akzente damals bei der vollwertigen Ausbildung von Fachkräften parallel zum Niveau der Lehrberufe und auf Ebenen darüber bis zur Ingenieurausbildung lagen. Hinzu kamen – verstärkt im 20. Jahrhundert – die Handels- und Haushaltungsschulen, die eine berufliche Grundbildung in einem Berufsfeld mit der Aufstockung der Allgemeinbildung zur Mittleren Reife anboten.

Ständiger Wechsel der Schwerpunkte

Die bis heute in Grundzügen geltende Einteilung und Benennung der Schulformen wurde, nachdem zuvor (1934) das berufliche Schulwesen in die Zuständigkeit des neuen Reichsministeriums für Wissenschaft, Erziehung und Volksbildung übergegangen war, im Jahre 1937 festgelegt, und zwar fortan als[141]

- *Berufsschulen*, die pflichtmäßig von Lehrlingen und in Arbeit stehenden Jugendlichen im Teilzeitbereich absolviert werden, samt „Werkschulen" und „Innungsfachschulen".

---

[138] Vgl. Reichsanstalt für Arbeitsvermittlung und Arbeitslosenversicherung (RAVAV), Berlin (Hrsg.): Handbuch der Berufe, Teil I, 3. Bd., Leipzig 1933, S. 90
[139] Lt. Handbuch der Berufe, a.a.O., S. 441
[140] Lt. Abel, Heinrich: Das Berufsproblem im gewerblichen Ausbildungs- und Schulwesens Deutschlands. Braunschweig 1963, S. 60
[141] Lt. Abel, Heinrich, a.a.O., S. 60

- *Berufsfachschulen*, die freiwillig im Vollzeitunterricht zur Vorbereitung auf einen handwerklichen, kaufmännischen oder hauswirtschaftlichen Beruf besucht werden.
- *Fachschulen*, die einer landwirtschaftlichen, technisch-gewerblichen, kunsthandwerklichen, kaufmännischen, frauenberuflichen, sportlichen oder verwandten Ausbildung dienen.

In den Grundzügen blieb diese Systematik bis heute erhalten. Allerdings haben sich bei den einzelnen Schultypen im Laufe der Jahrzehnte einschneidende Veränderungen ergeben; so etwa um 1970, als die Umwandlung der Ingenieurschulen und aller übrigen Höheren Fachschulen in Fachhochschulen erfolgte.

Mit dem beginnenden Lehrstellenmangel kamen an den Berufsschulen (Dualsystem) in großem Umfang einjährige Vollzeitformen zur Berufsvorbereitung und Berufsgrundbildung hinzu. Parallel dazu wurden die klassischen Berufsfachschulen, die Grundbildung in einem Berufsfeld in Verbindung mit dem mittleren Schulabschluss anboten, ausgebaut und schließlich zu Fachgymnasien aufgestockt.

Vielfalt der Schulformen und Bildungsziele So entstand über die Jahrzehnte in Deutschland das heutige in sich hoch differenzierte Angebot an beruflichen Vollzeitschulen mit verschiedenartigen Zielsetzungen, die sich grob wie folgt beschreiben lassen:
- Dem *Übergangssystem* werden die Formen zugerechnet, die curricular auf eine Ausbildung im dualen System vorbereiten, zu ihr hinführen und dies ggf. mit der mittleren Reife verknüpfen. Ihre Schülerzahlen sind seit Jahren stetig gewachsen, und zwar im Schuljahr 2005/06 auf insgesamt 330.673, davon fallen
  - 202.869 auf Berufsfachschulen, die i. d. R. zur mittleren Reife führen,
  - 50.137 auf das Berufsgrundbildungsjahr,
  - 77.667 auf das Berufsvorbereitungsjahr.

  Zusammen mit den – außerhalb des Bildungssystems – 121.567 Teilnehmer/innen an BA-finanzierten Maßnahmen zur Berufsvorbereitung/Einstiegsqualifizierung umfasst das Übergangssystem damit insgesamt 452.240 Jugendliche.[142]
- Dem *Schulberufssystem* sind zuzurechnen die Berufsfachschulen, die nach Regelungen der KMK einen berufsqualifizierenden Abschluss bieten sowie die im engeren Sinne nicht zum Schulwesen zählenden Schulen des Gesundheitswesens, die nach Gesetzen des Bundes und der Länder eine Ausbildung in Pflege-, Assistenten- und (nichtärztlichen) Therapieberufen anbieten. Sie haben lt. Berufsbildungsbericht 2007, S. 101, im Schuljahr 2005/06 insgesamt 183.935 junge Leute in eine Ausbildung übernommen.

---

[142] Lt. Berufsbildungsbericht 2007, Übersicht 13, Seite 101

- Mit dem Akzent *Durchlässigkeit* sind in Deutschland in den letzten Jahrzehnten Fachoberschule und Berufsoberschule zum Erwerb der Hochschulzugangsberechtigung im Wege der beruflichen Bildung ausgebaut worden, ohne dass in diesem Kontext noch vom Zweiten Bildungsweg die Rede wäre. Sie führen nach vorangehender beruflicher Praxis oder Berufsabschluss zur Fachhochschulreife oder auch zur vollen Hochschulreife.
- Ein weiterer Bruch zeichnet sich ab, und zwar bei der Fortbildung im Gesundheitsbereich, wo inzwischen in großer Breite Studiengänge der Pflege-/Gesundheitswissenschaft an Fachhochschulen und einzelnen Universitäten zum Bachelor angeboten werden, mit denen dem Mangel an qualifizierten Führungskräften im Bereich der Kranken- und Altenpflege abgeholfen werden soll und eine wissenschaftliche Grundlage den Qualifikationsanforderungen der Pflegeberufe entsprechend geschaffen wird.[143]

Das berufliche Schulwesen erweist sich damit als der Bereich, dessen Struktur von Anfang an immer wieder aufs Neue an die sich verändernden Anforderungen im Umfeld der beruflichen Qualifizierung und der Sicherung des Übergangs von der Schule in den Beruf angepasst wurde, dies mit wachsendem Druck dadurch, dass das Dualsystem – wie zuvor beschrieben – immer weniger Jugendlichen nach der Haupt- und Realschule eine Ausbildungschance bietet und diese Jahr für Jahr in wachsender Zahl auf Vollzeitformen der Berufsvorbereitung und -grundbildung auszuweichen versuchen.

Sicherstellung des Übergangs in die Berufsausbildung

b) Derzeitiger Ausbau berufsqualifizierender Vollzeitschulen

Die auf dem Niveau der Sekundarstufe II angebotenen Ausbildungsgänge sind vielfältiger Art. Im Spektrum beruflicher Bildung schließen sie unterhalb der ISCED-Stufe 5 die Lücken, die das Dualsystem mit seiner Palette an Ausbildungsgängen nicht abzudecken in der Lage ist. Es handelt sich im Rückblick auf die Entwicklung der Angebote an Schulberufen um die Felder, in denen sehr früh Vollzeitschulen entstanden, die dann in der Tradition nach 1945 fortentwickelt und ausgebaut wurden.

Angebot an Ausbildungsberufen im Überblick

Umfassend – samt den rechtlichen Rahmenvorgaben – nachgewiesen werden die eine Erstausbildung bietenden Schulberufe in dem vom BIBB herausgegebenen und jährlich publizierten Verzeichnis anerkannter Ausbildungsberufe. Die Ausgabe des Jahres 2004 verzeichnet gegenüber den 343 Ausbildungsberufen des dualen Systems insgesamt 185 derartige Schulberufe, also eine beträchtliche Anzahl. In der Regel baut die vollzeitschulische Berufsausbildung auf dem mittleren Schulabschluss auf.[144] Im Einzelnen handelt es sich um

---

[143] Vgl. Die Länder der Bundesrepublik Deutschland; Bundesagentur für Arbeit (Hrsg.): Studien- & Berufswahl 2007/2008. Nürnberg 2007, S. 237
[144] Vgl. BIBB, Bonn (Hrsg.): Die anerkannten Ausbildungsberufe – Ausgabe 2004, S. 233–307

- 17 bundesgesetzlich geregelte Gesundheitsberufe der mittleren Ebene
- 35 länderseitig geregelte Sozial-/Erziehungs- und Gesundheitsberufe
- 84 landesrechtlich geregelte Berufsabschlüsse an Berufsfachschulen nach der KMK-Rahmenvereinbarung vom 28.02.1997 in der jeweils geltenden Fassung (i. d. j. F.)
- 4 kaufmännische Assistentenberufe nach der KMK-Rahmenvereinbarung vom 01.10.1999 i. d. j. F.
- 35 Berufsabschlüsse technischer Assistenten nach der KMK-Rahmenvereinbarung vom 12.06.1992 i. d. j. F.

Zudem bestehen in den Ländern jeweils eigene Stundentafeln und Prüfungsordnungen; es gibt bisher auch keine einheitlichen Vorgaben zum fakultativen Erwerb der Fachhochschulreife.

Statistische Erfassung der Schulberufe

In der Statistik des beruflichen Schulwesens ordnen die Länder Schulberufe ganz unterschiedlich zu. Insbesondere gilt dies für die Gesundheitsberufe, die je nach Land – außerhalb der Schulen des Gesundheitswesens – mal unter Berufsfachschulen oder Fachschulen geführt werden. Dazu kommt, worauf das Statistische Bundesamt mehrfach verweist, dass die Angaben zur Statistik der Schulen des Gesundheitswesens freiwillig sind, so dass Lücken bleiben können; und dies zudem seit Jahrzehnten dadurch, dass die Angaben der Länder unvollständig sind.[145] Das heißt, ein umfassendes Bild über die Ausbildung in Schulberufen erhält man nur, wenn die Zahlen aus Berufsfachschulen, die außerhalb des BBiG eine Ausbildung anbieten, und Fachschulen, soweit sie Erstausbildungsgänge ausweisen, sowie Schulen des Gesundheitswesens zusammengefasst werden. Dazu müssten – was bislang nicht geschieht – eigentlich die Schüler- und Absolventendaten nach einem Schätzverfahren hinzu addiert werden.

Teils eng geschnittene Spezialberufe

Wer die Nachweise der Eintritte in Schulberufe und der Absolventen[146] betrachtet, dem fällt auf, dass es auch hier eine Reihe von Ausbildungsberufen gibt, die sehr schwach besetzt sind. Weniger als 50 Neueintritte in ganz Deutschland verzeichneten beispielsweise im Schuljahr 2005/06 insgesamt 36 Berufe, und zwar:
- 9 technisch-gewerbliche Assistentenberufe,
- 11 Assistentenberufe im kaufmännisch-betriebswirtschaftlichen Umfeld,
- 6 gestalterisch-künstlerische Berufe,
- 4 Gesundheitsberufe,
- 6 Berufe im pädagogischen Bereich.

Im Detail betrachtet stößt man vor allem auf zwei Phänomene, die eng miteinander verwoben erscheinen: Zum einen auf eine Reihe hochspezialisierter Aus-

---

[145] Vgl. Stat. Bundesamt, Berlin (Hrsg.): Fachserie 11 Bildung und Kultur, Reihe 2 Berufliche Schulen – 2005/06, S. 311
[146] Vgl. ebd., S. 193ff.

bildungsgänge mit einem, quantitativ gesehen, schmalen beruflichen Betätigungsfeld und zum anderen auf Profile, die inhaltlich weithin deckungsgleich sind. Beispiele für die erste Kategorie sind u .a. die Berufe Orthoptist/in (Behandlung von Sehstörungen), Veterinärmedizinische/r Assistent/in (einschlägige Laborarbeiten) oder Kirchenmusiker/in.

Beispiele für die Verdopplung von Profilen [Eintritte in 2005/06 in Klammern], die am Ende zur Konkurrenz der Absolventen um ein- und dieselben Tätigkeitsgebiete führen, sind u. a.:
– Assistent/in für Lebensmittelanalytik [47] neben der Ausbildung Lebensmitteltechnische/r Assistent/in [54],
– Assistent/in für Metalltechnik [38] neben Konstruktions- und Fertigungstechnische/r Assistent/in [538]
– Assistent für Gesundheitstourismus [0] neben der Ausbildung Assistent für Tourismus und Fremdenverkehr [193] und Tourismus und Eventmanager [35]
– Internationale Wirtschaftsfachkraft [18] neben Europawirtschaftsassistent/in [27] und Europäische/r Betriebswirt/in [20]

Im Interesse der Betroffenen und ihrer Entwicklungsmöglichkeiten im Beruf sind solche Überschneidungen sicher nicht.

Das Schulberufssystem konkurriert nur sehr begrenzt mit den Ausbildungsgängen der so genannten anerkannten Ausbildungsberufe im Zusammenwirken von Betrieb und Berufsschule, vielmehr konzentriert es sich in erster Linie auf Felder, die vom Dualsystem nicht oder lediglich auf einer unteren Qualifikationsstufe abgedeckt werden.

Schulberufssystem und duale Berufsausbildung

So sind von den rund 130.000 Absolventen, die aus diesen Vollzeitschulen kommen, fast drei Viertel den Feldern Gesundheit, Sozialpädagogik und Erziehung zuzurechnen, also einem Berufsbereich, der lediglich im Gesundheitswesen auf der unteren Ebene der Medizinischen Fachangestellten Lehrberufe anbietet. Das Gros der schulisch Qualifizierten in der Kranken-/Altenpflege, der Medizinisch-technischen Assistenz, der Physiotherapie etc. erwirbt eine Qualifikation, die in anderen Staaten in der Regel auf der unteren Hochschulebene vermittelt wird und der dort ein gehobener Status zu eigen ist.

Bei den Berufsfachschulen im engeren Sinne bilden die Sozialberufe mit Abstand die größte Gruppe. Auch für diese Sparte gilt, dass im Ausland die Fachkräfte in der Vorschulerziehung ihre Berufsbefähigung an Hochschulen erwerben und sich Deutschland auf diesem Gebiet noch nicht der internationalen Entwicklung angeschlossen hat. Stark expandiert haben über die Jahre Berufsfachschulen, die Assistenten/innen für Betriebswirtschaft und Wirtschaftsinformatik ausbilden; hinzu kommen mit über 6.000 Absolventen pro anno noch die Naturwissenschaftlich-Technischen Assistenten/innen, die weithin außerhalb der

Sonderfall Lehre ersetzende Berufsfachschulen

Eine Sonderform der vollzeitschulischen Berufsausbildung stellen in Deutschland die eine Lehre ersetzenden Berufsfachschulen dar, die nach den Ausbildungsordnungen des BBiG vorgehen.[147] Mit der Abschlussprüfung erhalten die Schüler/innen einen Gesellen-/Gehilfen-/Facharbeiterbrief nach § 43 BBiG/§ 40 HwO. Die Schulen bestehen meist schon seit vielen Jahrzehnten, gehen sie doch oft – wie etwa in Baden-Württemberg und Bayern – auf Initiativen zur Gewerbeförderung in der zweiten Hälfte des 19. Jahrhunderts zurück.

Im Jahre 2005 betrug die Zahl dieser Absolventen 11.763. Sie verteilen sich relativ breit über die Berufsfelder der anerkannten Ausbildungsberufe. Der Schwerpunkt bei Kosmetik/Friseuren erklärt sich daraus, dass die Ausbildung immer noch zum größeren Teil an Berufsfachschulen absolviert wird; den rund 3.400 Eintritten 2005/2006 und ca. 2.600 Absolventen/innen aus Berufsfachschulen standen zuletzt (alle Lehrjahre) 1.130 Auszubildende gegenüber.

Anscheinend wird nur ein Teil der Absolventen aus den eine Lehre ersetzenden Berufsfachschulen unter den erfolgreich bestandenen Lehrabschlussprüfungen ausgewiesen. So sind im Jahre 2005 in der Kategorie „Externe Prüfungsteilnehmer" zwar 29.631 externe Teilnehmer ausgewiesen, von denen aber lediglich 5.159 aus beruflichen Schulen/Bildungseinrichtungen kommen.[148] Somit bleibt offen, auf welche Weise die Absolventenzahlen der eine Lehre ersetzenden Berufsfachschulen beim Absolventenaufkommen des deutschen Berufsbildungssystems berücksichtigt werden sollen.

Schulberufe weithin Domäne der Frauen

Ein Aspekt, der bei der Beurteilung von Sinn und Zweck schulischer Berufsausbildung in der Diskussion oft zu kurz kommt, ist die Tatsache, dass bei den Eintritten in die jeweiligen Schulen und Ausbildungsgänge Frauen jeweils eindeutig dominieren. Dies sei hier anhand der Daten für das Schuljahr 2005/06 bzw. den Absolventenjahrgang 2005 skizziert.[149] Von den Neueintritten waren demnach unter

- 120.426 Zugängen ins erste Schuljahr an Berufsfachschulen, die nach KMK-Rahmenvereinbarungen ausbilden, 81.103 junge Frauen, was einem Anteil von über 67 % entspricht;
- 16.194 Anfängern an den eine Lehre ersetzenden Berufsfachschulen 10.207 Frauen, also rund 63 %;

---

[147] Vgl. dazu „Die anerkannten Ausbildungsberufe", a.a.O., S. 209–212, mit den im Einzelnen aufgelisteten Rechtsverordnungen zur Gleichstellung von Prüfungszeugnissen nach § 43 BBiG (Abschlussprüfung) oder § 40 HwO (Gesellenprüfung).

[148] Vgl. BMBF, Berlin/Bonn (Hrsg.): Berufsbildungsbericht 2007, Übersicht 41, S. 133

[149] Vgl. StBA, a.a.O., Reihe 3, S. 204ff.

- 188.987 Schüler/innen an Schulen des Gesundheitswesens 150.055 Frauen, was rund 79 % entspricht.

Über die Ausbildungszeit hinweg stiegen bei Berufsfachschulen bis zur Abschlussprüfung die Frauenanteile noch weiter an; sie erreichten 2005 bei
- Berufsfachschulen nach KMK-Rahmenvereinbarungen 70,4 %,
- Lehre ersetzenden Berufsfachschulen 69,5 %,
- Schulen des Gesundheitswesens 78,5 %.

Im Grunde genommen sprächen diese Zahlen dafür, zur Verbesserung der Ausbildung für junge Frauen das Angebot an beruflichen Vollzeitschulen weiter auszubauen.

c) Gliederung nach Qualifikationsebenen

Bei näherer Betrachtung lassen sich für die heutigen Schulberufe – außerhalb des Gesundheits-, Sozial- und Erziehungsbereichs – zwei Entwicklungslinien nachweisen. Einmal sind es Berufe, die auf eine lange Tradition zurückblicken können und sich mit der Zeit gewandelt haben; andererseits sind es die mit modernen Technologien und Anwendungsgebieten entstandenen Ausbildungsgänge.

Spannungsfeld zwischen Tradition und Moderne

Dem ersten Bereich sind u. a. die heutigen Assistentenberufe der Naturwissenschaften und der Landwirtschaft zuzurechnen. Die Vorgängerregelungen sind meist zu der Zeit entstanden, in der das berufliche Schulwesen den Ministerien für Handel und Gewerbe unterstand und in der u. a. durch die Aktivitäten des Preußischen Fachministeriums wegweisende Regelungen zu den Schul- und Prüfungsordnungen getroffen wurden.

So stimmen – wie die Übersicht 4 zeigt – die Grundzüge des heutigen Ausbildungsgangs „Chemisch-Technischer Assistent (CTA)", wie er nach der KMK-Rahmenvereinbarung an zahlreichen Berufsfachschulen besteht, weitgehend mit dem Berufsbild überein, das 1931 durch das Preußische Ministerium für Handel festgelegt wurde. Selbst die Zahl der Unterrichtsstunden scheint von damals übernommen worden zu sein.

Beispiele für die zweite Entwicklungslinie sind die heutigen Schulberufe im Umfeld der Informatik, der Mechatronik, der Automatisierung oder der Umwelttechnik. Initiativen für diese Ausbildungsgänge gingen weithin von privater Seite und auch staatlichen beruflichen Schulen aus. Im Austausch mit der Wirtschaft entwickelten sie in vielen Fällen einschlägige Curricula und reichten entsprechende Anträge bei den Kultusministerien ein.

Private Initiativen, gleich ob von einzelnen Schulen oder auch von Betrieben ausgehend, führten zum Ausbau vollzeitschulischer Ausbildungsgänge. Das zeigt auch ein Blick auf die wachsenden Anteile der Privatschulen in diesem Umfeld.

Privatinitiative und Privatschulen als Innovatoren

Übersicht 4:
Gegenüberstellung der Berufsbilder ‚Chemotechniker' von 1933 ./. Chemisch-technischer Assistent von 1998

Chemotechniker/in von 1933[1]

‚Ausbildungsordnung' – Rechtsrahmen:
Erlass des Preuß. Minist. f. Handel vom 28.08.1931 zur Ausbildung und Prüfung der ChT, und zwar in Preußen an öffentl./privaten Fachschulen für ChT oder techn. Assist.; in BY an Höheren Fachschulen, in Württemberg an Chemieschulen.

Zugang:
Mindestalter 17 Jahre i.d.R. mit mittlerer Reife oder bei gutem Volksschulabschluss nach bestandener Aufnahmeprüfung und entweder Berufspraxis (z. B. 3 Jahre Lehre) oder ein Vorhalbjahr Laborunterricht mit 35 Wochenstunden + Aufnahmeprüfung für höhere Klassen.

Ausbildungsdauer:
Bei Direktzugang mit 1/2 Jahr Laborunterricht + 3 Hj. Ausbildung mit 2.400 h Unterrichtsstunden; bei vorausgehender Lehre / Betriebspraxis 3 Hj. Ausbildung mit 2.400 Unterrichtsstunden.

Abschlussprüfung + Anerkennung:
„Reifeprüfung unter staatlichem Vorsitz" zum ‚Chemotechniker/in' / ‚Technische(r) Assistent/in, Assistent/in in chemischen Betrieben' mit Vermerk, „daß der Prüfling eine fachtheoret. Ausbildung besitzt, die ihn zur Ausübung des Berufs ChT / Techn. Ass. befähigt".

Arbeitsaufgaben (Stichworte):
Chemische u. physikalische Untersuchungen von Rohstoffen, Zwischen-, Fertigprodukten in Versuchs-, Prüf-, Betriebslabors, die einfacher oder komplexer Art sein können, bei eigenständigem Aufbau der erforderlichen Apparaturen und deren Wartung und Pflege; i. d. R. in Kooperation mit akademisch geb. Chemikern, aber in Klein- und mittleren Betrieben vielfach auch bei eigenverantwortlicher Leitung des Labors. Abfassung schriftlicher, formel-, zahlenmäßiger Berichte, mit mathematischen Berechnungen, Gebrauch von Rechentafeln und Rechenschiebern; Analysen bei der Fertigungsüberwachung samt Weitergabe daraus abzuleitender Anweisungen an den Betrieb.

Einsatz nach Branchen:
In voller Breite der chemischen Industrie + in allen Branchen des Produz. Gewerbes und des Bergbaus, wo Roh-/Zwischen-/Endprodukte geprüft und Prozesse zu überwachen sind + in Materialprüfungsstellen, in Untersuchungsanstalten, im Gesundheitswesen.

Beruflicher Ansatz / Position / Vergütung
Laut Katalog des AVG sind Chemotechniker/innen i d R. Angestellte. Im öffentlichen.Dienst besoldet nach Gruppen IV–IVa oder fest angestellt nach den RATarif-Gruppen IV–VIII.

CTA 1998[1]

‚Ausbildumsordnung' – Rechtsrahmen:
Rahmenvereinbarung der KMK zur Ausbildung an Berufsfachschulen i. d. jeweils aktuellen Fassung mit vorgegebener Rahmenstundentafel.

Zugang:
Realschulabschluss oder gleichwertiger Bildungsstand
* sichere naturwissenschaftl. + mathematische Basis (ggf. Auswahlverfahren nach RL der Kultusmin.)
* notwendig ist ein gutes Farbsehvermögen
* zwingend gesundheitliche Eignung für Laborarbeiten
* kein Vorpraktikum oder Laborpraktikum erforderlich

Ausbildungsdauer:
Zwei Jahre Vollzeit an Berufskollegs (BW), BFS; Höheren BFS (RP) mit 39 Wochenstunden (BW + RP) inklus. Erwerb der FHR: Insg. ca 3.200 h, davon: Allgemeinbildend 400 h; Erwerb der FH-Reife 400 h; fachpraktisch/labortechnische Ausbildung 1.200 h, Fachtheorie 1.200 h.

Abschlussprüfung + Anerkennung:
Staatliche Prüfung mit theoret. + praktischen Teil nach Vorgaben der Landesverordnung; fakultativ Erwerb der Fachhochschulreife (FHR) nach Ländervorgaben, Abschlussbezeichnung: ‚staatlich geprüfte(r) Chemisch-technische(r) Assistentin / Assistent'.

Arbeitsaufgaben (Stichworte):
CTA entlasten als qualifizierte Mitarbeiter die Wissenschaftler; führen nach kurzer Anweisung auch selbstständig wissenschaftliche Arbeiten durch; wenden erlernte Verfahren problembezogen und eigenverantwortlich an und übertragen sie auf neue Problemstellungen. – Im Detail:
LABOR: Bereiten Proben vor, stellen Geräte + Materialien selbstständig zusammen, wenden übliche Nachweismethoden an; überwachen Versuchsabläufe; erstellen Protokolle und mathematisch-statistische Analysen unter Einsatz der IT-Technik/der EDV,
PRODUKTION: Untersuchung von Roh-, Zwischen-, Fertigprodukten, Versuchsreihen zur Produktentwicklung, Prozesskontrolle samt Rückkopplung mit Produktion; Kennen und Beachten gesetzliche Regelungen/Vorgaben.

Einsatz nach Branchen:
Wie schon im Jahre 1933 in allen Sparten der chemischen Industrie u. im Produzierenden Gewerbe inkl. Baugewerbe; aber zur Hälfte in Untersuchungsämtern (Behörden), Chem. Instituten u. Ingenieurbüros, Hochschulen/Kliniken u. in den anderen Servicebereichen.

Beruflicher Ansatz/Position / Vergütung
Anstellung als Techn. Angestellte nach den Manteltarifverträgen der einzelnen Branchen. – Eingangsstufe im öff. Dienst ist BAT VIb, mit Aufstieg in Verg.Gruppe V oder IV. Als Beamte/Beamtin i. d. R. im mittleren Dienst.

---

[1] Quelle: RAVAV, Berlin (Hg.): Handbuch der Berufe, 3.Bd., Leipzig 1933, S. 84–93

[1] Quelle: BA Nürnberg: Blätter zur Berufskunde, Band 2, Heft l D 18–CTA; Bielefeld (Bertelsmann) 1998

So ist die Zahl der Schüler an den privaten beruflichen Schulen 1992–2003 insgesamt um ca. 90.000 auf rund 215.000 angestiegen, aber am stärksten an den Berufsfachschulen von 40.400 auf 98.200. Von den Absolventen mit Berufsabschluss der Vollzeitschulen kamen im Jahre 2005 aus Privatschulen (Schulen in freier Trägerschaft) bei den
– Berufsfachschulen, die nach KMK-Rahmenvereinbarungen ausbilden, 35,6 %;
– Berufsfachschulen, die nach BBiG/HwO ausbilden, 27,6 %;
– Schulen des Gesundheitswesens dagegen 63,9 %.

Ein Vorteil privater Schulen kann darin bestehen, dass sie – über die Rahmenvorgaben der Stundentafeln hinaus – jederzeit neue Gebiete aufzunehmen vermögen. Im Bemühen, ihren Schülern gute Startchancen im Beruf zu sichern, wird diese Möglichkeit auch von vielen genutzt. In die gleiche Richtung zielt die Formulierung im Gesetz für Schulen in freier Trägerschaft (Privatschulgesetz) Baden-Württembergs vom 19.07.1979, in dessen § 1 festgehalten ist:

„Schulen in freier Trägerschaft dienen nach Maßgabe des Grundgesetzes ... und der Verfassung des Landes ... der öffentlichen Aufgabe, als Ersatz- oder Ergänzungsschulen das Schulwesen des Landes zu bereichern. Sie ergänzen das Angebot freier Schulwahl und fördern das Schulwesen durch besondere Inhalte und Formen der Erziehung und des Unterrichts."[150]

Wie zuvor dargestellt, sind die Schulberufe zumeist der mittleren Qualifikationsebene zuzuordnen, da die Ausbildung in der Regel auf dem mittleren Bildungsabschluss aufbaut. Über die Jahre hinweg sind im weiten Feld der Assistenten- und Gesundheitsberufe die Anteile an Abiturient/innen deutlich gewachsen. In einzelnen Ausbildungsgängen und Ländern wurde das Abitur fast Regelzugang, so beispielsweise bei Logopäden oder Ergotherapeuten. *Schulberufe als Qualifikationen der mittleren Ebene*

Die Ausbildung in den Assistentenberufen bietet meist die Möglichkeit, durch Zusatzunterricht mit staatlicher Abschlussprüfung im Beruf zugleich die Fachhochschulreife zu erwerben. In einschlägigen Fachrichtungen, etwa der Natur- und Ingenieurwissenschaften, wird dadurch der Weg zu einem zügig absolvierten Hochschulstudium der einschlägigen Disziplin frei.

Schwierigkeiten gab und gibt es bei der internationalen Anerkennung der Zertifikate in den anderen EU-Ländern, und zwar dadurch, dass dort derartige Ausbildungsgänge unbekannt sind, die auf einem mittleren Bildungsniveau aufbauen und – wie es die Rahmenvereinbarungen der KMK vorsehen – der praktischen Ausbildung in Labors und Werkstätten dasselbe Stundendeputat zumessen wie der Vermittlung der theoretischen Grundlagen und der Aufstockung der Allgemeinbildung. Dies führte über die Jahre mehrfach zu Diskussionen in EU- *Einstufung auf EU-Ebene*

---

[150] Zitiert nach Holfelder/Bosse: Schulgesetz für Baden-Württemberg. Handkommentar und Nebenbestimmungen. 7. Aufl. Stuttgart/München/Hannover 1984, S. 316

Gremien, so im Jahre 1992 bei der Verabschiedung der Richtlinie 92/51/EWG, die um einen Anhang D ergänzt wurde. Zu den Hintergründen bemerken Richard Koch und Manfred Tessaring:

> „Kontroversen traten insbesondere wegen der einseitigen Orientierung der EU am romanischen Bildungswesen durch die Benachteiligung der EU-Staaten auf, deren berufliches Bildungssystem – und hier vor allem das System der anerkannten Ausbildungsberufe in Deutschland, ... – mangels Abitur zum Niveau 1 gerechnet wird. Um hier zu einer annähernden Gleichbehandlung zu kommen, wurde der EG-Richtlinie (92/51/EWG) ein Anhang D für Deutschland beigefügt."[151]

Des Weiteren halten die Autoren fest (ebd., S. 98), zu den Ausbildungen, die nach diesem Anhang unter das mittlere Niveau 2 fielen, gehörten neben den staatlich geprüften Technikern u. dgl. „die den mittleren Bildungsabschluss und eine Ausbildung an einer Berufsfachschule voraussetzenden Ausbildungen (vor allem Assistentenberufe)".

Mit dem Europäischen Qualifikationsrahmen (EQR), der bis 2011 in nationale Qualifikationsrahmen umgesetzt werden soll und dem die Mitgliedsstaaten alle Bildungsgänge zuzuordnen haben, stellt sich die angesprochene Frage der Anerkennung von Abschlüssen in anderen EU-Staaten erneut, insbesondere vor dem Hintergrund, dass die einschlägigen Ausbildungsgänge in den EU-Staaten – wie mehrfach erwähnt – dem Hochschulbereich zugehören und damit dann der Stufe 5 des EQR direkt zugeordnet werden können. Es wird noch zu klären sein, wie dem Umstand Rechnung zu tragen ist, dass die deutschen Assistenten, etwa der Naturwissenschaften oder der Medizin, ihrer Tätigkeit, ihrer Selbstständigkeit und ihrer Eigenverantwortung nach den ausländischen Kollegen und Kolleginnen gleichzustellen wären. Das Institut der deutschen Wirtschaft, Köln, stellte fest: „Angesichts der freien Mobilität der Arbeitskräfte in der Europäischen Union hat das EU-Ranking durchaus Gewicht – ... Eine unterschiedliche Bewertung bringt zwangsläufig Sand ins Getriebe und bremst die errungene EU-weite Freizügigkeit."[152]

---

[151] Lt. Koch, Richard/Tessaring, Manfred: Berufsabschlüsse im Europäischen Vergleich. In: Alex, L./Stooß, F.: Berufsreport. Berlin 1996, S. 92–98

[152] Entnommen bei Rothe, G.: Die Systeme beruflicher Qualifizierung Deutschlands, Österreichs und der Schweiz im Vergleich. Kompendium zur Aus- und Weiterbildung unter Einschluss der Problematik Lebensbegleitendes Lernen. Wien/Luzern/Villingen-Schwenningen 2001, S. 514

5.2.3 Dualsystem und berufsqualifizierende Vollzeitschulen im Bildungsgesamtsystem

Wird in Deutschland von Bildung gesprochen, geht es fast immer um Allgemeinbildung. Verlautbarungen oder Stellungnahmen zu aktuellen Problemen bestätigen dies immer wieder, u. a. jüngst in der ZEIT, in der namhafte Wissenschaftler – außerhalb der Berufs-/Wirtschaftspädagogik – dazu aufrufen, mit dem Streit um das deutsche Schulsystem Schluss zu machen und forderten, das dreigliedrige Schulsystem durch eine ‚Zwei-Wege-Lösung' zu ersetzen, die „alternative Zugänge zu allen Schulabschlüssen bietet". Das berufliche Schulwesen blieb also unberücksichtigt.[153]

Allgemeinbildung im Zentrum

Der sich abzeichnende gravierende Akademikermangel wird zum Dreh- und Angelpunkt des oben skizzierten Zwei-Stufen-Konzepts, allerdings ohne auf derzeit noch beschwerliche Wege einzugehen, die über berufliche Schulen zur Fachhochschule und Universität führen. Nicht thematisiert wird in diesem Kontext, dass die hohen Abiturientenquoten anderer Staaten – etwa in Österreich, der Schweiz und in Frankreich – dadurch erreicht werden, dass im Verbund von Berufsbildung und Allgemeinbildung ein zweiter, breiter Weg in den tertiären Bildungsbereich geschaffen wurde. So stellt sich die Frage: Kann es sich Deutschland länger leisten, außerhalb des Gymnasiums keinen direkten Weg von der Berufsausbildung zur Hochschulreife anzubieten?

Zwei Wege in den tertiären Bereich

Die einseitige Akzentuierung des allgemein bildenden Schul- und Hochschulwesens ist historisch gewachsen, und zwar nach der traditionellen Auffassung, die von der Trennung Bildung als zweckfrei und Ausbildung als allein zweck- und praxisbezogen ausgeht. In den nach 1945 formulierten Verfassungen der Länder und auch im Grundgesetz sind diese Vorstellungen noch erkennbar. Bei aller sonst vorherrschenden Orientierung an den USA und anderen internationalen Trends, blieb in Deutschland die Trennung zwischen reiner Menschenbildung (Humboldt) und Ausbildung als (bloße) Erwerbsbefähigung des Einzelnen für das Arbeitsleben bis heute erhalten.

Weichenstellung in Verfassungen

Zwar stellt das Grundgesetz mit Artikel 7 das gesamte Schulwesen unter die Aufsicht des Staates; die Berufsbildung ist allerdings an keiner Stelle erwähnt. Noch immer wird die Zuständigkeit des Bundes für die betriebliche Ausbildung allein aus Art. 74, Ziffern 11 und 12 GG abgeleitet, die auf das Wirtschafts- und Arbeitsrecht bezogen sind. Dies hat u. a. zur Folge, dass nach den Landesverfassungen zwar das Recht auf Bildung festgeschrieben wird und die Länder und Kommunen verpflichtet sind, öffentliche Bildungssysteme zu schaffen. Im Bereich der beruflichen Bildung stehen allein die Teilzeitberufsschulen im Vordergrund. Ihren Niederschlag findet diese Situation darin, dass die Verantwortung für die betriebliche Ausbildung mit dem Berufsbildungsgesetz (BBiG) der Wirtschaft ob-

Getrenntes Berufsbildungssystem

---

[153] Vgl. DIE ZEIT Nr. 48 vom 22.11.2007, S. 89: Schluss mit dem Streit! Wie Deutschlands Schulsystem reformiert werden muss – ein Aufruf.

liegt und bis heute Regelungen fehlen, die festschreiben, welche Vorbildung jeweils für die Ausbildungsberufe im dualen System erforderlich ist. So blieb der Lehrabschluss jenseits der durch staatliche Prüfungen vergebenen Berechtigungen und Zugangsmöglichkeiten zu höheren Bildungsstufen ein Zertifikat der Wirtschaft. Auf die daraus resultierenden Besonderheiten des nach Bildung einerseits und bloßer Ausbildung andererseits getrennten deutschen Bildungsgesamtsystems wird nachstehend eingegangen.

a) Zuordnung von Bildungsgängen und Abschlüssen nach Stufensystemen

Deutsche Besonderheiten nach der ISCED

Schon früh haben sich die Mitgliedsstaaten der UNESCO darauf verständigt, die auf der nationalen Ebene unterschiedenen Bildungsstufen nach einer einheitlichen Systematik, der ISCED, zu untergliedern. Ihre Definition der Stufen wie Primarbereich, Sekundarbereich I und II und Tertiärer Bereich haben sich längst auch in Deutschland durchgesetzt, u. a. in der Schulstatistik und in Fachbeiträgen. Die ISCED wurde inzwischen mehrfach an die Entwicklung der Bildungslandschaft angepasst, zuletzt im Jahre 1997. Sie unterscheidet ohne Tiefengliederung und durch die deutschen Bezeichnungen ergänzt wie folgt[154]:

- 0 Vorprimarstufe — Vorschulerziehung
- 1 Primarbereich — Grundschule
- 2 Sekundarbereich I — Haupt-, Realschule, gymnasiale Unterstufe
- 3 Sekundarbereich II — gymnasiale Oberstufe
- 4 Postsekundärer, nicht tertiärer Bereich — ./.
- 5 Tertiärer Bereich (Stufe 1) — Fachhochschulen/Universitäten
- 6 Tertiärer Bereich (Stufe 2) — Promotion, Habilitation an Universitäten

Das allgemein bildende Schulwesen Deutschlands lässt sich nach ISCED ohne Schwierigkeiten zuordnen. Dessen ungeachtet treten Besonderheiten hervor: Die Dreigliederung nach Haupt-, Realschule und gymnasialer Unterstufe bildet die ISCED-Stufe 2 nicht ab.

Von der SEK II in den Beruf

International gilt die SEK I als Pflichtschulbereich, an den sich in voller Breite die Bildungswege der SEK II anschließen, die in zwei bis zu fünf Schuljahren zu einem Abschluss führen, der auf

- ISCED-Stufe 3A Studiengänge des Tertiärbereichs 5A erschließt,
- ISCED-Stufe 3B als Vorstufe zu Studiengängen der Stufe 5B angelegt ist oder
- ISCED-Stufe 3C den direkten Einstieg ins Arbeitsleben (also u. a. auch ins betriebliche Lehrverhältnis) eröffnet.

Die ISCED geht demnach von Vorstellungen aus, die den deutschen Gegebenheiten weitgehend fremd sind, unterstellt sie doch, das Bildungssystem biete allen Jugendlichen Schulabschlüsse in einem System an, in dem allgemeine und berufsbildende Formen in gleicher Weise Wege in den Hochschulbereich, in betriebsgebundene Qualifizierung bzw. ins Arbeitsleben eröffnen.

---

[154] Vgl. Pauli, W.: Die Ebeneneinteilung der ISCED; in: Rothe, G.: Alternanz, die EU-Konzeption für die Berufsausbildung. Karlsruhe 2004, S. 147–153

Der Übergang von der SEK I in eine Erwerbstätigkeit, zu der u. a. die betriebliche Lehre zählt, erweist sich als deutsche Besonderheit; sind doch damit – für den größeren Teil des Jahrgangs – Chancen verwehrt, die Allgemeinbildung bis zur Hochschulreife in einer differenzierten SEK II aufzustocken. Eine weitere Besonderheit ist, dass die vollzeitschulische Berufsausbildung an Berufsfachschulen und Schulen des Gesundheitswesens weitgehend auf dem Realschulabschluss aufbaut und die volle Hochschulreife i. d. R. allein über Gymnasien erteilt wird, mit all den negativen Folgen, die Wissenschaftler im eingangs erwähnten Aufruf zur Schulreform vehement beklagen.

Postsekundäre Stufe

Einen postsekundären Bereich (ISCED-Stufe 4) kennt das deutsche Schulwesen nicht. Schulen dieses Niveaus zählen allesamt zum beruflichen Schulwesen. Sie eröffnen, wie später noch zu zeigen sein wird, nur in einem engen Korridor den Hochschulzugang. Weithin erscheinen auch die Kriterien, die das BMBF zur Abgrenzung der ISCED-Stufe 4 nennt, eher diffus; danach gilt:[155]
- Es handelt sich um einen Grenzbereich jenseits der SEK II.
- Die Teilnehmer sind im Allgemeinen älter als im SEK II.
- Auch wenn die Inhalte nicht anspruchsvoller sind als bei der SEK II, erweitern sie doch den Kenntnisstand der Teilnehmer.

Ein Merkmal fehlt dabei, und zwar der über die ISCED Stufe 4 sich erschließende volle Hochschulzugang.

Heterogene Bildungsziele

Im Laufe der letzten Jahrzehnte wurde das berufliche Schulwesen in Deutschland immer stärker diversifiziert. Mit dem Ziel, akute Defizite im Bildungssystem aufzufangen, etwa beim Übergang in Arbeit und Beruf, wurden neue Formen geschaffen. Das berufliche Schulwesen erwies sich als flexiblerer Teilbereich, der weiter ausgebaut werden konnte. Die heute bestehende Dreiteilung legte bereits die Reichsgesetzgebung im Jahre 1937 fest:
- Berufsschulen mit Pflichtbesuch durch Lehrlinge und Jungarbeiter
- freiwillig besuchte Berufsfachschulen, teil- oder vollqualifizierend und
- freiwillig besuchte Fachschulen, als Aufbaustufe auf der Lehre

Eine fundierte Datenbasis für die berufliche Bildung insgesamt ist nur partiell vorhanden. Auf diese Unzulänglichkeiten geht der Beitrag von Friedemann Stooß ein (vgl. S. 468).

Ausbau von „Warteschleifen" als Besonderheit

Wie die Übersicht 5 zeigt, ordnet Deutschland die beruflichen Schulen i. d. R. der SEK II zu. Gemessen an den Kriterien, die die ISCED für die Abgrenzung der Stufen 0–6 festlegte, gibt es allerdings Ungereimtheiten[156]: Das BVJ, das BGJ und die zweijährigen Berufsfachschulen bieten Allgemeinbildung nur auf dem SEK I-Niveau und verbinden dies mit der Einführung in Berufsfelder oder Grundbildung in einem Berufsfeld.

---

[155] Vgl. BMBF, Berlin/Bonn (Hrsg.): Grund- und Strukturdaten – Ausgabe 2005, S. 444.
[156] Vgl. BMBF, a.a.O., S. 444

Übersicht 5:
Das berufliche Schulwesen in Deutschland – Schulformen nach der ISCED von 1997 geordnet

Schulform	Bildungsniveau/-ziel/-inhalt	Eintritte 2005 Anteile in %[1]	ISCED-Stufe
BVJ -Berufs-vorbereitungsjahr	Hauptschulniveau mit Einführung in mehrere Berufsfelder	77.667 8,3 %	SEK II – 3C: Übergang in Ausbildung / Arbeitsstelle
BGJ - Berufs-grundbildungsjahr	Hauptschulniveau mit Grundbildung in einem Berufsfeld als 1. Lehrjahr[2]	50.137 5,3 %	SEK II – 3C: ausgelegt auf Übergang ins 2. Lehrjahr
Berufsschule im dualen System in Teilzeitform	Allgemeinbildung bis zum SEK I-Abschluss + fachlich-theoretische Begleitung der Lehre im Betrieb	550.180 58,6 %	SEK II – 3C: Lehrabschluss-prüfung (Kammern) bietet keinen Zugang zur Stufe 5
BFS – Berufs-fachschule (berufsfeldzentriert)	Allgemeinbildung in 2 Jahren zur Mittleren Reife (SEK I) + Grund-bildung in einem Berufsfeld	202.869 21,6 %	SEK II – 3C: Bietet i. d. R. nur Übergang in Ausbildung, nicht in gym. Oberstufe[3]
FS - Berufs-Fachschule (voll berufsqualifizierend)	Zugang i. d. R. auf Realschulebene + volle Berufsausbildung nach KMK-Regelungen, fakultativ FH-Reife	136.440[4] 14,5 %	SEK II – 3C bei Übergang in Arbeit / SEK II – 3A bei Erwerb der FH-Reife
FOS - Fach-Oberschule	Führt mit Realschul- u. Lehr-schluss zur Fachhochschulreife	58.644[5] 6,2 %	national SEK II – 3A, aber postsekundärer Charakter
BOS [TOS] Berufsoberschule [Techn. Oberschule]	Auf Realschul- und einschlägigem Lehrabschluss aufbauend und ver-mitteln die Fachhochschulreife	. .	national SEK II – 3A, aber mit postsekundären Merkmalen der Stufe 4
Fachgymnasien [Wirtschafts- / Techn. Gymnasien]	Führen von der Mittleren Reife aus bei berufsfeldbezogener Ausrich-tung in 3 Jahren zum Abitur	. .	SEK II – 3A (Regelzugang); bei vorangehendem Berufs-abschluss ISCED-Stufe 4
FS Fachschule	Zugang: Lehre + Berufspraxis; 2-jährige Aufstiegsfortbildung für gehobene Positionen	.	Stufe 4 – postsekundär Abschluss bietet i. d. R. Zugang zum FH-Studium
Fachakademie (nur in Bayern)	Weiterbildung auf gehobenem Niveau; Zugang wie Fachschule	.	Stufe 4 – postsekundär mit FH-Zugang
Schulen des Gesundheits-wesens[6]	Mit mittlerer Reife / Abitur Aus-bildung in Pflege-/Gesundheits-berufen nach Bundesgesetzen	47.495 5,1 %	Zuordnung nicht eindeutig; Abschlüsse vom BMBF teils Stufe 5B zugeordnet

[1] Daten lt. Berufsbildungsbericht 2007, S. 101, absolut und in Prozent, gemessen an den Anfängern 2005 aus allgemein bildenden Schulen, woraus sich bei ausgewiesenen insgesamt 1.123.432 Eintritten 119,6 % ergeben.
[2] Vielfach wird aber seitens der Betriebe der Besuch des BGJ nicht als erstes Lehrjahr angerechnet.
[3] Der Abschluss 2-jähriger BFS ist dem Realschulabschluss gleichgestellt; zur Hochschulreife führen aber nur – soweit in den Ländern ausgebaut – die dreijährigen Fachgymnasien.
[4] Darunter 16.194 Eintritte in die Lehre ersetzende Berufsfachschulen, die nach BBiG ausbilden.
[5] Angegeben sind a.a.O. (Berufsbildungsbericht 2007) nur die Eintritte in das 11. Schuljahr an den FOS, das – soweit kein Lehrabschluss vorliegt – Allgemeinbildung mit fachpraktischer Ausbildung kombiniert.
[6] Die Schulen des Gesundheitswesens sind i. d. R. keine Schulen im Sinne der Länderschulgesetze, da sie den Sozialministerien unterstellt sind.

Quelle: BMBF Berlin / Bonn (Hg.): Grund- und Strukturdaten 2005, Seiten 46-47 und 444

Es gehört zu den Besonderheiten des deutschen Systems, dass im allgemein bildenden Sektor Jugendlichen mit schwächeren Schulleistungen, deren Übergang in eine Ausbildungs- oder Arbeitsstelle unsicher erscheint, keine gezielte Förderung geboten wird. Aufgaben dieser Art überließ man den beruflichen Schulen. So waren Auffangpositionen für nicht zum Zuge gekommene Lehrstellenbewerber zu schaffen, die dann bald als „Warteschleifen" bezeichnet wurden. Bei dem anhaltenden Lehrstellenmangel kamen weithin auch zweijährige Berufsfachschulen (BFS) hinzu, die seit Jahrzehnten schon über berufliche Grundbildung zur Mittleren Reife (Fachschulreife) führten.

Nachholen von Schulabschlüssen

Aus internationaler Sicht stellen die genannten Schulen, die über das SEK I-Niveau nicht hinausführen, keine echte SEK II-Stufe dar, zumal das hohe Stundendeputat an allgemeiner Bildung im BVJ/BGJ nachträglich erst zum Hauptschulabschluss und bei den BFS nur zur Mittleren Reife führen soll, was den SEK I-Charakter unterstreicht.

Ganz anders ist Österreich vorgegangen, als vor Jahrzehnten das neunte Pflichtschuljahr einzuführen war. Die vierjährige Hauptschule wurde als SEK I beibehalten. Auf ihr bauen – voll ins Gesamtbildungswesen integriert – die zwei- oder dreijährige Berufsbildende Mittlere Schule (BMS) und die zum Abitur (zur Matura) führende fünfjährige Berufsbildende Höhere Schule (BHS) auf, deren erstes Jahr jeweils als neuntes Pflichtschuljahr zählt. Schüler/innen, die nicht in BMS oder BHS wechseln, absolvieren das 9. Schuljahr an der Polytechnischen Schule, die fest in der SEK I verankert ist und gezielt auf den Lehreintritt vorbereitet.[157]

Die aufgeblähte Sekundarstufe

Aus den Zahlen des Berufsbildungsberichts 2007, die in Übersicht 5 ausgewiesen sind, wird der Ausschnitt erkennbar, der nach ISCED Stufe 3C (der SEK II) eine Qualifikation vermittelt, die den Zugang zum Erwerbsleben erschließt oder – in einem sehr schmalen Ausschnitt – additiv, auf ISCED Stufe 3A, den Zugang zur Fachhochschulebene. Addiert man die im Berufsbildungsbericht 2007 enthaltenen Daten, erhält man als Gesamtsumme 1.123.432 Neueintritte; bei den Anteilswerten am Schulentlassjahrgang dann zusammen 119,6 %.[158]

Auf europäischer Ebene entsteht aus solchen Zahlen der Eindruck, in Deutschland sei die SEK II primär berufsbildend angelegt, nur ein kleiner Anteil der 17-Jährigen (ca. 240.000 Schüler/innen) besuchte die gymnasiale allgemein bildende Oberstufe.[159] Der ISCED Stufe 3 wäre aber streng genommen nur der Ausschnitt zuzurechnen, der direkt ins Berufsleben oder – im Verbund damit – fakultativ zur Hochschulreife führt, also 734.115 Eintritte in reguläre betriebliche

---

[157] Vgl. Rothe, G.: Die Systeme beruflicher Qualifizierung Deutschlands, Österreichs und der Schweiz im Vergleich. Villingen-Schwenningen 2001, S. 109 ff.
[158] Vgl. BMBF, Berlin/Bonn (Hrsg.): Berufsbildungsbericht 2007, S.101
[159] Vgl. BMBB Bonn/Berlin (Hrsg.): Grund- und Strukturdaten 2005/06, S. 31

Berufsausbildung mit (Teilzeit-)Berufsschulbesuch und die vollqualifizierende schulische Ausbildung, denn, von den 1.123.432 Eintritten des Jahres 2005 in berufliche Schulen (Vollzeit und Teilzeit) entfallen auf[160]:

- berufliche Schulen, die auf eine Ausbildung vorbereiten und Allgemeinbildung auf der SEK I anbieten   330.673   29,4 %
- Fachoberschulen, die mit SEK II-Abschluss (ISCED Stufe 3C) junge Erwachsene zwecks Erwerb der Fachhochschulreife besuchen   58.644   5,2 %
- verbleiben für die vollqualifizierende Berufsausbildung   734.115   65.4 %

                                                 1.123.432   100,0 %

Der Kernbereich des beruflichen Schulwesens in Deutschland, der nach ISCED primär ein Zertifikat der Stufe 3C vermittelt, bleibt streng genommen auf die Teilzeitberufsschulen und die vollqualifizierenden beruflichen Schulen beschränkt.

Beschwerliche Wege in die Hochschule   Die Weichen dafür, welcher Bildungsweg eingeschlagen werden soll, werden in Deutschland, wie oft beklagt, noch immer am Ende der Grundschulzeit gestellt. Für diejenigen, die den Übergang aufs Gymnasium nicht schaffen, ergibt sich ein langer, mühsamer Weg zur Hochschule. Dies sei anhand von drei Beispielen demonstriert:

- Einen direkten Zugang bietet nach der Realschule nur die zweijährige Ausbildung an einer vollqualifizierenden Berufsfachschule, die neben dem Berufsabschluss fakultativ die Fachhochschulreife vermittelt; nach 12 Schuljahren kann dann damit ein Bachelorstudium aufgenommen werden.
- Mit Realschulabschluss – 3- oder 3½-jähriger Lehrzeit – 12. Klasse Fachoberschule – Fachhochschulreife wird nach 14 oder 14½ Jahren zwar ein regulärer Berufsabschluss, aber wiederum lediglich die Fachhochschulreife erreicht.
- Im schmalen Korridor Hauptschule – zweijährige Berufsfachschule – drei Jahre Fachgymnasium – Abitur, der in den Ländern nur partiell ausgebaut ist, wird nach 14 Schuljahren die Studienberechtigung erworben.

Stufenordnungen der EU   Die EU befasst sich schon seit längerer mit der Zuordnung nationaler Berufsbildungsabschlüsse zu Bildungsstufen, insbesondere im Zusammenhang mit der Mobilität der Arbeitskräfte. Das erste Stufensystems datiert vom Jahre 1985 und umfasst fünf Ebenen.

Heute steht der Europäische Qualifikationsrahmen (EQR) mit acht Stufen im Zentrum der Aktivitäten zur Schaffung eines europäischen Bildungsraums. Leitgedanken sind die Orientierung an Lernergebnissen, also erworbenen Kompetenzen, und die Möglichkeit des Aufstiegs über das formale und informelle Lernen. Deutschland ist gefordert, alle Bildungs- und Berufsbildungsabschlüsse dem EQR zuzuordnen und dabei insbesondere eine adäquate Einstufung der

---

[160] Entnommen aus Berufsbildungsbericht a.a.O., S. 101

betriebsgebundenen Ausbildung zu erreichen, die trotz undifferenzierter Zugangsbedingungen de facto Ausbildungsberufe mit sehr unterschiedlichem Anforderungs- und Abschlussniveau beinhaltet und Schulabgänger mit verschiedenartigem Vorbildungsniveau rekrutiert.

b) Struktur der Berufsbildungsgänge

In den meisten Ländern werden die Berufsbildungsgänge des Dualsystems und der vollzeitschulischen Ausbildung einer Qualifikationsstufe zugeordnet. Auf beiden Wegen ist der Ausbildungsgang in kleinere, zertifizierbare Einheiten (Bausteine/Module) strukturiert, die ohne größeren Aufwand an veränderte Rahmenbedingungen angepasst werden können. In Deutschland sind derartige Voraussetzungen bislang nicht gegeben. Die Ausbildungsberufe für das Dualsystem folgen – wie nachstehend in einem ersten Punkt skizziert wird – in ihrer Struktur den spezifischen Gegebenheiten der jeweiligen Wirtschaftszweige, was dazu führt, dass recht verschiedenartige Zuschnitte der Ausbildungsgänge bestehen. Die „Schulberufe" werden von den Kultusministerien bzw. im Gesundheitsbereich vom Bund strukturiert, wobei – wie im zweiten Punkt beschrieben – ebenfalls unterschiedliche Wege eingeschlagen werden.

Baukastenkonzept als EU-Standard

Aufbau der Ausbildungsgänge im deutschen Dualsystem
Nach der Ordnungsarbeit des BiBB lassen sich bei den Ausbildungsberufen folgende Formen unterscheiden[161]:

Unterschiedliche Formen von Ausbildungsberufen

– *Monoberufe ohne Spezialisierung nach Schwerpunkten oder Fachrichtungen*, die auf ein Gewerbe/eine Branche bezogen sind, wie z. B. Bäcker/in, Landwirt/in, Geigenbauer/in, Fotograf/in, Friseur/in.
– *Berufe ohne Spezialisierung*, die aber breit und branchenübergreifend angelegt sind, wie z. B Industriekaufleute, Bürokaufleute, Verkäufer/in, Mechatroniker/in.
– *Auf ein Arbeitsgebiet und/oder auf eine einzelne Branche bezogene Berufe* mit interner Differenzierung nach Schwerpunkten, wie z. B. Kfz.-Mechatroniker/in (Schwerpunkte: Fahrzeugkommunikationstechnik, Motorradtechnik, Nutzfahrzeugtechnik, Personenkraftwagentechnik); Feinwerkmechaniker/in (Schwerpunkte: Maschinenbau, Feinmechanik, Werkzeugbau); Mikrotechnologe/-technologin (Schwerpunkte: Halbleitertechnik, Mikrosystemtechnik).
– *Auf ein Arbeitsgebiet und/oder eine Branche bezogene Berufe*, differenziert nach Fachrichtungen wie z. B. Gärtner/in (mit sieben Fachrichtungen: Baumschule ... -> Zierpflanzenbau); Groß- und Außenhandelskaufleute (Fachrichtungen: Außenhandel, Großhandel); Metallbauer/in (Fachrichtungen: Konstruktionstechnik, Metallgestaltung, Nutzfahrzeugbau).

---

[161] Quelle: BERUF AKTUELL 2007/08

- *Auf ein Arbeitsgebiet zentrierte Berufe* ohne Spezialisierung nach Schwerpunkten oder Fachrichtungen, die über Wahlqualifikationseinheiten eine flexible Ausbildungsstruktur aufweisen, wie z. B. Biologie-, Chemie-Laboranten/innen, Mediengestalter/in.
- *Gestufte Ausbildungsberufe in der Bauwirtschaft*, wie z. B. Hochbaufacharbeiter/in -> Maurer/in, Beton- und Stahlbetonbauer/in u .a., Ausbaufacharbeiter -> Zimmerer/in, Stuckateur/in, Estrichleger/in u.a.

Neuordnungs-Konzepte Das Kuratorium der deutschen Wirtschaft für Berufsbildung (KWB) analysierte die vom Jahre 2000 bis 2006 erfolgten insgesamt 142 Neuordnungen anerkannter Ausbildungsberufe und ordnete sie nach den verschiedenen Strukturkonzepten. Danach wurden 76 Berufe – also über die Hälfte – als Monoberufe, 25 mit Fachrichtungen, 16 mit Einsatzgebieten und jeweils 13 mit Wahlqualifikationen oder Schwerpunkten neu geordnet; die Berufe Drucker und Kaufmann für Versicherungen und Finanzen haben sowohl Wahlqualifikationen als auch Fachrichtungen. Die folgende Tabelle 11 zeigt dies im Überblick[162]:

Tabelle 11:
Struktur der neu geordneten Ausbildungsbildungsberufe

Jahr	Neuordnungen gesamt	Monoberuf	Einsatzgebiete	Schwerpunkte	Wahlqualifikationen	Fachrichtungen	Stufung/ Anrechnung	mit gemeins. (Kern-) Qualifikationen
2006	20	12	1	2	1	4	1	1
2005	24	18	1	1	1	3	3	2
2004	30	13	5	3	3	6	5	3
2003	26	10	7	2	-	7	1	2
2002	19	10	2	5	1	1	-	1
2001	11	7	-	-	2	2	-	1
2000	12	6	-	-	5	2	-	1
gesamt	142	76	16	13	13	25	10	11

Wie das Kuratorium weiter feststellt, entspricht bei den im Zeitraum von 1996 bis 2006 neu geschaffenen Berufen die Verteilung der Strukturkonzepte den Neuordnungen insgesamt; weit über die Hälfte der neuen Berufe sind Monoberufe. Jeder zehnte hat Einsatzgebiete oder Schwerpunkte. Wahlqualifikationen finden sich bei neuen Berufen selten.[163]

Flexible Lösungen Nach Auffassung des KWB gibt es kein einheitliches Strukturmodell, das allen Qualifikationsanforderungen und –profilen gleichermaßen entspricht. Es betont,

---

[162] Kuratorium der deutschen Wirtschaft für Berufsbildung: Mehr Flexibilität, Durchlässigkeit, Praxisbezug. Neue Impulse für die berufliche Bildung. Dokumentation. Workshop 5. April 2006, Essen, RWE AG. Bonn 2006, S. 5
[163] Ebd.

dass die Ausbildungsstrukturen erheblichen Einfluss auf die Akzeptanz bei Betrieben und Bewerbern haben und somit Angebot und Nachfrage nach Ausbildungsplätzen unmittelbar beeinflussen. Alle Strukturvarianten und deren Kombinationen sollen umfassend geprüft werden, um optimale Lösungen zu finden. Generell ist auch zu berücksichtigen, dass nicht mehr das gesamte Know-how für das Berufsleben in der Erstausbildung erworben werden muss, da im Konzept des lebenslangen Lernens eine ständige Weiterentwicklung nötig ist.[164]

In den Neuordnungsverfahren der letzten Jahre zeichnet sich ab, dass zunehmend betriebliche Spielräume bei der Gestaltung der Berufsausbildung eröffnet werden. Damit sollen auch neue Betriebe für die Ausbildung gewonnen werden. Allerdings stellt sich hierbei die Frage, inwiefern sich eine derartige Flexibilisierung mit dem Prinzip der breit angelegten beruflichen Grundbildung gemäß BBiG 1969 vereinbaren lässt. Im novellierten BBiG vom Jahre 2005 ist zwar von der Vermittlung beruflicher Handlungsfähigkeit die Rede, doch auch dies impliziert die Vermeidung einer zu speziellen Qualifizierung.[165]   *Vergrößerung betrieblicher Spielräume*

Ein Ansatz zu einer modularen Gliederung der Ausbildungsinhalte und der Unterrichtsinhalte der Berufsschule lässt sich in dem Modellversuch „Contrôle continu" erkennen. Dieser ist in dem Beitrag von Rolf Sitzmann in kurzgefasster und auf die zentralen Fragen und Ergebnisse begrenzter Form beschrieben (vgl. S. 473). Es handelte sich um ein mit Frankreich abgestimmtes Vorhaben, das im Rahmen des 1963 geschlossenen Vertrages über die deutsch-französische Zusammenarbeit von 1975 bis 1980 auf deutscher Seite mit Ausbildungsbetrieben und Berufsschulen an insgesamt sieben Standorten in Baden-Württemberg, Rheinland-Pfalz und im Saarland durchgeführt wurde. Anstoß war in Frankreich wie in Deutschland die als unbefriedigend empfundene Situation, dass die herkömmlichen Abschlussprüfungen erst zum Abschluss der Ausbildung das Urteil über den Ausbildungserfolg ermöglichen.   *Modulare Gliederung im Modellversuch*

Der Modellversuch sollte Antwort geben auf die Frage, ob durch ein System fortlaufender ausbildungsbegleitender Lernkontrollen die Berufsqualifikationen nach den geltenden Ausbildungsordnungen und Lehrplänen mindestens ebenso zuverlässig festgestellt werden können wie durch die herkömmlichen Abschlussprüfungen, ohne dass deren Anforderungen unterschritten werden.   *Zielsetzung: laufende Lernkontrolle*

Gegenstand der laufenden Lernkontrollen waren Ausbildungs- bzw. Lerneinheiten mit klar formulierten Lernzielen. Die Ergebnisse gingen bei zweijähriger Ausbildungsdauer in vier, bei dreijähriger Ausbildungsdauer in fünf Abschnittszeugnisse ein. Für diese waren aus dem Gesamtberufsbild abgeleitete Ab-   *Durchführung*

---

[164] Ebd., S. 18
[165] Vgl. Stender, Jörg: Berufsbildung in der Bundesrepublik Deutschland. Teil 2: Reformansätze in der beruflichen Bildung. Stuttgart 2006, S. 106

schnittsziele formuliert worden. Die Abschnittszeugnisse bildeten dann die Grundlage für die abschließende Feststellung der Gesamtqualifikation durch die zuständige Industrie- und Handelskammer. Voraussetzung für dieses System war eine laufende enge Abstimmung zwischen Ausbildungsbetrieb und Berufsschule. Dafür wurden auf der Basis einer für den Versuch erlassenen „Verordnung über die Entwicklung und Erprobung einer neuen Ausbildungsform" abgestimmte lernzielorientierte Ausbildungs- und Lehrpläne erarbeitet.

Ergebnis Über die betrieblichen und die schulischen Lernkontrollen gingen in die Abschnittszeugnisse und über diese in das Gesamtergebnis betriebliche und schulische Leistungsfeststellungen gleichgewichtig ein.

Für die am Versuch beteiligten Auszubildenden/Berufsschüler konnte das Erreichen der Berufsqualifikation über das System der ausbildungsbegleitenden Lernkontrollen bestätigt werden. Eine Ausweitung des Versuchs bzw. die Übertragung des Verfahrens in das System der beruflichen Erstausbildung in der Bundesrepublik Deutschland erfolgten nicht.

Auf die heutige Vorgehensweise bei der Erarbeitung von Ausbildungsordnungen in Frankreich geht der Beitrag von Werner Zettelmeier ein (vgl. S. 478).

Aufbau der Ausbildungsgänge im deutschen Schulberufssystem

Unterschiede nach Zuständigkeiten Die Ausarbeitung von Ausbildungsregelungen im Schulberufssystem unterscheidet sich vom Vorgehen bei der Erarbeitung von Ausbildungsordnungen für das Dualsystem. Im Grunde genommen gilt in einzelnen Punkten das Resümee, das Hans Albrecht Hesse zieht, auch für schulische Ausbildungswege: „Staatliche Beteiligung an der Berufskonstruktion sieht in den Ausbildungsberufen primär Instrumente zur Sicherung des Arbeitskräftebedarfs ... [und] darin zugleich eine Sicherung individueller Erwerbschancen (auch Versorgungschancen?) und versteht sich insoweit zugleich sozialpolitisch."[166]

Je nach Kompetenzbereich und Tradition, in der einzelne Ausbildungsgänge stehen, werden diese Leitvorstellungen allerdings auf verschiedene Weise umgesetzt, bei den Gesundheitsberufen etwa auf anderen Wegen als bei Ausbildungsgängen, bei denen die Rahmenvereinbarungen der KMK das Ausbildungsberufsbild bestimmen.

Gesundheitsberufe als Sicherstellung hoher Standards Speziell das Gesundheitswesen erweist sich als ein Gebiet, in dem hohe Standards einzuhalten sind, geht es doch bei der Sicherstellung der Gesundheitsvorsorge und der Heilbehandlung um elementare Bedürfnisse der Bevölkerung insgesamt. „Die Zulassung zu ärztlichen und anderen Heilberufen und zum Heilgewerbe, dem Verkehr mit Arzneimitteln, Heil- und Betäubungsmitteln und Giften" (GG, Art. 74, Ziffer 19), die der Bund im Rahmen der konkurrierenden Gesetzgebung regelt, ist deshalb weltweit eine der zentralen staatlichen Ordnungsfunktionen.

---

[166] Hesse, H. A.: Berufe im Wandel. Stuttgart 1972, S. 119

Von daher ist es internationaler Standard, das Aufgabengebiet nichtärztlicher Heilberufe, also der Pflege von Kranken und Alten, der Medizinisch-Technischen Assistenz und der nach ärztlicher Anordnung anzuwendenden Therapieformen rechtlich exakt zu definieren und die Ausbildungsinhalte, -formen und Zulassungsbedingungen zu diesen Berufen in Gesetzen festzuschreiben.

So sind über die Jahre und Jahrzehnte in Deutschland für 17 Gesundheitsberufe der mittleren Ebene Bundesgesetze nach den gängigen Verfahrensregeln des Deutschen Bundestags verabschiedet worden.

Den gängigen Gepflogenheiten entsprechend werden im Gesetzgebungsverfahren die einschlägigen Berufsverbände angehört, worin ein Unterschied zum Vorgehen im dualen System besteht; des Weiteren kommen dazu die Ärzteschaft und die Deutsche Krankenhausgesellschaft. Sie alle bringen ihre Vorschläge in die Beratung der Gesetzentwürfe ein, die dann dem Bundesrat als Länderkammer zugehen, der schließlich nach der Verabschiedung im Parlament den Regelungen zustimmen muss.

Die Aktualisierung und Modernisierung der Ausbildungsregelungen im Gesundheitswesen kann dementsprechend nur durch die Novellierung der entsprechenden Gesetze erfolgen. Andererseits haben über die Jahre hinweg die Länder ihre Kompetenzen intensiv genutzt, um aufbauend auf den durch Bundesgesetze geregelten Ausbildungsgängen eine Vielzahl von Fortbildungsregelungen samt Prüfungsordnungen zu erlassen. Nach dem Verzeichnis der anerkannten Ausbildungsberufe gab es im Jahre 2004 insgesamt 137 derartige Weiterbildungsregelungen der Länder, insbesondere zu speziellen Funktionsbereichen wie Intensivmedizin, Onkologie, Pädiatrie, Psychiatrie oder Rehabilitation; in großer Zahl auch für Führungsaufgaben der Stations- und Pflegedienstleitung, einem Gebiet, das seit Jahren in wachsendem Umfang an Hochschulen im Rahmen der Pflegewissenschaft angeboten wird.

Das ureigene Gebiet, in dem allein die Länder Qualitätsstandards und Berufszugang bestimmen, ist das der Sozial- und Erziehungsberufe. Ihre Ausgestaltung erfahren die Ausbildungsregelungen teils über Landesgesetze, also im regulären Gesetzgebungsverfahren mit Verabschiedung durch die Länderparlamente, in der Regel aber allein durch ministerielle Verordnungen, mit denen die Ausbildungs- und Prüfungsordnungen festgeschrieben werden, meist im Zusammenwirken der Ministerien für Kultus und für Sozialwesen.

Sozial- und Erziehungsberufe als Länderdomäne

Die heute bestehenden Berufe im Sozial- und Erziehungswesen sind durchgängig außerhalb des staatlichen Ordnungsrahmens von kirchlichen Organisationen/Sozialdiensten oder in Privatinitiative entstanden. Beispielsweise haben die Diakonissenanstalten – u. a. in Kaiserswerth bei Düsseldorf, in Heppach im Remstal – schon im 19. Jahrhundert Kinderschwestern ausgebildet, also Vorgängerinnen der Kindergärtnerinnen und der heutigen Erzieher/innen; ähnlich im sozialen Bereich, in dem, vor allem in den Jahren 1920 bis 1930, in Trägerschaft der Kirchen und der Frauenvereine die Schulen für Wohlfahrtspflege entstanden, aus denen sich die heutigen Berufe der Sozialarbeit, Sozialpädagogik etc. entwickelt haben.

Wiederum gilt auch hier, dass Rechtsverordnungen oder Gesetze die Ausbildungsprofile meist auf Jahre fixieren. Neuen Erfordernissen kann also nur auf dem Wege der Neufassung oder Novellierung Rechnung getragen werden.

c) Erarbeitung von Ordnungsmitteln

Erarbeitung der Ausbildungsordnungen im Dualsystem

Rahmenvorgaben des BiBB
Der Rechtsrahmen für den Erlass von Ausbildungsordnungen wurde nach dem BBiG vom Jahre 2005 eindeutig festgelegt. Die Ausbildungsberufe, in denen die Betriebe ausbilden können, werden nach diesem Gesetz abschließend durch Rechtsverordnungen der Bundesregierung, die nicht der Zustimmung des Bundesrates bedürfen, geregelt. Das heißt, in anderen als den nach §§4–9 BBiG 2005 anerkannten Berufen können Betriebe Jugendliche unter 18 Jahren nicht ausbilden. Im Einzelnen regeln die §§ 4 und 5 des BBiG den Erlass und die Struktur der Ausbildungsordnungen. Die Federführung hat das Wirtschaftsministerium, das im Einvernehmen mit dem im Einzelfall zuständigen Fachministerium und dem BMBF die Ausbildungsordnung erlässt, deren Gliederung in § 5 Abs. 1 in fünf Ziffern präzisiert ist.

Der § 6 BBiG eröffnet auch die Möglichkeit, über den Erlass einschlägiger Rechtsverordnungen neue Ausbildungsberufe sowie neue Ausbildungs- und Prüfungsformen zu erproben. Allerdings wurde davon bislang nur in bescheidenem Umfang Gebrauch gemacht. Eher wird der Weg eingeschlagenen, staatlich anerkannte Ausbildungsberufe nach einer gewissen Geltungsdauer zu evaluieren und dann soweit erforderlich neu zu ordnen.

Qualifikationsforschung als Fundierung
Folgt man Jörg Stender[167], liefert die Qualifikationsforschung die Rahmenvorgaben für die fortlaufende Anpassung des Dualsystems an den sozio-ökonomischen Wandel. Zum einen bei der Früherkennung des Qualifikationsbedarfs, u. a. in Sparten des Dienstleistungssegments, die bisher dem Dualsystem nicht oder nur partiell erschlossen sind, wie es bis in die jüngste Zeit beim Tourismus, beim Kommunikationswesen oder im Sozialbereich der Fall war. Zum anderen im Wege der Analyse der Qualifikationsentwicklung in den einzelnen Branchen bezogen auf die Umstrukturierung des Arbeitskräftepotentials. Derartige Analysen gaben etwa bei den Büroberufen den Anlass, die Ausbildungsberufe neu zu ordnen. Derartige wissenschaftliche Analysen sind allerdings in das mehrstufige Abstimmungsverfahren eingebettet, bei dem letztlich eine Reihe von Eckpunkten zu den Ausbildungsberufen, wie beispielsweise die Ausbildungsdauer, das Prüfungsverfahrens etc., festgelegt werden.

---

[167] Vgl. Stender, Jörg: Berufsbildung in der Bundesrepublik Deutschland. Ein Lehrbuch Teil 2, Reformansätze in der beruflichen Bildung. Stuttgart 2006, S. 111 ff.

Im Vorfeld der Erarbeitung und Verabschiedung einer Rechtsverordnung zur staatlichen Anerkennung eines Ausbildungsberufs werden die nötigen Details in einem komplexen, mehrstufigen Abstimmungsverfahren festgelegt. Wie das vom BiBB dazu erarbeitete Schaubild (Abbildung 5) zeigt, sind bereits im Vorfeld auf der Bund- und Länderebene mehrere Ministerien und die Sozialpartner beteiligt, wobei aus der Abbildung erkennbar ist, dass Vorphase, Erarbeitungs- und Abstimmungsphase ineinander übergehen und nicht trennscharf abzugrenzen sind. *Komplexe Abstimmung im Vorfeld*

Nachfolgend sollen die drei Kernphasen des Verfahrens skizziert werden, denen gewissermaßen als „Phase 0" die Gewinnung der Datengrundlage vorgeschaltet ist. *Eckpunkte des Verfahrens*

Phase 0 - Eckdatenvorschlag

Der Entscheidung über die Neuordnung eines Ausbildungsberufs geht, insbesondere bei grundlegenden Veränderungen oder bei Ausbildungsgängen in bisher dem Dualsystem nicht erschlossenen Sparten, die Analyse des jeweiligen Feldes voraus. Die dafür erforderlichen Daten werden auf verschiedenen Wegen gewonnen, teils über problemorientierte Interviews mit Experten (Fachkräften in relevanten Tätigkeiten oder Ausbildern) zu den am Arbeitsplatz gegebenen Qualifikationsanforderungen, teils auch über Repräsentativbefragungen der Betriebe der jeweiligen Branchen. Ergänzt werden die Recherchen vor Ort durch Literatur- bzw. Dokumentenanalysen zum Problemfeld.

Erst von einer solchen Basis aus kann im (Projekt-)Antragsgespräch beim zuständigen Fachministeriums, unter Beteiligung der Sozialpartner, entschieden werden, ob und in welcher Weise ein Vorschlag zur Erarbeitung eines neuen Ausbildungsberufs weiterverfolgt werden soll. Maßgebend für den Zuschnitt der Berufe sind u. a. Kriterienkataloge, die als Rahmenvorgaben in gemeinsamen Protokollen u. a. im Bundesausschuss für Berufsbildung am 25.10.1974, und – bezogen auf die Rahmenlehrpläne für die Berufsschulseite – mit Vertretern der KMK am 30.05.1972 vereinbart worden sind.[168] *Orientierung am Berufsprinzip*

(1) Vorphase – Vom Eckdatenvorschlag zur Beauftragung des BiBB

Die erarbeiteten Daten und Informationen bilden die Grundlage für die Festlegung der bildungspolitischen Eckpunkte, nach denen ein Beruf abgegrenzt und geordnet werden soll. Auf dieser Basis wird auch, zusammen mit dem Bund-Länder-Koordinierungsausschuss, bereits im Vorfeld der Rahmen für das Vorhaben abgesteckt, vom dem her der zuständige Fachminister – in Abstimmung mit dem BMBF – das BiBB anweist, die Ausbildungsordnung für die betriebliche Seite zu erarbeiten. *Weisung an das BiBB*

Im BiBB sind daraufhin zunächst die formalen Voraussetzungen zu klären, nämlich auf Seiten der Sozialpartner (Arbeitgeberverbände und Gewerkschaften) die Sachverständigen auf Bundesebene zu gewinnen. Parallel dazu wird durch die KMK ein Rahmenlehrplanausschuss berufen.

---

[168] Vgl. dazu Benner, Hermann: Ordnung der staatlich anerkannten Ausbildungsberufe, herausgeg. vom BiBB, Berlin 1982

Abbildung 5:
Erarbeitung und Abstimmung von Ausbildungsordnungen und Rahmenlehrplänen

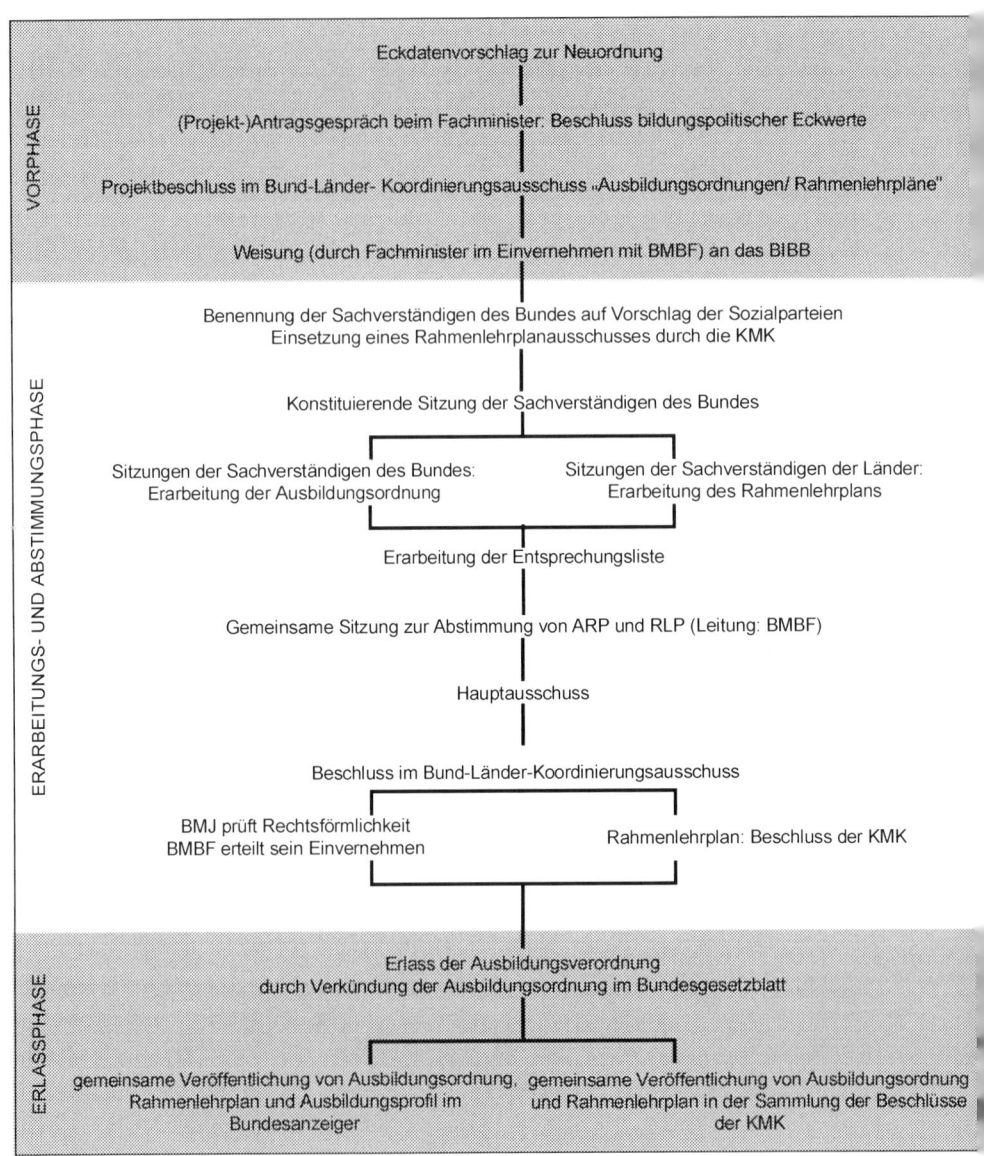

VORPHASE
- Eckdatenvorschlag zur Neuordnung
- (Projekt-)Antragsgespräch beim Fachminister: Beschluss bildungspolitischer Eckwerte
- Projektbeschluss im Bund-Länder-Koordinierungsausschuss „Ausbildungsordnungen/ Rahmenlehrpläne"
- Weisung (durch Fachminister im Einvernehmen mit BMBF) an das BIBB

ERARBEITUNGS- UND ABSTIMMUNGSPHASE
- Benennung der Sachverständigen des Bundes auf Vorschlag der Sozialparteien
  Einsetzung eines Rahmenlehrplanausschusses durch die KMK
- Konstituierende Sitzung der Sachverständigen des Bundes
- Sitzungen der Sachverständigen des Bundes: Erarbeitung der Ausbildungsordnung | Sitzungen der Sachverständigen der Länder: Erarbeitung des Rahmenlehrplans
- Erarbeitung der Entsprechungsliste
- Gemeinsame Sitzung zur Abstimmung von ARP und RLP (Leitung: BMBF)
- Hauptausschuss
- Beschluss im Bund-Länder-Koordinierungsausschuss
- BMJ prüft Rechtsförmlichkeit / BMBF erteilt sein Einvernehmen | Rahmenlehrplan: Beschluss der KMK

ERLASSPHASE
- Erlass der Ausbildungsverordnung durch Verkündung der Ausbildungsordnung im Bundesgesetzblatt
- gemeinsame Veröffentlichung von Ausbildungsordnung, Rahmenlehrplan und Ausbildungsprofil im Bundesanzeiger | gemeinsame Veröffentlichung von Ausbildungsordnung und Rahmenlehrplan in der Sammlung der Beschlüsse der KMK

Quelle: http://www.bibb.de/dokumente/pdf/wie_ensteht_eine_neuordnung.-pdf.114

(2) Erarbeitungsphase der Ausbildungsberufe

BiBB- und KMK-Ausschüsse

„In der Erarbeitungsphase arbeiten die Sachverständigen des Bundes, die die Ausbildungsordnung entwickeln, und die Sachverständigen der Länder, die von der KMK ernannt werden und den Rahmenlehrplan entwickeln, prinzipiell in getrennten Sitzungen. Um zu verhindern, dass die Erarbeitungsprozesse völlig losgelöst voneinander sind, nimmt jeweils ein Sachverständiger des einen Ausschusses an den Sitzungen des jeweils anderen Ausschusses regelmäßig teil".[169] Die Sachverständigen des Bundes orientieren sich im Wesentlichen an den Vorgaben des § 5 BBiG, der die Berufsbildpositionen in fünf Ziffern vorgibt.[170] Parallel dazu entwickelt der von der KMK eingesetzte Ausschuss die Vorgaben für den Rahmenlehrplan der Berufsschule, der von den einzelnen Bundesländern gegebenenfalls modifiziert werden kann.

Die jeweiligen Entwürfe werden abschließend vom Hauptausschuss des BiBB und dem Bund-Länder-Koordninierungsausschuss beraten und beschlossen.

(3) Erlassphase

Die vom Hauptausschuss des BiBB beschlossene Ausbildungsordnung für die betriebliche Seite wird in ihren Details erst noch seitens des Bundesministeriums für Justiz auf ihre Rechtmäßigkeit geprüft; der Rahmenlehrplan für die Berufsschule förmlich von der KMK beschlossen. Die Verkündigung der Ausbildungsordnung im Bundesgesetzblatt schließt dann das Verfahren ab. Gemeinsam werden danach die Ausbildungsordnung und der Rahmenlehrplan einerseits im Bundesanzeiger und andererseits in der Sammlung der KMK-Beschlüsse publiziert.

Vor Erlass Prüfung der Rechtsförmigkeit

Abgrenzung der Schulberufe und Entstehung der Lehrpläne

Wie zuvor unter Punkt b) beschrieben, gelten für die Berufsbildung in den Vollzeitschulen unterschiedliche Rechtsvorschriften; bei den Gesundheitsdienstberufen sind es Bundesgesetze für jeden der 17 Berufe, bei Berufen des Erziehungs- und Sozialwesen in der Regel ländereigene Verordnungen mit teils unterschiedlichen Regelungen zur Ausbildungsdauer, zum Berufspraktikum/Anerkennungsjahr und zur Erteilung der Studienberechtigung.

Rechtliche Vorgaben

Wie bereits in Kap. 5.2.2 ausgeführt, gibt es insbesondere zu den Ausbildungsgängen der technischen Assistenten/Assistentinnen und der kaufmännischen bzw. informationstechnischen Assistenten/Assistentinnen Rahmenvereinbarungen der KMK, die Eckwerte für die fachwissenschaftlich-theoretische Fundierung, die berufspraktische Ergänzung, die allgemein bildenden Fächer und die Erteilung der Fachhochschulreife festlegen (ein Beispiel dafür bietet die Übersicht 5).

Der entscheidende Unterschied zur Schneidung der Ausbildungsberufe im Dualsystem besteht darin, dass die Schulberufe insgesamt jeweils auf eine bestimmte wissenschaftliche Disziplin ausgerichtet sind: Beispielsweise im Gesundheitsbereich auf die Medizin und Pflegewissenschaft mit ihren Fachgebieten, angefangen bei der Altenpflege (Gerontologie) bis zur Zytologie. Bei den naturwissenschaftlich-technischen Assistenten/Assistentinnen unterscheiden sich die Berufe

Wissensdisziplin als Nukleus der Ausbildung

---

[169] Vgl. Stender, Jörg, a.a.O., S. 113
[170] Danach sind festzulegen: Berufsbezeichnung, Ausbildungsdauer, Ausbildungsberufsbild, Ausbildungsrahmenplan (für die Betriebe) und die Prüfungsanforderungen.

nach Biologie, Chemie und Physik; ebenso im kaufmännisch-informationstechnischen Segment nach dem Bezug zu den Wirtschaftswissenschaften und zur Informatik.

Grundlage und damit Zentrum der Berufsbildung in Schulberufen bildet demnach die Einführung in die jeweilige Fachdisziplin. Bei den Berufen des Erziehungswesen also in die Pädagogik und Didaktik der entsprechenden Altersstufe, im Sozialwesen in die Sozialpädagogik. Aus der Wissenschaftsorientierung leitet sich das fachliche Curriculum her, das im Unterricht Gegenstand der einzelnen Fachgebiete ist. Darauf bezogen sind auch die Regelungen, nach denen in fakultativ besuchten Zusatzkursen die Fachhochschulreife erteilt werden kann. Von diesem Nukleus der Berufsschneidung her wurden die Gesundheits- und Assistentenberufe – genauso wie die staatlich geprüften Techniker – nach der Richtlinie 92/51/EWG, Anhang D, dem mittleren Level zugeordnet (vgl. Kap. 5.2.2). Gilt doch gerade in diesem Ausschnitt, dass „in Deutschland Ausbildungen vielfach im nichtakademischen Bereich erfolgen, die in den anderen Staaten auf akademischer Ebene vermittelt werden".[171]

Integrierte fachpraktische Ausbildung

Gemeinsam ist allen Schulberufen, dass die einschlägigen Ausbildungsregelungen die fachpraktische Ausbildung integrieren und dafür genaue Vorgaben nach Gebieten und nach Wochenstunden etc. enthalten. Die die Ausbildungsgänge anbietenden Schulen stehen folglich in der Pflicht, die Ausbildung in ihrem ganzen Umfang nach allgemein bildender Ergänzung, in der Fachtheorie und in der fachpraktischen Einführung verantwortlich zu gestalten. Dies führt am Ende dazu, dass die von der EU 1979 verabschiedeten Grundsätze zum alternierenden Vorgehen in einer Trägerschaft bei der beruflichen Bildung im Schulberufssystem weithin angewendet werden.

Die Verordnungen zur Ausbildung enthalten dementsprechend Stundentafeln für alle drei Bereiche. Sie schreiben in der Regel auch vor, in welcher Weise und in welchem Umfang die theoretische Ausbildung durch Praxisphasen –beispielsweise bei Gesundheitsdienstberufen auf den Stationen der Kliniken – zu ergänzen und die gewonnen praktischen Erfahrungen in den Unterricht und in die staatliche Abschlussprüfung einzubeziehen sind.

d) Absolventenaufkommen nach Ebenen

Nachwuchsbedarf nach Quantität und Stufung

Die Leistungsfähigkeit nationaler Bildungssysteme bemisst sich vor allem danach, inwieweit sie für die Wirtschaft den Nachwuchs derart qualifizieren, dass der Fachkräftebedarf nach Zahl und Niveaustufen gedeckt wird. In welchem Umfang dies Deutschland gelingt, soll mit Tabelle 12 nach vier Ebenen und fünf

---

[171] Vgl. BMBF (Hrsg.): 10 Leitlinien zur Modernisierung der beruflichen Bildung. Ergebnisse des Innovationskreises berufliche Bildung. Bonn, Berlin 2007, S. 21

Fachbereichen gezeigt werden. Sie enthält in den Spalten das Absolventenaufkommen des deutschen Berufsbildungssystems nach den Ebenen
- betriebliche Ausbildung mit Besuch der (Teilzeit-)Berufsschule;
- vollqualifizierende Berufsfachschulen und Schulen des Gesundheitswesens, um Doppelzählungen auszuschließen ohne die Absolventen der Lehre ersetzenden Berufsfachschulen, die nach BBiG ausbilden;
- Fachschulen, die eine Aufstiegsfortbildung zum staatlich geprüften Techniker, Betriebswirt, Gestalter bieten. Aus dem Berufsbildungsbericht 2007 entnommen ist die Zahl der 100.280 Fortbildungsprüfungen (Betriebs-/Fachwirte, Meister im Handwerk und Industrie etc.).
- ISCED Stufe 5A aus Fachhochschulen und Universitäten/Technischen Hochschulen u. dgl., durch Schätzung wurde die Summe ergänzt um die Absolventen der Berufsakademien (Studierende 3. Studienjahr WS 2006/07), die inzwischen in einer Reihe von Ländern ausgebaut sind.

Insgesamt ist pro anno ein Jahrgang der Bevölkerung im Erwerbsalter zu qualifizieren. Das Absolventenaufkommen der Erstausbildung liegt aber schon geraume Zeit deutlich unterhalb der Stärke des Durchschnittsjahrgangs der 15- bis 65-Jährigen von 1,103 Mio., errechnet aus der Gesamtzahl von 55,129 Mio. bezogen auf 50 Jahrgänge. So haben im Jahre 2005 lediglich 869.153 Personen eine berufliche Ausbildung abgeschlossen, und zwar entfallen auf[172]: **Ausstoß deckt Fachkräftebedarf nicht mehr ab**

- betriebliche Berufsausbildung mit Berufsschulbesuch 477.789   55 %
- Ausbildung an Vollzeitschulen und an den
  Schulen des Gesundheitswesens   130.032   15 %
- Tertiärbereich einschließlich Berufsakademien   261.332   30 %
                                                     869.153   100 %

Hinzu kommen die Absolventen des postsekundären Bereichs (ISCED Stufe 4), die im Wege der Aufstiegsfortbildung einen mittleren Abschluss erreicht haben, und zwar
- an den zum beruflichen Schulwesen zählenden Fachschulen   39.136
- nach Fortbildungsregelungen nach dem BBiG   100.280
                                                          139.416

Wie der Übersichtsteil mit den Spaltenprozenten ausweist, liegt – außerhalb der Ebene Fachschule – das Schwergewicht der Nachwuchsausbildung bei Dienstleistungssparten, also bei Service-, Gesundheitsberufen, dem Erziehungswesen samt Lehrämtern und den Verkaufs-, Büro-/Verwaltungsfunktionen. Auf der Fachschulebene erreicht der Anteil an staatlich geprüften Technikern des Agrar- und Produktionsbereichs fast 60 %. Diese zweijährige Aufstiegsfortbildung dient primär dem Facharbeiteraufstieg, führt aber nicht generell zur Fachhochschulreife.

---

[172] Die Erwerbspersonenzahlen sind dem Stat. Jahrbuch 2007, S. 128 entnommen.

Tabelle 12 a:
Absolventenaufkommen im Jahre 2005 nach Berufsbildungsebenen und Fachbereichen

Berufsbereich / Fächergruppe	Betriebliche Lehre	Berufsfach-schulen[1]	Fachschul-ebene	FH/ UNI[2]	Summe
I Agrarwirtschaft, Gartenbau; Ernährung, Hauswirtschaft	29.736	2.189	5.109	7.673	44.707
II Industriell-gewerbliche Berufe Natur-/Ingenieurwissenschaft	166.631	9.852	17.910	51.802	246.195
III Service- / Gesundheitsberufe Kulturwissenschaften, Kunst	91.427	94.811	10.743	99.888	296.869
IV Logistik / Handel / Büro Jura / Wirtschaftswissenschaft	177.652	14.275	4.625	74.398	270.950
V Informatik / Mathematik	12.343	8.905	749	18.721	40.718
Summe der Gruppen I – V[3]	*477.789*	*130.032*	*39.136*	*252.482*	*899.439*
+ Berufsakademien, geschätzt				+8.850	+8.850
+ Fortbildung nach BBiG			+100.280		+100.280
= Absolventen insgesamt	477.789	130.032	139.416	261.332	1.008.569

Tabelle 12 b:
Absolventenaufkommen im Jahre 2005 nach Berufsbildungsebenen und Fachbereichen in Prozent

I Agrarwirtschaft, Gartenbau; Ernährung, Hauswirtschaft	6,22	1,68	13,06	3,04	4,97
II Industriell-gewerbliche Berufe Natur-/Ingenieurwissenschaft	34,88	7,58	45,76	20,52	27,37
III Service- / Gesundheitsberufe Pädagogik, Kultur, Kunst	19,14	72,91	27,45	39,56	33,01
IV Logistik / Handel / Büro Jura / Wirtschaftswissenschaft	37,18	10,98	11,82	29,47	30,12
V EDV/Informatik / Mathematik	2,58	6,85	1,91	7,41	4,53
Summe der Gruppen I – V	*100,00*	*100,00*	*100,00*	*100,00*	*100,00*
I Agrarwirtschaft, Gartenbau; Ernährung, Hauswirtschaft	66,51	4,90	11,43	17,16	100,00
II Industriell-gewerbliche Berufe Natur-/Ingenieurwissenschaft	67,68	4,01	7,27	21,04	100,00
III Service- / Gesundheitsberufe Pädagogik, Kultur, Kunst	30,80	31,94	3,62	33,64	100,00
IV Logistik / Handel / Büro Jura / Wirtschaftswissenschaft	65,56	5,27	1,71	27,46	100,00
V EDV/Informatik / Mathematik	30,31	21,87	1,84	45,98	100,00
Gruppen I – V zusammen	*53,12*	*14,46*	*4,35*	*28,07*	*100,00*

[1] Einschließlich der Absolventen aus Schulen des Gesundheitswesens.
[2] Die Absolventen der Berufsakademien sind in den Gruppen I–V nicht enthalten; Summe geschätzt.
[3] Auf die in dieser Zeile ausgewiesenen Summen sind die Spalten-Prozente bezogen.
Quellen: StBA, Berlin (Hrsg.): Statistisches Jahrbuch, S. 137, 147 und Fachserie 11, Reihe Berufliche Schulen, S. 204–209, 285 ff., 310 – eigene Aggregation und Berechnungen, Studierende an Berufsakademien, Fachserie 11, Reihe 4.1, S. 455; BMBF Berlin/Bonn (Hrsg.): Berufsbildungsbericht 2007, S. 227 ff.

Bei der Hochschulebene (ISCED Stufen 5A und partiell 5B bei Berufsakademien) stehen traditionell die Geistes-/Kulturwissenschaften sowie die Gesellschafts- und Wirtschaftswissenschaften im Vordergrund, die – wie in Tabelle 12 bei den Spaltenprozenten ausgewiesen – rund zwei Drittel der Absolventen stellen.

Bezogen auf die 39,596 Mio. Erwerbspersonen des Jahres 2005 (ohne die Auszubildenden) errechnen sich als Nachwuchsquoten[173]
- aus Erstausbildung bei 869.153 Absolventen [869153 : 395960] = 2,19 %
- aus dem Gesamtaufkommen von 1.008.569 eine Quote von 2,55 %.

Keine Verbesserung der Qualifikationsstruktur

Beide Quoten reichen nicht aus, um den Qualifikationsaufbau des deutschen Erwerbspersonenpotenzials nachhaltig zu verbessern bzw. um das Potenzial auf der erreichten Höhe zu stabilisieren. Bei einer Quote von lediglich 2,19 % pro anno an Absolventen der Erstausbildung würde es rund 46 Jahre dauern, das Potenzial vollständig zu ersetzen, bei einer Gesamtquote von 2,55 % wären es immer noch rund 40 Jahre. Von einer derart langen Erwerbsdauer nach abgeschlossener Ausbildung bzw. absolviertem Hochschulstudium kann aber immer weniger ausgegangen werden. Unzureichend sind die Quoten auch nach den heutigen Vorstellungen in der EU, wonach jeder Schulabgänger eine seiner Eignung und seinen Fähigkeiten entsprechende Ausbildung absolvieren soll. Der Übergang von der Schule in ungelernte Arbeit (Jungarbeiter) jedenfalls kann nicht mehr als ein regulärer Weg angesehen werden, er ist, war und bleibt mit hohen Beschäftigungs- und Ausgrenzungsrisiken behaftet. Dies bedeutet zugleich, dass – vor dem Hintergrund des demografischen Wandels – bei steigendem Durchschnittsalter der Erwerbspersonen dem lebenslangen Lernen in all seinen Formen (vgl. Kap. 5.3) in Deutschland ein weitaus höheres Gewicht als bisher zukommen muss.

In Deutschland und EU-weit ist die Beteiligung am lebenslangen Lernen und dessen Effizienz umso höher, je besser die Berufstätigen vorgebildet sind. Vor diesem Hintergrund wird der Zugang zu höherer Bildung zu einer Schlüsselgröße dafür, wie das Qualifikationspotenzial verbessert werden kann.

Mehr höhere Bildung erforderlich

Wie sich die Situation in Deutschland im beruflichen Schulwesen verändert hat, wird im Folgenden kurz skizziert. Zunächst sei mit Tabelle 13 gezeigt, in welchem Umfang außerhalb des allgemein bildenden Schulwesens Abgänger beruflicher Schulen einen Abschluss auf der Sekundarstufe I (Realschul- oder gleichwertiger Abschluss) und auf der Sekundarstufe II mit Studienberechtigung erworben haben.

Die Zahl derer, die an beruflichen Schulen zu einem mittleren Schulabschluss kommen oder dort den Hochschulzugang erwerben, ist im gewählten Zeitraum 1993 bis 2003 um 44 % gestiegen. Gemessen an den im Bildungssystem insge-

---

[173] Ebd. (Stat. Jahrbuch) S. 128f.

samt vergebenen Abschlüssen erreichen die 2003 an beruflichen Schulen erworbenen
- Real- oder gleichwertige Abschlüsse einen Anteil von   15,8 %
- Fachhochschulreife   90,1 %
- allgemeine Hochschulreife   12,9 %.

Die Gesamtquote von 18 % höherer Abschlüsse, die im beruflichen Schulwesen erworben werden, ist allerdings ein weiteres Indiz dafür, dass der Weg dorthin in Deutschland immer noch primär über Realschulen selbst und Gymnasien führt.

Tabelle 13:
Abgänger aus beruflichen Schulen auf dem Realschulniveau und mit Fachhochschulreife/Abitur 1992/93 und 2002/03

Aus beruflichen Schulen auf Bildungsebene	1992/93 absolut	in %*	2002/03 absolut	in %*	Zunahme abs. in %
Realschul- oder gleichwertiger Abschluss	49.400	15,8	72.200	15,8	+ 46 %
Fachhochschulreife	69.700	92,1	102.500	90,1	+ 47 %
Allgemeine Hochschulreife	24.900	11,6	32.900	12,9	+ 32 %
berufliche Schulen insgesamt**	144.000	15,3	207.600	18,0	+ 44 %

* In Prozent aller Schulabgänger der jeweiligen Ebene
** Prozentangaben bezogen auf insgesamt 943.000 Abgänger 1992/93 und 1.155.100 im Schuljahr 2002/03
Quelle: BMBF Berlin/Bonn (Hrsg.): Grund- und Strukturdaten 2005, Seite 84f.

Unterschiedlicher Ausbaustand nach Ländern Der Weg, über berufliche Schulen einen höheren Bildungsabschluss zu erreichen, ist allerdings nach Bundesländern in unterschiedlicher Breite ausgebaut. Dies zeigt die Tabelle 14, die die Abgänger aus beruflichen Schulen mit Fachhochschulreife und allgemeiner Hochschulreife pro Million Einwohner nach 16 deutschen Ländern ausweist.

In der Tabelle tritt ein starkes Gefälle zwischen den Ländern mit einem beachtlichen Ausbaustand und anderen zutage, die noch wenig Initiativen entfaltet haben, um den Hochschulzugang über berufliche Schulen in größerer Breite zu ermöglichen. Bei den Fachober-/Berufsoberschulen kommen deutlich erkennbare Unterschiede zwischen alten und neuen Ländern hinzu. Fachgymnasien – insbesondere die für Wirtschaft und Technik – sind in Baden-Württemberg am stärksten. Auf dieses Land entfallen 35 % der in Deutschland an beruflichen Schulen erworbenen Abiturzeugnisse, und von 37.579 Abgängern mit allgemeiner Hochschulreife kommen in Baden-Württemberg fast ein Drittel aus beruflichen Schulen. In Nordrhein-Westfalen, das nach 1970 das berufliche Schulwesen neu auszurichten versuchte, sind es dagegen von den 55.730 Abiturienten des Landes nur 4.178 oder 7,5 %, die ihr Abitur an beruflichen Schulen ablegten.

Tabelle 14:
Ausgebaute Wege zur Hochschulzugangsberechtigung bezogen auf die Einwohnerzahlen nach Ländern im Jahre 2003

Land (Kürzel)	Einwohner in Mio.	Abgänger berufl. Schulen mit		pro Mio. Einwohner bei	
		FH-Reife	Abitur	FH-Reife	Abitur
alte Länder					
BW	10,693	11.562	11.457	1.081	1.071
BY	12,423	15.391	1.523	1.239	123
HB	0,663	878	59	1.324	89
HH	1,734	1.906	554	1.099	319
HE	6,089	8.592	2.632	1.411	432
NI	7,993	9.348	3.501	1.170	438
NW	18,080	31.642	4.178	1.750	231
RP	4,059	5.021	1.119	1.237	276
SL	1,061	2.203	–	2.076	–
SH	2,823	2.321	1.478	822	524
neue Länder					
BE	3,388	2.864	651	845	192
BB	2,575	2.361	927	917	360
MV	1,732	790	822	456	475
SN	4,321	3.375	2.174	781	503
ST	2,523	1.786	890	708	353
TH	2,373	2.495	971	1.051	409
Deutschland	82.523	102.535	32.936	1.243	399

Quelle: BMBF Berlin/Bonn (Hrsg.): Grund- und Strukturdaten 2005, Seiten 22–24 + 87

Die Daten zu den an beruflichen Schulen erworbenen Hochschulzugangsberechtigungen – mit der großen Bandbreite zwischen Baden-Württemberg mit 1.071 Abiturienten aus beruflichen Schulen und Bremen mit lediglich 89 – spiegeln auch wider, wie weit die Länder noch am traditionellen Bildungsverständnis festhalten, inwieweit also unterschiedliche Auffassungen bestehen, wie der Bildungskanon beschaffen sein soll, der die Zugangsberechtigung zum Universitätsstudium bietet. Für die beruflichen Schulen, die den Hochschulzugang vermitteln, stellt sich damit die Frage, ob die historisch gewachsene Orientierung am Leitbild gymnasialer Bildung dem Herkommen und der Vorqualifikation ihrer Schülerpopulation gerecht wird, oder ob nicht andere curriculare Schwerpunkte stärker gewichtet werden könnten.

Von derartigen Erwägungen her sind in den Nachbarstaaten in den letzten Jahrzehnten berufliche Schulen etabliert worden, die über gehobene Berufsbildung und Allgemeinbildung zur Maturität führen. Gerade über das breite Angebot höherer Bildung an beruflichen Schulen haben sie die hohen Abiturientenquoten erreicht, von denen Deutschland noch weit entfernt ist.

Umbau des Bildungsgesamtsystems unausweichlich

Zusammenfassend bleibt festzuhalten, dass eine Anpassung des deutschen Bildungsgesamtsystems an internationale Standards dringend geboten ist:

- Das berufliche Schulwesen ist durch eine heterogene Vielfalt von Formen, Bildungszielen, -niveaus und Abschlussebenen gekennzeichnet. Ohne langfristige Perspektiven zu entwickeln, hat es auf Problemlagen reagieren müssen, für die das allgemein bildende Segment keine Lösung bot. So etwa bei der Vertiefung der Allgemeinbildung bis zum SEK I-Abschluss, der Berufsvorbereitung und Berufsgrundbildung.
- Der so genannte zweite Bildungsweg über Fachoberschulen und Berufsoberschulen ist durch überlange Wege zur Hochschule gekennzeichnet. Das deutsche Bildungssystem vermag höhere Allgemeinbildung nicht mit berufsbezogenen Curricula zu bündeln. Die (Teilzeit-)Berufsschulen sowie die vollqualifizierenden Berufsfachschulen kennen kein planmäßiges Regel- oder Ergänzungsangebot, das zum vollwertigen Hochschulzugang führt.
- Einzelne deutsche Länder haben allerdings (wie die Tabelle 14 belegt) eher im Stillen – ohne dies offen als einen weiteren, regulären Weg zur Hochschulreife auszuweisen – die Möglichkeit geschaffen, über berufliche Gymnasien (Technische Gymnasien, Wirtschaftsgymnasien u. dgl.) im Verbund mit dem Besuch von Berufsfachschulen, die mit der Mittleren Reife abschließen, in einer dreijährigen vollwertigen SEK II-Stufe das Abitur zu erteilen; nun wäre es an der Zeit, daraus einen regulären Weg zu machen und dafür offen als Alternative zum gymnasialen Abitur zu werben.
- Die betriebliche Berufsausbildung bildet immer noch den Schwerpunkt auf der Ebene der Facharbeiterberufe für Landwirtschaft, Handwerk und Industrie. In den übrigen Berufsbereichen dagegen vermag das Absolventenaufkommen den Fachkräftebestand nicht mehr zu sichern. Es ist also zu prüfen ob es möglich ist, allein über den Anteil der derzeit nur ca. 20 % ausbildenden Betriebe die ganze Breite des beruflichen Nachwuchses sicherzustellen.
- Dringend notwendig ist die Umorientierung des deutschen Systems hin auf eine Gesamtverantwortung; nur über diese lässt sich Vorsorge treffen, dass adressatengerechte Ausbildungswege und Qualifikationen angeboten werden, die auch dem Stufensystem der EU gerecht werden.

5.2.4 Duale Berufsausbildung gemäß Zielvorgaben der EU

Bereits mit den Empfehlungen zur alternierenden Ausbildung des Jahres 1979 stellt die EU heraus, dass die verschiedenen Formen der betrieblichen und der vollzeitschulischen Ausbildung – gegebenenfalls durch Vergabe derselben Diplome – aufeinander abgestimmt sein sollten, um den Übergang zwischen den verschiedenen Ausbildungszweigen zu erleichtern. *(Integration der Teilbereiche)*

Gemäß den Vorgaben für Alternanz/Dualsystem sollen alle Ausbildungsgänge Praktika einbeziehen. Damit sind auch Vollzeitschulen zu integrieren. Je nach festgelegten Zeitanteilen für die systematische Ausbildung und das Erfahrungslernen entfallen von 20 bis zu 80 % der Ausbildungszeit auf den Betrieb und die entsprechenden verbleibenden Zeitanteile auf die Schule.

Die EU-Vorschläge Lissabon 2000 gehen von einem Gesamtsystem aus, das alle Ebenen einbezieht. Dies gilt insbesondere für die Zuordnung sämtlicher Abschlüsse zum von der EU verabschiedeten Acht-Stufen-Modell des Europäischen Qualifikationsrahmens sowie die Bewertung von Lernleistungen und Kompetenzen über das Leistungspunktesystem. Von den Mitgliedsstaaten erfordert dieses Stufenmodell zwar keine identische Strukturierung ihrer Systeme, jedoch die Erarbeitung eines nationalen Qualifikationsrahmens, der zum europäischen Rahmenwerk in Beziehung zu setzten ist, sowie die Festlegung der Leistungspunktevergabe auf nationaler Ebene.

Nach dem derzeitigen Stand bilden innerhalb der EU die Mitgliedsstaaten entweder vornehmlich in berufsqualifizierenden Vollzeitschulen oder in Betrieben aus; in anderen wieder bestehen beide Systeme nebeneinander. In einzelnen Staaten gelten für Dualsystem und Vollzeitschulen gleiche Ordnungsmittel. *(Unterschiede zwischen den EU-Staaten)*

Derzeit ist das Dualsystem in den EU-Staaten im Vorrücken. Es gibt also Staaten, die das Dualsystem neu einführen bzw. in denen eine Revitalisierung der betriebsgebundenen Ausbildung unter neuen Rahmenbedingungen erfolgte und den EU-Empfehlungen vom Jahre 1979 weitgehend entsprochen wird.

Die Notwendigkeit, berufliche Bildung als integralen Bestandteil des Gesamtsystems zu verstehen, wird in Deutschland noch kaum diskutiert. Es gibt zwar im Bereich der Sekundarstufe II berufliche Bildungsgänge, aber keine Verzahnung allgemeiner und berufsqualifizierender Zweige. *(Berufliche Bildung als Gesamtsystem)*

Hinsichtlich der beruflichen Bildung stehen nebeneinander die Schulberufe und die anerkannten Ausbildungsberufe (derzeit 343), wie sie beim Bundesinstitut für Berufsbildung mit Sachverständigen der Sozialpartner im Auftrag des Wirtschaftsministeriums erarbeitet werden. Ihre staatliche Anerkennung erhalten diese Ausbildungsberufe durch Rechtsverordnungen des Wirtschaftsministeriums bzw. des zuständigen Fachministeriums (vgl. BBiG § 4).

Andererseits verabschieden die Länder Berufsbilder für bestimmte Schulberufe (derzeit insgesamt 185), die erst in jüngster Zeit im BiBB-Verzeichnis der anerkannten Ausbildungsberufe nachgewiesen werden.

Zu starke Betonung des formalen Lernens

In der in Deutschland geführten Diskussion wird lebenslanges Lernen sehr häufig verstanden als die Wiederaufnahme organisierten Lernens nach der beruflichen Erstausbildung, wie es früher der Definition für die Weiterbildung gemäß Deutschem Bildungsrat entsprach.[174] Lernen nach diesem Modell ist zumeist verbunden mit Unterbrechung der Berufstätigkeit, um über neue Kurse oder Bildungsgänge eine verbesserte berufliche Position erreichen zu können.

Das lebenslange Lernen gemäß Programmatik der EU bezieht sich allerdings mit einem erheblichen Schwerpunkt auf das Erfahrungslernen im Betrieb und in der beruflichen Tätigkeit. Der alternativ gebrauchte Begriff des lebensbegleitenden Lernen macht deutlich, dass hier nicht nur Vollzeitausbildung im Sinne formalen Lernens angesprochen ist, sondern vielmehr auch Kurzzeitmaßnahmen im Sinne des Modulsystems zur Anwendung kommen, um eine Erweiterung des Qualifikationsprofils oder auch höherwertige Positionen erreichen zu können.

Dies sollte während des gesamten Berufslebens möglich sein. Ironisierend ist dazu bereits angemerkt worden, dass nach dem letzten Aufbaustudiengang, je nach Altersgruppe, unmittelbar der Eintritt in den Ruhestand erfolgen könne.

Lebenslanges Lernen darf nicht als Abfolge formaler Bildungsmaßnahmen verstanden werden. Vernachlässigt wird der von der EU herausgestellte Bereich des Erfahrungslernens im Betrieb und die Zertifizierung der entsprechenden Lernleistungen.

---

[174] Vgl. Deutscher Bildungsrat: Empfehlungen der Bildungskommission: Strukturplan für das Bildungswesen. Stuttgart 1970

Teil 5.3
Ausbau der beruflichen Qualifikation durch permanente Weiterbildung

Bildung, die weit über das in Schule und Ausbildung Erlernte hinausführt, zählt heute in allen Staaten zu den Grundelementen der Sicherung des Humankapitals. Im globalen Wettbewerb wird die Effizienz der Weiterbildung zu einem der Faktoren, die die Prosperität der Volkswirtschaft bestimmen. Je rascher es gelingt, das vorhandene Qualifikationspotenzial zu aktualisieren, um so besser lässt sich die globale Wettbewerbsfähigkeit sichern. *(Von der Weiterbildung zum lebenslangen Lernen)*

Schon seit 1970 wird gefordert, die berufliche Qualifizierung als Prozess im *lebenslangen Lernen* zu sehen. So lassen sich vier Grundfunktionen herausstellen:

- Ausbau der Qualifikationen entsprechend der fortschreitenden technischen und wirtschaftlichen Entwicklung
- Ausbau von Wegen, über die der Einzelne ohne zeitliche und finanzielle Überforderung auch die nächsthöhere Bildungsstufe erreichen kann
- Reintegration jener, deren Erwerbsfähigkeit durch Unfall, Krankheit oder Arbeitslosigkeit verloren ging, um sie wieder ins Arbeitsleben zurückzuführen
- Postgradual erworbene Qualifikationselemente zu testieren, so dass sie beim Wechsel zu einer neuen Arbeitsstelle adäquat als Qualifizierungsbausteine anerkannt werden können

In diesem Kontext wird lebenslanges Lernen als der neue und umfassende Begriff verstanden, der alle Aktivitäten des formellen und informellen Lernens im Lebensverlauf des Einzelnen umfasst, und dies unabhängig davon, ob es sich um organisierte Maßnahmen von Behörden, Kammern oder Unternehmen oder am freien Markt angebotene Kurse, Lehrgänge, Fernunterricht, Fernstudium usf. handelt, die der Einzelne de facto „einkaufen kann". Nach dem Teil 5.1 (Vorbereitung auf die Berufs- und Arbeitswelt) und 5.2 (Berufliche Erstausbildung) steht hier das Weiterlernen auf der Basis einer abgeschlossenen Erstausbildung im Vordergrund. *(Begrifflichkeit)*

War nach dem Arbeitsförderungsgesetz (AFG) von 1969 noch – juristisch von hoher Relevanz – strikt getrennt worden nach Anpassungsfortbildung, Aufstiegsfortbildung und beruflicher Umschulung, ist im SGB III der einschlägige Abschnitt (§§ 77 – 96) mit „Förderung der beruflichen Weiterbildung" überschrieben; von beruflicher Umschulung ist nicht mehr die Rede. Die einschlägigen Maßnahmen der Bundesagentur für Arbeit (BA) werden seit 1998 in der Statistik unter der Rubrik „mit Abschluss eines anerkannten Ausbildungsberufs" geführt. *(Anpassung und Aufstieg)*

Der jährlich von der Bundesregierung vorgelegte Berufsbildungsbericht verweist im Schlagwortverzeichnis unter „Fortbildung" lediglich auf die Tabellen, die die Prüfungen nach den „Fortbildungsregelungen der Kammern" ausweisen. Im übrigen wird Weiterbildung – wie die folgenden aus dem Berufsbildungsbericht 2007 übernommenen Daten ausweisen – umfassend verwendet, auch wenn inzwischen im Text und in Tabellen primär von „Anpassungsweiterbildung" und „Aufstiegsweiterbildung" die Rede ist.

Ausbau des Systems nach 1950 Ab etwa 1950 verlief der Ausbau der beruflichen Weiterbildung in Deutschland weithin parallel zur wirtschaftlichen Entwicklung. In rascher Folge wurden damals zuerst die Höheren Fachschulen, insbesondere die Ingenieurschulen ausgebaut, dem folgte bald die Gründung der neu aufkommenden Höheren Wirtschaftsschulen. In den Jahren um 1960 entstanden in rascher Folge die Technikerschulen[175], die Facharbeitern mit Volksschulbildung den Aufstieg in mittlere Angestelltenpositionen eröffneten.

Die Effizienz des Weiterbildungssystems ist daran zu messen, ob die Qualifizierungsbausteine (Module) so strukturiert sind, dass sie zu neuen Qualifikationen führen oder auch zu Zertifikaten, die den Diplomen höherer Bildungsstufen gleichzustellen sind.

Impulse durch AFG und BBiG Entscheidende Impulse zum Ausbau der Weiterbildung gingen vom Jahresgutachten 1965 des Sachverständigenrats zur Begutachtung der gesamtwirtschaftlichen Entwicklung aus.[176] Zu wesentlichen Teilen finden sich dortige Vorgaben im Arbeitsförderungsgesetz von 1969 wieder, mit dem der Bundesanstalt für Arbeit (BA) die Förderung der Weiterbildung als Anpassungs- und Aufstiegsfortbildung sowie der beruflichen Umschulung übertragen wurde. Dessen erster Paragraf schreibt fest, die Aktivitäten der BA seien darauf auszurichten, dass
– ein hoher Beschäftigungsstand erhalten,
– die Qualifikationsstruktur der Beschäftigten ständig verbessert und
– das Wachstum der Wirtschaft gesichert werde.

Flankierend steckte das im gleichen Jahr verabschiedete Berufsbildungsgesetz (BBiG) für den Bund und die Kammern den Rechtsrahmen für Fortbildung und berufliche Umschulung ab. In dem damit ins Leben gerufenen Bundesinstitut für Berufsbildung (später BiBB) entstand eine eigene Hauptabteilung, die sich mit Fragen der Weiterbildung zu befassen hat.

Neubewertung aus Sicht der EU Wie bereits mehrfach angesprochen, erhält die Bildungs- und Berufsbildungspolitik durch die in Lissabon 2000 und in den Folgetreffen von der EU gestartete Initiative, die Europäische Union zur wachstumsstärksten, innovativsten Wirtschaftsregion auszubauen, neue Akzente.

---

175 Der einschlägige Erlass – U# 12.258 – des Kultusministeriums Baden-Württemberg zur Regelung der Technikerausbildung, datiert vom 09.11.1959.
176 Vgl. Der Sachverständigenrat zur Begutachtung der gesamtwirtschaftlichen Entwicklung: Jahresgutachten 1965, Bundesratsdrucksache 589/65, Ziffern 270–282

Über die Verbesserung der allgemeinen und beruflichen Bildung der nachfolgenden Generation hinaus, rückt damit das Qualifikationspotenzial der Erwerbsbevölkerung im mittleren Alter in den Vordergrund.
Aus EU-Sicht betrifft die Neubewertung der Weiterbildung insbesondere
– den Ausbau von Prüfungsinstanzen, die allgemein anerkannt sind und innerhalb der Bildungsstufen des nationalen Gesamtsystems Zertifikate vergeben;
– die Zuordnung der erworbenen Abschlüsse zum Europäischen Qualifikationsrahmen (EQR), wozu – nach den Rahmenvorgaben der EU – festzulegen ist, auf welchen formalen und informellen Wegen der Durchstieg von einer Stufe zur anderen ermöglicht wird.

Welche Besonderheiten das deutsche System kennzeichnen und wo Veränderungen angezeigt erscheinen, soll vorab in folgenden Abschnitten dargestellt werden: Geringer staatlicher Einfluss im Bereich Weiterbildung (a) und Vorschläge zum Ausbau eines Weiterbildungssystems (b).

a) Geringer staatlicher Einfluss im Bereich Weiterbildung

Ein in sich geschlossenes und entsprechend strukturiertes Weiterbildungssystem wurde in Deutschland bisher nicht ausgebaut. Kennzeichnend für die gegenwärtige Situation ist vielmehr die Pluralität von Angeboten, die teils von den Ländern, teils vom Bund und den Kammern geregelt oder auf dem freien Markt angeboten werden. *Kein geschlossenes System*

Der berufliche Aufstieg über Fachschulen fällt in die Zuständigkeit der Länder sowie der Kammern über Rechtsverordnungen nach dem BBiG und der HwO. Die Reintegration von Personen mit Handikaps oder von Arbeitslosen betreiben die Träger der Unfall- und Rentenversicherung und die Bundesagentur für Arbeit. Der freie Markt der privaten und öffentlichen Anbieter, die um Teilnehmer konkurrieren, kommt auch hier hinzu. Aus internationaler Sicht wäre das deutsche System der Weiterbildung der Kategorie „Marktwirtschaftliche Lenkung ohne staatliche Eingriffe" zuzuordnen. Dies wurde wie folgt kommentiert[177]:

> „In der Bundesrepublik Deutschland ist das staatliche Engagement auf dem Gebiet der beruflichen Fortbildung seit jeher gering ausgeprägt. Dieses beschränkt sich auf die Aufstellung bestimmter Prüfungsanforderungen für Abschlüsse, die durch betriebliche Fortbildungsmaßnahmen erworben werden können. Das System der beruflichen Weiterbildung gründet sich auf die Grundsätze der freien Marktwirtschaft."

Das Angebot an beruflicher Weiterbildung wird in der Datenbank KURS der BA Nürnberg nachgewiesen. Wie die Tabelle 15 zeigt, entfallen dort über 95 % der

---

[177] Vgl. Venna, Yrjö: Unterschiedliche staatliche Vorgehensweisen auf dem Gebiet der beruflichen Fortbildung. In: Berufsbildung Nr. 13 – Europäische Zeitschrift des CEDEFOP, S. 60

423.000 angebotenen Veranstaltungen auf die Anpassungsweiterbildung, auf den beruflichen Aufstieg im Jahre 2005 allerdings nur etwa 12.300, also ca. 3 %.

Tabelle 15:
Veranstaltungsangebot in der beruflichen Weiterbildung nach Bildungsbereich

Bildungsbereich	Anzahl der Veranstaltungen (Januar)		
	2000	2005	Entwicklung
Weiterbildungsveranstaltungen	**306.229**	**422.640**	**+38 %**
Anpassungsweiterbildung	93,8 %	95,3	+40 %
Aufstiegsweiterbildung	4,2 %	2,9	-4 %
darunter:			
Betriebs-, Fachwirte, Fachkaufleute	1,6 %	1,3 %	+16 %
Meister	1,7 %	1,0 %	-20 %
Techniker	0,9 %	0,6 %	-8 %
Wissenschaftliche Weiterbildung	2,0 %	1,8 %	+22 %

Quelle: BMBF, Berlin/Bonn (Hrsg.): Berufsbildungsbericht 2006, S. 257 – Berechnungen des BiBB nach der Datenbank KURS der Bundesagentur für Arbeit.

Die historisch gewachsene Form der Aufstiegsfortbildung vom Facharbeiter zum Meister oder Techniker ist quantitativ rückläufig. Umgekehrt wächst der Umfang der Aufstiegsfortbildung in der Kategorie „Betriebs-/Fachwirte" oder „Fachkaufleute".

Position der Fachschulen Staatliche und private Schulen bieten einen beruflichen Aufstieg nach dem Lehrabschluss nur im schmalen Korridor der Fachschulen an. Der Übergang zu einem Studium an Fachhochschulen gelingt nur, wenn die Ausbildung nach dem mittleren Bildungsabschluss begann und ein Zusatzkurs absolviert wurde. Den Vorgaben des Europäischen Qualifikationsrahmens, wonach Weiterbildung zu höheren Positionen breiter auszubauen ist, entspricht dies noch nicht.

Im Deutschen Reich waren von 1871–1937 die Ministerien für Handel und Gewerbe (MfH) – im heutigen Verständnis also die Wirtschaftsministerien – für die Errichtung der Fachschulen zuständig samt ihrer curricularen Ausrichtung und den Regelung der Abschlussprüfungen.

Mit der Eingliederung der beruflichen Schulen ins Reichserziehungsministerium im Jahre 1934 wurde auch das Fachschulwesen fest ins deutsche Schulwesen integriert. Nach 1945 blieb das gesamte berufliche Schulwesen ohne Änderung nach Art. 7 Abs. 1 GG unter Staatsaufsicht und fiel in die Kulturhoheit der Länder.

Meisterstufe zählt zum Wirtschaftsrecht Im Handwerk stand traditionell die Meisterstufe im Vordergrund des Aufstiegs. Im Zuge der staatlichen finanziellen Förderung der Aufstiegsfortbildung wurde sie – wie der folgende Abschnitt zeigt – stark erweitert. Die Regelungen zur Meisterausbildung im Handwerk, in der Industrie etc. erlässt nach Art. 74 GG der Bund, und zwar im Rahmen seiner Zuständigkeit für das Recht der Wirtschaft.

b) Vorschläge zum Ausbau eines Weiterbildungssystems

Im Jahre 2001 erarbeitete der DIHK umfassende Leitlinien für die berufliche Weiterbildung und fordert grundlegende Schritte, um den Prozess der fortschreitenden Kompetenzentwicklung anforderungsgerecht und praxisnah zu gestalten. In diesem Zusammenhang wird die Modularisierung der Weiterbildung wie folgt angesprochen[178]: **Forderungen des DIHK**

„Die Weiterbildungsinhalte sind in Form von handlungsorientierten Modulen zu strukturieren, die in sich abgeschlossene Einheiten bilden und die Vermittlung von Kompetenz zum Ziel haben. ... Die ... Module sind nach einer einheitlichen Struktur zu beschreiben. .... Für einzelne Handlungsbereiche sind die erforderlichen Inhalte aus den jeweiligen Tätigkeitsbereichen abzuleiten. Module sollten somit keine isolierten Einheiten darstellen, sondern betriebsnahe Strukturen widerspiegeln und je nach individuellem Bedarf miteinander verknüpft werden können."

Ein Schwerpunkt der Forderungen an das deutsche Weiterbildungssystem seitens der Wirtschaft ist die internationale Verwertbarkeit der Abschlüsse. Dazu stellt der DIHK fest:

„Deutsche Bildungsabschlüsse in der beruflichen Weiterbildung sind bisher nicht ‚übersetzbar' und werden trotz ihres hohen Niveaus auf normativer EU-Ebene unter Wert gehandelt. Deshalb muss ein entscheidender Schritt hin zu international verwertbaren Bildungsabschlüssen getan werden, die im deutschen Berufsbildungssystem erworben wurden."[179]

In einer Stellungnahme zur Effizienzsteigerung des Bildungssystem vom Jahre 2002 sprachen Spitzenverbände der Wirtschaft, die Kultusministerkonferenz und die Wirtschaftsministerkonferenz (WMK) auch Fragen der beruflichen Weiterbildung an.[180] Sie betonten deren wachsende Bedeutung im Sinne lebenslangen Lernens aufgrund des Strukturwandels, der demografischen Entwicklung und des hohen Fachkräftebedarfs. Allgemein fordern sie eine Verbesserung der Rahmenbedingungen und mehr Transparenz auf dem Weiterbildungsmarkt. Hervorgehoben wird auch der Bedeutungszuwachs selbstgesteuerten Lernens. Nach deren Aussagen könnte Weiterbildung durch Flexibilisierung der Arbeitszeit und durch Schaffung von Langzeit- und Lebensarbeitszeitkonten unterstützt werden. **Überlegungen von KMK, WMK und Wirtschaft**

---

[178] Deutscher Industrie- und Handelskammertag (Hrsg.): Leitlinien Berufliche Weiterbildung. Wege zur Kompetenzentwicklung. 3. erw. Aufl., September 2001
[179] Ebd.
[180] „Leistungsfähigkeit des Bildungssystems verbessern". Gemeinsame Erklärung von Wirtschaftsministerkonferenz (WMK), Kultusministerkonferenz (KMK), Bundesverband der Deutschen Industrie (BDI), Bundesvereinigung der Deutschen Arbeitgeberverbände (BDA), Deutscher Industrie- und Handelskammertag (DIHK), Zentralverband des Deutschen Handwerks (ZDH). Berlin, 28.11.2002

Aktivitäten des BMBF

Der jährlich von der Bundesregierung nach § 86 BBiG vorzulegende Berufsbildungsbericht enthält jeweils ein umfassendes Hauptkapitel „Berufliche Weiterbildung", das in den Unterpunkten detailliert über die Aktivitäten des zuständigen Bundesministeriums für Bildung und Forschung (BMBF) auf diesem Gebiet berichtet. Im Berufsbildungsbericht 2007 nehmen die statistischen Ergebnisse einen breiten Raum ein.[181] Die dem dortigen Kap. 4 vorangestellte Zusammenfassung hebt folgende Aspekte hervor[182]:

– Zwischen der Bedeutung des Reformansatzes des lebenslangen Lernens und den traditionell mit Weiterbildung bezeichneten Initiativen einerseits und der insgesamt rückläufigen Teilnehmerzahl gemäß dem Bericht „Bildung in Deutschland" andererseits, der 2006 vom Konsortium Bildungsberichterstattung vorgelegt wurde, besteht eine erhebliche Diskrepanz.

– Anlässlich der Expertenanhörung des Bundestagsausschusses für Bildung, Forschung und Technikfolgenabschätzung vom 29.01.2007 wurde gefordert, dass „Angebote zur beruflichen Weiterbildung besser auf die Bedürfnisse der Menschen abgestimmt werden müssen, um Akzeptanz entfalten zu können".

– Der vom BMBF eingerichtete Innovationskreis Weiterbildung zur „Verknüpfung formellen und informellen Lernens", zum „Lernen in der Stadt/Region" sowie zu „Wissenschaftlicher Weiterbildung" regte Ende des Jahres 2007 über eine Empfehlung an, dass das Angebot an Weiterbildung verdichtet werden sollte.

– Mit der Fortentwicklung einer geregelten Weiterbildung über aktuelle Ordnungsvorhaben und insbesondere das neue Programm „Arbeiten – Lernen – Kompetenzen entwickeln" ist die Innovationsfähigkeit in der modernen Arbeitswelt zu fördern.

Weiterbildungsangebote und Nachfrage

Auf Möglichkeiten des Ausbaus beruflicher Qualifikationen über permanente Weiterbildung gehen die folgenden Kapiteln ein:

– *Angebote von Staat, Wirtschaft und freien Trägern (5.3.1)*

Das erste Kapitel gibt einen Überblick über die verschiedenartigen Weiterbildungsregelungen sowie die Inanspruchnahme der Weiterbildungsangebote der einzelnen Träger.

– *Weiterbildung aus individuellem Antrieb (5.3.2)*

Der Erhalt der Beschäftigungsfähigkeit und die gestiegenen Anforderungen an die berufliche Mobilität erfordern individuelle Initiativen der Weiterbildung, unterstützt durch geeignete Verfahren der Prüfung und Zertifizierung.

– *Zugang zum lebenslangen Lernen gemäß EU-Zielvorgabe (5.3.3)*

Die ständige Aktualisierung der Qualifikationen steht im Zentrum der europäischen Berufsbildungspolitik. Angebote der formalen Weiterbildung und informelles Lernen sind entsprechend auszurichten und zu fördern.

---

[181] A.a.O., S. 224 – 237
[182] A.a.O., S. 223ff.

5.3.1 Angebote von Staat, Wirtschaft und freien Trägern

Die staatlicherseits geregelte Weiterbildung ist in Deutschland stark differenziert. Der damit entstandenen Vielzahl von Regelungen stehen allerdings, sowohl bei den Angeboten nach Länderrecht als auch nach Verordnungen des Bundes bzw. der Kammern, nur noch relativ geringe Absolventenzahlen gegenüber.

Starke Differenzierung

Staatliche Vorgaben für die berufliche Weiterbildung bestehen unverbunden nebeneinander. Die Tabelle 16 zeigt die von Bund und Ländern geschaffenen Regelungen für die Aufstiegsfortbildung und bietet einen Überblick über insgesamt 419 Einzelregelungen, die sich wie folgt zusammensetzen:

Keine wechselseitige Abstimmung

  94 Regelungen zur Aufstiegsfortbildung an Fachschulen nach Landesrecht für Techniker, Betriebswirte und Gestalter,
137 Regelungen der Länder zur beruflichen Fortbildung in Gesundheits-, Sozial-, Lehr- und Erziehungsberufen,
188 Rechtsverordnungen des Bundes zur Regelung der beruflichen Fortbildung und der Meisterprüfung in den dort ausgewiesenen Wirtschaftsbereichen.

Damit unverbunden existieren nach BBiG § 54 / HwO § 42 in der Auflistung des BiBB noch 555 Regelungen der Kammern als den für die Berufsbildung vor Ort zuständigen Stellen, und zwar 535 für die berufliche Fortbildung und 20 für die berufliche Umschulung, worauf später noch verwiesen wird.

Die hohe Zahl der Fortbildungsregelungen für 419 Fachgebiete/Berufe ist an sich Ausdruck einer hohen Regelungsdichte und Indiz dafür, dass der Staat stärkeren Einfluss hat, als dies erscheint. Von einer marktwirtschaftlichen Lenkung ohne staatliche Einflussnahme, wie im CEDEFOP-Bericht formuliert[183], kann also nur bedingt ausgegangen werden. So erlässt beispielsweise der Bund für jeden Handwerksberuf – wie es jeweils heißt – eine „Verordnung über Berufsbild und Prüfungsanforderungen im praktischen und fachtheoretischen Teil der Meisterprüfung für ...". Hinzu kommen die 41 Verordnungen zur Meisterprüfung in den verschiedenen Zweigen der Industrie und der anderen Wirtschaftsbereiche.

Hohe Regelungsdichte

Die Absolventenzahlen sinken allerdings seit Jahren. Insgesamt ging die Zahl der im Zuständigkeitsbereich des Bundes bestandenen Fortbildungsprüfungen in den Jahren von 1992 bis 2005 von rund 132.400 auf 100.300 zurück, also um ein Viertel.[184] Im Jahre 2005 bestanden noch 33.500 Personen eine Meisterprüfung im Handwerk; in der Industrie und den übrigen Wirtschaftsbereichen waren es gegenüber 50.300 Absolventen im Jahre 1998 ein Drittel weniger.[185]

---

[183] Vgl. bei Venna, Yrjö, a.a.O.: Unterschiedliche staatliche Vorgehensweisen auf dem Gebiet der beruflichen Fortbildung und die dortige Kategorisierung der europäischen Weiterbildungssysteme.
[184] Vgl. BMBF Berlin/Bonn (Hrsg.): Berufsbildungsbericht 2007, S. 229
[185] Ebd., S. 235

Tabelle 16:
Fortbildungsregelungen nach Länder- und Bundesrecht im Überblick

Körperschaft / Art der Regelungen	Zahl der Berufe/ Fachrichtungen	Summe
a) Regelungen der Länder		
• *zur Aufstiegsfortbildung* an Fachschulen* zum ...		94
staatlich geprüften Techniker	61	
staatlich geprüften Betriebswirt	18	
staatlich geprüften Gestalter	15	
• an Schulen des Gesundheitswesens/Berufsfachschulen zur Fortbildung ...		137
in der Funktionspflege/nach Fachgebieten	79	
im Pflegemanagement/in der Stationsleitung	23	
in (nichtärztlichen) Therapieberufen	9	
in der Labor-/Röntgendiagnostik	10	
in Lehrtätigkeiten/Erzieherberufen	12	
in sozialen Berufen	4	
b) Rechtsverordnungen des Bundes nach dem BBiG/der HwO		188
• zur Meisterprüfung im Handwerk zu Berufsbild und den Prüfungsanforderung	89	
zur Meisterprüfung im Handwerk nach fortgeltenden Regelungen aus den Jahren ab 1950	19	
• Rechtsverordnungen zur Meisterprüfung in ...		
der Industrie und im Öffentlichen Dienst	20	
der Landwirtschaft	11	
der städtischen Hauswirtschaft	1	
• Rechtsverordnungen zur beruflichen Fortbildung darunter 18 zu Fachwirten, Fachkaufleuten, Handelsassistenten etc. 6 zu IT-Fachleuten/Wirtschaftsinformatiker	36	
• Rechtsverordnungen zur beruflichen Umschulung	2	
• Rechtsverordnung über die Eignung der Ausbilder	1	
Summe der Regelungen der Länder, des Bundes/der Kammern =		**419**

* In Bayern an Fachakademien, die auf dem Realschulabschluss aufbauen und zu gehobenen Positionen führen.

Quelle: BiBB, Bonn (Hrsg.): Die anerkannten Ausbildungsberufe – Ausgabe 2.B Seiten 250-270 und Teil 3.B Seiten 406-429

Keine Verankerung im Gesamtsystem

Eine klare Positionierung in der Abfolge der Bildungs- und Qualifikationsstufen ist für Fortbildungsprüfungen in Zuständigkeit des Bundes nicht erkennbar. Im Hinblick auf die von der EU für das Jahr 2010 anvisierten Reformziele wäre daher zu prüfen, ob die Ordnungspolitik des Bundes, aber auch der Länder noch zeitgemäß ist, fügen sich doch die Abschlüsse nur bedingt in ein gestuftes Gesamtsystem ein. Sollen für deutsche Absolventen staatlich geregelter Fortbildung Nachteile vermieden werden, etwa bei der Einstufung nach dem EQR, sind diese Fragen zu klären.

a) Regelungen der Länder

Die Regelung und Zertifizierung der Aufstiegsweiterbildung an Fachschulen in Regie der Länder zielt mit 94 Fachrichtungen auf mittlere Qualifikationen. Die Curricula werden direkt aus den einschlägigen Tätigkeiten hergeleitet und darauf ausgerichtet. *Fachschulstufe als Sackgasse*

Die Regelungen der Länder zur Fortbildung im Gesundheitswesen zielen in erster Linie auf die Vermittlung von Zusatzqualifikationen in den diversen Einsatzgebieten der Pflegekräfte. Entstanden sind so zahlreiche Formen der Zusatzqualifizierung für den Einsatz in der Geriatrie, Onkologie, Rehabilitation, Pädiatrie, Psychiatrie oder im Operationssaal usw. Der Aufstieg zur Stationsleitung oder ins Pflegemanagement wird dagegen nicht in derselben Breite geboten. Bei Leitungsfunktionen konkurrieren zudem die Aufsteiger aus der Kranken- und Altenpflege mit denen, die an Universitäten und Fachhochschulen Gesundheits-, Pflegewissenschaften, Pflegemanagement oder Pflegepädagogik studieren, also aus Studiengängen kommen, mit denen „...dem Mangel an qualifizierten Führungskräften im Bereich der Kranken- und Altenpflege abgeholfen werden und zugleich eine wissenschaftliche Grundlage für die Qualifikationsanforderungen der Pflegeberufe geschaffen werden" soll.[186]

Die ins Schulwesen der Länder integrierten Fachschulen, samt den Schulen des Gesundheitswesens erfüllen zwar die Kriterien der postgradualen Bildung nach der ISCED Stufe 4, es fehlt aber die Öffnung zum Tertiärbereich der Stufen 5A/5B. Der Facharbeiter mit dem Technikerdiplom erreicht zwar zumeist den Angestelltenstatus, der Übergang ins Ingenieurstudium – mit Anrechnung der Vorleistungen – wird ihm aber verwehrt, ist doch die Erteilung der Fachhochschulreife noch nicht in allen Ländern die Regel.

Die Fachschulzertifikate laufen damit, allen Ergänzungsangeboten zum Trotz, Gefahr, bildungspolitisch gesehen in eine Sackgasse zu führen. Darin unterscheidet sich das deutsche System deutlich von dem anderer EU-Staaten, so etwa dem französischen, das die BT-Zertifikate (Brevet de Technicien) dem Abiturniveau zuordnet und voll in die Hierarchie der Bildungsstufen integriert.

Die Problematik der deutschen Aufstiegsfortbildung wird seitens der potenziellen Interessenten zunehmend erkannt. Das lehrt ein Blick auf die Absolventenzahlen des Jahres 2005 in Tabelle 17. Auf die 61 Fachrichtungen, nach denen im Fachschulwesen eine Aufstiegsfortbildung zum staatlich geprüften Techniker angeboten wird, entfällt das Gros der Absolventen; dazu kommen die Fachrichtungen im Servicebereich mit rund 27 % und die kaufmännisch-betriebswirtschaftlichen Abschlüsse samt der Wirtschaftsinformatik mit knapp 14 %. *Quantitative Bedeutung*

---

[186] Vgl. Die Länder der Bundesrepublik Deutschland; Bundesagentur für Arbeit (Hrsg.): Studien- & Berufswahl 2007/2008. Nürnberg 2007, S. 237

Tabelle 17:
Bestandene Abschlussprüfungen an Fachschulen im Jahre 2005[1]

Fachrichtung / Fächergruppe	Absolventen 2005[2]	in Prozent[3]
Landbau / Forstwirtschaft / Gartenbau	3.109	7,95
Ernährung / Hauswirtschaft	1.957	5,00
Bergbautechnik	43	0,11
Agrartechnik / Nahrungsmitteltechnologie / Hauswirtschaft	*5.109*	*13,06*
Textil- / Bekleidungs- / Ledertechnik	206	0,53
Papier- / Drucktechnik	272	0,69
Chemie- / Biotechnik; Kunst- / Werkstofftechnik	469	1,20
Metallbau / Maschinen(bau)technik / Feinwerktechnik	8.299	21,21
Elektrotechnik (Energie / Elektronik)	4.994	12,76
Bautechnik / Ausbau	2.518	6,43
Holztechnik / Tischlerei	771	1,97
Farbtechnik / Raumgestaltung / Innenausbau	381	0,97
Fachrichtungen der industriell-handwerklichen Produktion	*17.910*	*45,76*
Kunst / Musik / Produktdesign	588	1,50
Gesundheitstechnik / Gesundheitshandwerk	633	1,62
Körperpflege (Friseurhandwerk / Podologen)	317	0,81
Sozialarbeit / Sozial- / Heilpädagogik	7.674	19,61
Fach- / Werklehrer	52	0,13
Hotelfachberufe / Gastronomie	1.418	3,62
Reinigungs- / Entsorgungstechnik	61	0,16
Sozial- / Servicezentrierte Fachrichtungen	*10.743*	*27,45*
Verkehrstechnik / Nautik / Logistik	288	0,74
Handelsfachwirt / Betriebs- / Verwaltungsfachleute	4.337	11,08
Informationstechniker / Wirtschaftsinformatiker	749	1,91
Logistik / Betriebswirtschaft / Wirtschaftsinformatik	*5.374*	*13,73*
Summe	**39.136**	**100,00**

[1] Nach den Länderregelungen zu den in Fachschulen angebotenen Fachrichtungen.

[2] Ohne die von einzelnen Ländern den Fachschulen zugerechneten Erstausbildungsgänge der Alten-, Familienpflege, der Erzieher/innen und Heilerzieher/innen u. a., die unter Berufsfachschulen/Schulen des Gesundheitswesens ausgewiesen sind.

[3] Die Absolventen ohne Berufsangaben wurden proportional auf die Positionen verteilt.

Quelle: StBA, Berlin (Hg.): Bildung und Kultur, Fachserie 11, Reihe 2, 2005/06, S. 285ff, eigene Aggregation und Berechnungen.

Gemessen an den knapp 18.000 Absolventen in den Fachrichtungen der industriell-handwerklichen Produktion, trägt die Aufstiegsfortbildung zum staatlich geprüften Techniker nur noch wenig zum Abbau des vielfach beklagten Ingenieurmangels bei. In den Jahren um 1960 stand dieser Aspekt beim Aufbau der Technikerschulen im Vordergrund. Damals plädierte der VDI nachdrücklich dafür, Technikern in der Konstruktion, Fertigungssteuerung, Qualitätskontrolle und technischem Vertrieb Routineaufgaben zu übertragen und auf diese Weise die Diplomingenieure aus den TH und den HTL zu entlasten.[187]

Kein Abbau des Ingenieurmangels über Fachschulen

Absolventen, die nach Länderregelungen (Tabelle 16) Aufstiegswege in Gesundheitsberufen einschlagen, sind in der Tabelle 17 nicht enthalten, denn die Statistik der Schulen des Gesundheitswesens wird, wie zuvor im Kap. 5.2.2 beschrieben, getrennt von den Nachweisen der Berufsfachschulen und Fachschulen geführt.

Statistiklücken im Gesundheitsbereich

Hinzu kommen Weiterbildungsangebote der örtlichen Berufsschulzentren. Offiziell dürfen diese keine Weiterbildung anbieten. Man behilft sich dadurch, dass an den Schulen eigens gebildete Fördervereine als Anbieter auftreten. Begünstigt sind diese Angebote, da an den einbezogenen Fachschulen mit der Ausbildung von Meistern und Technikern entsprechende Lehrkräfte zur Verfügung stehen.

Berufsschulen als Anbieter

b) Angebote der Kammern und der Bundesagentur für Arbeit

Bereits mit dem Berufsbildungsgesetz (BBiG) bzw. der Handwerksordnung (HwO) wurde im Jahre 1969 der Rahmen für Fortbildungs- und Umschulungsordnungen abgesteckt, die als Rechtsverordnungen des Bundesministeriums für Wirtschaft oder als Regelungen der Kammern regional für den jeweiligen Bezirk gelten. Die Novelle des BBiG von 2005 schrieb dies erneut in den Kapiteln 2 und 3 (§§ 53–63) fest. Der Bund ergriff (vgl. Tabelle 16) nur in geringem Umfang Initiativen, berufliche Fortbildung einheitlich zu regeln. Von den 36 Rechtsverordnungen zur beruflichen Fortbildung regeln

Vielzahl der Kammerregelungen

- 18 die Fortbildung zu Fachwirten, Fachkaufleuten, Handelsassistenten etc.
- 6 die Fortbildung zu IT-Fachleuten, -Beratern, -Entwicklern etc.
- 4 die Fortbildung im Umfeld der Sicherheit, des Werkschutzes etc.

Die restlichen acht fallen auf Spezialgebiete wie Sozialberatung, Arbeits- und Berufsförderung für Behinderte u. a. Umso mehr machten die Kammern reichlich von ihrem Recht Gebrauch, berufliche Fortbildung in ihren Zuständigkeitsbereichen zu regeln. Inzwischen existieren über die Berufsbereiche hinweg nach der Auflistung des BiBB 535 Fortbildungsberufe und 20 Umschulungsberufe (vgl. Tabelle 18).

---

[187] Lt. VDI-Information Nr. 4/1959

Tabelle 18:
Zur Struktur der Vielzahl an Regelungen zur beruflichen Fortbildung und Umschulung, die Kammern nach § 54 BBiG/§ 42 HwO erlassen haben

Berufsbereich / Berufsfeld	Anzahl der Regelungen absolut	in %	Prüfungs-teilnehmer*
I Land-, Forstwirtschaft, Gartenbau; Umweltschutz	27	4,9	916
II Ernährung/Getränkeherstellung Lebensmittelüberwachung; Hauswirtschaft	10	1,8	72
III Produktionsgüterfertigung (u.a. Chemie, Kunststoff) Konsumwarenproduktion (u.a. Keramik, Textilien)	24	4,3	205
IV Metall/Baumetall; Elektrik/Elektronik	86	15,5	3.226
V Bau/Ausbau/Holz/Farbe Bautenschutz, Restauratoren im Bauhandwerk	64	11,5	759
A Berufe der landwirtschaftlich/gewerblichen Produktion	211	38,0	5.178
VI Serviceberufe für Gastronomie/Tourismus, Körperpflege; Sicherheit/Entsorgung, Reinigung	38	6,8	792
VII Gesundheit, Wellness/Fitness; Sport	37	6,7	2.781
VIII Medien / Kommunikation, Kunst/Design, Kunsthandwerk; Marketing / Werbung	58	10,5	2.930
IX Logistik (Land-, Luft-, Seeverkehr; Lagerhaltung)	19	3,4	415
B Serviceberufe / Dienstleistungen i.e.S.	152	27,4	6.918
X Handel / Außenhandel, Vertrieb	17	3,1	360
XI Büro, Verwaltung, Controlling, Management	117	21,1	21.562
XII IT-Technik, EDV/CAD/CAM; Datenschutz	58	10,4	5.531
C Handel/Büro/Verwaltung/IT-Anwendung	192	34,6	27.453
Alle Berufsbereiche zusammen	**555**	**100,0**	**39.549**

* Prüfungsteilnehmer, soweit sie in der verwendeten Quelle ausgewiesen sind; sie sind a.a.O. deutlich untererfasst; denn für das Jahr 2003 weisen die BMBF- Grund- und Strukturdaten aus dem Jahre 2005 (S. 320ff.) 85.094 Teilnehmer an Fortbildungsprüfungen aus (ohne die 40.440 Teilnehmer an Meisterprüfungen (die i. d. R. nach den Verordnungen des Bundes abgelegt werden)

Quelle: BiBB, Bonn (Hrsg.): Die anerkannten Ausbildungsberufe - Ausgabe 2004, Teil 3.A, Seiten 337- 403 - eigene Berechnungen.

Die nach Berufsfeldern unterschiedliche Regelungsdichte spiegelt den Wandel der Berufswelt wider. In Sparten, die in jüngster Zeit stark expandierten, wie etwa bei Kommunikation, Design, Marketing, im Komplex Büro, Verwaltung und IT-Technik, gibt es vielfältige, in schrumpfenden und stagnierenden Sparten wie den Ernährungsberufen nur wenige Angebote.

Missverhältnis zwischen Angeboten und Teilnehmern Im BiBB-Verzeichnis weist eine besondere Spalte die Teilnehmer an den Fortbildungsprüfungen der Kammern aus, aber oft fehlen bei Einzelregelungen entsprechende Zahlen. Offen mag bleiben, ob die Kammern sie nicht melden oder ob die aggregierten Daten, die jährlich in den Berufsbildungsberichten ausgewiesen werden, in der Tiefe nach den 555 Berufen nicht aufzugliedern sind. Auf jeden Fall ist die Diskrepanz zwischen der Fülle an Einzelregelungen und der Nutzung des Angebots groß, dies umso mehr als – wie zuvor für die Meisterprüfungen aufgezeigt – die Teilnahme an der regulierten Weiterbildung laufend zurückgeht. Dazu werden nachstehend die gerundeten Eckzahlen aus dem Berufsbildungsbericht 2005 aufgeführt und die Veränderung im Zeitraum 1992 bis 2005 in Prozent ergänzt[188]:

Fortbildungsprüfungen insgesamt		125.100 − 27 %
abzüglich: Meisterprüfungen nach den Regelungen des Bundes	− 33.500 − 5 %	
abzüglich Fachkaufleute/Fachwirte (Industrie und Handel) nach Regelungen des Bundes	− 32.100 + 3 %	− 65.600 − 36 %
Verbleiben an Teilnehmern nach Kammerregelungen rund		59.500 − 13 %

Die Differenz zwischen den rund 59.500 Teilnehmern nach Kammerregelungen und der Zahl von 40.000 im amtlichen Verzeichnis des BiBB ist derzeit nicht erklärbar. Jedenfalls ist beides ein Indiz dafür, dass das Gros der 535 von den Kammern geregelten Fortbildungsberufe nur selten genutzt wird, um die berufliche Position zu verbessern oder sich auf einem der Spezialgebiete fortzubilden. Dieser Eindruck wird dadurch verstärkt, dass zum einen im Bürobereich viele Kammern Regelungen erlassen haben, zum anderen für nahezu identische benannte Berufe Einzelregelungen nebeneinander stehen, zum Beispiel die Prüfungen

- zur Schreibtechnik 76 Kammern,   mit nur 854 Teilnehmern p/a.
- zur Technisch-kaufmännischen Fachkraft im Handwerk 26 Kammern,   mit nur 146 Teilnehmern p/a.
- zum Tourismusfachwirt (IHK), zum Touristikassistenten, zur Touristikfachkraft (IHK), zum Touristikfachwirt insgesamt 60 Regelungen,   mit nur 34 Teilnehmern p/a.

Dem stehen andererseits Regelungen von nur sieben oder acht Kammern gegenüber, wie etwa bei den Restauratoren im Handwerk für Buchbinder, Orgel- und Harmoniumbauer, Holzbildhauer, Vergolder u. a., also Fortbildungsberufe, die nur wenige aufnehmen, aber für die Erhaltung wertvoller Kulturgüter von hoher Bedeutung sind.

Die Gegenüberstellung der Fortbildungsregelungen zu den Teilnehmern bzw. Absolventen fällt aufs Ganze gesehen ernüchternd aus. Staatlicherseits und durch Kammern sind insgesamt 974 Regelungen für die berufliche Weiterbildung geschaffen worden. Die Zahl derer, die auf diesem Wege ihre berufliche Qualifikation verbessern und/oder in gehobene Positionen aufsteigen wollen, ist

Fortbildungsbilanz unbefriedigend

---

[188] Vgl. BMBF Berlin/Bonn (Hg.): Berufsbildungsbericht 2007, S. 227 u. 235

aber – abgesehen von wenigen Expansionsbereichen wie Betriebs-/Fachwirte – im Laufe der Jahre immer weiter geschrumpft. Im Jahre 2005 waren es bei der

- Aufstiegsweiterbildung an Fachschulen   39.136 Absolventen
- Aufstiegsweiterbildung zum Meister   33.473 Absolventen
- Aufstiegsweiterbildung zum Fachwirt (IHK) u. dgl.   20.332 Absolventen
- Fortbildung nach all den anderen Regelungen   46.475 Absolventen
  insgesamt also   139.416 Absolventen

Bezogen auf 3.710.000 Erwerbspersonen auf dem Niveau Fachschulabschluss[189] errechnet sich daraus eine Quote von 3,8 % pro anno; ein Anteil, der den Herausforderungen zu ständiger Verbesserung des Arbeitskräftepotenzials nur bedingt gerecht wird.

BA-Aktivitäten 2006 gestiegen

Einer der bedeutendsten Akteure im Weiterbildungsgeschehen ist nach wie vor die Bundesagentur für Arbeit (BA), die nach dem SGB III § 77 Abs. l die Aufgabe wahrnimmt, Arbeitnehmer, insbesondere Arbeitslose insoweit zu fördern, als die Weiterbildung zur beruflichen Reintegration notwendig und dadurch eine drohende Arbeitslosigkeit abzuwenden bzw. ein fehlender Berufsabschluss nachzuholen ist. Die erforderlichen Maßnahmen werden von der BA auf die einzelnen Personengruppen hin konzipiert, ausgeschrieben und an Träger vergeben, die inzwischen mit ihrem Personal eine beschäftigungsrelevante Größe am Arbeitsmarkt ausmachen.

Über die Jahrzehnte hat die BA jährlich hohe Milliardenbeträge für die Weiterbildung ausgegeben und bis in die Jahre um 1990 auch nachhaltig die Aufstiegsfortbildung gefördert, insbesondere zum staatlich geprüften Techniker und zum Meister im Handwerk. Mit der Umorientierung der Arbeitsmarktpolitik im Rahmen der Hartz-Gesetze hat sich dies allerdings grundlegend geändert; nach strengen Kriterien wird heute entschieden, ob eine Weiterbildung notwendig ist und über welche Dauer sie gehen soll.

Umschulung ab 1997 rückläufig

Im Zuge dieser Umstellung ist ab 1997 die Umschulung im früheren Sinne entfallen. Heute ist nur noch die Rede von „Maßnahmen mit Abschluss in anerkannten Ausbildungsberufen".

Mit der Neuausrichtung der BA-Maßnahmen hat die Zahl der jährlichen Eintritte in Maßnahmen der beruflichen Weiterbildung bis 2005 stark abgenommen, erstmals 2006 wurde wieder ein Zuwachs verzeichnet (vgl. Tabelle 19). Auch wenn die Teilnehmerzahl insgesamt im Jahre 2006 gegenüber dem Vorjahr um über 80 % anstieg, liegt das aktuelle Volumen der BA-Förderung immer noch weit unter den Werten, die gegen Ende des 20. Jahrhunderts erreicht wurden. Bei der Vermittlung eines neuen Berufsabschlusses in einem anerkannten Ausbildungsberuf wurde die Förderung auf einen Bruchteil des Wertes von 2001 zurückgeführt.

---

[189] Vgl. Stat. Bundesamt, Statistisches Jahrbuch 2007, S. 127

Die BA leistet damit zur Verbesserung der Qualifikationsstruktur des Erwerbs-personenpotenzials einen deutlich geringeren Beitrag als dies in den Jahren 1970 bis 2000 der Fall war. Berufliche Weiterbildung und Aktualisierung der Qualifikation, die bei Erwerbslosen nach dem Verlust ihres Arbeitsplatzes vielfach ansteht, bleibt damit zusehends dem Einzelnen selbst überlassen, verbunden mit dem Risiko, ohne die nötige Verbesserung der Arbeitsfähigkeit dauerhaft abzugleiten in niedriger bezahlte, einfachere Jobs.

Gestiegenes individuelles Risiko

Tabelle 19:
Eintritte in Maßnahmen der beruflichen Weiterbildung der BA 1997–2006

Jahr	Insgesamt	D – West	D – Ost	mit Berufsabschluss[1]
1997	421.600	266.200	155.400	84.400
1999	490.800	307.500	183.300	93.600
2001	440.900	241.300	199.600	97.900
2003	254.718	161.043	93.676	68.000
2004	185.041	123.951	61.089	32.259
2005	131.521	91.096	40.425	12.023
2006[2]	245.464	172.036	73.428	12.428

[1] ‚Mit Abschluss eines anerkannten Ausbildungsberufes' als Darunterzahl zur Gesamtzahl (Spalte insgesamt)
[2] Lt. Angaben a.a.O. vorläufige Zahlen
Quellen: 1997 – 2001 BMBF - Grund- und Strukturdaten 2005, S. 328
2003 – 2006 BMBF, Berufsbildungsberichte 2005, 2006, 2007

c) Volkshochschulen und Institute für Fernunterricht als Anbieter

In allen Regionen bieten die Volkshochschulen (VHS) Bildung im weitesten Sinne bis hin zu sportlichen und künstlerischen Kursen an; berufliche Bildung ist darin zu einem festen Bestandteil geworden. Vielfach werden auch Fortbildungskurse nach den Regelungen der Kammern angeboten, die mit einer Prüfung abgeschlossen werden können. Gleiches gilt für Sprachkurse, über die Befähigungsnachweise (Zertifikate) des jeweiligen Landes erworben werden. Die Teilnahme an den Kursen beruht auf individuellem Interesse, und zwar je nach Wohnort in Konkurrenz mit Angeboten anderer Veranstalter.

Bildungsangebot der Volkshochschulen

Jährlich verzeichnen die VHS für ihre mehr als 550.000 angebotenen Kurse weit über zwei Millionen Teilnehmer, allerdings bleibt die Zahl der abgelegten Prüfungen weit darunter: Einen allgemeinbildenden Abschluss erwerben pro anno 15.000 bis zu 20.000 Personen. Prüfungen nach Regelungen der Industrie- und Handelskammern, Handwerkskammern etc. legen pro anno ca. 70.000 bis 80.000 Kursteilnehmer ab.[190] Die VHS bieten demnach in erster Linie externe Vorbereitungen auf Prüfungen staatlicher Stellen sowie der Kammern.

---

[190] Vgl. BMBF Berlin/Bonn (Hg.): Grund- und Strukturdaten 2005, S. 316

Weiterbildung über Fernunterricht

Ein expandierender Markt ist seit langem der Fernunterricht, der von einer „Staatlichen Zentralstelle für Fernunterricht" überwacht wird.[191] Rund 320 Institute bieten Lehrgänge in allgemein bildenden und berufsbildenden Themenbereichen an. Nach der einschlägigen Statistik bezogen sich von 2.045 zugelassenen Lehrgängen rund zwei Drittel auf den berufsbildenden Bereich, ein Drittel auf allgemein bildende Inhalte. Von rund 196.000 Teilnehmern bereiteten sich 71.000 (36 %) auf staatliche bzw. öffentlich-rechtliche Prüfungen vor.[192] Wobei sich dann wiederum für die übrigen die Frage nach der Transferqualität und Anrechnung nach Qualifikationsstufen stellt.

Systemcharakter fehlt

Zieht man hier eine Zwischenbilanz, so ist vor allem festzustellen, dass die inhaltliche Differenzierung des Angebots sowie der Trägerlandschaft derart vielfältig ist, dass beides vom Einzelnen kaum noch überblickt werden kann. Indikatoren dafür, wie sich das weit aufgefächerte Angebot miteinander konkurrierender Träger qualitativ einschätzen lässt, sind kaum vorhanden.

Zu einem funktionsfähigen System gehört die Zuordnung der Angebote nach Berufsprofilen und Bildungsstufen; nur so kann die von der EU geforderte Anerkennung und Zertifizierung des informellen Lernens realisiert werden. Beides ist bislang im deutschen System nicht zu erkennen. Insoweit ist es fraglich, ob der Aktionismus, der sich in tausenden von Angeboten am Weiterbildungsmarkt, der Volkshochschulkurse und Fernlehrgänge ausdrückt, eine vernünftige, zielführende Investition in das Humankapital darstellt oder ob es nicht an der Zeit wäre, den Rahmen abzustecken, innerhalb dessen Weiterbildung anzulegen ist. So gilt es Bausteine abzugrenzen, nach Qualifikationsbündeln zusammenzustellen und schließlich über Zertifikate dem zu schaffenden Stufenaufbau des deutschen Qualifikationssystems zuzuordnen. Im Hinblick auf den Europäischen Qualifikationsrahmen, der für das lebenslange Lernen die Stufenleiter des nahtlosen Übergangs von einem Level zum nächsthöheren definieren soll, bleibt mit der Zielsetzung der EU-Reform bis 2010 für derartige Aufgaben nur noch wenig Zeit.

d) Weiterbildungsangebote am freien Markt

Wettbewerb am freien Markt

Wie eingangs beschrieben, beziehen sich von den rund 422.600 Weiterbildungsveranstaltungen, die in der Datenbank KURS der BA im Jahre 2005 verzeichnet waren, 402.800 (95,3 %) auf die Anpassungsweiterbildung, lediglich 12.200 auf

---

[191] Weiterbildungskurse, die unter das Fernunterrichtsschutzgesetz fallen, benötigen für den Markteintritt eine Zulassung durch diese Einrichtung. Sofern es sich dabei um berufsbildende Kurse handelt, die auf eine bundesrechtlich geregelte Prüfung vorbereiten, hat das BiBB sie zu begutachten und die Staatliche Zentralstelle für Fernunterricht im Hinblick auf die Zulassung zu beraten. Vgl. „Qualitätskriterien für die Begutachtung und Zulassung von Lehrgängen nach dem Fernunterrichtsgesetz." In: Berufsbildung in Wissenschaft und Praxis 2/2005, S. 42

[192] Vgl. Berufsbildungsbericht 2005, S. 263ff. und Berufsbildungsbericht 2007, S.231ff.

die geregelte Aufstiegsweiterbildung und weitere 7.600 auf wissenschaftliche Weiterbildung. Der weitaus größte Teil der Veranstaltungen wird demnach außerhalb der regulierten und durch Prüfungen staatlicher Stellen zertifizierten Formen angeboten. Diesen offenen Markt, auf dem die Anbieter um die Teilnehmer konkurrieren, kennzeichnet ein facettenreiches Bild. Grundstrukturen hat das BiBB für die Zeit 2001 bis 2005 beschrieben.[193]

Fast zwei Drittel (rund 276.000) aller in der Datenbank KURS registrierten Weiterbildungsveranstaltungen werden von privatwirtschaftlichen Einrichtungen angeboten. Das Angebot dieser Privatunternehmen, die Weiterbildung gewinnorientiert betreiben, expandierte stark, allein zwischen 2001 und 2005 um 56 % (ca. 100.000 Veranstaltungen). Fachverbände und Kammern fielen im Anteil um ca. 5 % zurück; der absolute Zuwachs von ca. 4.000 Veranstaltungen fiel also bescheiden aus. Auch der Anteil des Segments staatlich regulierter Weiterbildung an Fachschulen, Hochschulen, Verwaltungs- und Wirtschaftsakademien schrumpft, die Strukturen verfestigten sich, und nur noch ca. 1.500 Veranstaltungen kamen neu hinzu.

Private Anbieter dominieren

Die von der BA Nürnberg und den regionalen Arbeitsagenturen finanzierten Maßnahmen zur Reintegration Arbeitsloser oder gesundheitlich beeinträchtigter Personen werden nach Ausschreibung an Einrichtungen der Wohlfahrtsverbände, Kirchen oder an Bildungseinrichtungen der Gewerkschaften vergeben. Zwischen diesen Konkurrenten zeichnet sich eine gegenläufige Entwicklung ab: Sozialverbände/Kirchen haben 2005 gegenüber 2001 um 89 % mehr Weiterbildungsveranstaltungen angeboten, Gewerkschaften/Arbeitnehmerorganisationen um 60 % weniger.

Umschichtung in der Trägerlandschaft

Bei den angebotenen Weiterbildungsveranstaltungen war im Jahre 2005 immer noch der Vollzeitunterricht mit rund 48 % die häufigste Unterrichtsform; Teilzeit- und Blockunterricht sowie Wochenendveranstaltungen erreichten einen Anteil von 24 %, gefolgt von 22 % für die Inhouse-Seminare bei den Anbietern. Moderne Wege des Multimedialen Lernens oder des computergestützten Fernunterrichts treten dagegen mit einem 2 %-Anteil der Veranstaltungen in den Hintergrund. Die Möglichkeiten, IT-Medien in der Weiterbildung gezielt mit Breitenwirkung einzusetzen, werden demnach bislang von den Anbietern kaum genutzt. Allerdings mag dies damit zusammen hängen, dass fast 66 % der Veranstaltungen nur wenige Tage bis zu einer Woche dauern, weitere 14 % mehr als eine Woche bis zu einem Monat, und Lehrgänge etc. die länger als ein halbes Jahr dauern, gerade 10 % des Angebots ausmachen.

Moderne Medien kaum genutzt

Gegenüber dem Jahr 2001 weitete sich im Bereich Informatik die Zahl der Veranstaltungen zur Anpassungsweiterbildung mit rund 44.000 am stärksten aus, in

IT-Bereich mit hohem Zuwachs

---

[193] Vgl. Berufsbildungsbericht 2006, S. 256ff.

der EDV-Anwendung (Textverarbeitung, CAD, CIM, CNC, DTP) dagegen wurden nur noch 9.500 neue Veranstaltungen registriert.

Themen mit steigendem Angebot

Eine überdurchschnittliche Zunahme war 2001 bis 2005 darüber hinaus bei den folgenden Themenbereichen zu verzeichnen[194]:

Verpackungstechnik, Papier-/Pappeverarbeitung	100
Technisch-wissenschaftliches Grundwissen	200
Instandhaltung, Reparatur, Wartung	700
Arbeitssicherheit, Arbeitsschutz, Sicherheitstechnik	1.400
Material-, Lagerwirtschaft, betriebliche Logistik, Versand	2.000
Verkehrs-, Speditionswesen	2.500
Hygiene, Reinigung	500
Gesundheitswesen, -Vorsorge u. dgl.	8.200
Publizistik, Bibliothekswesen, Archiv	1.500
Einkauf, Beschaffung	1.700
Finanz-, Rechnungs-, Kostenwesen	4.400
Versicherungswesen	700
Mitarbeiterführung, Arbeits-, Kommunikationstechniken	7.700
Management, Betriebsvertretung	2.900

Problem Transferfähigkeit

Die vom BiBB vorgelegte Auswertung der Datenbank KURS gibt keine Anhaltspunkte dazu, in welcher Weise die Kurse eines Themenfeldes aufeinander aufbauen, mit denen anderer Felder verschränkt oder in modularer Form Teil einer gehobenen oder höheren Qualifikation sind. Auch finden sich über die Jahre in den Berufsbildungsberichten keine Hinweise darauf, Rahmenvorgaben für das Geschehen am freien Markt der Anbieter zu schaffen, nach denen diese ihre Angebote derart strukturieren, dass zum einen eine breite Verwertbarkeit erreicht und zum anderen, in der Stufung von Grund- und Aufbaukursen eine Basis geschaffen wird, auf der auch die Zertifizierung informellen Lernens ansetzen kann und die vom Einzelnen erworbenen Bausteine den nationalen oder internationalen Qualifikationsstufen zugeordnet werden können.

Arbeitsintegrierte Weiterbildung

Ein Beispiel für die Realisierung des Konzepts der arbeitsintegrierten Weiterbildung in Unternehmen selbst zeigt der Beitrag von Michael Brater (vgl. S. 484). Dieses Konzept stützt sich darauf, dass die Mitarbeiter durch die Bewältigung neuer Herausforderungen in ihrer täglichen Arbeit lernen und sich weiterentwickeln. Der Betrieb gibt die allgemeine Richtung vor und schafft lernförderliche Rahmenbedingungen, eventuell auch unter Einbeziehung von Zertifizierungsverfahren. In jüngerer Zeit sind die Unternehmen zunehmend bestrebt, Ansätze der arbeitsintegrierten Weiterbildung zu erproben bzw. auszubauen.

---

[194] Absolute Zunahme der Veranstaltungen, gerundet auf hundert.

5.3.2 Weiterbildung aus individuellem Antrieb

In den Jahren nach dem Gipfel von Lissabon 2000 erhielten die Diskussionen um das informelle Lernen einen beträchtlichen Aufschwung. Das Erfahrungslernen als wesentlicher Teil des informellen Lernens zieht sich über das ganze Leben hinweg. Dies gilt auch dann, wenn gemäß der EU-Empfehlungen zur Alternanz aus dem Jahre 1979 in alle Bildungsgänge Erfahrungslernen einbezogen werden soll.

Schwerpunkt seit Lissabon 2000

Erfahrungslernen ist kein in sich abgeschlossener Sektor, sondern bezieht das gesamte Bildungswesen ein, und zwar gekoppelt mit bestehenden Bildungsphasen in Schulen, in Lehrgangsform oder auch im Selbststudium.

Das Problem des Erfahrungslernens liegt in den Möglichkeiten der Zertifizierung. Diese gilt es im Rahmen der Förderung des lebensbegleitenden Lernens zu realisieren und auszubauen.

Der Schwerpunkt des selbstorganisierten Lernens liegt darin, die Beschäftigungsfähigkeit des Einzelnen zu sichern. Bausteine dieser Art können mit Unterstützung des Arbeitgebers oder auch rein aus individueller Initiative erworben werden. Der Exkurs 6 geht auf diese Thematik im Einzelnen ein.

a) Zertifizierung erworbener Teilqualifikationen

Zu den Defiziten des Komplexes Weiterbildung in Deutschland gehört, dass
- es keine Module/Bausteine im Sinne kleinerer Lehr-/Lerneinheiten gibt, die zertifiziert und anerkannt werden könnten, um sicherzustellen, dass der Einzelne kostengünstig und zeitsparend seine Qualifikation verbessern kann und damit auch eine Zuordnung zur Hierarchie der Qualifikationsstufen möglich wird, z. B. zum Zweck des Erreichens einer höheren Stufe;
- es noch keine Stelle gibt, die die Weiterbildungsangebote zertifiziert und wenn nötig entsprechende Prüfungen durchführt.

Defizite beim modularen Ausbau

In Deutschland wurde unlängst das Verbundprojekt „Weiterbildungspass mit Zertifizierung informellen Lernens" zur Erprobung des ProfilPASS abgeschlossen. Der ProfilPASS dient der individuellen Dokumentation der Ergebnisse aller Arten von Kompetenzerwerb (vgl. Kap. 3.3 c) und wird seit Mai 2006 bundesweit eingesetzt.[195] Er soll dazu beitragen, die eigenen Fähigkeiten zu bilanzieren und sich Lebens- und Lernbereiche bewusst zu machen. Es geht um die Erfassung von Fähigkeiten, die z. B. während der Ausbildung, im Ehrenamt, während der Erwerbstätigkeit, in der Freizeit oder der Familientätigkeit erworben wurden. Mit dem ProfilPASS erhält man einen Überblick über den persönlichen Bildungsweg und die erworbenen Kompetenzen, womit schließlich das Selbstbewusstsein bei Bewerbung, Karriere- und Lebensplanung gestärkt wird. Die Ermittlung und Dokumentation der eigenen Fähigkeiten und Kompetenzen erfolgt mit Hilfe des ProfilPASS-Ordners.

Weiterbildungspass

---

[195] http://www.profilpass.de

Exkurs 6:
Beschäftigungsfähigkeit (Employability)

Seit einigen Jahren gewinnt insbesondere im internationalen Zusammenhang von OECD und EU das Konzept der „Employability" an Bedeutung. Die Herstellung von Beschäftigungsfähigkeit ist z. B. einer von vier Pfeilern der europäischen Beschäftigungsstrategie (Europäische Kommission 1999). Die Tendenz geht dahin, in ihm *die zentrale Zielgröße für die Berufsbildung* zu sehen und damit das Berufskonzept abzulösen, an dem sich bisher – vor allem in Deutschland – Ausbildungen orientierten.

Das heißt konkret: Ziel einer Berufsausbildung soll nicht mehr lediglich die Vermittlung eines bestimmten Berufsbilds sein (Versicherungskaufmann, Sozialversicherungsfachangestellter usw.), sondern viel weitergehend: Ziel ist es, junge Menschen so auszubilden, dass sie „Beschäftigungsfähigkeit" erreichen und sie lebenslang erhalten können. Dazu gehören zuerst einmal

- *hervorragende fachliche Qualifikationen, die zugleich „marktfähig" sind.* Marktfähig sind sie dann, wenn sie produktiv und in unterschiedlichen Kontexten einsetzbar sind (Schlüsselkompetenzen wie u. a. der Umgang mit Informationstechnologie) und zur Wertschöpfung beitragen, d.h. einen Nutzen für potentielle Kunden erzeugen können; ferner gehört dazu
- *soziale Kompetenz* im Sinne einer Grundqualifikation zur Arbeit, die das Arbeitsverhalten, die Fähigkeit zur Teamarbeit und zur Pflege sozialer Beziehungen, Kreativität und das Streben nach Qualität einschließt.

Das allein reicht in Zeiten des stetigen Wandels aber bekanntlich nicht aus. Hinzukommen müssen im Sinne des Konzepts „Employability" vielmehr

- ausgeprägte *Lern- und Selbstlernkompetenz* im Sinne der Bereitschaft, Motivation und Fähigkeit zum lebenslangen Lernen, d. h. dazu, sich – möglichst vorausschauend – an die sich verändernden Bedürfnisse von Arbeitgebern und Kunden anzupassen,
- die Fähigkeit, die eigenen (weit über ein Berufsbild hinausgehenden) *Kompetenzen gezielt zu managen und tatsächlich zu vermarkten* (self management und self marketing), wozu man seine Kompetenzen selbst kennen, sie realistisch einschätzen und unabhängig von vordefinierten beruflichen Kontexten nutzen können muss. Außerdem sollte man fähig sein, sie auch in geeigneter Form zu präsentieren und anzubieten (wozu man die möglichen Einsatzfelder auf den Arbeitsmärkten kennen sollte),
- die Fähigkeit, *flexibel mit beruflichen Veränderungen umzugehen* (also z. B. offen zu sein für überraschende berufsbiografische Wendungen, keine starren Erwartungen an bestimmte Beschäftigungskontexte oder Erwerbsformen zu haben, weniger fixiert zu sein auf bestimmte Arbeitsplätze und Arbeitgeber und Arbeitszusammenhänge),
- Risikobereitschaft, die Fähigkeit, *situationsorientiert (statt regelorientiert) zu handeln*, und die Fähigkeit, sich im Handeln von Regeln und starren Prozeduren unabhängig machen zu können
- die Fähigkeit, sich *mobil auf den nationalen und internationalen Arbeitsmärkten zu bewegen* (wozu u. a. Überblick und z. B. Sprachkenntnisse gehören),
- die Fähigkeit, *das eigene Berufsleben als permanente aktive Gestaltungsaufgabe zu begreifen* und zu führen und die Parameter und Variablen dieser Gestaltung zu kennen und zu beherrschen (der Wille und die Fähigkeit, sein eigenes Leben in die Hand zu nehmen, seine „Karriere" selbst zu organisieren, individuelle Qualifikationsstrategien zu erarbeiten), sowie
- die Fähigkeit, *dem eigenen Leben in allem Wandel zugleich Sinn, Richtung und einen „roten Faden" zu geben*.

Aufbauend auf einer soliden Basis an Allgemeinbildung sollen alle Berufstätigen befähigt werden, ihre fachlichen und beruflichen Kenntnisse ständig zu aktualisieren, indem sie ihre einmal erworbenen Grundkenntnisse durch umfassende Investitionen in Kenntnisse, Fähigkeiten und Fertigkeiten laufend ergänzen; ferner müssen sie lernen, sie selbst aktiv zu vermarkten. Damit werden sie zum *„Unternehmer in eigener Sache"*.

Erwerbstätige, die über diese Fähigkeiten verfügen, sind weniger abhängig von einem bestimmten Arbeitsplatz und können sich relativ frei auf den Arbeitsmärkten bewegen. Sie sind nicht angewiesen auf einen spezifischen Arbeitsplatz oder Arbeitgeber, sondern können Beschäftigung jederzeit auch anderswo finden. „Employability" meint somit die persönliche Fähigkeit, *möglichst vielseitig und auf hohem Niveau einsatzfähig* zu sein und damit die persönlichen Risiken der

Beschäftigungslosigkeit in den ständigen Umbrüchen des Arbeitsmarktes und der Arbeitswelt, aber auch die Abhängigkeit von einem Arbeitgeber zu minimieren. Für die Arbeitenden soll „Employability" somit die Gefahr bannen, arbeitslos zu werden, und ihnen damit ein regelmäßiges und relativ hohes Einkommen garantieren; ebenso kann Employability verhindern, dass die Arbeitenden einem einzelnen Arbeitgeber bzw. einer bestimmten Sparte auf Gedeih und Verderb ausgeliefert sind. Employability ist das subjektbezogene Pendant zu einer Politik der Arbeitsplatzsicherung: Beschäftigungssicherheit ist demzufolge nicht über eine Sicherung von Arbeitsplätzen allein zu erreichen, sondern nur dann, wenn sich auch die Arbeitenden selbst um ihre Beschäftigungsfähigkeit kümmern, diese pflegen und erhalten. Employability kann zugleich die individuelle Unabhängigkeit fördern und die Stellung des Arbeitenden gegenüber einem Arbeitgeber stärken. Die Arbeitenden grundsätzlich dazu in die Lage zu versetzen, ist die Aufgabe der Berufsausbildung, die damit vorausschauend (präventiv) qualifiziert.

Employability bedeutet nicht einfach eine Individualisierung der Arbeitsmarktrisiken, sondern es wird immer mitgesehen, dass auch die nötigen *Strukturen* geschaffen werden müssen, damit sie erzeugt und erhalten werden kann: In den Ausbildungen müssen weitreichende Veränderungen stattfinden, um entsprechende Lernvoraussetzungen zu erzeugen, in den Unternehmen muss es Formen des permanenten arbeitsintegrierten Lernens in Verbindung mit einer lernorientierten Führungskultur geben („Lernende Organisation"), und es müssen geeignete, d. h. hoch flexible, praxisnahe und von einem Berufsbild unabhängige Weiterbildungssysteme bereitgestellt werden, die lebensbegleitend von jedem jederzeit genutzt werden können.

Eine wichtige Voraussetzung für Employability ist die Loslösung von starren, einmal erworbenen berufsfachlichen Kenntnissen und ihre „entgrenzte", d. h. nicht an berufliche Grenzen gebundene ständige Dynamisierung, Aktualisierung, Umstrukturierung, Erweiterung, Neuakzentuierung und Neukombination. Beschäftigungsrelevante Qualifikationen und Kompetenzen, die in allen Lebenszusammenhängen – also keineswegs nur in formalen Ausbildungen und auch nicht nur in der beruflichen Tätigkeit – erworben werden können, werden gewissermaßen zu individuell frei kombinierbaren Bausteinen bzw. Elementen, die selbständig immer wieder neu (und damit hoch individualisiert) zusammengesetzt werden. Radikal zu Ende gedacht, repräsentiert damit jeder, der seine Arbeitskraft anbietet, einen eigenen „Beruf"; das würde bedeuten: das Berufskonzept als relativ starre, institutionalisierte Zusammensetzung und Abgrenzung von Qualifikationen wird in seiner sozial- und arbeitsmarktpolitischen Schutzfunktion immer mehr ausgehöhlt und schließlich obsolet. Das hat selbstverständlich erhebliche politische Auswirkungen (Ersetzen der kollektiven Verhandlungsmacht z. B. der Gewerkschaften durch Stärkung der individuellen Verhandlungsmacht).

Die europäischen Gremien, die „Employability" als Ziel der Berufsbildung forcieren, verlangen parallel eine Zertifizierung bzw. geeignete Nachweisformen für Qualifikationen und Kompetenzen und zugleich Standards, an denen sie gemessen werden können (einen persönlichen Kompetenzausweis).

(Michael Brater)

Literatur

Baethge, Martin/ Baethge-Kinsky (1998): Jenseits von Beruf und Beruflichkeit? Neue Formen von Arbeitsorganisation und Beschäftigung und ihre Bedeutung für eine zentrale Kategorie gesellschaftlicher Integration, in: MittAB, Jg. 31, Nr. 3, 461–472

Buck, Linda L./Barrick, Kirby (1987): They're Trained, but are they Employable?, in: Vocational Education Journal, Vol. 62, No. 5, 29–31

Europäische Kommission (1999): Die beschäftigungspolitischen Leitlinien für 1999, Luxemburg

Hillage, J./Pollard, E. (1998): Employability: Developing a Framework for Policy Analysis, Research Report No. 85, The Institute für Employment Studies, Sudbury: DfEE Publications

Informationsdienst IWD (1998): Stichwort: Employability, in: IWD 24 (1998) 10, http://www.iw-koeln.de/IWD/I-Archiv/IWD10-98/I10-98-s.htm

Knuth, Matthias (1998): Von der „Lebensstellung" zur nachhaltigen Beschäftigungsfähigkeit. Sind wir auf dem Weg zum Hochgeschwindigkeitsarbeitsmarkt? in: Bosch, Gerhard (Hrsg.): Zukunft der Erwerbsarbeit. Strategien für Arbeit und Umwelt, Frankfurt/New York, 300–331

McKenzie, Philip/ Wurzburg, Gregory (1998): Lifelong Learning and Employability, in: The OECD Observer, Nr. 209, December 1997/January 1998, 13–17

Moss Kanter, Rosabeth (1994): Employability and Job Security in the 21st Century. In: Demos 1/1994, London (Special Employment Issue)

OECD (1997a): Labour Market Policies: New Challenges. Lifelong Learning to Maintain Employability, Meeting of the Employment, Labour and Social Affairs Committee at Ministerial Level Held at the Chateau de la Muette, Paris, 14–15 October 1997, OECD Document, OCDE/GD/(97)162, Paris

Sachverständigenrat Bildung (1998): Ein neues Leitbild für das Bildungssystem – Elemente einer künftigen Berufsbildung, Diskussionspapier Nr. 2, Düsseldorf

Untersuchungen zeigten, dass die Ermittlung eigener Fähigkeiten und Kompetenzen ohne Unterstützung durch Fachpersonal schnell an Grenzen stößt. Aus diesem Grund wird eine professionelle Begleitung in Form einer Beratung oder eines Seminarangebots empfohlen. Nach Bedarf können erste Schritte für die eigene Weiterentwicklung besprochen werden. ProfilPASS-Ordner und professionelle Begleitung bilden gemeinsam das so genannte ProfilPASS-System.

Der ProfilPASS ersetzt keine formalen Qualifikationen, enthält aber Hinweise auf alternative Nachweisformen, mit denen man Kompetenzen belegen kann. Wird der ProfilPASS im Rahmen einer Begleitung durch qualifizierte Beratende bzw. Kursleiter durchführt, so erhält der Teilnehmer einen ProfilPASS-Kompetenznachweis, mit dem die einzelnen Kompetenzen bilanziert sind.

IT-Berufe als Vorreiter Die IT-Weiterbildungsregelungen dürften derzeit Vorreiter auf dem Gebiet der Zertifizierung informellen Lernens sein. Das System umfasst mehrere Stufen, wobei die erste Weiterbildungsebene die der so genannten *Specialists* ist. Auf dieser Ebene ist die Zertifizierung informell erworbenen Wissens besonders wichtig, da in der IT-Branche viele Quereinsteiger und Berufspraktiker vorhanden sind, die keine einschlägigen Berufsabschlüsse haben.[196]

Das Strategie-Papier der Bund-Länder-Kommission (BLK) zum lebenslangen Lernen aus dem Jahre 2004 verweist darauf, dass informell erworbene Kompetenzen und deren Zertifizierung oder Erfahrungswissen mit dem Grundsatz der Modularisierung in Verbindung zu bringen sind:

„Diese und weitere Aspekte sind bislang in den IT-Fortbildungsregelungen integriert worden. Die Module bestehen aus drei Ebenen und mehreren Profilen nach Tätigkeiten. Die einzelnen Module beziehen arbeitsprozessorientiertes, reflektiertes informelles Lernen ein; Seiteneinsteiger können über eben solche informell erworbenen Kompetenzen Module anerkennen lassen und dann die formale Fortbildung aufnehmen. Außerdem ist der Anschluss an das europäische ECTS Leistungspunktesystem angestrebt."[197]

Kompetenz-portfolios Ein Ansatz zur Dokumentation des informellen Lernens ist das Kompetenzportfolio. Bei diesem Verfahren geht es zunächst um die Erfassung von Aufgaben, die ein Einzelner in seiner Arbeitstätigkeit oder in sonstigen Umfeldern wahrnimmt, sowie deren Analyse im Hinblick auf daraus ableitbare Qualifikationen. Diese Kompetenzen sind durch Personen wie z. B. Ausbilder oder Vorgesetzte zu bestätigen und schließlich in einem Dossier zusammenzustellen. Der Beitrag von Michael Brater befasst sich mit den Details dieses Vorgehens (vgl. S. 488).

---

[196] Vgl. Grundwald, Stefan u. Rohs, Matthias: Zertifizierung informell erworbener Kompetenzen im Rahmen des IT-Weiterbildungssystems. In Straka, Gerald A. (Hrsg.): Zertifizierung non-formell und informell erworbener beruflicher Kompetenzen. Münster 2003, S. 207–221; hier S. 209

[197] Vgl. Bund-Länder-Kommission für Bildungsplanung und Forschungsförderung: Strategie für Lebenslanges Lernen in der Bundesrepublik Deutschland. (Materialien zur Bildungsplanung und zur Forschungsförderung Heft. 115) Bonn 2004, S. 62

b) Prüfungsorganisationen

Die nötige Motivation, sich aus individuellem Antrieb beruflich weiterzubilden, setzt voraus, dass die im Erfahrungslernen erworbenen Fertigkeiten und die systematisch vermittelten Wissensbausteine derart zertifiziert werden, dass der einzelne Teilnehmer auf diesem Weg, sei es im Fernstudium in einem Zuge oder auf andere Weise, Stück für Stück seine Qualifikation – testiert durch staatlich anerkannte Zertifikate – auf das nächsthöhere Niveau anheben kann.

Erfordernis: Eigene Regelungen

Im Fernstudium an der Fernuniversität Hagen ist dies in der eigens dafür geltenden Prüfungsordnung geregelt, nach der erworbene Bachelor- und Masterabschlüsse international anerkannt und den übrigen Hochschuldiplomen gleichgestellt sind. Bei all den anderen Wegen wirkt sich das in Deutschland nicht vorhandene Bausteinkonzept (Modulsystem) negativ und für die potenziellen Interessenten demotivierend aus.

Hinsichtlich der Anerkennung des informellen Lernens hinkt Deutschland bisher hinter anderen Staaten her; einschlägige Regelungen des Bundes und der Länder fehlen. Dagegen ist in Großbritannien schon seit Beginn der Industrialisierung die Anerkennung informellen Lernens durch anerkannte Institutionen die Regel. An zwei neueren Beispielen – den französischen und österreichischen Regelungen zur Anerkennung des außerhalb formaler Bildung erworbenen Wissens und Könnens – seien Wege skizziert, die auch in Deutschland zu erschließen wären: Frankreich hat schon Ende der neunziger Jahre des vergangenen Jahrhunderts Regelungen zur Anerkennung des Erfahrungslernens verabschiedet und in der Folgezeit ausgebaut (Validation des acquis de l'expérience – VAE).[198] Im Jahre 2005 wurden – über alle Prüfungsinstanzen hinweg – rund 23.000 Zertifikate erteilt.[199]

Beispiele Frankreich/ Österreich

In Österreich können Absolventen der Lehre und der berufsbildenden mittleren Schulen (BMS) im Rahmen gesonderter Regelungen nachträglich die Berufsreifeprüfung (als vollwertiges Maturum) ablegen und sich darauf in speziellen Kursen vorbereiten. Zu den Prüfungsfächern Deutsch, Mathematik und einer Fremdsprache kommt als viertes Prüfungsgebiet das im Ausbildungsberuf erworbene Fachwissen.

---

[198] Vgl. Reitnauer, Jochen: Erfahrungslernen als gleichwertige Komponente im Bildungssystem. In: Rothe, G.: Alternanz – die EU-Konzeption für die Berufsausbildung. Karlsruhe 2004, S. 132–136
[199] www.centre-inffo.fr

5.3.3 Zugang zum lebenslangen Lernen gemäß EU-Zielvorgabe

Entwicklung der kognitiven Gesellschaft

Die Notwendigkeit zur ständigen Aktualisierung der erworbenen Qualifikationen rückte bereits in den 1990er Jahren ins Zentrum der europäischen Berufsbildungspolitik, daher ist einleitend ein knapper Rückblick auf die damaligen Initiativen erforderlich. Ausgelöst wurde das verstärkte Interesse an der Weiterbildung vor allem durch die Problematik hoher Arbeitslosigkeit in den Mitgliedsstaaten und der damit einhergehenden Frage, auf welche Wese die Beschäftigungsfähigkeit abgesichert werden könne. Diese Thematik stand auch im Mittelpunkt eines im Jahre 1995 von der Europäischen Kommission vorgelegten Weißbuchs, das sich unter dem Schlagwort *kognitive Gesellschaft* mit den Herausforderungen befasste, die sich aus dem wirtschaftlichen und gesellschaftlichen Wandel ergeben. In diesem Dokument stellte die Europäische Kommission für die weitere Entwicklung drei zentrale Bestimmungsfaktoren heraus, und zwar:

– Internationalisierung des Wirtschaftsaustausches,
– Globalisierung der Technologien und insbesondere
– Herausbildung der Informationsgesellschaft.[200]

Neuer Stellenwert der Weiterbildung

Nach Auffassung der Kommission können diese Herausforderungen nur bewältigt werden, wenn die Weiterbildung ein wesentlich höheres Gewicht erhält. So wurde betont:

„Angesichts der Arbeitslosigkeit und der technologischen Umwälzungen geht es bei der beruflichen Bildung nicht mehr nur um den Bereich der Erstausbildung. Vielmehr geht es darum, die Berufstätigen zu befähigen, aufbauend auf einer soliden Basis an Allgemeinbildung, ihre fachlichen und beruflichen Kenntnisse ständig zu aktualisieren."[201]

Nach Einschätzung der Kommission sind die Maßnahmen zur Weiterbildung in der Europäischen Union insgesamt noch zu dürftig und verbesserte Zugangsbedingungen der Erwerbstätigen zu beruflicher Bildung dringend erforderlich.[202] Allgemeine und berufliche Bildung werden als wichtigste Träger von Identität, Zugehörigkeit, sozialem Aufstieg und persönlicher Entwicklung betrachtet.

Lebenslanges Lernen als Grundkonzept

In den Schlussfolgerungen der EU-Sondertagung Lissabon 2000 findet sich der Begriff *Weiterbildung* nicht, vielmehr wird der neueren Terminologie entsprechend auf europäischer Ebene der Ausdruck *lebenslanges Lernen* verwendet und als „Grundbestandteil des europäischen Gesellschaftsmodells" hervorgehoben. Das lebenslange Lernen steht im Dienste der Entwicklung hin zur Wissensgesellschaft und soll u. a. durch Vereinbarungen zwischen den Sozialpartnern gefördert werden, „indem die Komplementarität zwischen lebenslangem Lernen

---

[200] Vgl. Europäischen Kommission: Lehren und Lernen. Auf dem Weg zur kognitiven Gesellschaft. Weißbuch zur allgemeinen und beruflichen Bildung. Brüssel 1995, S. 6
[201] Ebd., S. 8
[202] Vgl. Ebd., S. 27

und Anpassungsfähigkeit durch flexible Gestaltung der Arbeitszeiten und Wechsel zwischen Ausbildung und Beschäftigung genutzt wird".[203]

Darüber hinaus enthalten die Lissabonner Beschlüsse die Aufforderung, es sollte durch einen europäischen Rahmen festgelegt werden, „welche neuen Grundfertigkeiten durch lebenslanges Lernen zu vermitteln sind: IT-Fertigkeiten, Fremdsprachen, technologische Kultur, Unternehmergeist und soziale Fähigkeiten".[204] Zum Nachweis grundlegender IT-Fertigkeiten wird die Einführung eines europäischen Diploms mit dezentralen Zertifizierungsverfahren empfohlen, um die „Digitalkompetenz" unionsweit zu fördern.

Im EU-Arbeitsprogramm zur Reform der Bildungssysteme vom Jahre 2002 wird als eines der drei strategischen Ziele ein leichterer Zugang zur allgemeinen und beruflichen Bildung für alle herausgestellt. Die EU fordert die Schaffung eines offenen Lernumfeldes, was bedeutet, dass das Überwechseln von einem Teil des Bildungs- und Berufsbildungssystems zu einem anderen problemlos verlaufen soll und dabei bereits erworbene Lernleistungen angerechnet werden.[205] **Strukturierte Weiterbildungsangebote**

Dazu sind Weiterbildungsangebote so zu konzipieren, dass auch kleinere Lerneinheiten absolviert werden können, die einerseits in sich geschlossen und verwertbar sind, andererseits aber auch in ihrer Addition zu einem erweiterten oder neuen Qualifikationsprofil führen.[206] Effiziente Weiterbildung in der Perspektive des lebenslangen Lernens ist also untrennbar mit einem strukturierten Weiterbildungssystem verbunden; hinzu kommt die Validierung von Erfahrungslernen bzw. informellem Lernen als der Form des Qualifikationserwerbs, die im Erwerbsleben eine entscheidende Rolle spielt.

Mit dem Kommuniqué von Maastricht vom Dezember 2004 wurde unter anderem auf die Notwendigkeit einer Erhöhung der Durchlässigkeit zwischen Aus- und Weiterbildung sowie Hochschulbildung hingewiesen.[207] Die Forderung **Zugang zum Hochschulsektor**

---

[203] Europäischer Rat Lissabon, 23. u. 24. März 2000. Schlussfolgerungen des Vorsitzes
[204] Ebd.
[205] Vgl. Rat der Europäischen Union: Detailliertes Arbeitsprogramm zur Umsetzung der Ziele der Systeme der allgemeinen und beruflichen Bildung in Europa. Dok. 6365/02. Amtsblatt der Europäischen Gemeinschaften C 142 vom 14.6.2002
[206] Derartige Forderungen wurden in Deutschland bereits angesprochen. So hat der DIHK Leitlinien für die berufliche Weiterbildung erarbeitet, in denen eine Strukturierung von Weiterbildungsinhalten in Form von handlungsorientierten Modulen gefordert wird, die in sich abgeschlossene Einheiten bilden. Die Module sollten je nach individuellem Bedarf miteinander verknüpft werden können. Eine solche Reform der Weiterbildung hält der DIHK auch in europäischer Perspektive für notwendig, da die deutschen Weiterbildungsabschlüsse bisher nicht „übersetzbar" und folglich kaum international verwertbar seien. Vgl. Deutscher Industrie- und Handelskammertag (Hrsg.): Leitlinien Berufliche Weiterbildung. Wege zur Kompetenzentwicklung. 3. erw. Aufl., September 2001
[207] Vgl. Kommuniqué von Maastricht zu den künftigen Prioritäten der verstärkten Europäischen Zusammenarbeit in der Berufsbildung. Dezember 2004, S. 3

nach verbesserten Übergangsmöglichkeiten von der beruflichen Bildung in den tertiären Bildungssektor war auch eine der Prioritäten der EU-Konferenz von Helsinki im Dezember 2006; danach sollten die Berufsbildungssysteme im Rahmen flexibler Bildungswege zunehmend den Übergang zur Weiterbildung ermöglichen, insbesondere von der beruflichen Bildung zur Hochschulbildung.[208]

Gesellschaftliche Entwicklungen

In den Stellungnahmen der EU kommt immer wieder zum Ausdruck, dass insbesondere zwei Faktoren stärkere Anstrengungen zur Vermittlung beruflicher Qualifikationen an Erwerbspersonen sowie zur ständigen Aktualisierung des Qualifikationsstandes während des Erwerbslebens dringlich machen, und zwar:
– die demografische Entwicklung sowie
– die Zunahme von Ausgrenzungserscheinungen bei verschiedenartigen gesellschaftlichen Gruppen, u. a. Personen mit Migrationshintergrund, älteren Arbeitnehmern sowie Langzeitarbeitslosen.

Ausbau der Erwachsenenbildung

Im EU-Zwischenbericht zur Bildungs- und Berufsbildungsreform vom Jahre 2006 wird betont, dass in ganz Europa der Zugang zur Erwachsenenbildung ausgeweitet werden müsse, insbesondere bei älteren Arbeitnehmern, deren Zahl bis 2030 um ca. 14 Millionen zunehmen wird. Auch bei den gering qualifizierten Arbeitnehmern sieht die EU erheblichen Handlungsbedarf.[209]

Insgesamt nahmen in der Europäischen Union im Jahre 2005 ca. 11 % der Erwachsenen zwischen 25 und 64 Jahren am lebenslangen Lernen teil.[210] Dies stellt gegenüber 2000 einen gewissen Fortschritt dar, doch bestehen nach wie vor große Unterschiede zwischen den einzelnen Ländern, wobei im positiven Sinne Schweden, das Vereinigte Königreich, Dänemark und Finnland Spitzenpositionen belegen. Die Länder mit den höchsten Teilnehmerzahlen haben – so betont der Zwischenbericht – Konzepten für die Erwachsenenbildung als Teil integrierter, umfassender Strategien für das lebenslange Lernen hohe Priorität eingeräumt.

---

[208] Vgl. Kommuniqué von Helsinki über die verstärkte europäische Zusammenarbeit in der Berufsbildung. Kommuniqué der für Berufsbildung zuständigen europäischen Minister, der europäischen Sozialpartner und der Europäischen Kommission – Überprüfung der Prioritäten und Strategien des Kopenhagen-Prozesses in Helsinki am 5. Dezember 2006, S. 2

[209] Vgl. Modernisierung der allgemeinen und beruflichen Bildung: Ein elementarer Beitrag zu Wohlstand und sozialem Zusammenhalt in Europa. Gemeinsamer Zwischenbericht 2006 des Rates und der Kommission über die Fortschritte im Rahmen des Arbeitsprogramms „Allgemeine und berufliche Bildung 2010". (2006/C 79/01) Amtsblatt der Europäischen Union vom 1.4.2006

[210] Diese Angabe definiert sich als Quote der Personen der genannten Altersgruppen, die in den vier Wochen vor der Datenerhebung an allgemeiner und beruflicher Bildung teilgenommen hatten.

Teil 6
Defizite des deutschen Bildungssystems im Spiegel der EU-Vorschläge

Mit den von der EU beschlossenen Reformen und ihrer auf das Jahr 2010 terminierten Realisierung befassen sich in Deutschland spezielle Arbeitsgruppen und Kommissionen. Eine derartige Intensität unter Einschluss von Projekten und Modellversuchen zur Berufsbildung gab es bisher kaum. Konkrete Schritte zur Orientierung an den EU-Reforminitiativen Lissabon 2000 zeichnen sich noch nicht ab. Auch ist aus den bisherigen Stellungnahmen nicht zu erkennen, dass umfangreiche und grundlegende Reformen notwendig wären. *Stand der Bearbeitung in Deutschland*

Die auch von amtlichen Stellen immer wieder öffentlichkeitswirksam vorgetragenen Vorzüge des deutschen Dualsystems, nämlich *Irritation durch Halbwahrheiten*
- hohe Anteile neu Eintretender in die betriebliche Ausbildung
- vergleichsweise vorbildhaft geringe Quote jugendlicher Arbeitsloser

unterstreichen die positive Einschätzung der betriebsgebundenen Ausbildung in der Bundesrepublik, wonach die Reformansätze der EU bereits umgesetzt seien. Dies hat zur Folge, dass oft Reformen unkritisch abgewiesen werden. Tatsächlich aber bieten beide genannten Vorzeigequoten ein verzerrtes Bild; es handelt sich bestenfalls um Halbwahrheiten.

In der erstgenannten Halbwahrheit kommt nicht zum Ausdruck, dass bei laut Statistik steigender Tendenz inzwischen zwei Drittel der Lehranfänger die Ausbildung erst im Erwachsenenalter beginnen und für diese die betriebliche Lehre eigentlich als Maßnahme der Weiterbildung gelten müsste.[1] *Gestiegene Anteile älterer Lehranfänger*

Ins Bewusstsein der Öffentlichkeit getreten ist noch nicht, dass in den letzten Jahren immer mehr Jugendliche wegen fehlender Ausbildungsplätze ins so genannte Übergangssystem ausweichen müssen. Ferner mindern die Altbewerber die Chancen der Schulabgänger, direkt in ein Ausbildungsverhältnis überwechseln zu können. Unversorgt sind demzufolge pro anno etwa eine halbe Million. Das bedeutet, dass auch im Jahre 2008 – selbst bei steigendem Angebot an betrieblichen Ausbildungsstellen – immer noch erhebliche Anteile an Abgängern allgemein bildender Schulen in den genannten Größenordnungen ohne Ausbildungsperspektive bleiben.

Die anhaltende Unterversorgung an Ausbildungsplätzen – von einem auswahlfähigen Angebot ganz zu schweigen – stellt weniger eine statistische Frage oder ein Rechenexempel dar, vielmehr ist sie als beschäftigungs- und gesellschaftspolitisches Problem zu sehen, dessen Lösung im Interesse der Jugendlichen und

---

[1] Vgl. BMBF: Berufsbildungsbericht 2007. Bonn, Berlin 2007, Übersicht 22, S. 111

ebenso der Gesellschaft als Ganzes längst ansteht und im Vergleich zu anderen Staaten als Besonderheit gilt.

Quoten jugendlicher Arbeitsloser

Als zweite Halbwahrheit wird in Deutschland des bestehenden Dualsystems wegen oft auf die geringen Quoten jugendlicher Arbeitsloser verwiesen. So meldet das Faltblatt „IHK Ausbildungstipps" folgende Quoten[2]:

Frankreich:	21 %	Italien:	27 %
Griechenland:	26 %	Deutschland:	11 %

Auf die Besonderheit, dass die amtlichen Arbeitslosenstatistiken Lehrlinge auch als Arbeitskräfte zählen und demzufolge im Ergebnis niedrigere Quoten Arbeitsloser ausweisen, wird in den einschlägigen Publikationen nicht hingewiesen. Auf diese Fehlerquelle gingen bereits eine Untersuchung des Jahres 2007[3] und auch der Drei-Länder-Vergleich Deutschland-Österreich-Schweiz[4] im Jahre 2001 ein.[5]

Andererseits sind bei den Quoten Arbeitsloser in den betreffenden Altersstufen immer auch die Jugendlichen mit zu berücksichtigen, die temporär in so genannte Warteschleifen eingegliedert wurden. Diese Quoten liegen in Deutschland gegenüber anderen EU-Staaten besonders hoch. Die Finanzierung des Bündels von Warteschleifen im Übergangssystem beansprucht im Staatshaushalt Mittel in Milliardenhöhe. Sofern entsprechende Beträge nicht zur Verfügung gestellt werden könnten, würde dieser Anteil an Jugendlichen zwangsläufig in der Statistik als arbeitslos gezählt, womit dann der deutschen Quote jugendlicher Arbeitsloser innerhalb der EU eine Spitzenstellung zukäme.

Vollzeitschulen angeblich nicht leistungsfähig

Ebenso unrichtig ist die in Deutschland immer wieder geäußerte Meinung, die Berufsausbildung in Vollzeitschulen sei qualitativ und über die ganze Breite nicht ausreichend leistungsfähig; daher dürfe dieser Bildungsweg in der heutigen Situation überhaupt nicht eingeplant werden. Dem ist zu entgegnen, dass in vielen Staaten, auch solchen mit hohem Wirtschaftswachstum, das System der berufsqualifizierenden Vollzeitschulen allein vertreten ist und zum anderen in vielen Vollzeitschulen bereits gelenkte Praktika oder eigene Praxisabteilungen einbezogen sind. Hinzu kommt, dass die Ausbildung in Gesundheitsberufen sowie in Erziehungs- und Sozialberufen allein über Vollzeitschulen möglich ist. Auch dadurch, dass in Deutschland selten Vergleichsuntersuchungen durchgeführt und vorliegende Vergleichsergebnisse gering beachtet werden, halten sich unrichtige Einschätzungen und Vorurteile noch immer.

---

[2] W. Bertelsmann Verlag Bielefeld, 1. Aufl. 2005
[3] Baethge, Martin; Solga, Heike; Wieck, Markus: Berufsbildung im Umbruch. Signale eines überfälligen Aufbruchs. Studie im Auftrag der Friedrich-Ebert-Stiftung. Berlin 2007, S. 61
[4] Vgl. Rothe, G.: Die Systeme beruflicher Qualifizierung Deutschlands, Österreichs und der Schweiz im Vergleich. Villingen-Schwenningen 2001, S. 14
[5] Die OECD weist seit Jahren die Arbeitslosen in Prozent der Wohnbevölkerung aus, so dass eine derartige Irritation nicht auftritt. Beispielsweise ist dann die Arbeitslosenquote der 20- bis 24-Jährigen in Deutschland und Frankreich gleich.

Zum qualitativen Defizit berufsqualifizierender Vollzeitschulen äußert sich der Geschäftsführer der IHK Region Stuttgart wie folgt:

> „... eine vollschulische Berufsausbildung könne nur unzureichend die betriebliche Erfahrung und das Handlungslernen ersetzten. Die IHK sieht des Weiteren die Gefahr, dass ein höheres Angebot an schulischer Berufsausbildung die Betriebe zum Ausstieg aus der dualen Berufsausbildung animieren könnte, um Kosten zu sparen."[6]

Es darf kein Zweifel bestehen, dass die Reforminitiativen der EU Lissabon 2000 für alle Mitgliedsstaaten einer Herausforderung gleichkommen. Selbst Länder, die in bestimmten Bereichen schon gute Ergebnisse aufweisen, bemühen sich um weitere Verbesserungen, dazu zwei Beispiele:

EU-Reformpaket als Herausforderung

Lebenslanges Lernen

Nach einer Veröffentlichung des CEDEFOP gelten das Vereinigte Königreich und Finnland als Länder, in denen das lebenslange Lernen in der Europäischen Union am weitesten entwickelt ist.[7] Dessen ungeachtet wurden in England in jüngster Zeit spezielle Dienststellen eingerichtet, um diesen Reformansatz stärker auszubauen. So entstand der *National Learning and Skills Council* mit regionalen Zweigstellen zur Planung und Finanzierung entsprechender Aktivitäten.[8]

Eingliederung lernschwacher Schüler

Die Quote der Jugendlichen im Sekundarbereich II, die in eine Berufsausbildung einbezogen sind, liegt in Österreich besonders hoch. Demzufolge blieb der Anteil derjenigen niedrig, die keinen Ausbildungsplatz fanden. Unabhängig davon wurde über das *Jugendausbildungssicherungsgesetz* ein neuer Weg der Integration in die Berufsausbildung eingeführt, bei dem der unversorgte Jugendliche zunächst in einer einjährigen Ausbildung auf ein Ausbildungsverhältnis vorbereitet wird. Gelingt der Übergang nicht, erwirbt er den Berufsabschluss im Anschluss daran in derselben Einrichtung.[9]

Für Deutschland bedeuten die EU-Initiativen eine Chance, entsprechende Weichen neu stellen zu können. Eingeschränkt werden diese Möglichkeiten allerdings dadurch, dass auch von amtlichen Stellen ohne Vorlage entsprechend belastbarer Belege immer wieder auf die Stärken des eigenen Systems verwiesen wird, was die Durchführung der Reformen gemäß Lissabon 2000 erschwert; dies suggeriert, dass hierzu in Deutschland nur geringfügige Korrekturen nötig wären. Der bis zum Jahre 2008 erreichte unbefriedigende Stand in der Realisierung

EU-Initiative Lissabon 2000 als Chance

---

[6] Dr. Martin Frädrich, Geschäftsführer der IHK Region Stuttgart, auf der GEW-Tagung in Stuttgart am 17.05.06, http://www.gew-bw.de/Binaries/Binary5973/Doku_BS-Tagung.pdf

[7] Vgl. Tessaring, Manfred/Wannan, Jennifer: Berufsbildung – der Schlüssel zur Zukunft. Lissabon-Kopenhagen-Maastricht: Aufgebot für 2010. Syntheseberichts des CEDEFOP zur Maastricht-Studie. Hrsg. CEDEFOP, Luxemburg 2004, S. 30

[8] Vgl. UK ReferNet/Qualifications and Curriculum Authority: Initial Vocational Training and Education in England and the Devolved Administrations of the UK. Oktober 2003, S. 4

[9] Vgl. Beitrag von Peter Schlögl: „Teilqualifizierung und Lehrzeitverlängerung als Innovation im österreichischen Berufsbildungsrecht – die integrative Berufsausbildung", S. 457

der EU-Reformvorschläge bestätigt den seither geringen Fortschritt auf deutscher Seite.

Ergebnisse aus Teiluntersuchungen

Nach Darstellung der Wechselwirkungen zwischen Bildungssystem und Wirtschaftsentwicklung im Teil 4 sowie Untersuchungen zur aktuellen Situation in den Bereichen Berufsvorbereitung, Berufsausbildung und Weiterbildung im Teil 5 wird in den folgenden Kapiteln der derzeitige Stand des deutschen Systems den von der EU angestrebten Reformen gegenübergestellt. Die erkannten Defizite verstehen sich also als Ergebnisse aus durchgeführten Teiluntersuchungen.

Vor dem Eingehen auf die in der Untersuchung festgestellten Defizite ist vorab auf folgende Sachverhalte aufmerksam zu machen: Wachsender Reformdruck in Deutschland (a), Berichterstattung an die EU im Sinne von Fortschrittskontrollen (b), Differenzen zwischen Ist-Zustand in Deutschland und den EU-Beschlüssen (c).

a) Wachsender Reformdruck in Deutschland

Sich abzeichnende Schwachstellen

Mit dem Hinweis auf die sich immer deutlicher abzeichnenden Schwachstellen der deutschen Berufsausbildung steht die hier vorgelegte Studie nicht allein. Es gibt bereits eine Reihe von Untersuchungen, die sich mit Problemen dieser Art befassen. Ferner werden in Deutschland Fragen zur Berufsvorbereitung und zum Ausbau des dualen Systems intensiv diskutiert, während zeitgleich die verantwortlichen Stellen nur begrenzt auf Defizite in diesen Bereichen eingehen.

Vorschläge zur Modernisierung

So befasste sich bereits im Jahre 1998 eine im Auftrag der Bund-Länder-Kommission für Bildungsplanung und Forschungsförderung erstellte und hier beispielhaft angeführte Studie mit derartigen Mängeln. Sie unternahm den Versuch, die Fülle von Vorschlägen zur Modernisierung des dualen Systems zusammenzutragen und auf ihre Realisierungschancen hin zu überprüfen.[10] Als für Reformen anstehende Maßnahmen, die sich auf einen „prinzipiellen Konsens" stützen, führt die Studie u. a. an[11]:

– Veränderung der Ausbildungsordnungen und Rahmenlehrpläne hin zu „dynamischen, offenen Berufsbildern", die in Teilen vor Ort von den Kammern, Betrieben und Berufsschulen präzisiert und ergänzt werden
– Anbindung der dualen Berufsausbildung an attraktive Karrierewege, die auch ohne Hochschulabschluss begangen werden können
– Entwicklung anschlussfähiger Module von Zusatzqualifikationen insbesondere für leistungsstärkere Auszubildende

---

[10] Vgl. Euler, Dieter: Modernisierung des dualen Systems – Problembereiche, Reformvorschläge, Konsens- und Dissenslinien. Hrsg.: Bund-Länder-Kommission für Bildungsplanung und Forschungsförderung (BLK). (Materialien zur Bildungsplanung und zur Forschungsförderung, Heft 62). Bonn 1998
[11] A.a.O., S. 127

Die Kultusminister der Länder bezeichneten im Jahre 2003 den von ihnen erkannten Reformbedarf wie folgt: Es sei besorgniserregend, in welchem Umfang das duale System quantitativ immer weniger in der Lage ist, seine Aufgaben zu erfüllen; ebenso wenden sie sich gegen zu eng gefasste Ausbildungsordnungen.[12]

Lehrstellenmangel besorgniserregend

Als exemplarisch für weitere kritische Stimmen sei hier auf F. Rauner verwiesen, der im Jahre 2004 die Problematik der Herausbildung eines Wartestandes vor Beginn der dualen Ausbildung sowie die Duldung hoher Kosten für die Finanzierung des dadurch entstandenen Überbrückungssystems ansprach.[13] Er stellte ferner fest, dass die Quote der ausbildenden Betriebe inzwischen zu niedrig liegt, um ein funktionierendes Dualsystem gewährleisten zu können, und führte aus:

Warteschleifen als Zeichen von Strukturschwäche

> „Alle Versuche des Bundes und der Länder, diesem Erosionsprozess mit der Subventionierung dualer Ausbildung entgegenzuwirken und über neue Schulformen und andere Qualifizierungsmaßnahmen zur Verbesserung der Ausbildungsreife die Ausbildungssituation nachhaltig zu verbessern, sind bisher weitgehend gescheitert und bestätigen die Strukturschwäche der deutschen Variante der Lehrlingsausbildung."[14]

Das von der Vereinigung der Bayerischen Wirtschaft herausgegebene Jahresgutachten des *Aktionsrats Bildung* vom Jahre 2008 kommt ebenfalls zu dem Schluss, dass Reformen überfällig sind. Der Aktionsrat als Zusammenschluss von Bildungswissenschaftlern versteht sich als unabhängiges Expertengremium. Er untersuchte den Reformbedarf des Bildungs- und Berufsbildungssystems vor dem Hintergrund der Globalisierung. Nach Auffassung der einbezogenen Experten bedarf das deutsche System der beruflichen Bildung einer „grundlegenden strukturellen Reform, um in Zeiten beschleunigten technologischen und berufsstrukturellen Wandels ausreichend flexibel und anpassungsfähig zu bleiben".[15] Aus der Sicht des Aktionsrats Bildung bestehen Defizite des dualen Systems insbesondere in folgenden Bereichen[16]:

Unzureichende Flexibilität und Durchlässigkeit

---

[12] Vgl. Forderungskatalog zur Sicherung der Berufsausbildung und Qualifizierung junger Menschen sowie zur effektiven Nutzung aller Ressourcen in der Berufsausbildung (Beschluss der Kultusministerkonferenz vom 04.12.2003) sowie Erklärung der Kultusministerkonferenz gegen die Überspezialisierung in der dualen Berufsausbildung. Beschluss der Kultusministerkonferenz vom 28.02.2007, S. 1

[13] Rauner wies auf eine bis zu dreijährige Verweildauer im Wartestand hin und betonte: „Die direkten Kosten für die Finanzierung dieses dreijährigen Versorgungs- und Maßnahmensystems werden auf ca. 40 Milliarden Euro und die sozialen und volkswirtschaftlichen Folgekosten auf wenigstens noch einmal denselben Betrag geschätzt." Quelle: Rauner, Felix: Reform der Berufsausbildung. Expertise im Auftrag des Ministeriums für Arbeit und Soziales, Qualifikation u. Technologie Nordrhein-Westfalen. Bremen 2004, S. 10

[14] Ebd.

[15] Aktionsrat Bildung: Bildungsrisiken und -chancen im Globalisierungsprozess. Jahresgutachten 2008. Hrsg.: Vereinigung der Bayerischen Wirtschaft e. V. Wiesbaden 2008, S. 30

[16] Vgl. ebd. S. 79ff.

- Mangelnde Flexibilität infolge einer großen Zahl stark spezialisierter Ausbildungsberufe
- Unzureichende Durchlässigkeit zwischen dem Dualsystem und den vor-, parallel- sowie nachgelagerten Bildungsgängen
- Geringe Ausbildungschancen für leistungsschwache Jugendliche
- Mangelnde internationale Vergleichbarkeit der dualen Ausbildung

Zu den an die Politik gerichteten Handlungsempfehlungen zählen u. a. die Zusammenfassung von Ausbildungsberufen zu Berufsgruppen, die Modularisierung beruflicher Ordnungsmittel sowie die Stärkung allgemeiner und berufsübergreifender Ausbildungsinhalte.[17]

Dualausbildung nicht mehr Integrationsfaktor

Die im Jahre 2007 im Auftrag der Friedrich-Ebert-Stiftung gefertigte Bestandsaufnahme „Berufsbildung im Umbruch" stellt heraus:
- „Das Berufsbildungssystem büßt erheblich an Leistungskraft in der Arbeitsmarktintegration und der Bildungsmobilität ein.
- Die zunehmende Schwäche ... äußert sich in fallenden Übernahmequoten von Ausbildungsabsolventen, erhöhter Jugendarbeitslosigkeit sowie steigenden Quoten von ‚Maßnahme'-Teilnehmern.
- Das duale System der Berufsausbildung hat sich im vergangenen Jahrhundert nicht zuletzt deswegen so erfolgreich halten und weiter entwickeln können, weil es für den spezifischen Industrialisierungspfad in Deutschland ein optimales Qualifizierungsmodell für die benötigten Humanressourcen darstellte. [...] Für wachsende Sektoren der Volkswirtschaft aber gilt diese Bedingung nicht mehr."[18]

Daten und Argumente zum Übergangssystem

Die Gewerkschaft Erziehung und Wissenschaft (GEW) legte im Jahre 2007 in ihrer Schrift „Generation abgeschoben" umfangreiches Datenmaterial zur Problematik des Übergangs Jugendlicher von der Schule in Ausbildung und Beruf vor. Mit diesen Fakten will sie belegen, dass ungeachtet von Erfolgsmeldungen über das gestiegene Ausbildungsplatzangebot eine hohe Zahl junger Menschen vom Übergangssystem aufgefangen werden muss, im Jahre 2005 beispielsweise rund die Hälfte der Lehrstellenbewerber.[19] Die GEW spricht in diesem Zusammenhang von einem „Zweiklassensystem" – hier der Königsweg Ausbildung im dualen System, dort stigmatisierende Ersatzmaßnahmen – und fordert, die finanziellen Mittel nicht in Warteschleifen, sondern in Ausbildung von Anfang an zu

---

[17] Vgl. ebd. S. 148
[18] Vgl. Baethge, Martin; Solga, Heike; Wieck, Markus: Berufsbildung im Umbruch. Signale eines überfälligen Aufbruchs. Studie im Auftrag der Friedrich-Ebert-Stiftung. Berlin 2007, S. 72f.
[19] Neß, Harry: Generation abgeschoben. Warteschleifen und Endlosschleifen zwischen Bildung und Beschäftigung. Daten und Argumente zum Übergangssystem. Hrsg.: Hauptvorstand der Gewerkschaft Erziehung und Wissenschaft (GEW). Bielefeld 2007, S. 119

investieren.[20] Die GEW kritisiert, dass das Ausbildungsplatzangebot nicht den Spielregeln des Marktes überlassen sein darf und stellt fest:

„Berufliche Bildung darf nicht ... dem Auf und Ab der Konjunktur und dem Mechanismus von Angebot und Nachfrage auf dem Arbeitsmarkt unterworfen sein. Das Recht auf Ausbildung muss gesetzlich geregelt werden, wie insgesamt der Anspruch auf lebenslanges Lernen abgesichert werden muss."[21]

Auch die Presse, die sich beispielsweise anlässlich der Vorlage des Berufsbildungsberichts 2008 zum Problem des Lehrstellenmangels äußert, bringt ganz im Sinne der für Deutschland typischen unterschiedlichen Einschätzungen positive oder auch negative Stellungnahmen. Dazu die folgenden Statements:

FAZ, 03.04.08: „Die Lehrstellenbilanz des Jahres 2007 bezeichnete die Ministerin als erfreulich. Mit rund 625.900 Verträgen, einer Zunahme von knapp 9 %, ist dem Berufsbildungsbericht 2008 zufolge erstmals seit 2001 die Marke von 600.000 überschritten und die zweithöchste Zahl seit der Wiedervereinigung erreicht worden."

DIE WELT, 02.04.08: „Im laufenden Ausbildungsjahr droht nach Ansicht der Bundesregierung eine Lücke von mehr als 200.000 Lehrstellen. Laut dem Berufsbildungsbericht 2008, den das Bundeskabinett am Mittwoch beschlossen hat, stehen für 832.400 Schulabgänger voraussichtlich 623.000 Ausbildungsplätze bereit ... Ein großes Problem sind weiterhin Altbewerber, die noch keine Lehrstelle bekommen haben und Warteschleifen drehen. Rund 385.000 Jugendliche hatten 2007 die Schule bereits vor mindestens einem Jahr verlassen."

taz, 02.04.08: „Seit gestern jubeln sie wieder. Die Trendwende bei der Berufsbildung sei geschafft. Endlich sei die Zahl der Ausbildungsplätze und die der Bewerber wieder gleich. Man kennt solche Arien, seitdem es das duale Ausbildungssystem gibt. ... Wer behauptet, die Lehrstellenkrise sei überwunden, der fällt auf die Konjunktur und auf die eigene Propaganda herein. Politik und Wirtschaft müssen endlich zugeben, dass es eine Strukturkrise der Berufsbildung zu beheben gilt. ... Die Zahl der Bewerber übersteigt auch nach zwei Aufschwungjahren die Zahl der offenen Lehrstellen. Am schlimmsten ... ist, dass die Quote der vermittelten echten Ausbildungsplätze (gemessen am Schülerjahrgang) seit Jahren fällt – während der Anteil derer, die in Warteschleifen und Ersatzmaßnahmen landen, beharrlich steigt."[22]

Aktuelle Pressenotizen

Die oben beispielhaft angeführten Stellungnahmen samt aktueller Pressenotizen zum derzeitigen Stand der beruflichen Bildung in Deutschland stimmen mit den Ergebnissen der vorliegenden Untersuchung in den Teilen 4 und 5 weitgehend überein. Die aufgelisteten Aussagen lassen allerdings nicht erkennen, durch wel-

Keine konkreten Reforminitiativen

---

[20] Ebd., S. 166
[21] Ebd., S. 169
[22] „Der Lehrstellenbetrug geht weiter. Konjunktur ersetzt Konzept." taz online, 02.04.2008, http://www.taz.de/1/debatte/kommentar/artikel/1/konjunktur-ersetzt-konzept/?src=MT&cHash=c2ec265bd1

che konkreten Reforminitiativen die herausgestellten Defizite beseitigt oder gemindert werden können.

b) Berichterstattung an die EU im Sinne von Fortschrittskontrollen

Erreichter Fortschritt

Gemäß den beschlossenen Fortschrittskontrollen forderte die EU die Mitgliedsstaaten auf, den bis 2005 erreichten Stand der Umsetzung der EU-Reformvorschläge mitzuteilen; im Jahre 2007 war ein weiterer Fortschrittsbericht vorzulegen, und zwar zu folgenden Themen:
- Qualität und Attraktivität der Berufsbildung
- lebenslanges Lernen
- europäische Dimension im Bildungswesen

Konkurrierende Systeme

Erkennbar wird, dass sich die EU-Staaten untereinander im Wettbewerb um die Einführung von *best practice* in der beruflichen Bildung befinden. Sie sind ferner gehalten, ihr Augenmerk auch auf vorbildliche Ausprägungen in anderen Berufsbildungssystemen zu richten. Nachfolgend wird in knapper Form dargestellt, welchen Stand die folgenden vier ausgewählten Staaten hinsichtlich ihrer Reformen gemäß nationaler Fortschrittsberichte bisher erreichten.

Österreich

Qualifikationsrahmen

Für die Entwicklung eines nationalen Qualifikationsrahmens (NQR) ist das Bundesministerium für Unterricht, Kunst und Kultur gemeinsam mit dem Bundesministerium für Wissenschaft und Forschung zuständig. Im Jahre 2005 begannen die Vorbereitungsarbeiten.[23] Im Jahr danach wurde die „Projektgruppe NQR" aus Vertretern beider Ministerien eingerichtet. Bis 2010 sollen alle Qualifikationen des formalen Bildungssystems einem NQR zugeordnet sein und gleichzeitig erste Schritte in Richtung der Einbeziehung von Lernergebnissen aus dem nicht formalen und informellen Bereich erfolgen. Wesentliche Voraussetzungen für die Erarbeitung eines solchen Rahmens sind in Österreich bereits gegeben, da das Berufsbildungsangebot traditionell differenziert und gestuft ist.

Hohe Ausbildungsanteile im SEK II-Bereich

Im nationalen Fortschrittsbericht wird unter dem Thema „Ansehen und Attraktivität beruflicher Bildung" zunächst auf die positive Bilanz der nationalen Berufsbildung hingewiesen: „Österreich zählt zu den Ländern mit dem höchsten Anteil an Jugendlichen, die eine Berufsbildung auf Ebene Sekundarstufe II erwerben. ... Der Anteil der 16jährigen, die sich in einem Bildungszweig der beruflichen Bildung befinden, liegt bei 80 %."[24] Ferner wird betont, dass die „Vielfalt der Lern- und Ausbildungswege ... ein Grundprinzip des österreichischen Bildungswesens" ist. „Berufsbildende Schulen mit unterschiedlichen Praktika und duale Ausbildung existieren als Wahlmöglichkeiten nebeneinander."[25]

---

[23] Vgl. Europäische Kommission (Hrsg.): Umsetzung des Arbeitsprogramms „Allgemeine und berufliche Bildung 2010". Fortschrittsbericht 2005 Österreich. Brüssel 2005, S. 30
[24] Ebd., S. 28
[25] Ebd., S. 18

Bereits seit 1997 können Absolventen einer Lehrlingsausbildung oder einer mindestens dreijährigen berufsbildenden mittleren Schule die Berufsreifeprüfung ablegen, die als Studienberechtigung zu verstehen ist. An den berufsbildenden höheren Schulen werden höhere berufliche Qualifikationen sowie vertiefte Allgemeinbildung vermittelt. Sie schließen mit der Reife- und Diplomprüfung mit allgemeiner Hochschulzugangsberechtigung ab. Besonders hervorgehoben wird, dass mit dem Anwachsen dieses Schultyps die Attraktivität der österreichischen Berufsbildung gestiegen ist. *Berufsreifeprüfung*

Die Anerkennung und Validierung von nicht-formalem und informellem Lernen im Bereich der Berufsbildung besitzt eine lange Tradition. In diesem Zusammenhang sind die Lehrabschlussprüfung für Externe sowie die schon erwähnte Berufsreifeprüfung zu nennen. Insgesamt befindet sich Österreich auf dem Weg zu einer umfassenden nationalen Strategie des lebenslangen Lernens.[26] *Lebenslanges Lernen*

Frankreich
Der Zwischenbericht lässt erkennen, dass in Frankreich schon seit Mitte der 1980er Jahre das Berufsbildungswesen von der untersten Ebene bis zur Hochschulebene über fünf Niveaus hinweg gestuft ist. Das Prüfungswesen liegt traditionell in staatlicher Zuständigkeit; die Ausbildungsordnungen sowie die Prüfungsanforderungen sind für die vollzeitschulische und die alternierende Ausbildung identisch. Der Schritt zur Anbindung an den Europäischen Qualifikationsrahmen erscheint daher unproblematisch. *Qualifikationsrahmen*

Hochschulzugangsberechtigung und berufliche Qualifikation sind in Form des Bildungsgangs *Baccalauréat Professionnel* miteinander gekoppelt. Es wird betont, dass nach der Zielsetzung der französischen Bildungspolitik die Absolventenzahlen speziell in diesem Bildungszweig von 11,5 % der Jugendlichen eines Altersjahrgangs im Jahre 2004 noch erhöht werden soll.[27]

In Frankreich fand die Förderung des lebenslangen Lernens ihren Niederschlag in der bereits 1992 verabschiedeten gesetzlichen Regelung zur Anerkennung des informellen Lernens. Im Jahre 2002 wurde das Erfahrungslernen als gleichwertiger Weg des Erwerbs beruflicher Abschlüsse verankert. Das Gesetz vom Jahre 2004 zielt u. a. darauf, dass Arbeitnehmer ab 45 Jahren von dieser Möglichkeit verstärkt Gebrauch machen.[28] Beim lebenslangen Lernen werden die Erwerbspersonen durch gesetzlich geregelte Orientierungsangebote unterstützt, vor allem über eine Kompetenzbilanz (*bilan de compétence*), auf der die Aufstockung der Qualifikation im Erwerbsleben aufbaut. *Lebenslanges Lernen*

Vereinigtes Königreich
Im Vereinigten Königreich bestehen in den Teilstaaten vergleichbare Qualifikationsrahmen mit einer Differenzierung nach acht bzw. zwölf Stufen. Der schottische *Qualifikationsrahmen*

---

[26] Vgl. ebd., S. 29
[27] Commission européenne: Mise en oeuvre du programme de travail «Education et Formation 2010». Rapport d'avancement 2005 France. Bruxelles 2005, S. 19
[28] Ebd. S. 10

Qualifikationsrahmen bezieht bereits Leistungspunkte ein. Die anderen Teilstaaten ziehen nach; auch soll das System selbst vereinfacht werden.[29]

Die seit 1994 reformierte und gestärkte Lehrlingsausbildung ist fest in den nationalen Qualifikationsrahmen eingebunden; sie differenziert einmal nach *Facharbeitern* sowie zum anderen nach *qualifizierten Facharbeitern/Technikern mit Hochschulzugang*.

Lebenslanges Lernen

Im Mittelpunkt der britischen Berufsbildungskonzeption steht weniger die Festlegung bestimmter Bildungswege, sondern stärker die Ergebnisorientierung und somit die Reglementierung und Standardisierung von Abschlüssen und Prüfungen. Die nationalen beruflichen Befähigungsnachweise (*National Vocational Qualifications – NVQ*) sind modular und kompetenzbasiert strukturiert. Die Vorbereitung kann sowohl im formalen System als auch über das informelle Lernen erfolgen. Allerdings sucht man noch Wege zur Vereinfachung des als sehr komplex geltenden Verfahrens zur Validierung informellen Lernens beim Erwerb eines NVQ-Abschlusses.

Mit dem System der „Accreditation of Prior Learning (APL)" werden in Aus- und Weiterbildung erworbene Kenntnisse sowie Berufserfahrungen beim Zugang zu Hochschulen und anderen weiterführenden Bildungseinrichtungen angerechnet.

Deutschland

Novellierung des BBiG

Als besonders positiv hebt der deutsche Bericht vom Jahre 2005 eingangs hervor, dass die Bundesrepublik in die Entwicklung der Europäischen Union „ein wirksames und bewährtes, weil an der beruflichen Praxis orientiertes Berufsbildungssystem" einbringt.[30]

Die im Jahre 2005 in Kraft getretene Novellierung des deutschen Berufsbildungsgesetzes bezeichnet der Bericht als „grundlegend". Genannt wird insbesondere die Vermittlung voller Handlungsfähigkeit in einem breit angelegten Tätigkeitsbereich als wichtigem Baustein für die Sicherung der Qualität beruflicher Bildung in Deutschland. Mit Blick auf Berufsorientierung und Berufsvorbereitung nennt der deutsche Bericht folgende eingeleitete Initiativen:

– Erarbeitung einer Rahmenvereinbarung zwischen den Ländern und der Bundesagentur für Arbeit mit dem Ziel, die Zusammenarbeit im Bereich der Berufsorientierung und Berufswahlvorbereitung zu verstärken[31]
– Intensivierung der Kooperation der Länder mit den Partnern des im Jahre 2004 geschlossenen Nationalen Paktes für Ausbildung und Fachkräftenachwuchs
– Integration der Berufsausbildungsvorbereitung in das BBiG in Form so genannter Qualifizierungsbausteine zur Vermittlung von Inhalten aus anerkannten Ausbildungsberufen
– Fortsetzung des 2001 begonnenen Programms des Bundes „Kompetenzen fördern – Berufliche Qualifizierung für Personen mit besonderem Förderbedarf",[32] das sich u. a. an Migranten richtet

---

[29] Vgl. European Commission: Implementing the Education and Training 2010 work programme. 2005 Progress Report United Kingdom. Brussels 2005, S. 18
[30] Europäische Kommission (Hrsg.): Umsetzung des Arbeitsprogramms „Allgemeine und berufliche Bildung 2010". Fortschrittsbericht 2005 Deutschland. Brüssel 2005, S. 21
[31] Bei Abschluss des Manuskripts lag diese Rahmenvereinbarung noch nicht vor.

Der Bericht verweist auf verbesserte Rahmenbedingungen und finanzielle Hilfen, mit denen Bund und Länder die Wirtschaft bei der Bereitstellung von Ausbildungsplätzen unterstützen. Erwähnt werden auch die rund 54.000 staatlich finanzierten außerbetrieblichen Ausbildungsplätze sowie weitere Hilfestellungen wie die Ermöglichung einer Einstiegsqualifizierung im Rahmen des Ausbildungspakts.[33]

Sicherung von Ausbildungsmöglichkeiten

Im Hinblick auf die berufliche Bildung wird betont, dass Deutschland im Jahre 2004 die Entwicklung von Modellen der transnationalen Verbundausbildung zur nationalen Priorität erhoben hat. Gefördert werden außerdem Projekte von Ausbildungsbetrieben, Berufsschulen und anderen Akteuren der beruflichen Bildung, die längerfristige und in die heimische Ausbildung integrierte Auslandsaufenthalte ermöglichen. Neben diesen stärker auf die allgemeine Weiterentwicklung des Berufsbildungssystems gerichteten Abschnitten geht der deutsche Fortschrittsbericht auf folgende Punkte ein:

Europäische Dimension im Bildungswesen

Die Hochschulrektorenkonferenz, die KMK und das BMBF erarbeiteten in der Zwischenzeit den Qualifikationsrahmen für deutsche Hochschulabschlüsse; er wurde am 21.04.2005 von der KMK beschlossen. Zum Europäischen Qualifikationsrahmen (EQR) wird im Bericht des Jahres 2005 herausgestellt, dass der Qualifikationsrahmen für deutsche Hochschulabschlüsse im Sinne eines umfassenden nationalen Qualifikationsrahmens ausgebaut werde.[34] Die Vorarbeiten zur Entwicklung eines deutschen Qualifikationsrahmens (DQR) sind Anfang des Jahres 2007 angelaufen; erste Entwürfe werden Ende 2008 erwartet.

Kernbereich: Qualifikationsrahmen

Im Jahre 2004 vereinbarten Bund und Länder zur Thematik *lebenslanges Lernen* ein Strategiepapier. Dieses zeigt Entwicklungsmöglichkeiten in einer Reihe von Handlungsfeldern auf, und zwar beispielsweise: Einbeziehung informellen Lernens, Selbststeuerung, Kompetenzentwicklung, Modularisierung sowie chancengerechter Zugang.

Kernbereich lebenslanges Lernen

Neben der Entwicklung dieses Strategiepapiers wurde seit 2000 das Modellversuchsprogramm „Lebenslanges Lernen" durchgeführt. Hierbei geht es um die Förderung des Lernens in klassischen Bildungseinrichtungen wie auch um Realisierungsmöglichkeiten des in Deutschland bisher unterbewerteten informellen und selbstgesteuerten Lernens.

Als Maßnahmen im Bereich des lebenslangen Lernens im engeren Sinne führt der Bericht eine Reihe von Initiativen an, die sich allerdings noch weitgehend im Status der Erprobung befinden; so unter anderem:

Status der Erprobung

– Förderung besonders begabter Absolventen einer beruflichen Erstausbildung in der anschließenden Weiterbildung über Stipendien
– BMBF-Aktionsprogramm „Lebensbegleitendes Lernen für alle", insbesondere im Hinblick auf die Bildung regionaler Netzwerke, die Strukturen für das lebenslange Lernen schaffen bzw. verbessern sollen
– Verbundprojekt „Weiterbildungspass mit Zertifizierung informellen Lernens"

---

[32] Ebd. S. 23
[33] Vgl. ebd., S. 22
[34] Vgl. ebd., S. 17

Fehlen konkreter Reformschritte Stellt man den Entwicklungsstand hinsichtlich der Realisierung des Reformpakets Lissabon 2000 dem Stand in den zuvor erwähnten EU-Staaten gegenüber, so stellt man fest, dass dort bestimmte Kernbereiche bereits realisiert sind und darüber hinaus weitere Reformen eingeleitet wurden.

Auf deutscher Seite erkannte man zwar Art und Umfang des EU-Reformbedarfs, und ein erhebliches Potenzial an Fachleuten und Forschern bemüht sich um die Realisierung. Nach dem derzeitigen Stand blieb es allerdings im Wesentlichen bei Diskussionen und Absichtserklärungen. Durch die aktuellen Probleme, wie beispielsweise den bestehenden Lehrstellenmangel, steht Deutschland eigentlich vor zwingend notwendigen Reformen, gilt es doch, zunächst die in den letzten Jahren vergrößerte Lücke der Ausbildungsangebote zu beseitigen. Im deutschen Fortschrittsbericht wird auf diese Problematik nicht eingegangen. Die Realisierung des EU-Reformprogramms erweist sich daher in Deutschland erheblich umfangreicher als in anderen Mitgliedsländern der EU. Hinzu kommt, dass hinsichtlich der Durchführung von Reformen ein erheblicher Nachholbedarf besteht.

c) Differenzen zwischen Ist-Zustand in Deutschland und den EU-Beschlüssen

Aufgaben dieser Studie Die hier vorliegende Studie beschränkt sich nicht auf die Feststellung von Schwachstellen im deutschen System. Im Schwerpunkt konzentriert sie sich – wie bereits erwähnt – auf die Gegenüberstellung des derzeitigen Stands der deutschen Berufsausbildung zu den Zielvorstellungen und Beschlüssen zum EU-Reformpaket Lissabon 2000 unter Einschluss bereits zuvor erarbeiteter Vorschläge zum Ausbau der Berufsbildungssysteme. Hauptanliegen dieser Studie ist es, durch Vorschläge die duale Berufsausbildung zu modernisieren und den Ausbau eines funktionierenden Bildungsgesamtsystems zu realisieren.

Reaktion auf Alternanz-Beschluss ausgeblieben Der EU-Ratsbeschluss zur alternierenden Ausbildung vom Dezember 1979 fand in Deutschland kaum Beachtung. Im Berufsbildungsbericht wurde diese Thematik lediglich im Jahre 1984 kurz aufgegriffen, allerdings ohne Erörterung der Frage, inwiefern sich für Deutschland ein Reformbedarf ergibt. Die Konzeption der Alternanz ist nach Auffassung des Bundesbildungsministeriums „wesentlich von den positiven Erfahrungen mit der dualen Ausbildung in der Bundesrepublik Deutschland geprägt".[35] Auch wird die Vermutung geäußert, dass „sich das Konzept der alternierenden Ausbildung künftig stärker als bisher den Lernformen der deutschen dualen Ausbildung annähert".[36]

Unterschied zwischen Dualsystem und Alternanz In einer Stellungnahme des Wirtschafts- und Sozialausschusses der EU von 1998 wird ein wesentlicher Unterschied zwischen der Lehrlingsausbildung, wie sie im deutschen System gestaltet ist, und der Alternanz herausgestellt:

---

[35] Bundesministerium für Bildung und Wissenschaft (Hrsg.): Berufsbildungsbericht 1984. Bonn 1984, S. 112
[36] Ebd.

„Bei der Lehrlingsausbildung arbeiten ein Unternehmen und eine Bildungseinrichtung in einem alternierenden Ausbildungsprozeß zusammen. Die Besonderheit dieses Prozesses liegt im Unterschied zur alternierenden Ausbildung generell darin, daß das Unternehmen die führende Rolle im Ablauf des Berufsbildungsganges spielt. Auf diese Weise kann, zumal beim Handwerk, dazu beigetragen werden, daß sich ein Unternehmergeist herausbildet."[37]

Die andersartige Kompetenzverteilung in einem handwerksorientierten Dualsystem deutscher Prägung und in der alternierenden Ausbildung dürfte der entscheidende Grund für die weitgehende Nichtbeachtung der EU-Empfehlungen aus dem Jahre 1979 in der Bundesrepublik gewesen sein.

Bezogen auf die Zielsetzungen des Reformpakets Lissabon 2000 befassen sich die folgenden Kapitel mit den in den Teilen 4 und 5 dieser Untersuchung festgestellten Defiziten des deutschen Systems: **Erkannte Defizite**

– *Verschiedenartige Teilzuständigkeiten ohne Gesamtverantwortung (6.1)*
In den meisten EU-Staaten liegt die Gesamtverantwortung für Bildung und Berufsbildung auf staatlicher Ebene; dies gilt auch für föderative Staatssysteme. Deutschland hingegen ist einerseits durch getrennte Zuständigkeiten von Bund und Ländern gekennzeichnet, zum anderen durch die Problematik der Übertragung der Kompetenzen für die betriebsgebundene Ausbildung an die Kammern als zuständige Stellen.

– *Fachkräftemangel als Hemmnis für die wirtschaftliche Prosperität (6.2)*
Von verschiedenen Seiten wird derzeit auf den bestehenden Fachkräftemangel verwiesen. Das bestehende Defizit steigt immer noch an und wird durch den verzögerten Eintritt sowie den Rückgang in Ausbildung stehender Jugendlicher noch vergrößert. Die immer wieder erwähnten Bestrebungen, auch auf gesetzlichem Wege Fachkräfte aus dem Ausland zu gewinnen, unterstreichen dieses Problem.

– *Missachtung des Rechts auf Bildung durch Ausgrenzung beruflicher Bildung (6.3)*
Dieses Kapitel beschäftigt sich mit der Umsetzung des Rechts auf Bildung in Deutschland, wie es durch den Beitritt zu den einschlägigen supranationalen Konventionen festgeschrieben ist und andererseits den Verfassungen der deutschen Länder entspricht. In Gegenüberstellung wird gezeigt, inwieweit neuhumanistische Einflüsse noch heute erkennbar sind.

– *Verstöße gegen elementare Grundsätze der Bildungsökonomie (6.4)*
In Deutschland haben sich Schulformen und Maßnahmen im Bereich der Berufsvorbereitung und beruflichen Grundbildung ausgeweitet, die sich vielfach wiederholen und als Überbrückung bis zum Lehreintritt dienen. Das letzte Kapitel des Teils 6 zeigt auf, wie sich der Verbleib im oftmals als Warteschleife charakterisierten Übergangssystem zur eigentlichen Ausbildung sowohl gesamt-

---

[37] Stellungnahme des Wirtschafts- und Sozialausschusses zu der „Mitteilung der Kommission *Förderung der Lehrlingsausbildung in Europa*". (Dokument 98/C 95/12) Amtsbl. der Europ. Gemeinschaften Nr. C 95/45 vom 30.03.1998, S. C95/46

wirtschaftlich als auch aus individueller Perspektive auswirkt. Es erweist sich nämlich, dass die derzeitige Situation mit dem Ausbau von Warteschleifen einen höheren Aufwand erfordert, als der entsprechende Ausbau berufsqualifizierender Vollzeitschulen.

6.1 Verschiedenartige Teilzuständigkeiten ohne Gesamtverantwortung

Verfassungsmäßige Verankerung Die Zuständigkeiten für Bildung und Berufsbildung ebenso wie die Gesamtverantwortung liegen in den EU-Mitgliedsländern in der Regel beim Staat und sind in den jeweiligen Verfassungen verankert. Die folgenden Beispiele sollen dies veranschaulichen:

Frankreich: Die Präambel der Verfassung vom Jahre 1946 stellt heraus: „Die Nation gewährleistet dem Kind wie dem Erwachsenen gleichen Zugang zum Unterricht, zur Berufsausbildung und zur Bildung. Die Organisation des öffentlichen, unentgeltlichen und laizistischen Unterrichts auf allen Stufen ist eine Pflicht des Staates."[38]

Italien: Die Formulierung gemäß Verfassung aus dem Jahre 1947 lautet: „Die Republik gibt die allgemeinen Normen für den Unterricht und errichtet staatliche Schulen aller Arten und Stufen" (Art. 33). Hinzu kommen spezielle Bestimmungen für die berufliche Bildung: „Die Republik schützt die Arbeit in allen ihren Formen und Anwendungen. Sie sorgt für die Ausbildung und das berufliche Fortkommen der Arbeitenden" (Art. 35).

Portugal: Die Verfassung vom Jahre 1976 umreißt die diesbezüglichen staatlichen Aufgaben wie folgt: „Bei der Durchführung der Unterrichtspolitik obliegt es dem Staat: a) eine allgemeine, obligatorische und kostenlose Grundschulausbildung zu gewährleisten; b) ein staatliches System der Vorschulerziehung zu errichten; c) die Weiterbildung und Erwachsenenbildung zu gewährleisten ...; d) allen Bürgern, gemäß ihren Fähigkeiten, den Zugang zu den höchsten Bildungsstufen, den höchsten Graden der wissenschaftlichen Forschung und des künstlerischen Schöpfens zu gewährleisten ..." (Art. 74). „Der Staat wird ein Netz von staatlichen Bildungseinrichtungen errichten, das den Bedarf der gesamten Bevölkerung deckt" (Art. 5).

Zuständigkeit in Bundesstaaten In Bundesstaaten wirken im Bereich der beruflichen Bildung zumeist Zentralstaat und Teilstaaten zusammen; am Beispiel Österreichs mit folgender Aufgabenteilung: Auf Bundesebene werden Gesetze erlassen; daraus abgeleitet verabschieden die Länder die Ausführungsbestimmungen.

Vielfalt von Zuständigkeiten in Deutschland In den Vorbemerkungen zum Fortschrittsbericht der Bundesrepublik Deutschland an die EU vom Jahre 2005 zum Stand der Realisierung des Reformpakets

---

[38] Quelle hierzu u. für die folgenden Zitate: Die Verfassungen der EG-Mitgliedstaaten. Textausgabe. Beck-Texte im dtv, München 1996

Lissabon 2000 wird auf unterschiedliche Zuständigkeiten für Bildung und Berufsbildung wie folgt eingegangen:

„Nach dem Grundgesetz ist die Bundesrepublik Deutschland ein Bundesstaat, in dem sowohl der Gesamtstaat (Bund) als auch die Gliedstaaten (Länder) Staatsqualität besitzen. Die Länder sind zuständig für das Schulwesen einschließlich der beruflichen Schulen, für die Hochschulen und die Weiterbildung, soweit das Grundgesetz nicht dem Bund Gesetzgebungsbefugnisse verleiht. Der Bund ist nach dem Grundgesetz u. a. zuständig für die außerschulische berufliche Aus- und Weiterbildung, die allgemeinen Grundsätze des Hochschulwesens, die Ausbildungsförderung sowie Maßnahmen zur Arbeitsförderung.

Eine verfassungsrechtliche Kompetenz, die eine Koordinierung im Bildungsbereich erzwingen könnte, gibt es in der Bundesrepublik Deutschland nicht.

Unbeschadet dessen besteht in Deutschland zwischen den Ländern, die im Bildungsbereich in der Kultusministerkonferenz zusammenarbeiten, sowie zwischen Bund und Ländern ein breiter Konsens über die Ziele, die das Bildungswesen im Hinblick auf die schnellen gesellschaftlichen, wirtschaftlichen, wissenschaftlichen und technischen Wandlungsprozesse bei seiner Weiterentwicklung anvisieren muss."[39]

Es wird also nicht angesprochen, von welcher Instanz in Deutschland Reformen im Bereich der beruflichen Bildung ausgehen sollen.

Im deutschen Bericht an die EU ist die Kompetenzverteilung im dualen System nicht speziell erläutert. So fehlt auch der Hinweis, dass den Kammern der Wirtschaft als den *zuständigen Stellen* bereits vor Verabschiedung des Berufsbildungsgesetzes im Jahre 1969 die Zuständigkeit für die Ausbildung, die Kontrolle sowie das Prüfungswesen über Reichsgesetze, zuletzt aus der zentralstaatlichen Situation Mitte der 1930er Jahre, übertragen worden waren.

Zuständigkeiten der Kammern

Mit der Errichtung des Bundesinstituts für Berufsbildung hat sich der Bund ein Instrument zur Förderung der Berufsbildung geschaffen. Organ des BiBB ist der Hauptausschuss, in dem die Arbeitgeberverbände und die Gewerkschaften wesentlichen Einfluss haben. Maßnahmen zur Berufsbildung trifft der Bund in aller Regel nur im Einvernehmen mit den Sozialpartnern im so genannten Konsensprinzip. Dieser Partizipationsaspekt zieht sich durch alle Ebenen der dualen Ausbildung auf Bundes- und auf Landesebene. Die Berufsschule ist zwar in den Berufsbildungsausschüssen der Kammern vertreten, aber nur mit beratender Stimme (BBiG § 77). Das volle Stimmrecht der Berufsschulseite würden die Sozialpartner als Einschränkung ihrer Position ansehen. An dieser Machtkonstellation sind die Kultusminister mit ihrer Forderung nach Einbeziehung der Berufsschulleistungen in die Abschlussprüfung gemäß Forderungskatalog der KMK bei der Neufassung des Berufsbildungsgesetzes 2005 gescheitert.

---

[39] Europäische Kommission (Hrsg.): Umsetzung des Arbeitsprogramms „Allgemeine und berufliche Bildung 2010". Fortschrittsbericht 2005 Deutschland. Brüssel 2005, S. 4

Gesamtzuständigkeit vernachlässigt

Auf die fehlende Gesamtzuständigkeit in Deutschland, verstanden als „verfassungsrechtliche Kompetenz", verwies der deutsche Fortschrittsbericht 2005 an die EU-Kommission. Dieses Defizit kann allerdings über den ebenfalls berichteten „Konsens" aller Beteiligten nicht ausgeglichen werden. Der Grund für die Ausgrenzung der beruflichen Bildung aus dem staatlichen Bildungssystem geht zurück auf das neuhumanistische Bildungsverständnis um 1800 (vgl. 5.0 a). Die gegenüber den anderen EU-Staaten andersartigen Zuständigkeiten in Deutschland erklären sich also aus der historischen Entwicklung und damit weitgehend aus vordemokratischer Sichtweise.

Übertragung der Kompetenzen an die Kammern

Die erste Weichenstellung in dieser Hinsicht erfolgte über die Reichsgewerbeordnung 1897, mit der den Handwerkskammern bereits im Jahre 1900 die Zuständigkeit für die berufliche Bildung übertragen worden war. Diese Initiative verstand sich gleichzeitig als Förderung des Mittelstandes. Die Zuweisung entsprechender Kompetenzen an die Industrie- und Handelskammern erfolgte im Jahre 1936; sie stand in enger Verbindung mit dem Ausbau der Industrie. Seit dieser Zeit führen in Deutschland die Kammern die Aufsicht über die Berufsausbildung. Die folgenden Abschnitte befassen sich daher mit den gesetzlichen Grundlagen.

a) Nicht ausgeschöpfte Zuständigkeit der Länder für die berufliche Bildung

Kompetenzen bis 1949

Nach Ende des Zweiten Weltkriegs konstituierten sich in den drei westlichen Besatzungszonen die deutschen Länder. Bis zum Jahre 1949 gab es also in Deutschland keine zentrale Zuständigkeit. So ging auch die Kompetenz für Bildung und Berufsbildung auf die Länder über.

Verabschiedung von Länderverfassungen

In den nach 1945 vor Gründung der Bundesrepublik verabschiedeten Länderverfassungen wurde die berufliche Bildung in den nachstehend als Beispiele angeführten Ländern wie folgt verankert:

Bayern:
  „Jeder junge Mensch hat ohne Rücksicht auf Herkunft oder wirtschaftliche Lage das Recht auf eine seiner Begabung entsprechende Erziehung und Ausbildung. (Art. 11) Die Jugend ist in der Ehrfurcht vor Gott ... zu beruflicher und sozialer Bewährung und zu freiheitlich demokratischer Gesinnung zu erziehen." (Art. 12)

Württemberg-Baden[40]:
  „Es besteht allgemeine Schulpflicht. Der Unterricht und die Lernmittel in den Volksschulen und den Berufsschulen sind unentgeltlich. Der Staat stellt die erforderlichen Schulen zur Verfügung. ... Das Schulwesen steht unter der Aufsicht des Staates. ..." (Artikel 37)

Württemberg-Hohenzollern:
  „ ... Die Schulen aller Arten und Stufen sind grundsätzlich Anstalten des Staates oder der Selbstverwaltungskörperschaften. Privatschulen dürfen nur nach Maßgabe von

---

[40] Die drei südwestdeutschen Verfassungen wurden durch die Verfassung Baden-Württembergs vom 11.11.1953 aufgehoben.

Gesetzen mit staatlicher Genehmigung errichtet werden. Der Besuch der öffentlichen Volksschulen und Berufsschulen ist unentgeltlich. ..." (Art. 27)

Rheinland-Pfalz:
„Jedem jungen Menschen soll zu einer seiner Begabung entsprechenden Ausbildung verholfen werden. Begabten soll der Besuch von höheren und Hochschulen, notfalls aus öffentlichen Mitteln, ermöglicht werden." (Art. 31)

Hessen:
„Ziel der Erziehung ist, den jungen Menschen zur sittlichen Persönlichkeit zu bilden, seine berufliche Tüchtigkeit und die politische Verantwortung vorzubereiten zum selbständigen und verantwortlichen Dienst am Volk und der Menschheit durch Ehrfurcht und Nächstenliebe ... Rechtlichkeit und Wahrhaftigkeit." (Art. 56)

Bremen:
„Jeder hat nach Maßgabe seiner Begabung das gleiche Recht auf Bildung. Dieses Recht wird durch öffentliche Einrichtungen gesichert."(Art. 27)
„Die Erziehung und Bildung der Jugend hat im wesentlichen folgende Aufgaben: ... Die Erziehung zu einem Arbeitswillen ... sowie die Ausrüstung mit den für den Eintritt ins Berufsleben erforderlichen Kenntnissen und Fähigkeiten." (Art. 26/2)

Im Zeitabschnitt von 1945 bis zur Verabschiedung des Grundgesetzes 1949 bezogen sich die neuen Landesverfassungen hinsichtlich der beruflichen Bildung vor allem auf die Teilzeitberufsschule. Die Regelungen durch die Reichsgesetzgebung der Jahre 1900 und 1934/36 zur Aufsicht über die Berufsausbildung in den Betrieben über die Kammern wurden demzufolge als geltendes Recht fortgeschrieben. In diesem Zusammenhang konzentrierten sich die Ländern allein auf den Aufbau der Berufsschulen. *Zuständigkeit der Kammern unverändert*

Kulturhoheit der Länder laut Grundgesetz

Im Grundgesetz von 1949 ist die Kulturhoheit der Länder nicht direkt angesprochen. Da dort dem Bund die Zuständigkeit für das Bildungswesen nicht expressis verbis übertragen wurde, liegen die Kompetenzen bei den Ländern, wie alle anderen staatlichen Aufgaben, die nicht dem Bund zugewiesen wurden. International betrachtet schließen Bildung und Erziehung generell die berufliche Bildung ein. *Verankerung in den Länderverfassungen*

Als deutsche Besonderheit ist also zu berücksichtigen, dass traditionell die Zuständigkeit für die berufliche Bildung der Wirtschaft im Sinne einer Eigenverantwortlichkeit übertragen worden war.[41] Diese Problematik spiegelt sich auch in der Formulierung der nach 1949 verabschiedeten Verfassungen und denen der neuen Länder aus der Zeit nach 1990 zum Thema Bildung und Berufsbildung wider. Vergleicht man die Aussagen zu Bildung und Berufsbildung in den Ver-

---

[41] Wilhelm von Humboldt, Leiter der preußischen Erziehungsdirektion, wies die berufliche Bildung den Ständen, also der Wirtschaft zu und betonte im Litauischen Schulplan von 1809: „Alle Schulen aber, deren sich nicht ein einzelner Stand, sondern die ganze Nation, oder der Staat für diese annimmt, müssen nur allgemeine Menschenbildung bezwecken." W. v. Humboldt: Schriften zur Politik und zum Bildungswesen. Hrsg.: A. Flitner und K. Giel. Darmstadt 2002, S. 188

fassungen der nun 16 deutschen Länder, ergeben sich beispielsweise die folgenden Unterschiede:
- Die Verfassungen der Länder Baden-Württemberg und Sachsen-Anhalt verankerten das Recht auf Bildung und Berufsbildung als staatliche Aufgaben.
- Andere Verfassungen beziehen sich bei der Berufsbildung auf das unverbundene Nebeneinander von Ausbildung im Betrieb und in der Berufsschule. So ist in Art. 106 der Verfassung Sachsens festgehalten: „Die Berufsbildung findet in den praktischen Ausbildungsstätten und in den beruflichen Schulen statt. Das Land fördert das Berufsschulwesen."
- Eine Reihe anderer Länder nennt beide Bereiche überhaupt nicht, z. B. Berlin, Hamburg und Schleswig-Holstein.

Getrennte Zuständigkeiten

Aus diesen Unterschieden lässt sich schließen, dass die derzeitigen Defizite im Bereich der beruflichen Bildung in Deutschland sowohl aus der getrennten Zuständigkeit von Bund und Ländern als auch aus den nicht exakten abgegrenzten Teilbereichen resultieren. Zu berücksichtigen ist hierbei allerdings, dass mit der Zuständigkeit für einen bestimmten Sektor des Bildungswesens auch die Verantwortung für das Funktionieren mit – sofern erforderlich – entsprechenden Initiativen verbunden sein muss. Dieser Hinweis ist umso bedeutsamer, als neben der staatlichen Zuständigkeit noch die den Kammern übertragene Zuständigkeit zu berücksichtigen ist.

Duale Ausbildung und Vollzeitschulen als konkurrierende Systeme

Lösungen in den Nachbarländern

In den Berufsbildungssystemen nahezu aller Mitgliedstaaten der EU sind beide Wege beruflicher Qualifizierung ausgebaut: das duale System und das System berufsqualifizierender Vollzeitschulen. Als Beispiele für stark frequentierte Systeme betriebsgebundener Ausbildung gelten die Schweiz und Deutschland; zu Ländern mit traditionell bestehenden berufsqualifizierenden Vollzeitschulen neben dem dualen System gehören Österreich und seit der zweiten Hälfte des 20. Jahrhunderts auch Frankreich sowie andere Mitgliedstaaten.

Hinsichtlich der qualitativen Einschätzung der beiden Bildungswege gibt es in Ländervergleichen erhebliche Unterschiede. Dies erwies sich deutlich, nachdem die EU mit der Empfehlung vom Dezember 1979 dafür eintrat, das duale Vorgehen, in Anlehnung an die französische Terminologie Alternanz genannt, stärker auszubauen und auch auf die schulische Berufsbildung auszuweiten.

Vorurteile gegen das jeweils andere System

So zeigte sich, dass es in Staaten mit traditionell hohen Anteilen an berufsqualifizierenden Vollzeitschulen äußerst schwer fällt, betriebsgebundene Ausbildungsgänge neu einzuführen, weil man dort dem betriebsgebundenen System die erwartete und über die unmittelbare betriebliche Verwertbarkeit hinausgehende Qualifizierung nicht zutraute. Andererseits erweist sich der Ausbau von Vollzeitschulen neben einem traditionell eingeführten Dualsystem, wie z. B. in Deutschland, als ebenfalls schwierig, da die schulische Ausbildung angeblich dem Qualifikationsbedarf der Wirtschaft nach Kompetenzprofilen sowie Leistungsfähigkeit der Absolventen nicht entspräche. In Deutschland konnten sich bisher keine Alternativen zur betrieblichen Ausbildung entwickeln, zumal der Ausbau derartiger Schulen ganz offensichtlich nicht zum Pflichtenkatalog der Aufgaben gehört, die die Länder nach dem Wortlaut ihrer Verfassungen wahrzunehmen haben.

Ein ganz anderes Bild ergibt sich im Nebeneinander beider Systeme in der Schweiz, wo zwar das Vollzeitsystem nur schwach ausgebildet, aber keineswegs ein wie oben beschriebener Monopolanspruch der dualen Ausbildung zu erkennen ist. In Österreich bestehen beide Systeme nebeneinander. Die betriebsgebundene Ausbildung regeln die in die Kammern der Wirtschaft integrierten staatlichen *Lehrlingsstellen*. Von Regierungsseite ist man dort bestrebt, dass der Anteil des Dualsystems quantitativ nicht weiter absinkt.

Gegenseitige Ergänzung in anderen Ländern

Berufsqualifizierende Vollzeitschulen in Deutschland
In Deutschland sind bei den beruflichen Vollzeitschulen im Wesentlichen drei Arten zu unterscheiden, die
- auf eine Berufsausbildung vorbereiten,
- Teile einer Berufsausbildung vermitteln,
- zu einem Berufsabschluss, gekoppelt mit einer Aufstockung der Allgemeinbildung führen, der durch Länderrecht geregelt ist und den Aufstieg im Bildungsgesamtsystem ermöglicht.

Verschiedenartige Formen

Andere berufliche Vollzeitschulen zielen auf die Förderung der Durchlässigkeit in den tertiären Bereich. Teilweise bauen sie auf einer beruflichen Erstausbildung auf und führen zur Fachhochschulreife. Als berufliche Gymnasien vermitteln sie die allgemeine Hochschulreife, bieten aber keinen beruflichen Abschluss. Weitere berufliche Vollzeitschulen dienen der Weiterbildung.

Berufsqualifizierende Vollzeitschulen wurden bisher nicht als Alternative zur dualen Ausbildung eingerichtet; sie spielen deshalb zahlenmäßig und in der Diversifizierung eine eher untergeordnete Rolle. Ihre Bedeutung konnte auch dadurch nicht wachsen, dass Ausbildungsplätze im dualen System über die Jahre hinweg in großem Umfang fehlen.

Ein Bereich, in dem ausschließlich die Kultusminister der Länder zuständig sind, ist die Berufsausbildung im Sozial- und Erziehungswesen. Berufsqualifizierende Vollzeitschulen in Regie der Länder auf Basis von Ausbildungs- und Prüfungsregelungen des Bundes bestehen im Gesundheitsbereich.

Ausbildung im Sozial- und Erziehungswesen

Die Zuordnung dieser Berufe zu unterschiedlichen Ministerien ist auch in anderen Ländern zu finden. Der internationale Trend geht allerdings dahin, dass diese Qualifizierungsmaßnahmen in einer Institution auf der unteren Hochschulebene zusammengefasst sind. So wurden beispielsweise in der Schweiz die vorher vom Roten Kreuz ausgebildeten Krankenpflegeberufe ins staatliche Bildungssystem integriert.

Anteil der Schulberufe im Gesamtsystem

Der derzeitige Anteil des Zugangs ins Berufsleben über *Schulberufe* liegt in Deutschland bei etwa 20 %. Es ist also zu unterscheiden zwischen Qualifikationen, die an Berufsfachschulen der Kultusministerien vermittelt werden, und den Bildungsgängen, die in die Zuständigkeit anderer Ministerien fallen.

Die Rechtsaufsicht über die Kammern als zuständige Stellen für die duale Berufsausbildung liegt bei den Wirtschaftsministerien der Länder; die Zuständigkeit für die Berufsschule im dualen System bei den Kultusministerien.

Föderalismusdebatte 2003

Voten verschiedener Interessengruppen

Anlässlich der im Jahre 2003 einsetzenden Föderalismusdebatte kam auch die Zuständigkeit für das Bildungssystem zur Sprache. Diese Diskussion fiel in eine Zeit, in der sich Engpässe im Berufsbildungssystem deutlich abzeichneten.

Die von Bundestag und Bundesrat eingesetzte Föderalismuskommission befasste sich mit den Voten der verschiedenen Interessengruppen. Die Debatte um die berufliche Bildung erwies sich als interessenpolitisch geprägt, und zwar mit divergierenden Positionen: Regierung und Wirtschaft setzten sich für den Erhalt des Status quo ein. Die Gewerkschaften forderten eine Beschneidung der Befugnisse der Kammern zugunsten des Staates.

Länder fordern Zuständigkeit für Dualsystem

Aus der sich in den letzten Jahren immer deutlicher zeigenden Notsituation heraus zeichnete sich nun auch auf der Ebene der deutschen Länder das Bestreben ab, das seither gespaltene Berufsbildungssystem zusammenzuführen. So beanspruchen die Länder die Kompetenz für die außerschulische berufliche Bildung für sich.

Diese Anträge fanden keine Zustimmung. Offensichtlich befürchtete man eine Zersplitterung der beruflichen Qualifizierung. Mit der am 01.09.2006 in Kraft getretenen partiellen Neufassung des Grundgesetzes ergaben sich im Bereich der beruflichen Bildung keine Änderungen.

Ergebnis

Die Zuständigkeit für die Berufsbildung in Schulen liegt in Deutschland bei den Ländern. Im Rahmen des Dualsystems obliegt ihnen allerdings nur die Regelung der Teilzeitberufsschule. Die Verantwortlichkeit für das Dualsystem bleibt damit gespalten und der nicht festgelegten Gesamtverantwortung wegen im Erfolg eingeschränkt. So ergibt sich die folgende Situation:

- **Über das Berufsbildungsgesetz regelt der Bund die Ausbildung im Betrieb und de facto auch das Dualsystem.**
- **Der Bund legt fest, in welchen Berufen ausgebildet werden soll und welche Prüfungsanforderungen zu stellen sind.**
- **Die Aufsicht über die Ausbildung im Betrieb sowie die Prüfungshoheit liegt bei den Kammern.**
- **Die Zuständigkeit der Länder für Bildung und Berufsbildung im Sinne ihrer Kulturhoheit ist damit eingeschränkt.**

Der im EU-Raum geltenden Freizügigkeit sowie anderer EU-weit zu beachtenden Regelungen wie dem acht Stufen umfassenden Qualifikationsrahmen we-

gen können einzelne Länder nicht allein zuständig sein. **Es empfiehlt sich daher, dass Bund und Länder gemeinsam eine diesbezügliche Vereinbarung treffen.**

b) Verantwortungsbereiche im dual/alternierenden System

Für das Zusammenwirken der Ausbildung in Betrieb und Teilzeitschule gilt als Fachausdruck *Dualsystem*, wie es Heinrich Abel im Gutachten des Deutschen Ausschusses für das Erziehungs- und Bildungswesen vom Jahre 1964 bezeichnete, und *alternierende Ausbildung*, wie sie die EU nach den Empfehlungen zur Intensivierung und Erweiterung der betriebsgebundenen Ausbildung vom Jahre 1979 in gleicher Bedeutung herausstellte. — *Begrifflichkeit*

Anlässlich der Durchführung von Bildungsgängen dieser Art sind drei Aufgabenbereiche zu unterscheiden: — *Drei Verantwortungsbereiche*
- Sicherstellung des für die jeweiligen Qualifikationen nötigen Erfahrungslernens im Betrieb
- Durchführung der in systematischer Form zu vermittelnden Lehr-/Lernbereiche für Theorie und Praxis in teilzeitlich zu besuchenden Bildungszentren bzw. Berufsschulen
- Ausrichtung der Ordnungsmittel auf diese Zielsetzung und Abstimmung zwischen den beiden Lehr-/Lernbereichen vor Ort

Die Effizienz dieses Lehr-/Lernmodells ist nur dadurch sicherzustellen, dass diese drei Verantwortungsbereiche mit Blick auf die angestrebte Qualifikation zusammenwirken. Beispiele für den an dritter Stelle genannten Verantwortungsbereich gab es bereits in den frühen Jahren der Entwicklung des dualen Systems in Württemberg.

Frühe Formen dualer Ausbildung

Bereits im ausgehenden 19. Jahrhundert bestanden in einzelnen Ländern Vorformen dualer Ausbildung (vgl. Abschnitt 4.0 a und 5.2.0 a). Mit der Einbeziehung berufsbezogener Unterrichtsfächer und der Umwandlung in *gewerbliche* Fortbildungsschulen entstand die Notwendigkeit, speziell dafür ausgebildete Lehrkräfte einzusetzen. — *Modell württembergische Fortbildungsschule*

In Württemberg ergab sich die folgende Situation: Einführung der Lehrabschlussprüfung gemäß Gewerbeordnung im Jahre 1828 und parallel dazu der Ausbau *gewerblicher Sonntags- und Fortbildungsschulen*. Damit bildete sich schon früh eine Koppelung der beiden Lernorte Betrieb und Teilzeitschule heraus. Als Besonderheit für dieses Nebeneinander ist die von F. von Steinbeis initiierte „Königliche Kommission für das gewerbliche Fortbildungswesen" zu nennen, in der sein Landesgewerbeamt einerseits und das zuständige Unterrichtsministerium andererseits vertreten waren. Diese Königliche Kommission ist wohl die erste für die Belange der dualen Ausbildung eingerichtete Dachorganisation.

Ein von den oben erwähnten Teilzeitschulen abweichendes Modell führte das Großherzogtum Baden mit der Einführung von *Gewerbeschulen* im Jahre 1834 — *Modell badische Gewerbeschule 1834* ein. Dort stand bei anspruchsvollen Ausbildungsberufen wie Bau- und Metallberufen das erforderliche berufliche Rüstzeug im Vordergrund.

Mit Gründungserlass übertrug die badische Regierung die Fachaufsicht über die neuen Gewerbeschulen den Professoren des Karlsruher Polytechnikums. Von der Gründung an richteten sich die in den Gewerbeschulen gebotenen beruflichen Inhalte an den Anforderungen der Vollzeitschulen Frankreichs aus. Demzufolge gehörten also Unterrichtsfächer wie Technologie, Zeichnen, Zeichnungen lesen sowie schon Ende des 19. Jahrhunderts auch Unterweisung in Schulwerkstätten zum Lehrprogramm. Jugendliche, die Schwächen in allgemeinen Fächern zu überwinden hatten, wurden auf die bestehenden Sonntagsschulen verwiesen.

Die Jahrbücher der badischen Gewerbeschulen geben einen eindrucksvollen Überblick über Probleme und Fortschritte beim Ausbau der in ausgewählten Standorten Badens errichteten Anstalten. Die Polytechnische Schule war die erste Hochschule, die ab 1857 Ausbildungsgänge für Gewerbelehrer einrichtete.

Lehrabschlussprüfung in Württemberg
Anlässlich der Weltausstellung in London 1851 lernte Ferdinand von Steinbeis das dort im Aufbau befindliche System der freiwilligen Lehrlingsprüfungen kennen. Es gelang ihm, über einen königlichen Erlass in Württemberg im Jahre 1881 freiwillige Lehrlingsprüfungen einzuführen, die bald einen großen Zuspruch fanden, so dass sich um 1900 bereits ein erheblicher Anteil der Lehrlinge nach Lehrabschluss und Besuch der beruflichen Fortbildungsschule diesen Prüfungen unterzog.

Handwerkskammern als zuständige Stellen

Auswirkungen des Handwerkerschutzgesetzes 1897
Mit der Übertragung der Aufsicht über die Berufsausbildung an die über die Reichsgewerbeordnung 1897/1900 neu errichteten Handwerkskammern war die Verpflichtung verbunden, Lehrabschlussprüfungen durchzuführen. Durch den Einfluss der Gewerbevereine im Stuttgarter Kammerbezirk gelang es, in der Übergangsphase bis 1909 den Abschluss der Ausbildung in Schule und Betrieb anlässlich der Prüfungen zu koppeln (vgl. Abbildung 6). Dieses Modell des Miteinanders dürfte als erstes Dokument eines Abschlusszertifikats im dualen System gelten; es veranschaulicht die Gleichwertigkeit von Ausbildung im Betrieb und Teilzeitschule.

In jenen Jahren wurden in Regie der Handwerkskammern Berufsbilder entworfen und die zu prüfenden Inhalte formuliert. Von einem generell eingeführten dualen System in den deutschen Ländern kann um die Jahrhundertwende noch nicht ausgegangen werden, da sich die über die Reichsgewerbeordnung übertragene Aufsichtsfunktion der Handwerkskammern vor allem auf die Ausbildung im Betrieb bezog.

Werksschulen mit Lehrwerkstätten in der Industrie
Hinsichtlich der Kompetenz, die Ausbildung im Betrieb zu regeln, war in den Jahren nach 1900 die Industrie gegenüber dem Handwerk benachteiligt. Für die Ausbildung des Nachwuchses in Industriebetrieben wurden teilweise besondere Formen integrativer Ausbildung entwickelt, und zwar in Form von betriebseigenen

Abbildung 6: **Prüfungszeugnis gemäß Reichsgewerbeordnung 1897/1900 in der für Württemberg von 1902 bis 1909 geltenden Fassung**

Werkschulen, gekoppelt mit Lehrwerkstätten. Dort wechselten die Lehrlinge nach einer Grundausbildung in bestimmten Zeitabschnitten, wie z. B. einem Jahr, in die Produktionsabteilungen der Betriebe; womit das Nebeneinander von Erfahrungslernen parallel zur Mitwirkung in der Produktion und systematischer

Unterweisung praktiziert wurde. Im Jahre 1911 bestanden im Deutschen Reich 75 derartige Betriebsberufsschulen in Großbetrieben.[42]

Dualsystem gemäß Gutachten des Deutschen Ausschusses 1964

Abels Definition zu duales System
Das neu gewonnene Mitglied des Deutschen Ausschusses für das Erziehungs- und Bildungswesen Heinrich Abel kannte sowohl Ausbildungsmodelle des Handwerks wie auch der Industrie. Im „Gutachten über das berufliche Ausbildungs- und Schulwesen" vom Jahre 1964 betonte er, dass die damals praktizierte Form noch nicht als duales System bezeichnet werden könne.

Beispiel Industrieberufsschulen
Als Beispiel für das Funktionieren dieses Modells nannte Abel das Zusammenwirken von Betriebsberufsschulen inklusive Lehrwerkstatt mit den Fertigungsabteilungen des betreffenden Unternehmens. Damit wird wieder auf die beiden Aufgabenbereiche verwiesen: Erfahrungslernen durch Mitarbeit in der Produktion und systematische Einführung in Theorie und Praxis des betreffenden Berufs in der beruflichen Teilzeitschule.

Zwei Koordinierungsebenen
Heinrich Abel waren zu jener Zeit ebenfalls im Ausland eingerichtete Vollzeitschulen bekannt. So unterschied er:
– Die Ausbildung im Sinne des Erfahrungslernens in der Werkstatt erfolgt generell dem jeweiligen Stand der technischen Entwicklung entsprechend. Erfahrungslernen kann sich also immer nur auf den erreichten Stand der Technik beziehen.
– Die Ausbildung in der Schule ist hingegen in der Lage, bestimmte Entwicklungen schon früh einzubeziehen und damit auch auf neue und zukunftsträchtige Ausbildungsschwerpunkte einzugehen.

Beide methodische Vorgehensweisen lassen sich in Ausbildungsordnungen für das duale System verbinden.

Anlässlich der Koordinierung sind zwei Ebenen zu unterscheiden: Einerseits die überregionale Instanz, die die Ausbildungspläne für die betriebliche und die schulische Ausbildung erarbeitet, zum anderen die örtliche Ebene, wobei nach dem Modell Heinrich Abels die Schule die Koordinierungsfunktion den Produktionswerkstätten gegenüber zu übernehmen hat. Überregional regelt das gemeinsam zu erreichende Ziel eine Vereinbarung zwischen Kultusbehörden und den für die Betriebe zuständigen Einrichtungen..

Ungeklärte Zuständigkeiten
Das Zusammenwirken der genannten zwei Lernorte war in jenen Jahren und ist auch heute noch nicht staatlicherseits geregelt. Auf regionaler Ebene hängt es von der persönlichen Kommunikation der jeweils für beide Seiten Verantwortlichen und den sonstigen örtlich gegebenen Voraussetzungen ab. Zum Teil be-

---

[42] Vgl. Fenger, Herbert: Betriebsberufsschulen in der Bundesrepublik Deutschland. In: Jahrbuch für Wirtschafts- und Sozialpädagogik 1969. Hrsg.: Dr.-Kurt-Herberts-Stiftung zur Förderung von Forschung und Lehre der Wirtschafts- und Sozialpädagogik e.V. Köln, S. 69–168

steht eine einvernehmliche Kooperation oder es bleibt bei einem unverbundenen Nebeneinander.

Das berufspädagogische Lexikon von Wefelmeyer stellt zum Stichwort *Erfahrungslernen* Ende der 1950er Jahre heraus[43]: „Erfahrungslernen ist Hauptinhalt der betrieblichen Berufsausbildung ... Es gibt kaum Berufe, in denen nicht das empirisch erfasste Wissen über Werkstoffe und Arbeitsweisen notwendige Grundlage des Berufskönnens ist. Die in der Praxis erworbene Erfahrung ist ein berufliches Betriebskapital, von dem oft Berufserfolg und Aufstieg in leitende Stellungen abhängt."
Wefelmeyer ergänzt: „Unter naturwissenschaftlich-technischer Entwicklung der Gütererzeugung reicht bloße Betriebserfahrung allein nicht mehr aus."

Lernen im Betrieb nicht allein qualifizierend

Dualsystem nach den Empfehlungen der EU zur Alternanz von 1979
Die Zielsetzung der EU, in den Mitgliedsstaaten die duale Ausbildung stärker auszubauen, hebt ebenfalls die Grundsätze des Erfahrungslernens im Betrieb und der systematischen Ausbildung in den betreffenden Zentren hervor. Das bedeutet, der Betrieb ist im Wesentlichen für das Erfahrungslernen zuständig und hinsichtlich des Erfolgs der gestellten Anforderungen auf die Kooperation mit der Schule angewiesen.

Alternanz gemäß EU-Empfehlung 1979

Hier muss jedoch erwähnt werden, dass die EU in dieses Modell betriebseigene Berufsschulen oder Verbandsberufsschulen ausdrücklich einbezieht, was bisher in Deutschland noch kaum thematisiert wurde, obwohl in den ersten Jahrzehnten des 20. Jahrhunderts in industriellen Großbetrieben dieses Modell nahezu die Regel war. In Frankreich kann das CFA, die dortige Form der Teilzeitschule, sowohl in Trägerschaft von Betrieben als auch von Berufsverbänden liegen. Breit ausgebaut waren betriebseigene Berufsschulen in der ehemaligen DDR. Zusammenfassend ist festzustellen, dass in jedem dualen System die Schule als im Ausbildungsgang gleichwertiger Partner einbezogen sein muss.

Die EU-Empfehlung beschreibt die drei Verantwortungsbereiche wie folgt:
– Der Betrieb ist verantwortlich für das Erfahrungslernen.
– Hinsichtlich der Teilzeitschule legt die EU Wert darauf, dass in systematischer Form zu erarbeitende Inhalte für Theorie und Praxis in der gleichen Institution zusammengefasst sind, was, wie erwähnt, dem badischen Vorschlag sowie auch Kerschensteiners Auffassung von 1900 – Schulwerkstätten betreffend – entspricht.
– Als dritte Komponente schlägt die EU vertragliche Abmachungen zwischen der Dachorganisation der Betriebe und der entsprechenden Schulverwaltung vor.

Verantwortungsbereiche gemäß EU-Vorschlag 1979

---

[43] Wefelmeyer, R. und H.: Lexikon der Berufsausbildung und Berufserziehung. Wiesbaden 1959, S. 137

Duales Vorgehen als Vollzeitschule bezeichnet

Weitere Modelle dualer Ausbildung

Die in den deutschen Statistiken als berufsqualifizierende Vollzeitschulen bezeichneten Ausbildungsgänge im Bereich der medizinisch-technischen Berufe verstehen sich den zugrunde liegenden gesetzlichen Regelungen zufolge als duale Ausbildungsgänge unter Federführung der Schulen.

So legt das Krankenpflegegesetz die Gesamtverantwortung für die Ausbildung in den Krankenpflegeberufen in § 4 Abs. 5 wie folgt fest:

> „Die Gesamtverantwortung für die Organisation und Koordination des theoretischen und praktischen Unterrichts und der praktischen Ausbildung entsprechend dem Ausbildungsziel trägt die Schule. Die Schule unterstützt die praktische Ausbildung durch Praxisbegleitung."[44]

Die bayerische Verordnung für die Berufsfachschulen zur Ausbildung nichtärztlicher Heilberufe wie u. a. Physiotherapeuten und Logopäden betont die Verantwortlichkeit und Lenkungsfunktion der Schule wie folgt[45]:

> „Soweit bei den Berufsfachschulen für Ergotherapie, für Physiotherapie, für Logopädie und für Massage die praktische Ausbildung in außerschulischen Einrichtungen durchgeführt wird, ist sie in der Verantwortung der Schule zu gestalten." (§ 10, Abs. 1)

> „Bei der Berufsfachschule für Orthoptisten soll die praktische Ausbildung ... mit mindestens 1.400 Stunden im dritten Ausbildungsjahr durchgeführt werden. Sie ist ... als Berufspraktikum durchzuführen, durch den Schulträger als Träger der Ausbildung sicherzustellen und durch die Schule zu lenken und zu betreuen." (§ 10, Abs. 2)

Duale Studiengänge

Auf Hochschulebene gilt dies für die zunächst in Baden-Württember eingerichtete Berufsakademie und die zahlreichen so genannten ausbildungsintegrierenden Studiengänge, die „Lehre plus Studium im Kombipack" anbieten.[46]

Internationale Standards

Auch in Dänemark wurde die verantwortliche Position der Schule in jüngerer Zeit ausgebaut. Dies führte schließlich zum guten Abschneiden im von der Bertelsmann Stiftung 1999 durchgeführten Ländervergleich.

So zeigt sich, dass es im Vergleich der EU-Staaten kein duales System gibt, in dem die Schule wie bisher in Deutschland nur als begleitende Teilzeitschule – nach dem Modell der Fortbildungsschulen des 19. Jahrhunderts – verstanden wird. Auch fällt auf, dass in nahezu allen Ländern für das System der dualen Ausbildung auf nationaler Ebene besondere staatliche Behörden eingerichtet wurden, wie in jüngster Zeit im Vereinigten Königreich.

---

[44] Gesetz über die Berufe in der Krankenpflege (Krankenpflegegesetz – KrPflG) vom 16. Juli 2003 (BGBl. I S. 1442), zuletzt geändert durch Artikel 34 des Gesetzes vom 2. Dezember 2007 (BGBl. I S. 2686)

[45] Schulordnung für die Berufsfachschulen für Ergotherapie, Physiotherapie, Logopädie, Massage und Orthoptik (Berufsfachschulordnung nichtärztliche Heilberufe — BFSO HeilB) vom 18. Januar 1993

[46] Vgl. Studien- & Berufswahl 2007/08, Nürnberg (BW-Verlag), S. 501ff.

Deutsches Dualsystem als Exportartikel

Immer wieder wurde in Deutschland seitens der Wirtschaft hervorgehoben, dass das deutsche System geeignet ist, in anderen Ländern eingeführt zu werden. In dieser Hinsicht gab es auch Initiativen der Gesellschaft für Technische Zusammenarbeit (GTZ) im Auftrag des Bundesministeriums für wirtschaftliche Zusammenarbeit und Entwicklung (BMZ), das duale System in Entwicklungsländern zu etablieren, z. B. in Nigeria, in Guatemala und in der Türkei. Bei derartige Initiativen ließ sich das deutsche Modell nicht in der überkommenen Weise realisieren; die Federführung hatten von vornherein die neu errichteten Ausbildungszentren bzw. beruflichen Schulen zu übernehmen. Andererseits sahen die jeweiligen politischen Entscheidungsträger die berufliche Ausbildung als voll ins Bildungssystem integriert.

Duale Ausbildungsgänge der GTZ

Im Zuge der Entwicklung wurden bei der deutschen Förderung in enger Kooperation mit den örtlichen zuständigen Einrichtungen verschiedenartige Modelle partnerschaftlich umgesetzt, teils im Zusammenwirken mit dem Bildungsministerium, teils gemeinsam mit dem Arbeitsministerium. Exportiert wurde demnach nicht das deutsche Dualsystem, sondern ein alternierendes Vorgehen mit Unterstützung der beruflichen Komponente in den dortigen Vollzeitschulen sowie in der Weiterbildung. Den entwicklungspolitischen Zielvorstellungen gemäß dienen die Fördermaßnahmen der Bundesrepublik der

> „Verbesserung und Erweiterung der Leistungsfähigkeit der vorhandenen beruflichen Bildungssysteme im Hinblick auf eine effiziente Vermittlung fachlicher Fertigkeiten und Kenntnisse und sozialer Verhaltensweisen entsprechend der sich wandelnden Bedarfsituationen in den verschiedenen Wirtschafts- und Lebensbereichen der Entwicklungsländer".[47]

Sofern sich eine Partnerschaft mit Betrieben ergab, pflanzte die für das Hilfsprojekt zuständige Einrichtung gleichsam eine Berufsschule in einen Betrieb ein, wobei dann eine Zusammenarbeit nach dem von Heinrich Abel im Deutschen Ausschuss für das Erziehungs- und Bildungswesen definierten dualen System erfolgte. Allerdings hatte in diesen Betrieben die berufliche Teilzeitschule das Sagen, entwarf und verantwortete also den Ausbildungsablauf.

Lenkungsfunktion der Teilzeitschule

Fazit dieser Entwicklung ist, dass der Exportartikel einmal die Vollzeitschulen waren und zum anderen ein duales System derart, dass die Schule in der betriebsgebundenen Ausbildung die Verantwortung trägt.

Der Vergleich mit den Berufsbildungssystemen anderer Staaten zeigt, dass eine funktionsfähige Berufsausbildung in Betrieb und Schule eindeutiger Regelun-

Ergebnis

---

[47] Zitiert nach Vest, Brunhilde: Das aktuelle Sektorkonzept der Bundesregierung zur beruflichen Bildungszusammenarbeit. In: Greinert, W.-D.; Heitmann, W. u. a. (Hrsg.): Vierzig Jahre Berufsbildungszusammenarbeit mit Ländern der Dritten Welt. Baden-Baden 1997, S. 47

gen der Verantwortlichkeit für das Erfahrungslernen einerseits und theorie- wie praxisbetonte systematische Ausbildung andererseits bedarf.

Außerhalb Deutschlands ist die staatliche Verantwortung für den Gesamtprozess dualer Berufsausbildung die Regel.

In Deutschland fehlen bisher Bestimmungen für das Zusammenwirken von Betrieb und Schule im Dualsystem:

– **Die derzeitigen Festlegungen entsprechen nicht den EU-Vorschlägen von 1979.**
– **Dessen ungeachtet gibt es Modelle, die diesen Grundsätzen entsprechen, wie z. B. die Berufe des Gesundheitsdienstes und die Organisation der deutschen Entwicklungshilfe.**

Die angeführten Beispiele auf deutscher und EU-Ebene unterstreichen den Grundsatz, dass nur in engem Zusammenwirken eine effiziente Ausbildung möglich ist und auf diese Weise die Einbindung ins Bildungssystem gewährleistet wird.

c) Getrennte Zuständigkeiten in der deutschen betriebsgebundenen Ausbildung

Zuständigkeit der Kammern

Die Regelungen gemäß Berufsbildungsgesetz 1969 weichen von den zuvor in Abschnitt b) dargestellten dualen Modellen ab. Die Andersartigkeit geht bis auf die Zeit zurück, in der über Reichsgewerbeordnung 1897/1900 den Handwerkskammern und Mitte der 1930er Jahre den Industie- und Handelskammern die Kompetenz für die betriebliche Ausbildung übertragen wurde. Kennzeichen für das sich so entwickelnde deutsche Modell ist die Trennung der Verantwortlichkeit für Betriebe und Berufsschulen, der gesetzlichen Verankerung der Zuständigkeit seitens der Kammern entsprechend.

Nachwirkungen des engen Zusammenwirkens

Kooperation auch in Folgezeit

Auch nach dem Auslaufen des Kooperationsmodells zwischen Betrieb und Schule in Württemberg nach 1900 (vgl. Abbildung 6) lebte in Südwestdeutschland der Gedanke, anlässlich des Lehrabschlusses gemeinsame Prüfungen durchzuführen und zu attestieren, immer wieder auf. Praktiziert wurden verschiedenartige Modelle. Als Beispiel dafür zeigt Abbildung 7 das Prüfungsformular für Stuttgart aus den 1920er Jahren.

Abschlussprüfungen an den Berufsschulen

Seither werden in Württemberg und in Baden Abschlussprüfungen an den Berufsschulen durchgeführt; diese erweisen sich als hilfreich, Vereinbarungen zwischen Kultus- und Wirtschaftsministerien und den Kammern zur Berücksichtigung der in den Berufsschulen erzielten Ergebnisse treffen zu können.

Konsequenzen aus der alleinigen Verantwortung der Betriebe

Deutsches Dualsystem als Monosystem

Im Zuständigkeitsbereich der Kammern versteht sich die Ausbildung im Betrieb gemäß Berufsbildungsgesetz als allein berufsqualifizierend. Dies erklärt sich daraus, dass auch heute noch zwischen den zuständigen Stellen als für die be-

triebliche Seite verantwortlich und den jeweiligen Kultusministerien keine dem Wesen des dualen Systems entsprechende Kooperation vereinbart und festgeschrieben werden konnte. Auch die jüngsten Bemühungen der KMK vom Jahre 2005 führten zu keinem Erfolg.
Wie bereits erwähnt, ist damit die deutsche Berufsausbildung im Ländervergleich korrekt nicht als duales System zu bezeichnen.

Abbildung 7:
Prüfungs-Zeugnis für Gesellen- und Schulprüfung in den 1920er Jahren

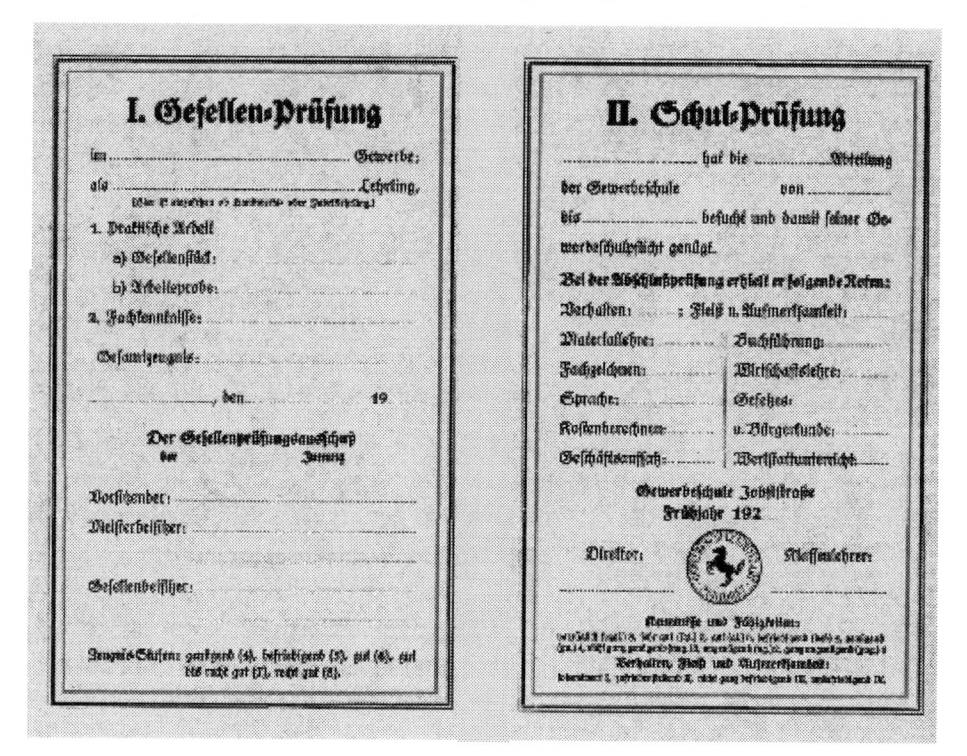

Nach der derzeitigen Regelung mit der losen Verbindung zur Berufsschule, die keine direkte Verantwortung trägt, entsteht dem eigenverantwortlich ausbildenden Betrieb ein großer Aufwand an betrieblichen Ausbildern, die teilweise auch als Lehrkräfte fungieren, gilt es doch, die Anforderungen gemäß Ausbildungsplan zu erfüllen, wie z. B. durch Einhalten der inhaltlichen und zeitlichen Vorgaben der betrieblichen Ausbildungspläne. **Hoher Kostenaufwand**
In der Öffentlichkeit hat sich dementsprechend die Gesamtverantwortung des Betriebs als für das Ausbildungsergebnis verantwortlich eingeprägt.

Bildungsrat empfiehlt theoretische Ausbildung auch in Betrieben
Bereits Ende der 1960er Jahre war die Trennung von praktischer und theoretischer Berufsausbildung fragwürdig geworden war. Darüber hinaus geriet die betriebliche Berufsausbildung damals wegen der Dominanz des „training on the **Kritik an der Lehrlingsausbildung**

job" teilweise in die Kritik.[48] Der Deutsche Bildungsrat verabschiedete Anfang 1969 ein Gutachten zur Lehrlingsausbildung, in dem er u. a. deren unzureichende theoretische Fundierung wie folgt bemängelte[49]:

> „Das ohnehin bescheidene Soll von mindestens acht Wochenstunden Berufsschulunterricht wird infolge von Lehrer- und Raummangel an vielen Orten nicht erfüllt, und in den Flächenstaaten wird nur ein Teil der Schüler in Fachklassen unterrichtet. Die theoretische Unterweisung in manchen Betrieben dient daher vielfach der Vervollständigung des Berufsschulunterrichts, so daß der theoretische Unterricht insgesamt über ein Minimum an notwendigen Kenntnissen kaum hinausgeht. Zu diesem Mangel in der theoretischen Fundierung der Ausbildung tritt erschwerend hinzu, daß die Theorie überwiegend getrennt von der Praxis vermittelt wird, so daß im praktischen Teil der Ausbildung das Vor- und Nachmachen mit oft unzureichender theoretischer Unterweisung vorherrscht."

Theoretische Fundierung der Ausbildung

Der Deutsche Bildungsrat stellte fest, der gesamte Bereich der Lehrlingsausbildung sei durch eine erhebliche Ungleichheit in den Anstrengungen und Leistungen der einzelnen Betriebe gekennzeichnet. Daher forderte er generell die Vollständigkeit und Planmäßigkeit der Ausbildung sowie ihre theoretische Fundierung. Die letztgenannte Forderung formulierte er wie folgt:

> „Der während der Lehrzeit in Betrieb und Schule zu erteilende theoretische Unterricht hat den gesamten Zusammenhang der Ursachen und Wirkungen des beruflichen Handelns zu umfassen und zu ihrer kritischen Reflexion hinzuführen. Eine solche Vertiefung des Verständnisses für die eigene berufliche Tätigkeit und die Zusammenhänge und Veränderungen in der Berufs- und Arbeitswelt ist notwendig in der fachtheoretischen Unterweisung der Berufsschule und am Ausbildungsplatz im Betrieb sowie in den sprachlichen, natur- und gesellschaftswissenschaftlichen Fächern der Berufsschule.[50]

Systematische Ausbildung im Betrieb gemäß Berufsbildungsgesetz 1969

Verantwortung des Ausbildenden

Gemäß dem 1969 verabschiedeten Berufsbildungsgesetz war der Ausbildende verpflichtet,

> „dafür zu sorgen, dass dem Auszubildenden die Fertigkeiten und Kenntnisse vermittelt werden, die zum Erreichen des Ausbildungszieles erforderlich sind, und die Berufsausbildung in einer durch ihren Zweck gebotenen Form

---

[48] Vgl. Lipsmeier, Antonius: Die didaktische Struktur des beruflichen Bildungswesens. In: Blankertz, Herwig, Derbolav, Josef u. a. (Hrsg.): Enzyklopädie Erziehungswissenschaft Bd. 9, Teil 1: Sekundarstufe II: Jugendbildung zwischen Schule und Beruf. Stuttgart, Dresden 1995, S. 242

[49] „Zur Verbesserung der Lehrlingsausbildung." Verabschiedet auf der 19. Sitzung der Bildungskommission am 30./31. Januar 1969. In: Deutscher Bildungsrat: Empfehlungen der Bildungskommission 1967–1969, Stuttgart 1970, S. 87–131, hier S. 100

[50] Ebd., S. 104

planmäßig, zeitlich und sachlich gegliedert so durchzuführen, dass das Ausbildungsziel in der vorgesehenen Ausbildungszeit erreicht werden kann" (BBiG 1969, § 6 Abs. 1, Ziff. 1).

Systematische Ausbildung im Betrieb gemäß Berufsbildungsgesetz 2005
Das novellierte Berufsbildungsgesetz vom Jahre 2005 verankert die Pflichten des Ausbildenden in § 14 Abs. 1, Ziff. 1 in der gleichen Formulierung wie im Jahre 1969; lediglich das Begriffspaar „Fertigkeiten und Kenntnisse" wurde durch den Terminus „berufliche Handlungsfähigkeit" präzisiert.

Ausbildungsziel Handlungsfähigkeit

Bei der Definition der Zielsetzungen der Berufsausbildung, wie sie das neue BBiG eingangs festschreibt, sind allerdings beide Termini genannt, und zwar wie folgt:

„Die Berufsausbildung hat die für die Ausübung einer qualifizierten beruflichen Tätigkeit in einer sich wandelnden Arbeitswelt notwendigen beruflichen Fertigkeiten, Kenntnisse und Fähigkeiten (berufliche Handlungsfähigkeit) in einem geordneten Ausbildungsgang zu vermitteln." (§ 1 Abs. 3)

Hinzu kommt, dass die Berufsausbildung den Erwerb der erforderlichen Berufserfahrungen zu ermöglichen hat.

In § 2 des neuen BBiG sind die Lernorte genannt; es ist auch aufgeführt, dass sie bei der Durchführung der Berufsbildung zusammenwirken, allerdings ohne nähere Angaben hierzu.

In den Ausbildungsordnungen ist als Zielsetzung der Berufsausbildung festgehalten, die aufgeführten Fertigkeiten und Kenntnisse so zu vermitteln, dass die Auszubildenden zur Ausübung einer qualifizierten beruflichen Tätigkeit befähigt werden, die insbesondere selbständiges Planen, Durchführen und Kontrollieren einschließt.[51]

Umsetzung in Ausbildungsordnungen

Die Ausbildungsordnungen beinhalten Ausbildungsrahmenpläne als Anleitung zur sachlichen und zeitlichen Gliederung der Berufsausbildung, wobei davon abgewichen werden kann, falls betriebspraktische Besonderheiten dies erfordern.

Lernortkooperation ungelöst
Da nach diesen Regelungen fachtheoretische Kenntnisse sowohl im Betrieb als auch in der Schule zu vermitteln sind, können sich zwangsläufig Überschneidungen ergeben. Zwar wird für das Zusammenwirken von Schule und Betrieb in der berufspädagogischen Fachsprache der Terminus Lernortkooperation gebraucht. Es gibt aber keine Publikation zu Fragen der Berufsausbildung in Deutschland, in der im Detail beschrieben wird, wie die Lernortkooperation realisiert werden kann.

Überschneidungen in der Unterweisung in Fachtheorie

---

[51] Vgl. z. B. Verordnung über die Berufsausbildung im Maler- und Lackierergewerbe vom 3. Juli 2003. § 3 Abs. 2

Divergierende Vorschläge

Die Lernortkooperation erweist sich als Problem, das trotz intensiver berufspädagogischer Diskussionen und zahlreicher Modellversuche noch nicht konstruktiv gelöst werden konnte. Dies veranschaulicht die Untersuchung von D. Euler im Auftrag des BMBF.[52] Der erste Band enthält 42 Beiträge zur theoretischen Fundierung der Lernortkooperation. Im Band 2 „Praktische Erfahrungen" beschreiben 38 Autoren ihr Vorgehen im Rahmen von Modellversuchen.

Trennung Theorie und Praxis noch präsent

Nach Meinung einer Reihe von Autoren ist eine pauschale Zuordnung *Theorie = Berufsschule* versus *Praxis = Betrieb* überholt. So wird betont, „dass eine Trennung der pädagogischen Funktionen innerhalb des dualen Systems – die Berufsschule ist für die theoretische, der Betrieb für die praktische Vermittlung zuständig – nicht (mehr) möglich ist, ganz zu schweigen davon, ob eine solche Trennung jemals sinnvoll war" (S. 179). Dessen ungeachtet ist unterschwellig die Trennlinie Theorie/Praxis immer noch präsent:

Ein Autor unterscheidet z. B. zwischen „eher theorieorientiert-fachsystematischen Lernzielen", die besser in der Berufsschule vermittelt werden und eher „praxisorientiert-tätigkeitsbezogenen Lernzielen", für die der Betrieb der geeignetere Lernort ist (S. 189). Ein anderer Autor differenziert zwischen theoretisch-systematischem Lernen und praxisorientiert-experimentellem Lernen und weist darauf hin, dass es in der Berufsschule immer noch um die theoretische Durchdringung von Arbeitsprozessen und Handlungszusammenhängen geht (S. 158).

Neue Begrifflichkeit

In derselben Publikation wird über das alte Begriffspaar Theorie und Praxis hinaus eine Reihe weiterer Fachtermini verwendet, wie z. B.:
– Logik des Arbeitsplatzes bzw. vorwiegend ökonomische Ziele und didaktische oder pädagogische Logik (S. 78);
– häufig gebraucht ist die Unterscheidung von *kasuistischem* und *systematischem* Lernen (u. a. S. 227 und S. 419);
– zwei zentrale *Dimensionen des Lernens*: Lernen im Arbeitsprozess und Lernen für die Arbeit (S. 386);
– „systematisches Lernen" und „informelles, tätigkeits- und erfahrungsgeleitetes Lernen" (S. 409);
– funktionales Lernen im Betrieb gegenüber der intentionalen Einbettung und dem systematischen Kenntniserwerb in der Berufsschule (S. 511);
– Schule für „traditionelle Funktionen des Wissenserwerbs, der Analyse und der Reflexion" und Betrieb für „Aufgaben der Problemsensibilisierung und Anwendung" (S. 502).

Allgemein zeichnet sich der Trend ab, dass das Lernen im Betrieb wieder stärker arbeitsplatzorientiert und arbeitsplatzgebunden zu gestalten sei, was durch die heutige Arbeitsorganisation mit der größeren Verantwortung der Arbeitskräfte und geringerer Arbeitsteilung begünstigt werde.

---

[52] Euler, Dieter (Hrsg.): Handbuch der Lernortkooperation. Bd. 1: Theoretische Fundierungen; Bd. 2: Praktische Erfahrungen. Bielefeld 2003

Viele Autoren vertreten die Ansicht, dass die einzelnen Lerninhalte jeweils dort vermittelt werden sollen, wo dies besser, pädagogisch wirksamer und ökonomischer erfolgen kann, wofür es keine pauschalen Lösungen gibt (vgl. z. B. S. 205). Weitergehende Vorschläge kommen z. B. von Seiten des Bundesverbands der Lehrerinnen und Lehrer an beruflichen Schulen. Gefordert wird ein gemeinsamer Berufsausbildungsplan, der die theoretischen und praktischen Ausbildungsinhalte koordiniert und die Grundlage für den ganzen Ausbildungsgang bildet. Darüber hinaus plädiert der Verband dafür, in Berufsbereichen mit vorwiegend mittleren und kleinen Ausbildungsbetrieben der Berufsschule eine Art Kooperations-Lenkungsfunktion einzuräumen (S. 196/197). *[Aufgabenteilung und Gesamtplanung]*

Das von D. Euler herausgegebene Handbuch steht exemplarisch für die noch immer ungelöste Frage der konkreten Zusammenarbeit der Lernorte. Die theoretischen Diskussionen wie auch die angeführten Modellversuche lassen bisher insgesamt keine einheitlichen, handlungsleitenden Vorgaben erkennen. *[Fehlen konstruktiver Lösungen]*

Alleinige Verantwortung verursacht höhere Kosten
In der Ausbildung des Betriebs erweisen sich zwei Positionen als besonders kostenintensiv. Einmal die Lehrlingsvergütung und zum anderen der erhöhte Aufwand für das Ausbildungspersonal. Unter dem Aspekt der Verantwortlichkeit für die Ausbildung und der Verpflichtung, in vollem Umfang auszubilden, ist der Betrieb derzeit stärker gefordert als je zuvor. Ein weiterer Aspekt, der sich kostenintensiv auswirkt, liegt im Prüfungswesen, das in Deutschland traditionell in der einmaligen oder beinahe einmaligen Abschlussprüfung besteht. Es wird nicht nach einzelnen zertifizierbaren Bausteinen vorgegangen, so dass die reguläre Abschlussprüfung oft ein Risiko darstellt. Die hohen Quote der Lehrabbrecher sowie die Durchfallquoten veranschaulichen dies. *[Erheblicher Kostenaufwand]*

Die ungeregelte Aufgabenteilung zwischen Betrieb und Berufsschule stellt in der derzeitigen Situation für potenzielle Ausbildungsbetriebe letztlich eine Bürde dar, die – wie der Rückgang an Ausbildungsplätzen bestätigt – oft zum Ausbildungshemmnis wird. Dies zeigt sich auch in der bereits angesprochenen, von der Öffentlichkeit kaum wahrgenommen permanenten Verschiebung des Ausbildungseintritts seit den 1970er Jahren von der Schulentlassung ins Erwachsenenalter (vgl. Abbildung 8). *[Bevorzugung älterer Lehranfänger]*
Als Ursachen dafür, dass die deutschen Betriebe nicht mehr in der üblichen Weise Schulabgänger ausbilden, werden meist genannt:
– Fehlende Berufsreife der Schulentlassenen sowie
– Trend der Jugendlichen, weiterführende Schulen zu besuchen.
Unerwähnt bleibt, dass sich die immer anspruchsvoller werdende Ausbildung heute ohne exakte und definierte Hilfe der Berufsschulen für die Betriebe als zu schwer erweist. Eine Bevorzugung älterer Lehrlinge dürfte auch damit zusammenhängen, dass diese aufgrund ihrer meist höheren Vorbildung und größeren

Selbstständigkeit vom Betrieb tendenziell einen geringen Betreuungsaufwand erfordern.

Beim Trend der Verschiebung des Lehrbeginns ins Erwachsenenalter ist allerdings noch zu berücksichtigen, dass der Besuch der Berufsschule – im Gegensatz zu Lehrlingen im Jugendalter – oft nicht Pflichtcharakter hat. Zudem entfallen die Bestimmungen des Jugendarbeitsschutzes.

In einzelnen Branchen wird sogar gelegentlich proklamiert, dass der Betrieb auf die Beteiligung der Berufsschule an der Ausbildung verzichten kann.

Abbildung 8:
Mittleres Eintrittsalter in die betriebliche Lehre inklusive darauf aufbauende dreijährige Ausbildung

▬ mittleres Alter bei Lehrantritt

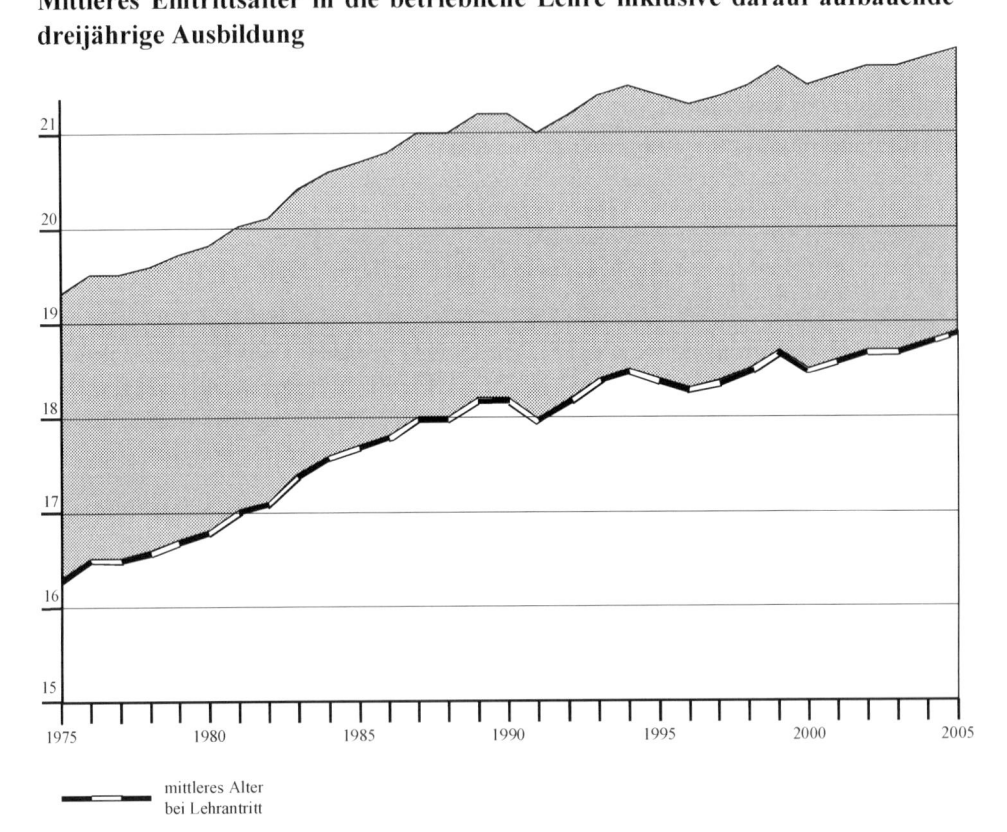

Streben nach Eigenverantwortung der Unternehmen verständlich

Eigenständigkeit verursacht höheren Aufwand

Die Tatsache, dass die Betriebe selbst die volle Verantwortung für die Berufsausbildung in ihrer Unternehmung übernehmen, ist einerseits richtig und zu begrüßen. Es gab beispielsweise in den ersten Jahrzehnten des 19. Jahrhunderts viele Industriebetriebe, die eigenständig ausbildeten und sich dabei auf eigene Betriebsberufsschulen abstützten. Zum anderen sind die Betriebe mit neuen Initiativen in der Aus- und Weiterbildung befasst, wie z. B. im Zusammenhang mit dem lebenslangen Lernen.

Aus der ungeregelten Kooperation mit der Berufsschule erwächst den Betrieben – wie bereits erwähnt – ein erheblicher Mehraufwand, da die Ausbilder auch als Lehrkräfte eingesetzt werden müssen. Die derzeit außer Kraft gesetzte Ausbildereignungsverordnung bezieht das so erweiterte Aufgabenspektrum ein.

Die Stellungnahme des Präsidenten des DIHK, L. G. Braun, vom Jahre 2007 spricht die Überforderung der Ausbildungsbetriebe wie folgt an: *Überforderung der Ausbildungsbetriebe*
„Viele Betriebe können Anforderungen manch stark überfrachteter Ausbildungsordnungen kaum noch bewältigen. Die Modernisierung von Berufsbildern sei offensichtlich aus dem Ruder gelaufen., wenn sich beispielsweise ein Betrieb, der zum Anlagenmechaniker ausbildet, mit 72 Seiten Ausbildungsverordnung auseinandersetzen muss."[53]

Auf negative Stellungnahmen zu den geltenden Ordnungsmitteln wird in Abschnitt 7.0 b) verwiesen. Der entstehende Mehraufwand muss sich zweifelsfrei auch auf die Ausbildungsbereitschaft der Betriebe auswirken, insbesondere dann, wenn das Berufsschulprogramm an eineinhalb Tagen pro Woche – ohne verantwortlich einbezogen zu sein – die betrieblichen Ausbilder nicht entsprechend entlastet. Das angeführte Beispiel unterstreicht die Wichtigkeit einer festgeschriebenen Arbeitsteilung zwischen Betrieb und Schule. Hierzu ist auf die Empfehlungen der EU vom Jahre 1979 zu verweisen.

Im Ausbildungsmodell Alternanz der EU sind betriebseigene Schulzentren oder Berufsschulen ebenso wie Verbandsberufsschulen ausdrücklich zugelassen.[54] Dies erinnert an die ersten Jahrzehnte des 20. Jahrhunderts, in denen industrielle Großbetriebe nach diesem Modell vorgingen. *Betriebs- und Verbandsschulen als Lösung*

Im Vergleich zu anderen Staaten entspricht die betriebsgebundene Ausbildung in Deutschland mit der unzureichend geregelten Kooperation von Betrieb und Schule weder den Empfehlungen der EU vom Jahre 1979 noch den Formulierungen des Deutschen Ausschusses für das Erziehungs- und Bildungswesen zum Dualsystem vom Jahre 1964. *Ergebnis*

Die gemäß BBiG fixierte Alleinverantwortung des Betriebs für die duale Ausbildung überfordert in anspruchsvollen Berufen die Ausbilder, wird doch verlangt, dass der Betrieb auch die nötigen Fachkenntnisse zu vermitteln hat. Es fehlt die verantwortliche Einbeziehung der Berufsschulen, den allgemeinen Grundsätzen des dualen Systems entsprechend.

---

[53] Statement von DIHK-Präsident Ludwig Georg Braun zur Zukunft der betrieblichen Ausbildung am 22. Januar 2007 in Berlin
[54] Vgl. Kommission der Europäischen Gemeinschaften: Alternierende Ausbildung für Jugendliche (Mitteilung der Kommission an den Rat). KOM(79) 578 vom 29.10.1979 sowie Kommission der Europäischen Gemeinschaften: Durchführung der Ratsentschließung vom 18.12.1979 über die alternierende Ausbildung. KOM(84) 132 vom 21.03.1984

Nur so erklärt sich die Verschiebung des Eintrittsalters vom Schulabschluss weit ins Erwachsenenalter. Die unbefriedigende Lehrstellensituation steht also in engem Zusammenhang mit fehlenden Regelungen für die Kooperation von Betrieb und Schule.

d) Zuständigkeit des Bundes ohne Übernahme von Verantwortung

Kompetenzen für die berufliche Bildung

Die Zuständigkeit für die Berufsausbildung liegt in den meisten Ländern beim Zentralstaat. In Bundesstaaten wirken oft Bund und Regionalbehörden zusammen. In der Schweiz waren zunächst die Kantone für die Berufsbildung zuständig. Des erheblichen Kostenaufwands wegen unterstützte die Eidgenossenschaft den weiteren Ausbau der beruflichen Bildung. Schließlich kamen die Kantone überein, die Zuständigkeit der Eidgenossenschaft zu übertragen, während sie im Bereich der Allgemeinbildung ihre volle Souveränität behielten und auch verteidigen.

Gespaltene Zuständigkeit

Verantwortungsbereiche des Bundes

In Deutschland ist der Bund in zwei Berufsbildungsbereichen zuständig: Einmal regelt er nach Art. 74 Ziff. 11 und 12 GG im Rahmen des Rechts der Wirtschaft die Ausbildung im Betrieb. Zum anderen nach Art. 74 Ziff. 19 GG die Zulassung zu ärztlichen, pharmazeutischen und paramedizinischen Berufen über Bundesgesetze für die jeweiligen Berufe.

So hat der Bund (vgl. 5.2.2) für 17 so genannte paramedizinische Berufe (Heilhilfsberufe) der Krankenpflege, der Physiotherapie, Logopädie etc. Gesetze zur Regelung der Berufsausbildung und –zulassung erlassen, die durch Länderregelungen zur beruflichen Fortbildung in den einzelnen Funktions- bzw. Aufgabengebieten ergänzt werden, z. B. in der Geriatrie, Onkologie und Psychiatrie.

Alternierendes Vorgehen in den Gesundheitsberufen

Die Ausbildung in den 17 bundesrechtlich geregelten Gesundheitsdienstberufen übernehmen die von den Ländern anerkannten und überwachten Schulen des Gesundheitswesens, die dem Schulberufssystem zugeordnet werden. Sie bilden allerdings – wie es die Gesetze vorgeben – alternierend, also im Wechsel zwischen systematischer Unterweisung und berufspraktischer Erprobung in den mit den Schulen verbundenen Kliniken, nach den Grundsätzen des dualen Systems aus.

In diesem Bereich steht insofern eine Neuregelung an, als sich in Deutschland selbst Studiengänge der Pflegewissenschaft an den Hochschulen etabliert haben (vgl. 5.2.2) und zudem in den meisten Nachbarländern die einschlägigen Fachkräfte im Hochschulbereich (ISCED-Stufe 5B) ausgebildet werden, woraus sich die Notwendigkeit ergibt, die deutschen Regelungen anzupassen.

Ausbildung im Betrieb

Die Ausbildung im Betrieb beginnt traditionell mit dem Abschluss eines Ausbildungsvertrags, der in die Tarifordnung einbezogen ist. Die Rahmenvorgaben für das Ausbildungsverhältnis selbst sind im Lauf der Zeit immer wieder verändert und angepasst worden bis hin zu den Sonderregelungen, die seit 1900 schließlich im Jahre 1969 zum Erlass eines für alle Wirtschaftsbereiche geltenden Berufsbildungsgesetzes geführt haben.

Im Kommentar zum Grundgesetz, herausgegeben von Roman Herzog und Rupert Scholz, vom Jahre 1984 wird in dieser Hinsicht auf die Rechtsprechung des Bundesverfassungsgerichts verwiesen und hervorgehoben, dass die „Tendenz zu einer umfassenden Kompetenzauslegung in diesem Bereich besonders ausgeprägt" ist.[55]

Der Kommentar hebt ferner hervor, dass vom Bundesverfassungsgericht zum Recht der Wirtschaft

> „auch berufsordnende Gesetze gezählt werden, in denen der Gesetzgeber Berufe in der Wirtschaft rechtlich ordnen und Berufsbilder rechtlich fixieren kann. Dabei kann der Gesetzgeber sowohl den Inhalt der beruflichen Tätigkeit wie auch die Voraussetzungen für die Berufsausübung (Ausbildung, Prüfungen) normieren."[56]

Der gleiche Kommentar weist allerdings auf Abgrenzungsprobleme „zur Kompetenz der Länder für das Bildungswesen" hin und vermerkt: — *Abgrenzung Bund – Länder*

> „Da die Kompetenz für das Recht der Wirtschaft auch Regelungen über die Berufsbildung erfaßt, ist weiterhin eine Abgrenzung gegenüber der Kompetenz der Länder für das Bildungswesen notwendig."[57]

Regelung der Berufsausbildung durch das Berufsbildungsgesetz 1969

Mit dem Berufsbildungsgesetz 1969 nahm der Bund die ihm zustehende Kompetenz nach Art. 74 Ziff. 11 und 12 des Grundgesetzes wahr. Bis dahin blieb es bei der Situation, die sich nach Kriegsende bis zur Verabschiedung des Grundgesetzes 1949 ergeben hatte: — *Erste Initiative des Bundes*

> Die Länder waren für die Berufsschule zuständig, für die betriebsgebundene Ausbildung einerseits die Handwerkskammern, zum anderen die Industrie- und Handelskammern nach ihren gesetzlich verankerten Rechten aus den Jahren 1934 bis 1949.

Beide Kammerorganisationen sahen seit der Übertragung der Zuständigkeit – für das Handwerk im Jahre 1900 und die Industrie- und Handelskammern 1934/36 – die Berufsausbildung als ihnen im Rahmen ihrer Selbstverwaltung überlassene Aufgabe an. — *Kompetenz der Kammern als Selbstverantwortung*

Über das neue Berufsbildungsgesetz werden die Kammern als zuständige Stellen verankert. Es gibt keinen Hinweis, dass sich damit ihre ursprüngliche Aufgabe verändert hätte. Auch die neu in den Kreis der zuständigen Stellen einbe-

---

[55] Grundgesetz Kommentar. Begründet von Dr. Theodor Maunz u. Dr. Günter Dürig. Hrsg.: Roman Herzog, Rupert Scholz u. a. Band V, Art. 70-99. München, Stand Oktober 1984, S. 66
[56] Ebd., S. 67
[57] Ebd., S. 76

zogenen anderen Kammerorganisationen, wie z. B. Landwirtschaftskammern und Kammern der Freien Berufe, erhielten gleiche Funktionen.

Der Bund beschränkt sich auf den Ordnungsrahmen für den Ausbildungsvertrag, die Eignung der Ausbildungsstätte, die fachliche Eignung der Ausbildenden und Ausbilder, die Ordnung der Ausbildungsberufe sowie die Prüfungsanforderungen. Zwar wurden mit dem Teil 4 des BBiG (§§ 84–88) Berufsbildungsforschung, Planung und Statistik als Aufgaben des Bundes fortgeschrieben, wozu der jährlich vom zuständigen Bundesministerium vorzulegende Bericht zählt. Im BBiG (§ 86 Abs. 1) ist aber offen gelassen, welche Schritte die Bundesregierung zu unternehmen hat, soweit ein regional und sektoral ausgewogenes Angebot an Ausbildungsplätzen nicht mehr gesichert ist; eine bindende Vorgabe zur Versorgung der Jugendlichen mit Ausbildungsplätzen gibt es jedenfalls nicht.

Zwei Fragen Mit der Verabschiedung des BBiG 1969 stellen sich zwei Fragen:
– Darf der Bund im Rahmen seiner Kompetenz die Berufsausbildung den Kammern eigenverantwortlich übertragen bzw. deren seitherige Eigenverantwortung unverändert in das neue Gesetz übernehmen?
– Darf der Bund die Zuständigkeit für die betriebliche Ausbildung auf die in den letzten Jahrzehnten immer stärker ausgebaute duale Ausbildung ausweiten, ohne aktive Mitwirkung der Länder bzw. Regelung des Zusammenwirkens mit den Berufsschulen?

Diese Fragen können unter juristischem Gesichtspunkt hier nicht geklärt werden. Hinzuweisen ist jedoch darauf, dass es im Vergleich mit anderen Industriestaaten nirgends eine solche Lösung gibt.

Ungelöste Probleme Als erstes Defizit ist der in den Jahren danach entstandene Mangel an Lehrstellen zu nennen. Ein anderes Defizit betrifft das jeweils erreichbare Qualifikationsniveau. Hier steht im Vordergrund, dass die im eigenen Land erworbenen Qualifikationen EU-weit anerkannt werden und dass im Hinblick auf den Europäischen Qualifikationsrahmen ein Stufensystem aufzubauen ist.

Fehlen von Ausbildungsmöglichkeiten Mit dem bereits in den 1970er Jahren sich bemerkbar machendem Fehlen von Ausbildungsmöglichkeiten in der betriebsgebundenen Ausbildung beschäftigte sich das Bundesverfassungsgericht anlässlich des Urteils von 1980 zum Ausbildungsplatzförderungsgesetz und geht davon aus, dass die Wirtschaft die Ausbildung als praxisbezogene Berufsausbildung für sich beansprucht und der Staat der Wirtschaft diese Kompetenz übertragen hat.

Daraus folgert das Bundesverfassungsgericht, die Wirtschaft – im Urteil als die Gruppe der Arbeitgeber bezeichnet – habe eine Aufgabenerfüllungskompetenz und führt hierzu aus:

„In dem in der Bundesrepublik Deutschland bestehenden dualen Berufsausbildungssystem mit den Lernorten Schule und Betrieb ... liegt die spezifische Verantwortung für ein ausreichendes Angebot an betrieblichen Ausbildungsplätzen der Natur der Sache nach bei den Arbeitgebern ... Die praxisbezogene betriebliche Berufsausbildung der Jugendlichen - und damit die besondere Verantwortung der Arbeitgeber für diesen Bereich - hat in Deutschland historische Wurzeln. Schon im Mittelalter, jedenfalls seit der Ausformung des Ausbildungs- und Erziehungsmodells des spätmittelalterlichen Zunftsystems, lagen das Recht und die Pflicht zu einer geordneten praktischen beruflichen Ausbildung bei den jeweiligen Arbeitgebern. ... Die praktische Berufsausbildung war also nie in einem engeren Sinne der staatlichen Sphäre überantwortet. Bestrebungen, sie ‚staatsnäher' zu organisieren, sind von den Arbeitgebern ... stets abgelehnt worden."[58]

Wie zuvor – vgl. 5.1.3 – bereits ausgeführt, kann nach dem für das BMBW von Fritz Ossenbühl erstellten Gutachten keine Ausbildungspflicht der Betriebe abgeleitet werden. Ebenso wenig lässt das Urteil den Schluss zu, die Ausbildungsreife der Jugendlichen in der von der betrieblichen Seite zum jeweiligen Zeitpunkt geforderten Ausprägung sei die Grundvoraussetzung dafür, dass die Wirtschaft die ihr zugewiesene Aufgabe erfüllen könne.

Der Bund steht also in der Pflicht, soweit die Wirtschaft sich nicht in der Lage sieht, die ihr übertragenen Aufgaben so zu erfüllen, dass die Jugendlichen mit Ausbildungsplätzen versorgt sind. Als Grundsatz gilt, dass die Beanspruchung der Zuständigkeit für einen bestimmten Bereich durch eine Institution die Verantwortung für das jeweilige Gebiet einschließt. Dies ergibt sich für den Bund gemäß Ziff. 11 und 12 des Art. 74 GG, und zwar sowohl für das defizitäre Angebot an Ausbildungsplätzen als auch für die nicht adressatengemäße Differenzierung des Ausbildungsangebots nach Anforderungsniveaus einschließlich entsprechender Aufstiegsmöglichkeiten.

Zuständigkeit heißt volle Verantwortung

Nach § 84 BBiG muss der Bund bzw. das BiBB auch die „europäische und internationale Entwicklung in der Berufsbildung beobachten". Im Hinblick auf die seitens der EU in Lissabon im Jahre 2000 formulierten Zielvorstellungen gehört dazu, das deutsche System beruflicher Bildung mit der Entwicklung in der Gemeinschaft insgesamt in Einklang zu bringen. Zumindest ist es an der Zeit, das schon über drei Jahrzehnte bestehende Defizit an Ausbildungswegen für die in zunehmender Zahl ausgegrenzten Jugendlichen abzubauen; das alleinige Angebot immer neuer nach dem Berufsprinzip konstruierter Ausbildungsordnungen in engen Spezialgebieten als einzigem Ansatz ist nicht zu verantworten.

Das aufgeblähte Übergangssystem, das inzwischen jedes Jahr einen Finanzaufwand vom mindestens drei Mrd. Euro erfordert, wäre längst durch Ausbildungsangebote, die in den Arbeitsmarkt hinein und in eine darauf aufbauende Fachbildung führen, zu ersetzen gewesen. Ein finanzieller Mehraufwand der Ebenen

Einstiegsqualifizierung statt Warteschleifen

---

[58] Zitiert nach IGMetall Schriftenreihe 94; Michael Kittner, Berufliche Qualifikation in der Rechtsordnung, Frankfurt am Main 1982, S. 66f.

Bund, Länder und Kommunen wäre damit sicher nicht verbunden, könnten doch bei einem Kostenansatz von 15.000 Euro pro Jahr für einen alternativen Ausbildungsplatz mit dem bisherigen Aufwand von drei Mrd. Euro rechnerisch jährlich 200.000 Jugendliche eine Einstiegsqualifizierung absolvieren.

Abbildung 9:
Entwicklung im Sekundarbereich II
Gymnasium, Berufliches Gymnasium, berufsqualifizierende Vollzeitschulen, Lehre und Jungarbeiter

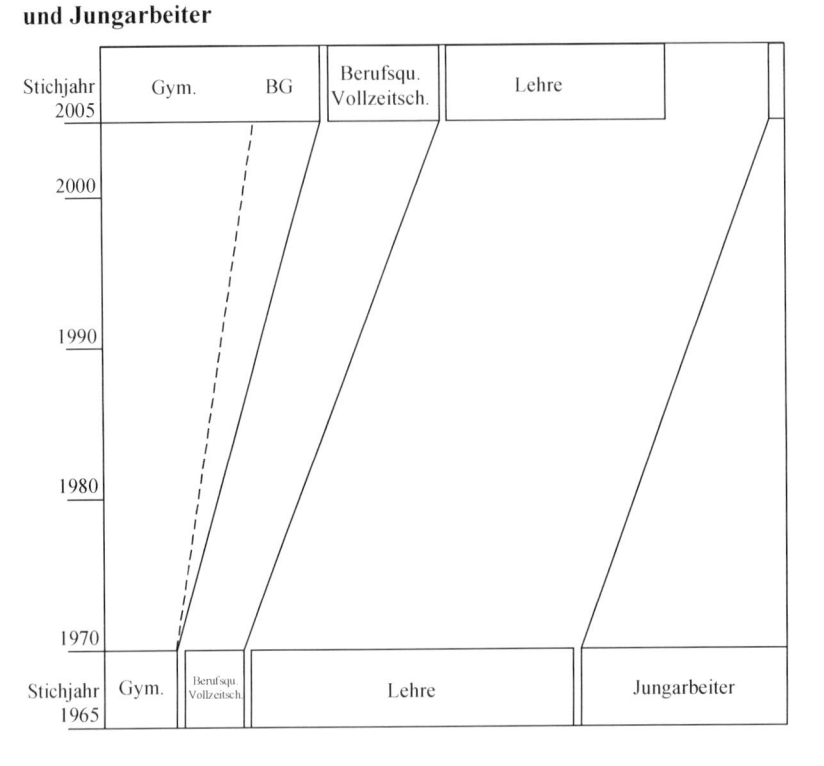

| | Konsequenzen aus veränderter Situation | Die Abbildung 9 zeigt in schematischer Darstellung, wie sich seit den 1970er Jahren das Bildungsgesamtsystem in Deutschland verändert hat. Die Konsequenz aus dem Rückgang derjenigen, die direkt von der Schule in die Arbeitswelt einmünden, muss sein, Ausbildungsgänge einzuplanen, die stufenförmig angelegt sind und beispielsweise nach zweijähriger Grundstufe den Übergang in die darauf aufbauende Fachstufe bieten. |

Ergebnis **Aufgrund der Zuständigkeit des Bundes für das Recht der Wirtschaft wurden bisher lediglich Regelungen fortgeschrieben, die noch aus neuhumanistischer Sichtweise mit Ausgrenzung der beruflichen Bildung aus dem Bildungssystem stammen.**
Der Sicherung hinreichender Ausbildungskapazitäten steht entgegen, dass die Kammern als Selbstverwaltungsorganisationen der Wirtschaft konstituiert sind und der Rechtsaufsicht der Länder unterstehen. Diese Selbstbeschrän-

kung des Bundes führte dazu, dass bisher nichts unternommen wurde, um den bereits Jahrzehnte andauernden Trend zur Verringerung der Ausbildungsangebote für Jugendliche zu stoppen.

Wenn für die Hälfte eines Geburtsjahrgangs Ausbildungsplätze fehlen, ist dies ein Indiz dafür, dass zwingend andere Wege der Ausbildung einzurichten sind, um das Grundrecht auf Bildung und Berufsbildung der Jugendlichen zu gewährleisten.

Der Bund kann sich also nicht darauf beschränken, Rahmenvorgaben zur bestehenden Ordnung zu erlassen und die alleinige Verantwortung der Wirtschaft in der bisherigen Form zu belassen.

6.2 Fachkräftemangel als Hemmnis für die wirtschaftliche Prosperität

Im Gutachten der führenden Wirtschaftsforschungsinstitute vom April 2008 werden als Hemmnisse für die wirtschaftliche Entwicklung der hohe Ölpreis und der starke EURO genannt; als weitere Gründe führt es die geforderten Mindestlöhne sowie die aktuelle internationale Finanzkrise an.[59] Auf die Wechselbeziehungen zwischen wirtschaftlicher Prosperität und Ausbau entsprechender Bildungsangebote gehen Stellungnahmen dieser Art kaum ein. *(Wechselbeziehungen zwischen Bildung und Wirtschaftswachstum)*

Auf den erkannten Mangel an Fachkräften reagierte die Bundesregierung mit Nachdruck erstmals über die Greencard-Initiative im Jahre 2000. In den Jahren zuvor wurde ganz offensichtlich zu wenig in das eigene Berufsbildungssystem investiert, um auf speziell dafür installierten Wegen der beruflichen Aus- und Weiterbildung Mängeln dieser Art vorzubeugen und eine ausreichende Zahl an Fachkräften des IT-Bereichs sicherstellen zu können. Dessen ungeachtet äußerte sich die damalige Bundesbildungsministerin noch vor Verabschiedung des neuen Berufsbildungsgesetzes 2005, also zur gleichen Zeit, wie folgt: *(Greencard-Initiative 2000)*

> „Das deutsche System der dualen Berufsausbildung hat sich bewährt. Es gibt jungen Menschen für den Start ins Berufsleben alle nötigen Qualifikationen. Um gut zu bleiben und den neuen Herausforderungen auf dem Arbeitsmarkt gerecht zu werden, sind jedoch Reformen nötig."[60]

Unberücksichtigt blieb, dass im derzeitigen Berufsbildungssystem mit dem Kern der dualen Ausbildung erhebliche Defizite bestehen, wie z. B. unzureichende Ausbildungskapazitäten auch im gewerblich-technischen Bereich.

In der Fachliteratur wurde wiederholt auf unterschiedliche Formen in der Wechselwirkung zwischen Fachkräftebedarf und Abdeckung verwiesen. Der gleichen *(Bedarfsdeckung in Kooperation Staat und Wirtschaft)*

---

[59] Das Frühjahrsgutachten geht von einer gegenüber den ersten Prognosen verminderten Wachstumsrate von 1,8 % für das Jahr 2008 aus. Vgl. „Institute: Starker Euro, Ölpreis und Finanzkrise bremsen Wachstum". Meldung des Unternehmermagazins *impulse* vom 16.04.08 *(www.impulse.de/tools/meldungen/homepage/839392.html?nv=smart)*
[60] Erklärung des BMBF vom 24.06.04 *(www.bmbf.de/de/1644/php)*

Problematik zuzuordnen ist der Unterschied zwischen Marktsystem und staatlich gelenkter Berufsbildung. Unter dem erstgenannten versteht man, dass die Wirtschaft am besten wisse, welche Fachkräfte sie benötigt und auszubilden vermag, während in einem von staatlicher Seite über Schulen strukturierten Berufsbildungssystem – so die allgemeine Annahme – der Ausstoß nicht passgenau den Anforderungen vor Ort entspricht. Diese Annahme deckt sich allerdings schon lange nicht mehr mit der Realität.

Grundvoraussetzung für die Deckung des Fachkräftebedarfs ist auf jeden Fall ein enges Zusammenwirken von Staat und Wirtschaft, wobei den Wechselwirkungen zwischen Ausbildungskapazität und Aufnahmefähigkeit des Arbeitsmarktes besondere Bedeutung zukommt.

Flexibilitätskonzept des IAB
Betrachtet man die Flexibilität des Berufsbildungssystems, so ist das vom Institut für Arbeitsmarkt- und Berufsforschung (IAB) in den Jahren um 1970 erarbeitete Flexibilitätskonzept nicht fortgeschrieben worden. Nach den damaligen Befunden weist die betriebliche Berufsausbildung drei zentrale Substitionsfelder auf: den Metall-/Elektrobereich, die Bau-/Ausbauberufe und zentrale Handels-/Büroberufe. Dazu wurde ausgeführt:

– „Konzentrierte man die Ausbildung auf diese drei Felder, könnten auf diese Weise nach Angaben der Unternehmungen rund 90 % aller Arbeitsplätze für Fachkräfte mit betrieblicher Ausbildung besetzt werden.
– In den drei Substitionsfeldern wird und wurde weitaus der größte Teil der betrieblichen Ausbildungsplätze angeboten (für Jungen drei Viertel, für Mädchen zwei Drittel der gemeldeten Ausbildungsstellen."[61]

Ein derartiges Konzept, wie es damals zu Zeiten der Hochkonjunktur entwickelt worden ist, setzt allerdings voraus, dass Staat und Wirtschaft in höherem Umfang in die berufliche Weiterbildung investieren. Zur damaligen Zeit wurde beispielsweise die Weiterbildung Jahr für Jahr mit Milliardenbeträgen allein über die Bundesanstalt für Arbeit gefördert.

Für die Berufsausbildung unterhalb der Hochschulebene liegen wie in keinem anderen Land Kompetenz und Verantwortung bei den Kammern der Wirtschaft als den gemäß BBiG zuständigen Stellen.

Die entstandenen Fehlstellen im Ausbildungssystem wie in neuen und aktuellen Fachrichtungen weisen allerdings auf das derzeit zu starre und zu wenig anpassungsfähige Berufsbildungssystem hin.

Das überdehnte Berufsprinzip
Die Rückständigkeit des deutschen Systems erklärt sich daraus, dass jahrelang unterstellt wurde, auch relativ spezielle Tätigkeiten seien mit hoher Genauigkeit, gemäß den aktuellen Anforderungen an den Arbeitsplätzen der Erwachsenen,

---

[61] Stooß, Friedemann: Das Verhältnis von Tätigkeit und erlerntem Beruf – eine Skizze zum Flexibilitätskonzept des IAB – für den Arbeitskreis „QUALIFIKATIONSBEDARF 2000" beim Ministerium für Wirtschaft, Mittelstand und Technologie Baden-Württemberg. Nürnberg 1989

nach dem Berufsprinzip in Ausbildungsordnungen abzubilden. Vernachlässigt wurde dabei, dass der abgeschlossenen Lehrzeit im Verbund mit dem Erwerb beruflicher Routine und der Weiterbildung immer eine Brückenfunktion auf dem Wege zur qualifizierten Fachkraft zukam. Unter den aktuellen Gegebenheiten ist zu klären, inwieweit in der Lehre selbst und beim Übergang in den Erwerbsberuf Bausteine (Module) eingeplant werden sollten, um auf diesem Wege Möglichkeiten zu eröffnen, die fachliche Kompetenz einfach und kostengünstig zu ergänzen. In diesem Sinne wäre es hilfreich, würden die Zielvorstellungen des Innovationskreises berufliche Bildung, „bei Ausbildungsberufen [verwandter Tätigkeitsbereiche] eine Strukturierung in Berufsgruppen mit gemeinsamer Kernqualifikation und darauf aufbauenden Spezialisierungsmöglichkeiten"[62] zu schaffen, rasch umgesetzt.

Dadurch, dass sich seit Jahren die Beschäftigungspolitik in diesem Zusammenhang primär auf die Behebung der Arbeitslosigkeit konzentriert, blieben die Wechselbeziehungen zwischen Bildungs- und Beschäftigungssystem vernachlässigt. Nicht bedacht wurde, dass es mindestens drei bis vier Jahre dauert, bis Fachkräfte, wie sie am Arbeitsmarkt heute gefordert werden, über den Weg absolvierter Erstausbildungsgänge zur Verfügung stehen. **Planungshorizont unbeachtet**

Durch die Tatsache, dass die Wirtschaft ausbildet, geht man in Deutschland auf staatlicher Ebene und auch in der Gesellschaft davon aus, die Wirtschaft werde schon im nötigen Umfang in den jeweiligen Berufen Ausbildungsplätze anbieten. Als Hemmnis erwies sich dabei die nach dem Modell der Zünfte geordnete Berufsstruktur. Sie führte letztlich dazu, dass alle Berufe auf ein relativ hohes Ziel der Berufsfähigkeit in spezialisierten Fachrichtungen ausgerichtet sind. Erst in jüngerer Zeit wird umgedacht und überlegt, ob die Ausbildung – wie von verschiedenen Seiten verlangt – mit einer breiten Grundbildung beginnen sollte.

Der derzeitige Fachkräftemangel erklärt sich einmal aus den geringen Quoten Jugendlicher, denen es gelang, eine Ausbildung absolvieren zu können; zum anderen aus der Schwierigkeit, Fachkräfte über Weiterbildungsmaßnahmen, z. B. über spezielle modulare Angebote, für neue Anforderungen zu befähigen. Der größte Fehlbedarf besteht im Bereich der mittleren Qualifikationen, da zeitgerechte Aufbaumöglichkeiten nach dem Prinzip des lebenslangen Lernens noch nicht ausgebaut sind. **Ergebnis**

a) Unzureichende Nachwuchsquoten

Angesichts der wirtschaftlichen Belebung in Deutschland in den letzten Jahren wurde sehr rasch deutlich, wo in der rückliegenden Zeit Engpässe entstanden waren. Dies betraf zum einen die Ingenieurwissenschaften, zum zweiten den **Fachkräftemangel in Kernbereichen**

---

[62] Lt. BMBF, Bonn/Berlin (Hrsg.): 10 Leitlinien zur Modernisierung der beruflichen Bildung – Ergebnisse des Innovationskreises berufliche Bildung. Bonn, Berlin 2007, S. 18

gesamten IT-Bereich und drittens die qualifizierten Facharbeiterberufe. Für diese drei Bereiche gibt es spezifische Gründe, wie es zu diesem Mangel kam.

IT-Bereich Zentrales Merkmal dieser Berufe ist die systematisch-theoretische Unterweisung mit ihrem hohen Anteil an der Qualifikation. Demgegenüber tritt das Erfahrungslernen zunächst in den Hintergrund. In Deutschland hat dies dazu geführt, dass es erstens über Jahrzehnte hinweg keinen einzigen IT-Beruf im engeren Sinne gab; der ursprüngliche Datenverarbeitungskaufmann war anwendungsorientiert. Zweitens hat man die Schwerpunktsetzung bei der systematisch-theoretischen Unterweisung vernachlässigt. Drittens schien der nahe liegende Weg, den man andernorts eingeschlagen hat, nämlich über eine Kombinationen von Schule plus praktischer Unterweisung Fachkräfte auszubilden, in Deutschland, der Dominanz des Dualsystems wegen, noch nicht gangbar.

Zu spät hat man dann die IT-Berufe im dualen System ausbilden wollen. Zu der Zeit erwies sich aber der Bedarf als derart differenziert, dass man ihn über Ausbildungsberufe dieser Art allein nicht decken konnte. Als Notmaßnahme startete man schließlich die Greencard-Initiative und schuf Gesetze, damit Fachkräfte aus dem Ausland ohne Schwierigkeiten angeworben werden können.

Dies hatte zur Folge: IT-Fachkräfte in Berufen mussten aus anderen Ländern mit vollschulischer Ausbildung rekrutiert werden, da es im eigenen Land solche Ausbildungsgänge unterhalb der Hochschulebene nicht gab.

Facharbeitermangel Die Rezession nach 1990 führte im Verbund mit der Globalisierung dazu, dass hunderttausende Arbeitsplätze in der Wirtschaft verloren gingen. Dadurch ging auch die Ausbildungskapazität in qualifizierten Berufen zurück.

Hinzu kam noch eine Neuorientierung der Personalpolitik dahingehend, dass der Eigenbedarf eines Unternehmens nahezu allein maßgebend war für die Zahl der neu eingestellten Lehrlinge. Frühere Vorstellungen gingen dahin, dass Betriebe über Bedarf ausbildeten und danach Fachkräfte an andere Firmen abgaben, aber auch von anderen aufnahmen.

Diese Entwicklung bewirkte, dass die Zahl der Ausbildungsplätze zurückging und gleichzeitig die Zahl der ausbildenden Betriebe auf etwa 20 % sank.

Da es keinen schulischen Ersatz gab und im Ausland nicht in beliebiger Weise qualifizierte Kräfte zu beschaffen waren, konnten diese Lücken nicht geschlossen werden. Die Versäumnisse von gestern machen sich heute noch bemerkbar.

Ingenieurmangel Mit Beginn der Globalisierung ging eine steigende Arbeitslosigkeit der Ingenieure einher, insbesondere eine Freisetzung der über 50-Jährigen. Hinzu kamen Aussagen der Wirtschaft, man wolle einschlägige Ingenieuraufgaben zwecks Kostensenkung in Länder wie Indien usf. verlagern, brauche also künftig viel weniger Ingenieure in Deutschland.

Am Arbeitsmarkt führte dies zu Verunsicherungen der Jugendlichen, die ohnehin nicht von vornherein technisch begeistert waren. Die Zahl der Studierenden in den Ingenieurwissenschaften sank. Die Wirtschaft förderte dies noch durch ihre Einstellungspolitik, indem sie nur noch beschränkt Nachwuchs aufnahm, und zwar im Sinne einer Besten-Auslese.

Insofern ist der heutige Ingenieurmangel hausgemacht. Die Wirtschaft muss einsehen, dass sie mit ihren gestrigen Strategien zu einem hohen Anteil selbst zu diesem Mangel beigetragen hat.

Der Versuch, qualifizierte Kräfte aus dem Ausland zu gewinnen, stößt auch dadurch an Grenzen, dass in anderen Ländern diese Fachkräfte ebenfalls gefragt sind.

b) Fehlende Fachkräfte im Bereich der mittleren Qualifikationen

Die nachwachsende Generation kann in Deutschland anlässlich des Schrittes in die Ausbildung im Grunde genommen nur zwischen Lehre und Hochschulstudium wählen. Ein direkter Zugang zu mittleren Qualifikationen ist dagegen nicht ausgebaut oder existiert nur partiell im System so genannter Schulberufe. Die Arbeitsplätze im mittleren Qualifikationsbereich werden derzeit in der deutschen Wirtschaft in der Regel entweder durch den Aufstieg – also aufbauend auf der Lehre – über die Absolvierung einer Meister- und Technikerausbildung oder quasi von oben her durch Hochschulabsolventen besetzt, d. h. vermehrt FH- bzw. Bachelorabsolventen für Arbeitsplätze der mittleren Ebene angeworben. Damit wird letztendlich heute der Aufstieg in die Mitte von unten her weitgehend blockiert.

Kein Direktzugang zur Mitte

Abbildung 10: **Ausbildung nach dem Berufsprinzip**

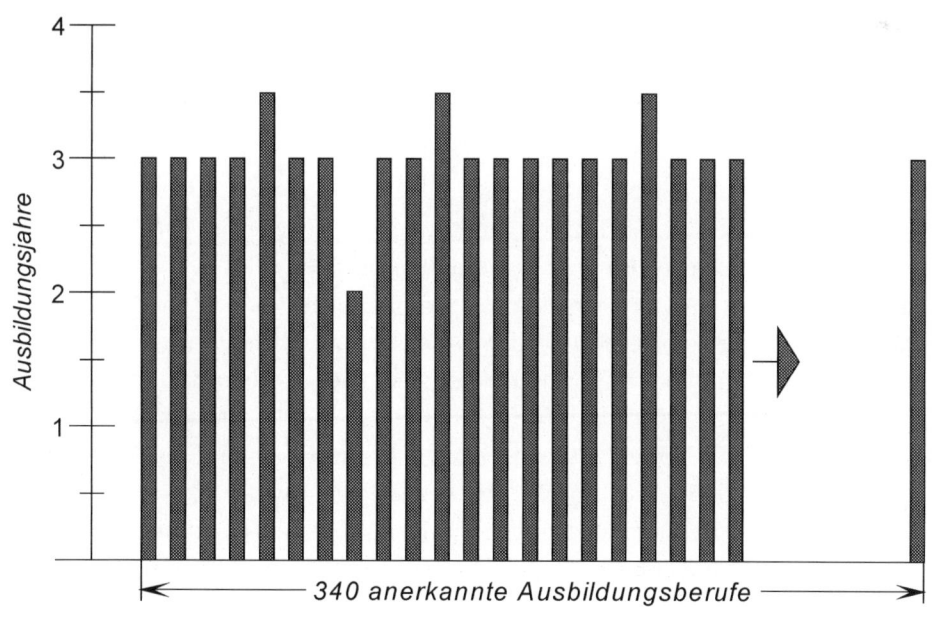

Ausbildungsberufe als untere Ebene

Die Berufe nach Berufsbildungsgesetz verstehen sich als anerkannte Ausbildungsberufe und im weitesten Sinne als das deutsche Berufsbildungssystem schlechthin. Der Anteil der so genannten Schulberufe ist dabei nicht einbezogen, was eine deutsche Besonderheit darstellt.

Die Abbildung 10 zeigt das nach dem Berufsprinzip strukturierte deutsche System der anerkannten Ausbildungsberufe. Sie veranschaulicht, dass nahezu alle aufgeführten Ausbildungsgänge zu einem Abschluss führen, also insgesamt eine geschlossene Ausbildungsebene bilden. Bei der Unterscheidung von Berufsbildungsebenen kommt in anderen Staaten der begleitenden Berufsschule in Dualsystemen eine besondere Bedeutung zu. In Deutschland wird die betriebliche Ausbildung allerdings nur durch die einheitlich festgelegten 12 Wochenstunden Berufsschulunterricht begleitet. Dies gilt für alle Berufe im gleichen Maße.

Notwendigkeit der Phase Grundbildung

Bei den dargestellten Einzelberufen versteht sich ein großer Teil als so genannte Monoberufe. Daneben gibt es nach Fachrichtungen oder nach Schwerpunkten differenzierte Ausbildungsgänge bis hin zu solchen mit Bausteinen (Modulen). Zwar haben alle Berufe nach ihren Plänen eine definierte Phase der Grundbildung, gleichwohl gehören sie als ein Block zur unteren Qualifikationsebene. Ein solcher in sich geschlossener Bereich steht dem Gedanken einer Stufung gemäß Europäischem Qualifikationsrahmen diametral entgegen. Dadurch entstehen den deutschen Absolventen auf den europäischen Arbeitsmarkt erhebliche Nachteile, da viele Berufe sehr wohl einen hohen Anteil an wissenschaftlichen Kenntnissen enthalten, wie z. B. der Optiker, was bei der fehlenden Differenzierung dieser Ebene im europäischen Rahmen überhaupt nicht berücksichtigt wird.

Das Berufsprinzip wurde jedoch bereits von verschieden Seiten in Frage gestellt, so z. B. durch die Firma Krupp mit einem eigenen Stufenmodell und auch in Baden-Württemberg im Rahmen der Schulentwicklungsplanung für berufliche Schulen mit dem Modell berufliche Bildung in Stufen, wie es die Abbildung 11 veranschaulicht.

Schlüssel- und Querschnittsberufe

In Deutschland fehlen Schlüssel- oder Querschnittsberufe nicht nur im IT-Bereich. Bei diesen liegt der notwendige Anteil Unterricht und Unterweisung in systematischer Form weit höher. Letztendlich ist dies einer der Gründe dafür, dass im IT-Bereich und in anderen Sparten immer noch Fachkräfte fehlen. Pauschal wird deshalb auch gefordert, in anspruchsvollen Berufen bzw. Fachrichtungen der mittleren Qualifikationsebene auch in berufsqualifizierenden Vollzeitschulen auszubilden. Zu berücksichtigen sind hier auch die EU-Empfehlungen vom Jahre 1979, wonach der schulische Anteil je nach Einzelberuf von 20 % bis 80 % der Ausbildungszeit festgelegt werden könnte und demzufolge auch Berufe dieser Art sowohl im Dualsystem als auch im Schulberufssystem vertreten sein können.

Abbildung 11:
Berufliche Bildung in Stufen

| Jetziger Zustand | Braunschweiger Plan | Stufenplan Krupp |

Qualifizierte Fachausbildung

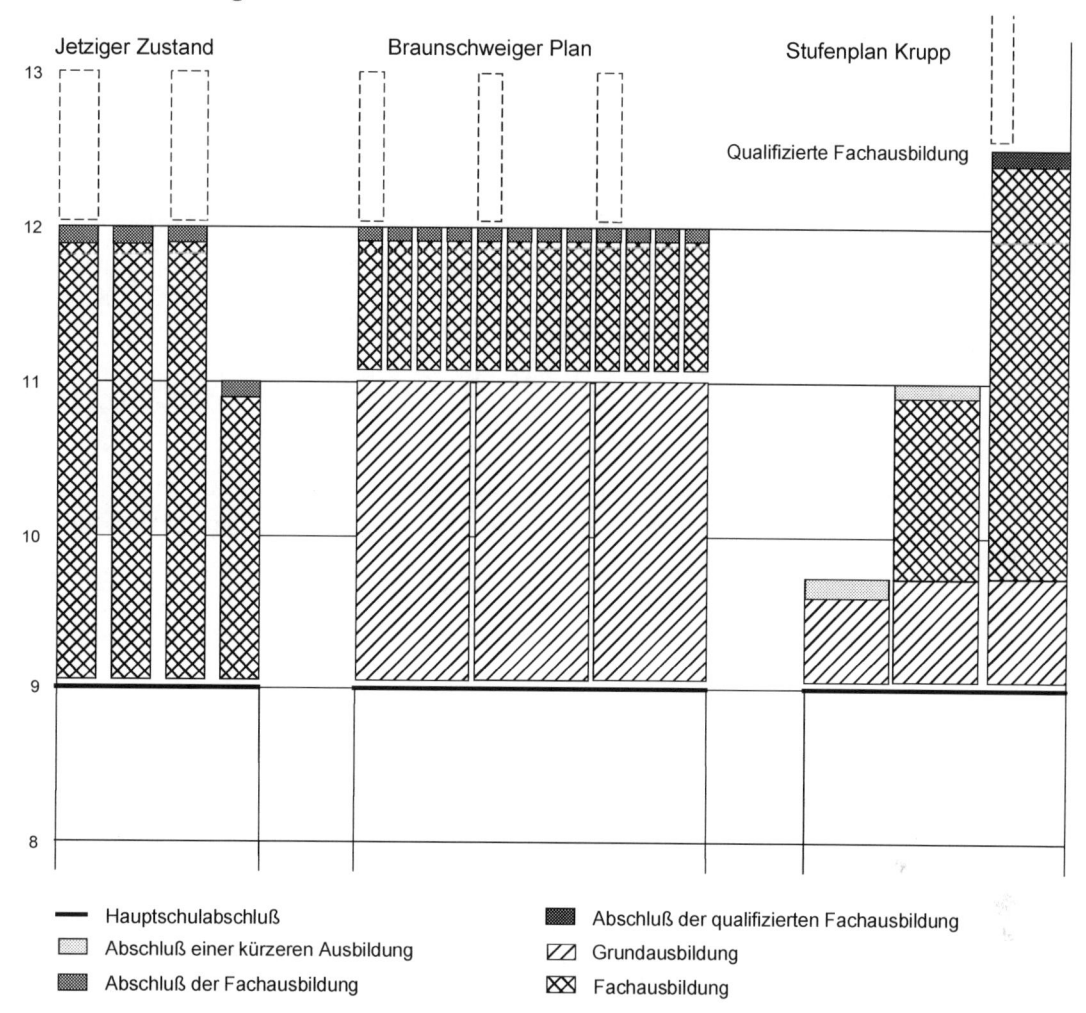

— Hauptschulabschluß
☐ Abschluß einer kürzeren Ausbildung
▓ Abschluß der Fachausbildung
■ Abschluß der qualifizierten Fachausbildung
▨ Grundausbildung
▩ Fachausbildung

Quelle: Rothe, G.: Berufliche Bildung in Stufen. Modellstudie zur Neuordnung der Berufsschulen in Baden-Württemberg, dargestellt am Raum Schwarzwald-Baar-Heuberg. Hrsg.: Kultusministerium Baden-Württemberg. (Bildung in neuer Sicht: Reihe A, Nr. 7), Villingen 1968, S. 141

Interpretiert man diese EU-Vorschäge bezogen auf die gesamte Breite der Fachrichtungen, so verwischt sich der Unterschied Dualsystem und Vollzeitschule, denn auch in Vollzeitschulen muss ein entsprechender Praxisanteil angesetzt sein. **Duales Vorgehen in allen Fachrichtungen**

In Konsequenz der EU-Vorschläge von 1979 schließt das nationale Berufsbildungssystem die duale Vorgehensweise sowohl in der betriebsgebundenen Ausbildung als auch in berufsqualifizierenden Vollzeitschulen zu einem Gesamtsystem zusammen. Der bestehende Fachkräftemangel ließe sich also in Deutschland über Beachtung der EU-Vorschläge unschwer lösen, und zwar unter Einhaltung entsprechend hoher qualitativer Ansprüche.

Der Fachkräftemangel hängt insbesondere mit der alleinigen Ausrichtung der Berufsausbildung nach dem Berufsprinzip als Einzelberuf zusammen. Schon der Amerikaner G. Ware hatte es in seinem Gutachten für den Hohen Kommissar von 1953 beanstandet und die eng eingegrenzten Berufe dreijähriger Dauer auf einem hohen Niveau als verfehlt angesehen.

Ergebnis **Der Fachkräftemangel lässt sich gezielt nur durch den Ausbau der beruflichen Weiterbildung in modularer Struktur und die dementsprechende Anpassung der Erstausbildung an spätere Ergänzungsmöglichkeiten bekämpfen. Deutschland steht also vor folgenden Aufgaben:**
- **Kurzfristig Mängel in der Anpassung des Ausbildungssystems an die aktuellen Anforderungen im Beschäftigungssystem über spezielle Maßnahmen der Weiterbildung abzubauen.**
- **Das System so umzustellen, dass Aus- und Weiterbildung auf einen flexiblen Übergang und für den Erhalt der Beschäftigungsfähigkeit ausgelegt sind.**

c) Eng geschnittene Ordnungsmittel als Mobilitätshemmnis

Fachrichtungswechsel nahezu als Regelfall Schon in den 1960er Jahren verwies Heinrich Abel darauf, dass ein beträchtlicher Anteil ausgebildeter Fachkräfte nicht im erlernten Beruf verbleibt. In einzelnen Berufen sind die Quoten an Berufswechslern besonders hoch, in anderen entsprechend niedriger. Je schmaler das Profil des Einzelberufs, um so früher wird der Einzelne, wenn er eine neue Arbeitsstelle antritt, davon sprechen, er habe den Beruf wechseln müssen. Zu eng geschnittene Berufe führen für den Großteil der Absolventen, die nicht mehr im erlernten Beruf arbeiten können, rasch zu einem Verlust der Qualifikation, können sie doch das Erlernte in den sich anbietenden Tätigkeitsfeldern nur zum Teil oder gar nicht nutzen.

Diskrepanz zwischen Ausbildung und Beschäftigung Die unzureichende Übereinstimmung zwischen Ausbildungsrichtung und Einsatzmöglichkeit hat verschiedene Ursachen. Einerseits bilden heute nur noch 20 bis 25 % der Betriebe aus. Das heißt, der Querschnitt der ausbildenden Betriebe entspricht keineswegs mehr dem Querschnitt der benötigten Fachkräfte. Andererseits gibt es zu wenig Möglichkeiten der Anpassung der Qualifikation im Rahmen der beruflichen Weiterbildung an die später angebotenen Beschäftigungsmöglichkeiten. In den eingefahrenen Gleisen des Übergangs von der Schule in die Ausbildung lässt sich der künftige Bedarf nicht abdecken.

Die Notwendigkeit der teilweisen fachlichen Umorientierung ergibt sich oft bereits mit Lehrabschluss, werden doch längst nicht mehr alle Lehrlinge übernommen. Für einen Teil der Absolventen kommt hinzu, dass sie selbst kein Interesse zeigen, im Lehrbetrieb zu bleiben. Sie orientieren sich aus eigenem Antrieb neu; in manchen Betrieben, in die ein Lehrabsolvent eintreten könnte, wird seine bisherige Qualifikation nur zum Teil benötigt, auch wenn er im Beruf bleibt.

Die Überwindung der Kluft zwischen Ausbildungs- und Beschäftigungsmöglichkeiten verlangt ein Weiterbildungssystem mit Angeboten im Rahmen kürzerer oder längerer Qualifizierungsabschnitte bzw. informellen Lernens mit Zertifizierungsmöglichkeit.

Die Diskussion um den Abbau von Qualifikationsdefiziten und Mobilitätshemmnissen ist nicht neu. Bereits um 1970 wurden derartige Konzepte intensiv erörtert: In der damaligen DDR ging es beispielsweise um die Disponibilität des Facharbeiters, in anderen europäischen Ländern kam das Stichwort der notwendigen Polyvalenz der Qualifizierung auf. In Fortentwicklung dessen wurden auch Schlüsselqualifikationen herausgestellt. Gleichzeitig wurde die Multifunktionalität der Ausbildung betont; zu einer nachhaltigen Anpassung des Ausbildungssystems kam es bisher aber nicht. Auch die Initiativen, grundsätzlich jedem Beruf eine Grundbildung auf Berufsfeldbreite voranzustellen, wurde nur zum Teil realisiert. Die Initiative zur verbindlichen Einführung von berufsschulischen Grundbildungsjahren scheiterte am Widerstand der Wirtschaft. **[Abbau von Mobilitätshemmnissen]**

Im Jahre 1987 wurde mit der Neuordnung der Metall- und Elektroberufe wie auch in anderen Berufen eine einjährige Grundbildung und darauf aufbauende Fachbildung eingeführt. Der Beitrag von Michael Brater befasst sich mit der Entwicklung verschiedenartiger Ansätze zur Flexibilisierung der Berufsordnungen und verdeutlicht die Problematik der Umsetzung solcher Neuerungen in der Breite (vgl. S 496).

Ein weiteres Problem der eng geschnittenen Einzelberufe liegt in der geringen Anzahl von Lehrlingen in einer Vielzahl von Berufen in Deutschland. In über 100 Ausbildungsberufen sind auf Bundesebene weniger als 100 Lehrlingen pro anno vorhanden (vgl. Kap. 5.2.1 c). Der größte Teil der rund 340 Ausbildungsberufe ist eng geschnitten, aber zahlenmäßig nur knapp vertreten. Dadurch ist die Anwendung des dualen Systems durch die oft nicht mehr zuständige örtliche Berufsschule als Partner erschwert. **[Gering besetzte Lehrberufe]**

Die Sicherung des Fachkräftebedarfs scheitert in Deutschland aus folgenden Gründen: **[Ergebnis]**
- **Die insgesamt eng geschnittenen Ausbildungsberufe mit teilweise ganz geringen Lehrlingszahlen.**
- **Die Konzentration der Ausbildungskapazität auf jeweils schmale Ausschnitte von Beschäftigungsmöglichkeiten hat zur Folge, dass sich die Absolventen notwendigerweise umorientieren müssen. Für den Übergang in andere Beschäftigungsmöglichkeiten fehlen entsprechende curriculare Bausteine im System der Weiterbildung.**

d) Fehlende Weiterbildungsinitiativen im lebenslangen Lernen

Beruflicher Aufstieg
Stand im Abschnitt „Enge geschnittene Ausbildungsordnungen" (c) im weiteren Sinne die horizontale Mobilität im Vordergrund, wie das Arbeiten in einer benachbarten Fachrichtung, so ist hier vor allem an den beruflichen Aufstieg, also die vertikale Mobilität gedacht.

Fehlende Prüfungen nach Modulen
Das deutsche System kennt bisher nur die Lehrabschlussprüfung. Teilweise wird ein Teil der Abschlussprüfung vorgezogen. Eine Modulprüfung oder eine Teilprüfung im Sinne von Bausteinen, die über den eigenen Ausbildungsberuf hinaus anrechenbar sind, z. B. beim Aufstieg auf eine höhere Stufe, gibt es bisher noch nicht (vgl. Beitrag von Rolf Sitzmann, S. 473).

Noch sind in Deutschland keine Ansätze entwickelt worden, wonach das informelle Lernen im Betrieb geprüft bzw. zertifiziert werden kann, um Berechtigungen zu erwerben, die im Bildungssystem und in der Wirtschaft anzuerkennen sind. Damit steht auch zur Diskussion, dass alle im Erstausbildungssystem erworbenen Abschlüsse in der Regel im Weiterbildungssystem ergänzt und weiter ausgebaut werden können. Von diesen Möglichkeiten geht der Qualifikationsrahmen, den die EU anstrebt, aus. Im Vordergrund steht dort die Anerkennung der informell erworbenen Fertigkeiten und Kenntnisse, die Wege des vertikalen Aufstiegs erschließt.

Institutionen der Weiterbildung
In anderen Staaten, wie z. B. in Frankreich, gibt es Weiterbildungsinstitutionen, die sich individuell auch mit dem Aufstieg im Beruf befassen. Diese Einrichtungen erteilen im ganzen Land Zertifikate, die voll ins Bildungssystem integriert sind.

In Deutschland gehören nur die Stufen Meister und Techniker/Fachwirte zu den Aufbaumöglichkeiten, die auf dem Lehrabschluss aufbauen, wobei die Weiterbildung zum Meister am Zunftprinzip orientiert ist, also am Befähigungsnachweis, um in einem bestimmten, eng geschnittenen Beruf als Selbstständiger arbeiten zu können. Die Technikerstufe als zweijährige Vollzeitausbildung versteht sich in Deutschland als Sonderfall, denn Qualifikationen der mittleren Ebene können in anderen Ländern schon über Direktausbildungsgänge im Sinne einer Erstausbildung erworben werden.

Deutlich zeigt sich diese Problematik an dem neuen Vorschlag der Industrie- und Handelskammern „Dual nach Wahl", in dem zwar in den Berufsabschluss Wahlbausteine (Module) einbezogen werden; diese sind aber nicht einzeln zu prüfen, sondern sind in der Gesamtprüfung enthalten. Damit zeigt sich, dass es im deutschen eingefahrenen System schwierig erscheint, einzelne Module zu prüfen.

Wenn in der EU künftig die Anpassung des nationalen Qualifikationspotenzials über das lebenslange Lernen gesteuert werden soll, bedarf es in Deutschland besonderer Anstrengungen, um im globalen Wettbewerb mithalten zu können. Denn wenn – wie in Kap. 5.2.3 gezeigt – das deutsche Bildungsgesamtsystem den Fachkräftebedarf im Wege der Erstausbildung nicht mehr abzudecken vermag, bedarf das Segment der Anpassungs- und Aufstiegsfortbildung einer besonderen Förderung. Unter anderem wird künftig an der Anerkennung des informellen Lernens zu messen sein, inwieweit Lücken aus der Erstausbildung zu schließen sein werden.

Die Erfahrung lehrt, dass im Ausland staatliche Berufsabschlüsse ohne Schwierigkeiten anerkannt werden, während Zertifikate von Kammern und anderen wirtschaftlichen Institutionen nicht als gleichwertig eingestuft werden. Ergebnis
In Deutschland selbst sind Absolventen der Lehrberufe dadurch benachteiligt, dass die betriebliche Ausbildung nur den beruflichen Aufstieg zur Meister- und Technikerstufe erschließt, aber nicht auf den Hochschulzugang anrechenbar ist.

6.3 Missachtung des Rechts auf Bildung durch Ausgrenzung beruflicher Bildung

Bei der Umsetzung der Zielvorgaben zum Beschluss Lissabon 2000 geht die EU von einem in sich geschlossenen Bildungssystem aus (Kap. 2.1), in dem Wege der allgemeinen und beruflichen Bildung eng miteinander verknüpft sind und gemäß dem Europäischen Qualifikationsrahmen in Stufen aufeinander aufbauen. Jeder Stufe ist ein klar umrissenes Profil eigen, so dass der Abschluss der einen den Zugang zur nächsthöheren Ebene bis zur Studienbefähigung erschließt, und zwar gleichermaßen über Bildungsgänge, bei denen sowohl allgemeine als auch berufliche Inhalte im Zentrum stehen können. *(Allgemeine und berufliche Bildung als Einheit)*

Von dieser Ausrichtung weicht Deutschland ab; für den überwiegenden Teil der nachwachsenden Generation auf SEK I-Niveau wird in enger Verknüpfung zum Erwerbssystem die betriebsgebundene Ausbildung angeboten. Die diese Ausbildung begleitende Teilzeitberufsschule eröffnet keinen Zugang zu aufbauenden Bildungsstufen.

Im 19. und 20. Jahrhundert entwickelte sich die gegenwärtige Kompetenzzuweisung für Bildung im engeren Sinne und die Dualität beruflicher Bildung in Betrieb und Berufsschule, die das Bundesverfassungsgericht in seinem Urteil vom 10.12.1980 wie folgt charakterisiert: *(Historisch gewachsene Trennung)*

> „Die praxisbezogene betriebliche Berufsausbildung der Jugendlichen ... hat in Deutschland historische Wurzeln. Schon im Mittelalter, jedenfalls seit der Ausformung des Ausbildungs- und Erziehungsmodells des spätmittelalterlichen Zunftsystems, lagen das Recht und die Pflicht zu einer geordneten praktischen beruflichen Ausbildung bei den jeweiligen Arbeitgebern. Daran hat sich in der weiteren geschichtlichen Entwicklung des betrieblichen Ausbildungswesens nichts Grundsätzliches geändert."[63]

---

[63] Entnommen bei Kittner, Michael: Berufliche Qualifikation in der Rechtsordnung. Bd. 94 der Schriftenreihe der IG Metall, Frankfurt Main 1982, S. 66f.

Seit 1871 regelten die Gewerbeordnungen reichseinheitlich die Berufsausbildung. Sie enthielten in all ihren Fassungen einen Passus, wonach der Lehrling zum Besuch der Fortbildungsschule freizustellen sei. Der Ausbau dieser Schulen wiederum und die Regelung des Schulbesuchs lag in Preußen beim Ministerium für Handel und Gewerbe. Von dort wurde auch der Ausbau des Fachschulwesens vorangetrieben, ebenso hat dieses preußische Ministerium bis weit in die Weimarer Zeit mehrfach Initiativen zur Einführung einer Berufsschulpflicht für alle Jugendlichen in Angriff genommen.[64]

Mit der Übertragung der Zuständigkeit für die betriebliche Lehrlingsausbildung an die Handwerkskammern im Jahre 1900 und ab 1934/36 auch an die Industrie- und Handelskammern verfestigte sich in Deutschland die Zweiteilung der Regelungskompetenz in der beruflichen Ausbildung hin zum Dualsystem, das in seiner gegenwärtigen Ausformung im Inland und Ausland im Allgemeinen als das deutsche Berufsbildungssystem schlechthin angesehen wird.

Folgen der getrennten Rechtssphären

Die auf den Neuhumanismus zurückgehende Trennung von Bildung und Berufsbildung beschränkt sich im Wesentlichen auf die deutschen Länder und wird damit zum bedeutendsten Merkmal der Andersartigkeit gegenüber den übrigen EU-Staaten. Bezogen auf die Zielsetzungen der EU für 2010 sind allgemeine Bildung und Berufsbildung miteinander zu verbinden. Aus der demgegenüber engeren deutschen Sicht, die Berufsausbildung von der allgemeinen Bildung abgrenzt, ergeben sich bezogen auf das in internationalen Konventionen verankerte Recht auf Bildung (vgl. Kap. 4.3) weitreichende Konsequenzen. Verdeutlicht sei dies mit der Gegenüberstellung der Formulierungen zum Recht auf Bildung in den deutschen Verfassungen und den internationalen Konventionen, aus der dann Auswirkungen und Verletzungen des zugesicherten Grundrechts abgeleitet werden.

a) Zusicherung des Rechts auf Bildung durch Verfassungen und Konventionen

Berufliche Bildung in den deutschen Verfassungen

Die Weimarer Verfassung von 1919 enthält keine Hinweise auf Beruf und berufliche Bildung. Gleiches gilt für die nach 1918 verabschiedeten Landesverfassungen. Auch ins Grundgesetz des Jahres 1949 wurde das Recht auf Bildung und Berufsbildung nicht aufgenommen. Seiner Anlage nach bezieht es sich auf die Staatsqualität der Bundesländer und regelt nur übergeordnete Gegenstände bundeseinheitlich; dazu heißt es im Grundgesetz:

„(Art. 30). Die Ausübung der staatlichen Befugnisse und die Erfüllung der staatlichen Aufgaben ist Sache der Länder, soweit dieses Grundgesetz keine andere Regelung trifft oder zuläßt."

---

[64] Dazu heißt es bei Heinrich Abel: Das Berufsproblem im gewerblichen Ausbildungs- und Schulwesen Deutschlands (BRD), Braunschweig 1963, S. 52: „In diesen Unterlagen waren besonders die erzieherischen Aufgaben der Berufsschule und ein um den „Mittelpunkt des Berufes gelagerter Bildungskreis" (...) betont worden."

„(Art. 70). Die Länder haben das Recht der Gesetzgebung, soweit dieses Grundgesetz nicht dem Bunde Gesetzgebungsbefugnisse verleiht."

Wie in Kap. 4.3 beschrieben, beschränkt sich das Grundgesetz bezogen auf Bildung und Berufsbildung auf drei zentrale Vorgaben: die staatliche Aufsicht über das gesamte Schulwesen (Art. 7), die Garantie der freien Wahl des Berufs und der Ausbildungsstätte (Art. 12) sowie die Freiheit von Kunst, Wissenschaft, Forschung und Lehre (Art. 5). Im übrigen nimmt das Bundesverfassungsgericht in seinem Urteil vom 18.07.1972 zum Hochschulzugang in Verbindung mit Art. 12 und dem Gleichheitsgrundsatz (Art. 3 Abs. 1 GG) wie folgt Stellung:

„In einem freiheitlichen Rechts- und Sozialstaat [könne es] nicht mehr der freien Entscheidung staatlicher Organe überlassen bleiben, den Kreis der Begünstigten nach ihrem Gutdünken abzugrenzen und einen Teil der Staatsbürger von Vergünstigungen auszuschließen, zumal dies im Ergebnis auf eine Berufslenkung hinauslaufen würde."[65]

Wie bereits erwähnt, enthalten die deutschen Länderverfassungen in unterschiedlicher Weise Formulierungen zum Recht auf Bildung und Berufsbildung. Aus der dem Art. 70 GG folgenden abschließenden Auflistung der Gesetzgebungskompetenz des Bundes wird allgemein die Kulturhoheit der Länder im Sinne ihrer alleinigen Zuständigkeit für das Bildungswesen hergeleitet. Konkret wird dies etwa darin sichtbar,

– dass die vom Bund unterhaltenen Bundeswehrhochschulen hinsichtlich der Studien- und Prüfungsregelungen dem Recht der Länder unterstehen und
– der Geltungsbereich des Berufsbildungsgesetzes 2005 nach § 3 beschränkt wird auf Berufsbildung, „soweit sie nicht in berufsbildenden Schulen durchgeführt wird, die den Schulgesetzen der Länder unterstehen."

Die skizzierte historisch begründete deutsche Sichtweise, wonach Berufsausbildung von Bildung getrennt sei und der Bund lediglich im Rahmen des Wirtschafts- und Arbeitsrechts Regelungen für die Ausbildung in den Betrieben treffen könne, ist mit dem Grundgesetz – in der Tradition des Deutsches Reiches von 1871 – erneut festgeschrieben worden; dann danach gilt für Deutschland, dass

Ausbildung dem Erwerbsleben zugeordnet

– Auszubildende dem Beschäftigungssystem angehören, sozialversicherungspflichtig sind und als Betriebsangehörige – bei Fortzahlung der Bezüge – lediglich für den Besuch der Teilzeitberufsschule freizustellen sind;
– der Ausbildungsvertrag zwischen Betrieb und Auszubildenden als eine Sonderform des Arbeitsvertragsrechts gilt, der von der zuständigen Kammer als Selbstverwaltungsorganisation der Wirtschaft auf Rechtmäßigkeit geprüft und registriert wird;
– die Ausbildung in den Betrieben, bei Behörden und in Praxen der Freien Berufe von den Kammern, ohne Einflussnahme der Berufsschulseite, auf ordnungsgemäße Durchführung im Sinne des BBiG überwacht wird;

---

[65] Ebd. (M. Kittner), S. 105

– mit dem Prüfungszeugnis die Kammer ein Zertifikat der Wirtschaft erteilt, das nach geltendem Recht staatlicherseits nicht als Stufenabschluss des Bildungswesens anerkannt ist, auch z. B. nicht als laufbahnrechtliche Voraussetzung für die Übernahme in ein Beamtenverhältnis.

Vor diesem Hintergrund erscheint es korrekt und plausibel, dass die Berufsausbildung im Betrieb als Angelegenheit der Wirtschaft zu sehen und dementsprechend vom Bund nach dem GG Art. 74, Ziffer 11 und 12 zu regeln ist. Eine andere Sicht und Zuordnung ergäbe sich, wäre die Berufsbildung Sache der Schule, die ihrerseits die Betriebe einbezieht und ihnen auf vertraglicher Basis in den einzelnen Ausbildungsgängen das Erfahrungslernen als Kernaufgabe überträgt.

Sichtweise der supranationalen Konventionen

Die im Quellenauszug 3 (Kap. 4.3) wiedergegebenen, von Deutschland ratifizierten Konventionen verankern das Recht auf Bildung in unterschiedlicher Detaillierung: Die Deklaration der Menschenrechte aus dem Jahre 1948 definiert Bildung in einem umfassenden Sinne als alle Stufen übergreifendes Ganzes, vom Elementarunterricht bis zu fachlichen und beruflichen Angeboten. Im „Internationalen Pakt über wirtschaftliche, soziale und kulturelle Rechte der Vereinten Nationen" vom Jahre 1966 bleibt die betriebliche Ausbildung im arbeitsmarktregulierten Erwerbssystem ausgegrenzt. Die volle Verwirklichung des Rechts auf Bildung soll vielmehr durch den Ausbau des „höheren Schulwesens einschließlich des höheren Fach- und Berufsschulwesens auf jede geeignete Weise" erreicht werden, d. h. – in gewisser Übereinstimmung mit der Sicht des deutschen Bundesverfassungsgerichts beim Urteil zum *numerus clausus* von 1972 – steht der Staat als solcher in der Pflicht, das Recht auf Bildung in umfassendem Sinne zu garantieren.

Bezogen auf das Recht auf Berufsbildung nimmt die Sozialcharta des Europarates von 1961 neben dem Schulsystem insbesondere das Erwerbssystem in die Pflicht, wenn sie zur wirksamen Ausübung des Rechts auf Berufsausbildung fordert,

– die Sozialpartner einzubinden und mit ihnen zusammen dazu beizutragen, für jedermann eine fachliche und berufliche Ausbildung vorzusehen sowie durch geeignete Einrichtungen den Zugang zur höheren Fachschul- und Universitätsbildung zu gewährleisten;
– für jedermann, die Behinderten eingeschlossen, Ausbildungsangebote zu entwickeln;
– Schritte zu unternehmen, um die Ausbildungskapazitäten voll auszunutzen.

Darüber hinaus fordert die Sozialcharta nachdrücklich, neben dem System der Lehrlingsausbildung „andere Systeme der Ausbildung junger Menschen beiderlei Geschlechts in ihren verschiedenen Berufstätigkeiten sicherzustellen oder zu fördern".

Grundforderung aller Deklarationen ist der allgemeine und freie Zugang zur Bildung, verbunden mit der Unentgeltlichkeit auf dem Elementar- und Pflichtschulniveau. Ebenso soll zur Verwirklichung des Rechts auf volle Entfaltung der Persönlichkeit (vgl. Quellenauszug 3) das Fach- und Berufsschulwesen (als Vollzeitangebot) „auf jede geeignete Weise, insbesondere durch allmähliche Einführung der Unentgeltlichkeit, allgemein verfügbar und jedermann zugänglich gemacht werden müssen." Damit soll der sozialen Ausgrenzung gewehrt und die Bildungsbeteiligung breiter Schichten der Bevölkerung unabhängig vom Schicht- und Einkommensniveau gefördert werden.

Unentgeltlichkeit als wesentliches Element

In Deutschland bestehen dagegen nach wie vor soziale Barrieren unterschiedlicher Art, etwa bei der Allgemeinbildung bezogen auf die Möglichkeiten der Kinder niedriger sozialer Herkunft, über das Gymnasium die Hochschulreife erreichen zu können. Aber auch zeitaufwändige Umwege wie über den Besuch von Fach- und Berufsoberschulen nach dem Abschluss der Berufsausbildung mit dem Ziel, den Hochschulzugang zu erreichen, wirken sozial selektiv. Das betriebliche Ausbildungsverhältnis mit tarifvertraglich abgesicherter Ausbildungsvergütung im Anschluss an die SEK I gilt in Deutschland als der reguläre und einzig akzeptierte Weg ins Berufsleben. Jugendliche, die eine vollzeitschulische Ausbildung absolvieren, eventuell sogar in einer Privatschule mit hohem Schulgeld eine Assistentenausbildung durchlaufen, geraten nicht nur gegenüber Mitschüler/innen in Begründungszwang. Bis in die Mittelschicht hinein gilt immer noch, die Kinder müssten mit Lehrbeginn „auf eigenen Füßen stehen" und nicht noch über Jahre hinweg finanziell vom Elternhaus abhängig sein.

Im mehrgliedrigen Schulsystem wird Bildung in Deutschland einseitig als Allgemeinbildung verstanden; ein Recht auf Berufsausbildung für jedermann garantieren die Verfassungen der Länder und des Bundes nicht.
Die Ausbildung im Dualsystem gilt nicht als ins Bildungswesen integriert, vielmehr versteht sie sich als Teil des arbeitsmarktregulierten Erwerbssystems.
Im Gegensatz dazu sind die supranationalen Konventionen von einem umfassenden Bildungsverständnis geprägt, das den allgemeinen, freien, unentgeltlichen Zugang zu beruflicher Bildung in der Lehrlingsausbildung, in berufsqualifizierenden Vollzeitschulen und in anderen Systemen der Ausbildung junger Menschen einschließt.

Ergebnis

b) Auswirkungen der Trennung von Bildung und Berufsbildung in Deutschland

Die deutsche Sicht, die Berufsbildung dem vorherrschenden arbeitsmarktregulierten dualen Ausbildungssystem zuzuordnen, wird im politischen Raum sowie in der breiten Öffentlichkeit samt Medien nur selten infrage gestellt. Wenn etwa in Reden führender Politiker von Bund und Ländern Forderungen zur Verbesserung des Bildungswesens erhoben werden, geht es in der Regel meist um Allgemeinbildung, den Abbau von sozialen Schranken im Blick auf niedrige Abitu-

Trennung als Regelfall

rientenquoten oder allenfalls um die Reduzierung der Quoten von Wiederholern und Abbrechern. Dafür seien hier zwei Beispiele angeführt:

Bildung in der Diskussion

Von der Unternehmensberatung McKinsey & Company wurde eine Initiative ins Leben gerufen, die der Frage nachging, wie ein Bildungssystem gestaltet sein soll, das Menschen frühzeitig dabei unterstützt, ihren Beitrag für die Gesellschaft zu leisten und ihnen ein hohes Maß an Selbstbestimmung zu sichern. Dazu wurden mit renommierten Wissenschaftlern so genannte Werkstattgespräche geführt und ein Abschlusskongress veranstaltet.

Die anlässlich dieser Werkstattgespräche gehaltenen Referate sowie das Manifest, in dem die beteiligten Wissenschaftler ihre Ergebnisse zusammenführten, wurden publiziert.[66] Das Manifest sollte eine breite Diskussion auslösen.[67]

Der Bildungsbegriff, der dieser Initiative zu Grunde lag, bezog sich ausdrücklich auf ein „breites Verständnis von Bildung" mit Blick auf „alle Bildungsbereiche".[68] Eingelöst wurde dies allerdings nicht, denn die berufliche Bildung blieb ausgeklammert. Einzig der Beruf des Lehrers wurde mit Blick auf Probleme der Professionalisierung und Aufgabenwahrnehmung angesprochen.[69]

Die Autoren des Manifestes sprachen eingangs von der Gewissheit, dass „Deutschland über ein auf allen Ebenen unzureichendes Bildungssystem verfügt".[70] Dies ließ erwarten, dass auch die berufliche Bildung thematisiert wird, was aber ausblieb. Hervorgehoben wurde nur, Kindergärten, Schulen und auch Hochschulen seien „dringend renovierungsbedürftig".[71] Der Komplex der beruflichen Bildung blieb ausgeblendet, als sei er nicht existent.

Ablehnung der Verfestigung des Dualismus

In einer unlängst erschienenen Publikation beschäftigte sich der Experte für Arbeitslehre Günter Ropohl mit dem Fortbestand des neuhumanistischen Einflusses. Er wies darauf hin, dass dieses Bildungskonzept seine eigentliche Intention, die volle Entfaltung der menschlichen Persönlichkeit, verfehlen musste, indem es die Arbeits- und Lebenswirklichkeit aus seinem Horizont verbannte.[72] Zudem sind mit humanistischer Bildung Standesprivilegien verbunden, während die Bildung für die breite Bevölkerung sich auf elementare Kenntnisse beschränkt und die Berufsbildung den Gewerbebetrieben überlassen bleibt. Auch wenn sich mit fortschreitender wissenschaftlicher und technischer Entwicklung berufliche Schulen und höhere technische Bildungsanstalten entwickelten, verfestigte sich faktisch immer stärker das unverbundene Nebeneinander von *akademischer* und *praxisorientierter* Bildung.

---

[66] Die Zukunft der Bildung. Herausgegeben von Nelson Killius, Jürgen Kluge und Linda Reisch. Frankfurt a.M. 2002
[67] Vgl. a.a.O., S. 13
[68] Vgl. a.a.O., S. 9
[69] Vgl. a.a.O., S. 200ff.
[70] Ebenda, S. 171
[71] Ebenda, S. 213
[72] Vgl. Ropohl, Günter: Arbeits- und Techniklehre. Philosophische Beiträge zur technologischen Bildung. Berlin 2004, S. 20ff.

Das äußere Zeichen für das Bestehen der Einseitigkeit im Bildungssystem ist das Abitur nach absolviertem Gymnasium, das nach wie vor in Deutschland einziger ordentlicher (regulärer) Zugang in den Hochschulbereich ist. Dazu ist festzustellen, dass die staatlichen Laufbahnen an das Abitur gekoppelt sind, also an den allgemein bildenden Abschluss der Sekundarstufe II.

Die einseitige Orientierung auf das Gymnasium als Weg zur Hochschule führt – worauf in der öffentlichen Diskussion immer wieder verwiesen wird – zu Abiturientenquoten, die im internationalen Vergleich und gegenüber den Nachbarstaaten, in denen der Hochschulzugang zu einem beachtlichen Teil, wenn nicht gar wie in Österreich zum größeren Teil über berufsqualifizierende Vollzeitschulen erschlossen wird, deutlich zu niedrig ausfallen. Diese Situation wirkt sich auf die Zahl der Fachkräfte auf gehobenem und höherem Niveau aus, denen auf dem Wege in die Wissensgesellschaft eine Schlüsselrolle zukommt. Auf diesem Gebiet folgen die deutschen Länder keiner einheitlichen bildungspolitischen Linie, haben sie doch Wege zur Hochschule im beruflichen Schulwesen bisher kaum ausgebaut. *Gros des Jahrgangs verharrt auf SEK I-Niveau*

Der Tatbestand, dass die Teilzeitberufsschule keine eigenständige Stufe im deutschen Schulwesen darstellt, weshalb die Schüler sie mit dem Niveau allgemeiner Bildung verlassen, auf dem sie ihre betriebliche Ausbildung antraten, führt dazu, dass in Deutschland das Gros des Jahrgangs, das ja immer noch über das Dualsystem qualifiziert wird, auf dem Bildungsniveau der Sekundarstufe I verharrt. Dadurch, dass der Hochschulzugang primär nur über die gymnasiale Oberstufe gegeben ist, sind derzeit die Möglichkeiten, auf der absolvierten Berufsausbildung aufbauende Wege zur Hochschule zu beschreiten, für den Einzelnen zeit- und kostenaufwändig. *Teilzeitberufsschule keine Stufe im Bildungssystem*

Berufsbildung gilt – allen Initiativen der Politik und allen Beschwörungen zum Trotz – in Deutschland nicht als der Allgemeinbildung gleichwertig. Dies hat weitreichende Folgen für den Wirtschaftsstandort und die Sicherung eines hohen Bestandes an qualifizierten Fachkräften, die auf dem Wege in die Informations- und Wissensgesellschaft die Konkurrenzfähigkeit Deutschlands im globalen Wettbewerb gewährleisten sollen.
Die Abseitsposition der dualen Berufsausbildung, die noch immer allein im Erwerbssystem verankert bleibt, führt dazu, dass das Gros eines Jahrgangs zeitlebens auf dem Niveau der Allgemeinbildung Sekundarstufe I verbleibt, was den EU-Reformplänen entgegensteht. *Ergebnis*

c) Verletzung des Grundrechts auf Bildung
Übereinstimmung besteht zwischen den deutschen Verfassungen und den Konventionen, denen Deutschland beigetreten ist, darin, dass übergreifend die volle und freie Entfaltung der Persönlichkeit (vgl. Art. 2 Abs. 1 GG) ein elementares Grundrecht darstellt, das durch die staatliche Ordnung zu gewährleisten ist. *Volle Entfaltung der Persönlichkeit*

Ausdrücklich betonen die Vereinten Nationen 1966 (Quellenauszug 3, Kap. 4.3), „dass Bildung auf die volle Entfaltung der menschlichen Persönlichkeit gerichtet sein muss" und zur Verwirklichung dieses Rechts die Bildungssysteme von der Primarstufe bis zum höheren Fach- und Berufsschulwesen und zur Hochschule „auf jede geeignete Weise zugänglich" zu machen sind. Desgleichen verpflichten sich nach der Sozialcharta des Europarats (Art. 10) die Vertragsparteien, zu denen Deutschland nach deren Ratifizierung im Jahre 1964 zählt, neben der Lehrlingsausbildung „andere Systeme der Ausbildung junger Menschen beiderlei Geschlechts" anzubieten.

Unzureichendes Berufsbildungsangebot

Aus dieser Sicht versteht sich Berufsbildung als fester Teil des Bildungssystems im Sinne eines Grundrechts auf Bildung. Der Staat hat also sein Bildungsangebot dementsprechend zu strukturieren und dafür Sorge zu tragen, dass jedermann – seinen Anlagen und Fähigkeiten entsprechend – an Bildung und Ausbildung teilhaben kann. Die deutschen Länder als Träger der Kulturhoheit und damit für das Gesamtbildungssystem zuständig können sich nicht darauf berufen, dass gemäß der historischen Entwicklung die Berufsausbildung in der betrieblichen Form ins Erwerbssystem ausgelagert sei. Für die nötige Ausbildungskapazität im betriebsgebundenen System habe der Bund zu sorgen, der sich mit dem Teil 4 „Berufsbildungsforschung, Planung und Statistik" des BBiG zur Berufsbildungsplanung verpflichtete, die nach § 84 Abs. 2 BBiG dazu beitragen soll,

> „dass die Ausbildungsstätten nach Art, Größe und Standort ein qualitativ und quantitativ ausreichendes Angebot an beruflichen Ausbildungsplätzen gewährleisten und dass sie unter Berücksichtigung der voraussehbaren Nachfrage und des langfristig zu erwartenden Bedarfs an Ausbildungsplätzen möglichst günstig genutzt werden."

Wie aus den Medien ersichtlich, ist das Angebot an Ausbildungsplätzen seit Jahren unzureichend. Daran zeigt sich, dass berufsqualifizierende Vollzeitschulen in Verantwortung der Länder als zweites Bein der beruflichen Bildung noch nicht ausgebaut wurden.

Bund und Länder in gemeinsamer Verantwortung

Nach den supranationalen Konventionen haben beide Ebenen gemeinsam über die Allgemeinbildung hinaus Vorsorge zu treffen, dass das Recht auf Bildung im Hinblick auf die berufliche Qualifizierung gewährleistet ist. Aus der Sicht des Bundesverfassungsgerichts gilt das Hochschulstudium und damit wohl generell die Ausbildung im beruflichen Schulwesen als Vorstufe einer Berufsaufnahme; beide sind integrierende Bestandteile eines zusammengehörenden Lebensvorganges.

> „Dementsprechend ist in der Rechtsprechung des Bundesverfassungsgerichts zu Art. 12 Abs. 1 GG schon früher betont worden, daß nicht nur die dort verwendeten Begriffe Berufswahl und spätere Berufsausübung untrennbar sind und einen einheitlichen Komplex der beruflichen Betätigung als Grundlage der Lebensführung

ansprechen, sondern daß zur rechtlichen Ordnung dieser beruflichen Betätigung auch Vorschriften über die vorherige Ausbildung für einen Beruf gehören."[73]
Die praxisbezogene Ausbildung in den Betrieben nach dem BBiG geschieht außerhalb des Bildungssystems und der dafür geltenden grundrechtlichen Bürgschaften, und zwar in Form der durch Bundesrecht und Kammeraufsicht regulierten Einweisung in eine spezifische Art der Erwerbsarbeit. Diese Sichtweise widerspricht den inzwischen gegebenen europäischen Standards und lässt die Frage offen, auf welche Weise das Gros des Schulentlassjahrgangs das Recht auf Bildung mit beruflicher Zentrierung oberhalb der Sekundarstufe I wahrnehmen kann.
So fordern denn auch Landesschülervertretungen mit Unterstützung von Gewerkschaftsorganisationen im Rahmen ihrer Initiative „Ausbildung für alle" die verfassungsmäßige Verankerung eines Grundrechts auf Ausbildung. Mittels einer Petition an den Bundestag soll ein Rechtsanspruch auf berufliche Ausbildung ins Grundgesetz aufgenommen werden (vgl. Kap. 4.3 b).

Spaltung der Gesellschaft

Die überkommene Trennung von Bildung und Berufsbildung betrifft in ihren Auswirkungen nicht allein die Lehrlingsausbildung. Vielmehr bedeutet die Dominanz der Allgemeinbildung mit dem Abitur als exklusivem Weg zum Hochschulstudium, wie immer wieder betont wird, für jene sozialen Schichten, die nicht zum Bildungsbürgertum bzw. zur Oberschicht zählen, eine deutliche Einschränkung ihres Grundrechts auf Bildung über die Schiene der Berufsbildung.
De facto spaltet die Trennung von Berufsbildung und Allgemeinbildung die Gesellschaft in ihrer Gesamtheit:
– Der Aufstieg für Interessenten mit qualifiziertem Berufsabschluss ist zeitaufwändig, die Wege sind nicht bis zum Hochschulzugang durchgestuft, weithin in der Öffentlichkeit wenig bekannt, zudem wirken sie gleichfalls sozial selektiv.
– Aus der oft beschriebenen Technikfeindlichkeit erklärt sich beispielsweise auch, dass in Deutschland zu wenig Ingenieure ausgebildet werden. Abiturienten mit allgemeiner Hochschulreife wählen primär geisteswissenschaftliche Studienrichtungen; der Aufstieg von Fachkräften – wie von der Techniker- oder Meisterebene aus – kommt kaum zum Zuge.
Nach dem derzeitigen Stand sind hinsichtlich des Rechts auf Bildung weite Teile der Bevölkerung ausgeklammert.

Hohe Anteile in Warteschleifen

Etwa der Hälfte des Schulentlassjahrgangs gelingt es nicht, eine Lehre anzutreten. Der Anteil, der beim Übertritt in Ausbildungsverhältnisse auf Schwierigkeiten stößt, beträgt in den EU-Staaten unter 10 %, in Deutschland etwa 40 %. Der Grund dafür liegt in dem Versäumnis, neben dem reduzierten Angebot von Aus-

---

[73] Aus dem Urteil des BVerfG vom 18.07.1972 zum Hochschulzugang; zitiert nach M. Kittner: Berufliche Qualifikation in der Rechtsordnung, Bd. 94 Schriftenreihe der IG Metall, Frankfurt am Main 1982, S. 104

bildungsgängen im Dualsystem andere Berufsbildungsgänge einzurichten, etwa in berufsqualifizierenden Vollzeitschulen mit integrierten Praktika, um diesem Anteil der Jugendlichen eine Ausbildung zu ermöglichen. Der Weg, die unversorgten Schulentlassenen in Warteschleifen unterzubringen, zieht vielfältige Konsequenzen nach sich.

Ergebnis **Das volle Recht auf Bildung wird in Deutschland großen Teilen der Bevölkerung verwehrt, und zwar insbesondere dadurch, dass Bund und Länder sich nicht darauf verständigen können, das Angebot an beruflicher Bildung über die von der Wirtschaft bereitgestellte Kapazität hinaus aufzustocken, so dass alle Jugendlichen eine ihren Anlagen und Fähigkeiten gemäße Berufsausbildung absolvieren können.**

Die hohe schichtspezifische Selektivität des Hochschulzugangs mit Abitur über das am neuhumanistischen Denken orientierte Gymnasium, an dessen Grundstruktur sich alle anderen Angebote messen lassen müssen, verhindert, dass in hinreichender Zahl höhere Bildungsabschlüsse über berufliche Schulen erworben werden können.

6.4 Verstöße gegen elementare Grundsätze der Bildungsökonomie

Bildungsstufen als Standardvorgabe Kennzeichen der Bildungssysteme nach internationalen Standards ist ihr Stufenaufbau, und zwar nach dem Prinzip des lückenlosen Anschlusses, also derart, dass mit Abschluss einer Bildungsstufe der Übergang in die nächsthöhere Stufe sichergestellt ist. Nach dieser elementaren Voraussetzung ist die ISCED als Internationale Standardklassifikation des Bildungswesens aufgebaut. Auch der von der EU verabschiedete Qualifikationsrahmen entspricht diesem Kriterium.

Für Deutschland gilt dieser Grundsatz noch nicht durchgängig, denn dazu gehört, dass die beruflichen Bildungsgänge samt den dort vergebenen Zertifikaten und Berechtigungen voll in die Hierarchie der Bildungsstufen bis hin zur Fachhochschule bzw. Universität einbezogen sind. Da die betriebsgebundene Ausbildung in Deutschland traditionell fest ins Erwerbssystem und in Arbeitsmarktreglements integriert ist, trifft dies nur eingeschränkt zu. Mit abgeschlossener betrieblicher Lehre steht den Absolventen nur der schmale Korridor über Fach- bzw. Berufsoberschulen hin zur Fachhochschule und zur Universität offen.

Mehrfachbesuch der SEK II ineffizient Die unmittelbare Folge der lückenhaften Integration beruflicher Bildung ins Gesamtsystem wird in Deutschland daran sichtbar, dass Jugendliche der einzelnen Jahrgänge zu hohen Anteilen die Sekundarstufe II mehrfach durchlaufen, da hunderttausende von Schulabgängern Jahr für Jahr im Übergangssystem auf den Eintritt in die Berufsausbildung warten müssen. Es kann geradezu als ein Charakteristikum des deutschen Bildungssystems angesehen werden, dass die Verwendung hoher Finanzmittel für diesen Sektor den Grundsätzen der Bildungsökonomie nicht entspricht. Ebenso erweisen sich individuell die Konsequenzen des um Jahre hinausgeschobenen Lehrantritts der Betroffenen als unökonomisch.

Seitdem die ersten PISA-Ergebnisse vorliegen, wird in Deutschland diskutiert, wie pädagogisch-didaktische Konzepte so optimiert werden können, dass das Wiederholen von Klassen an Gymnasien, Real- und Hauptschulen entfällt oder doch auf ein Minimum reduziert wird. Genauso wichtig wäre es aber, Jugendliche in der beruflichen Bildung umfassend zu fördern. Da bis zu einem Viertel der Lehranfänger die Lehre abbricht und im ersten Anlauf bis zu 15 % der Prüfungsteilnehmer die Lehrabschlussprüfung nicht bestehen, entsteht auch den engagierten Betrieben ein wirtschaftlicher Nachteil, geht doch ein Teil ihrer Investitionen in Ausbildung dadurch wieder verloren. *Minimierung der Versagens- und Abbruchquoten*

a) Schwierigkeiten beim Überwechseln in Ausbildung und Beruf
Allgemein bildenden Schulen kommt länderübergreifend die Aufgabe zu, die Grundlagen für die darauf aufbauenden Phasen der Berufsbildung oder des Studiums zu vermitteln. Voraussetzung dafür ist, dass die Schulstufen und ihre Curricula so strukturiert sind, dass sie sich nahtlos aneinanderfügen, also ohne Zeitverluste von einer Stufe zur nächsthöheren und von dort aus weiter bis in die Hochschule führen. *Ineffiziente Umwege vermeiden*

Haupt- und Realschulen sind vor allem damit gefordert, ihre Absolventen zur Ausbildungsreife zu führen. Allgemein bildende und berufliche Schulen auf SEK II haben die Aufgabe, die Schüler/innen zu einem Abschluss zu führen, der höherwertiger ist als das Einstiegsniveau. Bezogen auf die Optimierung des Übergangs ist die deutsche Situation bislang durch ein zweifaches Defizit gekennzeichnet: *Zeitverlust durch Doppelbesuch der Sekundarstufen*
- Ein Teil der Schulabgänger verlässt die Sekundarstufe I ohne Berufsreife. Sie verbringen ggf. Jahre im so genannten Übergangssystem, das als solches nicht als reguläre Schulstufe des Gesamtsystems zu verstehen ist.
- Lehrabsolventen erreichen nur über den zeitaufwändigen Umweg der Berufsoberschule oder Fachoberschule, also über den Zweitbesuch der Sekundarstufe II, den Übergang in den tertiären Bereich.

Die Folge derartiger Verzögerungen und des Doppelbesuchs der Sekundarstufe II ist, dass sich – wie in den vorangehenden Abschnitten beschrieben – in Deutschland die Verweildauer in allgemein bildenden und beruflichen Schulen immer weiter verlängert, mit all der daran geknüpften Ressourcenbindung. Gemessen am Vorgehen vergleichbarer Staaten werden durch die Umwege in den Beruf und in die Hochschule Jahr für Jahr von der öffentlichen Hand Milliarden an Euro ausgegeben, die bei optimalem Ansatz für die Qualitätssteigerung auf den einzelnen Stufen weit höhere Erträge erbringen würden. „Nach *Verzögerter Übergang bindet hohe Ressourcen*

Berechnungen des BBiB hat die öffentliche Hand (Bund, Länder und BA) im Jahr 2000 die Berufsausbildung (Betrieb und Schule ohne Weiterbildung) mit rund 11 Mrd. € finanziert."[74]

Übergang in die Berufsausbildung stockend

Das in Deutschland entstandene Übergangssystem ist in diesem Zuschnitt und in dieser Vielfalt in keinem der Nachbarstaaten anzutreffen. Als um 1970 abzusehen war, dass der Übergang von der Schule in die Berufsausbildung ins Stocken gerät, haben andere Staaten ihr Schulsystem entsprechend umgebaut. So kann in Österreich das neunte Pflichtschuljahr in dreifacher Form absolviert werden als gezielte Vorbereitung auf die duale Ausbildung an der Polytechnischen Schule oder – als erstes Jahr mit Erprobungscharakter – an der BMS (Berufsbildenden mittleren Schule) oder alternativ dazu an einer BHS (Berufsbildenden höheren Schule). Danach besteht die Möglichkeit, ohne Zeitverlust und Diskriminierung ins Dualsystem überzuwechseln.

Übergangssystem keine Bildungsstufe

Deutschland hat dagegen damals entschieden, das 9. Schuljahr der Hauptschule anzugliedern und darauf aufbauend in zwei Jahren an Berufsfachschulen – insbesondere im kaufmännischen und im hauswirtschaftlichen Bereich – den SEK I-Abschluss anzubieten. Bereits mit der Rezession 1974/75 zeigte sich allerdings, dass bei knappem Lehrstellenangebot – und gleichzeitigem Abbau der Jungarbeiterplätze – ein gewisser Anteil der Schulabgänger ohne Ausbildungsplatz bleiben würde. Seitdem sind Jahr für Jahr in der Grauzone zwischen Schulabgang und Ausbildungs- bzw. Erwerbsantritt immer mehr Plätze geschaffen worden, die in ihrer Gesamtheit heute als „Übergangssystem" bezeichnet werden und erhebliche Kosten verursachen. Ihrem Charakter nach stellen diese Maßnahmen keine im Gesamtsystem verankerte Bildungsstufe dar.

Nachholen der Abschlüsse als Wesensmerkmal

Die Ineffizienz des Übergangssystems kommt vor allem darin zum Ausdruck, dass die Anrechnung der oftmals nacheinander besuchten Formen keine über den Hauptschulabschluss hinausführende Berechtigung bietet. Für die Jugendlichen bedeutet dies, dass sie Jahre verlieren, ehe sie im Erwerbsleben und damit im sozialen Sicherungssystem eingegliedert sind. Hinzu kommen die Folgen für ihre Altersvorsorge, für die ihnen dann auf die Rente anrechenbare Jahre fehlen. Gemeinsames Kennzeichen der angebotenen Wege ist das Nachholen von Bildungsabschlüssen, wie beispielsweise der nachträgliche Erwerb des Hauptschulabschlusses im Berufsvorbereitungsjahr oder nach zweijährigem Berufsfachschulbesuch der Erwerb des Realschulabschlusses auf SEK I-Niveau. Angesichts des Lehrstellenmangels hat sich das Übergangssystem mit seinen diversen Angeboten der Berufsvorbereitung und Berufsgrundbildung bei darin eingeschlossener Vertiefung der Allgemeinbildung in einer Weise ausgedehnt (vgl. Kap. 5.1.3), dass die dafür aufzubringenden Beträge inzwischen weit höher sind

---

[74] Lt. Reinberg, Alexander; Hummel Markus: Zwanzig Jahre Bildungsgesamtrechnung. In. BeitrAB 306, Nürnberg (IAB) 2006, S. 68

als in Nachbarstaaten, die eine ins Gesamtsystem integrierte vollschulische Berufsausbildung anbieten. So bleibt die Frage offen, ob die im Umfeld des dualen Systems und seiner inzwischen rigiden Nachwuchsauslese Jahr für Jahr investierten öffentlichen Mittel nicht wirkungsvoller eingesetzt werden könnten.

Abbildung 12 zeigt in Gegenüberstellung die Neueintritte in die schulische Berufsausbildung, ins duale System sowie ins Übergangssystem. Daran werden die bildungsökonomischen Verwerfungen in mehrfacher Hinsicht deutlich: Dies zeigt sich vor allem darin, dass zwei Drittel der Anfänger die Lehre im Erwachsenenalter antreten, sie also nach vorangegangener 12-jähriger Vorbereitungs- bzw. Bildungszeit mit der Qualifizierung beginnen, aber im deutschen System weder allgemein bildende noch berufsbildende Schulen vorhanden sind, die in einem 12-jährigen Bildungsgang auf den Lehreintritt derart vorbereiten, dass die Ausbildung im Betrieb darauf aufbauen kann. Die 350.000 Lehranfänger im Alter von 18 Jahren und darüber sind also – soweit sie nicht nach dem Abitur ihre Ausbildung beginnen – gezwungen, Jahre zwischen Hauptschulabgang und Realschulabschluss zu überbrücken, die ihnen meist keinen weiterführenden Schulabschluss vermitteln, für die aber jährlich Mrd. € an öffentlichen Mitteln aufgewendet werden.

Neueintritte in die drei Teilsysteme

Abbildung 12:
Eintritte in das Schulberufssystem, die Lehre und das Übergangssystem im Jahre 2005

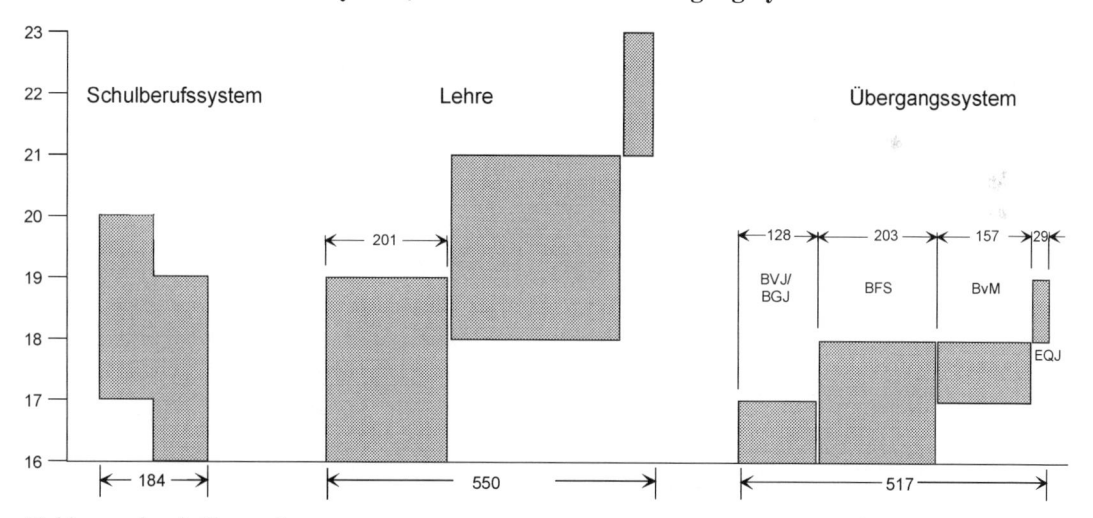

(Zahlenangaben in Tausend)
Quelle: Berufsbildungsbericht 2007, S. 99 u. 111

Das mit 517.000 Eintritten weit überdehnte Übergangssystem bietet die über Haupt- und Realschule hinausgehende Aufstockung der Allgemeinbildung nur bedingt; es ist in sich höchst heterogen strukturiert: Nur die Berufsfachschulen (BFS), die eine Berufsgrundbildung mit dem Realschulabschluss kombinieren,

Heterogenes Übergangssystem

bieten ansatzweise ein Propädeutikum zum Lehreintritt. Die übrigen Formen sind auf Problemlagen spezifischer Personengruppen ausgerichtet, die im Berufsvorbereitungsjahr (BVJ) die fehlende Berufsreife erreichen, im Berufsgrundbildungsjahr (BGJ) in einem Berufsfeld Grundkenntnisse erwerben sollen oder im sozialen Sicherungssystem in Berufsvorbereitenden Maßnahmen der BA (BvM) und in der Einstiegsqualifizierung für Jugendliche (EQJ) aufgefangen werden. Die für derartige Umwege in die Berufsqualifizierung aufgewendeten Milliardenbeträge würden – worauf von verschiedenen Seiten verwiesen wird – ausreichen, das Bildungssystem so auszubauen, dass es die ihm zukommende Brückenfunktion zur Lehre erfüllen könnte. Mit Ersatzlösungen ist bislang keiner Seite gedient.

Zweiteilung der Übergangshilfen

Zum deutschen Übergangssystem gehören – neben den an den beruflichen Schulen angebotenen Formen – auch die Maßnahmen zur Berufsvorbereitung, die im Rahmen des SGB II von der Bundesagentur für Arbeit den Jugendlichen angeboten werden, die bei der Suche nach einem Ausbildungsplatz teils wiederholt scheiterten. Sie richten sich an Jugendliche, die dem Alter und ihrer Bildungsbiografie nach dem Erwerbspersonenpotenzial zuzurechnen sind, die aber erst noch im Vorfeld des Arbeitslebens der Förderung bedürfen, um eine Ausbildung beginnen oder eine Arbeitsstelle annehmen zu können. Bis dato ist allerdings ein Nachrang der BA-Förderung bzw. der Vorrang der schulischen Formen nicht eindeutig festgelegt, denn in den alten und neuen Ländern sind die schulischen Angebote in höchst unterschiedlichem Umfang ausgebaut.

Ergebnis **Das deutsche Dualsystem nimmt nur noch einen Teil der Schulabgänger, in den letzten Jahren etwa 50 % eines Durchschnittsjahrgangs der 16-19-Jährigen, auf.**

Die Ausbildung an Vollzeitschulen wird in der Öffentlichkeit nicht als Alternative gesehen, weil diese nach der von den zuständigen Stellen verbreiteten Meinung nicht zu einem hinreichend qualifizierten Berufsabschluss führen und demzufolge als alternative Wege zum Lehrverhältnis nicht ausgebaut wurden.

Das nicht ins Bildungswesen integrierte so genannte Übergangssystem bindet pro Jahr öffentliche Mittel in Umfang von Milliarden Euro, ohne den Betroffenen weiterführende Abschlüsse oder arbeitsmarktgängige Grundqualifikationen bieten zu können, die für alle Seiten beim Ausbau additiver Ausbildungswege sinnvoller genutzt wären.

b) Unzureichend ausgebaute Weiterbildung

Module als Bindeglied zum Weiterlernen

Zu welcher Qualifikationsstufe die Erwerbstätigen in Deutschland zählen, wird zum überwiegenden Teil durch das Niveau der Erstausbildung definiert. Nach der offiziellen Statistik haben lediglich etwa 10 % der Erwerbstätigen auf der Ebene der Fachschulen im Wege der Weiterbildung eine mittlere Qualifikation erworben; dieser Weg verliert aber, schon wegen des Zeitaufwandes, immer mehr an Attraktivität. Dies liegt insbesondere daran, dass in Deutschland der Übergang zu höheren Bildungsstufen über die Anerkennung des informellen Lernens bzw. einer modularen Aufstockung der Qualifikation bisher nicht ausgebaut ist.

Die fehlende Modularisierung erschwert und verteuert auch, wie bereits beschrieben, die Anpassung der ursprünglich erworbenen Qualifikationen an die voranschreitende Entwicklung. Würden die deutschen Ausbildungsordnungen, wie von der EU präferiert und anderwärts längst üblich, über additive Module an den technischen und ökonomischen Wandel herangeführt, stünden mit den neu etablierten Bausteinen zugleich die Curricula zur Weiterbildung derer bereit, die ihre Ausbildung nach den gestern und vorgestern geltenden Reglements absolvierten.

Als Besonderheit des deutschen Prüfungswesens gilt, dass die duale Ausbildung nach dem BBiG mit einer Kammerprüfung abschließt, mit der ein Zertifikat der Wirtschaft erteilt wird, das den Regularien schulischer Prüfungen nicht gleichgestellt ist, steht doch bei den Prüfungen nach BBiG nicht das erreichte Bildungsniveau, sondern die berufliche Handlungsfähigkeit im Zentrum. Generell gilt für die Abschlussprüfungen an Schulen der Grundsatz, den die Verfassung des Freistaates Sachsen, in Art. 103 Abs. 3 so formuliert: **Das ausgeklammerte Dualsystem**

„Prüfungen, durch die eine öffentlich anerkannte Berechtigung erworben werden soll, müssen vor den hierfür zuständigen Staatsbehörden oder den vom Freistaat hierzu ermächtigten Stellen abgelegt werden."

Die Unterscheidung zwischen Zertifikaten der Wirtschaft (Kammerzeugnisse) und den Abschlusszeugnissen der Schulen (staatliche Prüfungen) führt in Deutschland zu einer Reihe von Nachteilen der Absolventen des Dualsystems. Unter anderem vermittelt sein Abschluss keinen Bildungsstatus des allgemein bildenden Bereichs, der über das Einstiegsniveau hinausreicht, also zur Fortsetzung der Allgemeinbildung auf der Gymnasialstufe (z. B. an beruflichen Gymnasien) berechtigt. Er eröffnet demzufolge auch keinen Zugang zum tertiären Bereich; dieser erschließt sich erst auf dem zeit- und kostenintensiven Umweg eines weiteren SEK II-Besuchs der Fach-/Berufsoberschule.

In anderen Ländern, u. a. in der Schweiz, gibt es solche Probleme nicht, gelten doch für die betriebliche und die vollzeitschulische Ausbildung die gleichen Vorgaben und Prüfungsanforderungen, die zu eidgenössischen Fähigkeitszeugnissen führen, was wiederum den Weg in die Höhere Berufsbildung auf ISCED-Stufe 4 bzw. auf der unteren Hochschulebene erschließt. Ähnlich stellt sich die Situation in Österreich dar; die Abschlüsse der BMS sind – in der Wirtschaft – denen des Dualsystems gleichgestellt, und von beiden Zertifikaten aus führt der Weg über Zusatzkurse zur Berufsreifeprüfung als vollwertiger, der gymnasialen Maturität gleichgestellten Hochschulzugangsberechtigung. **Nachteile gegenüber anderen Ländern**

Die deutsche Unterscheidung nach staatlichen Prüfungen im Bildungswesen und Zertifikaten der Wirtschaft, die keinen Zugang zu höheren Bildungsstufen **Ergebnis**

gewähren, benachteiligt die Absolventen, die zu Abschluss ihrer Berufsausbildung oder im Wege der Anpassungs- und Aufstiegsweiterbildung die Kammerprüfungen ablegen.

Aber auch im europäischen Raum wird es schwer fallen, die von deutschen Wirtschaftsorganisationen allein zertifizierten Qualifikationen ohne Einbeziehung in die allgemein gültigen Bildungsstufen adäquat anzuerkennen.

c) Fehlende Differenzierung des Berufsschulanteils im dualen System

Einheitsvorgaben in Deutschland

In Deutschland ist der Anteil des Berufsschulunterrichts einheitlich auf 12 Wochenstunden festgesetzt. Eine Unterscheidung nach dem Anforderungsniveau der Berufe gibt es nicht. Bei einer durchschnittlichen Wochenarbeitszeit von 37 Stunden beträgt der Berufsschulanteil ein Drittel. Da aber, der oft langen Anfahrtswege zur Berufsschule und deren Distanz zum Ausbildungsbetrieb wegen, Auszubildende meist zwei volle Tage für den Berufsschulbesuch aufwenden (müssen), verbleiben für die betriebliche Ausbildung noch drei Wochentage.

Abweichung von EU-Vorgaben und anderen Staaten

Nach den Vorgaben der EU zum alternierenden Vorgehen lässt sich der Anteil der systematisch-theoretischen Unterweisung nach unterschiedlichen Anforderungen des betreffenden Berufs variieren. Bei anspruchsvollen Berufen, die einer breiten systematischen Fundierung bedürfen, kann er bis zu 80 % der Ausbildungszeit betragen, bei einfachen Ausbildungsgängen soll er mindestens 20 % erreichen. So richtet sich der Berufsschulanteil in Nachbarstaaten wie Österreich und der Schweiz nach den beruflichen Gegebenheiten. Das Minimum in Österreich beträgt einschließlich des Anteils Schulwerkstätte neun Wochenstunden, bei einem Großteil der Berufe sind es eineinhalb Tage. In der Schweiz wird die Berufsschule im ersten Ausbildungsjahr eineinhalb Tage besucht, im zweiten und dritten Jahr an einem Tag; Sonderregelungen gibt es für Lehrlinge, die parallel zur Betriebslehre die Berufsmaturität (als Fachhochschulzugang) erwerben.

Kostenintensität in Deutschland höher

Gemessen an den EU-Standards und dem Vorgehen in den beiden Nachbarstaaten mit voll ausgebautem Dualsystem ist der Berufsschulbesuch in Deutschland kostenintensiver. Dadurch, dass kein weiterführender Bildungsstand bzw. der Hochschulzugang vermittelt wird, erscheint auch die bildungsökonomische Effizienz des Unterrichts der Berufsschule nicht gegeben. Insoweit ist der dem Auszubildenden nach § 37 Abs. 3 BBiG zustehende Anspruch, zu verlangen, dass das Ergebnis berufsschulischer Leistungsfeststellungen auf dem Zeugnis der Kammer ausgewiesen wird, kaum weiterführend.

Ergebnis

In Lehrverhältnissen ist in Deutschland der Berufsschulanteil quer über alle anerkannten Ausbildungsberufe gleich und im Vergleich zu anderen EU-Staaten etwas höher als der Durchschnitt. Diese Regelung steht in engem Zusammenhang mit der Einordnung aller Ausbildungsberufe in eine Berufsbildungsstufe. Bei der Notwendigkeit, über den Berufsschulanteil auch aufbauende Inhalte anzubieten, wie z. B. mit Blick auf den Hochschulzugang, ebenso wie

dem Erfordernis, andere Fächer zu absolvieren, wie beispielsweise Fremdsprachen, zeigt sich, dass die Berufsschule weitgehend auf dem Stand der früheren Fortbildungsschule stehen geblieben ist.

d) Fehlende Verknüpfung des Schul- und Berufsbildungssystems

In Deutschland wird berufliche Bildung gemeinhin als das Dualsystem gesehen. Die Ausbildungsgänge bauen vom Grundsatz her auf dem Niveau des Hauptschulabschlusses auf. Die Hauptschulen haben ihre Curricula allerdings nur begrenzt an die veränderten Anforderungen der Berufe angepasst, die in einem großen Teil der Berufe, vor allem im Berufsfeld Metall, Elektro, Elektronik derart gestiegen sind, dass Hauptschulabsolventen die nötigen Kenntnisse in der Algebra und in der Trigonometrie fehlen. Die Schulen reagieren bisher unzureichend auf die Vorwürfe der Wirtschaft, die Schulentlassenen seien nicht berufsreif. Trotz bereits bestehender Kontakte zwischen Schule und Wirtschaft über Initiativen wie die Bundesarbeitsgemeinschaft Schule-Wirtschaft trägt dieses Zusammenwirken nicht die Früchte, die angesichts der seit Jahrzehnten andauernden Kooperation zwischen beiden Seiten zu erwarten wären. *(Kenntnislücken als Ausbildungshemmnis)*

Die Expansion des Übergangssystems, das inzwischen pro anno über 450.000 Jugendliche aufnimmt, ist ein Indiz dafür, dass die Verknüpfung der Allgemeinbildung und der Berufsbildung in Deutschland nicht die nötige Effizienz aufweist, bleibt doch bei aller Intensivierung des Arbeitslehreunterrichts in der SEK I der Kreis an Schulabgängern mit schwächeren Schulleistungen größtenteils unversorgt. Jedenfalls gibt es im deutschen System – außerhalb der Ausbildung für die Behinderten – keine Ausbildungswege, über die Schulabgänger mit schwächeren Leistungen ins Berufsbildungssystem zu integrieren wären; denn auch Berufe mit zweijähriger Ausbildungszeit stehen diesem Personenkreis nur partiell offen. Nachteilig wirkt in besonderer Weise, dass Deutschland die Möglichkeit des Vorlaufs an vollschulischer Qualifizierung, auf der dann eine kurze duale Ausbildung aufbaut, nicht anbieten kann. So gelingt es nicht, die Zeit, die junge Leute im Übergangssystem verbringen, effektiv für die Vermittlung von zertifizierten Bausteinen zu nutzen, die auf die folgende Ausbildungszeit anrechenbar wären. *(Keine Angebote für Leistungsschwächere)*

Während in anderen Staaten mit dualem Berufsbildungssystem auch die vollzeitschulische Berufsausbildung ausgebaut und voll integriert ist, wurde dieser alternative Weg in Deutschland bisher nicht begangen. Das derzeit bestehende Schulberufssystem ist – wie unter 5.2 nachgewiesen – primär auf Berufsfelder wie Gesundheit und Soziales konzentriert, also Felder, für die das Berufsbildungsgesetz nicht gilt. Das Schulberufssystem in Deutschland steht damit im Abseits. In Diskussionen, wie der Fachkräftebedarf abzudecken sei und wie die Jugendlichen mit Ausbildungsplätzen versorgt werden könnten, ist von der Einbeziehung berufsqualifizierender Vollzeitschulen selten die Rede. Während die *(Keine Abstimmung zwischen Schulberufs- und Dualsystem)*

Qualifizierung für Gesundheitsdienstberufe in anderen Ländern im Gesamtsystem fest verankert ist, haben die Schulen des Gesundheitswesens in Deutschland einen Sonderstatus, denn sie unterliegen nicht den Schulgesetzen der Länder. Problematisch ist in diesem Kontext insbesondere, dass von der Wirtschaft Vollzeitausbildungen in Assistentenberufen, etwa der Informatik und der Naturwissenschaften, nur bedingt akzeptiert werden, was oft dazu führt, dass die Absolventen gezwungen sind, noch eine betriebliche Lehre anzuhängen; ein Verfahren, mit dem jährlich Investitionen der Schulen in Millionenhöhe verschleudert werden.

Ergebnis **Der Vergleich zu anderen Staaten zeigt, dass der Berufsschulbesuch in Deutschland zwar ein Drittel der Ausbildungszeit in Anspruch nimmt, aber den curricularen Vorgaben nach nicht ins gestufte Bildungssystem integriert ist.**
In internationaler Sicht erweist er sich damit als kostenintensiv und bildungsökonomisch wenig effizient, erfordert doch die Aufstockung des Berufsschulwissens den additiven Besuch von Berufs-/Fachoberschulen im Erwachsenenalter.
Angebote, parallel zur Lehre den Hochschulzugang zu erreichen, kennt Deutschland bisher nicht, auch wird auf der unteren Ebene an beruflichen Schulen keine auf die Lehrzeit anzurechnende, modular strukturierte Teilqualifizierung geboten. Der Umfang des Unterrichts von 12 Wochenstunden variiert nicht nach den Erfordernissen des jeweiligen Berufsfeldes.

Teil 7
Vorschläge zum Ausbau des deutschen Berufsbildungssystems

Seit dem Frühjahr 2008 berichten die Medien, dass sich der Lehrstellenmarkt entspannt. Grund für den derzeitigen „Boom" an angebotenen Ausbildungsplätzen ist gemäß einer Stellungnahme des Deutschen Industrie- und Handelskammertags (DIHK) vor allem die gute Konjunktur; dadurch ist in den Unternehmen der Bedarf an Auszubildenden gestiegen. Der DIHK ergänzt:

Einfluss der besseren Konjunktur

> „Vom Aufschwung auf dem Lehrstellenmarkt profitieren besonders Jugendliche, die seit längerem einen Ausbildungsplatz suchen."[1]

Nach Angaben des Zentralverbands des Deutschen Handwerks (ZDH) liegt die Zahl der bereits abgeschlossenen Ausbildungsverträge derzeit 6,4 % höher als vor einem Jahr. Allerdings bemängelte Verbandspräsident Otto Kentzler, dass viele Schulabgänger nicht ausreichend qualifiziert sind und vor allem Lehrstellen in technischen Berufen nicht besetzt werden können. Er erläutert hierzu:

> „Gesucht werden hier vor allem Schulabgänger mit ordentlichen Noten in Mathematik und Naturwissenschaften. Deshalb müssen wir leider befürchten, dass auch in diesem Jahr Lehrstellen unbesetzt bleiben werden."[2]

Bei immer noch fehlenden Ausbildungsplätzen verdrängen Voten dieser Art die unverändert bestehenden Probleme und erwecken den Eindruck, dass das deutsche System nach wie vor den gestellten Anforderungen entspricht, wie dies auch aus den ersten Sätzen des BMBF-Berichts an die EU 2005 zu erkennen ist; danach bringt Deutschland „in die europäische Entwicklung ein wirksames und bewährtes, weil an der beruflichen Praxis orientiertes Berufsbildungssystem" ein.[3]

Reformen kaum erforderlich

Die Notwendigkeit, dass im deutschen Berufsbildungssystem eine Reihe überfälliger Reformen ansteht, tritt in den Hintergrund, wie beispielsweise die Überwindung des Engpasses an Ausbildungsmöglichkeiten für Schulentlassene, die Strukturierung nach Berufsbildungsstufen sowie die Verbesserung der Übergangswege von der Berufsausbildung in den Tertiärbereich. So ergeben sich zu geringe Quoten mittlerer Qualifikationen insbesondere im IT-Bereich, so dass Fachkräfte aus dem Ausland angeworben werden müssen. Bisher unberücksichtigt blieb zudem die Intensivierung des lebenslangen Lernens.

---

[1] Meldung vom 13.05.08, http://www.spiegel.de/wirtschaft/0,1518,552859,00.html
[2] Ebd.
[3] Europäische Kommission (Hrsg.): Umsetzung des Arbeitsprogramms „Allgemeine und berufliche Bildung 2010". Fortschrittsbericht 2005 Deutschland. Brüssel 2005, S. 22

Anlässlich der Vorlage der von der Bertelsmann Stiftung im Jahre 1999 initiierten Vergleiche von Berufsbildungssystemen, in denen Dänemark am besten abschnitt, stellte Lothar Späth in seiner Festrede heraus[4]:

„... obwohl die Deutschen langsam Zweifel haben, ob ihr Bildungswesen gut ist, bleibt das duale System so etwas wie der Anker der deutschen Seele, das haben wir erfunden, darauf sind wir stolz und die ganze Welt bewundert uns für dieses Modell. Merken wir gar nicht, dass wir in dieser globalen Welt als moderner Wissens-, Kommunikations- und Dienstleistungsstaat in eine Rolle hineinwachsen, die möglicherweise mit den Spielregeln des dualen Systems, die gestern noch galten, nicht mehr erfolgreich bewältigt werden kann?"

Gespaltene Gesellschaft

Nach wie vor wird in Deutschland die Meinung vertreten, dass die berufliche Bildung, wie bereits seit 100 Jahren praktiziert, primär Angelegenheit der Wirtschaft ist. Durch die Ausgrenzung der beruflichen Bildung aus dem staatlichen Bildungssystem ergeben sich Konsequenzen, die weit über den Bildungsbereich hinaus die Gesellschaft als Ganzes betreffen; so absolviert

– ein Teil der Bevölkerung Gymnasien mit Hochschulzugang;
– ein wesentlich größerer Teil eine betriebsgebundene Ausbildung mit erschwertem Zugang in den tertiären Bereich.

Diese Besonderheit hat zur Folge, dass diejenigen, die auf oberer Ebene, z. B. in Behörden, Verwaltungen und anderen zuständigen Stellen, über Reformen der beruflichen Bildung entscheiden, selbst in der Regel keine Ausbildung auf der unteren Ebene durchlaufen haben. In der Bildungspolitik ist damit die berufliche Bildung auf der unteren Qualifikationsebene im Gegensatz zu anderen Staaten traditionell unzureichend vertreten.

Wirtschaftsposition Deutschlands in der EU

In der Diskussion um das Reformpaket Lissabon 2000 wird in Deutschland neben dem Ausbau der Bildungssysteme und der Realisierung des lebenslangen Lernens die Zielsetzung, wirtschaftliche Prosperität zu erhöhen – als die andere Seite der EU-Beschlüsse – kaum diskutiert. Nach dem Stand 1995 bis 2005 lagen Deutschland mit einer Wachstumsrate von 1,4 % und Italien mit 1,3 % an unterster Stelle in der EU (vgl. Teil 4, Tabelle 5).

Mit der Zielsetzung, den Wirtschaftsraum der EU zu verbessern, ist Deutschland als nach der Bevölkerungsziffer stärkstes EU-Land in besonderem Maße angesprochen. So stellt sich die Frage, inwieweit das bestehende Berufsbildungssystem mit den nachgewiesenen Defiziten diese Schwächen mit verursacht hat.

Vor den im Einzelnen präzisierten Vorschlägen zum Ausbau des deutschen Berufsbildungssystems soll auf folgende Kernpunkte eingegangen werden: Erweiterter Reformbedarf in Deutschland (a), von deutscher Seite zur Diskussion gestellte Vorschläge (b), zuständige Stellen für die Einleitung von Veränderungen (c), Schwerpunkte für anstehende Reformen (d).

---

[4] Berufliche Bildung der Zukunft, Carl Bertelsmann Preis 1999. Band 2: Dokumentation zu Symposium und Festakt. Hrsg.: Bertelsmann Stiftung, Gütersloh 1999, S. 35

a) Erweiterter Reformbedarf in Deutschland

Über die Durchführung von Reformen der Berufsausbildung wurde bereits in den 1950er und 1960er Jahren mit unterschiedlichen Schwerpunkten intensiv diskutiert. Schon kurz nach Verabschiedung des ersten Berufsbildungsgesetzes 1969 versuchte Bundeskanzler Willy Brandt, dieses Gesetz zu novellieren und die Berufsausbildung stärker in die Zuständigkeit des Staates zu überführen (vgl. 1.0 c). Neben der Gesamtzuständigkeit für das Berufsbildungssystem ging es damals auch um die Verantwortlichkeit bei den Prüfungen. Die von der Regierung vorgeschlagene Initiative stieß auf erheblichen Widerstand der Wirtschaft und ihrer Kammern, die den Vorstoß des Bundes als gegen die ihnen übertragenen Zuständigkeiten gerichtet verstanden.[5]

Reformvorhaben nach 1969

Abgelehnt wurde vor allem der Vorschlag der Regierung, von nicht ausbildenden Betrieben Abgaben zu erheben. Schon bald darauf ergab sich in den Statistiken zur Jugendarbeitslosigkeit im Vergleich zu den anderen Staaten ein für Deutschland niedriges und damit günstigeres Ergebnis. Dieser auch heute noch oft genannte Vorteil des deutschen Dualsystems entspricht, wie in Kapitel 6.0 dargelegt, nicht den Tatsachen; er trug damals dazu bei, dass die Initiative – stärkerer Einfluss des Staates – scheiterte.[6]

Scheitern der Initiative

Die zum Ausbau des deutschen Systems mit Zielsetzung EU-Initiative Lissabon 2000 und Folgeentschließungen vorgelegten Vorschläge gehen bisher noch nicht auf konkrete Reformschritte ein, sondern haben in der Regel vorbereitenden Charakter. Im Sinne der von der EU mit den Mitgliedsstaaten abgesprochenen Fortschrittskontrollen waren hierzu, wie bereits in Kap. 6.0 dargestellt, der EU-Kommission in den Jahren 2005 und 2007 Berichte vorzulegen.

Auswirkungen auf das Reformpaket Lissabon 2000

Aus den bereits vor Lissabon 2000 von der EU vorgeschlagenen Reformen erwächst für Deutschland die Notwendigkeit, den schon im Jahre 1963 geforderten raschen Übergang von der Schule in die Ausbildung[7] sowie das Programm zum Ausbau des dual/alternierenden Systems vom Dezember 1979 zu realisieren. Hinzu kommen noch die in den 1970er Jahren angestrebten und nicht zum

Vergrößerter Reformbedarf

---

[5] Die Reaktionen der Wirtschaft reichten von Protesten bis hin zu verklausulierten Drohungen, keine Lehrstellen mehr zur Verfügung zu stellen. Vgl. Greinert, Wolf-Dietrich: Realistische Bildung in Deutschland. Ihre Geschichte und aktuelle Bedeutung. Hohengehren 2003, S. 126

[6] Während in Deutschland die Auszubildenden zu den Beschäftigten zählen, ist dies bei den Schülern in Ländern mit schulbasierten Berufsbildungssystem nicht der Fall, so dass sich in letzteren bei der Berechnung der Arbeitslosenquote fälschlicherweise höhere Anteile ergeben.

[7] Formuliert wurde dies als „Vermeidung jeder nachteiligen Unterbrechung zwischen dem Abschluss der allgemeinen Schulbildung und dem Beginn der Berufsausbildung". Quelle: Beschluss 63/266/EWG des Rates über die Aufstellung allgemeiner Grundsätze für die Durchführung einer gemeinsamen Politik der Berufsausbildung. ABl. 63 vom 20.4.1963

Zuge gekommenen Reformen hinsichtlich der stärkeren Mitwirkung des Staates in der beruflichen Bildung, wie oben bereits erwähnt.

Schließlich tangieren der gestiegene Lehrstellenmangel sowie die immer wieder in der Presse erscheinenden Hinweise auf den bestehenden Mangel an Fachkräften die Position der deutschen Berufsbildung und damit auch die Initiative Lissabon 2000. Daraus ergibt sich für Deutschland die Notwendigkeit, ein wesentlich umfangreicheres Reformpaket zu realisieren als in anderen EU-Staaten.

Reformpaket nicht trennbar
Bei der teilweisen Überlagerung der Zielsetzung Lissabon 2000 mit in Deutschland selbst überfälligen Reformen lassen sich die zwischenzeitlich vorgelegten Vorschläge nicht getrennt zuordnen. Der seit den Jahren um 2000 deutlich in Erscheinung tretende Lehrstellenmangel mit der Konsequenz, dass nur noch etwa jeder zweite Schulentlassene einen Ausbildungsplatz finden kann und damit ein Engpass entsteht, müsste so rasch wie möglich überwunden werden. Befasst man sich mit den vorgelegten EU-Reformvorschlägen, dann fällt auf, dass in Deutschland hinsichtlich des aktuellen Reformbedarfs noch kaum erste Schritte eingeleitet wurden. Auch die Neufassung des Berufsbildungsgesetzes im Jahre 2005 berücksichtigt die in jüngerer Zeit auftretenden Probleme nicht. Der Plan, Betriebe, die zusätzliche Ausbildungsplätze für Altbewerber anbieten, finanziell zu unterstützen, um dadurch die Lehrstellensituation zu entspannen, wird sogar von Vertretern der Wirtschaft als nicht sinnvoll bezeichnet.[8]

Verschlechterung der Situation in Deutschland
Obwohl die EU-Initiative Lissabon 2000 in engem Kontakt zu den Mitgliedsstaaten eine Aktualisierung und Verbesserung der nationalen Berufsbildungssysteme anstrebt und erste Erfolge sichtbar wurden, trat in Deutschland schon durch den immer größer gewordenen Mangel an Ausbildungsmöglichkeiten eine gegenüber der Zeit vor Lissabon 2000 erhebliche Verschlechterung der Situation ein.

b) Von deutscher Seite zur Diskussion gestellte Vorschläge

„Duale Ausbildung nicht antasten"
Stellungnahmen zu Reformen der beruflichen Bildung von Seiten der Wirtschaft stimmen weitgehend darin überein, dass das duale System nicht gefährdet werden dürfe. Da innerhalb der EU eine solche Absicht nicht besteht[9], sondern die Union im Jahre 1979 vorschlug, den Ausbau dualer Systeme zu forcieren, kann sich die immer wieder geäußerte Befürchtung nur auf die Erhaltung nationaler Besonderheiten der deutschen betriebsgebundenen Ausbildung beziehen. So wurde auch die Weiterentwicklung der beruflichen Ordnungsmittel und speziell die Einführung von Modulen ins deutsche Berufsbildungssystem kaum weiterverfolgt. Auf aktuelle Reformvorschläge gehen die folgenden Abschnitte ein.

---

[8] Vgl. http://www.dihk.de/inhalt/informationen/news/meldungen/meldung010643.html
[9] Vielmehr wurden von der EU im Dezember 1979 Empfehlungen verabschiedet, auch berufsqualifizierende Vollzeitschulen mit exakt definierten Zeitabschnitten des Erfahrungslernens einzubeziehen.

DIHK

Der *Deutsche Industrie- und Handelskammertag* (DIHK) sprach sich für eine „gemäßigte Modularisierung" aus; dazu stellte er unter dem Schlagwort „Dual mit Wahl" im Februar 2007 ein entsprechendes Modell vor.[10] Danach ist die Ausbildung wie folgt zu gliedern: Als erste Stufe ein breiter Sockel an für mehrere Berufe geeigneten Kernkompetenzen und darauf aufbauend als zweite Stufe die Qualifizierung für spezifische Berufe mit einem flexiblen Angebot an Modulen zum Erwerb von Spezialkompetenzen. Der DIHK betont allerdings, dass es bei diesem Modell im Gegensatz zu voll modularisierten Systemen mit innerbetrieblichen Teilprüfungen bei bundesweit einheitlichen Abschlussprüfungen bleiben solle.

Gemäßigtes Modulkonzept

ZDH

Der *Zentralverband des Deutschen Handwerks* (ZDH) publizierte im Jahre 2004 ein Reformprogramm der beruflichen Bildung, in dem hervorgehoben wird, dass sich die handwerkliche Ausbildung an den Grundsätzen Differenzierung, Durchlässigkeit, Qualität und Europäisierung ausrichten solle.[11] Konkret bezieht der Vorschlag folgende Maßnahmen ein:

Differenzierung und Europäisierung der Berufsbildung

- Verzahnung von vorberuflicher und beruflicher Bildung
- Schaffung von Zugängen aus dem Berufsbildungs- zum Hochschulsystem, z. B. durch ausbildungsbegleitende Zusatzqualifikationen zum Erwerb der Hochschulreife
- Strukturierung von Aus- und Weiterbildung im Handwerk nach „europakompatiblen Berufebaukästen"

Das Baukastensystem bildet den Kern des vom Handwerk vorgeschlagenen Reformprogramms. Ein Beispiel für die Aus- und Fortbildung in diesem System ist der nachfolgend wiedergegebene Berufebaukasten des Metallbauers[12]:

Baukastensystem als Kern

- berufliche Grundbildung und berufliche Fachbildung mit Gesellenabschluss „Metallbauer"
- ausbildungsbegleitende Fortbildung zum „Betriebsassistent HWK"
- Fortbildung zum „Werkstattleiter im Metallbauerhandwerk"
- Fortbildung zum angestellten Meister „Betriebsleiter im Metallbauerhandwerk"
- Fortbildung zum selbstständigen Meister „Unternehmer Metallbauerhandwerk"
- Fortbildung zum „Betriebswirt HWK"
- verkürztes Studium zum „Bachelor of Construction Engineering"

Das vom Handwerk vorgeschlagene Modell bezieht Module mit Kompetenznachweisen ein, die aber nicht die Berufsabschlussprüfung ersetzen sollen.[13]

---

[10] Deutscher Industrie- und Handelskammertag (DIHK): „Dual mit Wahl". Ein Modell der IHK-Organisation zur Reform der betrieblichen Ausbildung. Berlin, Februar 2007
[11] Zentralverband des Deutschen Handwerks (ZDH): Differenzierung und Europäisierung der beruflichen Bildung. Ein Reformprogramm des Handwerks (Schriftenreihe des Zentralverbandes des Deutschen Handwerks Heft 61). Berlin 2004
[12] Ebd., S. 57

BDA

Aufgeschlossenheit gegenüber den Vorschlägen der EU

In jüngerer Zeit nimmt die *Bundesvereinigung der Deutschen Arbeitgeberverbände* (BDA) in verschiedenen Positionspapieren zur Reform des Dualsystems und dabei auch direkt zu den Herausforderungen durch die Beschlüsse Lissabon 2000 Stellung. Als übergreifender Tenor ist festzuhalten, dass die Verbände einerseits das Dualsystem als praxis- und bedarfsorientiert herausstellen und ihm andererseits ein hohes Maß an Anpassungs- und Reformfähigkeit attestieren. Gleichzeitig stehen die Verbände der europäischen Berufsbildungskooperation aufgeschlossen gegenüber und unterbreiten entsprechende Vorschläge.

Häufig angesprochene Themen sind mangelhafte Rahmenbedingungen für ausbildungswillige Betriebe, fehlende Ausbildungsreife der Schulabgänger, hohe Ausbildungskosten sowie weitere Ausbildungshemmnisse.[14] Gefordert wird auch eine bessere Ausrichtung auf die Bedürfnisse der Unternehmen selbst. Dies brachte die Bundesvereinigung der Deutschen Arbeitgeberverbände im Jahre 2006 wie folgt zum Ausdruck:

„Damit Ausbildung den unterschiedlichen Anforderungen von Betrieben wie Jugendlichen gerecht werden kann, müssen zunehmend differenzierte Ausbildungsstrukturen geschaffen werden. Wir brauchen mehr Berufe mit weniger komplexen Anforderungen sowie Kombinationen von Berufen, nach denen Ausbildungen in einem zweijährigen auf solche in einem dreijährigen Beruf angerechnet werden können. Die Ausbildungsstrukturen müssen nach Dauer sowie inhaltlicher Breite und Tiefe flexibler und je nach dem Bedarf der Wirtschaftsbereiche modularisiert gestaltet werden."[15]

Flexibilisierung der Ausbildungsstrukturen

Die jüngsten Vorschläge der BDA zur Umgestaltung der beruflichen Bildung vom April 2007 stehen unter den Leitgedanken Flexibilität, Vielfalt, Durchlässigkeit und Transparenz in der dualen Ausbildung. Eine Flexibilisierung der Ausbildungsstrukturen in geeigneten Berufen und bei erklärtem Brancheninteresse soll danach in drei unterschiedlichen, einzeln realisierbaren oder miteinander kombinierbaren Ausprägungen stattfinden können, und zwar[16]:

- Gliederung der Ausbildung nach Ausbildungsbausteinen, konzipiert als bundesweit standardisierte, arbeitsmarktbezogene und beschäftigungsbefähigende Kompetenzeinheiten innerhalb der gesetzlich geregelten Ausbildungsordnung.
- Zusammenfassung verwandter Einzelberufe zu Berufsgruppen, deren Bausteine zum Teil übereinstimmen und kombinierbar sind. Das bislang eng auf

---

[13] Ebd., S. 35
[14] Vgl. Die Bundesvereinigung der Deutschen Arbeitgeberverbände (BDA): Bildung schafft Zukunft. Das Bildungsprogramm der Arbeitgeber. Berlin, April 2005, S. 26
[15] Vgl Bundesvereinigung der Deutschen Arbeitgeberverbände: „Ausbildung möglich machen!" Programm zur Verbesserung der Rahmenbedingungen für mehr Ausbildung. Berlin, August 2006
[16] Vgl. Neue Strukturen in der dualen Ausbildung. Beschluss des BDA-Ausschusses Bildung/Berufliche Bildung, BDA-Arbeitskreises Berufliche Bildung. Berlin, 16.04.07, S. 1 f.

einen speziellen Beruf fokussierte Berufsprinzip wird dort, wo sich Kompetenzen verwandter Berufe einer Branche überlappen, zu einem Berufsgruppenprinzip erweitert.
- Zweijährige Erstausbildung als grundlegende Qualifikation in Kombination mit einer anschließenden Spezialisierungsphase nach dem Strukturmodell „2 plus x". Diese Phase kann als drittes Ausbildungsjahr, als abschlussorientierte Fortbildung oder als in die Berufstätigkeit integrierte Weiterbildung gestaltet sein. Ein Ausbildungsvertrag kann über zwei oder drei Jahre abgeschlossen werden.

Dies setzt allerdings voraus, dass die Eingangsqualifikationen über dem heutigen SEK I-Niveau liegen müssten. Die Vorschläge der BDA veranschaulicht die folgende Abbildung:

Abbildung 13:
Flexibilisierungskonzepte der Bundesvereinigung der Deutschen Arbeitgeberverbände

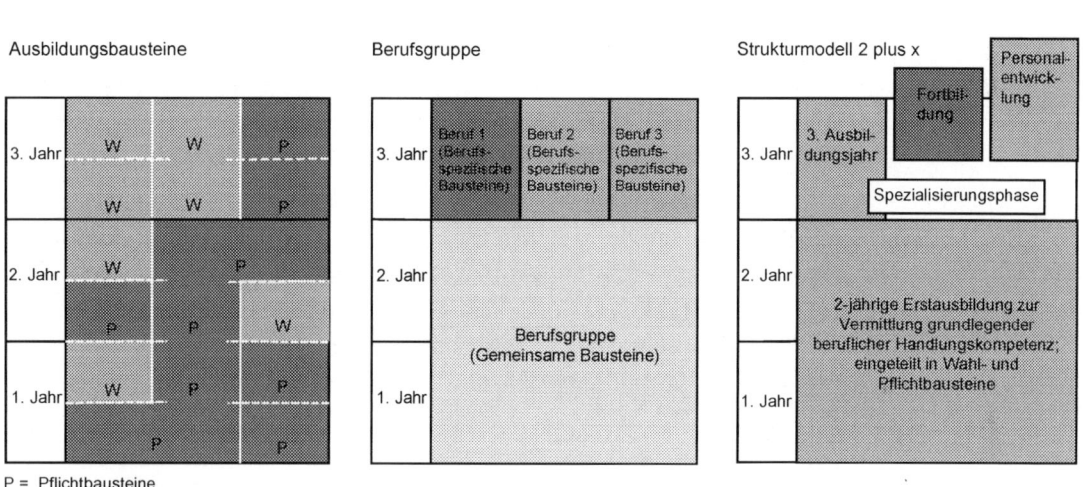

P = Pflichtbausteine
W = Wahlbausteine (z. B. 1 aus 3)

KWB

Das *Kuratorium der deutschen Wirtschaft für Berufsbildung* (KWB) hebt das hohe Engagement der deutschen Wirtschaft für die Ausbildung und die damit verbundenen Investitionen hervor. Damit dieses Engagement langfristig erhalten werden kann, ergibt sich aus Sicht des Kuratoriums neben der generellen Verbesserung der Standortbedingungen insbesondere folgender Handlungsbedarf[17]:

Hohes Engagement der Wirtschaft sichern

- Neue flexible Berufe schaffen: Dem Strukturwandel entsprechend sind kontinuierlich neue, praxisnah gestaltete Berufe mit flexiblen Strukturen und Wahlqualifikationen notwendig.

---

[17] Vgl. Kuratorium der deutschen Wirtschaft für Berufsbildung (KWB): Die Zukunft der dualen Berufsausbildung sichern. Handlungsbedarf aus der Sicht der Wirtschaft. Statement aus dem Jahre 2003, www.kwb-berufsbildung.de

- Ausbildungsspektrum differenzieren: Nachdem in vielen Berufen durch Neuordnungen die theoretischen Anforderungen angehoben wurden, hält das Kuratorium daneben neue Berufe mit weniger komplexen Anforderungen und kürzerer Ausbildungsdauer für erforderlich.
- Kosten senken: Die Ausbildungsvergütungen sollten zeitweilig eingefroren werden. Über Öffnungsklauseln in den Tarifverträgen wäre im Einzelfall eine Senkung der Ausbildungsvergütung zu ermöglichen.
- Ausbildungshemmnisse beseitigen: Übernahmeverpflichtungen werden abgelehnt, eine Überarbeitung der Ausbildereignungsverordnung mit Blick auf Klein- und Mittelbetriebe gefordert. Außerdem sollen die gesetzlichen Regelungen zur persönlichen und fachlichen Eignung vereinfacht werden.
- Ausbildungsreife verbessern: Die mangelnde Ausbildungsreife mindert die Rekrutierungschancen der Betriebe und belastet sie durch die Notwendigkeit der Kompensierung allgemeiner Bildungsdefizite. Deshalb wird nachdrücklich eine Qualitätssteigerung im allgemein bildenden Schulsystem gefordert.
- Berufsschulen modernisieren: Die Berufsschulen müssen zu leistungsstarken, modernen Partnern in der dualen Ausbildung werden, die autonom und flexibel auf regionale Anforderungen reagieren können. Gefordert wird auch ein besseres Zeitmanagement der Berufsschulen zur Erhöhung der betrieblichen Ausbildungszeit.
- Durchlässigkeit verbessern: Zur Steigerung der Attraktivität der beruflichen Bildung ist die Durchlässigkeit zum Hochschulbereich zu verbessern.

Flexibles Qualifizierungskonzept

Das Kuratorium beschäftigt sich intensiv mit der Frage der Flexibilisierung von Aus- und Weiterbildung. In diesem Zusammenhang wurden im Jahre 2006 Vorschläge des Arbeitskreises Innovationen in der Berufsbildung der Arbeitsgemeinschaft der gewerblich-technischen Ausbildungsleiter präsentiert. Das modular konzipierte Modell sieht vier Abschlussstufen vor, die den gesamten Bereich von der Berufsausbildung über die berufliche Weiterbildung bis hin zum Studium umfassen.[18]

Zuständigkeit für ordnungspolitische Maßnahmen

Das KWB sprach im Zusammenhang mit der Präsentation des eigenen Vorschlags für einen deutschen Qualifikationsrahmen und ein System der Leistungspunkte eine Reihe offener Fragen an; von grundsätzlicher Bedeutung erscheint vor allem die folgende Frage:

„Durch welches Verfahren werden Kompetenzen mit Leistungspunkten belegt und Abschlüsse dem Europäischen Qualifikationsrahmen/Nationalen Qualifikationsrahmen zugeordnet und wer ist dazu autorisiert?"[19]

---

[18] Grundlage ist eine zweijährige Basisausbildung mit Kammerprüfung, ggf. ergänzt durch optionale Module. Danach bieten sich unterschiedliche Möglichkeiten, die berufliche Qualifizierung auszubauen. Auch betriebliche Praxiserfahrungen können zertifiziert werden. Auf der Ebene der Abschlussstufe 3 sind die geregelten Weiterbildungen z. B. zum Techniker, zum Bankfachwirt oder Meister aufgeführt, während sich die Abschlussstufe 4 auf das Studium bezieht. Vgl. KWB: Mehr Flexibilität, Durchlässigkeit, Praxisbezug. Neue Impulse für die berufliche Bildung. Dokumentation. Workshop 5. April 2006, Essen, RWE AG. Bonn 2006, S. 16

[19] Kuratorium der deutschen Wirtschaft für Berufsbildung: Vorschlag für ein Qualifikationsrahmen- und Leistungspunkte-Modell. Bonn 2005, S. 17

Die Autorisierung berührt das für Deutschland besonders evidente Problem der Zuständigkeit für die berufliche Bildung auf nationaler Ebene in ihrer Gesamtheit (vgl. Kapitel 6.1).

DGB

Der *Deutsche Gewerkschaftsbund* (DGB) stellte in einem Beschluss vom Jahre 2003[20] insbesondere die geringen Anteile ausbildender Betriebe heraus und forderte eine gerechte Umlagefinanzierung für die Berufsausbildung. Der DGB übte auch Kritik an den Kammern, dass sich deren Doppelfunktion als zuständige Stellen nicht bewährt habe: Einerseits die Förderung der Berufsausbildung und Überwachung ihrer Durchführung und Interessenvertreter der Arbeitgeberseite andererseits. Der DGB fordert deshalb, die Beratungs- und Überwachungsfunktion langfristig einer neutralen Institution zu übertragen. Bis dieses Ziel erreicht ist, soll die Demokratisierung innerhalb bestehender Strukturen vorangetrieben werden.[21]

<small>Kritik an den Kammern</small>

Ein weiteres Anliegen des DGB ist die Qualitätssicherung der Ausbildung. Er sieht gerade in Zeiten des Ausbildungsplatzmangels die Gefahr, dass Quantität zu Lasten von Qualität geht und fordert daher klare Vorgaben, denen sich die Ausbildungsbetriebe, die außerbetrieblichen Einrichtungen und die berufsbildenden Schulen stellen müssen, um als Lernorte akkreditiert zu werden.

<small>Akkreditierung der Lernorte</small>

Das Angebot von Doppelqualifikationen – allgemeine Hochschulreife und Abschluss einer beruflichen Bildung in der Sekundarstufe II – soll erweitert werden. Im Sinne der Gleichwertigkeit allgemeiner und beruflicher Bildung fordert der DGB, nach Abschluss einer dualen Ausbildung den Hochschulzugang zu erleichtern.

<small>Angebot von Doppelqualifikationen</small>

Ein weiterer Vorschlag des DGB bezieht sich auf die Integration ausbildungsbegleitender Hilfen in das System der Berufsbildung als Regelangebot. Berufsschulen und Ausbildungsbetriebe sollen für jeden Auszubildenden den Bedarf feststellen.

<small>Ausbildungsbegleitende Hilfen</small>

GEW

Nach Auffassung der *Gewerkschaft Erziehung und Wissenschaft* (GEW) erfüllt das derzeitige Ausbildungssystem seine Aufgabe der Integration junger Menschen in Beruf und Beschäftigung nicht mehr. Sie kritisiert insbesondere die hohen Aufwendungen für Notprogramme sowie unzulängliche Übergangssysteme. Ihre Reformvorschläge stellen vier Punkte heraus[22]:

<small>Kritik am Übergangssystem</small>

---

[20] Qualifizierte Ausbildung für alle. Wie der DGB die Berufsbildung reformieren will. Beschlossen vom DGB Bundesvorstand am 07.10.03. In: Deutscher Gewerkschaftsbund, Bundesvorstand (Hrsg.): Beschlüsse zur Bildungspolitik 2000–2006. Berlin 20.03.06, S. 32ff.

[21] Ebd., S. 36

[22] Neß, Harry: Generation abgeschoben. Warteschleifen und Endlosschleifen zwischen Bildung und Beschäftigung. Daten und Argumente zum Übergangssystem. Hrsg.: Haupt-

– „Ausbildungschancen nicht dem Markt überlassen und staatliche Verantwortung realisieren"

　　Dringend erforderlich ist aus der Sicht der GEW, dass der Staat die Verantwortung für die Ausbildung der nachwachsenden Generation übernimmt. Dazu wird festgestellt:
　　„Das verlangt ein Umdenken, denn bisher leistete sich die Bundesrepublik Deutschland als einziger reicher und hoch entwickelter Staat unter den OECD-Ländern, die Ausbildung für Jugendliche nach Abschluss der Sekundarstufe I ... in die Entscheidungs- und Verfügungsmacht der Wirtschaft zu stellen und die Verantwortung zwischen Staat und Wirtschaft hin und her zu schieben."[23]

– „Abkehr von einem Bildungssystem, das die Ausgrenzung der Absolventen riskiert – Veränderung in Richtung konsequenter Förderung – eine Schule für alle"

　　Gefordert wird eine Aufhebung der frühen Trennung der Bildungswege und eine verbesserte Berufsvorbereitung.

– „Übergänge erleichtern – durch ein plurales Ausbildungssystem neue Wege der Ausbildung eröffnen"

　　Die GEW verweist darauf, dass andere europäische Staaten mit vergleichbarer dualer Ausbildungstradition wie Österreich und die Schweiz rechtzeitig für Alternativen zur dualen Ausbildung gesorgt haben.

– „Das Übergangssystem begrenzen und verbessern – zweite Chance ausbauen"

　　Eine besondere Übergangsphase hält die GEW nur bei solchen Jugendlichen für angebracht, die gravierende Lernprobleme haben oder sozial benachteiligt sind.

BLBS und VLW im DBB

Leitantrag zu bildungspolitischen Initiativen

Anlässlich des Gewerkschaftstags des *Deutschen Beamtenbundes* (DBB) im November 2007 legten die Delegierten des *Bundesverbandes der Lehrerinnen und Lehrer an beruflichen* Schulen (BLBS) sowie des *Verbandes der Lehrerinnen und Lehrer an Wirtschaftsschulen* (VLW) Grundsätze für die bildungspolitische Arbeit der kommenden Jahre in Form eines Leitantrags fest.[24] Darin wird eingangs hervorgehoben, Staat und Gesellschaft hätten sicherzustellen, dass allen ausbildungswilligen Jugendlichen eine Berufsausbildung ermöglicht wird. Als Voraussetzung für die dauerhafte Sicherung des dualen Systems werden eine klare Aufgabenteilung zwischen Betrieb und Berufsschule bei gleichzeitiger Abstimmung und Kooperation sowie die Festschreibung der Gleichberechtigung der beiden Partner genannt. Die beruflichen Schulen sind zu regionalen Kompetenz- und Innovationszentren auszubauen, die auch Aufgaben in der Weiterbildung wahrnehmen.

---

　　vorstand der Gewerkschaft Erziehung und Wissenschaft (GEW). Bielefeld 2007, S. 168ff.

[23] Ebd., S. 168f.

[24] „Leitantrag: Positionen zur Bildungspolitik". In: Die berufsbildende Schule, Heft 1/2008, S. 7–8

Eine breit angelegte berufliche Qualifizierung soll zu einem Kompetenzerwerb führen, der die Mobilität über einzelbetriebliche Einsatzfelder hinaus ermöglicht. Eng spezialisierte Berufe werden als mobilitätshemmend und wegen der Problematik, für zahlenmäßig schwache Berufe an den Berufsschulen Fachklassen zu bilden, abgelehnt.

Sicherung der beruflichen Mobilität

Der Leitantrag spricht auch die Frage der Qualitätssicherung an, wobei die beruflichen Schulen mit ihrer staatlichen Aufsicht nach Ansicht des Beamtenbundes auf einem guten Weg sind, während für die betriebliche Ausbildung noch kein Verfahren der Qualitätssicherung in Sicht ist. Dieses Problem bedürfe wegen der Akteptanz der dualen Ausbildung innerhalb der EU dringend einer Klärung.

Ausbildungsqualität sichern

KMK

Bereits im Jahre 2003 wies die *Kultusministerkonferenz* (KMK) eindringlich auf die aus dem Mangel an Ausbildungsplätzen resultierende Verlagerung von Ausbildungsströmen aus dem dualen System in berufliche Vollzeitschulen und die damit verbundene finanzielle Belastung der Länder hin, sind sie doch gezwungen, zunehmend Ersatzfunktionen für das duale System zu übernehmen.[25]

Stärkung der Kultusseite

Nach Ansicht der KMK ergibt sich daraus die Notwendigkeit, neue Grundsätze für das Zusammenwirken von Wirtschaft, Bund und Ländern im Bereich der beruflichen Ausbildung zu erarbeiten. So forderte die KMK u. a.

Grundsätze für das Zusammenwirken

- Einbeziehung der Kultusseite in den Entwicklungsprozess von Vorgaben für Neuordnungsverfahren
- Einbeziehung der berufsschulischen Leistungsfeststellung in das Gesamtergebnis der Abschluss- oder Gesellenprüfung
- volle Anrechnung einschlägiger beruflicher Qualifizierung in Vollzeitschulen auf die Ausbildungszeit in anerkannten Ausbildungsberufen
- Einhaltung des Grundsatzes einer breit angelegten beruflichen Grundbildung oder von breit angelegten gemeinsamen Kern- und grundlegenden Fachqualifikationen bei der Neuordnung von inhaltlich verwandten Ausbildungsberufen
- Abgehen von überzogenen Anforderungen an Ausbildungsplatzbewerber und das Offenhalten von anerkannten Ausbildungsberufen für Bewerber mit Hauptschulabschluss
- Zertifizierung von erfolgreich erworbenen Teilqualifikationen der Berufsausbildungsvorbereitung und der Berufsausbildung durch berufsbildende Schulen

---

[25] Vgl. Sekretariat der Ständigen Konferenz der Kultusminister der Länder in der Bundesrepublik Deutschland: Forderungskatalog zur Sicherung der Berufsausbildung und Qualifizierung junger Menschen sowie zur effektiven Nutzung aller Ressourcen in der Berufsausbildung. Beschluss der Kultusministerkonferenz vom 04.12.2003

IKBB des BMBF

Modernisierung Flexibilisierung Durchlässigkeit

Als entscheidende Initiative zur Feststellung des Reformbedarfs in der beruflichen Bildung und zur Einleitung entsprechender Schritte gilt aus offizieller Sicht der im Frühjahr 2006 vom BMBF einberufene *Innovationskreis für berufliche Bildung* (IKBB). Einbezogen waren einschlägige Experten und Interessenvertreter, die den Auftrag erhielten, die zentralen Herausforderungen im deutschen Berufsbildungssystem zu identifizieren und konkrete Handlungsoptionen zur strukturellen Verbesserung zu erarbeiten. Anlässlich der konstituierenden Sitzung ging der Innovationskreis von folgenden Themenschwerpunkten aus[26]:
– Modernisierung und Flexibilisierung
– Durchlässigkeit
– Übergangsmanagement
– europäische Öffnung

Zehn Leitlinien

Die Ergebnisse des Arbeitskreises wurden Mitte 2007 in Form von zehn Leitlinien veröffentlicht[27]:
1. Mehr Schulabschlüsse erreichen – Ausbildungsreife verbessern
2. Ausbildungsvorbereitung für Benachteiligte optimieren – Förderstrukturen neu ordnen
3. Übergänge optimieren – Wege in betriebliche Ausbildung sichern
4. Berufsprinzip stärken – Flexibilisierung der beruflichen Bildung vorantreiben
5. Ausbildungsbasis verbreitern – Ausbildungskapazitäten effektiv nutzen
6. Durchlässigkeit verbessern – Anschlussfähigkeit beruflicher Abschlüsse sichern
7. Zweite Chance für Qualifizierung – Nachqualifizierung junger Erwachsener vorantreiben
8. Europäische Öffnung – Mobilität und Anerkennung verbessern
9. Duale Ausbildung im europäischen Vergleich stärken – Potenzial auf dem internationalen Bildungsmarkt sichern
10. Grundlagen für zukunftsorientierte Berufsbildungspolitik schaffen – Kooperation von Wirtschaft, Wissenschaft und Politik stärken

Umgestaltung der Ordnungsmittel

Der Innovationskreis betont, es seien bessere Übergangsmöglichkeiten zwischen dem dualen System und anderen Teilsystemen der beruflichen Bildung sowie zwischen beruflicher Bildung, Schulen und Hochschulen erforderlich. Aus der Fülle der Empfehlungen und Umsetzungsvorschläge können hier nur einige Beispiele herausgegriffen werden:
– „Mehr Schulabschlüsse erreichen – Ausbildungsreife verbessern" als eine der Leitlinien spricht die stärkere Verknüpfung von Schulunterricht und Praxiserfahrung an, z. B. im Rahmen von Praxisklassen. Außerdem wird vorgeschlagen, überbetriebliche Berufsbildungsstätten zur Berufsorientierung von Schülern allgemein bildender Schulen zu nutzen.

---

[26] Vgl. http://www.bmbf.de/de/6190.php
[27] Innovationskreis berufliche Bildung: 10 Leitlinien zur Modernisierung und Strukturverbesserung der beruflichen Bildung. Empfehlungen und Umsetzungsvorschläge. Berlin, 16.07.2007

– „Übergänge optimieren – Wege in betriebliche Ausbildung sichern" befasst sich u. a. mit der Reduzierung der Zahl der Altbewerber über das Instrument der Einstiegsqualifizierung sowie die Entwicklung anrechenbarer Qualifizierungsmaßnahmen.
– „Berufsprinzip stärken – Flexibilisierung der beruflichen Bildung vorantreiben" zielt auf Strukturverbesserungen des dualen Systems. Dazu zählt u. a. der Vorschlag, Ausbildungsberufe in verwandten Tätigkeitsbereichen in Berufsgruppen mit gemeinsamer Kernqualifikation und darauf aufbauenden Spezialisierungsmöglichkeiten zu gliedern. Angesprochen ist auch die Offenheit neugeordneter Berufe für die möglichst enge Verknüpfung von Aus- und Weiterbildung.

Deutliche Kritik übte der Innovationskreis im Hinblick auf den derzeit noch kaum ausgebauten Hochschulzugang beruflich Qualifizierter: **Flexibilisierung des Hochschulzugangs**

„Wir halten die Durchlässigkeit aus der beruflichen Bildung in die Hochschulen in Deutschland auch im internationalen Vergleich für unzureichend. Dies gilt nicht nur für die Zulassung zum Studium, sondern auch für die Anrechnung von Vorqualifikationen ..."[28]

Verwiesen wird darauf, dass die Kultusministerkonferenz eine länderübergreifende Regelung für differenzierte Übergangs- und Anrechnungsmöglichkeiten erarbeitet.

Der Innovationskreis berufliche Bildung verbindet mit dem zu erarbeitenden deutschen Qualifikationsrahmen (DQR) das Ziel, eine bessere Durchlässigkeit zwischen den Teilbereichen des Bildungssystems im Sinne des lebenslangen Lernens zu erreichen. Er begleitet das von 2007 bis 2010 laufende BMBF-Programm zur Erprobung eines nationalen Leistungspunktesystems in der beruflichen Bildung, das auch den Besonderheiten des dualen Systems Rechnung tragen soll.[29] **Deutscher Qualifikationsrahmen**

Die Übersicht 6 bietet einen Überblick über die mit den Reformvorschlägen der verschiedenen Gremien aufgegriffenen Themen, allerdings ohne Anspruch auf Vollständigkeit. Angesichts der Fülle der Statements konnten nur wesentliche Aussagen berücksichtigt werden.

c) Zuständige Stellen für die Einleitung von Veränderungen

Der deutsche Fortschrittsbericht des Jahres 2005 zur Umsetzung der Beschlüsse Lissabon 2000 zur allgemeinen und beruflichen Bildung lässt erkennen, dass sich Deutschland als ein weites Experimentierfeld für Modellvorhaben und Programme in verschiedenartiger Trägerschaft präsentiert. Deren Ergebnisse und ihr Transfer in konkrete Systemveränderungen erscheinen allerdings noch ungewiss, gibt es doch bisher keine fixierten Termine, zu denen bestimmte Ände- **Bilanz der deutschen Initiativen**

---

[28] Ebd., S. 8
[29] Vgl. Innovationskreis berufliche Bildung, a.a.O., S. 10

rungen in Kraft treten sollen. Auch stellt sich die Frage, wer dafür zuständig ist. Bislang handelt es sich also nur um Programmpunkte; es fehlen Vorgaben, welche Institutionen des Bundes oder der Länder eine rasche Umsetzung ermöglichen sollen.

Übersicht 6:
Vorschläge zur Reform der beruflichen Bildung in Deutschland im Überblick

	DIHK	ZDH	BDA	KWB	DGB	GEW	BLBS/VLW im DBB	KMK	IKBB des BMBF
Flexibilisierung der Ausbildungsordnungen	●	●	●	●			●	●	●
Modularisierung der Ausbildung angesprochen	●*	●	●	●					●
Abbau des Übergangssystems						●			●
Durchlässigkeit zum Hochschulbereich		●	●	●	●	●	●		●
Deutscher Qualifikationsrahmen			●	●			●	●	●
Senkung der Ausbildungskosten			●	●					
Beseitigung von Ausbildungshemmnissen			●	●	●			●	●
Einführung einer Umlagefinanzierung						●			
Stärkung der staatlichen Verantwortung					●	●	●		
Förderung der Ausbildungsreife	●	●	●					●	●
Verbesserung der Berufsschule					●	●		●	●
Alternativen zur dualen Ausbildung						●	●		

* Der DIHK plädiert für eine gemäßigte Modularisierung.

Institutionen: **DIHK** Deutscher Industrie- und Handelskammertag; **ZDH** Zentralverband des Deutschen Handwerks; **BDA** Bundesvereinigung der Deutschen Arbeitgeberverbände; **KWB** Kuratorium der deutschen Wirtschaft für Berufsbildung; **DGB** Deutscher Gewerkschaftsbund; **GEW** Gewerkschaft Erziehung und Wissenschaft; **BLBS** Bundesverband der Lehrerinnen und Lehrer an beruflichen Schulen; **VLW** Verband der Lehrerinnen und Lehrer an Wirtschaftsschulen; **DBB** Deutscher Beamtenbund; **KMK** Kultusministerkonferenz; **IKBB** Innovationskreis für berufliche Bildung; **BMBF** Bundesministerium für Bildung und Forschung.

Fehlen konkreter Schritte Die Vorschläge – zuständige Stellen, Arbeitgeberverbände, Kuratorium der deutschen Wirtschaft für Berufsbildung, Gewerkschaften, Lehrerverbände, KMK und IKBB – beziehen sich inhaltlich zu einem wesentlichen Teil auf die EU-Reformziele Lissabon 2000, aber teilweise nur insoweit, als eine Übereinstimmung zwischen diesen Zielen und verbandseigenen Interessen besteht. Es fehlt die Auseinandersetzung mit den Folgen, die beim Reagieren auf die von der EU initiierten Reformen in Deutschland zwangsläufig entstehen. Auch wenn in weiten Bereichen Übereinstimmung mit diesem Reformpaket erkennbar wird, bleibt es im Allgemeinen immer noch bei verbalen Absichtserklärungen ohne echte Reformschritte.

Dessen ungeachtet werden in den zuvor genannten Stellungnahmen konstruktive Vorschläge zu bestimmten Reformschritten zur Verbesserung der deutschen Berufsausbildung vorgelegt. Bezogen auf die Notwendigkeit, Ausbildungsordnungen unter Einschluss des Modulprinzips zu gestalten, sind die Vorschläge der BDA als richtungweisend zu sehen; ebenso Teile der geäußerten Zielsetzungen seitens der Gewerkschaften, der KMK und des Kuratoriums der deutschen Wirtschaft. Hervorzuheben sind speziell auch Hinweise, dass die Zuständigkeit für die berufliche Bildung auf nationaler Ebene zu klären ist und dazu neue berufliche Ordnungsmittel unter dem Aspekt der Flexibilisierung dringend erforderlich sind. Unübersehbar ist bei der Vielzahl erwähnter Stellungnahmen, dass bezogen auf das Dualsystem primär die betriebliche Seite angesprochen ist und nur partiell die Berufsschule.

Richtungweisende Vorschläge

Zu wenig hervorgehoben wird, dass in Deutschland ein erheblicher Nachholbedarf an überfälligen Reformen besteht und diese Notwendigkeit im Zuge der Umsetzung des Reformpakets Lissabon 2000 weitgehend unberücksichtigt blieb, wie z. B. die prekäre Situation für die Schulabgänger, von denen Jahr für Jahr nur etwa die Hälfte einen Ausbildungsplatz finden kann.

Vernachlässigte Ansätze

Während in Deutschland bereits über eine längere Zeit hinweg Reformvorschläge zur Diskussion gestellt werden, fehlt jeder Hinweis, über welche Aktivitäten eine Verbesserung des deutschen Berufsbildungssystems erfolgen soll oder kann. Auch der Fortschrittsbericht des Jahres 2005 an die EU-Kommission nennt keine reale Möglichkeit, wie die in Deutschland dringend erforderlichen Veränderungen realisiert werden könnten. Der Bericht zeigt, dass es keine Institution für Wahrnehmung der Gesamtverantwortung gibt. Der gleichzeitig vorgebrachte Hinweis, dass die verschiedenen Institutionen in Fragen der beruflichen Bildung übereinstimmen und „ein breiter Konsens über die Ziele, die das Bildungswesen ... bei seiner Weiterentwicklung anvisieren muss"[30] bestehe, geht an der Realität vorbei.

Auch wenn verschiedene Institutionen, wie oben in Übersicht 6 erkennbar, gleiche oder ähnliche Vorstellungen äußern, ist nicht ersichtlich, auf welchem Weg in Deutschland eine Realisierung erreicht werden kann. Mit den Institutionen des Staates sind Bund und Länder angesprochen; beide Ebenen kennen aber keinen Weg, eine Reform in Angriff zu nehmen. Dies hängt damit zusammen, dass die Verantwortung für die Berufsausbildung den Kammern als zuständigen

---

[30] Europäische Kommission (Hrsg.): Umsetzung des Arbeitsprogramms „Allgemeine und berufliche Bildung 2010". Fortschrittsbericht 2005 Deutschland. Brüssel 2005, S. 4

Stellen übertragen wurde und es dem Bund, am Beispiel von Bundeskanzler Willy Brandt, nicht gelungen ist, nach 1969 notwendige Reformen einzuleiten.

Systembedingte Verantwortungslosigkeit

Bei im Einzelnen fest gefügten Zuständigkeiten, in der Regel allerdings unverbunden, dominiert in Deutschland eine systembedingte Verantwortungslosigkeit. Daran änderte sich nichts, so dass sich über viele Jahre hinweg mit wachsender Tendenz die Ausbildungsmöglichkeiten für die heranwachsende Generation verringerten und derzeit nur maximal die Hälfte der Schulabgänger eine Chance zur Berufsausbildung hat. Der eben genannte Zustand der Verantwortungslosigkeit dauert bereits Jahre an, so dass in diese unbefriedigende Situation der Warteschleifen schon Millionen Jugendliche einbezogen waren. Unerwähnt bleibt, dass sich für vorhandene Ausbildungsmöglichkeiten, z. B. in Handwerkszweigen, nicht genügend Bewerber finden. Es verhält sich also so, dass den Jugendlichen nur die betriebliche Lehre geboten wird, aber andererseits von einem großen Teil die traditionelle dreijährige Ausbildung mit eng eingegrenztem Fachgebiet gar nicht gewünscht wird. Dieser Umstand ist in der Öffentlichkeit kaum bekannt, denn als Berufsbildungsangebot wird allein die Summe der eng eingegrenzten Ausbildungsberufe gemäß Berufsbildungsgesetz verstanden.

Zu wenig Ausbildungsmöglichkeiten

Über einen längeren Zeitraum hinweg gibt es in Deutschland zu wenig Ausbildungsmöglichkeiten. Dadurch unterscheidet sich die Bundesrepublik von den Nachbarländern in der EU, in denen eine derartige Situation nicht besteht. Eine solche Entwicklung gibt es derzeit nur noch in Entwicklungsländern.

Im Rahmen der wirtschaftlichen Zusammenarbeit fördert Deutschland über das Bundesministerium für wirtschaftliche Zusammenarbeit und Entwicklung (BMZ) weltweit in Entwicklungsländern in Regionen mit zu geringen Ausbildungsmöglichkeiten Wege der Berufsausbildung sowohl im schulischen als auch im dualen System über die Gesellschaft für Technische Zusammenarbeit (GTZ). Auf Seiten der fördernden Länder prüfen entsprechende Institutionen vor Zusagen die Notwendigkeit einer solchen Maßnahme. Nach den derzeitigen Grundsätzen ist ein Staat mit einem Berufsbildungssystem, das nur für die Hälfte der Schulentlassenen Ausbildungsplätze zur Verfügung stellt, zweifelsfrei dem Kreis der förderungswürdigen Länder zuzurechnen. Anzumerken ist hier, dass bei der Bewilligung derartiger Hilfen jeweils die staatlichen Stellen mitwirken und im Anschluss daran die Verantwortung übernehmen.

d) Schwerpunkte für anstehende Reformen

Reformen in vermintem Gelände

Weder in rückliegenden Jahrzehnten noch in jüngerer Zeit gelang es, echte Reformen für die berufliche Bildung aufzunehmen und durchzuführen. Nach M. Baethge „... sind übergreifende systematische Reformen in der Berufsbildung auch heute noch schwer durchzusetzen".[31] Dieter Euler schließt, dass auch

---

[31] Baethge, Martin: Die Berufskollegs stärken heißt die berufliche Bildung zu stärken. Dokumentation zum Berufsbildungskongress des vlbs 2007. Krefeld 2007, S. 15

heute noch beträchtliche Schwierigkeiten bestehen, selbst wenn nur geringfügige Veränderungen des derzeitigen Systems vorgenommen werden sollen:
„Vorschläge zur Weiterentwicklung der deutschen Berufsausbildung bewegen sich auf einem verminten Gelände: Sobald die Interessen einzelner Akteure betroffen sind, darf man sich vielstimmiger Kritik und Opposition sicher sein. Der Vorteil einer breiten konsensuellen Absicherung des Systems bewährt sich in Zeiten der Stabilität. In Zeiten des Umbruchs und Wandels droht der Vorteil hingegen dann zu einem Problem zu werden, wenn es nicht gelingt, notwendige Innovationen einzuleiten und umzusetzen. Inwieweit nachhaltige, auch strukturelle Veränderungen im deutschen System der Berufsausbildung realisierbar werden, erscheint vor diesem Hintergrund als eine offene Frage."[32]

Die nachfolgend vorgeschlagenen Reformen zur Realisierung der EU-Beschlüsse Lissabon 2000 beanspruchen gegenüber dem derzeitigen finanziellen Aufwand für die berufliche Bildung keine Mehrkosten. Im Gegenteil wäre es durchaus möglich, dass z. B. durch die Ablösung des Übergangssystems und die Verzahnung von Voll- und Teilzeitschulen Mittel eingespart werden können. *Vordringliche Reformbereiche*

Dessen ungeachtet ist es dringend erforderlich, in Deutschland ein leistungsfähiges Berufsbildungssystem zu etablieren, in dem eine konsolidierte duale Ausbildung und schulische Berufsbildungsangebote in ein zukunftsfähiges Gesamtsystem einbezogen sind. Hierfür wären mehr als geringfügige Korrekturen erforderlich, müssen doch Maßnahmen mit dieser Zielsetzung an den Wurzeln der Probleme ansetzen. In den folgenden Kapiteln werden entsprechende Reformvorschläge erläutert und begründet:

– *Einbindung der beruflichen Bildung ins staatliche Bildungssystem (7.1)*
Mit der Trennung von Bildung und Berufsbildung nimmt Deutschland eine Sonderstellung ein. Die sich daraus ergebenden Probleme werden durch geteilte Zuständigkeiten für die berufliche Bildung noch verschärft. Dieses Kapitel befasst sich mit der Einrichtung einer übergreifenden Instanz, die die Gesamtverantwortung wahrnimmt, und zeigt auch auf, welche bedeutsamen Aufgabenbereiche der Wirtschaft in dem zu schaffenden Bildungsgesamtsystem zukommen.

– *Aufgabenfelder für eine enge Kooperation von Staat und Wirtschaft (7.2)*
Ein effizientes Berufsbildungssystem erfordert den aktuellen Anforderungen entsprechende Ordnungsmittel, bei deren Erarbeitung Staat und Wirtschaft zusammenwirken. Zu den weiteren partnerschaftlich zu bewältigenden Aufgaben gehören die Durchführung von Aus- und Weiterbildungsprüfungen durch Betrieb und Schule in Kooperation sowie die Zuordnung der deutschen Qualifikationen zum Acht-Stufen-Modell der EU.

---

[32] Euler, Dieter; Severing, Eckart: Flexible Ausbildungswege in der Berufsbildung. Ziele, Modelle, Maßnahmen. Bielefeld 2007, S. 7

– *Die EU-Ratsbeschlüsse 1979 zur dual/alternierenden Ausbildung als Modell (7.3)*

Die EU legte mit ihren Empfehlungen zur alternierenden Ausbildung Leitlinien zum Ausbau strukturierter Berufsbildungsgänge auf verschiedenen Qualifikationsstufen vor, die sich durch den geplanten Wechsel von Abschnitten des Erfahrungslernens und der systematischen Unterweisung auszeichnen. Das Kapitel befasst sich mit den Kernpunkten der EU-Empfehlung und ihrer Bedeutung für Reformen der beruflichen Bildung in Deutschland.

– *Ausbau leistungsfähiger Berufsschulzentren (7.4)*

Die Curricula der Berufsschulen sind sowohl für die Fachausbildung als auch die flankierenden und weiterführenden Aufgaben wie Zusatzqualifikationen zuständig. In diesem Kapitel wird aufgezeigt, wie die differenzierten Aufgaben in einer neuen Organisationsstruktur bewältigt werden können.

7.1 Einbindung der beruflichen Bildung ins staatliche Bildungssystem

Trennung von Bildung und Berufsbildung

Die Trennung von Bildung und Berufsbildung ist eine deutsche Besonderheit, die man in anderen Staaten nicht kennt. Als Beispiele dafür lassen sich anführen:

– Im englischen System wurde das Erziehungsministerium unlängst aufgeteilt nach a) Ministerium für Kinder, Schulen und Familien (Department for Children, Schools and Families) und b) für Hochschulen, einschließlich berufliche Bildung (Department for Innovations, Universities and Skills). Bildung und Berufsbildung sind also Aufgabenbereiche des Staates.

– Das französische System wird staatlich gelenkt; es unterscheidet traditionell Bildungsstufen, die beispielsweise von der EU im Jahre 1985 als Fünf-Stufen-Modell allgemein zur Diskussion gestellt wurden. Alle Stufen, auch das Niveau Berufsabitur, werden im Dualsystem angeboten. Die Verantwortung für den größten Teil des staatlichen Bildungswesens, einschließlich des Berufsbildungswesens, liegt beim zentralen Bildungsministerium. Das Landwirtschaftsministerium unterhält ebenfalls Bildungseinrichtungen (berufsbildender Zweig der SEK II und Hochschulen) in eigener Regie. Im Dualsystem ist die Verantwortung geteilt; für alle pädagogischen Fragen ist das nationale Bildungsministerium bzw. das Landwirtschaftsministerium verantwortlich, die Teilzeitschulen (CFA) unterstehen der Rechts- und Finanzaufsicht der Regionen. Für die arbeitsrechtlichen Fragen im Rahmen des Ausbildungsvertrags als Arbeitsvertrag besonderer Art, ist das Arbeits- und Sozialministerium zuständig; dieser Bereich ist im Arbeitsgesetzbuch geregelt.

– Im österreichischen System unterstehen die berufsqualifizierenden Vollzeitschulen (BMS und BHS) dem Bund, ebenso die betriebsgebundene Ausbildung hinsichtlich Planung und Konzeption, in der Durchführung den Ländern.

In den hier angeführten Staaten sind auf der obersten Ebene generell jeweils Ministerien für die berufliche Bildung verantwortlich, und zwar einschließlich der Gestaltung der beruflichen Ordnungsmittel und des Prüfungssystems. Teilaufgaben werden an regionale Stellen delegiert. In der Regel bauen in den europäischen Staaten Berufsbildungsstufen jeweils auf einem bestimmten Niveau des allgemein bildenden Schulwesens auf und führen nach Absolvierung zur nächsthöheren Qualifikationsstufe im Gesamtsystem. **Staatliche Zuständigkeit**

So liegt außerhalb der Bundesrepublik Deutschland in allen Mitgliedsländern der EU die Gesamtverantwortung für Bildung und Berufsbildung beim Staat. Die hier formulierten Vorschläge zur Einbeziehung der beruflichen Bildung ins Bildungssystem stellen insoweit keine Besonderheit dar. Der Vorteil der staatlichen Verantwortung besteht darin dass dort, wo die betriebliche Ausbildung im Zusammenwirken mit der Wirtschaft in die Gesamtverantwortung des Staates einbezogen ist, sich dieses System als leistungsfähig erweist. **Zuständigkeit verlangt Verantwortung**

Die Vorschläge der EU vom Jahre 2000 und die Beschlüsse der Folgetreffen mit dem Schwerpunkt lebenslanges Lernen verlangen in den einzelnen Staaten ein integriertes Bildungsgesamtsystem. Die Ausklammerung von Teilbereichen wie in Deutschland hinsichtlich der Zuständigkeit der Wirtschaft für die betriebliche Ausbildung, steht also den Plänen der EU zum Ausbau des lebenslangen Lernens entgegen. Die Abbildung 14 zeigt, wie sich die Trennung in verschiedene Zuständigkeitsbereiche auswirkt.

Der Forderung, ein Bildungsgesamtsystem auszubauen, lässt sich nur realisieren, wenn Allgemeinbildung und Berufsbildung gekoppelt werden. Durch die jetzige Situation der Trennung von Zuständigkeitsbereichen ist das Prinzip des lebenslangen Lernens nicht oder nur eingeschränkt realisierbar. **Koppelung von Allgemeinbildung und Berufsbildung**

Die staatliche Verantwortung muss die seitherigen Teilkompetenzen des Bundes gemäß Art. 74 Ziff. 11 GG und die der Länder für das gesamte Bildungswesen einschließen. Es kommt also darauf an, für das Dualsystem eine entsprechende Institution zu schaffen, die auf vertraglicher Ebene mit der Wirtschaft und ihren Betrieben zusammenwirkt, wie es die EU in ihren Empfehlungen vom Jahre 1979 vorgeschlagen hat.[33]

Für die gemäß EU-Reformpaket Lissabon 2000 neu zu strukturierenden oder zu ergänzenden Berufsbildungsangebote ist die verantwortliche Position des Staates unabdingbar. Nur dadurch lässt sich erreichen, dass berufliche Umsteigemög- **Sicherung der Mobilität**

---

[33] Vgl. Rothe, G.: Alternanz – die EU-Konzeption für die Berufsausbildung. Erfahrungslernen Hand in Hand mit Abschnitten systematischer Ausbildung, dargestellt unter Einbeziehung von Ergebnissen aus Ländervergleichen. Karlsruhe 2004

Abbildung 14:
Auswirkungen der Trennung von Bildung und Berufsbildung in Deutschland projiziert auf den von der EU angestrebten Europäischen Qualifikationsrahmen

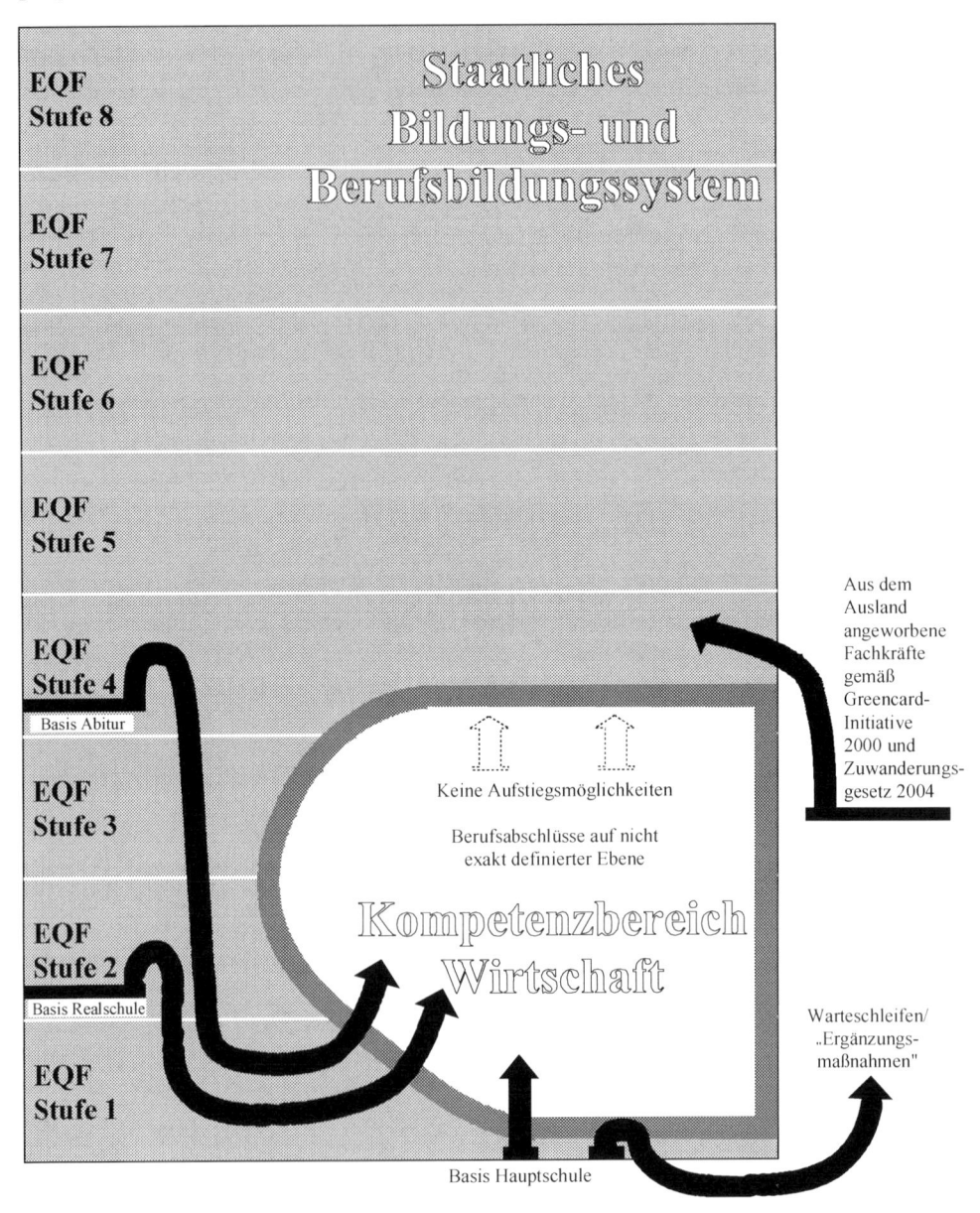

EQF Stufe 8	Staatliches Bildungs- und Berufsbildungssystem
EQF Stufe 7	
EQF Stufe 6	
EQF Stufe 5	
EQF Stufe 4 (Basis Abitur)	Aus dem Ausland angeworbene Fachkräfte gemäß Greencard-Initiative 2000 und Zuwanderungsgesetz 2004
EQF Stufe 3	Keine Aufstiegsmöglichkeiten / Berufsabschlüsse auf nicht exakt definierter Ebene
EQF Stufe 2 (Basis Realschule)	Kompetenzbereich Wirtschaft
EQF Stufe 1	Warteschleifen/ „Ergänzungsmaßnahmen" / Basis Hauptschule

lichkeiten, beruflicher Aufstieg sowie individuelle Initiativen zu anrechenbaren Zertifikaten führen können. Gleichzeitig ist über die staatliche Zuständigkeit auch der Aufstieg nach den neu zu installierenden EU-Stufen gemäß EQR sicherzustellen; dabei sind alle Bildungs- und Berufsbildungsebenen einzuschließen, von der Lehre oder Vollzeitschule bis hin in den Hochschulbereich. Nur der

Staat kann in Verbindung mit zuständigen Stellen der Wirtschaft dafür Sorge tragen, dass ein solches Bildungsgesamtsystem einschließlich beruflicher Bildung auf allen Ebenen und Zweigen geschaffen und die Einseitigkeit der teilweise noch überkommenen Zunftausbildung überwunden wird. Sicherzustellen ist folgerichtig, dass alle Bildungsgänge und Berufsbildungsstufen ins Gesamtsystem integriert sind.

a) Errichtung einer speziellen staatlichen Instanz für die berufliche Bildung

Die Zuständigkeit für die berufliche Bildung kann in Industriestaaten verschiedenartig geregelt sein. Vorausgesetzt wird in jedem Falle allerdings ein enges Zusammenwirken zwischen Staat und Sozialpartnern. In der Regel ist dafür ein eigenes oder ressortübergreifendes Ministerium bzw. ein Staatssekretariat verantwortlich. *(Ressortübergreifende Instanz)*

Die derzeitige Einbindung verschiedener Ministerien in den Hauptausschuss des deutschen Bundesinstituts für Berufsbildung (BiBB) entspricht dieser Forderung noch nicht; vielmehr muss ein bestimmtes Ressort für das Berufsbildungswesen und die Berufsbildungspolitik verantwortlich sein und auf diesem Gebiet auch die Vertretung der Bundesrepublik Deutschland nach außen, wie beispielsweise gegenüber der EU, wahrnehmen. Diese Aufgabe kann von keiner anderen Organisation, die von Fall zu Fall zusammentritt, übernommen werden.

Der zu errichtenden Institution fällt die Aufgabe zu, einerseits enge Kontakte zu den Stellen zu unterhalten, die von den Anforderungen des Arbeitsmarktes her prioritär die Strukturierung der beruflichen Bildung zu verantworten haben, wie Wirtschaftsministerium, Arbeitsministerium, Gesundheitsministerium usf., und andererseits zu den Kultusbehörden, die für die Ausgestaltung der Lehrpläne und die Abnahme der Prüfungen zuständig sind. Als Beispiele lassen sich anführen: *(Partnerinstitutionen)*

- Frankreich: Neben dem Erziehungsministerium gibt es auch andere Ministerien wie das für Landwirtschaft, die Bildungseinrichtungen unterhalten, bzw. das Arbeitsministerium, das an der Organisation des Dualsystems mitwirkt. Der wichtigste Akteur auf oberster staatlicher Ebene ist in jedem Fall das Bildungsministerium. Es ist für die Abschlüsse verantwortlich.
- Österreich: Traditionell wirken auf Bundesebene das Wirtschaftsministerium oder andere Fachministerien mit dem federführenden Bildungsministerium zusammen, wenn es z. B. darum geht, bildungspolitische Weichenstellungen zu verabschieden.

Wichtige Konsequenz für eine Reform der beruflichen Bildung in Deutschland ist die Aufhebung der verhängnisvollen Ausgrenzung beruflicher Bildung aus dem staatlichen Bildungssystem und damit verbunden die entsprechende Anpassung der Länderverfassungen sowie des Grundgesetzes, die bisher diese Besonderheiten zulassen. Ein solcher Prozess erscheint zweifelsfrei als schwierig und aufwändig; es dürfte allerdings höchste Zeit sein, das seit der Wende vom 18. *(Bundes- und Länderzuständigkeit als Problem)* zum 19. Jahrhundert dominierende neuhumanistische Bildungsverständnis mit Ausgrenzung der beruflichen Bildung zu überwinden. In der Schweiz wurde beispielsweise im Jahre 1999 die Eidgenössische Verfassung dahingehend geändert, dass der Bund über eine dafür einzurichtende Instanz für die berufliche Bildung verantwortlich zeichnet.

Zuständigkeit für europäische Zusammenarbeit

Eine in dieser Weise neu gebildete deutsche Institution müsste sich mit der Europäischen Union und ihren Vorschlägen und Plänen befassen und der EU gegenüber für die deutsche Berufsausbildung zuständig sein. Diese Institution hätte parallel dazu in Deutschland den Kontakt zur Wirtschaft, speziell für Arbeitgeber- und Arbeitnehmerfragen und zu anderen Teilbereichen, zu pflegen sowie auf nationaler Ebene Leitlinien für die Durchführung der Ausbildungsgänge auf regionaler Ebene zu formulieren und dabei mit Spitzenvertretern von Arbeitgebern und Arbeitnehmern zusammenzuwirken.

b) Koppelung der Ausbildung in Dualsystem und in Vollzeitschulen

Nachbarländer als Beispiele

Der Blick über die Ländergrenzen zeigt, dass schon heute in vielen Staaten Ausbildungsgänge im Dualsystem und solche in Vollzeitschulen als Nebeneinander und Miteinander geführt werden. Generell gilt, dass in alle Berufsbildungsgänge Praktika einbezogen sind. Seit 1999 gilt dies nach den Bologna-Beschlüssen länderübergreifend auch für den Hochschulbereich.

Praktika in Vollzeitschulen

Viele berufsqualifizierende Vollzeitschulen beziehen auch in Deutschland seit Jahren Zeitanteile berufspraktischer Unterweisung ein. Als Beispiele dafür sind die Schulen des Gesundheitsdienstes und die Ausbildung naturwissenschaftlich-technischer Assistenten zu nennen.

Die die Lehre ersetzenden Berufsfachschulen, wie z. B. in Kaiserslautern und Ansbach, haben über ihre Werkstätten einen bestimmten Betrag des Schuletats über die Abwicklung privater Aufträge selbst zu erwirtschaften. Dabei helfen die Teilnehmer der ebenfalls einbezogenen Techniker- und Meisterschule, die verschiedenartigen Aufträge zu realisieren.

Das Beispiel Metallarbeiterschule Winterthur geht einen Schritt weiter. In ihren Werkstätten fertigt sie physikalische Lehrmittel und verkauft sie auf den Lehrmittelmessen.

Der hier vorgeschlagene Weg führt über die Absolvierung von Praktika in einschlägigen Betrieben; dafür gilt es, vertragliche Regelungen zwischen Schule und Schulverwaltung mit Wirtschaftsverbänden und Unternehmen zu verabschieden.

Dauer des Praxisanteils

Mit der Problematik des Praxisanteils befassten sich die EU-Empfehlungen vom Jahre 1979 zum Ausbau des dual-alternierenden Systems. Dort wird empfohlen, für die betreffenden Ausbildungsgänge Praktika mit Anteilen für Erfahrungslernen in Betrieben von 20 bis 80 % vorzusehen. Der Anteil 20 % für die systematische Ausbildung gilt allerdings nur für wenige spezielle Fachrichtungen, der entsprechende Anteil für die Ebene Facharbeiter liegt darüber.

Der von der EU erarbeitete Rahmen für das dual-alternierende System überwindet als wesentliches Ergebnis die Kluft zwischen den überkommenen beiden miteinander konkurrierenden Bildungswegen. Es ist unverständlich, dass diese Vorschläge in Deutschland nicht bekannt gemacht und demzufolge auch nicht diskutiert wurden, obwohl die deutschen Mitglieder des EU-Berufsbildungsausschusses anlässlich der Erarbeitung dieses Konzepts im Jahre 1979 in Brüssel mitgewirkt hatten.

Überwindung der Trennung

Sofern es gelingt, Praxisanteile mit den Betrieben und ihren verantwortlichen Stellen zu koppeln, kann es nicht mehr schwer fallen, Absolventen von berufsqualifizierenden Vollzeitschulen am Arbeitsmarkt als gleichwertig zu den dualen Ausbildungsgängen einzubeziehen. Mit einer solchen Initiative fallen dann zwangsläufig die aufwändigen Maßnahmen der Berufsvorbereitung weg, denn es können auf unterer, mittlerer und höherer Ebene entsprechende Bildungsgänge eingerichtet werden. Das dänische Modell, nach dem grundsätzlich das erste Ausbildungsjahr in der Schule absolviert und darauf aufbauend die Ausbildung im Betrieb fortgesetzt wird, kann richtungweisend sein.

Derzeit werden in Deutschland die Vollzeitschulen nicht als alternative Berufsbildungswege betrachtet; umgekehrt besteht in den Ländern, in denen das Dualsystem erst neu eingeführt wurde, eine Hauptaufgabe darin, die Bedeutung der dualen Ausbildung in der Öffentlichkeit zu vertreten.

c) Ausbau von Qualifikationsmöglichkeiten über das lebenslange Lernen

Traditionell versteht sich das Dazulernen bei der Arbeit als Normalfall, ganz unabhängig von der Position, die der Einzelne im Berufsleben einnimmt. Allerdings gibt es entscheidende Unterschiede, ob und inwieweit das lebenslange Lernen am Arbeitsplatz, in unternehmensinternen bzw. externen Kursen oder in der institutionellen Weiterbildung der Qualifikation und der Statusposition des Einzelnen zugerechnet wird. Nicht jede Ergänzung der Fachqualifikation, die mit einer Berufsausbildung oder einem Studium erworben wurde, erst recht nicht Elemente eines fremden Fachgebiets, die im Arbeitsalltag hinzukommen, brauchen sich bei der tarifvertraglichen Eingruppierung oder einem Stellenwechsel auszuwirken.

Unterschiedliche Wege beachten

Nach den Zielvorstellungen der EU zum Europäischen Qualifikationsrahmen und dessen Umsetzung geht es – über die Einstufung institutionell erworbener Abschlüsse hinaus – insbesondere darum, die Qualifikationselemente, die der Einzelne en passant am Arbeitsplatz oder in Eigeninitiative erwirbt, in der Stufenfolge der nationalen Qualifikationsrahmen anzuerkennen und durch die im lebenslangen Lernen erworbenen Kompetenzen von einer Stufe zur nächsthöheren aufsteigen zu können. Dies zu realisieren erfordert Regelungen, nach denen

- die in Bausteinen (Modulen) sukzessive erworbenen Teilqualifikationen in einschlägiger Bündelung als den Diplomen der Erstausbildung und des Hochschulstudiums gleichwertig anerkannt werden;
- die im Wege des informellen Lernens am Arbeitsplatz gewonnenen Erfahrungen, Kenntnisse und Fertigkeiten auf neuen Fachgebieten beim Wechsel von einem Betrieb zu einem anderen Transferqualität erreichen, also formal angerechnet werden.

Vorgehen anderer Länder als Modell

In welche Richtung Deutschland einschlägige Wege zur Validierung des lebenslangen Lernens auszubauen hätte, lässt sich modellhaft am Vorgehen in Frankreich und England ableiten.

Zu erinnern wäre in diesem Zusammenhang zunächst an das in *Frankreich* im Jahre 1985 eingeführte Bilanzierungsverfahren (*bilan de competence* – vgl. Kap. 3.3), mit dem Erwerbstätige und Arbeitslose ihre im Berufsleben erworbenen Kompetenzen eruieren und bestätigt erhalten können. Ist eine berufliche Neuorientierung arbeitsmarktbedingt oder aus gesundheitlichen Gründen notwendig, hilft das in Frankreich etablierte Verfahren, gezielt die Elemente zu bestimmen, die zu einer marktadäquaten neuen Qualifikation führen.

Das Qualifikationssystem *Englands* ist traditionell outputorientiert konzipiert (vgl. Kap. 6.0). Als größtes Zertifizierungszentrum wirkt dort seit vielen Jahrzehnten das *City and Guilds of London Institute*, das pro anno rund 600.000 Zertifikate unterschiedlicher Ebenen vergibt und als die Instanz zur Anerkennung des Erfahrungslernens schlechthin gilt.

Die *Schweiz* bietet mit der *Höheren Berufsbildung* (vgl. Kap. 1.2) Berufstätigen auf drei Wegen Zugang zu Qualifikationen, die denen der unteren Hochschulebene der ISCED-Stufe 5B gleichgestellt sind. Mit abgeschlossener Ausbildung und einschlägiger Berufserfahrung bieten die Eidgenössische Fachprüfung, die Eidgenössische Berufsprüfung und die Bildungsgänge der Höheren Fachschulen den Zugang zu gehobenen und höheren Positionen mit Fach- und Führungsverantwortung, und zwar mit Absolventenzahlen, die (umgerechnet auf pro Million Einwohner) viermal höher liegen als bei den deutschen Fortbildungsprüfungen nach dem BBiG.

Bausteinkonzept als Brücke

Wie in Kapitel 5.2.3 gezeigt, wird in Deutschland die erreichbare Qualifikationsstufe noch immer primär über die absolvierte Erstausbildung bestimmt. Im Jahre 2005 entfielen von den 1,009 Mio. Abschlüssen der beruflichen Bildung (Tabelle 12) nur 139.000 auf Zertifikate, die Fachschulen und Kammern nach Fortbildungsregelungen des BBiG vergeben haben.

Der Rückstand gegenüber der Schweiz entsteht u. a. dadurch, dass Bausteine, die Brücken zu den höheren ISCED-Stufen 5B und 5A schlagen könnten, für den vertikalen Aufstieg nicht existieren. Sie fehlen aber bislang ebenso für die horizontale Erweiterung der Arbeitsfähigkeit, etwa soweit berufliche Kenntnisse

und Fertigkeiten derer, die vor Jahren oder gar Jahrzehnten ihre Ausbildung abgeschlossen haben, auf den neuesten Stand gebracht werden sollen.
Wie zuvor (Kap. 7.0) gezeigt, fehlt es nicht an Reformvorschlägen, wohl aber an deren Realisierung und wohl auch an Einsichten seitens der Wirtschaft und ihrer Organisationen und der für das Bildungswesen zuständigen Länderministerien.

Akkreditierung und Zertifizierung

Derartige Strukturen zu schaffen, bedarf nicht in erster Linie – auch wenn dies zu begrüßen wäre – neuer Gesetzesinitiativen, sondern zunächst einmal der Kooperation zwischen Bund und Ländern mit dem Ziel, den institutionellen Rahmen zu fixieren, innerhalb dessen die im lebenslangen Lernen erworbenen Kompetenzen anerkannt und auf einschlägige Abschlüsse des Bildungswesens und der Regelungen zur beruflichen Fortbildung nach dem BBiG angerechnet werden. Entscheidend ist nicht in erster Linie, dass eine beide Kompetenzbereiche übergreifende Institution entsteht, sondern dass – zumal im Interesse der Betroffenen – umgehend im Bildungssegment und in der Wirtschaft Regeln einer Akkreditierung und Zertifizierung der erworbenen Kenntnisse und Fertigkeiten definiert, wechselseitig verschränkt und angewendet werden.

Ein anschauliches Beispiel für das Zusammenwirken von Zentralstaat, Teilstaaten und Berufsverbänden gibt Hugo Barmettler in seinem Beitrag „Verbundpartnerschaft und Integration als Grundzüge der schweizerischen Berufsbildungsreform" (vgl. S. 504).

Konsequenzen aus Aktionsprogrammen

Bereits in Kap. 3.3 wurde deutlich, dass es in Deutschland an Aktivitäten zur Umsetzung des Postulats lebenslanges Lernen fehlt. Zum wiederholten Male listete der Berufsbildungsbericht 2007 in Kapitel
- 4.4 (Seiten 248ff.) auf, welch vielfältige Initiativen es gibt und welch hohe Millionenbeträge an Fördermitteln zum Komplex Lernen und Kompetenzentwicklung in verschiedenartigem Kontext (z. B. Lernen im Prozess der Arbeit, Lernen im sozialen Umfeld, Lernen im Netz) eingesetzt werden;
- 4.5 (Seiten 258ff.) auf, welche Strategien für lebenslanges Lernen in der Bundesrepublik Deutschland verfolgt werden und welche „Themennetze" aktiv sind. Dazu heißt es a.a.O., S. 260: „Drei dieser Themennetze („Beratung", „Neue Lernwelten" und „neue Übergänge") sind seit Dezember 2006 in eine Phase der Professionalisierung eingetreten. [...] seitdem [werden] die gemeinsam entwickelten Lösungsansätze und Modelle für den Transfer aufbereitet."

Abschließend ist also festzuhalten: Der entscheidende Unterschied zwischen Deutschland und den übrigen EU-Staaten besteht darin, dass in den anderen Ländern die Regierungen die Rahmenbedingungen erlassen und in diesen Prozess die Sozialpartner einbeziehen. In Deutschland sind die vielfältigen Aktivitäten bisher nicht in einem einschlägigen Rechtsrahmen zur Realisierung des lebenslangen Lernens umgesetzt. Der Staat überlässt noch weithin den Kammern als Selbstverwaltungsorganisationen der Wirtschaft die Regelung und Anerkennung der beruflichen Bildung. Die hunderttausende von Weiterbildungskursen, -lehrgängen etc. einer kaum noch überschaubaren Zahl von Trägern/Veranstaltern, die die Datenbank KURS der BA enthält, verstehen sich noch immer als Angebote eines freien Marktes, der sich selbst regulieren soll, aber bislang in keiner Weise in die Vorgaben zur Anerkennung des lebenslangen Lernens eingebunden ist.

Bund und Länder gleichermaßen gefordert

Nachteile aus dem langen Zögern haben primär die deutschen Erwerbstätigen zu tragen; sie geraten bei der Einstufung ihres Wissens-, Fähigkeits- und Kompetenzprofils nach dem Europäischen Qualifikationsrahmen (EQR) gegenüber Kollegen anderer Staaten ins Hintertreffen, d. h. sie sind am Ende zum größten Teil darauf verwiesen, höhere Qualifikationen zeitaufwändig und mit hohen finanziellen Belastungen auf dem institutionellen Wege z. B. der Fachschulen bzw. Hochschulen zu erwerben.

7.2 Aufgabenfelder für eine enge Kooperation von Staat und Wirtschaft

Betriebe als Zentren des Erfahrungslernens

Die Verantwortung des Staates für die berufliche Bildung, wie sie in der Regel in den Verfassungen verankert ist, schließt generell enge Kontakte zur Wirtschaft ein. Daher erscheint es erforderlich, die Bereiche, die von der Wirtschaft wahrgenommen oder in Kooperation mit ihr durchzuführen sind, zu erhalten und weiter auszubauen. Möglichkeiten des Erfahrungslernens in der betrieblichen Arbeit stehen im Mittelpunkt. Der Reformansatz des lebenslangen Lernens wertet das informelle Lernen bei Mitarbeit in Betrieben auf. Viele Unternehmen sind bestrebt, Arbeitsplätze lernförderlich zu gestalten und Lernpotenziale in den Arbeitsprozessen herauszustellen. Das Erfahrungslernen ist also wesentlicher Bestandteil der Weiterbildung, gilt es doch, die individuelle Beschäftigungsfähigkeit aller Erwerbstätigen den jeweiligen Anforderungen entsprechend weiterzuentwickeln.

Anpassung der Qualifikation über Weiterbildung

In der heutigen verschärften und globalisierten Wettbewerbssituation sind die Betriebe grundsätzlich gefordert, Innovationen rasch umzusetzen und sich flexibel auf neue Anforderungen des Arbeitsmarktes einzustellen. Die ständige Anpassung der Qualifikationen ihrer Mitarbeiter versteht sich als besondere Aufgabe. Damit die Betriebe Motoren der Weiterbildung bleiben können, ist staatlicherseits allerdings dafür zu sorgen, dass entsprechende Weiterbildungskonzeptionen und –angebote zur Verfügung stehen.

Unterstützung der Berufsvorbereitung

Als weiteres Aufgabenfeld stellt sich für die Unternehmen die Mitwirkung im Bereich Berufsvorbereitung der Jugendlichen vor der Schulentlassung. Dies bedeutet die Unterstützung der schulischen Aktivitäten der Berufsorientierung bis hin zur Bereitstellung von qualifizierten Praktikumsplätzen in den Betrieben.

a) Zusammenwirken von Schule und Betrieb in der Berufsvorbereitung

Die Kooperation von Schule und Betrieb zielt auf die Bewältigung des Übergangs von der Schule in die Berufsausbildung. Hierzu sind Einblicke in Arbeits- und Geschäftsabläufe ebenso hilfreich wie die Durchführung einzelner beruflicher Tätigkeiten und betrieblicher Handlungen. Diese können in der Schulwerkstätte und auch im Betrieb stattfinden. Ein Hemmnis in Deutschland liegt in der Trennung von beruflicher und allgemeiner Bildung; dies zeigt sich auch in der Durchführung von Maßnahmen zur Berufsvorbereitung in der Schule und im Anschluss daran.

Kooperation Schule – Wirtschaft

Die KMK hat seit den frühen 1970er Jahren in enger Kooperation mit der Bundesanstalt für Arbeit die Berufsorientierung in allen allgemein bildenden Schulen ausgebaut, dazu zählen u. a. auch die Betriebspraktika.

In jüngerer Zeit wurden diese Aktivitäten von den Partnern des Paktes für Ausbildung und Fachkräftenachwuchs gemeinsam mit der KMK in einem Handlungsleitfaden zusammengestellt. Herausgestellt wurde nochmals die Bedeutung der „Praxiserfahrung am Lernort Betrieb". Hierbei sind verschiedene Formen möglich[34]:

- Blockpraktika von zwei oder drei Wochen
- Kontinuierliche Praxistage, insbesondere für benachteiligte und lernschwache Jugendliche (die Schüler verbringen dabei meist ab der 8. Klasse ein bis zwei feste Arbeitstage pro Woche im Betrieb)
- Sozialpädagogisch betreute Förderpraktika

Die Initiativen der Bundesarbeitsgemeinschaft SCHULE-WIRTSCHAFT zum Ausbau der Kontakte zwischen Wirtschaft und Schule datieren bereits aus dem Jahre 1965; heute bestehen im gesamten Bundesgebiet rund 460 einschlägige Arbeitskreise (vgl. Kap. 5.1.2 a).

Partner in der Berufsvorbereitung

Im Hinblick auf den Übergang von der Schule in die Berufsausbildung ist das Modell des Berufseinstiegsjahres (BEJ) Baden-Württembergs interessant. Aufbauend auf dem bereits erworbenen Hauptschulabschluss sieht es vor, über Fördermaßnahmen die Ausbildungsreife der Schülerinnen und Schüler und ihre Chancen auf einen Ausbildungsplatz zu verbessern[35]:

Berufseinstiegsjahr (BEJ)

- Vorqualifikation in einem Berufsfeld
- verstärkte Förderung in Deutsch, Mathematik, Projekt- und Sozialkompetenz
- individuelle Förder- und Berufswegeplanung auf der Grundlage einer umfassenden Kompetenzanalyse
- Erlangung eines höher qualifizierenden Abschlusses mit Anforderungen, die etwas über dem Niveau des Hauptschulabschlusses liegen, anstelle der

---

[34] Vgl. Schule und Betriebe als Partner – Ein Handlungsleitfaden zur Stärkung der Berufsorientierung und Ausbildungsreife. S. 27f.
[35] http://www.km-bw.de/servlet/PB/-s/197vjcaj8gvxzanxczkezxv8914c6atm/menu/1208

bloßen Wiederholung eines bereits erworbenen Bildungsstandes wie bislang im Berufsvorbereitungsjahr

Das Konzept des Berufseinstiegsjahres sieht auch vor, dass bis zu zwei Praxistage pro Woche eingeplant werden können.

Verbesserung der Berufsvorbereitung

Die Wirtschaft stellt unisono die Hinführung auf die Berufs- und Arbeitswelt in den öffentlichen Schulen als nicht ausreichend heraus, ohne allerdings bisher konkret angegeben zu haben, auf welcher Basis die betriebliche Berufsausbildung aufbauen soll. Dazu ist letztendlich eine Institution erforderlich, in der Wirtschaft und Schulen gemeinsam vertreten sind und entsprechende Vorgaben formulieren. Auf diese Weise soll festgelegt werden, inwieweit die Schule etwa in Werkstätten bestimmte Handfertigkeiten vermittelt. Zu fördern sind auf jeden Fall Verantwortungsbewusstsein und die Erkenntnis, dass nur durch Eigeninitiative und durch bestimmte Arbeitstugenden wie Selbstständigkeit usf. die heutigen Anforderungen bewältigt werden können.

Der bisher in der Berufsvorbereitung noch fehlende Erfolg verlangt nach einer solchen Organisationsform, in der sich Vertreter der Wirtschaft und der Schule permanent verständigen, um optimale Wege vorschlagen zu können. Dabei sollte auch die berufliche Schule einbezogen werden.

b) Einflussnahme auf die Erstellung von Ordnungsmitteln

Kritik an den geltenden Ordnungsmitteln

In den Stellungnahmen zur Verbesserung des deutschen Berufsbildungssystems, wie in Kap. 7.0 wiedergegeben, werden als Verbesserungsvorschläge an erster Stelle die derzeit geltenden beruflichen Ordnungsmittel genannt. Hierfür als Beispiele:

- Der Innovationskreis für berufliche Bildung (IKBB) des BMBF empfiehlt eine Strukturierung von Ausbildungsberufen in verwandten Tätigkeitsbereichen in Form von Berufsgruppen mit gemeinsamer Kernqualifikation und darauf aufbauenden Spezialisierungsmöglichkeiten.
- Die Bundesvereinigung der Deutschen Arbeitgeberverbände (BDA) setzt sich für eine zweijährige Erstausbildung als grundlegende Qualifikation in Kombination mit einer anschließenden Spezialisierungsphase ein und empfiehlt auch die Zusammenfassung verwandter Einzelberufe zu Berufsgruppen, deren Bausteine zum Teil übereinstimmen und kombinierbar sind.
- Die Kultusministerkonferenz äußerte mehrfach Kritik an der Überspezialisierung der Ausbildungsberufe und forderte die Einhaltung des Grundsatzes einer breit angelegten beruflichen Grundbildung oder von breit angelegten gemeinsamen Kern- und grundlegenden Fachqualifikationen bei der Neuordnung inhaltlich verwandter Ausbildungsberufe.
- Der DIHK-Präsident Braun stellte fest, viele Betriebe könnten die Anforderungen einer Reihe stark überfrachteter Ausbildungsordnungen kaum noch bewältigen; die Modernisierung von Berufsbildern sei offensichtlich aus dem Ruder gelaufen. Als Beispiel führte er den Beruf des Anlagenmechanikers an, dessen

Ausbildungsverordnung 72 Seiten umfasst, mit denen sich der Ausbildungsbetrieb auseinandersetzen muss.[36]

Während die absolvierte Ausbildung traditionell als erlernter Lebensberuf verstanden wird, steht in heutiger Zeit die Zielsetzung *Beschäftigungsfähigkeit* und ihr Erhalt als bestimmend im Vordergrund (vgl. Exkurs 6, S. 286f.). Dabei bildet die absolvierte Erstausbildung die Basis, auf der im Sinne des lebenslangen Lernens die Qualifikation entsprechend ausgebaut werden kann.

Vom Berufsabschluss zur Beschäftigungsfähigkeit

Benötigt werden hierfür berufliche Ordnungsmittel, die generell sowohl für den Betrieb als auch die Schule gelten. In diesen ist detailliert aufzuführen, dass der Betrieb seine Schwerpunkte im Erfahrungslernen erkennt und die Schule das erforderliche Maß der Kenntnisse und Fertigkeiten bietet, die über systematisches Lernen erworben werden müssen. Diese beiden Schwerpunkte sind im Sinne der Lernortkooperation zu verknüpfen.

Im Prozess der Erarbeitung neuer Ausbildungsordnungen ist bei der Berufsschneidung zu prüfen, welche Bausteine als Elemente der Grundbildung gelten und welche Ergänzungscharakter haben bzw. als Wahlangebote zu sehen sind. Die erstgenannte Gruppe ist soweit wie möglich so anzulegen, dass sie in Grundbildungsgängen für mehrere Berufe Platz findet und gleichzeitig auch für die Weiterbildung gilt. Das typische Beispiel für eine notwendige Änderung in der Gestaltung von beruflichen Ordnungsmitteln ist der IT-Bereich. Hier sind Anforderungen in verschiedenen Berufen angesprochen, in denen eine breite Grundbildung für diesen Komplex zu legen ist. Im Zuge der raschen Weiterentwicklung muss von vornherein die Notwendigkeit von Weiterbildungselementen gesehen werden, so dass Ordnungsmittel keineswegs den endgültigen Ausbildungsabschluss bieten, sondern für den weiteren Ausbau offen bleiben. Dies sind sie dann, wenn bestimmte Module eingefügt werden, die sich einzeln oder in einer Gruppe zur Ergänzung empfehlen. Gleichzeitig ist damit angesprochen, dass die Weiterbildung viel umfassender zu gestalten ist und nicht nur auf wenige Aufbauberufe beschränkt bleiben darf.

Abschnitte mit Pflicht- und Wahlcharakter

Vor diesem Hintergrund ist es erforderlich, sich von der Idee des Lebensberufs nach dem Berufsprinzip zu verabschieden. Es muss möglich sein, dass bestimmte Spezialberufe, die heute als selbstständige Berufe gelten, in der Form erworben werden, dass zunächst eine Grundausbildung absolviert wird und die Spezialausbildung samt Ergänzungsbausteinen darauf aufbaut.

Abkehr vom Lebensberuf

Bisher wurden Ordnungsmittel in Deutschland nicht fortlaufend aktualisiert, vielmehr wird nach einer mehr oder weniger langen Zeit eine neue Ausbildungsordnung erarbeitet oder verabschiedet. Diese Vorgehensweise kann nicht effizient sein, denn der rasche Wandel in Technik und Wirtschaft erfordert, dass

Notwendigkeit der Fortschreibung von Ordnungsmitteln

---

[36] Statement von DIHK-Präsident Ludwig Georg Braun zur Zukunft der betrieblichen Ausbildung am 22. Januar 2007 in Berlin

die beruflichen Ordnungsmittel unmittelbar nach erkannter Notwendigkeit fortgeschrieben werden. Der Erfolg der betriebsgebundenen Ausbildung ebenso wie der berufsqualifizierenden Vollzeitschulen und der Berufsschulen ist von der zeitgerechten Fortschreibung der beruflichen Ordnungsmittel abhängig.

Kontinuität in der Fortschreibung von Ordnungsmitteln

Wichtig ist, die Kontinuität in der Fortschreibung der Ordnungsmittel sicherzustellen und dass sich die hierfür zuständigen Fachkräfte permanent mit den Ausbildungsordnungen auseinandersetzen, um feststellen zu können, wo aufgrund der Fortentwicklung von Wirtschaft und Technik Änderungen erforderlich werden. Dies gilt nicht nur für grundlegende Veränderungen, z. B. wenn es sich notwendig erweist, ein anderes Modul einzufügen oder den Beruf hinsichtlich seines Volumens zu verändern.

Mit diesen Grundforderungen weicht die hier angesprochene Konzeption von den in Deutschland seither erarbeiteten Ordnungsmitteln ab. Vor allem ist von Bedeutung, dass diejenigen, die sich mit der Ausbildung auseinanderzusetzen haben, in die Verfahren der Berufsschneidung einbezogen werden. In der Regel wird heute für die gesamte Ausbildung ein detaillierter Plan vorgelegt, der von den Betrieben in den angegebenen zeitlichen Abschnitten kaum zu bewältigen ist. Es gibt kein Industrieland außer Deutschland, in dem der Betrieb im Dualsystem die Vermittlung der Fachkenntnisse zu übernehmen hat.

Hinsichtlich der Kooperation mit der Berufsschule herrscht eine Art Nebeneinander der Vermittlung von Fachkenntnissen, die die Schule bietet, und solchen, die der Betrieb selbst zu vermitteln hat; eine Verzahnung wurde bisher nicht definiert.

Qualifikationsebenen

Vergleicht man in Europa die Zuständigkeiten für die betriebsgebundene Ausbildung, so ergibt sich folgende Situation: Die Ausbildung endet in der Regel mit Abschlüssen, die im staatlichen System der Stufung von Qualifikationen gemäß EU-Empfehlung verankert sind. Ein Beispiel dafür ist die neue Lehrlingsausbildung in England. Sie umfasst einmal den Zweig zur mittleren Qualifikation und zum anderen den Zweig, der den Übergang in die Hochschule erleichtert. In Frankreich gibt es innerhalb der betriebsgebundenen Ausbildung Bildungsgänge von der Facharbeiterebene bis in den Hochschulbereich, womit die betriebsgebundene Ausbildung voll in die allgemeine Stufenordnung einbezogen ist.

Fachdidaktisch vorgebildete Personen

Hauptaufgabe bei der Mitwirkung der betrieblichen Seite bei der Konzeption von Ordnungsmitteln ist die Sicherstellung der Grundforderung, dass sich diese – sei es hinsichtlich des Einstiegs oder der möglichen Aufbaueinheiten – in der beruflichen Praxis bewähren.

Die Ordnungsmittel können also nur von fachdidaktisch vorgebildeten Personen erarbeitet werden, die Spezialisten für das Fachgebiet sind, für das das Ordnungsmittel gelten soll. Das sind auf der betrieblichen Seite die Ausbildungsbetriebe und deren fachdidaktisches Zentrum (vgl. Schweiz) und auf der schulischen Seite die Fachdidaktiker, die beispielsweise heute im Studienseminar und in der Hochschule vertreten sind.

In Frankreich werden die beruflichen Ordnungsmittel von speziellen Kommissionen erarbeitet, wobei die fachlich zuständigen Zweige der Wirtschaft einschließlich der Arbeitnehmer beteiligt sind. Die Federführung liegt auf ministerieller Ebene.

Wenn heute von Seiten des DIHK beanstandet wird, dass die Ordnungsmittel „aus dem Ruder gelaufen"[37] sind, dann weist dies auf eine unzureichende Ausrichtung auf gegebene Realisierungsmöglichkeiten hin. Parallel dazu sind allerdings Aufbaumodule einzubeziehen.

<small>Eingangsqualifikation und Abschluss</small>

Eine Grundlage für die Erarbeitung von Ordnungsmitteln sind die Ausgangsqualifikation, also Hauptschule, Realschule usf., oder auch die Anforderungen an bestimmte Fächer der schulischen Vorbildung, wie z. B. Mathematik oder Naturwissenschaften. Das Ordnungsmittel bezieht sich auf eine bestehende Qualifikationsstufe, die mit den eingangs zu stellenden Anforderungen beginnt und mit der Qualifikation nach Abschluss endet. In der EU-Reforminitiative gilt dies über acht Ebenen hinweg, in die sich alle beruflichen Bildungsgänge einzugliedern haben.

Der Einfluss der Wirtschaft ist so zu verstehen, dass die Angehörigen der Betriebe, Arbeitgeber und Arbeitnehmer, beurteilen müssen, inwieweit die verbal in den Ordnungsmitteln beschriebene Qualifikation auf dem Arbeitsmarkt benötigt wird. Diese Aufgabe kann also nur in Verbindung mit der Berufspraxis bewältigt werden.

<small>Einflussnahme auf die Ordnungsmittel</small>

c) Durchführung von Qualifikationsprüfungen in Aus- und Weiterbildung

Im Rahmen der Neuordnung wird einerseits nach Kernberufen oder Grundberufen und andererseits nach Pflicht- und Wahlbausteinen zu strukturieren sein. Jede Erstausbildung muss dem Grundsatz genügen, dass auch im Rahmen der Weiterbildungsbausteine die Beschäftigungsfähigkeit des Einzelnen erhalten werden kann. Diese Veränderungen stehen im Zusammenhang mit dem Grundsatz des lebenslangen Lernens, nach dem kaum noch zwischen Erstausbildung und Weiterbildung unterschieden wird. Es gibt also im lebenslangen Lernen Einheiten oder Bündel von Einheiten wie Grundberufe, die absolviert werden, aber dann fortzuschreiben sind und zu neuen Qualifikationen führen.

<small>Strukturierte Erstausbildung</small>

Bei Zusatzqualifikationen für Personen, die eine Grundausbildung absolviert haben, gilt, dass eine solche Einheit unmittelbar an eine entsprechende grundlegende Einheit der Erstausbildung anknüpft, um weiterführende Themen behandeln zu können.

---

[37] Statement von DIHK-Präsident Ludwig Georg Braun zur Zukunft der betrieblichen Ausbildung am 22. Januar 2007 in Berlin

Beispiel Ausbildungsberuf Gärtner

Um ein Beispiel zu zeigen, lässt sich der Beruf des Gärtners nennen. Er ist heute aufgegliedert nach sieben Fachrichtungen, so u. a. Zierpflanzenbau, Staudengärtnerei und Baumschulen. In Wirklichkeit sind es Einheiten, die auf die Spezialisierung der Betriebe im Bereich des Gartenbaus abgestellt sind. Diese sollten nicht als einzelne Lehrberufe betrachtet werden, gilt es doch, die Flexibilität des Betreffenden zu erhalten, der später den Baustein Zierpflanzen oder einen anderen erwirbt.

An diesem Beispiel lässt sich zeigen, dass eine Modularisierung vom Prüfungsaufwand her nicht größer ist als die Behandlung dieser Zweige als eigene Berufsrichtungen.

Zertifizierung von absolvierten Modulen

Das überkommene Prüfungssystem ist mit der Notwendigkeit, Modulprüfungen einzubeziehen, herausgefordert. Geht man von der heutigen Situation aus, werden alle Prüfungen als gleichartig und umfassend, aber nicht in ausreichendem Maße inhaltlich strukturiert durchgeführt. Ausbildungsgänge mit einbezogenen Modulen brauchen für jedes Modul ein Zertifikat, das allerdings auf verschiedenen Wegen erreicht werden kann, in der Regel aber über die Durchführung von Prüfungen. Ein Modul dieser Art beinhaltet immer absolvierte Bereiche des Erfahrungslernens und die in systematischer Form erworbenen Kenntnisse und Fertigkeiten. Bei Modulprüfungen muss also die Kooperation zwischen dem schulischen und dem betrieblichen Teil enger sein als bisher.

Prüfungsinstitutionen

Interessant hierfür sind die traditionellen Prüfungsmodalitäten in England. Prüfungsinstitutionen werden von der staatlichen Behörde Qualifications and Curriculum Authority (QCA) zugelassen. Die Prüfungen selbst sind nach Inhalt und anzuwendendem Verfahren festgeschrieben.

Im deutschen System sind also neue Prüfungszentren und Aufsichtsmöglichkeiten zu initiieren, bei denen die Partner in der Ausbildung, Schule und Betrieb, mitwirken. Dafür sind spezielle Prüfungsämter erforderlich, in denen die beiden aufsichtführenden Organe für Schule und Wirtschaft zusammenwirken.

Diese Art der Prüfung ist bereits vom Deutschen Ausschuss für das Erziehungs- und Bildungswesen in seinen Empfehlungen erwähnt worden:

„In der dualen Ausbildung tragen Betrieb und Berufsschule eine gemeinsame Verantwortung. Ihr Beitrag ist verschieden, aber er begründet gleichgewichtige Pflichten und Rechte. Um die Gemeinsamkeit der Verantwortung zu verstärken und sichtbar zu machen, veranstalten beide Partner zum Abschluß der beruflichen Ausbildung am Ende der obligatorischen Berufsschulzeit eine gemeinsame Prüfung und erteilen das Abschlußzeugnis gemeinsam."[38]

Durchführung von Qualifikationsprüfungen

In den Qualifikationsprüfungen ist nachzuweisen, dass der Betreffende über seine Einstiegsqualifikation für den Arbeitsmarkt sachgerecht ausgebildet ist.

---

[38] Empfehlungen und Gutachten des Deutschen Ausschusses für das Erziehungs- und Bildungswesen 1953 – 1965, Gesamtausgabe 1966, S. 493.

Hier kommt es darauf an, dass einerseits Experten der Arbeitgeber- und Arbeitnehmerseite und andererseits Vertreter der Schulen mitwirken, haben sie doch zu beurteilen, ob die Vorgaben der Ordnungsmittel erfüllt werden.

Der Gedanke eines Vorgehens in modularen Einheiten ist in Deutschland bisher nicht entwickelt, weil die Betriebe in diese Materie noch nicht eingeführt wurden.

7.3 Die EU-Ratsbeschlüsse 1979 zur dual/alternierenden Ausbildung als Modell

Im Dezember 1979 hat die EU gemäß Ratsbeschluss, wie bereits erwähnt, bestimmte Grundregeln für das Zusammenwirken zwischen Betrieb und Schule fixiert. Diese Grundlagen wurden von der EU-Kommission unter Mitwirkung des beratenden Ausschusses, in dem auch die deutsche Seite vertreten ist, erarbeitet. *Ausweitung dualer Ausbildung in den EU-Staaten*

Länderübergreifend zeigt sich, dass diese Vorschläge Beachtung fanden und in der Folgezeit die betriebsgebundene Ausbildung in den EU-Staaten anteilig gewachsen ist. Im Vereinigten Königreich begann beispielsweise die Revitalisierung der betrieblichen Ausbildung Mitte der 1990er Jahre, nachdem die traditionelle Lehrlingsausbildung fast gänzlich zum Erliegen gekommen war. Heute ist dort das Lehrlingswesen nach Ausbildungsniveau differenziert.

In der von den Mitgliedsstaaten für 1980 erbetenen Rückäußerung zum EU-Vorschlag vom Jahre 1979 nahm Deutschland wie folgt Stellung: *Deutsche Reaktion*

> „Die mit dem Begriff 'alternierende Ausbildung' bezeichnete Koppelung von Berufsausbildung und praktischer Arbeitserfahrung ist ganz überwiegend bereits die Praxis der Berufsausbildung in der Bundesrepublik Deutschland. Damit ist die von der EG geforderte Aufstellung neuer Programme, die diese Koppelung sichern, für die Bundesrepublik Deutschland nicht notwendig ..."

Besonders verwiesen wird ferner auch auf die Abstimmung der Lerninhalte zwischen Bund und Ländern, die Anforderungen an die Ausbildungsbetriebe und die Ausbilder sowie Möglichkeiten des Aufstiegs zu aufbauenden Fortbildungsberufen wie zum Meister.

Die deutsche Rückäußerung ist insofern unbefriedigend, als sie nicht auf Abweichungen zwischen dem deutschen System und der EU-Empfehlung eingeht. Auch in der Fachdiskussion gibt es kaum Beiträge zum Thema Alternanz, wie die EU das Zusammenwirken von Schule und Betrieb nennt.

Der wichtigste Punkt der EU-Vorschläge betrifft die geforderte vertragliche Vereinbarung zwischen Betrieb und Schule, und zwar zwischen dem Privatbetrieb, vertreten durch die Wirtschaftsverbände, und der örtlichen Schule, vertre- *Lernortkooperation* ten durch die Kultusministerien. Eine solche Vereinbarung hat es in Deutschland bisher nicht gegeben.[39]

Inhaltlich legt die EU fest, dass im Anteil Betrieb das *Erfahrungslernen* im Mittelpunkt steht und die Schule die *systematisch zu erarbeitenden Inhalte* gemäß Ausbildungsordnung bewältigt. So gesehen nennt die EU im Wechsel nur zwei Institutionen und verhindert, dass – wie in Deutschland – z. B. Lehrwerkstätten mal im Betrieb, mal überbetrieblich und mal in der Schule eingerichtet werden.

Finanzierung und Trägerschaft
Hinsichtlich der Finanzierung gilt, dass der Betrieb für den Schwerpunkt Erfahrungslernen zuständig ist und die Kosten der systematischen Ausbildung zu Lasten des Staates gehen, womit hier sinngemäß die Kosten einer breit angelegten Berufsschule mit Lehrwerkstätten einbezogen sind. Von besonderer Bedeutung ist die Möglichkeit, auch Betriebsberufsschulen und von Berufsverbänden getragene Berufsschulen einzuplanen. Diese Wege werden in Frankreich schon über längere Zeit begangen, und auch in Deutschland waren private Berufsschulen zu erheblichen Anteilen in den ersten Jahrzehnten des vorigen Jahrhunderts in Industriebetrieben eingeführt.

Die Empfehlung der EU zur Alternanz lässt also finanziell alle Wege offen und bietet den Betrieben die Möglichkeit, eigene Berufsschulen einzurichten, die dadurch intern Vorteile hinsichtlich der Kooperation und der Abstimmung erreichen können.[40]

Einbindung berufsqualifizierender Vollzeitschulen
Die bildungspolitisch wichtigste Entscheidung der EU-Vorschläge 1979 betrifft die Einbindung der berufsqualifizierenden Vollzeitschulen in ihrer Gesamtheit in die Konzeption Alternanz/Dualsystem. Voraussetzung dafür ist die Einbeziehung betrieblicher Praktika im Mindestumfang von 20 % der Ausbildungszeit. Damit entsteht ein umfassendes System, das generell alle Fachrichtungen abdeckt. Im Allgemeinen werden die beiden Anteile nach dem Grundsatz systematische Ausbildung so lange wie nötig, Erfahrungslernen so lange wie möglich definiert.

a) Ausbildungsdauer und Zuordnung zu Qualifikationsstufen

Zeitliche Spielräume
Die Frage der Anteile systematisch-praktischer Ausbildung und Ausbildung in der Ernstsituation des Betriebs lässt sich für die Ausbildungsgänge nicht pauschal beantworten. Die Abbildung 15 zeigt modellhaft den Spielraum für die beiden Zeitanteile nach Niveaustufen und veranschaulicht, dass der Anteil Erfahrungslernen mal relativ knapp bemessen, aber auch sehr umfangreich sein

---

[39] Sie ist aus der Entwicklung – z. B. in Württemberg zwischen dem Landesgewerbeamt, Leitung Ferdinand von Steinbeis, und dem damals für die Schulen verantwortlichen Ministerium – bekannt, aber bis heute nicht vollzogen.
[40] Vgl. Gutachten des Deutschen Ausschusses für das Erziehungs- und Bildungswesen vom 10.07.1964. In: Empfehlungen und Gutachten des Deutschen Ausschusses für das Erziehungs- und Bildungswesen 1953–1965, Gesamtausgabe 1966

kann. So bezieht dieses duale System sowohl qualitativ hochstehende Ausbildungsgänge mit relativ knappen betrieblichen Praktika als auch Berufe mit geringeren Ansprüchen mit entsprechend höheren Praxisanteilen ein.

Die Zuordnung der Ausbildungsgänge zu Qualifikationsstufen gemäß EU-Vorschlag vom Jahre 2004 gilt als Grundforderung für Reformen der beruflichen Bildung. Die vorgeschlagene Strukturierung dient auch der Erweiterung der Berufsausbildung in Deutschland, denn nicht nur die Hauptschulabsolventen, sondern auch Realschüler und andere Stufen suchen Ausbildungsmöglichkeiten unterhalb der Hochschulebene.

Abbildung 15:
Zeitanteile Betrieb und Ausbildungszentrum/Schule in der Alternanz

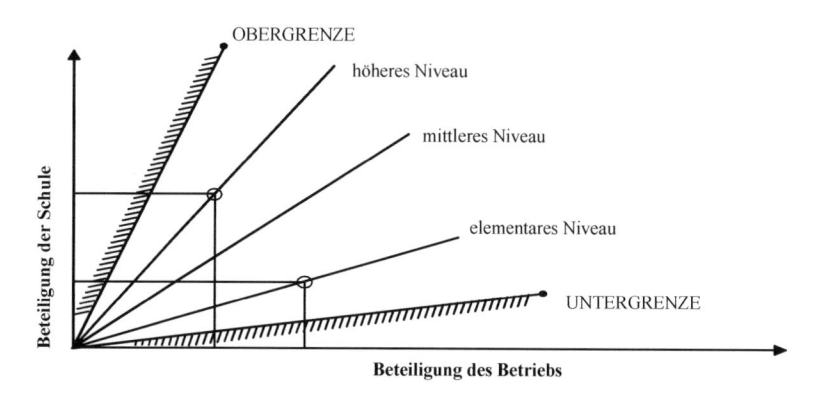

Quelle: Deschler, François: Der Beitrag der Betriebe im Berufsbildungssystem Frankreichs. In: Reichert, E., Döbler, K. u. a. (Hrsg.): Berufliche Bildung im Zusammenwirken von Schule und Betrieb. 10 Jahre Berufspädagogik an der Fridericiana. Sonderband der Reihe Materialien zur Berufs- und Arbeitspädagogik. Villingen-Schwenningen 1986, S. 44.

b) Festlegung der Anteile Erfahrungslernen und Ausbildung in systematischer Form

Das Nebeneinander von Ausbildung im Betrieb und Ausbildung in berufsqualifizierenden Vollzeitschulen ist in Deutschland bei der Frage der Kooperation zwischen den beiden Institutionen noch ungeregelt (vgl. Abschnitt 6.1 c). **Ausbildungsschwerpunkte Betrieb und Schule**

Die EU schlägt mit ihren Empfehlungen vom Jahre 1979 und den Fortschreibungen vor, dass der Betrieb für das Erfahrungslernen und die Institution Bildungszentrum usf. für die Inhalte zuständig ist, die in systematischer Form erarbeitet werden müssen.

Eine inhaltliche und zeitliche Festlegung der Anteile Erfahrungslernen ist auch in den überkommenen Ausbildungsberufen erforderlich und sollte bereits bei der Erstellung von Ordnungsmitteln berücksichtigt werden. In einer Reihe von Berufsbildungssystemen gelten für Vollzeitschulen und Dualsystem die gleichen Ordnungsmittel, wobei auch die entsprechenden Praktikazeiten festgelegt werden müssen. **Bandbreite Erfahrungslernen**

Nach wie vor bildet der Komplex Berufserfahrungen den Kern der betriebsgebundenen Ausbildung. Das Erfahrungslernen erfuhr mit der Ausrichtung auf den Grundsatz des lebenslangen Lernens eine entscheidende Aufwertung, und zwar parallel zur immer größer werdenden Bedeutung der Abschlussprüfungen und Zertifikate gegenüber Dauer und Art der absolvierten Ausbildungsgänge.

Schon immer wurden Bewerber zur Lehrabschlussprüfung zugelassen, sofern sie nachweisen konnten, in dem entsprechenden Beruf die doppelte oder eineinhalbfache Zeit gearbeitet zu haben. Der einzige Weg der Vorbereitung war dabei die Mitarbeit im Betrieb.

Mit der überkommenen Regelung kommt auch zum Ausdruck, dass Erfahrungslernen außerhalb der Lehre länger dauern muss, und gleichzeitig wird deutlich, dass die Unterstützung des begleitenden Ausbilders das Erfahrungslernen im Dualsystem besonders attraktiv macht. Nach den Vorschlägen der EU kann der Betrieb für die Gesamtausbildung nicht allein verantwortlich zeichnen.

Anteile allgemein bildender Fächer
Eine besondere Aufwertung erhält die Berufsschule im dualen System dadurch, dass nach den Vorschlägen der EU bestimmte Berufsbildungsstufen zu unterscheiden sind und damit auch die in Deutschland verabschiedeten Berufe gemäß BBiG mal der einen, mal der anderen Berufsbildungsebene innerhalb der neu zu erarbeitenden Struktur zuzuordnen sind. In diesem Zusammenhang erhalten die allgemein bildenden Fächer eine besondere Bedeutung. Voraussetzung dafür ist, dass die Abiturstufe das Niveau der Hochschulreife kennzeichnet und auch die Berufsabschlüsse auf dieser Ebene entsprechend strukturiert sein müssen (vgl. die berufsbildenden höheren Schulen Österreichs). Demzufolge sind in der Berufsabschlussprüfung auf den bestimmten Stufen auch die jeweiligen Anforderungen in den allgemein bildenden Schulen festzulegen.

Um die Studierfähigkeit auch über die duale Berufsausbildung zu erwerben, ist ein Berufsschulunterricht erforderlich, wie er in der Vereinbarung der KMK über den Erwerb der Fachhochschulreife in beruflichen Bildungsgängen (Beschluss vom 05.06.1998 i. d. F vom 09.03.2001) vereinbart wurde. Diese Verbindung gilt es herzustellen, um die duale Berufsausbildung in das Gesamtsystem einzufügen.

c) Zusammenwirken von Betrieb und Schule über vertragliche Vereinbarungen

Verankerte Kooperation
Zu den wesentlichen Festlegungen der EU in den Vorschlägen vom Dezember 1979 gehört, dass die beiden verantwortlichen Stellen für die betriebliche Ausbildung und die Schule bzw. das Bildungszentrum miteinander Verträge schließen, nach denen vorzugehen ist (vgl. 6.1 b).

Staatliche Prüfungsaufsicht
Die Lehrabschlussprüfung muss in gemeinsamer Verantwortung von Schule und Betrieb durchgeführt werden. Voraussetzung ist, dass bei diesen Prüfungen die Oberhoheit beim Staat liegt. Das gilt bei Abschlussprüfungen und auch bei Modul- oder Zwischenprüfungen. In die Prüfungskommissionen sind dafür speziell

ausgewiesene Fachkräfte einzubeziehen. Damit unterscheidet sich das Prüfungssystem grundlegend von den derzeitigen Regelungen in Deutschland. So gibt das EU-Konzept der alternierenden Ausbildung dem Zusammenwirken von Betrieb und Schule eine neue Dimension dadurch, dass jeder der beiden Partner eigene Aufgaben zu erfüllen hat.

7.4 Ausbau leistungsfähiger Berufsschulzentren

Die Ausrichtung der nationalen Berufsbildungssysteme auf die Zielsetzungen des Reformpakets Lissabon 2000 bedingt auch in Deutschland eine Anpassung von Struktur und Aufgabenstellung der beruflichen Schulen in ihrer Gesamtheit. Zu den wichtigsten Veränderungen gehört die geforderte Stufung von Ausbildungsgängen und Abschlüssen nach dem Europäischen Qualifikationsrahmen (EQR) sowie die Realisierung des Grundsatzes lebenslanges Lernen. **Veränderte Aufgaben**

Seit den 1930er Jahren unterscheidet man in Deutschland in der beruflichen Bildung drei Kategorien:
– Berufsschulen als Teilzeitschulen
– Berufsfachschulen als Vollzeitschulen
– Fachschulen als auf der Lehre aufbauende Bildungsgänge

Die genannten Schultypen decken allerdings die derzeitige Situation kaum noch ab und schon gar nicht die zu erwartenden weitergehenden Initiativen der Gemeinschaft. Zu den veränderten Aufgaben der *Berufsschule* zählt die Abkehr von der bisher einheitlichen Qualifikationsstufe quer über alle Fachrichtungen sowie die gemäß EU-Empfehlungen eigenständig wahrzunehmende Vermittlung aller in systematischer Form zu erarbeitenden Inhalte im Dualsystem. Die *Berufsfachschulen* zweijähriger Art führen nur zu einem kleinen Anteil zu berufsqualifizierenden Abschlüssen und werden derzeit zumeist der Kategorie des Übergangssystems zugeordnet. Der Anteil an *Fachschulen* ging in den letzten Jahren deutlich zurück, offenbar weil der über den Aufbau auf die Lehre erreichbare Abschluss gegenüber dem direkten Einstieg z. B. in Fachhochschulen erheblich aufwändiger erscheint.

Hinsichtlich des Unterrichts in den allgemein bildenden Fächern der Berufsschule ergeben sich schon bisher erhebliche Probleme. In Deutschland umfasst diese Gruppe etwa 25 bis 30 % der Unterrichtszeit. Anlässlich der Lehrabschlussprüfung bleiben diese Fächer ausgeklammert, während sie in der Schweiz als fest verankerter Teil einbezogen sind und dort mit 25 % des Punktesystems gewertet werden. Unter dem Aspekt des angestrebten Stufenaufbaus erhalten die allgemein bildenden Fächer aber ein größeres Gewicht, unterscheidet sich doch jede der aufbauenden Stufen zu einem beträchtlichen Anteil nach dem geforderten Bildungsstand in dieser Fächergruppe. **Allgemein bildende Fächergruppe**

Einführung des Modulsystems im gestuften System
In Deutschland mehren sich die Stimmen, die einen Übergang von der engen Berufsschneidung zum Ausbau des Modulsystems vorschlagen. Durch dessen Einführung ergeben sich vielfältige Möglichkeiten der Ergänzung erworbener Qualifikationen sowie des Aufbaus auf bereits erreichten Abschlüssen. Auch bei der Durchführung von Modulen müssen Betrieb und Schule zusammenwirken. Somit ergibt sich hier in den nächsten Jahren ein umfangreicher neuer Aufgabenbereich der Berufsschulen. Er schließt fachliche und ebenso allgemein bildende Inhalte ein und wird im Sinne des lebenslangen Lernens von den im Erwerbsleben Tätigen kontinuierlich beansprucht.

Weiterbildung
Bisher gilt in Deutschland die Weiterbildung vorrangig als Aufgabengebiet der Wirtschaft. Im Verlauf der letzten Jahrzehnte verwischen sich die Grenzen zwischen Aus- und Weiterbildung immer stärker; insoweit ist es unwesentlich, in welchem Alter der eine oder andere Ausbildungsgang absolviert wird. Mit der Realisierung des lebenslangen Lernens sind alle Zweige beruflicher Bildung in das Bildungsgesamtsystem einzubeziehen.

Neue Aufgabenprofile
Im Zuge der Berücksichtigung und Realisierung des Reformpakets Lissabon 2000 sind alle Schul- und Ausbildungszweige angesprochen, das duale System ebenso wie das System berufsqualifizierender Vollzeitschulen. Nachfolgend wird beispielhaft auf zu reformierende Aufgabenbereiche eingegangen.

a) Regelung des Schulbesuchs

Schulpflicht nach Modell Fortbildungsschule
Hinsichtlich der Verpflichtung, die Berufsschule zu besuchen, bestehen selbst in den deutschsprachigen Ländern Unterschiede. In Deutschland ähnelt die heutige Regelung der Schulpflicht den frühen Formen der Teilzeitschulen als Sonntags- und Fortbildungsschulen. Danach sind die Schulentlassenen nach der Vollzeitschulpflicht drei Jahre lang – vom 15. bis zum 18. Lebensjahr – teilzeitschulpflichtig, gleich ob sie in eine betriebliche Ausbildung eingetreten, als Jungarbeiter tätig oder arbeitslos sind. Die Dauer der Schulpflicht beträgt derzeit 12 Stunden pro Woche.[41] Auf die derzeitige Situation in der Berufsschule geht der Beitrag von Rolf Dörflinger ein (vgl. S. 509).

Schulpflicht gekoppelt mit der Ausbildung
In der Schweiz und in Österreich sind nur Lehrlinge schulpflichtig. Die dortige Schuldauer pro Woche liegt etwas unterhalb der deutschen Norm und differenziert nach Lehrjahren und Schulzweigen. Für die künftige Regelung des Schulbesuchs sollte die Schulpflicht gezielt auf die betreffenden Ausbildungsgänge ausgerichtet sein. Zu den genannten Pflichtteilen kommt dann auch die Absolvierung freiwillig zu besuchender Fächer hinzu, beispielsweise bezogen auf Zusatzprogramme oder auf die Teilnahme am Fremdsprachenunterricht.

Freiwilliger Besuch
Der Besuch der deutschen Berufsfachschule ist traditionell freiwillig, ebenso wie die verschiedenartigen Zweige des so genannten Übergangssystems.

---

[41] Für Jungarbeiter gelten in der Regel reduzierte Unterrichtszeiten.

Hinzu kommt der Bereich Sekundarstufe II, der grundsätzlich auf freiwilliger Basis besucht wird, mit verschiedenartigen Programmen, wie z. B. beruflicher Aufstieg, Umschulung oder auch Unterricht in Datenverarbeitung oder Fremdsprachen. Diese Bausteine sind besonders eng mit den entsprechenden Stufen des allgemein bildenden Systems verbunden und sollten generell dem regionalen Berufsschulzentrum zugeordnet sein.

b) Sicherstellung der Fachausbildung im dualen System

Nach den derzeitigen Schulpflichtgesetzen ist traditionell zunächst die regional zuständige Berufsschule angesprochen. Bei zahlenmäßig schwachen Ausbildungsberufen ergeben sich unterschiedliche Einzugsräume. Ein Teil der Schüler kann in der örtlichen Schule bleiben, andere werden auf Bezirksebene, auf Landes- oder auch auf Bundesebene zusammengefasst. Je nach Auffächerung nach Einzelberufen oder Berufsfeldern stößt der örtliche Schulbezirk dort an die Grenzen, wo die Berufsschüler den Standort nicht mehr als Pendler erreichen können. *Begrenzte Einzugsräume für Berufsschulen*

Bei etwa 345 Ausbildungsberufen liegen in über 100 Ausbildungsberufen Zahlen von unter 100 auf Bundesebene in Ausbildung Stehenden vor. So ergibt sich beispielhaft die folgende Standortsituation: *Abhängigkeit von Zahl der Auszubildenden*

In Baden-Württemberg sind die Augenoptiker z. B. an drei Standorten vertreten, Stuttgart, Freiburg und Bruchsal. Andere Berufe, wie z. B. die Schornsteinfeger, werden an einem Standort eingeschult, und zwar in Ulm. Zahlenmäßig noch schwächere Berufe wie der Hörgeräteakustiker sind auf Bundesebene in Lübeck zusammengefasst. In solchen Fällen wird die Berufsschule im so genannten Blocksystem absolviert, so dass nach der Faustformel eine Schulstunde pro Woche einer Woche im Blockunterricht entspricht. Zu diesen Zeiten sind die Lehrlinge in der Regel an ihrem zuständigen Schulort internatsmäßig untergebracht. Es gibt auch Grenzfälle, bei denen einzelne Schulen aus einem sehr großen Bezirk zusammengefasst werden können, z. B. indem der Unterricht eine Stunde später beginnt.

Die Rahmenvereinbarung der KMK vom Jahre 1984 zur Durchführung des Unterrichts für schwach besetzte Lehrberufe legte fest: *Fachklassenbildung gemäß KMK-Beschluss*

„Sofern einzelne Länder einen fachlich differenzierten Unterricht nicht sicherstellen können, soll auf der Grundlage der schulrechtlichen Regelungen für die betroffenen Berufsschüler aus diesen Ländern ein Unterrichtsangebot an Berufsschulen mit länderübergreifendem Einzugsbereich eingerichtet werden. Die aufnehmenden Länder bemühen sich, die erforderlichen Beschulungskapazitäten vorzuhalten. ... Die einzubeziehenden Ausbildungsberufe, die Standorte der Berufsschulen sowie deren Einzugsbereiche werden zwischen den Ländern abgestimmt ..."[42]

Details dieser Art sind dann in ständig fortzuschreibenden Listen für die betroffenen Ausbildungsberufe festzuhalten. Hierfür einige Beispiele[43]:

– Beim Ausbildungsberuf Asphaltbauer/in (Industrie) ist Nordrhein-Westfalen aufnehmendes Land mit Berufsschulstandort Essen. Einzugsbereich ist hierbei das gesamte Bundesgebiet.
– Beim Baugeräteführer/in (Industrie) gibt es drei aufnehmende Länder, nämlich Baden-Württemberg, Nordrhein-Westfalen und Thüringen. Schulstandort in Baden-Württemberg ist Schorndorf, wo auch Lehrlinge aus Rheinland-Pfalz und dem Saarland eingeschult werden.
– Beim Parkettleger/in (Handwerk) gibt es vier aufnehmende Länder, und zwar Baden-Württemberg, Niedersachen, Nordrhein-Westfalen und Sachsen. Die in Baden-Württemberg zuständige Berufsschule Ehingen nimmt auch Auszubildende aus dem Saarland auf.

Zuschüsse zu Unterkunft und Verpflegung sowie Fahrtkosten werden gegebenenfalls nach Landesregelungen gewährt.

Gestufte Ausbildung Bei einer gestuften Ausbildung, wie z. B. zwei Jahre Grundstufe und ein Jahr Aufbaustufe, kann der Einzugsraum für die Grundstufe das örtliche Berufsbildungszentrum sein, während die Fachausbildung als Spezialausbildung an einem anderen Standort durchgeführt wird. Voraussetzung dafür ist, dass die Ausbildungsordnungen diese Stufung von vornherein festlegen.

Mitwirkung bei Erarbeitung von Ordnungsmitteln Von besonderer Bedeutung ist die Einbeziehung der Berufsschulen bei der Erarbeitung und Fortschreibung von Ordnungsmitteln. Ziel ist es, vor allem die in den Ordnungsmitteln festgelegten Anforderungen sicherzustellen und hinsichtlich der Realisierung entsprechende Standorte zu bestimmen. Dies wird dann besonders dringlich, wenn das Berufsschulprogramm durch Berücksichtigung von Wahl und Pflichtmodulen spezielle Regelungen erforderlich macht.

c) Wachsende Bedeutung der allgemein bildenden Fächergruppe

Zugangsbedingungen Schon heute ist erkennbar, dass die große Zahl der anerkannten Ausbildungsberufe in Deutschland de facto verschiedenen Qualifikationsstufen zugeordnet werden kann. So gibt es Berufe, die zu einem erheblichen Anteil nach dem Abitur begonnen werden und ebenso andere, in denen Haupt- oder Realschüler dominieren.

---

[42] Vgl. Rahmenvereinbarung über die Bildung länderübergreifender Fachklassen für Schüler in anerkannten Ausbildungsberufen mit geringer Zahl Auszubildender. Beschluss der Kultusministerkonferenz vom 26.01.1984

[43] Vgl. Liste der anerkannten Ausbildungsberufe, für welche länderübergreifende Fachklassen eingerichtet werden, mit Angabe der aufnehmenden Länder (Berufsschulstandorte) und Einzugsbereiche. Stand der 16. Fortschreibung: 18.06.2004 – gültig ab dem 01.08.2004. (Beilage zur KMK Rahmenvereinbarung 26.01.1984)

Bei einer Orientierung auf verschiedene Niveaus gemäß Europäischem Qualifikationsrahmen ist es erforderlich, die Zugangsbedingungen für Neueintretende eindeutig festzulegen. Konsequenterweise ist dann in diesen Berufszweigen auf dem Eingangsniveau aufzubauen, um ein nächsthöheres Niveau zu erreichen.

Es erscheint angebracht, den allgemein bildenden Anteil als Ganzes zu sehen und dabei nach Pflicht- und Wahlfächern/Modulen zu strukturieren.   *Regionales Berufsschulzentrum zuständig*
Bei einem für den betreffenden Beruf festgelegten Stundenvolumen pro Woche, z. B. 12 Stunden, ließe sich unschwer in schwächer besetzten Berufen der Unterricht auf das heimische Berufsbildungszentrum und das an einem anderen Ort für den fachlichen Bereich zuständige Zentrum aufteilen.
Da im allgemein bildenden Sektor zweifelsfrei verschiedene Zusatzangebote erforderlich werden, z. B. einschließlich von Angeboten, die in den tertiären Bereich führen, ist es zweckmäßig, diese grundsätzlich in der heimischen Schule anzubieten.

Während in der Schweiz die Abiturienten die allgemein bildenden Fächer in der Berufsschule nicht zu besuchen brauchen, besteht in Deutschland keine derartige Regelung im Sinne einer offiziellen Befreiung für Abiturienten oder Schüler mit anderen Vorbildungen. Es gibt Fälle, in denen von der örtlichen Schule für Abiturienten anstatt des allgemein bildenden Unterrichts andere Themenbereiche angeboten werden, wie z. B. „Management im Handwerk".   *Angebote für Abiturienten*

d) Modular strukturierte Angebote
Sofern Module im Bereich der allgemein bildenden Fächergruppe angeboten werden, sollten sie in die Zuständigkeit des örtlichen Schulzentrums fallen. Module im beruflich-fachlichen Teil bleiben entweder beim örtlichen oder beim speziell dafür zuständigen Berufsschulzentrum. Es kann davon ausgegangen werden, dass Module in einzelnen Berufen auch fakultativ angeboten werden. Dieser Bereich sollte dem eigenen Berufsschulzentrum zugeordnet sein. Die Schule wird künftig Ausbildungsordnungen bewältigen müssen, die eine Reihe von Modulen einschließen; für entsprechende Module müssen dann Partnerschaften von Betrieb und Schule aufgebaut werden.   *Angebotene Wahlfächern*

Das Maß an möglichen und erforderlichen Zusatzqualifikationen, das in den Berufsschulanteil fällt, wird weiter anwachsen, besonders dann, wenn es um mathematisch-naturwissenschaftliche Grundlagen geht. Die Berufsschule benötigt also einen gewissen Freiraum in der Gestaltung von Zusatzqualifikationen.

Schon heute gibt es an den Berufsschulen eine Anreicherung des Berufsschulprogramms in Form des Erwerbs von Zusatzqualifikationen. Hierzu können auch Fremdsprachen gehören und weitere Fächer, die unmittelbar mit den einzelnen Berufen gekoppelt sind, wie z. B. für die Sanitär- und Elektroberufe „Kundenservice und Beratung".   *Zusatz-qualifikationen*

Künftige Ausbildungsordnungen werden für die Ausbildung in Betrieb und Schule Wahlbereiche vorschlagen, die einmal auf Initiative der betrieblichen Seite und dann auch auf Initiative der Jugendlichen selbst beruhen, so dass hier bestimmte Lösungsmodelle mit der Berufsschule abzusprechen sind.

Einbeziehung der Weiterbildung

Mit der Notwendigkeit der modularen Strukturierung von Erstausbildung und Weiterbildung ergibt sich für die Berufsschule ein neues Aufgabenfeld.

Vielfach haben die Berufsschulen schon bisher über Fördervereine Weiterbildungsmaßnahmen angeboten. Zielsetzung muss sein, dass Weiterbildungsprogramme auch von der Berufsschule selbstständig angeboten werden können, wobei für bestimmte Praktika auch Betriebe zu gewinnen sind.

e) Übergang in den tertiären Bereich

Parallel laufendes Programm

Von Interesse ist, dass in der Schweiz bereits die Koppelung des zweiten Berufsschultags mit dem Programm „Fachhochschulreife" eingeführt ist und ca. 10 % der Schweizer Lehrabsolventen diese Stufe erreichen. In Österreich ermöglicht die Berufsreife den Übergang in die Universität. Regelungen dieser Art sollten auch im deutschen System eingeführt werden, aber differenziert nach den Zielsetzungen Fachhochschule oder Universität. Selbstverständlich muss bei der Realisierung dieser Angebote darauf geachtet werden, dass jeweils der vorgegebene Zeitrahmen im Schulprogramm von den Interessenten angenommen werden kann. Dazu M. Baethge in seiner Dokumentation:

> „Nach jahrzehntelanger ertragsarmer Rhetorik politischer Akteure zur Gleichwertigkeit von beruflicher und allgemeiner Bildung zur Erhöhung der Durchlässigkeit von der Berufs- zur Hochschulbildung – flankiert durch Sonderregelungen – erscheint es an der Zeit, auf die Schiene institutioneller Umgestaltung zu wechseln. Eine durchschlagende Anhebung der Bildungsmobilität im Übergang zur Hochschule kann man sich davon versprechen, wenn Deutschland ... ein Berufsabitur als zweiten (fakultativen) Regelabschluss für die Berufsbildung einführen würde. Regelabschluss meint, dass jeder Auszubildende die Chance haben sollte, eine Hochschulzugangsberechtigung – eventuell fach- oder berufsfeldgebunden – zu erwerben und dafür entsprechende schulische Angebote vorgehalten werden müssen."[44]

Dringend zu fordern ist ferner, dass sich die Hochschulen auf Nachwuchskräfte aus der Berufsschule mit abgeschlossener Erstausbildung einstellen.

Angebote nach Ausbildungsabschluss

Wie in Österreich und der Schweiz bereits realisiert, kann die Gruppe dieser Zusatzfächer auch nach dem Ausbildungsabschluss absolviert werden. Für dieses Angebot sind beispielsweise auch Abend- und Samstagskurse zu erproben.

---

[44] Baethge, Martin, a.a.O., S. 30

Vertiefende und ergänzende Beiträge

Hugo Barmettler:
- Verbundpartnerschaft und Integration als Grundzüge der schweizerischen Berufsbildungsreform

Silke Bönisch/Dorothee Neidhardt:
- Freie Werkschule Meißen. Vom Werken zur Berufs- und Arbeitswelterfahrung im Verlauf der Schulzeit

Michael Brater:
- Was ist informelles Lernen und wie geht es vor sich?
- Von der Industriegesellschaft zur Wissensgesellschaft
- Wirkungen und Vorteile einer arbeitsintegrierten Weiterbildung. Das Weiterbildungskonzept einer Handelskette als Gewinner des Weiterbildungs-Innovationspreises 2003
- Wie kann man nachweisen, was jemand informell gelernt hat? – das Kompetenzportfolio
- Bemühungen um die Flexibilisierung der Berufsordnungen

Andreas Bronner:
- Die Berufswegeplanung in den Hauptschulen Baden-Württembergs als Beitrag zur Erreichung der Ausbildungsfähigkeit

Rolf Dietrich:
- Die Berufsentwicklung in der Grundbildung der Schweiz aus Sicht der Kantone

Rolf Dörflinger:
- Unterricht in der Berufsschule unter strukturellem und regionalem Aspekt

Jürgen Ehnert/Willi Maslankowski:
- Qualität von Fachbüchern der Berufsausbildung

Ludwig Paul Häußner:
- Ausbildung und Mitarbeiterentwicklung als unternehmerische Kernaufgaben

Ulrike Maus:
- Lehrlingsausbildung in England – ein Modell zur Revitalisierung der betrieblichen Ausbildung

Peter Schlögl:
- Teilqualifizierung und Lehrzeitverlängerung als Innovation im österreichischen Berufsbildungsrecht – die integrative Berufsausbildung

Rolf Sitzmann:
- Modellversuch zur Erprobung einer neuen Ausbildungsform „Contrôle continu" in den Ländern Baden-Württemberg, Rheinland-Pfalz, Saarland – 1975 bis 1980

Friedemann Stooß:
- Das deutsche Berufsprinzip – was es meint, ein Rückblick
- Unzulänglichkeiten der Berufsbildungsstatistik in Deutschland

Dietmar Waterkamp:
- Zur Methodik des internationalen Vergleichs

Werner Zettelmeier:
- Die Bedeutung und Organisation der beruflichen Weiterbildung in Frankreich
- Wie entsteht eine Ausbildungsordnung bzw. ein beruflicher Abschluss in Frankreich?

Vertiefende und ergänzende Beiträge

zu Teil 1
Das deutsche Berufsbildungssystem im europäischen Vergleich

Dietmar Waterkamp:
    Zur Methodik des internationalen Vergleichs   406

Werner Zettelmeier:
    Die Bedeutung und Organisation der beruflichen Weiterbildung in Frankreich   411

Rolf Dietrich:
    Die Berufsentwicklung in der Grundbildung der Schweiz aus Sicht der Kantone   416

Ulrike Maus:
    Lehrlingsausbildung in England – ein Modell zur Revitalisierung der betrieblichen Ausbildung   418

Dietmar Waterkamp
Zur Methodik des internationalen Vergleichs

1. Die Frage der Objektivität von internationalen Vergleichen

Mit dem internationalen Vergleich verbinden sich in den Sozialwissenschaften und in der Erziehungswissenschaft zwei unterschiedliche Intentionen. Zum einen wird in dem internationalen Vergleich eine Möglichkeit gesehen, zu Erklärungen für die Entstehung und den Verlauf von sozialen und pädagogischen Entwicklungen zu gelangen. Der Vergleich soll benutzt werden, um sozialwissenschaftliche oder pädagogische Theorien zu prüfen. Wenn etwa im nationalen Kontext eine erklärende Theorie aufgestellt wurde, so kann die Überprüfung dieser Theorie in anderen nationalen Kontexten zur Bestätigung oder Modifizierung führen; der Radius ihrer Gültigkeit kann genauer bestimmt werden.

In dieser Intention hat der internationale Vergleich eine wertfreie rein wissenschaftliche Funktion. Er wird nicht mit einem Anwendungsgesichtspunkt belastet. Es gab in der jüngeren Geschichte der deutschen Vergleichenden Erziehungswissenschaft zwei recht unterschiedlich angelegte Versuche, diese Funktion in Gang zu setzen. Die zu prüfende Theorie unterschied sich in beiden Fällen beträchtlich in Hinsicht auf ihre Reichweite (Hörner 1993. Schriewer 1999).

Dieser Intention steht eine andere gegenüber, die den internationalen Vergleich als einen Weg ansieht, zu besseren Lösungen in einem Praxisfeld wie z. B. einem Politikbereich zu gelangen. In der Durchführung bedarf ein Vergleich mit dieser Intention ebenso der kontrollierten Methodik wie im ersten Fall, aber die Art der Fragestellung ist anders und demgemäß auch die Art des Resultats. Wenn dieser Typus der internationalen Vergleichsuntersuchung die Form der Suche nach der *best practice* annimmt, werden Länder ausgewählt, die als leistungsstark gelten (Döbert/Sroka 2004).

Der internationale Vergleich, der mit der Intention der Verbesserung eines Praxisbereiches unternommen wird, begibt sich in ein von Interessen bestimmtes Feld. Er greift Themen auf, die in der Politik und in der veröffentlichten Meinung kontrovers sind, nicht nur unter theoretisch interessierten Wissenschaftlern. Er könnte somit leicht unter den Einfluss von Interessen geraten oder könnte durch eine politische und praktische Voreingenommenheit der Autoren beeinflusst werden. Ein solcher Vergleich muss daher sein Vorgehen sorgfältig unter dem Gesichtspunkt planen, ein möglichst hohes Maß an Objektivität in der Beschreibung und Interpretation der Sachverhalte zu erreichen.

In dem zweiten Forschungstypus richtet sich der Vergleichspfeil auf das eigene Land. Wie die Geschichte der Vergleichenden Erziehungswissenschaft zeigt, sind damit zwei grundsätzliche Gefahren gegeben. Zum einen könnte in dem Vergleich das Motiv mitschwingen, die Vorzüge der betreffenden Lösungen im eigenen Land herauszustellen, also eine Überlegenheit des eigenen Landes festzustellen. Diese Tendenz war der Vergleichenden Erziehungswissenschaft über die lange Zeit hin zu Eigen, in der auch diese Wissenschaft stark vom Gauben an die eigene Nation inspiriert war, nicht nur in Deutschland, sondern auch in anderen europäischen Ländern und in Nordamerika (Waterkamp 2006). Die andere Möglichkeit ist das Gegenteil, nämlich die Tendenz, das eigene Land zumindest in Hinsicht auf den fraglichen Politikbereich einseitig zu kritisieren. Letzteres kann mit dem Bemühen zusammenhängen, eine bestimmte noch wenig akzeptierte Lösung im Problembereich durchzusetzen, wie es zum Beispiel mit vergleichenden Forschungen in den siebziger Jahren der Fall war, die von der Überzeugung getragen waren, dass eine Umstellung des deutschen Schulsystems auf ein integriertes Modell unabdingbar sei. In beiden Fällen ist die selbstkritische Reflexion des methodischen Vorgehens nicht genügend durchgeführt worden.

2. Forschungsdesigns in der Vergleichsforschung mit dem Anspruch auf Objektivität

Somit stellt sich die Frage, wie eine möglichst große Objektivität in der Vergleichsforschung erreicht werden kann. Eine nahe liegende Lösung könnte es sein, auf Beschreibungen zuzugreifen, die von übernationalen Institutionen wie z. B. der OECD, der EU, namentlich Eurydice, oder auch CEDEFOP herausgegeben werden (Eurydice 2007. OECD 2004. CEDEFOP 2004). Jedoch stößt man dabei auf die Tatsache, dass deren Zahlen von den nationalen Regierungen gemeldet wurden oder nationalen amtlichen Statistiken entnommen wurden. Nationale und europäische Statistikdienste sind im Europäischen Statistischen System verbunden. Diese nützlichen Angaben und Daten reichen nicht aus, wenn der vergleichende Forscher selbst gesetzten Fragen nachgehen will.

Der Umgang mit den amtlichen Statistiken und Selbstbeschreibungen aus den Ländern wirft für den vergleichenden Forscher zwei grundsätzliche Fragen auf. Er muss zum einen deutlich sehen, dass der Vergleich kein ungefährliches Instrument ist. Vergleiche können unfair sein, weil jede Individualität an sich selbst gemessen werden möchte und sollte. Der Vergleich darf also nicht die eine Einheit an der anderen messen, er muss einen übergeordneten Maßstab anwenden, den die einbezogenen Individualitäten anerkannt haben. Im Falle des Vergleichs zwischen Mitgliedsländern der EU bzw. mit dieser eng kooperierenden Ländern ist ein solcher Maßstab bereits Realität. Er ist nicht konstruiert, sondern dadurch entstanden, dass die Mitgliedsländer in die Vergleichbarkeit eingewilligt haben und an gemeinsamen Zielen arbeiten, die als ihr gemeinsamer Maßstab fungieren. Die gemeinsam gesetzten Ziele sind nicht Hilfen zur Selbsteinschätzung, sie sind justitiable Verbindlichkeiten von politischer Mächtigkeit.

Die andere Frage ist für den Fortgang der Forschung noch wesentlicher. Sie lautet, ob der Forscher den fraglichen Politikbereich im eigenen Lande für den Zweck des Vergleichs für genügend erforscht hält oder ob er es für nötig befindet, nicht nur für die übrigen Länder der Vergleichsgruppe tiefer gehende Recherchen anzustellen, sondern auch die Bekanntheit des eigenen Systems anzuzweifeln und selbst neu zu recherchieren. Diese Frage ist ganz wesentlich für die Erlangung der oben geforderten Objektivität. Will der Forscher Voreingenommenheiten der im nationalen Rahmen verbreiteten Selbsteinschätzungen und auch eigener Präferenzen möglichst weitgehend ausschalten, so muss er unter der Annahme forschen, dass das eigene System nicht hinreichend in der Tiefe der Zusammenhänge bekannt ist. Er muss auch für das eigene System entsprechend selbst gesetzten Fragen recherchieren, ohne sich auf Selbsteinschätzungen zu verlassen, sei es, dass diese der Politik oder der veröffentlichten Meinung entstammen oder auch die vorherrschende Meinung unter den Wissenschaftlern auf diesem Gebiet darstellen. Der Vergleich muss als ein Mittel begriffen werden, ein möglichst objektives Leistungsbild des jeweiligen Praxisbereichs im eigenen Lande zu erzielen. In dieser Frage weist z. B. die an die PISA-Ergebnisse angelehnte Frankfurter Vergleichsforschung eine Schwäche auf (Döbert/Sroka 2004).

Um zu einem möglichst objektiven Ergebnis der vergleichenden Forschung zu gelangen, muss ein Warnschild beachtet werden, das in der vergleichenden Forschung im Allgemeinen missachtet wird. Die vergleichende Forschung gelangt nicht zu einer objektiveren Selbstaufklärung, wenn sie mit sog. Länderberichten arbeitet. In der Regel werden die einzelnen Länderberichte sog. Länderexperten anvertraut, sei es dass diese von außen auf ein Land blicken oder Experten im eigenen Lande sind. Wenn auch für die Länderberichte gewisse inhaltliche Kriterien vorgegeben werden, vor allem in Form einer gleichartigen Gliederung, so sind die jeweils gesammelten Informationen doch in der Regel weder in der Menge noch im Aussageradius hinreichend aufeinander abgestimmt und können nur partiell in einen Vergleich eingehen. Der Vergleich, der auf Länderberichten aufbaut, hat unvermeidlich einen assoziativen Charakter; er stellt Beziehungen zwischen den Länderberichten her, die aufschlussreich sein können, aber nicht einer bestimmten Fragestellung dienen.

Die gewünschte Objektivität könnte vielleicht durch Indikatorenbildung erreicht werden. Diesem Weg folgen die Darstellungen der OECD und auch der EU, jene wendet sich besonders quantitativen Indikatoren zu, die EU bemüht sich ergänzend um qualitative Indikatoren. Doch die Indikatoren decken nur in geringem Maße Systemstärken und Systemschwächen auf. Es bleibt unklar, welche Faktoren die Ausprägung eines Indikators bewirken. Indikatoren bedürfen also noch eingehender ergänzender Forschung.

Ein anderer Weg könnte die Anwendung von Leistungstests sein, wie sie in den PISA- und PIRLS- Untersuchungen zum Einsatz kommen. In der Tat ist dieser Forschungszweig von einem starken Willen nach Objektivität der Messungen beseelt. Die auf den Tests gezeigten Leistungen werden als Ergebnis der Bildungstätigkeit verstanden und von den erreichten Ergebnissen wird auf die Effektivität der Prozesse in den Bildungseinrichtungen geschlossen. Die Anwendung dieser Tests in einer großen Zahl von Ländern führt zu einer Gegenüberstellung der Befunde für alle Länder und erlaubt sogar, die Länder in eine Reihenfolge zu bringen. Aber es handelt sich um Befunde, die erst über eine Interpretation in eine Komparation eingehen müssten. Die Frage, welche Faktoren des jeweiligen Bildungssystems als starke und welche als schwache Faktoren anzusehen sind, lässt sich allein mit den Befunden nicht beantworten. Wird die Vielfalt der Daten auf der jeweiligen nationalen Ebene und auch im Ländervergleich genutzt, um vielfältige Korrelationen herzustellen, so können eventuell verursachende Faktoren identifiziert werden. Allerdings bleibt dieses Vorgehen abhängig von der Zahl der erfragten Daten, die über die Testdaten hinausgehen. Solche Daten werden in der Regel nur auf nationaler Ebene erhoben und sind nicht international abgestimmt. Im Bereich der Berufsbildung wurden noch keine Testuntersuchungen dieser Art durchgeführt.

Sowohl die Bildung von Indikatoren als auch der Einsatz von international abgestimmten Tests dienen dazu, eine Vergleichsbasis zu schaffen. Nötig sind ein gezieltes Sammeln von Informationen und die Abgleichung der Informationsgehalte. Es ist eine akribische Arbeit nötig, um die Vergleichsbasis zu erstellen. Während für den Einsatz von Indikatoren die in den Systemen und Systemprozessen erzeugten Informationen gesammelt und auf ihre Vergleichbarkeit hin geprüft werden, bringt die Verwendung von Tests selbst die Daten hervor, die dank der Testkonstruktion als sicher geeignet für die Gegenüberstellung gelten können. Ihre Exaktheit rührt eben daher, dass sie künstlich durch die Testsituation erzeugt werden und auf den Zweck der Gegenüberstellung hin produziert sind. Darin liegt ihre Stärke, aber auch ihre Schwäche, denn es ist nicht sicher, ob sie mehr über die Leistungen der Schüler sagen können als das was sie sind, nämlich Leistungen, die bei der Beantwortung eines Tests zu einem bestimmten Zeitpunkt in einer bestimmten räumlichen Situation erbracht wurden.

Die Testuntersuchungen sind vorbildlich in der Weise, dass sie eine klare Frage stellen, die sich exakt beantworten lässt. Allerdings ist es nur eine einzige Frage, und eine Frage reicht nicht aus, um Stärken und Schwächen eines Sektors im Bildungswesen oder des ganzen Bildungswesens zu ermitteln. Es bedarf einer viel größeren Anzahl von Fragen. Der Weg zu einer möglichst hohen Objektivität im internationalen Vergleich führt also über die Formulierung zahlreicher Fragen, die einen gegliederten Corpus von Fragen ergeben, die alle für jedes der einbezogenen Länder beantwortet werden müssen. Wenn die vergleichende Forschung einem detaillierten Frageraster folgt, so muss sie jede Frage in einem Zuge für alle einbezogenen Länder beantworten. Es entsteht also kein Länderbericht, sondern der Vergleich beginnt im kleinsten Element und wird von Element zu Element aufgebaut. So entsteht eine Informationsbasis, die weitergeführt wird zu einer Vergleichsbasis.

Dieses Vorgehen wurde schon früh durch den französischen Gelehrten Marc Antoine Jullien de Paris vorgeschlagen, als er mehrere Fragenserien mit insgesamt nahezu dreihundert Fragen entwickelte, die vergleichend zu untersuchen wären, um zu ermitteln, was zu einem optimalen Schulwesen gehört (Jullien 1817). Die Absicht war bereits damals, einen auf Verbesserung eines Praxisbereiches gerichteten Vergleich von Bildungsinstituten in mehreren Ländern durchzuführen. Die Absicht konnte nicht verwirklicht werden und die Schrift blieb für ca. 100 Jahre unbekannt.

3. Die Erstellung einer Vergleichsbasis in der vorliegenden Untersuchung

Eine systematische Durchführung der Methode Julliens gelang erst in jüngerer Zeit, und zwar in Bezug auf das Berufsbildungswesen – in einem Drei-Länder-Vergleich zur Berufsbildung zwischen Deutschland, Österreich und der Schweiz, den Georg Rothe durchführte (Rothe 2001). Die vorliegende Untersuchung von Rothe, die fünf europäische Länder einbezieht, basiert ebenfalls auf der Fragentechnik. Die Fragenserien, die Rothe für diesen Vergleich entwarf, wurden sowohl für die einbezogenen Nachbarländer als auch für Deutschland Kennern des jeweiligen Berufsbildungswesens vorgelegt. Die erhaltenen Antworten wurden in manchen Fällen durch Lektüre amtlicher Dokumente und Rückfragen bei den Experten noch einmal überprüft in Hinsicht auf Vollständigkeit.

Die vorliegende Untersuchung weist die weiteren Arbeitsschritte aus, die sich aus der Anwendung der Fragentechnik ergeben. Die Beantwortung der Fragen je Land mündet in eine Gegenüberstellung von Sachverhalten. Es ergeben sich Tabellen von Gegenüberstellungen. Dabei folgte Rothe dem Grundsatz, die erhaltenen Antworten in ihrem originalen Inhalt wieder zu geben, um die angezielte Objektivität zu gewährleisten.

Die Fülle der erlangten Informationen musste in einem weiteren Schritt verdichtet werden. Ergänzend mussten auch weitere Informationen herangezogen werden, besonders historische Entwicklungen betreffend.

So ergab sich eine Vergleichsbasis, in der jedes Land ein Profil aufweist, das sich aus den Ausprägungen komplexerer Strukturen im fraglichen Untersuchungsbereich aufbaut. Neben den Unterschieden zeigen sich Gemeinsamkeiten, aber der Fokus liegt bei den Unterschieden. Die systematische Erstellung einer Vergleichsbasis weist dieses Vorgehen als systematischen Vergleich aus. Er wurde von Georg Rothe als Vergleich eines Teilbereiches der Bildung, abgestützt auf die Kenntnis der Bildungssysteme als Ganzes, durchgeführt. Gemeint ist der Teilbereich der Berufsbildung.

Prinzipiell könnte der Vergleichsvorgang mit der Erstellung einer differenzierten Vergleichsbasis beendet sein. Profile der Länder sind erkennbar, in der Weise, dass es im betreffenden Land für bestimmte Probleme bestimmte Lösungen gibt, dass es für andere Probleme keine Lösungen gibt, dass es neuralgische Punkte gibt, an denen sich Probleme immer weiter auswachsen, z. B. versperrte Übergänge und Abbrecherquoten betreffend. Auf einer grundsätzlicheren Ebene werden Unterschiede in den Bildungsbegriffen zwischen Ländern erkennbar, die zu unterschiedlichen Prioritäten führen.

4. Die von der Europäischen Union gesetzten Vergleichskriterien

Zumindest in innereuropäischen Vergleichen kann die Vergleichende Erziehungswissenschaft nicht auf der Stufe der Betrachtung und Reflexion stehen bleiben. Es stellt sich die Frage nach dem Vergleichsziel. Woraufhin soll verglichen werden? Ein interessefreies Betrachten von Unterschieden genügt nicht. Wenn die Zielrichtung „Verbesserung in einem Politikbereich" heißt, ist zu fragen: Welches sind Kriterien der Verbesserung? Im Kontext der EU ist der Forscher nicht mehr frei, Ziele zu erdenken, wenn deren Realisierung eine realistische Chance haben soll. Er muss akzeptieren, dass es bereits Zielstellungen mit verbindlicher Kraft gibt. Im Sinne eines realistischen Denkens ist eine Abmessung zwischen den Länderprofilen und den verbindlichen Zielstellungen der EU notwendig. Die vergleichende Abklärung des Profils der Bildung bzw. von Bildungssektoren in Deutschland an den von der EU gesetzten Zielen ist bisher nicht hinreichend erfolgt

Die europäische Politik im Bildungswesen ist nicht als Ergebnis von Vergleichen zwischen den gründenden und weiteren sich beteiligenden Ländern entstanden. Ein solches vergleichendes Vorgehen hätte unter der Devise stattfinden können, die Stärken der Länder zu verbinden in einem gemeinsamen starken Modell. Der Vergleich wäre im Sinne der Entdeckung von *best practice* zur Anwendung gekommen. Ein solches Vorgehen wäre behutsam gewesen und hätte viel Zustimmung in den Ländern erfahren können. Aber gegenüber dem Vergleich gab und gibt es eine Scheu. Die politischen Egoismen und Empfindlichkeiten der Länder und ihrer Regierungen sind zu fürchten. Die auf nationaler Ebene Verantwortlichen möchten nicht von einer übergeordneten Ebene her bewertet werden. Als die Mitgliederzahl in den Europäischen Gemeinschaften sich in schnellem Tempo erhöhte, wurde ein solches Vorgehen illusorisch.

Die europäische Politik erfolgt auf dem Wege der Setzung. Die Setzungen sind in vielen Fällen rückgekoppelt an andere internationale Organisationen wie vor allem die OECD und in geringerem Maße auch die Weltbank. Der Austausch zwischen den supranationalen und internationalen Institutionen und Organisationen ist ein treibendes Element in der Globalisierung. Er steht unter den Gesichtspunkten von Wettbewerbsfähigkeit und Mobilität. In den Setzungen der EU im Bereich der Bildung und speziell der Berufsbildung finden sich Anklänge an die Strukturen einzelner starker Mitgliedsländer. Diese müssen nicht auf direktem Einfluss dieser Länder auf die Organe der EU beruhen, sondern können, insbesondere im Falle Großbritanniens, vermittelt sein über die OECD. Durch die erstaunlich starke Rolle der OECD in der internationalen politischen Verständigung über Bildung ist die europäische Politik auf diesem Gebiet rückgekoppelt mit der Bildungsentwicklung, insbesondere in den Englisch sprechenden Industrienationen.

Die Setzungen der europäischen Politik wirken infolge der angewachsenen Macht der EU gegenüber den Mitgliedsländern normativ. Wenn sie auch oftmals mit einzelnen Mitgliedsländern ein politisches Tauziehen auslösen, so setzen sie sich doch nach einiger Zeit durch.

Für die vergleichende Forschung bedeutet die Normsetzung durch die EU, dass der Vergleich einen messenden Charakter annimmt. Es gilt, auf mehreren Dimensionen der jeweiligen Länderprofile die Abstände zu den Zielsetzungen der EU zu messen. Auf diese Weise bringt der Vergleich Leistungsbilder der einzelnen Länder hervor, die für jedes einzelne Land Aussagekraft in Hinsicht auf die EU-Ziele haben und überdies untereinander vermessen werden können. Der Begriff der Messung ist in diesem Falle eine Modellvorstellung, die Abstände können nicht immer exakt quantitativ angegeben werden, sondern müssen auch oft qualitativ beschrieben werden. Nicht alle Ziele der europäischen Bildungspolitik sind quantitativ benannt, teilweise werden Zielmargen angegeben, manche Ziele werden qualitativ beschrieben.

5. Weitergehende Schritte des Vergleichs in der vorliegenden Untersuchung

In der vorliegenden Untersuchung nimmt das Reformprogramm der EU, das vom Europäischen

Rat im März 2000 in Lissabon mit dem Ziel der Stärkung von Wachstum und Beschäftigung im Raum der EU im kommenden Dezennium beschlossen wurde, die Funktion des „Dritten des Vergleichs", des sog. *tertium comparationis* ein. Auf diese Normsetzung bezieht sich der messende Vergleich. Bei Treffen des Rates der Bildungsminister zusammen mit der Kommission der EU in den folgenden Jahren wurde das Lissabon-Programm konkretisiert für die allgemeine Bildung, die Berufsbildung und das Lebenslange Lernen. Auf dem Maastrichter Treffen 2004 wurde die Schaffung eines Europäischen Qualifikationsrahmens beschlossen. Gemäß diesen Normsetzungen legten die Mitgliedsländer der EU-Kommission in den Jahren 2005 und 2007 Fortschrittsberichte vor.

Mit dem messenden Vergleich könnte der Vergleichsprozess wiederum beendet werden, vor allem mit dem Argument, bis zu dieser Stelle könne ein objektivierendes wissenschaftliches Verfahren geführt werden, weitere Schritte müssten der politischen Einschätzung überlassen werden. Allerdings ist so viel wissenschaftliche Selbstbeschränkung nicht notwendig geboten. Der vergleichende Forscher darf als Ergebnis seines gesamten analytischen Durchganges durchaus zu einer Bewertung übergehen, die er als solche kennzeichnet. Man kann vom bewertenden Vergleich als der letzten Stufe des Vergleichsprozesses sprechen. Das bedeutet: Die Vergleichsergebnisse werden bewertet. Der Forscher fragt sich, was die Vergleichsergebnisse für das eigene Land bedeuten und welche Folgerungen zu ziehen sind. Er scheut sich dabei nicht, vom gängigen Selbstverständnis im eigenen Lande abzuweichen. Er identifiziert politischen Handlungsbedarf und macht ggf. Vorschläge für politisches Handeln. Es ist ein Zeichen für die Unabhängigkeit des Forschers, dass er sich diesen Schritt zutraut. Er bringt auf diese Weise die auf Verbesserung eines Politikbereiches, also des Bildungswesens oder eines Bildungssektors, gerichtete Intention des Vergleichs zur Geltung.

In der hier vorliegenden Untersuchung führte die Fokussierung auf Lösungen für den eigenen Staat zu einer Weiterentwicklung der Vergleichsmethodik. Die Vergleichsaussagen wurden zweistufig angeordnet. In Teil 1 wird die Vergleichsbasis systematisch erstellt, und bereits am Ende dieses Untersuchungsabschnitts, in Kapitel 1.3, werden Teilergebnisse, die in Hinsicht auf den EU–Reformprozess wichtig sind, als Vergleichsergebnisse herausgearbeitet. Anknüpfend an diese werden weitere Vergleichsaussagen in den folgenden Kapiteln eingesetzt, um die Befunde, welche auf die Besonderheiten in Deutschland hinweisen, profilieren zu können. Die Teile 5 bis 7 sind dieser Aufgabenstellung gewidmet. So wird der Vergleich den Anforderungen an Zielgerichtetheit und Systematik gleichermaßen gerecht.

Literatur

CEDEFOP (= The European Center for the Development of Vocational Training) 2004: Learning for Employment. Second Report on vocational education and training policy in Europe. Luxemburg: Office for Official Publications of the European Communities

Döbert, H./Sroka, W. (eds.) (2004). Features of Successful School Systems. A Comparison of Schooling in Six Countries. Münster: Waxmann

Eurydice (= Information Network on Education in Europe) (2007). Strukturen der allgemeinen und beruflichen Bildung und der Erwachsenenbildung in Europa - Ausgabe 2007. Brüssel: Eurydice

Hörner, W. (1993). Technische Bildung und Schule. Eine Problemanalyse im internationalen Vergleich (= Studien und Dokumentationen zur vergleichenden Bildungsforschung, hrsg. von Wolfgang Mitter, Band 52). Köln: Böhlau.

Jullien de Paris, M. A. (1817): *Esquisse et vues préliminaires d'un Ouvrage sur l'éducation comparée. Modèles de Tables Comparatives d'observations.* In: *Journal d'Éducation publié par la Société formée a Paris pour l'amélioration de l'Enseignement élémentaire. Tome Trosième.* Paris. (= Skizzen und Vorarbeiten zu einem Werk über die vergleichende Erziehungswissenschaft). Im Faksimile der Originalveröffentlichung durch die *Association Francophone d'Éducation Comparée* (= Französischsprachige Gesellschaft für Vergleichende Erziehungswissenschaft) zugänglich gemacht unter: http://afecinfo.free/fr/afec/histoire/Jullien.htm

OECD (= Organisation for Economic Co-operation and Development) (2004). Education Policy Analysis. Paris: OECD

Rothe, G. (2001): Die Systeme beruflicher Qualifizierung Deutschlands, Österreichs und der Schweiz im Vergleich. Kompendium zur Aus- und Weiterbildung unter Einschluss der Problematik Lebensbegleitendes Lernen. Villingen-Schwenningen: Neckar Verlag

Schriewer, J. (1999). Konstruktion und internationale Referenzhorizonte pädagogischen Wissens im Wandel gesellschaftlicher Systeme (Spanien, Sowjetunion/Russland, China). In: Kaelble, H./Schriewer, J.: Diskurse und Entwicklungspfade. Der Gesellschaftsvergleich in den Sozial-, Geschichts- und Kulturwissenschaften. Frankfurt/M.: Campus, S. 151-258

Waterkamp, D. (2006). Vergleichende Erziehungswissenschaft. Ein Lehrbuch. Münster: Waxmann

Werner Zettelmeier

Die Bedeutung und Organisation der beruflichen Weiterbildung in Frankreich

Die berufliche Weiterbildung in der privaten Wirtschaft (ca. 18 Millionen Beschäftigte im Jahre 2005) ist in Frankreich in einem Gesetz von 1971 erstmals umfassend und branchenübergreifend geregelt worden. Der Text ist letztlich die Umsetzung eines ebenfalls branchenübergreifend gültigen Abkommens in Sachen Weiterbildung, das 1970 zwischen den Spitzenorganisationen von Arbeitgebern und Gewerkschaften ausgehandelt wurde. Diese enge Beziehung zwischen Verhandlungen zwischen den Sozialparteien und der umgehenden gesetzlichen Fixierung der Ergebnisse ist ein Kennzeichen der französischen Sozialbeziehungen. Seither haben weitere Reformen das Gesetzeswerk an neue Herausforderungen angepasst. Das Gesetz legt fest, dass das System der beruflichen Weiterbildung vom zuständigen Ministerium für Arbeit und Soziales gemeinsam mit den Sozialparteien gesteuert wird. Weitere zentrale Elemente sind die Einführung eines gesetzlichen Anspruchs auf Bildungsurlaub, sowie die Regelung der Finanzierung der Teilnahme an Weiterbildungsmaßnahmen für die Beschäftigten. Entscheidend hierfür war wiederum die Einführung einer Weiterbildungsabgabe (z. Zt. 1,6 % der Lohnsumme für Unternehmen mit mehr als 20 Beschäftigten, ein ermäßigter Satz gilt für die Unternehmen mit weniger Beschäftigten), die alle Unternehmen zu entrichten haben. Die Verwaltung der auf diese Weise gesammelten Gelder geschieht in den derzeit 98 existierenden *Organismes paritaires collecteurs agréés/OPCA*. Hierbei handelt es sich um branchenübergreifende oder branchenspezifische Fonds, die entweder regional oder landesweit organisiert sind und die paritätisch von den Sozialparteien verwaltet werden. Schließlich unterscheiden sich diese Fonds noch nach Art der Weiterbildungsmaßnahme, die sie finanzieren.

Es existieren drei Weiterbildungsformen, die sich auch dadurch unterscheiden, dass die Initiative hierfür entweder vom Arbeitnehmer oder vom Arbeitgeber ausgeht. Erstens der individuelle Bildungsurlaub, der von einem Beschäftigten für max. ein Jahr (bei Vollzeitweiterbildungsmaßnahme) für eine Weiterbildung seiner Wahl beantragt werden kann, wenn eine mindestens zweijährige Erwerbstätigkeit, davon ein Jahr im Unternehmen, in dem der Antragsteller beschäftigt ist, nachgewiesen werden kann. Zweitens sog. Professionalisierungsperioden für bestimmte Kategorien von Beschäftigten mit unbefristetem Arbeitsvertrag, deren Qualifikation als unzureichend angesichts des technischen Fortschritts angesehen wird. Hierzu gehört auch das im Jahre 2004 eingeführte individuelle Recht auf Weiterbildung, mit dem Beschäftige über max. 6 Jahre pro Jahr 20 Stunden Bildungsurlaub ansparen und mit Zustimmung des Arbeitgebers geltend machen können. Drittens handelt es sich um Maßnahmen im Rahmen des betriebsinternen Weiterbildungsplans. Hierfür geht die Initiative ausschließlich vom Arbeitgeber aus. Es handelt sich um Maßnahmen der Anpassungsfortbildung, der Beschäftigungssicherung oder der Kompetenzentwicklung.

Die gesammelten Gelder werden nach einem festgelegten Schlüssel auf die drei Weiterbildungsformen verteilt. So fließen 0,2 % an OPCA, die den Bildungsurlaub finanzieren, 0,5% fließen an OPCA, die Professionalisierungsperioden finanzieren. Die restlichen 0,9 % entfallen auf Maßnahmen im Rahmen des Weiterbildungsplans. In diesem Plan können die Unternehmen die Kosten für Weiterbildungsmaßnahmen geltend machen, die sie selbst für ihre Mitarbeiter veranstalten. Sollten die Kosten für diese eigenen Maßnahmen unter dem für den Weiterbildungsplan festgelegten Prozentsatz der Lohnsumme liegen, muss die Differenz an ein entsprechendes OPCA oder – was allerdings eher selten vorkommt – an die Steuerbehörde abgeführt werden. Es zeigt sich, dass die Unternehmen, mit Ausnahme derer mit weniger als 10 Beschäftigten, somit die Wahl haben, entweder eigene Maßnahmen im Rahmen des betriebseigenen Weiterbildungsplans zu organisieren und durchzuführen oder sich durch die Abführung des entsprechenden Prozentsatzes davon „freizukaufen". Die OPCA übernehmen für die Unternehmen bzw. deren Beschäftigte nicht nur die Finanzierung der Weiterbildungsmaßnahmen, sondern informieren und beraten diese auch bei der Konzeption und Umsetzung derselben.

Bei den genannten Prozentsätzen handelt es sich um gesetzlich festgelegte Mindestsätze. Die Tarifparteien können Aufschläge festsetzen. In den Branchentarifverträgen kann ein Haupt-OPCA bestimmt werden, an welches die Unternehmen ihre Abgaben entrichten sollen. Somit besteht also ein gewisser Wettbewerb unter den OPCA. Die Erfahrung zeigt, dass die Ausgaben der Unternehmen seit den 1970er Jahren durchweg über den Mindestsätzen liegen. Im Jahre

2004 lagen die Ausgaben bei 2,97 % der Lohnsumme für alle Unternehmen mit mehr als 10 Beschäftigten (gegenüber 3,25 % im Jahre 1996), wobei es Unterschiede nach der Größe des Unternehmens gab. So waren es bei den Unternehmen, die zwischen 10 und 19 Beschäftigte zählten, 1,74 %, bei den Unternehmen mit mehr als 2000 Beschäftigten waren es 3,95 %.[1] Insgesamt haben alle Unternehmen im Jahre 2005 ca. 9,8 Mrd. € (davon 9,5 Mrd. € für die Unternehmen mit mehr als 10 Beschäftigten) für Weiterbildungsmaßnahmen ihrer Beschäftigten ausgegeben. Davon wurden 5,2 Mrd. € von den OPCA gesammelt und verwaltet. Die Erfahrung zeigt, dass trotz dieser gesetzlichen Regelung nur ca. 40 % der Arbeitnehmer Zugang zu Weiterbildungsmaßnahmen haben, dass die Weiterbildungsbeteiligung mit der Unternehmensgröße zunimmt und schließlich dass vor allem bereits gut ausgebildete Arbeitskräfte und Führungskräfte Weiterbildungsangebote wahrnehmen, während die gering und unzureichend Qualifizierten unterproportional von den gesetzlichen Möglichkeiten zur Weiterbildung Gebrauch machen.

Die Regelung der Weiterbildung im öffentlichen Dienst
Von diesem gesetzlichen Regelwerk, das für die Privatwirtschaft gilt, unterscheidet sich die gesetzliche Regelung der Weiterbildung für die Beschäftigten des öffentlichen Dienstes. Hierzu gehören ca. 6,8 Millionen Beschäftigte, davon 5,1 Millionen Beamte. Zu Letzteren gehören die 2,5 Millionen Beamte des Zentralstaates (z. B. Lehrer, Polizisten, etc.), die ca. 1,6 Millionen Beamte der Gebietskörperschaften (Regionen, Départements, Gemeinden) und die Bediensteten mit Beamtenstatus der *Assistance Publique*, im Wesentlichen das Personal öffentlicher Krankenhäuser, Altersheime, Sozialstationen, etc. mit ca. einer Million Personen. Es handelt sich hierbei um ein hoch komplexes System, mit zahlreichen Sonderregelungen für bestimmte Personalkategorien (z. B. das Lehrpersonal im Bildungssystem), die im Rahmen dieser Darstellung nicht im Einzelnen aufgeführt werden können. Insgesamt wurden im Jahre 2005 für die Weiterbildung der Beamten aller drei Kategorien ca. 5,3 Mrd. € ausgegeben.

Die Regelung der Weiterbildung für Arbeitslose über 26 Jahre
Als dritte große Zielgruppe für Weiterbildungsmaßnahmen, für die es eine spezifische gesetzliche Grundlage gibt, müssen die Arbeitslosen genannt werden. Drei Hauptakteure sind hierfür zuständig: der Staat, die Region und die *UNEDIC* (Arbeitslosenversicherung). So können beim Arbeitsamt gemeldete Erwerbssuchende in den Genuss von staatlich unterstützten und zeitlich begrenzten Eingliederungsverträgen kommen, die in der Regel auch Weiterbildungsmaßnahmen vorsehen. Diese Verträge können die Betroffenen mit Unternehmen bzw. öffentlichen Einrichtungen abschließen, die hierfür staatliche Hilfen in Form von Lohn- und Abgabensubventionen bekommen. Hierzu gehört auch die Finanzierung von Maßnahmen eines der wichtigsten öffentlichen Anbieters von Weiterbildung, der *Association nationale pour la formation professionnelle/AFPA*. Die Finanzierung der Maßnahmen der AFPA soll Ende 2008 den Regionen übertragen werden. Jede der 22 französischen Regionen muss wiederum einen Plan zur Entwicklung von Weiterbildungsmaßnahmen für Arbeitslose aufstellen. Im Rahmen dieses Plans kann sie Praktikumsplätze mit Weiterbildungsmaßnahmen für Arbeitslose finanzieren oder direkt Bildungsmaßnahmen für Arbeitslose bei entsprechenden Anbietern kaufen. Die Arbeitslosenversicherung schließlich ist über die Finanzierung des 2001 eingeführten *Plan d'aide de retour à l'emploi/PARE* (Plan zur beruflichen Wiedereingliederung) beteiligt. Hierbei handelt es sich um Weiterbildungsmaßnahmen, die den Arbeitslosen, die Leistungsempfänger der Arbeitslosenversicherung sind, vorgeschrieben werden können. Als besonders wirksam haben sich hierbei Maßnahmen zur Vorbereitung auf eine Einstellung erwiesen. Insgesamt beliefen sich im Jahre 2004 die öffentlichen Ausgaben für Weiterbildungsmaßnahmen für Arbeitslose auf 1,8 Mrd. €, davon entfielen 840 Millionen € auf Ausgaben der Regionen und 220 Millionen € auf Ausgaben der *UNEDIC*.

Schließlich ist es auch Arbeitslosen möglich, unter bestimmten Bedingungen in den Genuss von Bildungsmaßnahmen zu kommen, die auch für Beschäftigte gelten und die über die oben genannten Weiterbildungsfonds finanziert werden. So können Arbeitslose, die vor Beginn der Arbeitslosigkeit in einem befristeten Arbeitsverhältnis standen, einen individuellen Bildungsurlaub beantragen. Sie können auch Weiterbildungsmaßnahmen im Rahmen der Professionalisierungsperioden in Anspruch nehmen, und zwar im Rahmen eines zeitlich befristeten sog. *contrat de professionnalisation* (Professionalisierungsvertrag).

Die Anbieter von Weiterbildung
Auf dem französischen Weiterbildungsmarkt treten 2005 etwa 44.270 Institutionen als Anbieter von Weiterbildungsleistungen auf, für 12800 sind Bildungsmaßnahmen ganz allgemein die Haupttätigkeit. Die 44.270 Institutionen haben einen Umsatz von 8,8 Mrd. € erwirtschaftet, die 12800 Institutionen, für die Bildungsmaßnahmen die Haupttätigkeit darstellen, hatten daran mit 5,4 Mrd. € einen Marktanteil von ca. 60 %. 94 % der Einrichtungen sind privatwirtschaftlich organisiert, sie repräsentieren einen Markanteil von 79 %, die 6 % öffentlichen Anbieter erwirtschafteten einen Anteil von 21 % des Gesamtumsatzes.

Bei den öffentlichen Anbietern lassen sich vier große Akteure unterscheiden, zwei historische wie die *AFPA* und das *Conservatoire national des Arts et Métiers/CNAM* und zwei, die in der Folge des Gesetzes von 1971 geschaffen worden sind, nämlich die *Groupements d'établissements de l'éducation nationale pour la formation professionnelle continue/GRETA* und die Weiterbildungszentren der Universitäten. Für alle vier Akteure ist Bildung allgemein die Haupttätigkeit.

AFPA
Die *APFA* ist der landesweit größte Anbieter von Weiterbildungsleistungen, die sich speziell an gering qualifizierte Personen wenden. Von den 160.000 Personen, die 2006 eine Weiterbildung bei der AFPA begonnen haben, waren 65 % arbeitslos. Ca. die Hälfte dieser Teilnehmerkategorie konnte keinen berufsbildenden Abschluss nachweisen. Von den 47.000 Beschäftigten, die 2005 an einer Weiterbildungsmaßnahme der *AFPA* teilgenommen haben, hatten demgegenüber knapp 70 % einen Abschluss. Weitere Zielgruppen von Bildungsmaßnahmen sind Menschen mit Behinderungen (13.300 im Jahre 2006) und Strafgefangene (1.160 im Jahre 2006), die auf eine Resozialisierung vorbereitet werden sollen. Ende der 90er Jahre war die *AFPA* in einem Bericht des französischen Rechnungshofes heftig kritisiert worden. Angeprangert wurden eine unzureichende Wiedereingliederung der Arbeitslosen nach einer Weiterbildung, überhöhte Verwaltungsausgaben, unzureichende Abstimmung mit den lokalen Arbeitsämtern, unzureichende Beratung der Arbeitslosen, fehlende Unterbringungsmöglichkeiten für die Teilnehmer einer Weiterbildung und die mangelnde Reaktivität der *AFPA* auf den Qualifikationsbedarf in manchen Branchen, was zu langen Wartezeiten für die Arbeitslosen führte, die sich in diesen Segmenten des Arbeitsmarkt weiterbilden wollten. Die *AFPA* hat daraufhin einen Umstrukturierungsprozess durchlaufen, der auf eine stärkere Orientierung ihres Weiterbildungsangebots an den Bedürfnissen der Zielgruppen, insbesondere der Erwerbslosen, abzielt und somit Abschied nimmt von einer Logik, nach der es gilt, die Teilnehmergruppen möglichst reibungslos zu verwalten.

GRETA
Bei den *GRETA* handelt es sich um lokale Netzwerke von bestehenden schulischen Einrichtungen des Bildungsministeriums (Schulen der Sek. I und der SEK II), die Weiterbildungsmaßnahmen für Erwachsene anbieten. Es gibt ca. 270 *GRETA* mit insgesamt 6.000 Standorten. Die *GRETA* finanzieren sich je zur Hälfte aus öffentlichen und privaten Mitteln. Die durchschnittliche Dauer einer Bildungsmaßnahme betrug 2004 ca. 133 Stunden, wobei es Unterschiede je nach Status des Teilnehmers gibt. Von den 472.000 Teilnehmern bereiteten nur 2 % einen Abschluss des technischen oder beruflichen Schulwesens vor, die meisten einen Abschluss der Stufe V (*CAP/BEP*), gefolgt von den Kandidaten für ein *Brevet de technicien supérieur/BTS* (Stufe III) und denen für einen Abschluss der Stufe IV (*Baccalauréat professionnel*). Im Jahre 2004 waren 46% der Teilnehmer arbeitslos gemeldet, bei den Beschäftigten handelt es sich meist um Erwerbstätige mit geringer Qualifikation. 37% der Teilnehmer, die eine Weiterbildung bei einem *GRETA* absolvieren, tun dies im Rahmen einer vom ihrem Unternehmen finanzierten Weiterbildungsform (z. B. innerbetrieblicher Weiterbildungsplan). 9 % der Teilnehmer finanzieren die Maßnahme zumindest teilweise selbst. Die Weiterbildungen für Arbeitslose werden meist von der Arbeitslosenversicherung finanziert oder anderen staatlichen oder regionalen Stellen.

CNAM
Das 1794 gegründete *CNAM* ist eine öffentliche, dem Bildungsministerium unterstehende Hochschuleinrichtung mit 150 Standorten in ganz Frankreich. Seine Bildungsangebote richten sich an Erwachsene mit Abitur, die entweder ein staatliches Hochschuldiplom (Bachelor, Master oder Promotion) oder einen CNAM-spezifischen Abschluss vorbereiten möchten. Das CNAM ist die französische Spielart eines zweiten Bildungsweges auf Hochschulebene für Qualifikationen im produzierenden Gewerbe wie im Dienstleistungsbereich. Das *CNAM* zählt jährlich

ca. 80.000 eingeschriebene Studenten, *auditeurs* (Hörer) genannt. 30 % der Hörer haben Migrationshintergrund. Im Jahre 2004 machten insgesamt 8.600 Hörer einen Abschluss, darunter stellen die staatlichen Diplome allerdings nur 13 % dar. In 85 % der Fälle handelt es sich um *CNAM*-eigene Abschlüsse. Der Lehrkörper besteht aus 5.500 Lehrkräften, davon sind nur 500 Hochschullehrer. Die meisten der 5.000 übrigen Lehrkräfte sind erfahrene Ingenieure, Führungskräfte aus Wirtschaft und öffentlicher Verwaltung, die ihre Lehrtätigkeit im Rahmen eines Lehrauftrags ausüben. Auf diese Weise hofft das *CNAM*, ein Weiterbildungsangebot bereithalten zu können, das möglichst nah an den Qualifikationsbedürfnissen des Arbeitsmarktes ist.

Universitäten
Die französischen Universitäten engagieren sich seit 30 Jahren mehr und mehr in der beruflichen Weiterbildung, die seitdem zudem seit dem Hochschulgesetz von 1984 zu ihren grundsätzlichen Aufgaben gehört. Alle Universitäten haben entsprechende Zentren eingerichtet, die die Bildungsangebote jeder Hochschule auch bei Weiterbildungsnachfragern bekannt machen sollen. Die staatlichen Hochschuldiplome können in der Tat im Rahmen der für die Privatwirtschaft geltenden Weiterbildungsformen (Bildungsurlaub, betrieblicher Weiterbildungsplan) erworben werden. Die für den Erwerb eines staatlichen Abschlusses, damit auch eines Hochschulabschlusses, seit Mitte der 90er Jahre geltenden Regeln für eine erleichterte Anerkennung von Kompetenzen, die auf dem Wege des nonformalen bzw. informellen Lernens erworben worden sind, haben den Universitäten neue Personengruppen, die eine Weiterbildung nachfragen, zugeführt. Die seit den 1980er Jahren verstärkt eingerichteten praxisorientierten Voll- oder Teilstudiengängen auf Bachelor- und Master-Ebene sind nicht nur bei den Studenten in Erstausbildung beliebt, sondern werden auch von Beschäftigten im Rahmen ihrer Weiterbildung nachgefragt. Offiziell wurden 2004 ca. 335.000 Studierende in Weiterbildung gezählt. Ca. 32 % sind Beschäftigte im Rahmen einer betrieblichen Weiterbildungsmaßnahme, 12% sind Arbeitslose, die wiederum zu 80 % eine finanzielle Unterstützung für diese Maßnahme bekamen. Ca. 50 % schrieben sich als Privatpersonen ein. 47.000 (staatliche oder hochschuleigene) Diplome wurden im Rahmen einer Weiterbildungsmaßnahme verliehen, dies entspricht einer Steigerung um 40 % gegenüber dem Jahr 2002. Die Universitäten haben insgesamt 207 Millionen € für Weiterbildungsleistungen eingenommen, die im Universitätshaushalt als Eigenmittel ausgewiesen werden, über die sie frei verfügen können. Dies entspricht einem Anteil am gesamten Weiterbildungsmarkt von ca. 4,1 %.

Kammern, Betriebe und sonstige private Anbieter
Die Industrie- und Handelskammern sind sowohl bei der Entwicklung von Aktivitäten der beruflichen Erstausbildung als auch der beruflichen Weiterbildung tätig. Sie engagieren sich stark bei der Entwicklung der betrieblichen Lehre, da sie Träger von 160 CFA (Lehrlingsausbildungszentren) sind. Zusammen mit den CFA, die eine Handwerkskammer als Träger haben, repräsentieren die beiden Kammerarten insgesamt etwas mehr 30 % der Lehrlinge. Die IHK sind weiterhin Träger zahlreicher Berufsschulen und vor allem einer Gruppe von 26 prestigereichen *Ecoles supérieures de commerce/ESC* (Handelshochschulen) mit ca. 45.000 Studenten, die einen Abschluss auf Master-Niveau vorbereiten, der in Frankreich vielfach angesehener ist als ein staatliches Universitätsdiplom in BWL. Schließlich zählen die IHK ca. 500.000 Teilnehmer an Weiterbildungsmaßnahmen, die sie organisieren.

Bei den Weiterbildungsinitiativen, die von Betrieben ausgehen, ist zu unterscheiden zwischen den Angeboten, die von meist vereinsrechtlich organisierten Weiterbildungsinstitutionen der Branchenverbände, denen die Unternehmen jeweils angehören, ausgehen, und denen, die direkt von den Unternehmen ausgehen. Mehr als drei Viertel der Weiterbildungseinrichtungen der Branchenverbände existierten schon vor der gesetzlichen Neuregelung im Jahre 1971. In der Regel handelt es sich um Einrichtungen, deren Haupttätigkeit die Weiterbildung ist. Ihre Angebote zielen auf die spezifischen Bedürfnisse der jeweiligen Branche ab. Bei den unternehmenseigenen Weiterbildungszentren handelt es sich vielfach um Ausgründungen aus einem großen Unternehmen heraus. Das Zentrum wickelt für die Mitarbeiter des Unternehmens, eines Unternehmensnetzwerks und auch teilweise für die Kunden des Unternehmens Weiterbildungsaktivitäten ab. Das Großunternehmen ist vielfach der wichtigste, wenn nicht gar einzige Auftraggeber der Bildungseinrichtung, die ihr Angebot ganz auf die Bedürfnisse des Unternehmens ausgerichtet hat. Für intern erbrachte Weiterbildungsleistungen in den Betrieben können im Jahr Ausgaben in Höhe von 1 Mrd. € veranschlagt werden.[2] Natürlich können die Unternehmen auch direkt bei öffentlichen oder privaten Weiterbildungsanbietern Maßnahmen einkaufen. Ihre Ausgaben hierfür werden für das Jahr 2005 auf 1,3 Mrd. € beziffert. Die Lohnfortzahlung der Weiterbildungsteilnehmer schlägt für die Unternehmen mit 2,2 Mrd. € zu Buche. Zusammen mit den Zahlungen an die OPCA ergibt dies Gesamtausgaben der Unternehmen von mehr als 9 Mrd. € für die berufliche Weiterbildung. Die Unternehmen sind somit mit Abstand die wichtigste Finanzquelle der beruflichen Weiterbildung in Frankreich; die Eigenbeteiligung der Beschäftigten an der Finanzierung von Weiterbildungsleistungen ist im Vergleich zu Deutschland eher gering.

Angebote des freien Marktes ergänzen das Panel der Anbieter. Wie bereits gesagt dominieren die privaten Anbieter (inkl. Betriebe) auf der Angebotsseite, wobei nur ein kleiner Teil der Anbieter Weiterbildung als Hauptbeschäftigung betreibt. Der Gesetzgeber hat auf eine strikte Reglementierung des Zugangs neuer Anbieter zum Weiterbildungsmarkt im Sinne von zu erfüllenden Auflagen bislang verzichtet. Zuverlässige Daten zum Segment der sonstigen privaten Anbieter auf dem Weiterbildungsmarkt sind nicht vorhanden, die statistische Erfassung der Weiterbildungsaktivitäten konzentriert sich stark auf die genannten öffentlichen Träger, sowie auf das Regelwerk der beruflichen Weiterbildung für Beschäftigte.

Insgesamt steht das System der französischen Weiterbildung seit Jahren im Kreuzfeuer der Kritik, weil es die in den 70er Jahren gehegten Hoffnungen auf eine breite Qualifizierungsoffensive insbesondere für die nicht oder nur schwach qualifizierten Arbeitnehmer in der Privatwirtschaft unter den heutigen Bedingungen nicht erfüllen kann. Darunter leidet nicht zuletzt die (internationale) Wettbewerbsfähigkeit und Innovationskraft der KMU (bis zu 250 Mitarbeiter), zu denen mehr als 90 % aller Unternehmen in Frankreich gehören.

Der Zugang zu Weiterbildungsmaßnahmen ist stark abhängig von der Betriebsgröße und vom Qualifikationsniveau der Beschäftigten. Hierbei haben die gering qualifizierten Mitarbeiter in kleinen und mittleren Unternehmen das Nachsehen, da im jetzigen System eher die bereits gut qualifizierten Mitarbeiter der großen Unternehmen sich an Weiterbildungsmaßnahmen beteiligen. Berufliche Weiterbildung wird von den KMU immer noch stark unter Kostengesichtspunkten betrachtet. Die Möglichkeit der Unternehmen, sich von eigenen Weiterbildungsanstrengungen über die Zahlung der obligatorischen Abgabe „freizukaufen", fördert nicht eine Betrachtung der Qualifizierungsmaßnahmen als für das Unternehmen erforderliche Investitionen in Humankapital. Von den Beschäftigten und ihren Interessenvertretern werden der Zugang zu Weiterbildungsmaßnahmen bzw. die Maßnahmen selbst vielfach als soziale Leistungen angesehen, die unabhängig vom spezifischen Qualifikationsbedarf des Unternehmens und ohne Evaluierung der Ergebnisse für die Teilnehmer und für die Unternehmen gewährt werden sollen.

Schließlich wird eine Rationalisierung der Finanzierungsmechanismen, insbesondere eine effizientere Verwaltung der Weiterbildungsfonds angemahnt. Gefordert werden vor allem eine Zusammenlegung der knapp 100 Weiterbildungsfonds zu größeren Einheiten und die völlige Freiheit für die Unternehmen in der Wahl des Fonds, an den sie ihre Abgaben zahlen wollen. In der derzeitigen Form verursacht die Verwaltung erhebliche Kosten, sowie eine wenig transparente Verwendung der über die Weiterbildungsabgabe gesammelten Gelder, was letztlich die Legitimation der beruflichen Weiterbildung schwächt. So erhalten die Sozialpartner als eine Art Aufwandsentschädigung für ihre Beteiligung an der Verwaltung der Weiterbildungsfonds erhebliche Mittel (die Gewerkschaften z. B. ca. 40 Mio. € pro Jahr), die von den gesammelten Geldern abgezweigt werden, über deren Verwendung im Sinne des ursprünglichen Abgabenzwecks eine detaillierte öffentliche Kontrolle allerdings kaum möglich ist. Es ist nicht übertrieben zu sagen, dass diese Zuwendungen letztlich einen verkappten Beitrag zur Finanzierung der allgemeinen Organisationskosten der Arbeitgeberverbände und Gewerkschaften darstellen. Vorschläge für eine Reform der Verwaltung der Fonds berühren somit auch sehr eigennützige Interessen der Sozialparteien, die weit über die Frage der Modernisierung der beruflichen Weiterbildung hinausgehen.

---

[1] Rapport d'information du Sénat sur le fonctionnement des dispositifs de formation professionnelle, n°365, Session extraordinaire 2006-2007, Teil I, S. 122

[2] Ebd., S. 121

Rolf Dietrich
Die Berufsentwicklung in der Grundbildung der Schweiz aus Sicht der Kantone

1. Von der Arbeitsgruppe Reglementrevision zur Kommission Berufsentwicklung

Der Weg von der „DBK Arbeitsgruppe Reglementsrevision" hin zur „SBBK Kommission Berufsentwicklung" wurde vor allem während der letzten sechs Jahre konsequent verfolgt. Heute, 32 Jahre nach Gründung der DBK (Deutschschweizerische Berufsbildungsämterkonferenz) und gleichzeitiger Einsetzung der Arbeitsgruppe Reglementsrevision, hat sich in der Berufsbildungslandschaft einiges verändert, vieles ist aber auch geblieben. Beschränkte sich die Tätigkeit dieser Arbeitsgruppe von damals auf das Erstellen von Empfehlungen zu Vernehmlassungen von revidierten Ausbildungsreglementen zu Händen der Kantone der deutschsprachigen Schweiz, so wurde die heutige Kommission Berufsentwicklung in den letzten sechs Jahren zum festen Partner des BBT (Bundesamt für Berufsbildung und Technologie) und der Organisationen der Arbeitswelt in allen Fragen der Berufsentwicklung. Eingeläutet wurde dieser neue Prozess der Berufsentwicklung mit der Einführung des neuen Berufsbildungsgesetzes per 1. Januar 2004 und der konsequenten Umsetzung von Art. 1 dieses Gesetzes, der die Berufsbildung als gemeinsame Aufgabe von Bund, Kantonen und Organisationen der Arbeitswelt umschreibt. Aber bereits im Jahr 2000 wurden von Seiten der Kantone entscheidende Weichen gestellt. Mit der Gründung der SBBK (Schweizerische Berufsbildungsämterkonferenz), welche nun alle 26 Kantone umfasst, sind fortan alle Kantone Nutznießer dieser Arbeitsgruppe. Gleichzeitig verfasste der damalige Präsident der Arbeitsgruppe ein Grundsatzpapier über einen neuen Berufsentwicklungsprozess, welcher am 4. Mai 2001 durch eine Delegation der SBBK, der Direktion des BBT vorgestellt wurde. Das BBT zeigte sich sehr interessiert an diesen neuen Ideen für die zukünftige Strukturierung der Berufsentwicklung. Damit war der Grundstein für einen wichtigen neuen Schritt in der Geschichte der Berufsbildung gesetzt. In den vergangenen Jahren ist somit ein Instrumentarium zur Entwicklung von neuen und zu revidierenden Berufen entstanden. Immer wieder entwickelte die Arbeitsgruppe neue Vorschläge und Ideen zur Verbesserung der Arbeit für alle beteiligten Partner. Der größte Gewinn am Ganzen ist aber sicher der Einsatz der Bildungssachverständigen aus den kantonalen Berufsbildungsämtern, welche nun ab Beginn in jeder Reformkommission Einsitz nehmen. Diese Bildungssachverständigen vertreten die Interessen der Kantone als Mandatsträger der Kommission Berufsentwicklung. Dass da und dort natürlich auch verschiedene Meinungen unter den Verbundpartnern zu Tage treten, versteht sich von selbst.

2. Der neue Prozess zur Entwicklung von Verordnungen über die berufliche Grundbildung in der Schweiz

2.1 Vom Reglement zur Verordnung

Das 2004 in Kraft getretene Berufsbildungsgesetz schreibt vor, dass sämtliche Ausbildungsreglemente an die neue Gesetzgebung anzupassen sind. Das bedeutet also, dass über 200 bestehende Berufsreglemente im Rahmen von Revisionen in Bildungsverordnungen umzuschreiben sind. Als neues, ganz wesentliches Element entsteht zu jeder Verordnung ein Bildungsplan. Der Bildungsplan enthält das berufspädagogische Konzept für die entsprechende Grundbildung. Die Elemente des Bildungsplans sind: Bildungsziele, Lektionentafel, Qualifikationsverfahren sowie Organisation, Dauer und Aufteilung der überbetrieblichen Kurse. Die Bildungsziele beschreiben die beruflichen Handlungskompetenzen, welche Voraussetzung sind, die Anforderungen im beruflichen Alltag zu erfüllen.

Dem Bildungsplan liegt ein pädagogisch-didaktisches Modell zugrunde. Zurzeit stehen zwei verschiedene Methoden zur Auswahl:

Die *Triplex-Methode*, nach der die Bildungsziele auf folgenden drei Ebenen formuliert werden, nämlich Leitziele, Richtziele und Leistungsziele.

Bei der *Kompetenzen-Ressourcen-Methode*, werden alle zu erwerbenden Handlungskompetenzen durch eine oder mehrere Handlungssituationen beschrieben. Für die Bewältigung der Handlungssituationen sind entsprechende Ressourcen erforderlich.

2.2 Masterplan Berufsbildung als Steuerungsinstrument

Zur Bewältigung und Steuerung dieser Flut von Revisionsprojekten wurde eine Masterplangruppe gebildet, die aus Vertretern der Verbundpartner BBT, Organisationen der Arbeitswelt und der Kantone bestehen. Der Masterplan stellt sicher, dass die Umsetzung für Bund und Kantone verträglich ist. Die Masterplangruppe legt also fest, wann welche Verordnungen über die berufliche Grundbildung in Kraft treten. Dazu wird die Reihenfolge mit einem Ticketsystem geregelt. Das Ticket bestimmt den Zeitpunkt des Inkrafttretens der revidierten Verordnung. Angesichts des mehrere Jahre dauernden Reformprozesses wurde die Planung mit einem Vorticket verbessert. Zur Erteilung eines Vortickets müssen die Vorbereitungsarbeiten wie Projektplanung, Analyse, Bildung der Projektorganisation und Reformkonzept abgeschlossen sein.

2.3 Die Projektorganisation

Möglichst früh sollen die Arbeiten mit der zu bildenden Projektorganisation aufgenommen werden. Diese setzt sich zusammen aus der operativen Projektleitung durch die OdA, durch die Reformkommission als Steuerungsgruppe und durch Arbeitsgruppen und Fachexpertinnen und Fachexperten. Dabei müssen Vertreter folgender Organisationen berücksichtigt werden: Organisationen der Arbeitswelt mit Arbeitgeber- und Arbeitnehmervertretungen, Bundesamt für Berufsbildung und Technologie BBT, Pädagogische Begleitung, Kantone (Koordination durch die Kommission Berufsentwicklung der SBBK) sowie Lehrpersonen aus den entsprechenden Fachschaften.

2.4 Das Handbuch Verordnungen

Mit den ersten Reformprojekten zeigte sich schnell, dass die ersten Schritte bei der Erarbeitung einer neuen Verordnung über die berufliche Grundbildung für den Erfolg und die zukünftige Ausgestaltung des Projekts entscheidend sind. Aus diesem Grund hat das BBT als Instrument das „Handbuch Verordnungen" erstellt. Dieses Handbuch zeigt in anschaulicher Weise Schritt für Schritt den Weg zu einer Verordnung über die berufliche Grundbildung auf. Es ist in folgende fünf Projektphasen gegliedert: Analyse und Konzeption, Erstellen der Verordnung über die berufliche Grundbildung und den Bildungsplan, Ticketantrag, Vernehmlassung und Erlass, Implementierung.

3. Heutiges Fazit aus der Sicht der Kantone

Bis Ende 2008 werden 74 von total rund 210 Berufsreformen abgeschlossen sein. Es hat sich gezeigt, dass sich für die meisten Organisationen der Arbeitswelt die Reformarbeit nicht einfach auf das Umschreiben eines Berufsreglements in eine Verordnung mit Bildungsplan beschränkt, sondern dass die Berufe einer grundlegenden Reform unterzogen werden. Dabei ist in jedem Fall auch die Frage zu klären, ob neben der Grundbildung mit eidgenössischem Fähigkeitszeugnis EFZ auch eine zweijährige Grundbildung mit Attestabschluss EBA entwickelt werden soll. Die Attestausbildung ersetzt die bisherigen Anlehren. Es kann davon ausgegangen werden, dass frühestens 2011 die letzte revidierte Bildungsverordnung in Kraft treten wird.

Mit zunehmender Zahl der Reformprojekte haben sich der neue Berufsentwicklungsprozess und seine Instrumente laufend weiterentwickelt. Die Kommission Berufsentwicklung, als zuständiges Gremium für die Kantone, hat sich zur Bewältigung dieser Aufgabe neu organisiert. So werden von der Kommission in jede Projektorganisation Bildungssachverständige aus den Kantonen mandatiert. Zurzeit befinden sich 104 solche Kantonsvertreterinnen und Kantonsvertreter im Einsatz. Mit der Mandatierung erhalten diese, vor allem Mitarbeitende in den kantonalen Berufsbildungsämtern, ein umfangreiches Arbeitsdossier ausgehändigt. Die Bildungssachverständigen begleiten die Projekte von der Kick-off Veranstaltung bis zur Schlusssitzung, bzw. bis zum Erlass. Sie nehmen an allen Sitzungen der Reformkommission teil. Sie unterstützen die Arbeit gemäß den Richtlinien im erwähnten Arbeitsdossier und bringen durch Einholen von Feedbacks bei der Kommission Berufsentwicklung die Forderungen und Anliegen der Kantone in die Reformkommission, bzw. in die jeweilige Steuerungsgruppe ein. Die Bildungssachverständigen richten ihr Augenmerk insbesondere auf Vollzugs- und Finanzierungsfragen. Dazu gehört u. a.

- die zeitliche Realisierbarkeit, insbesondere in den Betrieben
- die Lesbarkeit und Verständlichkeit von Verordnung und Bildungsplan für die Lernenden und Berufsbildner
- die Nachvollziehbarkeit der Leit-, Richt- und Leistungsziele, bzw. der Handlungskompetenzen und Ressourcen
- das Qualifikationsverfahren, insbesondere Kosten und Durchführbarkeit
- die Lektionentafel der Berufsfachschule im Hinblick auf Erweiterung und Kosten

Fazit: Für die Kantone bedeutet dieses klare und strukturierte Vorgehen bei der Erstellung und Revision von Verordnungen über die betriebliche Grundbildung einen großen Fortschritt. Die Kantone werden nun von Anfang an in den Prozess einbezogen. Mit dem Einbezug von kantonalen Bildungssachverständigen entsteht eine ausgezeichnete Plattform aus Experten über sämtliche Berufe. Nicht zuletzt können die Kantone nun Ihre Anliegen frühzeitig einbringen und nicht erst in der Vernehmlassung.

Dass dieses System funktioniert, beweist u. a. auch, dass der Großteil der Kantone bei der Vernehmlassung einer neuen Verordnung die Vernehmlassungsempfehlung der Kommission Berufsentwicklung unverändert übernimmt. Dadurch ist ein großes Ziel erreicht worden. Damit hat die Schweizerische Berufsbildung enorme Schritte in der dualen Berufsbildung gemacht.

Ulrike Maus

Lehrlingsausbildung in England – ein Modell zur Revitalisierung der betrieblichen Ausbildung

Merkmale der beruflichen Bildung

Im Vereinigten Königreich ist die berufliche Bildung durch einen geringen Formalisierungsgrad gekennzeichnet. Standardisiert und reglementiert werden Aus- und Weiterbildung im Wesentlichen durch die staatliche Überwachung und Anerkennung der Abschlüsse, die auch im Verlauf des Arbeitslebens nachträglich oder im Sinne der Erweiterung des Qualifikationsprofils erworben werden können.

Für Jugendliche, die nach Abschluss der Schulpflicht keine weiterführende allgemeine oder berufliche Bildung in Vollzeitform absolvieren, bietet sich mit der Mitte der 1990er Jahre in reformierter Gestalt revitalisierten Lehrlingsausbildung (*apprenticeship*) eine Alternative, die als praxisorientierter Weg der beruflichen Qualifizierung von der Regierung gezielt gefördert und deren Entwicklungspotenzial hoch eingeschätzt wird.

Das Vereinigte Königreich bildet eine Union zwischen Großbritannien (England, Schottland und Wales) sowie Nordirland. Die Lehrlingsausbildung gestaltet sich in den genannten Teilstaaten zwar recht ähnlich, doch hat insbesondere Schottland teils abweichende Regelungen. Hier soll in erster Linie auf die Entwicklung und den aktuellen Stand in England eingegangen werden.

Lehre als traditionsreicher Qualifizierungsweg

Die Lehrlingsausbildung hat in England wie im übrigen Europa ihre Wurzeln in der zunehmend von Berufs- und Arbeitsteilung geprägten sozialen und wirtschaftlichen Ordnung der mittelalterlichen Städte.[1] Sie etablierte sich im handwerklichen und kaufmännischen Bereich gemäß den verschiedenartigen Statuten der Zünfte bzw. Gilden. Zu den Charakteristika der Lehrverhältnisse zählte die enge Verbindung von Ausbildung und Erziehung, verbunden mit der Eingliederung in die jeweilige Berufs- und Standesgemeinschaft, sowie die lange Lehrzeit von meist sieben Jahren.

Mit der beginnenden Industrialisierung verloren die Zünfte an Einfluss; liberale Kräfte plädierten für eine Lockerung der überkommenen Vorschriften für das Lehrlingswesen. Nach Grundsatzdebatten um die zünftische Lehrlingsordnung verabschiedete das Parlament im Jahre 1814 ein Gesetz, das Lehrlingsausbildung und Berufszugang von allen Vorschriften befreite. Dies bedeutete aber keineswegs eine Abschaffung der Lehre; in den Städten mit eigenem Recht, wo spezielle Zunftordnungen galten, konnte sie weitergeführt werden. Allerdings wurden die Privilegien der städtischen Korporationen zunehmend eingeschränkt und die Gewerbefreiheit eingeführt.[1]

Einfluss der Gewerkschaften

Um 1850 etablierten sich berufsständisch orientierte Gewerkschaften. Durch den frühen Einfluss dieser Vereinigungen wurden in die Industrie berufsständische handwerkliche Strukturen hineingetragen. Die Gewerkschaften organisierten sich nach den Grenzlinien der alten Zünfte. Besonders einflussreich wurden sie in solchen Industrieberufen, bei welchen an alte handwerkliche Fertigkeiten angeknüpft werden konnte, etwa bei der Wartung und Reparatur von Maschinen. Derartige Berufe waren streng von Produktionsberufen abgegrenzt und galten als Bastionen gewerkschaftlicher Macht. Der Zugang zu solchen hoch bezahlten Berufen war durch die Schleuse einer Lehrzeit geregelt und begrenzt. Damit wurde die Lehre in England auch zu einem Instrument gewerkschaftlicher Interessenpolitik.[2]

Traditionelle Ausbildungsschwerpunkte

Die Lehrlingszahlen im Vereinigten Königreich insgesamt bewegten sich Anfang des 20. Jahrhunderts zwischen 350.000 und 400.000. Die betriebsgebundene Ausbildung war die vorherrschende Form der Heranbildung von Nachwuchskräften in Maschinen- und Gerätebau, Baugewerbe, Schiffsbau und Druckgewerbe. Im Jahre 1906 waren das Baugewerbe und der Maschinenbau mit 100.200 bzw. 94.100 Lehrlingen die quantitativ bedeutsamsten Ausbildungsbranchen. Insgesamt durchlief in jener Zeit rund ein Fünftel aller männlichen Erwerbstätigen im Alter von 15 bis 19 Jahren eine Lehrlingsausbildung.[3]

Beiläufige Berufseinführung

Die Ausprägung des betrieblichen Ausbildungswesens in England wurde auch wesentlich durch die Haltung der Wirtschaft geprägt. Ihr Zweifel am ökonomischen Nutzen aufwändiger Formen der Ausbildung im Betrieb – in erster Linie eine lehrgangsmäßige Ausbildung in Lehrwerkstätten – trug dazu bei, dass sich eine arbeitsplatznahe und eher beiläufige Art des Lehrens/Lernens, die man als Tutorensystem bezeichnen könnte, entwickelte. Qualifizierte Arbeiter übernahmen oft die Aufgabe, die Lehrlinge einzuweisen. Der begleitende Besuch einer Teilzeitschule war nicht vorgeschrieben und daher – sofern der Arbeitgeber eine entsprechende Freistellung erlaubte – der Eigeninitiative des Lehrlings überlassen.

Anstöße zur Einführung einer Teilzeitschulpflicht
Gegen Ende des 19. Jahrhunderts begann der Staat, der bislang wenig Engagement in der beruflichen Bildung gezeigt hatte, sich stärker für die Förderung des technischen Schulwesens einzusetzen. Die entsprechenden Einrichtungen konnten auch zum Teilzeitunterricht für Lehrlinge genutzt werden. Eine Reihe von Unternehmen stellte ihre Lehrlinge hierfür frei, z. B. die privaten Eisenbahngesellschaften. Eine generelle Teilzeitschulpflicht wurde jedoch nicht eingeführt, obgleich es Ansätze dazu gab. Im *Fisher Education Act* von 1918 wurde die Schulpflicht auf das vollendete 14. Lebensjahr ausgedehnt und festgestellt, dass obligatorische Fortbildungsschulen für Lehrlinge und junge Erwerbstätige bis 16 Jahre erforderlich seien.[4] Dieser Passus hatte aber lediglich den Charakter einer Empfehlung, die nur zu einer geringen Zahl von Schulgründungen führte. Die meisten der in den 1920er Jahren errichteten Fortbildungsschulen hatten zudem nur kurzen Bestand. Ein weiterer Vorstoß in Richtung einer landesweiten Fortbildungsschulpflicht wurde mit der Verabschiedung des *Butler Education Act* im Jahre 1944 unternommen.[5] Im Großen und Ganzen bewegte sich die Lehrlingsausbildung jedoch auch in der Nachkriegszeit in den traditionellen Bahnen weiter; grundlegende Reformen blieben aus.

Krise der Lehrlingsausbildung
Ab den 1960er Jahren nahmen die Lehrlingszahlen ständig ab; der gravierendste Rückgang war in der ersten Hälfte der 1990er Jahre zu verzeichnen.[6] Dieses Phänomen stand zum einen im Zusammenhang mit den wirtschaftlichen Problemen der traditionellen Zweige des produzierenden Gewerbes und des Handwerks, in denen die überwiegende Zahl der Lehrlinge ausgebildet wurde, insbesondere der Schwerindustrie. Der zu verzeichnende Beschäftigungsrückgang zog ein Absinken der Lehrlingszahlen nach sich. Auf der anderen Seite geriet die Lehrlingsausbildung bereits in den 1960er Jahren wegen qualitativer Mängel in Kritik.
Im Maschinenbau z. B., einem der traditionellen Sektoren der betrieblichen Ausbildung, wurden folgende Defizite herausgestellt[7]:
– die Existenz verschiedener *apprenticeships* schaffe ineffiziente Abgrenzungen von Qualifikationsprofilen;
– das reine Ableisten langer Ausbildungszeiten (*time serving*) von bis zu fünf Jahren bedeute in vielen Fällen Zeitverschwendung;
– und schließlich sei in diesem Industriezweig die Ausbildung auch innerhalb der erreichten Qualifikationsstufen nicht konsistent.

Der im Jahre 1964 eingerichtete und mit Vertretern von Arbeitgebern, Gewerkschaften und Staat besetzte *Engineering Industry Training Board* war um Reformen bestrebt und befürwortete die Ausweitung der Lehrlingsausbildung auf andere Bereiche, formale Qualifikationsnachweise sowie eine modular strukturierte Ausbildung, die nicht auf *time serving* basierte. Trotz dieser Bemühungen war das Resultat insgesamt eher Flickwerk; der Anteil der Auszubildenden an der Gesamtzahl der Erwerbstätigen sank weiter.
Hinzu kam, dass sich die Jugendlichen ab Ende der 1980 Jahre nach absolvierter Pflichtschulzeit verstärkt für einen weiterführenden Schulbesuch in Vollzeitform entschieden.
Von 243.700 Lehrlingen im Jahre 1966 sank die Zahl betrieblicher Ausbildungsverhältnisse auf rund 53.000 im Jahre 1990.[8]

Übergreifende Ziele der Bildungsreform
Die Regierung konzentrierte sich zunächst auf eine Neuordnung und Straffung der Qualifikationsstruktur; später setzte eine gezielte Wiederbelebung der Lehre ein.
Anlass für die Bildungsreform der 1980er Jahre waren sowohl die steigende Jugendarbeitslosigkeit als auch das sich abzeichnende Defizit an qualifizierten Arbeitskräften. Maßnahmen zur Förderung der Eingliederung Jugendlicher in die Arbeitswelt wurden bereits 1979 in Form des *Youth Training Scheme* eingeführt. Im Jahre 1986 dokumentierte eine Arbeitsgruppe aus Fachkräften des Erziehungsministeriums und der Arbeitsverwaltung die Defizite beruflicher Bildung in Großbritannien und entwickelte Reformleitlinien. Dazu gehörten u. a. folgende Grundsätze[9]:
– Transparenz der Berufsbildungsangebote und Durchlässigkeit zu anderen Sektoren des Bildungssystems
– Orientierung der Prüfungsinhalte an Tätigkeitsanforderungen der beruflichen Praxis sowie Gleichwertigkeit theoretischen Wissens und praktischer Fertigkeiten mit Blick auf die Prüfungsmethoden
– Rasche Reaktion auf veränderte Qualifikationsanforderungen infolge des technologischen Wandels
– Integration von Wegen der Nachqualifizierung nicht formal qualifizierter Arbeitskräfte
– Erhöhung der Beteiligung an der beruflichen Bildung insgesamt

Kernpunkt der Reformen war die Einführung der *National Vocational Qualifications* (NVQs), d. h. nationaler beruflicher Befähigungsnachweise, die sich an den effektiven Arbeitsanforderungen orientieren. Sie basieren auf nationalen Qualifikationsstandards, die beschreiben, welche Fertigkeiten und Kenntnisse eine Fachkraft benötigt, um eine bestimmte Arbeitstätigkeit auszuüben.[10] Die NVQs sind keine Äquivalente zu deutschen Ausbildungsberufen; sie sind schmaler angelegt und modular strukturiert. Dies erklärt die große Anzahl derartiger Befähigungsnachweise von rund 699 nach dem Stand Mitte des Jahres 2007.[11] NVQs werden in fünf Qualifikationsstufen gegliedert, vom Niveau angelernter bis hin zu hoch spezialisierten Tätigkeiten.

Schritte der Revitalisierung des Lehrlingswesens
Mit dem System der NVQs bot sich auch eine neue Basis für die Lehrlingsausbildung. Die konservative Regierung führte im Jahre 1994 die *Modern Apprenticeship* (Moderne Lehrlingsausbildung) ein, um die herkömmliche Lehrlingsausbildung mit dem Erwerb der nun schon etablierten NVQs zu verbinden. Das Ziel war, eine effizientere Form der betriebsgebundenen Ausbildung zu schaffen, die sowohl für die Jugendlichen als praxisorientierter Weg der beruflichen Qualifizierung attraktiv ist, als auch von der Wirtschaft als adäquate Form der Nachwuchsgewinnung angenommen wird.

Nach einer Pilotphase im Jahre 1994 wurde *Modern Apprenticeship* im folgenden Jahr in ganz England eingeführt. Sie umfasste zwei Stufen, und zwar
– *Foundation Modern Apprenticeship* als reguläre Facharbeiter- bzw. Fachangestelltenqualifikation sowie
– *Advanced Modern Apprenticeship* als anspruchsvollere Ausbildung mit der Möglichkeit, in praxisorientierte Zweige des tertiären Bereichs überzugehen.

Während sich *Modern Apprenticeship* an Jugendliche im Alter von 16 und 17 Jahren richtete, kam als spezielle Form von Lehrverhältnissen für 18- und 19-Jährige die so genannte *Accelerated Modern Apprenticeship* hinzu, die diesen älteren Jugendlichen einen Lehrabschluss in kürzerer Zeit ermöglichen sollte. Aufgrund geringer Resonanz bei der Zielgruppe lief diese Initiative jedoch bereits im Februar 1996 aus.

Ende des Jahre 1996 hatten ca. 40.000 Jugendliche ein Lehrverhältnis aufgenommen.[12]

Im Jahre 1997 bestanden bereits 75.800 Lehrverhältnisse, heute sind es rund 255.000.[13] Nachstehend sind die Lehranfängerzahlen – nach Qualifikationsstufen getrennt – für einige Jahre aufgeführt[14]:

Jahr	Lehre Stufe 1	Lehre Stufe 2
2000/01	104.100	72.400
2001/02	108.300	54.000
2002/03	115.700	47.300
2003/04	136.500	55.900

Staatliche Verantwortung und Finanzierung
Im Jahre 2001 wurde der *Learning and Skills Council* (LSC) als staatliche Behörde eingerichtet, die für die Planung und Finanzierung der beruflichen Bildung für die Bevölkerung im Alter von über 16 Jahren verantwortlich ist. Der LSC untersteht dem Erziehungsministerium. Sein Aufgabenbereich umfasst das gesamte Spektrum der Qualifizierungsmöglichkeiten mit Ausnahme des Hochschulsektors. Die Hauptstelle hat ihren Sitz in Coventry; daneben bestehen 47 lokale Dienststellen, die nach Direktive der Zentrale auch die Lehrlingsausbildung überwachen und finanziell fördern.

Der Ausbildungsbetrieb zahlt eine Lehrlingsvergütung, die mindestens 80 £ pro Woche beträgt. Die sonstigen Aufwendungen werden ihm von der zuständigen lokalen Lehrlingsbehörde erstattet. Finanzierungsgrundsatz ist dabei, dass primär die Ausbildung der 16- bis 18-Jährigen gefördert wird; hier gelten die vollen Sätze. Bei älteren Lehrlingen ist die finanzielle Unterstützung geringer und erfolgt auch nur, wenn im Budget noch Mittel vorhanden sind. Dies erklärt sich auch daraus, dass man davon ausgeht, ältere Lehrlinge seien in weit höherem Maße im Betrieb produktiv einsetzbar.

Die Teilzeitschulen, d. h. *Further Education Colleges* oder auch Einrichtung eines privaten Bildungsträgers, erhalten ebenfalls Gelder von der Lehrlingsbehörde.

Verstärkte Einbeziehung der Wirtschaft
Für das Engagement der Wirtschaft ist von Bedeutung, dass sie selbst die NVQs maßgeblich bestimmt. Die Institutionen, die die Ermittlung des Qualifikationsbedarfs für die einzelnen Wirtschaftszweige wahrnehmen, wurden zunächst als *Industry Lead Bodies* (ILBs) und später als *National Training Organisations* (NTOs) bezeichnet, deren Nachfolger heute die *Sector Skills Councils* (SSCs) sind. Diese *Sektoralen Kompetenzräte* legen fest, welche Fertigkeiten und Kenntnisse sie von den Arbeitskräften ihrer Branche in ihren verschiedenartigen Tätigkeitsprofilen erwarten. Ihre Dachorganisation ist die *Sector Skills Development Agency* (SSDA).

Dem Staat kommt in diesem System die Aufgabe zu, die Qualität der entwickelten NVQs zu überwachen und sie in Kraft zu setzen. Dies übernimmt die dem Erziehungsministerium[15] unterstehende *Qualifications and Curriculum Authority* (QCA), die Behörde für Bildungsnachweise und Curriculum.

Einbindung in den Nationalen Qualifikationsrahmen

Die NVQs und andere Abschlüsse der beruflichen wie auch der allgemeinen Bildung einschließlich des Hochschulbereichs sind in den im Jahre 2000 verabschiedeten Nationalen Qualifikationsrahmen für England, Wales und Nordirland eingebunden.[16] Dieser unterscheidet acht Stufen plus eine Eingangsstufe. Die einzelnen Ebenen werden anhand von *Level Descriptors* eingegrenzt.[17] Für die Lehrlingsausbildung sind die Stufen 2 und 3 relevant.

Stufe 2 wird definiert als Qualifikationsebene, auf der fundierte Fertigkeiten und Kenntnisse eines Arbeitsbereichs vorhanden sind und verschiedenartige, teils auch nicht routinemäßige Aufgaben mit einem gewissen Maß an Anleitung und Aufsicht bewältigt werden.

Stufe 3 bezieht sich auf spezialisierte Fertigkeiten und Kenntnisse, mit denen wechselnde, teils auch neuartige Arbeitsanforderungen bewältigt werden können. Es ist in höherem Maße autonomes Handeln erforderlich. Dabei kann es mit zum Anforderungsprofil gehören, andere Personen anzuleiten oder zu beaufsichtigen.

Die *Foundation Modern Apprenticeship* – im Jahre 2004 in *Apprenticeship* umbenannt – ist der Stufe 2 des Nationalen Qualifikationsrahmens zugeordnet, während die *Advanced Modern Apprenticeship* bzw. heute kurz *Advanced Apprenticeship* der Stufe 3 angehört.

Weitere Diversifizierung der Lehrlingsausbildung und Aufbaumöglichkeiten

Als Pilotprogramme kamen im Jahre 2004 zwei weitere Formen der Lehre hinzu:
- *Young Apprenticeship* („Junge Lehre") und
- *Adult Apprenticeship* („Erwachsenenlehre").

Young Apprenticeship bezieht sich auf 14-16-Jährige Schüler, die an einem bis zwei Tagen pro Woche in Betrieben praktizieren. Zielgruppe der *Adult Apprenticeship* sind über 25-Jährige.

Im Mai 2005 wurde für die Ausbildungsgänge *Apprenticeship* und *Advanced Apprenticeship* die Altersgrenze von 25 Jahren aufgehoben.[18]

Es ist also ein ganzes Spektrum von betriebsgebundenen Ausbildungsgängen vorhanden, das auch als *Apprenticeship Family* bezeichnet wird.

Absolventen einer Lehre der Stufe 3 können so genannte *Foundation Degrees* erwerben; das sind praxisorientierte Abschlüsse des Hochschulsektors unterhalb der Ebene Bachelor. Sie wurden im Jahre 2001 in England, Wales and Nordirland eingeführt und stellen ganz allgemein eine Aufbaumöglichkeit für Inhaber eines Qualifikationsnachweises des Levels 3 des Stufensystems dar. *Foundation Degrees* werden hauptsächlich berufsbegleitend erworben und von *Further Education Colleges* in Kooperation mit Universitäten angeboten.

Fachliche Gliederung des Lehrstellenangebots

Zunächst werden folgende Sektoren unterschieden, in denen Lehrverhältnisse absolviert werden können:

- Verwaltung u. Personalverwaltung
- Landwirtschaft
- Baugewerbe
- Verbraucherdienstleistungen, Einzelhandel, Großhandel
- Maschinenbau
- Finanz- u. Versicherungswesen, Immobilienwirtschaft
- Schönheitspflege
- Gesundheitsfürsorge und Pflegebereich, öffentliche Dienstleistungen
- Gastgewerbe
- Produzierendes Gewerbe
- Medien u. Druck
- Erholung u. Reisen
- Transportwesen

In jedem dieser Sektoren gibt es verschiedene Zweige. Beispielsweise zählen zum Sektor „Produzierendes Gewerbe" u. a. Bekleidungsindustrie, Möbelherstellung, Glasindustrie und Nahrungsmittelproduktion. Insgesamt deckt die Lehrlingsausbildung heute eine große fachliche Breite ab.

Dauer der Lehrlingsausbildung

Die Dauer der Lehrlingsausbildungen ist nicht präzise vorgeschrieben, zwischen einem und drei Jahren sind die Regel. Lehrverhältnisse der Stufe 2 dauern mindestens 12 Monate, die der Stufe 3 mindestens 24 Monate. Bei einigen wenigen Ausbildungsgängen können auch bis zu vier Jahre bis zum Abschluss benötigt werden. Wie schnell die Ausbildung absolviert wird, hängt im Wesentlichen von den Fähigkeiten des Lehrlings und auch von den Möglichkeiten des Betriebs ab.

Konzeption der Rahmenordnungen

Die Ausbildungsinhalte sind in so genannten *frameworks* (Rahmenordnungen) festgelegt, von denen rund 150 bestehen. In einem Lehrverhältnis sollen drei unterschiedliche Abschlusszertifikate erworben werden, und zwar:
- Ein nationaler beruflicher Befähigungsnachweis (NVQ) der Stufe 2 oder 3, entsprechend dem jeweiligen Ausbildungsniveau.

- Ein Nachweis über Schlüsselqualifikationen (*Key skills*), d. h. Anwendung mathematischer Kenntnisse, Umgang mit moderner Informations- und Kommunikationstechnologie und je nach Anforderungsniveau auch Kommunikations- und Teamfähigkeit sowie Selbstlernfähigkeit.
- Ein Technisches Zertifikat (*Technical Certificate*) zur Bescheinigung des technischen oder kaufmännischen Hintergrundwissens, das für die ausgeübte Tätigkeit erforderlich ist. Damit wird eine breitere Fundierung der Lehrlingsausbildung angestrebt, die auch die Transferierbarkeit der Kompetenzen fördert. Die Technischen Zertifikate wurden erst im Ausbildungsjahr 2003/04 als neues Element der Rahmenordnungen eingeführt.[19]
Bei einer Lehre im Bereich Maschinenbau kann z. B. vorgesehen sein, dass der Lehrling ein Zertifikat im Schweißen erwirbt. Ein Beispiel aus dem kaufmännischen Bereich wäre ein Zertifikat in EDV-Buchhaltung.

Zusätzliche Ausbildungsziele können vom Lehrbetrieb festgelegt werden, beispielsweise Zertifikate im Bereich Arbeitssicherheit, Brandschutz, Erste Hilfe oder auch der Erwerb eines weiteren speziellen fachlichen Bausteins.

Am Beispiel der Lehrlingsausbildung in der Möbelherstellung soll die Ausbildungsstruktur nachfolgend veranschaulicht werden. Die Rahmenordnung für diesen Sektor wurde vom zuständigen *Sector Skills Council*, also dem Branchengremium erarbeitet. Darin ist aufgeführt, dass sechs Befähigungsnachweise geeignet sind, Gegenstand einer Lehre in diesem Sektor zu sein. Wenn ein Betrieb eine Lehre der Stufe 2 anbieten will, muss er für einen von drei möglichen Befähigungsnachweisen ausbilden können, und zwar:
– „Möbelbau Stufe 2" oder
– „Maschinenelle Holzbearbeitung Stufe 2"
– oder „Möbel herstellen und einbauen Stufe 2".

Will der Betrieb hingegen eine Lehrlingsausbildung auf Stufe 3 durchführen, dann kommen folgende drei Befähigungsnachweise in Betracht:
– „Maschinelle Holzbearbeitung Stufe 3" oder
– „Handgefertigte Möbel herstellen und reparieren Stufe 3" oder
– „Einrichtungsgegenstände für den gewerblichen Bereich herstellen und einbauen Stufe 3".

Aufgaben von Betrieb und Teilzeitschule
Der Betrieb schließt mit dem Lehrling und der Bildungseinrichtung für den Teilzeitunterricht eine Ausbildungsvereinbarung ab. Lehrlinge haben in den meisten Unternehmen den Status regulärer Mitarbeiter. Es gibt auch die Möglichkeit, dass kein Arbeitsverhältnis besteht und der Lehrling nur als Praktikant (*trainee*) ausgebildet wird; dies erfolgt jedoch zunehmend seltener.

Der Arbeitgeber hat gemeinsam mit dem lokalen *Learning and Skills Council* und dem Lehrling einen Ausbildungsplan (*Individual Learning Plan*) zu vereinbaren, der gewährleistet, dass befriedigende Fortschritte erzielt werden.

Eine feste Regel für die Zeitaufteilung zwischen Betrieb und Teilzeitunterricht gibt es nicht. Der Teilzeitunterricht an einem *Further Education College* oder auch an der Einrichtung eines privaten Bildungsträgers wird allerdings meist an einem Tag pro Woche besucht; die restliche Zeit ist der Ausbildung und Mitarbeit im Betrieb vorbehalten. Block- oder Abendunterricht ist ebenfalls möglich, aber seltener. Der Zeitaufwand variiert je nach Fachrichtung. Bestimmte Bereiche des Einzelhandels erfordern z. B. einen weit geringeren Umfang ergänzenden Teilzeitunterrichts als anspruchsvolle Ausbildungsgänge in der Elektrotechnik oder der Metallverarbeitung.

Die *Further Education Colleges* sind meist Bildungs- und Berufsbildungszentren, die Kurse allgemein bildender und berufsbildender Art bis hinein in den tertiären Bereich anbieten. Für die Betreuung der Lehrlinge haben sie in der Regel eigene Abteilungen, teils mit mehreren hundert in Ausbildung Stehenden. Das *East Devon College* z. B. bildet rund 300 Lehrlinge aus der Region Devon aus.[20] Es verfügt über Werkstätten und entsprechende andere Einrichtungen u. a. für Kfz-Technik, Elektrotechnik, Friseurhandwerk, Baugewerbe und Gastronomie.

Perspektiven und offene Fragen
Insgesamt betrachtet ist es in England gelungen, die Lehrlingsausbildung auf neuer Grundlage wiederzubeleben. Es ist bildungspolitische Absicht, sie noch weit stärker auszubauen, und zwar auf 500.000 Ausbildungsverhältnisse im Jahre 2020, was einer Verdopplung des heutigen Bestands entspräche.[21] In programmatischen Erklärungen bekräftigt die Regierung immer wieder, welche große Bedeutung sie diesem Qualifizierungsweg beimisst. So betonte sie beispielsweise: „Wir entwickeln die Lehre zu einem vorrangigen Weg, um den Jugendlichen eine qualitativ hochwertige Ausbildung zu vermitteln."[22] Angestrebt ist insbesondere eine Aufstockung in der Altersgruppe der 16- bis 18-Jährigen im Sinne einer „mainstream option". Darüber hinaus sollen bis zum Jahre 2013 Ausbildungsplätze für alle geeigneten Interessenten vorhanden sein.[23]

Es scheint jedoch fraglich, ob die Wirtschaft ihr Engagement noch wesentlich steigern wird. Hinzu kommt, dass sich die Lehre trotz des breiten Spektrums möglicher Ausbildungsgänge auf relativ wenige Fachrichtungen konzentriert und in einigen neu hinzugekommenen Sektoren, wie z. B. dem IT-Bereich, auf Seiten der Unternehmen wie auch der Jugendlichen ein geringes Interesse an dieser Ausbildungsform besteht. Dabei spielt auch eine Rolle, dass die Lehre ihr Image als Ausbildungsgang für eher manuell geprägte Tätigkeiten in Fertigung und Wartung noch nicht völlig abschütteln konnte.

Hinzu kommen Diskussionen um die tatsächliche Transferierbarkeit der erworbenen Fertigkeiten und Kenntnisse. Wie dargestellt, vermitteln die NVQs an sich schon ein relativ eng gefasstes Qualifikationsprofil, das durch die Möglichkeit der Einbeziehung zusätzlicher betriebsspezifischer Ausbildungselemente weiter spezialisiert wird und so zwar den Bedürfnissen des Betriebs entgegenkommt, aber nicht unbedingt der Flexibilität eines Lehrabsolventen dienlich ist, der sich umorientieren möchte oder muss.

Zudem scheint die Ausbildungsqualität noch erheblichen Schwankungen unterworfen zu sein, worauf auch die Tatsache hindeutet, dass es vielen Lehrlingen Schwierigkeiten bereitet, alle Elemente der Rahmenordnung erfolgreich zu absolvieren. Allerdings ist sich die Regierung dieser Probleme durchaus bewusst und arbeitet an Verbesserungen des Systems.

---

1 Vgl. Deißinger, Thomas: Die englische Berufserziehung im Zeitalter der industriellen Revolution. Diss., Universität Mannheim, 1991, S. 158ff.
2 Vgl. Lachenmann, Gerhard: Zum Ausbildungswesen der gewerblichen Wirtschaft Englands. In: Jahresbericht 1983/84 des Instituts für Berufspädagogik der Universität Karlsruhe (TH). Karlsruhe 1984, S. 24
3 Vgl. Aldrich, Richard: Apprenticeship in England: A historical perspective. In: Heikkinen, A.; Sultana, R. (eds). Vocational education and apprenticeships in Europe. Tampere, 1997, S. 81
4 Vgl. Deißinger, a.a.O., S. 394f.
5 In so genannten *County Colleges* sollten 15-16-Jährige, die sich nicht in einer Vollzeitschule befanden, an einem Tag in der Woche einen berufsbegleitenden bzw. ausbildungsergänzenden Unterricht erhalten. Vgl. Deißinger, a.a.O., S. 396
6 Vgl. Gospel, Howard F.: Die Wiederbelebung des Lehrlingswesens: Fallstudien aus der Praxis in Großbritannien. Zeitschrift für Berufs- und Wirtschaftspädagogik, 94. Bd, Heft 3 (1998), S. 340 363, hier S. 340
7 Vgl. Gospel, a.a.O, S. 344
8 Unwin, Lorna: Creating knowledge and skills: the troubled relationship between company, college and apprentice in UK apprenticeships. In: Bundesinstitut für Berufsbildung (Hrsg.): Der europäische Berufsbildungsraum – Beiträge der Berufsbildungsforschung. 6. Forum der Arbeitsgemeinschaft Berufsbildungsforschungsnetz (AG BFN) vom 19.–20. Sept. 2005 an der Universität Erfurt (AG BFN – Heft 3). Bielefeld 2006, S. 114
9 Vgl. Bünning, Frank/Robertson, Caroline: Reflektion von Arbeitsprozessen in der beruflichen Bildung im Modell der National Vocational Qualifications (NVQs) – Struktur und kritische Analyse. In: Rothe, G.: Alternanz – die EU-Konzeption für die Berufsausbildung. Karlsruhe 2004, S. 138
10 Vgl. Beschreibung der NVQs durch die *Qualifications and Curriculum Authority* (QCA), *http://www.qca.org.uk/qca_6640.aspx*
11 Die Zahl der NVQs ist von großen Veränderungen gekennzeichnet. So gab es 1994 500 Befähigungsnachweise, 1997 waren es bereits 976; im Jahre 2001 hatte sich die Zahl jedoch auf 762 reduziert. Die Rationalisierungsbestrebungen laufen weiter. Vgl. *http://www.qca.org.uk/qca_7133.aspx*
12 Vgl. Aldrich, R., a.a.O., S. 89
13 *www. Apprenticeships.org.uk/*
14 Quelle: Cuddy, Natalia/Leney, Tom: Berufsbildung im Vereinigten Königreich. Kurzbeschreibung. (Reihe „CEDEFOP Panorama", Bd. 112). Hrsg.: Amt für amtliche Veröffentlichungen der Europäischen Gemeinschaften. Luxemburg 2005, S. 40
15 Mitte des Jahres 2007 fand eine ministerielle Umstrukturierung statt: Die Aufgaben des bisherigen Erziehungsministeriums sowie die des Wirtschaftsministeriums wurden auf drei neue Ressorts aufgeteilt, von denen zwei mit Bildung befasst sind, und zwar das *Department for Children, Schools and Families* (DCSF) für die Bildung bis zum Alter von 19 Jahren sowie das *Department for Innovation, Universities and Skills* (DIUS) ab 19 Jahren. Für die Lehrlingsausbildung sind beide Ressorts zuständig.
16 Schottland führte im Jahre 2001 einen Qualifikationsrahmen mit 12 Stufen ein.
17 *http://www.qca.org.uk/libraryAssets/media/ qca_05_2242_level_descriptors.pdf*
18 Vgl. Cuddy/Leney, a.a.O., S. 38
19 Vgl. Department for Innovation, Universities and Skills/Department for Children, Schools and Families: World-class Apprenticeships: Unlocking Talent, Building Skills for All. London 2008, S. 15
20 *http://www.edc.ac.uk/abot-us/apprenticeships/ apprenticeships.html*
21 Vgl. Leitch Review of Skills. Prosperity for all in the global economy – world class skills. Norwich 2006, S. 3
22 Department for Education and Skills: Skills, getting on in business, getting on at work. Part 1. Norwich 2007, S. 6
23 Vgl. World-class Apprenticeships ..., a.a.O., S. 5

Vertiefende und ergänzende Beiträge

zu Teil 3
Lebenslanges Lernen als bahnbrechender Reformansatz

Michael Brater:
    Was ist informelles Lernen und wie geht es vor sich?   425

Friedemann Stooß:
    Das deutsche Berufsprinzip – was es meint, ein Rückblick   431

Michael Brater

Was ist informelles Lernen und wie geht es vor sich?

1. Was alles gelernt werden kann und muss

Zu Beginn müssen wir mit einem verbreiteten Missverständnis aufräumen: Unter „Lernen" wird von vielen Menschen „Aufnehmen und Behalten von Wissen" verstanden. Das ist das Lernen, mit dem wir es in der Schule hauptsächlich zu tun hatten, und diese Erfahrung hat unser Bild vom Lernen nachhaltig geprägt. Lernen ist aber natürlich viel, viel mehr, und eigentlich muss der Mensch praktisch *alles* Lernen, was er braucht, um in seiner Umwelt leben und handeln zu können: Das Wenigste kann er von Geburt aus, das Meiste – Gehen, Sprechen, Fahrradfahren, Essen zubereiten, Konflikte lösen, sich angemessen anziehen, Rechnen, Flirten, zuverlässig sein, sich ausdrücken, einen Computer bedienen, sein eigenes Leben in die Hand bekommen und unendlich viel mehr - muss er sich im Laufe seines Lebens erst aneignen, d. h. eben: *lernen*. Wenn ein Mensch geboren wird, ist er zwar sicher kein vollkommen unbeschriebenes Blatt, aber abgesehen davon, dass er auch körperlich erst noch kräftig wachsen muss, kann er so, wie er ist, in seiner Umwelt nicht zurechtkommen, sondern er muss alles lernen, was er dafür braucht (im Unterschied zu Tieren, die dank ihrer Instinkte von vorneherein viel „fertiger" sind).

Lernen ist also eigentlich, ganz breit, der Prozess der Selbstwerdung und Selbstentwicklung des Menschen. Hinter jeder Veränderung der Person (nicht: ihres körperlichen Zustands) steckt ein – bewusster oder unbewusster, gewollter oder nicht gewollter – Lernvorgang, mit dem sich der Mensch an Forderungen und Bedingungen seiner Umwelt anpasst und dadurch sich selbst prägt, formt und hervorbringt.

Eine gängige Unterscheidung von *verschiedenen Lernebenen* macht deutlich, was wir eigentlich alles lernen können und müssen:
– Wissen
– Fertigkeiten
– Fähigkeiten
– Kompetenzen
– Einstellungen und Haltungen
– Selbstbilder

Insofern müssen wir Lernen als eine Art *menschlichen Grundprozess* ansehen, der genau so zum menschlichen Leben gehört wie etwa das Atmen oder Verdauen. Lernen ist permanente Verarbeitung von Erfahrungen mit der Umwelt und ihre Umsetzung in „persönliche Ausstattung" (also in Wissen, Fähigkeiten, Einsichten, Gefühlsstrukturen, innere Haltungen usw.). Lernen ist Teil der menschlichen Grundausstattung, eine anthropologische Gegebenheit, die die einmalige Anpassungsfähigkeit und Flexibilität des Menschen ermöglicht und ihn wesentlich als Menschen kennzeichnet.

Lernen ist ein spontaner, primärer Prozess, den zumindest ein gesunder Mensch nicht erst lernen muss, sondern ganz selbstverständlich als eine zunächst ganz unbewusste Kraft mitbringt.

Davon kann man sich leicht überzeugen, wenn man kleine Kinder beobachtet, die gar nicht anders können, als zu lernen – und denen das offenbar auch Spaß macht. Lernen ist geradezu ihre Lebensform, und es gehört zu den irritierenden und erschütternden pädagogischen Erfahrungen, wenn man erlebt, wie dieser Lernschwung nach 10 oder 15 Jahren manchmal erlahmt, Lernen verweigert, vermieden, abgewehrt wird und nur noch schrecklich viel Mühe zu machen scheint. Dennoch ist auch in solchen Fällen die Frage nicht: Wie kann jemand lernen?, sondern sie muss immer lauten: Was ist passiert, dass diese ursprüngliche Kraft des Lernens versiegt ist, und welche Hindernisse und Blockaden müssen weggeräumt werden, damit sich diese Kraft wieder entfalten kann?

Dies bedeutet ein entscheidendes Umdenken gegenüber manchen Ansätzen im Zusammenhang mit dem „lebenslangen Lernen", die darüber nachdenken, wie man Lernen fördern, zum Lernen befähigen kann: Im Grunde geht es hier nicht darum, Lernprozesse in Gang zu setzen, sondern immer nur: Lernhindernisse und Lernblockaden zu beseitigen. Die entscheidende und fruchtbare Frage bei Lernschwierigkeiten ist nicht: „Wie kann der Mensch lernen?", sondern: „Was hindert ihn eigentlich am Lernen?"

Festhalten wollen wir: Wir müssen nicht nur lernen, wenn wir die Welt gedanklich erkennen und verstehen wollen, sondern auch, wie wir uns in ihr *verhalten* können und sollen, wie wir ihre Herausforderungen bewältigen können, und wir müssen auch lernen, wie wir mit uns selber umgehen, mit unseren Gefühlen und Empfindungen, oder welche Ziele wir uns setzen. Es ist natürlich auch ein Lernvorgang, wenn wir Eigenschaften und Gewohnheiten bilden oder ablegen, wenn wir unser Verhalten oder unsere Überzeugungen ändern. Für die berufliche Bildung ist dieses weite, über bloße Wissensaufnahme hinausgehende Lernverständnis außerordentlich wichtig, denn hier reicht es ja niemals aus, die Dinge zu wissen – man muss sie natürlich auch *tun können*, d. h., man muss lernen, zu *handeln und sich selbst, seine Bewegungen, Gefühle, Absichten, Erwartungen, Vorgehensweisen usw. entsprechend zu steuern und zu beherrschen.*

2. Informelles Lernen
„Wenn ein Kind „arbeitet", lernt es spontan, frei, freudig, intensiv und ohne Belohnung" (Maria Montessori).

Wenn wir Lernen so weit fassen, wie wir es hier tun, dann fällt gleich ein weiteres wichtiges Merkmal des Lernens auf: Das meiste, was der Mensch so lernt, lernt er ohne Lehrer und außerhalb von organisierten Lerninstitutionen wie Schulen u. ä. Lernen ist also offenbar nicht daran gebunden, dass einer da ist, der lehrt, und auch keineswegs an Situationen, die explizit zum Lernen eingerichtet sind. Das hat in der Lernforschung zu der begrifflichen Unterscheidung von *formellem* und *informellem Lernen* geführt.

Formelles Lernen		Informelles Lernen
Selbstbestimmtes Lernen	Fremdbestimmtes Lernen	
Aus eigenem Antrieb, Interesse, Motivation; freiwillig z. B. selbst gewählten Kurs/Workshop, Literatur aussuchen	Fremdbestimmung, Zwang; fremde Forderungen z. B. Schulsystem, Rahmenlehrpläne -> Lernblockade, schlechte, negative Erfahrungen	Nicht geplant oder organisiert, spielt sich überall ab, ist ein unbewusstes Lernen z. B. Nebenprodukt von anderen Tätigkeiten -> 70 % allen Lernens kommt so zu Stande.

Formelles Lernen bezeichnet geplant und absichtsvoll eingerichtete Lernwege, die meist in Umgebungen stattfinden, die ausdrücklich zum Lernen geschaffen worden sind. Das informelle Lernen dagegen ist ein Lernen, das sich praktisch überall abspielen kann, das weder geplant noch organisiert wird, sondern einfach ganz selbstverständlich und spontan stattfindet. Beim informellen Lernen handelt es sich oft um ein *„implizites"*, d. h. unbewusstes Lernen, das sich als Nebenprodukt anderer Tätigkeiten ergibt. Das heißt: Weitaus das Meiste, das wir lernen, lernen wir außerhalb von speziell dafür vorgesehenen „Lernanstalten" und vollkommen unabhängig davon, dass da einer ist, der uns etwas beibringen will oder uns zum Lernen anleitet. Oft merken wir selbst dabei gar nicht, dass und was wir gelernt haben. In *jeder* Lebens- und Handlungssituation wird gelernt, völlig unabhängig davon, ob sie in einem institutionellen Rahmen stattfindet, der explizit dem Lernen dient – also in Schulen, Hochschulen, Kursen, Seminaren, Lehrgängen u. ä., vorausgesetzt, diese Situation wird nicht bereits vollständig beherrscht.
Informell zu lernen, ist sicher der primäre, ursprüngliche Prozess. Organisiertes, formelles Lernen tritt immer dann auf, wenn etwas zu komplex ist, um informell, d. h. ohne Hilfe gelernt werden zu können. In diesem Fall können sich die Lernenden freiwillig an eine Lehrinstitution wenden und z. B. einen Kurs belegen, der ihnen dabei hilft, das zu lernen, was sie lernen wollen: Dieses *Lernen ist selbstbestimmt.*
Wenn dagegen etwas gelernt werden soll, das der Lernende von sich aus nicht lernen möchte, z. B., weil es ihn gerade nicht interessiert bzw. weil er es aus seiner aktuellen Lebenssituation heraus nicht braucht (oder nicht zu brauchen meint), handelt es sich um *fremdbestimmtes Lernen*, d. h. um ein Lernen, von dem *andere* meinen, dass es wichtig und nötig ist, und das sie Lernenden abverlangen. Dieser Fall tritt meist dann auf, wenn Instanzen Lernziele definieren und vorgeben, von denen sie meinen, dass Lernende sie erreichen müssen; wenn also das Lernen nicht durch den Wunsch oder die Notwendigkeit ausgelöst wird, eigene Erfahrungen zu verarbeiten, sondern durch eine Forderung Dritter. Da dies bei der uns vor allem prägenden bewussten Lernerfahrung, der Schule, der Fall ist, identifizieren wir Lernen häufig mit formellem Lernen und vor allem auch mit Fremdbestimmung, Zwang und fremden Forderungen. Auf diese Weise ist Lernen bei vielen Menschen negativ besetzt und löst nicht gerade Lust und Bereitschaft aus (zweifellos einer der Gründe, weshalb die Kraft zum Lernen im späteren Leben bei vielen Menschen blockiert ist).

Aber wir müssen uns klar machen, dass dieses fremdbestimmte formelle Lernen nur einen sehr geringen Teil des Lernens überhaupt ausmacht und keineswegs allgemein für Lernen stehen kann.

3. Wie geht Lernen?
3.1 Lernen durch Handeln

Unsere Bildungs- und Weiterbildungsinstitutionen sind von einem *kognitiven* (= auf Wissen bezogenen) und *rationalistischen* Verständnis des Lernens geprägt: Demnach besteht der Akt des Lernens vor allem in der Aufnahme und dem Behalten von *Wissen,* bestehend aus Informationen und theoretischen (gedanklichen) Zusammenhängen bzw. Deutungen. Lernen ist demnach in diesem Verständnis ein Akt der Bewusstseinsbildung und –erweiterung. Auch in der beruflichen Bildung wird oft die Wissensvermittlung übermäßig stark betont, obwohl man hier ja lernen soll, richtig zu Arbeiten. Diese vorschnellen „Wissensmissverständnisse" von Lernen äußern sich z. B. in folgenden „Grundüberzeugungen", die man immer wieder hören kann:

Erst mal muss man den Lernenden erklären, wie es richtig geht, und die Theorie dazu vermitteln; das erscheint als *Voraussetzung für ein verändertes oder verbessertes Handeln:* Wer eine Sache weiß, einen Zusammenhang begriffen und gedanklich erfasst hat, der wird – so die stillschweigende Annahme – auch in diesem Sinne handeln. Möchte man, dass jemand sein Handeln verändert oder zu neuem Handeln in der Lage ist, muss man ihm das entsprechende Wissen, die entsprechenden Einsichten, Gedanken und Theorien vermitteln. So kommt es, dass man heute z. B. jemandem, der ein Unternehmen erfolgreich führen möchte, zahlreiche Theorien und empirische Befunde (Informationen) über Preisbildung, Marketing, Logistik, Prozesssteuerung, Finanzierung, Marktmechanismen usw. beibringt, in der Annahme, dass ihn all dieses Wissen zu richtigem Handeln befähigen wird – was aber natürlich sehr oft nicht der Fall ist.

Besseres Wissen befähigt angeblich zu besserem Handeln. Handeln ist in diesem Verständnis etwas, das sich aus Wissen bzw. „richtigem" oder „wahrem" Denken notwendigerweise ergibt: Wenn man etwas richtig gedacht hat, kann man gar nicht anders, als richtig handeln. Deshalb, so eine verbreitete Meinung, muss man Menschen nur richtiges Wissen und Denken lehren, dann werden sie auch ihr Handeln entsprechend ändern.

Schon einige einfache Alltagserfahrungen weisen uns nachdrücklich darauf hin, dass an dieser grundlegenden Vorstellung vom Lernen als einer Wissensaufnahme, die Handeln ermöglicht, irgendetwas nicht stimmt. Wieso gibt z. B. der Raucher, den man über das hohe Risiko, an Lungenkrebs zu sterben, belehrte und der das auch verstanden hat, das Rauchen nicht sofort auf? Wieso erleiden junge Akademiker, die lange und erfolgreich studiert haben, in ihrer ersten Stelle so etwas wie den bekannten Praxisschock? Wieso werden z. B. Sicherheitsvorschriften missachtet, obwohl darüber ausführlich belehrt (und möglicherweise sogar eine Prüfung abgehalten) wurde? Gelerntes Wissen führt keineswegs immer und selbstverständlich zu entsprechendem Handeln: „Sie wissen, wie es geht, können es aber nicht" (Dörner 1989, S. 304).

Um neu oder verändert zu *handeln,* genügt es also offenbar nicht, lediglich neues Wissen und Denken aufzunehmen und zu üben. Etwas praktisch tun zu lernen – Fahrradfahren, kundenorientiert beraten, soziale Konflikte lösen usw. –, geht nicht einfach über den „Kopf". Der Glaube an die Kraft der Vernunft ist ehrenwert (und unverzichtbar), aber nicht ausreichend, um zu verstehen, wie richtig handeln gelernt werden. Dagegen kennen wir viele Beispiele, die uns zeigen, dass ein praktisches Können vorhanden ist, ohne dass zuerst entsprechendes Wissen gelehrt wurde: Im allgemeinen dürften Menschen, die gut Fahrrad fahren können, dies nicht über die Vermittlung einer Theorie des Fahrradfahrens gelernt haben, und auch beim Schwimmen Lernen oder Tanzen oder beim Lernen von Fremdsprachen, Verhandeln oder Flirten nützt es wenig, sich zunächst mit entsprechendem Fach- und Hintergrundwissen zu bereichern. Solche Handlungen lernt man offenbar auf anderen Wegen als auf denen über das Bewusstsein und die Aufnahme von theoretischem Wissen.

Das bedeutet keineswegs, dass letzteres überflüssig wäre: Wir greifen gern darauf zurück, wenn beim Vollzug der jeweiligen Handlung unerwartete Widerstände und Hindernisse auftreten, die wir verstehen möchten. Haben wir aber zu früh Wissen über solche Hindernisse erworben, hilft es uns in der Regel nicht, diese Hindernisse zu vermeiden: Wir verstehen dieses Wissen über die Hindernisse meist erst dann, wenn wir die Hindernisse *erfahren* haben.

Mit ziemlicher Sicherheit hat jeder von uns das Fahrradfahren dadurch gelernt, dass wir uns aufs Fahrrad gesetzt und es einfach unbefangen probiert haben. Das hat nicht immer auf Anhieb geklappt, und einige Stürze und aufgeschürfte Knie waren unvermeidlich, aber letztlich konnten wir es dann irgendwann. Hilfreich war dabei vielleicht die stützende Hand eines Erwachsenen, der manchen Sturz verhüten konnte, bevor wir das richtige Gefühl für die Balance ausgebildet hatten – aber lernen mussten wir selber, und zwar ohne Theorie, allein *durch Tun*.

Dieser praktische Lernprozess war nie geradlinig, sondern führte über mehrere Höhen und Tiefen, durch die wir uns durchbeißen mussten, bis wir schließlich gelernt hatten, alle schwierigen Situationen, die beim Fahrradfahren auftreten können, erfolgreich zu meistern. Die möglicherweise auf uns niedergehenden rationalen Erklärungen und Anweisungen des stützenden Erwachsenen waren eher lästig und wenig hilfreich, ja, Wissen und Bewusstsein können bei derartigen Lernprozessen sogar störend sein: In der Frühphase des Radfahrenlernens fielen wir regelmäßig dann herunter, wenn uns plötzlich bewusst wurde, dass keiner mehr das Rad hält oder uns auffängt. Mit dem Verlust der Unbefangenheit durch Wissen kam die Angst, und mit der Angst die Unfähigkeit, praktisch zu lernen.

3.2 Das Pädagogische Paradox

Damit stoßen wir auf ein fundamentales *Gesetz des praktischen Lernens*, des Lernens von Handlungen: *Es ist einfach nicht so, dass wir erst Wissen aufnehmen und dann entsprechend handeln, sondern handeln lernen wir nur dadurch, dass wir – handeln!! Wir lernen etwas zu tun, indem wir es tun; indem wir also diese Handlung (die wir noch nicht können) ausführen!*

Das klingt paradox, und ist es auch. Deshalb formulieren wir diese grundlegende Einsicht über das Lernen auch als das sogenannte

Pädagogische Paradox:
Man lernt Handlungen dadurch, dass man tut, was man erst lernen will.
Man lehrt Handlungen dadurch, dass man die Lernenden in Situationen bringt, die zu bewältigen sie lernen sollen.

Das gilt nicht nur für das Fahrradfahren, sondern für alles, was man zu *tun* lernen muss: Fremde Sprachen zu sprechen nicht anders als Schuhe zu binden, Mathematik zu treiben nicht anders als öffentliche Verkehrsmittel zu benutzen, Auto zu fahren nicht anders als zu sprechen, Gruppengespräche zu moderieren nicht anders als zu verhandeln, zu hobeln nicht anders als mit einem Computerprogramm umzugehen. Theoretische Erläuterungen mögen an bestimmten Stellen des Lernprozesses außerordentlich hilfreich sein, aber sie können niemals das praktische Ausprobieren der Handlung und damit den „Sprung ins kalte Wasser" ersetzen: *Irgendwann muss der, der etwas zu tun lernen möchte, eben dieses tun, um es zu lernen.*

Dies kehrt unser schulisches Verständnis von Lernen völlig um: Am Anfang steht die *unbefangene Handlung* und das Bewusstsein; das Wissen „von" und „über" die Dinge dagegen kommt ganz am Ende. Handeln lernt man also, entgegen einem weitverbreiteten Vorurteil, nicht in der Reihenfolge erst Lernen, dann Handeln, sondern genau umgekehrt in der Reihenfolge erst Handeln, dann Lernen, wobei „Lernen" hier heißt, diese Handlung dauerhaft und richtig ausführen zu können.

Lernen ist die auf das handelnde Subjekt zurückgerichtete Innenseite des Handelns bzw. Arbeitens; Handeln (Arbeiten) und Lernen sind zwei Seiten eines Prozesses.

Wie aber ist das möglich? Wie kann man etwas tun, das man noch gar nicht kann, es dabei aber lernen?

3.3 Das Lernmodell von Donald Schön

Wir verdanken *Donald Schön* (1983), der den Prozess des Lernens von Handlungen sorgfältig untersucht hat, ein Verlaufsmodell dieses Lernens, mit dessen Hilfe wir ganz gut verstehen können, wie und in welchen Schritten es vor sich geht und was dazu gehört:

Das Lernmodell von Donald Schön
1. (oft unbewusste) mitgebrachte Vorerfahrungen, Alltagstheorien, unbefangenes „Loshandeln"
2. Eine Situation tritt auf, die nicht spontan lösbar ist; Überraschung, Unzufriedenheit, Zweifel
3. Neues versuchsweises inneres Umbauen, neu sortieren, umdenken; Versuch, alle praktischen Konsequenzen daraus zu durchdenken
4. Neues Ausprobieren: „Rahmenexperiment" (on-the-spot-experiment)
5. Genau beobachten: Wie antwortet die Situation auf diesen Versuch? „inquiry", „Evaluation" der Situation
6. Im Falle des Scheiterns: Lernschleife und nochmal alles umbauen und neu ansetzen; evtl. „Doppelschleifen-Lernen"
7. Schließlich hat sich im Erfolgsfall neues Handeln-Können gebildet über diesen Prozess der „Reflexion-in-der-Handlung"
8. Dieses Können ebenso wie der Lernprozess können nachträglich bewusst (gemacht) werden (reflection-on-action)

Dieses Modell macht sehr schön klar: Man lernt handeln dadurch, dass man aufgrund seine bisherigen Erfahrungen usw. einfach unbefangen zu handeln probiert, obwohl man es ja noch nicht kann. Das macht gleich zu Beginn deutlich, dass dieses Lernen einen gewissen Mut erfordert, sich auf Unbekanntes einzulassen, und vom Lernenden verlangt, all seine Vorerfahrungen zu mobilisieren und seine Aufmerksamkeit anzuspannen. Wenn die Handlungssituation wirklich neu ist bzw. Neues enthält, reicht das Mitgebrachte natürlich nicht aus, und prompt geht der Versuch auch schief: Ein Problem, ein Fehler, eine Störung tritt auf (treten sie nicht auf, wird also alles richtig gemacht wird, kann auch nichts gelernt werden, weil es offenbar nichts zu lernen gibt). Diese Störung ist eine entscheidende Situation, denn sie fordert den Handelnden/Lernenden auf, sich nun der Sache zuzuwenden, über sie nachzudenken, die Fehlerursache zu suchen, sich ein neues Bild von der Situation zu machen, eine Art „Lösungshypothese" daraus abzuleiten und auf diesem Hintergrund einen neuen, nun veränderten Handlungsversuch zu wagen, etwas anders auszuprobieren als bisher. Er beginnt, sich mit der Sache intensiv auseinander zu setzen, sich Fragen zu stellen und nach Antworten zu suchen, seine Voraussetzungen in Frage zu stellen, sie neu zu überdenken, Alternativen zu suchen.

Hier wird das Zusammenspiel von praktischer Erfahrung und Denkprozessen, also kognitivem Bemühen deutlich, und hier kann es auch sinnvoll sein (muss es aber nicht), auf externes Wissen zurückzugreifen. Wenn man beim Handeln auf einen Widerstand trifft, kann man nicht bei seiner *Deutung* stehen bleiben, sondern man muss einen erneuten, nun entsprechend veränderten Handlungsversuch wagen; er hat den Stellenwert einer experimentellen Handlung, d. h. er ist verbunden mit einer vorsichtigen, tastenden „fragenden Haltung". Nun kommt ein wesentlicher Schritt: Die Situation *antwortet!* Das heißt, in der Sache, mit der sich der Lernende auseinandersetzt, ist eine *Eigenlogik* enthalten, und diese ist es nun eigentlich, die ihn „belehrt"! Sie „sagt" ihm, ob er zuvor richtig gedacht hat, ob sein neuer Handlungsansatz richtig, eben sachgemäß war. Indem sich der Lernende in diesem Sinn von der Sache belehren lässt, überprüft und bewertet er sein eigenes Handlungskonzept. Stellt er fest, dass sein Handeln nicht die Wirkungen hatte, die er sich vorgestellt hat, oder dass neue unerwartete Probleme auftreten, beginnt der Prozess des der Neuorientierung von vorne, eine (oder mehrere) „Lernschleifen" werden notwendig, bis das Ergebnis der praktischen Handlungsexperimente befriedigend ist. Dann kann der Lernende offenbar richtig handeln, er beherrscht diesen Handlungszusammenhang und hat neues *Können* erworben.

Können bildet sich also diesem Ansatz zufolge nicht durch Wissensaufnahme, sondern durch *lernendes Handeln*. Das ist ein Handeln, das sich bewusst auf Neues einlässt, Fragen stellt, auf die Antworten aus der Sache aufmerksam ist, sie phantasievoll in veränderte Handlungsfragen umsetzt und erneut experimentell handelt. In diesem Prozess bildet sich zwar auch (implizites) Wissen, wichtiger aber noch: Handlungsfähigkeit (Kompetenz) und Handlungssicherheit, beides zunächst eher unbewusste Ergebnisse, die aber prinzipiell bewusstseinsfähig sind: Man kann grundsätzlich wissen, was man kann.

Diese Untersuchungen von D. Schön können einige fundamentale Einsichten über das paradoxe Phänomen des Lernen vermitteln:

– Eine Lernsituation setzt unbefangenes Aufgreifen der Situation voraus.
– Sie beginnt damit, dass Widerstände, Überraschungen auftreten, dass etwas nicht so abläuft, wie man es gemeint hat.
– Lernen verlangt innere Auseinandersetzung mit der Situation, fordert also Aktivität, sich nicht zufrieden zu geben mit der Situation, das, was nicht gelingt, nicht einfach hinzunehmen.
– Lernen ist immer ein experimenteller Vorgang, ein Ausprobieren.
– Lernen ist mit begleitender Selbstreflexion, Selbstkritik und Selbstüberprüfung verbunden und hat etwas mit einer forschenden Grundhaltung zu tun.
– Lernen geht nicht ohne wiederholtes Scheitern, nicht ohne Fehler und Irrwege.
– Lernen verlangt, am Ball zu bleiben, sich nicht abschrecken zu lassen, durchzuhalten, es immer wieder zu probieren.

Dieses Lernen findet ausschließlich im Lernenden statt und ist allein seine Angelegenheit: Lernen von Handlungen geht nicht aus einer Belehrung hervor, kann gar nicht von Lehrern vermittelt werden, *sondern muss immer von den Lernenden selbst erarbeitet werden.* Von außen, vom Lehrer, ist diese innere Auseinandersetzung nicht ersetzbar und nicht abkürzbar: Lernen *ist* ausschließlich ein Prozess der inneren Auseinandersetzung, eine Tätigkeit, die ihm niemand abnehmen kann. Lernen ist grundsätzlich ein aktiver, niemals ein nur aufnehmender, rezeptiver Vorgang. Lernen verlangt Eigeninitiative und aktive

Beteiligung (commitment) des Lernenden. Sein eigener Lernwille kann durch nichts ersetzt werden. *Der Lernende ist verantwortlich für seinen Lernprozess und dessen Steuerung.*

Zum Lernen von Handlungen kann grundsätzlich der Lehrende nichts beitragen. Lernen kann (und muss) auch nicht von außen „gemacht", inszeniert, hergestellt, sondern es kann lediglich gestaltet, unterstützt, gelenkt – oder gestört werden, wie ein Wasserlauf, den man regulieren oder formen, aber nicht „machen" kann.

Das führt uns zu einer weiteren fundamentalen Erkenntnis über das Lernen: *(Handeln) Lernen kann der Mensch nur selbst. Niemand kann gelernt werden.*

Man nur lernt, wo man *Herausforderungen meistert.* Im Falle des Lernens von Handlungen sind das eben Handlungsherausforderungen. Lernen ist deshalb mit Unsicherheit, Offenheit, Risiko verbunden. Aber gelernt wird auch nur, wo der Lernende nicht bei dieser Unsicherheit stehen bleibt oder am Risiko scheitert, sondern sie eben *erfolgreich bewältigt.* Psychologen nennen diese Grundlage des Lernens deshalb das Herausforderungs-Bewältigungs-Paradigma. Es heißt: Wo keine Anforderung, kein Widerstand, keine Belastung besteht, besteht auch kein Grund zum Lernen, denn wenn alles glatt geht und man alles im Griff hat, gibt es keinen Anlass, etwas zu lernen. Gelernt werden kann aber auch nur dann und insoweit, als diese Herausforderung *bewältigt*, d. h. schließlich gemeistert wird, denn scheitert man, hat man eben auch nicht gelernt, wie es geht, war das Lernen nicht erfolgreich und hat man allenfalls gelernt, dass man es eben nicht geschafft, sondern versagt hat. Damit stoßen wir hier bereits auf eine der entscheidenden Anforderungen an Lehrende, die andere bei ihrem Lernprozess unterstützen wollen: *Sie müssen für Herausforderungen sorgen – aber gleichzeitig auch dafür, dass diese Herausforderung schließlich vom Lernenden gemeistert werden können.* In der Pädagogik ist hier stets die Rede von der „dosierten Überforderung". Man benötigt fürs Lernen die Krise, den Widerstand, den Fehler – aber man benötigt auch deren erfolgreiche *Überwindung durch Selbstveränderung.* Das macht Mühe und zeigt, dass Lernen (harte) *Arbeit an sich selbst* ist. Nicht jede Lernherausforderung kann einfach aus eigener Kraft gemeistert werden, sondern manchmal kann es ganz hilfreich sein, wenn es jemanden gibt, der einem Hilfen gibt, um über die Hürden zu kommen. Aber: Darüber kommen muss man auf jeden Fall selber! Baut dieser Helfer vor lauter Hilfsbereitschaft die Hürden gleich ab, oder hebt er den Lernenden gleich ganz hinüber, hat er nicht beim Lernen geholfen, sondern er hat Lernchancen zerstört und damit Lernprozesse verhindert. Externe Hilfen sind nur sinnvoll, wenn sie und insoweit als sie vom Lernenden erbeten bzw. abgerufen werden, weil er in seiner Handlungssituation auf die entsprechende Frage gestoßen ist: Fragen zu beantworten, die keiner hat, ist grundsätzlich sinnlos und trägt nichts zum Lernen bei.

Es kommt beim Lernen also nicht darauf an, keine Fehler zu machen, sondern darauf, was man aus ihnen lernt.

Literatur

Schön, Donald A. (1983), The reflective practitioner. How professionals think in action. New York

Dörner, Dietrich (1989), die Logik des Mißlingens. Strategisches Denken in komplexen Situationen. Reinbek

Friedemann Stooß
Das deutsche Berufsprinzip - was es meint, ein Rückblick

Siehe, es gibt keinen Beruf, in dem einem nicht befohlen wird ...
Wenn du schreiben kannst, so wird dir das nützlicher sein
als alle die Berufe, die ich vor dir ausgebreitet habe.
[aus der ‚Lehre des Cheti' im Alten Ägypten]

1. Beruf als Qualifizierungs- und Tauschmuster

Beruf war bis in die jüngste Zeit ein zentrales Moment zur Strukturierung des Arbeitsmarktes und des Sozialwesens, religiös begründet, ethisch-sittlich verankert und auf die im Grundrechtskatalog, Art. 14 GG, verankerte Eigentumsgarantie bezogen. An ausgewählten Deutungen sei dies veranschaulicht:

a) *„Beruf [meint ein] planvoll konstruiertes Muster zur Qualifizierung und zum Tausch von Arbeitskraft,*
das spezifische Qualifikationserwartungen mit spezifischen Arbeitsleistungen sowie mit relativ niedrigen, i. d. R. auf Erwerbs- und Versorgungschancen beschränkten Entschädigungschancen kombiniert
und dessen Konstruktion primär dem Interesse an der Beschaffung von Arbeitskraft zu dienen bestimmt ist" [H. A. Hesse 1972, 130]
[„Profession (meint ein) planvoll konstruiertes Muster zur Qualifizierung und zum Tausch von Arbeitskraft, das spezifische, zumeist monopolisierte Arbeitsleistungen mit spezifischen, zumeist verschärften Qualifikationserwartungen sowie mit relativ hohen Chancen auf Erwerb und Versorgung sowie auf Ansehen und Einfluss kombiniert und dessen Konstruktion primär dem Interesse an der Verwertung von Arbeitskraft zu dienen bestimmt ist." – H. A. Hesse, a.a.O.]

b) *„Beruf [meint] die auf Erwerb gerichteten, besonderen Kenntnisse und Fertigkeiten sowie Erfahrung erfordernden und in einer typischen Kombination zusammenfließenden Arbeitsverrichtungen, durch die der einzelne an der Leistung der Gesamtheit ... mitschafft ..."* [Klassifizierung der Berufe 1961, 7]

Zur inzwischen klassischen _Berufsauffassung_ sei festgehalten:

– Berufswahl setzt klar umrissene Berufsprofile voraus, die dem Einzelnen den Zugang zum Arbeitsmarkt und ins System sozialer Daseinsvorsorge erschließen und damit der Volkswirtschaft ein hohes Leistungsvermögen sichern. Mit der Ausbildung wird das angesammelte berufsspezifische Know-how (Fertigkeiten, Kenntnisse) an die Folgegeneration weitergereicht. Daraus erwächst die Basis für die innovative Fortentwicklung der Berufe.

– Ausbildungsberufe des unteren Qualifikationsniveaus werden nach festgeschriebenen Verfahrensregeln konstruiert: Die Sozialpartner (nicht die Betroffenen selbst!) handeln den Berufszuschnitt aus, das BiBB koordiniert und begleitet das Verfahren. Die staatliche Anerkennung legitimiert den Ausbildungsgang als Vorgabe zur Berufswahl und als marktgerechtes Tauschmuster.

– Im Konsens der Sozialpartner (im Abgleich ihrer Interessen) drückt sich aus, das *Ausbildungsberufsbild* biete Jugendlichen ein sicheres Fundament für den Einstieg ins Arbeitsleben; es entspreche den Anforderungen der Betriebe; und der nach diesem Berufsbild Ausgebildete erfülle die Voraussetzungen für die tarifliche Eingruppierung als Fachkraft.

– Allerdings gibt es nur partiell *Leitlinien zur Berufskonstruktion*, die Eckpunkte und Mindeststandards festschreiben, die an die Vorgaben zur Berufswahl und an die Tauschmuster des Arbeitsmarkts zu stellen sind.

2. Das deutsche Berufsverständnis in historischer Sicht

Auszüge aus einschlägiger Literatur zeigen, wie das Berufsprinzip entstanden ist:

a) *„Die Geschichte allgemeiner Einbürgerung des Ausdrucks Beruf beginnt erst nach 1900 ... Den wesentlichen Anstoß dazu haben sehr wahrscheinlich der um diese Zeit erfolgte Aufbau und Ausbau der öffentlichen Berufsberatung und Arbeitsvermittlung sowie die Entwicklung der Arbeits- und Berufsmedizin ... gegeben."* – *„Die klärende Trennung zwischen Gewerbe(zweig) einerseits und Beruf andererseits trat erst mit der Berufszählung von 1925 ein."* [F. Molle 1968, 150]

b) *„Wenn [die Berufs-Soziologie] den Beruf als soziale Handlungschance zum Gegenstand von Beobachtung, Analyse und Erklärung erhebt, dann erscheint er als Bündel von Handlungschancen. ... Neben der Arbeitskraftverwertungschance sind im Beruf u. a. gebündelt die Arbeitskraftverfeinerungschance – üblicher als ‚Ausbildungs- oder Bildungschance' bezeichnet, die Erwerbs- und Versorgungschance, die Chance zur Selbst- und Fremdeinschätzung"* [H. A. Hesse, 1972, 13].

c) *„Von den verschiedensten Positionen her sind im Laufe der Zeit im deutschen Sprachraum ‚Berufs-Ideen', ... und ‚Berufsvorstellungen' formuliert worden, ... die auch auf charakteristische Weise miteinander kombiniert sein können:*
1. Die traditionell-ständische Berufsauffassung ... als überindividuelle Gebundenheit an eine soziale Lebensgemeinschaft.
2. Die religiöse Berufsauffassung (‚vocatio'): ... Die besonders von Luther vertretene Idee ... hat vor allem dadurch fortgewirkt, dass sie ein Berufsethos begründete, das die berufliche Pflichterfüllung des einzelnen als Dienst vor Gott erscheinen ließ.
3. Die idealistisch-ganzheitliche Berufsauffassung des Neuhumanismus ... In ihr verbindet sich der Gedanke der ... objektiven Berufsaufgabe mit dem Gedanken der daseinserfüllenden Entfaltung aller individuellen Anlagen.
4. Die funktionale Berufsauffassung, die den Beruf als erwerbsmäßige Ausübung einer durch technisch-wirtschaftliche Verhältnisse vorgegebenen Funktion sieht." [H. A. Hesse 1972, 18f.]

Daraus ist zur deutschen Sicht des Berufs abzuleiten:
- Der entscheidende Unterschied zu anderen Ländern besteht darin, dass das deutsche Berufsverständnis weit über die funktionale Sicht hinausreicht. ‚Ausbildungsberufsbilder' sind mehr als bloße Vorgaben zur funktionsgerechten Qualifizierung der Arbeitskräfte nach den Anforderungen der Unternehmen.
- Wie Molle (1968) nachweist, leitet sich der Terminus *Beruf* mit seinen Wortverbindungen *nicht* vom Handwerk her. Die Handwerksordnung (1953) regelt die Ausübung von *Gewerben*. Auch i. d. F. der HwO des Jahres 2005 ist von § 1 an durchgängig von Gewerben die Rede [BMBF 2005, 86ff].
- Wo im anglo-amerikanischen Raum unterschieden wird zwischen ‚profession', ‚occupation', ‚job' und ‚vocation' (im Anklang an deutsche Sicht – ‚*vocational education and training (VET)'*), steht in Deutschland umfassend der Terminus ‚Beruf'. Der Bezug zu Luthers Herleitung von ‚vocatio' [Ruf] ist allerdings inzwischen völlig verblasst.

3. Anmerkungen zur Konstruktion der Ausbildungsberufe

Nach welchen Verfahren die Ausbildungsberufe erarbeitet (konstruiert) werden, sei in drei Abschnitten knapp skizziert. Wie zu zeigen sein wird (H. A. Hesse, 1972), ist das Handwerk bis zur Gründung des BiBB im Jahre 1969 anders vorgegangen als Industrie und Handel (der IHK-Bereich).

3.1 Ordnung der Ausbildungsberufe im Handwerk

- Zu den Verordnungen, die in den Jahren 1934 bis 1936 zum Handwerksrecht erlassen wurden, zählt nicht nur der ‚große Befähigungsnachweis', sondern auch die Liste, in der die Gewerbe, die handwerksmäßig betrieben und als Lehrberufe anerkannt werden, festgeschrieben worden sind.
- Die Handwerksordnung von 1953 schreibt in der *Anlage* A die enumerative Fixierung der als Handwerk geltenden Gewerbe aus dem Jahre 1934 fort. Mit der Neufassung des Gewerbeverzeichnisses war im Vorfeld u. a. der ‚Bundestagsausschuss für Wirtschaftspolitik' befasst. Er formulierte die das deutsche Berufsprinzip noch heute prägenden Grundsätze (nach Hesse 1972, S 92f.):
  1. Die in die Liste A aufzunehmenden Gewerbe müssen einen Vollberuf darstellen, der eine ordentliche Lehrzeit von 3 bis 4 Jahren erfordert und nach mehrjähriger Gesellentätigkeit mit anschließender Meisterprüfung die Berufsausbildung abschließt.
  2. Dieser Vollberuf soll so umfassend sein, dass der Handwerker sich aus diesem Grundberuf heraus spezialisieren kann.
  3. Bei nachlassender Arbeitsfähigkeit mit zunehmendem Alter ... soll der Handwerker durch den Vollberuf in den Stand gesetzt werden, von einem Spezialzweig in einen anderen zu wechseln.
  4. Für die Aufnahme in die Liste muss ein öffentliches Interesse bestehen.
- Nach dem Grundsatz 2 wurden zahlreiche spezialisierte *Gewerbe zu Vollberufen* zusammengefasst (z. B. entstand aus neun Tischlerberufen der Einheitsberuf „Tischler"). Zu breit ausgefallene Arbeitsgebiete wurden 1965 durch die Änderungen der HwO wieder getrennt, so z. B. ‚Gold- und Silberschmied', ‚Feinmechaniker und Feinoptiker'.
- Am 08.12.1953 beschloss die Spitzenorganisation des Deutschen Handwerks, für alle *Gewerbe der Anlage A* Berufsbilder auszuarbeiten. Vor-Entwürfe erarbeiteten die Handwerksvertreter selbst. Sie wurden ab 1954 vom „Institut für Berufserziehung im Handwerk an der Universität Köln" unter Beteiligung des „Heinz-Piest-Instituts für Handwerkstechnik an der TH Hannover" ausformuliert und durch das BMWi staatlich anerkannt – bis Ende 1964 waren es 109 Berufe.

Das Berufsbildschema hatte *Friedrich Schlieper* entworfen.
- In den Jahren 1998 bis 2005 ist die HwO erneut verändert worden. Die Anlage A weist nur noch die 41 zulassungspflichtige Gewerbe aus; die Anlage B in Abschnitt l die 53 zulassungsfreien Gewerbe und in Abschnitt 2 die 57 zulassungsfreien, handwerksähnlichen Gewerbe.
- Anerkannte *handwerkliche Ausbildungsberufe sind heute* – unabhängig von der Zahl der bestehenden Betriebe – alle zulassungspflichtigen Gewerbe und alle zulassungsfreien Gewerbe nach Anlage B, Abschnitt l. Hinzu gekommen sind einzelne handwerksähnliche Gewerbe (z. B. ‚Änderungsschneider/in', ‚Kosmetiker/in', ‚Maskenbildner/in', ‚Bestattungsfachkraft').

3.2 Ordnung der Ausbildungsberufe in Industrie und Handel

- Erste industrielle Ausbildungsberufe entstehen kurz nach der Wende vom 19. zum 20. Jahrhundert durch den vom VDI im Verbund mit dem VDMA 1908 gegründeten DATSCH (Deutscher Ausschuss für das Technische Schulwesen).
- In den Jahren 1933 bis 1945 wird die Ausbildung der staatlichen Wirtschafts- und Rüstungspolitik untergeordnet. An die Stelle des DATSCH tritt das „Reichsinstitut für Berufsausbildung in Industrie und Handel", das nun die Ausbildungs-Berufsbilder erarbeitet und ab 1938 in rascher Folge um immer neue Lehr- und Anlernberufe ergänzt. Im Jahre 1943 gibt es im IHK-Bereich schließlich 328 Lehrberufe und 251 Anlernberufe (Hesse 1972, 100f.).
- Nach dem Kriegsende entsteht die von der Arbeitsgemeinschaft der Industrie- und Handelskammern gegründete ‚*Arbeitsstelle für Betriebliche Berufsausbildung – ABB'*, die ab 1953 gemeinsam vom DIHT, der BdA und dem BDI getragen wird.
- *Aufgabe der ABB* war es, „aus den zahlreichen in der Industrie entstandenen Erwachsenen-Berufstätigkeiten eine möglichst geringe Zahl von ‚Ausbildungs-Berufen' herauszukristallisieren." (Hesse 1972, 100)
- Anfangs konzentrierte sich die ‚Ordnungs- und Abgrenzungsarbeit' der ABB ganz „auf die Festsetzung von ‚Ausbildungsberufen' und ihre ‚Normung', als deren wichtigstes Mittel wiederum das vom Handwerk her bekannte ‚Berufsbild' diente" (ebd.).
- Später kam dazu die Änderung/Anpassung von Ausbildungsberufen, so z. B. die Zusammenfassung zu neuen Einheitsberufen und die Streichung von Lehrberufen, insbesondere aber von Anlernberufen (Hesse 1972, 101, Tab. 5). Von 326 Lehrberufen und 248 Anlernberufen des Jahres 1947 waren 1969, beim Übergang zum BiBB, noch 317 Lehrberufe und 81 Anlernberufe übrig.
- *Richtlinien für die Arbeit der ABB* boten die im Jahre 1956 formulierten „Leitsätze für die Bestimmung und Abgrenzung von industriellen Ausbildungsberufen".

Dazu gehören u. a. (Kurzfassung):
1. Zur Bestimmung und Abgrenzung eines industriellen Ausbildungsberufs gehört, dass er zu einer Erwachsenentätigkeit hinführt, die Gegenstand einer planmäßigen betrieblichen Ausbildung sein kann und nach Art und Inhalt für Jugendliche zugänglich und geeignet erscheint.
2. Die Ausbildung muss eine spätere betriebliche Tätigkeit ermöglichen, die ein wesentliches Maß von selbständigem Denken und Handeln und eigenverantwortlichem Handeln voraussetzt.
3. Die Dauer der Ausbildung richtet sich nach Art, Umfang und Schwierigkeitsgrad der dem Jugendlichen betrieblich zu vermittelnden Kenntnisse und Fertigkeiten.
4. Zum Berufsbild gehört für den Ausbilder der Berufsbildungsplan, der die Einzelheiten der betrieblichen Ausbildung enthält.

- Im Unterschied zum Handwerk wird die *Legislative nicht beteiligt*. Und gleichermaßen wie im Handwerk bleiben auch bei IHK-Berufen Schulverwaltung, Berufsschullehrerschaft und Berufsberatung außen vor. Auch werden zur Beurteilung der als Bezugspunkt gewählten Erwachsenentätigkeit nach Zukunftschancen *keine neutralen Instanzen* der Berufsforschung oder einschlägig arbeitende wissenschaftliche Institute herangezogen.

3.3 Neuere Verfahren der Berufskonstruktion

Auf welchem Wege Berufsordnungen nach dem BBiG erarbeitet und nach der Beschlussfassung des BiBB-Hauptausschusses vom Bund staatlich anerkannt werden, beschreibt Hermann Benner in der 1982 vom BiBB herausgegebenen Schrift „Ordnung der staatlich anerkannten Ausbildungsberufe". Das Vorgehen ist durch Rahmenvorgaben und -vereinbarungen hoch formalisiert, wenn nicht bürokratisiert. In zeitlicher Abfolge gelten für die Konstruktion der Ausbildungsberufe:
- Das „Gemeinsame Ergebnisprotokoll betreffend das Verfahren bei der Abstimmung von Ausbildungsordnungen und Rahmenlehrplänen im

Bereich der beruflichen Bildung" vom 30.5.1972, nach dem sich Beauftragte der Bundesregierung und der Kultusminister der Länder (KMK-Vertreter) darauf verständigt haben, die Ausbildungsordnungen des Bundes für die betriebliche Berufsausbildung und die Rahmenlehrpläne für die schulische Seite aufeinander abzustimmen und dafür einen Koordinierungsausschuss einzurichten. Das Abstimmungsverfahren im Einzelnen hat der Ausschuss am 8.8.1974 festgelegt.
– „Kriterien für die Anerkennung und Beibehaltung anerkannter Ausbildungsberufe" hat der damalige Bundesausschuss für Berufsbildung am 25.10.1974 beschlossen (vgl. unten). Regelungen zum Verfahren bei der Erarbeitung von Ausbildungsordnungen und ihrer Abstimmung mit Rahmenlehrplänen nach dem Beschluss des BiBB-Hauptausschusses vom Mai 1979.
– Hinweise des BMBW (III B 4 6810) vom 15.09.1981 zur Gestaltung der zeitlichen Gliederung in Ausbildungsordnungen.

Die Kriterien und bildungspolitischen Eckdaten, die für die Ordnung der anerkannten Ausbildungsberufe maßgebend sind (Benner 1982, 54ff), sind streckenweise mit denen identisch, die in der Zeit vor 1969 angewendet worden sind. So wenn nach dem Kriterienkatalog vom 25.10.1974 vorausgesetzt wird:
– Ein hinreichender, zeitlich unbegrenzter Bedarf an Qualifikationen, unabhängig vom Einzelbetrieb
– Eine Ausbildung in der Breite für qualifizierte, eigenverantwortliche Tätigkeiten
– Die Operationalisierbarkeit der vereinbarten Ziele und eine ausreichende Abgrenzung von anderen Ausbildungsberufen
– Die Befähigung zu selbständigem Denken und Handeln im Beruf
– Eine breite Grundbildung und Eignung der Vorgaben für die Fortbildung und den beruflichen Aufstieg
– Eine Ausbildungsdauer zwischen zwei und drei Jahren

Nach der Ordnungsarbeit des BiBB lassen sich bei den Ausbildungsberufen folgende Formen unterscheiden (BERUF AKTUELL 2007/08):
– Monoberufe ohne Spezialisierung nach Schwerpunkten oder Fachrichtungen, die auf ein Gewerbe/eine Branche bezogen sind, wie Bäcker/in, Friseur/in, Landwirt/in;
– desgleichen Berufe, die aber breit, branchenübergreifend angelegt sind, wie Industriekaufleute, Bürokaufleute, Mechatroniker/in;
– auf ein Arbeitsgebiet/eine Branche bezogene Berufe mit interner Differenzierung nach Schwerpunkten, wie Kfz-Mechatroniker/in, Feinmechaniker/in, Maschinen- und Anlagenführer/in;
– auf ein Arbeitsgebiet/eine Branche bezogene Berufe, differenziert nach Fachrichtungen wie Gärtner, Groß- und Außenhandelskaufleute, Metallbauer, Mikrotechnologe/in;
– auf ein Arbeitsgebiet hin zentrierte Berufe – ohne Spezialisierung nach Schwerpunkten oder Fachrichtungen, die über *Wahlqualifikationseinheiten* eine flexible Ausbildungsstruktur aufweisen, wie Biologie-, Chemie-Laboranten/innen, Mediengestalter/in;
– zweifach gestufte Ausbildungsberufe in der Bauwirtschaft.

4. Kernelemente des deutschen Berufsprinzips

Von den vorangehenden Abschnitten her sei hier beschrieben, was dem deutschen Berufsprinzip seine besondere Stellung verleiht und worin idealtypisch seine Ausprägung zu sehen ist. Dabei wird in zwei Schritten vorgegangen:
1. aus den vorangehenden Abschnitten 1 und 2 wird abgeleitet, welches die Kennzeichen des Berufsprinzips sind bzw. sein sollten, und
2. wird anhand der im Abschnitt 3 skizzierten Verfahrensweisen gezeigt, welche der Vorgaben gegenwärtig bei der Berufskonstruktion durch die Sozialpartner unter staatlicher Koordination Not leiden.

4.1 Aus berufssoziologischen Befunden abzuleitende Vorgaben

Nach soziologischen Aussagen zum Berufsverständnis sind dem Ausbildungsberuf in Deutschland (dem Berufsprinzip) folgende Kennzeichen eigen:
– Eine klar abgegrenzte *Arbeitsaufgabe, als breites Arbeitsgebiet, das* eine charakteristische Kombination von Arbeitsverrichtungen kennzeichnet, die aus der Art des Umgangs mit Materialien/Werkstoffen und Arbeitsmitteln (Werkzeug, Gerät, Maschinen etc.) resultiert. Darauf bezogen ist das Bündel an Fertigkeiten und Kenntnissen, das in der Berufsausbildung zu erwerben und bei der Abschlussprüfung zu beherrschen ist.
– Das Aufgabengebiet wird *entweder branchenbezogen und/oder* – vor allem im industriellen Segment – *auf einen bestimmten betrieblichen Funktionsbereich hin* ausgewählt, womit zugleich die qualitativ-fachliche Breite und die quantitativ-räumliche Ausdehnung gegeben sind. Danach bemessen sich auch die Möglichkeiten, später zwischen Teilgebieten zu wechseln oder – bei nachlas-

sender Leistungsfähigkeit – sich auf ein Spezialgebiet zu beschränken.
- *Die fachliche Breite und quantitative Ausdehnung* sind die maßgebenden Kriterien dafür, mit welchen Chancen und Risiken die Absolventen der einschlägigen Ausbildung am beruflichen Teilarbeitsmarkt werden rechnen müssen.
- Das so abgegrenzte berufliche Handlungsfeld zählt zur *unteren Qualifikationsebene* der ausführenden Tätigkeiten und ist fest im Tarifgefüge verankert.
- Die curricularen Vorgaben sind strikt auf das jeweilige Qualifikationsbündel und dessen *Einordnung ins soziale Gefüge* zugeschnitten. Über den betrieblichen Bezug hinausweisende allgemein bildende oder fachrichtungsspezifischen Elemente, die auf höhere Bildung anrechenbar wären, sind nicht vorgesehen. Die Berufsschule ist darauf fixiert, die Ausbildung im Betrieb zu begleiten, aber nicht darauf, einen über die Einstiegsqualifikation hinausreichenden Bildungsabschluss zu vermitteln oder den Zugang zum Hochschulstudium zu erschließen.

4.2 Kennzeichen der deutschen Berufskonstruktion für das duale System

Ein Raster zur Berufskonstruktion, das von der Berufswissenschaft und deren Auseinandersetzung mit dem Phänomen ‚Beruf' her bestimmt wäre, ist nicht zu erkennen. Die im Katalog des BiBB von 1974 genannten Kriterien,
- Längerfristiger Bedarf über die Zeit hinweg,
- Breitenausbildung für qualifiziertes, eigenverantwortliches Handeln,
- Operationalisierbarkeit und Eignung für planmäßige Ausbildung Jugendlicher,
- Zeitbedarf für die Ausbildung von mindestens zwei Jahren, i. d. R. drei Jahre,

bestimmen im Grunde genommen das Vorgehen, nach dem regierungsseitig darüber entschieden ist, ob und wie ein Arbeitsgebiet dem Nachwuchs als Ausbildungsberuf zur Integration ins Berufsleben vorgegeben werden soll. Sie sind Ausdruck dafür, dass die Leitlinien dualer Berufsbildung von der Bundesregierung – in Anhörung der Sozialpartner – festgelegt werden. Das BiBB arbeitet – seiner Stellung gemäß – den Beteiligten zu, für autonome Forschung und die kritische Analysen des deutschen Systems im europäischen Kontext bleibt ihm wenig Raum.

Relativ klar umrissen ist die *Ordnungsarbeit im Handwerk* durch den mit der HwO abgesteckten Rahmen. Alle zulassungspflichtigen Gewerbe der Anlage A und alle zulassungsfreien Handwerke des Abschnitts l der Anlage B sind Ausbildungsberufe, aber nur partiell die handwerksähnlichen Gewerbe. Nachrang haben die unter 4.1 genannten Vorgaben, auch wenn – angesichts der Globalisierung – die Zahl der Betriebe bei manchen Handwerken auf marginale Größen schrumpft und dabei die Frage aufkommt, ob über derart schmale Berufe die Integration der Jugendlichen ins Arbeitsleben noch im nötigen Umfang gewährleistet sei.

Ähnlich wie im Handwerk bestimmt die *Berufsordnung der Freien Berufe* den Zuschnitt der dualen Ausbildungsberufe. Mit der Expansion der Beratungs- und Serviceleistungen ist die quantitativ-räumliche Ausdehnung des Berufsfelds stetig gewachsen. Im Gesundheitswesen wirkt sich die strikte Trennung von Ausbildungs- und gehobenen Schulberufen nachteilig aus, wird doch weder die duale Ausbildung noch die erworbene Berufserfahrung beim Übergang in Pflegeberufe etc. angerechnet.

Offen ist auch, nach welchen Leitlinien die Zahl der *Ausbildungsberufe in Industrie und Handel* ständig ansteigt. Anscheinend orientiert sich die Berufsschneidung immer weniger am Handwerk – auch wenn noch Facharbeiter aus dem Handwerk übernommen werden. Nach der inflationären Zunahme der Ausbildungsgänge 1938 bis 1943, deren Bereinigung ab 1960, der relativ kurzen Erprobung der Stufenausbildung und der berufsfeldbreiten Grundbildung tritt neuerdings sowohl die fachliche als auch die quantitativ-räumliche Breite des beruflichen Zuschnitts wieder in den Hintergrund; umgekehrt dominieren Spezifika einzelner Sparten (Beispiel: Immobilienkaufleute ./. Bürokaufleute). Stillschweigend wird hingenommen, dass bei weit über zwei Dritteln der Ausbildungsberufe die Dualität von Ausbildung im Betrieb und deren Fundierung durch die Berufsschule längst Not leidet.

Literaturangaben
BMBF, Berlin (Hrsg.): Ausbildung & Beruf. Bonn, Berlin 2005
Hesse, Hans Albrecht: Berufe im Wandel. Stuttgart 2. Aufl. 1972
Molle, Fritz: Definitionsfragen in der Berufsforschung. In: Mitt(IAB) H. 3/1968, S. 148–159

Statistisches Bundesamt, Wiesbaden (Hrsg.): Klassifizierung der Berufe 1961. Stuttgart u. Mainz 1961, Einführungskapitel

Vertiefende und ergänzende Beiträge

zu Teil 4
Wechselwirkungen zwischen Bildungssystem und Wirtschaftsentwicklung

Michael Brater:
    Von der Industriegesellschaft zur Wissensgesellschaft   437

Ludwig Paul Häußner:
    Ausbildung und Mitarbeiterentwicklung als unternehmerische
    Kernaufgaben   441

Michael Brater
Von der Industriegesellschaft zur Wissensgesellschaft

Etwa 50 % der Erwerbstätigen in den hochentwickelten Ländern sind heute mit der Produktion und Reproduktion von Wissen (Information) befasst – in Schulen, Ausbildungsstätten, Forschungseinrichtungen, Bildungs- und Fortbildungsinstituten, Medien usw. Dieser Sektor hat inzwischen eine Leitfunktion übernommen, weil die Güterproduktion weitgehend von ihm abhängig ist.

Unsere Gesellschaft wird heute oft „postindustriell" genannt, weil Wissenschaft und auf ihr basierende Technik zu einer Produktivkraft geworden sind, von der die Lebenschancen eines großen Teils der Bevölkerung abhängen. Güterproduktion wie Dienstleistungen sind weitgehend „verwissenschaftlicht". Systematisch erzeugtes Wissen ist die zentrale Quelle von Innovationen; in der Berufsstruktur haben die professionalisierten, technisch qualifizierten, verwissenschaftlichten Berufe Vorrang. Mit „Wissen" ist dabei immer systematisch erzeugtes, also *wissenschaftliches Wissen* gemeint, das gegenüber jedem lebensweltlichen Wissen als das „höhere" gilt. Damit hängt die Unterscheidung von Experten- und Laien-Wissen zusammen: Die Wissens- (oder Informations-)gesellschaft ist eine Expertengesellschaft, die andere Wissensgruppen ausgrenzt. Nicht-wissenschaftliche Wissensformen veröden, die Professionellen haben die Definitionsmacht für Probleme und ihre „richtige" Lösung / Behandlung. Damit sind Entwertungen, Entmündigungen und Abhängigkeiten der Betroffenen selbst verbunden (z. B.: der Arzt muss sagen, dass der Patient krank ist und was ihm fehlt).

Wissen ist ferner eine Ware geworden; allerdings eine Ware mit der Besonderheit, dass sie dem Besitzer bleibt, auch wenn er sie verkauft. Wissen ist allerdings auch eine Ware und Ressource, deren Wert sich durch Gebrauch und Teilung erhöht! Und: Wissen ist allgemeingültig und öffentliches Gut) und kann nur schwer privatisiert werden. *Dieser Widerspruch bestimmt die Wissensgesellschaft fundamental* (s. Internet).

Privat erarbeitetes Wissen muss, seiner wissenschaftlichen Logik nach, für alle verständliches, nachvollziehbares, überprüfbares und zugängliches Wissen werden, um überhaupt zu gelten. Wissen geht also, seiner inneren Struktur nach, ständig von „Privatkapital" in (öffentliches) „Kulturkapital" über. Wissenschaftliches Wissen ist seinem Wesen nach nicht schützbar, denn „wissenschaftlich" wird es geradezu dadurch, dass es „allgemein lernbar" ist.

Ein besonderes Thema der Wissensgesellschaft ist die Aufbewahrung und Pflege von Wissen (Bibliotheken, Datenbanken, Museen). Mit dem favorisierten Typ des „wissenschaftlichen" Wissens, das auf die Produktion von Daten abzielt, gehen die intuitiven, ganzheitlichen Wissenszugänge verloren. Wissen ist also nicht mit „Weisheit" gleichzusetzen – es entwertet und verdrängt diese sogar. Allerdings wird in der Öffentlichkeit auch immer bewusster, dass der heute bevorzugte Wissenstyp vor allem technische Probleme zu lösen vermag, sonst aber kaum andere. Nicht zu Unrecht verbreitet sich daher auch Wissenschaftsskepsis.

Angesichts der gewaltigen Datenmengen, die heute produziert und leicht zugänglich gemacht werden, stellt sich das gewaltige Problem der Selektion, Bewertung und Synthese dieser Datenmengen (das Problem der Unterscheidung des Wesentlichen vom Unwesentlichen). Da Wissen nicht geschützt werden kann, geht der Konkurrenzkampf auf diesem Gebiet nicht um das Wissen als solches, sondern um das Erreichen von *Wissensvorsprüngen.* Dies wiederum führt einerseits zur Gefahr der Hektik und Oberflächlichkeit der Wissensproduktion, andererseits zur ständig anwachsenden Geschwindigkeit, mit der produziertes Wissen veraltet. Das hat Konsequenzen für die Flexibilität derer, die Wissen nutzen und macht das „lebenslange Lernen" notwendig (diese Frage stellt sich nur in Bezug auf das wissenschaftliche Wissen, denn im Hinblick auf all das sog. „lebensweltliche" Wissen ist das lebenslange Lernen kein Thema, sondern eine Selbstverständlichkeit).

Bildung ist in der Wissensgesellschaft ein zentrales Gut geworden. Sie ist sowohl eine selbständige Art der Lebenserfüllung sowie ein Mittel der gesellschaftlichen Integration. Die Wissensgesellschaft hat auch ihre eigenen Mechanismen der Standardisierung und Normierung von Verhalten, damit dieses technisch kombinierbar wird. Wissen schafft aber auch das Problem des „gläsernen Menschen".

Neue Fragen tauchen auf angesichts der Tatsache, dass kein Mensch alles wissen kann. Im Unterschied zu früheren Zeiten bleibt er jedoch aufgrund der heutigen prinzipiellen Zugänglichkeit von Wissen nicht mehr quasi naturwüchsig von Wissen ausgeschlossen, sondern muss sich *bewusst für Nichtwissen entscheiden.* Eine weitere Kehrseite der Wissensgesellschaft besteht auch darin, dass der Einzelne immer mehr dem Zugriff der Datensysteme unterliegt.

Auffällig ist die Tendenz zur „Verwissenschaftlichung" *aller* Arbeitsbereiche, also auch solcher, die traditionell oft als Alternative zum akademischen Weg gewählt wurden, wie z. B. das Handwerk, Pflegeberufe u. ä. Ohne diese Verwissenschaftlichung ist oft auch der Einsatz von EDV nur beschränkt möglich. Es gibt somit immer weniger traditionelle Nischen. Das wird problematisch in all den Berufen, in denen es objektiv zumindest auch auf intuitive Einfühlung usw. ankommt. Beispiele sind etwa die Berufe des „grünen" Sektors, aber auch der personnahen Dienstleistungen. Hier gehen mit der Akademisierung wesentliche Kompetenzen verloren, wenn sie nicht über andere Wege als die der Wissensvermittlung „kompensatorisch" geschult werden. Dem eigentlichen physischen Arbeitsvollzug (der heute ohnehin meist von Maschinen übernommen wird) gehen längere Analyse-, Diagnose- und Reflexionsphasen voraus. Es wird „gedacht", bevor gehandelt wird. Auffallend ist auch die Tendenz, dass sich diese Tätigkeiten zu eigenen, reinen „Wissensberufen" verselbständigen. Beispiel hierfür sind etwa Berater. Überhaupt entstehen sehr viele Berufe, denen gewissermaßen der „Körper" fehlt, die sich also vollkommen im Umgang mit und der Produktion von Wissen ohne eigene Anwendung beschäftigen: Kopf und Hand fallen völlig auseinander. Es ist ganz normal, dass man das, was man denkt, nicht tut. Arbeit wird etwas Abstraktes, erschöpft sich im Umgang mit Zeichen und Symbolen, mit Papier und Schreibgerät. Das Denken, das an sich das menschliche Tun begleitet, wird zu einer eigenständigen „Arbeit".

Hierdurch verliert der Arbeitsbegriff jeden Anklang an schweißtreibende Muskeltätigkeit. Genau so *verschwimmt die Abgrenzung gegenüber dem Lernen*: Wieso ist das schulische Lernen z. B. dann nicht genau so „Arbeit" wie etwa die Auswertung statistischer Produktionsdaten? Entsprechend mehren sich Tendenzen, auch das, was Schüler tun, wie Arbeit zu behandeln (und z. B. „Freizeit" zu fordern). Andererseits zeigt sich, dass mit der Abspaltung von Wissensarbeit zu Expertenberufen erhebliche Eingriffe in die Autonomie anderer Menschen verbunden sind. Sie begründet Abhängigkeit von den Experten und macht unmündig.

Wissensarbeit wirft somit auch erhebliche soziale Probleme auf: Wie führt man einen Wissensberuf aus, ohne ständig in die Freiheit anderer einzugreifen? Wissensberufe haben gewöhnlich hohen Status, gelten als erstrebenswert und setzen „hohe Bildung" voraus. Umgekehrt gelten die (relativ wenigen) Berufe ohne großen Anteil an Wissensarbeit als unzeitgemäß, haben niedrigen sozialen Status und sind etwas für „Ungebildete".

Ein besonderes Kennzeichen der Wissensarbeit ist ihre Kurzlebigkeit: Wissen veraltet ständig: Man muss sich auf dem Laufenden halten, es gibt keine tragfähige „Erfahrungsgrundlage" mehr, und auch Berufserfahrung zählt kaum noch. Es geht ständig darum, die Nase gegenüber der Konkurrenz vorne zu haben, denn sonst droht Arbeitsplatzverlust. Das erhöht den Stress und Konkurrenzdruck. Die Arbeit der Wissensarbeiter gleicht dem Versuch, auf der unerbittlich nach unten laufenden Rolltreppe hinaufzusteigen. Deshalb sind die Mechanismen der Hervorbringung und Aneignung von Wissen so wichtige Basiswerkzeuge: Ihr Besitz entscheidet tatsächlich über die wirtschaftliche und gesellschaftliche Zukunft des Wissensarbeiters.

Diese Situation kann entsprechende Persönlichkeitsveränderungen und psychische Belastungen bzw. Krankheiten nach sich ziehen. Arbeit verliert endgültig alles „Gemütliche", Mittelalterlich-ständische. Neue Formen der Kooperation, vor allem der „Gedankenkooperation", müssen gefunden werden, d. h. einer Zusammenarbeit mit nicht-sinnlichen Gegenständen, die aber sprachlich bzw. symbolisch erst wahrnehmbar gemacht werden müssen. Diese Gegenstände sind im Prinzip zugänglich und nachvollziehbar, aber sie müssen quasi aus dem Innenleben des Arbeitenden herausgeholt und veröffentlicht werden. Das aber kann nur der Arbeitende selbst bewirken: Er trägt die Verantwortung dafür, dass andere ihn verstehen können und sein Wissen überhaupt in sozialen Zusammenhängen fruchtbar werden kann. Es ist daher auch Bestandteil seiner Arbeit, sich in verschiedene Verstehenshorizonte hineinzuversetzen und letztlich in der Lage zu sein, sich selbst und sein Wissen „mit den Augen des anderen" zu betrachten. Kooperations- und Kommunikationsprozesse gewinnen damit wesentlich an Bedeutung. Sie sind die Grundlage für Wissensarbeit. Etwas „präsentieren" zu können, wird zur Basisqualifikation für jeden.

Die „Verwissenschaftlichung" und „Verdatung" der Arbeit erhöht prinzipiell die Anforderungen an die kognitiven (= gedanklichen) Leistungen der Arbeitenden. Analytisches Denken ist gefragt, ferner strenge methodische Disziplin beim

Umgang mit Wissen und die Bereitschaft, überkommene Traditionen und Regeln kritisch zu hinterfragen. In der Arbeit darf nichts mehr „einfach so hingenommen" werden, sondern alles muss der kritischen Prüfung durch den Verstand unterzogen werden und mit den verfügbaren Wissenshorizonten vereinbar sein. Die Arbeitenden benötigen eine (natur-)wissenschaftliche Grundhaltung, die sich auf Skepsis gegenüber dem Gegebenen gründet. Sie macht den Versuch erforderlich, alle Phänomene in unserer Lebens- und Arbeitswelt auf allgemeine Gesetze zu reduzieren und sie vorwiegend *kausal*, d.h. unter dem Gesichtspunkt ihrer Verursachung zu betrachten. Leitende Frage ist nicht mehr, was etwas eigentlich ist, sondern: wie etwas *bewirkt* worden ist, damit man es dann entweder nach-„machen" oder durch Manipulation seiner Ursachen verändern kann.

Die Arbeitenden in der Wissensgesellschaft glauben an die Machbarkeit der Dinge – wenn man diese nur richtig untersucht und in ihrem Wirkungsgefüge erkannt hat. Auf diesem Hintergrund bestehen nicht nur hohe Anforderungen an das analytische Denkvermögen, sondern auch an die Wissensaufnahme (Verständnis und Merkfähigkeit). „Lernen" wird für manchen ein Synonym für Wissensaufnahme und -speicherung. Der Wissensarbeiter muss alles Mögliche im Kopf haben, um es souverän und flexibel je nach Anforderungen anwenden zu können. Wissensbasiert zu arbeiten hat zwar den Vorteil, Zusammenhänge auf allgemeine Regeln zu reduzieren. Das macht den Wissensarbeiter flexibel. Zugleich verliert er jedoch das Bewusstsein für die Besonderheit des Einzelfalls. Er steht in gewisser Weise „über den Dingen". Da ein Gesetz nur dann ein Gesetz ist, wenn es *immer* gilt, sind Störungen und Abweichungen das eigentliche Problem wissensbasierter Arbeit: Sie dürften eigentlich gar nicht vorkommen und werden prinzipiell als „vorläufige Unzulänglichkeiten des Wissens" verstanden. Durch das systematische Erklären von Abweichungen werden die Wissenssysteme jedoch immer komplexer und abstrakter und können schließlich nur noch mit Hilfe von Computern gemanagt werden.

Man trifft hier auf die Bedeutung des Unvorhersehbaren, Unplanbaren, Nicht-Berechenbaren, das einfach auftritt, obwohl es doch nach den wissenschaftlichen Gesetzmäßigkeiten gar nicht hätte auftreten dürfen. Diese Grenze des naturwissenschaftlichtechnischen Denkens kann innerhalb dieser Denkweise selbst jedoch nicht reflektiert werden. Die Wissensgesellschaft führt damit zu dem Punkt, an dem offenbar auch *ein anderes Wissen* als nur das naturwissenschaftlich-technische notwendig wird, nämlich: „Erfahrungswissen" bzw. „erfahrungsgeleitetes Handeln" (und auch Lernen).

Besonders hohe Anforderungen an die Wissensarbeiter bestehen im Hinblick auf die Beschaffung von Wissen (Forscher-Haltung, Lernen des Lernens), sowie auf seine „Verwaltung", sprich: das so vielfach eingeforderte und oft mit hohem Aufwand betriebene *Wissensmanagement*. Nach Lage der Dinge stecken die Probleme hier heute weniger im *Wissenszugang* als in der *Selektion des jeweils relevanten* Wissens. Die wesentliche Frage ist: Welches Wissen brauche ich für welche Problemlösung? Wie ich zu diesem Wissen komme, ist heute fast sekundär.

Wie kann man aber von etwas wissen, dass man es braucht, wenn man es gar nicht kennt? Und: Wie kann man dem Problem ansehen, welches Wissen zu seiner Lösung relevant ist? Und schließlich: Wie kann man das als relevant erachtete, gesammelte Wissen zur Problemlösung einsetzen? Wissensselektion ist daher eine Frage einer eigenen Relevanzentscheidung – die auch falsch sein kann.

Die Anforderung, ständig lernbereit zu sein, um laufend veraltendes Wissens durch neues Wissen ersetzen zu können, bedeutet: Die Grunderfahrung des Wissensarbeiters ist die der Flüchtigkeit, Vorläufigkeit und Veränderbarkeit aller Dinge. Sein Leben ist gekennzeichnet durch das Ungewisse, Instabile. Er kann sich auf keine *Inhalte*, keine Erfahrungen, kein Können, keinen einmal erreichten Status verlassen oder abstützen. Er kann sich also nur auf sich selbst, auf seine *Lernfähigkeit* verlassen, und darauf, dass er immer wieder in der Lage sein wird, alles Alte aufzugeben und sich Neues anzueignen.

Wissensarbeit ist immer in hohem Maße *Kommunikationsarbeit* und verlangt entsprechend ausgeprägte Fähigkeiten zum Kommunizieren. Im Mittelpunkt stehen dabei Fähigkeiten, sich in Denkweisen und Denkansätze anderer hineinversetzen, sie nach-denken zu können, sich (zumindest zeitweise) auf sie einlassen zu können.

Unabhängigkeit im Denken ist somit eine hohe Forderung der Wissensarbeit: Gedanken müssen als objektive Realitäten begriffen werden, mit denen man umgehen kann wie mit Sachen. Zugleich ist ein außerordentlich *bewegliches Denken* gefordert im Sinne der Fähigkeit, sich in unterschiedlichsten Gedankengebäuden bewegen, sie aber auch jederzeit wechseln, und schließlich auch wieder zum eigenen Denken zurückkehren zu können. Denken muss in diesem Sinn „flüssig" werden. „Sture", rechthaberische Denker, die nur das eigene Wissen dogmatisch gelten lassen wollen, eignen sich nicht zum Wissensarbeiter. Über sie geht auch der Markt schnell hinweg. Benötigt wird die Fähigkeit, *den berechtigten Kern im eigenen oder fremden Ansatz* zu erkennen, ihn fest zuhalten und zu verdeutlichen. Das erfordert auch ein hohes Verbalisierungsvermögen, um immer wieder Brücken herstellen zu können zwischen dem eigenen Ansatz und den vielen anderen. Und dazu ist es notwendig, *sich selbst aus der Sicht der anderen* betrachten, deren Perspektive einnehmen und die Perspektiven ständig wechseln zu können.

Der Wissensarbeiter ist somit eigentlich kein einsamer Wahrheitssucher, sondern einer, der den Diskurs, die Pluralität der Ansätze und ihr Aufeinanderprallen, die *soziale Erkenntnisarbeit* liebt. Er ist jemand, der in der Auseinandersetzung mit anderen lernt und davon überzeugt ist, dass keiner im Besitz der endgültigen Wahrheit ist. Er weiß, dass man sich der Wahrheit immer nur annähern kann, indem sich die vielfältigen Auffassungen und Deutungen ihre Ecken und Kanten aneinander abschleifen.

Literatur

Dülmen, R. v.; Rauschenbach, S. (Hrsg.). Macht des Wissens: Die Entstehung der modernen Wissensgesellschaft. Böhlau 2004

Kübler, H. D.: Mythos Wissensgesellschaft: Vs-Verlag, Wiesbaden 2005

Ludwig Paul Häußner

Ausbildung und Mitarbeiterentwicklung als unternehmerische Kernaufgaben

Mit diesem Beitrag soll das Lernen im unternehmerischen Kontext aus der Perspektive eines Educational Entrepreneurship in essayistisch-evokatorischer Form behandelt werden.

Allgemein werden Schule, Berufsschule und Hochschule als Orte des systematischen Lernens angesehen. Doch dürfte ein jeder in seinem „Unternehmen Lebenslauf" vermutlich mehr in unsystematischer Art und Weise lernen als in Schule und Studium.

Gilt als Leitgedanke des herkömmlichen institutionalisierten Lernens der wohl bekannte Spruch, wonach wir nicht für die Schule, sondern für das Leben lernen, so könnte ein Perspektivenwechsel womöglich zu folgender Aussage führen: „Durch das Leben werden wir belehrt!".

Wie, wo, wann und wodurch das Lernen im menschlichen Leben stattfindet, lässt sich in Anlehnung an Houten[1] in drei unterschiedliche Lerngebiete und Lernwege gliedern:
- das Gebiet der organisierten Lernsituation in Schule und Hochschule,
- das Gebiet des Lebens- oder Erfahrungslernens sowie
- das Gebiet eines inneren, geistigen Entwicklungsweges.

Im Kontrast zu Schule, Berufsschule und Hochschule unterscheiden sich Unternehmen aber wesentlich. Ihre Aufgabe ist es, Waren und Dienstleistungen durch ein Miteinander-Füreinander-Leisten zu erzeugen, kurz: wirtschaftliche Werte zu bilden. Die Aufgabe der Schule ist es in erster Linie, die ihnen anvertrauten Menschen zu bilden und zu erziehen. Die Aufgabe der Berufsschulen wie Hochschulen ist es, die Menschen zu qualifizieren; zumindest formal.

Arbeit und Gespräch gehören für den Reformpädagogen Peter Petersen zu den Urformen des Lernens, neben Spiel und Feier, und dürften im unternehmerischen Kontext die meiste Bedeutung haben, sowohl für den Einzelnen wie auch für das Unternehmen als Ganzem. Dabei stellt sich für Unternehmen die Frage, inwieweit sie mit Lernen zu tun haben. Für Schulen, Berufsschulen und Hochschulen könnte man hingegen die Frage stellen, inwieweit sie Unternehmungen sind.

Durch Senges Forschungsarbeiten zur *Fünften Disziplin*[2] ist die lernende Organisation sowohl für Unternehmen wie auch Schulen und Hochschulen relevant.

Für die Organisationen *Schule/Berufsschule/Hochschule* wie auch die Organisation *Unternehmen* dürften prinzipiell die gleichen Gesetzmäßigkeiten gelten, wenn es um die *Lernende Organisation* geht. Im Rahmen dieses Beitrags soll eine prozessuale Perspektive eingenommen werden, die vom Unternehmen ausgeht und auch auf den Bereich Schule/Berufsschule/Hochschule wie den Ausbildungsbereich von Unternehmen übertragen werden soll.

Unternehmen als lebendiger sozialer Organismus

Der Unternehmerprofessor Werner entwickelt verschiedene Perspektiven[3], um ein Unternehmen beschreiben zu können. Dabei sieht er Unternehmen als soziale Gebilde an und unterscheidet:
- Die Strukturperspektive mit vier Unternehmensgliedern (Strukturen, Prozesse, Klima und Identität
- Die Prozessperspektive mit sieben Lebensprozessen
- Die Funktionsperspektive mit zwölf Ämtern oder Aufgabenbereichen

Insbesondere die von WERNER[4] vorgenommene Gliederung in sieben Lebens- bzw. Vitalprozesse soll Ausgangspunkt und Hintergrundfolie für die weiteren Überlegungen sein.

Im Zusammenhang damit ist es an dieser Stelle angebracht, Senges systemisch-evolutionäre Sichtweise thesenartig aufzuführen. Er geht dabei von fünf Kerndisziplinen aus:
- eine *gemeinsame Vision* entwickeln
- *Mentale Modelle* sind tief verwurzelte Annahmen, Bilder und Symbole
- *Team-Lernen* durch Dialog und gemeinsames Denken
- *Persönliche Meisterschaft* durch Selbstführung und Persönlichkeitsentwicklung
- *Systemdenken* (Metapher: den Wald *und* die Bäume sehen)

Gerade in der systemisch-evolutionären Sichtweise Senges besteht ein Überlappungsbereich zur sozialorganischen Sichtweise Werners. Ein Unternehmen als sozialer Organismus[5] umfasst die Aspekte Funktion, Gliederung und Ordnung. So betrachtet verdichten sich Prozesse zu Organen – und deren Funktion ergibt sich immer aus der spezifischen Organisation des jeweiligen Organismus. Alle Organe eines natürlichen wie sozialen Organismus müssen grundsätzlich von ihrer Aufgabe für das – unternehmerische – Ganze her verstanden werden.

Der für die weiteren Betrachtungen hervorgehobene Lebensprozess des *Lernens* bzw. Miteinan-

der Lernens ist deshalb immer vor dem organisationalen Hintergrund eines Unternehmens zu sehen. Betriebliches Lernen ist demnach nicht Selbstzweck, sondern immer im Zusammenhang des Unternehmenszweckes als ein organisiertes *Miteinander-Füreinander-Leisten*[6] wahrzunehmen bzw. zu erkennen. Dennoch bietet betriebliches wie berufsorientiertes Lernen Chancen für die Entwicklung der eigenen Persönlichkeit.

Der Unternehmer als Person, wie auch das Unternehmen und sein Management, müsste deshalb ein warmes Interesse für systematisches Lernen wie auch Erfahrungslernen innerhalb und außerhalb der Unternehmensgrenzen haben.

Offensichtlich wurde dieser Vitalprozess in deutschen Unternehmen seit Beginn des neuen Jahrtausends nicht befriedigend gestaltet. Wie sonst hätte es zu dem vielerorts und lauthals beklagten Fachkräftemangel in Deutschland kommen können? Das Ausbildungsplatzangebot sank selbst dann noch, als sich ein Facharbeitermangel bereits abzeichnete.[7]

Schrumpfende Unternehmen und Wirtschaftsbranchen werden diesem Vitalprozess eher weniger Aufmerksamkeit widmen als Unternehmen und Wirtschaftsbranchen, die wachsen oder gar boomen. Dabei geht es zwangsläufig auch immer um Mittel für die Investitionen in die innerbetriebliche, überbetriebliche bzw. öffentliche Bildung, Ausbildung und Qualifizierung.

Die sieben Vitalprozesse eines Unternehmens bzw. einer Organisation im Überblick

I Beim Prozess des *Zielens* geht es darum, sich darüber klar zu werden, was das Unternehmen bzw. die Organisation erreichen möchte.

II Die Kernfrage für den Prozess des *Leistens* ist, ob das eigene unternehmerische Vermögen, das eigene Leistungspotenzial ausreicht, um die angepeilten Ziele zu erreichen? Dabei müssen alle Leistungsbereiche wie Qualität, Zuverlässigkeit und Funktionalität betrachtet werden.

III Die praktisch immer vorhandene Kluft zwischen Zielsetzung und aktuellem Leistungsvermögen des Unternehmens bzw. der Organisation wirft die Frage nach dem Prozess des *Lernens* auf, um die dafür erforderlichen Fähigkeiten und Fertigkeiten zu erwerben.

IV Durch den Prozess des *Formgebens* gibt sich das Unternehmen nach Innen und Außen ein Profil. Nach Außen geschieht dies zum Beispiel durch die Wahl der Rechtsform, durch das Corporate Design, zum Beispiel in Form eines Firmenlogos.

V Durch die strategische wie operative Arbeit gewinnt der Prozess des *Haushaltens*, also der sparsame Umgang mit Mitteln und Ressourcen an Bedeutung. Das betrifft nicht nur die Arbeits-, Betriebs- und Finanzmittel, sondern auch den Umgang mit der Lebenszeit in Form der Arbeitszeit der im Unternehmen bzw. der Organisation mitwirkenden Menschen.

VI Der Prozess des *Hörens* deckt all jene Aktivitäten eines Unternehmens bzw. einer Organisation ab, wie die Resonanz der Unternehmensleistung bei Kunden, Lieferanten, Geldgebern und Mitarbeitern ist.

VII Der siebte und gleichzeitig alle anderen Prozesse harmonisierende und verbindende Prozess ist das *Koordinieren*. Dadurch werden alle anderen Prozesse dynamisch gestaltet und verbessert.

Entlang dieser sieben – kurz erläuterten – Vitalprozesse sollen die folgenden Überlegungen zum Thema weitergeführt werden.

Lernen/Miteinander lernen – Antizipation und Lernbereitschaft

Der Vitalprozess *Lernen* lässt sich nicht auf Unternehmensebene allein gestalten, sondern braucht auch seine gesellschaftliche Entsprechung in Form eines leistungsfähigen Bildungssystems. Das Bildungswesen ist ein äußerst komplexes Subsystem unserer Gesellschaft. Ein wesentliches Kennzeichen ist derzeit immer noch, dass es nicht nur staatlich geplant, sondern darüber hinaus monopolartig vom Staat bewirtschaftet wird und damit an die Grenzen seiner Wirksamkeit stößt.

Ganz gleich ob schrumpfen oder wachsen, es gibt stets eine Diskrepanz zwischen den Vitalprozessen des Zielens und des Leistens. Die sich daraus ergebende Differenz schafft mehr oder weniger Raum bzw. Bedarf für den Vitalprozess des Lernens.

Das Gestalten dieses Vitalprozesses hat daher antizipativ bzw. antizyklisch zu erfolgen und nicht prozyklisch wie es derzeit allenthalben gefordert wird. Diejenigen Industriemechaniker, Informationskaufleute, Ingenieure und Informatiker, mit deren Ausbildung nicht schon vor drei oder fünf Jahren begonnen wurde, fehlen heute und hemmen die Entwicklungsdynamik in eine hoffentlich ökologisch nachhaltige Wirtschaftsweise.

Die wirtschaftliche Dynamik, durch Innovationen auf der Produzentenseite, durch Änderung des Konsumverhaltens auf der Konsumentenseite sowie durch die Globalisierung der arbeitsteiligen

Wirtschaftsweise erfordert neue Rahmenbedingungen institutioneller Art, der Finanzierung, wie auch die Möglichkeit zur Flexibilisierung und Modularisierung für Unternehmen, Organisationen (Schule, Berufsschule, Hochschule) sowie für den einzelnen Menschen.
So gesehen sind Schulen, Berufsschulen und Hochschulen als Unternehmungen zu betrachten, deren Lehrangebote wie Forschungsergebnisse auf eine produktive Empfänglichkeit ihrer Schülerinnen und Schüler bzw. ihrer Studierenden ausgerichtet sein sollten. Verläuft das überwiegend schulische Lernen in Kindheit und Jugend eher systematisch, wird es bereits im Jugendalter – je nach formalem Abschluss – zunehmend diskontinuierlich. Die Konsequenz ist, dass von da an Phasen organisierten Lernens sich mit Phasen des Erfahrungslernens abwechseln sollten.

Formen/Formgeben – soziale Formkraft und klare Profilbildung

Dafür benötigen Unternehmen wie Bildungseinrichtungen ordnungspolitische Rahmenbedingungen. Hierfür ist der Vitalprozess des *Formens bzw. Formgebens* erforderlich – auf Unternehmensebene, auf staatlicher Ebene und auf EU-Ebene.
Das bedeutet, dass Bildungs- und Berufsabschlüsse nicht nur innerhalb eines Landes vergleichbar sein sollten, sondern auch innerhalb der EU als Ganzer. Der Wandel von der Industrie- zur Informations- und Wissensgesellschaft veranlasste die EU, umfangreiche bildungspolitische Aktivitäten zu entfalten. So zielt die Lissabon-Strategie u. a. auf die Herstellung eines europäischen Bildungs- und Beschäftigungsraumes im Zeichen des lebenslangen Lernens. Zu den Instrumenten zur Verwirklichung dieser Zielvorstellung gehören insbesondere der Europäische Qualifikationsrahmen (EQF) und das Leistungspunktesystem für die berufliche Bildung analog zum Hochschulbereich. Angestrebt ist damit eine erhöhte Durchlässigkeit der unterschiedlichen Bildungssysteme in Europa, die eine Neustrukturierung der Aus- und Weiterbildungsgänge in den Mitgliedstaaten voraussetzt.[8]
Diese Formvorgaben beeinflussen nicht nur Schule und Hochschule, sondern auch den Bereich der beruflichen Bildung und damit auch die vitalen Prozesse eines jeden Unternehmens. Das Wechselspiel zwischen Innen und Außen eines Unternehmens gewinnt an Bedeutung.

Leisten//Miteinander-Füreinander-Leisten – Tatkraft und individuelles Können

Damit sind auch Fragen des Vitalprozesses *Leisten* aufgeworfen. Was kann ein einzelnes Unternehmen dazu beitragen und was ist im Aufgaben- und Kompetenzbereich von Schulen, Berufsschulen und Hochschulen zu tun? Was kann unser derzeitiges System der beruflichen Bildung leisten? Diese Frage betrifft die Unternehmen unmittelbar. Die vorhandenen Strukturen in Deutschland dürften den Anforderungen eines EU-weiten Qualifikationsrahmens nicht mehr entsprechen und werden in anderen Beiträgen dieser Publikation tiefschürfend erforscht. Eine Folge davon könnte sein, dass berufliche Vollzeitschulen zunehmen werden. Eine weitere dürfte sein, dass durch Erfahrungen und deren Reflexion gemachte Lernprozesse als Qualifikationen gewichtet und gewertet werden müssen.

Haushalten / soziales Haushalten – Vertrauenswürdigkeit

Was ist unternehmerisch und gesellschaftlich zu leisten? Und können und wollen sich Unternehmen und Gesellschaft die erforderlichen Investitionen in Bildung und Ausbildung finanziell auch leisten? Der Vitalprozess *Haushalten* ist je nach Beantwortung dieser Frage entsprechend mit hinreichenden Mitteln zu fundieren. Vieles deutet darauf hin, dass veraltete Strukturen im Bereich der beruflichen Bildung nicht nur ausgabenintensiv waren, sondern auch wenig effizient. Dadurch stellt sich die Frage, ob es nicht auch Innovationen bedarf, um Schule, Berufsschule und Hochschule adäquat zu finanzieren. Gerade das lebenslang alternierende Lernen braucht eine finanzielle Fundierung, die am einzelnen Menschen ansetzt, also subjektorientiert ist, um damit organisiertes Lernen wie auch Erfahrungslernen zu ermöglichen. Dies könnte z. B. in Form von staatlich finanzierten Bildungsgutscheinen[9] geschehen. Ein bedingungsloses Grundeinkommen würde das lebenslange Lernen ganz allgemein finanziell fundieren.

Zielen/Zielfindung – Zielbewusstsein und Aufgabentransparenz

Mit praktisch immer begrenzten Mitteln gilt es dem Vitalprozess des *Zielens* möglichst effizient zu entsprechen. Stehen zu bestimmten Zeitpunkten genügend befähigte und ausgebildete Mitarbeiterinnen und Mitarbeiter zur Verfügung, um das Unternehmen innovativ und wettbewerbsfähig zu halten? Diese Frage gilt auch für das Bildungswesen als Ganzem. Weshalb gibt es eine solch große Kluft zwischen den Anforderung des Wirtschaftsbereichs und den Absolventen aus dem Bildungsbereich? Die immer noch zunehmende Arbeitsteilung fordert nicht nur unterschiedlichste – ausgebildete – Spezialfähigkeiten, sondern genauso die Basisfähigkeit sich im Laufe seines (Berufs-)Lebens alternierend immer wieder aufs Neue zu spezialisieren. Aktuell dürften wir z. B. viel zu viele Friseurinnen haben. Ein Anzeichen dafür sind die niedrigen Löhne. Die Frage sollte erlaubt sein, weshalb wir nicht mehr junge Frauen für das Qualifikationsziel „Berufe in der Informations- und Wissensgesellschaft" begeistern, gewinnen und auch ausbilden? Das gleiche gilt für junge Frauen und Männer für den Bereich der Kinder- und Altenpflege. Doch auch Menschen, die bereits ehrenamtlich in diesen Bereichen gearbeitet und ihre Erfahrungen gemacht haben, sollte die Chance gegeben werden ihre Erfahrungen im Rahmen einer beruflichen Weiterqualifizierung anerkannt zu bekommen.

Hören/soziales Hören – Reflexion und Sozialverantwortung
Kein Vitalprozess des Zielens ohne den Vitalprozess des *(sozialen) Hörens*! Hier geht es um die Kernfrage: In welcher Gesellschaft wollen wir leben? Wie gestalten wir die Transformation in eine nachindustrielle[10] Dienstleistungs-, Informations- und Wissensgesellschaft? Wie wird *Lernarbeit*[11] ermöglicht? Wie finanzieren wir unser Bildungssystem? Ist eine Subjektfinanzierung möglich? Welche institutionellen Innovationen[12] sind erforderlich? Inwieweit wäre eine Entstaatlichung des Bildungswesens mit Hilfe privatrechtlich organisierter Schulen, Berufsschulen und Hochschulen – durch staatlich finanzierte Bildungs- und Studiengutscheine – einfach effizienter, wenn es um individuelle Lern- und Bildungsprozesse geht? Welche neue Strukturen, Formen und Abschlüsse benötigt eine nachindustrielle Gesellschaft? Inwieweit entspricht eine noch in feudalen Zeiten wurzelnde so genannte dreigliedrige Schulstruktur den gesellschaftlichen Gegebenheiten wie Erfordernissen des Wirtschaftslebens? Wie können Unternehmen an Innovationen, gerade in der beruflichen Bildung, mitwirken?

Koordinieren und Harmonisieren – Verantwortungswille und Lebenszeugniskraft
All diese Fragen, die dem Vitalprozess des (sozialen) Hörens zuzuordnen sind, sowie all die anderen Vitalprozesse gilt es durch den Vitalprozess des *Koordinierens und Harmonisierens* so zu beantworten und auszugestalten, dass der eigentliche Zweck des Unternehmens, nämlich seine – dreifache – Wert schöpfende Funktion gegenüber Kunden, Mitarbeitern und Geldgebern bzw. Sparern erfüllt wird.
Nur von einem funktionierenden Bildungssystem, das Phasen des organisierten Lernens wie auch Phasen des Erfahrungslernens ermöglicht und wertschätzt, können der Wirtschaft bzw. den Unternehmen immer wieder Mitarbeiterinnen und Mitarbeiter zuströmen, die mit neuen Fähigkeiten ausgebildet sind.
Lernen und Lernprozesse sind so gesehen nicht nur immer wieder aufs Neue zu unternehmen, sondern die Institutionen des organisierten Lernens, also Schule, berufliche Schule, Hochschule, wie auch die betriebliche Aus- und Weiterbildung sind als pädagogisch zu unternehmende Entwicklungsaufgaben – für Mensch, Organisationen und Gesellschaft – zu erkennen und zu ergreifen.

Kritische Anmerkungen bezüglich einer verfehlten Berufsbildungspolitik

Ein unternehmerisches Vorgehen kann – in vier Schritten bzw. Phasen – wie folgt skizziert werden: das Gewordene hinterfragen, umdenken, das Neue kreieren und in das Bestehende integrieren. Werner[13] beschreibt dies als ein stetiges Aufgreifen und Verwandeln.
Für das deutsche Berufsbildungssystem gilt es im Hinblick auf die EU-Konzeption für die Berufsausbildung umzudenken. Und genau dieses Umdenken fällt gerade in Deutschland schwer, weil die industrielle wie nachindustrielle Berufsbildung im Zunftwesen wurzelt und implizit noch immer nach dem Meisterprinzip verfahren wird, mit der Zuständigkeit des einzelnen Handwerksbetriebs bzw. des einzelnen Unternehmens. Das geschaffene duale System in der Berufsbildung mag zwar immer noch einzigartig in der Welt sein im Hinblick auf handwerkliche oder produktionstechnische Erfordernisse. Für die moderne nachindustrielle, hocharbeitsteilige, komplexe Wirtschaftsweise, mit durchaus weiterhin handwerklichen wie industriellen Kernbereichen, ist das Meisterprinzip mehr oder weniger überholt. Was tun? ist die Frage. In einem rohstoffarmen wie auch leider bald einem an Kindern armen Land gilt es die vorhandenen Potenziale der Kinder und Jugendlichen so auszubilden, dass sie in erster Linie lebenstauglich – für ihr jeweils individuelles Unternehmen „Lebenslauf" – und auch berufstauglich werden. Berufstauglich heißt in diesem Kontext vor allem die Metakompetenz,

sich immer wieder aufs Neue beruflich neu spezialisieren zu können. Dabei hängt die Berufstauglichkeit vor allem von der Lebenstauglichkeit ab, wenn man bedenkt, dass die Berufsarbeit nur die „halbe Miete" ist. Soll heißen: Bei einer derzeit durchschnittlichen Lebenserwartung von ca. 80 Jahren können wir von rund 40 Berufsjahren ausgehen über alle Berufe mit ihren unterschiedlichen, körperlichen, seelischen und mentalen Anforderungen und Belastungen. Opaschowski[14] stellt deshalb folgende Frage: „Wie kann sich der abhängig Beschäftigte auf einmal zum Selbsttätig-Werdenden entwickeln, zum selbstbewussten Do-it-yourselfer und eigenständigen Unternehmer?" Opaschowski[15] wie Werner[16] plädieren deshalb für die soziale Basisinnovation eines *bedingungslosen Grundeinkommens,* das u. a. als eine die Initiative weckende Rahmenbedingung für selbständiges Arbeiten und Lernen gedeutet werden könne.

Vor der Berufstauglichkeit bedarf es der Lebenstauglichkeit mit dem allgemeinen Lernziel: Handeln können – selbstbestimmt und sozial verantwortlich. Die Erfordernisse der nachindustriellen Gesellschaft lassen sich mit veralteten Bildungs- wie Ausbildungsstrukturen nicht bewältigen oder gar meistern. Wenn *Lernarbeit* schon über den gesamten Lebenslauf anfällt, muss auch die Ausgangsbasis verbreitert werden. Die längere Lebenserwartung führt dazu, dass wir den menschlichen Lebenslauf inzwischen in fünf Hauptphasen gliedern können: Kindheit und Jugend 0 – 20, frühes Erwachsenenalter 21 – 40, mittleres Erwachsenenalter 41 – 60, hohes Erwachsenenalter 61 – 80 und darüber hinaus das „Greisenalter".

Das bedeutet, dass wir für Kindheit und Jugend eine für alle zwölfjährige Schulzeit vorsehen, die allgemeinbildende, Profil bildende und berufsbildende Inhalte einschließen würde. Die bisherigen Strukturen sind den Anforderungen einer nachindustriellen Gesellschaft anzupassen, d. h. Phasen organisierten Lernens wechseln sich ab mit Phasen des Erfahrungslernens.

Leider werden die einzelnen Schulen von dem jeweiligen Kultusministerium eines Bundeslandes zentral bewirtschaftet – hierarchisch pyramidal. Die einzelne Schule ist unterste Behörde, und die Lehrkräfte sind letztlich Unterrichtsbeamte. Vor lauter Lehrplänen bleibt für eine am Kind orientierte Freiheit der Lehrer nicht viel übrig. Es erstaunt, dass in Wirtschaft und Gesellschaft die institutionelle Frage nach einer innovativen Schule überhaupt nicht gestellt wird. Deshalb ist zu plädieren für Educational Entrepreneurship und Schule als pädagogisch-unternehmerische Aufgabe in der Gestalt einer autonomen, frei-öffentlichen Schule mit konsequenter Subjektförderung – durch staatlich finanzierte Studiengutscheine – und einem subsidiären Aufbau des Schul- wie Hochschulwesens.[17]

Leider gehören die Schulen und Hochschulen noch immer zu den letzten zentral verwalteten „volkseigenen Betrieben". Was nicht nur Not tut, sondern die Bildungsnot beseitigen kann, ist Educational Entrepreneurship. Berufsbildende (Vollzeit-)Schulen könnten z. B. in gemeinnützige GmbHs umgewandelt werden, und die Lehrerkollegien könnten sich für deren Betriebe einen „Charter" – also eine Urkunde, in der Freiheiten gewährt werden, in diesem Falle eine Schule nach Recht und (Grund-)Gesetz zu betreiben – vom jeweiligen Bundesland einholen. Die Lehrkräfte wären dorthin im dienstlichen Interesse beurlaubbar. Länder und Landkreise würden ihre Zahlungen nicht mehr an das Objekt Schule leisten, sondern zur Subjektförderung übergehen – mittels staatlich finanzierter Bildungsgutscheine. Die Unternehmen könnten zusätzlich an die gemeinnützigen Schulen – Steuer mindernd – spenden. Praktisch wäre dies ein „Azubi-Outsourcing".[18] So schickt z. B. die Postbank ihre Azubis an eine privatrechtlich organisierte Business-School. Diesem Bericht zufolge werden viele Unternehmen selbst zu Bildungsdienstleistern, um das Ausbildungsmanagement zu professionalisieren und größere Einheiten zu schaffen. Das wäre eine innovative Weiterentwicklung vom dualen zum trigonalen Ausbildungssystem – Staat, Wirtschaft und frei-öffentliche berufliche (Vollzeit-)Schulen – mit der Möglichkeit zum Schulunternehmertum. Ausgestattet mit staatlich finanzierten Bildungsgutscheinen und Verträgen für die im Rahmen der Ausbildung erforderlichen Praxisphasen müsste es keine Jugendarbeitslosigkeit mehr geben. Das ist weniger illusionär als vielmehr Realtraum. Voraussetzung ist, dass die verantwortlichen Entscheidungsträger in Wirtschaft, Politik und Schulwesen dies auch wirklich wollen, statt die Jugendarbeitslosigkeit lediglich zu verwalten bzw. zu kaschieren.

Lernen unternehmen bedeutet Initiative entfalten und Investitionen in die Mitarbeiterentwicklung tätigen

Werden der Vitalprozess des *Lernens* nicht entsprechend kultiviert, Ausbildung als Kosten und nicht als Investition verstanden, dann leiden – zeitversetzt – unwillkürlich die anderen Vitalprozesse darunter. Nicht rechtzeitig ausgebildete und damit fehlende Mitarbeiter werden auf einmal zur

Wachstums- und Entwicklungsbremse. Tanjev Schultz geht in seinem Kommentar „Investition statt Taschengeld"[19] in der Süddeutschen Zeitung der Frage nach, „warum es sich für Firmen lohnt, Geld in die Ausbildung zu stecken". Es scheint gerade so, als ob dies die deutschen Unternehmen und Unternehmer in den letzten 25 Jahren vergessen hätten. Insofern gilt für den modernen Betriebswirt die gleiche Erkenntnis wie für den Landwirt, dass es keine reiche Ernte geben kann, wenn nicht zuvor der Acker für das Säen vorbereitet wird und die hoffentlich aufgehende Saat auch entsprechend gehegt und gepflegt wird. Unternehmensgestaltung wie auch der Vitalprozess des *Lernens* sind – so betrachtet – in erster Linie eine Kulturleistung. Der Kultur- und Bildungsbereich dient auf gesellschaftlicher Ebene der Regeneration wie auch die Personalentwicklung und Ausbildung im Unternehmen der Reproduktion der eigenen Leistungsfähigkeit dient. Deshalb kann es kein lernendes Unternehmen geben, wenn nicht auch der Vitalprozess des *Lernens* bewusst unternommen wird.

---

[1] Vgl. Houten, Coenraad van (1996) Erwachsenenbildung als Willenserweckung, Stuttgart, S. 37–46

[2] Senge, Peter (2003) Die Fünfte Disziplin – Kunst und Praxis der lernenden Organisation, Stuttgart, 9. Auflage

[3] 4. Vorlesung 04.05.2005, „Der Unternehmensorganismus und seine vier Glieder"; 5., 6. und 7. Vorlesung 25.05.06, 01.06.05, 08.06.05 „Die sieben Lebensprozesse des Unternehmens"; 12. Vorlesung 06.07.2005, „Die zwölf Ämter in der Unternehmensführung" unter: http://www.iep.uni-karlsruhe.de/260.php

[4] Götz W. Werner ist der Gründer des Drogeriemarkt-Filialunternehmens dm mit Sitz in Karlsruhe und seit dem WS 2003/2004 Leiter des Interfakultativen Instituts für Entrepreneurship der Universität Karlsruhe (TH)

[5] Hiefür sind Vogels methodisch- begriffliche Überlegungen hilfreich. „Das Intentionale (Wesen) manifestiert sich ohne Rest im Formalen (Erscheinung). Funktion und Ordnung erweisen sich als identisch. [...] Die Ordnung rhythmisiert und harmonisiert die Polkräfte in einem Organismus und bewirkt damit eine Gliederung des Ganzen. Ordnung (zum Begriff des Intentionalen gehörend) und Gliederung (zum Begriff des Formalen gehörend) sind wie die Innen- und Außenseite derselben Sache. [...] Mit dem System der Durchgängigkeit der rhythmischen Ordnung wurde zugleich das dritte wesentliche Merkmal des Organischen gekennzeichnet: die *Interdependenz der Ordnung* bzw. der Ordnungen, deutlicher, der in der Gesamtordnung aufeinander bezogenen und sich gegenseitig bedingenden Funktionssysteme oder Funktionseinheiten. Das Tal ist eine *Funktion* des Berges und umgekehrt."
Zitiert aus: Vogel, Heinz Hartmut (1963) *Jenseits von Macht und Anarchie*: Köln und Opladen, S. 124f.

[6] Vgl. Werner, G. W. (2004) Wirtschaft – das Füreinander-Leisten, Karlsruhe

[7] Vgl. Rösner, Ernst: Hauptschule am Ende. Ein Nachruf. Münster 2007, S. 165

[8] http://de.wikipedia.org/wiki/Europ%C3%A4ische Union#Bildungspolitik_und_Forschungsf.C3.B6rde rung Abruf: 2008_02_25

[9] Vgl. Behrens, E. (1995) Bildungsgutschein – Die Finanzierung des Bildungswesens wird auf Autonomie und Wettbewerb ausgerichtet Quelle: http://ebehrens.de/pdf/1995-06-03%20Bildungsgutschein%20-%PRO-BIG-956-2.pdf Abruf: 2008_04_02

[10] Daniel Bell: Die nachindustrielle Gesellschaft, Reinbek bei Hamburg 1979

[11] Vgl. Opaschowski, H. W. (2004) Deutschland 2020. Er gliedert die neue Leistungsgesellschaft in vier große Arbeitsfelder: *Erwerbsarbeit, Gemeinschaftsarbeit, Lernarbeit und Eigenarbeit,* Wiesbaden, S. 416

[12] Häußner, L. P. (2007) *Vision: Selbständige Schule* in „Zeitschrift für systemische Therapie und Beratung" Jg. 25 (2), Dortmund 2007

[13] Werner, G. W. (2004) Wirtschaft – das Füreinander-Leisten, Karlsruhe

[14] Opaschowski, H.W. (2004), S. 405

[15] Opaschowski, H. W. (2007) Minimex – Das Zukunftsmodell einer sozialen Gesellschaft, Gütersloh

[16] Werner, G. W. (2007) Einkommen für alle, Köln

[17] Maibauer, N. (2006) Educational Entrepreneurship – Bd. 14 der Schriftenreihe des Interfakultativen Instituts für Entrepreneurship der Universität Karlsruhe (TH)

[18] Vgl. Linzer. U. u. Götsch, A. (2008) *Azubi-Outsourcing.* In Financial Times Deutschland, 26.03.2008, im Internet unter: http://www.ftd.de/forschung_bildung/bildung/:Azub i%20Outsourcing/335073.html Abruf: 2008_04_08

[19] Vgl. Schultz, T. (2008) *Investition statt Taschengeld* in Süddeutsche Zeitung v. 03.04.2008; im Internet unter: http://jetzt.sueddeutsche.de/texte/anzeigen/427200 Abruf: 2008_04_08

Vertiefende und ergänzende Beiträge

**zu Teil 5.1
Vorbereitung auf die Berufs- und Arbeitswelt in der Schule**

Andreas Bronner:
>Die Berufswegeplanung in den Hauptschulen Baden-Württembergs als Beitrag zur Erreichung der Ausbildungsfähigkeit   448

Silke Bönisch/Dorothee Neidhardt:
>Freie Werkschule Meißen. Vom Werken zur Berufs- und Arbeitswelterfahrung im Verlauf der Schulzeit   452

Peter Schlögl:
>Teilqualifizierung und Lehrzeitverlängerung als Innovation im österrreichischen Berufsbildungsrecht – die integrative Berufsausbildung   457

Andreas Bronner

Die Berufswegeplanung in den Hauptschulen Baden-Württembergs als Beitrag zur Erreichung der Ausbildungsfähigkeit

Die Hauptschule will durch ihren Berufswahlunterricht ihre Schülerinnen und Schüler individuell und zeitgemäß auf die gestiegenen Anforderungen des Berufslebens vorbereiten. Sie ist bestrebt, ihr breites Schülerspektrum differenziert zu fördern. Dazu gehört auch die Integration ausländischer Kinder und von Aussiedlerkindern in unser Bildungssystem. Mehr als alle anderen Schularten arbeitet die Hauptschule von heute im Spannungsfeld von Jugendlichen, Eltern, Gesellschaft und Arbeitswelt. Sie muss die Jugendlichen mit ihren Voraussetzungen und Entwicklungsmöglichkeiten, die sich total geändert haben gegenüber früheren Zeiten, ebenso im Blick haben wie die Anforderung der Industrie und des Handwerks, die sich ebenso geändert haben, an zukünftige Auszubildende. Ziel muss sein, dass die Jugendlichen nach dem Verlassen der Hauptschule die Ausbildungsfähigkeit besitzen. Zur Ausbildungsfähigkeit gehören vor allem folgende Kompetenzen:

Fachkompetenz
– Fachwissen
– Strukturwissen
– Urteilsfähigkeit
– Problembewusstsein
– Problemlösefähigkeit

Methodenkompetenz
– Lern- Arbeitstechniken
– Informationsbeschaffung
– Informationsbearbeitung
– Informationspräsentation

Sozialkompetenz
– Teamfähigkeit
– Konfliktfähigkeit
– Kommunikationsfähigkeit
– Argumentieren

Personalkompetenz
– Selbstvertrauen
– Selbstwertgefühl
– Eigeninitiative
– Durchhaltevermögen
– Reflektionsfähigkeit
– Kreativität

Damit Schülerinnen und Schüler der Hauptschule beim Übergang in einen beruflichen Ausbildungsgang die ihren aktuellen Schul- und Lebenssituation angepasste Wahl eines Ausbildungsberufs treffen können, benötigen sie eine objektive, breite und vor allem realitätsnahe Berufsinformation. Die veränderten Anforderungen an die Ausbildungsfähigkeit junger Menschen erfordern eine Struktur des Berufswahlunterrichts, die auf die jeweiligen lokalen Gegebenheiten und die Bevölkerungsstrukturen zugeschnitten ist.

Berufswegeplanung in der Hauptschule wird als komplexer, ganzheitlicher Prozess angegangen, der individuell auf jede Schülerin und jeden Schüler auf den jeweiligen Schulstandort bezogen ist. Im Zentrum stehen zunächst persönlichkeitsbildende Elemente, die gestärkt mit verschiedenen Informations- und Praxisphasen die Schüler auf ihrem über mehrere Reifegrade hinweg andauernden individuellen Berufswahlprozess begleiten.

Allen Maßnahmen im Bereich der Berufswegeplanung für Jugendliche an Hauptschulen liegen die im Folgenden beschriebenen Prämissen zu Grunde:
– Kreativität statt Formalismus
– Entwicklung lokaler Konzepte
– Planung über die Klasse 8 hinaus
– Einbeziehung kompetenter Partner
– Integrative Inhalte, Wahlmodule, Pflichtmodule
– mehr Praktika und mehr Zusammenarbeit mit Ausbildungsbetrieben und beruflichen Schulen

Kreativität statt Formalismus
Die Berufswegeplanung und damit die Förderung der Ausbildungsfähigkeit und der Berufsreife ist eine zentrale Aufgabe der Bildungs- und Erziehungsarbeit an den Hauptschulen. Aufgrund der strukturellen Unterschiede wird auf diese anspruchsvolle Aufgaben nicht mit einer landesweiten formalen Konzeption geantwortet, wie dies bei der „Orientierung in Berufsfeldern" der Fall war. Unter vordefinierten Anforderungen ist eine weitgehend flexible Gestaltung vor Ort möglich.

Lokale Konzepte entwickeln
An jeder Hauptschule können lokale Konzepte entwickelt werden, die der personellen und sachlichen Ausstattung der Schule, den regionalen Wirtschaftsstrukturen und den gesellschaftlichen Bedingungen gerecht werden. Dadurch wird die Hauptschule ihr Profil schärfen und durch die optimale Einbindung in ihr Umfeld ein höheres Maß an Akzeptanz erzielen.

Über die Klasse 8 hinaus planen

Das zentrale und wichtige Anliegen, die Befähigung, einen Ausbildungsberuf auf der Basis solider Informationen und praktischer Erfahrungen möglichst selbständig wählen zu können, kann man nicht nur in einer Unterrichtseinheit in der Klassenstufe 8 durchführen, sondern ist fest im Bildungsplan der Hauptschule verankert. Die Berufswegeplanung ist als wiederholende Thematik in den Klassenstufen 5 bis 10 integriert. Mit altersgemäßen Methoden, Themen und Inhalten werden die Schülerinnen und Schüler früh – dies kann durchaus auch schon in der Grundschule sein – für das Thema Berufe und Berufswahl sensibilisiert, um ab Klassenstufe 7 oder 8 dann vertieft in die Auseinandersetzung einzusteigen. Eine Ausweitung in die Klassenstufen 9 und 10 muss erfolgen.

Kompetente Partner einbeziehen

Die Nutzung außerschulischer Kompetenzen ist gerade bei dieser Thematik von entscheidender Bedeutung. Bei der Zusammenarbeit mit verschiedenen Kooperationspartnern kommt es zu erheblichen Synergieeffekten. Das Einbinden von Eltern, Betrieben, Berufsschulen, Arbeitsämtern, Vereinen, Verbänden, Kirchen und so weiter trägt zu einer deutlichen Profilierung der Hauptschule in ihrem lokalen Umfeld bei. Dem dient der jährliche „Runde Tisch", der in vielen Hauptschulen eingeführt ist und der Berufswegeplanung jedes Jahr neu konzipiert.

Integrative Inhalte, Wahlmodule, Pflichtmodule

Die Einbindung der Berufswegeplanung in den Bildungsplan 2004 der Klassen 5 bis 10 der Hauptschule hat eine inhaltliche, methodische und didaktische Neuorientierung benötigt. Über berufswahlbezogene und praktische Inhalte hinaus wird in Projekten gearbeitet, die persönlichkeitsbildenden Charakter haben und auf die Vermittlung von Schlüsselqualifikationen zielen. So werden einzelne Inhalte in den Unterricht der Fächer oder der Fächerverbünde integriert. In Pflicht- und Wahlmodulen lösen fächerübergreifende Projekte den stundenplangemäßen Unterricht ab. Dies ermöglicht eine flexible und effiziente Gestaltung des Berufswahlunterrichts. Nur die konsequente und permanente Weiterentwicklung der Berufswegeplanung ist geeignet, die gegenwärtigen und zurückliegenden Anforderungen an Schulabgängerinnen und Schulabgänger der Hauptschule zu erfüllen.

Abbildung 1 zeigt den Berufswegeplan im Überblick.

Praktika und Zusammenarbeit mit den beruflichen Schulen

Die Praktika in den Ausbildungsbetrieben und/oder in beruflichen Schulen sind einer der Schwerpunkte in der Berufswegeplanung. Schon früh, in Klasse 5 oder 6, sollen die Schülerinnen und Schüler vor Ort Berufe kennenlernen, wie etwa den der Eltern. Ein Teil des Praktikums in

Abbildung 1: **Berufswegeplan**

Der Berufswahlunterricht umfasst die Gesamtheit aller Maßnahmen, die an einer Schule zum Zweck der Berufsfindung durchgeführt werden.

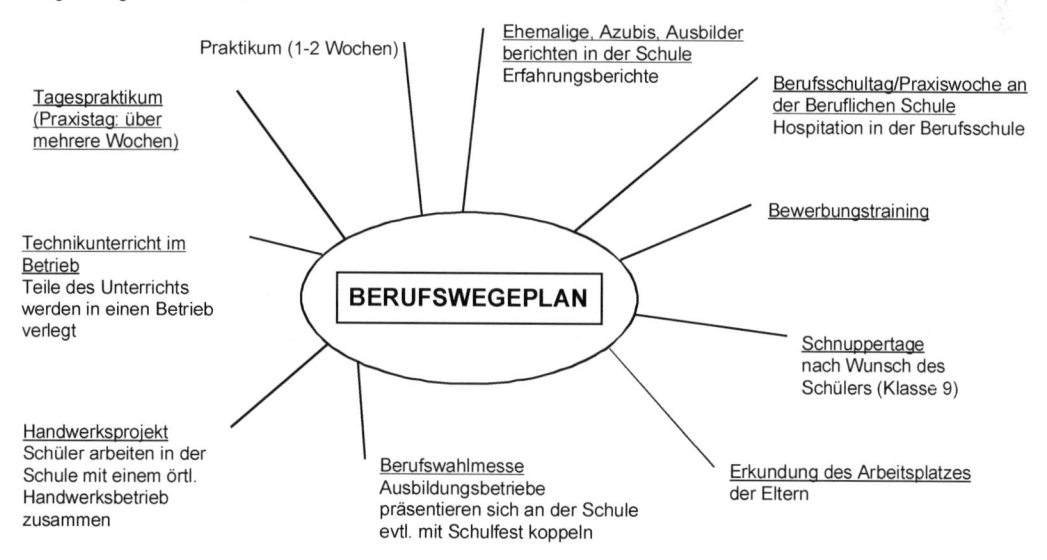

BERUFSWEGEPLAN

- Praktikum (1-2 Wochen)
- Ehemalige, Azubis, Ausbilder berichten in der Schule / Erfahrungsberichte
- Berufsschultag/Praxiswoche an der Beruflichen Schule / Hospitation in der Berufsschule
- Bewerbungstraining
- Schnuppertage nach Wunsch des Schülers (Klasse 9)
- Erkundung des Arbeitsplatzes der Eltern
- Berufswahlmesse / Ausbildungsbetriebe präsentieren sich an der Schule / evtl. mit Schulfest koppeln
- Handwerksprojekt / Schüler arbeiten in der Schule mit einem örtl. Handwerksbetrieb zusammen
- Technikunterricht im Betrieb / Teile des Unterrichts werden in einen Betrieb verlegt
- Tagespraktikum (Praxistag: über mehrere Wochen)

Klasse 7 oder 8 kann in einem Berufsfeld der Berufsschule abgeleistet werden. Eine bedeutende Rolle spielt auch der Praxistag, bei welchem schwächere Hauptschülerinnen und Hauptschüler über mehrere Wochen einen Tag in der Woche in einem Betrieb arbeiten. Sie wechseln nach ein paar Wochen das Berufsfeld.

Implementierung der Berufswegeplanung im Bildungsplan 2004
Mit einer umfassenden Bildungsplanreform hat Baden-Württemberg die Unterrichtskultur an den Schulen weiter modernisiert und fortentwickelt. Die wichtigsten Bestandteile sind dabei: die Entwicklung eines neuen Bildungsplans auf der Grundlage von Bildungsstandards und die Einführung von Kontingentstundentafeln. Beides dient der Stärkung der Selbstverantwortung der einzelnen Schulen und der Entwicklung eines eigenen Schulprogramms. Die Reform berücksichtigt die Ergebnisse von TIMSS und PISA. Ziel ist, die Qualität von Schule und Unterricht zu verbessern.

Das Kernstück der Reform ist die Fortentwicklung der Unterrichtskultur. Das bedeutet zum einen weniger staatliche Vorgaben und mehr Verantwortung für die einzelne Schule; zum ändern bedeutet dies, dass Grundlagenwissen und Allgemeinbildung gestärkt werden, es also weniger Stofffülle und weniger Spezialisierung für Schülerinnen und Schüler gibt. Diese Aufgaben erfüllen die Bildungsstandards. Die Reform gibt auch Freiraum für eine Differenzierung und damit eine Ausweitung der Fördermöglichkeiten für einzelne Schülerinnen und Schüler.

Bildungsstandards legen konkret fest, welches verbindliche Wissen und welche Kompetenzen Schülerinnen und Schüler zu einem bestimmten Zeitpunkt zur Verfügung haben müssen. Bildungsstandards enthalten Leitgedanken, Zielformvorgaben und Inhalte. Der ehemalige AWT-Bereich (Arbeit-Wirtschaft-Technik) der Hauptschule, in welchem die „Orientierung in Berufsfeldern" angesiedelt war, wurde weiter entwickelt und spiegelt sich besonders im Fächerverbund WAG (Wirtschaft-Arbeit-Gesundheit) als klares, überarbeitetes Profil. Dieser Fächerverbund beinhaltet die Fächer Wirtschaftslehre, Informatik, Biologie, Hauswirtschaft/Textiles Werken, Werken, Technik.

Der Fächerverbund gliedert sich in vier Kompetenzbereiche: Marktgeschehen – Arbeit, Produktion, Technik-Wege zur Berufsfindung – Haushalt, Familie, Freizeit. Im Bildungsplan 2004 heißt es unter „Leitgedanken zum Kompetenzerwerb": „Da sich die Berufswelt ständig verändert und Lebensentwürfe in Frage gestellt werden können, ist es erforderlich, Vorstellungen über Berufswege und Lebensentwürfe immer wieder zu reflektieren und neu zu konzipieren. Um den Berufswahlprozess anzubahnen, ist die frühzeitige Auseinandersetzung mit Aspekten des Berufslebens notwendig. Im Prozess der Berufsorientierung muss die Bedeutung lebenslangen Lernens vermittelt und Veränderungsbereitschaft gefördert werden. Persönlichkeitsstärkende Maßnahmen unterstützen die Schülerinnen und Schüler bei der Bewältigung dieser komplexen Aufgaben ..."

An Kompetenzen und Inhalte steht folgendes im Bildungsplan:

<u>Klasse 5 + 6</u>
Die Schülerinnen und Schüler
— können Arbeitsplätze und Berufe in Familie und Umfeld erkunden und vorstellen;
— können ihren Wunschberuf beschreiben und begründen;
— erkennen, wie unterschiedlich Berufswege sein können.

<u>Inhalte</u>
— Biografien im beruflichen Bereich
— Geschlecht und Berufswahl

<u>Klasse 7–9</u>
Die Schülerinnen und Schüler
— können verschiedene Berufe erkunden und verstehen, dass sich Berufsbilder im Wandel befinden;
— können Erfahrungen aus Erkundungen und Praktika reflektieren und präsentieren;
— können ihre Berufswünsche vor dem Hintergrund ihrer Fähigkeiten und Möglichkeiten einschätzen;
— kennen Zusammenhänge zwischen Arbeitsbelastung und Gesundheit und können diese bei der eigenen Berufswahl berücksichtigen;
— können geschlechtsspezifische Zuordnungen von Berufen kritisch reflektieren;
— kennen Wechselwirkungen zwischen Berufswahl, Lebensplanung und Geschlechterrolle und reflektieren diese in Bezug auf persönliche Lebensentwürfe;
— können Informationen und Beratungsstellen als Hilfe zur Berufswahl nutzen und Informationen auswerten;
— können sich auf einen Arbeitsplatz oder auf eine Arbeitsstelle angemessen bewerben;
— verstehen die Bedeutung von Weiterbildung und lebenslangem Lernen;
— kennen gesetzliche Rahmenbedingungen im Zusammenhang mit der Berufsausbildung;
— können für berufliche Problemsituationen Bewältigungsstrategien und Handlungsmöglichkeiten entwickeln.

Inhalte
- Berufsfelder
- Erwerbsarbeit, Familien- und Hausarbeit, Ehrenamt
- Selbst- und Fremdwahrnehmung
- persönlichkeitsfördernde Elemente
- Jugendarbeitsschutzgesetz

Klasse 10
Die Schülerinnen und Schüler
- kennen Zusammenhänge zwischen dem technischen Wandel, den Veränderungen von Anforderungen und den sich daraus entwickelnden neuen Berufsbildern.

Inhalte
- Geschlechterverhältnis und Lebensplanung
- Weiterbildung
- lebenslanges Lernen

Das folgende Beispiel (vgl. Übersicht 1) zeigt die konkrete Umsetzung des Bildungsplans an einer Schule.

Übersicht 1: **Wege zur Berufsfindung an der GHWRS Altheim**

Klasse 5	Klasse 6	Klasse 7	Klasse 8	Klasse 9
Projekt: Berufe der Eltern und Wunschberufe vorstellen (D)	Projekt: „Menschen arbeiten in unserem Ort" (WAG)	Projekt: „Wir im Marktgeschehen" (WAG) Berufsbilder vorstellen (D)	Wahlpraktikum (WAG) (1-2 Wochen) Berufsberater stellt sich vor	Freiwillige Schnupperlehre möglichst in den Ferien, in der Schulzeit höchst. 5 Tage
Erkundung eines örtlichen landwirtschaftlichen Betriebes (WZG)	Arbeitsplätze besichtigen im örtlichen Handwerk -Experten befragen (WAG)	Empf. Teilnahme: Girlsday, Sozialer Tag, Mitmachen Ehrensache	Besuch des BIZ (Nagold) Erwerbsarbeit, Familien- und Hausarbeit (WAG) Elternabend mit Berufsberater an der Schule	Jugendarbeitsschutzgesetz (WZG) Reflexion Klassen 5 bis 9 des Berufswegeordners
Berufswegeordner anlegen mit Register, Datum (verantw. Klassenlehrer)	Beruflich geprägte Lebensläufe (D) Ablegen im Berufswegeordner	Berufswünsche formulieren, eigene Interessen und Fähigkeiten erkennen und Formulieren (D) Ablegen im Berufswegeordner	Lebenslauf und Bewerbung, Bewerbungstraining (D) Ablegen im Berufswegeordner	

Kompetenzen (laut WAG–Plan): Die Schülerinnen nd Schüler ...

- können Arbeitsplätze und Berufe in Familie und Umfeld erkennen und vorstellen - können ihren Wunschberuf beschreiben und begründen	- erkennen, wie unterschiedlich Berufswege sein können	- können verstehen, dass sich Berufsbilder im Wandel befinden - können ihre Berufswünsche vor dem Hintergrund ihrer Fähigkeiten und Möglichkeiten einschätzen - können geschlechtsspezifische Zuordnungen von Berufen kritisch reflektieren	- können Erfahrungen aus Erkundungen u. Praktika reflektieren u. präsentieren - können Informations- und Beratungsstellen als Hilfe zur Berufswahl nutzen - sich auf einen Ausbildungsplatz angemessen bewerben - kennen Wechselwirkungen zwischen Berufswahl, Lebensplanung u. Geschlechterrolle u. reflektieren diese	- kennen Zusammenhänge zwischen Arbeitsbelastung und Gesundheit und können diese bei der eigenen Berufswahl berücksichtigen - kennen gesetzliche Rahmenbedingungen im Zusammenhang mit der Berufsausbildung - können für berufliche Problemsituationen Bewältigungsstrategien und Handlungsmöglichkeiten entwickeln

Silke Bönisch und Dorothee Neidhardt
Freie Werkschule Meißen
Vom Werken zur Berufs- und Arbeitswelterfahrung im Verlauf der Schulzeit

1. Die Idee einer Werkschule
Unsere Gedanken im Jahr 2000
Immer mehr Menschen verlassen unsere Stadt und unsere Region. Ein Drittel der Jugendlichen soll sich schon mit dem Gedanken tragen, „westwärts" zu ziehen, weil der Glaube an eine Zukunft in der Region schwindet.
Es wird Zeit zu handeln – das tun wir jetzt.
Wir zeigen, indem wir dieses Projekt starten, dass wir bleiben und die Entwicklung selbst in die Hand nehmen. Wir schaffen Kindern Zukunft. Unsere Jugend soll das Gefühl erhalten, hier in der Region geachtet zu sein und eine Aufgabe zu haben.
Was könnte sie besser zum Bleiben bewegen?

Der Wunsch vieler Eltern nach einer Alternative zum staatlichen Schulsystem aber auch die dramatische Abwanderung vieler Jugendlicher in den Westen war Motivation für die Gründung einer freien Schule in Meißen.
Aus dieser Motivation heraus wurde die Freie Werkschule Meißen im Jahr 2001 von engagierten Eltern, Lehrern sowie Vertretern der regionalen Wirtschaft, der Kommunalpolitik und der Kirchen gegründet.
Um den Jugendlichen Perspektiven in der Region bieten zu können, stand die Verzahnung von Schule und Wirtschaft von Beginn an im Mittelpunkt.
Die Freie Werkschule Meißen umfasst heute eine Grundschule, eine Mittelschule und seit September 2007 ein Berufliches Gymnasium der Fachrichtung Wirtschaftswissenschaft. Der Schule ist ein Schulhort angegliedert. Trägerverein ist der Miteinander – Freie Werkschule Meißen e.V.
Die Schule ist einzügig und hat im laufenden Schuljahr 300 Schüler in den Klassen 1 – 11. Die Gymnasialklassen 12 und 13 sind im Aufbau.
Die Freie Werkschule hat in den ersten Jahren ihres Bestehens eine hohe Akzeptanz erfahren. Die Schule ist zu einem positiven Standortfaktor der Stadt und Region Meißen geworden. Als Schule in freier Trägerschaft ist sie ein wichtiger Baustein für den Bildungsstandort Meißen.

2. Schule im 21. Jahrhundert – Schule in Verantwortung
In der Freien Werkschule Meißen fanden reformpädagogisch interessierte Menschen zueinander, um gemeinsam eine neue Lernkultur für Kinder zu gestalten.
Eine wesentliche Basis der schulischen Arbeit ist das Profilkonzept der Schule
„Vom Werken zur Berufs- und Arbeitswelterfahrung im Verlauf der Schulzeit".
Das Konzept ist langfristig angelegt. An der Freien Werkschule Meißen ist eine durchgängige Bildung der Schüler von der Grundschule bis zum Abitur möglich. Diese Kontinuität gewährleistet, dass junge Menschen wirtschaftliche Prozesse über viele Jahre altersgerecht erfahren und vertiefen.
Von Anfang an wird kindgerecht der Bezug zur „wirklichen Welt" gepflegt. Die engen Verknüpfungen mit regionalen Unternehmen tragen dazu bei, auf ein erfolgreiches Leben vorzubereiten.
Kinder und Jugendliche sollten in der Werkschule ein Lernkontinuum erleben, das auf drei Konzeptsäulen basiert:
- Land-/Hauswirtschaft
- Lehm – Bau – Keramik
- Soziales

Die Säulen wurden aus den regionalen Wirtschaftsschwerpunkten heraus entwickelt.
Der sächsische Lehrplan wird an der Werkschule um den Bezug zur Praxis ergänzt. Das praktische Tun bezieht alle Sinne ein und unterstützt ein ganzheitliches Lernen.

3. Die Umsetzung des Werkkonzepts im Verlauf der Schulzeit
Grundschule und untere Mittelstufe (Klassen 1 – 6)
Von der Grundschule bis zur unteren Mittelstufe stehen praktisch erlebte Arbeiten im Rahmen von Projekten im Mittelpunkt. Dabei erleben die Schüler erste Kontakte zur Arbeitswelt, sind selbst an spezifischen Produktionsabläufen beteiligt und können Erlerntes aus dem Unterricht praktisch anwenden.
Einige Beispiele für unsere Lernortkooperationen in den Klassen 1 – 6:
- Landwirtschaftsprojekt der Klassen 2 und 3 auf den Höfen in Pegenau und Mahlitzsch
(Rund um die Kartoffel
Kartoffellegen im Mai
Kartoffelkäfer lesen im Sommer
Kartoffelernte mit Verarbeiten im Oktober
Projekt Wiese, geologische Erkundungen)

- Projekt Lehmbau in Klasse 3
...in enger Zusammenarbeit mit dem Meißner Hahnemannzentrum
- Projekt Hausbau in Klasse 3
...in enger Zusammenarbeit mit dem Zimmereibetrieb Albrecht Frank, Meißen
- Projekt Medien in Klasse 4
...in enger Zusammenarbeit mit der Firma TOTOCOM und der Druckerei Concordanz
- Projekt Wasser in Klasse 6 Bachuntersuchung, Renaturierung eines Bachlaufes und Dokumentation der dadurch erfolgten Veränderungen am Gewässer
...in enger Zusammenarbeit mit dem Meißner Hahnemannzentrum
- Berufserkundungen in den Klassen 1 bis 4 (Unterrichtsgänge zu verschiedenen Handwerkern)
...in enger Zusammenarbeit mit den Eltern.

Obere Mittelstufe (Klassen 7 – 10)
Der Werkstatttag als Brückenschlag zwischen Theorie und Praxis

Über die Kooperation zwischen Schule und Wirtschaft wurde und wird in der Öffentlichkeit viel diskutiert. Leider ist es nur schwer möglich, in den bestehenden Schulstrukturen eine sinnvolle Kooperation zu erreichen.

Wir haben deshalb vor vier Jahren begonnen, unser Unterrichtssystem ab Klasse 7 auf ein Kurssystem umzustellen. Dabei haben wir einen Wochenrhythmus mit Kurstagen, Sprachentagen und Werkstatttag eingeführt. Freitag ist unser *Werkstatttag*.

2007/2008 — Stundenplan in den Klassenstufen 7 bis 10 — Tages- und Wochenrhythmus

	Montag Kurstag	Dienstag Sprachentag	Mittwoch Kurstag	Donnerstag Sprachentag	Freitag Werkstatttag
08:00	Sitzkreis Kurs Unterricht	Musischer Unterricht und Religion	Kurs Unterricht	Musischer Unterricht und Religion	**Werkstatttag mit Partnerbetrieben** Land- und Hauswirtschaft Lehm und Keramik Textiles und Design Angewandte Informatik Freies Gestalten Soziale Arbeit Offene Werkstatt Betriebspraktika Theoretische Grundlagen
09:30	Pause Bewegung	Pause Bewegung	Pause Bewegung	Pause Bewegung	
09:50	Kurs Unterricht	Englisch / Spanisch	Kurs Unterricht	Englisch / Spanisch	
11:20	Pause Bewegung	Pause Bewegung	Pause Bewegung	Pause Bewegung	
11:50	Kurs Unterricht Freiarbeit	Englisch / Spanisch Freiarbeit Sitzkreis	Kurs Unterricht Freiarbeit Sitzkreis	Englisch / Spanisch Freiarbeit Sitzkreis	
13:30	Pause gemeinsam Essen	Pause gemeinsam Essen	Pause gemeinsam Essen	Pause gemeinsam Essen	
14.15	Kurs Freiarbeit	Kurs Konsultation	Kurs Freiarbeit	Projektnachmittag Neigungskurse	

Der wöchentliche Werkstatttag ist Kernstück unseres Profilkonzeptes „Vom Werken zur Berufs- und Arbeitswelterfahrung im Verlauf der Schulzeit." Den Werkstatttag verknüpfen wir eng mit dem Lehrplan des Unterrichtsfachs Wirtschaft/Technik/Haushalt/Soziales.

Der Werkstatttag beinhaltet je nach Alter der Schüler:
- Kurse mit Handwerkern und Künstlern in der Schule
- betriebliche Tagespraktika außerhalb der Schule
- Bewerbungstraining mit Auszubildenden der Telekom AG
- zwei einwöchige Übungspraktika in Kooperationsbetrieben
- ein 14-tägiges sowie ein einwöchiges Betriebspraktikum

Die Werkstatttage vermitteln durch Unterricht in Unternehmen eine intensive Berufswelterfahrung. Die Schüler sollen dadurch befähigt werden, von der Bewerbung bis zum Praktikumseinsatz im Betrieb eigenverantwortlich zu handeln.

Der Werkstatttag in Klasse 7
Im Werkstatttag der Klasse 7 führen wir die praktisch-orientierte Arbeit in wöchentlichen Blöcken zu je 4 Unterrichtsstunden fort.
Wir bieten den Schülern Kurse mit ortsansässigen Handwerkern und Künstlern innerhalb der Werkschule und in Handwerksbetrieben außerhalb der Schule an.
Unsere Schüler absolvieren in Klasse 7 folgende Kurse:
- Schnitzen (Teil I) mit Schnitzlehrern
- Werk- und Sprachenprojekt als Austausch mit der Partnerschule Ninestiles in Birmingham
  Die Schüler der Klasse 7 und eine Schulklasse aus Birmingham gestalten ein zweiwöchiges Handwerksprojekt in Meißen rund um den Werkstoff Keramik. Im Gegenzug findet in Birmingham ein gemeinsames Projekt rund um die Metallgestaltung statt. Das Austauschprojekt wird über das EU-Programm COMENIUS gefördert.
- Firmengründung Weinbergfirma
  Die Klasse gründet eine Firma mit verschiedenen Abteilungen. Die Schüler bewerben sich in einem Vorstellungsgespräch vor der Klasse für die von ihnen favorisierte Abteilung. Die Schüler lernen in dem Projekt grundsätzliche Abläufe innerhalb eines Unternehmens sowie die Zusammenarbeit einzelner Abteilungen und deren Aufgaben kennen. Die Firma stellt eigene Produkte aus dem schuleigenen Weinberg her und plant deren Vermarktung. Höhepunkt ist die Vorbereitung und Durchführung einer Verkaufspräsentation der selbst hergestellten Produkte.

Grundlage der Kurse in Klasse 7 ist der sächsische Lehrplan des Faches Wirtschaft/Technik/Haushalt/Soziales. Der Lehrplan wird um praktische Erfahrungen im Rahmen der spezifischen Fachkenntnisse und Arbeitsmöglichkeiten der Handwerker und Künstler ergänzt.
Das „Ausprobieren – können" ermöglicht bereits in Klasse 7 eine erste berufliche Orientierung.

Der Werkstatttag in Klasse 8
Der Werkstatttag findet ab Klasse 8 an einem ganzen Tag in der Schule und in Produktions- und Dienstleistungsbetrieben der Region statt. Fachkräfte aus der regionalen Wirtschaft sind als Lehrbeauftragte, als Assistenzlehrer oder als Gesprächspartner mit der Schule verbunden.

Der Werkstatttag findet in Klasse 8 in folgenden Bereichen statt:
- Lehm – Bau – Keramik
- Landwirtschaft/Hauswirtschaft
- Holzgestaltung und Schnitzen (Teil II)
- Textiles/Design

Mit folgenden regionalen Unternehmen haben wir zur Umsetzung des Werkstatttags in Klasse 8 dauerhaft Kooperationsvereinbarungen geschlossen:
- Holzgestaltung Peter Kanis, Diplom-Holzdesigner/Bereich Holz
- Bühnenbildnerin Sylvia Fenk/Bereich Textiles/Design
- Ziegelwerk Huber, Graupzig/Bereich Keramik
- Duravit Sanitärporzellan GmbH/Bereich Keramik
- Betriebsgemeinschaft Hof Mahlitzsch/Bereich Land- und Hauswirtschaft
- Ausbildungszentrum der Telekom AG Dresden/Theorieunterricht, Informatik

In diesen Betrieben erfahren die Schüler die Arbeitswelt und lernen die berufliche Praxis aktiv kennen. Durch die kontinuierliche Verbindung zu Partnerbetrieben wollen wir die Berufsorientierung praxisnah gestalten und den späteren Einstieg in die Berufswelt erleichtern.
Wir setzen auf die Regelmäßigkeit des Werkstatttages und auf eine dauerhafte Beziehung zu den Unternehmen, die ihrerseits daran interessiert sind, dauerhafte und verlässliche Kooperationen zu Schulen aufzubauen.
Im Kurs *Lehm – Bau – Keramik* arbeitet die Schule sehr eng mit der Duravit Sanitärporzellan GmbH und dem Ziegelwerk Huber zusammen.

Bei dem Kurs geht es im Wesentlichen um das Erfassen von Fertigungsprozessen am Beispiel des regional bedeutsamen Werkstoffes Ton. Vom Abbau über die Aufbereitung des Bodenschatzes bis hin zu verschiedenen daraus gefertigten Produkten erleben die Schüler innerhalb der beiden Firmen ein wirtschaftliches Zusammenspiel.

Ergebnis der Kurse in den Bereichen *Holz* und *Textiles/Design* sind praktisch benötigte Dinge für unsere Schule. Dabei spielt die enge Abstimmung zwischen den Lehrern und den Leitern der außerschulischen Projekte eine große Rolle.

So entstanden beispielsweise Westen für das Weinbergprojekt, Patchworkarbeiten zur Ausgestaltung des Schulhauses, Arbeitsschürzen für die Grundschüler, Möbel für die Bibliothek oder Rankspaliere für den Außenbereich.

Im Bereich *Haus- und Landwirtschaft* arbeiten wir mit den Höfen in Pegenau und Mahlitzsch zusammen.

Die Schüler erleben hier den Wirtschaftsablauf im landwirtschaftlichen Bereich und erfassen ökologische Prinzipien im eigenen Tun. Sie erhalten Einblicke in Erzeugung, Verarbeitung und Vermarktung landwirtschaftlicher Produkte nach strengen Richtlinien des Ökosiegels „Demeter" und können dazu ihr eigenes Konsumverhalten in Relation setzen. Außerdem erleben sie auf dem Hofgut Mahlitzsch eine besondere Form des Zusammenlebens und -arbeitens.

Durch die praktischen Einblicke in die Arbeit der Unternehmen und Handwerker:

- erweitern die Schüler ihr Erfahrungsfeld
- sammeln die Schüler praktische Erfahrungen
- erkennen die Schüler, wie das im WTH-Unterricht theoretisch erlangte Wissen in der Praxis tatsächlich umgesetzt wird
- können sich die Schüler in vielfältige Richtungen beruflich orientieren

Für die Schüler ergibt sich über die Zusammenarbeit mit unseren Kooperationspartnern die Möglichkeit, sich fortführend im Rahmen außerschulischer Projekte ihren speziellen Interessen zu widmen.

Sollte sich der Berufswunsch in eine entsprechende Richtung verstärken, haben die Schüler die Möglichkeit, die in den Klassen 9 und 10 folgenden Übungs- und Betriebspraktika bei den Betrieben und Künstlern aus dem Werkstatttag zu absolvieren.

Ende der Klasse 8 beginnen wir mit der Erarbeitung von Bewerbungsunterlagen und dem Üben von Bewerbungsgesprächen. Dabei hat sich die enge Zusammenarbeit mit dem Ausbildungszentrum der Telekom AG in Dresden als sehr erfolgreich erwiesen. Unsere Schüler lernen im *Ausbildungszentrum der Telekom AG* in Dresden Bewerbungsschreiben zu formulieren, Lebensläufe zu erstellen und trainieren Bewerbungsgespräche. Die Auszubildenden der Telekom AG leiten die Werkschüler dabei an. Als besonders vorteilhaft und fruchtbringend zeigt sich dabei die Gesprächsebene „Auszubildender – Schüler". Die Werkschüler profitieren von dem geringen Altersunterschied zu den Auszubildenden, deren direkten Erfahrungsberichten und den vielen kleinen Tipps zum Bewerbungsverfahren in ganz persönlichen „Pausengesprächen".

Der Werkstatttag und Praktika in Klasse 9 und 10

Der Werkstatttag setzt sich in Klasse 9 fort. Die Schwerpunktbereiche

- Lehm – Bau – Keramik
- Holzgestaltung
- Textiles/Design
- Landwirtschaft /Hauswirtschaft

werden um den Bereich Soziales erweitert.

Mit folgenden regionalen Unternehmen haben wir zur Umsetzung des Werkstatttags in Klasse 9 dauerhaft Kooperationsvereinbarungen geschlossen:

- Ausbildungszentrum der Telekom AG Dresden/Bewerbungstraining
- Duravit Sanitärporzellan GmbH/Bereich Keramik
- Ziegelwerk Huber, Graupzig/Bereich Keramik
- Betriebsgemeinschaft Hof Mahlitzsch/Bereich Land- und Hauswirtschaft
- Tierarztpraxis Schumann, Weinböhla
- Tierarzt Lutz Gläser, Klipphausen
- Weingut Joachim Lehmann/Bereich Weinbau
- Holzgestaltung Peter Kanis, Diplom-Holzdesigner/Bereich Holz
- Bühnenbildnerin Sylvia Fenk/Bereich Bühnenbild
- Ökumenischer Kindergarten Meißen e.V./Bereich Soziales
- Franziskus-Kinderhaus/Bereich Soziales
- Katholisches Pflegeheim St. Benno/Bereich Soziales
- Seniorenpark CARPE DIEM/Bereich Soziales
- Lebenshilfe für geistig Behinderte KV Meißen e.V./Bereich Soziales
- Schulhort der Freien Werkschule/Bereich Soziales
- Bauhof der Freien Werkschule

Anknüpfend an das erste *Bewerbungstraining* in Klasse 8 im Ausbildungszentrum der Telekom AG greifen wir das Thema „Bewerbung" zu Beginn der Klasse 9 wieder auf. Die Schüler erstellen im Deutschunterricht komplette Unterlagen, mit denen sie sich um ein Praktikum bei unseren Kooperationspartnern bewerben.

Höhepunkt des Bewerbungstrainings sind Bewerbungsgespräche, die unsere Kooperationspartner mit den Schülern führen.

Das Bewerbungstraining im Ausbildungszentrum der Telekom AG wird vertiefend fortgesetzt.

Das *Übungspraktikum* stellt eine Besonderheit an unserer Schule dar. Es wird von festen Kooperationspartnern aus der Wirtschaft in Zusammenarbeit mit der Werkschule vorbereitet und durchgeführt. Am Ende des Übungspraktikums steht eine gemeinsame Auswertung.

Aus maximal 33 Praktikumsplätzen können die Schüler einen Wunschplatz auszuwählen, auf den sie sich mit vollständigen Bewerbungsunterlagen bewerben müssen. Durch die begrenzte Anzahl von Plätzen entsteht eine gewisse Konkurrenzsituation. Den Schülern wird dadurch bewusst, dass sie sich hervorheben müssen, um ihren Wunschplatz zu bekommen.

Die Schüler nehmen Kontakt zu dem gewünschten Kooperationsbetrieb auf und werden von diesem zu einem Vorstellungsgespräch geladen. Die Schüler erleben das erste Mal – in einem noch geschützten Rahmen – ein Bewerbungsgespräch. Im Anschluss an das Gespräch erhalten die Schüler vom Betrieb ein Feedback zu Auftreten, Kleidung, Wirkungsweise und zu ihren Bewerbungsunterlagen.

War das Vorstellungsgespräch erfolgreich, absolvieren die Schüler zwei Praktikumseinheiten an jeweils fünf zusammenhängenden Tagen. Nach Abschluss des Übungspraktikums erhalten sie eine schriftliche Einschätzung von ihrem Praktikumsbetrieb, die für künftige Bewerbungen genutzt werden kann.

Sollte das Vorstellungsgespräch zu keinem Erfolg führen, wird vom begleitenden Lehrer ein anderer Praktikumsplatz vermittelt.

Das *Betriebspraktikum* dauert zwei Wochen und ist im Lehrplan verankert. Die Schüler wählen ihren Praktikumsbetrieb eigenverantwortlich aus, bewerben sich selbständig und bekommen nach Abschluss des Praktikums wiederum eine schriftliche Einschätzung ihrer Arbeit.

Am Ende des Schuljahres laden die Schüler der Klassen 8 und 9 die Kooperationspartner zu einem Buffet ein und stellen ihre Arbeitsergebnisse aus dem Werkstatttag sowie verschiedene Schulprojekte vor.

Dieses Treffen bietet eine ideale Plattform für Schüler und Betriebspartner, sich in ungezwungener Atmosphäre zu begegnen. Außerdem erfolgt eine Gesprächsrunde zur Auswertung des vergangenen und zur Vorbereitung des kommenden Werkstatttages *zwischen Lehrern und Kooperationspartnern*.

In Klasse 9 führen wir Anfang des 2. Halbjahres mit Schülern und Eltern gezielte Gespräche zur Berufsfindung. An den Gesprächen nehmen seitens der Schule die Klassenlehrer und die WTH-Lehrer teil. In den Gesprächen wird der momentane Leistungsstand des Schülers besprochen. Schülern und Eltern werden Bildungswege und Bildungsmöglichkeiten aufgezeigt. Das Gespräch führt meist zu einer deutlichen Leistungssteigerung der Schüler und einem gezielteren Arbeiten in Projekten.

In Klasse 10 findet kurz vor Halbjahresschluss ein *zusätzliches einwöchiges Betriebspraktikum* statt. Bei diesem Praktikum können Ausbildungswünsche vertieft werden. Manche Schüler nutzen diese Zeit bereits als Probearbeitswoche.

Die Ideen zur Berufs- und Arbeitswelterfahrung, die innerhalb unserer Region möglich sind, setzen wir bereits mit unseren Kooperationspartnern um.

Wir möchten nun den Schülern der Klassen 10 – 12 die Möglichkeit geben, entsprechende Erfahrungen im Ausland zu sammeln. Dazu planen wir einen vierwöchigen Aufenthalt in Frankreich, um dort in ausgewählten Betrieben und Organisationen einen Einblick in die Arbeitswelt bekommen.

Die Schüler sollen bei ihrem Aufenthalt in Frankreich nicht nur einen Einblick in die Arbeitswelt unseres Nachbarlandes erhalten. Im Blickpunkt stehen ebenso der Spracherwerb, das Verständnis für die Kultur und das Zusammentreffen mit den Menschen.

Unsere Ziele:
- Intensivierung der Berufsorientierung an der Freien Werkschule Meißen durch Ausweitung des Angebotes auf das Nachbarland Frankreich
- Kennen lernen des Landes, der Menschen und der Kultur
- Spracherwerb
- Erste Ansätze für einen Austausch zur Berufs- und Arbeitswelterfahrung innerhalb der Schulzeit, Aufzeigen der Möglichkeiten in einem geeinten und freizügigen Europa

Peter Schlögl

Teilqualifizierung und Lehrzeitverlängerung als Innovation im österreichischen Berufsbildungsrecht – die integrative Berufsausbildung

1. Hintergrund

Die Situation von Jugendlichen mit persönlichen Vermittlungshindernissen, die im Anschluss an die Pflichtschule eine Qualifizierung anstreben, war in Österreich für lange Zeit unbefriedigend gelöst. Diese Gruppe lässt sich pragmatisch wie folgt differenzieren:
- Personen mit sonderpädagogischem Förderbedarf am Ende der Pflichtschule, die zumindest teilweise nach dem Lehrplan einer Sonderschule unterrichtet wurden;
- Personen ohne Hauptschulabschluss bzw. mit negativem Hauptschulabschluss;
- behinderte Menschen im Sinne des Behinderteneinstellungsgesetzes;
- Personen, bei denen aus ausschließlich persönlichen Gründen angenommen werden muss, dass für sie keine Lehrstelle gefunden werden kann.

Nicht in diese Gruppe fallen demnach Jugendliche, die aufgrund struktureller Probleme am Lehrstellenmarkt keine Ausbildungsplätze erlangen können oder denen aufgrund von beschränkten Aufnahmekapazitäten keine vollschulischen Ausbildungsplätze zugänglich sind. Für diese Gruppe wurden im Rahmen des Jugendausbildungssicherungsgesetzes durch die Arbeitsmarktverwaltung (Arbeitsmarktservice) die Berufslehrgänge eingerichtet, die grundsätzlich ausbildungsfähigen Jugendlichen Angebote zur beruflichen Vorqualifizierung mit grundsätzlicher Anrechenbarkeit für Lehrausbildungen bieten.

Für die zuvor beschriebenen Jugendlichen war es in der Regel das außerordentliche Engagement der Eltern oder einzelner institutioneller Akteure, das im einen oder anderen Fall eine Lösung herbeigeführt hat (siehe Rosenkranz, Ortner, & Gusel, 2004, S. 39). Weiters wurde von Ausbildungsbetrieben immer wieder moniert, dass für gewisse Jugendliche die strikte Vorgabe der Ausbildungsdauer der verordneten Lehrberufe, trotz bestehendem Interesse und entsprechender Arbeitshaltungen seitens der Jugendlichen, nicht einzulösen wäre, und eine Verlängerung der Ausbildungsdauer hilfreich angesehen würde. Neben diesen wichtigen realpolitischen Herausforderungen kam der österreichische Gesetzgeber zunehmend auch unter Druck, die nationalen und europäischen Normen zur Nichtdiskriminierung konsequent umzusetzen.

2. Chronologie und Akteure der Umsetzung

Die 2003 in Kraft getretene Novellierung des Berufsausbildungsgesetzes für gewerbliche Berufe mit der Innovation „Integrative Berufsausbildung" (IBA) im Paragraf 8 war demnach eine vernünftige und gleichzeitig erforderliche Folge der Bedürfnisse einer Gruppe von Jugendlichen und deren Eltern, von Betrieben und nicht zuletzt der Staatszielbestimmung, des Artikels 7 der österreichischen Bundesverfassung aus dem Jahr 1997[1] sowie entsprechender EU-Verträge und Richtlinien[2].

Dass die Taktgeber dieser Entwicklung hierbei nicht die einschlägigen Behörden, insbesondere nicht die Unterrichtsbehörde, waren, ist bei Mitgestaltern der dann tatsächlich umgesetzten Lösung nachzulesen (vgl. Oberndorfer, 2004; Prischl, 2004). Mit der Ergänzung des Berufsausbildungsgesetzes (BAG) BGBl. Nr. 142/1969 durch das BGBl. I Nr. 79/2003 um § 8b Integrative Berufsausbildung wurde dieses System auch für beeinträchtigte bzw. benachteiligte Jugendliche geöffnet und gegenüber einer in der Verhandlungsphase auch erwogenen eigengesetzlichen Regelung der Vorzug gegeben. Die Bestimmungen über die integrative Berufsausbildung ersetzen die Vorlehre. Weitere „in Rufweite des Gesetzes" durchgeführte Vorgängermodelle von Teilqualifizierungen haben als Pilotvarianten gute Dienste für die Implementierung geleistet, wurden jedoch insbesondere von den Gewerkschaften immer mit Zurückhaltung zur Kenntnis genommen.

3. Ausgestaltung der IBA
3.1 Ausbildungsformen

Die IBA kann grundsätzlich in zwei Formen umgesetzt werden:
- durch eine Verlängerung der gesetzlichen Lehrzeitdauer um ein Jahr bzw. in Ausnahmefällen um zwei Jahre, wenn dies für die Erreichung der Anforderungen im Rahmen der Lehrabschlussprüfung erforderlich erscheint (§ 8b (1) BAG). Grundlage dafür ist ein Lehrvertrag (analog zur sonstigen Lehre), oder
- durch Abschluss eines Ausbildungsvertrages, der den Erwerb einer Teilqualifizierung (ein bis drei Jahre Ausbildungsdauer) durch Einschränkung auf bestimmte Teile eines

Berufsbildes eines Lehrberufes, allenfalls unter Ergänzung von Fertigkeiten und Kenntnissen aus Berufsbildern weiterer Lehrberufe (§ 8b (2) BAG), vorsieht. Der Ausbildungsvertrag hat Fertigkeiten und Kenntnisse zu umfassen, die im Wirtschaftsleben verwertbar sind.

Abbildung 1: Chronologie der Entwicklung zur IBA

1998	Die Möglichkeit zur „Vorlehre" wird in einer BAG-Novelle verankert, aber in Folge wegen rigider Vorgaben und fehlender paralleler theoretischer Ausbildungsangebote kaum in Anspruch genommen.
2000 bis 2003	In einigen Bundesländern werden Jugendliche mit Behinderung ohne gesetzlichen Rahmen erfolgreich in Lehrverhältnisse und in die Berufsschule integriert. Dies wurde mit Forderungen von InteressenvertreterInnen nach einer gesetzlichen Regelung begleitet.
2002	Verhandlungen und Beschluss der Sozialpartner zu einem gemeinsamen Positionspapier „Integrative Berufsausbildung". Dieses Positionspapier beinhaltet die Gleichstellung in der Berufsschule und eine Forderung nach Rahmenbedingungen für integrativen Berufsschulunterricht.
Jänner bis März 2003	Verschiedene Entwürfe werden erarbeitet, Gesprächsrunden zur Änderung des Berufsausbildungsgesetzes seitens des BMWA, den Sozialpartnern, Eltern- und Behindertenverbänden finden statt.
Mai bis Juni 2003	Begutachtung und Verhandlungen zu einem Gesetzesentwurf des Bundesministeriums für Wirtschaft und Arbeit, der keine strukturelle Einbindung der Berufsschulen vorsah
Juni, Juli 2003:	Ein in zahlreichen Details veränderter Entwurf geht zum Beschluss in die Ministerratssitzung (insb. betreffen die Berufsschulpflicht etc.), Behandlung im Wirtschaftsausschuss des Parlaments, Annahme von Abänderungsanträgen zur Berufsschulpflicht, Weiterleitung zur Beschlussfassung ins Plenum
1. September 2003	Die Novelle des BAG mit den Bestimmungen für die integrative Berufsausbildung tritt in Kraft.

Quelle: nach Prischl 2004, vereinfacht

Für die Ausbildung mit verlängerter Lehrzeit gilt die Berufsschulpflicht in der Teilzeitschule analog zu regulären Lehrausbildungen. Für Personen, mit einem Ausbildungsvertrag für Teilqualifizierung, besteht die Pflicht bzw. das Recht zum Besuch der Berufsschule unter Berücksichtigung der Ausbildungsinhalte, des Ausbildungsziels, der Dauer der Ausbildung und der persönlichen Fähigkeiten und Bedürfnisse des Lehrlings (§ 8b (22) BAG). Für die integrative Berufsausbildung kommen als Zielgruppe Personen in Betracht, die das Arbeitsmarktservice (AMS) nicht in ein reguläres Lehrverhältnis vermitteln konnte und die zu einer der bereits oben beschriebenen Gruppe gezählt werden können. Voraussetzung zur Aufnahme eines integrativen Lehrverhältnisses ist, dass das AMS bestätigt, dass keine Vermittlung in ein normales Lehrverhältnis möglich ist und die Betreuung des Lehrlings durch Berufsausbildungsassistenz gewährleistet ist. Zu Letzterem sieht das Bundessozialamt als Voraussetzung zur Förderung der Berufsausbildungsassistenz vor, dass ein Clearingprozess durchlaufen und eine integrative Berufsausbildung für den/die betreffende/n Jugendliche/n im Anschluss befürwortet wird[3]. Die Intension der Initiatoren und des Gesetzgebers war und ist es, dass integrative Berufsausbildung vorwiegend in Lehrbetrieben durchgeführt wird (§ 8b (3) BAG). Soll die Ausbildung in besonderen selbständigen Ausbildungseinrichtungen erfolgen, bedarf es der Bewilligung durch das Bundesministerium für Wirtschaft und Arbeit (BMWA), die beim Vorliegen gesetzlich festgelegter Voraussetzungen (§ 8b (15) BAG) zu erteilen ist.

3.2 Berufsbildungsassistenz

Die Berufsausbildungsassistenz ist eine individuelle Dienstleistung und erfüllt eine integrierende Funktion im Rahmen der IBA, da sie in allen Phasen eingebunden ist und die Koordination aller Akteure (Jugendliche, Eltern, Betriebe, Berufsschule, AMS und Wirtschaftskammer) im Ausbildungsprozess zur Aufgabe hat. Die Tätigkeitsbereiche der Berufsausbildungsassistenten sind gesetzlich definiert und umfassen Unterstützungstätigkeiten, die Festlegung der Ziele der integrativen Berufsausbildung, die organisatorische Abwicklung bei einem Ausbildungswechsel und die Organisation der Abschlussprüfung im Rahmen der Teilqualifizierung sowie die laufende Dokumentation des integrativen Berufsausbildungsprozesses. Die Berufsausbildungsassistenz ist in den Bundesländern sehr unterschiedlich organisiert. In manchen Ländern bietet jeweils nur eine Organisation diese Dienstleistung an, in anderen Bundesländern wird die Berufsausbildungsassistenz von verschiedenen Trägerorganisationen erbracht. Finanziell gefördert wird die Berufsausbildungsassistenz von den jeweiligen Landesstellen des Bundessozialamts oder dem Arbeitsmarktservice, in einigen Bundesländern auch vom Land selbst. Die Berufsausbildungsassistenten sind direkte Ansprechpartner für die Betriebe, bei Problemen im Zusammenhang mit der IBA. Diese können sich z.B. auf den Arbeitsablauf, die Pünktlichkeit, die Beziehung mit den anderen Mitarbeitern beziehen (siehe Heckl, Dorr, Dörflinger, & Klimmer, 2006, 38). Bei Problemen mit dem integrativen Lehrling und in Krisensituationen intervenieren die Berufsausbildungsassistenten und nehmen die Rolle eines Mediators ein. Neben den Berufsausbildungsassistenten werden die integrativen Lehrlinge in Ausbildungseinrichtungen auch zusätzlich von Sozialarbeitern betreut. Dadurch fällt die sozialpädagogische Betreuung der integrativen Lehrlinge durch die Berufsausbildungsassistenz größtenteils weg. Zudem ist eine Sensibilisierung der Ausbildner nicht im selben Ausmaß wie in den Lehrbetrieben notwendig, da diese oftmals viel Erfahrung im Umgang mit beeinträchtigten Jugendlichen aufweisen und z. T. auch geschulte Pädagogen sind (siehe Heckl et al., 2006, S. 39). Der Betreuungsschlüssel der Berufsausbildungsassistenten ist in den Ausbildungseinrichtungen höher, weil einige Tätigkeiten, die vor allem in den Lehrbetrieben erforderlich sind, wegfallen bzw. von den Sozialarbeitern übernommen werden. Zudem sind in großen Ausbildungseinrichtungen die Berufsausbildungsassistenz teilweise vor Ort und es fallen dadurch die (vor allem in ländlichen Regionen) erheblichen Anfahrtszeiten weg.

4. Implementierungsanalyse und erste Evaluierungsergebnisse

Zum Stichtag 31.12.2007 haben 3.410 junge Menschen eine integrative Berufsausbildung in Österreich gemacht. Das entspricht 2,6% aller Lehrlinge (WKÖ 2008). Im Jahr 2006 wurde eine erste Evaluierung der IBA durchgeführt und die im Folgenden dargestellten Daten sind dem entsprechenden Abschlussbericht entnommen (Heckl et al., 2006). Diese Evaluierung stellte im Wesentlichen eine Implementierungsanalyse dar und dokumentiert den Stand der Umsetzung. Im Folgenden werden die zentralen Befunde hier kurz dargestellt und zwar in Perspektive auf die Jugendlichen einerseits, die Ausbildungsbetriebe bzw. –einrichtungen sowie in Bezug auf Berufsschule und Ausbildungsberufe andererseits.

4.1 Die IBA-Lehrlinge

Die Mehrheit der IBA-Lehrlinge ist männlich (68 %). Dies überrascht insofern nicht, da sich die Geschlechterverteilung in der übrigen Lehrausbildung mit zwei Dritteln junger Männer durchaus vergleichbar darstellt. Hinsichtlich der Zielgruppenzugehörigkeit bzw. Vermittlungshindernisse, die zu einer IBA-Lehre geführt haben, zeigt sich keine Gleichverteilung auf die vier Optionen, sondern dass 61 % der Lehrlinge in ihrer Schulzeit einen sonderpädagogischen Förderbedarf aufwiesen bzw. teilweise Unterricht nach Sonderschullehrplan (§ 8b (4) Z. 1 BAG) erhielten (siehe Abbildung 2). Nahezu ein Viertel der IBA-Lehrlinge verfügt über persönliche Vermittlungshindernisse (§ 8b (4) Z. 4 BAG), etwa 17 % der integrativen Lehrlinge verfügt über keinen bzw. einen negativen Hauptschulabschluss (§ 8b (4) Z. 2 BAG) und lediglich 9 % sind im Sinne des Behinderteneinstellungsgesetzes behindert (§ 8b (4) Z. 3 BAG).

Betrachtet man nun die beiden grundsätzlichen Ausgestaltungsformen der IBA, so zeigt sich, dass im Jahr 2005 mit einem Anteil von 60 % ein Großteil in verlängerten Lehrverhältnissen und entsprechend 40 % in Teilqualifizierung waren. Wobei – unter Bedachtnahme auf den kurzen Beobachtungszeitraum – ein Anstieg der Teilqualifizierung gegenüber 2004 abzulesen ist. Die vier Zielgruppen sind in den zwei Ausbildungsformen unterschiedlich stark vertreten. Mehr als die Hälfte der IBA-Lehrlinge in verlängerten Lehrverhältnissen, jedoch mehr als zwei Drittel der Lehrlinge in Teilqualifizierung hatten sonderpädagogischem Förderbedarf. Auch der Anteil der integrativen Lehrlinge gemäß Behinderteneinstellungsgesetzes ist in der Teilqualifizierung signifikant höher (18 %) als in der verlängerten Lehre (3 %). Der Anteil der Lehrlinge, die keinen oder einen negativen Pflichtschulabschluss haben, ist in der verlängerten Lehre (20 %) nahezu doppelt so hoch wie bei der Teilqualifizierung (11 %). In der verlängerten Lehrzeit lässt sich ein gutes

Viertel (26 %) der IBA-Lehrlinge der Gruppe mit persönlichen Vermittlungshemmnissen zuordnen, in der Teilqualifizierung demgegenüber nur 17 %.

Abbildung 2: **Zielgruppenzugehörigkeit der IBA-Lehrlinge, Anteil in Prozent**

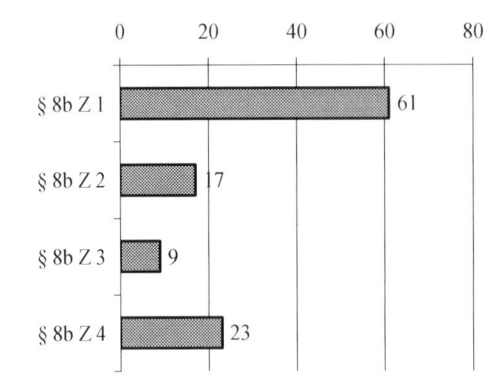

§ 8b Z	Anteil in %
§ 8b Z 1	61
§ 8b Z 2	17
§ 8b Z 3	9
§ 8b Z 4	23

Quelle: KMU Forschung Austria 2006, 49

4.2 Die Ausbildungseinrichtungen

Ende 2005 wurden zwei Drittel der IBA-Lehrlinge in Unternehmen ausgebildet, ein Drittel in selbstständigen Ausbildungseinrichtungen. Im Jahr davor fanden sich demgegenüber noch mehr IBA-Lehrlinge in Ausbildungseinrichtungen, aber die integrativen Lehrstellen in Unternehmen haben sich mehr als verdoppelt, während in den Ausbildungseinrichtungen nur ein moderater Zuwachs (um 7 %-Punkte) zu verzeichnen war. Hinsichtlich der Ausbildungseinrichtungen zeigen sich regional deutlich unterschiedliche Umsetzungsformen.

Dies erklärt sich zum Teil in unterschiedlich langen „Vorerfahrungen" mit Anlehr- oder Vorlehrmodellen, wie im Falle der Steiermark, und andererseits mit der regional unterschiedlichen Präsenz von kompetenten Ausbildungszentren. Die Betriebe, die IBA-Lehrlinge ausbilden, sind – analog zur Wirtschaftsstruktur Österreichs – großteils kleinbetrieblich. Etwa ein Viertel verfügt über höchstens 10 Beschäftigte und mehr als die Hälfte hat zwischen 11 bis 50 Angestellten, nur 22 % der Ausbildungseinrichtungen beschäftigen mehr als 50 Mitarbeiter. Etwa drei Viertel der IBA-Lehrbetriebe sind auch im Bereich der regulären Lehrausbildung tätig, alle anderen bilden ausschließlich integrative Lehrlinge aus. Bei den selbständigen Ausbildungseinrichtungen ist hingegen der größere Anteil (58 %) nur bei der integrativen Berufsausbildung aktiv.

4.3 Die Berufsschule

Nach BAG besteht für Lehrlinge mit verlängerter Lehrzeit Berufsschulpflicht, Lehrlinge in Teilqualifizierung haben nach Maßgabe der Festlegung der Ausbildungsinhalte, der Ausbildungsziele und der Zeitdauer der Ausbildung die Pflicht bzw. das Recht zum Besuch der Berufsschule. Nahezu 80 % der Teilqualifizierungslehrlinge besuchten im Beobachtungszeitraum der Evaluierung die Berufsschule. Bisher wurde kein Fall bekannt, in dem das Recht auf Berufsschulbesuch aus schulinternen oder schulorganisatorischen Gründen verwehrt wurde. In Einzelfällen wurde für Lehrlinge in Teilqualifizierung, die auf Grund der Entfernung zwischen Wohn- und Berufsschulstandort in einem Internat untergebracht gewesen wären, auf Wunsch der Eltern, auf eine Einberufung in die Berufsschule verzichtet. Es kam aber auch vor, dass Ausbildungseinrichtungen, die Lehrlinge in Teilqualifizierung ausbilden, den Berufsschulen die Lehrlinge nicht gemeldet haben, wodurch eine vorgesehene Einberufung nicht erfolgen konnte (siehe Heckl et al., 2006, S. 67).

Abbildung 3: **Ausbildungsort der integrativen Berufsausbildung nach Bundesländern, Anzahl der Lehrlinge, Ende 2005**

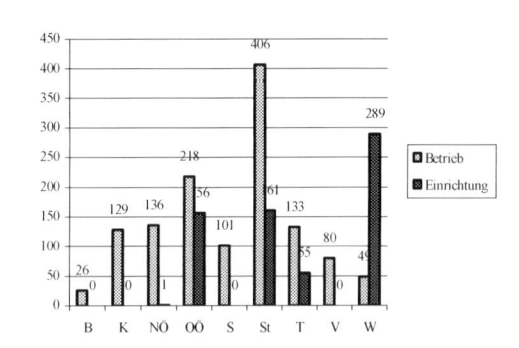

Bundesland	Betrieb	Einrichtung
B	26	0
K	129	0
NÖ	136	1
OÖ	218	56
S	101	0
St	406	161
T	133	55
V	80	0
W	49	289

Quelle: KMU Forschung Austria 2006, 29

4.4 Die ausgebildeten Berufe

Eine deutlich geschlechtsspezifisch differenziert ausgeprägte Berufswahl ist bei den integrativen Lehrlingen ebenso zu beobachten wie im österreichischen Lehrlingswesen insgesamt auch. Mehr als 50 % der männlichen integrativen Lehrlinge befinden sich in den häufigsten fünf Berufen der integrativen Berufsausbildung (Kraftfahrzeugtechnik, Tischlerei, Koch, Metalltechnik – Metallbearbeitungstechnik, Maler und Anstreicher). Die Wahl des Lehrberufs der weiblichen IBA-Lehrlinge weist gegenüber der sonstigen Berufswahl der Lehrlinge allgemein aber einzelne Besonderheiten auf. Einzelhandel ist zwar ebenso bei den weiblichen integrativen Lehrlingen die erste Wahl, gefolgt durch die Ausbildung zur Köchin sowie Friseurin und Perückenmacherin. Auffällig ist jedoch, dass der Beruf der Kfz-Technikerin, der bei den integrativen Lehrmädchen auf Platz vier rangiert, sich insgesamt allerdings nicht in der Liste der Top-25 der weiblichen Lehrberufe insgesamt befindet. Ebenso ist dies der Fall bei den Berufen der Landschaftsgärtnerin, der Denkmal-, Fassaden-, und Gebäudereinigerin sowie der Gartencenterkauffrau (Heckl et al., 2006, S. 31ff). Es gilt jedoch zu bedenken, dass es sich insgesamt um recht kleine Gruppen handelt und es dürfte sich zum Teil auch mit dem entsprechenden Ausbildungsplatzangebot – etwa in Ausbildungseinrichtungen – erklären lassen.

5. Ausblick und Entwicklungsperspektiven

In der Diskussion um die erfolgreiche Implementierung und tagtägliche Praxis sind noch vielerlei Punkte offen geblieben bzw. wurden Gegenstand der Diskussion. Beispielhaft werden hier drei Aspekte angeführt:

– Die Ausweitung des Integrationsanspruches auf alle Angebote der beruflichen Ausbildung, also auch die vollzeitschulischen Formen auf der oberen Sekundarstufe ist noch nicht gelungen. Hier besteht eindeutig noch Nachholbedarf. Dies – so lässt sich im Licht der im Zusammenhang mit der IBA gemachten Erfahrungen abschätzen – verlangt insbesondere gegenüber den Schulbehörden und den jeweiligen Schulerhaltern eine beträchtliche Portion an Beharrungsvermögen.
– Bei Knappheit der Mittel zeigt sich, dass je nach regionalem Lehrstellenangebot die Angebote der IBA sowie der Ausbildungsplätze nach dem Jugendausbildungssicherungsgesetz von einzelnen Akteuren als „kommunizierende Gefäße" verstanden werden und hier keine überregional durchgängige bzw. trennscharfe Zuweisungspraxis abzulesen ist.
– Durch die Situation, dass vorwiegend Kleinbetriebe (integrative) Lehrlinge ausbilden, bleibt ein wesentliches Ausbildungsplatzpotenzial für den Teilqualifizierungsbereich ungenutzt, da Teilqualifizierungen auf den Produktions- bzw. Arbeitsprozess des Industriesektors, der oftmals hoch strukturiert und arbeitsteilig gestaltet ist, zugeschnitten werden könnte.

Anmerkungen

[1] „Niemand darf wegen seiner Behinderung benachteiligt werden. Die Republik (Bund, Länder und Gemeinden) bekennt sich dazu, die Gleichbehandlung von behinderten und nichtbehinderten Menschen in allen Bereichen des täglichen Lebens zu gewährleisten." (Artikel 7, B-VG)

[2] Art. 13 EG-Vertrags (i.d.F. des Vertrags von Amsterdam) ermächtigt den Rat, alle „Diskriminierungen aus Gründen des Geschlechts, der Rasse, der ethnischen Herkunft, der Religion oder Weltanschauung, einer Behinderung, des Alters oder der sexuellen Ausrichtung zu bekämpfen", Art. 21 der Charta der Grundrechte der EU (2000/C 364/01) Diskriminierungen „wegen (...) einer Behinderung", Art. 5 der allgemeinen Gleichbehandlungsrichtlinie der EU (200/78/EG), die bis zum Ende 2003 umzusetzen war, verlangt „angemessene Vorkehrungen für Menschen mit Behinderung", die den „Zugang zur Beschäftigung, die Ausübung eines Berufs, den beruflichen Aufstieg und die Teilnahme an Aus- und Weiterbildungsmaßnahmen" ermöglichen.

[3] Richtlinie zur Förderung der Berufsbildungsassistenz nach § 8b Berufsausbildungsgesetz, BMSG GZ 44.101/45-6/03, in Kraft getreten 1. November 2003

Literatur

Heckl, E., Dorr, A., Dörflinger, C., & Klimmer, S. (2006). Integrative Berufsausbildung. Evaluierung von § 8b des Berufsausbildungsgesetzes. Wien: KMU Forschung Austria, IBW.

Oberndorfer, B. (2004). Integrative Berufsausbildung – Meilenstein oder schlechter Kompromiss? Eine Betrachtung von Integration:Österreich. In F. Verzetnitsch & P. Schlögl & A. Prischl & R. Wieser (Eds.), Jugendliche zwischen Karriere und Misere. Die Lehrausbildung in Österreich, Innovationen und Herausforderungen (pp. 199-204). Wien: ÖGB Verlag.

Prischl, A. (2004). Integrative Berufsausbildung – gleiche Rechte, neue Chancen. In F. Verzetnitsch & P. Schlögl & A. Prischl & R. Wieser (Eds.), Jugendliche zwischen Karriere und Misere. Die Lehrausbildung in Österreich, Innovationen und Herausforderungen (pp. 193-197). Wien: ÖGB Verlag.

Rosenkranz, T., Ortner, U., & Gusel, D. (2004). Teilqualifizierungslehre – Integrative Berufsausbildung. Drei Erfahrungsberichte zu einer neuen Integrations- und Qualifikationsmöglichkeit für Jugendliche mit Behinderung. In F. Verzetnitsch & P. Schlögl & A. Prischl & R. Wieser (Eds.), Jugendliche zwischen Karriere und Misere. Die Lehrausbildung in Österreich, Innovationen und Herausforderungen (pp. 205-213). Wien: ÖGB Verlag.

Wirtschaftskammer Österreich (2008): Lehrlingsstatistik 2007, Wien

Vertiefende und ergänzende Beiträge

zu Teil 5.2
Das System beruflicher Erstausbildung in Deutschland

Jürgen Ehnert/Willi Maslankowski:
    Qualität von Fachbüchern der Berufsausbildung   463

Friedemann Stooß:
    Unzulänglichkeiten der Berufsbildungsstatistik in Deutschland   468

Rolf Sitzmann:
    Modellversuch zur Erprobung einer neuen Ausbildungsform „Contrôle continu" in den Ländern Baden-Württemberg, Rheinland-Pfalz, Saarland – 1975 bis 1980   473

Werner Zettelmeier:
    Wie entsteht eine Ausbildungsordnung bzw. ein beruflicher Abschluss in Frankreich?   478

Jürgen Ehnert und Willi Maslankowski
Qualität von Fachbüchern der Berufsausbildung

1. Fachbuchübersicht als Auswahlhilfe für die Nutzer *(Willi Maslankowski)*

Fachbücher für die Berufsausbildung sind in Deutschland vor allem wesentlicher Bestandteil der Ausbildungspraxis im Dualen System, insbesondere in der Berufsschule, aber auch in der praktischen Ausbildung in den Betrieben von Wirtschaft, Verwaltung und in überbetrieblichen Berufsbildungsstätten. Zunehmend haben sie auch Bedeutung für berufliche Vollzeitschulen. Sie machen deutlich, um welche Ausbildungsinhalte und Prüfungsanforderungen es sich in den ca. 350 Ausbildungsberufen nach dem Berufsbildungsgesetz und der Handwerksordnung im wesentlichen handelt. In gewissem Sinne enthalten die Fachbücher die „Software" der Berufsausbildung und gelten auch als „geheimer Lehrplan". Unterhalb der Wissenschaftsebene handelt es sich bei den Fachbüchern vor allem um Schulbücher im Sinne der Schulbuchzulassungsvorschriften der deutschen Länder, also um Druckwerke für die Hand des Schülers bzw. der Schülerin, die dazu dienen, den Lehrplan eines Faches der Berufsschule des Dualen Systems nach seinen Zielen und Inhalten zu erfüllen. Solche Fachbücher müssen in der Regel gebunden sein. Materialien für die Hand des Schülers, die Fachbücher begleiten, ergänzen oder ersetzen (z. B. Tabellen- oder Prüfungsvorbereitungsbücher), sind den Fachbüchern gleichgestellt (vgl. z. B. § 2 der Schulbuchzulassungsverordnung des Kultusministeriums des Landes Baden-Württemberg vom 17.04.1996).

Das Fachbuch mit seinen vielseitigen Ausprägungen vermittelt – ausgeliehen oder als persönliches Eigentum – auch über die Schulzeit hinaus eine Vertrautheit wie kein anderes Medium. Wenn sich Schülerinnen und Schüler der Berufsschule die notwendigen Grund- und Fachkenntnisse aneignen oder diese aktualisieren, ist es unersetzbares Leitmedium.

Erwähnenswert ist zudem eine zusätzliche Funktion, an die oft überhaupt nicht gedacht wird, nämlich Orientierungsquelle bei der Berufswahl zu sein. Bei Ausstellungen und Informationsveranstaltungen zur beruflichen Bildung in Deutschland wie z. B. „Berufsbildung 2002" und den entsprechenden Folgeveranstaltungen in Nürnberg, einer der wichtigsten Veranstaltungen zur Berufskunde und Berufsbildung, wurde beobachtet, wie in den Fachausstellungen für die Bereiche Wirtschaft und Verwaltung, gewerblich-technische Fachrichtungen, Ernährung und Hauswirtschaft, Landwirtschaft sowie Sozialberufe die ausgestellten Fachbücher zur Berufsorientierung und Berufsfindung herangezogen wurden. Vor der Berufswahl stehende Schüler bzw. Schülerinnen allgemeinbildender Schulen haben sich gezielt Fachbücher herausgesucht oder zeigen lassen, um sich in den Bereichen näher zu informieren, in denen sich ihre beruflichen Neigungen und Interessen bewegen. Es war ganz offensichtlich, dass Fachbücher auch der Berufswahl dienlich und nützlich sind, gerade auch dort, wo – anders als in Deutschland – Berufsinformation noch nicht weit entwickelt ist

Der Heterogenität der dualen Berufsausbildung entsprechend ist das Fachbuchangebot in Deutschland ungewöhnlich vielfältig und weltweit vermutlich ohne Beispiel. Die Anzahl fachlich und methodisch fundierter Titel nimmt ständig zu und hat die Grenze von 10.000 überschritten. Es überrascht deshalb nicht, dass es bisher keine Gesamtübersicht über das Angebot der gut 20 einschlägigen Schulbuchverlage gibt. Die mehr oder weniger lückenhaften Angaben im Verzeichnis der lieferbaren Bücher (VLB) sind dafür keineswegs ausreichend. Eine solche transparente Gesamtübersicht für die Ausbildungsberufe des Dualen Systems, geordnet nach den 13 Berufsfeldern, ihren Schwerpunkten und nach den diesen zugeordneten Ausbildungsberufen, möglichst auch noch nach Jahrgangsstufen und Unterrichtsfächern, die allerdings in Deutschland nicht einheitlich bezeichnet werden, fehlt bisher. Eine solche fachlich geordnete und transparente Gesamtübersicht könnte den potentiellen Nutzern die Auswahl erheblich erleichtern.

Stellvertretend für das große Angebot ist das „Tabellenbuch Metall- und Maschinentechnik" von Wilhelm Friedrich zu nennen. Dieses Tabellenbuch lässt sich sowohl im traditionellen als auch im handlungs- und lernfeldorientierten Unterricht einsetzen, und auch in den Ausbildungsbetrieben ist es weit verbreitet. 1913 erschien die erste Auflage, entstanden in den Jahren zuvor in Magdeburg während der dortigen Tätigkeit Wilhelm Friedrichs als Gewerbelehrer „zunächst noch klein und äußerlich unscheinbar als das Fachbuch, das später das erfolgreichste im deutschen Sprachraum werden sollte. In tage- und nächtelangen Besprechungen im Verlagshaus wurde später die Neugestaltung und Erweiterung durchdacht; das Ergebnis war der ‚Friedrich' in der heutigen Gestalt, der im letzten Jahrzehnt einen Siegeszug angetreten hat, der nach den Untersuchungen von Hans Ferdinand Schulz ‚Das Schicksal der Bücher und der Buchhandel' in der Geschichte des Buchhandels ohne Beispiel ist. Die Gesamtauflage des ‚Friedrich'-Tabellenbuchs A für das Metallgewerbe, des mit weitem Abstand erfolgreichsten deutschen Buches, hat jetzt die Drei-Millionen-Grenze erreicht. Sogar in der Volksrepublik China ist Friedrichs Tabellenbuch für das Metallgewerbe (unautorisiert) nachgedruckt worden." [1] Das Buch wurde in viele Sprachen übersetzt und könnte vielleicht das am weitesten verbreitete Schulbuch der Welt sein (2005 erschien die 167ste Auflage). Dieses Standardwerk behandelt mathematische und naturwissenschaftliche Grundlagen, Elektrotechnik und Elektronik, Werkstofftechnik, Maschinenelemente, technische Kommunikation, Fertigungsverfahren, Automatisierungstechnik, Steuerungs- und Regeltechnik, Fluidtechnik, Digitaltechnik, Informationsverarbeitung, Fertigungsplanung, Fertigungskontrollen sowie Arbeits- und Umweltschutz. Im Anhang findet man ein Verzeichnis der behandelten DIN- und VDE-Normen sowie ein Stichwortverzeichnis. Friedrichs Tabellenbuch kann als polyvalentes Buch bei vielen Ausbildungsberufen verwendet werden.

Wenn man in Schule und Praxis – schon eher selbstverständlich – ein Fachbuch in die Hand nimmt, dann denkt vermutlich niemand an die Unsumme von Kleinarbeit und ungeheurem Fleiß, die von Auflage zu Auflage vorauszugehen hat. Alle Fachbücher werden in Deutschland von den Autoren, Autorenkollektiven, Lektoren und Verlagen permanent der fachlichen und methodischen Entwicklung angepasst. Dabei geht es um inhaltliche Anforderungen, wie sie vor allem durch die Ausbildungsordnungen des Bundes und die damit abgestimmten Rahmenlehrpläne der Länder vorgegeben werden, aber auch um die aktuelle Praxis für die ca. 350 Ausbildungsberufe. Pädagogisch-methodische Innovationen sind ebenfalls stets richtungsweisend, wie z. B. die Handlungsorientierung und Vermittlung von Handlungskompetenz zeigen.

Die moderne Tendenz, auch Fachbücher für die Berufsausbildung möglichst weitgehend durch elektronische Lesegeräte zu ersetzen, wird Umfrageergebnissen zufolge nicht dazu führen, das Fachbuchangebot in konventioneller, also gedruckter und gebundener Form zu ersetzen. In der Berufs- und Arbeitswelt kann das Erwerben von benötigten Fachkenntnissen keinesfalls über das Drücken von Tasten erfolgen. Wenn dem Fachbuch im Lernprozess mit interaktiven Computerprogrammen oder Internet-Lehrangeboten Konkurrenten erwachsen, wird es dennoch – unterstützt durch geplanten oder spontanen Unterrichtseinsatz – ein unverzichtbares Lernmittel bleiben. Realistisch gesehen dürfte die Entwicklung dahin gehen, dass die elektronischen Medien die bewährten traditionellen Lern- und Informationsformen, wie sie die Fachbücher bieten, nicht verdrängen, sondern dass sich beide gegenseitig ergänzen.

Über die – nur von Zeit zu Zeit – veranstalteten Ausstellungen hinaus, wie in Nürnberg, sollte das gesamte Thema permanent und fachwissenschaftlich untermauert in einer dafür geeigneten Dauereinrichtung stattfinden, die allen daran interessierten Personen ständigen Zugang zu Informationen und Beratungen gewährt. In Deutschland wäre dafür die 1997 in Magdeburg beim Europäischen Bildungswerk für Beruf und Gesellschaft gegründete Leonardo-Bibliothek als Präsenzbibliothek zur polytechnischen und beruflichen Bildung geeignet, aber auch andere Stellen.

Eine permanent zur Verfügung stehende fachlich geordnete Gesamtübersicht des Angebotes von Fachbüchern zur Berufsausbildung gewährt keine Auswahl von mehr oder weniger geeigneten Fachbüchern. Mit dieser Frage beschäftigen sich in Deutschland bisher zwei Stellen:
- Gastronomische Akademie Deutschlands e. V. (GAD)
- Lernen für die deutsche und europäische Zukunft e. V. (LDEZ)

Die GAD prämiert seit 1959 im Rahmen ihres „Literarischen Wettbewerbs" auch Fachbücher für Berufsausbildung ihres Bereiches.

LDEZ verleiht seit 1990 jährlich den gesetzlich geschützten „Deutschen Schulbuchpreis" für geeignete Bücher, insbesondere für die allgemeinbildenden Unterrichtsfächer Religion und Ethik. Ab 1991 bemühte der Verein sich auch um die Bekanntmachung deutscher Fachbücher zur Berufsausbildung im Ausland mit dem Ziel, dort Nachfrage zu wecken und bedarfsgerechte Angebote zu machen.

Es wäre lohnend, die Ziele, Arbeitsweisen und Ergebnisse dieser zwei vorstehend genannten Stellen einmal näher zu untersuchen und darzustellen. Weit fortgeschritten – aber noch nicht realisiert – ist inzwischen die Zertifizierung von Fachbüchern zur beruflichen Ausbildung, die nachfolgend mit ihrem Ziel und ihrer Arbeitsweise dargestellt ist.

2. Methoden zur Darstellung und Ermittlung der Qualität von Fachbüchern *(Jürgen Ehnert)*

In der Praxis haben sich fünf wesentliche Methoden der Darstellung von Fachbuchqualität gegenüber den Kunden herausgebildet: die Eigenwerbung, die Fremdwerbung, Auszeichnungen, Systematische Vergleiche und die Zertifizierung.

Die Analyse dieser fünf Methoden zeigt, dass sie in ihrer Zielstellung, Aussagekraft und in der Zuverlässigkeit ihrer Ergebnisse differenziert zu bewerten sind.

Bei der *Eigenwerbung* stehen naturgemäß die Eigeninteressen des Verlages im Vordergrund. Dabei kann es soweit gehen, dass mit Übertreibungen oder Empfehlungen anerkannter Institutionen geworben wird, um sich einen Wettbewerbsvorteil zu verschaffen. In einem recherchierten Fall entsprach die im Fachbuch ausgewiesene Empfehlung einer solchen anerkannten Institution jedoch nicht der Realität, sodass dem Verlag die Werbung mit dieser Aussage umgehend untersagt wurde.

Durch fehlende Vergleichbarkeit der Fachbücher, wie sie u. a. von Beckmann und Maslankowski[2] gefordert wird, sind die (subjektiven) Aussagen zur Qualität des Fachbuches durch den Nutzer nur ungenügend bewertbar.

Die *Fremdwerbung* für Fachbücher enthält externe Meinungsäußerungen zu deren Qualität, die oftmals aber nicht nach vergleichbaren Kriterien und Indikatoren sondern nach subjektivem Empfinden getroffen werden.

Sie birgt darüber hinaus die Gefahr einer gezielten oder gesteuerten Manipulation der Meinungsäußerungen zu einem bestimmten Fachbuch.

Die *Auszeichnung* von Fachbüchern der Berufsausbildung wird gegenwärtig branchenbezogen durch die „Gastronomische Akademie Deutschlands e.V.".[3] und durch den Verein „Lernen für die Deutsche und Europäische Zukunft" e.V.[4] durchgeführt. Während Auszeichnungen von multimedialen Lehr- und Lernmedien in größerer Zahl durchgeführt werden (von „Pädi – Der pädagogische Interaktivpreis" über den „Software-Preis Giga-Maus" bis zur „Comenius EduMedia Auszeichnung"), sind die Auszeichnungen für Schulbücher, insbesondere für Fachbücher der Berufsausbildung, rar.

Die Auswahl für die Auszeichnungen wird nach festgelegten Kriterien vorgenommen und durch eine berufene Jury aus Fachleuten bewertet.

Das Ergebnis dieser Auszeichnungen entspricht dadurch in einem höheren Maße einer objektiven Qualitätsbewertung als die Ergebnisse der beiden vorherigen Varianten Eigenwerbung und Fremdwerbung.

Das Ergebnis der Auszeichnung (meist durch einen Schriftzug, ein Logo oder ein Siegel gekennzeichnet) kann vom Fachbuch-Hersteller zu Werbezwecken genutzt werden.[5]

Systematische Vergleiche der auf dem Schulbuchmarkt befindlichen Fachbücher für die Berufsausbildung werden in Zukunft auch weiter durch den Wettbewerb auf diesem Markt und die Europäisierung des Arbeits- und Ausbildungsmarktes an Bedeutung gewinnen. Dabei spielen oft fachspezifische Betrachtungen einzelner Aspekte der Qualität von Fachbüchern eine besondere Rolle, wie zum Beispiel die Nutzung industrieller Geschäftsprozesse in den Fachbüchern für die Ausbildung von Industriekaufleuten.[6]

Auch internationale Vergleiche von Fachbüchern der Berufsausbildung zeigen interessante Sichtweisen auf diese Problematik und eröffnen neue Perspektiven für die Ermittlung und Bewertung der Qualität von Fachbüchern.[7]

Die aus einer wissenschaftlichen Untersuchung eines schwedischen und eines deutschen Fachbuches entstandene Publikation „Die Integration handlungsorientierter Gestaltungsmerkmale in Schulbüchern" zeigt „eine Fülle von Analyseergebnissen, die gut dokumentiert und nachvollziehbar dargestellt werden. Sie sind in die Analyse der Übungs- und Wiederholungsaufgaben und in die Analyse der Schulbuchtexte gegliedert. Es zeigt sich, dass beide Schulbücher bei beiden Analyseeinheiten Schwächen aufweisen und den Anspruch einer Orientierung am Prinzip der Handlungsorientierung nicht voll und ganz erfüllen. Allerdings weist das schwedische Schulbuch bei beiden Analyseeinheiten günstigere Analyseergebnisse hinsichtlich der Berücksichtigung handlungsorientierter Elemente auf als das bayrische ‚Pendant'".[8]

Neben solchen Vergleichen, die nur punktuell die Qualität von Fachbüchern der Berufsausbildung auf wissenschaftlicher Ebene wiedergeben können, gibt es Bestrebungen an berufsbildenden Schulen, sich vor Einführung eines neuen Lehrwerkes für die Ausbildung der nächsten Jahre ein umfassendes Bild über das gesamte Angebot und die Qualität der einzelnen Fachbücher zu machen.

So wurde vor Einführung eines Tabellenbuches in einem Berliner Oberstufenzentrum ein Kriterienkatalog in der Fachschaft erarbeitet, nach dem alle beteiligten Kollegen die Tabellenbücher der einzelnen Verlage zu bewerten hatten.

Das Tabellenbuch mit dem besten Bewertungsergebnis wurde für die kommenden Jahre in dem Oberstufenzentrum für alle entsprechenden Klassen eingeführt.

Eine solche Auswahl von Fachbüchern nach sorgfältig ausgewählten Qualitätskriterien und Indikatoren im Gremium der Fachschaft kann für die Ausbildung nur begrüßt werden, da alle Lehrkräfte in die Entscheidungsfindung im Sinne des Qualitätsmanagementprozesses an berufsbildenden Schulen einbezogen waren.

Berücksichtigt man aber darüber hinaus, dass man die Entscheidung, welches Fachbuch am besten geeignet ist für die Ausbildung in einem Beruf, „den Kolleginnen und Kollegen in den Schulen, den Ausbildern in den Betrieben und den Auszubildenden überlassen"[9] soll, bedarf es einer noch komplexeren und umfassenderen Herangehensweise bei der Auswahl von Fachbüchern.

Ein Versuch, den Nutzern von Schulbüchern der Fächer Biologie und Geschichte allgemeinbildender Schulen qualitative Orientierung durch ein externes, unabhängiges und fachkompetentes Gremium der Stiftung Warentest zu geben, führte zu negativen Bewertungen der untersuchten Schulbücher. So wurden fachliche Fehler, didaktische Schwächen, verzerrte Darstellungen und abweichende Urteile konstatiert, die zu einem Gesamturteil führten: „Schlechtes Zeugnis".[10]

Die Art und Weise der von der Stiftung Warentest durchgeführten Tests der Schulbücher wurden vom Verband VdS Bildungsmedien in Zweifel gezogen und ihre Ergebnisse wurden zurückgewiesen.[11]

Möge auch manches konkrete Ergebnis des Testes diskussionswürdig sein, so ist durch diese Art der kriteriengestützten Qualitätsanalyse deutlich geworden, wie wichtig und sinnvoll eine externe, unabhängige Qualitätsüberprüfung generell ist.

Es ist heute bereits möglich, *Zertifizierungen* von Fachbüchern nach dem Vorbild von Produktzertifizierungen anderer Bereiche der Wirtschaft durchzuführen, um die Qualität des Fachbuches durch ein Qualitätszertifikat oder Qualitätssiegel den Nutzern kenntlich zu machen.

Diese werden aber zum gegenwärtigen Zeitpunkt noch nicht durchgeführt, da sowohl einige Verlage als auch der Verband VdS Bildungsmedien abwartend bis ablehnend einer freiwilligen, externen und transparenten Qualitätsprüfung durch eine unabhängige Einrichtung gegenüberstehen.

3. Gütesiegel für Fachbücher der Berufsausbildung *(Jürgen Ehnert)*

Bis in die 90er Jahre des vergangenen Jahrhunderts waren auch die Fachbücher der Berufsausbildung bei den Kultusministerien zur Zulassung für das jeweilige Bundesland einzureichen. Diese Regelung wurde aufgehoben für Fachbücher, die „... für den fachtheoretischen und fachpraktischen Unterricht an den beruflichen Schulen, ..."[12] von den Verlagen erarbeitet und vertrieben werden.

Seitdem gibt es für diese Fachbücher keine kompetente unabhängige Einrichtung mehr, die verlässliche Aussagen zur Qualität der Fachbücher trifft.

Durch das Bestreben der Verlage, die Ausbildungsberufe mit großer Zahl an Ausbildungsverhältnissen durch eigene Titel zu besetzen, gibt es mittlerweile einerseits Berufe, für deren Ausbildung mehrere Fachbücher unterschiedlicher Verlage zur Verfügung stehen, andererseits gibt es seltene (Handwerks-)Berufe, für die keine adäquaten Fachbücher zur Ausbildung produziert werden. Manche Verlagsgruppen produzieren sogar mehrere Titel für einen Beruf, die lediglich aus unterschiedlichen Verlagshäusern kommen.

Durch das Bestreben der Verlage, die Ausbildungsberufe mit großer Zahl an Ausbildungsverhältnissen durch eigene Titel zu besetzen, gibt es mittlerweile einerseits Berufe, für deren Ausbildung mehrere Fachbücher unterschiedlicher Verlage zur Verfügung stehen, andererseits gibt es (Handwerks-)Berufe mit geringer Zahl an Ausbildungsverhältnissen, für die keine adäquaten Fachbücher vorhanden sind.

Manche Verlagsgruppen produzieren sogar mehrere Titel für einen Beruf, die lediglich aus unterschiedlichen Verlagshäusern kommen.

In einer so verwobenen Verlagslandschaft eine effektive, transparente und nachhaltig zu organisierende Qualitätsstrategie zu entwickeln, die einerseits die Qualität der Fachbücher mittel- und langfristig verbessert und andererseits bereits kurzfristig die Nutzer von Fachbüchern für Qualität sensibilisiert und qualifiziert, kann und muss Ziel und Aufgabe einer externen, unabhängigen Zertifizierung dieser Produkte sein.

Aus dem Qualitätsmanagement abgeleitet macht es sich geradezu erforderlich, eine externe Zertifizierung durchzuführen, die sowohl den Nutzern „Verlag, Lektor/Redakteur und Autor" als auch den Nutzern „Auszubildende, Lehrkräfte, Ausbilder und Verantwortliche der Schulträger" Orientierung gibt, welche Fachbücher ein hohes Maß an Konformität, Seriosität und Zuverlässigkeit verkörpern.

Mit einer externen, unabhängigen Zertifizierung ist dabei die Intension verbunden, eine Überprüfung der Fachbücher durch die Verlage auf freiwilliger Basis und völlig unabhängig durchzuführen.

Dabei können die Verlage die Realisierung des Qualitätsanspruches an ihre Lehrwerke dokumentiert bekommen und dieses als Marktvorteil gegenüber anderen Produkten und Verlagen nutzen.

Voraussetzung für eine externe Zertifizierung ist aber die exakte Zielbestimmung des Fachbuches, weil erst damit eine Basis für die Bewertbarkeit geschaffen ist.

Ein Katalog mit Qualitätskriterien und -indikatoren, die auf die wesentlichen Qualitätsparameter eines Fachbuches ausgerichtet sind, garantiert dabei eine objektive und transparente Bewertung.[13]

Von Berufsbildungsexperten (Universitätsprofessoren, Schulleiter, Vertreter von Schulinspektionen u. a.) erarbeitete Qualitätskriterien und -indikatoren ermöglichen in drei Kategoriegruppen exakte Aussagen
- zur Konformität gegenüber den Ausbildungsrahmenplänen und Rahmenlehrplänen sowie zu gesellschaftlich relevanten Themen, wie Gleichberechtigung, Umweltschutz u. a. („didaktische Kriterien"),
- zur technischen und technologischen Einordnung des Fachbuches („fachliche Kriterien"),
- zum Gebrauch des Fachbuches durch die Nutzer („gestalterische Kriterien").

Der Vorteil dieser Zertifizierung liegt darin, dass sich die Verlage einer freiwilligen und externen Qualitätsermittlung unterziehen und so den Nutzern ihr Bemühen demonstrieren, sich den Anforderungen des Qualitätsmanagements auch beim Produkt „Fachbuch" zu stellen.

Die gewonnenen Erkenntnisse aus solchen Zertifizierungen können darüber hinaus zur Sensibilisierung und Qualifizierung von Lektoren, Redakteuren und Autoren der Verlage beitragen.

Bisherige Erfahrungen zeigen, dass es eine Reihe von Verlagen gibt, die durchaus Interesse zeigen, sich diesem Qualitätsprozess offensiv zu stellen, wobei aber auch andere Verlage einem solchen Verfahren zurückhaltend gegenüberstehen.[14]

Eine skeptische Haltung wird auch vom zuständigen Verband eingenommen, der die Auffassung vertritt, bereits über elaborierte Prüfverfahren zu verfügen.[15]

Dass sich aber externe und unabhängige Zertifizierungsverfahren auch für die Verlage in Zukunft positiv auswirken können, zeigen die Ergebnisse von Befragungen potenzieller Nutzer sowie Erkenntnisse aus Seminaren mit zukünftigen Lehrkräften der beruflichen Bildung.[16] Die Ergebnisse der Befragung zeigen, dass betriebswirtschaftliche Aufwendungen für eine Zertifizierung von Fachbüchern durch mehr verkaufte Exemplare und ggf. durch einen geringfügig erhöhten Verkaufspreis schnell kompensiert werden können.

In den Seminaren wurde von den angehenden Berufsschullehrern bestätigt, dass eine Sensibilisierung für das Thema „Qualität von Fachbüchern" durchaus im Rahmen der ersten und/oder zweiten Phase der Lehrerausbildung für die berufliche Bildung ihren Platz haben sollte; auch eine tätigkeitsbegleitende Lehrerfortbildung zu diesem Thema wurde angeregt.

---

1. Brauer, A.: Deutschlands meistgelesenes Buch – ein Berufsschulbuch. Sonderdruck aus der Zeitschrift „Die berufsbildende Schule", Heft 1/1961.
2. Vgl. Beckmann, B., Maslankowski, W.: Fachbücher der Berufsbildung, unveröffentlichtes Manuskript, 2002.
3. Gastronomische Akademie Deutschlands e.V., http://www.gastronomische-akademie.de.
4. Lernen für die Deutsche und Europäische Zukunft e.V. (LDEZ), http://www.schulbuchpreis.de.
5. siehe z. B. http://www.cornelsen.de/presse/1.c.126532.de
6. Engelhardt, P.: Halten Schulbücher, was sie versprechen? In: Wirtschaft und Erziehung, Heft 1-2, 2008, S. 28 f.
7. Schalek, Y.: Die Integration handlungsorientierter Gestaltungsmerkmale in Schulbüchern. Inhaltsanalytischer Vergleich eines schwedischen und eines bayrischen Schulbuchs, 2007.
8. Greimel-Fuhrmann, B.: Rezension zum Buch „Die Integration handlungsorientierter Gestaltungsmerkmale in Schulbüchern", 2007, http://www.bwpat.de/rezensionen.
9. Engelhardt, P.: Halten Schulbücher, was sie versprechen? In: Wirtschaft und Erziehung, Heft 1-2, 2008, S. 30.
10. Stiftung Warentest, 2007, http://www.test.de/themen/bildung-soziales/test/-Schulbuecher.
11. VdS Bildungsmedien kritisiert Schulbuchtest der Stiftung Warentest, Pressemeldung vom 28.09.2007, http://www.bildungsklick.de/pm/55715/vds-bildungsmedien-kritisiert-schulbuchtest-der-stiftung-warentest.
12. Verordnung des Kultusministeriums über die Zulassung von Schulbüchern, Baden-Württemberg, 2006.
13. Vgl. Ehnert, J.: Technische Fachbücher zur Förderung des Lernens im beruflichen Unterricht. In: Beckmann, B., Ehnert, J., Trowe, E. (Hrsg.): Technik - Bildung - Innovation im Spannungsfeld
14. Vgl. Jasper, M.: TÜV-Plakette für Schulbücher. In: Braunschweiger Zeitung vom 03.03.2008.
15. Gespräch des Verfassers mit dem VdS Bildungsmedien e.V. auf der Didacta 2008 in Stuttgart.
16. Zur Sensibilisierung angehender Lehrkräfte der beruflichen Bildung für das Thema „Qualität von Fachbüchern der beruflichen Bildung" führte der Verfasser mehrere Seminare u. a. an Studienseminaren für das Lehramt an berufsbildenden Schulen durch.

Friedemann Stooß
Unzulänglichkeiten der Berufsbildungsstatistik in Deutschland

1. Das abgespaltene Schulberufssystem

Wer Zahlen zur Berufsbildung in Deutschland sucht, tut sich schwer. Die „Fachserie 11, Reihe 3 Berufliche Bildung" des Statistischen Bundesamts bietet zwar detaillierte Angaben zur *betrieblichen Berufsausbildung und zur beruflichen Fortbildung*, aber alle Merkmale, die nach den §§ 87–88 des Berufsbildungsgesetzes (BBiG) jährlich zu erheben sind, beziehen sich auf die Ausbildung im Betrieb und die berufliche Fortbildung nach Regelungen des Bundes und der Kammern.

Zahlen zum *Schulberufssystem* – wie es neuerdings heißt – findet man nur in der „Fachserie 11, Reihe 2 Berufliche Schulen". Sie weist sowohl die Schüler und Absolventen aus, die ihren Lehrabschluss nach BBiG/HwO an einer Vollzeitschule erwerben, als auch die, die an Berufsfachschulen und an Schulen des Gesundheitswesen nach Vorgaben der Länder oder nach Bundesgesetzen ausgebildet werden. Die auf dem Realschulabschluss aufbauenden Wege in Erziehungs-, Sozial- und Gesundheitsdienstberufe werden in der Reihe 2 durch die Negation „Berufsausbildung außerhalb des BBiG/der HwO" gegen die Ausbildung im Betrieb abgesetzt und damit quasi ins Abseits gestellt.

Ähnlich die Sicht der deutschen Medien: Berichten sie darüber, wie die Schulabgänger eines Jahres untergekommen sind, vermelden sie gemeinhin nur, wie viele Lehrstellen angeboten und besetzt wurden und wie viele Bewerber unversorgt geblieben sind. Dass junge Leute auch Berufe der Krankenpflege, der Physiotherapie ergreifen, medizinische und naturwissenschaftliche Assistenzberufe an Schulen erlernen oder dort als Erzieher/innen ausgebildet werden, darüber wird nicht berichtet, so als seien Schulberufe, die nicht im Lehrverhältnis – bei tariflich abgesicherter monatlicher Ausbildungsvergütung – erlernt werden, zweite oder dritte Wahl.

In den Nachbarstaaten, etwa in Frankreich, gibt es kein abgespaltenes Schulberufssystem. Berufsbildung in Betrieb und Vollzeitschule gelten als gleichwertige Wege eines nach Ebenen gestuften, bis zum Hochschulzugang durchlässigen Bildungssystems. Beispielsweise weist Frankreich die betriebsgestützte Ausbildung zum CAP *(Certificat d'Aptitude Professionnelle)* und die schulische zum BEP *(Brevet d'Etudes Professionnelles)* in einer Statistik aus. Beide führen in drei Jahren zum Bac. Pro. *(Baccalauréat Professionnel)* – dem Berufsabitur.

2. Die fehlende Gesamtsicht

Für Deutschland ein Gesamtbild zu erstellen, erfordert Zeit. Es gilt nicht nur Daten aus zwei Statistikreihen zusammenzuführen, darüber hinaus ist auch reichlich Detailwissen gefragt, sowohl über die Genese der Nachweise, als auch dazu, wie die Ausbildungsberufe vercodet werden und wie die Länder ihre beruflichen Schulen kategorisieren.

Der Berufsbildungsbericht, den die Bundesregierung jährlich nach § 86 BBiG vorzulegen hat, bilanziert jeweils zum 30. September lediglich das Angebot an und Nachfrage nach Ausbildungsstellen im dualen System und weist – als Saldo – die Zahl unversorgt gebliebener Lehrstellenbewerber aus. Dass junge Leute Plätze in Schulberufen nachfragen und solche angeboten werden, geht in die Bilanz nicht ein, die insoweit ein Torso bleibt.

Immerhin enthält der Berufsbildungsbericht inzwischen jeweils eine – in der Öffentlichkeit bislang negierte – Modellrechnung zu den Übergängen in berufliche Bildung in Betrieben und Vollzeitschulen, zu Eintritten in Berufsvorbereitung und berufliche Grundbildung und zu den Teilnehmern an Berufsvorbereitenden Maßnahmen der Bundesagentur für Arbeit (BA). Die errechneten, auf den Durchschnittsjahrgang bzw. die Schulabgänger aus allgemein bildenden Schulen bezogenen Messziffern zeigen, zu welchen Anteilen der Jahrgang im Dualsystem, im Schulberufssystem bzw. in vorberuflicher Bildung untergekommen ist.

Die Quellen der Modellrechnung bilden, neben der Reihe 3 Berufliche Bildung, die Daten aus der Reihe 2 Berufliche Schulen. Lücken gibt es bei den Schulen des Gesundheitswesens, deren Schüler- und Absolventenzahlen nur nachrichtlich in einem Anhang der Reihe 2 ausgewiesen werden. Dazu vermerkt der Berufsbildungsbericht 2007, S. 316:

– „Die Daten ... basieren auf einer freiwilligen Erhebung. Sie sind daher unvollständig.
– Mecklenburg-Vorpommern, Sachsen und Thüringen weisen die Daten unter Berufsfachschulen bzw. Fachschulen aus. In Hessen werden keine Angaben erhoben."

Daran krankt auch die Gesamtschau „Bildung in Deutschland", die erstmalig im Juni 2006 – im Auf-

trag der KMK und des BMBF – vom Konsortium Bildungsberichterstattung vorgelegt wurde. Das Kapitel E „Berufliche Ausbildung", fasst die heterogenen Formen berufsbezogener Qualifizierung zu drei Teilsystemen zusammen [in Klammern Zugänge des Jahres 2004], und zwar dem
- *dualen System* der betrieblichen Ausbildung, mit begleitendem Unterricht in der Teilzeit-Berufsschule [535.300 / 43,3 %],
- *Schulberufssystem,* der Ausbildung in anerkannten Berufen an Vollzeitsch. [211.500 / 17,1 %],
- *beruflichen Übergangssystem* zur Verbesserung der individuellen Kompetenzen Jugendlicher unterhalb der Berufsausbild. [488.100 / 39,5 %].

Offenbar wird damit, wie stark die Aufnahmefähigkeit des dualen Systems abgesackt ist und wie wenig es noch als Pars pro toto gesehen werden kann, ebenso, wie weit das Schulberufssystem die betriebliche Ausbildung flankiert. Das Übergangssystem, als Auffang- und Zwischenstation, wird aus solcher Sicht – auch wenn es daraufhin nicht ausgelegt ist – zu einem von drei Wegen, zwischen denen die Jugendlichen am Ende der Schulzeit in Deutschland zu wählen haben.

3. Schwächen der Statistik

Bislang bilden die beiden Reihen zur Berufsbildung die Situation nicht hinreichend ab. Nur bis zu einem gewissen Grad lassen sich daraus verlässliche Aussagen zur Leistungsfähigkeit des deutschen Systems gewinnen. Lücken, die die Analysen behindern, seien im Folgenden beschrieben, und zwar bezogen auf drei zentrale Faktoren:
1. Die unscharfen Angaben zur Vorbildung und zum Alter
2. Die Heterogenität der Nachweise zum Schulberufssystem
3. Lücken bei der Bilanzierung des Nachwuchszugangs

3.1 Unscharfe Angaben zu Vorbildung und Alter

Der Berufsbildungsbericht des Bundes und die Reihe 3 Berufliche Bildung weisen zwar Jahr für Jahr aus, mit welcher Vorbildung die betrieblichen Berufsausbildung begonnen wird, aber daraus ist nicht zu erschließen, inwieweit die Schulabgänger mit/ohne Hauptschulabschluss, mit Realschulabschluss oder mit Hochschulreife in ein Lehrverhältnis übergehen. Heißt es doch in einer Fußnote zu den Tabellen „Schulische Vorbildung der Auszubildenden mit neu abgeschlossenen Ausbildungsvertrag" jeweils:

> „Jede/r Auszubildende ist nur einmal aufgeführt, wobei er/sie entweder nach dem zuletzt erreichten Schulabschluss oder nach der zuletzt besuchten Schule zugeordnet worden ist."

Die Entweder-Oder-Zuordnung verwischt die Konturen genau dort, wo zu klären wäre, wo und wie kommen die Schulabgänger unter, und wie weit vermögen Berufsvorbereitung und Berufsgrundbildung schulische Defizite abzugleichen. Das Manko wird seit Jahren hingenommen, ohne zu erläutern, was die zuständigen Stellen (Kammern) daran hindert, nachzuweisen, wie viele Lehrlinge direkt aus der Schule und wie viele aus dem – evtl. schon Jahre dauernden – Wartestand kommen.

Am Beispiel der Lehranfänger 2004 sei demonstriert, dass anhand der Angaben im Berufsbildungsbericht auch nicht zu klären ist, wer aus dem *Übergangssystem* heraus eine Lehre beginnt *(Übersicht 1).* Es müssten ja die Schüler/innen sein, die ein Jahr davor, also 2003, ins Berufsgrundbildungsjahr (BGJ), ins Berufsvorbereitungsjahr (BVJ) oder aber schon zwei Jahre davor (2002) in eine Berufsfachschule (BFS) gegangen sind. Jedenfalls fallen die Quoten erfolgreicher Bewerber, die sich aus dem Berufsbildungsbericht errechnen lassen, sehr niedrig aus. Offen bleibt da allemal, wo denn die jungen Leute vom Übergangssystem aus sonst verblieben sein könnten.

Aus den Berufsbildungsberichten lässt sich – der Entweder-Oder-Angaben wegen – auch nicht herleiten, in welchen Berufen die Schulabgänger eines Jahres nach der Hauptschule eine Lehrstelle finden und in welchen eher nicht. Das gilt verstärkt für Lehranfänger, die aus der Realschule kommen, denn die Spalte ‚Lehranfänger mit Realschulabschluss und mit vergleichbarer Vorbildung' (also Berufsfachschulen, dem 10. Hauptschuljahr etc.) fasst die Zugänge aus mehreren Wegen zusammen.

Bei den Eintritten ins *Schulberufssystem* fehlen Angaben zur Vorbildung völlig und weithin auch die nach dem Alter. Insbesondere zwei Fragen bleiben offen: Wie viele Abiturient/innen gehen ins Schulberufssystem – u. a. in anspruchsvolle Gesundheitsberufe? Zu welchen Anteilen erwerben die Absolvent/innen additiv die Fachhochschulreife? – Die Antworten betreffen die Einstufung der deutschen Absolventen in der EU unmittelbar. Daran entscheidet sich, ob die staatlich geprüften Fachkräfte zur Stufe 5 des Europäischen Qualifikationsrahmens zählen, der die meisten EU-Staaten ihre einschlägigen Ausbildungsgänge auf der ISCED-Stufe 5B zuordnen. Unter anderem betrifft dies die Ausbildung in der Vorschulerziehung, der Physiotherapie, der Logopädie etc.

Unschärfen beim Nachweis der Vorbildung und die darüber hinaus fehlende Verknüpfung mit dem

Übersicht 1: **Auszubildende mit neu abgeschlossenem Ausbildungsvertrag 2004, die zuvor das Übergangssystem durchlaufen haben** *

Personenkreis	BVJ	BGJ	BFS	Summe
Lehranfänger in 2004	15.470	12.610	49.850	77.930
Eintritte im Jahre 2003/02	79.280	49.220	161.610	390.110
Anfänger 2004 in % der Eintritte 2003/02	19,5 %	25,6 %	30,8 %	20,0 %

nach dem Berufsbildungsbericht 2006, S. 104, und dem Berufsbildungsbericht 2007, S. 99

Alter werden damit zu Störgrößen, an denen detaillierte Analysen zum Schulberufssystem und zum Dualsystem scheitern. Erläutert sei dies anhand der betrieblichen Berufsausbildung:
- Junge Erwachsene, die Jahre nach dem Schulabgang eine Lehre beginnen, sind in der Statistik, ihrer Vorbildung nach, zusammen mit Schulabgängern des jeweiligen Jahres ausgewiesen. Im Jahre 2005 waren fast zwei Drittel (64 %) der Lehranfänger 18 Jahre und älter, darunter 50.000 im Alter von 22 und darüber.
- Junge Erwachsene, die erst Jahre nach dem Schulabgang eine betriebliche Ausbildung beginnen, stellen damit das Gros der Neueintritte ins duale System.

Die unzureichende Abbildung der *Vorbildung*, in Kombination mit dem *Altersaufbau*, war für das Institut für Arbeitsmarkt- und Berufsforschung (IAB) Anlass, ab 1980 eine Bildungsgesamtrechnung (BGR) aufzubauen. Sie bildete und bildet – zunächst in den alten Ländern – für die einzelnen Alterskohorten der Bevölkerung ab, welche Stationen des Schul-, Ausbildungs-, Hochschul- und Erwerbssystems sie über die Jahre hinweg durchlaufen haben. Seit 1990 wurde die BGR (West) dann um Daten aus der DDR bzw. der neuen Länder erweitert.

Im Kontensystem der Schulformen, Erwerbsstatistik und anderer Verbleibsformen (u. a. Abwanderung, Tod) weist die BGR in Matrizen jeweils Jahresanfangs- und -endbestände aus, aus denen die Bewegungen zwischen den Teilsystemen im Jahresverlauf ablesbar sind. Für die Eintritte in die betriebliche Ausbildung (alte Länder inkl. Berlin-West) sei mit *Übersicht 2* gezeigt, zu welchen Umschichtungen, die die Berufsbildungsstatistik nicht auszuweisen vermag, es zwischen 1975 und 2000 gekommen sein muss.

Das Bild hat sich – im Zuge der Lehrstellenknappheit 1976 bis 1987 und erneut ab 1995 – grundlegend gewandelt: Von den Lehranfängern des Jahres 2000 kamen demnach (in Klammern dahinter Anteil des Jahres 1975) aus den/dem

- allgemeinbildend. Schulen   47,4 % (82,2 %)
- berufl. Schulen/Hochschul. (BVJ, BGJ, BFS etc.)   32,5 % (13,2 %)
- Erwerbsleben, Wehr-/Zivildienst; Zuwanderung   20,1 % (4,6 %)
- Summe   100,0 % (100,0 %)

Der Berufsbildungsbericht 2002 (S. 86) weist – ohne weiter zu differenzieren – die Lehranfänger des Jahres 2000 dagegen nach der Vorbildung so aus:

- Hauptschule mit/ohne Abschluss   34,4 %
- Realschul- oder gleichwertiger Abschluss   36,6 %
- Hochschul-/Fachhochschulreife   15,8 %
- Berufsvorbereitungs-/Berufsgrundbildungsjahr, Berufsfachschulen   13,2 %
- Summe   100,0 %

Wie die BGR-Ergebnisse des IAB belegen, wäre es fragwürdig, aus dem Berufsbildungsbericht ableiten zu wollen, im Jahre 2000 sei der größte Teil der Anfänger direkt aus den Haupt-, Realschulen und Gymnasien gekommen.

3.2 Heterogene Zuordnung der Schulen im Schulberufssystem

Die größte Unsicherheit bei Analysen zur deutschen Berufsbildung besteht beim Schulberufssystem: Wiederum erschließt sich aus den Zahlen nicht, wer die Ausbildung nach der Schulzeit aufnimmt und wer nach einer vorausgegangenen Zwischenphase. Zum anderen werden die Schulen des Erziehungs-, Sozial- und Gesundheitswesens seitens der Länder unterschiedlich zugeordnet: In dem einen Land unter Berufsfachschulen, in einem anderen bei den Fachschulen und in einem dritten teils unter Berufsfachschulen, teils unter Schulen des Gesundheitswesens.

Dabei gibt es seit Jahrzehnten abgestimmte Definitionen der allgemein bildenden und der beruflichen Schulen. Gemäß den vom BMBF publizierten

Übersicht 2: **Eintritte in betriebliche Ausbildung nach Herkunft 1975 und 2000
(alte Bundesländer und Berlin-West)**

Zugang aus / mit	1975		2000	
	absolut	in %	absolut	in %
mit/ohne Hauptschulabschluss	267.000	58,0	97.000	20,1
mit mittlerer Reife	107.000	23,3	105.000	21,7
mit Fachhochschulreife/ Abitur	4.000	0,9	27.000	5,6
BVJ/BGJ/BvM	15.000	3,3	68.000	14,1
Berufsfachschulen / SdG*	41.000	8,9	82.000	17,0
Fachoberschulen/Fachgymnasien	4.000	0,9	4.000	0,8
Hochschulen (FH/ UNI)	0	0,0	3.000	0,6
Arbeitslosigkeit	1.000	0,2	7.000	1,4
Wehr- und Zivildienst	14.000	3,0	46.000	9,5
Erwerbstätigkeit	5.000	1,1	14.000	2,9
Nichterwerbstätigkeit	1.000	0,2	4.000	0,8
Zuwanderungen**	0	0,0	26.000	5,4
Summe***	460.000	100,0	483.000	100,0

* darunter SdG = Schulen des Gesundheitswesens: 1975: 0; 2000: 1.000
** im Jahre 2000 insbesondere aus den Neuen Ländern und Berlin-Ost
*** Summendifferenzen durch Runden der Zahlen
Quelle: Reinberg, A., Hummel, M.: *Zwanzig Jahre Bildungsgesamtrechnung*; in: BeitrAB (Beiträge aus der Arbeitsmarkt- und Berufsforschung) Band 306, Nürnberg 2006, Seite 71

Grund- und Strukturdaten gilt für die betreffenden beruflichen Schulen (Ausgabe 2005, S. 46f):
– „*Berufsfachschulen* sind Schulen mit voller Wochenstundenzahl und mindestens einjähriger Schulbesuchsdauer, die in der Regel freiwillig nach Erfüllung der Vollzeitschulpflicht zur Berufsvorbereitung oder auch zur vollen Berufsausbildung ohne vorherige praktische Berufsausbildung besucht werden können. In den einzelnen Bundesländern gibt es vielfältige Formen von Berufsfachschulen mit unterschiedlichem Qualifikationsniveau. [...]
– *Fachschulen* sind Einrichtungen der beruflichen Weiterbildung. Sie werden nach einer bereits erworbenen Berufsausbildung und praktischen Berufsausübung, teilweise auch nach langjähriger praktischer Arbeitserfahrung oder mit dem Nachweis einer fachspezifischen Begabung besucht. Sie vermitteln eine weitergehende fachliche Fortbildung im Beruf (z. B. Meisterschulen, Technikerschulen). [...]
– *Schulen des Gesundheitswesens*. Diese Einrichtungen vermitteln die Ausbildung für nichtakademische Gesundheitsdienstberufe (z. B. Kranken- und Kinderkrankenschwestern, Hebammen, Masseure, Ergotherapeuten, medizinische Bademeister u. a. m.). [...]"

Die damit angestrebte Verbindlichkeit wurde anscheinend aufgegeben; ist doch (a.a.O.) unter der Definition der Berufsfachschulen, der Fachschulen bzw. der Schulen des Gesundheitswesens jeweils vermerkt:
– „In einigen Ländern findet die Ausbildung in Gesundheitsdienstberufen (unterhalb der akademischen Ebene) nicht in Schulen des Gesundheitswesens, sondern in Berufsfachschulen oder Fachschulen statt."
– „Hessen hat die Erhebung zu dieser Statistik seit 1989 eingestellt." *[und]*
– „Die Daten der Schulen des Gesundheitswesens basieren auf einer freiwilligen Erhebung. Sie sind daher unvollständig."

Das heißt, nur soweit die Übersichten zu Berufsfachschulen, Fachschulen, Schulen des Gesundheitswesens der Reihe 2 Berufliche Schulen nacheinander durchgegangen, dann daraus die Angaben zu Erziehungs-, Sozial- und Gesundheitsberufen zusammengeführt werden, erhält man brauchbare Daten zu den Eintritten und den Absolventen des Schulberufssystems. In einem nächsten Schritt wären für das Land Hessen noch die Zahlen der Gesundheitsdienstberufe hinzuzuschätzen, etwa anhand der Wohnbevölkerung.

3.3 Die lückenhafte Bilanz zur Nachwuchsversorgung

Die Berufsbildungsstatistik soll nach dem BBiG §§ 84ff. das Fundament für die Berufsbildungsplanung, die Ordnung der Berufsbildung und die Berufsbildungsforschung des Bundes abgeben. Gleiches gilt auf der Länderseite für die Statistikreihe 2 Berufliche Schulen, die helfen soll, die Planung und Entwicklung des beruflichen Schulwesens zu fundieren. Beide Statistiken werden darüber hinaus von Bildungsökonomen, Sozialwissenschaftlern etc. in vielfältiger Weise analysiert oder in Fachbeiträgen interpretiert. Das stößt wegen der fehlenden Verknüpfung zwischen Vorbildung und Alter und der beschriebenen heterogenen Zuordnung und unvollständigen Angaben bei den Schulen des Gesundheitswesens an Grenzen.

Die Bilanzierung der Nachwuchsversorgung ist zudem dadurch erschwert, dass die Statistikreihen nicht klar gegeneinander abgegrenzt sind. Drei Formen beruflicher Erstausbildung sind bislang nicht eindeutig verortet, und zwar:
– die Berufsausbildung nach Regelungen des BBiG/der HwO an Lehre ersetzenden Berufsfachschulen der Länder, an denen pro Jahr etwa 16.000 Jugendliche eine Ausbildung beginnen und rund 12.000 einen Lehrabschluss erwerben;
– die Ausbildung von Beamtenanwärtern im mittleren Dienst, deren Volumina nicht exakt zu beziffern sind;
– die Berufsakademien, die nach dem Modell Baden-Württembergs Studiengänge anbieten. Sie sind inzwischen in 10 Ländern ausgebaut, nehmen jährlich rund 11.000 Studierende auf und verzeichnen ca. 9.000 Absolventen.

Die eine *Lehre ersetzende Berufsfachschulen* bieten im Vollzeitunterricht in zahlreichen Berufen eine reguläre Ausbildung nach den Ausbildungsordnungen des BBiG/der HwO und den dazu verabschiedeten KMK-Rahmenlehrplänen für den Berufsschulunterricht. Sie verknüpfen Erfahrungslernen in ihren Werkstätten mit systematisch-theoretischer Unterweisung und allgemein bildendem Unterricht in einer Weise, die in der Breite für die Zusammenarbeit von Ausbildungsbetrieben mit den (Teilzeit-)Berufsschulen erstrebenswert wäre. Ihre Sonderstellung in der Statistik beruht auf folgenden Faktoren:
– Neueintritte sind allein in der Reihe 2 Berufliche Schulen ausgewiesen. Der Berufsbildungsbericht schlägt sie aber nicht den übrigen Lehranfängern zu; er weist die Zahlen getrennt davon – quasi nachrichtlich – im Abschnitt ‚schulische Berufsausbildung' aus. Das volle Volumen der BBiG-Ausbildung wird auf diese Weise nicht sichtbar.
– Auch die Absolventen dieser Schulen werden nicht mit den anderen aus der betriebsgebundenen Ausbildung ausgewiesen. Die Vorgabe des § 50 Abs. 1 BBiG, wonach schulisch erworbene Prüfungszeugnisse denen der regulären Kammerprüfung gleichgestellt werden können, greift anscheinend nicht. Der Berufsbildungsbericht schweigt sich dazu aus.

Das heißt, einfaches Addieren der auf beiden Wegen bestandenen Prüfungen führt in einem nicht definierbaren Umfang zur Doppelerfassung, das Negieren der vollzeitschulisch nach BBiG/HwO ausgebildeten Fachkräfte zur Untererfassung des Nachwuchszugangs aus dualer Berufsausbildung.

Die Anstellung von *Beamtenanwärtern im mittleren nichttechnischen Dienst* bei Bund, Ländern und Kommunen wird zwar in der Statistik des öffentlichen Dienstes erfasst, aber bislang gibt es keine belastbaren Daten zu den Volumina der Ausbildung von Beamtenanwärtern unterhalb der Bachelorstudiengänge, die an den Verwaltungsfachhochschulen des Bundes und der Länder für die Laufbahn des gehobenen nichttechnischen Dienstes angeboten werden. Der Berufsbildungsbericht 2007 (S. 101) weist lediglich – über alle Ausbildungsjahre hinweg – insgesamt 62.223 Beamtenanwärter des einfachen, mittleren und gehobenen Dienstes aus.

Die *Berufsakademien vom Typ Baden-Württemberg,* die inzwischen in
– 34 Fachgebieten der Technik-/Ingenieurwissenschaften
– 41 Fachgebieten der Betriebs-/Wirtschaftswissenschaften sowie
– 14 Fachgebieten des Sozialwesens/der Pflege
eine Ausbildung im Wechsel von Erfahrungslernen im Betrieb und Akademiestudium bieten, wären nach der ISCED eindeutig dem Tertiären Bereich, also der ISCED Stufe 5 zuzuordnen. Gemäß KMK-Beschluss vom 15.10.2004 sind inzwischen zwar die Studiengänge von acht Ländern auf Bachelorniveau akkreditiert; gleichwohl haben Berufsakademien keinen festen Standort in der Bildungsstatistik: Die Hochschulstatistik (Fachserie 11, Reihe 4.1) bezieht sie in die detaillierten Nachweise zu Fachhochschulen, Universitäten etc. nicht ein. Sie bietet nur wenige Daten zu Studierenden nach Studienjahren, aber keine Details, etwa zur Art des Hochschulzugangs, zur Altersgliederung, zum Prüfungserfolg usf.

4. Fazit

Die Komplexität der deutschen Berufsbildung erschließt sich bereits aus der Aufzählung der angebotenen Formen der Berufsvorbereitung, Berufsgrundbildung, betrieblichen Ausbildung (mit Teilzeit-Berufsschule), der Berufsbildung an Vollzeitschulen, Schulen des Gesundheitswesens, dazu kommen noch Fach- und Berufsoberschulen, Fachgymnasien und im Tertiärbereich Berufsakademien, Fachhochschulen und Universitäten. All dies ist de facto noch in zwei Kompetenzbereiche aufgespalten, deren jeder nach eigenen Regeln statistische Nachweise strukturiert.

Eine fundierte Datenbasis ist bisher nur partiell gesichert. Solange es keine Instanz gibt, die die Gräben zwischen den getrennten Rechtssphären beruflicher Bildung zu überbrücken vermag, ist wohl auch keine nachhaltige Besserung der Lage in Sicht.

Rolf Sitzmann

Modellversuch zur Erprobung einer neuen Ausbildungsform „Contrôle continu" in den Ländern Baden-Württemberg, Rheinland-Pfalz, Saarland – 1975 bis 1980

Modellversuch auf der Grundlage des Vertrages über die deutsch-französische Zusammenarbeit

Der Modellversuch Contrôle Continu wurde von 1975 bis 1980 für die Ausbildung und die Abschlussprüfungen in bestimmten anerkannten gewerblich-technischen Ausbildungsberufen durchgeführt, und zwar parallel zur Entwicklung des französischen Systems „Contrôle continu", das in der beruflichen Erstausbildung in ausgewählten Collèges d'Enseignement Technique (CET) zur Erlangung des Certificat d'Aptitude Professionnelle (CAP) bzw. des Brevet d'Etudes Professionnelles (BEP) erprobt wurde.

Das Programm des Vertrages über die deutsch-französische Zusammenarbeit von 1963 gliedert sich in die Bereiche Auswärtige Angelegenheiten, Verteidigung, Erziehung und Jugendfragen. Für die Zusammenarbeit im Bereich Erziehung und Jugendfragen ist in Frankreich das Erziehungsministerium zuständig, auf deutscher Seite der „Bevollmächtigte der Bundesrepublik Deutschland für kulturelle Angelegenheiten im Rahmen des Vertrages über die deutsch-französische Zusammenarbeit". Der baden-württembergische Ministerpräsident Dr. Hans Filbinger, der im Jahre 1973 der Beauftragte war, und der damalige französische Erziehungsminister Joseph Fontanet vereinbarten, das französische Ausbildungssystem „Contrôle continu" auch in der Bundesrepublik zu erproben.

Für die berufliche Bildung war schon im Juni 1971 eine deutsch-französische Expertenkommission mit folgenden Aufgaben gebildet worden, um

- die Berufsbildungssysteme der beiden Länder zu vergleichen,
- Vorschläge für eine enge Zusammenarbeit und eine weitgehende Koordination und Harmonisierung im Bereich des beruflichen Bildungswesens zu erarbeiten,
- den Austausch von Ausbildern/Lehrern und Auszubildenden/Schülern zu fördern,
- auf eine gegenseitige Anerkennung von beruflichen Abschlüssen hinzuarbeiten.

Seitens der Bundesrepublik gehörten der Expertenkommission Vertreter der Kultusministerkonferenz (KMK), des Bundesministeriums für Bildung und Wissenschaft (BMBW), des Bundesministeriums für Wirtschaft (BMWi), des Deutschen Industrie- und Handelstages (DIHT), des Deutschen Handwerkskammertages (DHKT) sowie des Deutschen Gewerkschaftsbundes (DGB) an.

Französische und deutsche Interessen an der Ausbildung nach dem System „Contrôle continu"

In beiden Ländern wurde die Berufsqualifikation durch punktuelle Abschlussprüfungen am Ende der in der Regel dreijährigen Berufsausbildung ermittelt. In beiden Ländern wurde es als Problem gesehen, dass erst zum Abschluss der gesamten Ausbildungszeit festgestellt wurde, ob der Ausbildungsprozess erfolgreich war oder nicht. Gravierend trat dieses Problem in Frankreich dadurch zutage, dass bis zu 50 % der in den CET Ausgebildeten die Abschlussprüfung nicht bestanden, damit im Beschäftigungssystem dem Niveau der Ungelernten zugerechnet wurden und hierdurch auch verstärkt dem Risiko der Arbeitslosigkeit ausgesetzt waren. In Deutschland lag die Nichtbestehensquote bei ca. 12 %, das Problem aber war im Prinzip das gleiche. Der Unterschied in den Nichtbestehensquoten beruhte wohl in erster Linie darauf, dass in Frankreich neben den berufsbezogenen Ausbildungsinhalten die Leistungen in den allgemeinen Fächern – wie Französisch, Fremdsprache, Mathematik und andere – für das Ergebnis voll maßgeblich sind. Die Ausbildungsabschlussprüfungen nach dem deutschen Berufsbildungsgesetz erstrecken sich zwar auch auf den Stoff der Berufsschule, jedoch nur „soweit dieser nach der Ausbildungsordnung für die Berufsausbildung wesentlich ist". Die Leistungen in den allgemeinen Fächern bleiben deshalb unberücksichtigt. Sie sind aber maßgebend für die Feststellung des erfolgreichen Abschlusses der Berufsschule, der in einem eigenen Schulabschlusszeugnis zertifiziert wird.

In Frankreich konkretisierte sich die Absicht, die punktuelle Abschlussprüfung am Ausbildungsende durch neue Formen der Ausbildung, der Leistungsfeststellung und der Ermittlung der Gesamtqualifikation abzulösen. Daraus folgte als neue curriculare Konzeption die Gliederung der Ausbildungspläne in mehrere Ausbildungsabschnitte – „Etappes" –, die Beschreibung der Lerninhalte als Lernziele – „être capable de ..." – und deren Erreichen durch fortlaufende Lernkontrollen – „Contrôles Continus" – festzustellen. Die bewerteten Ergebnisse der laufenden Lernkontrollen gehen als anrechenbare Einheiten – „Unités capitalisables" – in Abschnittszeugnisse ein, aus denen dann abschließend die Berufsqualifikation - ohne Abschlussprüfung - ermittelt wird.

Diese Konzeption – Kurzbezeichnung „Système Contrôle Continu" – korrespondierte unmittelbar mit deutschen Bestrebungen, während der betrieblichen Ausbildung erbrachte Lernleistungen in den Abschlussverfahren nach dem Berufsbildungsgesetz zu berücksichtigen, ja, wenn möglich, von den rein punktuellen Abschlussprüfungen ganz weg zu kommen.

Zugleich eröffnete dieses System die Möglichkeit, eine ganze Reihe in Deutschland aktueller pädagogisch-didaktischer Entwicklungen zur Geltung zu bringen bzw. zu erproben, als da sind
– der Übergang von Lehrzielen zu operational formulierten Lernzielen und zu lernzielorientierten Lehrplänen
– Entwicklung beruflicher Handlungsfähigkeit als Ziel der Berufsausbildung
– Verbesserung der Verfahren zur Feststellung des Erreichens von Lernzielen und der Messung des Lernerfolgs
– Diagnostizierung von Begabungs- und Interessenrichtungen, von Lernschwächen, von fehlenden Vorkenntnissen, Lerndefiziten
– daraus folgend Maßnahmen zur Stützung und Förderung, individuell, bzw. durch Unterrichtsdifferenzierung
– Abbau von Leistungs- und Prüfungsdruck, u. a. durch laufende Information über den Ausbildungsstand, Lernberatung, Transparenz von Anforderungen und Leistungskriterien
– Verbesserung der Abstimmung und Zusammenarbeit zwischen Ausbildungsbetrieb und Berufsschule (Lernortkooperation), ansatzweise im „Berufsgrundbildungsjahr in kooperativer Form" realisiert.

Vorbereitung, Leitfragen und rechtliche Absicherung des Modellversuchs

Auf deutscher Seite wurden folgende Vorgaben vereinbart: Der Versuch wird durchgeführt
– für mehrere nach dem Berufsbildungsgesetz anerkannte Ausbildungsberufe,
– im dualen System, d. h. in der Partnerschaft von Ausbildungsbetrieben und Berufsschulen,
– in den drei Bundesländern Baden-Württemberg, Rheinland-Pfalz und Saarland.
– Für die Durchführung laufender Lernkontrollen müssen die betriebliche Ausbildung und die Bildung in der Berufsschule inhaltlich und zeitlich möglichst eng aufeinander abgestimmt werden, die curricularen Grundlagen – Ausbildungs- und Lehrpläne – müssen darauf ausgerichtet werden.

Diese und weitere Vorgaben sind in die folgenden rechtlichen Grundlagen aufgenommen, die Bund und beteiligte Länder zur rechtlichen Absicherung der Versuchsdurchführung und der teilnehmenden Auszubildenden/Schüler erlassen haben.

Rechtliche Regelungen

Für die Durchführung der Modellversuche in den Ausbildungsbetrieben erließ der Bundesminister für Wirtschaft auf Grund des § 28 Abs 3 des Berufsbildungsgesetzes im Einvernehmen mit dem Bundesminister für Bildung und Wissenschaft die „Verordnung über die Entwicklung und Erprobung einer neuen Ausbildungsform" (Bundesgesetzblatt, Teil I, vom 31. Juli 1975, S. 1985). Sie trat am 01. August 1975 in Kraft mit der Maßgabe, dass sie am 31. Juli 1980 außer Kraft tritt.

Als Besonderheiten dieser Verordnung sind hervorzuheben:
– Beschränkung auf bestimmte Ausbildungsstätten (Betriebe).
– Besondere Ausbildungsrahmenpläne (= Anleitungen zur sachlichen und zeitlichen Gliederung der Ausbildung), hier gegliedert in vier Ausbildungsabschnitte für den Elektroanlageninstallateur (zweijährige Ausbildungsdauer) und in fünf Ausbildungsabschnitte für Betriebsschlosser und Maschinenschlosser (dreijährige Ausbildung). Dauer der Ausbildungsabschnitte in Folge: 3, 9, 6, 6, 12 Monate. Für jeden Abschnitt sind die jeweils zu vermittelnden Kenntnisse und Fertigkeiten als Abschnittsziele, abgeleitet aus dem Gesamtberufsbild, formuliert.
– In allen Ausbildungsabschnitten werden fortlaufend Lernkontrollen anhand lernzielorientierter betrieblicher Ausbildungspläne durchgeführt.
– Für die Feststellung und Bewertung der Ausbildungsleistungen im Modellversuch werden bei den zuständigen Stellen (Kammern) nach den Bestimmungen des Berufsbildungsgesetzes bzw. der Handwerksordnung Prüfungsausschüsse bestellt. Ihnen obliegt es, die auf die Ausbildungsabschnitte entfallenden Ausbildungsleistungen der beteiligten Auszubildenden in angemessenen zeitlichen Abständen innerhalb der Ausbildungsabschnitte fortlaufend festzustellen (= ausbildungsbegleitende Leistungsnachweise). Der Prüfungsausschuss kann einzelne seiner Mitglieder mit der Feststellung beauftragen. Der Prüfungs-

ausschuss bewertet die festgestellten Ausbildungsleistungen und stellt hierüber ein Abschnittszeugnis aus. Bei der Bewertung sollen Leistungsnachweise, die in dem jeweiligen Ausbildungsabschnitt in der Berufsschule erbracht worden sind, einbezogen werden, soweit sie sich auf Lehrstoff beziehen, der für die Berufsausbildung wesentlich ist.

– Erteilung des Ausbildungsabschlusszeugnisses durch die zuständige Stelle auf Antrag des Auszubildenden, wenn der Prüfungsausschuss festgestellt hat, dass die in den vorgelegten Abschnittszeugnissen nachgewiesenen Ausbildungsleistungen den in der Abschlussprüfung zu erbringenden Prüfungsleistungen entsprechen; das Recht zur Teilnahme an der punktuellen Abschlussprüfung bleibt erhalten.

In den drei an dem Modellversuch beteiligten Bundesländern erließen die Kultusministerien für die Durchführung des Modellversuchs und für die rechtliche Absicherung der teilnehmenden Berufsschüler ebenfalls besondere Rechtsvorschriften auf der Basis ihrer Schulgesetze. Wesentliche Punkte dieser Regelungen waren – in unterschiedlichen Formulierungen – :
– die Abstimmung zwischen Schule und Betrieb
– Gliederung in Ausbildungsabschnitte und Abschnittszeugnisse
– Erreichen bzw. Nichterreichen von Abschnittszielen sowie Fördermaßnahmen
– Einbeziehung der schulischen Leistungsnachweise in die Leistungsbewertung im anerkannten Ausbildungsberuf
– Feststellen des erfolgreichen Abschlusses der Berufsschule

Diese Vorgaben bildeten die Grundlage für folgende, im Projektantrag für den Modellversuch formulierten Leitfragen:
(1) „Ist es möglich, die beruflichen Qualifikationen durch ein System laufender Lernkontrollen festzustellen, ohne dass die derzeit geltenden Ausbildungsordnungen und Lehrpläne einerseits sowie das Prüfungsverfahren andererseits in ihren Anforderungen inhaltlich unterschritten werden?"
(2) „Kann durch ein System laufender Lernkontrollen die Ausbildung gegenüber dem bisherigen System verbessert werden?"
(3) Erleichtert das System der laufenden Lernkontrollen die Feststellung und Vergleichbarkeit beruflicher Qualifikation zwischen Deutschland und Frankreich?"

Inhaltliche Schwerpunkte der Vorbereitung der Modellversuche
Auswahl der Berufe: Vorgabe der deutsch-französischen Expertenkommission war, nur Ausbildungsberufe mit vergleichbarem Berufsprofil für den Modellversuch vorzusehen. Eine Analyse von beruflichen Ausbildungsgängen in verschiedenen Bereichen führte nach eingehender Diskussion zu folgender endgültiger Festlegung der Berufe:

Eletricien d'équipement	Elektroanlageninstallateur
Mécanicien ajusteur	Maschinenschlosser
Mécanicien d'entretien	Betriebsschlosser

Curriculare Struktur und System ausbildungsbegleitender Leistungsnachweise
Aufgrund der 1974 getroffenen Vorgaben benannten die am Modellversuch in den drei Bundesländern beteiligten Institutionen Fachleute für curriculare Arbeitsgruppen, jeweils für die drei Berufsfelder Bau/Holz (aus dem Versuch herausgenommen), Elektrotechnik und Metall. Diese setzten sich zusammen aus Vertretern der Arbeitgeber- und der Arbeitnehmerorganisationen sowie aus Ausbildern und Lehrern der für die Beteiligung am Versuch bestimmten Betriebe und Schulen.

Die erste Aufgabe dieser Gruppen war die Schaffung von besonderen Ausbildungsrahmenplänen für die oben beschriebene „Rechtsverordnung über die Entwicklung und Erprobung einer neuen Ausbildungsform". Auf dieser Basis wurden „abgestimmte lernzielorientierte Ausbildungs- und Lehrpläne" für die enge Abstimmung der Ausbildungsschritte in den Betrieben und der Stoffverteilung im Unterricht der Fachklassen erarbeitet. Diese Pläne waren die Grundlage für die Erarbeitung von Vorschlägen für ausbildungsbegleitende Leistungsnachweise in Form von Musteraufgaben mit Bewertungskriterien. Diese Arbeit war auch auf die für die Zeugniserteilung getroffene Festlegung von Bewertungsbereichen ausgerichtet, nämlich „Fachliches Können Betrieb", „Fachliches Wissen Betrieb" und „Fachliches Wissen Schule". Der Bewertungsbereich „Außerfachliches Wissen Schule" erfasste die in den Fächern des allgemein bildenden Unterrichtsbereichs erbrachten, für den Schulerfolg maßgeblichen Lernleistungen. Dieser Bereich war (noch) nicht in die curricularen Arbeiten einbezogen. Bewertungsmaßstäbe waren für betriebliche Leistungen das 100-Punkte-System, für schulische Leistungen das sechsstufige Notensystem; Leistungen unter 50 Punkten und Leistungen schlechter als Note 4 entsprachen nicht den Anforderungen. Schließlich hatten die curricularen Gruppen die während der Erprobung durchgeführten Arbeitsproben und Tests in Betrieben und Schulen zu sammeln als Material für die versuchsbegleitende Beratung und Revision der Ausbildungs- und Lehrpläne als Teil der wissenschaftlichen Begleitung des Versuchs.

Ablauf und Gestaltung der Modellversuche in Baden-Württemberg, Rheinland-Pfalz und Saarland

Zeitlicher Ablauf
Wegen der umfangreichen Vorarbeiten konnten die Versuche in den drei Bundesländern erst mit dem Schuljahr 1975/76 beginnen. Durch die Rechtsverordnung waren sie bis 31. Juli 1980 begrenzt. Es standen also bis dahin fünf Schuljahre zur Verfügung. Für den zweijährigen Ausbildungsberuf Elektroanlageninstallateur waren somit vier Versuchsdurchgänge möglich, für die dreijährigen Ausbildungsberufe Maschinenschlosser und Betriebsschlosser standen für die Erprobung jeweils drei Durchgänge zur Verfügung.

Standorte, beteiligte Ausbildungsbetriebe und Berufsschulen

Beruf Elektroanlageninstallateur:
Freiburg: Siemens AG/Gewerbeschule II
Karlsruhe: Badenwerk AG/Heinrich-Hertz-Schule
Ludwigshafen: BASF AG/Berufsbildende Schule Technik I
Saarbrücken: Siemens AG/Technisch Gewerbliches Berufsbildungszentrum I

Beruf Betriebsschlosser:
Wörth/Rhein: Daimler-Benz AG/Berufsbildende Schule Germersheim – Nebenstelle Wörth/Rh.
Völklingen: Stahlwerke Röchling-Burbach AG/Technisch-gewerbl. Berufsbildungszentrum

Beruf Maschinenschlosser:
Freiburg: Deutsche Rhodiaceta AG,
Freiburger Verkehrs-AG, (ab 2. Durchl.), B. Raimann GmbH/Gewerbeschule II
Karlsruhe: Herlan & Co, Industriewerke Karlsruhe/Augsburg AG, Badenwerk AG/Carl-Benz-Schule
Frankenthal: Klein, Schanzlin & Becker AG/Berufsbildende Schule

Auszubildende/Schüler
Insgesamt haben 784 Auszubildende/Schüler die Ausbildung im Modellversuch begonnen. In allen drei Ausbildungsberufen sind an fast allen Standorten Auszubildende/Schüler ausgeschieden, insgesamt 61. Gründe für vorzeitiges Ausscheiden waren u. a. Verkürzung der Ausbildungszeit auf Grund guter Leistungen (punktuelle Abschlussprüfung), Ausscheiden aus dem Modellversuch wegen mangelhafter Leistung, ferner Berufswechsel, Krankheit, Tod.
Erfolgreich abgeschlossen haben über alle Durchgänge hinweg im Beruf Elektroanlageninstallateur 432, Beruf Betriebsschlosser 118, im Beruf Maschinenschlosser 173; nach Contrôle Continu insgesamt 723 Auszubildende/Schüler.

Versuchsergebnisse

Durchführung
723 Auszubildende/Schüler haben ihre Ausbildung in einem anerkannten Ausbildungsberuf und die Berufsschule erfolgreich abgeschlossen und das Ausbildungsabschlusszeugnis nach BBiG und das Berufsschulabschlusszeugnis erhalten. Aufgrund der beobachteten und dokumentierten korrekten Anwendung der für den Modellversuch erlassenen rechtlichen Regelungen sowohl in der Ausbildung als auch im Prüfungsverfahren kann die erste im Projektantrag formulierte Leitfrage (1) – siehe oben (Feststellung der Berufsqualifikation) – mit „ja" beantwortet werden.

Qualität der Ausbildung
Die Leitfrage (2): Kann durch das System laufender Lernkontrollen die Ausbildung gegenüber dem herkömmlichen System verbessert werden? wurde vor allem hinsichtlich der Gestaltung des Ausbildungsprozesses und der Auswirkungen auf das Lernverhalten untersucht. Aus der intensiven Versuchsbeobachtung und den nach vielen Aspekten detaillierten Befragungen sollen aufgrund der hohen Zustimmungsquoten folgende Feststellungen hervorgehoben werden: Die Fassung der Lerninhalte in detaillierten Lernzielbeschreibungen hat zur Konkretisierung und Präzisierung der Ausbildungsplanung beigetragen und eine Verbesserung des Ausbildungsablaufs ermöglicht.
Über 80 % waren der Meinung, dass Stoffplanung und Stoffabstimmung systembedingt verbessert wurden. Dies gilt in besonderer Weise für die außerhalb der Lehrwerkstätten in den Ausbildungsstationen der Betriebsabteilungen zu vermittelnden Ausbildungsinhalte. Befragungen der Auszubildenden ergaben, dass die klare Beschreibung, welches Ziel in einem Ausbildungsabschnitt angestrebt wird, motivationsverstärkend wirkt und die fortlaufende Kontrollbelastung vor

allem dann ausgleicht, wenn der Lernfortschritt konsequent bestätigt wird. Mit über 75 % wird bestätigt, dass Lernrückstände im System Contrôle Continu früher erkannt werden, Beratung und Hilfestellung wirken zielgerichtet. Die Entwicklung von Stütz- und Fördermaßnahmen entwickelte sich an den einzelnen Versuchsstandorten uneinheitlich.

Zum Prüfungssystem ergab die Befragung der insgesamt acht für den Modellversuch bestellten Prüfungsausschüsse, dass – begünstigt durch die lernzielorientierten Ausbildungs- und Lehrpläne – jeweils sämtliche von Betrieb und Schule vorgelegten Leistungsnachweise in die Leistungsbewertung einbezogen werden konnten. Dadurch wird gegenüber punktuellen Prüfungen ein Vielfaches an Ausbildungsinhalten erfasst, darunter solche, die in weitaus höherem Maße repräsentativ sind für die tatsächlichen beruflichen Anforderungen. Besonders im Reparatur- und Wartungsbereich sowie bei Montagearbeiten (Elektroanlageninstallateur) gibt es im Rahmen der ausbildungsbegleitenden Leistungsnachweise häufiger als bei punktuellen Prüfungen Aufgaben mit hohem Komplexitätsgrad.

Den positiven Wirkungen des Systems „Contrôle Continu" auf Ausbildungsinhalt und -ablauf, auf Lernleistung und deren Erfassung und Bewertung steht die Versuchserfahrung gegenüber, dass der erforderliche personelle und sachliche Aufwand größer als bei herkömmlicher Ausbildung ist. Für Ausbildungsbetriebe und Berufsschulen entstanden vor allem versuchsbedingt, aber auch systembedingt zusätzliche Personal- und Sachkosten.

Vergleich der Berufsqualifikationen zwischen Deutschland und Frankreich

Damit ist die Leitfrage (3) des Versuchsantrags angesprochen: Erleichtert das System der laufenden Lernkontrollen die Feststellung und Vergleichbarkeit beruflicher Qualifikationen zwischen Deutschland und Frankreich? Im Versuchszeitraum wurden hierzu mehrere Tagungen von überwiegend am Versuch beteiligten Experten anberaumt. Dabei wurden vor allem Ausbildungspläne, Lehrpläne und Anforderungen im Elektro- und Metallbereich analysiert. Die Absicht, gerade die abgestimmten Modellversuche für die Entwicklung von Vergleichsverfahren zu nutzen, konnte dabei nur in Ansätzen in Angriff genommen werden.

Über die Auswertung der Erprobung und die Anwendung des Systems „Contrôle Continu" in Frankreich stehen aktuelle Informationen nicht zur Verfügung.

Konsequenzen aus den Modellversuchen in Deutschland

Offen blieb trotz der eindeutig positiven Versuchsergebnisse die Frage, ob das Modell Contrôle Continu generell übertragbar ist oder begrenzt übertragen werden kann auf bestimmte andere Ausbildungsberufe oder Standorte, gegebenenfalls unter welchen Bedingungen und Kriterien bzw. Modifizierungen. Zu dieser Frage gingen die Auffassungen zwischen dem DIHT und den anderen am Versuch Beteiligten auseinander. Dies hatte zur Folge, dass die Versuchsergebnisse nicht zu einer Änderung des BBiG führten und auch die bis 31. Juli 1980 befristete Rechtsverordnung für weitere Erprobungen mit anderen Ausbildungsberufen oder Standorten nicht verlängert wurde.

So blieb der Versuchserfolg in erster Linie auf die im Versuch hoch engagierten und motivierten Betriebe und Schulen, auf Ausbildungsleiter und Ausbilder, Schulleiter und Lehrer begrenzt, die durch den Modellversuch auch für die Ausbildung im herkömmlichen System verwertbare Anregungen und Erfahrungen erhalten haben.

Quelle:
Bericht über den Modellversuch zur Entwicklung einer neuen Ausbildungsform „Contrôle continu", herausgegeben vom Ministerium für Kultus und Sport Baden-Württemberg, 7000 Stuttgart l, in Abstimmung mit der deutschen Projektgruppe unter Beteiligung des Bundesinstituts für Berufsbildungsforschung Berlin, Projektleitung Manfred Kleinschmitt, Berlin, erstellt und vorgelegt von der Wissenschaftlichen Begleitgruppe (Arbeitsgruppe) Leitung: Wolfgang Schmidt, Ettlingen. Schwerpunktbereich D 3: Modellversuche zur Entwicklung neuer Beurteilungsverfahren, Stuttgart, im März 1981.

Werner Zettelmeier

Wie entsteht eine Ausbildungsordnung bzw. ein beruflicher Abschluss in Frankreich?

Terminologische Klarstellungen und Erläuterungen zum französischen Berufsbildungssystem

Der folgende Beitrag soll die Entstehung einer Ausbildungsordnung (*règlement de formation*) bzw. eines Abschlusses der berufsbezogenen Erstausbildung in Frankreich darstellen. Zum besseren Verständnis müssen zunächst einige terminologische Klarstellungen erfolgen, da sich die deutsche Begrifflichkeiten von Berufsbildung nicht ohne weiteres auf die französischen Gegebenheiten übertragen lassen. Wichtig für das französische System der beruflichen Erstausbildung ist die Unterscheidung zwischen *enseignement professionnel* (berufsbildende Schulen), und *enseignement technique* oder *enseignement technologique* (technische Schulen). Mit dem Begriff *lycée* (Gymnasium) wird in Frankreich die Sekundarstufe II bezeichnet, wobei heute drei Typen von *lycées* unterschieden werden: *lycée d'enseignement général* (allgemein bildender Zweig), *lycée d'enseignement technologique* (technologischer Zweig) *und lycée professionnel* (berufsbildender Zweig). Als weitere Besonderheit kommt hinzu, dass an einer Reihe von *lycées (technologiques)* Abschlüsse, die sich an das Abitur anschließen, erworben werden können. Hierbei handelt es sich um die *sections de technicien supérieur/STS* (höhere Technikerklassen), die als Postabiturklassen in zwei Jahren zum Abschluss eines *Brevet de technicien supérieur/BTS* (höherer Technikerabschluss) führen.

Alle staatlichen Abschlüsse der beruflichen und technischen Schulen wie auch alle Hochschulabschlüsse sind in Frankreich auf einer Rangskala von fünf Qualifikationsstufen angesiedelt. Diese sind in den 60er Jahren konzipiert und seither ergänzt worden. Die Abschlüsse der Stufen V (entspricht in etwa der Qualifikation des deutschen Facharbeiters), VI (entspricht in etwa der deutschen Technikerqualifikation) und III (für Abschlüsse dieser Stufe gibt es keine unmittelbare Entsprechung im deutschen Berufsbildungssystem, zumindest nicht in der beruflichen Erstausbildung) können an den technischen und beruflichen Gymnasien erworben werden. Die Abschlüsse der Stufen II (entspricht dem heutigen Bachelor an deutschen Hochschulen) und I (entspricht dem heutigen Master an deutschen Hochschulen) können nur an den Hochschulen erworben werden.

Entstehung und heutige Form des *enseignement professionnel*

Das *enseignement professionnel* ist bis zum Zweiten Weltkrieg nicht Bestandteil des öffentlichen Erziehungssystems und bleibt in Form der meist handwerklichen Lehre weitgehend unreglementiert. Die Lehre schließt sich an die in den 80er Jahren des 19. Jahrhunderts als Schule für das breite Volk geschaffene *école primaire* (Volksschule) an. Das Ziel ist die Vorbereitung auf den unmittelbaren Eintritt ins Berufsleben, und dies oft ohne formalen Abschluss. Nach dem Zweiten Weltkrieg hat sich eine staatlich reglementierte, vollschulisch organisierte Berufsbildung auf Facharbeiterniveau – insbesondere in der aufstrebenden Elektro- und metallverarbeitenden Industrie – für die breite Masse der Jugendlichen herausgebildet. Die hierfür zuständigen Bildungseinrichtungen werden mehrheitlich in den Kompetenzbereich des nationalen Erziehungsministeriums überführt. Die vorbereiteten Abschlüsse sind zum einen das fachlich recht eng profilierte *certificat d'aptitude professionnelle/CAP*. Es ist der historisch älteste Berufsbildungsabschluss, denn er wurde 1919 geschaffen. Zum anderen handelt es sich um das fachlich breiter geschnittene *brevet d'études professionnelles/BEP*, das Mitte der 60er Jahre geschaffen wurde. Beide Abschlüsse gehören zur Qualifikationsstufe V. Die Ausbildung wird in öffentlichen (oder privaten) Einrichtungen angeboten, die in den 40er Jahren entstanden sind. Im Zuge weiterer Strukturreformen des Bildungssystems (Verlängerung der allgemeinen Schulpflicht bis zum 16. Lebensjahr 1959 sowie Einrichtung einer vierklassigen allgemein bildenden Sekundarschule, die nunmehr auf einer fünfklassigen *école primaire* aufbaut) werden die berufsbildenden Schulen 1976 in „*lycées d'enseignement professionnel*" umbenannt. Ziel ist, diese Schulen als einen vollwertigen berufsbildenden Zweig neben den technischen und allgemein bildenden Gymnasien zu etablieren. In den 80er Jahren erhalten sie die heute noch gültige Bezeichnung *lycées professionnels*, da 1986 mit dem *baccalauréat professionnel* (Berufsabitur) erstmals ein Abschluss des *enseignement professionnel* auf Abiturniveau (Qualifikationsstufe IV) geschaffen wird. Dieser Abiturtyp beinhaltet auch formal die Hochschulzugangsberechtigung. Heute zählt man in ganz Frankreich ca. 1.700 *lycées professionnels* im Kompetenzbereich des Erziehungsministeriums, hinzu kommen ca. 220 *lycées professionnels agricoles* im Kompetenzbereich des Landwirtschaftsministeriums. Mit der Schaffung des Berufsabiturs wird im Sinne einer Rationalisierung des Qualifikationsangebots beschlossen, die bis dahin bestehenden älteren *brevets professionnels* (1926 zunächst nur als Fortbildungsabschluss geschaffen), die zwar auf der Qualifikationsstufe IV angesiedelt sind, aber keine Hochschulzugangsberechtigung enthalten, auslaufen zu lassen bzw. zumindest teilweise in *baccalauréat professionnels* umzuwandeln. Diese Rationalisierung ist allerdings nicht zuletzt infolge gegenteiliger Beschlüsse des Erziehungsministeriums in den 90er Jahren wenig fortgeschritten. So wurde dieser Abschluss Anfang der 90er Jahre auch für die berufliche Erstausbildung im Rahmen einer betriebliche Lehre (*apprentissage*) geöffnet, was einen Zuwachs der Kandidaten zur Folge hatte.

Entstehung und heutige Form des *enseignement technologique*

Ab 1880 kommt es zur Entwicklung eines berufsbildenden Zweigs im Rahmen des öffentlichen Schulwesens, dem *enseignement technique*, welches allerdings nur einer sehr begrenzten Zahl von Jugendlichen nach Abschluss der Volksschule den Zugang zu höherwertigen Bildungsabschlüssen eröffnet. Hierbei handelt es sich um technische Schulen in unterschiedlicher Trägerschaft (städtisch oder staatlich), deren Ausbildung nach Abschluss der Volksschule zwischen drei und vier Jahren dauerte. Dieser Bildungsweg diente in der Zwischenkriegszeit vor allem der Ausbildung einer kleinen Arbeiterelite in der metallverarbeitenden Industrie. Ende der 50er Jahre werden die bestehenden technischen Schulen unter der Bezeichnung *lycées techniques* bzw. *lycée d'enseignement technologique* vereinheitlicht. Sie bieten in der Folgezeit neben den klassisch technischen auch vermehrt Ausbildungen in Dienstleistungsberufen bis auf Abiturniveau an. 1965 werden die technischen Abiturtypen (Qualifikationsstufe IV) geschaffen. Etwa zeitgleich (1962) entstehen die BTS-Diplome (Qualifikationsstufe III). Die meisten der 1951 geschaffenen *brevets de technicien* (Qualifikationsstufe IV, aber ohne Hochschulzugangsberechtigung) werden in den 70er und 80er Jahren in *baccalauréats technologiques* (mit Hochschulzugangsberechtigung) umgewandelt. Die Mitte der 80er Jahre noch bestehenden *brevets de techniciens* sollen nach der Schaffung des *baccalauréat professionnel* ähnlich wie die *brevets professionnels* auslaufen. Im Gegensatz zur Entwicklung letzterer ist dieser Beschluss im Falle der *brevets de techniciens* bis heute weitgehend umgesetzt worden, denn es bereiten nur noch sehr wenig Schüler einen solchen Abschluss vor, und seine endgültige Abschaffung ist programmiert.

Die klassische humanistische Allgemeinbildung im allgemein bildenden Gymnasium (*lycée d'enseignement général*) und dann weiter in den Hochschulen bleibt bis weit ins 20. Jahrhundert das Privileg einer kleinen sozialen Elite. Dies ändert sich erst im Laufe der 60er Jahre, als ähnlich wie in vielen anderen westeuropäischen Staaten die Forderung nach Chancengleichheit im Bildungssystem zu einer ersten breiten Öffnung der französischen Sekundarschulen und Universitäten führt. Zu dieser Öffnung trägt der Auf- und Ausbau des technischen Bildungswesens entscheidend bei. Die technischen Gymnasien gleichen sich im Laufe der Zeit immer stärker an die Funktionsweise der allgemein bildenden Gymnasien an. Viele allgemein bildende Gymnasien sind zudem mit einem technischen Gymnasium zu einem *lycée d'enseignement général et technologique* zusammengeschlossen. In einer Reihe dieser *lycées* ist zusätzlich noch eine *section d'enseignement professionnel* (berufsbildender Zweig) eingerichtet, so dass hier Schüler auch in einem allgemein bildenden Gymnasium die Möglichkeit haben, einen Abschluss *des enseignement professionnel* der Stufen V und IV zu absolvieren.

Diese Differenzierung zwischen den unterschiedlichen Ausbildungswegen ist bis heute insofern erhalten geblieben, als Abschlüsse des *enseignement professionnel* als Berufseinstiegsqualifikationen verstanden werden, die Abschlüsse des *enseignement technique*, insbesondere das *baccalauréat technologique*, hingegen münden in der Regel in weiterführende Studien. Auch Absolventen eines BTS steht grundsätzlich die Möglichkeit offen, ihre Ausbildung an einer Hochschule fortzusetzen und ein staatliches Hochschuldiplom der Stufen II oder gar I zu erwerben.

Entwicklung und aktuelle Bedeutung der betrieblichen Lehre als Weg der beruflichen Qualifizierung

Die betriebliche Lehre (*apprentissage*) wird im Zuge einer Reform 1971 erstmals umfassend neu geordnet, um sie als vollwertigen Ausbildungsgang neben den vollschulischen Berufsbildungen zu etablieren. Tatsächlich war die Lehre in der Folge des Aufbaus der vollschulischen Berufsbildungswege zum Auffangbecken für Schulversager in allen schulischen Bildungswegen geworden. Die im Rahmen einer betrieblichen Lehre vorbereiteten Abschlüsse sind die gleichen wie die, die in den vollschulischen Ausbildungen des *enseignement professionnel* vorbereitet werden, lediglich die Form der Ausbildung ist anderes, da diese sich auf zwei Lernorte verteilt: den Betrieb, mit dem der Auszubildende einen *contrat d'apprentissage* (Lehrvertrag) für eine Dauer von einem bis drei Jahren abgeschlossen hat, und ein *centre de formation d'apprentis/CFA* (Ausbildungszentrum), das meist in privater Trägerschaft (Handelskammern) ist, aber der pädagogischen Aufsicht des Erziehungsministeriums untersteht. Einige wenige CFA sind in öffentlicher Trägerschaft und direkt in den *lycées* eingerichtet, sie bilden ca. 8 % der derzeit ca. 380.000 Lehrlinge aus. Die vollschulische Form der Berufsausbildung dominiert trotz aller Aufwertungsversuche der betrieblichen Lehre in den letzten 20 Jahren immer noch sehr deutlich. Ca. 37 % der Abgänger der Sekundarstufe I (Collège), d. h. am Ende der Schulpflicht, wechseln ins *enseignement professionnel* und bereiten einen Abschluss der Stufe V (CAP oder BEP) vor, davon die meisten in vollschulischer Form in einer Einrichtung im Kompetenzbereich des Erziehungsministeriums (26,5 %). Hinzu kommen noch die Schüler, die eine vollschulische Ausbildung in einem *lycée professionnel agricole* (3,7 %) wählen. Somit entscheiden sich insgesamt nur knapp 7 % der Collège-Abgänger für die Aufnahme einer betrieblichen Lehre.

Es gibt im Schuljahr 2005/06 insgesamt 380.859 Lehrlinge (gegenüber 215.500 im Jahre 1992), davon sind 200.000 in ihrem 1. Lehrjahr, 158.000 in ihrem 2. Lehrjahr, und für insgesamt 5.400 Lehrlinge gibt es ein 3. Lehrjahr. Von der Gesamtzahl bereiten 2006 ca. 230.000 einen Abschluss der Stufe V vor, 86.000 einen Abschluss der Stufe IV, 44.000 einen Abschluss der Stufe III und ca. 26 000 einen Abschluss der Stufen II und I. Die meisten Lehrlinge sind also wie in der Vergangenheit auf den untersten Qualifikationsstufen zu finden, aber die Steigerungsraten auf den oberen Stufen (II und I) sind mit die höchsten seit 2004. Wenn man die vollschulischen Berufsausbildungen der Stufen V und IV denen, die im Rahmen einer betrieblichen Lehre absolviert werden, gegenüberstellt, dann kann man feststellen, dass 27% der Jugendlichen in einer beruflichen Ausbildung diese im Rahmen einer betrieblichen Lehre absolvieren. Auf der Stufe IV sind es 33 % der Jugendlichen, wobei es jedoch je nach Region erhebliche Abweichungen von diesem Mittelwert gibt. In den Hochschulen sind die Studiengänge, die man auch im Rahmen einer Lehre absolvieren kann, (noch) eine sehr kleine Minderheit.

Der Anteil der Lehrlinge an der Altersklasse aller 17jährigen beträgt 9,4 % im Schuljahr 2005/06, das hat sich gegenüber 1997 ein wenig geändert (9,1 %). Bei den 20jährigen ist jedoch für den gleichen Zeitraum eine Steigerung von 3 % auf 3,6 % festzustellen, was mit der wachsenden Öffnung der Abschlüsse der Stufen III und II für die betriebliche Lehre zusammenhängt. Für alle Altersklassen, die potentiell einen Lehrvertrag abschließen können (zwischen 16 und 25 Jahren) gilt, dass der Anteil der Lehrlinge pro Altersjahrgang unter 10 % bleibt, der Anteil der 20-Jährigen Lehrlinge an den Gleichaltrigen beträgt gar nur 5 %, für die Altersklassen bis 25 Jahre sinkt er auf weniger als 1 %.

Beteiligte Akteure an der Ausarbeitung eines berufsbildenden Abschlusses

Die Konzeption, Ausarbeitung, Fortschreibung oder auch Neuordnung der Abschlüsse der beruflichen Bildung setzt das Zusammenspiel von mehreren öffentlichen und privaten Akteuren voraus. Für alle vorstehend genannten Abschlüsse der Qualifikationsstufen V, IV sowie das BTS, das zur Qualifikationsstufe III gehört, geschieht dies im Rahmen der *commissions professionnelles consultatives/CPC* (Fachkommissionen mit beratender Funktion). Diese Kommissionen sind nach Branchen bzw. Berufsfamilien organisiert. Sie haben beratende Funktion, allerdings muss das Ministerium sie im Falle einer Neugründung, Anpassung oder Abschaffung einer Ausbildungsordnung bzw. eines Abschlusses anhören. Die formale Entscheidung obliegt dem Ministerium. Berufliche Abschlüsse, die von Hochschulen bzw. hochschulähnlichen Institutionen (Stufen II und I) vergeben werden, werden nach anderen Verfahren ausgehandelt bzw. verabschiedet. Sie sind nicht Gegenstand dieser Ausführungen.

Alle Ministerien, die staatliche Abschlüsse bzw. Zertifikate verleihen, müssen seit der Verabschiedung des „Gesetzes zur sozialen Modernisierung" von Januar 2002 derartige Kommissionen einrichten. Für die hier interessierenden Abschlüsse der beruflichen Erstausbildung sind dies im Wesentlichen das Erziehungsministerium und das Landwirtschaftsministerium. Diese beiden Ministerien haben 20 Kommissionen aufgrund eines Dekrets von 1972 formal eingerichtet, davon untersteht eine dem Kompetenzbereich des Landwirtschaftsministeriums. Mit einem Dekret von 1983 wurde ein *comité interprofessionnel consultatif* (branchenübergreifendes Beratungsgremium) zur Koordination der Arbeit der verschiedenen CPC gegründet. Der Erziehungsminister führt den Vorsitz dieses Koordinationsgremiums. Die CPC sind viertelparitätisch besetzt. In jeder CPC hat jede der vertretenen Akteursgruppen 10 Sitze. Die Amtszeit aller Vertreter beträgt vier Jahre, ihre Tätigkeit ist ehrenamtlich, sie erhalten jedoch eine Aufwandsentschädigung.

Zusammensetzung der CPC
Eine erste Gruppe bilden die Vertreter des Staates, wobei es sich vor allem um Vertreter der Ministerialverwaltung, um *inspecteurs* (Schulaufsichtsbeamte) und um Lehrkräfte handelt. Auch ein Vertreter des *Centre d'études et de recherches sur les qualifications/CEREQ* als dem wichtigsten französischen Forschungsinstitut zur Fragen der Berufsbildung und des Beschäftigungssystems gehört ex officio zu dieser Gruppe. Die Vertreter dieser Gruppe werden vom Ministerium berufen. Die zweite und dritte Gruppe bilden Arbeitgeber und Arbeitnehmer, die von ihren Interessenvertretungen auf Branchenebene dem Ministerium zur Berufung vorgeschlagen werden. Je ein Vertreter dieser beiden Gruppen wird für die Dauer von zwei Jahren zum Vorsitzenden bzw. stellvertretenden Vorsitzenden einer CPC gewählt. Vorsitz und stellvertretender Vorsitz wechseln turnusmäßig nach zwei Jahren untereinander, so dass zwischen Arbeitgeber- und Arbeitnehmervertreter eine Parität für die gesamte Amtszeit von vier Jahren besteht. Die vierte Gruppe umfasst schließlich Persönlichkeiten, die kraft ihrer Funktion als Interessenvertreter von Institutionen oder Personengruppen bzw. ihrer besonderen Sachkenntnis vom Ministerium in die CPC berufen werden. Es sind dies z. B. Vertreter der landesweit organisierten Elternvertretungen in den Schulen, der Lehrergewerkschaften, der Handels- und Handwerkskammern oder Experten von Berufsverbänden, etc. Mehr als 800 Personen sind somit in den CPC des Erziehungsministeriums tätig, sie sind zuständig für ca. 650 Abschlüsse bzw. Ausbildungsordnungen.

Die 1972 im Kompetenzbereich des Erziehungsministeriums gegründeten CPC sind:
– Bergbau und Industrie für Baumaterialien
– metallverarbeitende Industrie
– Baugewerbe: Hoch- und Tiefbau
– Chemie
– Ernährungswirtschaft
– Textilindustrie und verwandte Branchen
– Bekleidungsindustrie
– Holzindustrie und verwandte Branchen
– Transportwesen
– audiovisuelle Techniken und Kommunikation
– künstlerische Gewerbe
– Handel und Verkauf
– Verwaltungstätigkeiten
– Tourismus, Hotel- und Gaststättengewerbe und Freizeitaktivitäten
– andere Dienstleistungstätigkeiten
– personenbezogene Dienstleistungen
– Gesundheits- und Sozialwesen

Die 1990 im Kompetenzbereich des Landwirtschaftsministeriums geschaffene CPC ist zuständig für Berufe der Landwirtschaft, der Agrarindustrie und des ländlichen Raums.

Angesichts des Strukturwandels der französischen Wirtschaft und der damit verbundenen Entwicklung einzelner Wirtschaftsbereiche hat das Erziehungsministerium per Dekret vom Mai 2007 eine Neuaufteilung und Rationalisierung der CPC beschlossen. Danach werden künftig 14 CPC in seinem Kompetenzbereich tätig sein. Diese CPC sind im Einzelnen:
– metallverarbeitende Industrie
– Baugewerbe, öffentliche Bauten, Baumaterialien
– Chemie, Bio-Industrie, Umwelt
– Ernährungswirtschaft
– Modewirtschaft und verwandte Branchen
– Holzwirtschaft und verwandte Branchen
– Transportwesen, Logistik, Sicherheitsdienste und andere Dienstleistungen
– grafische Kommunikation und audiovisuelle Medien
– Kunstgewerbe
– Handel und Vertrieb
– Verwaltungs- und Finanzdienstleistungen
– Tourismus, Hotel- und Gaststättengewerbe
– Haar- und Körperpflege sowie verwandte Branchen
– Gesundheits- und Sozialwesen

Analyse der Arbeitsweise der CPC
Die Arbeitsbelastung der einzelnen CPC ist unterschiedlich, da je nach Branche bzw. Berufsfamilie die Zahl der zu verwaltenden Abschlüsse differiert. Die durchschnittliche Dauer für Konzeption und Ausarbeitung bis zum Inkrafttreten einer neuen Ausbildungsordnung beträgt etwa vier Jahre. Dies wird angesichts des raschen Wandels der Qualifikationsanforderungen und vor allem eines steigenden Bedarfs nach breiter geschnittenen bzw. übergreifenden Qualifikationen von den Vertretern der Wirtschaft als zu lang kritisiert. Sie fordern eine höhere Reaktivität. Das Arbeitsprogramm jeder CPC wird vom Ministerium festgelegt; grundsätzlich soll jeder Abschluss alle fünf Jahre auf seine Angepasstheit an die Erfordernisse des Arbeitsmarktes überprüft werden. Die konkrete Arbeitsweise dieser Kommis-

sionen ist über die Jahre ihres Bestehens nur wenig erforscht worden, sie scheint jedoch in einigen Kommissionen stark von einzelnen Persönlichkeiten beeinflusst und trotz der starken Stellung der Vertreter des Erziehungsministeriums nicht nur in pädagogischen Fragen im engeren Sinne (Prüfungsinhalte, Prüfungsmodalitäten, etc.) abhängig vom Engagement, das die Sozialparteien in diesen Gremien an den Tag legen.

Die inhaltliche Abgrenzung der Abschlüsse, die Konzeption von neuen Abschlüssen bzw. die Abschaffung von bestehenden sind aber immer wieder auch eminent politische Fragen, für die es einen Konsens bzw. Kompromiss herzustellen gilt. Hinzu kommen nicht nur Rivalitäten zwischen einzelnen Branchen über den Zuschnitt von zukunftsträchtigen Ausbildungsordnungen, sondern auch zwischen Erziehungsministerium und Landwirtschaftsministerium über die Abgrenzung der Abschlüsse. Die *lycées professionnels agricoles* haben ihr Ausbildungsangebot angesichts des Strukturwandels in der französischen Landwirtschaft in den letzten 30 Jahren auf neue Berufsfelder ausgedehnt und stehen damit teilweise in direkter Konkurrenz zu ähnlichen Angeboten des Erziehungsministeriums. Die Sozialparteien, insbesondere die Gewerkschaften, haben angesichts ihrer strukturellen Schwächen – die französischen Gewerkschaften weisen mit ca. 5 % einen der niedrigsten Organisationsgrade aller westeuropäischer Länder auf – Mühe, für alle CPC ausgewiesene Experten zu benennen, bzw. müssen manche ihrer Vertreter in mehrere CPC schicken (Erziehungsministerium und Landwirtschaftsministerium), welche aber insgesamt durchaus rivalisierende oder gar gegensätzliche Positionen vertreten können, was die Strukturierung des Übergangs von der Ausbildung in den Beruf bzw. zum Arbeitsmarkt angeht. Die zahlreichen, im schnellen Rhythmus der Regierungs- bzw. Ministerwechsel der letzten 20 Jahre aufeinanderfolgenden Reformansätze, die sich auf die Struktur und Inhalte der beruflichen Erstausbildung im *enseignement technologique et professionnel* bezogen, lassen kein kontinuierlich übergreifendes gesellschaftspolitisches Ziel für die berufliche Bildung erkennen. Eher zeugen die getroffenen Entscheidungen nicht zuletzt auch in Bezug auf die inhaltliche Gestaltung des Ausbildungsangebots von unterschiedlichen, teilweise widersprüchlichen Sichtweisen der Rolle des Bildungssystems, der zu schaffenden oder abzuschaffenden Abschlüsse bzw. des Verhältnisses von Bildung und Wirtschaft (Maillard 2007: 28).

Für das Verständnis des französischen Systems wichtig ist die Tatsache, dass die (landesweite) Festlegung der Ausbildungsordnungen bzw. der Prüfungsinhalte für die Abschlüsse in der beruflichen Bildung unabhängig von der Art und Weise der Vorbereitung geschieht. Man kann diese sowohl in vollschulischer Form als auch in Form einer betrieblichen Lehre vorbereiten. Hinzu kommt aber auch die Möglichkeit, die berufsbildenden Abschlüsse im Fernunterricht vorzubereiten oder als freie Kandidaten (der deutschen Externenprüfung vergleichbar). Schließlich ist zu beachten, dass alle Abschlüsse der beruflichen Erstausbildung grundsätzlich auch im Rahmen der beruflichen Weiterbildung bzw. Nachqualifizierung vorbereitet werden können. Dies gilt sowohl für Kandidaten der Weiterbildung, die sich an Schulen oder Hochschulen für einen Abschluss z. B. im Rahmen eines Bildungsurlaubs einschreiben, als auch für die seit Beginn der 90er Jahre von öffentlicher Seite stark geförderte Möglichkeit, einen Abschluss über die teilweise oder vollständige Anerkennung von berufsfachlichem oder außerberuflichem Erfahrungslernen, das dann zertifiziert werden muss, zu erwerben. Die meisten der früher noch bestehenden spezifischen Weiterbildungsabschlüsse haben an Bedeutung verloren bzw. können im Rahmen der beruflichen Erstausbildung erworben werden.

Die Entscheidung über Schaffung oder Abschaffung von Abschlüssen in der beruflichen Bildung muss daher immer auch in Zusammenhang mit den allgemeinen Zielen der Bildungspolitik bzw. der Gesellschaftspolitik gesehen werden. So stand die Schaffung neuer berufsbildender Abschlüsse auf der Stufe III Mitte der 80er Jahre ganz im Zeichen des bildungspolitischen Ziels, das allgemeine Qualifikationsniveau anzuheben, und auch des arbeitsmarktpolitischen Ziels, durch die damit einhergehende Verlängerung der Ausbildungszeiten die wachsende Jugendarbeitslosigkeit zu bekämpfen und den Arbeitsmarkt zu entlasten.

Literaturhinweise

BOUYX, Benoît: Les diplômes de l'enseignement technique et professionnel : 1980–1995, in: *Education & formations*, Nr. 45, 1996, S. 71–78

MALICOT, Maryannick/PORCHER, Bernard: La formation professionnelle initiale du second degré, in: *Education & formations*, Nr. 75, Okt. 2007, S. 11–26

MAILLARD, Fabienne: Vingt ans de politique des diplômes: un mouvement constant de réforme, in: *Education & formations*, Nr. 75, Okt. 2007, S. 27–3

Vertiefende und ergänzende Beiträge

zu Teil 5.3
Ausbau der beruflichen Qualifikation durch permanente Weiterbildung

Michael Brater:
    Wirkungen und Vorteile einer arbeitsintegrierten Weiterbildung.
    Das Weiterbildungskonzept einer Handelskette als Gewinner
    des Weiterbildungs-Innovationspreises 2003   484

Michael Brater:
    Wie kann man nachweisen, was jemand informell gelernt hat? –
    das Kompetenzportfolio   488

Michael Brater

Wirkungen und Vorteile einer arbeitsintegrierten Weiterbildung
Das Weiterbildungskonzept einer Handelskette als Gewinner des Weiterbildungs-Innovationspreises 2003

Ausgangspunkt für das Konzept war die Feststellung: Alle Mitarbeiter begegnen in ihren jeweiligen Verantwortungsbereichen den Herausforderungen des Wandels und müssen sich mit ihnen im Alltag auseinandersetzen. Die Mitarbeiter erleben, wie alte Lösungen nicht mehr tragen und wie sie selbst an Grenzen ihres Wissens und Könnens kommen, wenn sie neue, bessere Lösungen realisieren wollen. Sie begegnen der Notwendigkeit, ständig zu lernen, und zwar aus ihrer Arbeit heraus. Lernen, sich Entwickeln ist damit ein alltäglicher Teil der Arbeitsaufgabe eines jeden Mitarbeiters; Lernen und Arbeiten sind zwei Seiten einer Medaille.

Wie sich die Mitarbeiter entwickeln sollen, braucht daher nicht vom Unternehmen vorgegeben, geplant und in Lehrveranstaltungen übersetzt zu werden. Viel wirksamer ist es, wenn eine Situation geschaffen wird, *in der sich jeder Mitarbeiter jederzeit selbst mit seiner Arbeit mitentwickeln kann.* Das Unternehmen muss dafür die allgemeine Entwicklungsrichtung für jeden klar machen (policy deployment) und für völlige Transparenz von Entwicklungen sorgen. Dann wird die *Arbeit in ihrer Dynamik* der naheliegende und natürliche Ort des Lernens und der Entwicklung für die Mitarbeiter. Denn: Alles, was man für eine Arbeit können und wissen muss – fachliche, methodische, soziale und personale Kompetenzen – kann man in der Realität dieser Arbeit selbst am besten und vollständig lernen, und muss dann auch keine Transferprobleme fürchten, sofern gewisse *(Rahmen-) Bedingungen und Voraussetzungen* gegeben sind. Sie zu schaffen und zu pflegen ist die Aufgabe der für die Mitarbeiterentwicklung Verantwortlichen. Ihre Aufgabe wandelt sich: Sie entwerfen keine Qualifizierungsprogramme mehr und bilden auch nicht mehr direkt weiter, sondern sie bereiten den Boden und die Umgebung, damit die Mitarbeiter in ihrer Arbeit lernen und sich entwickeln können – und damit die Entwicklung des Unternehmens vorantreiben.

Damit die tägliche Arbeit Medium ständigen Lernens werden kann, muss eine Kultur des Lernens in den Arbeitsalltag des Unternehmens einziehen. Dieser Arbeitsalltag muss *lernförderlich gestaltet* sein, den Mitarbeitern muss *Gelegenheit zum Lernen* gegeben werden, und ihre Lernprozesse müssen entsprechend unterstützt und begleitet werden.

Lernen in der Arbeit — die lernende Filiale
Bei dm-drogerie markt ist die lernförderliche Gestaltung der Arbeit bisher am klarsten verwirklicht im Konzept der *„Lernenden Filiale":* Reine Routinearbeiten wurden auf ein Minimum reduziert, so dass jeder Mitarbeiter auch Arbeiten ausführt, die offene Fragen oder unbestimmte Situationen enthalten, deren Lösung nicht von vornherein feststeht. Die Arbeits-, Kommunikations- und Informationsprozesse wurden bewusst unter dem Gesichtspunkt ihrer Lernfreundlichkeit untersucht und weiterentwickelt (etwa beim Umgang mit Fehlern oder bei der möglichst frühzeitigen Information über sich abzeichnende Innovationen). Die Handlungsspielräume der Mitarbeiter wurden gezielt so erweitert, dass sie in ihrem Bereich selbständig und eigenverantwortlich arbeiten und eigenständig Neues ausprobieren können. Arbeitsmittel wurden unter Lerngesichtspunkten optimiert (wann ist z. B. eine Tabelle selbsterklärend?). In das Projektmanagement wurde der Lerngesichtspunkt von Anfang an integriert. Viele betriebliche Einrichtungen – z. B. das Kunden- und das Mitarbeiterservicetelefon – wurden auch für das individuelle Lernen der Mitarbeiter geöffnet. Jedem Mitarbeiter stehen alle benötigten Lern- und Informationsmittel zur Verfügung. Ferner wurde eine Reihe von organisatorischen und fachlichen Neuerungen bewusst unter Lerngesichtspunkten realisiert. Beispiel Mitarbeitereinsatzplanung („MEP"): In den Filialen plant nicht der Filialleiter die Arbeitseinsätze, sondern jeder Mitarbeiter muss sich selbst in einen Plan eintragen und kann dabei lernen, zwischen betrieblichen Anforderungen, kollegialen Möglichkeiten und individuellen Interessen abzuwägen und darüber zu kommunizieren. Ähnliche Lerneffekte enthalten die filialinterne Qualitätssicherung und -steigerung „Zielvereinbarung im Team" und die unternehmenseigene Wertbildungsrechnung. Alle diese Strukturen stellen besonders hohe Anforderungen – z. B. an Selbständigkeit und Selbstverantwortung – und wurden *auch deshalb* so gestaltet, damit die Mitarbeiter diese Kompetenzen im Umgang mit diesen Strukturen entwickeln können.

Vorgesetzte als Lernbegleiter

Eine Schlüsselrolle für das Lernen in der Arbeit kommt den Vorgesetzten zu. Sie haben die Aufgabe der *Lernbegleitung*. Lernbegleitung durch Vorgesetzte heißt: Sie erkennen am Verhalten ihrer Mitarbeiter oder in Mitarbeitergesprächen den persönlichen Lernbedarf, treffen mit den Mitarbeitern Lernvereinbarungen, besprechen geeignete Lernwege, übergeben gezielt Arbeitsaufgaben als Lernaufgaben, verfolgen die Lernprozesse, helfen über Klippen und Schwierigkeiten hinweg, werten Lernprozesse mit dem Mitarbeiter gründlich aus und besprechen sie nach. An seinen Lernbegleiter kann man sich mit allen Fragen wenden, die beim Lernen auftauchen und die man sich nicht selbst beantworten kann. Die Lernbegleiter sind eher „Coach" der Mitarbeiter als ihr „Lehrer". Sie regen Lernprozesse an, gestalten und unterstützen sie, vermitteln aber selbst nur in Ausnahmefällen auch Inhalte. Dieses Konzept der Lernbegleitung lässt die Mitarbeiter bei den vielen Lernbemühungen, die von ihnen erwartet werden, nicht allein, sondern garantiert eine sachkundige, für Lernvorgänge sensible persönliche Unterstützung. Zugleich verändert bzw. erweitert es die Vorgesetztenrolle.*

Voneinander lernen

In seiner Arbeit stößt jeder Mitarbeiter auf Fragen und Herausforderungen, zu deren Beantwortung er neues Wissen und Können entwickeln muss. Was macht er mit den Fragen, die ihm aus der Arbeit kommen? Hier gibt es unterschiedliche Lernstile. Manche Menschen setzen sich gern individuell und anhand schriftlicher Materialien, Fachliteratur usw. mit ihren Fragen auseinander. Für sie müssen entsprechende Mittel und Möglichkeiten bereitstehen. Für viele andere dagegen ist die wichtigste Quelle für Antworten und eigenes Lernen das Können und die Erfahrung der Kolleginnen und Kollegen; dm-drogerie markt fordert deshalb nicht nur die informelle Kommunikation im Unternehmen, sondern nutzt auch gezielt das verbreitete offizielle Besprechungswesen als Basis eines ständigen unternehmensweiten Informations- und Erfahrungsaustauschs.

---

* Diese spezifische Lehr- und Lernkultur hat sich bei dm-drogerie markt schon seit einigen Jahren verbreitet, seit in der Ausbildung konsequent der von der GAB-München entwickelte Ansatz des „Entdeckenden Lernens in der Arbeit" praktiziert wird. Außerdem verbindet sich diese Aufgabe der Lernbegleitung mit dem bei dm-drogerie markt eingeführten Führungskonzept der „Dialogischen Führung"; vgl. K.-M. Dietz, T. Kracht, Dialogische Führung, Frankfurt/M. (Campus) 2002

Sämtliche regionalen und überregionalen Meetings wurden dazu unter dem Gesichtspunkt des Lernens durchgestaltet und optimiert, indem z. B. sichergestellt wurde, dass jeder Teilnehmer Raum für seine individuellen Fragen bekommt. Der ständige, bewusst unter Lerngesichtspunkten organisierte Erfahrungsaustausch unter den Filialen sorgt zugleich dafür, dass neue Ideen und Handhabungen (best practice) sich schnell verbreiten und allen zur Verfügung stehen.

Fragen- und Themenwerkstätten

Mit seinen Lernfragen und -bedürfnissen kann man bei dm-drogerie markt auch zu *Themenwerkstätten* gehen.
Themenwerkstätten sind arbeitsbegleitende bzw. arbeitsverbundene (Lern-)Veranstaltungen zu vereinbarten Themen, bei denen man Kolleginnen und Kollegen mit ähnlichen Fragen und Experten für diese Fragen trifft. Dazu bringen die Teilnehmer Fragen und Probleme aus der Praxis mit. Schwerpunkt ist das praxisbegleitende Lernen in einer Lerngruppe. In Themenwerkstätten kann neues, bei dm-drogerie markt noch nicht verbreitetes Wissen kennengelernt und an neuen Lösungen gearbeitet werden. Die Methoden sind streng handlungsorientiert und nutzen die Realarbeit als eigentliches Lern- und Übungsfeld (action learning). Die Weiterbildung der Vorgesetzten zu Lernbegleitern findet beispielsweise in solchen Themenwerkstätten statt. Andere Themen waren -abhängig vom Bedarf der Mitarbeiter – z. B. Moderation; Ausbildung; Controlling, Führung und diverse Warenkundethemen.
Klassische Seminare gibt es bei dm-drogerie markt auch, allerdings nur für unternehmenskulturelle Themen bzw. wenn Mitarbeiter an externen Bildungsangeboten teilnehmen.

Mitarbeiter-Lernzeit

Manchmal heißt Mitarbeiterentwicklung auch: *gegebene und bewährte* Abläufe und Vorgehensweisen kennenzulernen, die nur für den Einzelnen neu sind. Das ist z. B. bei der Einarbeitung eines Mitarbeiters in für ihn neue Aufgaben der Fall, und das trifft auch für die zu, die Leitungsaufgaben übernehmen wollen (Führungskräfteschulung)
Auch für diesen Bereich der Mitarbeiterentwicklung verlässt dm-drogerie markt nicht die Grundidee des Lernens in der Arbeit. Es wurden z. B. sämtliche Aufgaben eines Filialleiters in einem *Lernpass* zusammengestellt. *Jeder* Mitarbeiter einer Filiale, der daran interessiert ist und dafür vorgeschlagen wird, kann in eine Mitarbeiter-Lernzeit aufgenommen werden. Dann kann er im

Lauf einer von ihm selbst bestimmten Zeit alle Aufgaben des Lernpasses real so lange übertragen bekommen, bis er sie selbständig beherrscht. Voraussetzung ist, dass er seinen Lernprozess selbst organisiert. Beherrscht er eine neue Teilaufgabe, wird das im Lernpass bestätigt. Damit ist auch klar, wann dieser Mitarbeiter im Prinzip eine Filiale leiten kann.

Nach dem gleichen Grundprinzip sind auch weitere interne Weiterbildungen organisiert, die in besondere Verantwortungspositionen führen, wie z. B. die der Gebietsverantwortlichen oder der Sortimentsmanager. Sie alle lernen, was sie können müssen, indem sie tun, was sie lernen wollen. Mitdenken, Verantwortung und neue Ideen sind kein Privileg von Vorgesetzten. So kommen aktive Mitarbeiter auch in die Lage, neue Verantwortungsfelder zu übernehmen, also beruflich voranzukommen (horizontale und vertikale Karrieren).

Das alles schließt natürlich nicht aus, dass dm-drogerie markt auch die Teilnahme seiner Mitarbeiterinnen an einschlägigen externen Aufstiegsfortbildungen unterstützt, z. B. zum Handelsfachwirt.

Zertifizierungen

Oft ist den Mitarbeitern gar nicht bewusst, was sie alles informell in der Arbeit lernen, und viele trauen sich dann entsprechende Arbeiten auch gar nicht zu. Deshalb ist es für dm-drogerie markt wichtig, auch solche arbeitsintegrierten Lernprozesse und –ergebnisse offiziell zu bestätigen und festzuhalten. Das geschieht zum einen in Form der ausgefüllten und unterschriebenen Lernpässe, zum anderen etwa im Anschluss an eine Lernsequenz in Form von sogenannten „Wertschätzungen". Dabei rekonstruiert der Mitarbeiter selbst - unterstützt durch seinen Lernbegleiter – seinen Lernprozess und dokumentiert die ihm wichtigen Lernergebnisse. Auf seinen Wunsch werden sie in der Personalakte festgehalten.

Berater Aus- und Weiterbildung

Um alle diese Elemente der Mitarbeiterentwicklung durch arbeitsintegriertes Handlungslernen im Unternehmen zu verankern und zu begleiten, hat dm-drogerie markt eine Gruppe von unternehmensweit agierenden *Beratern für Aus- und Weiterbildung* eingesetzt. Das sind Fachleute für Lernfragen, die meist selbst aus der Arbeit bei dm-drogerie markt kommen und sich entsprechend – meist untereinander und in der Praxis – weitergebildet haben. Sie wirken als „Lernbegleiter der Lernbegleiter", koordinieren alle Schritte und Maßnahmen der Mitarbeiterentwicklung, erkennen übergreifende Lernbedürfnisse und organisieren die verschiedenen Werkstätten.

Einige Wirkungen und Vorteile der arbeitsintegrierten Mitarbeiterentwicklung

Mitarbeiterentwicklung heißt bei dm-drogerie markt vor allem, Lernräume zu eröffnen und Verarbeitungsmöglichkeiten zu bieten. Dadurch wird die tägliche Arbeitserfahrung zum Lernimpuls. Arbeiten und Lernen verschmelzen und ermöglichen eine ständige wechselseitig aufeinander bezogene Entwicklung von Mensch und Arbeit: Arbeit wird zum Entwicklungsmedium für die Mitarbeiter, die ihrerseits in die Lage versetzt werden, die Arbeit zu verändern und zu verbessern. Das Ideal einer sich selbst tragenden Mitarbeiterentwicklung wird greifbar. Lernen wird wieder als menschliche Grundtätigkeit erlebt, die selbstverständlich zum Leben dazugehört und, frei von schulischen Zwängen, Spaß macht. Viele Mitarbeiter blühen unter diesen Bedingungen auf, und nur sehr wenige entziehen sich (wozu sie selbstverständlich das Recht haben).

Lernen, sich Entwickeln der Mitarbeiter ist für dm-drogerie markt ein spontaner, natürlicher Vorgang geworden, der überall stattfindet, wo gearbeitet wird. Übertragungsprobleme an den Arbeitsplatz gibt es praktisch nicht. Praxis und Theorie können optimal miteinander verzahnt werden (so viel Theorie, wie für die Praxis direkt gefragt und sinnvoll ist), die Vorteile verschiedener Lernformen können miteinander verbunden, ihre jeweiligen Nachteile vermieden werden. Fachliche, methodische, soziale und personale Kompetenzen werden im Zusammenhang entwickelt. Die Mitarbeiter erwerben „Lernkompetenz". Das Konzept führt bei den Mitarbeitern zu höherer Arbeitszufriedenheit, mehr Selbständigkeit und aktivem Engagement; Lernschwellen und -barrieren werden abgebaut. Lernbereitschaft und Lernmotivation können sich weitgehend ungehindert entfalten. Die Führungskräfte werden für die alltägliche Dimension des Lernens sensibilisiert, so dass sie auf Fehler, Irrtümer, Unwissen, Ungeschicklichkeiten, Hilflosigkeiten von Mitarbeitern weniger disziplinarisch reagieren, sondern solche Verhaltensweisen als Lernbedarf und Lernchance interpretieren und aufgreifen.

Weiterbildungsbedingte Abwesenheiten vom Arbeitsplatz können auf ein Minimum reduziert werden, und manche teure Schulungsaufwendung entfällt, so dass dieser Ansatz der Mitarbeiterentwicklung auch wirtschaftlicher ist als konventionelle Lehrgänge.

Diese arbeitsintegrierte Form der Mitarbeiterentwicklung wurde zusammen mit vielen Mitarbeiterinnen und Mitarbeitern von dm-drogerie markt ins Leben gerufen. Das war ein längerer Weg, der einen Kulturwandel in der Mitarbeiterentwicklung einschloss. An vielen Stellen mussten neue Strukturen, Instrumente und Haltungen erarbeitet und im Unternehmen verankert werden. Dieser Entwicklungsprozess wurde mitkonzipiert und begleitet durch die externe Beratung der Gesellschaft für Ausbildungsforschung und Berufsentwicklung – GAB München.

Mitarbeiterentwicklung bei dm-drogerie markt

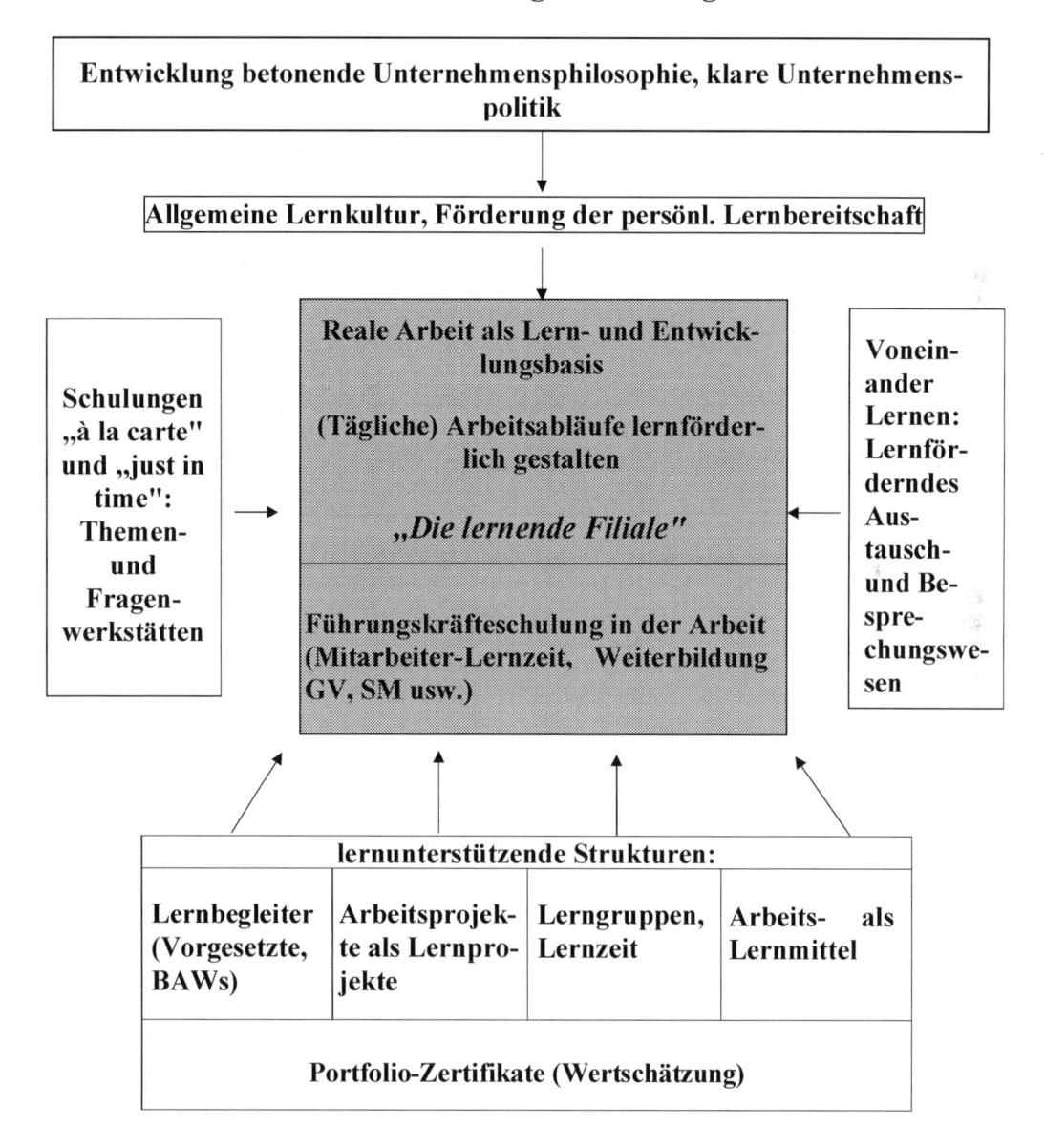

Entwicklung betonende Unternehmensphilosophie, klare Unternehmenspolitik

↓

Allgemeine Lernkultur, Förderung der persönl. Lernbereitschaft

↓

Reale Arbeit als Lern- und Entwicklungsbasis

(Tägliche) Arbeitsabläufe lernförderlich gestalten

„Die lernende Filiale"

Führungskräfteschulung in der Arbeit (Mitarbeiter-Lernzeit, Weiterbildung GV, SM usw.)

Schulungen „à la carte" und „just in time": Themen- und Fragenwerkstätten →

← Voneinander Lernen: Lernförderndes Austausch- und Besprechungswesen

↑

lernunterstützende Strukturen:

| Lernbegleiter (Vorgesetzte, BAWs) | Arbeitsprojekte als Lernprojekte | Lerngruppen, Lernzeit | Arbeits- als Lernmittel |

Portfolio-Zertifikate (Wertschätzung)

Michael Brater

Wie kann man nachweisen, was jemand informell gelernt hat? – das Kompetenzportfolio

In der europäischen Berufsbildung ist man sich weitgehend einig, dass die Ergebnisse des informellen Lernens genau so wichtig zu nehmen sind, wie die des formalen Lernens. Das trifft aber auf eine Schwierigkeit: Die Ergebnisse des formalen Lernens werden meist durch eine offizielle Prüfung „bestätigt" und in formellen Zeugnissen bestätigt. Beim informellen Lernergebnissen ist das nicht der Fall (und auch nicht möglich). Wie kann man also die Früchte des „informellen Lernens" sichtbar machen und damit überhaupt anerkennen?

Seit mehreren Jahren bemühen sich Fachleute in vielen europäischen Ländern um die Lösung dieses Problems. Die Antwort heißt: *Prüfungsfreie Kompetenzfeststellung auf der Grundlage eines Kompetenzportfolios.*

Wie geht man beim Kompetenzfeststellungsverfahren prinzipiell vor? Im Detail gibt es selbstverständlich viele verschiedene Wege. Aber man kann deutlich ein durchgehendes Prinzip der verschiedenen Verfahren erkennen:

Theoretische Basis der Kompetenzfeststellung ist das grundlegende Bild davon, wie Handlungskompetenzen entstehen: Sie bilden sich allein im und durch das eigene Handeln; sie sind lern-, aber nicht lehrbar. Kompetenzen können nicht „unterrichtet" werden und eignen sich nicht als „Lehrstoff", sondern sie entstehen nur in realen Handlungssituationen und an praktischen Aufgabenstellungen, in denen sie gefordert sind (Pädagogisches Paradox). Unterricht oder Ausbildung kann nur kompetenzbildend wirken, sofern er/sie *tätige Auseinandersetzung mit dem Stoff* (also Handlung) und/oder selbst reale soziale Handlungssituation ist. Deshalb verlangt das Lernziel „Kompetenzbildung" Lernkonzepte des Handlungslernens. Handlungskompetent wird man nicht dadurch, dass man Wissen aufnimmt, sondern dadurch, dass man sich selbst handelnd riskiert, auf Hindernisse stößt, am Widerstand wächst und sich in dieser Auseinandersetzung mit der Sache bzw. dem Gegenüber selbst „umbaut", d.h. sein Fähigkeitsprofil – sich selbst – entwickelt. Kompetenzbildung ist gewissermaßen die auf die handelnde Person selbst zurückwirkende „Innenseite" des Handelns: Wo immer wir handeln, tätig sind, lernen wir, erweitern wir unsere Handlungskompetenzen, sobald wir neue Erfahrungen machen oder Widerstände auftauchen, die wir schließlich überwinden können.

Dieser grundlegenden Zusammenhang der Kompetenzbildung wird bei den Kompetenzfeststellungsverfahren gewissermaßen gedanklich rekonstruiert:

> 1. Sammeln und Beschreiben aller relevanten Aufgaben bzw. Arbeitssituationen innerhalb und außerhalb der Berufsarbeit
> 2. Rückschluss auf die damit unter Beweis gestellten (oder dabei gelernten) Kompetenzen und Qualifikationen (einschließlich Grad)
> 3. Bestätigung durch Lehrer, Ausbilder, Vorgesetzte, unabhängige Bezugspersonen
> 4. Zusammenstellen gezielter „Dossiers" entsprechend den Anforderungsprofilen bei Bewerbungen

Für die Kompetenzfeststellungsverfahren heißt das: Sie gehen grundsätzlich „zurück zu den Quellen" der Kompetenzentstehung, nämlich eben zu den *Tätigkeiten* (Handlungen). Kompetenzen selbst sind ja weder sichtbar noch sonst sinnlich fassbar, sondern sie können immer nur indirekt *erschlossen* werden über die Handlungen bzw. Tätigkeiten bzw. deren Ergebnisse, in denen sie in Erscheinung treten. Kennt man also die Tätigkeiten, die ein Mensch bewältigt hat, kennt man die Erscheinungs- oder Manifestationsebene der Kompetenzen (noch nicht die Kompetenzen selbst). Da man Aufgaben und Tätigkeiten natürlich unterschiedlich gut bewältigen kann, ist es zusätzlich sinnvoll, nicht nur die Tätigkeiten selbst, sondern auch ihren *Erfolg* zu bedenken bzw. festzuhalten, weil der etwas darüber aussagt, wie stark ausgeprägt man offenbar die erforderliche Kompetenz zur Zeit der gezeigten Tätigkeit besessen hat.

Es geht im Kern also immer um den Dreischritt
- Tätigkeitsbeschreibung
- Feststellen des Tätigkeitserfolgs (Qualität)
- Schluss auf die „dahinterstehenden" persönlichen Kompetenzen

1. Schritt: Identifikation und Auswahl der Tätigkeiten

Der *erste Schritt* jeder Kompetenzfeststellung beginnt daher mit der *Identifikation und Auswahl der Tätigkeiten, die in die Kompetenzerfassung einbezogen werden sollen.*

Welche das sind, hängt stark von der Zielsetzung der Kompetenzfeststellung ab. Man kann sich

z. B. dafür interessieren, was man durch eine bestimmte Aufgabe – etwa die Mitwirkung im Schulorchester – gelernt hat. Dann wählt man einfach nur diese Tätigkeit und beschreibt ihre wesentlichen Elemente. Man kann aber auch fragen, was man durch einen bestimmten Ausbildungs- oder Lebensabschnitt gelernt hat. Dann muss man die für diesen Abschnitt jeweils wesentlichen, charakteristischen oder typischen Tätigkeiten herausgreifen und beschreiben. Schließlich möchte man vielleicht ein möglichst umfassendes Kompetenzportfolio der eigenen Person erstellen. Dann muss man biografisch ansetzen, seine verschiedenen Lebensphasen durchgehen und alle jene Tätigkeiten zusammenstellen, die für diese Lebensabschnitte wichtig waren, die man lange und gründlich ausgeführt hat oder von denen man annimmt, dass sie einen stark geprägt haben.

Es wird deutlich, dass für die Kompetenzfeststellung u. U. eine ziemlich beträchtliche Menge Material verarbeitet werden muss. Da niemand das eigene Leben „vollständig" beschreiben kann, ist immer eine Auswahl fällig, für die hier immer wieder das Eigenschaftswort „relevant" bemüht wird: *Nicht Vollständigkeit ist das Ziel, sondern es kommt darauf an, diejenigen Tätigkeiten auszuwählen, die für das eigene Leben und Lernen eben „relevant" wurden.*

Kriterien für Relevanz sind z. B. die Dauer, über die man die Tätigkeit ausgeübt hat, vielleicht auch die Mühe, die man aufwenden musste, um sie zu beherrschen. Grundsätzlich ist hier aber die *subjektive Einschätzung* gefragt – und darin liegt auch der Grund dafür, *weshalb Kompetenzfeststellungen grundsätzlich nicht von Dritten, sondern immer nur vom Betroffenen selbst – wenn auch unter Anleitung – durchgeführt werden können*: Nur er selbst vermag zu sagen, was in seinem Leben für seinen Werdegang „prägend" war und was er selbst als repräsentativ für sich betrachtet. Es geht also um eine *Entscheidung des Betroffenen darüber, ob die Tätigkeit und seine Erfahrung damit ihm so wichtig ist bzw. für ihn so lernrelevant war, dass er sie für sein Portfolio auswerten möchte:* Was ist *mir* wichtig? Dabei sollen, wie gesagt, keineswegs nur berufliche Tätigkeiten einbezogen werden, sondern genau so ehrenamtliche Tätigkeiten, selbst wichtige Freizeitbeschäftigungen, und natürlich auch alle formalen Lernzeiten, durchaus auch alle Prüfungen, die einer abgelegt hat, ebenso wie seine formellen Qualifikationen. Die meisten Kompetenzfeststellungsverfahren sehen im Portfolio, also der Sammelmappe der Tätigkeiten und biografischen Beschäftigungen auch eine eigene Möglichkeit vor, auch sämtliche formellen Qualifikationsnachweise (Prüfungs- und Arbeitszeugnisse, Diplome usw.) zu sammeln.

Es ist allerdings, wie gesagt, durchaus auch möglich, die Kompetenzfeststellung auf einen Lebensausschnitt – z. B. auch eine Ausbildung – zu beschränken und die dafür relevanten Tätigkeiten zusammenzustellen.

In jedem Fall ist das Ergebnis des ersten Schritts eine – mitunter recht ausladende – Sammlung von Tätigkeiten, die meist gesichtet und auf das Wesentliche reduziert werden muss, um bearbeitbar zu sein. Hier wird auch schnell erkennbar, dass es sinnvoll ist, das Kompetenzportfolio nicht gleich als Lebensbilanz anzulegen, sondern schrittweise vorzugehen. Je früher man damit anfängt und es für jeden neuen Lebensabschnitt weiterführt, desto überschaubarer die Arbeit.

2. Schritt: Einschätzung/Bewertung des Erfolgs
Jede der ausgewählten Tätigkeiten muss man nicht nur konkret beschreiben, so dass deutlich vorstellbar wird, worum es dabei im einzelnen geht, sondern es muss auch der Erfolg eingeschätzt werden: Wie lange, wie oft, wie gut, mit welchen Bewertungen der Umwelt, mit welchen Ergebnissen habe ich jene Tätigkeit ausgeführt? Habe ich es nur mal recht und schlecht versucht, oder habe ich Meisterschaft in der fraglichen Tätigkeit entwickelt? Bin ich vielleicht so gut gewesen, dass ich andere bei dieser Tätigkeit anleiten konnte? Kompetenzfeststellungsverfahren sehen für die Einschätzung des Erfolgs üblicherweise jeweils eigene Skalen vor.

3. Schritt: Der Schluss auf die Kompetenzen
Das Material der gesammelten Tätigkeiten muss nun bearbeitet werden. Das geschieht unter der Leitfrage: Welches Wissen, welche Fertigkeiten, Fähigkeiten und Kompetenzen habe ich durch diese Tätigkeit (neu) erworben (gelernt), welche kommen in den Tätigkeiten zur Erscheinung? Hier liegt die entscheidende gedankliche Wendung: Wenn einer etwas getan, eine Tätigkeit verrichtet hat, dann *kann* er offensichtlich alles das, was man für diese Tätigkeit können muss, dann „manifestieren" sich in der Tätigkeit die Fähigkeiten. Wenn man weiß, was man alles wissen und können muss, um eine Tätigkeit auszuüben, dann kann man auch sagen, was einer weiß und kann, wenn man seine Tätigkeiten kennt.

Wie aber kommt man von den *Tätigkeiten* zu den „dahinter" liegenden, in ihnen in Erscheinung tretenden *Fähigkeiten?* Das ist der entscheidende methodische Punkt der ganzen Kompetenzfeststellung: *Wie kann ich einer Tätigkeit ansehen, was für sie gewusst und gekonnt werden muss?*

Diese Frage hat eine ganz einfache Seite: Wenn jemand lange als Chefkoch in einem besseren Restaurant tätig war, dann *kann* er offenbar kochen (und zwar unabhängig davon, ob er darüber Prüfungen abgelegt und Zertifikate erworben hat). Das gilt für sämtliche *Fachkompetenzen*: Das, was einer ausgeübt hat, kann er ja wohl. Hat man noch zusätzliche Hinweise auf den Erfolg seiner Tätigkeit, kann man auch sagen, wie gut er das kann. Fachkompetenzen sind also relativ leicht zu ermitteln: Sie werden dadurch erfasst, dass man fachliche Tätigkeiten in Fähigkeiten „umformuliert": Hat einer gehobelt, kann er offenbar hobeln.

Damit gibt sich die Kompetenzfeststellung aber nicht zufrieden. Es ist nämlich ziemlich trivial, Tätigkeiten einfach in Fähigkeiten *umzuformulieren*, und es führt berufsbiografisch auch nur begrenzt weiter: Möchte oder muss der Koch, z. B., sich beruflich verändern, weil er seinen Beruf nicht mehr ausüben kann oder will, nützt es ihm und den anderen potenziellen Arbeitgebern relativ wenig, wenn sie nur wissen, dass er kochen kann. Vielmehr interessiert sie eine weitergehende Frage: *Was kann denn einer, der kochen kann?* Das heißt: Welche Kenntnisse, Fertigkeiten, Fähigkeiten und Kompetenzen machen denn eigentlich das „Kochen können" aus? Woraus „besteht" das Kochen können?

Nur wenn man auf diese Ebene „hinter" der Fachkompetenz kommt, kommt man nämlich zu den eigentlichen Handlungskompetenzen, die von der Tätigkeit des Kochens evtl. auf ganz andere Tätigkeiten übertragbar sind: Denn die Handlungskompetenzen, die man für das Kochen braucht und die man beim Kochen erwerben kann, befähigen ja nicht nur zum Kochen, sondern darüber hinaus für weitere, dem Kochen unter Kompetenzgesichtspunkten ähnlichen Tätigkeiten. Z. B. muss einer, der für Kunden kocht, in der Lage sein, alles, was er zum Kochen braucht, so herzurichten und vorzubereiten, dass er das gewünschte Gericht in einem Minimum an Zeit zubereiten kann. Professionelle Köche müssen somit über eine ausgeprägte Kompetenz zur Arbeitsplanung und –vorbereitung verfügen und wirklich gute Organisatoren sein – eine Handlungskompetenz, die natürlich in sehr vielen anderen Tätigkeiten eine Rolle spielt (wie etwa in Pflegeberufen), die mit Kochen auf den ersten Blick rein fachlich nichts gemeinsam haben.

Wie kommt man also auf diese Ebene der übertragbaren Kenntnisse, Fertigkeiten, Fähigkeiten und Kompetenzen, die von der jeweiligen Tätigkeit abgelöst werden können und der Person als generalisiertes Vermögen zur Verfügung stehen? Weit entwickelte Kompetenzfeststellungsverfahren gehen dazu folgenden methodisch strengen Weg:

- sie *beschreiben* zunächst die Tätigkeiten in allen wichtigen Aspekten; dabei können Fragen hilfreich sein wie: Was habe ich wie getan, um die Gesamtleistung zu erbringen? Worauf kam/kommt es bei dieser Tätigkeit besonders an? Was muss/musste man besonders beachten? Wovon hängt/hing der Erfolg der Tätigkeit ab? Ohne welche Teilleistung kann/konnte die Gesamtleistung nicht zustande kommen?
- dann müssen die verschiedenen Teilleistungen, die in der Tätigkeit enthalten sind, *analysiert* werden mit der Frage: Welches Wissen, welche Fertigkeiten, welche Fähigkeiten und Kompetenzen werden benötigt, um die jeweilige Teilleistung zu erbringen?
- das leitet über zur *Interpretation* der analysierten Befunde mit den Fragen: Welches Wissen, welche Fertigkeiten, Fähigkeiten und Kompetenzen von mir werden somit an der Tatsache offenbar, dass ich die Tätigkeit in einem bestimmten Grad der Beherrschung ausgeübt habe? Welches Wissen, welche Fertigkeiten, Fähigkeiten und Kompetenzen musste und konnte ich in der Tätigkeit erlernen, um diese Tätigkeit so gut auszuüben, wie ich es getan habe? Und evtl. auch: Und welche habe ich nicht so gut beherrscht, wie es notwendig gewesen wäre, um perfekt zu sein?

Diese Teilschritte sind das Herzstück des ganzen Weges: Hier geht es um den zentralen Schluss von der Tätigkeit auf die (darin enthaltenen bzw. dadurch „evozierten") Fähigkeiten: Welche Fähigkeiten und Kompetenzen der handelnden Person stecken „hinter" bestimmten Aufgaben, Handlungen usw.? *Um darüber etwas aussagen zu können, dürfen nicht nur Ergebnisse-, sondern müssen die Prozesse dokumentiert werden!* Die reine Dokumentation von Arbeitsergebnissen allein ist *kein* Portfolio, sondern kann allenfalls als *1.Stufe eines Portfolios* dienen, der sich eine *2. Stufe* – die Reflexion zum Sichtbarmachen von Kompetenzen – sowie ggf. eine *3.* – Kommentar Dritter – anschließen muss.

Für diesen Interpretationsschritt sind eine Reihe von bewährten Hilfsfragen und Indikatoren nützlich, die herangezogen werden können, z. B. was fiel mir/fällt anderen schwer? Welche Fehler habe ich (zunächst) gemacht o. ä. Charakteristischerweise kommt man den enthaltenen und geforderten Kompetenzen oft dann auf die Spur, wenn man diejenigen Punkte aufsucht, an denen eine individuelle Intervention erforderlich war, also bei Pannen, Fehlern, Widerständen, Entscheidungen, Wendepunkten, Neuanfängen, Konflikten u. ä., oft also an Stellen, an denen es (zunächst) nicht so gut lief: Hier kann man relativ gut beobachten, was dann nötig war, um diese Tätigkeit „zum Laufen" zu bringen; wenn es dann reibungslos läuft, wird das, was man dafür können muss, oft unbewusst, habitualisiert – und bei der Kompetenzfeststellung muss man diesen Habitualisierungseffekt vorübergehend „rückgängig" machen, um die Kompetenzen wieder bewusst zu machen.

Hier wird eine wesentliche Besonderheit der Kompetenzfeststellung deutlich: *Sie wird im Kern von der betroffenen Person selbst durchgeführt*, die gewissermaßen den „Innenaspekt" ihrer Tätigkeiten selbst erlebt hat. Um das zu tun, muss sie aber einige Dinge *lernen*, so z. B., wie man Tätigkeiten beschreiben kann, wie man in ihnen enthaltene Kompetenzen analysieren und vor allem benennen kann, schließlich auch, wie man das, was man herausgefunden hat, dokumentieren kann, usw. Deshalb ist es sehr sinnvoll, wenn es jemanden gibt, *der die Kompetenzfeststellung anleitet und begleitet und an den richtigen Stellen Ratschläge gibt*.

Eines der großen Probleme der Kompetenzfeststellungsverfahren ist der hohe Aufwand an Schriftlichkeit und damit ihre *Sprachgebundenheit*. Das betrifft zum einen die Kompetenzbegriffe: Viele Namen von Kompetenzen sind nur Fachleuten bekannt und „normal Sterblichen" kaum verständlich, was aber bedeutet, dass sie mit dem Wort auch oft nicht das Phänomen besitzen, also Kompetenzen gar nicht erkennen. Außerdem bedeuten viele Kompetenzbezeichnungen oft sehr Verschiedenes. Hier versucht die Europäische Gemeinschaft derzeit, einen „einheitlichen europäischen Kompetenzrahmen" zu entwickeln, eine Art Lexikon der Kompetenzen, verbunden mit dem Versuch der Vereinheitlichung des Sprachgebrauchs. Im Übrigen müssen sich Personen, die für sich eine Kompetenzfeststellung durchführen wollen, hier von erfahrenen Fachleuten begleiten lassen.

Zum anderen muss aber mit dem Zwang zur *schriftlichen* Dokumentation auch deshalb vorsichtig umgegangen werden, weil nicht jeder Mensch gleich sprachbegabt oder gewohnt ist, mit Sprache differenziert umzugehen. Um z. B. sprachlich benachteiligte Jugendliche und Erwachsene nicht weiter zu benachteiligen, sind grundsätzlich auch andere als schriftliche Dokumentationsformen (z. B. audielle, vor allem künstlerische) zuzulassen. Denkbar ist sogar, dass derjenige, der seine eigenen Kompetenzen feststellen möchte, andere bzw. den Begleiter dafür gewinnt, nach seinem Diktat zu schreiben bzw. mit ihm zusammen die schriftliche Darstellung zu erarbeiten; bei nicht-schriftlichen Darstellungen gehört eine Interpretation des Begleiters dazu, die deutet, was der Autor gemeint hat.

4. Schritt: Objektive Belege
Bis hierhin rekonstruieren die Betroffenen ihre Kompetenzen ganz aus ihrer eigenen Sicht. Das hat den Kompetenzfeststellungsverfahren den Vorwurf eingebracht, „subjektiv" und damit unzuverlässig zu sein: Da könne ja jeder hineinschreiben, was er will, und bei dieser Selbsteinschätzung seien Über- wie Unterschätzungen des eigenen Könnens nicht auszuschließen, bis hin zur reinen „Erfindung".

Die Kompetenzfeststellungsverfahren versuchen, diesen Vorwurf dadurch zu entkräften, dass sie verlangen, für die Tätigkeiten sowie für den Beherrschungsgrad (Erfolg) und für die Kompetenzaussagen so weit wie möglich *objektive Belege* beizubringen. Im Berufsleben werden das in der Regel *Arbeitszeugnisse* sein, es kann sich aber auch um gezielte *Stellungnahmen von Fachleuten* handeln, z. B. von Ausbildern oder Lehrern, die bestätigen, dass die betroffene Person bestimmte Tätigkeiten ausgeübt hat und dabei diesen und jenen Erfolg hatte. Es können dem Kompetenzportfolio als Beleg auch direkte *Stellungnahmen von Lehrern usw. zur Kompetenzanalyse* des Betroffenen beigefügt werden. Das sollte z. B. bei Ausbildungsgängen der Fall sein, bei denen der Ausbilder die Analysen des Auszubildenden kommentieren kann und ihnen damit mehr Geltung verschafft.

Um wirklich erworbene Kompetenzen sichtbar zu machen, darf der Betroffene nicht allein gelassen werden. Begleiter – Lehrer, Ausbilder, externe Fachleute - sind mehrfach gefragt: Sie *kommentieren* die ausgewählten Prozesse *aus ihrer Sicht* (ggf. mit Ergänzungen, Kommentaren, Vertiefungen usw.), sie helfen bei der Identifikation von enthaltenen Kompetenzen (für die sie keine Begriffe haben), und sie helfen bei der Identifikation von Lernlücken und notwendigen nächsten Lernschritten.

Dabei muss es zu einem *Dialog* zwischen Betroffenem und Begleiter kommen, in dessen Verlauf beide ihre Urteile überdenken und weiterentwickeln. Am Ende verfassen beide aus ihrer Sicht einen *Abschlusskommentar*, der ruhig Differenzen aufweisen kann.

5. Schritt: Das „Kompetenzportfolio" und das Kompetenzprofil
Die Tätigkeitsbeschreibungen und die Kompetenzanalysen werden zunächst einmal – mehr oder weniger formgebunden, je nach Verfahren – dokumentiert und im sogenannten *Kompetenzportfolio* gesammelt. Was ins Portfolio (in diesem Sinne wirklich zunächst im Wortsinn nichts anderes als eine Sammelmappe) hineingenommen wird, entscheidet *derjenige, der seine Kompetenzen auf diesem Weg durchleuchtet*. Kriterien können vorher erarbeitet werden, ein Rahmen oder auch einzelne Schwerpunkte können von einem sachkundigen Begleiter vorgegeben oder empfohlen werden.
Das Kompetenzportfolio kann eine ziemlich dicke Mappe werden, die als solche nur schwer für z. B. Bewerbungen zu handhaben ist. Deshalb ist es sinnvoll, aus all den einzelnen Kompetenzanalysen im Portfolio so etwas wie ein übergreifendes *Kompetenzprofil* zusammenzustellen. In diesem Kompetenzprofil werden diejenigen Kompetenzen zusammengefasst bzw. verdichtet, die durchgehend oder zumindest an vielen Stellen auftauchen bzw. die aus der Sicht des Betroffenen besonders viel über ihn aussagen bzw. ihn gut charakterisieren. Die Tätigkeiten, aus denen diese Kompetenzen abgeleitet wurden, können hier dann als Beleg angefügt werden. So erhält man eine *differenzierte und begründete Selbstdarstellung der eigenen Person und ihrer Kompetenzen*, die relativ umfassend ist. Sie ist jedoch kaum für die Öffentlichkeit geeignet, sondern das individuelle Kompetenzprofil dient in erster Linie der *Selbsterkenntnis*: Es ist eine Art Spiegel, in dem der Betroffene auf sich selbst schauen und sich bewusst werden kann, was er alles weiß und kann, wo seine Stärken liegen – und was er mit sich selbst vermarkten, mit welchen „Pfunden er wuchern kann".
Damit ist das Kompetenzportfolio eine vollkommen *individuelle* Selbstdarstellung der einzelnen Person – sowohl was den Inhalt, als auch was die Form angeht. Standardisierungen, die über die äußere Form der Darstellung z. B. in Gestalt von Formularen hinausgehen, sind höchst kritisch zu sehen! *Vergleichbarkeit* ist kein der Portfolio-Methode angemessenes Kriterium, sondern durch das Portfolio gibt wieder, *was dieser individuelle Mensch aufgrund seiner individuellen Lernbiografie kann bzw. gelernt hat.*
Eine Präsentation des Portfolios vor Publikum ist grundsätzlich sinnvoll und kann mit in den Gesamtprozess integriert werden; sie unterscheidet sich von der Präsentation der im Portfolio dokumentierten Tätigkeiten und Arbeitsergebnisse dadurch, dass auch bei ihrer Präsentation stets der Schwerpunkt auf den *Lernerfahrungen* liegt; dementsprechend ist das Publikum auszuwählen, hier stellt sich eine Taktfrage.

6. Schritt: Das „Dossier"
Für Bewerbungen eignet sich das ganze Kompetenzprofil natürlich nicht. Außerdem geht das individuelle Kompetenzprofil in seiner Ausführlichkeit und Genauigkeit keinen Außenstehenden etwas an: Es ist ausschließlich für den Betroffenen selbst gedacht. Für Bewerbungen empfehlen die Kompetenzfeststellungsverfahren einen anderen Weg:
Für die Abnehmer ist immer nur ein Ausschnitt des Kompetenzprofils einer Person interessant. Deshalb muss ein Bewerber für eine Bewerbung aus der Fülle seiner festgestellten Kompetenzen immer diejenigen auswählen und darstellen, die für diese konkrete Bewerbungssituation relevant sind: In gewisser Weise muss er seine Lernbiografie immer wieder neu erzählen, sie neu darstellen.
Möchte sich jemand, der für sich sein Kompetenzprofil erarbeitet hat, auf eine ganz bestimmte Stelle oder um einen bestimmten Zugang etwa zu einem weiterführenden Bildungsgang bewerben, versucht er zunächst, die genauen *Anforderungen seines Bewerbungszieles* zu bestimmen. Bei Stellenanzeigen kann man die z. B. häufig schon aus dem Anzeigentext ablesen, oder man bringt sie durch einen Anruf bei der Kontaktperson in Erfahrung, und/oder man kann sie anhand eigener Überlegungen ergänzen.
Dann wählt man aus der Fülle seines Kompetenzportfolios diejenigen Kompetenzen mit zugehörigen Tätigkeiten aus, die mit jenen Anforderungen übereinstimmen, und stellt sie zu einem speziell für diese Bewerbung „komponierten" *Bewerbungsportfolio* bzw. „*Dossier*" zusammen. Das ist dann auch überschaubar und handhabbar und bietet demjenigen, der Bewerber auswählt, sehr gezielte Informationen über den Bewerber, mit denen er etwas anfangen kann. Das Dossier ist eine *situationsspezifische Auswahl* von Kompetenznachweisen für bestimmte Zwecke nach definierten Anforderungen von außen (z. B. für

spezifische Bewerbungen oder als Grundlage für die Gleichwertigkeitsanerkennung gegenüber bestimmten Abschlüssen).

Aus der Sicht dessen, der sich bewirbt, bedeutet dies, dass er für jede Stelle, um die er sich bewerben möchte, ein eigenes, speziell darauf zugeschnittenes „Dossier" zusammenstellen muss, dass er sich also für jede Bewerbung selbst neu und verändert darstellt, seine Biografie gewissermaßen neu erzählt, und zwar so, wie sie zu dieser Bewerbungssituation am besten passt. Dies zu können, ist eine wesentliche Grundlage des *„Self-Marketing"*, d. h. der Fähigkeit, sich selbst zu vermarkten, der sogenannten „Laufbahnplanungskompetenz" (wozu auch gehört, sich um „unpassende" Stellen u. ä. besser gar nicht zu bewerben). Der Weg über situationsspezifische Dossiers dient auch dem Schutz davor, für Fremde ein „gläserner Mensch" zu werden: Seine Würde verlangt, dass *er selbst darüber entscheidet und auswählt, was er wem von sich mitteilen möchte.*

Bei Bewerbungsportfolios ist es ferner wichtig, dass Dritte die Prozesse als tatsächlich stattgefunden *bestätigen* und dass sie das vom Betroffenen Ausgewählte *in einen größeren Zusammenhang einordnen* (z. B. der Klassenstufe, oder der sonstigen Leistungen des Schülers oder Auszubildenden); *dieser* Kommentar richtet sich nicht mehr an den Betroffenen, sondern an die *Leser* des Portfolios zu deren besserem Verständnis.

Bewerbungsverfahren anhand von Kompetenznachweisen zwingen Abnehmer, ihre Anforderungen und Erwartungen an die Kompetenzen eines Bewerbers im Voraus klar zu beschreiben. Sie müssen einen *„Referenzrahmen"* beschreiben, nach dem man das Dossier zusammenstellen kann. Je genauer ein Abnehmer das gewünschte Kompetenzprofil beschreiben kann, desto spezifischer und passgenauer kann der Bewerber aus all seinen festgestellten Kompetenzen diejenigen zu einem Bewerbungsprofil auswählen und zusammenstellen, die für den Abnehmer Bedeutung haben. Der Abnehmer muss sich also darüber klar werden, was er will. Wird dies konsequent gehandhabt, reduzieren sich die Bewerberzahlen.

Für die Abnehmer sind letztlich nicht Prüfungsleistungen, sondern tatsächlich vorhandene Handlungskompetenzen wichtig. Deshalb ist es für sie interessant, sinnvoll und aktuell, wie Handlungskompetenzen nachgewiesen werden können. Ob jemand bestimmte Kompetenzen besitzt, erkennt man allein daran, dass und wie er Handlungssituationen bewältigt, in denen diese Kompetenzen gefordert werden. Handlungskompetenzen sind damit grundsätzlich nicht „abprüfbar" im Sinne von „abfragbar". Herkömmliche mündliche oder schriftliche Prüfungen können allenfalls feststellen, ob der Prüfling „weiß, wie es geht", nicht aber, ob er es auch „kann". Praktische Prüfungen reduzieren die Komplexität realer Handlungssituationen und damit den Kompetenzbegriff auf einen isolierten Aspekt von Fachlichkeit. Erst moderne „handlungsorientierte" Prüfungsformen bzw. Auswahlverfahren wie das AC versuchen, den genannten Grundsatz zu berücksichtigen, indem sie in der Prüfungssituation Aufgaben stellen, bei denen der Prüfling handeln muss. Das ist aber natürlich immer nur punktuell und ausschnittsweise und in „künstlichen" Situationen möglich.

Handlungsorientierte Prüfungen werfen aber nicht nur erhebliche Beobachtungs- und Bewertungsprobleme auf, sondern sie sagen auch streng genommen nichts darüber aus, wie kompetent der Prüfling in der Echtsituation handeln würde, denn sie können Echtsituationen immer nur simulieren. Hinzu kommen prüfungsbedingte Artefakte und Verzerrungen (wie die Beobachtungssituation, der Prüfungsstress u. ä.), und schließlich teilen sie mit allen Prüfungen den entscheidenden Nachteil der Momentaufnahme mit allen damit verbundenen Unwägbarkeiten. Außerdem sind diese Prüfungen im Grunde bereits „Kompetenzfeststellungen", allerdings auf methodisch höchst fragwürdiger Grundlage.

Die modernste anerkannte Prüfungsform – die „Betriebliche Aufgabenstellung" – vermeidet die genannten Probleme der handlungsorientierten Prüfungen und stellt den Durchbruch dar zum prüfungsfreien Kompetenznachweis. Diese Prüfungsform verlässt im Prinzip bereits die „Testlogik" und greift stattdessen auf eine „Feststellungslogik" zurück: Wenn der Prüfling jene betriebliche Aufgabenstellung in seinem Einsatzfeld unter realen Bedingungen erfolgreich bewältigt hat (und sein Ausbilder oder Vorgesetzter dies bestätigt), dann *kann* er offenbar das, was man für diese Aufgabe können muss. Das Fachgespräch darüber dient eher der Verifizierung der selbständigen Bearbeitung und hat nichts mehr mit einer herkömmlichen Prüfung zu tun.

Betriebliche Aufgabenstellungen als Prüfungsform haben jedoch noch *zwei typische Nachteile von Prüfungen*: Sie bleiben punktuell (sind also eigentlich nur beschränkt aussagefähig) und machen die Kompetenzen nicht explizit. Sie sagen also nichts darüber aus, *welche* Kompetenzen der Prüfling denn nun dadurch unter Beweis stellt, dass er jene Aufgabe erfolgreich bearbeitet hat, sondern bleiben auf ein abstraktes Gesamt-

urteil fixiert („bestanden" oder nicht bzw. Bestätigung der Facharbeiterqualifikation o. ä.).
Kompetenzfeststellungen auf der Basis eines Portfolio erfassen demgegenüber breite formelle und informelle Lernprozesse auf den verschiedensten Gebieten, und sie beschreiben Kompetenzen bzw. Kompetenzprofile *qualitativ-inhaltlich*. Potentiell können Kompetenzen aufgrund einer im Prinzip unbeschränkten Fülle von erfolgreich bewältigten Handlungssituationen aus unterschiedlichen Phasen einer Lernbiografie festgestellt und dokumentiert und zu einem die Person und ihr Können breit abbildenden Kompetenzprofil verdichtet werden. Dabei handelt es sich immer um eine charakterisierende Beschreibung, die inhaltlich aussagekräftig ist.

Für die „Abnehmer" von Absolventen hat dies den Vorteil, dass sie ganz konkret erfahren, in welchen Handlungssituationen sich jemand erfolgreich bewegt hat und welche Handlungskompetenzen man von ihm infolgedessen erwarten kann. Damit wissen sie nicht nur, wie „gut" einer in Fächern war, die mit den praktischen Handlungsanforderungen in Ausbildung und Beruf nichts zu tun haben, sondern sie wissen, auf welchen Feldern er sich tatsächlich als handlungsfähig erwiesen und welche Kompetenzen er unter Beweis gestellt hat. Das Verfahren ist transparent, konkret und stärkenorientiert, und es bildet umfassend ab, was der Bewerber kann und über sein Können mitteilen möchte

Wird mit Kompetenznachweisen gearbeitet, müssen die Abnehmer nicht mehr anhand von Schulnoten vorselektieren, sondern sie können eine „Passung" aufgrund des Vergleichs des spezifischen Kompetenzprofils des Bewerbers mit dem Anforderungsprofil der Stelle bzw. des weiterführenden Bildungsgangs feststellen. Schulnoten sagen anerkanntermaßen wenig bis nichts über das Können eines Menschen aus, und ihre prognostische Kraft im Hinblick auf den Erfolg in Beruf und Leben ist bekanntlich eher gering. Auswahl anhand von Noten ist daher ungerecht und eigentlich völlig unsachgemäß. Dennoch halten viele Abnehmer daran fest, weil es halt praktisch ist, wenn man Bewerberfluten bewältigen will. Situationsspezifisch aufbereitete Kompetenznachweise könnten ähnlich praktikabel sein, wenn das „Schloss" so genau definiert und priorisiert ist, dass sich auf einen Blick erkennen lässt, ob der „Schlüssel" passt.

Fassen wir die Schritte zusammen:
- Grundsätzlich führt man eine Kompetenzfeststellung *für sich selbst* durch, evtl. mit Hilfe eines Experten
- Auswahl von repräsentativen Tätigkeiten
- Beschreibung der wesentlichen Abläufe dieser Tätigkeiten und ihres Erfolgs
- *Erschließen* der darin sichtbar gewordenen bzw. („informell") erlernten Kompetenzen (Was kann ich offenbar gut, wenn ich das gekonnt habe?)
- Dokumentation im sogenannten „Portfolio" (= Sammelmappe)
- Evtl. Verdichtung zum individuellen Kompetenzprofil mit Kompetenzschwerpunkten
- Bei Bedarf Zusammenstellung gezielter *Kompetenzdossiers* aus dem Portfolio-„baukasten" entsprechend einem gegebenen Referenzrahmen (z. B. Bewerbungen)

Die Klippen der Kompetenzfeststellungsverfahren und ihre Lösung

Problem	Lösungsbemühen
die Fülle des „Stoffes" (Tätigkeiten)	Beschränkung auf Relevantes, Repräsentatives, Exemplarisches
Zuverlässigkeit (Wahrhaftigkeit)	Belege durch Dokumente wie Zeugnisse, Bescheinigungen bzw. persönliche Testimonials
der Schluss von den Tätigkeiten auf die Fähigkeiten (Kompetenzen)	systematische Schulung
Erinnerungslücken, Erinnerungs-„färbungen"	Einbeziehen von Dokumenten, Objekten, Ergebnissen
benötigte sprachliche Kompetenz	Vereinfachung, persönliche Formulierungshilfe
großer Aufwand	Reduktionsversuch durch Formalisierung und Standardisierung
heterogene Begrifflichkeit	Entwicklung einheitlicher Begriffsrahmen (z. B. Europäischer Kompetenzrahmen)

Vertiefende und ergänzende Beiträge

zu Teil 6
Defizite des deutschen Bildungssystems im Spiegel der EU-Vorschläge

Michael Brater:
    Bemühungen um die Flexibilisierung der Berufsordnungen   496

Michael Brater
Bemühungen um die Flexibilisierung der Berufsordnungen

Bei aller berechtigten Kritik an der Starrheit und Innovationsfeindlichkeit des deutschen Berufssystems und seiner gesetzlich verankerten, genau umrissenen „Berufsbilder" und „Ausbildungsrahmenpläne" dürfen die Bemühungen vor allem des Bundesinstituts für Berufsbildung um eine *Flexibilisierung* des Berufssystem in den letzten 20 Jahren nicht übersehen werden. Hier setzte ein Politikwandel ein hin zu einer eher breiten beruflichen Grundbildung, die auch nach der Ausbildung noch relativ kurzfristig neue Spezialisierungen und schnelles Umlernen ermöglichen soll.

Das begann mit der Neuordnung der Metall- und Elektroberufe im Jahr 1984. Hier wurde nicht nur ein neues System der schrittweisen Spezialisierung auf der Basis einer gemeinsamen berufsfeldbreiten Grundbildung eingeführt, sondern hier wurden die Inhalte des Berufs, das konkrete Arbeitsvermögen neu gefasst. Wurden in der Berufsausbildung bisher „Kenntnisse und Fertigkeiten" vermittelt, so taucht nun der Begriff der „Qualifikation" auf: Während eine „Fertigkeit" z. B. darin bestand, mit einer Werkzeugmaschine eines bestimmten Typs einen bestimmten Bearbeitungsschritt zu vollziehen (und diese Fertigkeit veraltete, wenn dieser Maschinentyp durch einen anderen oder gar durch eine neue Technologie ersetzt wurde), bedeutet „Qualifikation" die Fähigkeit, bestimmte berufliche Aufgaben zu lösen, unabhängig von der Art der Werkzeuge, Maschinen und Hilfsmittel. Eine „Qualifikation" in diesem Sinne ist also allgemeiner, unabhängiger von einem bestimmten Technikstand und offener gegenüber betrieblichen Unterschieden, und sie wird nicht dadurch entwertet, dass technische Veränderungen eintreten, solange jedenfalls, wie die auf verschiedenen möglichen Wegen zu erfüllende Aufgabe überhaupt noch von Menschen erledigt wird.

Die Neuordnungstätigkeit wurde in diesen Jahren stark ausgebaut und durch verschiedene Entbürokratisierungsmaßnahmen erheblich verkürzt (eine Neuordnung kann heute bereits in ein bis zwei Jahren abgeschlossen sein, gegenüber früher bis zu zehn (!) Jahren); seit dem Jahr 2000 wurden rund 76 modernisierte und 26 neue Berufe in Kraft gesetzt. Allein im Jahr 2004 waren es über 30, im Jahr 2005 waren es 21. Dies ist der größte Modernisierungsschub seit 1969, als das Berufsbildungsgesetz in Kraft trat. Deutlich mehr als die Hälfte neuer Ausbildungsverträge werden heute in kürzlich neu geordneten Berufen abgeschlossen.

Ein wichtiges Instrument zur Individualisierung der Ausbildung bzw. zu ihrer flexiblen Anpassung an spezielle Bedarfe der einzelnen Unternehmen sind seit einigen Jahren die sog. *Zusatzqualifikationen*[1]. Ausbildungsbetriebe können demnach im Rahmen der dualen Ausbildung zusätzliche Lerninhalte anbieten, die auch offiziell anerkannt und im Abschlusszeugnis zertifiziert werden. Diese Zusatzangebote dienen den Ausbildungsbetrieben als flexibles Instrument, sich auf einen veränderten Bedarf an Qualifikationen und Nachwuchskräften einzustellen. Das Instrument der Zusatzqualifikationen hat sich auch als Ansatz zur Begabten- bzw. Eliteförderung in der Berufsbildung erwiesen. Es flexibilisiert die Ausbildungsrahmenpläne erheblich und schafft Freiräume für vom Betrieb zu definierende Ausbildungsinhalte.

Seit der Neuentwicklung der IT-Ausbildungsberufe 1997 ist der Durchbruch zu gestaltungsoffeneren Ausbildungsberufsbildern gelungen, d. h. zu Berufsbildern, die von vornherein auf Regulierungen in bestimmten definierten Bereichen verzichten, sondern deren Ausgestaltung den ausbildenden Betrieben überlassen. Bisheriger Höhepunkt dieser Entwicklung ist die Neuordnung der Metall- und Elektroberufe 2003, vor allem im Hinblick auf zwei geradezu revolutionäre Elemente: Das letzte Halbjahr der Ausbildung wird inhaltlich bewusst offen gelassen und kann vom Betrieb mit seinen dann aktuellen Inhalten gefüllt werden, und ein wesentlicher Teil der Abschlussprüfung besteht in einem sog. betrieblichen Auftrag.[2] Das heißt, hier werden keine Prüfungsaufgaben von außen gestellt, sondern der Betrieb bescheinigt, dass der Kandidat eine vorher mit dem Prüfungsausschuss abgestimmte reale betriebliche Aufgabe erfolgreich erledigt hat, die er auch nur mit den betriebsüblichen Mitteln dokumentieren muss. Der Prüfungskommission bleibt nur noch ein offenes Fachgespräch darüber. Abschlussprüfungen können heute teilweise handlungsorientiert gestaltet werden, um den Anforderungen an die Ausbildung von Handlungskompetenzen Nachdruck zu verleihen.[3]

Zu den Flexibilisierungsbemühungen der 1980er Jahre gehören ferner neben verschiedenen Gabelungsmöglichkeiten in der Berufsausbildung auf einer relativ breiten gemeinsamen Grundlage verschiedene Formen der Verzahnung und Überlappung von Aus- und Weiterbildung. Die Abhängigkeit der Ausbildung im dualen System von der Wirtschaftslage versucht man schon immer durch „subsidiäre" Strukturen auszugleichen: Bildet die Wirtschaft zu wenig aus; wird die Ausbildungskapazität der vorhandenen außerbetrieblichen Ausbildungen erhöht; die Diskussion um die Finanzierung (Ausbildungsabgabe) ist bekannt. Berufsförderungsmaßnahmen für nicht ausbildungsreife Jugendliche und ein System ausbildungsbegleitender Hilfen (ABH) sollen die mitunter auftretende Kluft zwischen individueller Leistungsfähigkeit der Jugendlichen und den hohen Anforderungen der Ausbildung überbrücken helfen.

In den Berufsschulen wird (seit ca. 1998) das sog. „Lernfeldkonzept" eingeführt[4]: Lernfelder beschreiben für den berufsbezogenen Unterricht komplexe, inhaltlich zusammengehörende thematische Einheiten, denen berufliche Handlungsfelder zugrunde liegen. Sie begünstigen einen handlungsorientierten Unterricht und fördern die Berufskompetenz (lösen allerdings zurzeit auch einen Grundsatzstreit über die Vor- und Nachteile von Handlungs- oder Fachsystematik aus). Es gibt sehr viele (allerdings bisher meist nur modellhafte) Ansätze, um die Kooperation zwischen Betrieb und Berufsschule zu verbessern. Die Aktivitäten betreffen gemeinsame Projekte, Abstimmungsverfahren und Zusammenarbeit bei Prüfungen. Es wurden u. a. sogenannte Kooperationsstellen eingeführt. In diesen Kooperationsstellen treffen sich Ausbilder, Lehrer und andere an der Berufsausbildung beteiligte Akteure in regelmäßigen Abständen, um den Ausbildungsprozess gemeinsam zu gestalten.

Das alles heißt: Die Berufsform wird zunehmend geöffnet, individualisiert und zur äußeren Hülle, in der ganz unterschiedliche, in der jeweiligen Situation jeweils aktuelle Inhalte enthalten sein können. Die Berufsordnungsverfahren unterliegen einer zunehmenden „Deregulierung" hinsichtlich der Festlegung von Qualifikationsinhalten, während die Form des Berufs als beschreibbarer und prinzipiell vergleichbarer Kanon von beruflichen Qualifikationen, die systematisch ausgebildet und durch eine Abschlussprüfung bestätigt werden, jedoch prinzipiell (noch) gewahrt bleibt.

In der KMK gibt es ferner seit 2002 Überlegungen zur Einführung von sog. „Basisberufen". Basisberufe werden verstanden als Ausbildungsberufe, die durch Vermittlung eines breiten beruflichen Orientierungswissens gekennzeichnet sind, an das sich ergänzendes Vertiefungswissen anschließen kann. Fundamentale Qualifikationsziele können nach den Grundfunktionen der Berufe (z. B. Produzieren, Dienstleisten, Gestalten) gruppiert werden.

Die Bezugspunkte der Basisberufe sind Arbeitszusammenhänge und -prozesse und nicht mehr ausschließlich spezifische berufliche Tätigkeiten, die in Form der exemplarischen Fachbildung aber weiterhin in der Ausbildung enthalten sind. Die Ausbildung in Basisberufen bildet die Grundlage für ein Berufskonzept, das die Notwendigkeit lebenslangen Lernens einschließt. Die Verknüpfung der Ausbildung mit der Weiterbildung ist hier deshalb gegeben, weil die erforderliche betriebsspezifische Spezialisierung nur noch begrenzt innerhalb der beruflichen Erstausbildung stattfindet. Hierbei handelt es sich jedoch lediglich um ein Konzept, das bisher noch nicht umgesetzt wurde.

Alle diese Bemühungen um flexiblere Strukturen der Berufsform kommen aber an eine logische Grenze: Wenn man irgendetwas Bestimmtes gelernt hat, hat man ganz viel Anderes eben nicht gelernt, und damit erweist sich die *Fachlichkeit von Qualifikationen* als solche als das eigentliche Flexibilitätshindernis im permanenten Wandel. Hier setzt nun der nächste Akt im Drama der Relativierung der Berufsform an.

Er beginnt mit einem eher als Gedankenexperiment gemeinten Aufsatz von Dieter Mertens aus dem Jahr 1974[5], in dem er den Begriff der *Schlüsselqualifikationen* kreierte. Mertens hatte beobachtet, dass Reichweite und Anwendbarkeit beruflicher Qualifikationen sehr unterschiedlich sind. So gibt es manche Qualifikationen, wie etwa das Hohlglasblasen, die auf ein einziges Anwendungsfeld beschränkt sind, und andere, wie etwa technisches Verständnis, logisches Denken, Teamfähigkeit, die sich in sehr vielen bzw. fast allen Berufstätigkeiten finden. Die letzteren nannte er „Schlüsselqualifikationen", d. h. Qualifikationen, die von speziellen beruflichen Einsatzbedingungen weitgehend unabhängig und ziemlich universell einsetzbar sind und somit einen „Schlüssel" zu einer Vielzahl von beruflichen Betätigungen eröffnen. Man entdeckte, dass Berufstätigkeit generell keineswegs nur auf fachlichen Qualifikationen beruht, sondern dass diese überhaupt erst zum Tragen kommen können, wenn sie sich mit bestimmten „Anwendungsqualifikationen" verbinden, die wiederum berufsübergreifend sind. Dazu gehört z. B. die Fähigkeit, mit anderen zusammen im Team zu arbeiten, mit allen weiteren sozialen Anforderungen, die damit verbunden sind. In jedem Beruf muss man sich konzentrieren können, man solle kostenbewusst sein und zuverlässig, u.v.a.m.

Lange Kataloge von solchen Schlüsselqualifikationen entstanden, alle mit offenem Ende. Besonders interessierten dabei jene, die unmittelbar etwas mit der Bewältigung des Wandels zu tun haben: Flexibilität wurde selbst als persönliche (Grund-)Fähigkeit bzw. innere Haltung aufgefasst, eben als eine Schlüsselqualifikation. Lernbereitschaft bzw. Lernfähigkeit war und ist eine weitere persönliche Voraussetzung, um den Wandel zu meistern, die nun plötzlich im Zentrum der Berufsbildung stand.

Schlüsselqualifikationen wurden als die Lösung des beruflichen Flexibilitätsproblems gewissermaßen ex ovo betrachtet: Menschen mit so vielen Schlüsselqualifikationen und mit den allgemeinen Grundlagen für ein breites Fachgebiet auszustatten, die, auf keinen bestimmten Zustand der Arbeitswelt festlegen, sondern (in einem Fachgebiet) allgemeine berufliche Handlungsfähigkeit (einschließlich der Fähigkeit, sich relativ kurzfristig in eine spezielle Aufgabe einzuarbeiten) begründen und damit ihren Inhaber in die Lage versetzen, auch jede neue Situation zu bewältigen. Die Grenzen des Berufs weiten sich zu einer sehr allgemeinen Abgrenzung eines Fachbereichs, für den die qualifikatorischen Grundlagen und die Voraussetzungen für ständiges flexibles Lernen geschaffen werden und innerhalb dessen die Arbeitenden sich relativ frei bewegen können. Dieses Konzept findet sich in der Konzeption der „Beschäftigungsfähigkeit" wieder, die in der EU den Beruf als Leitziel der beruflichen Bildung ersetzen soll.

Der Schlüsselqualifikationsgedanke wurde in den 1980er Jahren in der Berufsbildung begierig aufgegriffen und im Grunde bis heute immer weiter verfolgt, zwar nicht in der radikalen Form einer Auflösung des Berufs, aber doch etwa mit folgender Überlegung: Wenn es gelänge, in die einzelnen Berufe möglichst viele solche quasi-universellen Schlüsselqualifikationen ‚einzubauen' und sie auszubilden, dann könnte man den Arbeitenden entscheidend helfen, mit dem stetigen Wandel zurechtzukommen und sich problemlos auf immer wieder neue Verhältnisse und Anforderungen einzustellen, so lange diese sich im jeweiligen Fachgebiet abspielen. Kern eines Berufsbilds bleiben nach wie vor fachliche Qualifikationen, wenn auch deutlich relativiert. Jeder, der mit Beruf und Berufsbildung zu tun hat, weiß nun, dass eine hohe Fachlichkeit alleine nicht ausreicht, um einen Beruf erfolgreich auszuüben, sondern dass eine ganze Reihe von ‚fachübergreifenden Qualifikationen' dazu kommen muss, deren Profil von Beruf zu Beruf unterschiedliche Schwerpunkte haben kann. Die Neuordnung 1984 erweitert den Qualifikationsbegriff um diesen Aspekt: Eine ‚Qualifikation' ist ein Bündel subjektgebundenen Wissens und Könnens, das zur Ausführung bestimmter Aufgaben befähigt. Was an Schlüsselqualifikationen dazugehört, bleibt unbenannt und implizit, wird jedoch Aufgabe der beruflichen Bildung.

Zu Beginn des 21. Jahrhundert tritt die Diskussion um die Schlüsselqualifikationen in eine neue Phase ein: Zum einen erweisen sich die immer neuen immer endloseren Kataloge solcher Schlüsselqualifikationen als nicht weiterführend. Zum anderen wird deutlich, dass sich der Wandel im Beruf nicht organisatorisch und nicht durch einzelne besondere Qualifikationen bewältigen lässt, sondern dass letztlich die Arbeitenden selbst den Weg finden müssen, wie sie das, was sie können, auf neue Situationen übertragen, bzw. wie sie mit dem, was sie können, selbst zu initiativen und innovativen Akteuren des Wandels werden können.

In der Arbeitswelt selbst trat ein neuer Aspekt des Wandels nun verstärkt in den Vordergrund, nämlich seine *Unvorhersehbarkeit und Offenheit.* Der Charakter der (menschlichen) Arbeit selbst hat sich auf vielen Gebieten verändert – weg von einer regelhaften Anwendung richtiger Mittel zum Erreichen vorgegebener Ziele – hin zum Bewältigen offener, unbestimmter Situationen. Arbeit beginnt damit, gegebene Situationen erst einmal zu erkunden, um herauszufinden, worum es geht und was erreicht werden soll und um die dazu geeigneten Mittel auszuwählen und einzusetzen. Dieser Aspekt des Wandels hat erhebliche Konsequenzen für die Anforderungen an die Arbeitenden: Diese müssen in der Lage sein, sich auf *offene Prozesse,* d. h. auf eine unbestimmte Arbeitssituation einzulassen, in der es kaum Normen und Regeln gibt und man auch nicht von klaren Zielvorstellungen ausgehen kann, sondern in denen man sich wahrnehmungsgeleitet vorantastet und schließlich zu einem sachgemäßen Ergebnis kommt, das sich aber erst aus dem Prozess ergibt. Seit Ende der 1990er Jahre wird auf diesem Feld viel geforscht, um die Besonderheiten des Arbeitshandelns in solchen Situationen beschreiben zu können, die sich mit dem klassischen zielbezogenen Arbeitsbegriff nicht mehr fassen lassen. Von „subjektivierendem Arbeitshandeln"[6] bzw. von „erfahrungsgeleitetem Handeln"[7] oder auch „künstlerischem Handeln"[8] ist hier nun die Rede.

Diese Forschungen gehen über die Schlüsselqualifikationsdiskussion hinaus und heben sie auf eine neue qualitative Ebene. Nun tritt nämlich die *Selbstverfügung der Arbeitenden* über die Anwendung ihres fachlichen Wissens und Könnens in einer von ihnen selbst zu konkretisierenden Situation in den Mittelpunkt der Aufmerksamkeit. Diese neue Qualität drückt sich in der zunehmenden Ablösung des Schlüsselqualifikationsbegriffs aus, der ersetzt wird durch den – nun neu definierten, präzise bestimmten – Begriff der *Kompetenz*. Kompetenzen sind etwa für John Erpenbeck „*Dispositionen für selbstorganisiertes Handeln*"[9]: ‚Dispositionen' – das heißt nicht spezifische Qualifikationen, sondern eine allgemeine personale Haltung, eine Art Hintergrundbereitschaft; ‚selbstorganisiertes Handeln' – das heißt selbstbestimmtes, eigeninitiiertes Handeln, kein Handeln nach Vorgabe, sondern nach den Erfordernissen der Situation und den eigenen Intentionen. Kompetenz ist damit eigentlich keine Fähigkeit, und Kompetenz kommt nicht zu den fachlichen Qualifikationen ‚dazu', sondern bezeichnet eine Art Beherrschungs- und Verfügungsgrad über diese (fachlichen) Qualifikationen. Zugleich bleibt Kompetenz aber ein Merkmal der Person, das sich auf unterschiedliche fachliche Inhalte bezieht. Kompetenzen sind „Befähigungen, mit neuen Situationen und bisher unbekannten Handlungsanforderungen erfolgreich umgehen zu können"[10].

Berufe als ‚Kompetenzbündelungen' zu betrachten statt als Kombinationen von inhaltlich bestimmen Qualifikationen ist viel mehr als ein Wechsel der Wortwahl. Es bedeutet nämlich: Die Berufsausbildung soll nicht nur bestimmte Inhalte vermitteln, sondern *anwendungsoffene Werkzeuge*, über deren Verwendung und Einsatz die Arbeitenden in der jeweiligen Situation selbständig entscheiden können (und müssen). Berufe sind gewissermaßen Werkzeugkästen geworden, die ein breites, von konkreten betrieblichen Arbeitssituationen abgelöstes, gleichwohl auf sie beziehbares Qualifikationsinstrumentarium enthalten. Die Stufe der ‚Kompetenz' setzt die Berufstätigen in die Lage, mit diesem Instrumentarium vielfältige unvorhersehbare und nicht planbare Situationen, die Wechselfälle des Wandels zu bewältigen. Damit ist eine neue Qualität der Berufsform erreicht: Der Bezug des Berufs zu *bestimmten* betrieblichen Einsatzsituationen ist vollständig gelöst, es geht nur noch um die souveräne, selbstgesteuerte Verfügung des Arbeitenden über sein berufliches Wissen und Können zur Bewältigung von im Voraus nicht näher festlegbarer, unbestimmter Aufgaben. Der Arbeitende mit abgeschlossener Ausbildung soll fähig sein, solche Aufgaben – wie immer sie aussehen – mit Hilfe seines Werkzeugkastens selbständig und originell zu lösen. Damit verliert der Beruf den direkten Arbeitsplatzbezug seiner früheren Formen und wird zur sozialen Form der Ausstattung der berufstätigen Person für selbständiges berufliches Handeln in unvorhersehbaren Situationen seines Fachgebiets.

In der Neuordnung der industriellen Elektroberufe 2003 sind diese neuen Prinzipien der Berufsgestaltung bisher am weitesten realisiert: Für die insgesamt sieben Elektroberufe gibt es eine gestufte gemeinsame Grundbildung und gemeinsame ‚Kernqualifikationen' (z. B. Planen und Organisieren der Arbeit, Bewerten der Arbeitsergebnisse), die mit den jeweiligen Fachqualifikationen der Einzelberufe integriert vermittelt werden sollen.[11]

Die Realität am Arbeitsmarkt, so wird deutlich, hat die *Vorstellungen* vom Beruf längst überholt. Das hat enorme Folgen für die Berufstätigen: Sie müssen sich nun immer mehr auf ein Berufsleben voller möglicher Wechselfälle einstellen, vor denen sie ihr Beruf nicht mehr zu schützen vermag, die er aber auch nur schwer mit vollziehen kann. Die Flexibilitätsgrenzen der bestehenden beruflichen Strukturen müssen kompensiert werden durch Flexibilität und Wechselbereitschaft als subjektive ‚Tugenden', der alte Tugenden wie die ‚Berufsverbundenheit' und ‚Betriebstreue' entgegenstehen. Eine Art Wertewandel setzt ein, in dem Kritiker wie Richard Sennet[12] die Bedrohung langfristiger Perspektiven erkennt, die durch die Orientierung am „Flüchtigen" abgelöst werden.

Das Problem reicht tiefer. Im Unterschied zum alten Muster geordneten beruflich-biografischen Wandels, der „Karriere", kommen die Wendungen und Brüche in der Berufsbiografie nun allesamt von *außen*, und zwar *ungeplant und unberechenbar*. Das ist ein Charakteristikum des stetigen Wandels. Wenn berufliche Qualifikationen „veralten", dann hat das nichts mit dem Berufstätigen zu tun, der irgendetwas falsch macht, sondern mit einem Wandel der Arbeitstechniken und -abläufe, die wie eine Art Schicksal über ihn kommen und für ihn persönlich Berufsverlust und die Notwendigkeit einer Neuorientierung bedeuten. Seine Biografie droht, zum Spielball anonymer, für ihn kaum durchschaubarer Mächte zu werden. Kontinuität, so etwas wie ein ‚roter Faden' in der Berufsbiografie – die bisher vom Lebensberuf garantiert wurden – gibt es unter diesen Bedingungen für den Einzelnen kaum mehr; es wird schwer, Identität als biografisch bewährte Einheit der Person, soweit sie an den Beruf gebunden ist, aufzubauen und zu wahren. „Wie kann ein Mensch in einer Gesellschaft, die aus Episoden und Fragmenten besteht, seine Identität und Lebensgeschichte zu einer Erzählung bündeln?", fragt Sennett.[13] Wo der Lebensberuf zerfällt, drohen die Berufstätigen zu ‚Kartoffeln' zu werden, deren ‚Koch' anonym und unerkennbar im Hintergrund bleibt.

Der Beruf als „Arbeitskräftemuster" wird also, biografisch gesehen, lediglich zu einer Art Startaufstellung für einen ansonsten offenen, unbestimmten und unvorhersehbaren Prozess namens Berufsbiografie. Da liegt es nahe, sich zu fragen, wie er denn beschaffen sein müsste, damit er seinem Inhaber möglichst gute Voraussetzungen bietet, um die kommenden Abenteuer zu bestehen.

Eine wichtige Anwendung des Denkens in Kompetenzen statt Qualifikationen findet sich im Zusammenhang mit den Problemen, die sich aus dem stetigen Wandel für die Berufsbiografien ergeben. Die Gefahr, zum Spielball äußerer Mächte zu werden und Kontinuität und Zusammenhang in der eigenen Biografie zu verlieren, kann mit dem Kompetenzbegriff zumindest gedanklich gebannt werden: Claudia Munz hat gezeigt, wie „berufsbiografische Gestaltungsfähigkeit"[14], als Kompetenz verstanden, den Einzelnen aus seiner passiven Rolle herauslöst und trotz aller Fremdbestimmung den Anspruch der aktiven Gestaltung seines Berufslebenslaufs enthält. Kompetenzen sind eben auch „Fähigkeiten, mit denen die Person selbstorganisiert und selbstgestaltend umgehen kann, um eine offene Zukunft produktiv und kreativ zu bewältigen und biografisch zur Produzentin ihrer eigenen Entwicklung zu werden"[15].

Die Debatte um die Schlüsselqualifikationen hat das Flexibilitätsproblem von der Strukturebene auf die Ebene des persönlichen Verhaltens und der persönlichen Fähigkeiten der Berufstätigen verlagert. Wandlungen in der Arbeitswelt können aufgefangen und umgesetzt werden, wenn sich die Berufstätigen flexibel verhalten und in der Lage sind, sie in gewandeltem Verhalten zu verarbeiten. Die dafür notwendigen persönlichen Voraussetzungen sollten sie (spätestens) in der Berufsbildung vermittelt bekommen. Hier müssen ihnen Kompetenzen vermittelt werden, bzw. hier müssen ihre Qualifikationen auf die Stufe der Kompetenz gehoben werden. Die kompetenzorientierte Wende in der Berufsbildung ist eine Frage nicht der Berufsstruktur und -konstruktion, sondern der beruflichen Bildung.[16]

Die Berufsbildung, die bis dahin ausschließlich dem fachlichen Eintrainieren diente, soll seit den 1980er Jahren Schlüsselqualifikationen wie Lernbereitschaft, Teamfähigkeit und Flexibilität, nach der kompetenzorientierten Wende auch Dispositionen zu selbstorganisiertem Handeln fördern – Fähigkeiten, die offenbar der Person nicht äußerlich bleiben, sondern etwas mit ihrer inneren Ausstattung, mit ihrem ‚Charakter', mit ihrer ‚Persönlichkeit' zu tun haben. Berufsbildung bekommt damit ‚Persönlichkeit bildende' Aufgaben[17] oder, anders gesagt, sie muss Erziehungsaufgaben übernehmen. Die entscheidende Frage war zunächst: Wie kann man Schlüsselqualifikationen gezielt und bewusst vermitteln? Das ist die berufspädagogische Kernfrage der 1980er und 1990er Jahre. Schnell wurde klar, dass man sie überhaupt nicht ‚lehren' kann wie fachliches Wissen oder fachliches Können: Ein Vortrag über die Wichtigkeit von Flexibilität macht noch lange nicht flexibel, wie es auch kaum einen ‚Kurs für Flexibilität' gibt, und auch die Vier-Stufen-Methode versagt. Vielmehr wurde bewusst, dass die Lernenden Schlüsselqualifikationen bzw. Handlungskompetenzen dann ausbilden, wenn sie in *Handlungssituationen* kommen, in denen genau diese Schlüsselqualifikationen gebraucht werden. Damit wurde die Berufsbildung offen für das *Handlungslernen*.

In den 1980er und 1990er Jahren wurde es daher modern, im Rahmen der betrieblichen Berufsausbildung verschiedene Aktivseminare einzubauen: Soziales (gruppendynamisches) Training, erlebnispädagogische Touren[18], künstlerische Übungen[19] – bis heute wichtige schlüsselqualifizierende Bereicherungen der betrieblichen Ausbildung. Allmählich wurde aber auch klar, dass die Berufsausbildung in ihrem fachlichen Kern immer schon Handlungslernen ist (denn Bohren lernt man letztlich nur, indem man bohrt). Das reformpädagogische Thema des „Bildungswerts der Arbeit"[20] wurde in gewandelter Form wiederaufgegriffen[21], denn es war klar, dass sich die Bildung von Schlüsselqualifikationen nicht im luftleeren Raum vollziehen kann, sondern das Erlernen der Fachqualifikationen als Basis und ‚Träger' benötigt. Die Frage, was man eigentlich lernt, wenn man Hobeln lernt, wurde wieder aktuell. Gegenüber den früheren arbeitspädagogischen Ansätzen kam man nun jedoch eine entscheidende Stufe weiter, indem man erkannte: Ob der persönliche Fähigkeiten bildende Gehalt konkreter Arbeiten pädagogisch zum Tragen kommt oder nicht, ist eine Frage der *Lernmethode*. Die kam nun auf den Prüfstand, und schnell wurde klar, welche Schlüsselqualifikationen die Vier-Stufen-Methode eigentlich bildet: Genaues Nachvollziehen von Vorgaben, Bindung an den ‚einzig richtigen' Weg, handeln aus Routine und Gewohnheit, Fragmentierung beruflicher Aufgaben in Teiltätigkeiten, wie es der tayloristischen Phase der Arbeitsorganisation entsprochen hat, heute aber kontraproduktiv geworden ist. Die Vier-Stufen-Methode verhindert also geradezu die Ausbildung solcher Schlüsselqualifikationen, wie sie im modernen Arbeitsleben benötigt werden. Diese Erkenntnis führte zur Suche nach alternativen schlüsselqualifizierenden Methoden für die berufliche Fachausbildung. Fündig wurde man wiederum bei reformpädagogischen und handlungsorientierten Konzepten: So hielt die Projektmethode zunehmend Einzug in die industriellen Lehrwerkstätten, Gruppenarbeit wurde auch in der Ausbildung modern, um soziale Kompetenzen (mit) zu schulen, ebenso kamen, je nach Fachgebiet, Methoden wie Fallstudien, Erkundungen, Lern- und Planspiele[22] usw. zum Einsatz.

Mit der kompetenzorientierten Wende stellte sich diese Bildungsfrage noch radikaler: Es sollte nicht mehr nur Handlungsfähigkeit, sondern *selbständige* Handlungsfähigkeit, die freie Verfügung des Arbeitenden über sein Wissen und Können erreicht werden. Wie lernt man so etwas? Die Grundlagen des Handlungslernens blieben erhalten, aber nun wurde es auch immer unabwendbarer, das Grundparadigma des Lehrens und Lernens, das bis dahin galt, in Frage zu stellen: Wenn man Selbständigkeit nicht von einem dozierenden Ausbilder lernen kann, sondern wenn sie nur in Situationen handelnd gelernt werden kann, in denen sie tatsächlich gefordert wird, dann müssen solche Situationen im Mittelpunkt der Ausbildung stehen. Damit greift die berufliche Bildung heute zunehmend auf selbständigkeitsförderliche methodische Ansätze wie das *selbstgesteuerte Lernen* und das *entdeckende Lernen* zurück, bei denen nicht mehr das Lehren, sondern das Lernen im Mittelpunkt steht: Niemand sagt hier mehr, wie es richtig geht, sondern es werden reale Aufgaben gestellt, an denen die Lernenden (mit abwartender Unterstützung durch die Ausbilder) selber herausfinden müssen, wie sie zu lösen sind. Mit dieser radikalen Abkehr von der Vier-Stufen-Methode verändert sich auch die Rolle des Ausbilders fundamental: Vom ‚Unterweiser' wird er zum ‚Lernbegleiter'[23].

Damit ist eine vollständige pädagogische Wende vollzogen: Das Erlernen der Fachinhalte ist nun zum Anlass und Mittel geworden, um *daran und in eins damit* Schlüsselqualifikationen und Handlungskompetenzen zu erwerben. Die Fachinhalte sind ein Bildungsmittel geworden.[24] Verblüffend jedoch ist, wie langsam sich diese Wende auch in der Praxis herumspricht: Immer noch gilt hier vielen auch im 21. Jahrhundert die Vier-Stufen-Methode als die ‚eigentliche' Methode der Berufsausbildung, und nur relativ wenige Ausbilder verstehen sich schon als ‚Lernbegleiter'.

Auf dem eingeschlagenen Weg vollzieht die Berufsbildung derzeit noch einen weiteren, auf dem Hintergrund der Kompetenzdebatte folgerichtigen Schritt: Lernen, wie man mit unvorhersehbaren Problemen fertig wird und sich dabei selbstorganisiert aus seinem ‚Werkzeugkasten' bedient, kann man grundsätzlich in veranstalteten, formalen Lernsituationen nur sehr begrenzt, wenn überhaupt. Am besten lernt man es vielmehr dort, wo es tatsächlich stattfindet und gebraucht wird – und das ist *der reale Arbeits- bzw. Geschäftsprozess* selbst. Unplanbare Arbeitssituationen kann man schlecht planvoll veranstalten, und die Lernerträge von Spielsituationen müssen erst einmal in die Arbeitsrealität transferiert werden (woran viele scheitern). Abgesehen davon gebietet es der Gedanke der ‚pädagogischen Ökonomie', dass es sich bei den fachlichen Situationen, an denen Kompetenzen gebildet werden sollen, um aktuelle und realitätsnahe Situationen handelt – veranstaltete Lerninstitutionen wie die Lehrwerkstatt, die Schule, auch Seminare haben aber das Problem, immer hinter den Veränderungen der Realität her zu hinken.

Alle diese Erkenntnisse führten dazu, dass man heute dabei ist, die Ausbildung immer mehr dorthin zu verlagern, wo der Beruf tatsächlich ausgeübt wird, nämlich in den Betrieb, in den realen Arbeitsprozess[25]. Das ‚Lernen in der Arbeit'[26] oder ‚geschäftsprozessorientierte Lernen' breitet sich immer mehr aus, die Bedeutung der „gesonderten" Berufsbildungsorte – Lehrwerkstatt, Schule, Übungsfirma u. ä. – nimmt insgesamt ab bzw. übernimmt Vorbereitungs- oder Ergänzungsaufgaben für das Lernen in der Arbeit. Letzteres ist zum Herzstück der Berufsbildung geworden. Auch in der beruflichen Weiterbildung greift man mit Ansätzen wie Action Learning[27], Praxisforschung[28], projektförmigem Lernen oder ‚Lernen am eigenen Problem'[29] immer mehr auf Formen zurück, die das Lernen mit den Forderungen der realen Arbeit möglichst unmittelbar verbinden. Eine besondere Herausforderung besteht bei diesem (‚informellen') arbeitsintegrierten Lernen darin, die Grundsätze des selbstgesteuerten und entdeckenden Lernens auch am Lernort ‚betriebliche Arbeitsrealität' beizubehalten und dort nicht wieder in die überholten Formen der sog. ‚Beistelllehre' zurückzufallen.

Die zuletzt geschilderten Entwicklungen von Beruf und Berufsbildung beschreiben die Fortschrittsspitze dieser Bewegung, die zurzeit allenfalls in einer Reihe von Pionierbetrieben und –ausbildungsstätten realisiert ist. Immerhin zeigt es sich, dass auch in der deutschen Berufsbildung Ideen, Ansätze und Modell vorhanden sind, mit den großen Veränderungen der Arbeitswelt zurechtzukommen. Das Problem liegt hier eher in der unendlichen Trägheit, mit der sich diese Innovationen verbreiten und das Berufsbildungssystem in Deutschland tatsächlich modernisieren. Die kommenden Jahre dürften daher vor allem die Aufgabe haben, diese Entwicklungen zu verbreiten und zu generalisieren und auf immer mehr Berufsfelder und Ausbildungsträger zu übertragen. Angesichts der beeindruckenden Ungleichzeitigkeit der Verhältnisse und Entwicklungen in der beruflichen Bildung ist das eine gewaltige Aufgabe.

[1] K. Berger, Zusatzqualifikationen in der Berufsbildungspraxis, Bielefeld 2000
[2] S. Bundesinstitut für Berufsbildung, Die neuen industriellen Elektroberufe, www.bibb.de/Elektroberufe
[3] In den letzten Jahren wurden vielfältige neue Prüfungsformen entwickelt, erprobt und zugelassen, u. a. wurde auch ausprobiert, wie im Rahmen der sog. „gestreckten Prüfungen" Vorleistungen aus der Ausbildung in die Abschlusszeugnisse einbezogen werden können.
[4] R. Zedler, Zum Lernfeld-Konzept aus der Sicht von Ausbildungsbetrieben. In: Lipsmeier, A./Pätzold, G. (Hrsg.): Lernfeldorientierung in Theorie und Praxis, Stuttgart 2000
[5] D. Mertens, Schlüsselqualifikationen. Thesen zur Schulung für eine moderne Gesellschaft, in: MittAB Heft 1/1974
[6] F. Bohle, S. Pfeiffer, N. Sevsay-Tegethoff,(Hrsg.), Die Bewältigung des Unplanbaren – Fachübergreifendes erfahrungsgeleitetes Arbeiten und Lernen, Wiesbaden 2004
[7] H. G. Bauer u. a., Hightech-Gespür, Bielefeld 2006
[8] Vgl. Brater u. a., Künstlerisch handeln, München 2002
[9] J. Erpenbeck, V. Heyse, Die Kompetenzbiografie, Münster 1999
[10] J. Erpenbeck und L. v. Rosenstiel, (Hrsg.), Handbuch Kompetenzmessung. Stuttgart 2003
[11] S. Bundesinstitut für Berufsbildung, Die neuen industriellen Elektroberufe, www.bibb.de/Elektroberufe
[12] R. Sennet, Der flexible Mensch, Berlin 1998
[13] R. Sennet, ebd., S. 31
[14] C. Munz, Berufsbiografie selbst gestalten. Wie sich Kompetenzen für die Berufslaufbahn entwickeln lassen, Bielefeld 2005
[15] J. Erpenbeck, Handbuch Kompetenzmessung, Darmstadt 2001
[16] R. Zedler, Neue Wege der Berufsausbildung. In: Aus Politik und Zeitgeschichte. 2004/28
[17] S. Brater u. a., Berufsbildung und Persönlichkeitsentwicklung, Stuttgart 1988
[18] Vgl. H. G. Bauer, Annäherungen an den Begriff ‚moderne Erlebnispädagogik', in: H. Kölsch, (Hrsg.), Wege moderner Erlebnispädagogik, München 1995
[19] Vgl. M. Brater u. a., Künstlerisch handeln, München 2002
[20] S. K. Stratmann, W. Bartel (Hrsg.), Berufspädagogik. Ansätze zu ihrer Grundlegung und Differenzierung, Köln 1975
[21] Z. B. bei E. Fucke, Lernziel: Handeln können, Frankfurt 1980
[22] M. Brater, K. Landig, Lehrkräfte lernen, handlungsorientiert zu unterrichten, München 1996
[23] S. H. G.Bauer u. a., Lern(prozess)begleitung in der Ausbildung, Bielefeld 2006
[24] Z. B. E. Fucke, Lernziel Handeln können
[25] M. Brater, U. Büchele, Persönlichkeitsorientierte Ausbildung am Arbeitsplatz, München 2001
[26] H. G. Bauer u. a., Lernen im Arbeitsalltag, Bielefeld 2004
[27] O. Donnenberg (Hrsg.), Action Learning, Stuttgart 1999
[28] H. Altrichter, P. Posch, Lehrerinnen und Lehrer erforschen ihren Unterricht, Bad Heilbrunn 2007
[29] M. Brater. H. Dahlem, A. Maurus, Lernen am eigenen Problem. Berufliche Weiterbildung durch Lernbegleitung, in: BWP H. 5/2004

Vertiefende und ergänzende Beiträge

zu Teil 7
Vorschläge zum Ausbau des deutschen Berufsbildungssystems

Hugo Barmettler:
    **Verbundpartnerschaft und Integration als Grundzüge
 der schweizerischen Berufsbildungsreform**   504

Rolf Dörflinger:
    **Unterricht in der Berufsschule unter strukturellem und
 regionalem Aspekt**   509

Hugo Barmettler

Verbundpartnerschaft und Integration als Grundzüge der schweizerischen Berufsbildungsreform

Die schweizerische Berufsbildung wurde ab Ende der 1990er Jahre grundlegend reformiert. Nach siebenjähriger Vorbereitungszeit trat 2004 ein neues Bundesgesetz über die Berufsbildung (BBG) in Kraft. Seitdem beruht das Berufsbildungssystem auf drei Pfeilern, die in ihrer Kombination eine anhaltend hohe Dynamik erzeugen: (1) dem Bekenntnis zur „Verbundpartnerschaft" der relevanten Akteure, (2) der eidgenössischen Regelungskompetenz für die Berufsbildung in ihrer Gesamtheit und (3) eine einheitliche Systematik der beruflichen Bildungsgänge. In den Worten des Gesetzes ausgedrückt:

- Berufsbildung ist eine gemeinsame Aufgabe von Bund, Kantonen und Organisationen der Arbeitswelt[1] (BBG Art. 1).
- Das Berufsbildungsgesetz regelt sämtliche Berufsbereiche ausserhalb der Hochschulen (BBG Art. 2).
- Die Berufsbildung bildet ein in sich kohärentes und auf das Bildungssystem insgesamt bezogenes Ganzes (BBG Art. 3).

Auf dieser Grundlage wurden bedeutende Fortschritte in der Berufsbildungssteuerung erzielt. Die durchgängige Systematisierung schaffte Transparenz und Vergleichbarkeit. Das erhöht die Durchlässigkeit zwischen den Bildungsgängen.

Die Transparenz wird verstärkt durch ein neues Finanzierungssystem: Das neue Gesetz ersetzte die bisherige aufwandorientierte Subventionierung durch eine auf Vollkosten beruhende, ergebnisorientierte Finanzierung.

Im Folgenden wird dargestellt, wie es zu dieser Reform kam und wie sich die Zusammenarbeit der Partner gestaltet.

Jeder auf seine Art

An der schweizerischen Berufsbildung waren schon immer der Bund, die 26 Kantone und die Berufsverbände beteiligt. Was wäre also an der „Verbundpartnerschaft" besonders neu, außer dass noch mehr Partner dazu kamen?

Zuerst einmal der Begriff selber. Er bringt die Verbindlichkeit einer Zusammenarbeit zum Ausdruck, die bisher nicht vorhanden war. Die schon immer bundesrechtlich geordneten gewerblich-industriellen und kaufmännischen Berufe funktionierten nach ihren überkommenen Regeln. Die Verbände wussten, was sie brauchten. Es wurde pragmatisch im Einzelfall entschieden. Und das funktionierte in einer Zeit des wirtschaftlichen Wachstums gar nicht schlecht.

In der Land- und Forstwirtschaft herrschten eigene gesetzliche Bestimmungen. Was die Ausbildung betraf, hatten hier vor allem die staatlichen Ausbildungsstätten das Sagen.

Gesundheit, Soziales und Kunst schließlich funktionierten nach ihren je eigenen Regeln. Im Pflegebereich betrug das Eintrittsalter mindestens 18 Jahre (also zwei Jahre nach der obligatorischen Schule). Im Sozialbereich gab es keine Grundausbildungen auf Sekundarstufe II. Hier wie dort waren vor allem die Personalverbände stark in die Ausbildung einbezogen. Die Oberaufsicht lag bei den Sozial- bzw. den Gesundheitsbehörden der Kantone.

Der Austausch unter all diesen Akteuren war naturgemäß gering. Jeder hatte seine eigenen Probleme und löste sie auf seine Art. Ein besonderes Kennzeichen dieser Art von Steuerung war, dass sie praktisch ohne die Politik auf Expertenebene stattfand.

Das System kam in den späteren Neunzigerjahre unter Druck, als die Lehrstellen knapp wurden. Gleichzeitig wurde die Berufsbildung von einer breiteren Öffentlichkeit als das Instrument zur Integration der Jugendlichen in die Arbeitswelt und in die Gesellschaft entdeckt.

Der Druck zur Erneuerung des Berufsbildungssystems kam von der Politik. Das eidgenössische Parlament forderte 1997 eine umfassende Reform und war auch bereit, mehr Bundesgelder für die Berufsbildung bereit zu stellen. Der Bundesanteil an der Berufsbildungsfinanzierung bewegte sich um die fünfzehn Prozent. Dem neuen Gesetz zufolge soll er auf 25 Prozent der öffentlichen Ausgaben für Berufsbildung angehoben werden.[2]

Der gewerblich-industrielle und kaufmännische Bereich hingegen, der rund achtzig Prozent der beruflichen Grundbildung bestreitet, sah zunächst keinen Reformbedarf. Angesichts der knapper gewordenen Mittel, der ständig steigenden Qualifikationsbedürfnisse und der demografischen Entwicklung hat sich aber mittlerweile auch hier das Bewusstsein durchgesetzt, dass die Erneuerung der Berufsbildung vorangetrieben werden muss.

Aufgabenteilung Staat – Wirtschaft

Das neue Berufsbildungsgesetz änderte nichts an der grundsätzlichen Verfasstheit des schweizerischen Berufsbildungssystems. Es hat sie aber systematisiert, während zuvor Einzelregelungen und Subventionstatbestände wegleitend waren. Und die Berufsbildung wurde so systematisiert, dass – entgegen Forderungen nach drei an den überkommenen Bereichen orientierten Gesetzen – sämtliche Bereiche in einem umfassenden Rahmengesetz integriert wurden: der gewerblich-industrielle und kaufmännische Bereich, der land- und waldwirtschaftliche Bereich sowie Gesundheit, Soziales und Kunst. Die Aufgabenzuteilung unter den Akteuren ist die folgende:

- **Bund**: Die Steuerungskompetenz liegt beim Bund. Er ist auf der strategischen Ebene tätig und sorgt für eine gesamtschweizerisch ausgerichtete Berufsbildung und ihre Entwicklung. Er erlässt die Bildungsverordnungen für die einzelnen Berufe und hat die Oberaufsicht. Damit dies funktioniert, sind umfassende Zusammenarbeitsmechanismen mit den Kantonen und den Organisationen der Arbeitswelt vorgesehen. Diese reichen von Anhörungen bis zu gemeinsamen Kommissionen und zu Aufgabendelegationen.
- **Kantone**: Die Kantone organisieren die Berufsbildung vor Ort. Sie sind für die konkrete Umsetzung des Gesetzes zuständig. Sie organisieren den beruflichen Unterricht und beaufsichtigen die Lehrbetriebe und Lehrverhältnisse. Außerdem sind sie für den Übergang von der obligatorischen Schule in die Berufsbildung zuständig. Mit der Lehrstellenknappheit gewann das sogenannte Lehrstellenmarketing zunehmend an Bedeutung. Darunter werden Maßnahmen zur Schaffung bzw. zum Erhalt von Lehrstellen verstanden, aber auch die Begleitung von jungen Menschen mit Problemen auf dem Lehrstellenmarkt (Coaching und Mentoring). Außerdem stellen die Kantone „Brückenangebote" am Übergang von der Schule zur Berufswelt bereit.[3]

Die Kantone brauchen nicht alles selber anzubieten. Sie haben aber auf jeden Fall für die Durchführung des Berufsbildungsgesetzes „zu sorgen", d. h. sie können Aufgaben an die Organisationen der Arbeitswelt und sonstige Dritte delegieren (und entsprechend bezahlen), sind aber für das Angebot verantwortlich. Da die Schweiz aus 26 Kantonen unterschiedlichster Grösse besteht, arbeiten die Kantone auch unter sich zusammen, z. B. für die schulischen Angebote in kleineren Berufen. Sie beauftragen ferner Branchenverbände mit der Durchführung geeigneter Angebote, z. B. bei Lehrabschlussprüfungen.

- **Organisationen der Arbeitswelt**: Eine besondere Rolle kommt den landesweit tätigen Organisationen der Arbeitswelt zu (zur Definition vgl. Anm. 1). Sie sind neben den Kantonen die Ansprechpartner des Bundes und erfüllen wichtige öffentliche Aufgaben.

Sie sind für die Inhalte der jeweiligen beruflichen Bildungsangebote zuständig (die Allgemeinbildung wird vom Bund vorgeschrieben) und bringen ihr spezifisches Wissen in die Bildungserlasse und deren Anpassung an gewandelte Qualifikationsbedürfnisse ein. Anders ausgedrückt: Sie haben ein dreifaches Engagement – eines für die Definition einer ersten arbeitsmarktlichen Qualifikation (nachobligatorischer Abschluss der Sekundarstufe II), eines für Bereitstellung der entsprechenden Lehrstellen und eines für die dahinter stehenden Arbeitsplätze. „Kein Abschluss ohne Anschluss" gilt nicht weniger im Hinblick auf den Arbeitsmarkt als auf weiterführende Berufsbildungsangebote.

Ausbildungsbereitschaft

Nie zu vergessen ist, dass die Beteiligung der Wirtschaft freiwillig ist. Die Erhaltung der entsprechenden Bildungsbereitschaft zählt mit zu den zentralen Steuerungsgrundsätzen eidgenössischer Berufsbildungspolitik. Dazu gehört neben der ausgeprägten Zusammenarbeit namentlich eine gewisse Zurückhaltung bei der staatlichen Reglementierung. Das neue Berufsbildungsgesetz hat zudem die Gebühren für Ausbildungsbetriebe abgeschafft.

Das Engagement der Wirtschaft für die Ausbildung ihres Nachwuchses hat bestimmt mit Tradition und mit der Verankerung in den Regionen zu tun. Außerdem wäre der Ruf nach dem Staat auf keinen Fall billiger, die Mitsprache hingegen würde eingeschränkt. Darüber hinaus haben aber Untersuchungen auch gezeigt, dass sich Ausbilden lohnt.[4] Bildungsaufwendungen von 4,7 Mrd. Schweizer Franken stehen 5,2 Mrd. an produktiven Leistungen gegenüber. Dies ist darauf zurückzuführen, dass die schweizerische Berufsbildung im Vergleich mit den Ländern mit dualem System die am stärksten auf den Produktivprozess ausgerichtete Ausbildung ist. Zurzeit werden Instrumente entwickelt, die den Kosten-/Nutzenaspekt von Reformmaßnahmen und für die Weiterentwicklung der einzelnen Berufe besser sichtbar machen.

Die Tatsache, dass sich Berufsbildung rechnet, ist – neben dem Grundsatz, dass die Wirtschaft für ihren Nachwuchs selber Verantwortung übernehmen soll – mit ein Grund, dass es immer abgelehnt wurde, Ausbildungsbetriebe staatlich zu subventionieren.

Zusammenarbeit

Das Zusammenwirken der Akteure konkretisiert sich in vielerlei Formen. Auf der Ebene des Gesamtsystems finden ständig Konsultationen und Informationsanlässe statt. Auf der Ebene der Wirtschaft und sonstiger Bildungsanbieter geht es um die Definition von Inhalten und Strukturen der einzelnen Ausbildungen. Auf der Ebene des kantonalen Vollzugs gilt es, die Vorschriften so zu gestalten, dass sie auch den Bedürfnissen der Aufsicht und der Schulorganisation entgegenkommen.

Ausbildungsordnungen

Die Ausbildung in einem Beruf ist durch eine eidgenössische Verordnung über die berufliche Grundbildung geregelt. Diese Bildungsverordnungen enthalten namentlich (BBG Art. 19):
- Gegenstand und Dauer der Grundbildung
- Ziele und Anforderungen der Bildung in beruflicher Praxis und in der Schule
- Umfang der Bildungsinhalte und Anteil der Lernorte
- Qualifikationsverfahren, Ausweise und Titel

Ferner wird hier alles geregelt, was berufsspezifisch gesamtschweizerisch gelten soll bzw. welche Abweichungen zugelassen sind. Die Bildungsverordnung ist auch die Grundlage, wenn es um die individuelle Anerkennung und Anrechnung von nicht formal erworbenen Qualifikationen geht.

Im Bereich der Grundbildung (Sekundarstufe II) werden die Verordnungen durch das Bundesamt für Berufsbildung und Technologie (BBT) erlassen. Es erlässt sie auf Antrag der Organisationen der Arbeitswelt oder, bei Bedarf, von sich aus. Immer aber setzt „die Ausgestaltung und Inkraftsetzung von Bildungsverordnungen die Mitwirkung der Kantone und von Organisationen der Arbeitswelt voraus" (Berufsbildungsverordnung Art. 13).

vgl. http://www.bbt.admin.ch/themen/grundbildung/

Zum Beispiel ist es weder Sache der Wirtschaft noch der öffentlichen Hand allein, über die Anteile und die Gestaltung des schulischen Unterrichts in den einzelnen Berufen oder anderer öffentlich ganz oder teilweise finanzierter Angebote zu entscheiden. Und so sehr die Arbeitsmarktfähigkeit von Arbeitgeberseite her definiert werden muss – die Abstufung von Grundbildung und höherer Berufsbildung zu sinnvollen Bildungsgängen, das Zusammenfassen von Berufsfeldern bzw. Berufsfamilien usw. haben immer Konsequenzen für alle Beteiligten.

Lehrabschlussprüfungen

Für die abschließenden Prüfungen und andere Qualifikationsverfahren der Sekundarstufe II sind die Kantone zuständig (Berufsbildungsverordnung Art. 40): „Die Kantone sorgen für die Durchführung der Qualifikationsverfahren." Auf Antrag kann der Bund die Durchführung für einzelne Landesteile oder schweizweit auch den zuständigen Berufsverbänden übertragen.

Zu den Prüfungen zugelassen sind alle Jugendlichen mit gültigen Lehrverträgen, aber grundsätzlich auch Lernende anerkannter privater Bildungsinstitutionen und Erwachsene mit mehreren Jahren Berufserfahrung. Expertinnen und Experten sind Fachleute, die zur Abnahme von Prüfungen durch das Eidgenössische Hochschulinstitut für Berufsbildung (EHB) geschult werden.

Die Verfahren sind je nach Beruf oder Kanton sehr unterschiedlich. Es gibt zentrale und dezentrale Verfahren. Die Beteiligung des Kantons reicht von der Übernahme der Prüfungsaufgaben, die vom Verband formuliert wurden, bis zur eigenen Erarbeitung solcher Aufgaben. „Andere Qualifikationsverfahren" zur individuellen Bescheinigung von Qualifikationen bis hin zur Abgabe eines eidgenössischen Fähigkeitszeugnisses befinden sich erst in den Anfängen.

Solche Fragen werden im Rahmen von tripartiten „Reformkommissionen" für die jeweiligen Berufe (Bund, Kantone und Organisationen der Arbeitswelt) besprochen und bereinigt. Neu wurde auch innerhalb eines jeden Berufes eine tripartite Kommission eingesetzt, die für die ständige Entwicklung der Ausbildungsinhalte zuständig ist. Dieses Vorgehen hat sich in der beruflichen Grundbildung inzwischen eingespielt, ist aber nicht immer konfliktfrei. Die Kantone z. B. sind sehr an Angeboten für die Schwächsten oder an Berufsfeldern interessiert, während die Wirtschaft ihren Schwerpunkt mehr auf der Arbeitsmarktseite und an gewissen Spezialisierungen hat.

Die Verbundpartnerschaft wurde seit der Einführung des neuen Berufsbildungsgesetzes bewusst thematisiert. Das hat zu einer gewissen Routine geführt. Das Verständnis für die gegenseitigen Bedürfnisse ist dank mittlerweile drei nationalen Verbundpartnertagungen anerkanntermaßen spürbar gewachsen. Bei der ersten Durchführung musste noch des Öfteren festgestellt werden, dass die Kenntnis der gegenseitigen Probleme nicht immer die beste war. Ein noch nicht eingelöstes Desiderat ist die Ausdehnung dieser Partnerschaft auf die regionalpolitische Ebene.

Sonderfall höhere Berufsbildung
Eine Sonderstellung nimmt die höhere Berufsbildung ein – die Stufe Meister, höhere Fachschulen (Techniker-, Tourismusschulen …) usw. Die höhere Berufsbildung bietet praxisbezogene Qualifizierungsmöglichkeit für Berufsleute. Zwar ist sie ein international wenig bekanntes Bildungsangebot. Nichts desto trotz ist es berufsbildungspolitisch gesehen ein wichtiges Anliegen, dieses Angebot zu erhalten, besser zu positionieren und als Antwort auf die zunehmenden Anforderungen der Arbeitswelt weiter zu entwickeln.
Hier steht die Bewährungsprobe der Verbundpartnerschaft noch bevor. Die historisch gewachsenen Angebote außerhalb der Hochschulen zeichnen sich durch starke Heterogenität bezüglich Inhalten, Trägerschaften und Finanzierung aus. Außerdem kommen sie von Seiten der Master of Advanced Studies (MAS) und anderer beruflich ausgerichteter Weiterbildungsangeboten aus dem Hochschulbereich vermehrt unter Druck.
Die Bildungsrenditen sind zwar außerordentlich hoch[5]: Für die Einzelnen, weil sich die entsprechenden Ausbildungen bzw. Qualifikationen in der Regel schnell auf den Lohn auswirkten. Für den Staat, weil die Kosten hauptsächlich privat finanziert werden. – Mit der Systematisierung der schweizerischen Berufsbildung und der neuen Finanzierung stellte sich jedoch die Frage der Mitfinanzierung durch die öffentliche Hand wieder neu. Ein erster Versuch zu einer einheitlichen Finanzierung misslang. Jetzt laufen die Arbeiten, um dies bis 2010 zu verwirklichen.

Neue Optik, neue Finanzierung
Der Einbezug sämtlicher Berufsbildungsbereiche unter ein Gesetz hat das Denken in Systemzusammenhängen herausgefordert und befördert. Die in der Regel bei den kantonalen Erziehungsdirektionen (Kultusminister) angesiedelten Berufsbildungsämter mussten sich nun auch um die Land- und Forstwirtschaft, die Gesundheit und das Soziale kümmern. Die verschiedenen Kulturen in diesen Bereichen verlangten ihrerseits nach integrativen Lösungen, was die Zusammenarbeit vor neue Herausforderungen stellte.
Die unterschiedlichen Kulturen bestanden nicht nur in der fachlichen Ausrichtung. Sie äußerten sich auch in anderen Organisations- und Finanzierungsstrukturen. Das neue Berufsbildungsgesetz schaffte nun in beiden Bereichen eine durchgängige und landesweite Vereinheitlichung.
Die Finanzierung der Berufsbildung konnte zu einem Steuerungsinstrument werden, weil sie nun sämtliche Bereiche im Blick hat. Zudem wird neu auf Vollkosten abgestellt. Diese werden nach einem einheitlichen Rechenmodell erhoben und subventioniert. Damit werden die Kosten vergleichbar und transparent. Bisher hingegen wurden die Finanzflüsse eher verdunkelt als erhellt. Maßgeblich waren „anrechenbare Kosten". Diese richteten sich am Einzelangebot aus und waren teilweise plafoniert. Die Anrechenbarkeit hatte zur Folge, dass sich die tatsächlichen Kosten schon einmal halbierten. Weitere sachfremde Betrachtungen (namentlich der mit den Bundesbeiträgen verbundene Finanzausgleich unter den Kantonen) machten es vollends unmöglich, die Kosten zu erfassen.
Dieser Blick verändert die bisherige Optik. An die Stelle der Frage, wie man Bundessubventionen optimieren könnte oder sollte, tritt eine aufgabenbezogene Perspektive. Das Berufsbildungsgesetz gibt den Rahmen für die Aufgaben. Wo und wie die Kantone jedoch die Schwerpunkte legen, ist ihre eigene Sache. Die dünner besiedelten Randregionen haben andere Probleme als die Zentren.
Auch hier lässt sich der Wandel von einer Experten- auf eine vermehrt politische Sicht feststellen. Auch dies ist nicht konfliktfrei. Es führt zu vermehrter politischer Auseinandersetzung auf kantonaler Ebene, was das Bedürfnis nach Verbundpartnerschaft auf dieser Ebene ebenfalls verstärkt.
Zusammenfassend lässt sich sagen: Es kamen in der schweizerischen Berufsbildungspolitik mehrere unterschiedliche Faktoren zusammen, die eine verbundpartnerschaftlichen Zusammenarbeit der Akteure erforderten und förderten. Zunächst geriet die Berufsbildung wegen der Lehrstellenknappheit in das Blickfeld der Politik. In der Folge gewann sie aber in breiteren Kreisen eine weit über das Gewohnte hinausreichende Beachtung und gegenüber früher auch Anerkennung als zentrales Bildungs- und Integrationsinstrument. Für zwei Drittel der Jugendlichen ist sie der Weg ins Erwachsenenleben.

Wenn der unmittelbare Anstoß für die umfassende Reformdebatte vom Lehrstellenmangel und damit von der schwieriger gewordenen Integration der Schwächeren ausging, so darf doch nicht die stillere Reform vergessen werden, die bereits zu Beginn der Neunzigerjahre mit der Berufsmaturität den direkten Fachhochschulzugang für Berufsleute brachte. Dies öffnete die Berufsbildung zu einem vollwertigen eigenständigen Bildungsweg und förderte, neben der Integration sämtlicher Bildungsgänge, das Bedürfnis nach einer gesamtheitlichen Sicht der Dinge.

Die schweizerische Berufsbildung verfügt nun über die Instrumente, um Schwachstellen besser zu orten und zu beseitigen. Der demografische Wandel mit abnehmenden Schülerinnen- und Schülerzahlen macht sich in einigen Bereichen bereits bemerkbar. Zusammen mit den steigenden Anforderungen – Stichwort Fachkräftemangel – werden die ersten Klagen über nicht zu besetzende Lehrstellen laut. Auf der anderen Seite steht die Forderung, möglichst alle jungen Menschen in einen ersten nachobligatorischen Abschluss zu bringen.

Beides, eine attraktive Berufsbildung für die Leistungsfähigen und genügend Qualifizierungsangebote für die Schwächeren, ist nur in gemeinsamer Anstrengung zu haben. So steht es denn auch im ersten Absatz des Berufsbildungsgesetzes: Die Verbundpartner „streben ein genügendes Angebot im Bereich der Berufsbildung, insbesondere in zukunftsfähigen Berufsfeldern an."

---

1   Die Schweizer Kantone sind zwar kleiner, aber in ihrer staatspolitischen Bedeutung den deutschen Ländern vergleichbar. Als Vorbild für den Begriff „Organisationen der Arbeitswelt (Sozialpartner, Berufsverbände, andere zuständige Organisationen und andere Anbieter der Arbeitswelt)" diente die traditionelle zentrale Funktion der Branchenverbände für die Berufsbildung im gewerblich industriellen Bereich. Mit der neuen Terminologie trägt das Berufsbildungsgesetz vermehrt der Sozialpartnerschaft und insbesondere der Integration sämtlicher Berufsbildungsbereiche Rechnung; in den zuvor kantonal geregelten Bereichen Gesundheit und Soziales und in der Land- und Forstwirtschaft herrschten andere organisatorische Strukturen, die nicht einfach den dominierenden angepasst werden sollten.

2   Gemäss Finanzplanung des Bundes wird dieses Viertel erst um 2012 erreicht sein. Heute beträgt der Bundesbeitrag durchschnittlich 17 Prozent der durch das BBG definierten Berufsbildungsausgaben der öffentlichen Hand von total 2,9 Mrd. CHF.

3   Brückenangebote bestehen in einer Kombination von Nachholbildungen und Praktika, um die künftigen Lernenden wo nötig zuerst zur Berufsbildungsreife zu bringen. Ihre klare Berufsbildungsorientierung unterscheidet sie von zehnten Schuljahren, die der Beseitigung von schulischen Defiziten dienen.

Das neue schweizerische Berufsbildungsgesetz verwendet anstelle von Lehrling den Begriff „lernende Person" bzw. „Lernende". Damit werden die gewerblich-industrielle Konnotation des „Lehrlings" und die Problematik der Geschlechtsneutralität („Lehrtochter") vermieden. „Auszubildende" wurde wegen der darin enthaltenen Einwegbeziehung verworfen. In diesem Zusammenhang sei auch darauf hingewiesen, dass der Begriff „Ausbildung" durchgängig vermieden wurde, um den Bildungswert des Beruflichen hervorzuheben. Es heisst also „Berufsbildung", „berufliche Grundbildung", „Berufsbildungsverantwortliche" usw.

4   Mühlemann et al.: Lehrlingsausbildung – ökonomisch betrachtet. Ergebnisse der zweiten Kosten-Nutzen-Studie, Verlag Rüegger, Zürich 2007. – Es handelt sich um Durchschnittswerte. Teurere Ausbildungen rechnen sich nur indirekt, indem sie insbesondere Personalrekrutierungs- und Einarbeitungskosten ersetzen. Die schweizerischen Lernenden werden in der Regel von Anfang an in den Produktionsprozess einbezogen. Eine vergleichbare deutsche Studie hatte bedeutend niedrigere Werte ergeben.

5   Vgl. Stefan Wolter u. Bernhard Weber: Bildungsrendite – ein zentraler ökonomischer Indikator des Bildungswesens, in: Die Volkswirtschaft 2005, Nr. 10, hg. v. Staatssekretariat für Wirtschaft (SECO), Bern

Rolf Dörflinger

Unterricht in der Berufsschule unter strukturellem und regionalem Aspekt

Berufliche Bildung ist mehr als Befähigung oder einseitige Vorbereitung für eine schnelle Integration in den Produktionsprozess.

In diesem Gesamtkontext besteht in Deutschland das System der dualen Berufsbildung mit den Lernorten Betrieb und Schule, das aber die quantitativen und strukturellen Herausforderungen im Ganzen nicht mehr meistert.

Welche Aufgaben hat die Berufsschule? Hierzu ist es hilfreich, einen kurzen Blick in die Vergangenheit zu werfen, denn im Grundsatz hat sich kaum etwas verändert.

Entwicklung

In der ersten Hälfte des 19. Jahrhunderts ging es in Baden um den Besuch der Gewerbeschule. Innerhalb weniger Jahre wurden die Verordnungen geändert zwischen angedrohten hohen Geldstrafen für Meister, wenn sie weiterhin fortfahren, ihre Lehrlinge vom Besuch des Gewerbeschulunterrichts abzuhalten.

Diese Verordnung wurde wenige Jahre später dahingehend geändert, dass die Verpflichtung zum Schulbesuch in drei Gruppen eingeteilt wurde, in solche, für die der Schulbesuch unerlässlich (Baugewerbe), in solche, für die er nützlich und solche, für die er unnötig erschien.

Die Unterrichtszeiten wechselten sonntags von 2 bis 4 Uhr, später 6 bis 9 Uhr und abends, z. B. dienstags und donnerstags von 6 bis 8 Uhr, in der Summe mindestens sechs Stunden.

Die Unterrichtsfächer in den damaligen badischen Gewerbeschulen, die sich grundsätzlich von den Fortbildungsschulen der anderen Länder unterschieden, umfassten Zeichnen, Arithmetik und Geometrie, Schön- und Rechtschreiben, Geschichte der Gewerbe, Naturlehre usf.

Diese Schulen hatten mit dem mangelnden Interesse eines Teils der Lehrmeister zu kämpfen, die „auf alle Weise ihren Lehrlingen den Eintritt in die Gewerbeschulen zu erschweren" suchten.[*]

Erst 1906/1907 wurde verordnet, dass sich der Pflichtunterricht auf drei Jahre erstreckt, in der ersten Klasse neun Stunden, in den beiden anderen Klassen (2. und 3. Jahr) mindestens acht Stunden umfassen soll; dazu kam noch der Werkstattunterricht von wöchentlich zwei bis vier Stunden hinzu.

---

[*] Zitat aus 100 Jahre Gewerbeschule Bruchsal 1835 bis 1935

Das Zusammenwirken von Schule und Betrieb entwickelte sich parallel zum weiteren Ausbau der gewerblichen Fortbildungsschulen, in Baden der Gewerbeschulen. Seit jener Zeit haben die allgemein bildenden Fächer im Berufsschulcurriculum einen festen Platz. Ihr Anteil wuchs mit der allgemeinen Ausweitung des Berufsschulunterrichts, später als Ganztagsunterricht an einem Tag pro Woche durchgeführt.

Berufsschule heute

Mit steigenden Anforderungen, besonders im fachlich-technischen Bereich, stieg die wöchentliche Unterrichtszeit auf 12 Stunden, in Baden-Württemberg auf 13 Stunden für alle Berufe.

Für Jungarbeiter und schulpflichtige Jugendliche ohne Ausbildungsvertrag gelten häufig reduzierte Stundentafeln; alternativ gibt es zunehmend Regelungen mit der Ableistung der Berufsschulpflicht durch einjährige Vollzeitjahre unterschiedlicher Struktur.

Unabhängig davon, ob die Lehre nach dem Hauptschulabschluss, nach der Mittleren Reife oder dem Abitur begonnen wird, ist die Unterrichtszeit grundsätzlich gleich. Hier zeigt sich bereits der Nachteil, dass die allgemein bildenden Fächer (ca. 25 bis 30 % Prozent der Gesamtstundenzahl) sich beim Realschüler und beim Abiturienten nach anderen Konzeptionen ausrichten sollten.

In Einzelfällen gibt es Sonderregelungen für die Abiturienten, z. B. einerseits mit der Befreiung von den allgemein bildenden Fächern oder andererseits mit einer Koppelung mit Zusatzqualifikationen wie „Management im Handwerk".

Die Berufsschulen haben in der Regel keinen Einfluss auf die Zusammensetzung der Berufsklassen, ist die Schule doch vom Zugang in die Ausbildungsberufe des Schulbezirks abhängig und hat keinen direkten Einfluss auf die Schülerschaft.

In Dänemark führen z. B. Betrieb und Schule gemeinsam ein sogenanntes Logbuch über jeden Auszubildenden. Dies ermöglicht neben der Kontrolle der Ausbildungsfortschritte auch Absprachen über die Aufnahme von zusätzlichen Bausteinen im Einzelfall oder über die Verlängerung eines Abschnitts bei Defiziten.

Die heutigen Berufsschulen haben die Aufgabe, dem Schüler allgemeine und fachliche Lehrinhalte unter besonderer Berücksichtigung der Anforderungen der betreffenden Fachrichtung zu vermitteln.

In Baden-Württemberg hat dabei bis heute traditionell neben diesen Lehrinhalten die Beziehung zur Praxis durch Labors und Werkstätten Bestand, wenn auch die Eigenständigkeit eines Fachs wie Werkstattunterricht, Praktische Fachkunde oder Technologiepraktikum nicht mehr gegeben ist, da dies mit der Einführung der Lernfelder und damit dem Wegfall der einzelnen Fächer problematisch wurde. Die Schulen sind gehalten, auch weiterhin dieses Fach zu integrieren und bis zu sechs Wochenstunden in den drei Ausbildungsjahren zu unterrichten. Mit der Veränderung der Stundentafeln und dem Wegfallen dieses Praxisfaches besteht die Gefahr, dass mittelfristig auch die Berufsschulen in Baden-Württemberg an Praxisnähe verlieren.

Lernfeld als Lehrplanprinzip

Die Einführung des Lernfeldes als Lehrplanprinzip war nach Jahrzehnten unterschiedlichster Lehrplanstrukturen und den verschiedenartigsten Zielformulierungen je nach Matrix der Versuch, die Berufsschule enger an die berufliche und betriebliche Wirklichkeit anzubinden. Die Berufsschule soll damit in der Darstellung nach außen und in der inneren Umsetzung eindeutiger als zuvor Handlungskompetenz durch Lernen in Lernfeldern vermitteln.

Dabei steht im Mittelpunkt, dass die Lernfelder:
— durch Zielformulierungen beschriebene thematische Einheiten sind,
— orientiert an konkreten beruflichen Aufgabenstellungen und Handlungsabläufen sind,
— in der Gesamtheit aller Lernfelder dem Beitrag der Berufsschule zur beruflichen Gesamtqualifikation entsprechen.

Der Bildungs- und Erziehungsauftrag soll durch Lernfelder eindeutiger in das Gesamtsystem der Berufsbildung integriert werden.

Abbildung 1: **Entwicklung von Handlungskompetenz durch Lernen in Lernfeldern**

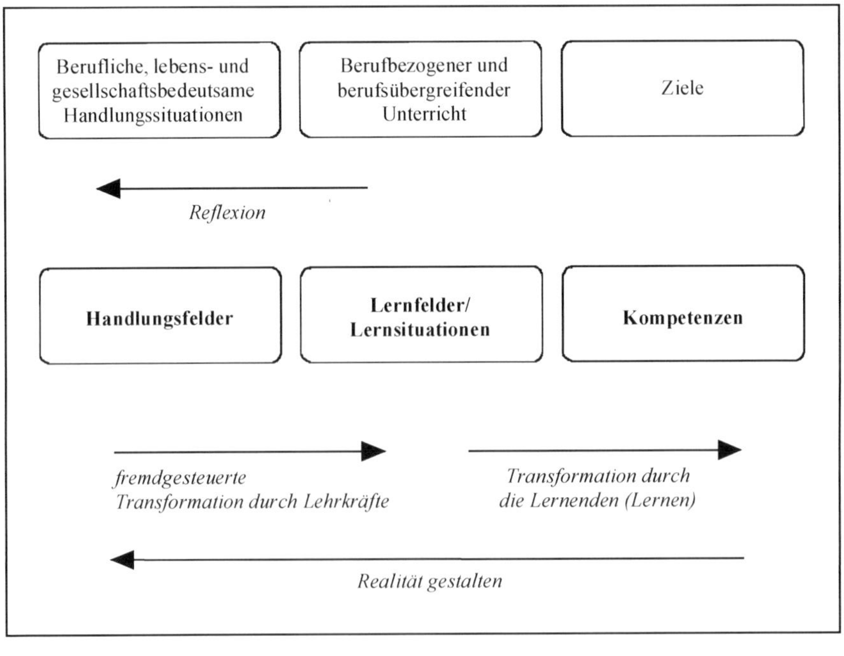

Grundsätzlich veranschaulicht die Abbildung 1 das Ziel, die Berufsschule stärker mit den Handlungsfeldern der jeweiligen Ausbildungsberufe zu verknüpfen. Gleichzeitig wird mit der gestaltungsoffenen Struktur erreicht, dass neue Inhalte leichter integrierbar sind und die Aktualität durch Verzicht auf fachsystematische Details langfristiger möglich erscheint.

Die Zielformulierungen sollen die Berufsschule in die Lage versetzen, sich mit unterschiedlichen Praxissituationen der Auszubildenden zu verknüpfen, da die Ausbildungsordnungen den Betrieben großen Gestaltungsspielraum gewähren.

Beispielhaft verdeutlicht dies Abbildung 2 aus dem Beruf des Mechatronikers. Hiermit wird aber auch deutlich, dass die Ausbildung nur dann wirklich qualifiziert und erfolgreich sein kann, wenn die beiden Lernorte eng zusammenarbeiten und beide Seiten sich ernst nehmen. Zur Umsetzung sind qualifizierte Lehrkräfte erforderlich.

Abbildung 2: **Beispiel für eine Lernfeldeinheit des zweiten Ausbildungsjahres**

Lernfeld 7   **Zeitrichtwert in Std.**
Realisieren mechatronischer Teilsysteme   **100 h**

Zielformulierung	Lerninhalte
Die Schülerinnen und Schüler beschreiben die Strukturen mechatronischer Teilsysteme. Sie erklären die Wirkungsweise von Sensoren und Wandlern und justieren Sensoren. Sie kennen Möglichkeiten zur Realisierung von Linear- und Rotationsbewegungen mittels elektrischer, pneumatischer und hydraulischer Komponenten und wenden Kenntnisse über Steuerungen und Regelungen an, um Weg- und Bewegungsrichtung zu beeinflussen. Anhand von Signaluntersuchungen prüfen sie die Funktion von Komponenten und beseitigen Fehler. Sie entwerfen grundlegende Schaltungen und beschreiben deren Wirkungsweise auch in englischer Sprache. Einfache Programmierverfahren werden beherrscht.	• Steuerkette und Regelkreis, Blockschaltbilder • Kenngrößen von Steuerungen und Regelungen • Wirkungsweise von Sensoren und Wandlern • Signalverhalten von Sensoren und Wandlern • Programmierung von einfachen Bewegungsabläufen und Steuerungsfunktionen • Entwurf von Schaltungen • Grafische Darstellungen von Steuerungs- und Regelungsabläufen • Messen von Signalen • Grundschaltungen und Wirkungsweise von Antrieben • Darstellung von Antriebseinheiten in Funktionsplänen

Die Gestaltung der Lehrpläne mit Lernfeldern hat in einigen Ländern und bei einer Vielzahl von Berufen zu völlig neuen Stundentafeln geführt. Beispielhaft für gewerbliche Berufe in Baden-Württemberg zeigt Abbildung 3 die gravierende Veränderung. Die Ausführung mit den Lernbereichen bedeutet bei konsequenter Umsetzung die Auflösung der einzelnen Fächer (Technologie, Technisches Zeichen, Mathematik u. a.), da diese Teil der Lernfelder sind. In einzelnen Ländern wurden bei der Umstellung der Lehrpläne die einzelnen Fächer für die Zeugnisse beibehalten. Damit ist aber die große Gefahr gegeben, dass an den Schulen oft der Gedanke des Lernfeldes mit dem Ziel der Handlungsfelder und damit der Kompetenz zugunsten des Fächergedankens aufgegeben wird.

Die Zielvorstellung der Unterrichtsstruktur mit Lernfeldern bedeutet die Umsetzung folgender Prinzipien:
- Fachsystematisches Vertiefungswissen
  Wie sich die Dinge systematisch erklären und entwickeln lassen
- Funktions- und Detailwissen
  Worauf es bei der Facharbeit im Einzelnen ankommt
- Zusammenhangswissen
  Wie und warum die Dinge so zusammenhängen
- Orientierungswissen
  Worum es im Beruf in der Hauptsache geht

Abbildung 3: **Stundentafel im Lernfeld an gewerblichen Berufsschulen**

	1. Jahr	2. Jahr	3. Jahr
1. Allgemeiner Bereich			
– Religion	1	1	1
– Deutsch	1	1	1
– Gemeinschaftskunde	1	1	1
– Wirtschaftskunde	1	1	1
2. Fachtheoretischer Bereich[*]			
– Lernbereich Grundstufe	7		
– Lernbereich Fachstufe I		7	
– Lernbereich Fachstufe II			7
3. Wahlpflichtbereich	2	2	2
z. B.			
– Computeranwendung			
– Berufsbezogenes Englisch			
– Stützunterricht			

[*] Die Lernbereiche orientieren sich an den Lernfeldern der Rahmenlehrpläne.

Gegenüber früheren Lehrplänen schafft die Lernfeldstruktur bessere Voraussetzungen, um die Berufsschule mit den Anforderungen der praktischen Ausbildung in Verbindung zu bringen. Gleichzeitig wird deutlich, dass eine stringente Trennung von Theorie und Praxis bei vielen Berufen nicht mehr möglich bzw. sinnvoll ist. Je abstrakter die Anforderungen sind, um so mehr müssen die Partner in einem funktionierenden System zusammenarbeiten. Diese Problematik ist sicherlich auch einer der zahlreichen Gründe für die Schwierigkeiten, gerade in Berufen mit hohen theoretischen Anforderungen mehr Betriebe zur Bereitstellung von geeigneten Ausbildungsplätzen zu gewinnen.

Die Aufgaben der Berufsschule sind vielschichtig; dabei ist besonders wichtig, dass die Berufsschule sowohl berufsbezogene Fächer als auch Fächer der Gruppe Allgemeinbildung zu vermitteln hat. Der Stellenwert der allgemein bildenden Fächer wird von manchen Ausbildungsbetrieben gering eingeschätzt. Seit sich die Zahl der Auszubildenden aus der Hauptschule oder mit vergleichbarer Qualifikation stetig verringerte, erwies sich die Vermittlung allgemein bildender Fächer in der Berufsschule ohne Differenzierung als immer kritischer.

Gleichzeitig hat aber die Allgemeinbildung in Verbindung mit der Kompetenzvermittlung an der Berufsschule an Bedeutung gewonnen. Die verschiedenen Facetten der Handlungskompetenz verdeutlicht Abbildung 4.

Abbildung 4: **Erziehungs- und Bildungsauftrag der Berufsschule**

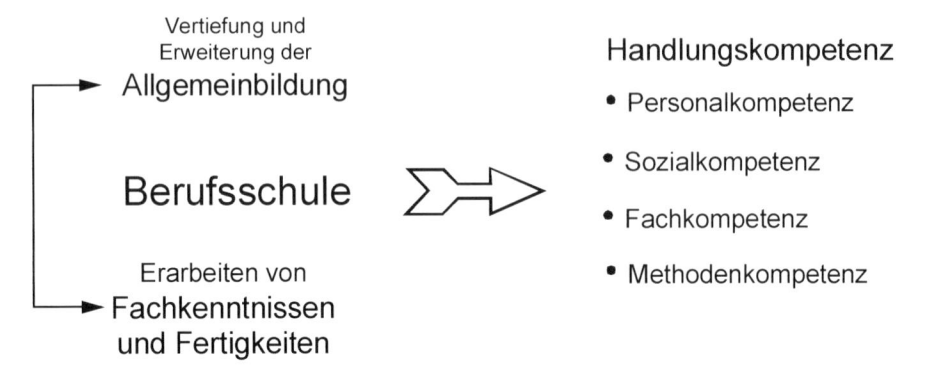

```
                Vertiefung und
                Erweiterung der
           ┌─► Allgemeinbildung              Handlungskompetenz

                                              • Personalkompetenz

              Berufsschule      ══►           • Sozialkompetenz

                                              • Fachkompetenz
                Erarbeiten von
           └─► Fachkenntnissen                • Methodenkompetenz
                und Fertigkeiten
```

Dieses Schema veranschaulicht die Aufgabenfelder der Berufsschule. Ein klarer, koordinierter Bildungsauftrag ist notwendig, um die Entwicklung der verschiedenen Facetten der Handlungskompetenz zu erreichen.

Gleichzeitig ist für einen Großteil der Ausbildungsberufe die Weiterführung einer Fremdsprache – insbesondere auch unter dem Aspekt der berufsbezogenen Komponente – weiter gefordert.

Zeugnis der Berufsschule

Die Berufsschule als Partner der dualen Ausbildung ist bezüglich des Zeugnisses immer wieder Veränderungen unterworfen worden. Leider ist der Stellenwert des Berufsschulzeugnisses häufig eingeschränkt, da die direkte Koppelung mit dem Gesellen- oder Facharbeiterbrief fehlt. In der Vergangenheit gab es immer wieder Versuche, anlässlich des Lehrabschlusses ein gemeinsames Zeugnis zu erstellen.

Umfang des Berufsschulunterrichts

Der Blick über die Grenzen zeigt, dass z. B. in Österreich bei neunstündiger Schulpflicht ein Drittel der Zeit von den Schulwerkstätten beansprucht wird. Die Organisation nach Fachklassen ist österreichweit geregelt. In der Regel haben die Schulleiter im Nebenamt die Aufgabe, das Schulinternat zu leiten und damit dafür Sorge zu tragen, dass die von weit auswärts her Kommenden hier während der Schulwochen untergebracht werden.

In der Schweiz ist der Schulbesuch für zahlenmäßig schwache Berufe vom kantonalen Amt durch zentrale Fachklassen geregelt oder in manchen Fällen sogar durch Privatunterricht neben einer benachbarten Klasse organisiert.

In Deutschland gibt es insbesondere mit Blick auf die regionale Struktur der Betriebe und der Ausbildungsberufe Diskussionen, ob Blockunterricht erteilt werden soll oder eineinhalb Tage Unterricht pro Woche. Dabei werden die unterschiedlichsten Beschulungsmodelle entwickelt.

Hier gibt es also keine einheitliche Lösung. Diese Differenziertheit erschwert den Betrieben auch die Kooperation mit der Schule, gleichzeitig gehen die Vorstellungen der Betriebe oft auch weit auseinander.

Folgende Beispiele zeigen, dass sich die Schule immer wieder auf veränderte Strukturen der Ausbildungsberufe einstellen muss. Als Beispiel dafür ist der Beruf des Brunnenbauers zu nennen. Die Ausweitung der Wärmepumpen als Alternative zu traditionellen Heizsystemen hat regional unterschiedliche Entwicklungen ausgelöst. Der Beruf Brunnenbauer wird zentral in Rostock beschult, d. h. der Auszubildende ist neun Wochen dorthin abgeordnet für die fachbezogenen

Fächer ebenso wie für die allgemeinen Fächer, und dies vom ersten bis zum dritten Lehrjahr. Die Struktur dieses Berufs im Benehmen mit der Berufsschule könnte auch anders gelöst werden, so dass die Stammschule im Heimatort für allgemein bildende Fächer wie z. B. Sprachen zuständig ist und dann die Berufsfeldklasse, etwa bis zum zweiten Schuljahr, in einem nahe gelegenen Ort beschult wird und nur die qualitativ wichtige Fachstufe des dritten Schuljahres z. B. an einem zentralen Ort wie Rostock zusammengefasst wird.

Aus diesen organisatorischen Gründen entstehen auch Schwierigkeiten, wenn die Schulzeit zur Bestreitung der Anforderungen in bestimmten Berufen nicht ausreicht und ein längerer Schulunterricht erforderlich wäre.

Bisher wird in Deutschland die Frage des Umfangs des Berufsschulunterrichts immer noch in einzelnen Ländern und von verschiedenen Stellen der Wirtschaft unter Kürzungsgesichtspunkten gesehen. Schon im Jahre 1996 sprach sich der damalige Bildungsminister massiv gegen den nicht effektiven Berufsschulunterricht aus. Die damals vorgetragenen Positionen waren einseitig pro Wirtschaft und gegen die Länder gerichtet.

Faktisch müsste es möglich sein, dass Berufe wie z. B. solche des IT-Bereichs aufgrund eines höheren Bedarfs an Fachunterricht den derzeit geltenden Stundenanteil überschreiten können und andere wieder, die mit geringerem Stundenvolumen auskommen, auch nur einen verkürzten Unterricht beanspruchen. Solche Vorstellungen sind aber nur dann zu realisieren, wenn die Partner in gemeinsamer Verantwortung handeln und keine einseitige Zuständigkeit besteht.

Die angesprochene Differenzierung lässt sich leicht begründen, da gerade bei den IT-Berufen viele Betriebe nicht in der Lage sind, in einer dreijährigen Ausbildung die Anforderungen laut Berufsbild zu erfüllen. So ist in diesem Sektor trotz Fachkräftemangel die Quote der in Ausbildung Stehenden zurückgegangen.

Leider verhindert die Wirtschaft in Deutschland eine Verknüpfung von hochwertigen schulischen berufsqualifizierenden Bildungsgängen mit praktischen Ausbildungsabschnitten in Betrieben als gleichwertige Bildungsgänge.

Anhang

Verzeichnis der Autoren

Barmettler, Hugo, Dr. phil., Studium der Philosophie, Volkswirtschaft und Geschichte. Stellvertretender Leiter des Leistungsbereichs Berufsbildung im eidgenössischen Bundesamt für Berufsbildung und Technologie (BBT), Chef des Ressorts Grundsatzfragen und Politik. Langjährige Tätigkeit als politischer Inlandkorrespondent, seit 1992 in der Berufsbildungsverwaltung tätig.

Bönisch, Silke, Lehrerin, lange Zeit tätig als Projektleiterin eines Kinder-Umweltzentrums in Dresden, ab 2000 in der beruflichen Bildung sozialpädagogisch tätig, seit 2004 zuständig für die Gestaltung und Weiterentwicklung des Werkkonzeptes der Freien Werkschule Meißen, seit 2008 Schulleiterin der Freien Werkschule Meißen.

Brater Michael, Prof. Dr. phil., MA, Soziologe, nach langjähriger Forschungstätigkeit an der Universität München 1980 Mitbegründer der Gesellschaft für Ausbildungsforschung und Berufsentwicklung. Arbeitsschwerpunkte Berufliche Aus- und Weiterbildung, Organisationsentwicklung. Professur für Bildungsforschung, Berufspädagogik und Kulturpädagogik an der Alanus-Hochschule für Kunst und Gesellschaft, Alfter.

Bronner, Andreas, Schulamtsdirektor a. D., Studium Grund- und Hauptschullehrer, Tätigkeit in der Lehreraus- und -fortbildung, Leiter einer Grund- und Hauptschule, Schulaufsichtsbeamter für Hauptschulen, Mitarbeit im Ministerium für Kultus, Jugend und Sport Baden-Württemberg und Landesarbeitsamt Baden-Württemberg bei der Neukonzeption der Berufswegeplanung, Begleitung von Versuchsschulen.

Dietrich, Rolf, Leiter der Dienststelle Mittelschul- und Berufsbildung im Kanton Schaffhausen. Langjährige Erfahrung im Bereich der Lehraufsicht, der Prüfungsleitung und Amtsleitung. Seit 2001 Präsident der Kommission Berufsentwicklung der Schweizerischen Berufsbildungsämterkonferenz SBBK.

Dörflinger, Rolf, Dipl.-Gewerbelehrer, Oberstudiendirektor a. D., früherer Schulleiter der Balthasar-Neumann-Schule I Bruchsal (1993 bis 2004), 1993 bis 2004 Vorsitzender des BLBS-BW, Mitglied verschiedener Beratergremien, Fachbuchautor.

Ehnert, Jürgen, Dr. paed., Geschäftsführer der intelligentis GbR – Gesellschaft für Bildungs- und Finanzsteuerung Magdeburg-Dresden, Studium zum Berufsschullehrer Maschinenbau in Magdeburg (Dipl.-Ing.-Päd.) und anschließendes Forschungsstudium mit Promotion 1980. Seit 1978 Lehr- und Leitungstätigkeiten in unterschiedlichen Einrichtungen der beruflichen Bildung, z. B. 1989 Stellvertretender Direktor des Institutes für Berufspädagogik Magdeburg, 1997 Lektor im Westermann Schulbuchverlag, 2004 Geschäftsführer des Bereiches Arbeitsmarkt und Bildung des Landesverbandes der Arbeitgeber in Sachsen-Anhalt; seit 2006 freiberuflich in Bildungs-, Arbeitsmarkt- und Buchprojekten tätig.

Ludwig Paul Häußner, Dipl.-Päd., Dipl.-Betr.wirt (BA), 1982–1983 Vertriebssachbearbeiter bei den Wieland-Werken AG in Ulm/Donau, 1983–1987 Assistent der Geschäftsleitung und Verkaufsleiter Innendienst in einem Geschäftsbereich der Berner-Gruppe Befestigungs- und Verbindungstechnik in Künzelsau, 1987–1994 Geschäftsführer an der Freien Waldorfschule in Schwäbisch Hall, 1994–2002 Kaufmännischer Leiter im Schraubenwerk Gaisbach in Waldenburg (Württemberg), einem Unternehmen der Würth-Gruppe. 2002–2003 Sabbatical und Arbeit an der Promotion zum Themenbereich Dialogische Führung – Universität Koblenz-Landau. Seit Oktober 2003 wissenschaftlicher Mitarbeiter an der Universität Karlsruhe (TH) am Lehrstuhl von Prof. Götz W. Werner.

Maslankowski, Willi, Dr. phil. Berufsschullehrer (Metall) über den Zweiten Bildungsweg: Werkzeugmacher, Maschinenbauingenieur, Studium der Berufspädagogik, Berufsbildungsexperte der Internationalen Arbeitsorganisation (ILO) in Lateinamerika (Lehrlings- und Technikerausbildung). Ebenfalls auf dem Gebiet der Berufsbildung Beamter in verschiedenen Bundesministerien in Bonn, insbesondere Ausbildungsordnungen. Personal in der beruflichen Bildung, berufsbildende Modellversuche, internationale Berufsbildung. Zahlreiche Veröffentlichungen zur deutschen und internationalen Berufsbildung sowie zur Philosophie.

Maus, Ulrike, Diplom-Übersetzerin; bis 1989 wissenschaftliche Angestellte am Institut für Berufspädagogik der Universität Karlsruhe (TH), seither freie Mitarbeiterin der Projektgruppe Vergleichende Berufspädagogik.

Neidhardt, Dorothee, Diplom-Verwaltungswirtin (FH). Seit 2001 Geschäftsführerin der Freien Werkschule Meißen, zunächst ehrenamtlich, seit 2005 hauptamtlich.

Schlögl, Peter, Mag. phil., Studium der Biologie und Philosophie. Seit 1998 am Österreichischen Institut für Berufsbildungsforschung und seit 1999 dessen Geschäftsführender Institutsleiter. Aktuelle Forschungsschwerpunkte sind: Bildungsentscheidungen, professionelle Beratungsdienste im Bildungswesen sowie Lebenslanges Lernen.

Sitzmann, Rolf, Dipl.-Handelslehrer, Lehrer an Kaufmännischen Schulen, Referent für Kaufmännische Schulen beim Oberschulamt Karlsruhe, von 1971 bis 1996 Direktor des Staatlichen Seminars für Didaktik und Lehrerbildung (berufliche Schulen) Karlsruhe. Während der Laufzeit des deutsch-französischen Modellversuchs „Contrôle continu" (1974 bis 1980) Leiter der vom federführenden Ministerium für Kultus und Sport Baden-Württemberg am Karlsruher Seminar eingerichteten Geschäftsstelle für die Durchführung und für die wissenschaftliche Begleitung des Vorhabens.

Stooß, Friedemann, Sozialpädagoge, Leiter des Bereichs Berufs- und Qualifikationsforschung im Forschungsinstitut der Bundesanstalt für Arbeit (IAB), Nürnberg, bis 1993. Wirtschaftsabitur, Lehre und Tätigkeit als Industriekaufmann, Studium in Dortmund, 1960 bis 1967 Berufsberater, danach Wechsel zum IAB. Arbeitsschwerpunkte: Wandel der Berufs- und Qualifikationsstruktur, Nutzung neuer Technologien, Raster zu Tätigkeitsmerkmalen, zum Arbeitsmitteleinsatz und zur systematischen Erfassung von Berufen.

Waterkamp, Dietmar , Prof. Dr. phil., Professor für Vergleichende Erziehungswissenschaft an der Technischen Universität Dresden. Von 2002 bis 2005 Vorsitzender der Sektion International und Interkulturell Vergleichende Erziehungswissenschaft der Deutschen Gesellschaft für Erziehungswissenschaft. Arbeitsschwerpunkte: Organisatorische Verfahren im Bildungswesen, Schulen in freier Trägerschaft.

Zettelmeier, Werner, Politikwissenschaftler, seit 1988 wiss. Mitarbeiter am Centre d'Information et de Recherche sur l'Allemagne Contemporaine (CIRAC), Frankreich, sowie seit 1999 Professeur associé an der Universität Cergy-Pontoise, Frankreich. Arbeitsschwerpunkte: Vergleich des deutschen und französischen Bildungssystems (Berufsbildung, Hochschulorganisation, Qualifizierung von Führungskräften in beiden Systemen).

Abkürzungen

A	Österreich	
ABB	D: Arbeitsstelle für Betriebliche Berufsausbildung	
ABl	Amtsblatt	
ABM	D: Arbeitsbeschaffungsmaßnahme	
AFG	D: Arbeitsförderungsgesetz	
AFPA	F: Association Nationale pour la Formation Professionnelle des Adultes, *Staatlicher Verband für berufliche Erwachsenenbildung*	
AHR	D: Allgemeine Hochschulreife	
AHS	A: Allgemeinbildende höhere Schulen	
AMFG	A: Arbeitsmarktförderungsgesetz	
AMS	A: Arbeitsmarktservice	
APL	VK: Accreditation of Prior Learning, *Anrechnung früher erworbener Kenntnisse und Fähigkeiten*	
APLFG	D: Ausbildungsplatzförderungsgesetz	
BA	D: Bundesanstalt für Arbeit	
Bac. Prof.	F: Baccalauréat Professionnel, *Berufsabitur*	
BAG	A: Berufsausbildungsgesetz	
BBF	D: Bundesinstitut für Berufsbildungsforschung (heute Bundesinstitut für Berufsbildung)	
BBG	CH: Berufsbildungsgesetz	
BBiG	D: Berufsbildungsgesetz	
BBT	CH: Bundesamt für Berufsbildung und Technologie	
BBV	CH: Berufsbildungsverordnung	
BBW	D: Berufsbildungswerk	
BDA	D: Bundesvereinigung der Deutschen Arbeitgeberverbände	
BEP	F: Brevet d'Etudes Professionnelles, *Berufsbildungszeugnis*	
BerBiFG	D: Berufsbildungsförderungsgesetz	
BFI	A: Berufsförderungsinstitut der Arbeiterkammer	
BFS	CH: Bundesamt für Statistik	
BFW	D: Berufsförderungswerk	
BGJ	D: Berufsgrundbildungsjahr	
BGR	D: Bildungsgesamtrechnung	
BHS	A: Berufsbildende höhere Schulen	
BiBB	D: Bundesinstitut für Berufsbildung, früher Bundesinstitut für Berufsbildungsforschung	
BLBS	D: Bundesverband der Lehrerinnen und Lehrer an beruflichen Schulen	
BLK	D: Bund-Länder-Kommission für Bildungsplanung und Forschungsförderung	
BMBF	D: Bundesministerium für Bildung und Forschung	
BMS	A: Berufsbildende mittlere Schulen	
BMS	CH: Berufsmittelschule	
BMZ	D: Bundesministerium für wirtschaftliche Zusammenarbeit und Entwicklung	
BP	F: Brevet Professionnel, *Berufszeugnis*	
BRP	A: Berufsreifeprüfung	
BTn	F: Baccalauréat Technologique, *Technikerabitur*	
BV	CH: Bundesverfassung	
BVerG	D: Bundesverfassungsgericht	

BVJ	D: Berufsvorbereitungsjahr
CAP	F: Certificat d'Aptitude Professionnelle, *Berufsbefähigungszeugnis*
CEDEFOP	Europäisches Zentrum für die Förderung der Berufsbildung
CFA	F: Centre de Formation d'Apprentis, *Lehrlingsausbildungszentrum; begleitende Teilzeitschu in der betrieblichen Ausbildung*
CH	Schweiz
GNAM	F: Conservatoire National des Arts et Métiers
D	Deutschland
DATSCH	D: Deutscher Ausschuß für das Technische Schulwesen
DGB	D: Deutscher Gewerkschaftsbund
DIHK	D: Deutscher Industrie- und Handelkammerstag
DUT	F: Diplôme Universitaire de Technologie, *Technologisches Universitätsdiplom*
EBA	CH: Eidgenössisches Berufsattest
ECTS	European Credit Transfer System *Europäisches System zur Anrechnung, Übertragung und Akkumulierung von Studienleistunger*
ECVET	European Credit Transfer System for Vocational Education and Training *Europäisches Anrechnungssystems für die Berufsbildung*
EFZ	CH: Eidgenössisches Fähigkeitszeugnis
EU	Europäische Union
EuGH	Europäischer Gerichtshof
EURATOM	Europäische Atomgemeinschaft
EUROSTAT	Statistisches Amt der Europäischen Union
EWG	Europäische Wirtschaftsgemeinschaft
FE	VK: Further Education, *weiterführende Bildung und Ausbildung außerhalb des Hochschulsektors*
FH	A/D: Fachhochschule
FHR	D: Fachhochschulreife
FHS	CH: Fachhochschule
GEW	D: Gewerkschaft Erziehung und Wissenschaft
GG	D: Grundgesetz
GRETA	F: Groupements d'établissements de l'éducation nationale pour la formation professionnelle continue, *Weiterbildungsanbieter in Form lokaler Netzwerke von schulischen Einrichtungen des Erziehungsministeriums*
GTZ	D: Gesellschaft für Technische Zusammenarbeit
HTL	A/CH: Höhere Technische Lehranstalt
HwO	D: Handwerksordnung
IAB	D: Institut für Arbeitsmarkt- und Berufsforschung (der Bundesanstalt für Arbeit)
IBA	A: Integrative Berufsausbildung
ibv	D: Informationen für die Beratungs- und Vermittlungsdienste der Bundesanstalt für Arbeit
ibw	A: Institut für Bildungsforschung der Wirtschaft
IKBB	D: Innovationskreis für berufliche Bildung
ILO	International Labour Organization, *Internationale Arbeitsorganisation*
ISCED	International Standard Classification of Education, *UNESCO-Klassifikation der Bildungsebenen*
IHK	D: Industrie- und Handelskammer
JASG	A: Jugendausbildungssicherungsgesetz
LSC	VK: Learning and Skills Council, *Rat für Bildung und Qualifikationen*
KMK	D: Kultusministerkonferenz

KWB	**D:** Kuratorium der deutschen Wirtschaft für Berufsbildung
NVQ	**VK:** National Vocational Qualification, *Nationaler beruflicher Befähigungsnachweis*
OECD	Organization for Economic Cooperation and Development, *Organisation für wirtschaftliche Zusammenarbeit und Entwicklung*
ÖIBF	**A:** Österreichisches Institut für Berufsbildungsforschung
PH	Pädagogische Hochschule
PISA	Programme for International Student Assessment, *OECD-Projekt zur Bewertung von Schülerleistungen*
QCA	**VK:** Qualifications and Curriculum Authority, *Behörde für Bildungsnachweise und Curriculum*
SEK	Sekundarstufe
SSC	**VK:** Sector Skills Council, *Sektoraler Kompetenzrat*
SGB	**D:** Sozialgesetzbuch
UN	United Nations, *Vereinte Nationen*
UNESCO	United Nations Educational, Scientific and Cultural Organization *Organisation der Vereinten Nationen für Erziehung, Wissenschaft und Kultur*
VLW	**D:** Verband der Lehrerinnen und Lehrer an Wirtschaftsschulen
VK	Vereinigtes Königreich
ZDH	**D:** Zentralverband des Deutschen Handwerks

Literaturverzeichnis

Abel, Heinrich: Das Berufsproblem im gewerblichen Ausbildungs- und Schulwesen Deutschlands (BRD). Braunschweig 1963

Aktionsrat Bildung: Bildungsrisiken und -chancen im Globalisierungsprozess. Jahresgutachten 2008. Hrsg.: Vereinigung der Bayerischen Wirtschaft e. V. Wiesbaden 2008

Aktivitäten der Länder zur Weiterentwicklung des mathematisch-naturwissenschaftlichen Unterrichts. Beschluss der Kultusministerkonferenz vom 18.03.2005 (vom Sekretariat der KMK fortgeschriebene Fassung; Stand 04.07.05)

Alex, Laszló/Stooß, Friedemann (Hrsg.): Berufsreport. Berlin 1996

Allgemeine und berufliche Bildung 2010. Die Dringlichkeit von Reformen für den Erfolg der Lissabon-Strategie. Gemeinsamer Zwischenbericht des Rates und der Kommission über die Maßnahmen im Rahmen des detaillierten Arbeitsprogramms zur Umsetzung der Ziele der Systeme der allgemeinen und beruflichen Bildung in Europa. Amtsblatt der Europäischen Gemeinschaften C 104 vom 30.04.2004

Azone, Walter: Die gewerblichen Berufsschulen in ihrer volkswirtschaftlichen, sozialen und kulturellen Bedeutung. 1924

Bachelor- und Masterstudiengänge in ausgewählten Ländern Europas im Vergleich zu Deutschland. Fortschritte im Bologna-Prozess. Hrsg.: Bundesministerium für Bildung und Forschung. Bonn, Berlin 2005

Badertscher, Hans/Grunder, Hans-Ulrich (Hrsg.): Geschichte der Erziehung und Schule in der Schweiz im 19. und 20. Jahrhundert. Leitlinien. Bern/Stuttgart/Wien 1997

Baethge, Martin: Die Berufskollegs stärken heißt die berufliche Bildung zu stärken. Dokumentation zum Berufsbildungskongress des vlbs 2007. Krefeld 2007

Baethge, Martin; Solga, Heike; Wieck, Markus: Berufsbildung im Umbruch. Signale eines überfälligen Aufbruchs. Studie im Auftrag der Friedrich-Ebert-Stiftung. Berlin 2007

Benner, Hermann: Ordnung der staatlich anerkannten Ausbildungsberufe, herausgeg. vom BiBB, Berlin 1982

Berufliche Bildung der Zukunft, Carl Bertelsmann Preis 1999. Band 2: Dokumentation zu Symposium und Festakt. Hrsg.: Bertelsmann Stiftung, Gütersloh 1999

Berufliche Bildung in Europa. Viertes bildungspolitisches Gespräch Dortmund, 18. und 19. November 1966. Hrsg.: Arbeitskreis für Europakunde. Bonn 1967

Beschluss 63/266/EWG des Rates über die Aufstellung allgemeiner Grundsätze für die Durchführung einer gemeinsamen Politik der Berufsausbildung. ABl. 63 vom 20.4.1963

BIBB, Bonn (Hrsg.): Die anerkannten Ausbildungsberufe. Ausgabe 2004

Bildung in Deutschland. Ein indikatorengestützter Bericht mit einer Analyse zu Bildung und Migration. Hrsg.: Konsortium Bildungsberichterstattung im Auftrag der KMK und des BMBF. Bielefeld 2006

Bildung in Deutschland. Ein indikatorengestützter Bericht mit einer Analyse zu Übergängen im Anschluss an den Sekundarbereich I. Hrsg.: Autorengruppe Bildungsberichterstattung im Auftrag der KMK und des BMBF. Bielefeld 2008

Bjørnåvold, Jens: Making learning visible. Identification, assessment and recognition of non-formal learning in Europe. CEDEFOP, Thessaloniki 2000

Blankertz, Herwig, Derbolav, Josef u. a. (Hrsg.): Enzyklopädie Erziehungswissenschaft Bd. 9, Teil 1: Sekundarstufe II: Jugendbildung zwischen Schule und Beruf. Stuttgart, Dresden 1995

Blättner, F.; Kiehn, L. u. a. (Hrsg.): Handbuch für das Berufsschulwesen, Heidelberg 1960

Bundesministerium für Bildung und Forschung (Hrsg.): Aktionsprogramm „Lebensbegleitendes Lernen für alle". Bonn 2001

Bundesministerium für Bildung und Forschung (Hrsg.): Berichtssystem Weiterbildung IX. Ergebnisse der Repräsentativbefragung zur Weiterbildungssituation in Deutschland. Bonn, Berlin 2005

Bundesministerium für Bildung und Forschung (Hrsg.): Das europäische Haus der Bildung: Bildung und Wirtschaft – Eine neue Partnerschaft. Konferenz der europäischen Bildungsminister, Budapest 24.–26. Juni 1999. Bonn 1999

Bundesministerium für Bildung und Forschung (Hrsg.): Die Strategie für das Lebenslange Lernen verwirklichen. Dokumentation der Konferenz „Regionale Netzwerke für Lebenslanges Lernen – Strukturelle Innovationen für Bildung und Ausbildung." Berlin, 08./09.11.2004. Bonn, Berlin 2005

Bundesministerium für Bildung und Forschung, Berlin/Bonn (Hrsg.): Berufsbildungsbericht, verschiedene Jahrgänge

Bundesministerium für Bildung und Forschung, Berlin/Bonn: 10 Leitlinien zur Modernisierung der beruflichen Bildung. – Ergebnisse des Innovationskreises berufliche Bildung. Bonn/Berlin 2007

Bundesministerium für Bildung und Forschung, Berlin/Bonn (Hrsg.): Grund- und Strukturdaten 2005

Bundesministerium für Bildung und Forschung, Bonn/Berlin (Hrsg.): Grund- und Strukturdaten 1992/93

Bundesministerium für Bildung und Wissenschaft (Hrsg.): Gleichwertigkeit beruflicher und allgemeiner Bildung. Dokumentation der 1. BMBW-Fachtagung am 8. Juli 1992 in Bonn. Bonn 1992 (76 Seiten + Anhang mit Stellungnahmen der Verbände).

Bonz, Bernhard; Gidion, Gerd (Hrsg.): Institutionen der beruflichen Bildung. (Diskussion Berufsbildung Bd. 7) Baltmannsweiler 2008

Brater, Michael; Bauer, Hans G. u. a.: Lern(prozess)begleitung in der Ausbildung. Wie man Lernende begleiten und Lernprozesse gestalten kann. Bielefeld 2006

Brater, Michael; Büchele, Ute u. a: Berufsbildung und Persönlichkeitsentwicklung, Stuttgart 1988

Bundesanstalt für Arbeit, Nürnberg (Hrsg.): Handbuch zur Berufswahlvorbereitung. Ausgabe 1992

Bundesministerium für Wirtschaft und Technologie (Hrsg.): Jahreswirtschaftsbericht 2007 der Bundesregierung. Den Aufschwung für Reformen nutzen. Berlin 2007 (Kurzfassung unter www.bmwi.de)

Bundesverband der Deutschen Industrie, Bundesvereinigung der Deutschen Arbeitgeberverbände, Deutscher Industrie- und Handelstag u. a.: Argumente gegen eine Scheinreform. Stellungnahme zum Regierungsentwurf eines neuen Berufsbildungsgesetzes. Mai 1975

Bundesverband der Lehrer an Beruflichen Schulen, Landesverband Baden-Württemberg e. V. (Hrsg.): Gewerbeschulen 150 Jahre in Baden 1834–1984, 75 Jahre in Württemberg 1909–1984. Stuttgart 1984

Bundesvereinigung der Deutschen Arbeitgeberverbände (BDA): Bildung schafft Zukunft. Das Bildungsprogramm der Arbeitgeber. Berlin, April 2005

Bundesvereinigung der Deutschen Arbeitgeberverbände: „Ausbildung möglich machen!" Programm zur Verbesserung der Rahmenbedingungen für mehr Ausbildung. Berlin, August 2006

Bund-Länder-Kommission für Bildungsplanung und Forschungsförderung: Strategie für Lebenslanges Lernen in der Bundesrepublik Deutschland. (Materialien zur Bildungsplanung und zur Forschungsförderung Heft. 115) Bonn 2004

Commission européenne: Mise en oeuvre du programme de travail «Education et Formation 2010». Rapport d'avancement 2005 France. Bruxelles 2005

Dedering, Heinz: Einführung in das Lernfeld Arbeitslehre. München/Wien 2000

Der Bundesminister für Bildung und Wissenschaft: Grundsätze zur Neuordnung der Berufsbildung (Markierungspunkte). Vom Bundeskabinett am 15. November 1973 beschlossen

Der Sachverständigenrat zur Begutachtung der gesamtwirtschaftlichen Entwicklung: Jahresgutachten 1965, Bundesratsdrucksache 589/65

Deutscher Ausschuß für das Erziehungs- und Bildungswesen: Empfehlung und Gutachten, Folge 7/8. Stuttgart 1964

Deutscher Bildungsrat: Empfehlungen der Bildungskommission 1967–1969, Stuttgart 1970

Deutscher Gewerkschaftsbund, Bundesvorstand (Hrsg.): Beschlüsse zur Bildungspolitik 2000–2006. Berlin 20.03.06

Deutscher Industrie- und Handelskammertag (DIHK): „Dual mit Wahl". Ein Modell der IHK-Organisation zur Reform der betrieblichen Ausbildung. Berlin, Februar 2007

Deutscher Industrie- und Handelskammertag (Hrsg.): Leitlinien Berufliche Weiterbildung. Wege zur Kompetenzentwicklung. 3. erw. Aufl., September 2001

Die Länder der Bundesrepublik Deutschland; Bundesagentur für Arbeit (Hrsg.): Studien- & Berufswahl 2007/2008. Nürnberg 2007

Die Verfassungen der EG-Mitgliedstaaten. Textausgabe. Beck-Texte im dtv, München 1996

Dietsche, Barbara/Meyer, Heinz H.: Literaturauswertung Lebenslanges Lernen und Literaturnachweis zur Literaturauswertung Lebenslanges Lernen. Gefertigt vom Deutschen Institut für Erwachsenenbildung im Auftrag der BLK Ad-hoc-AG „Strategiepapier Lebenslanges Lernen". Bonn 2004

Dohmen, Günter: Wortgeschichtliche Grundlagen einer Renaissance des Bildungsbegriffs. In: Offenheit und Integration. Beiträge für das Zusammenwirken von Erwachsenenbildung, Wissenschaft und Medien. Bad Heilbrunn 1991

Dohmen, Günther: Das informelle Lernen. Die internationale Erschließung einer bisher vernachlässigten Grundform menschlichen Lernens für das lebenslange Lernen aller. Hrsg.: BMBF. Bonn 2001

Dohmen, Günther: Das lebenslange Lernen. Leitlinien einer modernen Bildungspolitik. Hrsg.: Bundesministerium für Bildung, Wissenschaft, Forschung u. Technologie, Bonn 1996

Dommann, Franz: Rechtsgrundlagen für die Praxis der Berufsbildung. Hrsg.: DBK. Luzern 2006

Ehrenthal, Bettina; Eberhard, Verena; Ulrich, Joachim Gerd: Ausbildungsreife – auch unter den Fachleuten ein heißes Eisen – Ergebnisse des BIBB-Expertenmonitors 2005 http://www.bibb.de/de/21840.htm

Empfehlungen und Gutachten des Deutschen Ausschusses für das Erziehungs- und Bildungswesen 1953–1965, Gesamtausgabe 1966

Entschließung des Rates und der im Rat vereinigten Minister für Bildungswesen vom 13. Dezember 1976 betreffend Maßnahmen zur besseren Vorbereitung der Jugendlichen auf den Beruf und zur Erleichterung ihres Übergangs von der Schule zum Berufsleben

Entwurf des Berufsbildungsgesetzes (BBiG). Bundestagsdrucksache 160/75. Bonn, 18.04.1975

Erklärung der Kultusministerkonferenz gegen die Überspezialisierung in der dualen Berufsausbildung. Beschluss der Kultusministerkonferenz vom 28.02.2007

Euler, Dieter (Hrsg.): Handbuch der Lernortkooperation. Bd. 1: Theoretische Fundierungen; Bd. 2: Praktische Erfahrungen. Bielefeld 2003

Euler, Dieter: Modernisierung des dualen Systems – Problembereiche, Reformvorschläge, Konsens- und Dissenslinien. Hrsg.: Bund-Länder-Kommission für Bildungsplanung und Forschungsförderung (BLK). (Materialien zur Bildungsplanung und zur Forschungsförderung, Heft 62). Bonn 1998

Euler, Dieter; Severing, Eckart: Flexible Ausbildungswege in der Berufsbildung. Ziele, Modelle, Maßnahmen. Bielefeld 2007

Europäische Kommission (Hrsg.): Umsetzung des Arbeitsprogramms „Allgemeine und berufliche Bildung 2010". Fortschrittsbericht 2005 Deutschland. Brüssel 2005

Europäische Kommission (Hrsg.): Umsetzung des Arbeitsprogramms „Allgemeine und berufliche Bildung 2010". Fortschrittsbericht 2005 Österreich. Brüssel 2005

Europäische Kommission, Generaldirektion Bildung und Kultur, Generaldirektion Beschäftigung und Soziales: Mitteilung der Kommission: Einen europäischen Raum des Lebenslangen Lernens schaffen. November 2001. KOM(2001) 678 endgültig

Europäische Kommission: Gemeinsame Grundsätze für die Validierung des formalen und des informellen Lernens. Brüssel, GD EAC B/1 JBJ 03.03.04

Europäischen Kommission: Lehren und Lernen. Auf dem Weg zur kognitiven Gesellschaft. Weißbuch zur allgemeinen und beruflichen Bildung. Brüssel 1995

Europäischer Rat Lissabon, 23. u. 24. März 2000. Schlussfolgerungen des Vorsitzes

European Commission: Implementing the Education and Training 2010 work programme. 2005 Progress Report United Kingdom. Brussels 2005

Faure, Edgar; Herrera, Felipe u. a.: Wie wir leben lernen. Der Unesco-Bericht über Ziele und Zukunft unserer Erziehungsprogramme. Reinbek 1973

Fenger, Herbert: Betriebsberufsschulen in der Bundesrepublik Deutschland. In: Jahrbuch für Wirtschafts- und Sozialpädagogik 1969. Hrsg.: Dr.-Kurt-Herberts-Stiftung zur Förderung von Forschung und Lehre der Wirtschafts- und Sozialpädagogik e. V. Köln, S. 69–168

Fischer-Weltalmanach 2007. Frankfurt a. M., 2006

Forderungskatalog zur Sicherung der Berufsausbildung und Qualifizierung junger Menschen sowie zur effektiven Nutzung aller Ressourcen in der Berufsausbildung (Beschluss der Kultusministerkonferenz vom 04.12.2003)

Fredrisson, Ulf: Changes of Education Policies within the European Union in the Light of Globalisation. In: European Educational Research Journal, Volume 2, Number 4, 2003

Fucke, Erhard unter Mitarb. von Michael Brater: Lernziel: Handeln können. Erfahrungen und Überlegungen zu einem erweiterten Bildungskonzept. Fischer Taschenbuch Verlag, Frankfurt a. M. 1981

Greinert, Wolf.-Dietrich.; Heitmann, Werner u. a. (Hrsg.): Vierzig Jahre Berufsbildungszusammenarbeit mit Ländern der Dritten Welt. Baden-Baden 1997

Greinert, Wolf-Dietrich: Realistische Bildung in Deutschland. Ihre Geschichte und aktuelle Bedeutung. Hohengehren 2003

Greinert, Wolf-Dietrich; Schur, Ilse, R. (Hrsg.): Zwischen Markt und Staat. Berufsbildungsreform in Deutschland und in der Schweiz. Berlin 2004

Grundgesetz Kommentar. Begründet von Dr. Theodor Maunz u. Dr. Günter Dürig. Hrsg.: Roman Herzog, Rupert Scholz u. a. Band V, Art. 70-99. München, Stand Oktober 1984

Grüner, Gustav: Die Berufsschule im ausgehenden 20. Jahrhundert. Ein Beitrag zur Berufsbildungspolitik. Bielefeld 1984

Grüner, Gustav; Walter, Georg; Kahl, Otto: Kleines Berufspädagogisches Lexikon. Bielefeld 1982

Gutman, Emil: Die Gewerbeschule Badens 1834/1930. Konkordia A.-G. für Druck und Verlag, Bühl-Baden 1930

Hahn, Kurt: Die Schulwerkstatt. Frankfurt a. M. 1929

Hamann, Bruno: Geschichte des Schulwesens. Werden und Wandel der Schule im ideen- und sozialgeschichtlichen Zusammenhang. Bad Heilbrunn 1993

Haverkamp, F.: Staatliche Gewerbeförderung im Großherzogtum Baden. Unter besonderer Berücksichtigung der Entwicklung des gewerblichen Bildungswesens im 19. Jahrhundert. Freiburg/München 1979

Heimbach-Steins, M.; Kruip, G.; Kunze, A. B. (Hrsg.): Das Menschenrecht auf Bildung und seine Umsetzung in Deutschland. Diagnosen – Reflexionen – Perspektiven, Bielefeld 2007

Hentig, Hartmut v.: Cuernavaca oder: Alternativen zur Schule? Stuttgart 1972

Hentig, Hartmut v.: Die Schule im Regelkreis. Stuttgart 1973

Hesse, H. A.: Berufe im Wandel. Stuttgart 1972

Hinz, Renate: Pestalozzi und Preußen. Zur Rezeption der Pestalozzischen Pädagogik in der preußischen Reformzeit (1806/07–1812/13). Frankfurt a. M. 1991

Holfelder/Bosse: Schulgesetz für Baden-Württemberg. Handkommentar und Nebenbestimmungen. 7. Aufl. Stuttgart/München/Hannover 1984

Illich, Ivan: Entschulung der Gesellschaft. Entwurf eines demokratischen Bildungssystems. Hamburg 1973

Kahsnitz, Dietmar; Ropohl, Günther, Schmid, Alfons (Hrsg.): Handbuch zur Arbeitslehre. München/Wien 1997

Kaiser, Franz-Josef; Pätzold, Günter (Hrsg.): Wörterbuch der Berufs- und Wirtschaftspädagogik, Bad Heilbrunn/Hamburg 1999

Kaiser, Gerhard A.; Tenfelde, Klaus: Arbeiter im Deutschen Kaiserreich 1871–1914. Bonn 1992

Kerschensteiner, Georg: Begriff der Arbeitsschule. Hrsg.: Gonon, Philipp. Darmstadt 2002

Kerschensteiner, Georg: Beobachtungen und Vergleiche über Einrichtungen für gewerbliche Erziehung außerhalb Bayern. München 1901

Killius, Nelson; Kluge, Jürgen; Reisch, Linda (Hrsg.): Die Zukunft der Bildung. Frankfurt a. M. 2002

Kittner, Michael: Berufliche Qualifikation in der Rechtsordnung. IG Metall Schriftenreihe 94. Frankfurt am Main 1982

Kommission der Europäischen Gemeinschaften: Vorschlag für eine Empfehlung des Europäischen Parlaments und des Rates zur Einrichtung eines Europäischen Qualifikationsrahmens für lebenslanges Lernen. KOM(2006) 479 endgültig, 2006/0163 (COD) vom 5.9.2006

Kommission der Europäischen Gemeinschaften. Arbeitsunterlage der Kommissionsdienststellen: Auf dem Weg zu einem europäischen Qualifikationsrahmen für lebenslanges Lernen. Brüssel, 08.07.2005, SEK (2005) 957

Kommission der Europäischen Gemeinschaften: Alternierende Ausbildung für Jugendliche (Mitteilung der Kommission an den Rat). KOM(79) 578 vom 29.10.1979

Kommuniqué von Helsinki über die verstärkte europäische Zusammenarbeit in der Berufsbildung. Kommuniqué der für Berufsbildung zuständigen europäischen Minister, der europäischen Sozialpartner und der Europäischen Kommission – Überprüfung der Prioritäten und Strategien des Kopenhagen-Prozesses in Helsinki am 5. Dezember 2006

Kommuniqué von Maastricht zu den künftigen Prioritäten der verstärkten Europäischen Zusammenarbeit in der Berufsbildung. Dezember 2004

Kuhn, Karl Friedrich: Die Gewerbeschule der Landeshauptstadt Karlsruhe in Vergangenheit und Gegenwart. Hg. v. d. Stadt Karlsruhe. Karlsruhe 1927

Kuratorium der deutschen Wirtschaft für Berufsbildung: Mehr Flexibilität, Durchlässigkeit, Praxisbezug. Neue Impulse für die berufliche Bildung. Dokumentation. Workshop 5. April 2006, Essen, RWE AG. Bonn 2006

Kuratorium der deutschen Wirtschaft für Berufsbildung (KWB): Die Zukunft der dualen Berufsausbildung sichern. Handlungsbedarf aus der Sicht der Wirtschaft. Statement aus dem Jahre 2003, www.kwb-berufsbildung.de

Kuratorium der deutschen Wirtschaft für Berufsbildung (KWB): Die Zukunft der dualen Berufsausbildung sichern. Handlungsbedarf aus der Sicht der Wirtschaft. Statement aus dem Jahre 2003, www.kwb-berufsbildung.de

Lasserre; René; Lattard, Alain: Berufliche Bildung in der Bundesrepublik Deutschland. Spezifika und Dynamik des dualen Systems aus französischer Sicht. Hrsg.: G. Rothe (Materialien zur Berufs- und Arbeitspädagogik Bd. 11), Villingen-Schwenningen 1994

Lehrplan für die bayerische Hauptschule. Genehmigungsnummer IV.2-5S7410.2-4.60750 Gültig seit 07.07.2004, http://www.isb.bayern.de

Leistungsfähigkeit des Bildungssystems verbessern. Gemeinsame Erklärung von Wirtschaftsministerkonferenz (WMK), Kultusministerkonferenz (KMK), Bundesverband der Deutschen Industrie (BDI), Bundesvereinigung der Deutschen Arbeitgeberverbände (BDA), Deutscher Industrie- und Handelskammertag (DIHK), Zentralverband des Deutschen Handwerks (ZDH). Berlin, 28.11.2002, http://www.dihk.de

Lexikon der Pädagogik. Hg. v. E. M. Roloff, Freiburg 1917. Bd. 5

Liesering, S.; Schober, K.; Tessaring, M. (Hrsg.): Die Zukunft der dualen Berufsausbildung. In: Beiträge zur Arbeitsmarkt- und Berufsforschung (BeitrAB) Bd. 186, Nürnberg 1994, S. 339ff.

Ministerium für Kultus, Jugend und Sport Baden-Württemberg in Zusammenarbeit mit dem Landesinstitut für Erziehung und Unterricht Stuttgart: Bildungsplan 2004 Hauptschule Werkrealschule. Stuttgart 2004

Modernisierung der allgemeinen und beruflichen Bildung: Ein elementarer Beitrag zu Wohlstand und sozialem Zusammenhalt in Europa. Gemeinsamer Zwischenbericht 2006 des Rates und der Kommission über die Fortschritte im Rahmen des Arbeitsprogramms „Allgemeine und berufliche Bildung 2010". (2006/C 79/01) Amtsblatt der Europäischen Union vom 1.4.2006

Munz, Claudia.: Berufsbiografie selbst gestalten. Wie sich Kompetenzen für die Berufslaufbahn entwickeln lassen. Beiträge zu Arbeit – Lernen – Persönlichkeitsentwicklung Bd. 2. Hrsg.: Gesellschaft für Ausbildungsforschung und Berufsentwicklung (GAB). Bielefeld 2005

Nebenius, C. F.: Über technische Lehranstalten in ihrem Zusammenhange mit dem gesamten Unterrichtswesen und mit besonderer Rücksicht auf die Polytechnische Schule zu Karlsruhe. Erschienen in Karlsruhe, Verlag der Chr. Fr. Müller'schen Hofbuchhandlung

Neß, Harry: Generation abgeschoben. Warteschleifen und Endlosschleifen zwischen Bildung und Beschäftigung. Daten und Argumente zum Übergangssystem. Hrsg.: Hauptvorstand der Gewerkschaft Erziehung und Wissenschaft (GEW). Bielefeld 2007

Neue Strukturen in der dualen Ausbildung. Beschluss des BDA-Ausschusses Bildung/Berufliche Bildung, BDA-Arbeitskreises Berufliche Bildung. Berlin, 16.04.07

Nuissl, E./Schiersmann, Ch./Siebert, H. (Hrsg.): Literatur und Forschungsreport Weiterbildung Nr. 49/Juni 2002. Bielefeld 2002

OECD (Hrsg.): Die Quellen wirtschaftlichen Wachstums in den OECD-Ländern. Paris 2004

OECD (Hrsg.): Lifelong Learning for All. Meeting of the Education Committee at Ministerial Level, 16./17. Januar 1996. Paris 1996

OECD (Hrsg.): Recurrent Education. A Strategy for Lifelong Learning. Paris 1973

Offe, Claus: Berufsbildungsreform. Eine Fallstudie über Reformpolitik. Frankfurt a. M. 1975

Ossenbühl, Fritz: Zur verfassungsrechtlichen Pflicht der Arbeitgeber, betriebliche Ausbildungsplätze bereitzustellen. Rechtsgutachten erstellt im Auftrag des Bundesministers für Bildung und Wissenschaft. In: BMBW, Bonn, Studien zu Bildung u. Wissenschaft, Bd. 10, Bad Honnef 1985

Otto, Hansuwe; Coelen, Thomas (Hrsg.): Ganztagsbildung in der Wissensgesellschaft. Wiesbaden 2004

Proesler, Hans: Das gesamtdeutsche Handwerk im Spiegel der Reichsgesetzgebung von 1530 bis 1806. Berlin 1954

Rat der Europäischen Union: Detailliertes Arbeitsprogramm zur Umsetzung der Ziele der Systeme der allgemeinen und beruflichen Bildung in Europa. Dok. 6365/02. Amtsblatt der Europäischen Gemeinschaften C 142 vom 14.6.2002

Rauner, Felix (Hrsg.): Handbuch Berufsbildungsforschung. 2. Aufl., Bielefeld 2006

Rauner, Felix: Reform der Berufsausbildung. Expertise im Auftrag des Ministeriums für Arbeit und Soziales, Qualifikation u. Technologie Nordrhein-Westfalen. Bremen 2004

Rechtsprobleme der Berufsausbildung. Rechtsgutachten im Auftrag der Max-Traeger-Stiftung. Erstattet von Prof. Dr. Hermann Avenarius, Deutsches Institut für Internationale Pädagogische Forschung, Frankfurt am Main, und Dr. Johannes Rux, Fernuniversität in Hagen. Frankfurt am Main/Hagen, August 2003

Reichsanstalt für Arbeitsvermittlung und Arbeitslosenversicherung (RAVAV), Berlin (Hrsg.): Handbuch der Berufe, Teil I, 3. Bd., Leipzig 1933

Reinberg, Alexander; Hummel, Markus: Zwanzig Jahre Bildungsgesamtrechnung; in BeitrAB [Beiträge zur Arbeitsmarkt- und Berufsforschung], Bd. 306, Nürnberg 2006

Reinberg, Alexander; Hummel, Markus: Zur langfristigen Entwicklung des qualifikationsspezifischen Arbeitskräfteangebots und -bedarfs in Deutschland. Empirische Befunde und aktuelle Projektionsergebnisse. MittAB 4/2002, S. 580–600

Ropohl, Günter: Arbeits- und Techniklehre. Philosophische Beiträge zur technologischen Bildung. Berlin 2004

Rothe, G.: Lehrerbildung für gewerblich-technische Berufe im europäischen Vergleich. Vorschläge für eine Umstrukturierung der Studiengänge samt Konsequenzen für das nationale Berufsbildungssystem. Karlsruhe 2006

Rothe, G.: Alternanz – die EU-Konzeption für die Berufsausbildung. Erfahrungslernen Hand in Hand mit Abschnitten systematischer Ausbildung. Dargestellt unter Einbeziehung von Ergebnissen aus Ländervergleichen. Karlsruhe 2004

Rothe, G.: Die Systeme beruflicher Qualifizierung Deutschlands, Österreichs und der Schweiz im Vergleich. Kompendium zur Aus- und Weiterbildung unter Einschluss der Problematik Lebensbegleitendes Lernen. Wien/Luzern/Villingen-Schwenningen 2001

Rothe, G.: Jugendliche im Wartestand. Neckar-Verlag, Villingen-Schwenningen 1987

Rothe, G.: Berufliche Bildung in Stufen. Modellstudie zur Neuordnung der Berufsschulen in Baden-Württemberg, dargestellt am Raum Schwarzwald-Baar-Heuberg. Hrsg.: Kultusministerium Baden-Württemberg. (Bildung in neuer Sicht: Reihe A, Nr. 7), Villingen 1968

Rothe, G.: Die Entwicklung der Gesellenprüfung. Unter besonderer Berücksichtigung der Verhältnisse im ehemaligen Württemberg. In: Die Gewerbeschule. Zeitschrift für das gewerblich-fachliche Unterrichts- und Bildungswesen. 44. Jg., H. 1 u. 2/1953

Rutz, M. (Hrsg.): Aufbruch in der Bildungspolitik. München 1997

Sachverständigenkommission Kosten und Finanzierung der beruflichen Bildung: Kosten und Finanzierung der außerschulischen beruflichen Bildung (Abschlußbericht). Hrsg.: Der Bundesminister für Bildung und Wissenschaft. Bonn 1974

Schlußfolgerungen der gemeinsamen Tagung Rat (Arbeit und Sozialfragen)/Rat und im Rat vereinigte Minister für Bildungswesen vom 3. Juni 1983 betreffend den Übergang der Jugendlichen von der Schule in das Erwachsenen- und Berufsleben

Schule und Betriebe als Partner. Ein Handlungsleitfaden zur Stärkung von Berufsorientierung und Ausbildungsreife

Sekretariat der Ständigen Konferenz der Kultusminister der Länder in der Bundesrepublik Deutschland: Forderungskatalog zur Sicherung der Berufsausbildung und Qualifizierung junger Menschen sowie zur effektiven Nutzung aller Ressourcen in der Berufsausbildung. Beschluss der Kultusministerkonferenz vom 04.12.2003

Ständige Konferenz der Kultusminister: Empfehlungen zur Hauptschule (Beschluß der KMK vom 3.7.1969). In: Handbuch der Kultusministerkonferenz 1974. Bonn 1974

Statistisches Bundesamt, Berlin (Hrsg.): Fachserie 11 Bildung und Kultur, Reihe 2 Berufliche Schulen – 2005/06

Statistisches Bundesamt, Berlin (Hrsg.): Fachserie 11 Bildung und Kultur, Reihe 3 Berufliche Bildung – 2005/06

Statistisches Bundesamt, Berlin (Hrsg.): Statistisches Jahrbuch 2007

Steiner, Rudolf: Allgemeine Menschenkunde als Grundlage der Pädagogik. Rudolf Steiner Verlag 1992

Steinbeis, Ferdinand von: Die Elemente der Gewebeförderung, nachgewiesen an Grundlagen der belgischen Industrie. Stuttgart 1853

Stellungnahme des Wirtschafts- und Sozialausschusses zu der „Mitteilung der Kommission Förderung der Lehrlingsausbildung in Europa". (Dokument 98/C 95/12) Amtsbl. der Europ. Gemeinschaften Nr. C 95/45 vom 30.03.1998, S. C95/46

Stender, Jörg: Berufsbildung in der Bundesrepublik Deutschland. Teil 2: Reformansätze in der beruflichen Bildung. Stuttgart 2006

Stooß, Friedemann: Das Verhältnis von Tätigkeit und erlerntem Beruf – eine Skizze zum Flexibilitätskonzept des IAB – für den Arbeitskreis „QUALIFIKATIONSBEDARF 2000" beim Ministerium für Wirtschaft, Mittelstand und Technologie Baden-Württemberg. Nürnberg 1989

Straka, Gerald A. (Hrsg.): Zertifizierung non-formell und informell erworbener beruflicher Kompetenzen. Münster 2003

Tessaring, Manfred/Wannan, Jennifer: Berufsbildung – der Schlüssel zur Zukunft. Lissabon-Kopenhagen-Maastricht: Aufgebot für 2010. Syntheseberichts des CEDEFOP zur Maastricht-Studie. Hrsg. CEDEFOP, Luxemburg 2004

UK ReferNet/Qualifications and Curriculum Authority: Initial Vocational Training and Education in England and the Devolved Administrations of the UK. Oktober 2003

Ware, George W.: Berufserziehung und Lehrlingsausbildung in Deutschland. Frankfurt am Main 1952

Wefelmeyer, Robert u. Hermann: Lexikon der Berufsausbildung und Berufserziehung. Wiesbaden 1959

Weiterbildungspass mit Zertifizierung informellen Lernens. Machbarkeitsstudie im Rahmen des BLK-Verbundprojektes. Hrsg.: Bundesministerium für Bildung und Forschung (BMBF). Berlin 2004

Wilhelm von Humboldt: Schriften zur Politik und zum Bildungswesen. Hrsg.: A. Flitner und K. Giel. Darmstadt 2002

Wirtschaftliche Bildung an allgemein bildenden Schulen. Bericht der Kultusministerkonferenz vom 19.10.2001

Zentralverband des Deutschen Handwerks (ZDH): Differenzierung und Europäisierung der beruflichen Bildung. Ein Reformprogramm des Handwerks (Schriftenreihe des Zentralverbandes des Deutschen Handwerks Heft 61). Berlin 2004

Ziefuss, Horst: Arbeitslehre im Spiegel der Meinungen. Seelze 1996

Stichwortverzeichnis

Absolventenaufkommen 258ff.
Aktionsrat Bildung 297f.
Alternanz, alternierende Ausbildung 23, 88, 393ff., 313ff.
Apprenticeship 23, 28, 42f., 57
Arbeitslehre 173ff.
Assistentenberufe 236f.
Aufklärung 165ff.
Ausbildungsordnungen 151, 254ff., 388ff., 340f., 478ff., 496ff.
Ausbildungsplatzförderungsgesetz 20
Ausbildungsreife 160ff., 198ff., 372, 387

Baccalauréat Professionnel 27, 33, 46
Basedow, Johann Bernhard 165ff.
Bausteine → Modularisierung
Berufliche Erstausbildung 30ff., 211ff.
Berufliche Vollzeitschulen 232ff., 243ff., 382f., 310f., 359f.
Berufsbildende höhere Schulen 35, 44, 60f., 100, 247
Berufsbildende mittlere Schulen 35, 44, 60f., 100, 247
Berufsbildungsstatistik 468ff.
Berufsbildungsstufen 218ff., 239ff., 244ff.
Berufseinstiegsjahr 387f.
Berufsfachschulen 44, 195, 234, 238ff.
Berufsförderungsinstitute 52
Berufsgrundbildungsjahr 194f.
Berufsmaturität 62, 155, 358, 408
Berufsordnungen → Ausbildungsordnungen
Berufsprinzip 98, 389, 334f., 338, 431ff.
Berufsreifeprüfung 62, 155, 301
Berufsschneidung 229ff.
Berufsschule 155, 202, 221, 226ff., 358, 509ff.
Berufsschulzentren 397ff.
Berufsvorbereitende Maßnahmen 195f.
Berufsvorbereitung 36ff., 160ff., 387f., 448ff., 452ff.
Berufsvorbereitungsjahr 193f.

Berufswegeplanung 448ff.
Beschäftigungsfähigkeit 285ff., 389
Betriebsberufsschule 9, 316, 327
Betriebsgebundene Ausbildung 221ff., 320ff.
Betriebspraktikum 181, 387
Bildungsökonomie 352ff.
Bildungsverständnis 94f., 156ff., 348f.
Bologna-Beschlüsse 66
Brevet d'Etudes Professionnelles 27, 33, 5, 45
Bruttoinlandsprodukt 125ff.
Bundesverbandes der Lehrerinnen u. Lehrer an beruflichen Schulen 370f.
Bundesvereinigung der Dtsch. Arbeitgeberverbände 366f.

Certificat d'Aptitude Professionnelle 27, 33, 35, 45
Conservatoire national des Arts et Métiers 50f.
Contrôle Continu 98, 251f., 473ff.

Deutscher Gewerkschaftsbund 369
Deutscher Industrie- u. Handelskammertag 365
Deutscher Qualifikationsrahmen 248, 303
Duales System 9, 60f., 221ff., 243ff., 265f., 382f., 310f., 313ff., 359f.

Eidgenössische Berufsprüfung 50
Eidgenössische höhere Fachprüfung 50
Eidgenössisches Berufsattest 26, 39, 57
Eidgenössisches Fähigkeitszeugnis 26, 41, 57
Einstiegsqualifizierung 196
Employability → Beschäftigungsfähigkeit
England 27f., 34ff., 418ff.
Erfahrungslernen 96ff., 395f.
Erstausbildung, berufl. 30f., 39f., 155ff.
Europäische Menschenrechtskonvention 143f.
Europäische Union 63ff.
Europäische Wirtschaftsgemeinschaft 63ff.

Europäischer Gerichtshof	65	Integrative Berufsausbildung	39, 457ff.
Europäischer Qualifikationsrahmen	79ff., 86, 242, 248, 380f., 303	International Standard Classification of Education	218f., 244ff.
Europarat	143		
EUROPASS (Berufsbildung)	76, 81	Jugendarbeitslosigkeit	21f., 293f.
European Credit Transfer System (ECTS)	66, 78, 86	Jungarbeiter	160, 205, 332
European Credit Transfer System for VET (ECVET)	82	Kammern	307ff.
		Kerschensteiner, Georg	121, 171
Externenprüfung	97	Kindermann, Ferdinand	165ff.
		Kompetenzportfolio	488ff.
Facharbeiterausbildung	40ff.	Kooperation Staat u. Wirtschaft	386ff.
Fachbücher zur Berufsausbildung	231, 463ff.	Kultusministerkonferenz	371
Fachklassenbildung	226, 399f.	Kuratorium der dtsch. Wirtschaft für Berufsbildung	367f.
Fachkräftemangel	12f., 130f., 132ff., 202ff., 333ff.		
Fachschulen	49, 275f.	Lebenslanges Lernen	75f., 89ff., 110ff., 66, 290ff., 383ff., 303, 342f.
Fernunterricht	282	Lehreintrittsalter	58ff., 197ff., 325f.
Föderalismusdebatte	312	Lehrlingsausbildung	40ff., 221ff.
Fortbildungsregelungen	273ff.	Lehrwerkstätten	6, 9, 101, 314f.
Fortbildungsschule	6, 313	Leistungspunktesysteme	66, 78, 82, 86
Frankreich	26f., 33ff., 110ff., 301, 411ff., 478ff.	Lernortkooperation	228, 323ff.
		Lissabon 2000 (Europ. Rat)	69ff., 93, 122
Further Education College	43, 46, 51		
Further Education	27, 48	Meisterstufe	49, 342
		Merz-Schule Stuttgart	187
Gesundheitsberufe	252f., 328	Mitarbeiterentwicklung	441ff., 484ff.
Gewerbeförderung	120ff.	Modularisierung	96ff., 151, 383ff., 391ff.
Gewerbeschule	6, 121f., 214ff., 313f.	Monoberufe	249f., 338
Gewerkschaft Erziehung u. Wissenschaft	147, 369f., 298f.	National Vocational Qualifications	36, 56f., 302, 421
Grundgesetz	146ff., 243, 309	Neuhumanismus	156ff., 348
Handarbeitsunterricht	170ff.		
Handwerkskammern	4f., 314, 329f.	OECD	125ff.
Hiberniaschule	184	Ordnungsmittel → Ausbildungsordnungen	
Hochschulzugang	62, 261ff., 402	Österreich	25, 33ff., 300f., 457ff.
Humboldt, Wilhelm v.	94, 156ff.		
		Pestalozzi, Johann Heinrich	165ff.
Industrieschulen	166ff.	Philanthropismus	165f.
Informelles Lernen	91, 93ff., 104ff., 425ff., 488ff.	Polytechnische Schule	37, 120
Innovationskreis für berufliche Bildung	372f.	ProfilPASS	285f.

Prüfungen	99f., 391f.
Prüfungsorganisationen	289f.
Qualifikationsbedarf	87, 136ff.
Qualifikationsebenen	152f.
Querschnittsberufe	338
Recht auf Bildung	138ff., 343ff.
Reformbedarf	293ff., 361ff.
Reformvorschläge	364ff.
Römische Verträge	63f.
Schulen in freier Trägerschaft	183ff.
Schulpflicht	398
Schulwerkstätten	121, 215f.
Schweiz	25f., 33ff., 112f., 416f., 504ff.
Sozial- u. Erziehungsberufe	253f.
Splitterberufe	229ff.
Strukturwandel	134f.
Supranationale Konventionen	138ff., 344ff.
Systematische Ausbildung	322ff.
Tertiärbereich	62
Theorie und Praxis	324
Übergang in die Ausbildung	29f., 33ff., 6ff., 87, 353ff.
Übergangssystem	13, 57f., 189, 353ff.
Umschulung	280f.
Validation des acquis de l'expérience	111, 289
Vereinigtes Königreich	27f., 301f., 418ff.
Vereinte Nationen	140ff.
Verfassungen (deutsche Länder)	190ff., 308f.
Vergleiche (Berufsbildung)	11ff., 406ff.
Vergleichsmethodik	22ff., 406ff.
Volkshochschulen	53, 281
Vollzeitschulen	35f., 44ff., 60f.
Waldorfpädagogik	183ff.
Warteschleifen	22, 160, 188, 192ff., 294, 297
Weiterbildung	31f., 47ff., 267ff., 342f., 356f., 484ff.
Werken	173ff.
Wirtschaftsentwicklung	119ff.
Wirtschaftsförderungsinstitute	52
Wirtschaftsstandort Deutschland	125ff.
Wirtschaftswachstum	126ff., 150ff.
Wissensgesellschaft	73, 122ff., 437ff.
Zentralverband des Dtsch. Handwerks	365
Zertifizierung	96ff., 285ff., 385, 391ff.
Zunftzeit	4, 212ff.
Zusammenwirken Berufsschule und Betrieb	103, 155, 212ff. 226ff.
Zuständigkeiten für die berufliche Bildung	155, 306ff., 378ff.